한 권으로 끝내는
시나공 컴활

길벗알앤디 지음

1급 필기+실기

지은이 길벗알앤디

강윤석, 김용갑, 김우경, 김종일

IT 서적을 기획하고 집필하는 출판 기획 전문 집단으로, 2003년부터 길벗출판사의 IT 수험서인 〈시험에 나오는 것만 공부한다!〉 시리즈를 기획부터 집필 및 편집까지 총괄하고 있다.

30여 년간 자격증 취득에 관한 교육, 연구, 집필에 몰두해 온 강윤석 실장을 중심으로 IT 자격증 시험의 분야별 전문가들이 모여 국내 IT 수험서의 수준을 한 단계 높이기 위한 다양한 연구와 집필 활동에 전념하고 있다.

컴퓨터활용능력 1급 필기+실기 - 시나공 시리즈 ⑪

All-in-one for Advanced Computer Proficiency Certificate

초판 발행 · 2025년 10월 15일
초판 3쇄 발행 · 2025년 12월 29일

지은이 · 길벗알앤디(강윤석, 김용갑, 김우경, 김종일)
발행인 · 이종원
발행처 · (주)도서출판 길벗
출판사 등록일 · 1990년 12월 24일
주소 · 서울시 마포구 월드컵로 10길 56(서교동)
주문 전화 · 02)332-0931   **팩스** · 02)323-0586
홈페이지 · www.gilbut.co.kr   **이메일** · gilbut@gilbut.co.kr

기획 및 책임 편집 · 강윤석(kys@gilbut.co.kr), 김미정(kongkong@gilbut.co.kr), 임은정(eunjeong@gilbut.co.kr)
제작 · 이준호, 손일순, 이진혁   **마케팅** · 조승모, 유영은   **영업관리** · 김명자   **독자지원** · 윤정아   **유통혁신** · 한준희

편집진행 및 교정 · 길벗알앤디(강윤석 · 김용갑 · 김우경 · 김종일)   **표지 디자인** · 유어텍스트   **일러스트** · 윤석남
본문 디자인 및 전산편집 · 예다움   **CTP 출력 및 인쇄** · 금강인쇄   **제본** · 금강제본

- 이 책은 저작권법의 보호를 받는 저작물로 이 책에 실린 모든 내용, 디자인, 이미지, 편집 구성은 허락 없이 복제하거나 다른 매체에 옮겨 실을 수 없습니다.
- 인공지능(AI) 기술 또는 시스템을 훈련하기 위해 이 책의 전체 내용은 물론 일부 문장도 사용하는 것을 금지합니다.
- 잘못 만든 책은 구입한 서점에서 바꿔 드립니다.

ⓒ 길벗알앤디, 2025

ISBN 979-11-407-1587-9 13000
(길벗 도서번호 030978)

가격 40,000원

독자의 1초를 아껴주는 정성 길벗출판사

(주)도서출판 길벗 IT단행본, 성인어학, 교과서, 수험서, 경제경영, 교양, 자녀교육, 취미실용 www.gilbut.co.kr
길벗스쿨 국어학습, 수학학습, 주니어어학, 어린이단행본, 학습단행본 www.gilbutschool.co.kr

시나공 홈페이지 www.sinagong.co.kr

한 권으로 끝내는 시나공 컴활

요즘같이 힘든 시대에 자격증 취득에까지 돈과 시간을 낭비하면 되겠습니까?
꼭 취득해야 할 자격증이라면 쉽고 빠르게 취득하는 게 좋지 않겠습니까?
시나공 컴활 필기+실기를 기획하면서 딱 두 가지만 생각했습니다.

Quick, 빠르게 합격하자!

▶ 이론상 중요할지라도 시험 문제와 거리가 있는 내용, 출제 비중이 낮은 내용은 과감하게 제외하였습니다.
▶ 중요한 내용을 먼저 확인한 후 필요한 내용을 빠르게 학습할 수 있도록 구성했습니다.

Easy, 쉽게 공부하자!

▶ 소설책을 읽듯이 술술 넘어갈 수 있도록 쉽게, 그래도 어려운 부분은 예제를 통해 충분히 이해할 수 있도록 자세하게 설명했습니다.
▶ 이해가 어려운 수험생을 위해 핵심 단위로 동영상 강의를 붙였습니다.

"컴퓨터활용능력 1급" 자격증, 꼭 취득하여 여러분의 앞날에 조금이라도 보탬이 되었으면 하는 간절함이 있습니다.

2025년 시원한 가을날에
강윤석

목차 | 필기

0 준비운동

수험생을 위한 아주 특별한 서비스	6
컴퓨터활용능력 시험 접수부터 자격증 받기까지	7
이 책의 구성 미리 보기	8
컴퓨터활용능력 시험, 이것이 궁금하다!	10

1 핵심요약

1 과목 · 컴퓨터 일반

1장 한글 Windows 10의 기본	14
대표기출문제	18
2장 한글 Windows 10의 고급 기능	21
대표기출문제	25
3장 컴퓨터 시스템의 개요	29
대표기출문제	30
4장 컴퓨터 하드웨어	32
대표기출문제	36
5장 컴퓨터 소프트웨어	40
대표기출문제	42
6장 인터넷 활용	44
대표기출문제	48
7장 멀티미디어 활용	51
대표기출문제	53
8장 컴퓨터 시스템 보호	55
대표기출문제	57

2 과목 · 스프레드시트 일반

1장 입력 및 편집	59
대표기출문제	63
2장 수식 활용	67
대표기출문제	73
3장 차트 작성	80
대표기출문제	82
4장 출력	84
대표기출문제	86
5장 데이터 관리	88
대표기출문제	90
6장 데이터 분석	92
대표기출문제	95
7장 매크로 작성과 VBA 프로그래밍	97
대표기출문제	100

3 과목 · 데이터베이스 일반

1장 한글 데이터베이스 개요	104
대표기출문제	106
2장 테이블(Table) 작성	108
대표기출문제	113
3장 데이터베이스 질의(Query)	117
대표기출문제	120
4장 폼과 컨트롤	124
대표기출문제	129
5장 보고서(Report) 작성	133
대표기출문제	136
6장 데이터베이스 프로그래밍	139
대표기출문제	141

2 최신기출문제

01회 • 2025년 상시01 컴퓨터활용능력 1급 필기	144
02회 • 2025년 상시02 컴퓨터활용능력 1급 필기	153
03회 • 2025년 상시03 컴퓨터활용능력 1급 필기	163
04회 • 2025년 상시04 컴퓨터활용능력 1급 필기	172
05회 • 2025년 상시05 컴퓨터활용능력 1급 필기	180
06회 • 2024년 상시01 컴퓨터활용능력 1급 필기	189
07회 • 2024년 상시02 컴퓨터활용능력 1급 필기	198
08회 • 2024년 상시03 컴퓨터활용능력 1급 필기	206
09회 • 2024년 상시04 컴퓨터활용능력 1급 필기	215
10회 • 2024년 상시05 컴퓨터활용능력 1급 필기	224

최신기출문제 해설	234

목차 | 실기

0 준비운동
- 실기 교재 학습 방법 … 3
- 이 책의 구성 미리 보기 … 4
- 실습용 데이터 파일을 사용하려면? … 6
- 채점 프로그램을 사용하려면? … 7
- 컴퓨터활용능력 실기 시험 입실부터 퇴실까지 … 8
- 컴퓨터활용능력 시험, 이것이 궁금하다! … 10

1 스프레드시트 실무 - 엑셀 기능

문제 1 · 기본작업(15점)
1. 고급 필터 … 14
2. 조건부 서식 … 19
3. 페이지 레이아웃 … 25
4. 시트 보호 … 31

문제 2 · 계산작업(30점)
1. 배열 수식 … 36
2. 찾기/참조 함수 … 46
3. 논리 함수 … 53
4. 기타 함수 … 57
5. 사용자 정의 함수 … 60

문제 3 · 분석작업(20점)
1. 피벗 테이블 … 64
2. 데이터 유효성 검사 … 78
3. 통합 … 83
4. 정렬 … 86
5. 부분합 … 89
6. 데이터 표 … 93
7. 시나리오 … 95
8. 목표값 찾기 … 98
9. 자동 필터 … 100
10. 중복된 항목 제거 … 103

문제 4 · 기타작업(35점)
1. 차트 … 105
2. 매크로 … 112
3. 프로시저 … 118

2 엑셀-실제 시험장을 옮겨 놓았다! … 128

3 데이터베이스 실무 - 액세스 기능

문제 1 · DB 구축(25점)
1. 테이블 완성 … 180
2. 관계 설정 … 188
3. 테이블 생성 … 190

문제 2 · 입력 및 수정 기능 구현(20점)
1. 폼 완성 … 193
2. 매크로 작성 … 205

문제 3 · 조회 및 출력 구현(20점)
1. 보고서 완성 … 211
2. 이벤트 프로시저 … 218

문제 4 · 처리 기능 구현(35점)
1. 쿼리 작성 … 224

4 액세스-실제 시험장을 옮겨 놓았다! … 242

5 엑셀 최신기출문제
- 01회 · 2025년 상시01 컴퓨터활용능력 1급 실기 … 299
- 02회 · 2025년 상시02 컴퓨터활용능력 1급 실기 … 309
- 03회 · 2025년 상시03 컴퓨터활용능력 1급 실기 … 319
- 04회 · 2025년 상시04 컴퓨터활용능력 1급 실기 … 329
- 05회 · 2024년 상시01 컴퓨터활용능력 1급 실기 … 338
- 06회 · 2024년 상시02 컴퓨터활용능력 1급 실기 … 347
- 07회 · 2024년 상시03 컴퓨터활용능력 1급 실기 … 357
- 08회 · 2024년 상시04 컴퓨터활용능력 1급 실기 … 367
- 09회 · 2023년 상시01 컴퓨터활용능력 1급 실기 … 377
- 10회 · 2023년 상시02 컴퓨터활용능력 1급 실기 … 385

6 액세스 최신기출문제
- 01회 · 2025년 상시01 컴퓨터활용능력 1급 실기 … 397
- 02회 · 2025년 상시02 컴퓨터활용능력 1급 실기 … 406
- 03회 · 2025년 상시03 컴퓨터활용능력 1급 실기 … 416
- 04회 · 2025년 상시04 컴퓨터활용능력 1급 실기 … 426
- 05회 · 2024년 상시01 컴퓨터활용능력 1급 실기 … 436
- 06회 · 2024년 상시02 컴퓨터활용능력 1급 실기 … 445
- 07회 · 2024년 상시03 컴퓨터활용능력 1급 실기 … 455
- 08회 · 2024년 상시04 컴퓨터활용능력 1급 실기 … 465
- 09회 · 2023년 상시01 컴퓨터활용능력 1급 실기 … 475
- 10회 · 2023년 상시02 컴퓨터활용능력 1급 실기 … 484

7 부록
1. 컴활 함수 사전 … PDF 제공
2. 계산작업 문제 모음 … PDF 제공

1등만이 드릴 수 있는 1등 혜택!
수험생을 위한 아주 특별한 서비스

서비스 하나 — 시나공 홈페이지
시험 정보 제공!

IT 자격증 시험, 혼자 공부하기 막막하다고요? 시나공 홈페이지에서 대한민국 최대, 50만 회원들과 함께 공부하세요.

지금 sinagong.co.kr에 접속하세요!

시나공 홈페이지에서는 최신기출문제와 해설, 선배들의 합격 수기와 합격 전략, 책 내용에 대한 문의 및 관련 자료 등 IT 자격증 시험을 위한 모든 정보를 제공합니다.

서비스 둘 — 수험생 지원센터
무엇이든 물어보세요!

공부하다 답답하거나 궁금한 내용이 있으면, 시나공 홈페이지 도서별 '책 내용 질문하기' 게시판에 질문을 올리세요. 길벗알앤디의 전문가들이 빠짐없이 답변해 드립니다.

서비스 셋 — 합격을 위한
학습 자료

시나공 홈페이지 회원으로 가입하면 시험 준비에 필요한 학습 자료를 내려받을 수 있습니다.
- **기출문제** : 최근에 출제된 기출문제를 제공합니다. 최신기출문제로 현장 감각을 키우세요.

서비스 넷 — 실기 시험 대비
온라인 실기 특강 서비스

(주)도서출판 길벗에서는 실기 시험 준비를 위한 온라인 특강을 제공하고 있습니다. 다음과 같은 방법으로 이용하세요.

실기 특강 온라인 강좌는 이렇게 이용하세요!

1. 시나공 홈페이지(sinagong.co.kr)에 접속하여 로그인하세요.
2. 상단 메뉴 중 [컴퓨터활용능력] → [1급 필기] → [동영상 강좌] → [실기특강]을 클릭하세요.
3. 실기 특강 목록에서 원하는 강좌를 클릭하여 시청하세요.

서비스 다섯 — 시나공 만의
동영상 강좌

독학이 가능한 친절한 교재가 있어도 준비할 시간이 부족하다면?

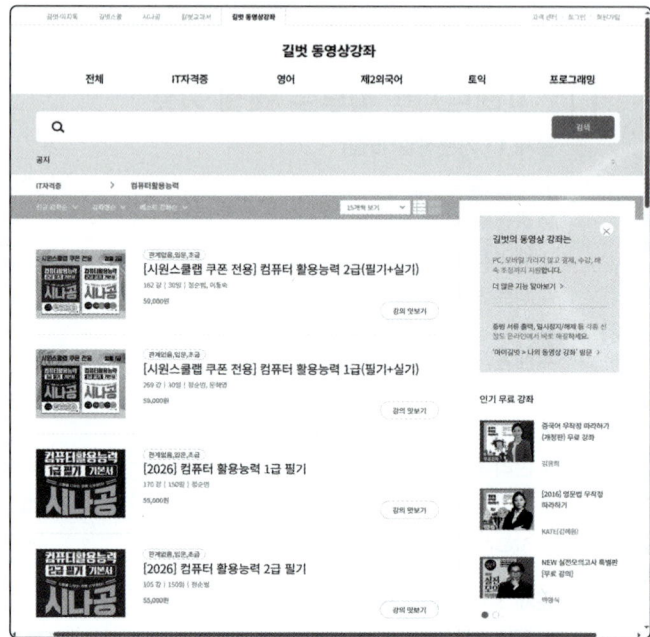

길벗출판사의 '동영상 강좌(유료)' 이용 안내

1. 시나공 홈페이지(sinagong.co.kr)에 접속하여 로그인하세요.
2. 상단 메뉴 중 [컴퓨터활용능력] → [1급 필기] → [동영상 강좌] → [유료강의]를 클릭하세요.
3. 원하는 강좌를 선택하고 [수강 신청하기]를 클릭하세요.
4. 우측 상단의 [마이길벗] → [나의 동영상 강좌]로 이동하여 강좌를 수강하세요.
※ 기타 동영상 이용 문의 : 독자지원(02-332-0931)

시나공 홈페이지 회원 가입 방법

1. 시나공 홈페이지(sinagong.co.kr)에 접속하여 우측 상단의 〈회원가입〉을 클릭하고 〈이메일 주소로 회원가입〉을 클릭합니다.
  ※ 회원가입은 소셜 계정으로도 가입할 수 있습니다.
2. 가입 약관 동의를 선택한 후 〈동의〉를 클릭합니다.
3. 회원 정보를 입력한 후 〈이메일 인증〉을 클릭합니다.
4. 회원 가입 시 입력한 이메일 계정으로 인증 메일이 발송됩니다. 수신한 인증 메일을 열어 이메일 계정을 인증하면 회원가입이 완료됩니다.

컴퓨터활용능력 시험 접수부터 자격증 받기까지

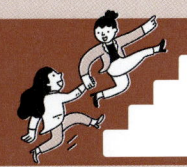

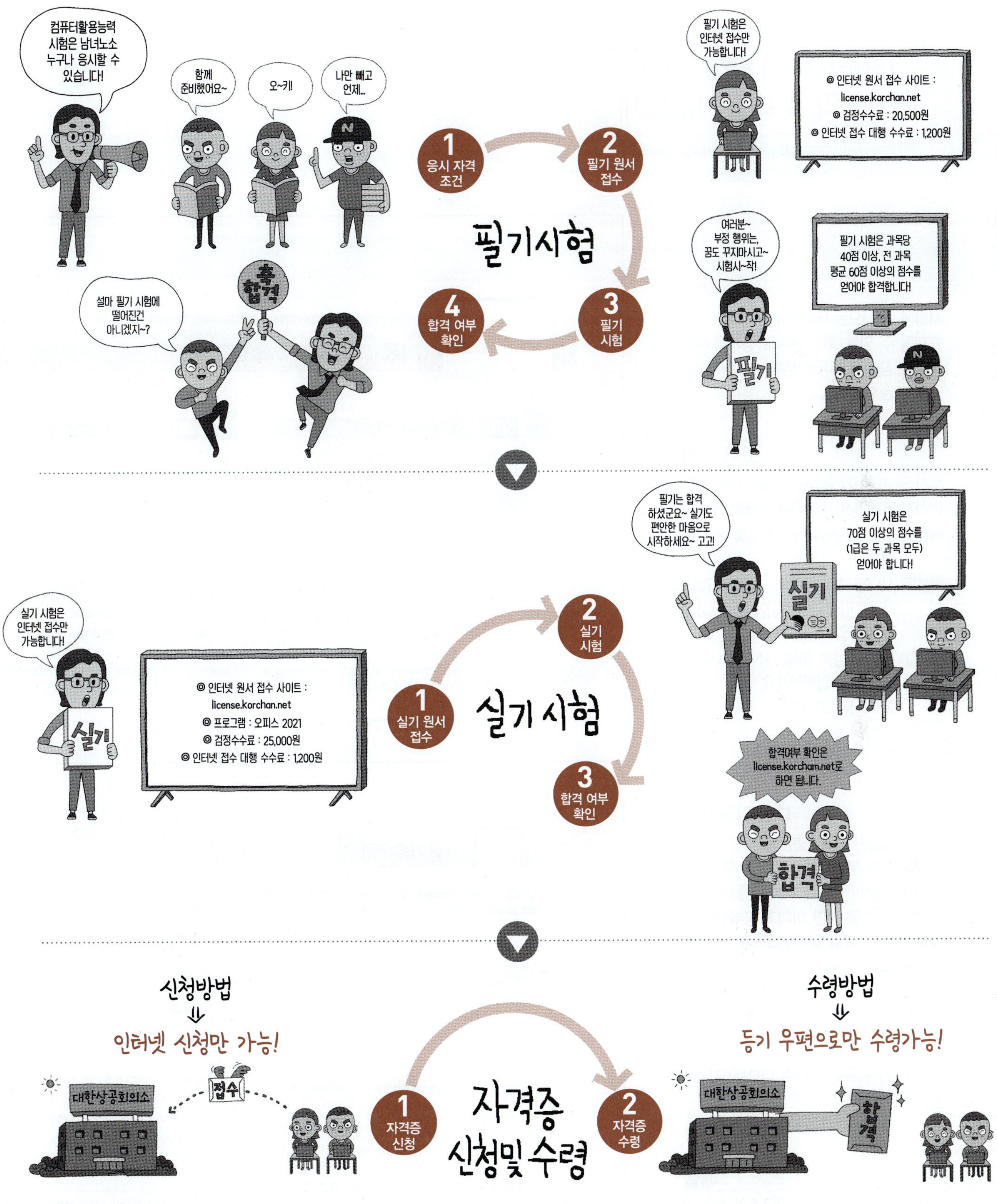

※ 신청할 때 준비할 것은 접수 수수료 3,100원, 등기 우편 수수료 3,300원

이 책의 구성 미리 보기

시험에 나오는 것만 골라 볼 수 있다!
핵심요약 & 대표기출문제

핵심
시험에 꼭 나오는 내용만 엄선하여 문제가 출제될 수 있는 최소 단위로 정리해 두었습니다. 꼼꼼히 읽어서 이해할 건 이해하고 외울 것은 외우세요.

토막 강의
혼자 공부하다가 어려운 부분이 나와도 고민하지 말고 동영상 강의를 이용하세요!
- 방법1 스마트폰으로 QR코드를 스캔하세요.
- 방법2 시나공 홈페이지의 [동영상 강좌] → [토막강의(무료)]에서 QR코드 번호를 입력하세요.
- 방법3 유튜브 검색 창에 "시나공"+QR코드 번호를 입력하세요.
  예 시나공1200101

대표기출문제
이론에 충실한 대표기출문제, 이론 학습을 마쳤다면 이 문제들을 재미있게 풀 수 있습니다. 이론이 어떻게 문제로 출제되는지 확인할 수 있을 뿐만 아니라 공부했던 내용을 문제로 다시 확인하니 머리에 쏙쏙 들어옵니다.

출제 연도
해당 문제가 출제된 년, 회차를 나타냅니다. 횟수가 많을수록 자주 나오는, 기본에 충실한 문제겠죠?

해설
명쾌한 해설로 여러분의 궁금증을 속 시원히 해결해 드립니다. 틀린 문제는 왜 틀렸는지 확실히 이해하고 넘어가세요.

1과목 컴퓨터 일반 | 핵심요약 & 대표기출문제
1장 | 한글 Windows 10의 기본

01 한글 Windows 10의 특징
23.상시, 21.상시, 19.2, 12.2, 16.2, 16.1, 12.2, 08.4, 07.4, 06.3, 05.4, 05.2, …

- **선점형 멀티태스킹(Preemptive Multi-tasking)** : 운영체제가 각 작업의 CPU 이용 시간을 제어하여 앱 실행중 문제가 발생하면 해당 앱을 강제 종료시키고, 모든 시스템 자원을 반환하는 멀티태스킹 운영 방식
- **플러그 앤 플레이(PnP; Plug & Play)** : 컴퓨터 시스템에 하드웨어를 설치했을 때, 해당 하드웨어를 사용하는 데 필요한 시스템 환경을 운영체제가 자동으로 구성해 주는 것
- **OLE(Object Linking and Embedding)**
  - 다른 여러 앱에서 작성된 문자나 그림 등의 개체(Object)를 현재 작성중인 문서에 자유롭게 연결(Linking)하거나 삽입(Embedding)하여 편집할 수 있게 하는 기능
  - OLE로 연결된 이미지를 원본 앱에서 수정하거나 편집하면 그 내용이 그대로 해당 문서에 반영됨
- **64비트 데이터 처리**
  - 완전한 64비트로 데이터를 처리하므로 더 많은 양의 데이터를 빠르게 처리할 수 있으며, 사용자가 좀 더 빠르고 효율적인 시스템

03 바로 가기 키(단축키)
25.상시, 24.상시, 22.상시, 21.상시, 15.2, 14.2, 12.1, 11.3, 11.1, 10.3, 08.3, 07.1, 06.3, …

F2	폴더 및 파일의 이름을 변경함
F3	파일 탐색기의 '검색 상자'를 선택함
Alt + Esc	현재 실행중인 앱들을 순서대로 전환함
Alt + Tab	• 현재 실행중인 앱들의 목록을 화면 중앙에 나타냄 • Alt 를 누른 상태에서 Tab 을 이용하여 이동할 작업 창을 선택함
Alt + Enter	선택된 항목의 속성 대화상자를 실행함
Alt + Spacebar	활성창의 바로 가기 메뉴를 표시함
Alt + F4	• 실행중인 창(Window)이나 앱을 종료함 • 실행중인 앱이 없으면 'Windows 종료' 창을 나타냄
Alt + PrintScreen	현재 작업중인 활성 창을 클립보드로 복사함
Ctrl + A	폴더 및 파일을 모두 선택함
Ctrl + Esc	(시작)을 클릭한 것처럼 [시작] 메뉴를 표시함
	'작업 관리자' 대화상자를 실행하여 문제가 있는 앱을 강제

1장 대표기출문제

1. 다음 중 32비트 및 64비트 버전의 Windows OS에 관한 설명으로 옳지 않은 것은? 25.상시, 24.상시, 23.상시, 21.상시, 16.1, 12.1

① 64비트 버전의 Windows에서는 대용량 RAM을 32비트 시스템보다 효과적으로 처리한다.
② 64비트 버전의 Windows를 설치하려면 64비트 버전의 Windows를 실행할 수 있는 CPU가 필요하다.
③ 64비트 버전의 Windows에서 하드웨어 장치가 정상적으로 동작하려면 64비트용 장치 드라이버가 필요하다.
④ 앱이 64비트 버전의 Windows용으로 설계된 경우 호환성 유지를 위해 32비트 버전의 Windows에서도 작동되도록 설계되어 있다.

> 64비트 버전의 Windows용으로 설계된 앱은 32비트 버전의 Windows에서 작동되지 않습니다.

2. 다음 중 NTFS 파일 시스템에 관한 설명으로 옳지 않은 것은? 22.상시, 21.상시, 12.1

① 파일 및 폴더에 대한 액세스 제어를 유지하고 제한된 계정을 지원한다.
② FAT32 파일 시스템보다 성능, 보안, 안전성이 높다.
③ 모든 디스크 드라이브에서 사용할 수 있는 범용 파일 시

④ 바로 가기 아이콘을 만든 날짜와 수정한 날짜, 액세스한 날짜 등을 확인할 수 있다.

> '속성' 대화상자의 '일반' 탭에 있는 '디스크 할당 크기'는 바로 가기 아이콘의 크기입니다. 연결된 항목의 디스크 할당 크기는 해당 항목의 '속성' 대화상자에서 확인할 수 있습니다.

5. 다음 중 한글 Windows 10의 작업 표시줄에 대한 설명으로 옳지 않은 것은? 22.상시

① 작업 표시줄을 자동으로 숨길 것인지의 여부를 선택할 수 있다.
② 바탕 화면 아이콘을 표시할 수 있다.
③ 화면에서 작업 표시줄의 위치를 설정할 수 있다.
④ 알림 영역에 표시할 아이콘을 설정할 수 있다.

> 바탕 화면의 아이콘은 [(시작)] → [(설정)] → [개인 설정] → [테마] → [바탕 화면 아이콘 설정]을 클릭하여 표시할 수 있습니다.

6. 다음 중 한글 Windows 10의 작업 보기와 가상 데스크톱에 대한 설명으로 옳지 않은 것은? 23.상시

① 작업 보기 화면 상단에 표시된 가상 데스크톱에 마우스를

구성 미리 보기

초단타 합격 전략을 아시나요?
최신기출문제

최신기출문제
01회 2025년 상시01 컴퓨터활용능력 1급 필기

1과목 컴퓨터 일반

01 다음 중 Windows의 [설정] → [접근성]에 대한 설명으로 옳지 않은 것은?
① 키보드의 숫자 키패드를 이용하여 마우스 포인터를 움직이도록 설정할 수 있다.
② 내레이터의 시작 및 중지 바로 가기 키는 이다.
③ 로그인 후 돋보기가 자동으로 실행되도록 설정할 수 있다.
④ 텍스트 크기나 마우스 포인터의 크기 및 색을 변경할 수 있다.

02 다음 중 네트워크 관련 장비로 브리지(Bridge)에 관한 설명으

05 다음 중 한글 Windows 10의 '폴더 옵션' 대화상자에서 설정할 수 있는 작업으로 옳지 않은 것은?
① 알려진 파일 형식의 파일 확장명 숨기기를 설정할 수 있다.
② 숨김 파일이나 폴더의 표시 여부를 설정할 수 있다.
③ 공유 폴더에 액세스 할 때 필요한 계정과 암호를 설정할 수 있다.
④ 모든 폴더에 현재 보기(자세히 또는 아이콘)를 적용할 수 있다.

06 다음 중 자료 구성 단위에 대한 설명으로 옳지 않은 것은?
① 8개의 비트(Bit)가 모여 1바이트(Byte)를 구성한다.
② 레코드(Record)는 하나 이상의 관련된 필드가 모여서 구성되

정답 1.② 2.③ 3.② 4.③ 5.③ 6.④ 7.③ 8.①

최신기출문제 10회
실제 시험을 치르는 기분으로 혼자 풀어 보고 정답을 확인하세요. 문제를 풀어보고 해설을 읽어 보면 무엇을 공부해야 할지 탁! 감이 잡힙니다.

정답
기출문제에 대한 답을 바로 표시해서 초단기 합격 전략으로 공부하는 수험생의 편의를 최대한 배려했습니다.

01회 2025년 상시01 기출문제 해설

01 내레이터의 시작 및 중지 바로 가기 키는 ■+Ctrl+Enter입니다.
02 브리지(Bridge)는 OSI 참조 모델의 데이터 링크 계층(Data Link Layer)에 속합니다.
03 방화벽의 기능에는 인증(Authentication), 데이터 암호화, 접근 제어(Access Control), 로깅(Logging)과 감사 추적(Audit Trail) 등이 있습니다.
04 '실행' 창에 msconfig를 입력한 후 〈확인〉을 클릭하면 '시스템 구성' 대화상자가 실행됩니다.
 • taskmgr : 작업 관리자
 • winver : Windows 정보
 • msinfo32 : 시스템 정보
 • regedit : 레지스트리 편집기
05 '폴더 옵션' 대화상자에서는 공유 폴더에 액세스 할 때 필요한 계정과 암호는 설정할 수 없습니다.
06 • 워드(Word)는 CPU가 한 번에 처리할 수 있는 명령 단위입니다.
 • 문자를 표현하는 최소 단위는 바이트(Byte)입니다.
07 분산 처리 시스템(Distributed System)에 관한 설명으로 적절한 것은 ③번입니다.
 • ①번은 다중 처리 시스템(Multi-Processing System), ②번은 시분할 시스템(Time Sharing System), ④번은 다중 프로그래밍 시스템(Multi Programming System)에 대한 설명입니다.
08 수정(Modification)은 무결성을 저해하는 보안 위협의 유형입니다.

• ①번은 비트(Bit), ③번은 바이트(Byte), ④번은 워드(Word)에 대한 설명입니다.
19 빅 데이터를 기반으로 미래 예측의 활성화 방안을 모색하기는 하지만, 빅 데이터에 대한 의존성을 강화할 필요는 없습니다.
20 ④번은 데이터 마이닝(Data Mining)에 대한 설명입니다.
21 '셀에 맞춤'은 입력된 데이터의 길이가 셀의 너비보다 긴 경우 셀의 너비에 맞게 글자 크기를 축소하여 표시하는 기능입니다. 데이터의 길이가 셀의 너비보다 넓다고 하여 글자 크기가 확대되지는 않습니다.
22 화면 제어에 관한 설명으로 옳은 것은 ①번입니다.
 ② 창 나누기는 하나의 워크시트를 2개나 4개의 영역으로 나누는 기능으로, 여러 통합 문서를 나누지는 못합니다.
 ③ 창 나누기 기준선은 마우스로 위치를 조정할 수 있으나 틀 고정선은 마우스로 위치를 조정할 수 없습니다.
 ④ 창 나누기는 [실행 취소] 명령으로 나누기를 해제할 수 없습니다.
23 [D3] 셀에 입력된 수식으로 옳은 것은 ②번입니다.
 • '병원총면적'으로 순위를 구한 후 동일한 순위에 대해 '1인면적'으로 순위를 구하려면, 우선 '병원총면적'을 기준으로 순위를 구한 다음 이 순위에 동일한 '병원총면적'들의 '1인면적'을 비교하여 기준이 되는 '1인면적' 보다 큰 면적의 개수를 구해주면 됩니다.
=RANK.EQ(B3, $B$3:$B$12)+SUM(($B$3:$B$12=B3)*($C$3:$C$12>C3))
 ❶   ❷
 ❶ RANK.EQ(B3, B3:B12) : [B3:B12] 영역에서 [B3] 셀의 순위를 구

최신기출문제 해설
정확한 해설로 여러분의 궁금증을 속 시원히 해결해 드립니다. 틀린 문제는 또 틀릴 수 있으니 꼭 체크를 해두었다가 시험 직전에 다시 한번 보세요.

컴퓨터활용능력 시험, 이것이 궁금하다!

Q 컴퓨터활용능력 자격증 취득 시 독학사 취득을 위한 학점 인정이 가능하다고 하던데, 학점 인정 현황은 어떻게 되나요?

A

종목	학 점
정보처리기사	20
정보처리산업기사	16
사무자동화산업기사	16
컴퓨터활용능력 1급	14
컴퓨터활용능력 2급	6
워드프로세서	4

※ 자세한 내용은 평생교육진흥원 학점은행 홈페이지(https://cb.or.kr)를 참고하세요.

Q 시험 접수를 취소하고 환불받을 수 있나요? 받을 수 있다면 환불 방법을 알려주세요.

A 네, 가능합니다. 대한상공회의소 자격평가사업단 홈페이지의 상단 메뉴에서 [개별접수] → [환불신청]을 클릭하여 신청하면 됩니다. 하지만 환불 신청 기간 및 사유에 따라 환불 비율에 차이가 있습니다.

상시 시험	
접수일 ~ 시험일 4일 전	100% 반환
시험일 3일 전 ~ 시험일	반환 불가

Q 필기 시험에 합격하면 2년 동안 필기 시험이 면제된다고 하던데, 필기 시험에 언제 합격했는지 기억이 나지 않을 경우 실기 시험 유효 기간이 지났는지 어떻게 확인해야 하나요?

A 대한상공회의소 자격평가사업단 홈페이지에 로그인한 후 [마이페이지] 코너에서 확인할 수 있습니다.

Q 컴퓨터활용능력 2급 필기 응시 수수료와 실기 응시 수수료는 얼마인가요?

A 급수에 관계없이 필기는 20,500원이고, 실기는 25,000원입니다.

Q 필기 시험 볼 때 입실 시간이 지나서 시험장에 도착할 경우 시험 응시가 가능한가요?

A 입실 시간이 지나면 시험장에 입실할 수 없습니다. 반드시 입실 시간에 맞춰 입실하세요.

Q 필기 시험 볼 때 가져갈 준비물로는 어떤 것들이 있나요?

A 수검표, 신분증(주민등록증, 운전면허증 등)을 지참해야 합니다.
※ 신분증을 지참하지 않으면 시험에 응시할 수 없으니 반드시 신분증을 지참하세요.

Q 자격증 분실 시 재발급 받으려면 어떻게 해야 하나요?

A 처음 자격증 신청할 때와 동일하게 인터넷으로 신청하면 됩니다.

컴퓨터활용능력 Q&A

Q 컴퓨터활용능력 1급 필기 시험에 합격하면 2급은 필기 시험 없이 실기 시험에 바로 응시할 수 있나요?
A 네, 그렇습니다. 1급 필기 시험에 합격하면 1, 2급 실기 시험에 모두 응시할 수 있습니다.

Q 신분증을 분실하였을 경우에는 어떻게 해야 하나요?
A 신분증을 분실했을 경우 동사무소에서 임시 주민등록증을 발급 받아 오거나 교육행정정보시스템(www.neis.go.kr)에서 재학증명서를 발부해 오면 됩니다. 그 외에 운전면허증, 학생증(초·중·고등학생 한정), 사진이 나와 있는 여권, 국가기술자격증이 있어도 됩니다.

Q 필기 시험에 합격한 후 바로 실기 시험에 접수할 수 있나요?
A 네, 가능합니다. license.korcham.net에서 접수하면 됩니다.

Q 실기 시험 합격 여부를 확인하기 전에 다시 실기 시험에 접수하여 응시할 수 있나요?
A 네, 실기 시험은 같은 날 같은 급수만 아니면, 합격 발표 전까지 계속 접수 및 응시가 가능합니다. 그러나 합격한 이후에 접수한 시험은 모두 무효가 되며 접수한 시험에 대해서는 취소 및 환불이 되지 않으니 주의하기 바랍니다.

Q 필기 시험과 실기 시험의 합격 기준은 어떻게 되나요?

A

필기 시험

등급	시험 과목	제한시간	출제형태	합격기준
1급	• 컴퓨터 일반 • 스프레드시트 일반 • 데이터베이스 일반	60분	객관식 60문항	과목당 40점 이상 평균 60점 이상
2급	• 컴퓨터 일반 • 스프레드시트 일반	40분	객관식 40문항	

실기 시험

등급	시험 과목	제한시간	출제형태	합격기준
1급	• 스프레드시트 실무 • 데이터베이스 실무	90분	컴퓨터 작업형	70점 이상 (1급은 매 과목 70점 이상)
2급	• 스프레드시트 실무	40분		

핵심요약

1과목 · 컴퓨터 일반

2과목 · 스프레드시트 일반

3과목 · 데이터베이스 일반

1과목 컴퓨터 일반

핵심요약 & 대표기출문제

1장 | 한글 Windows 10의 기본

01 한글 Windows 10의 특징
23.상시, 21.상시, 19.2, 12.2, 16.2, 16.1, 12.2, 08.4, 07.4, 06.3, 05.4, 05.2, …

- **선점형 멀티태스킹(Preemptive Multi-tasking)** : 운영체제가 각 작업의 CPU 이용 시간을 제어하여 앱 실행중 문제가 발생하면 해당 앱을 강제 종료시키고, 모든 시스템 자원을 반환하는 멀티태스킹 운영 방식
- **플러그 앤 플레이(PnP; Plug & Play)** : 컴퓨터 시스템에 하드웨어를 설치했을 때, 해당 하드웨어를 사용하는 데 필요한 시스템 환경을 운영체제가 자동으로 구성해 주는 것
- **OLE(Object Linking and Embedding)**
  - 다른 여러 앱에서 작성된 문자나 그림 등의 개체(Object)를 현재 작성중인 문서에 자유롭게 연결(Linking)하거나 삽입(Embedding)하여 편집할 수 있게 하는 기능
  - OLE로 연결된 이미지를 원본 앱에서 수정하거나 편집하면 그 내용이 그대로 해당 문서에 반영됨
- **64비트 데이터 처리**
  - 완전한 64비트로 데이터를 처리하므로 더 많은 양의 데이터를 빠르게 처리할 수 있으며, 사용자가 좀 더 빠르고 효율적인 시스템을 구축할 수 있게 함
  - 64비트 버전으로 제작된 Windows 10용 앱은 32비트 버전의 Windows 10에서는 작동되지 않음

03 바로 가기 키(단축키)
25.상시, 24.상시, 22.상시, 21.상시, 15.2, 14.2, 12.1, 11.3, 11.2, 11.1, 10.3, 08.3, 07.1, 06.3, …

키	기능
F2	폴더 및 파일의 이름을 변경함
F3	파일 탐색기의 '검색 상자'를 선택함
Alt + Esc	현재 실행중인 앱들을 순서대로 전환함
Alt + Tab	• 현재 실행중인 앱들의 목록을 화면 중앙에 나타냄 • Alt 를 누른 상태에서 Tab 을 이용하여 이동할 작업 창을 선택함
Alt + Enter	선택된 항목의 속성 대화상자를 실행함
Alt + Spacebar	활성창의 바로 가기 메뉴를 표시함
Alt + F4	• 실행중인 창(Window)이나 앱을 종료함 • 실행중인 앱이 없으면 'Windows 종료' 창을 나타냄
Alt + Print Screen	현재 작업중인 활성 창을 클립보드로 복사함
Ctrl + A	폴더 및 파일을 모두 선택함
Ctrl + Esc	■(시작)을 클릭한 것처럼 [시작] 메뉴를 표시함
Ctrl + Shift + Esc	'작업 관리자' 대화상자를 실행하여 문제가 있는 앱을 강제로 종료함
Shift + Delete	폴더나 파일을 휴지통을 거치지 않고 바로 삭제함
Shift + F10	바로 가기 메뉴를 표시함
■ + A	알림 센터를 표시함
■ + B	알림 영역으로 포커스를 옮김
■ + E	'파일 탐색기'를 실행함
■ + I	'설정' 창을 표시함
■ + R	'실행' 창을 나타냄
■ + . / ■ + ;	이모지(그림 문자) 열기
■ + ,	바탕 화면 임시 미리 보기
■ + Pause/Break	[설정] → [시스템] → [정보] 창을 나타냄

02 파일 시스템 - NTFS
24.상시, 22.상시, 21.상시, 19.2, 18.1, 14.2, 12.1, 10.1, 09.2, 05.1

- 성능, 보안, 디스크 할당, 안정성, 속도 면에서 FAT 파일 시스템에 비해 뛰어난 고급 기능을 제공한다.
- 시스템 리소스 사용을 최소화한다.
- 파일 및 폴더에 대한 액세스 제어를 유지하고 제한된 계정을 지원한다.
- 최대 볼륨 크기는 256TB이며, 파일 크기는 볼륨 크기에 의해서만 제한된다.
- 비교적 큰 오버헤드가 있기 때문에 400MB 이상의 볼륨에서 사용하면 효과적이다.

24.상시, 23.상시, 22.상시, 21.상시, 20.2, 15.3, 15.1, 05.1, 04.4, 03.4

04 바로 가기 아이콘(단축 아이콘)

- 자주 사용하는 문서나 앱을 빠르게 실행시키기 위한 아이콘으로, 원본 파일의 위치 정보를 가지고 있다.
- 바로 가기 아이콘은 '단축 아이콘'이라고도 하며, 폴더나 파일, 디스크 드라이브, 다른 컴퓨터, 프린터 등 모든 개체에 대해 작성할 수 있다.
- 바로 가기 아이콘은 왼쪽 하단에 화살표 표시가 있어 일반 아이콘과 구별된다.
- 바로 가기 아이콘은 원본 파일이 있는 위치와 관계없이 만들 수 있다.
- 바로 가기 아이콘의 확장자는 LNK이며, 컴퓨터에 여러 개 존재할 수 있다.
- 하나의 원본 파일에 대해 여러 개의 바로 가기 아이콘을 만들 수 있으나, 하나의 바로 가기 아이콘에는 하나의 원본 파일만 지정할 수 있다.
- 바로 가기 아이콘을 삭제·이동하더라도 원본 파일은 삭제·이동되지 않는다.
- 원본 파일을 삭제하면 해당 파일의 바로 가기 아이콘은 실행되지 않는다.
- 바로 가기 아이콘의 '속성' 대화상자
  - 바로 가기 아이콘의 파일 형식, 설명, 위치, 크기, 만든 날짜, 수정한 날짜, 액세스한 날짜, 연결된 항목의 정보(대상 파일, 형식, 위치 등) 등을 확인할 수 있음
  - 바로 가기 키, 아이콘, 연결된 항목을 변경할 수 있음

25.상시, 22.상시, 20.상시, 20.1, 18.상시, 14.1, 03.4

05 작업 표시줄

- 작업 표시줄은 현재 실행되고 있는 앱 단추와 앱을 빠르게 실행하기 위해 등록한 고정 앱 단추 등이 표시되는 곳으로서, 기본적으로 바탕 화면의 맨 아래쪽에 있다.
- 작업 표시줄은 [■(시작)] 단추, 검색 상자, 작업 보기, 앱 단추가 표시되는 부분, 알림 영역(표시기), '바탕 화면 보기' 단추로 구성된다.
- 작업 표시줄은 위치를 변경하거나 크기를 조절할 수 있다. 단, 크기는 화면의 1/2까지만 늘릴 수 있다.
- 작업 표시줄 오른쪽의 알림 영역에 표시할 앱 아이콘과 시스템 아이콘을 설정할 수 있다.
- **작업 표시줄 잠금** : 작업 표시줄을 포함하여 작업 표시줄에 있는 도구 모음의 크기나 위치를 변경하지 못하도록 함
- **데스크톱/태블릿 모드에서 작업 표시줄 자동 숨기기** : 데스크톱/태블릿 모드에서 작업 표시줄이 있는 위치에 마우스를 대면 작업 표시줄이 나타나고 마우스를 다른 곳으로 이동하면 작업 표시줄이 사라짐
- **작은 작업 표시줄 단추 사용** : 작업 표시줄의 앱 단추들이 작은 아이콘으로 표시됨
- **작업 표시줄 끝에 있는 바탕 화면 보기 단추로 마우스를 이동할 때 미리 보기를 사용하여 바탕 화면 미리 보기** : 작업 표시줄의 오른쪽 끝에 있는 [바탕 화면 보기] 단추 위에 마우스 포인터를 놓으면 바탕 화면이 일시적으로 표시됨
- **화면에서의 작업 표시줄 위치** : 작업 표시줄의 위치를 왼쪽, 위쪽, 오른쪽, 아래쪽 중에서 선택함

24.상시, 23.상시

06 가상 데스크톱

- 바탕 화면을 여러 개 만들어 바탕 화면별로 필요한 앱을 실행해 놓고 바탕 화면을 전환하면서 작업할 수 있다.
- 가상 데스크톱이 생성되면 작업 보기 화면 위쪽에 데스크톱 아이콘이 표시된다.
- 데스크톱 아이콘에 마우스를 놓으면 해당 데스크톱에서 현재 작업 중인 앱이 표시된다.
- 작업 보기 화면에서 원하는 데스크톱을 선택하여 이동할 수 있다.
- 작업 보기 화면에서 현재 작업 중인 앱을 드래그하여 다른 데스크톱으로 이동할 수 있다.
- 제거된 가상 데스크톱에서 작업 중이던 앱은 이전 가상 데스크톱으로 이동된다.
- 시스템을 재시작하더라도 가상 데스크톱은 제거되지 않고 남아 있다.

생성
- **방법1** : 작업 보기 화면 좌측 상단에서 〈+ 새 데스크톱〉 클릭
- **방법2** : Ctrl + ■ + D

제거
- **방법1** : 작업 보기 화면에서 제거할 가상 데스크톱의 '✕(닫기)' 단추 클릭
- **방법2** : Ctrl + ■ + F4

25.상시, 24.상시, 23.상시

07 시작 메뉴

- 시작 메뉴는 작업 표시줄의 가장 왼쪽에 있는 [■(시작)] 단추를 눌렀을 때 나타나는 메뉴이다.
- 시작 메뉴에는 Windows 10에 설치된 앱들이 메뉴 형태로 등록되어 있다.
- 시작 메뉴를 표시하는 바로 가기 키는 ■ 또는 Ctrl + Esc 이다.
- 시작 메뉴에 있는 앱의 크기를 조절하거나 그룹화할 수 있고, 타일을 이동할 수도 있다.
- 시작 메뉴를 화면 전체에 표시하려면 [■(시작)] → [⚙(설정)] → [개인 설정] → [시작]에서 '전체 시작 화면 사용'을 지정한다.
- 시작 메뉴에 등록된 앱을 삭제하려면 앱의 바로 가기 메뉴에서 [제거]를 선택한다.
- 시작 메뉴의 앱이 설치되어 있는 위치 확인 방법 : 앱의 바로 가기 메뉴에서 [자세히] → [파일 위치 열기] 선택 → 앱의 바로 가기 아이콘의 바로 가기 메뉴에서 [파일 위치 열기] 선택

25.상시, 24.상시, 22.상시, 21.상시, 20.1, 14.3, 09.1, 08.1, 07.1, 04.1

08 폴더 옵션

- 파일이나 폴더의 보기 형식, 검색 방법 등에 대한 설정을 변경한다.
- '폴더 옵션' 대화상자의 탭별 기능

일반	• 파일 탐색기가 열렸을 때의 기본 위치를 '즐겨찾기'나 '내 PC' 중에서 선택할 수 있음 • 새로 여는 폴더의 내용을 같은 창에서 열리거나 다른 창에 열리도록 지정할 수 있음 • 웹을 사용하는 것처럼 바탕 화면이나 파일 탐색기에서도 파일을 한 번 클릭하면 실행되도록 설정할 수 있음 • 즐겨찾기에 최근에 사용된 파일이나 폴더의 표시 여부를 지정함 • 파일 탐색기의 즐겨찾기에 표시된 최근에 사용한 파일 목록을 지울 수 있음
보기	• 탐색 창에 라이브러리의 표시 여부를 지정함 • 메뉴 모음의 항상 표시 여부를 지정함 • 숨김 파일이나 폴더의 표시 여부를 지정함 • 알려진 파일 형식의 파일 확장명 표시 여부를 지정함 • 보호된 운영체제 파일의 숨김 여부를 지정함 • 폴더 팁에 파일 크기 정보의 표시 여부를 지정함
검색	• 폴더에서 시스템 파일을 검색할 때 색인을 사용할지 여부를 지정함 • 색인되지 않은 위치 검색 시 포함할 대상을 지정함

25.상시, 24.상시, 23.상시, 22.상시, 21.상시, 19.1, 12.2, 04.3, 03.2

09 파일과 폴더

파일/폴더 선택

연속적인 항목 선택	첫 번째 항목을 클릭한 후 Shift를 누른 상태에서 마지막 항목 클릭
비연속적인 항목 선택	Ctrl을 누른 상태에서 선택할 항목을 차례로 클릭
전체 항목 선택	Ctrl + A

파일/폴더 복사 및 이동

	복사	이동
같은 드라이브	Ctrl을 누른 상태에서 마우스로 드래그 앤 드롭	마우스로 드래그 앤 드롭
다른 드라이브	마우스로 드래그 앤 드롭	Shift를 누른 상태에서 마우스로 드래그 앤 드롭

25.상시, 24.상시, 23.상시, 22.상시, 21.상시, 18.2, 17.2, 17.1, 14.2, 11.3, 10.2, 09.4, 07.1, 05.2, …

10 파일 탐색기의 검색 상자

- 파일 탐색기에서 찾으려는 내용을 검색 상자에 입력하고 Enter를 누르면 리본 메뉴에 검색 필터를 설정할 수 있는 [검색] 탭이 생성되고 검색이 수행된다.
- 파일 탐색기에서 F3이나 Ctrl + F를 누르면 검색 상자로 포커스가 옮겨진다.
- 기본적으로 검색 상자에 입력한 내용이 포함된 파일이나 폴더 등이 검색되고, 내용 앞에 '-'을 붙이면 해당 내용이 포함되지 않은 파일이나 폴더가 검색된다.
- 데이터를 검색한 후 검색 기준을 저장할 수 있으며, 저장된 검색 기준을 열면 해당 기준으로 데이터를 검색하여 표시한다.
- 색인 위치를 지정하여 더 빠른 속도로 검색할 수 있다.
- 수정한 날짜, 크기, 종류 등과 같은 속성을 이용하여 파일을 검색할 수 있다.

23.상시, 22.상시, 21.상시, 19.상시, 18.상시, 17.2, 15.3, 13.3, 12.3, 11.2, 10.1, …

11 휴지통

- 삭제된 파일이나 폴더가 임시 보관되는 장소이다.
- 기본적으로 드라이브 용량의 5%~10% 범위 내에서 시스템이 자동으로 설정하지만 사용자가 원하는 크기를 MB 단위로 지정할 수 있다.
- 휴지통은 아이콘을 통하여 휴지통이 비워진 경우(🗑)와 들어있는 경우(🗑)를 구분할 수 있다.
- 휴지통은 하드디스크 드라이브마다 한 개씩 만들 수 있다.
- 휴지통의 용량을 초과하면 가장 오래 전에 삭제된 파일부터 자동으로 지워진다.
- 휴지통에 보관된 파일이나 폴더는 복원할 수 있지만 복원하기 전에는 사용하거나 이름을 변경할 수 없다.
- 휴지통에 보관되지 않는 경우
  - DOS 모드(명령 프롬프트), 네트워크 드라이브, USB 메모리에서 삭제된 항목
  - Shift를 누른 채 삭제 명령을 실행한 경우
  - 휴지통 속성에서 '파일을 휴지통에 버리지 않고 삭제할 때 바로 제거'를 선택한 경우
  - 휴지통 속성에서 최대 크기를 0MB로 지정한 경우
  - 같은 이름의 항목을 복사/이동 작업으로 덮어쓴 경우

12 휴지통 속성

- 휴지통의 크기를 드라이브마다 다르게 설정할 수 있고, 모두 같은 크기로 설정할 수도 있다.
- 파일이나 폴더를 삭제할 때 휴지통을 거치지 않고 바로 삭제하도록 설정할 수 있다.
- '삭제 확인 대화 상자 표시'를 선택하여 파일이나 폴더가 삭제될 때마다 확인 대화상자가 표시되도록 설정할 수 있다.

13 휴지통 복원

- 방법 1 : [관리] → [휴지통 도구] → [복원] → [모든 항목 복원/선택한 항목 복원] 클릭
- 방법 2 : 바로 가기 메뉴에서 [복원] 선택
- 방법 3 : 원하는 위치로 드래그
- 방법 4 : [홈] → [클립보드] → [잘라내기], 복원할 위치를 선택한 후 [홈] → [클립보드] → [붙여넣기]
- 방법 5 : Ctrl + X (잘라내기) 누른 후 복원한 위치를 선택하고 Ctrl + V (붙여넣기) 누름

  ※ 복사는 불가능하나 잘라내기는 가능

14 Windows 보조프로그램

메모장	- 특별한 서식이 필요 없는 간단한 텍스트(ASCII 형식) 파일을 작성할 수 있는 문서 작성 앱
	- 텍스트(.TXT) 형식의 문서만 열거나 저장할 수 있음
	- 문서 전체에 대해서만 글꼴의 종류, 속성, 크기를 변경할 수 있음
	- 그림, 차트 등의 OLE 개체를 삽입할 수 없음
	- ANSI, 유니코드, UTF-8 등의 인코딩 형식으로 저장할 수 있음
	- 문서의 첫 행 맨 왼쪽에 대문자로 .LOG라고 입력하면 메모장을 열 때마다 현재의 시간과 날짜를 문서의 끝에 표시함
	- 주요 메뉴
	  – 이동 : 줄(행)을 기준으로 커서를 이동할 수 있지만 '자동 줄 바꿈'이 해제된 상태에서만 사용 가능
	  – 시간/날짜 : 커서가 있는 위치에 현재 시간과 날짜 입력
	  – 자동 줄 바꿈 : 창 가로 크기에 맞게 텍스트를 표시하고 다음 줄로 넘김

그림판	- 간단한 그림을 작성하거나 수정하기 위한 보조 앱 - 기본 저장 형식은 PNG이며, BMP, GIF, TIF, JPG, HEIC 형식으로도 저장할 수 있음 - 그림판에서 편집한 그림을 다른 문서에 붙여넣거나 Windows 바탕 화면의 배경으로 사용할 수 있음 - Shift 를 누른 상태에서는 수평선, 수직선, 45°의 대각선, 정사각형, 정원을 그릴 수 있음 - 그림의 크기 조정 및 회전, 대칭 이동 등의 편집이 가능함

15 유니버설 앱

스티커 메모	포스트잇처럼 바탕 화면에 메모지를 추가하여 간단한 내용을 입력하는 앱 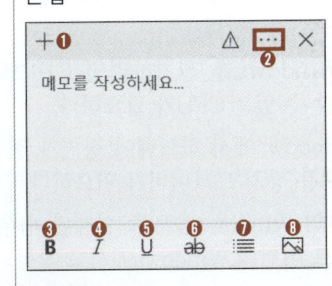 ❶ 새 메모 ❷ 메모 색상 변경, 노트 목록, 노트 삭제 ❸ 굵게 ❹ 기울임꼴 ❺ 밑줄 ❻ 취소선 ❼ 글머리 기호 전환 ❽ 이미지 추가
캡처 및 스케치	- 화면의 특정 부분 또는 전체를 캡처하여 JPG, PNG, GIF 파일로 저장하는 앱 - 캡처 유형에는 사각형, 자유형, 창, 전체 화면이 있음 - 볼펜, 연필, 형광펜, 지우개, 눈금자 또는 각도기를 이용하여 캡처한 이미지에 필요한 정보를 추가할 수 있음 - 캡처 옵션에는 '지금 캡처, 3초 후 캡처, 10초 후 캡처'가 있음 - 캡처한 이미지를 그림판, 사진 등의 다른 앱으로 열어서 추가 작업을 할 수 있음 - 바로 가기 키 : ■+Shift+S
빠른 지원	- 다른 사용자의 컴퓨터에 접속하여 원격 지원을 하거나, 내 컴퓨터에 접속한 다른 사용자로부터 원격 지원을 받을 수 있도록 하는 앱 - 내 컴퓨터의 마우스와 키보드로 다른 사용자 컴퓨터를 제어하는 동안 다른 사용자도 화면을 보면서 마우스와 키보드를 조작할 수 있음 - 원격 지원을 하는 자는 마이크로소프트 계정으로 로그인 해야하고, 원격 지원을 받는 자는 로그인 하지 않아도 됨 - '공유 옵션'에는 '모든 권한 가지기'와 '화면 보기'가 있음

1장 대표기출문제

1. 다음 중 32비트 및 64비트 버전의 Windows OS에 관한 설명으로 옳지 않은 것은? 23.상시, 21.상시, 16.1, 12.1

① 64비트 버전의 Windows에서는 대용량 RAM을 32비트 시스템보다 효과적으로 처리한다.
② 64비트 버전의 Windows를 설치하려면 64비트 버전의 Windows를 실행할 수 있는 CPU가 필요하다.
③ 64비트 버전의 Windows에서 하드웨어 장치가 정상적으로 동작하려면 64비트용 장치 드라이버가 필요하다.
④ 앱이 64비트 버전의 Windows용으로 설계된 경우 호환성 유지를 위해 32비트 버전의 Windows에서도 작동되도록 설계되어 있다.

> 64비트 버전의 Windows용으로 설계된 앱은 32비트 버전의 Windows에서 작동되지 않습니다.

2. 다음 중 NTFS 파일 시스템에 관한 설명으로 옳지 않은 것은? 22.상시, 21.상시, 12.1

① 파일 및 폴더에 대한 액세스 제어를 유지하고 제한된 계정을 지원한다.
② FAT32 파일 시스템보다 성능, 보안, 안전성이 높다.
③ 모든 디스크 드라이브에서 사용할 수 있는 범용 파일 시스템이다.
④ 파일 크기는 볼륨 크기에 의해서만 제한된다.

> NTFS는 윈도우 전용 파일 시스템으로 모든 디스크 드라이브에서 사용할 수는 없습니다.

3. 다음 중 Windows 10의 바로 가기 키에 대한 설명으로 옳은 것은? 24.상시, 22.상시

① `Alt` + `Enter` : 선택된 항목의 속성 창을 호출함
② `Alt` + `Print Screen` : 현재 활성화된 창을 인쇄함
③ `Ctrl` + `Esc` : 열려 있는 창을 닫음
④ `Ctrl` + `Tab` : 시작 메뉴를 표시함

> ② `Alt` + `Print Screen` : 현재 작업 중인 활성 창을 클립보드로 복사함
> ③ `Ctrl` + `Esc` : [시작] 메뉴를 표시함
>   `Alt` + `F4` : 열려 있는 창을 닫음
> ④ `Ctrl` + `Tab` : 다음 탭으로 이동함

4. 다음 중 한글 Windows 10에서 바로 가기 아이콘의 [속성] 대화상자에 대한 설명으로 옳지 않은 것은? 23.상시, 22.상시, 21.상시, 15.1

① 대상 파일이나 대상 형식, 대상 위치 등에 관한 연결된 항목의 정보를 확인할 수 있다.
② 연결된 항목을 바로 열 수 있는 바로 가기 키를 지정할 수 있다.
③ 연결된 항목의 디스크 할당 크기를 확인할 수 있다.
④ 바로 가기 아이콘을 만든 날짜와 수정한 날짜, 액세스한 날짜 등을 확인할 수 있다.

> '속성' 대화상자의 '일반' 탭에 있는 '디스크 할당 크기'는 바로 가기 아이콘의 크기입니다. 연결된 항목의 디스크 할당 크기는 해당 항목의 '속성' 대화상자에서 확인할 수 있습니다.

5. 다음 중 한글 Windows 10의 작업 표시줄에 대한 설명으로 옳지 않은 것은? 22.상시

① 작업 표시줄을 자동으로 숨길 것인지의 여부를 선택할 수 있다.
② 바탕 화면 아이콘을 표시할 수 있다.
③ 화면에서 작업 표시줄의 위치를 설정할 수 있다.
④ 알림 영역에 표시할 아이콘을 설정할 수 있다.

> 바탕 화면의 아이콘은 [■](시작) → [⚙](설정) → [개인 설정] → [테마] → [바탕 화면 아이콘 설정]을 클릭하여 표시할 수 있습니다.

6. 다음 중 한글 Windows 10의 작업 보기와 가상 데스크톱에 대한 설명으로 옳지 않은 것은? 23.상시

① 작업 보기 화면 상단에 표시된 가상 데스크톱에 마우스를 가져가면 해당 데스크톱에서 작업중인 앱이 표시된다.
② ■+`Tab`을 누르거나 작업 표시줄의 작업 보기 아이콘(▣)을 클릭하여 작업 보기 화면을 표시할 수 있다.
③ 가상 데스크톱을 제거한 경우 제거된 가상 데스크톱에서 작업 중인 앱은 자동으로 삭제된다.
④ 작업 보기 화면에서 현재 작업 중인 앱을 마우스로 드래그하여 다른 가상 데스크톱으로 이동할 수 있다.

> 가상 데스크톱을 제거하면 제거된 가상 데스크톱에서 작업 중이던 앱은 이전 가상 데스크톱으로 이동합니다.

7. 다음 중 한글 Windows 10의 시작 메뉴에 대한 설명으로 옳지 않은 것은? 25.상시, 24.상시

① 시작 메뉴에 있는 앱의 바로 가기 메뉴에서 [제거]를 이용하면 해당 앱을 제거할 수 있다.
② 시작 메뉴에 있는 앱이 설치되어 있는 실제 위치를 확인하려면 앱의 바로 가기 메뉴에서 '파일 위치 열기'를 클릭한다.
③ 시작 메뉴에 있는 앱의 크기를 조절하거나 타일을 이동하고 앱을 그룹화 할 수 있다.
④ [시작] → [설정] → [개인 설정] → [시작]에서 '전체 시작 화면 사용'을 켜면 화면 전체에 시작 메뉴가 표시된다.

> • 시작 메뉴에 있는 앱의 바로 가기 메뉴에서 [자세히] → [파일 위치 열기]를 선택하면 앱이 실제 설치된 폴더가 아닌 바로 가기 아이콘이 설치되어 있는 폴더가 열립니다.
> • 이 폴더에 있는 바로 가기 아이콘의 바로 가기 메뉴에서 [파일 위치 열기]를 선택해야 앱이 실제 설치되어 있는 폴더가 열립니다.

정답 1.④ 2.③ 3.① 4.③ 5.② 6.③ 7.②

8. 다음 중 한글 Windows 10의 [폴더 옵션] 대화상자에서 설정할 수 있는 작업으로 옳지 않은 것은?
24.상시, 22.상시

① [숨김 파일, 폴더 또는 드라이브 표시 안 함]을 선택할 수 있다.
② [라이브러리의 항목 삭제]를 선택할 수 있다.
③ [알려진 파일 형식의 파일 확장명 숨기기]를 선택할 수 있다.
④ [폴더 팁에 파일 크기 정보 표시]를 선택할 수 있다.

> '폴더 옵션' 대화상자의 '보기' 탭에서 제공하는 '고급 설정' 항목은 '라이브러리의 항목 삭제'가 아니라 '라이브러리 표시'입니다.

9. 다음 중 한글 Windows 10의 '폴더 옵션' 대화상자에서 설정할 수 있는 작업으로 옳지 않은 것은?
25.상시, 24.상시

① 알려진 파일 형식의 파일 확장명 숨기기를 설정할 수 있다.
② 숨김 파일이나 폴더의 표시 여부를 설정할 수 있다.
③ 공유 폴더에 액세스 할 때 필요한 계정과 암호를 설정할 수 있다.
④ 모든 폴더에 현재 보기(자세히 또는 아이콘)를 적용할 수 있다.

> '폴더 옵션' 대화상자에서는 공유 폴더에 액세스 할 때 필요한 계정과 암호는 설정할 수 없습니다.

10. 다음 중 파일이나 폴더를 복사하는 방법으로 옳지 않은 것은?
23.상시, 22.상시

① 같은 드라이브에서 다른 위치로 파일이나 폴더를 복사하려면 Shift를 누른 채 파일이나 폴더를 다른 드라이브로 끌어다 놓는다.
② 파일이나 폴더를 선택하고 Ctrl + C를 누른 후 복사할 위치에서 Ctrl + V를 누른다.
③ 다른 드라이브로 파일이나 폴더를 복사하려면 아무것도 누르지 않은 채 파일이나 폴더를 끌어다 놓는다.
④ 파일이나 폴더를 선택하고 바로 가기 메뉴에서 [복사]를 선택한 후 복사할 위치에서 바로 가기 메뉴의 [붙여넣기]를 선택한다.

> 같은 드라이브에서 다른 위치로 파일이나 폴더를 복사하려면 Ctrl을 누른 채 파일이나 폴더를 다른 드라이브로 끌어다 놓아야 합니다.

11. 다음 중 [파일 탐색기]의 검색 도구에 대한 설명으로 옳지 않은 것은?
25.상시, 24.상시, 23.상시

① 수정한 날짜를 이용하여 지난 주에 수정한 파일들을 검색할 수 있다.
② 파일의 크기를 선택하여 검색할 수 있다.
③ 파일의 종류를 선택하여 검색할 수 있다.
④ 파일 특성이 '읽기 전용'인 파일들을 검색할 수 있다.

> '파일 탐색기'의 [검색 도구] → [검색] 탭에는 읽기 전용, 숨김 등 파일 특성을 지정하여 검색할 수 있는 도구가 없습니다.

12. 다음 중 한글 Windows 10에서 마우스의 끌어놓기(Drag & Drop) 기능을 이용하여 할 수 있는 작업으로 옳지 않은 것은?
25.상시, 23.상시, 22.상시, 21.상시

① 파일을 마우스로 선택한 후 동일한 드라이브의 다른 폴더로 끌어서 놓으면 이동이 된다.
② 파일을 마우스로 선택한 후 다른 드라이브의 임의의 폴더로 끌어서 놓으면 복사가 된다.
③ 파일을 마우스로 선택한 후 Ctrl을 누른 채 동일한 드라이브의 다른 폴더로 끌어서 놓으면 복사가 된다.
④ USB에 저장되어 있는 파일을 C 드라이브로 끌어서 놓으면 이동이 된다.

> USB에 저장되어 있는 파일을 C 드라이브로 끌어서 놓으면 복사가 됩니다. 이동시키려면 Shift를 누른 채 파일을 끌어서 놓아야 합니다.

13. 다음 중 한글 Windows 10에서 파일과 폴더의 삭제에 대한 설명으로 옳지 않은 것은?
22.상시, 11.2, 05.4

① 네트워크 드라이브, USB 메모리에서 삭제한 파일은 휴지통에 보관되지 않는다.
② Shift를 누른 상태에서 폴더를 선택하여 휴지통으로 드래그하면 휴지통에 보관되지 않는다.
③ 폴더를 선택하고 Shift를 누른 상태에서 Delete를 눌러 삭제하면 휴지통에 보관되지 않는다.
④ [명령 프롬프트] 창에서 삭제한 파일은 휴지통에 보관된다.

> [명령 프롬프트] 창에서 삭제한 파일은 휴지통에 보관되지 않습니다.

14. 다음 중 휴지통의 속성 대화상자에서 설정할 수 없는 것은?
25.상시, 23.상시

① 각 드라이브마다 휴지통의 크기를 MB 단위로 다르게 설정할 수 있다.
② 파일을 삭제할 때 휴지통을 거치지 않고 바로 삭제하도록 설정할 수 있다.
③ 파일을 삭제할 때마다 확인 대화상자가 표시되도록 설정할 수 있다.
④ 휴지통에 지정된 최대 크기를 초과하면 자동으로 휴지통 비우기를 실행하도록 설정할 수 있다.

> 휴지통 속성 대화상자에서 휴지통을 자동으로 비우는 기능은 제공하지 않습니다.

1장 대표기출문제

15. 다음 중 한글 Windows 10의 [휴지통]에 보관된 파일을 복원하는 방법으로 옳지 않은 것은? 23.상시, 22.상시

① 휴지통을 열고 복원할 파일의 바로 가기 메뉴에서 [잘라내기]를 선택한 후 바탕 화면의 바로 가기 메뉴에서 [붙여넣기]를 선택한다.
② 휴지통을 열고 복원할 파일의 바로 가기 메뉴에서 [복원]을 선택한다.
③ 휴지통을 열고 복원할 파일을 선택한 후 원하는 위치로 드래그 앤 드롭한다.
④ 휴지통의 모든 파일을 복원하려면 휴지통의 바로 가기 메뉴에서 [전체 복원하기]를 선택한다.

> 휴지통의 바로 가기 메뉴에는 복원과 관련된 항목이 없습니다. 휴지통의 모든 파일을 복원하려면 휴지통을 열고 [관리] → [휴지통 도구] → [복원] → [모든 항목 복원]을 클릭해야 합니다.

16. 다음 중 스티커 메모의 아이콘 기능에 대한 설명으로 옳은 것은? 25.상시

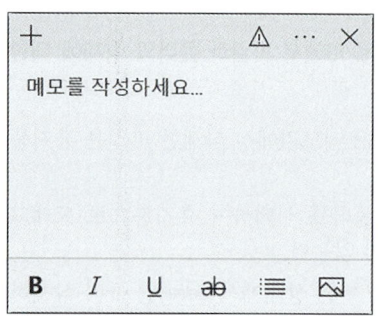

① ⊞ : 메모 연결
② ☰ : 목록 확인
③ ab : 메모 삭제
④ ⋯ : 메모 색상 변경, 노트 목록

> ① ⊞ : 새 메모
> ② ☰ : 글머리 기호 전환
> ③ ab : 취소선

17. 다음 중 Windows 10의 [그림판]에 대한 내용으로 옳지 않은 것은? 23.상시, 22.상시

① 그림판에서 그림을 그린 다음 다른 문서에 붙여넣거나 바탕 화면 배경으로 사용할 수 있다.
② JPG, GIF, BMP와 같은 그림 파일도 그림판에서 작업할 수 있다.
③ [레이어]를 이용하면 여러 사진을 추가하여 합성할 수 있다.
④ 선택한 영역을 대칭으로 이동시킬 수 있다.

> 그림판은 간단한 그림을 그리거나 수정하기 위한 앱입니다. 레이어와 같은 고급 그래픽 기능을 사용하려면 포토샵 같은 전문 그래픽 앱을 설치해서 사용해야 합니다.

18. 다음 중 한글 Windows 10에서 [빠른 지원]에 관한 설명으로 옳지 않은 것은? 25.상시, 23.상시, 22.상시, 21.상시

① 다른 위치에 있는 상대방이 Windows와 같이 호환되는 운영체제가 실행되는 컴퓨터에서 사용자 컴퓨터를 편리하게 연결하여 문제를 해결할 수 있다.
② 원격 접속을 지원할 사용자가 '빠른 지원' 대화상자에서 〈다른 사람 지원〉을 클릭하면 보안 코드 숫자 6자리가 화면에 표시된다.
③ '공유 옵션'에는 '모든 권한 가지기'와 '화면 보기'가 있다.
④ 원격 접속을 지원할 사용자는 마이크로소프트 계정으로 로그인 하지 않아도 되지만 지원 받는 사용자는 마이크로소프트 계정으로 로그인해야 한다.

> 원격 접속을 지원하는 사용자는 마이크로소프트 계정으로 로그인해야 하고, 지원 받는 사용자는 마이크로소프트 계정으로 로그인하지 않아도 됩니다.

정답 15.④ 16.④ 17.③ 18.④

1과목 컴퓨터 일반
핵심요약 & 대표기출문제
2장 | 한글 Windows 10의 고급 기능

01 [설정] → [시스템]

디스플레이	• 화면에 표시되는 텍스트나 앱, 아이콘 등의 크기를 변경함 • 디스플레이의 해상도나 방향을 변경함 • 야간 모드의 사용 여부 및 켜기/끄기 시간을 지정함
저장소	• 하드디스크에서 불필요한 앱이나 임시 파일 등을 제거하여 사용 공간을 확보할 때 사용함 • 저장소 센스 구성 또는 지금 실행 : 저장소 센스는 기본적으로 하드디스크 공간이 부족할 때 실행되지만 매일, 매주, 매월 단위로 저장소 센스가 실행되도록 설정할 수 있음 • 임시 파일 : 업데이트 파일, 휴지통, 임시 인터넷 파일 등의 임시 파일을 확인 및 제거할 수 있음 • 다른 드라이브의 저장소 사용량 보기 : 컴퓨터에 설치되어 있는 모든 드라이브의 사용 현황을 확인하거나 임시 파일 등을 삭제할 수 있음 • 새 콘텐츠가 저장되는 위치 변경 : 기본적으로 저장되는 위치는 '로컬 디스크 (C:)'이며, 변경할 수 있음 • 백업 옵션 보기 : 파일을 OneDrive에 백업, 파일 기록을 사용하여 백업, 이전 백업 등 백업 옵션을 지정할 수 있음
태블릿	• 일반 PC를 태블릿처럼 사용할 수 있도록 설정함 ※ **태블릿(Tablet)** : 터치 스크린 기능이 장착되어 펜으로 기기를 조작할 수 있는 컴퓨터 • 태블릿 모드를 설정해도 키보드와 마우스를 사용할 수 있음
정보	• 시스템에 연결된 하드웨어 및 Windows 사양 등을 확인하거나 컴퓨터 이름을 변경함 • 장치 사양 : 장치 이름, 프로세서(CPU) 종류, 메모리(RAM) 크기, 장치 ID, 제품 ID, 시스템 종류, 펜 및 터치 등 • Windows 사양 : 에디션, 버전, 설치 날짜, OS 빌드, 경험 등

잠깐만요 다중 디스플레이
• 하나의 컴퓨터에 두 개 이상의 모니터를 연결하는 것입니다.
• 각 모니터마다 해상도와 방향을 다르게 설정할 수 있고, 원하는 모니터를 주모니터로 설정할 수 있습니다.
• 한 모니터에서는 웹 작업, 다른 모니터에서는 문서 작성 등 모니터마다 다른 작업을 수행할 수 있도록 지정할 수 있습니다.
• 복수 모니터를 개별 그래픽 어댑터 또는 복수 출력을 지원하는 단일 어댑터에 연결할 수 있습니다.

02 [설정] → [개인 설정]

배경	• 바탕 화면의 배경이 표시되는 방식을 지정함 • Windows에서 제공하는 이미지나 GIF, BMP, JPEG, PNG 등의 사용자 이미지 중에서 원하는 그림 파일을 선택하여 지정함 • 바탕 화면에 놓일 배경 그림의 맞춤 방식을 지정함
잠금 화면	• 잠금 화면에 표시할 앱이나 배경을 사진이나 슬라이드 쇼 등으로 지정함 • 잠금 화면에 알림을 표시할 앱을 선택함 • 잠금 화면에서 세부 상태를 표시할 앱을 하나만 선택할 수 있음 • 화면 보호기를 지정함
테마	• 컴퓨터의 배경 그림, 색, 소리, 마우스 커서 등 Windows를 구성하는 여러 요소를 하나의 그룹으로 묶어 놓은 것으로, 다른 테마로 변경할 수 있음 • 바탕 화면 아이콘 설정 : 바탕 화면의 기본 아이콘인 컴퓨터, 휴지통, 문서, 제어판, 네트워크의 표시 여부를 지정함

글꼴	• 글꼴 폴더에는 OTF나 TTC, TTF, FON 등의 확장자를 갖는 글꼴 파일이 설치되어 있음 • 글꼴이 설치되어 있는 폴더의 위치는 'C:\Windows\Fonts'임 • 설치된 글꼴은 대부분의 앱에서 사용할 수 있음 • 트루타입(TrueType)과 오픈타입(OpenType) 글꼴을 제공함
시작	시작 메뉴에 표시되는 앱 목록, 최근에 추가한 앱, 가장 많이 사용하는 앱 등을 지정하거나 시작 메뉴에 표시할 폴더를 선택할 수 있음

잠깐만요 [제어판] → [글꼴] → [글꼴 설정]
• 글꼴 표시 및 숨기기 : 입력 언어 설정을 지원하지 않는 글꼴의 표시 여부를 지정함
• 글꼴 설치 : 저장 공간 절약을 위해 글꼴 파일 대신 글꼴 파일에 대한 바로 가기 설치 여부를 지정함

03 [설정] → [접근성]

마우스 포인터	마우스 포인터의 크기 및 색을 변경함
텍스트 커서	텍스트 커서 표시기의 사용 여부를 지정하거나 텍스트 커서의 모양을 변경함
돋보기	• 화면에서 원하는 영역을 확대(100%~1600%)할 수 있도록 지정함 • Windows 로그인 전·후에 자동으로 돋보기가 시작되도록 설정할 수 있음
내레이터	• 내레이터가 화면에 나타나는 모든 텍스트를 소리 내어 읽어주도록 지정함 • 모든 사용자에 대해 Windows 로그인 전 내레이터를 사용하도록 설정할 수 있음 • 내레이터 켜기/끄기 : ⊞ + Ctrl + Enter
마우스	키보드 오른쪽의 숫자 키패드를 사용하여 화면의 마우스를 이동할 수 있도록 지정하는 마우스 키의 사용 여부를 지정함

04 백업 및 복구

백업	• 원본 데이터의 손실에 대비하여 중요한 데이터를 외부 저장장치에 저장해 두는 기능 • 백업 주기와 백업 유지 기간 등을 지정할 수 있음 • Windows 10은 파일 히스토리(File History)를 사용하여 파일을 백업함 • 백업된 데이터 복원 시 전체 또는 원하는 파일을 원래 위치나 원하는 위치로 복원할 수 있음
복구	• PC가 제대로 실행되지 않는 경우 PC를 초기화하거나 이전 버전의 Windows 10으로 되돌릴 때 사용함 • 이 PC 초기화 　- Windows를 다시 설치하여 PC를 초기화함 　- 사용자가 설치한 앱과 설정 내용이 모두 제거됨 　- 사용자의 개인 파일을 유지하거나 제거할 수 있음

05 [설정] → [장치] → [마우스]/[입력]

[(설정)] → [장치]는 컴퓨터에 연결된 외부 장치를 확인하거나 추가로 설치할 때 사용한다.

마우스	• 오른손잡이/왼손잡이에 맞게 마우스 단추의 기능을 설정함 • 휠을 한 번 돌리면 여러 줄(1~100) 또는 한 화면이 스크롤 되도록 설정함 • 활성창/비활성창 구분 없이 마우스 포인터가 가리키는 창이 스크롤 되도록 설정할 수 있음 • '추가 마우스 옵션'을 클릭하면 실행되는 '마우스 속성' 대화상자에서 세부 기능을 설정할 수 있음
입력	• 추천 단어의 표시 여부를 설정함 • 틀린 단어 자동 고침의 사용 여부를 설정함 • 입력 중인 인식 언어를 기준으로 텍스트 제안 표시 여부를 설정함

06 장치 관리자

- 컴퓨터에 설치되어 있는 하드웨어의 종류 및 작동 여부를 확인하고 속성을 변경하거나 업데이트할 수 있다.
- 아래 방향 화살표가 표시된 장치는 사용되지 않음을 나타낸다.
- 물음표가 표시된 장치는 알 수 없는 장치(미설치된 장치)를 나타낸다.
- 느낌표가 표시된 장치는 정상적으로 동작하지 않는 장치를 나타낸다.
- 각 장치의 속성을 이용하여 장치의 드라이버 파일이나 IRQ, DMA, I/O 주소, 메모리 주소 등을 확인하고 변경한다.
- **실행** [(시작)]의 바로 가기 메뉴에서 [장치 관리자] 선택

07 프린터

- Windows 10에서는 대부분의 프린터를 지원하므로 프린터를 컴퓨터에 연결하면 자동으로 설치된다.
- 프린터는 [(시작)] → [(설정)] → [장치] → [프린터 및 스캐너]에서 [프린터 또는 스캐너 추가]를 클릭하여 설치한다.
- 여러 개의 프린터를 한 대의 컴퓨터에 설치할 수 있고, 한 개의 프린터를 네트워크로 공유하여 여러 대의 컴퓨터에 설치할 수 있다.
- 프린터마다 개별적으로 이름을 붙여 설치할 수 있고, 이미 설치한 프린터를 다른 이름으로 다시 설치할 수도 있다.
- 네트워크 프린터를 설치하면, 다른 컴퓨터에 연결된 프린터를 내 컴퓨터에 연결된 프린터처럼 사용할 수 있다.
- 네트워크 프린터를 사용할 때는 프린터의 공유 이름과 프린터가 연결되어 있는 컴퓨터의 이름을 알아야 한다.
- 로컬 프린터 : 컴퓨터에 직접 연결되어 있는 프린터
- 네트워크 프린터 : 다른 컴퓨터에 연결되어 있는 프린터
- 로컬 프린터 설치 시 선택할 수 있는 포트에는 LPT1, LPT2, LPT3, COM1, COM2, COM3 등이 있고, 네트워크 프린터 설치 시에는 포트가 자동으로 지정된다.
- 기본 프린터
  - 인쇄 명령 수행 시 특정 프린터를 지정하지 않을 경우 자동으로 인쇄 작업이 전달되는 프린터
  - 기본 프린터는 하나만 지정할 수 있음
  - 현재 기본 프린터를 해제하려면 다른 프린터를 기본 프린터로 설정하면 됨
  - 프린터 이름 아래에 '기본값'이라고 표시되어 있음
  - 네트워크 프린터나 추가 설치된 프린터도 기본 프린터로 설정할 수 있음

08 스풀(Spool) 기능

- 저속의 출력장치인 프린터를 고속의 중앙처리장치(CPU)와 병행처리할 때, 컴퓨터 전체의 처리 효율을 높이기 위해 사용하는 기능이다.
- 스풀링은 인쇄할 내용을 먼저 하드디스크에 저장하고 백그라운드 작업으로 CPU의 여유 시간에 틈틈이 인쇄하기 때문에 프린터가 인쇄 중이라도 다른 앱을 실행하는 포그라운드 작업이 가능하다.
- 문서 전체 또는 일부를 스풀한 다음 인쇄를 시작하도록 설정할 수 있다.
- 스풀을 사용하면 사용하지 않았을 때보다 인쇄 속도는 느려진다.

09 인쇄 작업

- 문서를 인쇄하는 동안 작업 표시줄에 프린터 아이콘이 표시되며, 인쇄가 끝나면 없어진다.
- 프린터 속성 대화상자에서는 프린터 포트, 공유 설정 여부, 최대 해상도, 사용가능한 용지, 프린터 정보 등을 확인할 수 있다.
- 인쇄 작업이 시작된 문서도 중간에 강제로 종료시키거나, 잠시 중지시켰다가 다시 인쇄할 수 있다.
- 인쇄 대기중인 문서의 문서 이름, 인쇄 상태, 페이지 수, 크기 등 확인할 수 있다.
- 인쇄 대기중인 문서를 삭제하거나 순서를 임의로 조정할 수 있다.
- [프린터] → [모든 문서 취소]를 선택하면 스풀러에 저장된 모든 인쇄 작업이 삭제되며, [문서] → [취소]를 선택하면 선택되어 있던 인쇄 작업이 삭제된다.
- 인쇄 대기열에 대기중인 문서는 다른 프린터로 보낼 수 있지만 인쇄 중에 있거나 인쇄 중 오류가 발생한 인쇄 작업은 다른 프린터로 보낼 수 없다.
- 인쇄 작업 중 오류가 발생하면 해당 문서가 인쇄 대기열에서 없어질 때까지 이후의 모든 인쇄 작업이 보류된다.
- 현재 사용중인 프린터를 기본 프린터로 설정하거나 공유를 설정할 수 있다.

25.상시, 24.상시, 23.상시, 21.상시, 17.1, 10.3, 09.1, 03.1

10 드라이브 조각 모음 및 최적화

- 드라이브의 접근 속도를 향상시키기 위해 드라이브를 최적화하는 기능이다.
- 드라이브 미디어 유형이 HDD(Hard Disk Drive)인 경우 단편화(Fragmentation)로 인해 여기저기 분산되어 저장된 파일들을 연속된 공간으로 최적화시킨다.
- 드라이브 미디어 유형이 SSD(Solid State Drive)인 경우 트림(Trim) 기능을 이용하여 최적화시킨다.
- 드라이브에 대한 접근 속도를 향상시키기 위한 것으로, 드라이브의 용량 증가와는 관계가 없다.
- '드라이브 조각 모음 및 최적화'가 불가능한 경우
  - NTFS, FAT, FAT32 이외의 파일 시스템으로 포맷된 경우
  - CD/DVD-ROM 드라이브
  - 네트워크 드라이브
  - Windows가 지원하지 않는 형식으로 압축된 드라이브

23.상시, 22.상시, 21.상시, 12.1, 08.4, 07.1, 05.2, 03.1

11 디스크 정리

- 디스크의 여유 공간을 확보하기 위해 필요 없는 파일을 삭제하는 기능이다.
- 디스크 정리 대상
  - 다운로드된 프로그램 파일
  - 임시 인터넷 파일
  - Windows 오류 보고서 및 피드백 진단
  - DirectX 셰이더 캐시
  - 전송 최적화 파일
  - 휴지통
  - 임시 파일
  - 미리 보기 사진 등
- 〈시스템 파일 정리〉를 클릭하여 '기타 옵션' 탭을 추가하면 설치한 후 사용하지 않는 앱과 시스템 복원 지점을 제거하여 여유 공간을 확보할 수 있다.

23.상시, 16.2, 15.2, 14.1, 12.2, 12.1

12 작업 관리자

- 컴퓨터에서 현재 실행중인 앱과 프로세스에 대한 정보를 제공하고 응답하지 않는 앱을 종료할 때 사용한다.
- '작업 관리자' 대화상자의 탭별 기능

프로세스	현재 실행 중인 앱과 프로세스의 상태를 확인하고, 응답하지 않는 앱이나 프로세스를 종료할 수 있음
성능	CPU, 메모리, 디스크, 이더넷(네트워크), GPU의 자원 사용 현황을 그래프로 표시함
앱 기록	특정 날짜 이후의 앱별 리소스 사용량을 표시함
시작프로그램	Windows가 시작될 때 자동으로 실행되는 앱의 사용 여부를 지정함
사용자	• 현재 컴퓨터에 로그인되어 있는 모든 사용자를 보여줌 • 특정 사용자에게 메시지를 보내거나 강제로 로그아웃 시킬 수 있음
세부 정보	• 현재 실행 중인 프로세스에 대해 CPU 및 메모리 사용에 대한 자세한 정보를 표시함 • 현재 실행 중인 프로세스를 선택하여 종료할 수 있음
서비스	시스템의 서비스 항목을 확인하고 실행 여부를 지정함

22.상시, 21.상시, 18.2, 14.1, 13.2, 11.3, 09.4, 09.3, 08.3, 08.2, 07.4, 07.2, …

13 레지스트리(Registry)

- 컴퓨터에 설치된 모든 하드웨어와 소프트웨어의 실행 정보를 한 군데에 모아 관리하는 계층적인 데이터베이스이다.
- 레지스트리는 IRQ, I/O 주소, DMA 등과 같은 하드웨어 자원, 설치된 프로그램 및 속성 정보 같은 소프트웨어 자원을 관리한다.
- 레지스트리 정보는 Windows가 작동하는 동안 지속적으로 참조된다.
- 레지스트리의 내용은 기계어로 되어 있어 일반 문서 편집기로 확인할 수 없으며, 수정하려면 REGEDIT와 같은 레지스트리 편집 앱을 사용해야 한다.
- 레지스트리는 시스템과 사용자에 대한 중요한 정보를 가지고 있으므로 레지스트리에 문제가 있을 경우 시스템이 부팅되지 않을 수도 있다.
- 레지스트리의 정보는 삭제할 수 있으나 시스템에 이상이 생길 수 있으므로 함부로 삭제하지 않는 것이 좋다.
- 레지스트리 편집기 실행

  방법1 [⊞(시작)] → [Windows 관리 도구] → [레지스트리 편집기] 선택

  방법2 작업 표시줄의 검색 상자나 '실행(⊞+R)' 창에 **레지스트리 편집기** 또는 **Regedit**를 입력한 후 Enter를 누름

- 레지스트리 백업 : 레지스트리 편집기에서 [파일] → [내보내기]를 선택한 후 내보내기할 파일 이름 지정

24.상시, 23.상시, 22.상시, 21.상시

14 네트워크 및 인터넷

- 현재 설정되어 있는 기본 네트워크 정보를 확인하거나 네트워크 설정 사항을 변경할 수 있는 다양한 기능을 제공한다.
- **실행** [⊞(시작)] → [⚙(설정)] → [네트워크 및 인터넷] 클릭
- 상태

네트워크 상태	내 컴퓨터가 네트워크에 연결된 상태를 시각적으로 표시함
속성	• 네트워크 프로필 : 네트워크의 다른 컴퓨터에서 내 컴퓨터의 프린터 및 파일 등을 공유할 수 있도록 허용 여부를 설정함 • 데이터 통신 연결 : 데이터 사용량의 제한 여부를 설정함 • IP 설정 : IP를 자동(DHCP) 또는 수동으로 할당함 • 속성 : IPv6 주소, IPv4 주소, 물리적 주소(MAC) 등을 표시함
데이터 사용량	• 최근 30일 동안의 앱별 데이터 사용량 및 현재 연결되어 있는 네트워크를 표시함 • 데이터 제한 : Windows가 데이터 사용량을 제한할 수 있도록 제한 유형, 요금제 시작일, 데이터 제한 크기(MB, GB)를 설정함
사용 가능한 네트워크 표시	내 컴퓨터에서 사용 가능한 네트워크를 작업 표시줄 오른쪽의 알림 영역에 표시함
고급 네트워크 설정	• 어댑터 옵션 변경 : 네트워크 어댑터의 연결 설정을 변경할 수 있는 '제어판'의 '네트워크 연결' 창이 실행됨 • 네트워크 및 공유 센터 : 네트워크 정보를 확인하고 설정 사항을 변경할 수 있는 '네트워크 및 공유 센터' 창이 실행됨 • 네트워크 문제 해결사 : 네트워크 문제를 진단하고 해결할 수 있는 'Windows 네트워크 진단' 마법사가 실행됨
하드웨어 및 연결 속성 보기	네트워크 이름, 설명, 물리적 주소(MAC) 등의 네트워크 정보를 표시함
Windows 방화벽	방화벽을 설정하고 네트워크 및 인터넷 연결에 발생하는 상황을 확인하는 '방화벽 및 네트워크 보호' 창이 실행됨
네트워크 초기화	네트워크 어댑터를 제거한 후 다시 설치하고 네트워킹 구성 요소를 기본값으로 설정함

게이트웨이	다른 네트워크와의 데이터 교환을 위한 출입구 역할을 하는 장치로, LAN에서 다른 네트워크에 데이터를 보내거나 받아들이는 역할을 하는 장치를 지정함
DNS 서버 주소	DNS 서버는 문자 형태로 된 도메인 네임을 숫자로 된 IP 주소로 변환해 주는 서버이며, DNS 서버 주소에는 이 서버가 있는 곳의 IP 주소를 지정함

잠깐만요 DHCP 서버
컴퓨터에 IP 주소를 자동으로 할당해 주는 서버입니다.

22.상시, 21.상시, 19.상시, 18.2, 12.1, 09.4, 09.2, 07.1, 05.2, 04.1

16 문제 해결

메모리 용량 문제 해결	• 불필요한 앱 종료 • '시작프로그램' 폴더 안의 불필요한 앱 삭제 • [⊞(시작)] → [⚙(설정)] → [앱] → [시작 프로그램]이나 '작업 관리자' 대화상자의 '시작프로그램' 탭에서 불필요한 앱의 실행 해제 • 작업량에 비해 메모리가 적을 경우는 메모리(RAM)를 추가·설치함 • [⊞(시작)] → [⚙(설정)] → [시스템] → [정보] → [고급 시스템 설정] 클릭 → '시스템 속성' 대화상자의 '고급' 탭에서 가상 메모리의 크기를 적절히 설정함
하드디스크 용량 문제 해결	• 불필요한 파일은 백업한 다음 하드디스크에서 삭제함 • 사용하지 않는 응용 앱 삭제 • 사용하지 않는 Windows 기능 제거 • 휴지통에 있는 파일 삭제 • [디스크 정리]를 수행하여 불필요한 파일 삭제
비정상적인 부팅 문제 해결	• 안전 모드로 부팅하여 문제를 해결한 후 정상 모드로 재부팅함 • 시스템 복구 드라이브를 만들어 둔 경우 시스템 복구 드라이브를 이용해 시스템 복구를 수행함 • '시스템 복원' 기능을 이용하여 컴퓨터가 정상적으로 부팅되던 시점으로 복원함

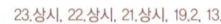

24.상시, 22.상시, 21.상시, 20.상시, 18.1, 14.2, 14.1, 13.2, 13.1, 12.2, 11.3, 10.3, 09.4, …

15 TCP/IP의 구성 요소

- 인터넷 접속을 위해 반드시 지정해야 하는 구성 요소
  - IPv4 : IPv4 주소, 서브넷 마스크, 기본 게이트웨이, DNS 서버 주소
  - IPv6 : IPv6 주소, 서브넷 접두사 길이, 기본 게이트웨이, DNS 서버 주소
- TCP/IP 속성

IP 주소	인터넷에 연결된 호스트 컴퓨터의 유일한 주소로 네트워크 주소와 호스트 주소로 구성되어 있음
서브넷 접두사 길이	IPv6 주소의 네트워크 주소와 호스트 주소를 구별하기 위하여 IPv6 수신인에게 허용하는 서브넷 마스크 부분의 길이를 비트로 표현한 것
서브넷 마스크	IPv4 주소의 네트워크 주소와 호스트 주소를 구별하기 위하여 IPv4 수신인에게 허용하는 32비트 주소

23.상시, 22.상시, 21.상시, 19.2, 13.3

17 시스템 복구를 해야 하는 경우

- 새 장치를 설치한 후 시스템이 불안정 할 때
- 로그온 화면이 나타나지 않으며, 운영체제를 시작할 수 없을 때
- 누락되거나 손상된 데이터 파일을 이전 버전으로 되돌릴 때

대표기출문제

1. 다음 중 윈도우의 저장소 설정에 대한 설명으로 옳은 것은?
25.상시

① 새 콘텐츠가 저장되는 기본 위치는 '문서'이며, 변경할 수 있다.
② 시스템 히스토리를 사용하여 백업을 할 수 있다.
③ 디스크 정리 기능을 사용할 수 있다.
④ 저장 공간 센스는 임시 파일이나 휴지통 콘텐츠 등과 같은 필요하지 않은 파일을 제거함으로써 자동으로 공간을 확보한다.

> ① 저장소 설정에서 새 콘텐츠가 저장되는 기본 위치는 '로컬 디스크 C:'입니다.
> ② 저장소 설정에서는 시스템 히스토리가 아닌 파일 히스토리(파일 기록)를 사용하여 백업할 수 있습니다.
> ③ 저장소 설정에서는 디스크 정리 기능을 사용할 수 없습니다.

2. 다음 중 [설정] → [개인 설정] → [잠금 화면]에서 설정할 수 있는 항목이 아닌 것은?
5.상시, 24.상시

① 화면 보호기의 작동 여부를 설정할 수 있다.
② 로그인 화면에 잠금 화면 배경 그림이 표시되도록 설정할 수 있다.
③ 잠금 화면 배경을 즐겨찾는 사진이나 슬라이드 쇼로 변경할 수 있다.
④ 잠금 화면에 모든 알림의 표시 여부 및 알림 소리의 작동 여부를 설정할 수 있다.

> • '잠금 화면'에서는 알림에 관한 설정을 할 수 없습니다.
> • 알림의 표시 여부 및 알림 소리의 작동 여부는 [⚙(설정)] → [시스템] → [알림 및 작업]에서 설정할 수 있습니다.

3. 다음 중 한글 Windows 10의 [개인 설정]에 관한 설명으로 옳지 않은 것은?
25.상시, 22.상시, 21.상시, 19.1, 10.2

① 화면 보호기를 설정할 수 있다.
② 해상도를 설정할 수 있다.
③ 창 테두리, 시작 메뉴, 작업 표시줄의 색상을 지정할 수 있다.
④ 배경 화면으로 사용할 그림을 지정할 수 있다.

> 해상도는 [⚙(설정)] → [시스템] → [디스플레이]에서 설정할 수 있습니다.

4. 다음 중 한글 Windows 10의 [글꼴]에 관한 설명으로 옳지 않은 것은?
24.상시

① [글꼴 설정]을 이용하여 글꼴을 설치 및 삭제할 수 있다.
② 글꼴이 설치되어 있는 폴더의 위치는 C:\Windows\Fonts 이다.
③ 글꼴 파일은 .ttf 또는 .ttc의 확장자를 가지고 있다.
④ ClearType 텍스트 조정을 사용하면 가독성을 향상시켜 준다.

> • [제어판] → [글꼴] → [글꼴 설정]에서는 글꼴의 설치 및 삭제를 할 수 없습니다.
> • [제어판] → [글꼴] → [글꼴 설정]에서는 글꼴의 표시 및 숨기기를 지정하거나 공간 절약을 위해 글꼴 파일 대신 글꼴 파일에 대한 바로 가기 설치 여부를 지정할 수 있습니다.

5. 다음 중 한글 Windows 10의 [설정] → [접근성]에 대한 설명으로 옳지 않은 것은?
25.상시, 24.상시

① 키보드의 숫자 키패드를 이용하여 마우스 포인터를 움직이도록 설정할 수 있다.
② 내레이터의 시작 및 중지 바로 가기 키는 ⊞ + Alt + Enter 이다.
③ 로그인 후 돋보기가 자동으로 실행되도록 설정할 수 있다.
④ 텍스트 크기나 마우스 포인터의 크기 및 색을 변경할 수 있다.

> 내레이터의 시작 및 중지 바로 가기 키는 ⊞ + Ctrl + Enter 입니다.

6. 다음 중 한글 Windows 10의 [백업]과 [복구]에 관한 설명으로 옳지 않은 것은?
22.상시

① PC가 제대로 실행되지 않아 초기화 하는 경우 개인 파일을 유지하거나 제거하도록 선택할 수 있다.
② Windows 7 백업 및 복원 도구를 사용하여 백업을 만든 경우 Windows 10에서도 계속 사용할 수 있다.
③ PC 초기화 시 Windows는 다시 설치되지 않고 유지된다.
④ 파일 히스토리를 이용하여 자동으로 파일이 백업되도록 설정할 수 있다.

> PC 초기화 시 Windows는 다시 설치됩니다.

7. 다음 중 한글 Windows 10 운영체제에서의 백업과 복원에 관한 설명으로 옳지 않은 것은?
21.상시, 20.2, 20.1

① 파일이 백업되는 주기를 지정할 수 있다.
② 파일 히스토리를 이용하여 자동으로 파일이 백업되도록 설정할 수 있다.
③ 백업 파일을 복원할 경우 복원 위치를 지정할 수 있다.
④ 여러 파일이 백업되어 있는 경우 원하는 파일을 선택하여 복원할 수 없다.

> 원하는 파일만을 원하는 위치로 복원할 수 있습니다.

정답 1.④ 2.④ 3.② 4.① 5.② 6.③ 7.④

2장 대표기출문제

8. 다음 중 한글 Windows 10의 [설정] → [장치]에 표시되지 않는 것은?
21.상시, 20.2

① USB 포트에 연결하는 장치
② 컴퓨터에 연결된 호환 네트워크 장치
③ 네트워크로 연결된 컴퓨터
④ 하드디스크 드라이브와 사운드 카드

> 하드디스크 드라이브와 사운드 카드는 컴퓨터 내부에 연결된 장치로 '장치 관리자'에 표시됩니다.

9. 다음 중 Windows 10의 [장치 관리자] 창에서 설정 가능한 하드웨어 관리에 대한 설명으로 옳지 않은 것은?
23.상시, 22.상시, 21.상시, 16.3, 14.1, 12.3, 08.2, 06.1

① 장치들의 드라이버를 식별하고, 설치된 장치 드라이버에 대한 정보를 알 수 있다.
② 가상 메모리에 대한 정보를 확인하고, 설정 값을 변경할 수 있다.
③ 장치 드라이버를 업데이트 할 수 있다.
④ 하드웨어가 올바르게 작동하는지 확인할 수 있다.

> 가상 메모리의 정보 확인 및 설정 값의 변경은 '시스템 속성' 대화상자의 '고급' 탭에서 수행할 수 있습니다.

10. 다음 중 한글 Windows 10에 설치된 기본 프린터에 관한 설명으로 옳지 않은 것은?
20.상시, 19.1, 09.3, 06.4, 04.1

① 앱에서 사용할 프린터를 지정하지 않고 인쇄 명령을 선택했을 때 컴퓨터가 자동으로 문서를 보내는 프린터이다.
② 여러 개의 프린터가 설치된 경우에 기본 프린터는 1대만 설정할 수 있다.
③ 네트워크로 공유한 프린터인 경우를 제외한 로컬 프린터에 대하여 기본 프린터로 설정할 수 있다.
④ 기본 프린터로 설정된 프린터도 삭제할 수 있다.

> 네트워크로 공유한 프린터도 기본 프린터로 설정할 수 있습니다.

11. 다음 중 [드라이브 조각 모음 및 최적화]를 수행할 수 있는 대상으로 옳은 것은?
25.상시, 24.상시, 23.상시, 21.상시, 17.1

① 외장 하드디스크 드라이브
② 네트워크 드라이브
③ CD-ROM 드라이브
④ Windows가 지원하지 않는 형식의 압축 프로그램

> 외장 하드디스크 드라이브는 '드라이브 조각 모음 및 최적화'를 수행할 수 있지만 나머지 ②~④번은 수행할 수 없습니다.

12. 다음 중 한글 Windows 10에서의 프린터 설치에 관한 설명으로 옳지 않은 것은?
21.상시, 15.3, 13.2, 09.2

① 프린터를 설치하려면 [설정] → [장치] → [프린터 및 스캐너]에서 '프린터 또는 스캐너 추가'를 선택한다.
② 새로운 프린터를 설치하는 과정에서 네트워크 프린터를 기본 프린터로 설정하려면 반드시 스풀링의 설정이 필요하다.
③ 로컬 프린터 설치 시 프린터가 USB(범용 직렬 버스) 모델인 경우에는 프린터를 컴퓨터에 연결하면 Windows에서 자동으로 검색하고 설치한다.
④ 공유된 프린터를 사용하려면 프린터가 연결된 컴퓨터의 전원이 켜져 있어야 한다.

> 네트워크 프린터도 일반 프린터와 동일하게 스풀링 설정 여부와 상관없이 기본 프린터로 설정할 수 있습니다.

13. 한글 Windows 10에서 프린터 스풀(SPOOL) 기능에 대한 설명으로 올바른 것은?
24.상시, 22.상시, 06.1

① 스풀링 단위는 인쇄할 문서 전체 단위로만 스풀링이 가능하다.
② 프린터가 인쇄중이라도 다른 응용 프로그램 실행이 가능하다.
③ 스풀링은 인쇄할 내용을 프린터로 직접 전송한다.
④ 저속의 프린터 사용 시 컴퓨터 효율이 크게 저하된다.

> ① 스풀링은 인쇄할 문서 전체 또는 한 페이지 단위로 스풀링할 수 있습니다.
> ③ 스풀링은 인쇄할 내용을 먼저 하드디스크에 저장합니다.
> ④ 스풀은 저속의 프린터와 고속의 중앙처리장치 사이에서 컴퓨터 효율을 증가시키기 위해 사용합니다.

14. 다음 중 한글 Windows 10의 인쇄 작업에 대한 설명으로 옳지 않은 것은?
21.상시, 13.2, 11.1, 07.1, 06.3

① 여러 개의 출력 파일들의 출력대기 상태를 확인할 수 있다.
② 여러 개의 출력 파일들이 출력대기 할 때 출력 순서를 임의로 조정할 수 있다.
③ 일단 프린터에서 인쇄 작업에 들어간 것은 프린터 전원을 끄기 전에는 강제로 종료시킬 수 없다.
④ 인쇄 중인 문서나 오류가 발생한 문서는 다른 프린터로 전송할 수 없다.

> 인쇄 작업에 들어간 파일도 잠시 중지했다가 다시 인쇄하거나 종료할 수 있습니다.

정답 8.④ 9.② 10.③ 11.① 12.② 13.② 14.③

15. 다음 중 한글 Winodws 10의 [Windows 관리 도구]에 대한 설명으로 옳은 것은? 23.상시, 22.상시

① [시스템 정보]는 컴퓨터에 설치된 모든 하드웨어와 소프트웨어의 실행 정보를 한군데 모아 관리한다.
② [디스크 정리]는 디스크의 필요 없는 파일을 삭제하여 여유 공간을 확보하는 기능으로, 필요 없는 프로그램의 제거도 가능하다.
③ [레지스트리 편집기]에서는 하드웨어 리소스, 구성 요소, 설치된 소프트웨어 환경 등의 정보를 확인한다.
④ [컴퓨터 관리]는 하드디스크에 논리적 혹은 물리적으로 손상이 있는지 검사하고, 복구 가능한 에러가 있으면 이를 복구한다.

> ① '시스템 정보'는 시스템 분석 및 문제 해결을 위하여 컴퓨터에 설치된 하드웨어와 소프트웨어의 정보를 제공하는 관리 도구입니다. ①번은 레지스트리(Registry)에 대한 설명입니다.
> ③ '레지스트리 편집기'는 레지스트리를 확인하거나 수정, 삭제 등을 할 때 사용하는 앱입니다. ②번은 '시스템 정보'에서 확인할 수 있습니다.
> ④ '컴퓨터 관리'는 시스템 도구, 저장소, 서비스 및 응용 프로그램을 확인 및 설정하는 관리 도구입니다. ④번은 '드라이브 오류 검사'에 대한 설명입니다.

16. 다음 중 한글 Windows 10에서 [작업 관리자] 대화상자의 각 탭에서 할 수 있는 작업으로 옳지 않은 것은? 23.상시

① [프로세스] 탭은 CPU, 메모리, 디스크, 네트워크, GPU의 자원 사용 현황을 확인할 수 있다.
② [서비스] 탭은 시스템의 서비스 항목을 확인하고 실행 여부를 지정할 수 있다.
③ [사용자] 탭은 둘 이상의 사용자가 컴퓨터에 연결되어 있는 경우 연결된 사용자 및 작업 상황을 확인하고 특정 사용자를 강제로 종료시킬 수 있다.
④ [시작프로그램] 탭은 Windows가 시작될 때 자동으로 실행되는 앱의 사용 여부를 지정할 수 있다.

> '프로세스' 탭에서는 현재 실행 중인 앱과 프로세스의 상태를 확인하고, 응답하지 않는 앱이나 프로세스를 종료할 수 있습니다. CPU, 메모리, 디스크, 네트워크, GPU의 자원 사용 현황은 '성능' 탭에서 확인할 수 있습니다.

17. 다음 중 Windows의 레지스트리에 관한 설명으로 옳지 않은 것은? 22.상시, 21.상시, 09.3

① Windows의 자체 구성 정보를 저장하는 데이터베이스이다.
② Windows에 탑재된 레지스트리 편집기는 'regedit.exe'이다.
③ 레지스트리 정보는 Windows의 부팅 시에만 참조된다.
④ 레지스트리에는 각 사용자의 프로필과 시스템 하드웨어, 설치된 프로그램 및 속성 설정에 대한 정보가 들어 있다.

> 레지스트리 정보는 Windows가 작동하는 동안 지속적으로 참조됩니다.

18. 다음 중 Windows 10의 레지스트리(Registry)에 관한 설명으로 옳지 않은 것은? 22.상시, 21.상시, 14.1

① 작업 표시줄의 검색 상자에 'regedit'를 입력하여 레지스트리 편집기를 실행할 수 있다.
② 레지스트리 편집기를 사용하면 레지스트리 폴더 및 각 레지스트리 파일에 대한 설정을 볼 수 있다.
③ 레지스트리 편집기에서 [내보내기]를 이용하여 레지스트리를 백업할 수 있다.
④ 레지스트리의 정보는 수정할 수는 있으나 삭제는 할 수 없어 언제든지 레지스트리 복원이 가능하다.

> 레지스트리의 정보는 삭제가 가능하지만 시스템에 이상이 생길 수 있으므로 함부로 삭제하지 않는 것이 좋습니다.

19. 다음 중 Windows 10의 [설정] → [네트워크 및 인터넷]에 대한 설명으로 옳지 않은 것은? 23.상시, 22.상시, 21.상시

① 현재 네트워크 상태를 확인할 수 있다.
② 앱별 데이터 사용량을 확인할 수 있다.
③ 사용 가능한 네트워크를 표시할 수 있다.
④ Windows 자동 업데이트 사용을 설정할 수 있다.

> Windows의 자동 업데이트 사용은 [⚙(설정)] → [업데이트 및 보안]에서 설정할 수 있습니다.

20. 다음 중 Windows 10의 [설정] → [네트워크 및 인터넷]에 대한 설명으로 옳지 않은 것은? 24.상시, 21.상시

① 네트워크 문제를 진단하고 해결할 수 있다.
② 컴퓨터 이름과 작업 그룹의 이름을 변경할 수 있다.
③ 내 컴퓨터에서 사용 가능한 네트워크를 표시한다.
④ [어댑터 옵션 변경]을 통해 네트워크 어댑터의 연결 설정을 변경할 수 있다.

> 컴퓨터 이름과 작업 그룹의 이름은 [⚙(설정)] → [시스템] → [정보]에서 〈고급 시스템 설정〉을 클릭 → '시스템 속성' 대화상자의 '컴퓨터 이름' 탭에서 변경할 수 있습니다.

21. 다음 중 한글 Windows 10에서 네트워크 연결 시 IP 설정이 자동으로 할당되지 않을 경우 직접 설정해야 하는 TCP/IP 속성에 해당하지 않는 것은? 24.상시, 22.상시, 21.상시, 20.상시, 18.1, 13.1, 08.1, 04.4

① IP 주소
② 기본 게이트웨이
③ 서브넷 마스크
④ 라우터 주소

> IP 설정이 자동으로 할당되지 않을 경우 직접 설정해야 하는 TCP/IP 속성은 'IP 주소, 서브넷 접두사 길이, 서브넷 마스크, 게이트웨이, DNS 서버 주소'입니다.

정답 15.② 16.① 17.③ 18.④ 19.④ 20.② 21.④

22. 다음 중 한글 Windows 10에서 주기억장치의 메모리 용량 부족에 관한 문제 해결 방법으로 옳지 않은 것은?　22.상시, 09.2

① '시작프로그램' 폴더 안의 불필요한 앱을 삭제한다.
② 불필요한 앱을 종료한다.
③ [시스템 속성] 대화상자에 있는 [고급] 탭에서 가상 메모리 크기를 조절한다.
④ [휴지통]이나 하드디스크의 임시 기억 장소에 저장된 불필요한 파일을 삭제한다.

④번은 하드디스크의 용량이 부족할 경우의 해결 방법입니다.

23. 다음 중 한글 Windows 10에서 하드디스크의 용량 부족 문제가 발생하였을 때의 해결 방법으로 적절하지 않은 것은?　22.상시, 21.상시

① [휴지통 비우기]를 수행한다.
② [디스크 정리]를 통해 임시 파일들을 삭제한다.
③ 사용하지 않는 앱을 삭제한다.
④ 드라이브 조각 모음 및 최적화를 수행한다.

'드라이브 조각 모음 및 최적화'는 드라이브의 접근 속도를 향상시키기 위해 드라이브를 최적화하는 기능으로, 하드디스크의 용량 증가와는 관계가 없습니다.

24. 다음 중 시스템 복구를 해야 하는 시기로 가장 적절하지 않은 것은?　23.상시, 22.상시, 21.상시, 19.2, 13.3

① 새 장치를 설치한 후 시스템이 불안정 할 때
② 로그온 화면이 나타나지 않으며, 운영체제를 시작할 수 없을 때
③ 누락되거나 손상된 데이터 파일을 이전 버전으로 되돌리고자 할 때
④ 파일의 단편화를 개선하여 디스크의 접근 속도를 향상 시키고자 할 때

④번의 경우 '드라이브 조각 모음 및 최적화'를 수행하여 해결할 수 있습니다.

1과목 컴퓨터 일반
핵심요약 & 대표기출문제
3장 | 컴퓨터 시스템의 개요

01 컴퓨터의 분류

처리 능력	• 얼마나 많은 데이터를 얼마나 빠르게 처리할 수 있느냐를 기준으로 분류함 • 종류 : 슈퍼 컴퓨터, 메인 프레임, 미니 컴퓨터, 마이크로 컴퓨터 등
데이터 취급	• 컴퓨터에서 처리하는 데이터의 형태인 디지털형, 아날로그형, 혼합형을 기준으로 분류함 • 종류 : 디지털 컴퓨터, 아날로그 컴퓨터, 하이브리드 컴퓨터
사용 용도	• 컴퓨터를 어떠한 목적으로 사용하느냐를 기준으로 분류함 • 종류 : 범용 컴퓨터, 전용 컴퓨터

잠깐만요 범용/전용 컴퓨터
- 범용 컴퓨터 : 여러 분야에서 다양한 용도로 사용하기 위해 제작된 컴퓨터로, 디지털 컴퓨터가 여기에 해당됨
- 전용 컴퓨터 : 특수한 목적에만 사용하기 위해 제작된 컴퓨터로, 아날로그 컴퓨터가 여기에 해당됨

02 컴퓨터의 분류 - 데이터 취급

디지털 컴퓨터와 아날로그 컴퓨터의 비교

항목	디지털 컴퓨터	아날로그 컴퓨터
입력 형태	숫자, 문자	전류, 전압, 온도
출력 형태	숫자, 문자	곡선, 그래프
연산 형식	산술·논리 연산	미·적분 연산
연산 속도	느림	빠름
구성 회로	논리 회로	증폭 회로
프로그래밍	필요함	중요하지 않음
정밀도	필요한 한도까지	제한적임
기억 기능	있음	없음
적용성	범용	특수 목적용

- 디지털 데이터 : 시간에 따라 이산적(비연속적)으로 변하는 정보로, 결과를 숫자나 문자를 조합하여 표시
- 아날로그 데이터 : 시간에 따라 크기가 연속적으로 변하는 정보로, 결과를 곡선이나 그래프로 표시
- 디지털 데이터는 복호화(Decoding) 과정을 통해 아날로그 데이터로, 아날로그 데이터는 부호화(Encoding) 과정을 통해 디지털 데이터로 변환할 수 있다.

하이브리드 컴퓨터
디지털 컴퓨터와 아날로그 컴퓨터의 장점을 혼합하여 만든 컴퓨터이다.

03 자료 구성의 단위

- 비트(Bit) : 자료(정보) 표현의 최소 단위로, 2가지 상태를 표시하는 2진수 1자리
- 니블(Nibble) : 4개의 비트가 모여 1개의 니블을 구성함
- 바이트(Byte) : 문자를 표현하는 최소 단위로, 8개의 비트가 모여 1Byte를 구성
- 워드(Word) : CPU가 한 번에 처리할 수 있는 명령 단위
- 필드(Field) : 파일 구성의 최소 단위로, 의미 있는 정보를 표현하는 최소 단위
- 레코드(Record) : 하나 이상의 관련된 필드가 모여서 구성되며, 컴퓨터 내부의 자료 처리 단위됨
- 파일(File) : 프로그램 구성의 기본 단위로, 여러 레코드가 모여서 구성됨
- 데이터베이스(Database) : 여러 개의 관련된 파일의 집합

04 자료의 표현 방식 - 숫자

10진 연산	• 언팩(Unpack) 연산 : 1Byte로 10진수 1자리를 표현함 • 팩(Pack) 연산 : 1Byte로 10진수 2자리를 표현함
2진 연산	• 2진 정수 데이터의 표현에 사용됨 • 표현할 수 있는 범위가 작지만 연산 속도가 빠름
부동 소수점 연산	• 실수 데이터 표현과 연산에 사용됨 • 숫자를 부호(1Bit), 지수부(7Bit), 가수부(소수부)로 나누어 표현함 • 고정 소수점 연산에 비해 실행 시간이 많이 걸리나 매우 큰 수나 매우 작은 수를 표현하는 데 적합함

05 자료의 표현 방식 - 문자

BCD 코드 (2진화 10진)	• 하나의 문자를 2개의 Zone 비트와 4개의 Digit 비트로 표현 • $2^6 = 64$가지의 문자를 표현할 수 있음 • 영문 소문자를 표현하지 못함
ASCII 코드 (미국 표준)	• 하나의 문자를 3개의 Zone 비트와 4개의 Digit 비트로 표현 • $2^7 = 128$가지의 문자를 표현할 수 있음 • 데이터 통신용으로 사용함 • 확장 ASCII는 8비트를 사용하여 $2^8 = 256$가지의 문자를 표현함
EBCDIC 코드 (확장 2진화 10진)	• BCD 코드를 확장한 것으로 하나의 문자를 4개의 Zone 비트와 4개의 Digit 비트로 표현함 • $2^8 = 256$가지의 문자를 표현할 수 있음 • 대형 컴퓨터에서 사용함
유니코드 (Unicode)	• 전 세계의 모든 문자를 2바이트로 표현할 수 있는 국제 표준 코드로, 정보 처리/정보 교환용으로 사용함 • KS X 1001 완성형 코드에 조합형 코드를 반영하여 개발되었음 • 데이터의 교환을 원활하게 하기 위하여 문자 1개에 부여되는 값을 2바이트(16비트)로 통일함

3장 대표기출문제

1. 다음 중 컴퓨터의 분류에 대한 설명으로 옳지 않은 것은?
23.상시

① 컴퓨터는 처리 능력에 따른 분류, 데이터 취급에 따른 분류, 사용 용도에 따른 분류로 나눌 수 있다.
② 하이브리드 컴퓨터는 디지털 컴퓨터와 아날로그 컴퓨터의 장점을 혼합하여 만든 컴퓨터이다.
③ 컴퓨터를 데이터 취급 형태에 따라 미니 컴퓨터, 마이크로 컴퓨터, 슈퍼 컴퓨터 등으로 구분할 수 있다.
④ 컴퓨터를 어떠한 목적으로 사용하느냐에 따라 범용 컴퓨터와 전용 컴퓨터로 분류할 수 있다.

> 컴퓨터는 데이터 취급에 따라 디지털 컴퓨터, 아날로그 컴퓨터, 하이브리드 컴퓨터로 구분할 수 있습니다. 미니 컴퓨터, 마이크로 컴퓨터, 슈퍼 컴퓨터 등은 처리 능력에 따른 분류에 해당합니다.

2. 다음 중 아날로그 신호와 디지털 신호에 대한 설명으로 잘못된 것은?
23.상시, 11.3, 08.4, 07.4, 07.3, 05.2, 03.1

① 범용 컴퓨터는 아날로그 신호를 취급하기 때문에 정밀도가 제한적이다.
② 아날로그 신호는 시간에 따라 크기가 연속적으로 변하는 정보를 말한다.
③ 디지털 신호는 시간에 따라 이산적으로 변하는 정보를 말한다.
④ 디지털화된 신호는 복호화(Decode) 과정을 통해 원래의 아날로그 신호로 변환된다.

> 범용 컴퓨터는 여러 분야에서 다양한 용도로 사용되는 디지털 컴퓨터를 말합니다. 아날로그 신호를 취급하기 때문에 정밀도가 제한적인 것은 아날로그 컴퓨터입니다.

3. 다음 중 아날로그 컴퓨터와 비교하여 디지털 컴퓨터에 대한 설명으로 옳지 않은 것은?
25.상시, 24.상시, 23.상시

① 이산적인 데이터를 처리한다.
② 논리 회로를 사용한다.
③ 연산 속도가 빠르다.
④ 문자와 숫자를 사용하여 처리한다.

> 디지털 컴퓨터는 아날로그 컴퓨터에 비해 연산 속도가 느립니다.

4. 다음 중 니블(Nibble)에 대한 설명으로 옳은 것은? 24.상시, 23.상시

① 자료 표현의 최소 단위이다.
② 1바이트를 반으로 나눈 4비트로 구성된 단위이다.
③ 문자를 표현하는 최소 단위이다.
④ CPU가 한 번에 처리할 수 있는 명령 단위이다.

> ①번은 비트(Bit), ③번은 바이트(Byte), ④번은 워드(Word)에 대한 설명입니다.

5. 다음 중 아날로그 컴퓨터와 비교하여 디지털 컴퓨터의 특징으로 옳지 않은 것은?
22.상시, 21.상시, 17.1

① 데이터의 각 자리마다 0 혹은 1의 비트로 표현한 이산적인 데이터를 처리한다.
② 데이터 처리를 위한 명령어들로 구성된 프로그램에 의해 동작된다.
③ 온도, 전압, 진동 등과 같이 연속적으로 변하는 데이터를 효율적으로 처리할 수 있다.
④ 산술 및 논리 연산을 처리하는 회로에 기반을 둔 범용 컴퓨터로 사용된다.

> ③번의 내용은 아날로그 컴퓨터의 특징입니다.

6. 다음 중 자료 구성 단위에 대한 설명으로 옳지 않은 것은?
25.상시, 24.상시, 22.상시, 21.상시

① 워드(Word)는 문자를 표현하는 최소 단위이다.
② 니블(Nibble)은 4개의 비트(Bit)가 모여 1개의 니블을 구성한다.
③ 레코드(Record)는 하나 이상의 관련된 필드가 모여서 구성되는 자료 처리 단위이다.
④ 필드(Field)는 파일 구성의 최소 단위이며, 여러 개의 필드가 모여 레코드(Record)가 된다.

> 워드(Word)는 CPU가 한 번에 처리할 수 있는 명령 단위입니다. 문자를 표현하는 최소 단위는 바이트(Byte)입니다.

7. 다음 중 컴퓨터에서 사용하는 자료의 표현에 관한 설명으로 옳지 않은 것은?
24.상시, 23.상시, 22.상시, 21.상시, 17.1

① 실수형 데이터는 정해진 크기에 부호(1bit)와 가수부(7bit)로 구분하여 표현한다.
② 2진 정수 데이터는 실수 데이터 보다 표현할 수 있는 범위가 작으며 연산 속도는 빠르다.
③ 숫자 데이터 표현 중 10진 연산을 위하여 "팩(Pack)과 언팩(Unpack)" 표현 방식이 사용된다.
④ 컴퓨터에서 뺄셈을 수행하기 위해서는 보수와 덧셈 연산을 이용한다.

> 실수형 데이터는 정해진 크기에 부호(1비트), 지수부(7비트), 가수부(소수부)로 구분하여 표현합니다.

정답 1.③ 2.① 3.③ 4.② 5.③ 6.① 7.①

8. 다음 중 컴퓨터에서 문자를 표현하는 코드 체계에 대한 설명으로 옳지 않은 것은?   23.상시, 21.상시, 20.상시, 16.3, 16.2, 16.1, 12.1, 06.2, 06.1

① BCD 코드 : 64가지의 문자를 표현할 수 있으나 영문 소문자는 표현 불가능하다.
② Unicode : 세계 각국의 언어를 4바이트 체계로 통일한 국제 표준 코드이다.
③ ASCII 코드 : 128가지의 문자를 표현할 수 있으며, 주로 데이터 통신용이나 PC에서 많이 사용된다.
④ EBCDIC 코드 : BCD 코드를 확장한 코드체계로 256가지의 문자를 표현할 수 있다.

> 유니코드(Unicode)는 세계 각 국의 언어를 4바이트가 아니라 2바이트 체계로 통일한 국제 표준 코드입니다.

9. 다음 중 컴퓨터에서 사용하는 ASCII 코드에 관한 설명으로 옳지 않은 것은?   24.상시, 23.상시, 22.상시, 21.상시, 19.2

① 데이터 처리 및 통신 시스템 상호 간의 정보 교환을 위해 사용된다.
② 각 나라별 언어를 표현할 수 있다.
③ 각 문자를 7비트로 표현하며, 총 128개의 문자 표현이 가능하다.
④ 확장 ASCII 코드는 8비트를 사용한다.

> 각 나라별 언어를 표현할 수 있는 자료 표현 방식은 유니코드(Unicode)입니다.

1과목 컴퓨터 일반
핵심요약 & 대표기출문제
4장 | 컴퓨터 하드웨어

01 제어장치(Control Unit)

컴퓨터에 있는 모든 장치들의 동작을 지시하고 제어하는 장치이다.

프로그램 카운터(PC)	다음 번에 실행할 명령어의 번지를 기억하는 레지스터
명령 레지스터(IR)	현재 실행중인 명령의 내용을 기억하는 레지스터
명령 해독기(Decoder)	명령 레지스터에 있는 명령어를 해독하는 회로
부호기(Encoder)	해독된 명령에 따라 각 장치로 보낼 제어 신호를 생성하는 회로
메모리 주소 레지스터 (MAR)	기억장치를 출입하는 데이터의 번지를 기억하는 레지스터
메모리 버퍼 레지스터 (MBR)	기억장치를 출입하는 데이터가 잠시 기억되는 레지스터

02 연산장치(ALU; Arithmetic & Logic Unit)

제어장치의 명령에 따라 실제로 연산을 수행하는 장치이다.

가산기(Adder)	2진수의 덧셈을 수행하는 회로
보수기(Complementor)	뺄셈을 위해 입력된 값을 보수로 변환하는 회로
누산기(Accumulator)	연산 결과를 일시적으로 저장하는 레지스터
데이터 레지스터	연산에 사용될 데이터를 기억하는 레지스터
상태 레지스터	연산중에 발생하는 여러 가지 상태값을 기억하는 레지스터
인덱스 레지스터	주소 변경을 위해 사용되는 레지스터

03 레지스터(Register)

- CPU 내부에서 처리할 명령이나 연산의 중간 결과값 등을 일시적으로 기억하는 임시 기억장소이다.
- 레지스터는 플립플롭(Flip-Flop)이나 래치(Latch)들을 연결한다.
- 레지스터는 메모리 중에서 가장 속도가 빠르다.
- 레지스터의 크기는 컴퓨터가 한 번에 처리할 수 있는 데이터의 크기를 의미한다.

04 ROM(Read Only Memory)

- 기억된 내용을 읽을 수만 있는 기억장치로서 일반적으로 쓰기는 불가능하다.
- 전원이 꺼져도 기억된 내용이 지워지지 않는 비휘발성 메모리이다.
- ROM에는 주로 기본 입·출력 시스템(BIOS), 글자 폰트, 자가진단 프로그램(POST) 등이 저장되어 있다.

05 RAM(Random Access Memory)

- 자유롭게 읽고 쓸 수 있는 기억장치이다.
- RAM에는 현재 사용중인 프로그램이나 데이터가 저장되어 있다.
- 전원이 꺼지면 기억된 내용이 모두 사라지는 휘발성 메모리이다.
- 일반적으로 '주기억장치'라고 하면 '램(RAM)'을 의미한다.
- DRAM과 SRAM의 비교

구분	동적 램(DRAM)	정적 램(SRAM)
구성 소자	콘덴서	플립플롭
재충전 여부	필요함	필요하지 않음
전력 소모	적음	많음
접근 속도	느림	빠름
집적도(밀도)	높음	낮음
가격	저가	고가
용도	주기억장치	캐시 메모리

06 기타 메모리

- 캐시 메모리(Cache Memory)
  - CPU와 주기억장치 사이에서 컴퓨터의 처리 속도를 향상시키는 역할을 한다.
  - 캐시 메모리로는 접근 속도가 빠른 정적 램(SRAM)을 사용하며 용량이 주기억장치보다 작게 구성된다.
  - 캐시 메모리의 적중률(Hit Ratio)이 높을수록 시스템의 전체적인 속도가 향상된다.
- 가상 메모리(Virtual Memory) : 보조기억장치(하드디스크)의 일부를 주기억장치처럼 사용하는 메모리 기법으로, 주기억장치보다 큰 프로그램을 불러와 실행해야 할 때 유용하게 사용됨
- 버퍼 메모리(Buffer Memory) : 두 장치 간에 데이터를 주고받을 때 속도 차이를 해결하기 위한 임시 저장 공간임

- 연관 메모리(Associative Memory) : 기억장치에 저장된 정보에 접근할 때 주소 대신 기억된 내용의 일부를 이용하여 접근하는 장치로, 정보 검색이 신속함
- 플래시 메모리(Flash Memory) : EEPROM의 일종으로, 개인용 정보 단말기, 스마트폰, 디지털 카메라 등에 사용함

23.상시, 22.상시, 21.상시, 20.1, 19.2, 16.3, 15.3, 14.2

07 SSD(Solid State Drive)

- 하드디스크 드라이브(HDD)와 비슷하게 동작하면서 HDD와는 달리 기계적 장치가 없는 반도체를 이용하여 정보를 저장한다.
- 고속으로 데이터를 입·출력 할 수 있고, 기계적인 지연이나 실패율이 거의 없다.
- 디스크가 아닌 메모리에 데이터를 기록하므로 배드 섹터가 발생하지 않는다.
- 발열·소음과 전력 소모가 적다.
- 소형화·경량화 할 수 있다.
- 하드디스크에 비해 외부 충격에 강하나 저장 용량당 가격은 더 비싸다.

25.상시, 24.상시

08 입력장치

- 광학 마크 판독기(OMR) : 컴퓨터용 수성 사인펜으로 표시(Mark)한 OMR 카드에 빛(Optical)을 비추어 표시 여부를 판독(Reader)하는 장치
- 광학 문자 판독기(OCR) : 특정 글꼴로 인쇄된 문자(Character)에 빛(Optical)을 비추어 반사된 빛의 차이를 이용하여 문자를 판독(Reader)하는 장치
- 자기 잉크 문자 판독기(MICR) : 자성을 띤 특수 잉크(Magnetic Ink)로 인쇄된 문자(Character)나 기호를 판독(Reader)하는 장치
- 바코드 판독기(BCR) : 굵기가 서로 다른 선(Bar Code)에 빛을 비추어 반사된 값을 코드화하여 판독(Reader)하는 장치

> **잠깐만요** 키오스크(KIOSK)
> - 터치 스크린, 사운드 시스템, 통신 카드 등 멀티미디어 기기를 활용하여 음성·동영상 등으로 이용자에게 효율적인 정보를 제공하는 무인 종합정보안내 시스템입니다.
> - 버스 터미널 등 공공장소에 설치되어 시설물의 이용 방법 등을 알려줍니다.

25.상시, 24.상시

09 OLED(Organic Light Emitting Diodes)

- 전류가 흐르면 스스로 빛을 내는 자체 발광형 유기물질을 이용하여 화면을 표시한다.
- 백라이트(Back Light)를 사용하지 않는다.
- 저전력이 사용되고 색재현율이 뛰어나다.
- 구분 방식에 따라 수동형 구동 방식과 능동형 구동 방식으로 구분한다.

25.상시, 23.상시, 22.상시, 21.상시, 17.2

10 3D 프린터

- 3차원의 입체적인 물품을 만드는 프린터이다.
- 인쇄 원리는 잉크를 종이 표면에 분사하여 2D 이미지를 인쇄하는 잉크젯 프린터와 같다.
- 인쇄 방식은 레이어로 쌓아 입체 형상을 만드는 적층형과 큰 덩어리를 조각하듯이 깎아서 만드는 절삭형이 있다.
- 의료, 기계, 건축, 예술, 우주 등 많은 분야에서 활용되고 있다.
- 출력 속도 단위는 MMS(MilliMeters per Second)이다.

23.상시, 21.상시, 20.1, 17.2

11 프린터 관련 단위

- CPS(Character Per Second) : 1초에 출력되는 글자 수, 도트 매트릭스 및 시리얼 프린터의 속도 단위
- LPM(Line Per Minute) : 1분에 출력되는 줄(Line) 수, 라인 프린터의 속도 단위
- PPM(Page Per Minute) : 1분에 출력되는 페이지 수, 잉크젯 및 레이저 프린터의 속도 단위
- MMS(MilliMeters per Second) : 1초에 이동하는 노즐의 거리, 3D 프린터의 속도 단위
- DPI(Dot Per Inch) : 1인치에 출력되는 점(Dot)의 수, 출력물의 인쇄 품질(해상도)을 나타내는 단위

25.상시, 24.상시, 23.상시, 21.상시, 19.2, 15.2, 06.2, 04.3

12 인터럽트(Interrupt)

- 프로그램 실행 도중 예기치 않은 상황이 발생할 경우 현재 작업을 일시 중단하고 발생된 상황을 우선 처리한 후 실행중인 작업으로 복귀하여 계속 처리하는 것이다.
- 인터럽트가 발생했을 때 인터럽트를 요청한 장치를 식별하기 위해 실행하는 프로그램을 인터럽트 처리 루틴이라 하고, 실질적으로 인터럽트를 처리하기 위해 실행하는 프로그램을 인터럽트 서비스 루틴이라 한다.

외부 인터럽트	다음과 같이 입·출력장치, 타이밍 장치, 전원 등의 외부적인 요인에 의해 발생함 • 정전이 되거나 전원 이상이 있는 경우 • 입·출력장치가 데이터의 전송을 요구하거나 전송이 끝났음을 알릴 경우 • CPU의 기능적인 오류 동작이 발생한 경우 • 타이머에 의해 규정된 시간(Time Slice)을 알리는 경우
내부 인터럽트	다음과 같이 잘못된 명령이나 데이터를 사용할 때 발생함 • 명령 처리 중 오버플로(Overflow) 또는 언더플로(Underflow)가 발생했을 경우 • 0으로 나누는 명령(Divide by Zero)이 수행될 경우
소프트웨어 인터럽트	• 프로그램 처리중 명령의 요청에 의해 발생함 • 운영체제의 감시 프로그램을 호출하는 SVC 인터럽트가 대표적임

24.상시, 22.상시, 21.상시, 20.상시, 19.1, 17.2, 12.2, 11.3, 11.2, 09.1, 08.1, 07.4

13 채널(Channel)

- 주변장치에 대한 제어 권한을 CPU(중앙처리장치)로부터 넘겨받아 CPU 대신 입·출력을 관리한다.
- 채널은 중앙처리장치와 입·출력장치 사이의 속도 차이로 인한 문제점을 해결하기 위해 사용된다.
- 채널은 입·출력만을 목적으로 만든 처리기로, IOP(Input Output Processor)라고도 불린다.
- 채널은 입·출력 작업이 끝나면 CPU에게 인터럽트 신호를 보낸다.
- 채널의 종류

셀렉터(Selector) 채널	고속의 입·출력장치를 제어하는 채널
멀티플렉서(Multiplexer) 채널	저속의 입·출력장치를 제어하는 채널
블록 멀티플렉서 (Block Multiplexer) 채널	셀렉터와 멀티플렉서 채널의 기능이 혼합된 채널

25.상시, 24.상시, 23.상시, 18.2, 16.3, 14.2, 09.2, 08.3, 08.1, 07.2, 06.1, 03.1

14 마이크로프로세서(Microprocessor)

- 제어장치, 연산장치, 레지스터가 한 개의 반도체 칩(IC)에 내장된 프로세서로, 개인용 컴퓨터(PC)에서 중앙처리장치로 사용되고 있다.
- 마이크로프로세서는 클럭 주파수와 내부 버스의 폭(Bandwidth)으로 수로 성능을 평가한다.
- 마이크로프로세서의 기본적인 처리 속도는 트랜지스터의 집적도에 따라 결정된다.
- 마이크로프로세서는 작은 규모의 임베디드 시스템이나 휴대용 기기에서부터 메인 프레임이나 슈퍼 컴퓨터까지 사용된다.
- 마이크로프로세서는 설계 방식에 따라 RISC와 CISC로 구분된다.
- RISC와 CISC의 차이점

구분	RISC	CISC
명령어	적음	많음
명령 방식	하드웨어적	소프트웨어적
주소 지정	간단	복잡
레지스터	많음	적음
전력 소모	적음	많음
처리 속도	빠름	느림
가격	저가	고가
프로그래밍	복잡함	간단함
용도	서버, 워크스테이션	개인용 컴퓨터(PC)

25.상시, 24.상시, 22.상시, 21.상시, 18.1

15 버스(Bus)

- 컴퓨터에서 데이터를 주고받는 통로로, 사용 용도에 따라 내부 버스, 외부 버스, 확장 버스로 구분한다.
- 내부 버스 : CPU 내부에서 레지스터 간의 데이터 전송에 사용되는 통로
- 외부 버스(시스템 버스) : CPU와 주변장치 간의 데이터 전송에 사용되는 통로

제어 버스	제어장치의 제어 신호가 각 장치로 전달되는 통로, 양방향임
주소 버스	주기억장치의 주소가 각 장치로 전달되는 통로, 단방향임
데이터 버스	각 장치별로 필요한 데이터가 전달되는 통로, 양방향임

- 확장 버스 : 메인보드에서 지원하는 기능 외에 다른 기능을 지원하는 장치를 연결하는 부분으로, 끼울 수 있는 슬롯 형태이기 때문에 확장 슬롯이라고도 함

25.상시, 24.상시, 23.상시, 22.상시, 21.상시, 18.상시, 16.2, 16.1, 14.3, 13.2, 12.3, 12.2, 12.1, …

16 포트(Port)

USB (범용 직렬 버스)	• 기존의 직렬, 병렬, PS/2 포트를 통합한 직렬 포트의 일종임 • 마우스, 키보드, 모니터, PC 카메라, 프린터, 디지털 카메라와 같은 주변장치를 최대 127개까지 연결함 • USB를 지원하는 일부 주변기기는 별도의 전원이 필요함 • 핫 플러그인(Hot Plug In)과 플러그 앤 플레이(Plug & Play)를 지원함 • 전송 속도 : USB 1.0(1.5Mbps), USB 1.1(12Mbps), USB 2.0(480Mbps), USB 3.0(5Gbps), USB 3.1(10Gbps) • 연결 단자 색상 : USB 2.0 이하(검정색 또는 흰색), USB 3.0(파란색), USB 3.1(하늘색 또는 빨간색)
블루투스 (Bluetooth)	• 스웨덴의 에릭슨에 의하여 최초 개발된 근거리 무선 통신을 가능하게 해주는 통신 방식 • IEEE 802.15.1 규격을 사용하는 PANs(Personal Area Networks)의 산업 표준임 • 핸드폰, 노트북과 같은 휴대 가능한 장치들 간의 양방향 정보 전송이 가능함
HDMI (High Definition Multimedia Interface)	• 영상과 음향 신호를 압축하지 않고 통합하여 전송하는 고선명 멀티미디어 인터페이스임 • S-비디오, 컴포지트 등의 아날로그 케이블보다 고품질의 음향 및 영상을 제공함
DP (Display Port)	• VESA(비디오전자표준위원회)에서 제정한 디지털 디스플레이 인터페이스임 • 대역폭이 넓고 확장성이 뛰어나 여러 기기에 고품질의 영상 및 음향 신호를 동시 전송할 수 있어 HDMI를 대체할 인터페이스로 각광받고 있음

잠깐만요 핫 플러그인(Hot Plug In)
PC의 전원이 켜져 있는 상태에서도 장치의 설치/제거가 가능한 것으로, 핫 스왑(Hot Swap)이라고도 합니다.

25.상시, 24.상시, 23.상시, 22.상시, 21.상시, 20.1, 19.1, 16.2, 14.3, 13.2, 10.1, 09.4, 09.2

17 바이오스(BIOS)

- 컴퓨터의 기본 입·출력 장치나 메모리 등 하드웨어 작동에 필요한 명령을 모아 놓은 프로그램이다.
- 전원이 켜지면 POST(Power On Self Test)를 통해 컴퓨터를 점검한 후 사용 가능한 장치들을 초기화하며, 윈도우가 시작될 때까지 부팅 과정을 이끈다.
- ROM에 저장되어 있어 ROM-BIOS라고도 한다.
- 하드웨어와 소프트웨어의 중간 형태인 펌웨어(Firmware)이다.
- 최근의 바이오스는 플래시 롬(Flash ROM)에 저장되므로 칩을 교환하지 않고도 바이오스를 업그레이드할 수 있다.
- 바이오스는 CMOS 셋업 프로그램을 이용하여 일부 BIOS 정보를 설정할 수 있다.

> **잠깐만요** CMOS에서 설정 가능한 항목
> 시스템의 날짜와 시간, 하드디스크 타입, 부팅 순서, 칩셋, 전원 관리, PnP, 시스템 암호, Anti-Virus 등

25.상시, 24.상시, 22.상시, 20.2, 19.2, 15.2, 13.1, 09.3, 09.1, 08.2

18 펌웨어(Firmware)

- 하드웨어의 동작을 지시하는 소프트웨어이지만 하드웨어적으로 구성되어 하드웨어의 일부분으로도 볼 수 있는 제품을 말한다.
- 펌웨어는 하드웨어 교체없이 소프트웨어 업그레이드만으로 시스템의 성능을 높이기 위한 목적으로 사용되며, 하드웨어와 소프트웨어의 중간적인 성격을 갖는다.
- 주로 ROM에 반영구적으로 저장되어 하드웨어를 제어·관리하는 역할을 수행한다.
- 펌웨어는 기계어 처리, 데이터 전송, 부동 소수점 연산, 채널 제어 등의 처리 루틴을 가지고 있다.
- 읽기/쓰기가 가능한 플래시 롬(Flash ROM)에 저장되기 때문에 내용을 쉽게 변경하거나 추가·삭제할 수 있다.
- 펌웨어로 만들어져 있는 프로그램을 마이크로 프로그램이라고 한다.

25.상시

19 하드디스크 연결 방식

IDE	• 2개의 장치 연결이 가능함 • 최대 504MB의 용량을 인식함
EIDE (ATA)	• IDE를 확장하여 전송 속도를 높인 규격 • 4개의 장치 연결이 가능함 • 최대 8.4GB의 용량을 인식함 • PATA(Parallel ATA) 　- 병렬 인터페이스 방식 　- EIDE는 일반적으로 PATA를 의미함 • SATA(Serial ATA) 　- 직렬(Serial) 인터페이스 방식 　- 데이터 전송 속도가 빠르며, 안정성이 높음 　- CMOS에서 지정하면 자동으로 Master/Slave가 설정됨
SCSI	• 7개의 장치 연결이 가능함 • 여러 장치를 한 케이블에 연결하므로 마지막 장치는 반드시 터미네이션 되어야 함 • 데이지 체인(Daisy Chain) 연결 방식을 사용함

25.상시, 24.상시, 23.상시, 22.상시, 21.상시, 17.1, 14.1, 08.3, 07.4

20 RAID(Redundant Array Of Inexpensive Disk)

- 여러 개의 하드디스크를 한 개의 하드디스크처럼 관리하는 관리 기술로, 중요한 자료를 다루는 서버(Server)에서 주로 사용되는 방식이다.
- RAID는 하드디스크의 모음뿐만 아니라 자동으로 복제해 백업 정책도 구현한다.
- RAID를 이용하면 데이터의 안정성이 높아지고, 데이터 복구가 용이하며, 전송 속도도 빨라진다.
- RAID Level은 하드디스크에서 데이터를 저장하는 방식을 의미하며, 숫자가 클수록 저장장치의 신뢰성이 높고 효율성이 좋다.
- RAID는 시스템 장애 시 컴퓨터를 끄지 않고 디스크를 교체할 수도 있다.
- RAID는 미러링과 스트라이핑 기술을 융합해서 사용한다.
  - 미러링(Mirroring) 방식 : 데이터를 두 개의 디스크에 동일하게 기록하는 방법으로 한쪽 디스크의 데이터 손상 시 다른 한쪽 디스크를 이용하여 복구하는 방식
  - 스트라이핑(Striping) 방식 : 데이터를 여러 개의 디스크에 나눠서 기록하는 방법으로 자료를 읽고 쓰는 시간을 단축할 수는 있으나, 디스크가 한 개라도 손상되면 데이터를 사용할 수 없게 됨

25.상시, 23.상시, 21.상시, 18.1, 15.2, 11.2, 11.1, 07.3, 06.4, 06.1, 05.3, 03.2, 02.3

21 업그레이드(Upgrade)

- 소프트웨어적 업그레이드 : 향상된 기능을 가진 새 버전으로 교체
  예 Windows 10 운영체제를 Windows 11로 변경
- 하드웨어적 업그레이드 : 컴퓨터 처리 성능의 개선

CPU 업그레이드	• 시스템의 성능을 향상시킬 수 있는 가장 확실한 방법으로 주로 메인보드와 함께 교체하여 등급을 높임 • CPU의 핀 수나 크기를 확인한 후 교체
RAM 업그레이드	• 높은 사양의 시스템을 요구하는 소프트웨어들이 출시되면서 처리 속도가 느려지거나 제대로 동작하지 않을 경우, 가장 먼저 고려하는 것임 • 램을 추가할 때는 현재 설치되어 있는 램과 핀 수가 같은 램으로 추가해야 함
HDD/SSD 업그레이드	부족한 하드디스크 공간을 확보하기 위해서 하드디스크를 추가하거나 용량이 큰 것으로 교체하는 것

- 업그레이드 시 고려 사항

수치가 클수록 좋은 것	수치가 작을수록 좋은 것
• CPU 클럭 속도 : MHz 또는 GHz • CPU 성능 : MIPS • 모뎀의 전송 속도 : bps 또는 cps • DVD-ROM 드라이브 전송 속도 : 배속 • HDD/SSD 용량 : GB, TB • HDD 회전수 : RPM • HDD/SSD 전송 속도 : MB/s, IOPS • 모니터, 프린터 해상도 : DPI	• RAM 접근 속도 : ns

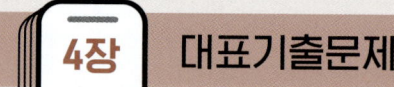

대표기출문제

1. 다음 중 CPU의 제어장치를 구성하는 레지스터에 관한 설명으로 옳지 않은 것은?   23.상시, 22.상시, 20.1, 13.3, 11.1, 05.3

① 프로그램 카운터 : 프로그램의 실행된 명령어의 개수를 계산한다.
② 명령 레지스터 : 현재 실행 중인 명령을 기억한다.
③ 부호기 : 해독된 명령에 따라 각 장치로 보낼 제어 신호를 생성한다.
④ 메모리 주소 레지스터 : 기억장치에 입출력되는 데이터의 번지를 기억한다.

> 프로그램 카운터는 다음에 실행할 명령어의 번지를 기억하는 레지스터입니다.

2. 다음 중 컴퓨터의 연산장치에 있는 레지스터에 관한 설명으로 옳지 않은 것은?   25.상시, 21.상시, 18.2

① 2진수 덧셈을 수행하는 가산기(Adder)가 있다.
② 뺄셈을 수행하기 위해 입력된 값을 보수로 변환하는 보수기(Complementor)가 있다.
③ 연산 결과를 일시적으로 저장하는 누산기(Accumulator)가 있다.
④ 연산에 사용될 데이터를 기억하는 상태 레지스터(Status Register)가 있다.

> 상태 레지스터(Status Register)는 연산중에 발생하는 여러 가지 상태값을 기억하는 레지스터입니다. 연산에 사용될 데이터를 기억하는 레지스터는 데이터 레지스터(Data Register)입니다.

3. 다음 중 컴퓨터의 구성과 관련하여 레지스터(Register)에 관한 설명으로 옳지 않은 것은?   22.상시, 19.2, 16.3, 09.4

① 메모리 중에서 액세스 속도가 가장 빠르다.
② 일반적으로 플립플롭(Flip-Flop)이나 래치(Latch) 등을 연결하여 구성된다.
③ CPU 내부에서 처리할 명령어나 연산의 중간 값 등을 일시적으로 저장하는 기억장치이다.
④ 레지스터에 저장된 내용을 펌웨어라고 한다.

> 레지스터에 저장된 내용을 별도로 부르는 용어는 없습니다. 펌웨어는 롬(ROM)에 저장된 마이크로 프로그램을 말합니다.

4. 다음 중 컴퓨터의 내부 기억장치에 관한 설명으로 옳은 것은?   22.상시, 21.상시, 17.1

① 주기억장치의 접근 속도 개선을 위하여 가상 메모리가 사용된다.
② SRAM이 DRAM 보다 접근 속도가 느리다.
③ ROM에는 BIOS, 기본 글꼴, POST 시스템 등이 저장되어 있다.
④ RAM은 일시적으로 전원 공급이 없더라도 내용은 계속 기억된다.

> ① 주기억장치의 접근 속도 개선을 위하여 사용되는 메모리는 캐시 메모리입니다. 가상 메모리는 보조기억장치의 일부를 주기억장치처럼 사용하는 메모리입니다.
> ② SRAM이 DRAM 보다 접근 속도가 빠릅니다.
> ④ RAM은 전원이 꺼지면 기억된 내용이 모두 사라지는 휘발성 메모리입니다.

5. 다음 중 RAM(Random Access Memory)에 대한 설명으로 옳은 것은?   22.상시, 21.상시, 15.3, 15.1

① 주로 펌웨어(Firmware)를 저장한다.
② 주기적으로 재충전(Refresh)이 필요한 DRAM은 주기억장치로 사용된다.
③ 전원이 꺼져도 기억된 내용이 사라지지 않는 비휘발성 메모리로 읽기만 가능하다.
④ 컴퓨터의 기본적인 입출력 프로그램, 자가진단 프로그램 등이 저장되어 있어 부팅 시 실행된다.

> ①, ③, ④번은 ROM(Read Only Memory)에 대한 설명입니다.

6. 다음 중 컴퓨터에서 사용하는 기억장치에 관한 설명으로 옳지 않은 것은?   24.상시, 23.상시, 21.상시, 20.2, 16.2

① 플래시(Flash) 메모리는 비휘발성 기억장치로 주로 디지털 카메라나 MP3, 개인용 정보 단말기, USB 드라이브 등 휴대용 기기에서 대용량 정보를 저장하는 용도로 사용된다.
② 하드디스크 인터페이스 방식은 EIDE, SATA, SCSI 방식 등이 있다.
③ 캐시(Cache) 메모리는 CPU와 주기억장치 사이에 위치하여 두 장치간의 속도 차이를 줄여 컴퓨터의 처리 속도를 빠르게 하기 위한 메모리이다.
④ 연관(Associative) 메모리는 보조기억장치를 마치 주기억장치와 같이 사용하여 실제 주기억장치 용량보다 기억용량을 확대하여 사용하는 방법이다.

> 연관 메모리는 기억장치에 저장된 정보에 접근할 때 주소 대신 기억된 내용의 일부를 이용하여 접근하는 기억장치입니다. ④번은 가상 메모리(Virtual Memory)에 대한 설명입니다.

정답 1.① 2.④ 3.④ 4.③ 5.② 6.④

7. 다음 중 컴퓨터 시스템에서 사용하는 가상 기억장치(Virtual Memory)에 대한 설명으로 옳지 않은 것은?

① 보조기억장치 같은 큰 용량의 기억장치를 주기억장치처럼 사용하는 개념이다.
② 주기억장치의 용량보다 큰 프로그램의 실행을 가능하게 한다.
③ 주소 매핑(mapping)이라는 작업이 필요하다.
④ 주기억장치의 접근 시간을 최소화하여 시스템의 처리 속도가 빨라진다.

④번은 캐시 메모리(Cache Memory)에 대한 설명입니다.

8. 다음 중 HDD와 비교할 때 SSD에 대한 특징으로 옳지 않은 것은?

① 초고속 메모리 칩(chip)에 데이터를 저장한다.
② 속도가 빠르나 외부의 충격에는 매우 약하다.
③ 발열, 소음, 전력 소모가 적다.
④ 소형화, 경량화 할 수 있다는 장점이 있다.

SSD는 HDD에 비해 속도가 빠르고 외부의 충격에 강합니다.

9. 다음 중 입력장치에 대한 설명으로 옳은 것은?

① OMR - 특정 글꼴로 인쇄된 문자에 빛을 비추어 반사된 빛의 차이를 이용하여 문자를 판독하는 장치이다.
② OCR - 굵기가 서로 다른 선에 빛을 비추어 반사된 값을 코드화하여 판독하는 장치이다.
③ BCR - 컴퓨터용 수성 사인펜으로 표시한 카드에 빛을 비추어 표시 여부를 판독하는 장치이다.
④ MICR - 자성을 띤 특수 잉크로 인쇄된 문자나 기호를 판독하는 장치이다.

① OMR : 컴퓨터용 수성 사인펜으로 표시한 OMR 카드에 빛을 비추어 표시 여부를 판독하는 장치
② OCR : 특정 글꼴로 인쇄된 문자에 빛을 비추어 반사된 빛의 차이를 이용하여 문자를 판독하는 장치
③ BCR : 굵기가 서로 다른 선에 빛을 비추어 반사된 값을 코드화하여 판독하는 장치

10. 다음 중 3D 프린터에 관한 설명으로 옳지 않은 것은?

① 입력한 도면을 바탕으로 3차원 입체 물품을 만들어 내는 프린터이다.
② 인쇄 원리는 잉크를 종이 표면에 분사하여 2D 이미지를 인쇄하는 잉크젯 프린터의 원리와 같다.
③ 출력 단위로는 IPM, PPM 등이 사용된다.
④ 기계, 건축, 예술, 우주 등 많은 분야에서 응용되고 있으며, 의료 분야에서도 활발히 활용되고 있다.

3D 프린터의 출력 단위는 MMS입니다. IPM, PPM은 잉크젯 및 레이저 프린터의 출력 단위입니다.

11. 다음 중 프린터에서 출력할 파일의 해상도를 조절하거나 스캐너를 이용해 스캔한 파일의 해상도를 조절하기 위해 쓰는 단위는?

① CPS(Character Per Second)
② BPS(Bits Per Second)
③ PPM(Paper Per Minute)
④ DPI(Dots Per Inch)

해상도를 조절하기 위해 쓰는 단위는 DPI(Dots Per Inch)입니다.

12. 다음 중 컴퓨터에서 정상적인 프로그램을 처리하고 있는 도중에 특수한 상태가 발생했을 때 현재 실행하고 있는 프로그램을 일시 중단하고, 그 특수한 상태를 처리한 후 다시 원래의 프로그램을 처리하는 과정을 무엇이라 하는가?

① 채널(Channel)   ② 인터럽트(Interrupt)
③ 데드락(Deadlock)   ④ 스풀(Spool)

문제에 제시된 내용은 인터럽트(Interrupt)에 대한 설명입니다.

13. 다음 중 CISC와 RISC에 대한 설명으로 옳은 것은?

① RISC는 명령어의 종류가 많아 복잡한 회로를 이용한다.
② RISC는 명령어 집합이 복잡하고, 가변 길이의 다양한 명령어를 가진다.
③ CISC는 생산가가 비싸고 전력 소모가 많아 열이 많이 발생한다.
④ CISC는 RISC 프로세서 보다 수행 속도가 빠르다.

①, ②번은 CISC에 대한 설명입니다.
④ CISC는 RISC 프로세서 보다 수행 속도가 느립니다.

4장 대표기출문제

14. 다음 중 컴퓨터 메인보드의 버스(Bus)에 관한 설명으로 옳지 않은 것은? 24.상시, 22.상시, 21.상시, 18.1

① 컴퓨터에서 데이터를 주고받는 통로로 사용 용도에 따라 내부 버스, 외부 버스, 확장 버스로 구분된다.
② 내부 버스는 CPU와 주변장치 간의 데이터 전송에 사용되는 통로이다.
③ 외부 버스는 전달하는 신호의 형태에 따라 데이터 버스, 주소 버스, 제어 버스로 구분된다.
④ 확장 버스는 메인보드에서 지원하는 기능 외에 다른 기능을 지원하는 장치를 연결하는 부분으로 끼울 수 있는 형태이기에 확장 슬롯이라고도 한다.

> 내부 버스는 CPU 내부에서 레지스터 간의 데이터 전송에 사용되는 통로입니다.
> ②번은 외부 버스에 대한 설명입니다.

15. 다음 중 컴퓨터에서 중앙처리장치와 입출력장치 사이의 속도 차이로 인한 문제점을 해결해 주는 것은? 24.상시, 22.상시, 21.상시, …

① 범용 레지스터　② 콘솔
③ 인터럽트　④ 채널

> 중앙처리장치와 입출력장치 사이의 속도 차이로 인한 문제점을 해결해 주는 것은 채널(Chanel)입니다.

16. 다음 중 Windows에서 사용하는 USB(Universal Serial Bus)에 대한 설명으로 옳은 것은? 25.상시, 24.상시, 23.상시, 22.상시, …

① USB는 범용 병렬 장치를 연결할 수 있게 해주는 컴퓨터 인터페이스이다.
② USB 3.0은 이론적으로 최대 5Gbps의 전송 속도를 가지며, PC 및 연결기기, 케이블 등의 모든 USB 3.0 단자는 파랑색으로 되어 있어 이전 버전과 구분이 된다.
③ 허브를 이용하여 하나의 USB 포트에 여러 개의 주변기기를 연결할 수 있으며, 최대 256개까지 연결할 수 있다.
④ 핫 플러그인(Hot Plug In) 기능은 지원하지 않으나 플러그 앤 플레이(Plug & Play) 기능은 지원한다.

> ① USB는 범용 직렬 장치를 연결할 수 있게 해주는 컴퓨터 인터페이스입니다.
> ③ USB는 주변장치를 최대 127개까지 연결할 수 있습니다.
> ④ USB는 핫 플러그인(Hot Plug In)과 플러그 앤 플레이(Plug&Play) 기능을 모두 지원합니다.

17. 핸드폰, 노트북과 같은 휴대기기를 서로 연결하여 정보를 교환할 수 있도록 하는 근거리 무선 통신 기술은? 23.상시

① 블루투스　② 와이파이
③ 와이브로　④ 테더링

> 근거리 무선 통신을 가능하게 해주는 통신 기술은 블루투스(Bluetooth)입니다.

18. 다음 중 개인용 컴퓨터의 바이오스(BIOS)에 관한 설명으로 옳지 않은 것은? 24.상시, 22.상시

① 컴퓨터의 기본 입출력장치나 메모리 등 하드웨어 작동에 필요한 명령들을 모아 놓은 프로그램이다.
② BIOS 프로그램은 부팅되면 SRAM에 저장되어 처리한다.
③ 칩을 교환하지 않고 업그레이드를 할 수 있다.
④ 바이오스는 하드웨어와 소프트웨어의 중간 형태인 펌웨어(Firmware)이다.

> 바이오스는 ROM에 저장되어 있어 ROM-BIOS라고 합니다.

19. 다음 중 컴퓨터의 CMOS에서 설정할 수 있는 항목으로 옳지 않은 것은? 24.상시, 23.상시, 22.상시, 21.상시, 19.1

① 시스템 날짜와 시간
② 칩셋 설정
③ 부팅 순서
④ Windows 로그인 암호 변경

> CMOS에서 설정할 수 있는 항목으로는 '시스템의 날짜와 시간, 하드디스크 타입(Type), 부팅 순서, 칩셋 설정, 전원 관리, PnP 설정, 시스템 암호 설정, Anti-Virus 기능' 등이 있습니다.

20. 다음 중 컴퓨터에서 사용되는 펌웨어(Firmware)에 대한 설명으로 옳지 않은 것은? 25.상시, 23.상시, 22.상시, 20.2, 15.2, 09.1

① 하드웨어의 동작을 지시하는 소프트웨어이지만 하드웨어적으로 구성되어 하드웨어의 일부분으로도 볼 수 있는 제품을 말한다.
② 하드웨어 교체 없이 소프트웨어 업그레이드만으로 시스템의 성능을 높이기 위한 목적으로 사용된다.
③ 시스템의 효율을 높이기 위해 RAM에 저장되어 관리된다.
④ 기계어 처리, 데이터 전송, 부동 소수점 연산, 채널 제어 등의 처리 루틴을 가지고 있다.

> 펌웨어(Firmware)는 주로 ROM에 저장되어 하드웨어를 제어·관리하는 역할을 수행합니다.

정답 14.② 15.④ 16.② 17.① 18.② 19.④ 20.③

21. 다음 중 RAID(Redundant Array Of Inexpensive Disk)에 대한 설명으로 옳지 않은 것은?

① 여러 개의 하드디스크를 하나의 저장장치처럼 관리하는 기술이다.
② 미러링(Mirroring) 방식은 데이터를 두 개의 하드디스크에 동일하게 기록하는 방법으로 한쪽 하드디스크의 데이터 손상 시 다른 한쪽 하드디스크를 이용하여 복구한다.
③ 스트라이핑(Striping) 방식은 데이터를 여러 개의 하드디스크에 나누어 저장하므로 장애 시 복구가 용이하나 데이터 입출력이 느리다.
④ RAID는 RAID 컨트롤러를 이용하여 하드웨어적인 방법으로 구성하거나 OS나 RAID 소프트웨어를 사용하여 구성한다.

> 스트라이핑(Striping) 방식은 데이터를 여러 개의 하드디스크에 나눠서 기록하는 방법으로, 데이터 입출력 속도가 빠르지만 하드디스크가 한 개라도 손상되면 데이터를 사용할 수 없고 장애 시 복구가 어렵습니다.

22. 다음 중 RAID에 대한 설명으로 옳지 않은 것은?

① 여러 개의 하드디스크를 모아서 하나의 하드디스크처럼 사용할 수 있도록 하는 기술이다.
② RAID를 사용하면 데이터 복구가 용이하며, 속도도 빨라진다.
③ RAID의 구성 방식을 RAID Level이라 하고, Level의 숫자가 작을수록 저장장치의 신뢰성이 높고 효율성이 좋다.
④ 주로 서버에서 사용하며, 데이터의 안전성이 높다.

> RAID의 구성 방식을 RAID Level이라 하고, Level의 숫자가 클수록 저장장치의 신뢰성이 높고 효율성이 좋습니다.

23. 다음 중 컴퓨터의 장치를 교체할 때 고려해야 할 사항으로 옳지 않은 것은?

① 하드디스크의 용량(gb)은 클수록 좋다.
② 모니터가 지원하는 해상도(dpi)는 클수록 좋다.
③ CPU 코어의 수는 많을 수록 좋다.
④ DRAM의 데이터 접근 속도(ns)는 클수록 좋다.

> DRAM의 데이터 접근 속도(ns)는 작을수록 좋습니다.

24. 다음 중 시스템의 성능을 향상시킬 수 있는 가장 확실한 하드웨어 업그레이드 방법으로, 주로 메인보드와 함께 교체해야 하는 것은?

① AGP 그래픽 카드로 교체한다.
② 하드디스크의 용량이 큰 것으로 교체한다.
③ DRAM의 용량이 큰 것으로 교체한다.
④ 코어와 스레드의 수가 많은 CPU로 교체한다.

> CPU 업그레이드는 시스템의 성능을 향상시킬 수 있는 가장 확실한 방법으로, 주로 메인보드와 함께 교체하여 등급을 높입니다.

25. 다음 중 OLED(Organic Light Emitting Diodes)에 대한 설명으로 옳지 않은 것은?

① 전류가 흐르면 스스로 빛을 내는 자체 발광형 유기물질을 이용하여 화면을 표시한다.
② 고전력이 사용되나 색재현율이 뛰어나다.
③ OLED는 백라이트를 사용하지 않는다.
④ 구분 방식에 따라 수동형 구동 방식과 능동형 구동 방식으로 구분한다.

> OLED는 전력이 적게 사용됩니다.

26. 다음 중 하드디스크 연결 방식에 대한 설명으로 옳은 것은?

① IDE 방식은 용량을 256GB까지 인식할 수 있다.
② SCSI 방식은 마스터/슬레이브 연결 방식을 사용한다.
③ SATA 방식은 PATA 방식에 비해 전송 속도와 안정성이 높다.
④ EIDE 방식은 2개 장치까지 연결이 가능하다.

> ① IDE 방식은 용량을 504MB까지 인식할 수 있습니다.
> ② SCSI 방식은 데이지 체인(Daisy Chain) 연결 방식을 사용합니다.
> ④ EIDE 방식은 4개 장치까지 연결이 가능합니다.

정답 21.③ 22.③ 23.④ 24.④ 25.② 26.③

1과목 컴퓨터 일반
핵심요약 & 대표기출문제
5장 | 컴퓨터 소프트웨어

01 소프트웨어의 개요

소프트웨어는 컴퓨터 전체를 작동시키거나 사용자가 컴퓨터를 이용하여 특정 업무를 처리할 수 있게 개발된 프로그램을 말한다.

시스템 소프트웨어	• 컴퓨터 전체를 작동시키는 프로그램으로, 기능에 따라 제어 프로그램과 처리 프로그램으로 구분함 • 종류 : 운영체제(OS), 각종 언어의 컴파일러, 어셈블러, 라이브러리 프로그램 등
응용 소프트웨어	사용자가 컴퓨터를 이용하여 특정 업무를 처리할 수 있게 개발된 프로그램

02 사용권에 따른 소프트웨어 분류

- **상용 소프트웨어** : 정식으로 대가를 지불하고 사용해야 하는 소프트웨어
- **셰어웨어(Shareware)** : 기능 혹은 사용 기간에 제한을 두어 배포하는 소프트웨어로, 무료로 사용할 수 있으며, 일정 기간 사용해 보고 정식 프로그램을 구입할 수 있음
- **프리웨어(Freeware)** : 무료로 사용 또는 배포가 가능한 소프트웨어로, 배포는 주로 인터넷을 통해 이루어짐
- **공개 소프트웨어(Open Software)** : 개발자가 소스를 공개한 소프트웨어로, 누구나 자유롭게 사용하고 수정 및 재배포할 수 있음
- **데모(Demo) 버전** : 정식 프로그램의 기능을 홍보하기 위해 사용 기간이나 기능을 제한하여 배포하는 소프트웨어
- **알파(Alpha) 버전** : 베타테스트를 하기 전, 제작 회사 내에서 테스트할 목적으로 제작하는 소프트웨어
- **베타(Beta) 버전** : 정식 프로그램을 출시하기 전, 테스트를 목적으로 일반인에게 공개하는 소프트웨어
- **패치(Patch) 버전** : 이미 제작하여 배포된 프로그램의 오류 수정이나 성능 향상을 위해 프로그램의 일부 파일을 변경해 주는 소프트웨어
- **애드웨어(Adware)** : 프리웨어나 셰어웨어 등에서 광고를 보는 대가로 사용이 허용되는 소프트웨어
- **번들(Bundle)** : 특정 하드웨어나 소프트웨어를 구입하였을 때 무료로 끼워주는 소프트웨어

03 운영체제(OS; Operating System)

- 사용자의 편의를 도모함과 동시에 시스템의 생산성을 높이기 위한 프로그램의 모임으로 사용자와 컴퓨터 사이에서 중계자 역할을 한다.
- 운영체제는 가장 대표적인 시스템 소프트웨어이다.
- 운영체제는 컴퓨터를 사용하기 위해 기본적으로 필요한 소프트웨어로 반드시 설치해야 한다.
- 운영체제는 컴퓨터가 동작하는 동안 주기억장치에 위치한다.
- 운영체제의 주요 기능
  - 프로세스, 기억장치, 주변장치, 입·출력장치, 파일 등을 관리한다.
  - 사용자들 간의 하드웨어 공동 사용 및 자원의 스케줄링 등을 수행한다.
  - 사용자와 시스템 간의 편리한 인터페이스를 제공한다.
  - 데이터를 관리하고, 데이터 및 자원의 공유 기능을 제공한다.
- 운영체제의 종류 : Unix, Linux, Windows, MS-DOS 등
- 운영체제의 구성 : 제어 프로그램과 처리 프로그램으로 구성됨
  - 제어 프로그램

감시 프로그램	제어 프로그램 중 가장 핵심적인 역할을 하는 것으로, 자원의 할당 및 시스템 전체의 작동 상태를 감시하는 프로그램
작업 관리 프로그램	작업이 정상적으로 처리될 수 있도록 작업의 순서와 방법을 관리하는 프로그램
데이터 관리 프로그램	작업에 사용되는 데이터와 파일의 표준적인 처리 및 전송을 관리하는 프로그램

  - 처리 프로그램

언어 번역 프로그램	사용자가 고급언어로 작성한 원시 프로그램(Source Program)을 기계어 형태의 목적 프로그램(Object Program)으로 변환시킴
서비스 프로그램	• 사용자가 컴퓨터를 더욱 효율적으로 사용할 수 있도록 제작된 프로그램 • 연계 편집, 정렬/병합(Sort/Merge), 유틸리티 프로그램 등이 여기에 해당됨

04 운영체제의 목적

운영체제의 목적은 응답 시간 단축, 처리 능력 증대, 신뢰도 향상, 사용 가능도 증대에 있다.

처리 능력(Throughput)	일정 시간 내에 시스템이 처리하는 일의 양
응답 시간(Turn Around Time)	시스템에 작업을 의뢰한 시간부터 처리가 완료될 때까지 걸린 시간
사용 가능도(Availability)	시스템을 사용할 필요가 있을 때 즉시 사용 가능한 정도
신뢰도(Reliability)	시스템이 주어진 문제를 정확하게 해결하는 정도

25.상시, 24.상시, 23.상시, 22.상시, 21.상시, 20.상시, 20.1, 18.2, 18.1, 17.2, 17.1, 16.1, 13.3, …

05 운영체제의 운영 방식

일괄 처리 시스템 (Batch Processing System)	• 처리할 데이터를 일정량 또는 일정 기간 동안 모았다가 한꺼번에 처리하는 방식 • 급여 계산, 공공요금 계산 등에 사용됨
실시간 처리 시스템 (Real Time Processing System)	• 처리할 데이터가 생겨날 때마다 바로 처리하는 방식으로, 일반적으로 온라인 실시간 시스템을 의미함 • 항공기나 열차의 좌석 예약, 은행 업무 등에 사용됨
다중 프로그래밍 시스템 (Multi Programming System)	한 대의 CPU로 여러 개의 프로그램을 동시에 처리하는 방식
시분할 시스템 (Time Sharing System)	• 한 대의 시스템을 여러 사용자가 동시에 사용하는 방식 • 일정 시간 단위로 CPU 사용권을 신속하게 전환함으로써 각 사용자들은 자신만이 컴퓨터를 사용하고 있는 것처럼 느끼게 됨
다중 처리 시스템 (Multi Processing System)	• 처리 속도를 향상시킬 목적으로 하나의 컴퓨터에 여러 개의 CPU를 설치하여 프로그램을 처리하는 방식 • Load Balancing : 다중 처리 시스템에서 특정 처리기에 과부하가 걸리지 않도록 시간을 조정하여 부하의 균형을 잡아주는 것
분산 처리 시스템 (Distributed System)	지역적으로 분산된 여러 대의 컴퓨터를 연결하여 작업을 분담하여 처리하는 방식
임베디드 시스템 (Embedded System)	• 마이크로프로세서에 특정 기능을 수행하는 응용 프로그램을 탑재하여 컴퓨터의 기능을 수행하는 것으로 컴퓨터의 하드웨어와 소프트웨어가 하나로 조합된 전자 제어 시스템 • 임베디드 운영체제 : 디지털 TV, 전기밥솥, 냉장고, PDA 등 해당 제품의 특정 기능에 맞게 특화되어서 제품 자체에 포함된 운영체제로 Windows CE가 여기에 속함
듀얼 시스템 (Dual System)	두 개의 컴퓨터가 같은 업무를 동시에 처리하므로 한쪽 컴퓨터가 고장나면 다른 컴퓨터가 계속해서 업무를 처리하여 업무가 중단되는 것을 방지하는 시스템
듀플렉스 시스템 (Duplex System)	두 대의 컴퓨터를 설치하여 한쪽의 컴퓨터가 가동중일 때는 다른 한 컴퓨터는 대기하고 있다가 가동중인 컴퓨터가 고장이 나면 즉시 대기중인 컴퓨터가 가동되어 시스템이 안전하게 작동되도록 운영하는 시스템

25.상시, 24.상시, 23.상시, 22.상시, 21.상시, 20.1, 19.2, 17.1, 14.1, 13.1, 12.2, 11.2, 10.2, 10.1, …

06 프로그래밍 기법

구조적 프로그래밍

- 입력과 출력이 각각 하나씩 이루어진 구조로, GOTO문을 사용하지 않으며, 순서, 선택, 반복의 3가지 논리 구조를 사용하는 기법이다.
- 종류 : PASCAL

절차적 프로그래밍

- 지정된 문법 규칙에 따라 일련의 처리 절차를 순서대로 기술해 나가는 프로그래밍 기법이다.
- 종류 : C, COBOL, FORTRAN, BASIC 등

객체 지향 프로그래밍

- 객체를 중심으로 한 프로그래밍 기법이다.
- 절차적 프로그래밍의 문제점을 해결하기 위해 개발되었다.
- 코드의 재사용과 유지 보수가 용이하여 프로그램의 개발 시간을 단축할 수 있다.
- 시스템의 확장성이 높고 정보 은폐가 용이하다.
- 추상화, 캡슐화, 상속성, 다형성 등의 특징을 갖고 있다.
- 종류 : Smalltalk, C++, JAVA, C#, Python, Ruby 등

비주얼 프로그래밍

- 기존 문자 방식의 명령어 전달 방식을 기호화된 아이콘의 형태로 바꿔 사용자가 대화형으로 좀 더 쉽게 프로그래밍할 수 있는 기법이다.
- 종류 : Visual BASIC, Visual C++, Delphi, Power Builder 등

25.상시, 22.상시, 19.1, 18.상시, 18.2, 18.1, 16.2, 15.2, 13.3, 12.1, 11.3, 11.2, 10.1, 09.1, …

07 웹 프로그래밍 언어

- HTML(Hyper Text Markup Language) : 인터넷 표준 문서인 하이퍼텍스트 문서를 만들기 위해 사용되는 언어
- XML(eXtensible Markup Language)
  - 웹에서 구조화된 폭넓고 다양한 문서들을 상호 교환할 수 있도록 설계된 다목적 마크업 언어
  - SGML에서 파생된 간단하고 유연한 텍스트 형식으로, 기존 HTML의 단점을 보완하였음
  - HTML에 사용자가 새로운 태그(Tag)를 정의할 수 있음
  - 서로 다른 시스템 간 데이터 교환에 적합함
- ASP(Active Server Page)
  - 서버 측에서 동적으로 수행되는 페이지를 만들기 위한 언어
  - Windows 계열에서만 수행 가능함
- JSP(Java Server Page)
  - 자바(JAVA)로 만들어진 서버 스크립트 언어
  - 서버 측에서 동적으로 수행되며, Linux, Unix, Windows 등의 다양한 운영체제에서 사용할 수 있음
- PHP(Professional Hypertext Preprocessor)
  - 초기에는 아주 간단한 유틸리티들로만 구성되어 개인용 홈페이지 제작 도구로 사용되었으나, PHP 4.0 버전 이후 가장 각광받는 웹 스크립트 언어
  - 서버 측에서 동적으로 수행되며, Linux, Unix, Windows 등의 다양한 운영체제에서 사용할 수 있음
- 자바 스크립트(Java Script)
  - 일반 사용자가 프로그래밍하기 힘든 자바 애플릿의 단점을 극복하고자 개발되었음
  - 서버에 데이터를 전송할 때 아이디, 비밀번호, 수량 등의 입력 사항을 확인할 때 주로 사용함

5장 대표기출문제

1. 다음 중 저작권에 따른 컴퓨터 소프트웨어의 분류에 관한 설명으로 옳지 않은 것은? 23.상시, 22.상시, 21.상시, 17.2, 15.2, 14.3, 14.1, 12.2, …

① 애드웨어 : 광고를 보는 대가로 무료로 사용하는 소프트웨어이다.
② 셰어웨어 : 정식 버전이 출시되기 전에 프로그램에 대한 일반인의 평가를 받기 위해 제작된 소프트웨어이다.
③ 번들 : 특정한 하드웨어나 소프트웨어를 구매하였을 때 끼워주는 소프트웨어이다.
④ 프리웨어 : 개발자가 무료로 사용을 허가한 소프트웨어이다.

> 셰어웨어는 정식 프로그램의 구입을 유도하기 위해 기능 혹은 사용 기간에 제한을 두어 무료로 배포하는 프로그램입니다. ②번은 베타 버전에 대한 설명입니다.

2. 다음 중 컴퓨터의 소프트웨어 관련 용어에 대한 설명으로 옳은 것은? 22.상시, 21.상시

① 베타(Beta) 버전은 제작 회사 내에서 테스트할 목적으로 제작하는 소프트웨어이다.
② 셰어웨어(Shareware)는 기능과 사용 기간에 제한 없이 무료로 사용할 수 있는 소프트웨어이다.
③ 패치(Patch) 버전은 이미 제작하여 배포된 프로그램의 오류 수정이나 성능 향상을 위해 프로그램 일부를 변경해 주는 소프트웨어이다.
④ 알파(Alpha) 버전은 프로그램을 출시하기 전에 테스트를 목적으로 일반인에게 공개하는 소프트웨어이다.

> ① 베타(Beta) 버전은 정식 프로그램을 출시하기 전, 테스트를 목적으로 일반인에게 공개하는 소프트웨어입니다.
> ② 셰어웨어(Shareware)는 기능 혹은 사용 기간에 제한을 두어 배포하는 소프트웨어로, 무료로 사용할 수 있으며, 일정 기간 사용해 보고 정식 프로그램을 구입할 수 있습니다.
> ④ 알파(Alpha) 버전은 베타테스트를 하기 전, 제작 회사 내에서 테스트할 목적으로 제작하는 소프트웨어입니다.

3. 다음 중 컴퓨터 운영체제(OS)에 대한 설명으로 옳지 않은 것은? 24.상시, 23.상시

① 컴퓨터 하드웨어와 응용 프로그램을 사용하고자 하는 사용자 사이에 위치하여 인터페이스 역할을 해주는 소프트웨어이다.
② 운영체제는 컴퓨터가 동작하는 동안 주기억장치에 위치하며, 프로세스, 기억장치, 입·출력장치, 파일 등의 자원을 관리한다.
③ 운영체제의 목적에는 처리 능력의 향상, 응답 시간의 단축, 사용 가능도의 향상, 신뢰도 향상 등이 있다.
④ 운영체제의 종류에는 어셈블러, 컴파일러, 인터프리터 등이 있다.

> 운영체제의 종류에는 Windows, UNIX, LINUX, MS-DOS 등이 있습니다. 어셈블러, 컴파일러, 인터프리터는 언어 번역 프로그램입니다.

4. 다음 중 운영체제의 구성인 제어 프로그램에 대한 설명으로 옳지 않은 것은? 25.상시, 24.상시, 21.상시

① 자원의 할당 및 시스템 전체의 작동 상태를 감시한다.
② 작업이 정상적으로 처리될 수 있도록 작업의 순서와 방법을 관리한다.
③ 작업에 사용되는 데이터와 파일의 표준적인 처리 및 전송을 관리한다.
④ 사용자가 고급언어로 작성한 원시 프로그램을 기계어 형태의 목적 프로그램으로 변환시킨다.

> ④번은 처리 프로그램 중 언어 번역 프로그램에 대한 설명입니다.

5. 다음 중 컴퓨터 운영체제의 성능 평가 기준에 해당하지 않는 것은? 25.상시, 21.상시, 18.1

① 중앙처리장치의 사용 정도를 측정하는 사용 가능도(Availability)
② 주어진 문제를 정확하게 해결하는 정도를 의미하는 신뢰도(Reliability)
③ 일정 시간 내에 시스템이 처리하는 양을 의미하는 처리 능력(Throughput)
④ 작업을 의뢰한 시간부터 처리가 완료된 시간까지의 반환 시간(Turn Around Time)

> 사용 가능도(Availability)는 시스템을 사용할 필요가 있을 때 즉시 사용 가능한 정도를 의미합니다.

6. 다음 중 컴퓨터 운영체제의 운영방식에 대한 설명으로 옳지 않은 것은? 23.상시, 22.상시, 21.상시

① 일괄 처리는 컴퓨터에 입력하는 데이터를 일정량 또는 일정 시간 동안 모았다가 한꺼번에 처리하는 방식이다.
② 실시간 처리는 오프라인에서 처리할 데이터가 입력될 때 마다 즉시 처리하는 방식이다.
③ 시분할 시스템은 한 대의 시스템을 여러 사용자가 동시에 사용하는 방식이다.
④ 분산 처리 시스템은 여러 대의 컴퓨터들에 의해 작업한 결과를 통신망을 이용하여 상호 교환할 수 있도록 연결되어 있는 방식이다.

> 실시간 처리는 일반적으로 온라인에서 처리할 데이터가 입력될 때마다 즉시 처리하는 방식을 의미합니다.

정답 1.② 2.③ 3.④ 4.④ 5.① 6.②

7. 다음 중 컴퓨터 운영체제의 운영방식에 대한 설명으로 옳은 것은?

① 실시간 처리 시스템 : 컴퓨터에 입력하는 데이터를 일정량 또는 일정시간 동안 모았다가 한꺼번에 처리하는 방식이다.
② 다중 처리 시스템 : 여러 개의 중앙처리장치와 하나의 주기억장치를 이용하여 여러 프로그램을 동시에 처리하는 방식이다.
③ 시분할 시스템 : 여러 대의 컴퓨터들에 의해 작업한 결과를 통신망을 이용하여 상호 교환할 수 있도록 연결되어 있는 시스템이다.
④ 다중 프로그램 시스템 : 처리할 데이터가 입력될 때 마다 즉시 처리하는 방식이다.

> ① 실시간 처리 시스템은 처리할 데이터가 생겨날 때마다 바로 처리하는 방식입니다. ①번은 일괄 처리 시스템에 대한 설명입니다.
> ③ 시분할 시스템은 한 대의 시스템을 여러 사용자가 동시에 사용하는 방식으로, 일정 시간 단위로 CPU 사용권을 신속하게 전환함으로써, 모든 사용자들은 자신만 혼자 컴퓨터를 사용하고 있는 것처럼 느낍니다. ③번은 분산 처리 시스템에 대한 설명입니다.
> ④ 다중 프로그램 시스템은 한 개의 CPU(중앙처리장치)로 여러 개의 프로그램을 동시에 처리하는 방식입니다.

8. 다음 중 XML(eXtensible Markup Language)에 대한 설명으로 옳지 않은 것은?

① 별도의 프로그램을 설치하지 않아도 웹 브라우저 상에서 다양한 멀티미디어 콘텐츠 및 웹 등을 제공한다.
② SGML에서 파생된 간단하고 유연한 텍스트 형식이다.
③ HTML의 한계를 극복하기 위한 목적으로 W3C에서 개발한 다목적 마크업 언어이다.
④ 주로 서로 다른 시스템, 특히 인터넷에 연결된 시스템끼리 데이터를 쉽게 주고받을 수 있다.

> ①번은 HTML5(HyperText Markup Language 5)에 대한 설명입니다.

9. 다음 중 프로그래밍 기법에 대한 설명으로 옳지 않은 것은?

① 구조적 프로그래밍 : 입력과 출력이 각각 하나씩 이루어진 구조로, 순서, 선택, 반복의 3가지 논리 구조를 사용하는 기법이다.
② 절차적 프로그래밍 : 지정된 문법 규칙에 따라 일련의 처리 절차를 순서대로 기술해 나가는 프로그래밍 기법이다.
③ 객체 지향 프로그래밍 : 객체를 중심으로 한 프로그래밍 기법으로, 소프트웨어의 재사용과 유지보수가 용이하다.
④ 비주얼 프로그래밍 : 기호화된 아이콘 형태를 문자 방식의 명령어로 바꿔 프로그래밍 하는 기법이다.

> 비주얼 프로그래밍은 기존 문자 방식의 명령어 전달 방식을 기호화된 아이콘의 형태로 바꿔 사용자가 대화형으로 좀더 쉽게 프로그래밍할 수 있는 기법입니다.

10. 다음 중 객체 지향 프로그래밍 언어에 대한 설명으로 옳지 않은 것은?

① 소프트웨어의 재사용으로 프로그램의 개발 시간을 단축할 수 있다.
② 대표적인 객체 지향 언어로 C++, Java 등이 있다.
③ 상속성, 캡슐화, 추상화, 다형성 등의 특징이 있다.
④ 순차적인 처리가 중요시되며 프로그램 전체가 유기적으로 연결되도록 작성한다.

> '순차적인 처리'와 '프로그램의 유기적 연결'은 절차적 프로그래밍 언어의 특징입니다.

11. 다음 중 인터넷 문서를 작성할 때 사용되는 언어 중에서 HTML에 관한 설명으로 옳은 것은?

① 인터넷용 하이퍼텍스트 문서 제작에 사용된다.
② 구조화된 문서를 제작하기 위한 언어로, 태그의 사용자 정의가 가능하다.
③ 서버 측에서 동적으로 처리되는 페이지를 만들기 위한 언어이다.
④ 웹 상에서 3차원 가상 공간을 표현하기 위한 언어이다.

> ②번은 XML, ③번은 ASP, ④번은 VRML에 대한 설명입니다.

12. 다음 중 시스템 소프트웨어에 대한 설명으로 옳지 않은 것은?

① 사용자가 컴퓨터를 이용하여 특정 업무를 처리할 수 있게 개발된 프로그램이다.
② 시스템 소프트웨어는 제어 프로그램과 처리 프로그램으로 구분된다.
③ 컴퓨터 시스템을 효율적으로 운영해 주는 소프트웨어이다.
④ 대표적인 시스템 소프트웨어로는 운영체제가 있다.

> ①번은 응용 소프트웨어에 대한 설명입니다.

1과목 컴퓨터 일반
핵심요약 & 대표기출문제
6장 | 인터넷 활용

01 망의 구성 형태

25.상시, 24.상시, 23.상시, 22.상시, 21.상시, 20.상시, 19.상시, 18.상시, 17.2, 15.1, 14.2, 14.1, …

성형(Star, 중앙 집중형)
- 모든 노드가 중앙 노드에 1:1(Point-to-Point)로 연결되어 있는 형태이다.
- 고장 발견이 쉽고 유지 보수 및 확장이 용이하다.

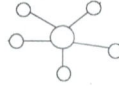

> **잠깐만요** Point-To-Point
> 1개의 입·출력장치와 1개의 통신회선망을 연결하는 회선망 구성 방식으로, 전송할 데이터의 양과 회선 사용 시간이 많을 때 효율적입니다.

링형(Ring, 루프형)
- 인접한 컴퓨터와 단말기들을 서로 연결하여 양방향으로, 데이터 전송이 가능한 통신망 형태이다.
- 통신 회선 중 어느 하나라도 고장나면 전체 통신망에 영향을 미친다.

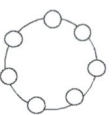

버스형(Bus)
- 한 개의 통신 회선에 여러 대의 단말장치가 연결되어 있는 형태이다.
- 설치 및 제거가 용이하고 단말장치가 고장나더라도 통신망 전체에 영향을 주지 않기 때문에 신뢰성을 높일 수 있다.
- 둘 이상의 단말장치에서 데이터를 동시에 전송하면 데이터 충돌이 발생할 수 있다.
- 주로 근거리 통신망에서 사용한다.

계층형(Tree, 분산형)
- 중앙 컴퓨터와 일정 지역의 단말장치까지는 하나의 통신 회선으로 연결시키고, 이웃하는 단말장치는 일정 지역 내에 설치된 중간 단말장치로부터 다시 연결시키는 형태이다.
- 분산 처리 시스템을 구성하는 방식이다.

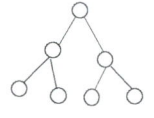

망형(Mesh)
- 모든 지점의 컴퓨터와 단말장치를 서로 연결한 형태이다.
- 응답시간이 빠르고 노드의 연결성이 높다.
- 단말장치의 추가·제거가 어려운 반면 보안성과 안정성이 높다.

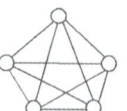

02 네트워크 관련 장비

25.상시, 24.상시, 23.상시, 22.상시, 21.상시, 20.2, 19.상시, 18.상시, 15.2, 13.3, 13.2, 13.1, 12.3, …

허브(Hub)	• 네트워크를 구성할 때 한꺼번에 여러 대의 컴퓨터를 연결하는 장치로, 각 회선을 통합적으로 관리함 • OSI 7 계층 중 물리 계층(Physical Layer)의 장비임
리피터(Repeater)	• 거리가 증가할수록 감쇠하는 디지털 신호의 장거리 전송을 위해서 수신한 신호를 재생시키거나 출력 전압을 높여 전송하는 장치 • OSI 7 계층 중 물리 계층(Physical Layer)의 장비임
브리지(Bridge)	• 리피터와 동일한 기능을 수행하지만, 단순 신호 증폭뿐만 아니라 네트워크 분할을 통해 트래픽을 감소시키며, 물리적으로 다른 네트워크를 연결할 때 사용함 • 네트워크 프로토콜과는 독립적으로 작용하므로 네트워크에 연결된 여러 단말들의 통신 프로토콜을 바꾸지 않고도 네트워크를 확장할 수 있음 • OSI 7 계층 중 데이터 링크 계층(Data Link Layer)의 장비임
라우터(Router)	• 인터넷 환경에서 네트워크와 네트워크 간을 연결할 때 반드시 필요한 장비로, 데이터 전송 시 최적의 경로를 설정하여 전송함 • 각 데이터들이 효율적인 속도로 전송될 수 있도록 데이터의 흐름을 제어함 • OSI 7 계층 중 네트워크 계층(Network Layer)의 장비임
게이트웨이(Gateway)	• 주로 LAN에서 다른 네트워크에 데이터를 보내거나 다른 네트워크로부터 데이터를 받아들이는 출입구 역할을 함 • OSI 7 계층 중 전송 계층(Transport Layer)의 장비임

03 인트라넷 / 엑스트라넷

25.상시, 22.상시, 21.상시, 20.2, 18.상시, 14.3, 14.1, 13.3, 13.1, 03.1

인트라넷(Intranet)
인터넷의 기술을 기업내 정보 시스템에 적용한 것으로, 전자 우편 시스템, 전자결재 시스템 등을 인터넷 환경으로 통합하여 사용하는 것을 의미한다.

엑스트라넷(Extranet)
기업과 기업 간에 인트라넷을 서로 연결한 것으로, 납품업체나 고객업체 등 자기 회사와 관련 있는 기업체와의 원활한 통신을 위해 인트라넷의 이용 범위를 확대한 것이다.

25.상시, 24.상시, 23.상시, 22.상시, 21.상시, 20.상시, 20.1, 19.상시, 19.2, 18.상시, 18.2, 18.1, …

04 IPv6

- 현재 사용하고 있는 IP 주소 체계인 IPv4의 주소 부족 문제를 해결하기 위해 개발되었다.
- 16비트씩 8부분, 총 128비트로 구성되어 있다.
- 주소의 각 부분은 4자리의 16진수를 콜론(:)으로 구분하여 표현한다.
- 주소의 각 부분이 0으로 연속된 경우 0을 생략하여 '::'와 같이 표시하고, 주소의 한 부분이 0으로 연속된 경우 0을 생략하고 ':'만 표시할 수 있다.
- IPv4와의 호환성이 뛰어나다.
- 인증성, 기밀성, 데이터 무결성의 지원으로 보안 문제를 해결할 수 있다.
- 모바일 IP나 웹 캐스팅이 용이하며, 등급별, 서비스별로 패킷을 구분할 수 있어 품질 보장도 용이하다.
- 주소의 확장성, 융통성, 연동성이 뛰어나다.
- IPv4에 비하여 자료 전송 속도가 빠르다.
- 실시간 흐름 제어로 향상된 멀티미디어 기능을 지원한다.
- 유니캐스트, 멀티캐스트, 애니캐스트의 3가지 종류의 주소 체계로 분류되기 때문에 주소의 낭비 요인을 줄이고 간단하게 주소를 결정할 수 있다.

25.상시, 23.상시, 22.상시, 21.상시, 20.1, 19.2, 17.1, 16.1

07 프로토콜(Protocol)

- 네트워크에서 서로 다른 컴퓨터들 간에 정보 교환을 할 수 있게 해주는 통신 규약이다.
- 프로토콜의 기능

흐름 제어	통신망에 흐르는 패킷 수를 조절하는 등의 흐름 제어(Flow Control) 기능이 있어 시스템 전체의 안정성을 유지할 수 있음
동기화	정보를 전송하기 위하여 송·수신기가 같은 상태를 유지하도록 하는 동기화(Synchronization) 기능을 수행함
오류 검출	데이터의 전송 도중에 발생하는 오류를 검출함

25.상시, 22.상시, 19.상시, 14.2, 06.4, 05.3, 04.4

05 DNS / 도메인 네임

DNS (Domain Name System)	• 문자로 된 도메인 네임을 숫자로 된 IP 주소로 바꾸어 주는 역할을 하는 시스템 • DNS에 등록된 모든 호스트들을 도메인별로 계층화 시켜 관리함
도메인 네임 (Domain Name)	숫자로 된 IP 주소를 사람이 이해하기 쉬운 문자 형태로 표현한 것

22.상시, 21.상시, 14.3, 14.2, 14.1, 12.3, 11.3, 10.2, 09.2, 06.4

08 OSI 7계층

기종이 서로 다른 컴퓨터 간의 정보 교환을 원활히 하기 위해 국제표준화기구(OSI)에서 제정한 것으로, 네트워크를 이루고 있는 구성 요소들을 계층적 구조로 나누고 각 계층의 표준을 정한 것이다.

물리 계층 (Physical Layer)	전송에 필요한 두 장치 간의 실제 접속과 절단 등 기계적, 전기적, 기능적, 절차적 특성을 정의함
데이터 링크 계층 (Data Link Layer)	• 두 개의 인접한 개방 시스템들 간에 신뢰성 있고 효율적인 정보 전송을 할 수 있도록 함 • 흐름 제어, 프레임 동기화, 오류 제어, 순서 제어 기능 • 링크의 확립, 유지, 단결의 수단을 제공함
네트워크 계층 (Network Layer, 망 계층)	• 개방 시스템들 간의 네트워크 연결 관리(네트워크 연결을 설정, 유지, 해제), 데이터 교환 및 중계 • 경로 설정(Routing), 트래픽 제어, 패킷 정보 전송
전송 계층 (Transport Layer)	• 종단 시스템(End-to-End) 간의 신뢰성 있고 투명한 데이터 전송을 가능하게 함 • 전송 연결 설정, 데이터 전송, 연결 해제 기능
세션 계층 (Session Layer)	• 송수신측간의 관련성을 유지하고 대화 제어를 담당함 • 대화(회화) 구성 및 동기 제어, 데이터 교환 관리 기능
표현 계층 (Presentation Layer)	• 응용 계층으로부터 받은 데이터를 세션 계층에 맞게, 세션 계층에서 받은 데이터는 응용 계층에 맞게 변환하는 기능 • 코드 변환, 데이터 암호화, 데이터 압축, 구문 검색, 정보 형식(포맷) 변환 기능
응용 계층 (Application Layer)	• 사용자(응용 프로그램)가 OSI 환경에 접근할 수 있도록 서비스를 제공함 • 응용 프로세스 간의 정보 교환, 파일 전송 등의 전송 제어 기능

25.상시, 22.상시, 21.상시, 19.2, 18.상시, 16.3, 14.2, 07.2, 06.3, 05.4, 05.2, 04.1, …

06 URL(Uniform Resource Locator)

- 인터넷 상에 존재하는 각종 자원이 있는 위치를 나타내는 표준 주소 체계이다.
- 형식 : 프로토콜://호스트(서버) 주소[:포트 번호][/파일 경로]
  - 프로토콜 : 인터넷 서비스의 종류로 http(WWW), ftp(FTP), telnet(Telnet), news(Usenet), mailto(E-Mail) 등을 기입함
  - 서버 주소 : 검색할 정보가 위치한 서버의 호스트 주소
  - 포트 번호 : TCP 접속에 사용되는 포트 번호
  - 파일 경로 : 서비스에 접속한 후 실제 정보가 있는 경로

09 OSI 7계층에서 사용하는 대표적인 주소

25.상시, 24.상시

MAC 주소	NIC(Network Interface Card)에 대한 식별자로, 데이터 링크 계층에서 사용함
IP 주소	호스트에 대한 식별자로, 네트워크 계층에서 사용함
포트 번호	호스트에서 실행되는 프로세스를 구분해 주며, 전송 계층에서 사용함
메일 주소	메일 시스템에서 사용자를 구분해 주며, 응용 계층에서 사용함

10 TCP/IP

23.상시, 22.상시, 20.상시, 20.2, 19.상시, 18.2, 18.1, 11.2, 10.1, 09.2, 09.1, …

인터넷에 연결된 서로 다른 기종의 컴퓨터들 간에 데이터를 주고받을 수 있도록 하는 표준 프로토콜이다.

TCP	• 메시지를 송·수신자의 주소와 정보로 묶어 패킷 단위로 나눔 • 전송 데이터의 흐름을 제어하고 데이터의 에러 유무를 검사함 • OSI 7계층 중 전송(Transport) 계층에 해당함
IP	• 패킷 주소를 해석하고 경로를 결정하여 다음 호스트로 전송함 • OSI 7계층 중 네트워크(Network) 계층에 해당함

잠깐만요 TCP/IP의 구조

OSI	TCP/IP	기능
응용 계층 표현 계층 세션 계층	응용 계층	• 응용 프로그램 간의 데이터 송·수신 제공 • TELNET, FTP, SMTP, SNMP 등
전송 계층	전송 계층	• 호스트들 간의 신뢰성 있는 통신 제공 • TCP, UDP
네트워크 계층	인터넷 계층	• 데이터 전송을 위한 주소 지정, 경로 설정 제공 • IP, ICMP, IGMP, ARP, RARP
데이터 링크 계층 물리 계층	링크 계층	• 실제 데이터를 송·수신하는 역할 • Ethernet, IEEE 802, HDLC, X.25 등

11 HTTP / ARP / RARP

25.상시, 23.상시, 22.상시, 21.상시, 13.1, 10.2, 10.1, 08.4, 06.3, 04.3, 03.3, 03.2

HTTP	• 하이퍼텍스트 문서를 전송하기 위해 사용하는 프로토콜 • 서비스를 요청하거나 응답하는 프로토콜 구조를 가짐 • 보안이 강화된 버전을 HTTPS라고 함
ARP	IP 주소를 이용하여 물리적인 MAC 주소를 찾아주는 프로토콜
RARP	ARP와 반대로 물리적 MAC 주소를 IP 주소로 변환하는 프로토콜

12 전자우편

25.상시, 24.상시, 23.상시, 21.상시, 19.상시, 18.1, 17.2, 15.3, 12.2, 11.1, 09.3, 09.2, 09.1, 08.3, …

- 인터넷을 통해 다른 사람과 편지뿐만 아니라 그림, 동영상 등 다양한 형식의 데이터를 주고받을 수 있도록 해주는 서비스이다.
- 전자우편은 보내는 즉시 수신자에게 도착하므로 빠른 의견 교환이 가능하다.
- 한 사람이 동시에 여러 사람에게 동일한 전자우편을 보낼 수 있다.
- 전자우편을 보내거나 받기 위해서는 메일 서버에 사용자 계정이 있어야 한다.
- 전자우편은 기본적으로 7Bit의 ASCII 코드를 사용하여 메시지를 주고 받는다.
- 형식 : 사용자ID@메일서버_주소(도메인 이름)
- 전자우편 프로토콜

SMTP	사용자의 컴퓨터에서 작성된 메일을 다른 사람의 계정이 있는 곳으로 전송하는 프로토콜
POP3	메일 서버에 도착한 E-Mail을 사용자 컴퓨터로 가져오는 프로토콜
MIME	웹 브라우저가 지원하지 않는 각종 멀티미디어 파일의 내용을 확인하고, 실행시켜 주는 프로토콜
IMAP	로컬 서버에서 프로그램을 이용하여 전자우편을 액세스하기 위한 표준 프로토콜

13 FTP(파일 전송 프로토콜)

22.상시, 21.상시, 19.1, 18.상시, 15.1, 14.3, 12.2, 12.1, 11.3, 11.2, 10.3, 10.2, …

- 컴퓨터와 컴퓨터 또는 컴퓨터와 인터넷 사이에서 파일을 주고받을 수 있도록 하는 원격 파일 전송 프로토콜이다.
- FTP를 이용하여 파일의 전송(Upload)과 수신(Download), 삭제, 이름 변경 등의 작업을 할 수 있다.
- 파일의 업로드나 다운로드 서비스를 제공하는 컴퓨터를 FTP 서버, 파일을 제공받는 컴퓨터를 FTP 클라이언트라고 한다.
- FTP 서버에 있는 프로그램은 다운로드 후에만 실행이 가능하다.
- 그림 파일, 동영상 파일, 압축된 형태의 파일을 전송할 때에는 Binary 모드를, 텍스트 파일을 전송할 때에는 ASCII 모드를 사용한다.
- Anonymous FTP(익명 FTP) : 계정(Account)이 없는 사용자도 접근하여 사용할 수 있는 FTP 서비스

23.상시, 22.상시, 20.1, 17.2, 16.3, 16.1, 15.2, 14.2, 13.2, 11.2, 11.1, 10.3, 09.4, …

14 기타 인터넷 서비스

WWW	• 텍스트, 그림, 동영상 등 인터넷에 존재하는 다양한 멀티미디어 형식의 정보를 거미줄처럼 연결해 놓은 종합 정보 서비스 • HTTP 프로토콜을 사용하는 하이퍼텍스트 기반으로 되어 있음 • 송·수신 에러의 제어를 위해 HTTP 프로토콜을 사용함 • WWW를 효과적으로 검색할 수 있도록 도와주는 프로그램을 웹 브라우저라고함
Tracert	• 인터넷 서버까지의 경로를 추적하는 명령어로, IP 주소, 목적지까지 거치는 경로의 수, 각 구간 사이의 데이터 왕복 속도를 확인할 수 있음 • 특정 사이트가 열리지 않을 때 해당 서버가 문제인지 인터넷 망이 문제인지를 알아볼 수 있음 • 인터넷 속도가 느릴 때 어느 구간에서 정체를 일으키는지를 알아볼 수 있음 • 예 Tracert 211.31.119.151(도스 창에 입력)
WAIS	여러 곳에 흩어져 있는 방대한 데이터베이스로부터 정보를 검색할 수 있도록 하는 서비스
Nslookup (Name Server lookup)	도메인 네임 서버 검색 서비스로, 도메인 네임을 이용하여 IP 주소를 찾을 수 있음

25.상시, 24.상시, 23.상시, 22.상시, 21.상시, 20.상시, 20.2, 20.1, 19.2, 19.1, 18.2, 18.1, 17.1, …

15 ICT 신기술 관련 용어

- 클라우드 컴퓨팅(Cloud Computing)
  - 하드웨어·소프트웨어 등의 컴퓨팅 자원을 자신이 필요한 만큼 빌려 쓰고 이에 대한 사용요금을 지급하는 방식의 컴퓨팅 서비스
  - 웹 기반 애플리케이션을 활용하여 인터넷 개인 서버에서 대용량 데이터베이스를 처리하고 저장한 데이터를 PC, 스마트폰, Pad 등의 단말기에서 불러오거나 가공할 수 있음
- 사물 인터넷(IoT; Internet of Things)
  - 세상에 존재하는 모든 사물을 네트워크로 연결해 인간과 사물, 사물과 사물 간 언제 어디서나 서로 소통할 수 있게 하는 새로운 정보 통신 환경으로, 개인 맞춤형 스마트 서비스를 지향함
  - 스마트 센싱 기술과 무선 통신 기술을 융합하여 실시간으로 데이터를 주고받음
- 위치 기반 서비스(LBS) : 통신 기술과 GPS, 그리고 컴퓨터에 저장된 데이터베이스를 이용하여 위치와 부가 서비스를 제공하는 기술로, 현재 위치 정보, 실시간 교통 정보 등 다양한 서비스를 제공함
- 테더링(Tethering) : 인터넷에 연결된 기기를 이용하여 다른 기기도 인터넷 사용이 가능하도록 해주는 기술로, 노트북과 같은 IT 기기를 휴대폰에 연결하여 무선 인터넷을 사용할 수 있음
- 텔레매틱스(Telematics) : 통신(Telecommunication)과 정보과학(Informatics)의 합성어로, 자동차에 정보 통신 기술과 정보 처리 기술을 융합하여 운전자에게 다양한 멀티미디어 서비스를 제공하는 것

- 핀테크(FinTech)
  - 금융(Finance)과 기술(Technology)의 합성어로, 금융과 기술의 융합을 통한 금융 서비스 및 산업의 변화를 통칭함
  - 모바일, SNS, 빅 데이터 등 새로운 IT 기술 등을 활용하여 간편 결제 및 송금, 자산 관리, 크라우드 펀딩, 로보 어드바이저 등의 서비스를 제공함
- LWPA(Low Power Wide Area, 저전력 광역 통신망)
  - 저전력, 저비용을 기반으로 소량의 데이터의 장거리 전송과 안정적인 통신을 지원하는 통신망
  - 사물 인터넷(Iot)에서 무선 광역 네트워크로 사용됨
- 메타버스(Metaverse)
  - 가공(Meta)과 현실 세계(Universe)의 합성어로, 현실 세계와 같은 사회·경제·문화 활동이 이뤄지는 3차원 가상 세계를 가리킴
  - 1992년 미국 SF 작가 닐 스티븐슨의 소설 '스노 크래시'에 처음 등장하였음
- 와이파이(WiFi; Wireless-Fidelity)
  - 2.4GHz대를 사용하는 무선 랜(WLAN) 규격(IEEE 802.11b)에서 정한 제반 규정에 적합한 제품에 주어지는 인증 마크
  - 무선 신호를 전달하는 AP를 중심으로 데이터를 주고받는 인프라스트럭쳐(Infrastructure) 모드와 AP 없이 데이터를 주고받는 애드혹(Ad Hoc) 모드가 있음
  - 유선 랜을 무선화한 것으로 사용 거리에 제한이 있음
  - 3G 이동통신에 비해 전송 속도가 빠르고 전송 비용이 저렴함
- RFID(Radio Frequency IDentification)
  - 사물에 전자 태그를 부착하고 주파수를 이용해 ID를 식별하는 방식으로 전파를 이용해 정보를 인식하는 기술
  - 태그의 종류에 따라 데이터를 반복적으로 기록할 수 있으며, 물리적 손상이 없는 한 반영구적으로 사용할 수 있음
  - 주파수의 종류나 환경에 따라 적용 범위나 대상에 제약이 있음
- USN(Ubiquitous Sensor Network)
  - 모든 사물에 부착된 RFID 태그 또는 센서를 통해 탐지된 사물의 인식 정보는 물론 주변의 온도, 습도, 위치정보, 압력, 오염 및 균열 정도 등과 같은 환경 정보를 네트워크와 연결하여 실시간으로 수집하고 관리하는 네트워크 시스템
  - 텔레매틱스, 동물관리, 교통관리, 공해감시, 유통분야, 물류분야, 홈 네트워크 등 거의 모든 분야에 응용할 수 있음
- 지그비(Zigbee) : 저전력, 저비용, 저속도와 2.4GHz를 기반으로 하는 홈 자동화 및 데이터 전송을 위한 무선 네트워크 규격으로, 전력 소모를 최소화 하는 대신 반경 30m 내에서만 데이터 전송이 가능함
- 빅 데이터(Big Data) : 기존의 관리 방법이나 분석 체계로는 처리하기 어려운 막대한 양의 데이터 집합으로, 스마트 단말의 빠른 확산, 소셜 네트워크 서비스의 활성화 등으로 데이터 폭발이 더욱 가속화되고 있음
- 데이터 마이닝(Data Mining) : 통계 기법, 수학적 기법이나 인공지능 등을 이용하여 대량의 데이터에 숨어 있는 유용한 정보를 추출해내는 기술
- 블록체인(Blockchain) : P2P 네트워크를 이용하여 온라인 금융 거래 정보를 온라인 네트워크 참여자(Peer)의 디지털 장비에 분산 저장하는 기술로, 공공 거래 장부라고도 불림

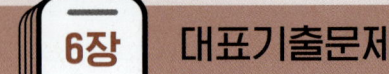

6장 대표기출문제

1. 다음 중 OSI 참조 모델의 7계층에서 사용하는 주소에 대한 설명으로 옳지 않은 것은? 25.상시, 24.상시

① IP 주소는 호스트에 대한 식별자로, 네트워크 계층의 IP 프로토콜에서 사용하며, 송신자 IP 주소와 수신자 IP 주소로 구분한다.
② MAC 주소(물리적 주소)는 NIC(Network Interface Card)에 대한 식별자로 물리 계층에서 사용한다.
③ 메일 주소는 응용 계층의 메일 시스템에서 사용자를 구분하려고 사용한다.
④ 포트(Port) 번호는 전송 계층에서 사용하며, 호스트에서 실행되는 프로세스를 구분해 주고 TCP와 UDP가 독립적으로 포트 주소를 관리한다.

> MAC 주소는 NIC에 대한 식별자로 데이터 링크 계층에서 사용합니다.

2. 다음 중 네트워크 통신망의 구성 형태에 관한 설명으로 옳은 것은? 23.상시, 20.상시, 19.상시, 13.3, 09.4

① 계층(Tree)형 : 한 개의 통신 회선에 여러 대의 단말장치가 연결되어 있는 형태로 설치가 용이하고 통신망의 가용성이 높다.
② 버스(Bus)형 : 인접한 컴퓨터와 단말기를 서로 연결하여 양방향으로 데이터 전송이 가능한 형태로 단말기의 추가·제거 및 기밀 보호가 어렵다.
③ 성(Star)형 : 모든 단말기가 중앙 컴퓨터에 연결되어 있는 형태로 고장 발견이 쉽고 유지 보수가 용이하다.
④ 링(Ring)형 : 모든 지점의 컴퓨터와 단말장치를 서로 연결한 상태로 응답 시간이 빠르고 노드의 연결성이 높다.

> ①은 버스형, ②는 링형, ④는 망형에 대한 설명입니다.

3. 다음 중 네트워크 관련 장비로 라우터(Router)에 관한 설명으로 옳지 않은 것은? 25.상시, 24.상시, 23.상시, 22.상시, 21.상시, 12.1, 09.4, …

① 인터넷 신호를 증폭하거나 중계하는 역할을 하는 네트워크 장비이다.
② 인터넷 환경에서 네트워크와 네트워크 간을 연결할 때 사용하는 장비이다.
③ 데이터 전송을 위해 가장 최적의 경로를 설정한다.
④ 데이터의 흐름을 제어하여 각 데이터들이 효율적으로 전송한다.

> ①번은 리피터(Repeater)에 대한 설명입니다.

4. 다음 중 네트워크 관련 장비로 브리지(Bridge)에 관한 설명으로 옳지 않은 것은? 25.상시, 24.상시, 21.상시, 20.2, 13.2

① 두 개의 근거리 통신망을 상호 접속할 수 있도록 하는 통신망 연결 장치이다.
② 통신량을 조절하여 데이터가 다른 곳으로 가지 않도록 한다.
③ OSI 참조 모델의 물리 계층에 속한다.
④ 통신 프로토콜을 변환하지 않고도 네트워크를 확장한다.

> 브리지(Bridge)는 OSI 참조 모델의 데이터 링크 계층에 속합니다.

5. 다음 중 인트라넷(Intranet)에 대한 설명으로 옳은 것은? 22.상시, 21.상시, 18.상시, 14.1, 13.3, 13.1, 03.1

① 여러 대의 컴퓨터를 연결하여 하나의 서버로 사용하는 기술이다.
② 인터넷 기술을 이용하여 조직 내의 각종 업무를 수행할 수 있도록 만든 네트워크 환경이다.
③ 이동 전화 단말기에서 개인용 컴퓨터의 운영체제와 같은 역할을 하는 소프트웨어이다.
④ 기업체가 협력업체와 고객 간의 정보 공유를 목적으로 구성한 네트워크이다.

> 인트라넷(Intranet)은 인터넷 기술을 이용하여 조직 내의 각종 업무를 수행할 수 있도록 만든 네트워크 환경입니다.

6. 다음 중 RFID(Radio Frequency Identification)에 대한 설명으로 옳지 않은 것은? 25.상시

① RFID는 전파의 적용 범위 및 대상에 제한이 없다.
② RFID는 태그의 종류에 따라 데이터를 반복적으로 기록할 수 있으며, 물리적 손상이 없는 한 반영구적으로 사용할 수 있다.
③ 기존의 바코드와는 달리 RFID는 데이터의 읽기와 쓰기가 가능하다.
④ RFID는 주파수를 이용해 ID를 식별하는 방식으로, 전파를 이용해 먼 거리에서도 정보를 인식할 수 있는 기술이다.

> RFID는 주파수의 종류나 환경에 따라 적용 범위나 대상에 제약이 있습니다.

7. 다음 중 인터넷에서 사용하는 DNS에 관한 설명으로 옳지 않은 것은? 25.상시, 22.상시, 19.상시, 14.2

① 문자로 만들어진 도메인 이름을 숫자로 된 IP 주소로 바꾸는 시스템이다.
② DNS는 Domain Name Server 또는 Domain Name System의 약자로 쓰인다.
③ DNS 서버는 IP 주소를 이용하여 패킷의 최단 전송 경로를 설정한다.
④ DNS에서는 모든 호스트들을 각 도메인별로 계층화시켜서 관리한다.

> ③번은 라우터에 대한 설명입니다.

정답 1.② 2.③ 3.① 4.③ 5.② 6.① 7.③

8. 다음 중 인터넷 주소 체계에서 IPv6에 관한 설명으로 옳은 것은?　25.상시, 23.상시, 21.상시, 18.1, 15.2, 15.1, 14.3, 13.3, 09.4, 08.2, 07.2

① 주소 체계는 Unicast, Anycast, Broadcast 등 세 가지로 나뉜다.
② 16비트씩 8부분으로 총 128비트로 구성되며, 주소의 각 부분은 세미콜론(;)으로 구분한다.
③ 인증성, 기밀성, 데이터 무결성의 지원으로 보안성이 강화되었다.
④ IPv4와 비교하였을 때 자료 전송 속도가 늦지만, 주소의 확장성과 융통성이 우수하다.

> ① IPv6의 주소 체계는 유니캐스트(Unicast), 애니캐스트(Anycast), 멀티캐스트(Multicast)로 나뉩니다.
> ② IPv6는 16비트씩 8부분으로 총 128비트로 구성되며, 주소의 각 부분은 콜론(:)으로 구분합니다.
> ④ IPv6는 IPv4와 비교하여 자료 전송 속도가 빠르고 주소의 확장성과 융통성이 우수합니다.

9. 다음 중 IPv6 주소에 관한 설명으로 옳지 않은 것은?　25.상시, 22.상시, 21.상시, 20.1, 19.상시, 17.1, 16.2, 10.3

① 16비트씩 8부분으로 총 128비트로 구성된다.
② 각 부분은 10진수로 표현되며, 세미콜론(;)으로 구분한다.
③ 주소 체계는 유니캐스트, 멀티캐스트, 애니캐스트로 나누어진다.
④ 실시간 흐름 제어로 향상된 멀티미디어 기능을 지원한다.

> IPv6의 각 부분은 4자리의 16진수를 콜론(:)으로 구분하여 표현합니다.

10. 다음 중 인터넷에서 사용하는 표준 주소 체계인 URL(Uniform Resource Locator)의 4가지 구성 요소를 순서대로 옳게 나열한 것은?　22.상시, 21.상시, 14.2

① 프로토콜, 서버 주소, 포트 번호, 파일 경로
② 서버 주소, 프로토콜, 포트 번호, 파일 경로
③ 프로토콜, 서버 주소, 파일 경로, 포트 번호
④ 포트 번호, 프로토콜, 서버 주소, 파일 경로

> URL의 구성 요소는 '프로토콜, 서버 주소, 포트 번호, 파일 경로' 순으로 되어 있습니다.

11. 다음 중 컴퓨터 통신에서 사용하는 프로토콜 기능에 관한 설명으로 옳지 않은 것은?　25.상시, 23.상시, 22.상시, 21.상시, 20.1, 19.2, 16.1

① 통신망에 전송되는 패킷의 흐름을 제어해서 시스템 전체의 안전성을 유지한다.
② 정보를 전송하기 위해 송·수신기 사이에 같은 상태를 유지하도록 동기화 기능을 수행한다.
③ 데이터 전송 도중에 발생하는 오류를 검출한다.
④ 네트워크에 접속된 다양한 단말장치를 자동으로 인식하여 호환성을 제공한다.

> 네트워크에 접속된 단말장치를 자동으로 인식하고 호환성을 제공하는 경우는 동일한 프로토콜을 사용하는 경우입니다. 운영체제가 서로 다를 경우에는 서로 호환되는 프로토콜을 설치해 주어야 인식하고 호환성을 제공합니다.

12. 다음 중 OSI 7계층에서 각 계층의 기능에 관한 설명으로 옳지 않은 것은?　21.상시

① 세션 계층 : 송수신측 간의 관련성을 유지하고 대화 제어를 담당한다.
② 응용 계층 : 코드 변환, 데이터 암호화, 데이터 압축 기능을 제공한다.
③ 네트워크 계층 : 정보 교환 및 중계 기능, 경로 설정 기능을 제공한다.
④ 물리 계층 : 전송에 필요한 두 장치 간의 실제 접속과 절단 등 기계적, 전기적, 기능적, 절차적 특성을 정의한다.

> 응용 계층은 사용자가 OSI 환경에 접근할 수 있도록 서비스를 제공합니다. 코드 변환, 데이터 암호화, 데이터 압축 기능을 제공하는 계층은 표현 계층입니다.

13. 다음 중 인터넷에서 사용하는 TCP/IP에 대한 설명으로 옳지 않은 것은?　23.상시, 20.2, 18.1

① 서로 다른 기종의 컴퓨터들 간 데이터를 송/수신하기 위한 표준 프로토콜이다.
② 일부 망에 장애가 있어도 다른 망으로 통신이 가능한 신뢰성을 제공한다.
③ TCP는 패킷 주소를 해석하고 최적의 경로를 결정하여 전송하는 역할을 한다.
④ IP는 OSI 7계층 중 네트워크 계층에 해당하는 프로토콜이다.

> TCP는 메시지를 송·수신자의 주소와 정보로 묶어 패킷 단위로 나누는 역할을 합니다. ③번은 IP의 역할입니다.

14. 다음 중 HTTP 프로토콜에 대한 설명으로 옳지 않은 것은?　25.상시, 23.상시, 22.상시, 21.상시

① 하이퍼텍스트 문서를 전송하기 위해 사용하는 프로토콜이다.
② HTTP는 서비스를 제공하거나 응답하는 프로토콜 구조를 가진다.
③ HTTP의 보안이 강화된 버전이 HTTPS이다.
④ HTTP 프로토콜에는 FTP, DNS, TELNET 등이 포함된다.

> FTP, DNS, TELNET은 HTTP 프로토콜에 포함된 것이 아니라 독립된 형태로 각각의 역할을 수행하는 프로토콜입니다.

정답 8.③ 9.② 10.① 11.④ 12.② 13.③ 14.④

6장 대표기출문제

15. 전자우편(E-mail) 사용에 관한 설명으로 옳지 않은 것은?
23.상시, 21.상시, 08.1

① 그림, 동영상 등 다양한 형식의 데이터를 주고 받을 수 있다.
② 동일한 내용을 여러 사람에게 보낼 수 있다.
③ 전자우편에 사용하는 프로토콜은 SMTP, POP3, MIME 등이 있다.
④ 기본적으로 16진수 Unicode를 사용하여 메시지를 전송한다.

> 전자우편은 기본적으로 7Bit의 ASCII 코드를 사용합니다.

16. 다음 중 전자우편(E-mail)에 대한 설명으로 옳지 않은 것은?
25.상시, 24.상시, 23.상시

① 한 사람이 동시에 여러 사람에게 전자우편을 보낼 수 있다.
② 전체 회신은 받은 메일에 대한 답장을 발송자는 물론 참조인들에게도 전송하는 기능이다.
③ IMAP는 로컬 서버에서 프로그램을 이용하여 전자우편을 액세스하기 위한 표준 프로토콜이다.
④ SMTP는 메일 서버에 도착한 이메일을 사용자 컴퓨터로 가져올 수 있도록 메일 서버에서 제공하는 프로토콜이다.

> 이메일을 보낼 때는 SMTP, 받을 때는 POP3 프로토콜을 사용합니다.

17. 다음 중 인터넷 서비스와 관련하여 FTP(File Transfer Protocol)에 관한 설명으로 옳지 않은 것은?
22.상시, 21.상시, 15.1, …

① 컴퓨터와 컴퓨터 사이에 파일을 주거나 받을 수 있는 원격 파일 전송 프로토콜이다.
② 웹 브라우저에서 FTP를 사용할 수 있다.
③ 기본적으로 그림 파일은 Binary 모드로, 텍스트 파일은 ASCII 모드로 전송한다.
④ FTP 서버에 있는 프로그램은 접속 후에 서버에서 바로 실행시킬 수 있다.

> FTP 서버에 있는 프로그램을 서버에서 바로 실행시킬 수는 없고, 다운로드 후에만 실행할 수 있습니다.

18. 다음 중 스마트폰을 모뎀처럼 활용하는 방법으로, 컴퓨터나 노트북 등의 IT 기기를 스마트폰에 연결하여 무선 인터넷을 사용할 수 있게 하는 기능은?
24.상시, 22.상시, 21.상시, 20.2, 19.1, 15.3

① 와이파이(WiFi)
② 블루투스(Bluetooth)
③ 테더링(Tethering)
④ 와이브로(WiBro)

> 컴퓨터나 노트북 등의 IT 기기를 스마트폰에 연결하여 무선 인터넷을 사용할 수 있게 하는 기능은 테더링(Tethering)입니다.

19. 다음 중 인터넷과 관련하여 WWW(World Wide Web)에 관한 설명으로 옳지 않은 것은?
23.상시, 10.3, 08.2

① 멀티미디어 형식의 정보를 제공하여 줄 수 있다.
② 하이퍼텍스트를 기반으로 하는 HTTP 프로토콜을 사용한다.
③ 웹페이지는 서버에서 정보를 제공하여 주고 클라이언트에서는 웹 브라우저를 통해 정보를 검색하고 제공받는다.
④ 멀티미디어 정보의 송수신 에러를 제어하기 위해 SMTP 프로토콜을 사용한다.

> WWW는 멀티미디어 정보의 송·수신 에러를 제어하기 위해 HTTP 프로토콜을 사용합니다. SMTP(Simple Mail Transfer Protocol)는 작성한 메일을 전송할 때 사용하는 프로토콜입니다.

20. 다음 중 인터넷 서버까지의 경로를 추적하는 명령어인 'Tracert'의 실행 결과에 관한 설명으로 옳지 않은 것은?
22.상시, 20.1, 16.3, 14.2, 13.2

① IP 주소, 목적지까지 거치는 경로의 수, 각 구간 사이의 데이터 왕복 속도를 확인할 수 있다.
② 특정 사이트가 열리지 않을 때 해당 서버가 문제인지 인터넷 망이 문제인지 확인할 수 있다.
③ 인터넷 속도가 느릴 때 어느 구간에서 정체를 일으키는지 확인할 수 있다.
④ 현재 자신의 컴퓨터에 연결된 다른 컴퓨터의 IP 주소나 포트 정보를 확인할 수 있다.

> ④번은 Netstat에 대한 설명입니다.

21. 다음 중 사물 인터넷에 대한 설명으로 옳지 않은 것은?
23.상시, 22.상시, 21.상시, 17.1

① IoT(Internet of Things)라고도 하며 개인 맞춤형 스마트 서비스를 지향한다.
② 사람을 제외한 사물과 공간, 데이터 등을 이더넷으로 서로 연결시켜주는 무선 통신 기술을 의미한다.
③ 스마트 센싱 기술과 무선 통신 기술을 융합하여 실시간으로 데이터를 주고받는 기술이다.
④ 사물 인터넷 기반 서비스는 개방형 아키텍처를 필요로 하기 때문에 정보 공유에 대한 부작용을 최소화하기 위한 정보보안기술의 적용이 중요하다.

> 사물 인터넷은 사람, 사물, 공간, 데이터 등 세상에 존재하는 모든 사물을 이더넷으로 서로 연결시켜주는 무선 통신 기술입니다.

정답 15.④ 16.④ 17.④ 18.③ 19.④ 20.④ 21.②

1과목 컴퓨터 일반

핵심요약 & 대표기출문제

7장 | 멀티미디어 활용

01 멀티미디어

22.상시, 21.상시, 20.1, 18.상시, 16.3, 16.1, 14.3, 13.3, 12.2, 11.3, 10.3, 09.3, …

- Multi(다중)와 Media(매체)의 합성어로 텍스트, 그래픽, 사운드 등의 매체를 디지털로 통합하여 전달한다.
- 특징
  - 디지털화(Digitalization) : 다양한 아날로그 데이터를 디지털 데이터로 변환하여 통합 처리함
  - 상호 작용성(Interaction ; 쌍방향성) : 정보 제공자의 선택에 의해 일방적으로 데이터가 전달되는 것이 아니라 정보 제공자와 사용자 간의 의견을 통한 상호 작용에 의해 데이터가 전달됨
  - 비선형성(Non-Linear) : 데이터가 일정한 방향으로 순차적으로 처리되는 것이 아니라 사용자의 선택에 따라 다양한 방향으로 처리됨
  - 정보의 통합성(Integration) : 텍스트, 그래픽, 사운드, 동영상, 애니메이션 등의 여러 미디어를 통합하여 처리함

02 사운드 카드 관련 용어

24.상시, 22.상시, 21.상시, 18.1, 07.2, 06.3, 06.1, 03.4, 03.3, 03.2, 02.3

사운드 카드는 컴퓨터에서 소리를 재생하거나 녹음하는 데 사용되는 장치이다.

- 샘플링(Sampling) : 음성, 영상 등의 아날로그 신호를 일정 시간 간격으로 검출하는 단계로, 아날로그 신호를 디지털 신호로 변환하는 과정 중 한 단계임
- 샘플링률(Sampling Rate)
  - 아날로그 신호를 디지털 신호로 변환하는 횟수를 의미함
  - 샘플링률이 높을수록 원음에 가까움
- 샘플링 주파수(Sampling Frequency)
  - 1초 동안 샘플링되는 횟수를 의미함
  - 샘플링 주파수가 클수록 고음역대의 소리까지 폭넓게 샘플링할 수 있지만 많은 기억 용량이 필요하므로 원래 신호 주파수의 2배 정도가 적당함
- 샘플링 비트(Sampling Bit) 수
  - 표현할 수 있는 서로 다른 음의 종류를 의미함
  - 비트 수가 많을수록 자연음에 가까운 음이 출력됨

03 스트리밍 기술

25.상시, 22.상시, 21.상시, 19.상시, 10.3, 09.3, 08.2, 07.4, 07.1, 05.1

- 웹에서 오디오, 비디오 등의 멀티미디어 데이터를 다운로드하면서 동시에 재생해 주는 기술을 말한다.
- 수신한 데이터는 일반적으로 컴퓨터에 저장할 수 없다.
- 재생 가능한 데이터 형식 : *.ram, *.asf, *.wmv, *.asx, *.wmp, *.wma 등

04 압축 프로그램

23.상시, 22.상시, 21.상시, 20.2

- 압축 프로그램은 중복되는 데이터를 이용하여 파일의 크기를 줄이는 것이다.
- 디스크 공간을 효율적으로 사용할 수 있다.
- 여러 개의 파일을 하나의 파일로 압축하면 파일 관리가 용이하다.
- 파일 전송 시 시간 및 비용의 절감 효과를 얻을 수 있다.
- 파일 압축 시 암호를 지정하거나 분할 압축이 가능하다.
- 이미 압축한 파일을 재압축해도 파일 크기는 변화가 없다.

05 그래픽 기법

24.상시, 23.상시, 22.상시, 21.상시, 20.상시, 19.2, 19.1, 18.2, 17.1, 15.1, 14.2, 14.1, …

- 디더링(Dithering) : 제한된 색상을 조합하여 복잡한 색이나 새로운 색을 만드는 작업
- 렌더링(Rendering) : 3차원 애니메이션을 만드는 과정 중의 하나로 물체의 모형에 명암과 색상을 입혀 사실감을 더해 주는 작업
- 모델링(Modeling) : 렌더링을 하기 전에 수행되는 작업으로, 표현될 물체의 3차원 그래픽 형상을 정하는 작업
- 모핑(Morphing) : 두 개의 이미지를 부드럽게 연결하여 변환·통합하는 것으로, 컴퓨터 그래픽, 영화 등에서 많이 응용함
- 필터링(Filtering) : 이미 작성된 그림을 필터 기능을 이용하여 여러 가지 형태의 새로운 이미지로 바꿔주는 작업
- 리터칭(Retouching) : 기존의 이미지를 다른 형태로 새롭게 변형·수정하는 작업
- 인터레이싱(Interlacing) : 그림 파일을 표시하는 데 있어서 이미지의 대략적인 모습을 먼저 보여준 다음 점차 자세한 모습을 보여주는 기법
- 안티앨리어싱(Anti-Aliasing) : 이미지의 가장자리가 톱니 모양으로 표현되는 계단 현상(Aliasing)을 없애기 위하여 경계선을 부드럽게 해주는 필터링 기술

25.상시, 24.상시, 23.상시, 22.상시, 21.상시, 20.상시, 19.상시, 18.상시, 18.1, 17.2, 16.3, 16.2, …

06 그래픽 데이터의 표현 방식

비트맵 (Bitmap)	• 점(Pixel, 화소)으로 이미지를 표현하는 방식으로, 래스터(Raster) 이미지라고도 함 • 이미지를 확대하면 테두리가 거칠게 표현되는 계단 현상(Aliasing)이 발생하기 때문에 이를 제거하는 안티앨리어싱(Anti-Aliasing) 처리를 해야 함 • 다양한 색상을 사용하므로 사진과 같은 사실적인 이미지를 표현할 수 있음 • 화면 표시 속도가 빠르지만 이미지 저장 시 벡터 방식에 비해 많은 용량을 차지함 • 파일 형식 : BMP, TIF, GIF, JPEG, PCX, PNG 등 • 프로그램 : 그림판, 포토샵, 페인트샵 등
벡터 (Vector)	• 점과 점을 연결하는 직선이나 곡선을 이용하여 이미지를 표현하는 방식 • 이미지를 확대해도 테두리가 거칠어지지 않고, 매끄럽게 표현됨 • 단순한 도형과 같은 개체를 표현하기에 적합함 • 파일 형식 : DXF, AI, WMF 등 • 프로그램 : 일러스트레이터, 코렐드로우, 플래시 등

25.상시, 24.상시, 23.상시, 22.상시, 21.상시, 20.2, 18.2, 15.2, 14.1, 10.2, 09.2, 08.1, 07.2, …

07 그래픽 파일 형식

BMP	• Windows의 표준 비트맵 파일 형식 • 고해상도의 이미지를 표현할 수 있지만 압축을 하지 않으므로 파일의 크기가 큼
JPEG (JPG)	• 사진과 같은 선명한 정지 영상을 표현하기 위한 국제 표준 압축 방식 • 파일 크기가 작아 전송 시간을 단축할 수 있으므로 주로 인터넷에서 그림 전송에 사용함 • 24비트 컬러 사용으로 16,777,216(2^{24})가지의 색을 표현할 수 있음 • 손실 압축 기법과 무손실 압축 기법을 사용함 • 평균 25:1의 압축률을 가지며, 사용자가 임의로 압축률을 지정할 수 있음
GIF	• 인터넷 표준 그래픽 형식 • 8비트 컬러를 사용하여 256(2^8)가지로 색의 표현이 제한됨 • 애니메이션 표현이 가능함 • 무손실 압축 기법을 사용하여 선명한 화질을 제공함
PNG	• 웹에서 최상의 이미지를 표현하기 위해 제정한 그래픽 형식 • GIF를 대체하여 인터넷에서 사용할 수 있는 형식이지만 애니메이션은 표현할 수 없음 • 8비트 알파 채널을 이용하여 부드러운 투명층을 표현할 수 있음 • 무손실 압축 기법을 사용하며, 트루 컬러를 지원함
WMF	Windows에서 기본적으로 사용하는 벡터 파일 형식

24.상시, 22.상시, 21.상시, 19.1, 06.4, 05.1

08 시퀀싱 / P2P

시퀀싱 (Sequencing)	• 컴퓨터를 이용하여 음악을 제작, 녹음, 편집하는 것 • 시퀀싱 작업에 필요한 소프트웨어를 시퀀서라고 함
P2P	• Peer To Peer의 약자로서 개인 대 개인이라는 의미를 가짐 • 네트워크에서 개인 대 개인이 PC를 이용하여 서로 데이터를 공유하는 방식을 의미함

25.상시, 21.상시, 19.1, 17.1, 16.2, 15.2, 14.2, 13.3, 12.1, 09.2, 09.1, 08.4, 08.3, 06.3, …

09 비디오 데이터

MPEG	• 동영상 전문가 그룹에서 제정한 동영상 압축 기술에 대한 국제 표준 규격 • 동영상 뿐만 아니라 오디오도 압축할 수 있음 • 프레임 간의 연관성을 고려하여 중복 데이터를 제거함으로써 압축률을 높이는 손실 압축 기법을 사용함
AVI	• 마이크로소프트(MS) 사가 개발한 Windows의 표준 동영상 파일 형식 • Windows에서 기본적으로 지원하므로 별도의 하드웨어 장치 없이 재생할 수 있음
ASF /WMV	• 인터넷을 통해 오디오, 비디오 및 생방송 수신 등을 지원하는 마이크로소프트 사의 통합 멀티미디어 형식으로, 스트리밍을 위한 표준 기술 규격 • 용량이 작고, 음질이 뛰어나 주로 스트리밍 서비스를 하는 인터넷 방송국에서 사용됨 • WMV는 ASF보다 최신 버전으로, ASF와 사용하는 코덱이 다름

23.상시, 21.상시, 20.2, 13.1, 12.3, 09.4, 06.1, 04.2, 03.2, 03.1

10 MPEG 규격

MPEG-1	CD와 같은 고용량 매체에서 동영상을 재생 하기 위한 것으로, CD나 CD-I에서 사용함
MPEG-2	• ISO 13818로 규격화된 영상 압축 기술 • MPEG-1의 화질 개선을 위한 것으로 HDTV, 디지털 위성방송, DVD 등에서 사용함
MPEG-4	통신·PC·방송 등을 결합하는 양방향 멀티미디어 서비스의 구별을 통해 화상 통신이 가능한 것으로, MPEG-2의 압축률을 개선하였음
MPEG-7	멀티미디어 정보 검색이 가능한 동영상, 데이터 검색 및 전자상거래 등에 사용하도록 개발되었음
MPEG-21	위의 MPEG 기술들을 통합해 디지털 콘텐츠의 제작·유통·보안 등 전 과정을 관리할 수 있는 기술

25.상시, 24.상시, 23.상시, 22.상시, 21.상시, 13.1, 11.3

11 멀티미디어 활용

VOD(Video On Demand, 주문형 비디오)

• 다양한 정보의 데이터베이스를 구축하여 사용자가 요구하는 정보를 원하는 시간에 볼 수 있도록 전송하는 멀티미디어 서비스이다.
• 정보 제공자의 선택에 의해 정보를 서비스하는 것이 아니라 사용자의 선택에 의해 정보를 서비스해 준다.

OTT(Over The Top)

• 영화 등의 영상 콘텐츠를 인터넷을 통해 제공하는 서비스이다.
• 스트리밍 기술을 기반으로 하기 때문에 셋톱박스나 PC, 스마트폰 등 인터넷이 연결된 각종 전자기기를 통해 영상을 시청할 수 있다.
• 사용자는 자신이 선호하는 콘텐츠를 검색하거나 알고리즘을 통해 콘텐츠를 추천받을 수 있다.

증강현실(AR; Augmented Reality)

사용자가 눈으로 보는 현실 세계의 모습이나 실제 영상에 문자나 그래픽과 같은 가상의 3차원 정보를 실시간으로 겹쳐 보여주는 새로운 멀티미디어 기술을 말한다.

7장 대표기출문제

1. 다음 중 컴퓨터에서 사용하는 멀티미디어의 특징에 관한 설명으로 옳지 않은 것은?
22.상시, 21.상시, 18.상시, 16.3, 12.2, 11.3, 10.3, …

① 다양한 아날로그 데이터를 디지털 데이터로 변화하여 통합 처리하는 디지털화 특징이 있다.
② 정보 제공자와 사용자 간의 의견을 통한 상호 작용에 의해 데이터가 전달되는 쌍방향성의 특징이 있다.
③ 데이터가 사용자의 선택에 따라 다양하게 처리되는 것이 아니라 일정한 방향으로 순차적으로 처리되는 선형성의 특징이 있다.
④ 텍스트, 그래픽, 사운드, 동영상, 애니메이션 등의 여러 미디어를 통합하는 정보의 통합성 특징이 있다.

> 멀티미디어 데이터는 일정한 방향으로 순차적으로 처리되는 것이 아니라 사용자의 선택에 따라 다양한 방향으로 처리됩니다.

2. 다음 중 사운드 카드 관련 용어에 대한 설명으로 옳지 않은 것은?
24.상시, 22.상시, 21.상시, 18.1

① 샘플링(Sampling)은 아날로그 신호를 디지털 신호로 변환하는 과정 중 한 단계이다.
② 샘플링률(Sampling Rate)이 높으면 높을수록 원음에 보다 가깝다.
③ 샘플링 주파수(Sampling Frequency)는 낮으면 낮을수록 좋다.
④ 샘플링 비트(Sampling Bit) 수는 음질에 영향을 미친다.

> 샘플링 주파수는 높을수록 좋습니다.

3. 동영상 파일을 다운로드한 후 이를 재생하기 위해 많은 시간을 기다려야하는 문제점이 있다. 다음 중 이 문제를 해결하기 위해 별도의 다운로드 절차없이 실시간으로 재생해 주는 리얼 네트워크사의 개발 기술은?
25.상시, 22.상시, 21.상시, 09.3, 08.2, 07.4, 05.1

① 필터링(Filtering)   ② 모핑(Morphing)
③ 스트리밍(Streaming)   ④ 랜더링(Rendering)

> 문제에 제시된 내용은 스트리밍(Streaming)에 대한 설명입니다.

4. 다음 중 이미지와 그래픽에서 사용되는 비트맵 방식의 파일 형식에 관한 설명으로 옳지 않은 것은?
22.상시, 21.상시, 12.1

① 래스터 방식이라고도 하며 다양한 색상을 사용하므로 사실 같은 이미지를 표현할 수 있다.
② 베지어, 스플라인 등의 곡선을 이용하여 이미지를 표현하므로 확대/축소 시 화질의 손상이 거의 없다.
③ 이미지를 확대하면 테두리가 거칠게 표현된다.
④ 비트맵 파일 형식으로는 BMP, GIF, JPEG 등이 있다.

> ②번은 벡터(Vector) 방식에 대한 설명입니다.

5. 다음 중 멀티미디어와 관련된 그래픽 기법에 관한 설명으로 옳은 것은?
23.상시, 22.상시, 15.1

① 안티앨리어싱(Anti-Aliasing)은 제한된 색상을 조합하여 복잡한 색이나 새로운 색을 만드는 작업이다.
② 모델링(Modeling)은 3차원 애니메이션을 만드는 과정 중의 하나로 물체의 모형에 명암과 색상을 입혀 사실감을 더해주는 작업이다.
③ 모핑(Morphing)은 2개의 이미지를 부드럽게 연결하여 변환 또는 통합하는 것으로 컴퓨터 그래픽, 영화 등에서 많이 사용된다.
④ 랜더링(Rendering)은 이미지 가장자리의 톱니 모양 같은 계단 현상을 제거하여 경계선을 부드럽게 하는 필터링 기술이다.

> ① 안티앨리어싱은 이미지의 가장자리가 톱니 모양으로 표현되는 계단 현상을 없애기 위하여 경계선을 부드럽게 해주는 필터링 기술을 의미합니다. ①번은 디더링에 대한 설명입니다.
> ② 모델링은 랜더링을 하기 전에 수행되는 작업으로, 물체의 형상을 3차원 그래픽으로 어떻게 표현할 것인지를 정하는 것입니다. ②번은 랜더링에 대한 설명입니다.

6. 다음 중 컴퓨터에서 사용하는 압축 프로그램에 관한 설명으로 옳지 않은 것은?
23.상시, 22.상시, 21.상시, 20.2

① 압축한 파일을 모아 재압축을 반복하면 파일 크기를 계속 줄일 수 있다.
② 여러 개의 파일을 압축하면 하나의 파일로 생성되어 파일 관리가 용이하다.
③ 대부분의 압축 프로그램에는 분할 압축이나 암호 설정 기능이 있다.
④ 파일의 전송시간과 비용을 절약하고, 디스크 공간을 효율적으로 사용할 수 있다.

> 같은 파일을 다시 압축한다고 해서 압축 알고리즘이 바뀌는 것이 아니기 때문에 추가적인 압축 효과를 기대할 수는 없습니다.

7. 다음 중 멀티미디어와 관련하여 그래픽 파일 형식에 관한 설명으로 옳지 않은 것은?
25.상시, 24.상시, 22.상시, 21.상시, 14.1, 09.2

① BMP 파일 형식은 Windows 표준 비트맵 파일 형식으로 고해상도 이미지를 표현하지만 무손실 압축을 사용하기 때문에 파일의 크기가 작다.
② GIF 파일 형식은 인터넷 표준 그래픽 형식으로 8비트 컬러를 사용하여 256가지의 색을 표현할 수 있다.
③ JPEG 파일 형식은 사진과 같은 정지영상을 표현하기 위한 국제 표준 압축 방식으로 주로 인터넷에서 사용한다.
④ WMF 파일 형식은 점과 점을 연결하는 직선이나 곡선을 이용하여 이미지를 표현하는 벡터 파일 형식이다.

> BMP는 압축을 하지 않으므로 파일의 크기가 큽니다.

정답 1.③ 2.③ 3.③ 4.② 5.③ 6.① 7.①

7장 대표기출문제

8. 다음 중 컴퓨터 그래픽과 관련하여 벡터(Vector) 이미지에 관한 설명으로 옳지 않은 것은?
23.상시, 21.상시, 18.1, 16.3, 15.3, 12.2, 09.1

① 픽셀로 이미지를 표현하며, 래스터(Raster) 이미지라고도 한다.
② 점을 연결하는 직선이나 곡선을 이용하여 이미지를 구성한다.
③ 대표적인 파일 형식에는 AI, WMF 등이 있다.
④ 이미지의 크기를 확대하여도 화질에 손상이 없다.

> ①번은 비트맵(Bitmap) 이미지에 대한 설명입니다.

9. 다음 중 멀티미디어와 관련하여 JPEG 파일 형식에 관한 설명으로 옳지 않은 것은?
24.상시, 23.상시, 22.상시, 15.2

① 사진과 같은 정지 영상을 표현하기 위한 국제 표준 압축 방식이다.
② 24비트 컬러를 사용하여 트루 컬러로 이미지를 표현한다.
③ 사용자가 압축률을 지정해서 이미지를 압축하는 압축 기법을 사용할 수 있다.
④ 이미지를 확대해도 테두리가 거칠어지지 않고 매끄럽게 표현된다.

> JPEG는 점(Pixel)으로 이미지를 표현하기 때문에 이미지를 확대하면 테두리가 거칠게 표현되는 비트맵 방식의 파일입니다.

10. 다음 중 시퀀싱(Sequencing)에 대한 설명으로 옳은 것은?
24.상시, 22.상시, 21.상시

① 컴퓨터를 이용하여 음악을 제작, 녹음, 편집하는 작업을 의미한다.
② 멀티미디어 데이터를 다운로드하면서 동시에 재생해 주는 기술이다.
③ 음성, 영상 등의 아날로그 신호를 디지털 신호로 변환하는 과정이다.
④ 전자악기 간의 디지털 신호에 의한 통신이나 컴퓨터와 전자악기 간의 통신규약이다.

> ②번은 스트리밍, ③번은 샘플링, ④번은 MIDI에 대한 설명입니다.

11. 다음 중 컴퓨터 통신과 관련하여 P2P 방식에 관한 설명으로 옳은 것은?
21.상시, 19.1, 06.4, 05.1

① 인터넷에서 이루어지는 개인 대 개인의 파일 공유를 위한 기술이다.
② 인터넷을 통해 MP3를 제공해 주는 기술 및 서비스이다.
③ 인터넷을 통해 동영상을 상영해 주는 기술 및 서비스이다.
④ 여러 사용자가 동시에 온라인 게임을 할 수 있도록 제공해 주는 기술이다.

> P2P 방식은 인터넷에서 이루어지는 개인 대 개인의 파일 공유를 위한 기술입니다.

12. 다음 중 멀티미디어와 관련하여 MPEG(Moving Picture Experts Group)에 관한 설명으로 옳지 않은 것은?
25.상시, 21.상시, 08.4, 04.4

① 동영상 전문가 그룹에서 제정한 동영상 압축 기술에 대한 국제 표준 기술이다.
② MPEG1, MPEG4, MPEG7, MPEG21 등의 규격이 있다.
③ 프레임 간의 연관성을 고려하여 중복 데이터를 제거하는 비손실 압축 기법을 사용한다.
④ 동영상뿐만 아니라 오디오 데이터도 압축할 수 있다.

> MPEG는 프레임 간의 연속성을 고려하여 중복 데이터를 제거함으로써 압축률을 높이는 손실 압축 기법을 사용합니다.

13. 다음 중 디지털 콘텐츠의 생성·거래·전달·관리 등 전체 과정을 관리할 수 있는 기술로 멀티미디어 프레임워크의 MPEG 표준은?
23.상시, 21.상시, 20.2

① MPEG-1   ② MPEG-3
③ MPEG-7   ④ MPEG-21

> 디지털 콘텐츠의 전체 과정을 관리하는 MPEG 표준은 MPEG-21입니다.

14. 다음 중 컴퓨터에서 사용하는 멀티미디어 활용과 관련하여 VOD(Video On Demand) 서비스에 관한 설명으로 옳은 것은?
23.상시, 22.상시, 21.상시, 13.1, 11.3

① 초고속 통신망을 이용하여 먼거리에 있는 사람들과 비디오와 오디오를 통해 회의를 할 수 있도록 하는 서비스이다.
② 다양한 영상 정보 데이터베이스를 구축하여 사용자가 요구하는 영상 정보를 원하는 시간에 볼 수 있도록 하는 서비스이다.
③ 다양한 장치를 통해 컴퓨터가 만들어낸 가상 세계에서 여러 다른 경험을 체험할 수 있게 하는 서비스이다.
④ 초고속 통신망을 이용하여 의료 활동 등을 할 수 있는 서비스이다.

> ①번은 VCS, ③번은 가상현실, ④번은 원격진료에 대한 설명입니다.

15. 다음 중 OTT(Over The Top) 서비스에 대한 설명으로 옳지 않은 것은?
25.상시, 24.상시, 23.상시

① Over The Top에서 Top는 TV의 셋톱박스를 의미하며, 현재도 셋톱박스를 사용해야 서비스 이용이 가능하다.
② 전파나 케이블이 아닌 범용 인터넷망으로 방송 프로그램, 영화 등의 영상 콘텐츠를 제공한다.
③ 기존 방송 콘텐츠와 달리 사용자가 자신이 선호하는 콘텐츠를 검색하거나 알고리즘을 통해 콘텐츠를 추천받을 수 있다.
④ 실시간으로 재생되는 스트리밍 기술을 기반으로 한다.

> Over The Top에서 Top는 TV의 셋톱박스를 의미하며, 초기에는 셋톱박스를 통해 각종 영상을 시청할 수 있었지만 현재는 셋톱박스를 비롯하여 PC, 스마트폰 등 인터넷이 연결된 각종 전자기기를 통해 영상을 시청할 수 있습니다.

정답 8.① 9.④ 10.① 11.① 12.③ 13.④ 14.② 15.①

1과목 컴퓨터 일반

핵심요약 & 대표기출문제

8장 | 컴퓨터 시스템 보호

01 저작권법

- 저작자의 권리와 이에 인접하는 권리를 보호하고 저작물의 공정한 이용을 도모함으로써 문화의 발전에 이바지함을 목적으로 한다.
- 저작권은 프로그램을 작성하기 위하여 사용하고 있는 프로그램 언어, 규약 및 해법에는 적용하지 않는다.
- 원저작물을 번역, 편곡, 변형, 각색, 영상제작 그 밖의 방법으로 작성한 2차적 창작물도 독자적인 저작물로서 보호된다.
- 저작 재산권이 있는 소프트웨어를 복사하여 판매하였을 경우 저작권법에 저촉된다.

02 바이러스

- 컴퓨터의 정상적인 작동을 방해하기 위해 운영체제나 저장된 데이터에 손상을 입히는 프로그램이다.
- 바이러스는 디스크의 부트 영역이나 프로그램 영역에 숨어 있다.
- 바이러스는 주로 복제품을 사용하거나 인터넷과 같은 통신매체를 통해 다운받은 프로그램에 의해 감염된다.
- 바이러스는 소프트웨어뿐만 아니라 하드웨어의 성능에도 영향을 미칠 수 있다.
- 바이러스 감염 증상
  - 시스템 파일이 손상되어 부팅(Booting)이 정상적으로 수행되지 않음
  - 파일의 크기가 커지고, 프로그램의 속도가 느려짐
  - 디스크를 인식하지 못하거나, 디스크 볼륨명이 변경될 수도 있음
  - 특정 날짜가 되면 화면에 이상한 메시지가 표시됨
- 연결형 바이러스 : 프로그램을 직접 감염시키지 않고 디렉터리 영역에 저장된 프로그램의 시작 위치를 바이러스의 시작 위치로 변경하는 바이러스

03 정보 보안 요건

기밀성	시스템 내의 정보와 자원은 인가된 사용자에게만 접근이 허용됨
무결성	시스템 내의 정보는 인가된 사용자만 수정할 수 있음
가용성	인가받은 사용자는 언제라도 사용할 수 있음
인증	정보를 보내오는 사람의 신원을 확인함
부인 방지	데이터를 송·수신한 자가 송·수신 사실을 부인할 수 없도록 송·수신 증거를 제공함

04 보안 위협의 유형

가로막기 (Interruption)	데이터의 정상적인 전달을 가로막아서 흐름을 방해하는 행위로, 가용성을 저해함
가로채기 (Interception)	송신된 데이터가 수신지까지 가는 도중에 몰래 보거나 도청하여 정보를 유출하는 행위로, 기밀성을 저해함
수정 (Modification)	전송된 데이터를 원래의 데이터가 아닌 다른 내용으로 바꾸는 행위로, 무결성을 저해함
위조 (Fabrication)	마치 다른 송신자로부터 데이터가 송신된 것처럼 꾸미는 행위로, 무결성을 저해함

05 보안 위협의 구체적인 형태

분산 서비스 거부 공격 (DDOS; Distributed Denial of Service)	여러 대의 장비를 이용하여 대량의 데이터를 특정 서버에 집중적으로 전송하여 특정 서버가 정상적으로 작동하지 못하게 하는 것
스니핑(Sniffing)	네트워크 주변을 지나다니는 패킷을 엿보면서 계정과 패스워드 등의 정보를 가로채는 행위로, 이때 사용하는 프로그램을 스니퍼라고 함
스푸핑(Spoofing)	눈속임에서 파생된 것으로, 검증된 사람이 네트워크를 통해 데이터를 보낸 것처럼 데이터를 변조하여 접속을 시도하는 침입 형태
피싱(Phishing)	거짓 메일을 발송하여 특정 금융기관 등의 가짜 웹 사이트로 유인한 후 관련 금융기관과 관련된 ID, 암호, 계좌번호 등의 정보를 빼내는 기법
키로거(Key Logger)	키보드상의 키 입력 캐치 프로그램을 이용하여 ID나 암호와 같은 개인 정보를 빼내어 악용하는 기법
백도어 (Back Door; Trap Door)	서비스 기술자나 유지보수 프로그래머들의 액세스 편의를 위해 보안을 제거하여 만든 비밀통로를 이르는 말로, 시스템에 무단 접근하기 위한 일종의 비상구로 사용
크래킹(Cracking)	어떤 목적을 가지고 타인의 시스템에 불법으로 침입하여 정보를 파괴하거나 정보의 내용을 자신의 이익에 맞게 변경하는 행위
트로이 목마 (Trojan Horse)	정상적인 기능을 하는 프로그램으로 가장하여 프로그램 내에 숨어 있다가 해당 프로그램이 동작할 때 활성화되어 부작용을 일으키는 것으로, 자기 복제 능력은 없음
혹스(Hoax)	실제로는 악성코드로 행동하지 않으면서 겉으로는 악성코드인 것처럼 가장하여 행동하는 소프트웨어

25.상시, 24.상시, 23.상시, 22.상시, 21.상시, 20.상시, 20.2, 19.2, 19.1, 18.상시, 18.2, 18.1, 17.2, …

06 방화벽

- 보안이 필요한 네트워크의 통로를 단일화하여 관리함으로써 외부의 불법 침입으로부터 내부의 정보 자산을 보호하기 위한 시스템이다.
- 내부 네트워크에서 외부로 나가는 패킷은 그대로 통과시키고, 외부에서 내부 네트워크로 들어오는 패킷은 내용을 엄밀히 체크하여 인증된 패킷만 통과시키는 구조로, 해킹 등에 의한 외부로의 정보 유출을 막기 위해 사용하는 보안 시스템이다.
- 방화벽은 역추적 기능이 있어서 외부의 침입자를 역추적하여 흔적을 찾을 수 있다.
- 방화벽 시스템을 이용하여도 보안에 완벽한 것은 아니며, 특히 내부로부터의 불법적인 해킹은 막지 못한다.
- 방화벽을 운영하면 네트워크의 부하가 증가되며, 네트워크 트래픽이 게이트웨이로 집중된다.
- 방화벽의 기능에는 인증(Authentication), 데이터 암호화, 접근 제어(Access Control), 로깅(Logging)과 감사 추적(Audit Trail) 등이 있다.

> **잠깐만요** 프록시 서버(Proxy Server)
> - PC 사용자와 인터넷 사이에서 중계자 역할을 하는 서버입니다.
> - **프록시 서버의 기능** : 방화벽 기능, 캐시 기능

23.상시, 22.상시, 21.상시, 20.2, 20.1, 18.2, 16.3, 16.1, 15.2, 13.2, 12.3, …

07 비밀키 / 공개키 암호화 기법

비밀키 암호화 기법	• 동일한 키로 데이터를 암호화하고 복호화함 • 대칭 암호화 기법 또는 단일키 암호화 기법이라고도 함 • 복호화 키를 아는 사람은 누구든지 암호문을 복호화할 수 있으므로 복호화 키의 비밀성을 유지하는 것이 중요함 • 대표적으로 DES(Data Encryption Standard)가 있음 • 장점 : 암호화/복호화 속도가 빠르며, 알고리즘이 단순하고 파일 크기가 작음 • 단점 : 사용자의 증가에 따라 관리해야 할 키의 수가 상대적으로 많아짐
공개키 암호화 기법	• 서로 다른 키로 데이터를 암호화하고 복호화함 • 비대칭 암호화 기법이라고도 함 • 데이터를 암호화할 때 사용하는 키(공개키, Public key)는 공개하고, 복호화할 때의 키(비밀키, Secret key)는 비밀로 함 • 대표적으로 RSA(Rivest Shamir Adleman)가 있음 • 장점 : 키의 분배가 용이하고, 관리해야 할 키의 개수가 적음 • 단점 : 암호화/복호화 속도가 느리며, 알고리즘이 복잡하고 파일 크기가 큼

8장 대표기출문제

1. 다음 중 저작권법에 대한 설명으로 가장 적절하지 않은 것은?
25.상시, 23.상시, 22.상시, 21.상시, 15.3, 10.3

① 저작권법은 저작자의 권리를 보호함을 목적으로 한다.
② 원저작물을 번역, 편곡, 변형 등의 방법으로 작성한 2차적 저작물도 독자적인 저작물로서 보호된다.
③ 프로그램을 작성하기 위하여 사용하고 있는 프로그램 언어와 해법에도 적용된다.
④ 저작 재산권이 있는 소프트웨어를 복사하여 판매한 경우 저작권법에 저촉된다.

> 저작권법은 프로그램을 작성하기 위하여 사용하는 프로그램 언어, 규약, 해법에는 적용되지 않습니다.

2. 다음 중 바이러스 감염 증상에 대한 설명으로 옳지 않은 것은?
23.상시, 21.상시

① 특정 날짜가 되면 화면에 이상한 메시지가 표시된다.
② 디스크를 인식하지 못하거나, 디스크 볼륨명이 변경될 수도 있다.
③ 파일의 크기가 작아지고, 프로그램의 실행 속도가 빨라진다.
④ 시스템 파일이 손상되어 부팅(Booting)이 정상적으로 수행되지 않는다.

> 바이러스에 감염되면 파일의 크기가 커지고, 프로그램은 실행되지 않거나 속도가 느려집니다.

3. 다음 중 바이러스에 대한 설명으로 옳지 않은 것은?
24.상시, 22.상시, 19.2

① 감염 부위에 따라 부트 바이러스와 파일 바이러스로 구분한다.
② 사용자 몰래 스스로 복제하여 다른 프로그램을 감염시키고, 정상적인 프로그램이나 다른 데이터 파일 등을 파괴한다.
③ 주로 복제품을 사용하거나 통신 매체를 통하여 다운받은 프로그램에 의해 감염된다.
④ 컴퓨터 하드웨어와 무관하게 소프트웨어에만 영향을 미친다.

> 바이러스는 하드웨어, 소프트웨어를 가리지 않고 성능에 영향을 미칩니다.

4. 다음 중 시스템의 정보 보안을 위한 기본 충족 요건에 대한 설명으로 옳지 않은 것은?
23.상시, 21.상시, 06.3

① 무결성 : 시스템 내의 정보는 인가된 사용자만 수정할 수 있다.
② 부인 방지 : 정보를 보내오는 사람의 신원을 확인한다.
③ 가용성 : 인가받은 사용자는 언제라도 사용할 수 있다.
④ 기밀성 : 시스템 내의 정보와 자원은 인가된 사용자에게만 접근이 허용된다.

> 부인 방지는 데이터를 송·수신한 자가 송·수신 사실을 부인할 수 없도록 송·수신 증거를 제공하는 것을 의미합니다. ②번은 인증에 대한 설명입니다.

5. 다음 중 외부로부터의 데이터 침입행위에 관한 유형의 위조(Fabrication)에 대한 설명으로 옳은 것은?
23.상시, 21.상시, 19.상시, 11.1

① 자료가 수신측으로 전달되는 것을 방해하는 행위
② 전송한 자료가 수신지로 가는 도중에 몰래 보거나 도청하는 행위
③ 원래의 자료를 다른 내용으로 바꾸는 행위
④ 자료가 다른 송신자로부터 전송된 것처럼 꾸미는 행위

> ①번은 가로막기(Interruption), ②번은 가로채기(Interception), ③번은 수정(Modification)에 대한 설명입니다.

6. 다음 중 시스템 보안과 관련한 불법적인 형태에 대한 설명으로 옳지 않은 것은?
25.상시, 24.상시, 22.상시, 21.상시, 15.3

① 피싱(Phishing)은 거짓 메일을 보내서 가짜 금융기관 등의 가짜 웹 사이트로 유인하여 정보를 빼내는 행위이다.
② 스푸핑(Spoofing)은 검증된 사람이 네트워크를 통해 데이터를 보낸 것처럼 데이터를 변조하여 접속을 시도하는 행위이다.
③ 분산 서비스 거부 공격(DDoS)은 마이크로소프트 사의 MS-DOS를 운영체제로 사용하는 컴퓨터에 네트워크를 통해 불법적으로 접속하는 행위이다.
④ 키로거(Key Logger)는 키 입력 캐치 프로그램을 사용하여 ID나 암호를 알아내는 행위이다.

> 분산 서비스 거부 공격(DDoS)은 여러 대의 컴퓨터를 이용하여 대량의 데이터를 한 곳의 서버에 집중적으로 전송함으로써 특정 서버의 정상적인 기능을 방해하는 형태의 공격을 말합니다.

정답 1.③ 2.③ 3.④ 4.② 5.④ 6.③

8장 대표기출문제

7. 다음은 인터넷 보안을 위한 해결책으로 사용되는 암호화 기법에 대한 설명이다. 다음 설명 중 옳지 않은 것은?
21.상시, 15.2, 13.2, 12.3, 10.2, 05.3

① 비밀키 암호화 기법은 동일한 키로 데이터를 암호화하고 복호화 한다.
② 비밀키 암호화 기법은 대칭키 기법 또는 단일키 암호화 기법이라고도 하며, 대표적으로 DES(Data Encryption Standard)가 있다.
③ 공개키 암호화 기법은 비대칭 암호화 기법이라고도 하며, 대표적인 암호화 방식으로 RSA(Rivest Shamir Adleman)가 있다.
④ 공개키 암호화 기법에서는 암호화할 때 사용하는 키는 비밀로 하고, 복호화 할 때 사용하는 키는 공개하는 방식을 사용하여, 키의 분배가 용이하고 관리해야 하는 키의 개수가 적다는 장점을 가진다.

> 공개키 암호화 기법에서는 암호화할 때 사용하는 키는 공개하고, 복호화할 때 사용하는 키는 비밀로 하는 방식을 사용합니다.

8. 다음 중 분산 서비스 거부 공격(DDos)에 관한 설명으로 옳은 것은?
21.상시, 20.1, 19.1

① 네트워크 주변을 돌아다니는 패킷을 엿보면서 계정과 패스워드를 알아내는 행위
② 검증된 사람이 네트워크를 통해 데이터를 보낸 것처럼 데이터를 변조하여 접속을 시도하는 행위
③ 여러 대의 장비를 이용하여 특정 서버에 대량의 데이터를 집중적으로 전송함으로써 서버의 정상적인 동작을 방해하는 행위
④ 키보드의 키 입력시 캐치 프로그램을 사용하여 ID나 암호 정보를 빼내는 행위

> ①번은 스니핑(Sniffing), ②번은 스푸핑(Spoofing), ④번은 키로거(Key Logger)에 대한 설명입니다.

9. 다음 중 방화벽에 대한 설명으로 적절하지 않은 것은?
25.상시, 22.상시, 21.상시, 20.2, 18.2, 18.1, 17.2, 16.3, 15.1, 07.2

① 보안이 필요한 네트워크의 통로를 단일화하여 관리한다.
② 방화벽 시스템은 내부와 외부로부터 불법적인 해킹을 완전히 차단할 수 있다.
③ 권한이 없는 사용자가 네트워크를 통해 컴퓨터에 액세스하는 것을 방지한다.
④ 역추적 기능으로 외부 침입자의 흔적을 찾을 수 있다.

> 방화벽 시스템은 내부로부터의 불법적인 해킹은 막지 못합니다.

10. 다음 중 컴퓨터 통신에서 사용하는 프록시(Proxy) 서버의 기능으로 옳은 것은?
21.상시, 19.2, 16.2

① 네트워크 병목현상 해결 기능
② FTP 프로토콜 연결 해제 기능
③ 방화벽 기능과 캐시 기능
④ 내부 불법 해킹 차단 기능

> 프록시(Proxy) 서버의 기능에는 방화벽 기능과 캐시 기능이 있습니다.

11. 다음 중 정보 보안을 위한 비밀키 암호화 기법에 대한 설명으로 옳지 않은 것은?
23.상시, 22.상시, 21.상시, 20.1, 16.1

① 비밀키 암호화 기법의 안전성은 키의 길이 및 키의 비밀성 유지 여부에 영향을 많이 받는다.
② 암호화와 복호화 시 사용하는 키가 동일한 암호화 기법이다.
③ 복잡한 알고리즘으로 인해 암호화와 복호화 속도가 느리다.
④ 사용자가 증가할 경우 상대적으로 관리해야 할 키의 수가 많아진다.

> 비밀키 암호화 기법은 알고리즘이 단순하여 암호화나 복호화 속도가 빠릅니다. 복잡한 알고리즘으로 인해 암호화와 복호화 속도가 느린 기법은 공개키 암호화 기법입니다.

12. 다음 중 보안 위협의 유형 중 위협 보안 요건으로 옳은 것은?
25.상시, 24.상시

① 수정(Modification) – 무결성 저해
② 가로채기(Interception) – 무결성 저해
③ 가로막기(Interruption) – 기밀성 저해
④ 위조(Fabrication) – 가용성 저해

> • 가로채기(Interception) : 기밀성 저해
> • 가로막기(Interruption) : 가용성 저해
> • 위조(Fabrication) : 무결성 저해

정답 7.④ 8.③ 9.② 10.③ 11.③ 12.①

2과목 스프레드시트 일반
핵심요약 & 대표기출문제
1장 | 입력 및 편집

01 엑셀의 주요 화면 구성

25.상시, 24.상시, 22.상시, 21.상시, 20.2, 20.1, 18.2, 15.3, 15.1, 14.3, 14.2, 14.1

리본 메뉴	• 엑셀에서 제공하는 다양한 기능을 실행할 수 있는 명령들이 용도에 맞게 탭으로 분류되어 있음
	• 리본 메뉴는 탭, 그룹, 명령으로 구성되어 있음
	  – 탭 종류 : 홈, 삽입, 페이지 레이아웃, 수식, 데이터, 검토, 보기, 개발 도구 등
	• Alt 나 F10 을 누르면 리본 메뉴에 바로 가기 키가 표시됨
	• 리본 메뉴를 감추거나 표시하는 방법
	  방법1 리본 메뉴를 마우스 오른쪽 버튼으로 클릭하면 표시되는 바로 가기 메뉴에서 [리본 메뉴 축소] 선택
	  방법2 Ctrl + F1 누름
	  방법3 활성 탭의 이름을 더블클릭

이름 상자	• 현재 작업중인 셀의 이름이나 주소를 표시하는 부분 • 차트 항목이나 그리기 개체를 선택하면 개체의 이름이 표시됨

상태 표시줄	• 현재의 작업 상태나 선택한 명령에 대한 기본적인 정보가 표시되는 곳
	• 상태 표시줄에는 [상태 표시줄 사용자 지정], '매크로 기록(◉)' 아이콘, '보기 바로 가기(▦ ▤ 凹)' 아이콘, '확대/축소 슬라이더(- ──── + 100%)' 등이 있음
	• [상태 표시줄 사용자 지정] : 평균, 개수(데이터가 입력된 셀), 숫자 셀 수, 최소값, 최대값, 합계를 선택하여 자동 계산할 수 있음
	• 매크로 기록 : 매크로를 기록할 수 있는 아이콘으로, 기본적으로 '매크로 기록(◉)' 아이콘으로 표시되지만, 매크로 기록 중에는 '기록 중지(□)' 아이콘으로 변경됨
	• 보기 바로 가기 : 워크시트의 보기 상태를 변경할 수 있는 아이콘
	  – ▦ : 기본
	  – ▤ : 페이지 레이아웃
	  – 凹 : 페이지 나누기 미리 보기
	• 확대/축소 슬라이더 : 화면을 10%~400%로 확대/축소할 수 있는 컨트롤

워크시트 삽입	• 하나의 통합 문서에는 기본적으로 1개의 워크시트가 포함되어 있으나 메모리 한도까지 워크시트를 추가할 수 있음 • 삽입된 시트는 활성 시트의 왼쪽에 삽입됨 • 시트 삽입 바로 가기 키 : Shift + F11
워크시트 이동	이동할 시트를 선택한 후 원하는 위치까지 드래그함
워크시트 복사	• 복사할 시트를 선택한 후 Ctrl 을 누른 채 원하는 위치까지 드래그 • 시트를 복사할 때마다 시트 이름은 원래의 시트 이름 뒤에 ( )가 삽입되면서 (2), (3), … 등으로 일련번호가 붙음 예 Sheet1 (2), Sheet1 (3)
워크시트 삭제	방법1 삭제할 시트를 선택하고 [홈] → [셀] → [삭제] → [시트 삭제] 선택 방법2 시트 탭의 바로 가기 메뉴에서 [삭제] 선택 • 삭제된 시트는 되살릴 수 없으므로 신중하게 실행해야 함 • 여러 개의 시트를 선택하여 한꺼번에 삭제할 수 있음

02 워크시트 편집

25.상시, 24.상시, 23.상시, 21.상시, 19.1, 18.상시, 18.2, 17.2, 16.3, 16.1, 15.2, 14.3, 14.2, 14.1, …

워크시트 선택	• 연속적인 여러 개의 시트 선택 : Shift 를 누른 채 마지막 시트 선택 • 비연속적인 여러 개의 시트 선택 : Ctrl 을 누른 채 원하는 시트를 차례대로 클릭 • 여러 개의 시트를 선택하면 제목 표시줄에 '그룹'이라고 표시됨 • 여러 개의 시트를 선택하고 데이터를 입력하면 선택한 모든 시트에 동일한 데이터가 입력됨 • 그룹 상태에서는 도형, 차트 등의 그래픽 개체를 삽입하거나 정렬, 필터 등의 데이터 관리 작업을 수행할 수 없음 • 여러 개의 시트가 선택된 그룹 상태를 해제하려면 시트 탭의 바로 가기 메뉴에서 [시트 그룹 해제]를 선택하거나 임의의 시트를 클릭함
워크시트 이름 변경	• 바꿀 시트 이름을 더블클릭한 후 원하는 이름을 입력하고 Enter 를 누름 • 시트 이름은 공백을 포함하여 최대 31자까지 지정할 수 있으나 * / : ? [ ] 등의 문자는 사용할 수 없음

03 데이터 입력

25.상시, 22.상시, 21.상시, 19.2, 19.1, 18.2, 17.1, 16.2, 15.3, 15.1, 13.3, 13.2, 13.1, 12.3, …

• 셀 안에서 줄을 바꿔 계속 입력하려면 Alt + Enter 를 누른다.
• 여러 셀에 동일한 내용을 입력하려면 해당 셀을 범위로 지정한 후 데이터를 입력하고 Ctrl + Enter 를 누른다.
• 범위를 지정하고 Enter 를 누르면 지정한 범위 안에서만 셀 포인터가 이동한다.
• 셀을 선택하고 Alt + ↓ 를 누르면 같은 열에 입력된 문자열 목록이 표시된다.
• 셀 내용 자동 완성
  – 데이터 입력 중 처음 몇 자가 같은 열에 이미 입력된 내용과 동일하면 자동으로 나머지 내용이 채워진다.
  – 문자 데이터에만 적용되고, 숫자, 날짜, 시간 형식의 데이터에는 적용되지 않는다.
  – 자동 완성 기능을 사용하려면 [파일] → [옵션] → [고급] → '편집 옵션' 항목에서 '셀 내용을 자동 완성'을 선택한다.

25.상시, 24.상시, 23.상시, 22.상시, 21.상시, 20.상시, 20.2, 19.2, 19.1, 18.상시, 18.2, 16.3, 16.1, …

04 데이터 형식

문자 데이터	• 기본적으로 셀의 왼쪽에 정렬됨 • 숫자 데이터 앞에 문자 접두어(')를 입력하면 문자 데이터로 인식됨
수치 데이터	• 기본적으로 셀의 오른쪽에 정렬됨 • 분수는 0을 입력하고, 한 칸 띄운 다음에 입력함 예 0 1/2 • 셀의 너비보다 긴 경우 지수 형식으로 표시됨
날짜 데이터	• 기본적으로 셀의 오른쪽에 정렬됨 • 하이픈(-)이나 슬래시(/)를 이용하여 연, 월, 일을 구분함 • 오늘 날짜 입력 : Ctrl + ; • 날짜 데이터를 수식에서 인수로 사용하려면 큰따옴표("")로 묶어줌
시간 데이터	• 기본적으로 셀의 오른쪽에 정렬됨 • 콜론(:)을 이용하여 시, 분, 초를 구분함 • 오늘 시간 입력 : Ctrl + Shift + ; • 시간 데이터를 수식에서 인수로 사용하려면 큰따옴표("")로 묶어줌
윗주	• 셀에 입력된 데이터의 위쪽에 추가하는 주석문으로 문자 데이터에만 삽입할 수 있음 • 윗주가 삽입된 셀의 데이터를 삭제하면 윗주도 함께 삭제됨 • 셀에 수치 데이터, 날짜/시간 데이터가 입력되어 있거나 아무것도 입력되어 있지 않으면 윗주를 삽입할 수 없음 • 윗주 서식은 윗주 전체에 대해서만 적용하거나 변경할 수 있음

25.상시, 24.상시, 23.상시, 22.상시, 21.상시, 20.1, 19.2, 18.1, 17.2, 17.1, 16.3, 11.2, 10.1, 07.2, …

05 채우기 핸들을 이용한 연속 데이터 입력

숫자 데이터	• 한 셀 : 드래그할 경우 동일한 데이터가 복사되고, Ctrl을 누르고 드래그하면 값이 1씩 증가하며 입력됨 • 두 셀 : 첫 셀과 두 번째 셀의 차이만큼 증가/감소함
사용자 지정 목록	• 사용자 지정 목록에 등록된 문자 데이터 중 하나를 입력하고 드래그하면 사용자 지정 목록에 등록된 순서대로 반복되어 입력됨 • [파일] → [옵션]을 클릭한 후 'Excel 옵션' 대화상자의 '고급' 탭에서 '일반' 항목의 〈사용자 지정 목록 편집〉을 클릭하여 사용자 지정 목록을 추가/삭제할 수 있음
문자 데이터	• 한 셀 : 드래그하면 동일한 데이터가 입력됨 • 두 셀 : 드래그하면 두 개의 문자가 반복하여 입력됨
혼합 데이터 (문자 + 숫자)	• 한 셀 : 가장 오른쪽에 있는 숫자는 1씩 증가하고, 나머지는 그대로 입력됨 • 두 셀 : 숫자 데이터는 차이만큼 증가/감소하고, 문자는 그대로 입력됨
날짜 데이터	• 한 셀 : 1일 단위로 증가함 • 두 셀 : 두 셀의 차이만큼 연, 월, 일 단위로 증가함

25.상시, 24.상시, 23.상시, 22.상시, 21.상시, 20.상시, 20.2, 17.2, 17.1, 15.1, 14.2, 12.3, 12.2, …

06 찾기

- 워크시트에 입력되어 있는 데이터 중에서 특정 내용을 찾는 기능으로, 숫자, 특수문자, 한자 등도 찾을 수 있다.
- 워크시트 전체를 대상으로 찾거나 범위를 지정하여 범위 안에서만 찾을 수 있다.
- 여러 개의 워크시트를 선택하고 찾기를 실행하면 하나의 워크시트에 있는 것처럼 연속적으로 찾기를 실행한다.
- '찾기 및 바꾸기' 대화상자
  - 범위 : 찾을 범위로, 시트나 통합 문서를 지정함
  - 검색 : 찾을 방향으로, 행이나 열로 지정함
  - 찾는 위치 : 찾을 정보가 들어 있는 워크시트의 요소로, 수식, 값, 슬라이드 노트, 메모를 지정함
  - 대/소문자 구분 : 대문자와 소문자를 구분하여 찾음
  - 전체 셀 내용 일치 : 찾을 내용과 완전히 일치하는 셀만을 찾음
- ※ '찾기' 탭에서는 '찾는 위치'를 '수식, 값, 슬라이드 노트, 메모'로 지정할 수 있지만 '바꾸기' 탭에서는 '수식'으로만 지정할 수 있음
- 특정한 서식이 지정되어 있는 데이터를 찾을 수 있다.
- 데이터를 뒤에서부터 앞으로, 즉 역순으로 검색하려면 Shift를 누른 상태에서 〈다음 찾기〉를 클릭한다.
- 찾을 내용을 입력하고 〈다음 찾기〉를 한 번이라도 수행한 후에는 '찾기 및 바꾸기' 대화상자를 닫아도 F4를 눌러 입력한 내용을 계속하여 찾을 수 있다.
- *, ? 등의 만능문자를 사용할 수 있으며, 만능문자 자체를 검색하려면 ~* 또는 ~?와 같이 기호 앞에 ~를 입력한다.

25.상시, 23.상시, 22.상시, 21.상시, 20.상시, 20.2, 20.1, 19.상시, 19.1, 18.2, 18.1, 16.3, …

07 셀 포인터 이동

↑, ↓, ←, →	상·하·좌·우 이동
Shift + Tab, Tab	좌·우로 이동
Shift + Enter, Enter	상·하로 이동
Home	해당 행의 A열로 이동
Ctrl + Home	A1 셀로 이동
Ctrl + End	데이터 범위의 맨 오른쪽 아래의 셀로 이동
Ctrl + ↑, ↓, ←, →	데이터 범위의 상·하·좌·우의 끝으로 이동
PgUp, PgDn	한 화면 위, 아래로 이동
Alt + PgUp, Alt + PgDn	한 화면 좌, 우로 이동
Ctrl + PgUp, Ctrl + PgDn	현재 시트의 앞, 뒤 시트로 이동
F5	이동하고자 하는 셀 주소를 직접 입력하여 이동

08 [파일] → [옵션]의 '고급' 탭

25.상시, 24.상시, 23.상시, 22.상시, 21.상시, 16.2, 14.2, 14.1, 13.1, 12.3, 10.3, 04.3, 03.1

- 편집 옵션

〈Enter〉 키를 누른 후 다음 셀로 이동	Enter를 누를 때 셀 포인터의 이동 방향을 아래쪽, 위쪽, 오른쪽, 왼쪽으로 지정함
소수점 자동 삽입	• 입력한 숫자 데이터의 소수점 위치를 '소수점 위치'에 입력된 숫자만큼 이동하여 설정함 • '소수점 위치'에 입력한 숫자가 양수면 소수점 이하(오른쪽)의 자릿수를 늘리고, 음수면 소수점 이상(왼쪽)의 자릿수를 늘림 | 입력 | 소수점 위치 | 결과 | 입력 | 소수점 위치 | 결과 | |---|---|---|---|---|---| | 1 | 2 | 0.01 | 1 | -2 | 100 | | 10 | 2 | 0.1 | 10 | -2 | 1000 | | 100 | 2 | 1 | 100 | -2 | 10000 | • 소수점 위치 옵션을 무시하고 숫자를 입력하려면 숫자 뒤에 소수점을 입력하면 됨 예 5.
셀에서 직접 편집 허용	셀을 더블클릭하여 데이터의 수정이 가능하도록 설정함
셀 내용을 자동 완성	셀에 입력한 처음 몇 자가 같은 열에 입력된 항목과 일치하면 자동으로 나머지 문자가 채워지도록 설정함
IntelliMouse로 화면 확대/축소	Ctrl을 누르지 않은 상태에서 마우스 휠의 스크롤만으로 화면이 확대/축소되도록 설정함

- 이 워크시트의 표시 옵션

행 및 열 머리글 표시	행 및 열 머리글의 표시 여부 지정
페이지 나누기 표시	자동으로 표시되는 페이지 나누기 선의 표시 여부 지정
0 값이 있는 셀에 0 표시	셀에 입력된 0값의 표시 여부 지정
눈금선 표시	눈금선의 표시 여부 지정

09 셀 삽입/삭제/병합

24.상시, 22.상시, 21.상시, 06.4, 06.1, 03.3

셀 삽입	• 기존에 있던 셀을 오른쪽이나 아래쪽으로 밀어내고, 지정한 범위만큼 새로운 셀을 삽입하는 기능 • 삽입할 셀 범위를 지정한 다음 Ctrl+ +를 누른 후 '삽입' 대화상자가 나타나면, 기존에 있던 데이터의 이동 방향을 선택하고 〈확인〉을 클릭함
셀 삭제	• 범위로 지정한 셀을 삭제하고, 아래쪽이나 오른쪽에 있는 셀을 삭제한 자리로 이동하는 기능 • 삭제할 셀 범위를 지정한 다음 Ctrl+ -를 누른 후 '삭제' 대화상자가 나타나면, 기존에 있던 데이터의 이동 방향을 선택하고 〈확인〉을 클릭함
셀 병합	• 여러 개의 셀을 하나로 합치는 기능 • [홈] → [맞춤] → [병합하고 가운데 맞춤] 클릭 • 데이터가 입력되어 있는 여러 개의 셀을 셀 병합할 경우 가장 위쪽 또는 왼쪽의 데이터만 남고 나머지 셀의 데이터는 모두 지워짐

10 통합 문서 공유

24.상시, 22.상시, 21.상시, 20.상시, 19.상시, 17.1, 16.3, 15.2, 14.3, 11.3, 09.4, 09.3, …

- 네트워크로 연결된 환경에서 하나의 통합 문서를 여러 사람이 공동으로 작업할 수 있게 하는 기능이다.
- 실행 [검토] → [새 그룹] → [통합 문서 공유(레거시)]를 클릭한 후 '편집' 탭에서 '새로운 공동 작성 환경 대신 기존의 공유 통합 문서 기능을 사용합니다.' 항목 선택
- 통합 문서를 공유한 후 불가능한 작업 : 셀 병합, 조건부 서식, 차트, 시나리오, 부분합, 데이터 표, 피벗 테이블 보고서 등의 추가 및 변경
- 공유된 통합 문서는 제목 표시줄에 '공유됨'이라고 표시된다.
- 공유 통합 문서의 변경 내용을 추적하여 변경 내용만을 모아 새로운 시트에 작성할 수 있다.
- 공유된 통합 문서는 여러 사용자가 동시에 변경 및 병합할 수 있다.
- 공유 통합 문서를 보호하기 위해 암호를 설정할 수 있다.
- 암호로 보호된 공유 통합 문서의 보호를 해제하려면 먼저 통합 문서의 공유를 해제해야 한다.
- 공유 통합 문서 파일을 다른 위치에 복사해도 공유 설정 값은 유지된다.
- 공유 통합 문서가 저장된 네트워크 위치를 액세스하는 모든 사용자는 공유 통합 문서를 액세스할 수 있다.
- 공유 통합 문서의 변경 내용을 일정 기간 동안 보관할 수 있으며, 그 여부를 지정할 수도 있다.
- 변경 내용을 저장하면 공유 통합 문서의 복사본이 만들어져 변경한 내용들을 병합할 수도 있다.
- 공유 통합 문서를 사용하는 여러 사용자들의 변경 내용이 충돌할 경우 저장할 내용을 선택하거나, 자신이 변경한 내용이 무조건 저장되도록 지정할 수 있다.

11 시트 보호

25.상시, 24.상시, 23.상시, 22.상시, 21.상시, 20.2, 18.1, 15.3, 15.1, 08.4, 06.4, 04.3

- 특정 워크시트에 입력된 데이터나 차트 등을 변경할 수 없도록 보호하는 것으로, 보호된 시트에서는 기본적으로 셀을 선택하는 것만 가능하다.
- 실행 [검토] → [보호] → [시트 보호] 클릭
- 해제 [검토] → [보호] → [시트 보호 해제] 클릭
- 통합 문서 중 특정 시트만을 보호하는 것으로, 나머지 시트는 변경이 가능하다.
- 모든 요소를 모든 사용자가 액세스하지 못하도록 보호할 수 있으며, 지정한 범위에 대해 개별적으로 사용자의 수정을 허용할 수도 있다.
- 셀/행/열의 서식, 하이퍼링크 삽입, 자동 필터 사용, 피벗 테이블 및 피벗 차트 사용, 개체 편집, 시나리오 편집 등 특정 항목을 제외하고 시트 보호를 지정할 수 있다.
- '셀 서식' 대화상자의 '보호' 탭에서 '잠금'이 해제된 셀은 보호되지 않는다.

25.상시, 24.상시, 23.상시, 22.상시, 21.상시, 20.2, 18.상시, 18.1, 16.2, 15.1, 13.3, 12.1, 11.2

12 통합 문서 보호

- 통합 문서의 시트 삽입·삭제·이동·숨기기·이름 바꾸기 등을 할 수 없도록 보호한다.
- **실행** [검토] → [보호] → [통합 문서 보호] 클릭
- **해제** [검토] → [보호] → [통합 문서 보호]를 다시 한 번 클릭
- 통합 문서에 '시트 보호'가 설정되지 않은 경우 워크시트에 데이터를 입력, 수정, 삭제하거나 피벗 테이블 보고서, 부분합과 같은 데이터 분석 작업을 할 수 있다.
- 암호를 지정할 수 있다.

날짜 서식	월	• mmm : Jan~Dec로 표시 • mmmm : January~December로 표시
	요일	• ddd : Sun~Sat로 표시 • dddd : Sunday~Saturday로 표시
시간 서식	시간	• hh : 00~23으로 표시 • [h] : 경과된 시간 표시
	분	• mm : 00~59로 표시 • [m] : 경과된 분 표시
	초	• ss : 00~59로 표시 • [s] : 경과된 초 표시

25.상시, 24.상시, 23.상시, 22.상시, 21.상시, 20.상시, 20.2, 20.1, 19.상시, 19.2, 19.1, 18.상시, …

13 사용자 지정 서식

- 조건이 없을 때는 양수, 음수, 0, 텍스트 순으로 표시 형식이 지정되지만, 조건이 있을 때는 조건이 지정된 순으로 표시 형식을 나타낸다.
- 조건이나 글꼴색을 지정할 때는 대괄호([ ]) 안에 입력한다.
- 조건이 없을 때

```
#,### ; [빨강](#,###) ; 0.00 ; @"님"
 양수      음수      0값   텍스트
```

- 조건이 있을 때

```
[>0](#,###) ; [<0][빨강](#,###) ; 0.00 ; @"님"
  조건1          조건2            텍스트
                              두 조건을
                            만족하지 않을 경우
```

- 사용자 지정 서식 코드

숫자 서식	• # : 유효한 자릿수만 표시하고, 유효하지 않은 0은 표시하지 않음 • 0 : 유효하지 않은 자릿수를 0으로 표시함 • ? : 유효하지 않은 자릿수에 0 대신 공백을 입력하고, 소수점을 기준으로 정렬함 • , : 천 단위 구분 기호를 표시하며, 표시형식 맨 끝에 표시하면 할 때마다 3자리씩 생략함 ※ 천 단위(3자리) 생략은 천 단위 미만의 값을 삭제한다는 의미가 아니라 천 단위 미만의 값을 화면에만 표시되지 않게 숨긴다는 의미이다. 이때 천 단위 미만의 값은 반올림 되어 표시된다. 예를 들어 44600이 입력된 셀에 표시 형식을 #,로 지정하면 천 단위 미만의 값이 표시되지 않고 백의 자리에서 반올림되므로 45가 표시된다. • % : 숫자에 100을 곱한 다음 %를 붙임 • [DBNUM1] : 숫자를 한자 및 한글, 한자/한글로 표시하며, [DBNUM1] ~ [DBNUM4]가 있음
문자 서식	• @ : 문자 데이터의 표시 위치 지정 • * : * 기호 다음에 있는 특정 문자를 셀의 너비만큼 반복하여 채움 • _ : 셀에 입력된 데이터의 오른쪽 끝에 하나의 공백이 생김

25.상시, 24.상시, 23.상시, 22.상시, 21.상시, 18.상시, 18.2, 16.3, 15.3, 15.2, 15.1, 14.2, 14.1, …

14 조건부 서식

- 규칙에 만족하는 셀에만 셀 서식을 적용한다.
- 조건부 서식의 규칙을 수식으로 입력할 경우 수식 앞에 반드시 등호(=)를 입력해야 하고, 수식의 결과는 참(TRUE) 또는 거짓(FALSE)이 나오도록 작성해야 한다.
- 워크시트의 특정 셀을 이용하여 규칙을 작성할 수 있고, 규칙 작성 시 마우스로 셀을 클릭하면 절대 참조로 지정된다.
- 셀의 값이 변경되어 규칙을 만족하지 않으면 적용된 서식이 해제된다.
- 셀에 입력된 값에 따라 데이터 막대, 색조, 아이콘 등을 표시할 수 있다.
- 규칙별로 다른 서식을 적용할 수 있다.
- 둘 이상의 조건부 서식이 참일 경우 두 규칙에 지정된 서식이 모두 적용되지만, 서식이 충돌할 경우 우선 순위가 높은 규칙의 서식이 적용된다.
- **예** 글꼴 색과 채우기 색을 지정하는 두 규칙이 모두 참일 경우 두 서식이 모두 적용되나, 글꼴 색을 빨강과 파랑으로 지정하는 두 규칙이 모두 참일 경우에는 우선 순위가 높은 규칙의 글꼴 색만 적용된다.
- 규칙에 맞는 데이터가 있는 행 전체에 서식을 지정할 때는 수식 입력 시 열 이름 앞에 $를, 열 전체에 서식을 지정할 때는 행 번호 앞에 $를 붙인다.
- 다른 통합 문서를 참조하여 조건을 지정할 수 없다.
- **실행** [홈] → [스타일] → [조건부 서식] → [새 규칙] 선택
- 조건부 서식 규칙 관리자
  - 지정된 모든 조건부 서식을 확인하거나 수정, 삭제, 추가, 우선 순위 등을 변경할 수 있다.
  - **실행** [홈] → [스타일] → [조건부 서식] → [규칙 관리] 선택

1장 대표기출문제

1. 다음 중 셀 영역을 선택한 후 상태 표시줄의 바로 가기 메뉴인 [상태 표시줄 사용자 지정]에서 선택할 수 있는 자동 계산에 해당되지 않는 것은?　24.상시, 22.상시, 21.상시, 20.1, 15.3

① 선택한 영역 중 숫자 데이터가 입력된 셀의 수
② 선택한 영역 중 문자 데이터가 입력된 셀의 수
③ 선택한 영역 중 데이터가 입력된 셀의 수
④ 선택한 영역의 합계, 평균, 최소값, 최대값

> [상태 표시줄 사용자 지정]을 이용하여 데이터가 입력된 셀의 수나 숫자가 입력된 셀의 수는 계산할 수 있지만 문자 데이터가 입력된 셀의 수는 계산할 수 없습니다.

2. 다음 중 이름 상자에 대한 설명으로 옳지 않은 것은?　25.상시, 21.상시, 20.1, 14.2

① Ctrl을 누르고 여러 개의 셀을 선택한 경우 마지막 선택한 셀 주소가 표시된다.
② 셀이나 셀 범위에 이름을 정의해 놓은 경우 이름이 표시된다.
③ 차트가 선택되어 있는 경우 차트의 종류가 표시된다.
④ 수식을 작성 중인 경우 최근 사용한 함수 목록이 표시된다.

> 차트를 선택하면 이름 상자에 차트 이름이 표시됩니다. 차트 이름은 기본적으로 차트가 만들어진 순서대로 '차트1', '차트2'로 지정되며, 사용자가 변경할 수 있습니다.

3. 다음 중 윗주에 대한 설명으로 옳지 않은 것은?　24.상시

① 셀의 데이터를 삭제하면 윗주도 함께 삭제된다.
② 데이터가 입력되지 않은 셀에 윗주를 삽입할 수 없다.
③ 숫자가 입력된 셀에 윗주를 삽입하면 화면에 윗주가 표시된다.
④ 윗주는 셀에 대한 주석을 설정하는 것이다.

> 윗주는 문자 데이터에만 삽입할 수 있으므로 숫자가 입력된 셀에는 윗주를 삽입할 수 없습니다.

4. 다음 중 아래 워크시트에서 [B1:B3] 영역의 문자열을 [B4] 셀에 목록으로 표시하여 입력하기 위한 키 조작으로 옳은 것은?　25.상시, 22.상시, 21.상시, 19.1, 10.2

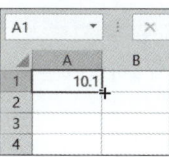

① Tab + ↓
② Shift + ↓
③ Ctrl + ↓
④ Alt + ↓

> 같은 열에 입력된 문자열에 대한 목록을 표시하는 바로 가기 키는 Alt + ↓ 입니다.

5. 현재 작업 중인 다음과 같은 통합 문서에서 화면 하단의 시트 탭에 표시된 Sheet2를 Ctrl을 누른 상태로 Sheet1 앞으로 드래그 했을 경우 시트 탭의 맨 처음에 표시되는 워크시트의 이름으로 옳은 것은?　24.상시, 23.상시

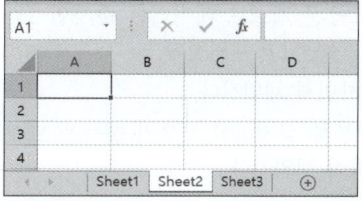

① Sheet2
② Sheet4
③ Sheet2 (2)
④ Sheet1 (2)

> 워크시트에서 시트를 복사하면 복사된 시트의 이름은 원래의 이름 뒤에 (2), (3), … 등으로 일련번호가 붙습니다.

6. 다음 중 워크시트에 데이터를 입력하는 방법에 대한 설명으로 옳지 않은 것은?　25.상시, 24.상시, 23.상시, 22.상시, 21.상시

① 숫자 데이터를 입력하면 기본적으로 셀의 오른쪽에 정렬된다.
② '3과 같이 숫자 앞에 작은따옴표(')를 입력하면 기본적으로 셀의 오른쪽에 정렬된다.
③ 수식 또는 함수 식을 입력할 때는 = 기호를 붙여 입력한다.
④ Ctrl + Enter를 이용하여 여러 개의 셀에 동일한 데이터를 한 번에 입력할 때, 범위는 연속적으로 지정하지 않아도 된다.

> 숫자 데이터를 입력하면 기본적으로 셀의 오른쪽에 정렬되지만 숫자 앞에 작은따옴표(')를 붙여 입력하면 문자 데이터로 인식하므로 셀의 왼쪽에 정렬됩니다.

7. 다음 중 아래 워크시트의 [A1] 셀에서 10.1을 입력한 후 Ctrl을 누르고 자동 채우기 핸들을 아래로 드래그한 경우 [A4] 셀에 입력되는 값은?　25.상시, 24.상시, 21.상시, 17.2, 10.1, 06.1

① 10.1
② 10.4
③ 13.1
④ 13.4

> Ctrl을 누른 채 숫자가 들어 있는 셀의 채우기 핸들을 드래그하면 값이 1씩 증가하며 입력됩니다.
> 〈실행 결과〉
> | | A |
> |---|---|
> | 1 | 10.1 |
> | 2 | 11.1 |
> | 3 | 12.1 |
> | 4 | 13.1 |

정답 1.② 2.③ 3.③ 4.④ 5.③ 6.② 7.③

1장 대표기출문제

8. 다음 중 데이터가 입력된 셀에서 채우기 핸들을 드래그하여 데이터를 채우는 경우에 대한 설명으로 옳은 것은? 25.상시, 22.상시, 21.상시, …

① 일반적인 문자 데이터나 날짜 데이터는 그대로 복사되어 채워진다.
② 1개의 숫자와 문자가 조합된 텍스트 데이터는 숫자만 1씩 증가하고 문자는 그대로 복사되어 채워진다.
③ 숫자 데이터는 1씩 증가하면서 채워진다.
④ 숫자가 입력된 두 셀을 블록 설정하여 채우기 핸들을 드래그하면 두 숫자가 반복하여 채워진다.

> ① 문자 데이터는 그대로 복사되지만, 날짜 데이터는 1일씩 증가합니다.
> ③ 숫자 데이터는 그대로 복사됩니다. 1씩 증가하며 채우려면 Ctrl을 누르고 드래그해야 합니다.
> ④ 숫자가 입력된 두 셀을 블록으로 설정하여 채우기 핸들을 드래그하면 두 셀의 차이만큼 증가/감소하며 채워집니다.

9. 다음 중 [찾기 및 바꾸기] 대화상자에 대한 설명으로 옳지 않은 것은? 25.상시, 23.상시, 22.상시, 21.상시, 12.3

① ?가 포함된 내용을 찾으려면 ??로 지정한다.
② '찾기' 탭에서는 찾는 위치를 수식, 값, 슬라이드 노트, 메모 중에서 선택할 수 있지만 '바꾸기' 탭에서는 수식으로만 지정할 수 있다.
③ 서식을 사용하면 서식 조건에 맞는 셀을 검색할 수 있다.
④ '검색'에서 행 방향을 우선하여 찾을 것인지 열 방향을 우선하여 찾을 것인지를 지정할 수 있다.

> ?, *, ~ 등의 문자가 포함된 내용을 찾으려면 ~?, ~*, ~~와 같이 찾으려는 문자 앞에 ~ 기호를 입력하면 됩니다.

10. 다음 중 셀 포인터의 이동 작업에 대한 설명으로 옳은 것은? 25.상시, 23.상시, 22.상시, 21.상시

① Ctrl + PgDn을 누르면 한 화면을 오른쪽으로 이동한다.
② Shift + Tab을 누르면 셀 포인터가 왼쪽으로 이동한다.
③ Alt + PgDn을 누르면 다음 시트로 이동한다.
④ Ctrl + Shift + Home을 누르면 [A1] 셀로 이동한다.

> ① Ctrl + PgDn을 누르면 다음 시트로 이동합니다.
> ③ Alt + PgDn을 누르면 한 화면 오른쪽으로 이동합니다.
> ④ Ctrl + Shift + Home을 누르면 현재 셀 포인터가 있는 위치부터 [A1] 셀까지 블록으로 지정됩니다. 예를들어 셀 포인터가 [C3] 셀에 있다면 [A1:C3] 영역이 블록으로 지정됩니다.

11. 다음 중 아래의 워크시트에서 [B3] 셀이 선택되어 있는 경우 각 키의 사용 결과로 옳지 않은 것은? 23.상시, 18.1

	A	B	C
1		물품명	수량
2	Fruit_01	사과	12
3	Fruit_02	배	22
4	Fruit_03	감귤	19
5	Fruit_04	포도	24
6	Fruit_05	메론	11

① Home을 눌러서 현재 열의 첫 행인 [B1] 셀로 이동한다.
② Ctrl + Home을 눌러서 [A1] 셀로 이동한다.
③ Ctrl + End를 눌러서 데이터가 포함된 마지막 행/열에 해당하는 [C6] 셀로 이동한다.
④ Shift + Enter를 눌러서 한 행 위인 [B2] 셀로 이동한다.

> [B3] 셀이 선택된 상태에서 Home을 누르면 해당 행의 첫 번째 열인 [A3] 셀로 이동합니다.

12. 다음 워크시트에서 [파일] → [옵션]을 선택하여 'Excel 옵션' 대화상자에서 소수점 위치를 '-2'로 지정한 후 셀에 1을 입력할 경우 화면에 표시되는 값은? 25.상시, 24.상시, 23.상시, 22.상시, 16.2, 13.1, …

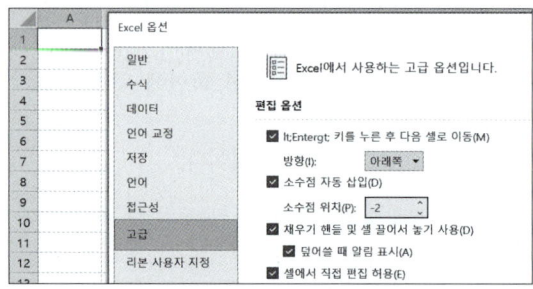

① 0.01 　　② 1
③ 100 　　④ 10000

> 'Excel 옵션' 대화상자의 '고급' 탭에 있는 '소수점 자동 삽입'을 이용하여 소수점 위치를 양수로 입력하면 소수점 이하(오른쪽)의 자릿수를 늘리고, 음수로 입력하면 소수점 이상(왼쪽)의 자릿수를 늘립니다. 소수점 위치를 '-2'로 설정하면 소수점 이상의 자릿수를 2자리 늘리므로 1을 입력하면 100으로 입력됩니다.

정답 8.② 9.① 10.② 11.① 12.③

13. 다음 중 데이터 입력에 대한 설명으로 옳지 않은 것은?
23.상시, 22.상시

① 3e9를 입력하면 자동으로 지수 형식으로 입력된다.
② 현재 날짜와 시간을 입력하려면 Ctrl + ;을 누른 다음 한 칸 띄우고 Ctrl + Shift + ;을 누른다.
③ 분수를 입력하려면 0 1/2과 같이 분수 앞에 0을 입력한 뒤 한 칸 띄고 분수를 입력한다.
④ 고정 소수점 옵션을 무시하고 숫자를 입력하려면 숫자 앞에 느낌표(!)를 입력한다.

> 고정 소수점 옵션을 무시하고 숫자를 입력하려면 숫자 뒤에 소수점을 입력하면 됩니다. 예 50.
> ※ 3e9를 입력하면 3.00E+09와 같이 지수 형식으로 입력됩니다.

14. 다음 중 연속적인 위치에 있고, 데이터가 입력되어 있는 여러 개의 셀을 범위로 설정한 후, 셀 병합을 실행하였을 때의 결과에 대한 설명으로 올바른 것은?
22.상시, 21.상시, 06.4, 06.1, 03.3

① 기존에 입력되어 있던 데이터들이 한 셀에 모두 표시된다.
② 데이터가 들어 있는 여러 셀을 병합할 수 없다.
③ 가장 아래쪽 또는 오른쪽의 셀 데이터만 남고 나머지 셀 데이터는 모두 지워진다.
④ 가장 위쪽 또는 왼쪽의 셀 데이터만 남고 나머지 셀 데이터는 모두 지워진다.

> 예를들어 데이터가 입력되어 있는 [A1:C2] 영역을 범위로 지정한 후 셀 병합을 실행하면 가장 왼쪽 상단에 있는 [A1] 셀의 데이터만 남고 나머지는 모두 지워집니다.

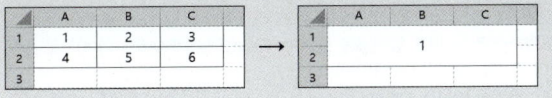

15. [B1] 셀을 삭제하기 위해 다음과 같은 대화상자를 표시하는 방법으로 옳은 것은?
24.상시, 22.상시

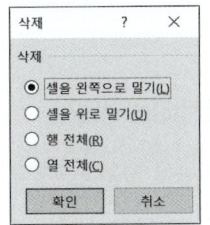

① Ctrl + + 를 누른다.   ② Ctrl + - 를 누른다.
③ Alt + - 를 누른다.   ④ Alt + - 를 누른다.

> 셀을 삽입하려면 Ctrl + +, 셀을 삭제하려면 Ctrl + -를 누르면 됩니다.

16. 다음 중 공유 통합 문서에 대한 설명으로 옳지 않은 것은?
22.상시, 21.상시

① 여러 사용자가 동시에 동일한 셀을 변경하려면 충돌이 발생한다.
② 통합 문서를 공유한 후 셀을 삽입하거나 삭제할 수 있다.
③ 통합 문서를 공유한 후 여러 셀을 하나로 병합할 수 있다.
④ 공유 통합 문서를 네트워크 위치에 복사해도 다른 통합 문서나 문서의 연결은 그대로 유지된다.

> 공유 통합 문서에서는 셀을 삽입하거나 삭제할 수는 있어도 병합할 수는 없습니다.

17. 다음 중 통합 문서 공유에 대한 설명으로 옳지 않은 것은?
21.상시, 20.상시, 19.상시, 17.1, 16.3

① 병합된 셀, 조건부 서식, 데이터 유효성 검사, 차트, 그림과 같은 일부 기능은 공유 통합 문서에서 추가하거나 변경할 수 없다.
② 공유된 통합 문서는 여러 사용자가 동시에 변경할 수 없다.
③ 통합 문서를 공유하는 경우 저장 위치는 웹 서버가 아니라 공유 네트워크 폴더를 사용해야 한다.
④ 셀을 잠그고 워크시트를 보호하여 액세스를 제한하지 않으면 네트워크 공유에 액세스할 수 있는 모든 사용자가 공유 통합 문서에 대한 모든 액세스 권한을 갖게 된다.

> 공유된 통합 문서는 여러 사용자가 동시에 변경할 수 있습니다.

18. 아래와 같이 통합 문서 보호를 설정했을 경우에 대한 설명으로 옳지 않은 것은?
25.상시, 24.상시, 23.상시, 22.상시

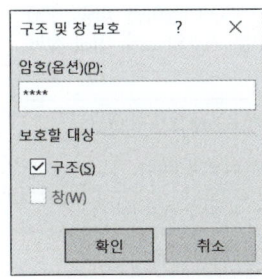

① 암호를 모르면 엑셀에서도 복구할 수 없다.
② 워크시트에 데이터를 입력하거나 수정할 수 없다.
③ 워크시트의 이동, 삭제, 숨기기, 워크시트의 이름 변경 등의 기능을 실행할 수 없다.
④ 암호를 입력해야 통합 문서 보호를 해제할 수 있다.

> 통합 문서 보호를 지정해도 워크시트에 데이터를 입력하거나 수정, 삭제 등을 할 수 있습니다.

1장 대표기출문제

19. 다음 중 시트 보호 시 '워크시트에서 허용할 내용'으로 지정할 수 있는 내용이 아닌 것은? 24.상시, 23.상시, 22.상시, 21.상시, 08.4, 06.4, 04.3

① 시나리오 편집
② 개체 편집
③ 시트 이름 바꾸기
④ 자동 필터 사용

> 시트 이름은 시트 보호와 상관없이 변경할 수 있습니다.

20. 셀의 값이 100 이상이면 "▲", -100 이하이면 "▼", 그 외는 값이 그대로 표시되는 사용자 지정 표시 형식으로 옳은 것은?
24.상시, 23.상시, 22.상시, 21.상시

[표시 예]
· 150 : ▲
· 0 : 0
· -50 : -50
· -122 : ▼

① [>=100]"▲";#;[<=-100]"▼"
② [>=100]"▲";0;[<=-100]"▼"
③ [>=100]"▲";[<=-100]"▼";#
④ [>=100]"▲";[<=-100]"▼";0

> · 100 이상이면 "▲" : [>=100]"▲"
> · 100 이하이면 "▼" : [<=-100]"▼"
> · 그 외는 값이 그대로 표시 : 0
> ※ 셀의 값이 0일 때 0이 표시되게 하려면 표시 형식을 반드시 0으로 지정해야 합니다.

21. 다음 조건을 이용하여 사용자 지정 표시 형식을 설정할 경우 옳은 것은? 24.상시, 22.상시, 21.상시, 16.1, 10.1

셀의 값이 200 이상이면 '빨강', 200 미만 100 이상이면 '파랑', 100 미만이면 색을 지정하지 않고, 천 단위 구분 기호와 소수 이하 첫째 자리까지 표시할 것

① [빨강][>=200]#,###.#;[파랑][>=100]#,###.#;#,###.#;
② [빨강][>=200]#,###;[파랑][>=100]#,###;#,###;
③ [빨강][>=200]#,##0.0;[파랑][>=100]#,##0.0;#,##0.0
④ [빨강][>=200]#,##0;[파랑][>=100]#,##0;#,##0

> · 사용자 지정 표시 형식에 조건이 있을 경우 '조건1;조건2;두 조건을 만족하지 않을 경우' 순으로 지정하며, 조건이나 글꼴색은 대괄호([ ]) 안에 입력합니다.
> · 천 단위 구분 기호와 소수 이하 첫째 자리까지 표시 : #,##0.0
> · 셀의 값이 200 이상이면 '빨강' : [빨강][>=200]#,##0.0
> · 200 미만 100 이상이면 '파랑' : [파랑][>=100]#,##0.0
> · 100 미만이면 색을 지정하지 않음 : #,##0.0

22. 다음 중 사용자 지정 표시 형식에 대한 설명으로 틀린 것은?
25.상시, 24.상시, 23.상시, 22.상시

① 소수점 오른쪽의 자리 표시자 보다 더 긴 숫자가 소수점 이하의 숫자로 셀에 입력될 경우 자리 표시자 만큼 소수 자릿수로 내림된다.

② 양수, 음수, 0, 텍스트 순으로 한 번에 네 가지의 표시 형식을 지정할 수 있다.

③ 각 섹션에 대한 색은 섹션의 맨 앞에 8개의 색 중 하나를 대괄호로 묶어 입력해야 한다.

④ 두 개의 섹션을 지정하면 첫 번째 섹션은 양수 또는 0, 두 번째 섹션은 음수에 대한 표시 형식이다.

> 소수점 오른쪽의 자리 표시자보다 더 긴 소수점 이하의 숫자가 셀에 입력될 경우 자리 표시자만큼 소수 자릿수로 내림이 아니라 반올림됩니다.
> 예 5.67이 입력된 셀에 사용자 지정 표시 형식을 0.0으로 지정하면 반올림되어 5.7이 표시됩니다.

23. 다음 중 아래의 [A1:E5] 영역에서 B열과 D열에만 배경색을 설정하기 위한 조건부 서식의 규칙으로 옳은 것은? 22.상시, 18.2, 15.3, 15.1

	A	B	C	D	E
1	자산코드	L47C	S22C	N71E	S34G
2	비품명	디스크	디스크	디스크	모니터
3	내용연수	4	3	3	5
4	경과연수	2	1	2	3
5	취득원가	550,000	66,000	132,000	33,000

① =MOD(COLUMNS($A1), 2)=1
② =MOD(COLUMNS(A$1), 2)=0
③ =MOD(COLUMN($A1), 2)=0
④ =MOD(COLUMN(A$1), 2)=0

> · COLUMN(셀) 함수는 주어진 셀의 열 번호를, COLUMNS(셀 범위) 함수는 주어진 셀 범위의 열 개수를 구합니다. 열 번호가 짝수인 열에 서식을 지정해야 하므로, COLUMN 함수를 이용하여 각 셀의 열 번호를 구합니다.
> · [A1:E5] 영역에 있는 각 셀을 모두 비교하여 셀 단위로 서식을 지정할 때는 =MOD(COLUMN(A1), 2)=0으로, 조건에 맞는 데이터가 있는 열 전체에 서식을 지정하려면 행 번호 앞에 $를 붙여 =MOD(COLUMN(A$1), 2)=0으로 입력합니다. 두 경우의 결과는 동일합니다.
> · [A1:E5] 영역을 범위로 지정한 후 조건부 서식의 규칙을 =MOD(COLUMN(A$1), 2)=0으로 지정하면 열별로 수식이 아래와 같이 변경되어 각 열을 비교합니다.
> =MOD(COLUMN(A$1), 2)=0
> =MOD(COLUMN(B$1), 2)=0
> =MOD(COLUMN(C$1), 2)=0
> =MOD(COLUMN(D$1), 2)=0
> =MOD(COLUMN(E$1), 2)=0

24. 다음 중 조건부 서식에 대한 설명으로 옳지 않은 것은?
25.상시, 24.상시, 23.상시, 21.상시

① 조건부 서식의 조건은 결과가 TRUE(1) 또는 FALSE(0)가 나오도록 작성한다.

② 같은 통합 문서의 특정 셀을 이용하여 조건을 지정할 수 있다.

③ 수식을 이용하여 조건을 지정할 경우, 워크시트의 특정 셀을 클릭하면 상대 참조로 작성된다.

④ 이동 옵션을 이용하여 조건부 서식이 지정된 셀을 찾을 수 있다.

> 조건부 서식에서 조건 지정 시 마우스로 특정 셀을 클릭하면 절대 참조로 작성됩니다.

정답 19.③ 20.④ 21.③ 22.① 23.④ 24.③

2과목 스프레드시트 일반
핵심요약 & 대표기출문제
2장 | 수식 활용

01 수식의 개념
25.상시, 23.상시, 22.상시, 21.상시, 20.2, 17.1, 16.1, 12.3, 09.2, 08.1, 07.3, 04.4

- 워크시트에 입력된 데이터를 계산하거나 분석하기 위한 식을 말한다.
- 수식은 등호(=)나 '+', '-' 기호로 시작한다.
- 문자열이 수식에 사용될 때에는 큰따옴표(" ")로 묶어야 한다.
- 수식을 선택한 영역 전체에 한 번에 입력하려면 수식을 입력한 후 Ctrl + Enter 를 누른다.
- Ctrl + ~ 를 누르면 워크시트에 입력된 수식을 모두 볼 수 있다.
- 수식을 입력한 후 F9 를 누르면 화면에 표시되는 값이 상수로 변환되어 수식 대신 셀에 입력된다.

> **잠깐만요** 공백( ), 교점 연산자
> - 셀 참조 범위를 설정하기 위해 사용하는 연산자로, 주로 함수 안에서 사용합니다.
> - 두 개의 참조 영역에서 공통인 셀을 참조 영역으로 지정합니다.
>   **예** A1:A5 A3:E3 : 두 영역의 공통 영역인 [A3] 셀을 참조 영역으로 지정함

02 오류 메시지
25.상시, 24.상시, 23.상시, 22.상시, 21.상시, 19.상시, 17.1, 15.3, 13.1, 10.3, 09.4, 08.3, 04.4, …

#####	셀에 셀 너비보다 큰 수치 데이터나 음수의 날짜나 시간이 있을 때
#DIV/0!	• 피제수가 빈 셀이나 0이 있는 셀을 참조할 때 • 피연산자가 빈 셀이면 0으로 간주됨
#N/A	함수나 수식에 사용할 수 없는 값을 지정했을 때
#NAME?	인식할 수 없는 텍스트를 수식에 사용했을 때
#NULL!	교차하지 않는 두 영역의 교점을 지정하였을 때
#NUM!	표현할 수 있는 숫자의 범위를 벗어났을 때
#REF!	셀 참조가 유효하지 않을 때
#VALUE!	• 잘못된 인수나 피연산자를 사용할 때 • 수식 자동 고침 기능으로 수식을 고칠 수 없을 때

> **잠깐만요** 순환 참조 경고
> 수식에서 직접 또는 간접적으로 수식이 입력된 그 셀을 그 수식에서 참조하는 경우를 순환 참조라고 하고, 순환 참조인 경우 아래와 같은 메시지가 표시됩니다.

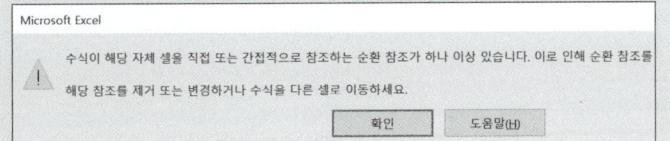

03 셀 참조
25.상시, 23.상시, 21.상시, 20.2, 19.1, 18.1, 16.3, 16.1, 14.3, 14.2, 12.2, 08.3, 07.1, …

상대 참조	• 수식을 입력한 셀의 위치가 변동되면 참조가 상대적으로 변경됨 • 표기 **예** A1
절대 참조	• 수식을 입력한 셀의 위치와 관계없이 고정된 주소로, 참조가 변경되지 않음 • 표기 **예** $A$1
혼합 참조	• 열 고정 혼합 참조 : 열만 절대 참조가 적용됨($A1) • 행 고정 혼합 참조 : 행만 절대 참조가 적용됨(A$1)
다른 워크시트의 셀 참조	• 다른 워크시트에 있는 셀의 데이터를 참조할 경우 시트 이름과 셀 주소 사이를 느낌표(!)로 구분함 • 표기 **예** =Sheet!A5 • 시트 이름에 한글, 영어 외의 문자가 있을 경우 작은따옴표(' ')로 묶음
3차원 참조	• 여러 개 시트의 동일한 셀 주소, 또는 동일한 셀 범위에 대한 참조를 3차원 참조라고 함 • 참조하는 시트가 연속적으로 나열되어 있고, 셀 주소가 모두 동일할 때는 첫 번째 시트와 마지막 시트의 이름을 콜론(:)으로 연결하고 셀 주소를 한 번만 지정함 • 표기 **예** =SUM(Sheet1:Sheet3!B2) • SUM, AVERAGE, AVERAGEA, COUNT, COUNTA, MAX, MAXA, MIN, MINA, PRODUCT, STDEV.S, VAR.S 함수를 사용할 수 있음 • 배열 수식에는 3차원 참조를 사용할 수 없음
다른 통합 문서의 셀 참조	• 다른 통합 문서에 있는 셀의 데이터를 참조할 경우 통합 문서의 이름을 대괄호([ ])로 묶음 • 표기 **예** ='C:\[매출현황]Sheet4' • 경로명은 작은따옴표(' ')로 묶음

04 이름 정의
24.상시, 21.상시, 11.3, 11.1, 10.2, 09.4, 06.2, 03.4

- 자주 사용하는 셀이나 셀 범위에 이름을 지정하는 것으로, 수식이나 함수에서 주소 대신 이름을 참조하여 사용한다.
- 정의된 이름은 참조 시 절대 참조 방식으로 사용된다.
- 이름 상자의 화살표 단추를 누르고 정의된 이름 중 하나를 클릭하면 해당 셀 또는 셀 범위가 선택된다.
- 이름 작성 규칙
  - 첫 문자는 반드시 문자(영문, 한글)나 밑줄(_) 또는 역슬래시(\)로 시작해야 한다.
  - 통합 문서내에서 동일한 이름을 중복하여 사용할 수 없다.
  - 대·소문자는 구분하지 않으며 최대 255자까지 지정할 수 있다.
  - 같은 통합 문서 내에서 동일한 이름을 중복하여 사용할 수 없다.
  - 셀 주소 형식으로 이름을 지정할 수 없다.

05 통계 함수

함수	설명
AVERAGE(인수1, 인수2, …)	인수들의 평균을 반환함
AVERAGEA(인수1, 인수2, …)	• 인수들의 평균을 반환함 • AVERAGE와 다른 점은 숫자가 아닌 셀도 인수로 사용함
AVERAGEIF(조건이 적용될 범위, 조건, 평균을 구할 범위)	'조건이 적용될 범위'에서 '조건'에 맞는 셀을 찾아 '평균을 구할 범위' 중 같은 행에 있는 값들의 평균값을 반환함
AVERAGEIFS(평균을 구할 범위, 조건1이 적용될 범위, 조건1, 조건2가 적용될 범위, 조건2, …)	여러 개의 조건이 적용될 범위에서 여러 개의 조건에 맞는 셀을 찾아 '평균을 구할 범위' 중 같은 행에 있는 값들의 평균값을 반환함
MAX(인수1, 인수2, …)	인수들 중에서 가장 큰 값을 반환함
MAXA(인수1, 인수2, …)	• 인수 중에서 가장 큰 값을 반환함 • MAX와 다른 점은 숫자는 물론 빈 셀, 논리값, 숫자로 표시된 텍스트 등도 인수로 사용함
MIN(인수1, 인수2, …)	인수들 중에서 가장 작은 값을 반환함
MINA(인수1, 인수2, …)	• 인수 중에서 가장 작은 값을 반환함 • MIN과 다른 점은 숫자는 물론 빈 셀, 논리값, 숫자로 표시된 텍스트 등도 인수로 사용함
COUNT(인수1, 인수2, …)	인수들 중에서 숫자가 있는 셀의 개수를 반환함
COUNTA(인수1, 인수2, …)	인수들 중에서 자료가 입력되어 있는 셀의 개수를 반환함
COUNTBLANK(범위)	범위 중 자료가 없는 셀의 개수를 반환함
COUNTIF(범위, 조건)	지정된 범위에서 조건에 맞는 셀의 개수를 반환함
COUNTIFS(조건1이 적용될 범위, 조건1, 조건2가 적용될 범위, 조건2, …)	여러 개의 조건이 적용될 범위에서 여러 개의 조건에 맞는 셀을 찾아 개수를 반환함
LARGE(범위, n번째)	범위 중 n번째로 큰 값을 반환함
SMALL(범위, n번째)	범위 중 n번째로 작은 값을 반환함
RANK.EQ(인수, 범위, 옵션)	• 지정된 범위 안에서 인수의 순위를 반환하는데, 동일한 값들은 동일하지 않을 경우 나올 수 있는 순위들 중 가장 높은 순위를 동일하게 반환함 • 옵션 − 0 또는 생략 : 내림차순을 기준으로 순위 부여 − 0 이외의 값 : 오름차순을 기준으로 순위 부여
VAR.S(인수1, 인수2, …)	인수로 주어진 숫자들의 표본 분산값을 반환함
STDEV.S(인수1, 인수2, …)	인수로 주어진 숫자들의 표본 표준편차값을 반환함
MEDIAN(인수1, 인수2, …)	인수들의 중간값을 반환함
MODE.SNGL(인수1, 인수2, …)	인수 중 가장 빈도수가 높은 값을 반환함
FREQUENCY(배열1, 배열2)	배열2의 범위에 대한 배열1 요소들의 빈도수를 반환함
GEOMEAN(인수1, 인수2, …)	인수로 주어진 숫자들의 기하 평균을 반환함
HARMEAN(인수1, 인수2, …)	인수로 주어진 숫자들의 조화 평균을 반환함
PERCENTILE.INC(범위, 인수)	범위에서 인수 번째 백분위수 값을 반환함

06 수학/삼각 함수

함수	설명
SUM(인수1, 인수2, …)	인수들의 합계를 반환함
SUMIF(조건이 적용될 범위, 조건, 합계를 구할 범위)	조건에 맞는 셀을 찾아 합계를 반환함
SUMIFS(합계를 구할 범위, 조건1이 적용될 범위, 조건1, 조건2가 적용될 범위, 조건2, …)	여러 개의 조건이 적용될 범위에서 여러 개의 조건에 맞는 셀을 찾아 '합계를 구할 범위' 중 같은 행에 있는 값들의 합계값을 반환함
ROUND(인수, 반올림 자릿수)	인수에 대하여 지정한 '반올림 자릿수'로 반올림함
ROUNDUP(인수, 올림 자릿수)	인수에 대하여 지정한 '올림 자릿수'로 올림함
ROUNDDOWN(인수, 내림 자릿수)	인수에 대하여 지정한 '내림 자릿수'로 내림함
SUMPRODUCT(배열1, 배열2, …)	배열1과 배열2의 개별 요소들끼리 곱한 결과를 모두 더한 값을 반환함
MDETERM(배열)	배열의 행렬식을 반환함
MINVERSE(배열)	배열의 역행렬을 반환함
MMULT(배열1, 배열2)	배열1과 배열2의 행렬 곱을 반환함
RAND( )	0과 1 사이의 난수를 반환함
RANDBETWEEN(인수1, 인수2)	지정한 두 수 사이의 난수를 반환함
ABS(인수)	인수의 절대값을 반환함
INT(인수)	인수보다 크지 않은 정수값을 반환함
MOD(인수1, 인수2)	인수1을 인수2로 나눈 나머지값을 반환함
FACT(인수)	인수의 계승 값을 반환함
SQRT(인수)	• 인수의 양의 제곱근을 반환함 • 인수가 음수면 에러가 발생함
POWER(인수, 제곱값)	인수를 '제곱값'만큼 거듭 곱한 값을 반환함
TRUNC(인수, 자릿수)	인수에 대해 자릿수 미만의 수치를 버린 값을 반환함
PRODUCT(인수1, 인수2, …)	인수를 모두 곱한 값을 반환함
SIGN(인수)	• 인수의 부호값을 반환함 • 양수면 1, 0이면 0, 음수면 −1을 반환함
PI( )	수치 상수 파이(π)를 15자리까지를 계산함
EXP(인수)	e를 인수만큼 거듭제곱한 값을 반환함
QUOTIENT(인수1, 인수2)	인수1을 인수2로 나누어 몫에 해당하는 정수 부분만을 반환함

25.상시, 24.상시, 23.상시, 22.상시, 21.상시, 19.2, 19.1, 18.상시, 18.2, 16.3, 16.2, 16.1, 15.1, …

07 텍스트 함수

함수	설명
LOWER(텍스트)	텍스트를 모두 소문자로 변환하여 반환함
UPPER(텍스트)	텍스트를 모두 대문자로 변환하여 반환함
PROPER(텍스트)	텍스트의 첫 문자만 대문자로 변환하여 반환함
VALUE(텍스트)	텍스트를 숫자로 변환하여 반환함
REPLACE(텍스트1, 시작 위치, 개수, 텍스트2)	텍스트1의 시작 위치에서 개수만큼 텍스트2로 변환하여 반환함
SUBSTITUTE(텍스트, 인수1, 인수2, n번째)	텍스트에서 인수1을 찾아, n번째에 있는 인수1을 인수2로 변환하여 반환함
TEXT(인수, 형식)	인수를 지정한 형식의 텍스트로 변환하여 반환함

FIXED(인수, 자릿수, 논리값)	• 인수를 반올림하여 지정된 자릿수까지 텍스트로 반환함
	• 자릿수가 지정되지 않으면 2로 인식됨
	• 논리값
	  – TRUE : 쉼표를 표시하지 않음
	  – FALSE 또는 생략 : 쉼표를 표시함

LEFT(텍스트, 개수)	텍스트의 왼쪽부터 지정한 개수만큼 반환함
MID(텍스트, 시작 위치, 개수)	텍스트의 시작 위치부터 지정한 개수만큼 반환함
RIGHT(텍스트, 개수)	텍스트의 오른쪽부터 지정한 개수만큼 반환함
TRIM(텍스트)	텍스트의 양쪽 공백을 제거함
LEN(텍스트)	텍스트의 길이(개수)를 반환함
EXACT(텍스트1, 텍스트2)	두 텍스트를 비교하여 일치하면 TRUE, 다르면 FALSE 반환함
REPT(텍스트, 개수)	텍스트를 개수만큼 반복하여 반환함
CONCAT(텍스트1, 텍스트2, …)	인수로 주어진 텍스트들을 연결하여 1개의 문자열로 반환함
FIND(찾을 텍스트, 문자열, 시작 위치)	• 문자열의 시작 위치에서부터 찾을 텍스트를 찾아 그 위치 값을 반환함 • 문자를 모두 한 글자로 계산함 • 대/소문자를 구분하며, 와일드카드(*,?) 문자를 사용할 수 없음
SEARCH(찾을 텍스트, 문자열, 시작 위치)	• 문자열의 시작 위치에서부터 찾을 텍스트를 찾아 그 위치 값을 반환함 • 문자를 모두 한 글자로 계산함 • 대/소문자를 구분할 수 없고, 와일드카드(*,?) 문자를 사용할 수 있음

25.상시, 24.상시, 23.상시, 22.상시, 21.상시, 19.1, 18.상시, 17.2, 17.1, 16.3, 15.3, 15.1, 13.1, 12.2, …

08 날짜/시간 함수

함수	설명
YEAR(날짜)	날짜에서 연도만 추출하여 반환함
MONTH(날짜)	날짜에서 월만 추출하여 반환함
DAY(날짜)	날짜에서 일만 추출하여 반환함

WEEKDAY(날짜, 옵션)	• 날짜에 해당하는 요일번호를 반환함
	• 옵션
	  – 1 또는 생략 : 1(일요일) ~ 7(토요일)
	  – 2 : 1(월요일) ~ 7(일요일)
	  – 3 : 0(월요일) ~ 6(일요일)

DAYS(마지막 날짜, 시작 날짜)	마지막 날짜에서 시작 날짜를 뺀 일 수를 계산하여 반환함
DATE(년, 월, 일)	년, 월, 일에 대한 날짜의 일련번호 반환함
TODAY( )	현재 날짜를 반환함
DATEVALUE(날짜)	날짜의 일련번호를 반환함

EDATE(시작 날짜, 월수)	• 시작 날짜에서 월수를 더한 날짜를 반환함
	• 월수
	  – 양수 : 이후 날짜를 대상으로 구함
	  – 음수 : 이전 날짜를 대상으로 구함

EOMONTH(날짜, 월수)	• 지정한 날짜를 기준으로 몇 개월 이전 또는 이후 달의 마지막 날짜를 반환함
	• 월수
	  – 양수 : 이후 날짜를 대상으로 구함
	  – 음수 : 이전 날짜를 대상으로 구함

NETWORKDAYS(날짜1, 날짜2, 휴일날짜)	주말(토, 일)과 지정한 휴일날짜를 제외한 날짜1과 날짜2 사이의 작업 일 수를 반환함
WORKDAY(시작날짜, 일수, 휴일날짜)	시작날짜에 주말과 휴일날짜를 제외하고 일수만큼 지난 날짜를 반환함

WEEKNUM(날짜, 옵션)	• 날짜의 일년 중 주 일련번호를 반환함
	• 옵션
	  – 1 : 일요일부터 주가 시작
	  – 2 : 월요일부터 주가 시작

HOUR(시간)	시간에서 시만 추출하여 반환함
MINUTE(시간)	시간에서 분만 추출하여 반환함
SECOND(시간)	시간에서 초만 추출하여 반환함
TIME(시, 분, 초)	시, 분, 초에 대한 시간의 일련번호를 반환함
NOW( )	현재 날짜와 시간을 반환함

25.상시, 24.상시, 23.상시, 22.상시, 21.상시, 20.상시, 20.2, 20.1, 17.2, 16.2, 14.3, 13.1, 12.1, …

09 논리 함수

함수	설명
IF(조건, 인수1, 인수2)	조건을 비교하여 '참'이면 인수1, '거짓'이면 인수2를 반환함
IFS(조건1, 인수1, 조건2, 인수2, …)	조건1이 '참'이면 인수1을, 조건2가 '참'이면 인수2를, … 조건n이 '참'이면 인수n을 반환함
IFERROR(인수, 오류 시 표시할 값)	인수로 지정한 수식이나 셀에서 오류가 발생하면 오류 시 표시할 값을 반환하고, 그렇지 않으면 결과값을 반환함
SWITCH(변환할 값, 인수1, 결과1, 인수2, 결과2, …, 일치하는 인수가 없을 때 결과)	'변환할 값'이 인수1이면 결과1을, 인수2이면 결과2를, … 변환할 값과 일치하는 인수가 없을 경우 '일치하는 인수가 없을 때 결과'를 반환함
NOT(인수)	인수의 반대 논리값을 반환함
AND(인수1, 인수2, …)	주어진 인수가 모두 참이면 참을 반환함
OR(인수1, 인수2, …)	인수 중 하나라도 참이면 참을 반환함
FALSE( )	논리값 'FALSE'를 반환함
TRUE( )	논리값 'TRUE'를 반환함

25.상시, 24.상시, 23.상시, 22.상시, 21.상시, 20.상시, 20.2, 20.1, 19.2, 19.1, 18.상시, 18.1, 17.2, …

10 찾기/참조 함수

- **VLOOKUP(찾을값, 범위, 열 번호, 옵션)** : 범위의 첫 번째 열에서 옵션에 맞게 찾을값과 같은 데이터를 찾은 후 찾을값이 있는 행에서 지정된 열 번호 위치에 있는 값을 반환함
- **HLOOKUP(찾을값, 범위, 행 번호, 옵션)** : 범위의 첫 번째 행에서 옵션에 맞게 찾을값과 같은 데이터를 찾은 후 찾을값이 있는 열에서 지정된 행 번호 위치에 있는 값을 반환함

> **잠깐만요** VLOOKUP/HLOOKUP 옵션
> - TRUE : 기준값보다 작거나 같은 값 중에서 가장 근접한 값을 찾음
> - FALSE : 기준값과 정확히 일치하는 값을 찾음

- **LOOKUP(찾을값, 범위)** : 범위의 첫째 행 또는 열에서 찾을값과 같은 데이터를 찾은 후 범위의 마지막 행이나 열의 같은 위치에 있는 값을 반환함
- **XLOOKUP(찾을값, 찾을값 범위, 반환값 범위, 찾을값이 없을 때 반환할 값, 옵션1, 옵션2)** : 찾을값 범위의 첫 번째 행/열에서 옵션에 맞게 찾을값과 같은 데이터를 찾은 후 반환값 범위에서 같은 행/열에 있는 값을 반환하고, 찾을값을 못 찾은 경우 '찾을값이 없을 때 반환할 값'을 반환함

> **잠깐만요** XLOOKUP 옵션
> - 옵션1
>   - -1 : 기준값보다 작거나 같은 값 중에서 가장 근접한 값
>   - 0 또는 생략 : 기준값과 정확하게 일치하는 값
>   - 1 : 기준값보다 크거나 같은 값 중에서 가장 근접한 값
>   - 2 : 기준값과 부분적으로 일치하는 값
> - 옵션2
>   - 1 또는 생략 : 첫 번째 항목부터 검색함
>   - -1 : 마지막 항목부터 검색함
>   - 2 : 오름차순으로 정렬된 범위에서 검색함
>   - -2 : 내림차순으로 정렬된 범위에서 검색함

- **CHOOSE(인수, 첫 번째, 두 번째, …)** : 인수가 1이면 1번째, 인수가 2이면 2번째, … 인수가 n이면 n번째를 반환함
- **INDEX(범위, 행 번호, 열 번호)** : 지정된 범위에서 행 번호와 열 번호의 위치에 있는 데이터를 반환함
- **INDEX(범위, 행 번호, 열 번호, 범위 번호)** : 지정된 범위에서 행 번호와 열 번호 위치의 셀 주소를 반환함
  - 범위 : 한 개 이상의 셀 범위를 지정함
  - 범위 번호 : 범위가 두 개 이상 지정된 경우 사용할 범위를 지정함
- **MATCH(찾을값, 범위, 옵션)** : 범위에서 찾을값과 같은 데이터를 찾아 옵션을 적용하여 그 위치를 일련번호로 반환함

> **잠깐만요** MATCH 옵션
> - -1 : 찾을값보다 크거나 같은 값 중 가장 작은 값(내림차순 정렬)
> - 0 : 찾을값과 정확하게 일치하는 값
> - 1 : 찾을값보다 작거나 같은 값 중에서 가장 큰 값(오름차순 정렬)

- **XMATCH(찾을값, 범위, 옵션1, 옵션2)** : 범위에서 찾을값과 같은 데이터를 찾아 옵션을 적용하여 그 위치를 일련번호로 반환함

> **잠깐만요** XMATCH 옵션
> - 옵션1
>   - -1 : 찾을값보다 작거나 같은 값 중 가장 큰 값
>   - 0 또는 생략 : 찾을값과 정확하게 일치하는 값
>   - 1 : 찾을값보다 크거나 같은 값 중에서 가장 작은 값
>   - 2 : 찾을값과 부분적으로 일치하는 값

> - 옵션2
>   - 1 또는 생략 : 첫 번째 항목부터 검색함
>   - -1 : 마지막 항목부터 검색함
>   - 2 : 오름차순으로 정렬된 범위에서 검색함
>   - -2 : 내림차순으로 정렬된 범위에서 검색함

- **OFFSET(범위, 행, 열, 높이, 너비)** : 선택한 범위에서 지정한 행과 열만큼 떨어진 위치에 있는 데이터 영역의 데이터를 반환함
- **COLUMN(셀)** : 주어진 셀의 열 번호를 반환함
- **COLUMNS(셀 범위)** : 주어진 셀 범위의 열 개수를 반환함
- **ROW(셀)** : 주어진 셀의 행 번호를 반환함
- **ROWS(셀 범위)** : 주어진 셀 범위의 행 개수를 반환함
- **TRANSPOSE(범위)** : 범위에 입력된 값을 행/열을 바꾸어 현재 셀 범위에 반환함
- **ADDRESS(행 번호, 열 번호, 참조유형)** : 행 번호와 열 번호에 해당하는 셀 주소를 반환함
  - 참조유형
    - ▶ 1 : 절대참조
    - ▶ 2 : 행만 절대참조
    - ▶ 3 : 열만 절대참조
    - ▶ 4 : 상대참조
- **INDIRECT(텍스트)** : 주소 형식을 갖춘 텍스트를 셀 주소로 변환하여 해당 주소에 있는 값를 반환함
- **AREAS(범위)** : 범위 안에서의 영역 수를 반환함

25.상시, 24.상시, 21.상시, 20.상시, 19.상시, 19.1, 18.상시, 17.2, 16.1, 15.3, 15.2, 13.2, 12.3, 11.2, …

11 데이터베이스 함수

함수	설명
DSUM(데이터 범위, 필드 번호, 조건)	해당 데이터 범위에서 조건에 맞는 자료를 대상으로 지정된 필드 번호에서 합계값을 반환함
DAVERAGE(데이터 범위, 필드 번호, 조건)	해당 데이터 범위에서 조건에 맞는 자료를 대상으로 지정된 필드 번호에서 평균값을 반환함
DCOUNT(데이터 범위, 필드 번호, 조건)	해당 데이터 범위에서 조건에 맞는 자료를 대상으로 지정된 필드 번호에서 숫자가 있는 셀의 개수를 반환함
DCOUNTA(데이터 범위, 필드 번호, 조건)	해당 데이터 범위에서 조건에 맞는 자료를 대상으로 지정된 필드 번호에서 자료가 있는 셀의 개수를 반환함
DMAX(데이터 범위, 필드 번호, 조건)	해당 데이터 범위에서 조건에 맞는 자료를 대상으로 지정된 필드 번호에서 가장 큰 값을 반환함
DMIN(데이터 범위, 필드 번호, 조건)	해당 데이터 범위에서 조건에 맞는 자료를 대상으로 지정된 필드 번호에서 가장 작은 값을 반환함
DPRODUCT(데이터 범위, 필드 번호, 조건)	해당 데이터 범위에서 조건에 맞는 자료를 대상으로 지정된 필드 번호에서 값들의 곱을 반환함
DVAR(데이터 범위, 필드 번호, 조건)	해당 데이터 범위에서 조건에 맞는 자료를 대상으로 지정된 필드 번호에서 분산값을 반환함
DSTDEV(데이터 범위, 필드 번호, 조건)	해당 데이터 범위에서 조건에 맞는 자료를 대상으로 지정된 필드 번호에서 표준편차값을 반환함
DGET(데이터 범위, 필드 번호, 조건)	해당 데이터 범위에서 조건에 맞는 자료를 대상으로 지정된 필드 번호에서 일치하는 값을 반환함

25.상시, 24.상시, 22.상시, 21.상시, 18.상시, 15.2, 15.1, 14.2, 13.1, 11.3, 11.2, 11.1, 09.3, 09.2, …

12 재무 함수

함수	설명
FV(이자, 기간, 금액, 현재가치, 납입시점)	• 미래가치 반환, 매월 일정한 금액을 불입했을 때 만기일에 받을 원금과 이자를 반환함 • 납입시점 : 0 또는 생략하면 기말, 1은 기초
PV(이자, 기간, 금액, 미래가치, 납입시점)	• 현재가치를 반환함 • 미래가치는 생략할 수 있음 • 납입시점 : 0 또는 생략하면 기말, 1은 기초
NPV(할인율, 금액1, 금액2, …)	할인율과 앞으로의 지출과 수입을 사용하여 투자의 현재가치를 반환함
PMT(이자, 기간, 현재가치, 미래가치, 납입시점)	정기적으로 지급(상환)할 금액 반환, 일정 금액을 대출받았을 경우 이자를 포함하여 매월 상환해야 하는 금액을 반환함 • 납입시점 : 0 또는 생략하면 기말, 1은 기초 • 현재가치(PV) : 대출금 • 미래가치(FV) : 최종 불입 후 잔금, 생략하면 0
SLN(취득액, 잔존가치, 수명년수)	단위 기간 동안 정액법에 의한 자산의 감가상각액을 반환함

> **잠깐만요** CELL 함수의 정보유형
> • address : 절대 주소를 반환함
> • col : 셀의 열 번호를 숫자로 반환함
> • color : 셀의 값이 '–' 기호 대신 빨강색 등으로 음수를 표시할 경우에는 1, 그 외는 0을 반환함
> • contents : 셀의 값을 반환함
> • filename : 현재 작업 대상 셀이 들어 있는 파일의 이름을 반환함
> • format : 숫자 서식에 적용된 서식을 텍스트로 반환함
> • parentheses : 셀의 숫자에 괄호 서식이 적용된 경우에는 1, 그렇지 않은 경우에는 0을 반환함
> • prefix : 셀의 값이 왼쪽 맞춤이면 작은따옴표('), 오른쪽 맞춤이면 큰따옴표("), 가운데 맞춤이면 캐럿(^)을 반환함
> • protect : 셀이 잠겨 있으면 1, 그렇지 않으면 0을 반환함
> • row : 셀의 행 번호를 반환함
> • type : 셀이 비어 있으면 'b', 텍스트 상수를 포함하면 'l', 그 밖의 경우는 'v'를 반환함
> • width : 열의 너비를 정수로 반올림하여 반환함

23.상시, 22.상시, 21.상시, 20.상시, 20.2, 18.2, 17.2, 16.2, 14.3, 12.1, 10.1, …

13 정보 함수

함수	설명
ISBLANK(인수)	인수가 빈 셀이면 'TRUE', 그렇지 않으면 'FALSE'를 반환함
ISERROR(인수)	인수가 오류 값이면 'TRUE', 그렇지 않으면 'FALSE'를 반환함
ISERR(인수)	인수가 #N/A를 제외한 오류 값이면 'TRUE', 그렇지 않으면 'FALSE'를 반환함
ISEVEN(인수)	인수가 짝수면 'TRUE', 그렇지 않으면 'FALSE'를 반환함
ISODD(인수)	인수가 홀수면 'TRUE', 그렇지 않으면 'FALSE'를 반환함
ISNUMBER(인수)	인수가 숫자면 'TRUE', 그렇지 않으면 'FALSE'를 반환함
ISTEXT(인수)	인수가 텍스트면 'TRUE', 그렇지 않으면 'FALSE'를 반환함
ISNONTEXT(인수)	인수가 텍스트가 아니면 'TRUE', 텍스트면 'FALSE'를 반환함
ISLOGICAL(인수)	인수가 논리값이면 'TRUE', 그렇지 않으면 'FALSE'를 반환함
N(인수)	• 인수를 숫자로 변환하여 반환함 • 숫자는 숫자, 날짜는 일련번호로, 'TRUE'는 1로, 그 외의 값은 0으로 반환함
TYPE(인수)	• 인수의 데이터 형식을 숫자로 반환함 • 1 : 숫자, 2 : 텍스트, 4 : 논리값, 16 : 오류값
CELL(정보유형, 셀주소)	셀의 서식 지정이나 위치, 내용 등에 대한 정보를 반환함

25.상시, 24.상시, 23.상시, 22.상시, 21.상시, 20.상시, 20.2, 19.1, 16.3, 16.2, 16.1, 15.3, 15.2, …

14 배열 수식 / 배열 상수

배열 수식

- 배열 수식은 배열 인수라는 2개 이상의 값에 의해 이루어진다.
- 배열 수식에 사용되는 배열 인수 각각은 동일한 개수의 행과 열을 가져야 한다.
- 배열 수식은 수식을 입력할 때 Ctrl + Shift + Enter 를 누르는 것 외에는 다른 수식을 만들 때와 같다.
- Ctrl + Shift + Enter 를 누르면 수식의 앞뒤에 중괄호({ })가 자동으로 입력된다.
- 수식 입력줄이 활성화 되면 배열 수식의 { }는 나타나지 않는다.

배열 상수

- 배열 수식에 사용되는 배열 인수를 배열 상수라고 한다.
- 종류 : 숫자, 텍스트, TRUE나 FALSE 등의 논리 값, #N/A 등의 오류 값 등
- 배열 상수에 정수, 실수, 5E+3 같은 지수형 숫자를 사용할 수 있다.
- 다른 종류의 값을 같은 배열의 상수로 사용할 수 있다.
- 배열 상수로 사용할 수 없는 값 : $, 괄호, %, 길이가 다른 행이나 열, 셀 참조 등
- 배열 상수 값은 수식이 아닌 상수이어야 한다.
- 배열 상수로 사용하는 범위에 포함된 빈 칸은 0으로 취급된다.
- 배열 상수를 입력할 때 열은 쉼표(,)로, 행은 세미콜론(;)으로 구분한다.
- 배열 상수를 입력할 때는 상수들을 중괄호 { }로 묶는다.

25.상시, 24.상시, 23.상시, 22.상시, 21.상시, 20.상시, 20.2, 20.1, 19.상시, 19.2, 19.1, 18.상시, …

15 배열 수식의 활용

1. 조건이 한 개일 때 배열 수식을 이용하여 개수 구하는 방법

- **방법1** : {=SUM((조건) * 1)}
- **방법2** : {=SUM(IF(조건, 1))}
- **방법3** : {=COUNT(IF(조건, 1))}

> **잠깐만요**
> 조건의 개수에 따라 조건을 지정하는 부분만 아래와 같이 늘어납니다.
>
> - **방법1** : {=SUM((조건1) * (조건2) * 1)}
> - **방법2** : {=SUM(IF(조건1, IF(조건2, 1)))}
> - **방법3** : {=COUNT(IF(조건1, IF(조건2, 1)))}

2. 조건이 한 개일 때 배열 수식을 이용하여 합계 구하는 방법

- **방법1** : {=SUM((조건) * (합계를_구할_범위))}
- **방법2** : {=SUM(IF(조건, 합계를_구할_범위))}

3. 조건이 한 개일 때 배열 수식을 이용하여 평균 구하는 방법

방법 : {=AVERAGE(IF(조건, 평균을_구할_범위))}

2장 대표기출문제

1. 다음 중 아래 시트에 대한 수식의 결과로 옳은 것은?
23.상시, 22.상시

	A	B	C	D
1		2019	2020	2021
2	1사분기	1	1	1
3	2사분기	2	2	2
4	3사분기	3	3	3
5	4사분기	4	4	4

=SUM(B2:C5 C2:D5 B3:D4)

① 30 ② #N/A
③ 5   ④ 0

- 'B2:C5 C2:D5 B3:D4'와 같이 세 개의 참조 영역을 공백으로 연결하면 공통 영역([C3:C4])을 참조 영역으로 지정합니다.
- =SUM(C3:C4)의 결과는 5입니다.

2. 다음 중 셀에 수식을 입력하는 방법에 대한 설명으로 옳지 않은 것은?
25.상시, 22.상시, 21.상시, 20.2, 19.1

① 통합 문서의 여러 워크시트에 있는 동일한 셀 범위 데이터를 이용하려면 수식에서 3차원 참조를 사용한다.
② 계산할 셀 범위를 선택하여 수식을 입력한 후 Ctrl + Enter를 누르면 선택한 영역에 수식을 한 번에 채울 수 있다.
③ 수식을 입력한 후 결과 값이 상수로 입력되게 하려면 수식을 입력한 후 바로 Alt + F9를 누른다.
④ 배열 상수에는 숫자나 텍스트 외에 'TRUE', 'FALSE' 등의 논리값 또는 '#N/A'와 같은 오류 값도 포함될 수 있다.

수식을 상수로 입력하려면 F9를 눌러야 합니다.

3. 다음 중 아래의 워크시트에서 [C1] 셀에 수식 '=A1+B1+C1'을 입력할 경우 발생하는 상황으로 옳은 것은?
25.상시, 21.상시, 15.3, 13.1

	A	B	C
1	0	100	
2			

① [C1] 셀에 '#REF!' 오류 표시
② [C1] 셀에 '#NUM!' 오류 표시
③ 데이터 유효성 오류 메시지 창 표시
④ 순환 참조 경고 메시지 창 표시

수식에서 해당 수식이 입력된 [C1] 셀을 참조하기 때문에 아래와 같은 순환 참조 경고 메시지가 표시됩니다.

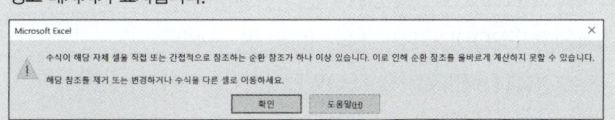

4. 다음 중 수식에서 발생하는 각 오류에 대한 원인으로 옳지 않은 것은?
23.상시, 19.상시, 17.1

① #NULL! – 배열 수식이 들어 있는 범위와 행 또는 열 수가 같지 않은 배열 수식의 인수를 사용하는 경우
② #VALUE! – 수식에서 잘못된 인수나 피연산자를 사용한 경우
③ #NUM! – 수식이나 함수에 잘못된 숫자 값이 포함된 경우
④ #NAME? – 수식에서 이름으로 정의되지 않은 텍스트를 큰따옴표로 묶지 않고 입력한 경우

#NULL!은 교차하지 않는 두 영역의 교점을 지정하였을 때 표시되는 오류입니다.

5. 다음 중 3차원 참조에 대한 설명으로 옳지 않은 것은?
25.상시, 21.상시, 20.2, 16.3, 16.1, 14.3

① 여러 워크시트에 있는 동일한 셀 데이터나 셀 범위 데이터에 대한 참조를 뜻한다.
② 'Sheet2'부터 'Sheet4'까지의 [A2] 셀을 모두 더하라는 식을 '=SUM(Sheet2:Sheet4!A2)'와 같이 3차원 참조로 표현할 수 있다.
③ SUM, AVERAGE, COUNTA, STDEV.S 등의 함수를 사용할 수 있다.
④ 배열 수식에 3차원 참조를 사용할 수 있다.

배열 수식에는 3차원 참조를 사용할 수 없습니다.

6. 다음 중 엑셀에서 사용하는 이름에 대한 설명으로 옳지 않은 것은?
24.상시, 21.상시, 11.1, 10.2

① 'A1'처럼 셀 주소와 같은 형태의 이름을 사용할 수 있다.
② 이름의 첫 글자는 문자나 밑줄(_)을 쓸 수 있고, 나머지 글자는 문자, 숫자, 밑줄(_), 마침표(.)를 사용할 수 있다.
③ 같은 통합 문서에서 동일한 이름을 중복하여 사용할 수 없다.
④ 이름 상자의 화살표 단추를 누르고 정의된 이름 중 하나를 클릭하면 해당 셀 또는 셀 범위가 선택된다.

셀 주소와 같은 형태의 이름은 지정할 수 없습니다.

정답 1.③ 2.③ 3.④ 4.① 5.④ 6.①

2장 대표기출문제

7. 다음 중 아래의 워크시트에서 작성한 수식으로 결과 값이 다른 것은?
23.상시, 22.상시, 20.2, 20.1

	A	B	C
1	10	30	50
2	40	60	80
3	20	70	90

① =SMALL(B1:B3, COLUMN(C3))
② =SMALL(A1:B3, AVERAGE({1;2;3;4;5}))
③ =LARGE(A1:B3, ROW(A1))
④ =LARGE(A1:C3, AVERAGE({1;2;3;4;5}))

① =SMALL(B1:B3, COLUMN(C3))
- ❶ COLUMN(C3) : [C3] 셀의 열 번호인 3을 반환합니다.
- ❷ =SMALL(B1:B3, ❶) → =SMALL(B1:B3, 3) : [B1:B3] 영역에서 세 번째로 작은 값인 70을 반환합니다.

② =SMALL(A1:B3, AVERAGE({1;2;3;4;5}))
- ❶ AVERAGE({1;2;3;4;5}) : 1, 2, 3, 4, 5의 평균인 3을 반환합니다.
- ❷ =SMALL(A1:B3, ❶) → =SMALL(A1:B3, 3) : [A1:B3] 영역에서 세 번째로 작은 값인 30을 반환합니다.

③ =LARGE(A1:B3, ROW(A1))
- ❶ ROW(A1) : [A1] 셀의 행 번호인 1을 반환합니다.
- ❷ =LARGE(A1:B3, ❶) → =LARGE(A1:B3, 1) : [A1:B3] 영역에서 첫 번째로 큰 값인 70을 반환합니다.

④ =LARGE(A1:C3, AVERAGE({1;2;3;4;5}))
- ❶ AVERAGE({1;2;3;4;5}) : 3을 반환합니다.
- ❷ =LARGE(A1:C3, ❶) → =LARGE(A1:C3, 3) : [A1:C3] 영역에서 세 번째로 큰 값인 70을 반환합니다.

8. 아래 워크시트에서 매출액[B3:B9]을 이용하여 매출 구간별 빈도수를 [F3:F6] 영역에 계산하고자 한다. 다음 중 이를 위한 배열 수식으로 옳은 것은?
24.상시, 21.상시, 18.1, 09.4, 06.3, 04.1

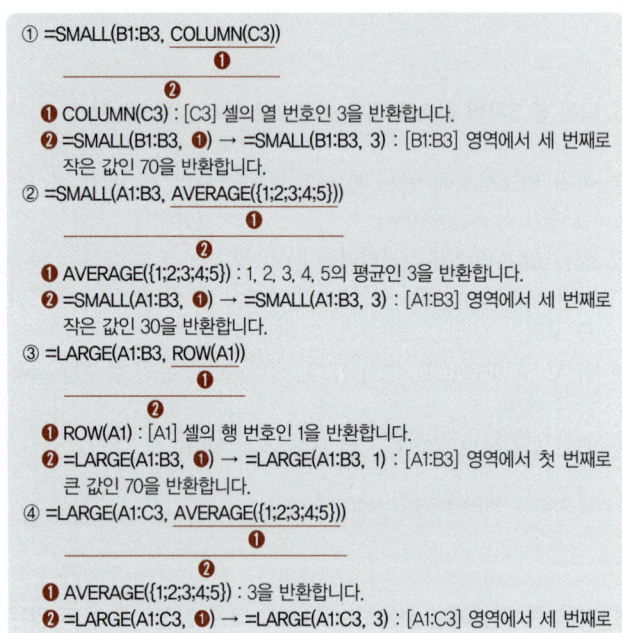

① {=PERCENTILE.INC(B3:B9, E3:E6)}
② {=PERCENTILE.INC(E3:E6, B3:B9)}
③ {=FREQUENCY(B3:B9, E3:E6)}
④ {=FREQUENCY(E3:E6, B3:B9)}

- [B3:B9] 영역의 데이터를 대상으로 [E3:E6] 영역의 구간별 빈도수를 계산하려면 [F3:F6] 영역을 블록으로 지정한 후 =FREQUENCY(B3:B9, E3:E6)을 입력한 다음 Ctrl + Shift + Enter를 누르면 됩니다.
- Ctrl + Shift + Enter를 눌러 입력하면 수식 앞뒤에 중괄호({ })가 자동으로 입력되어 {=FREQUENCY(B3:B9, E3:E6)}과 같이 표시됩니다.

9. 다음과 같이 [A1:A6]의 이름이 SCORES일 때 [A7] 셀에 아래의 함수를 입력하였다. 그 결과 값으로 옳지 않은 것은?
23.상시, 22.상시, 08.1

	A
1	2
2	2
3	0
4	1
5	TRUE
6	사용불가

① =ROUNDUP(AVERAGE(SCORES), 0) → 2
② =TRUNC(SUM(SCORES)/COUNT(SCORES), 0) → 2
③ =ROUND(SUM(SCORES)/COUNTA(SCORES), 0) → 1
④ =AVERAGEA(A1:A6) → 1

① =ROUNDUP(AVERAGE(SCORES), 0)
- ❶ AVERAGE(SCORES) : SCORES로 이름 정의된 영역(A1:A6)의 평균인 5/4 = 1.25를 반환합니다.
  ※ 논리값 TRUE가 숫자로 처리되지 않아 계산 시 제외됩니다.
- ❷ =ROUNDUP(❶, 0) → : =ROUNDUP(1.25, 0) : 1.25를 올림하여 정수인 2를 반환합니다.

② =TRUNC(SUM(SCORES) / COUNT(SCORES), 0)
- ❶ SUM(SCORES) : SCORES로 이름 정의된 영역(A1:A6)의 합계인 5를 반환합니다.
- ❷ COUNT(SCORES) : SCORES로 이름 정의된 영역(A1:A6)에서 숫자가 들어 있는 셀의 개수인 4를 반환합니다.
- ❸ =TRUNC(❶/❷, 0) → =TRUNC(5/4, 0) : 5를 4로 나눈 값 1.25에서 소수점 이하를 버린 1을 반환합니다.

③ =ROUND(SUM(SCORES) / COUNTA(SCORES), 0)
- ❶ SUM(SCORES) : 5입니다.
- ❷ COUNTA(SCORES) : SCORES로 이름 정의된 영역(A1:A6)에서 데이터가 들어 있는 셀의 개수인 6을 반환합니다.
- ❸ =ROUND(❶/❷, 0) → =ROUND(5/6, 0) : 5를 6으로 나눈 값 0.83…에서 반올림하여 정수인 1을 반환합니다.

④ =AVERAGEA(A1:A6) : 수치가 아닌 셀을 포함하여 평균인 6/6 = 1을 반환합니다.
  ※ 논리값 TRUE가 숫자 1로 처리되어 계산 시 포함됩니다.

10. 다음 중 수식과 그 실행 결과 값의 연결이 옳지 않은 것은?
25.상시, 24.상시, 21.상시

① =DAYS("2020-11-1", "2020-10-1") → 31
② =ROUNDDOWN(45.6789, 2) → 45.67
③ =SUMPRODUCT({1,2,3}, {5,6,7}) → 32
④ =SQRT(4)*(INT(-2)+POWER(2, 3)) → 12

① =DAYS("2020-11-1", "2020-10-1") : 2020-11-1에서 2020-10-1을 뺀 일수인 31을 반환합니다.
② =ROUNDDOWN(45.6789,2) : 45.6789를 내림하여 소수점 이하 둘째자리까지 표시한 45.67을 반환합니다.
③ =SUMPRODUCT({1,2,3}, {5,6,7}) : SUMPRODUCT(배열1, 배열2, …)는 배열에서 대응하는 요소를 모두 곱하고 그 곱의 합을 구하는 함수이므로 SUMPRODUCT({1,2,3}, {5,6,7})에서 대응하는 요소를 계산하면 (1×5) + (2×6) + (3×7) = 38이 됩니다.

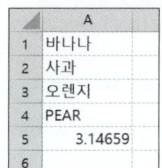

④ =SQRT(4)*(INT(-2)+POWER(2, 3))
  ❶ SQRT(4) : 4의 양의 제곱근인 2를 반환합니다.
  ❷ INT(-2) : -2보다 크지 않은 정수인 -2를 반환합니다.
  ❸ POWER(2, 3) : 2^3, 즉 2×2×2 = 8을 반환합니다.
  ∴ =❶*(❷+❸) = 2*(-2+8) = 12

11. 다음 중 수식의 결과가 옳지 않은 것은? 24.상시, 23.상시, 22.상시

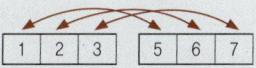

① =FIXED(A5, , FALSE) → 3.14
② =REPT("◆", LEN(A4)) → ◆◆◆◆
③ {=TEXT(SUM(IF(ISTEXT(A1:A5), 1, 0)), "과일의 수는 0개")} → 과일의 수는 4개
④ =REPLACE(A3, 2, 2, "가피나무") → 오가피나무

① =FIXED(A5, , FALSE) : FIXED(인수, 자릿수, 논리값)는 '인수'를 반올림하여 지정된 '자릿수'까지 텍스트로 표시하는 함수인데, '자릿수'를 생략하면 2로 지정되고, '논리값'을 FALSE 또는 생략하면 쉼표를 포함하므로 3.14659를 소수점 둘째 자리로 반올림한 3.15를 반환합니다.
  ※ [A5] 셀의 값 3.14659는 정수 부분이 한 자리이므로 쉼표, 즉 천 단위 구분 기호는 표시되지 않습니다. 예를들어 [A5] 셀의 값이 1234.14659라면 1,234.15로 표시됩니다.
② =REPT("◆", LEN(A4)) : REPT(텍스트, 개수)는 '텍스트'를 '개수'만큼 반복하여 입력하는 함수이므로 "◆"를 [A4] 셀의 글자수인 4번 반복한 ◆◆◆◆를 반환합니다.
  ※ LEN(텍스트) : 문자의 길이를 반환함
③ {=TEXT(SUM(IF(ISTEXT(A1:A5), 1, 0)), "과일의 수는 0개")}
  ❶ SUM(IF(ISTEXT(A1:A5), 1, 0)) : 조건에 만족하는 셀의 개수를 구하는 배열 수식으로, [A1:A5] 영역에서 인수가 텍스트인 셀의 개수인 4를 반환합니다.
    ※ ISTEXT(인수) : 인수가 텍스트이면 'TRUE'를 출력함
  ❷ {=TEXT(❶, "과일의 수는 0개")} → {=TEXT(4, "과일의 수는 0개")} : TEXT(인수, 형식)는 '인수'를 지정한 '형식'의 텍스트로 바꾸는 함수이므로 4를 "과일의 수는 0개" 형식으로 표시한 "과일의 수는 4개"를 반환합니다.
④ =REPLACE(A3, 2, 2, "가피나무") : REPLACE(텍스트1, 시작 위치, 개수, 텍스트2)는 '텍스트1'의 '시작 위치'에서 '개수'로 지정된 문자를 '텍스트2'로 변경하는 함수이므로 [A3] 셀의 값 "오렌지"의 2번째부터 2글자를 "가피나무"로 변경한 "오가피나무"를 반환합니다.

12. 워크시트의 [A1] 셀에 "가나다라마바사"가 입력되어 있고, [A2] 셀에 수식 =MID(CONCAT(LEFT(A1, 3), RIGHT(A1, 3)), FIND("다", A1), 3)을 입력한 결과는? 24.상시

① 가나다
② 마바사
③ 다마바
④ 다라마

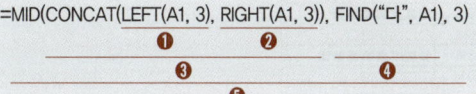

=MID(CONCAT(LEFT(A1, 3), RIGHT(A1, 3)), FIND("다", A1), 3)

❶ LEFT(A1, 3) : [A1] 셀에 입력된 "가나다라마바사"의 왼쪽에서 세 글자를 추출한 "가나다"를 반환합니다.
❷ RIGHT(A1, 3) : "가나다라마바사"의 오른쪽에서 세 글자를 추출한 "마바사"를 반환합니다.
❸ CONCAT(❶, ❷) → CONCAT("가나다", "마바사") : 주어진 텍스트를 모두 연결한 "가나다마바사"를 반환합니다.
❹ FIND("다", A1) : "가나다라마바사"에서 "다"의 위치인 3을 반환합니다.
❺ =MID(❸, ❹, 3) → =MID("가나다마바사", 3, 3) : "가나다마바사"의 3번째 자리에서부터 세 글자를 추출한 "다마바"를 반환합니다.

13. 다음 중 아래 시트에서 각 수식을 실행했을 때의 결과 값으로 옳지 않은 것은? 23.상시, 22.상시, 17.1, 12.2

	A
1	2023년 3월 5일 일요일
2	2023년 3월 20일 월요일
3	2023년 4월 10일 월요일
4	

① =EOMONTH(A1, -3) → 2022-12-31
② =DAYS(A1, A3) → 36
③ =NETWORKDAYS(A1, A2) → 11
④ =WORKDAY(A1, 10) → 2023-03-17

① 2023-03-05를 기준으로 3개월 이전 달의 마지막 날짜인 2022-12-31을 반환합니다.
② 앞의 인수가 마지막 날짜이므로 2023-04-10에서 2023-03-05까지의 일수인 -36을 반환합니다.
③ 두 날짜 사이의 일수는 16이고, 휴일 날짜는 생략되었으므로 주말 날짜만 뺀 11을 반환합니다.
  ※ 주말 날짜는 2023-03-05(일요일), 2023-03-11(토요일), 2023-03-12(일요일), 2023-03-18(토요일), 2023-03-19(일요일)로 총 5일입니다.
④ 2023-03-05에 주말 날짜를 제외하고 10일을 더한 2023-03-17을 반환합니다.

2장 대표기출문제

14. 아래 워크시트에서 성취도[C2:C6]는 성취율[B2:B6]을 10%로 나눈 값만큼 표시한 것으로, 성취율이 70%를 초과하면 "■"를, 그 외는 "□"을 반복하여 표시하였다. 다음 중 이를 위한 수식으로 옳은 것은?
25.상시, 24.상시, 23.상시, 22.상시

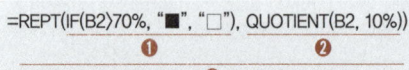

① =REPLACE(QUOTIENT(B2, 10%), IF(B2>70%, "■", "□"))
② =REPT(QUOTIENT(B2, 10%), IF(B2>70%, "■", "□"))
③ =REPLACE(IF(B2>70%, "■", "□"), QUOTIENT(B2, 10%))
④ =REPT(IF(B2>70%, "■", "□"), QUOTIENT(B2, 10%))

> =REPT(IF(B2>70%, "■", "□"), QUOTIENT(B2, 10%))
>   ❶   ❷
>   ❸
>
> ❶ IF(B2>70%, "■", "□") : IF(조건, 인수1, 인수2) 함수는 조건을 비교하여 '참'이면 인수1, '거짓'이면 인수2를 반환하므로 [B2] 셀의 값 98%가 70%보다 크므로 "■"를 반환합니다.
> ❷ QUOTIENT(B2, 10%) : QUOTIENT(인수1, 인수2) 함수는 인수1을 인수2로 나눈 값에서 정수 부분만 반환하므로, [B2] 셀의 값 98%를 10%로 나눈 값 9를 반환합니다.
> ❸ =REPT(❶, ❷) → =REPT("■", 9) : REPT(텍스트, 개수) 함수는 '텍스트'를 '개수'만큼 반복하여 표시하므로 "■"를 9번 반복하여 표시합니다.

15. 다음 워크시트에서 [G3:G6] 영역에 월요일부터 금요일까지 모두 출석(√)하면 "우수", 그렇지 않으면 빈칸을 표시하려고 할 때 옳은 수식은?
24.상시, 23.상시, 22.상시, 21.상시

① =IF(COUNT(B3:F3)=5, "우수", "")
② =IF(COUNTA(B3:F3)=5, "우수", "")
③ =IF(NOT(COUNTBLANK(B3:F3)=5), "우수", "")
④ =IF(COUNTIF(B3:F3, "")=5, "", "우수")

> =IF(COUNTA(B3:F3)=5, "우수", "")
>   ❶
>   ❷
>
> ❶ COUNTA(B3:F3) : [B3:F3] 영역에서 자료(√)가 입력되어 있는 셀의 개수인 5를 반환합니다.
> ❷ =IF(❶=5, "우수", "") → =IF(5=5, "우수", "") : 조건이 참이므로 "우수"를 반환합니다.

16. 다음 중 아래의 워크시트를 이용한 수식에 대해서 그 결과가 옳지 않은 것은?
25.상시, 24.상시, 23.상시, 21.상시

	A	B	C	D
1	이름	국어	영어	수학
2	김원	87	97	72
3	정영희	74	98	100
4	남궁정훈	85	91	70
5	이수	80	80	88
6	김용훈	81	87	70
7	김근태	84	82	80
8				

수식	결과
① =HLOOKUP("영어", B1:D7, 2)	97
② =OFFSET(B2, 3, 2)	88
③ =INDEX(A1:D7, 3, 2)	74
④ =AREAS(A1:D7)	28

> ① =HLOOKUP("영어", B1:D7, 2) : [B1:D7] 영역의 첫 번째 행에서 "영어"를 찾은 후 이 값이 있는 열의 2행에 있는 값인 97을 반환합니다.
> ② =OFFSET(B2, 3, 2) : [B2] 셀을 기준으로 3행 2열이 떨어진 [D5] 셀의 값인 88을 반환합니다.
> ③ =INDEX(A1:D7, 3, 2) : [A1:D7] 영역에서 3행 2열, 즉 [B3] 셀의 값인 74를 반환합니다.
> ④ =AREAS(A1:D7) : AREAS(범위)는 '범위' 안에 있는 영역의 수를 계산하는 함수입니다. [A1:D7]은 영역이 하나이므로 1을 반환합니다.

17. 아래의 시트에서 [A8] 셀에 '=INDEX(A1:C6, MATCH(LARGE(C2:C6, 3), C1:C6, 0), 2)' 수식을 입력했을 때의 계산 결과로 올바른 것은?
24.상시, 23.상시, 22.상시, 21.상시

	A	B	C
1	코너	담당	판매금액
2	잡화	김남희	5,122,000
3	식료품	남궁민	450,000
4	잡화	이수진	5,328,000
5	식료품	서수남	6,544,000
6	식료품	김정미	6,024,500

① 남궁민　　② 이수진
③ 서수남　　④ 김정미

> =INDEX(A1:C6, MATCH(LARGE(C2:C6, 3), C1:C6, 0), 2)
>   ❶
>   ❷
>   ❸
>
> ❶ LARGE(C2:C6, 3) : [C2:C6] 영역에서 3번째로 큰 값인 5328000을 반환합니다.
> ❷ MATCH(❶, C1:C6, 0) → MATCH(5328000, C1:C6, 0) : [C1:C6] 영역에서 5328000과 정확히 일치하는 값을 찾은 후 상대 위치인 4를 반환합니다.
> ※ MATCH(찾을값, 범위, 옵션) 함수에서 옵션을 0으로 지정하면 찾을값과 정확히 일치하는 값을 찾습니다.
> ❸ =INDEX(A1:C6, ❷, 2) → =INDEX(A1:C6, 4, 2) : [A1:C6] 영역에서 4행 2열 즉, [B4] 셀의 값 "이수진"을 반환합니다.

정답 14.④ 15.② 16.④ 17.②

18. 다음 중 아래의 워크시트에서 [F2] 셀에 소속이 '영업1부'인 총매출액의 합계를 계산하기 위한 수식으로 옳지 않은 것은?

21.상시, 16.1, 15.3

⊿	A	B	C	D	E	F	G
1	성명	소속	총매출액		소속	총매출액	평균매출액
2	이민우	영업1부	8,819		영업1부	28,581	7,145
3	차소라	영업2부	8,072				
4	진희경	영업3부	6,983		소속별 총매출액의 합계		
5	장용	영업1부	7,499				
6	최병철	영업1부	7,343				
7	김철수	영업3부	4,875				
8	정진수	영업2부	5,605				
9	고희수	영업3부	8,689				
10	조민희	영업3부	7,060				
11	추소영	영업2부	6,772				
12	홍수아	영업3부	6,185				
13	이경식	영업1부	4,920				
14	유동근	영업2부	7,590				
15	이혁재	영업2부	6,437				

① =DSUM(A1:C15, 3, E1:E2)
② =DSUM(A1:C15, C1, E1:E2)
③ =SUMIF(B2:B15, E2, C2:C15)
④ =SUMIF(A1:C15, E2, C1:C15)

> ① =DSUM(A1:C15, 3, E1:E2) : DSUM(범위, 열 번호, 조건)은 지정된 범위에서 조건에 맞는 자료를 대상으로 지정된 열에서 합계를 계산하는 함수입니다.
> • A1:C15 : 데이터가 있는 영역을 입력합니다(데이터베이스 함수는 반드시 데이터 필드명이 있는 부분(여기서는 1행)을 범위에 포함시켜야 함).
> • 3 : 합계를 구할 데이터가 있는 열 번호인 3를 입력하거나 필드명이 있는 [C1] 셀을 입력합니다.
> • E1:E2 : 조건이 입력되어 있는 영역을 입력합니다.
> ∴ [A1:C15] 영역에서 소속이 "영업1부"인 데이터의 '총매출액'의 합계를 구합니다.
> ② =DSUM(A1:C15, C1, E1:E2) : 열 번호 대신 필드명이 있는 [C1] 셀을 지정하였으므로 정상적으로 결과가 표시됩니다.
> ③ =SUMIF(B2:B15, E2, C2:C15) : SUMIF(조건이 적용될 범위, 조건, 합계를 구할 범위) 함수는 조건에 맞는 셀들의 합계를 구합니다. [B2:B15] 영역에서 [E2] 셀("영업1부")과 동일한 데이터를 찾은 후 [C2:C15] 영역에서 같은 행에 있는 데이터들의 합계를 구합니다.
> ④ =SUMIF(A1:C15, E2, C1:C15) : [A1:C15] 영역의 첫 번째 열(A열)에서 [E2] 셀("영업1부")과 동일한 데이터를 찾는데, 동일한 데이터가 없으므로 결과는 0입니다.
> ※ SUMIF 함수에서 조건이 적용될 범위를 여러 열로 구성된 범위를 지정하면 범위의 첫 번째 열에 조건을 적용합니다.

19. 연이율 5%로 3년 만기 저축을 매월 초 50,000원씩 저축, 복리 이자율로 계산하여 만기에 찾을 수 있는 금액을 구하기 위한 수식으로 적당한 것은?

22.상시, 15.2, 11.3, 11.1, 05.4

① =FV(5%, 3, −50000, ,1)
② =FV(5%, 3, 50000)
③ =FV(5%/12, 3*12, −50000, ,1)
④ =FV(5%/12, 3*12, 50000)

> FV(이자, 기간, 금액, 현재가치, 납입 시점) 함수에서 이자와 기간은 월 단위이므로 5%/12, 3*12로 변경해야 하고, 금액은 매월 불입할 금액으로 결과 값이 양수로 나오도록 음수로, 현재 가치는 없으므로 생략, 납입 시점은 매월 초이므로 1로 지정하면 '=FV(5%/12, 3*12, −50000, ,1)'이 됩니다.

20. 대출원금 3천 만 원을 년 이자율 6.5%로 3년 동안 매월 말 상환하려고 한다. 매월 불입 금액을 계산하는 함수식으로 옳은 것은?

25.상시, 24.상시, 21.상시, 14.2, 13.1, 11.2, 09.3, 09.2, 07.4, 07.3, 05.3

① =PMT(6.5%/12, 3*12, −30000000)
② =PMT(6.5%, 3*12, −30000000)
③ =IPMT(6.5%/12, 3*12, 30000000)
④ =IPMT(6.5%, 3*12, −30000000)

> PMT(이자, 기간, 현재가치, 미래가치, 납입시점) 함수에서 이자와 기간은 월 단위이므로 6.5%/12, 3*12, 현재가치(받은 금액(대출금액))는 30000000인데, 결과값이 양수로 나오도록 음수로, 미래가치는 0이므로 생략, 납입시점은 매월 말이므로 생략하면 '=PMT(6.5%/12, 3*12, −30000000)'입니다.

21. 다음 중 아래의 워크시트에서 수식의 결과로 "부사장"을 출력하지 않는 것은?

23.상시, 22.상시, 21.상시, 20.상시, 20.2

⊿	A	B	C	D
1	사원번호	성명	직함	생년월일
2	101	구민정	영업 과장	1980-12-08
3	102	강수영	부사장	1965-02-19
4	103	김진수	영업 사원	1991-08-30
5	104	박용만	영업 사원	1990-09-19
6	105	이순신	영업 부장	1917-09-20

① =CHOOSE(CELL("row", B3), C2, C3, C4, C5, C6)
② =CHOOSE(TYPE(B4), C2, C3, C4, C5, C6)
③ =OFFSET(A1:A6, 2, 2, 1, 1)
④ =INDEX(A2:D6, MATCH(A3, A2:A6, 0), 3)

> ① =CHOOSE(CELL("row", B3), C2, C3, C4, C5, C6)
>   ❶
>   ❷
> ❶ CELL("row",B3) : 'row'는 행을 의미하므로 CELL 함수는 B3 셀의 행 번호인 3를 반환합니다.
> ❷ =CHOOSE(❶, C2, C3, C4, C5, C6) → =CHOOSE(3, C2, C3, C4, C5, C6) : 세 번째에 있는 [C4] 셀의 값인 "영업 사원"을 반환합니다.
> ② =CHOOSE(TYPE(B4), C2, C3, C4, C5, C6)
>   ❶
> ❶ TYPE(B4) : [B4] 셀에 입력된 값이 텍스트이므로 2를 반환합니다.
> ※ TYPE(인수) 함수는 인수가 숫자면 1, 텍스트이면 2, 논리값이면 4 등을 반환합니다.
> ❷ =CHOOSE(❶, C2, C3, C4, C5, C6) → =CHOOSE(2, C2, C3, C4, C5, C6) : 두 번째에 있는 [C3] 셀의 값 "부사장"을 반환합니다.
> ③ =OFFSET(A1:A6, 2, 2, 1, 1) : [A1:A6] 영역의 첫 번째 셀인 [A1] 셀을 기준으로 2행 2열 떨어진 셀 주소를 찾습니다. 이 주소를 기준으로 1행 1열인 셀, 즉 [C3] 셀의 값 "부사장"을 반환합니다.
> ④ =INDEX(A2:D6, MATCH(A3, A2:A6, 0), 3)
>   ❶
>   ❷
> ❶ MATCH(A3, A2:A6, 0) : [A2:A6] 영역에서 [A3] 셀의 값과 동일한 값을 찾은 후 상대 위치인 2를 반환합니다.
> ❷ =INDEX(A2:D6, ❶, 3) → =INDEX(A2:D6, 2, 3) : [A2:D6] 영역에서 2행 3열, 즉 [C3] 셀의 값 "부사장"을 반환합니다.

2장 대표기출문제

22. 다음 중 배열 상수의 특징에 대한 설명으로 잘못된 것은?

22.상시

① 배열 상수로 텍스트를 입력하려면 큰따옴표(")로 묶어서 입력한다.
② 배열 상수에는 숫자나 텍스트 외에 'TRUE', 'FALSE' 등의 논리 값 또는 '#N/A'와 같은 오류 값도 포함될 수 있다.
③ 배열 상수 값은 수식이 아닌 상수이어야 한다.
④ $, 괄호, %, 길이가 다른 행이나 열, 셀 참조는 배열 상수로 사용될 수 있다.

$, 괄호, %, 길이가 다른 행이나 열, 셀 참조는 배열 상수로 사용될 수 없습니다.

23. 아래 그림과 같이 워크시트에 배열 상수 형태로 배열 수식을 입력한 후 수식이 보이게 설정하였을 때, [A5] 셀에서 수식 =MAX(B1:B3)을 실행하였다. 다음 중 그 결과로 옳은 것은? 23.상시

	A	B	C
1	={1,4,7;2,5,8;3,6,9}	={1,4,7;2,5,8;3,6,9}	={1,4,7;2,5,8;3,6,9}
2	={1,4,7;2,5,8;3,6,9}	={1,4,7;2,5,8;3,6,9}	={1,4,7;2,5,8;3,6,9}
3	={1,4,7;2,5,8;3,6,9}	={1,4,7;2,5,8;3,6,9}	={1,4,7;2,5,8;3,6,9}
4			

① 6 ② 7 ③ 8 ④ 9

- 배열 수식에서 열은 쉼표(,), 행은 세미콜론(;)으로 구분하므로 [A1:C3] 영역을 블록으로 지정한 후 ={1,4,7;2,5,8;3,6,9}를 입력하고 Ctrl + Shift + Enter 를 누르면 다음과 같이 입력됩니다.

	A	B	C
1	1	4	7
2	2	5	8
3	3	6	9
4			

- =MAX(B1:B3) : 4, 5, 6 중 가장 큰 값인 6을 반환합니다.

24. 다음 시트에서 "판매1부"의 평균수량을 배열 수식을 이용하여 계산하였다. [D10] 셀에 표시되는 수식으로 옳은 것은?

19.상시, 14.1, 12.3, 12.1, 10.2, 09.4, 09.1, 08.2, 06.2, 06.1, 03.4

	A	B	C	D
1	사번	부서명	직위	수량
2	A001	판매1부	부장	150
3	A002	판매2부	과장	135
4	A003	판매3부	대리	105
5	A004	판매1부	과장	130
6	A005	판매2부	대리	115
7	A006	판매3부	부장	138
8	A007	판매1부	대리	119
9				
10	판매1부의 평균수량 :			133

① {=IF(AVERAGE(C2:D8="판매1부", D2:D8))}
② {=IF(AVERAGE(B2:B8=A10, D2:D8))}
③ {=AVERAGE(IF(C2:D8="판매1부", D2:D8))}
④ {=AVERAGE(IF(B2:B8=LEFT(A10, 4), D2:D8))}

조건이 한 개일 때 배열 수식을 이용하여 평균을 구하는 방법은 다음의 한 가지 방법이 있습니다.
{=AVERAGE(IF(조건, 평균을_구할_범위))}

1. 조건과 범위 찾기
- 조건
  - 부서명이 "판매1부"란 조건은, 비교 대상이 될 부서명이 있는 범위(B2:B8)와 비교할 기준이 되는 "판매1부"를 '='으로 연결하여 입력합니다(B2:B8="판매1부").
  - LEFT(A10, 4)의 결과값이 "판매1부"이므로 "판매1부" 대신 'LEFT(A10, 4)'를 입력합니다.
  - ※ LEFT(A10, 4) : [A10] 셀 데이터의 왼쪽에서부터 네 글자를 표시합니다("판매1부").
- 평균을_구할_범위 : 수량이므로 [D2:D8]이 됩니다.
2. 위의 조건과 범위를 평균 구하기 배열 수식에 대입하면 다음과 같습니다.
=AVERAGE(IF(B2:B8=LEFT(A10, 4), D2:D8))
수식을 입력한 후 Ctrl + Shift + Enter 를 누르면 중괄호 { }가 자동으로 붙여져 {=AVERAGE(IF(B2:B8=LEFT(A10, 4), D2:D8))}로 표시됩니다.

25. 아래 시트에서 각 부서마다 직위별로 종합점수의 합계를 구하려고 한다. 다음 중 [B17] 셀에 입력된 수식으로 옳은 것은?

25.상시, 23.상시, 21.상시, 20.2, 15.2, 07.1

	A	B	C	D	E
1	부서명	직위	업무평가	구술평가	총점점수
2	영업부	사원	35	30	65
3	총무부	대리	38	33	71
4	총무부	과장	45	36	81
5	총무부	대리	35	40	75
6	영업부	과장	46	39	85
7	홍보부	과장	30	37	67
8	홍보부	부장	41	38	79
9	총무부	사원	33	29	62
10	영업부	대리	36	34	70
11	홍보부	대리	27	36	63
12	영업부	과장	42	39	81
13	영업부	부장	40	39	79

	A	B	C	D
16	부서명	부장	과장	대리
17	영업부			
18	총무부			
19	홍보부			

① {=SUMIFS($E$2:$E$13, $A$2:$A$13, $A$17, $B$2:$B$13, $B$16)}
② {=SUM(($A$2:$A$13=A17) * ($B$2:$B$13=B16) * $E$2:$E$13)}
③ {=SUM(($A$2:$A$13=$A17) * ($B$2:$B$13=B$16) * $E$2:$E$13)}
④ {=SUM(($A$2:$A$13=A$17) * ($B$2:$B$13=$B16) * $E$2:$E$13)}

합계를 구하는 배열 수식은 다음의 두 가지 식이 있으며, 조건의 개수에 따라 조건을 지정하는 부분만 늘어납니다. 이 문제는 조건이 두 개이므로 조건이 두 개일 때의 조건 지정 방법을 알아보겠습니다.
- 방법 1 : {=SUM((조건1)*(조건2)*합계를_구할_범위) }
- 방법 2 : {=SUM(IF((조건1)*(조건2), 합계를_구할_범위))}

1. 조건과 범위 찾기
- 조건1 : 부서마다란 조건은, 비교 대상이 될 부서명 범위 [A2:A13]과 비교할 기준이 되는 "영업부"가 들어있는 [A17] 셀을 "="으로 연결하여 입력합니다(A2:A13=A17).

정답 22.④ 23.① 24.④ 25.③

- **조건2** : 직위별이란 조건은, 비교 대상이 될 직위 범위 [B2:B13]과 비교할 기준이 되는 "부장"이 들어있는 [B16] 셀을 "="으로 연결하여 입력합니다 (B2:B13=B16).
- **합계를_구할_범위** : 총점점수이므로 [E2:E13]이 됩니다.

2. 위의 조건과 범위를 합계 구하기 배열 수식에 대입하면 다음과 같습니다.

- **방법 1** : =SUM((A2:A13=A17) * (B2:B13=B16) * E2:E13)
- **방법 2** : =SUM(IF((A2:A13=A17) * (B2:B13=B16), E2:E13))

이 문제는 여러 셀에 결과값을 구하는 수식으로, 범위는 절대 참조로 지정해야 하지만, A17 셀의 경우는 A18, A19와 같이 열은 고정되고 행만 변경되어야 하므로 $A17로 지정하고, B16 셀의 경우는 C16, D16과 같이 행이 고정되고 열만 변경되어야 하므로 B$16으로 지정해야 합니다. =SUM(($A$2:$A$13=$A17) * ($B$2:$B$13=B$16) * $E$2:$E$13)으로 입력한 후 Ctrl + Shift + Enter 를 누르면 중괄호 { }가 표시되어 {=SUM(($A$2:$A$13= $A17) * ($B$2:$B$13=B$16) * $E$2:$E$13)}으로 표시됩니다.

26. 아래 시트에서 국적별 영화 장르의 편수를 계산하기 위해 [B12] 셀에 작성해야 할 배열 수식으로 옳지 않은 것은?

24.상시, 23.상시, 22.상시, 21.상시, 20.1, 19.1, 18.2, 08.1, 07.3, 04.2

▲	A	B	C	D	E
1					
2	NO.	영화명	관객수	국적	장르
3	1	럭키	66,962	한국	코미디
4	2	허드슨강의 기적	33,317	미국	드라마
5	3	그물	9,103	한국	드라마
6	4	프리즘☆투어즈	2,778	한국	애니메이션
7	5	드림 쏭	1,723	미국	애니메이션
8	6	춘몽	382	한국	드라마
9	7	파수꾼	106	한국	드라마
10					
11		코미디	드라마	애니메이션	
12	한국	1	3	1	
13	미국	0	1	1	

① {=SUM(($D$3:$D$9=$A12) * ($E$3:$E$9=B$11))}

② {=SUM(IF($D$3:$D$9=$A12, IF($E$3:$E$9=B$11, 1)))}

③ {=COUNT(($D$3:$D$9=$A12) * ($E$3:$E$9=B$11))}

④ {=COUNT(IF(($D$3:$D$9=$A12) * ($E$3:$E$9=B$11), 1))}

개수를 구하는 배열 수식은 다음의 세 가지 식이 있으며, 조건의 개수에 따라 조건을 지정하는 부분만 늘어납니다. 이 문제는 조건이 두 개이므로 조건이 두 개일 때의 조건 지정 방법은 다음과 같습니다.

- **방법 1** : {=SUM((조건1) * (조건2))}
- **방법 2** : {=SUM(IF(조건1, IF(조건2, 1)))}
- **방법 3** : {=COUNT(IF((조건1) * (조건2), 1))}

1. 문제의 조건 두 개는 다음과 같습니다.
   - **조건1** : '국적별'이란 조건은, 비교 대상이 될 국적이 있는 범위(D3:D9)와 비교할 기준이 되는 [A12] 셀을 "="으로 연결하여 입력합니다(D3:D9=A12).
   - **조건2** : '장르'라는 조건은, 비교 대상이 될 장르가 있는 범위(E3:E9)와 비교할 기준이 되는 [B11] 셀을 "="으로 연결하여 입력합니다(E3:E9=B11).

2. 위의 조건을 개수 구하기 배열 수식의 '조건' 부분에 대입하면 다음과 같습니다.

- **방법 1** : =SUM((D3:D9=A12)*(E3:E9=B11))
- **방법 2** : =SUM(IF(D3:D9=A12, IF(E3:E9=B11, 1)))
- **방법 3** : =COUNT(IF((D3:D9=A12)*(E3:E9=B11), 1))

이 문제는 여러 셀에 결과값을 구하는 수식으로, 범위는 절대 참조로 지정해야 하지만, A12 셀의 경우는 A13과 같이 열은 고정되고 행만 변경되어야 하므로 $A12로 지정하고, B11 셀의 경우는 C11, D11과 같이 행은 고정되고 열만 변경되어야 하므로 B$11로 지정해야 합니다. =COUNT(($D$3:$D$9=$A12) * ($E$3:$E$9=B$11))으로 입력한 후 Ctrl + Shift + Enter 를 누르면 중괄호 { }가 표시되어 {=COUNT(($D$3:$D$9=$A12) * ($E$3:$E$9=B$11))}으로 표시됩니다.

정답 26. ③

2과목 스프레드시트 일반
핵심요약 & 대표기출문제
3장 | 차트 작성

01 차트의 개요
24.상시, 23.상시, 22.상시, 21.상시, 18.1, 14.2, 12.3, 12.1, 10.3, 10.1, 08.1, 05.4, …

- 차트를 이용하면 데이터의 추세나 유형 등을 쉽게 이해할 수 있을 뿐만 아니라, 많은 양의 데이터를 간결하게 요약할 수도 있다.
- 차트를 작성하기 위해서는 반드시 원본 데이터가 있어야 한다.
- 원본 데이터가 바뀌면 차트의 모양도 바뀐다.
- 데이터가 입력된 셀 중 하나를 선택한 상태에서 차트를 만들면 해당 셀을 둘러싼 모든 셀의 데이터가 차트에 표시된다.
- 차트는 2차원과 3차원 차트로 구분된다.

> **잠깐만요** 3차원 차트로 작성할 수 없는 차트
> 도넛형, 분산형, 주식형, 방사형, 트리맵, 선버스트, 히스토그램 차트 등

- 차트만 별도로 표시할 수 있는 차트(Chart) 시트를 만들 수 있다.
- 기본적으로 기본 차트는 묶은 세로 막대형이지만 사용자가 다른 차트로 변경할 수 있다.
- 데이터 범위를 지정한 후 F11을 누르면 별도의 차트 시트에 기본 차트가 작성되고, Alt + F1을 누르면 데이터가 있는 워크시트에 기본 차트가 작성된다.

02 차트의 구성 요소
24.상시, 21.상시, 20.2, 19.상시, 15.3, 15.2, 13.3, 13.2, 12.1, 10.3, 10.2, 10.1, 09.4, …

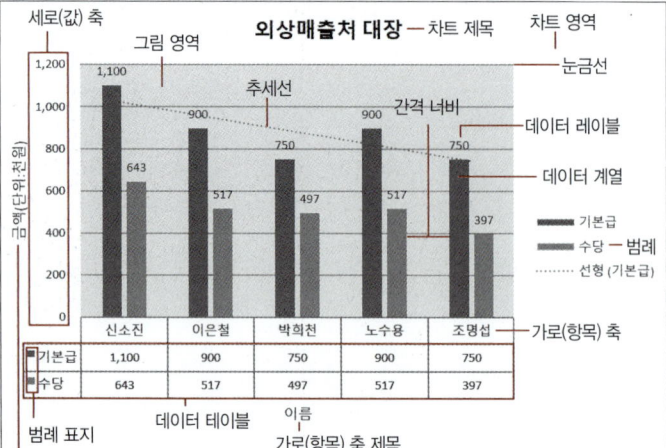

03 차트의 편집
25.상시, 24.상시, 23.상시, 22.상시, 21.상시, 20.상시, 20.2, 20.1, 19.상시, 19.2, 19.1, 18.2, 18.1, …

- **원본 데이터 변경** : 데이터 범위를 변경하거나, 데이터 계열의 추가·제거 및 계열의 방향을 변경하려면 차트의 바로 가기 메뉴에서 [데이터 선택]을 선택하면 나타나는 '데이터 원본 선택' 대화상자에서 지정함
- **데이터 추가** : 기존 데이터의 변경이 아닌 새로운 데이터를 차트에 추가하려면 추가할 데이터 범위를 복사하여 차트 영역을 선택한 후 붙여넣기함
- **특정 셀의 텍스트를 차트 제목으로 연결하는 방법**
  - 차트 제목을 클릭한 후 수식 입력줄에 등호(=)를 입력하고 해당 셀을 클릭한 다음 Enter를 누른다.
  - 셀에 연결된 차트 제목을 선택하면 수식 입력줄에 =시트이름!셀주소 형태로 표시된다.
- **데이터 표식 항목의 간격 너비 및 계열 겹치기 변경**
  - 데이터 계열의 바로 가기 메뉴에서 [데이터 계열 서식]을 선택한 후 '데이터 계열 서식' 창의 [계열 옵션] → [(계열 옵션)] → [계열 옵션]에서 변경한다.
  - 계열 겹치기
    ▶ 데이터 계열의 항목들이 겹치도록 지정하는 것
    ▶ −100% ~ 100% 사이의 값을 지정함
    ▶ 양수로 지정하면 데이터 계열이 겹쳐져 표시되고, 음수로 지정하면 데이터 계열 사이가 벌어져 표시됨
  - 간격 너비
    ▶ 막대와 막대 사이의 간격을 지정하는 것
    ▶ 0% ~ 500% 사이의 값을 지정함
    ▶ 수치가 클수록 막대와 막대 사이의 간격은 넓어지고 막대의 너비는 줄어듦
- **데이터 레이블 추가**
  - 전체 데이터 또는 하나의 데이터 계열, 하나의 데이터 요소에 대해 데이터의 값이나 항목 이름, 계열 이름 등을 표시한다.
  - 레이블 위치, 표시 형식, 채우기 등의 서식을 변경할 수 있다.
- **차트 위치 변경** : 차트를 선택한 후 [차트 디자인] → [위치] → [차트 이동]을 클릭하거나 차트 영역의 바로 가기 메뉴의 [차트 이동]을 선택하여 차트를 새 워크시트나 기존의 다른 워크시트로 이동할 수 있음

25.상시, 21.상시, 19.1, 17.1, 16.2, 14.1, 11.3

04 추세선

- 특정한 데이터 계열의 변화 추이를 파악하기 위해 표시하는 선이다.
- 추세선 표시 : 추세선을 표시할 데이터 계열을 선택한 후 [차트 디자인] → [차트 레이아웃] → [차트 요소 추가] → [추세선]에서 적용할 추세선을 선택
- 추세선의 종류에는 선형, 로그, 다항식, 거듭제곱, 지수, 이동 평균으로 총 6가지가 있다.
- 3차원, 방사형, 원형, 도넛형, 표면형 차트에는 추세선을 추가할 수 없다.
- 추세선이 추가된 계열의 차트를 3차원으로 변경하면 추세선이 제거된다.
- 하나의 데이터 계열에 두 개 이상의 추세선을 표시할 수 있다.

25.상시, 23.상시, 16.3, 16.1, 13.3, 11.1

05 오차 막대

- 데이터 계열의 오차량을 그림으로 나타낸 것이다.
- **실행** [차트 디자인] → [차트 레이아웃] → [차트 요소 추가] → [오차 막대]에서 적용할 오차 막대를 선택
- 고정값, 백분율, 표준 편차, 표준 오차 등으로 표시할 수 있다.
- 3차원 차트에는 오차 막대를 표시할 수 없다.
- 세로 오차 막대 적용 가능 차트 : 영역형, 세로 막대형, 꺾은선형, 분산형, 거품형 차트 등
- 세로 오차 막대, 가로 오차 막대 적용 가능 차트 : 분산형, 거품형 차트

25.상시, 24.상시, 23.상시, 22.상시, 21.상시, 20.1, 19.2, 18.2, 17.2, 17.1, 16.3, 16.2, 16.1, 15.1, …

06 용도별 차트의 종류

세로/가로 막대형	• 각 항목 간의 값을 막대의 길이로 비교·분석함 • 세로 막대형 차트에서는 가로(항목) 축을 수평, 세로(값) 축을 수직으로 나타내고, 가로 막대형 차트에서는 가로(항목) 축을 수직, 세로(값) 축을 수평으로 나타냄
꺾은선형	일정 기간 동안의 데이터 변화 추이를 확인함
원형	• 전체 항목의 합에 대한 각 항목의 비율을 나타냄 • 중요한 요소를 강조할 때 사용함 • 항상 한 개의 데이터 계열만을 사용하므로 축이 없음
분산형	• X·Y 좌표로 이루어진 한 개의 계열로 두 개의 숫자 그룹을 나타냄 • 데이터의 불규칙한 간격이나 묶음을 보여 주며, 주로 과학·공학용 데이터 분석에 사용됨 • 데이터 요소 수가 많아 데이터 요소 간의 차이점보다는 큰 데이터 집합 간의 유사점을 표시하기 위해 사용됨
영역형	• 시간에 따른 각 값의 변화량을 비교할 때 사용함 • 전체 영역과 특정 값의 영역을 비교해 전체와 부분 간의 관계를 나타낼 수 있음
도넛형	• 전체에 대한 각 부분의 관계를 비율로 나타내어 각 부분을 비교할 때 사용함 • 원형 차트와는 달리 여러 개의 데이터 계열을 갖음
방사형	• 많은 데이터 계열의 집합적인 값을 나타낼 때 사용함 • 기본 세로 축만 표시됨
표면형	두 개의 데이터 집합에서 최적의 조합을 찾을 때 사용함
거품형	• 분산형 차트의 한 종류로 데이터 계열값이 세 개인 경우에 사용함 • 데이터 값이 세 개인 경우에만 사용할 수 있으며, 첫 번째 값은 X축, 두 번째 값은 Y축, 세 번째 값은 데이터 표식의 크기로 사용됨
주식형	• 주식의 거래량과 같은 주가의 흐름을 파악하고자 할 때 사용함 • 거래량, 시가, 고가, 저가, 종가 등을 나타내기 위해 5개의 계열이 필요함
트리맵	• 계층 간의 상대적 크기를 비교할 때 사용함 • 계층 간의 비율을 사각형으로 표시함
선버스트	• 계층 간의 관계를 비교할 때 사용함 • 계층 간의 비율을 고리 또는 원으로 표시함 • 가장 안쪽에 있는 원이 계층의 가장 높은 수준을 나타냄
히스토그램	특정 범위를 그룹화하여 그룹별 데이터의 분포를 표시할 때 사용함

잠깐만요 혼합형(콤보) 차트
- 두 개 이상의 데이터 계열을 갖는 차트에서 특정 데이터 계열을 강조하고자 할 경우 해당 데이터 계열을 다른 차트로 표시하는 것입니다.
- 3차원 차트는 혼합형 차트로 구현할 수 없습니다.

3장 대표기출문제

1. 다음 중 아래 차트에 대한 설명으로 옳지 않은 것은?

24.상시, 21.상시

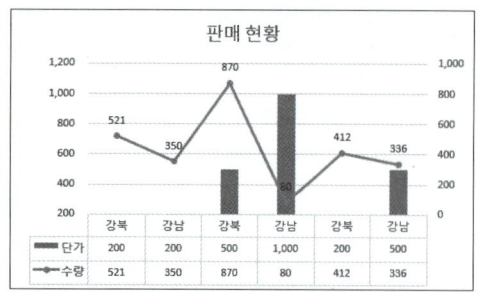

① '판매 현황'이라는 차트 제목이 표시되어 있다.
② '수량' 계열을 보조 축으로 지정하였다.
③ 데이터 테이블에 범례 표지가 표시되어 있다.
④ '수량' 계열에 데이터 레이블이 '가운데'로 표시되어 있다.

문제에 제시된 그림은 데이터 레이블이 '가운데'가 아니라 '위쪽'으로 설정되어 있습니다. 데이터 레이블을 '가운데'로 설정하면 다음과 같이 표시됩니다.

2. 다음 워크시트에서 차트 제목을 [A1] 셀의 텍스트와 연결하여 표시하고자 할 때, 차트 제목이 선택된 상태에서 수식 입력줄에 입력할 내용은?

25.상시, 23.상시, 22.상시, 21.상시

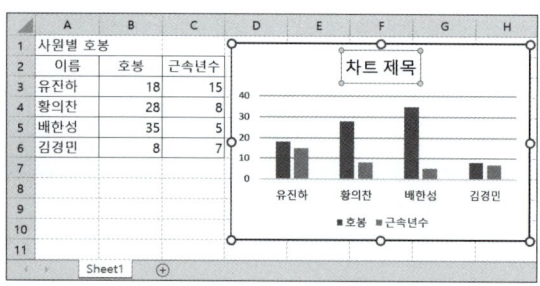

① ='Sheet1'!$A$1
② =Sheet1!$A$1
③ ='$A$1'
④ =$A$1

차트 제목을 선택한 상태에서 수식 입력줄에 =을 입력하고 [A1] 셀을 클릭하면 수식 입력줄에 =시트이름!셀주소 형태로 표시됩니다.

3. 다음 중 아래 차트에 대한 설명으로 옳지 않은 것은?

23.상시, 22.상시, 20.2

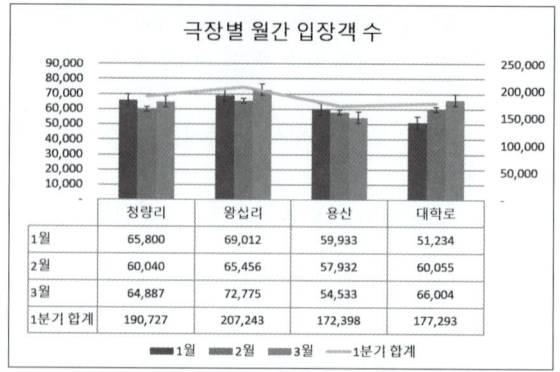

① 계열 옵션에서 '간격 너비'가 0%로 설정되어 있다.
② 범례 표지 없이 데이터 테이블이 표시되어 있다.
③ '1월', '2월', '3월' 계열에 오차 막대가 표시되어 있다.
④ '1분기 합계' 계열은 '보조 축'으로 지정되어 있다.

문제에 제시된 그림은 '간격 너비'가 아니라 '계열 겹치기'가 0%로 설정되어 있습니다. '간격 너비'를 0%로 설정하면 다음과 같이 표시됩니다.

4. 다음 중 엑셀 차트의 추세선에 관한 설명으로 옳지 않은 것은?

25.상시, 21.상시, 19.1, 16.2, 14.1, 11.3

① 추세선은 지수, 선형, 로그, 다항식, 거듭제곱, 이동 평균 등 6가지의 종류가 있다.
② 3차원, 방사형, 원형, 도넛형, 표면형 차트에는 추세선을 사용할 수 없다.
③ 추세선에 사용된 수식을 추세선과 함께 나타나게 할 수 있다.
④ 하나의 데이터 계열에 두 개 이상의 추세선을 동시에 표시할 수는 없다.

하나의 데이터 계열에 두 개 이상의 추세선을 동시에 표시할 수도 있습니다.

정답 1.④ 2.② 3.① 4.④

5. 다음 중 엑셀의 오차 막대에 대한 설명으로 옳지 않은 것은?
25.상시, 23.상시, 13.3, 11.1

① 세로 막대형 차트, 꺾은선형 차트, 분산형 차트, 거품형 차트, 3차원 세로 막대형 차트, 3차원 꺾은선형 차트에 오차 막대를 표시할 수 있다.
② 차트에 고정 값, 백분율, 표준 편차, 표준 및 오차, 사용자 지정 중 하나를 선택하여 오차량을 표시할 수 있다.
③ 데이터 계열의 각 데이터 표식에 대한 오류 가능성이나 불확실성의 정도를 표시한다.
④ 분산형과 거품형 차트에는 세로 오차 막대, 가로 오차 막대를 적용할 수 있다.

3차원 차트에는 오차 막대를 표시할 수 없습니다.

6. 다음 중 차트에서 사용하는 축에 대한 설명으로 옳지 않은 것은?
23.상시, 22.상시, 16.1

① 방사형 차트와 거품형 차트에서는 기본 가로 축만 표시된다.
② 가로(항목) 축에서 [축 위치] 옵션은 데이터 표시와 레이블이 축에 표시되는 방식에 영향을 주며 2차원 영역형 차트, 세로 막대형 차트 및 꺾은선형 차트에 사용할 수 있다.
③ 가로(항목) 축이 날짜 값인 경우 [축 종류]에서 '날짜 축'을 선택하여 [단위]를 '일', '월', '년' 중 선택하여 지정할 수 있다.
④ 3차원 꺾은선형 차트는 세 개의 축(가로, 세로, 깊이 축)에 따라 데이터 요소를 비교한다.

방사형 차트는 기본 세로 축만 표시되고, 거품형 차트는 기본 가로 축과 기본 세로 축이 모두 표시됩니다.

7. 다음 중 아래의 데이터를 이용하여 각 데이터 간 값을 비교하는 차트를 작성하려고 할 때 가장 적절하지 않은 차트는?
25.상시, 23.상시, 22.상시, 19.2, 07.2, 06.4, 06.1, 03.3

	A	B	C	D	E
1	성명	1사분기	2사분기	3사분기	4사분기
2	홍길동	83	90	95	70
3	성춘향	91	70	70	88
4	이몽룡	93	98	91	93
5					

① 세로 막대형　　② 꺾은선형
③ 원형　　　　　④ 방사형

한 개의 데이터 계열만 표시할 수 있는 원형 차트로는 4개의 계열로 구성된 표의 데이터를 표시할 수 없습니다.

8. 다음 중 아래 설명에 해당하는 차트 종류는?
24.상시, 23.상시, 22.상시, 21.상시, 17.1, 16.2

- 항목의 값을 점으로 표시하여 여러 데이터 값들의 관계를 보여주며 주로 과학 데이터의 차트 작성에 사용된다.
- 가로 축의 값이 일정한 간격이 아닌 경우나 데이터 요소의 수가 많은 경우 사용된다.
- 기본적으로 5개의 하위 차트 종류가 제공되며, 3차원 차트로 작성할 수 없다.

① 분산형 차트　　② 도넛형 차트
③ 방사형 차트　　④ 혼합형 차트

항목의 값을 점으로 표시하여 여러 데이터 값들의 관계를 보여주는 차트는 분산형 차트입니다.

9. 다음 중 차트에 대한 설명으로 옳은 것은? 23.상시, 22.상시, 21.상시

① 워크시트에서 차트에 사용될 데이터를 범위로 지정한 후 Ctrl + F1 을 누르면 별도의 차트 시트에 기본 차트가 작성된다.
② 원형 차트에 축을 표시할 수 있다.
③ 추세선은 기본적으로 '선형' 추세선으로 표시되고, 사용자가 다른 추세선으로 변경할 수 없다.
④ 트리맵, 히스토그램 차트는 3차원 차트로 작성할 수 없다.

① 별도의 차트 시트에 기본 차트를 작성하려면 F11 을, 데이터가 있는 시트에 기본 차트를 작성하려면 Alt + F1 을 누르면 됩니다.
② 원형 차트는 항상 한 개의 데이터 계열만 가질 수 있으므로 축이 없습니다.
③ 차트에 추세선을 추가하면 기본적으로 '선형' 추세선이 표시되지만 사용자가 추세선의 종류를 변경할 수 있습니다.

정답 5.① 6.① 7.③ 8.① 9.④

2과목 스프레드시트 일반

핵심요약 & 대표기출문제

4장 | 출력

▶1260120 25.상시, 23.상시, 22.상시, 20.1, 16.2, 15.3, 13.3, 11.1, 10.3

01 확대/축소

- 작업 화면의 크기를 10~400%까지 확대하거나 축소하는 기능이다.
- 실행 방법 : 다음과 같이 수행한 후 확대/축소 배율을 지정함
  - **방법1** [보기] → [확대/축소] → [확대/축소] 클릭
  - **방법2** 상태 표시줄의 '확대/축소 비율(100%)' 클릭
- 영역을 선택한 후 [보기] → [확대/축소] → [선택 영역 확대/축소]를 클릭하면 선택된 영역이 전체 화면에 맞춰 확대 또는 축소된다.
- 확대/축소 배율은 지정한 시트에만 적용된다.
- '확대/축소' 대화상자의 사용자 지정 입력 상자에 직접 배율을 입력할 수 있다.
- Ctrl 을 누른 채 마우스의 휠 버튼을 위로 굴리면 화면이 확대되고, 아래로 굴리면 화면이 축소된다.
- 화면의 확대/축소는 인쇄 시 적용되지 않는다.

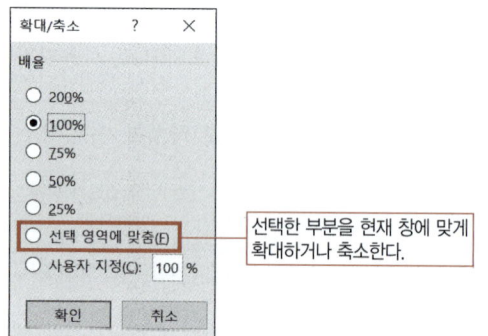

▶1260121 25.상시, 24.상시, 23.상시, 22.상시, 21.상시, 20.상시, 19.1, 18.상시, 18.2, 17.2, 16.2, 16.1, 15.2, …

02 틀 고정 / 창 나누기

틀 고정	• 데이터의 양이 많은 경우, 열이나 행을 고정시켜 셀 포인터의 이동과 상관없이 특정 영역을 항상 표시하기 위해 사용함 • 화면에 표시되는 틀 고정 형태는 인쇄 시 적용되지 않음 • 틀 고정을 수행하면 셀 포인터의 왼쪽과 위쪽으로 고정선이 표시됨 • 틀 고정선의 위치를 마우스로 조정할 수 없음
창 나누기	• 데이터의 양이 많아 데이터를 한 화면으로 보기 어려운 경우, 창 나누기를 이용하면 서로 떨어져 있는 데이터를 한 화면에 표시할 수 있음 • 화면에 표시되는 창 나누기 형태는 인쇄 시 적용되지 않음 • 창 나누기를 수행하면 셀 포인터의 왼쪽과 위쪽으로 창 구분선이 표시됨 • 하나의 시트를 2개 혹은 4개의 영역으로 나눔 • 창 나누기 구분선의 위치를 마우스로 이동시킬 수 있음 • 창 나누기 기준선을 더블클릭하면 창 나누기 구분선이 제거됨

▶1260122 25.상시, 24.상시, 23.상시, 22.상시, 21.상시, 20.상시, 20.2, 20.1, 19.상시, 19.2, 19.1, 18.상시, …

03 페이지 설정

- 인쇄할 문서에 페이지, 여백, 머리글/바닥글, 시트에 관한 여러 사항을 설정한다.
- **실행** [페이지 레이아웃] → [페이지 설정의] 클릭
- '페이지 설정' 대화상자의 탭별 기능

페이지	• 용지 방향, 확대/축소 배율, 자동 맞춤, 용지 크기, 인쇄 품질, 시작 페이지 번호 등을 설정함 • 확대/축소 배율 : 워크시트 표준 크기의 10~400%까지 확대/축소하여 인쇄함 • 자동 맞춤 : 데이터 양에 관계없이 지정된 페이지 수에 맞게 인쇄되도록 자동으로 축소/확대 배율이 조정됨
여백	• 인쇄 용지의 상·하·좌·우 여백 및 머리글/바닥글의 여백을 조정함 • 여백의 기본 단위는 센티미터이며, 인치나 밀리미터로 변경할 수 있음 • 페이지 가운데 맞춤 : 데이터가 페이지의 수직/수평 가운데에 출력되도록 정렬함
머리글/ 바닥글	• 문서 제목, 페이지 번호, 사용자 이름, 작성 날짜 등 출력물의 매 페이지에 고정적으로 표시되는 머리글이나 바닥글을 설정함 • 머리글/바닥글 영역에 앰퍼샌드(&)를 표시하려면 앰퍼샌드(&)를 두 번 입력함 • 문서에 맞게 배율 조정 : 머리글/바닥글 내용을 출력되는 워크시트의 실제 크기의 백분율에 따라 확대·축소함 ※ '머리글/바닥글'의 여백은 '여백' 탭에서 지정할 수 있음

시트	• 인쇄 영역, 인쇄 제목, 눈금선, 메모, 노트 등의 인쇄 여부와 페이지 순서 등을 설정함
	• 인쇄 제목 : 모든 페이지에 제목으로 반복 인쇄할 행이나 열을 지정
	  예1 1~3행 반복 : 인쇄 제목의 반복할 행을 $1:$3으로 지정
	  예2 A~B열 반복 : 인쇄 제목의 반복할 열을 $A:$B로 지정
	• 눈금선 : 시트에 표시된 셀 눈금선의 인쇄 여부를 지정함
	• 간단하게 인쇄 : 워크시트에 입력된 차트, 도형, 그림, 워드아트, 괘선 등 모든 그래픽 요소를 제외하고 텍스트만 빠르게 인쇄함
	• 흑백으로 : 컬러 서식이 지정된 데이터를 흑백으로 출력함
	• 행/열 머리글 : 행/열 머리글의 인쇄 여부를 지정함
	• 주석 및 메모 : 시트에 포함된 메모와 노트의 인쇄 여부 및 인쇄 위치(시트 끝, 시트에 표시된 대로(메모 전용))를 지정함

- 머리글/바닥글 편집 도구 모음

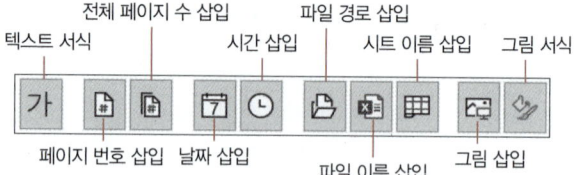

> **잠깐만요** 여러 페이지를 한 페이지에 출력하는 방법
> - **방법1** : '페이지 설정' 대화상자의 '페이지' 탭에서 [자동 맞춤]의 '용지 너비'와 '용지 높이'를 1로 지정함
> - **방법2** : [페이지 레이아웃] → [크기 조정]에서 '너비'와 '높이'를 '1페이지'로 지정함

24.상시, 22.상시, 21.상시, 11.2, 09.2, 06.4, 05.1

04 차트의 '페이지 설정'

- 차트의 '페이지 설정' 대화상자에는 '시트' 탭 대신 '차트' 탭이 표시된다.
- 일반 시트의 인쇄 방법과 동일하게 머리글 및 바닥글을 지정할 수 있다.
- 차트를 선택한 상태에서는 인쇄 영역을 지정할 수 없으므로 차트의 일부분만 인쇄할 수 없다.
- '페이지' 탭에 '배율'이 비활성화되어 표시되므로 확대/축소 배율을 지정할 수 없다.
- '차트' 탭에서는 인쇄 품질(초안, 흑백으로 인쇄)를 지정할 수 있다.

- 워크시트에 머리글과 바닥글 영역이 표시되므로 머리글/바닥글을 바로 입력하거나 수정할 수 있다.
- 행 높이, 열 너비, 페이지 여백, 머리글/바닥글 여백 등은 마우스를 드래그하여 조절할 수 있지만 페이지 구분선은 조절할 수 없다.
- 가로, 세로 눈금자가 화면에 표시되므로 출력물의 크기를 가늠할 수 있다.
- '페이지 레이아웃 보기' 상태에서 화면에 표시된 눈금자의 단위는 [Excel 옵션]의 '고급' 탭에서 변경할 수 있다.

25.상시, 24.상시, 23.상시, 22.상시, 20.1, 19.2, 19.1, 17.2, 16.3, 11.3, 10.3, 09.3, 09.2, 08.2, …

07 인쇄 미리 보기

- 인쇄하기 전 인쇄될 모양을 미리 화면으로 확인하고, 프린터 종류, 인쇄 범위, 인쇄 대상, 인쇄 매수 등을 설정할 수 있다.
- 인쇄 영역이 설정된 경우 인쇄 미리 보기 화면에는 인쇄 영역으로 설정된 부분만 표시된다.
- **실행 방법** : [파일] → [인쇄]를 선택하거나 Ctrl + F2 누름
- '(여백 표시)'를 클릭하면 표시되는 선을 마우스로 드래그하여 여백의 크기나 열 너비를 조정할 수 있다.
- '인쇄 미리 보기' 상태에서 '페이지 설정'을 클릭하면 여백, 머리글/바닥글 등은 설정할 수 있지만 '시트' 탭의 인쇄 영역, 반복할 행, 반복할 열은 설정할 수 없다.

25.상시, 24.상시, 23.상시, 21.상시, 18.1, 17.1, 16.2, 14.2, 13.1, 10.1, 09.3, 09.1, 08.1, 05.3

05 페이지 나누기 미리 보기

- 작성한 문서가 출력될 때의 페이지 경계선을 한눈에 볼 수 있는 기능으로, 페이지 구분선, 인쇄 영역, 페이지 번호 등이 표시된다.
- **실행** [보기] → [통합 문서 보기] → [페이지 나누기 미리 보기] 클릭
- 페이지 구분선을 마우스로 드래그하여 구분선의 위치를 변경하거나 삭제할 수 있다.
- '페이지 나누기 미리 보기' 상태에서도 데이터 입력 및 편집을 할 수 있다.
- '페이지 나누기 미리 보기' 상태에서 '기본' 보기로 전환하여도 페이지 구분선을 표시할 수 있다.
- '페이지 나누기 미리 보기' 상태 해제 : [보기] → [통합 문서 보기] → [기본] 클릭
- 설정된 모든 페이지 나누기 해제 : 바로 가기 메뉴의 [페이지 나누기 모두 원래대로] 선택
- '페이지 나누기 미리 보기' 상태에서는 자동으로 표시된 페이지 구분선은 점선, 수동으로 삽입한 페이지 구분선은 실선으로 표시된다.

25.상시, 24.상시, 22.상시, 21.상시, 19.2, 19.1, 16.3, 09.4, 06.2, 03.4

08 인쇄 영역

- 워크시트의 내용 중 특정 부분만을 인쇄 영역으로 설정하여 인쇄할 수 있다.
- 설정된 인쇄 영역은 통합 문서를 저장할 때 함께 저장된다.
- 하나의 시트에서는 원하는 영역을 기존 인쇄 영역에 추가하여 인쇄 영역을 확대할 수 있지만 여러 시트에서는 불가능하다.
- 서로 떨어져 있는 여러 개의 영역을 Ctrl 을 누른 상태에서 범위를 지정한 후 인쇄하면 설정한 순서대로 각기 다른 페이지에 인쇄된다.
- **실행** 인쇄할 영역을 범위로 지정한 후 [페이지 레이아웃] → [페이지 설정] → [인쇄 영역] → [인쇄 영역 설정] 선택
- **해제** [페이지 레이아웃] → [페이지 설정] → [인쇄 영역] → [인쇄 영역 해제] 선택
- 인쇄 영역에 포함된 도형을 인쇄되지 않게 하려면 도형의 바로 가기 메뉴에서 [도형 서식] 또는 [크기 및 속성]을 선택한 후 '도형 서식' 창의 [도형 옵션] → [(크기 및 속성)] → [속성]에서 '개체 인쇄' 옵션의 선택을 해제한다.

23.상시, 22.상시, 18.2, 18.1

06 페이지 레이아웃 보기

- 작성한 문서가 종이로 출력될 때는 모습을 페이지 단위로 볼 수 있는 기능이다.
- **실행** [보기] → [통합 문서 보기] → [페이지 레이아웃] 클릭
- '페이지 레이아웃 보기' 상태에서는 기본 보기와 같이 데이터 입력은 물론 셀 서식, 레이아웃 등을 변경할 수 있다.

4장 대표기출문제

1. 다음 중 엑셀의 틀 고정에 대한 기능 설명으로 옳지 않은 것은? 25.상시, 24.상시, 23.상시, 22.상시, 21.상시, 16.2, 16.1, 15.2, 14.1, 11.3, 08.4, …

① 틀 고정은 특정 행 또는 열을 고정할 때 사용하는 기능으로 주로 표의 제목 행 또는 제목 열을 고정한 후 작업할 때 유용하다.
② 선택된 셀의 왼쪽 열과 바로 위의 행이 고정된다.
③ 틀 고정 구분선을 마우스로 잡아끌어 틀 고정 구분선을 이동시킬 수 있다.
④ 틀 고정 방법으로 첫 행 고정을 실행하면 선택된 셀의 위치와 상관없이 첫 행이 고정된다.

> 창 나누기 구분선은 마우스를 통해 위치를 변경할 수 있으나 틀 고정선은 마우스를 이용하여 위치를 변경할 수 없습니다.

2. 다음 중 화면 제어에 관한 설명으로 옳은 것은? 23.상시, 22.상시, 19.1, 18.2

① 틀 고정은 행 또는 열, 열과 행으로 모두 고정이 가능하다.
② 창 나누기는 항상 4개로 분할되며 분할된 창의 크기는 마우스를 드래그하여 변경 가능하다.
③ 틀 고정선은 마우스를 드래그하여 위치를 변경할 수 있다.
④ 창 나누기는 [실행 취소] 명령으로 나누기를 해제할 수 있다.

> ② 창 나누기는 셀 포인터의 위치에 따라 4개 또는 2개로 분할할 수 있습니다.
> ③ 창 나누기 구분선은 마우스로 위치를 조정할 수 있으나 틀 고정 구분선은 마우스로 위치를 조정할 수 없습니다.
> ④ 창 나누기는 [실행 취소] 명령으로 나누기를 해제할 수 없습니다.

3. 다음 중 [페이지 설정] 대화상자에 대한 설명으로 옳지 않은 것은? 24.상시, 23.상시, 22.상시, 21.상시

① [페이지] 탭에서 '자동 맞춤'의 용지 너비와 용지 높이를 각각 1로 지정하면 여러 페이지가 한 페이지에 인쇄된다.
② [머리글/바닥글]의 여백은 [머리글/바닥글] 탭에서 '머리글'과 '바닥글'의 여백을 mm 단위로 지정할 수 있다.
③ [여백] 탭에서 '페이지 가운데 맞춤'의 가로 및 세로를 체크하면 인쇄 내용이 용지의 가운데에 맞춰 인쇄된다.
④ [시트] 탭에서 '눈금선'의 표시 여부를 지정할 수 있다.

> '머리글'과 '바닥글'의 여백은 '페이지 설정' 대화상자의 '여백' 탭에서 지정할 수 있습니다.

4. [A1:K20] 영역에 데이터가 입력되어 있고, 한 페이지에 인쇄되는 범위가 [A1:J12] 영역일 때 모든 내용을 한 페이지에 출력하도록 하기 위한 속성 설정으로 올바른 것은? 25.상시, 24.상시

① [축소 확대/배율]을 100%로 한다.
② [자동 맞춤]의 '용지 너비'를 1로 하고 '용지 높이'를 공백으로 한다.
③ [자동 맞춤]의 '용지 너비'를 공백으로 하고 '용지 높이'를 1로 한다.
④ [자동 맞춤]의 '용지 너비'와 '용지 높이'를 1로 한다.

> 모든 내용을 한 페이지에 출력하려면 '페이지 설정' 대화상자의 '페이지' 탭에서 [자동 맞춤]의 '용지 너비'와 '용지 높이'를 1로 지정하면 됩니다.

5. 다음 중 선택된 차트의 페이지 설정에 관한 설명으로 옳지 않은 것은? 22.상시, 21.상시, 09.2

① 인쇄 품질을 '초안' 또는 '흑백으로 인쇄'를 선택하여 출력할 수 있다.
② 머리글/바닥글을 이용하여 일반 시트 인쇄 방법과 동일하게 머리글 및 바닥글을 인쇄할 수 있다.
③ 차트의 일부분을 인쇄하기 위해 인쇄 영역을 지정할 수 없다.
④ 차트를 축소하여 인쇄하기 위해 확대/축소 배율을 지정할 수 있다.

> 차트를 선택한 상태에서는 '확대/축소 배율'을 지정할 수 없습니다.

6. 다음 중 [보기] 탭의 [페이지 나누기 미리 보기]에 대한 설명으로 옳지 않은 것은? 25.상시, 21.상시, 16.2, 14.2, 09.3, 09.1, 08.1

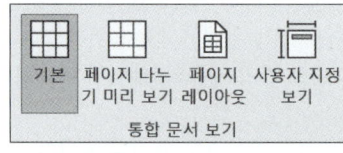

① 페이지 나누기는 구분선을 이용하여 인쇄를 위한 페이지 나누기를 빠르게 조정하는 기능이다.
② 행 높이와 열 너비를 변경하면 자동 페이지 나누기의 위치도 변경된다.
③ [페이지 나누기 미리 보기]에서 수동으로 삽입된 페이지 나누기는 파선으로 표시되고 자동으로 추가된 페이지 나누기는 실선으로 표시된다.
④ 용지 크기, 여백 설정, 배율 옵션 등에 따라 자동 페이지 나누기가 삽입된다.

> [페이지 나누기 미리 보기]에서 수동으로 삽입된 페이지 나누기는 실선으로 표시되고 자동으로 추가된 페이지 나누기는 파선으로 표시됩니다.

정답 1.③ 2.① 3.② 4.④ 5.④ 6.③

7. 다음 중 [페이지 레이아웃] 보기 상태에서 설정 가능한 설명으로 옳지 않은 것은?   23.상시, 22.상시, 18.2, 18.1

① 눈금자, 눈금선, 머리글 등을 표시하거나 숨길 수 있다.
② 마우스로 페이지 구분선을 클릭하여 페이지 나누기 위치를 조정할 수 있다.
③ 기본 보기에서와 같이 셀 서식을 변경하거나 수식 작업을 할 수 있다.
④ 머리글과 바닥글을 짝수 페이지와 홀수 페이지에 각각 다르게 지정할 수 있다.

> 페이지 레이아웃 보기 상태에서는 페이지 나누기를 조정하는 페이지 구분선을 마우스로 드래그할 수 없습니다.

8. 다음 중 [파일] → [인쇄]를 선택하면 표시되는 미리 보기 화면과 인쇄 옵션에서 설정할 수 있는 것으로 틀린 것은?   24.상시, 23.상시, 22.상시, 17.2

① [머리글/바닥글]로 설정한 내용은 매 페이지 상단이나 하단의 별도 영역에, 인쇄 제목의 반복할 행/열은 매 페이지의 본문 영역에 반복 출력된다.
② [페이지 설정]에서 '인쇄 영역'을 변경하여 인쇄할 수 있다.
③ [페이지 설정]에서 확대/축소 배율을 10%에서 최대 400%까지 설정하여 인쇄할 수 있다.
④ '여백 표시'를 표시하여 워크시트의 열 너비를 조정할 수 있다.

> [파일] → [인쇄]를 선택한 후 '페이지 설정'을 클릭하면 '페이지 설정' 대화상자가 표시되지만 '시트' 탭의 인쇄 영역, 반복할 행, 반복할 열이 모두 비활성화 되어 있으므로 '인쇄 영역'을 변경할 수 없습니다.

9. 다음 중 워크시트에 입력된 도형만 제외하고 인쇄하려고 할 때의 방법으로 알맞은 것은?   22.상시, 21.상시, 09.4

① [페이지 설정] 대화상자의 '시트' 탭에서 '흑백으로' 항목에 체크하고 〈확인〉을 클릭한다.
② [페이지 설정] 대화상자의 '시트' 탭에서 '간단하게 인쇄' 항목에 체크하고 〈확인〉을 클릭한다.
③ [페이지 설정] 대화상자의 '시트' 탭에서 '시험출력' 항목에 체크하고 〈확인〉을 클릭한다.
④ 입력된 도형을 선택하고 바로 가기 메뉴에서 [크기 및 속성]을 선택한 후 [도형 서식] 창에서 '개체 인쇄'를 해제한다.

> 인쇄 영역에 포함된 도형을 인쇄되지 않게 하려면 [도형 서식] 창에서 '개체 인쇄' 옵션의 선택을 해제하면 됩니다.

10. 다음 중 워크시트의 인쇄 영역 설정에 대한 설명으로 옳지 않은 것은?   22.상시, 21.상시, 19.2

① 인쇄 영역은 리본 메뉴의 [페이지 레이아웃] 탭이나 [페이지 설정] 대화상자의 [시트] 탭에서 설정할 수 있다.
② 인쇄 영역을 설정했더라도 인쇄 시 활성 시트 전체가 인쇄되도록 설정할 수 있다.
③ 여러 시트에서 원하는 영역을 추가하여 인쇄 영역을 확대할 수 있다.
④ 여러 영역이 인쇄 영역으로 설정된 경우 설정한 순서대로 각기 다른 페이지에 인쇄된다.

> 하나의 시트에서는 원하는 영역을 기존 인쇄 영역에 추가하여 인쇄 영역을 확대할 수 있지만 여러 시트에 대해서는 불가능합니다.

11. 다음 중 워크시트의 화면 [확대/축소]에 관한 설명으로 옳지 않은 것은?   25.상시, 22.상시, 20.1

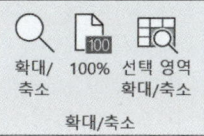

① [선택 영역 확대/축소] 명령은 선택된 영역으로 전체 창을 채우도록 워크시트를 확대하거나 축소한다.
② 설정한 확대/축소 배율은 통합 문서의 모든 시트에 자동으로 적용된다.
③ 문서의 확대/축소는 10%에서 400%까지 설정할 수 있다.
④ 화면의 확대/축소는 단지 화면에서 보이는 상태만을 확대/축소하는 것으로 인쇄 시 적용되지 않는다.

> 화면의 확대/축소는 해당 시트에만 적용됩니다.

정답 7.② 8.② 9.④ 10.③ 11.②

2과목 스프레드시트 일반
핵심요약 & 대표기출문제
5장 | 데이터 관리

01 정렬
24.상시, 23.상시, 22.상시, 21.상시, 20.1, 18.상시, 18.1, 16.1, 15.3, 14.3, 14.2, 13.1, …

- 정렬 기준은 최대 64개까지 지정할 수 있으며, 기본적으로 행 단위로 정렬된다.
- 원칙적으로 숨겨진 행/열에 있는 데이터는 정렬에 포함되지 않는다.
- 영문자 대/소문자를 구분하여 정렬할 수 있는 기능을 제공하며, 오름차순 시 소문자가 우선순위를 갖는다.
- 오름차순은 '숫자 〉 문자 〉 논리값 〉 오류값 〉 빈 셀' 순, 내림차순은 '오류값 〉 논리값 〉 문자 〉 숫자 〉 빈 셀' 순이다.
- 사용자 지정 목록을 사용하여 사용자가 정의한 순서대로 정렬할 수 있다.

03 자동 필터
20.1, 19.2, 19.1, 18.1, 16.2, 15.2, 14.1, 13.3, 12.1, 04.2

- 단순한 비교 조건을 사용하여 간단한 데이터 추출 작업에 사용되는 필터이다.
- **실행** [데이터] → [정렬 및 필터] → [필터] 클릭
- 두 개 이상의 필드(열)에 조건이 설정된 경우 AND 조건으로 결합된다.
- 자동 필터를 사용하면 목록 값, 서식, 조건을 이용하여 세 가지 유형의 필터를 만들 수 있지만, 한 번에 한 가지 필터만 적용할 수 있다.
- 필드(열)에 입력된 데이터에 따라 [숫자 필터], [텍스트 필터], [날짜 필터] 중 하나의 필터가 표시되는데, 하나의 필드에 날짜, 숫자, 텍스트 등의 데이터가 섞여 있으면 가장 많이 있는 데이터 형식에 대한 필터가 표시된다.
- 상위 10 자동 필터 : 항목이나 백분율을 기준으로 상위나 하위로 데이터의 범위를 지정하여 해당 범위에 포함된 레코드만 추출하는 기능으로, 숫자 필드에서만 사용할 수 있음
- 사용자 지정 자동 필터 : 하나의 필드에 1개나 2개의 조건을 지정하여 추출하는 기능

02 '정렬' 대화상자
24.상시, 23.상시, 22.상시, 21.상시, 20.1, 18.1, 17.1, 16.1, 15.3, 14.3, 14.2, 13.2, 13.1, …

- 정렬 기준에는 셀에 입력된 값이나 셀에 지정된 '셀 색, 글꼴 색, 조건부 서식 아이콘'이 있다.
- 정렬 기준을 '셀 값'으로 지정하면 오름차순이나 내림차순으로 정렬하지만 '셀 색', '글꼴 색', '조건부 서식 아이콘'을 선택하여 지정하면 선택한 색이나 아이콘 순서대로 목록의 위나 아래에 표시한다.
- 정렬 방식에는 오름차순, 내림차순, 사용자 지정 목록이 있다.
- 정렬 옵션
  - 대/소문자를 구분해 정렬할 것인지를 지정할 수 있다.
  - 정렬할 방향을 지정할 수 있다.
    ▶ 위쪽에서 아래쪽 : 열을 기준으로 정렬(기본값)
    ▶ 왼쪽에서 오른쪽 : 행을 기준으로 정렬
- ※ 표 스타일이 적용된 데이터 영역을 왼쪽에서 오른쪽 방향으로 정렬하려면 정렬하기 전에 '범위로 변환'을 실행해야 함

> **잠깐만요** '정렬 경고' 대화상자
> - 데이터 목록 중 한 행이나 한 열만 정렬 범위로 지정한 경우 '정렬 경고' 대화상자가 표시됩니다.
> - **선택 영역 확장** : 현재 셀 포인터와 인접한 영역에 있는 데이터 목록 전체가 정렬 범위로 확장되어 정렬이 수행됨
> - **현재 선택 영역으로 정렬** : 현재 선택된 영역만을 기준으로 정렬이 수행됨

04 고급 필터의 기본 조건 지정 방법
24.상시, 23.상시, 22.상시, 21.상시, 20.2, 19.상시, 15.3, 11.2, 10.1, 09.4, 09.3, 08.1, 07.4, …

- 조건을 지정할 범위의 첫 행에는 원본 데이터 목록의 필드명을 입력하고, 그 아래 행에 조건을 입력한다.
- 조건을 지정할 때 '?, *' 등의 만능 문자(와일드 카드)도 사용할 수 있다.
- 고급 필터의 조건으로 일반적인 수식이 아닌 값에 대한 비교 연산자로 등호(=)를 사용할 때는 ="=항목" 형식으로 입력한다.
- AND 조건
  - 지정한 모든 조건을 만족하는 데이터만 출력된다.
  - 조건을 모두 같은 행에 입력한다.
- OR 조건
  - 지정한 조건 중 하나의 조건이라도 만족하는 경우 데이터가 출력된다.
  - 조건을 모두 다른 행에 입력한다.
- AND와 OR 결합 조건 : AND와 OR 조건이 결합된 형태의 조건 지정 방식

25.상시, 24.상시, 23.상시, 22.상시, 21.상시, 20.2, 18.상시, 18.2, 17.2, 16.3, 14.1, 12.2, 09.2, …

05 고급 필터의 고급 조건 지정 방법

- 함수나 식의 계산값을 고급 필터의 찾을 조건으로 지정하는 방식이다.
- 조건 지정 범위의 첫 행에 입력될 조건 필드명은 원본 데이터의 필드명과 다른 필드명을 입력하거나 생략하며, 그 아래 행에 조건을 입한다.
- 함수나 식을 사용하여 조건을 입력하면 셀에는 비교되는 현재 대상의 값에 따라 TRUE나 FALSE가 표시된다.
- 함수와 식을 혼합하여 조건을 지정할 수 있다.
- 함수나 식을 사용해도 AND나 OR 조건을 입력하는 방법은 동일하다.

25.상시, 23.상시, 22.상시, 21.상시, 19.상시, 20.2, 18.1, 12.2, 11.3, 11.2, 10.3, 09.2, 09.1, …

07 Microsoft Query / 웹 쿼리

Microsoft Query

- 외부 데이터베이스에서 가져올 데이터의 추출 조건을 쿼리로 만들어 가져오거나 쿼리를 저장하여 반복 사용할 수 있다.
- 새 쿼리는 하나의 통합 문서에 대해서만 만들 수 있다.
- **실행** [데이터] → [데이터 가져오기 및 변환] → [데이터 가져오기] → [기타 원본에서] → [Microsoft Query에서] 선택
- 쿼리 마법사
  ① '쿼리 마법사-열 선택' : 불러올 필드 선택
  ② '쿼리 마법사-데이터 필터' : 선택한 테이블에서 필요한 레코드를 추출하기 위해 조건 지정
  ③ '쿼리 마법사-정렬 순서' : 정렬 방식 지정
  ④ '쿼리 마법사-마침' : 쿼리 결과 표시, 쿼리 편집 중 선택

웹 쿼리

- 웹 페이지에서 테이블(표)을 검색하여 워크시트에서 사용할 수 있도록 가져올 때 사용한다.
- **실행** [데이터] → [데이터 가져오기 및 변환] → [웹] 클릭

25.상시, 23.상시, 22.상시, 20.2, 19.상시, 18.2, 18.1, 17.2, 16.2, 16.1, 15.3, 15.1, 13.2, …

06 외부 데이터 가져오기 개요

- SQL, dBASE, Access 등에서 사용하는 데이터베이스 파일과 텍스트 파일 등을 워크시트로 가져오거나 데이터베이스 파일을 쿼리 형태로 변경하여 워크시트에서 사용할 수 있도록 하는 기능이다.
- 가져올 수 있는 외부 데이터 파일 : 데이터베이스 파일(SQL, Access, dBase), 웹(*.htm), XML, JSON, 텍스트 파일(txt, prn), 엑셀 파일(xlsx, xlsm), 쿼리(*.dqy), OLAP 큐브 파일(*.oqy) 등
- **실행** [데이터] → [데이터 가져오기 및 변환] 그룹에서 불러올 파일 형식 클릭
- 외부 데이터 가져오기를 사용하여 가져온 데이터는 기본적으로 새 워크시트에 표시되지만 사용자가 위치를 지정할 수 있다.
- 외부 데이터 가져오기를 사용하여 가져온 데이터는 원본 데이터가 변경될 경우 가져온 데이터에도 반영되도록 설정할 수 있다.
- 원본 데이터 변경 시 가져온 데이터에 반영되도록 설정하려면 [데이터] → [쿼리 및 연결] → [모두 새로 고침]에서 해당 메뉴를 선택하면 된다.
  ※ 원본 데이터와의 연결을 삭제할 경우 가져온 데이터는 삭제되지 않지만 데이터의 새로 고침은 불가능함
- [모두 새로 고침]의 하위 메뉴 : 모두 새로 고침, 새로 고침, 새로 고침 상태, 새로 고침 취소 등

> **잠깐만요** '연결 속성' 대화상자
> - **실행** [데이터] → [쿼리 및 연결] → [모두 새로 고침] → [연결 속성] 선택
> - 새로 고침 옵션
>   - 다른 작업하면서 새로 고침
>   - 지정한 시간 간격 단위로 새로 고침
>   - 파일을 열 때 데이터 새로 고침
> - 사용 위치 : 시트, 이름, 위치, 값, 수식 등이 연결이 통합 문서에서 사용되는 위치를 표시함

5장 대표기출문제

1. 다음 중 엑셀의 정렬 기능에 대한 설명으로 옳지 않은 것은?
24.상시, 21.상시

① 오름차순 정렬과 내림차순 정렬 모두 빈 셀은 항상 마지막으로 정렬된다.
② 숨겨진 행이나 열도 정렬에 포함되어 정렬된다.
③ 대/소문자를 구분하여 정렬할 수 있고, 오름차순으로 정렬하면 소문자 → 대문자 순으로 정렬된다.
④ 표 서식이 적용된 데이터 영역을 '왼쪽에서 오른쪽'으로 정렬하려면 정렬하기 전에 '범위로 변환'을 실행해야 한다.

> 숨겨진 행이나 열에 있는 데이터는 정렬에 포함되지 않습니다.

2. 다음 중 데이터 정렬에 관한 설명으로 옳지 않은 것은?
23.상시, 22.상시, 20.1

① 대/소문자를 구분하여 정렬할 수 있다.
② 표 안에서 다른 열에는 영향을 주지 않고 선택한 한 열 내에서만 정렬하도록 할 수 있다.
③ 정렬 기준으로 '조건부 서식 아이콘'을 선택한 경우 기본 정렬 순서는 '위에 표시'이다.
④ 행을 기준으로 정렬하려면 [정렬] 대화상자의 [옵션]에서 정렬 옵션의 방향을 '위쪽에서 아래쪽'으로 선택한다.

> 행을 기준으로 정렬하려면 '정렬' 대화상자의 '옵션'에서 정렬 옵션의 방향을 '왼쪽에서 오른쪽'으로 선택해야 합니다.

3. 엑셀에서 데이터를 정렬하려는데 다음과 같은 정렬 경고 대화상자가 표시되었다. 다음 중 옳지 않은 것은?
24.상시, 23.상시

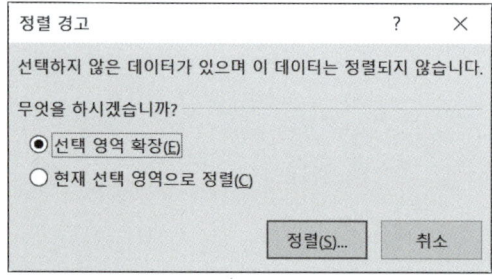

① 이 정렬 경고 대화상자는 표 범위에서 하나의 열만 범위로 선택한 경우에 발생한다.
② 인접한 데이터를 포함하기 위해 선택 영역을 늘리려면 '선택 영역 확장'을 선택한다.
③ 이 정렬 경고 대화상자는 셀 포인터가 표 범위 내에 있지 않기 때문에 발생한다.
④ '현재 선택 영역으로 정렬'을 선택하면 현재 설정한 열만을 정렬 대상으로 선택한다.

셀 포인터가 표 범위 내에 있지 않을 때는 아래와 같은 대화상자가 표시됩니다.

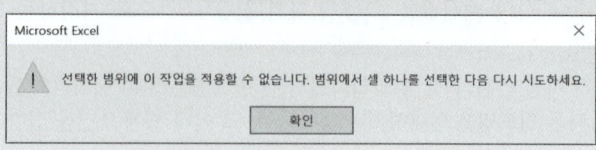

4. 다음 중 자동 필터에 관한 설명으로 옳지 않은 것은?
19.2, 16.2

① 날짜가 입력된 열에서 요일로 필터링하려면 '날짜 필터' 목록에서 필터링 기준으로 사용할 요일을 하나 이상 선택하거나 취소한다.
② 두 개 이상의 필드에 조건을 설정하는 경우 필드 간에는 AND 조건으로 결합되어 필터링된다.
③ 열 머리글에 표시되는 드롭다운 화살표에는 해당 열에서 가장 많이 나타나는 데이터 형식에 해당하는 필터 목록이 표시된다.
④ 자동 필터를 사용하면 목록 값, 서식 또는 조건 등 세 가지 유형의 필터를 만들 수 있으며, 각 셀의 범위나 표 열에 대해 한 번에 한 가지 유형의 필터만 사용할 수 있다.

> • 날짜의 요일을 기준으로 필터링하려면 TEXT 함수를 사용하여 날짜를 요일로 변환한 열을 추가한 후 이 열을 기준으로 필터링해야 합니다.
> • 날짜를 요일로 변환하는 수식 : =TEXT(셀주소, "aaaa") 또는 =TEXT(셀주소, "aaa")

5. 아래 시트와 같이 고급 필터를 실행했을 경우 추출되지 않는 이름은?
24.상시, 23.상시, 22.상시, 21.상시

	A	B	C
1	이름	직급	근무년수
2	김소리	과장	15
3	박진정	대리	20
4	이향진	부장	25
5	김민정	대리	23
6	이인호	차장	21
7			
8	이름	근무년수	
9	김*	<=20	
10	이*	>=20	

① 김소리 ② 이향진
③ 김민정 ④ 이인호

> 고급 필터의 조건을 같은 행에 입력하면 AND 조건, 다른 행에 입력하면 OR 조건으로 연결됩니다. '이름'이 '김'으로 시작하고 '근무년수'가 20 이하이거나, '이름'이 '이'로 시작하고 '근무년수'가 20 이상인 사원의 이름인 '김소리', '이향진', '이인호'만 표시됩니다.

정답 1.② 2.④ 3.③ 4.① 5.③

6. 다음 중 아래 시트에서 사원명이 두 글자이면서 실적이 전체 실적의 평균을 초과하는 데이터를 검색할 때, 고급 필터의 조건으로 옳은 것은?   25.상시, 24.상시, 22.상시, 21.상시, 20.2

	A	B
1	사원명	실적
2	유민	15,030,000
3	오성준	35,000,000
4	김근태	18,000,000
5	김원	9,800,000
6	정영희	12,000,000
7	남궁정훈	25,000,000
8	이수	30,500,000
9	김용훈	8,000,000

①
사원명	실적조건
="=??"	=$B2>AVERAGE($B$2:$B$9)

②
사원명	실적
="=??"	=$B2&">AVERAGE($B$2:$B$9)"

③
사원명	실적
=LEN($A2)=2	=$B2>AVERAGE($B$2:$B$9)

④
사원명	실적조건
="=**"	=$B2>AVERAGE($B$2:$B$9)

- 만능 문자(와일드 카드) *는 문자의 모든 자리를, ?는 문자의 한 자리만을 대신하는 문자입니다. 두 글자인 데이터를 찾는 조건은 ="=??"로 작성해야 합니다.
- ※ 고급 필터의 조건으로 일반적인 수식이 아닌 값에 대한 비교 연산자로 등호(=)를 사용할 때는 ="=항목" 형식으로 입력하고, 조건으로 지정될 범위의 첫 행에는 원본 데이터 목록의 필드명을 입력해야 합니다(사원명).
- 고급 필터의 조건으로 수식을 입력할 경우, 조건으로 지정될 범위의 첫 행에는 아무것도 입력하지 않거나 원본 데이터의 필드명과 다른 필드명을 입력해야 합니다. "실적조건"처럼 필드명인 "실적"만 아니면 됩니다.

7. [데이터] → [쿼리 및 연결] 그룹에 있는 아이콘 중 다음 아이콘의 기능은 무엇인가?   22.상시

① 새로 고침
② 모두 새로 고침
③ 새로 고침 상태
④ 새로 고침 취소

[데이터] → [쿼리 및 연결] → 에서 선택할 수 있는 메뉴는 다음과 같습니다.

- 모두 새로 고침(A)
- 새로 고침(R)
- 새로 고침 상태(S)
- 새로 고침 취소(C)
- 연결 속성(O)...

8. 다음 중 외부 데이터의 [쿼리 및 연결] 설정 기능에 대한 설명으로 옳지 않은 것은?   22.상시, 16.1, 14.3

① [연결 속성] 대화상자에서 시트, 이름, 위치(셀, 범위, 개체에 대한 참조), 값, 수식 등 통합 문서에서 사용되는 연결 위치 정보가 제공된다.

② [연결 속성] 대화상자에서 일정한 시간 간격으로 외부 데이터를 자동으로 새로 고치도록 설정할 수 있다.

③ [연결 속성] 대화상자에서 통합 문서를 열 때 외부 데이터를 자동으로 새로 고치거나 외부 데이터를 새로 고치지 않고 즉시 통합 문서를 열도록 설정할 수 있다.

④ 연결을 제거하면 현재 통합 문서에 외부에서 연결하여 가져온 데이터도 함께 제거된다.

연결을 제거해도 현재 통합 문서에 가져온 데이터는 삭제되지 않지만 더 이상 데이터 새로 고침은 불가능합니다.

9. 다음 중 [데이터] 탭 [데이터 가져오기 및 변환] 그룹의 각 명령에 대한 설명으로 옳지 않은 것은?   23.상시, 22.상시, 19.상시, 18.1

① [데이터 가져오기] → [기타 원본에서] → [Microsoft Query에서]를 이용하면 여러 테이블을 조인(Join)한 결과를 워크시트로 가져올 수 있다.

② [기존 연결]을 이용하면 Microsoft Query에서 작성한 쿼리 파일(*.dqy)의 실행 결과를 워크시트로 가져올 수 있다.

③ [웹]을 이용하면 웹 페이지의 모든 데이터를 원본 그대로 가져올 수 있다.

④ [데이터 가져오기] → [데이터베이스에서] → [Microsoft Access 데이터베이스에서]를 이용하면 원본 데이터의 변경 사항이 워크시트에 반영되도록 설정할 수 있다.

[웹]을 이용하면 웹 페이지에서 테이블만 가져올 수 있습니다.

2과목 스프레드시트 일반
핵심요약 & 대표기출문제
6장 | 데이터 분석

01 부분합

- 많은 양의 데이터 목록을 그룹별로 분류하고, 각 그룹별로 계산을 수행하는 데이터 분석 도구이다.
- 부분합을 작성하려면 첫 행에는 열 이름표가 있어야 하며, 반드시 기준이 되는 필드를 기준으로 오름차순이나 내림차순으로 정렬되어 있어야 한다.
- 같은 열에 있는 자료에 대하여 여러 개의 함수를 중복 사용하여 다중 함수 부분합을 작성할 수 있다.
- 사용할 수 있는 함수 : 합계, 개수, 평균, 최대, 최소, 곱, 숫자 개수, 표준 편차, 표본 표준 편차, 표본 분산, 분산
- 부분합을 작성하면 워크시트 왼쪽에 부분합을 계산한 하위 그룹 단위로 개요가 설정되고, 개요 기호가 나타난다.
- 부분합을 제거하면 부분합과 함께 표에 삽입된 개요 및 페이지 나누기도 모두 제거된다.
- **실행** [데이터] → [개요] → [부분합] 클릭
- '부분합' 대화상자의 주요 항목
  - 그룹화할 항목 : 값을 구하는 기준이 되는 항목을 선택(정렬된 항목)
  - 사용할 함수 : 사용할 함수를 선택
  - 부분합 계산 항목 : 함수를 적용할 필드를 선택
  - 새로운 값으로 대치 : 이미 작성된 부분합을 지우고, 새 부분합으로 변경할 경우 선택함
  - 그룹 사이에서 페이지 나누기 : 부분합을 구한 뒤 각 그룹 다음에 페이지 나누기를 자동으로 삽입함
  - 데이터 아래에 요약 표시 : 선택하면 각 그룹의 아래쪽에 부분합 결과를 표시하고, 선택하지 않으면 그룹의 위쪽에 부분합 결과를 표시함
  - 모두 제거 : 부분합을 해제하고, 원래 데이터 목록을 표시함
- 중첩 부분합
  - 이미 작성된 부분합 그룹 내에 새로운 부분합 그룹을 추가하는 것이다.
  - 중첩 부분합을 작성하려면 '부분합' 대화상자에서 반드시 '새로운 값으로 대치'를 해제해야 한다.
  - 중첩 부분합을 수행하면 먼저 작성한 부분합의 결과가 아래쪽에 표시된다.

02 피벗 테이블

- 많은 양의 데이터를 한눈에 쉽게 파악할 수 있도록 요약·분석하여 보여주는 도구이다.
- 엑셀 목록, 데이터베이스, 외부 데이터, 다른 피벗 테이블 등의 데이터를 사용할 수 있다.
- 필드별로 다양한 조건을 지정할 수 있으며, 그룹별로 데이터 집계가 가능하다.
- 원본 데이터가 변경되면 [피벗 테이블 분석] → [데이터] → [새로 고침(🔄)]을 이용하여 피벗 테이블의 데이터도 변경할 수 있다.
- 사용자가 피벗 테이블에 새로운 필드를 추가할 수 있다.
- **실행** [삽입] → [표] → [피벗 테이블] 클릭
- 피벗 테이블의 구성 요소

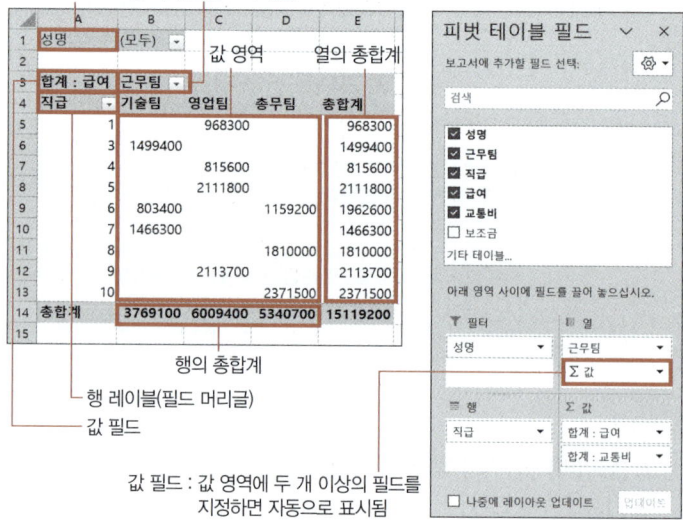

03 피벗 차트 보고서

- 피벗 테이블의 데이터를 이용하여 작성한 차트로, 피벗 테이블에서 항목이나 필드에 변화를 주면 피벗 차트도 변경되고, 반대로 피벗 차트에서 변화를 주면 피벗 테이블도 변경된다.
- 피벗 차트는 피벗 테이블을 작성할 때 함께 작성하거나, 이미 작성된 피벗 테이블을 이용하여 작성한다.
- 피벗 차트를 추가하면 피벗 테이블이 있는 워크시트에 삽입된다.
- 피벗 테이블을 삭제하면 피벗 차트가 일반 차트로 변경되지만, 피벗 차트를 삭제해도 피벗 테이블에는 아무 변화가 없다.
- 표준 차트의 항목, 계열, 데이터가 피벗 차트에서는 축 필드(항목), 범례 필드(계열), 값 필드에 해당한다.
- 분산형, 거품형, 주식형 차트는 피벗 차트로 만들 수 없다.

04 피벗 테이블의 그룹화

- 그룹화는 특정 필드를 일정한 단위로 묶어 표현할 때 사용하는 것으로, 문자, 숫자, 날짜, 시간 등 모든 필드에서 사용할 수 있다.
- **숫자, 날짜, 시간 데이터 그룹 지정** : 그룹을 지정할 필드의 바로 가기 메뉴에서 [그룹]을 선택하고, '그룹화' 대화상자에서 시작, 끝, 단위를 지정함
- **문자 데이터 그룹 지정** : 그룹 지정할 셀을 블록으로 설정한 후 바로 가기 메뉴의 [그룹]을 선택하고, 그룹명을 변경함
- **그룹 해제** : 그룹으로 설정된 영역의 바로 가기 메뉴 중 [그룹 해제] 또는 [피벗 테이블 분석] → [그룹] → [그룹 해제]를 클릭함

06 목표값 찾기

- 수식에서 원하는 결과(목표)값은 알고 있지만 그 결과값을 계산하기 위해 필요한 입력값을 모를 경우에 사용하는 도구이다.
- 목표값 찾기는 주어진 결과값에 대해 하나의 입력값만 변경할 수 있다.
- 결과값은 입력값을 참조하는 수식으로 작성되어야 한다.
- 실행 [데이터] → [예측] → [가상 분석] → [목표값 찾기] 선택
- '목표값 찾기' 대화상자

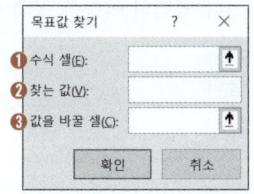

- ❶ **수식 셀** : 결과값이 출력되는 셀 주소로, 해당 셀에는 반드시 수식이 있어야 함
- ❷ **찾는 값** : 목표로 하는 값을 직접 입력해야 함
- ❸ **값을 바꿀 셀** : 목표값을 만들기 위해 변경되는 값이 들어 있는 셀 주소

05 시나리오

- 다양한 상황과 변수에 따른 여러 가지 결과값의 변화를 가상의 상황을 통해 예측하여 분석하는 도구이다.
- 이자율, 손익 분기점, 주가 분석 등에 많이 사용된다.
- 시나리오를 작성하면 현재 작업하는 워크시트의 왼쪽에 새 워크시트를 삽입하고 그 시트에 시나리오 보고서를 표시한다.
- 여러 시나리오를 서로 비교하기 위해 시나리오를 피벗 테이블로 요약할 수 있다.
- 시나리오 요약 보고서나 시나리오 피벗 테이블 보고서를 만들 때에는 반드시 결과 셀을 지정해야 한다.
- 시나리오 병합을 통하여 다른 통합 문서나 다른 워크시트에 저장된 시나리오를 가져올 수 있다.
- '시나리오 관리자' 대화상자에서 시나리오를 삭제해도 이미 작성된 시나리오 요약 보고서는 삭제되지 않고, 반대로 시나리오 요약 보고서를 삭제해도 시나리오는 삭제되지 않는다.
- 시나리오가 작성된 원본 데이터를 변경해도 이미 작성된 시나리오 보고서에는 반영되지 않는다.
- '변경 셀'과 '결과 셀'에 이름을 지정한 후 시나리오 요약 보고서를 작성하면 셀 주소 대신 지정한 이름이 표시된다.
- 실행 : [데이터] → [예측] → [가상 분석] → [시나리오 관리자] 선택

07 데이터 표

- 특정 값의 변화에 따른 결과값의 변화 과정을 표의 형태로 표시해주는 도구이다.
- 결과값은 반드시 변화하는 특정 값을 포함한 수식으로 작성되어야 한다.
- 변화하는 값과 수식이 입력된 부분을 모두 포함되도록 범위를 설정한 후 데이터 표를 실행한다.
- 데이터 표 기능을 이용하여 계산된 결과는 참조하고 있는 셀의 데이터가 수정되면 자동으로 갱신된다.
- 데이터 표의 결과는 일부분만을 수정할 수 없다.
- 실행 [데이터] → [예측] → [가상 분석] → [데이터 표] 선택
- '데이터 테이블' 대화상자

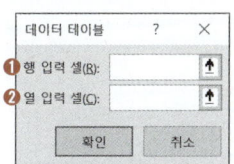

- ❶ **행 입력 셀** : 변화되는 값이 한 행에 있을 때 변화되는 셀의 주소를 지정
- ❷ **열 입력 셀** : 변화되는 값이 한 열에 있을 때 변화되는 셀의 주소를 지정

25.상시, 24.상시, 23.상시, 22.상시, 18.2, 15.1, 11.1, 10.3, 09.1, 08.4, 07.2, 04.1

08 데이터 통합

- 비슷한 형식의 여러 데이터를 하나의 표로 통합·요약하여 표시해주는 도구이다.
- 사용할 데이터의 형태가 다르더라도 같은 이름표를 사용하면 항목을 기준으로 통합할 수 있다.
- **통합 함수의 종류** : 합계, 개수, 평균, 최대, 최소, 곱, 숫자 개수, 표본 표준 편차, 표준 편차, 표본 분산, 분산
- 다른 워크시트나 통합 문서의 데이터를 사용할 수 있다.
- 지정한 항목이나 위치를 기준으로 통합하거나 영역의 이름을 정의하여 통합할 수도 있다.
- 실행 [데이터] → [데이터 도구] → [통합] 클릭
- '통합' 대화상자

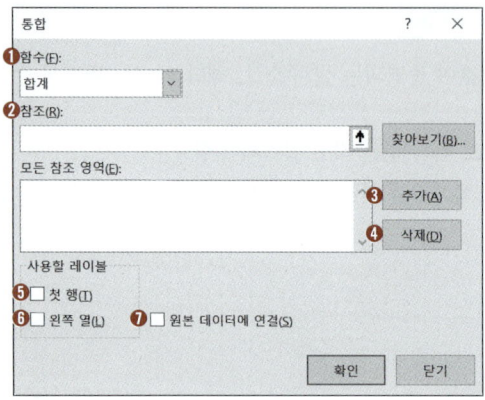

❶ 함수 : 사용할 함수를 선택함
❷ 참조 : 통합할 데이터 범위를 지정함
❸ 추가 : 참조에서 지정한 데이터 범위를 추가함
❹ 삭제 : '모든 참조 영역'에 추가된 범위 중 선택하여 삭제함
❺ 첫 행 : 참조된 데이터 범위의 첫 행을 통합된 데이터의 첫 행(열 이름)으로 사용함
❻ 왼쪽 열 : 참조된 데이터 범위의 왼쪽 열을 통합된 데이터의 첫 열(행 이름)로 사용함
❼ 원본 데이터에 연결 : 원본 데이터가 변경될 경우 통합된 데이터에도 반영함

※ 통합할 데이터가 있는 워크시트와 통합 결과가 작성될 워크시트가 서로 다를 경우에만 '원본 데이터에 연결'을 적용할 수 있음

6장 대표기출문제

1. 다음 중 부분합에 대한 설명 중 옳지 않은 것은? 25.상시, 23.상시, 21.상시

① 그룹화할 항목으로 선택된 필드는 자동으로 오름차순 정렬하여 부분합이 계산된다.
② 부분합에서는 합계, 평균, 개수 등의 함수 이외에도 다양한 함수를 선택할 수 있다.
③ 부분합에서 데이터 아래에 요약을 표시할 수 있다.
④ 부분합에서 그룹 사이에 페이지를 나눌 수 있다.

> 부분합을 작성하려면 먼저 그룹화할 항목을 기준으로 반드시 오름차순이나 내림차순으로 정렬한 후 부분합을 실행해야 합니다.

2. 다음의 [부분합] 실행 결과에 대한 설명으로 옳지 않은 것은? 25.상시, 24.상시, 23.상시

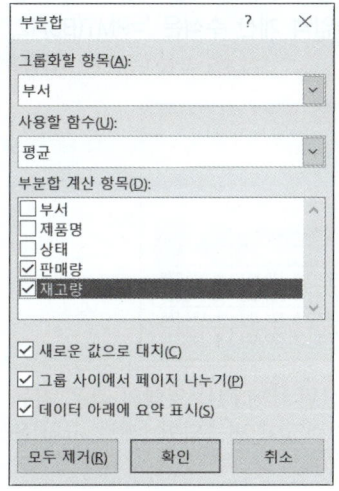

① 정렬할 데이터는 부서를 기준으로 정렬되어 있어야 한다.
② 이미 부분합이 설정되어 있는 경우에는 기존의 부분합 계산 항목은 모두 삭제된다.
③ 인쇄시 부서별로 다른 페이지에 인쇄된다.
④ 평균 아래에 그룹 데이터가 표시된다.

> '데이터 아래에 요약 표시'를 선택하면 그룹 데이터의 아래에 합계나 평균 등의 요약이 표시됩니다.

3. 다음 중 피벗 테이블에 대한 설명으로 옳지 않은 것은? 25.상시, 23.상시, 22.상시, 20.2, 14.1

① 원본 데이터가 변경되면 피벗 테이블의 데이터도 자동으로 변경된다.
② 외부 데이터를 대상으로 피벗 테이블을 작성할 수 있다.
③ 피벗 테이블을 작성한 후에 사용자가 새로운 수식을 추가하여 표시할 수 있다.
④ 많의 양의 자료를 분석하여 다양한 형태로 요약하여 보여주는 기능이다.

> 피벗 테이블의 원본 데이터를 수정해도 피벗 테이블에 자동으로 반영되지 않습니다. 원본 데이터의 수정사항을 피벗 테이블에 반영하려면 [피벗 테이블 분석] → [데이터] → [새로 고침]을 실행해야 합니다.

4. 다음 중 피벗 테이블 보고서와 피벗 차트 보고서에 대한 설명으로 옳지 않은 것은? 22.상시, 21.상시, 18.2

① 피벗 테이블 보고서에서는 값 영역에 표시된 데이터 일부를 삭제하거나 추가할 수 없다.
② 피벗 차트 보고서를 만들 때마다 동일한 데이터로 관련된 피벗 테이블 보고서가 자동으로 생성된다.
③ 피벗 차트 보고서는 분산형, 주식형, 거품형 등 다양한 차트 종류로 변경할 수 있다.
④ 행 또는 열 레이블에서의 데이터 정렬은 수동(항목을 끌어다시 정렬), 오름차순, 내림차순 중 선택할 수 있다.

> 분산형, 거품형, 주식형의 차트 모양으로 피벗 차트 보고서를 만들 수 없습니다.

5. 다음은 [A1:F29] 영역에 입력된 데이터의 일부다. [A1:F29] 영역의 데이터를 이용하여 작성한 다음 피벗 테이블에 대한 설명으로 옳지 않은 것은? 24.상시

	A	B	C	D	E	F
1	고객	담당	수량	단가	할인율	금액
2	제일 백화점	김승진	18	200	13%	3,132
3	제일 백화점	이소라	49	530	7%	24,152
4	제일 백화점	최승엽	30	530	13%	13,833
5	제일 백화점	이유리	95	760	3%	70,034

	A	B	C
1	고객	(다중 항목)	
2			
3	행 레이블	합계 : 금액	합계 : 부가세
4	강민석	52,452	5,245
5	김영식	80,966	8,097
6	박동수	10,814	1,081
7	박상민	45,192	4,519
8	이철호	70,157	7,016
9	총합계	259,581	25,958

① 필터 영역에 '고객'을 지정하고, 모든 데이터가 표시되도록 지정했다.
② 행 레이블에 '담당'을 지정하고 열 레이블에는 아무것도 지정하지 않았다.
③ '부가세' 필드는 금액의 10%인 계산 필드이다.
④ 피벗 테이블은 '새 워크시트'에 작성하였다.

> • [A1] 셀에는 '고객', [B1] 셀에는 '(다중 항목)'이 표시된 것으로 보아 필터 영역에 '고객'을 지정하고, 일부 데이터만 표시되도록 지정하였습니다.
> • 필터 영역에 모든 데이터가 표시되도록 지정하면 다음과 같이 표시됩니다.

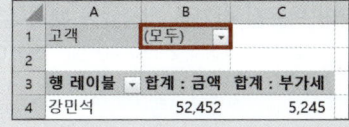

정답 1.① 2.④ 3.① 4.③ 5.①

6장 대표기출문제

6. 다음 중 시나리오에 대한 설명으로 옳지 않은 것은?
23.상시, 22.상시, 21.상시, 20.1

① 시나리오 요약 보고서를 만들 때에는 결과 셀을 반드시 지정해야 하지만, 시나리오 피벗 테이블 보고서를 만들 때에는 결과 셀을 지정하지 않아도 된다.
② 여러 시나리오를 비교하여 하나의 테이블로 요약하는 보고서를 만들 수 있다.
③ 시나리오 요약 보고서를 생성하기 전에 변경 셀과 결과 셀에 이름을 정의하면 셀 참조 주소 대신 정의된 이름이 보고서에 표시된다.
④ 시나리오 요약 보고서는 자동으로 다시 갱신되지 않으므로 변경된 값을 요약 보고서에 표시하려면 새 요약 보고서를 만들어야 한다.

> 시나리오 요약 보고서나 시나리오 피벗 테이블 보고서를 만들 때에는 반드시 결과 셀을 지정해야 합니다.

7. 다음 중 아래 그림과 같은 시나리오 요약 보고서에 대한 설명으로 옳지 않은 것은?
23.상시, 22.상시, 21.상시, 20.2

시나리오 요약		현재 값:	호황	불황
변경 셀:				
	냉장고판매	2%	4%	-2%
	세탁기판매	3%	6%	-3%
	$C$5	5%	10%	-5%
결과 셀:				
	예상판매금액	516,600,000	1,033,200,000	-516,600,000

① '호황'과 '불황' 두 개의 시나리오로 작성한 시나리오 요약 보고서는 새 워크시트에 표시된다.
② 원본 데이터에 '냉장고판매', '세탁기판매', '예상판매금액'으로 이름을 정의한 셀이 있다.
③ 원본 데이터에서 변경 셀의 현재 값을 수정하면 시나리오 요약 보고서가 자동으로 업데이트된다.
④ 시나리오 요약 보고서 내의 모든 내용은 수정 가능하며, 자동으로 설정된 개요도 지울 수 있다.

> 원본 데이터가 변경되어도 시나리오 요약 보고서는 자동으로 업데이트 되지 않으므로 시나리오 요약 보고서를 다시 작성해야 합니다.

8. 다음 중 아래 그림과 같이 목표값 찾기를 지정했을 때의 설명으로 옳은 것은?
25.상시, 24.상시, 21.상시, 16.1, 09.2, 05.1, 02.3

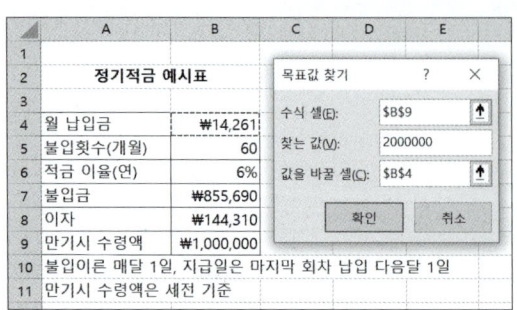

① 만기시 수령액이 2,000,000원이 되려면 월 납입금은 얼마가 되어야 하는가?
② 만기시 수령액이 2,000,000원이 되려면 적금 이율(연)이 얼마가 되어야 하는가?
③ 불입금이 2,000,000원이 되려면 만기시 수령액은 얼마가 되어야 하는가?
④ 월 납입금이 2,000,000원이 되려면 만기시 수령액은 얼마가 되어야 하는가?

> 그림은 만기시 수령액(B9)이 2,000,000원이 되려면 월 납입금(B4)이 얼마가 되어야 하는지를 구하는 목표값 찾기입니다.

9. 다음 중 아래 그림과 같이 기간과 이율의 변화에 따른 월불입액을 계산하려고 한다. 이때 실행하여야 할 작업 내용에 대한 설명으로 옳지 않은 것은? (월불입액 계산 수식은 '=PMT(B3/12, B2*12, -B4)'임)
25.상시, 22.상시, 21.상시, 13.2, 10.2

	A	B	C	D	E	F
2	기간	5				
3	이율	3%				
4	대출금액	₩10,000,000				
5	월불입액	₩179,687				
6					기간	
7			₩179,687	3	4	5
8			2%	₩286,426	₩216,951	₩175,278
9		이율	3%	₩290,812	₩221,343	₩179,687
10			4%	₩295,240	₩225,791	₩184,165
11			5%	₩299,709	₩230,293	₩188,712

① '데이터 표'를 실행하여 계산된 [D8:F11] 영역의 값은 자동으로 수정되지 않으므로 입력값이 변경되면 [새로 고침]을 해야 한다.
② [C7] 셀에 "=B5"를 입력하고 [C7:F11] 영역을 범위로 지정한 상태에서 '데이터 표'를 실행한다.
③ '데이터 테이블' 대화상자에서 '행 입력 셀'은 [B2] 셀, '열 입력 셀'은 [B3] 셀로 지정한 후 〈확인〉을 클릭한다.
④ 자동으로 결과가 구해진 셀을 하나 선택해서 살펴보면 '{=TABLE(B2,B3)}'과 같은 배열 수식이 들어 있다.

> '데이터 표'를 실행하여 계산된 영역의 값은 입력값이 변경되면 자동으로 수정됩니다.

10. 다음 중 통합에 관한 설명으로 옳지 않은 것은?
25.상시, 24.상시, 23.상시

① 여러 시트에 있는 데이터나 다른 통합 문서에 입력되어 있는 데이터를 통합할 수 있다.
② 데이터 통합은 위치를 기준으로 통합할 수도 있고, 영역의 이름을 정의하여 통합할 수도 있다.
③ 통합 영역의 데이터 변경 시 원본 영역의 데이터도 자동으로 변경되도록 하려면 '원본 데이터에 연결'을 선택한다.
④ 통합할 데이터를 변경하려면 '모든 참조 영역'에 지정된 참조 영역을 삭제한 후 새로 지정한다.

> '원본 데이터에 연결'은 원본 데이터가 변경될 경우 통합된 데이터에도 반영되도록 하는 것으로 반대의 경우는 적용되지 않습니다.

정답 6.① 7.③ 8.① 9.① 10.③

2과목 스프레드시트 일반
핵심요약 & 대표기출문제
7장 | 매크로 작성과 VBA 프로그래밍

01 매크로 기록
25.상시, 24.상시, 23.상시, 22.상시, 21.상시, 20.2, 19.상시, 19.2, 19.1, 14.2, 14.1, 13.3, 13.2, …

- 매크로는 엑셀에서 사용되는 다양한 명령들을 일련의 순서대로 기록해 두었다가 필요할 때 실행하면 기록해 둔 처리 과정이 순서대로 수행되도록 하는 기능이다.
- 매크로 기록에 사용된 명령과 함수는 Visual Basic 모듈에 저장되므로 Visual Basic Editor를 사용하여 내용을 추가, 삭제, 변경할 수 있다.
- 매크로 기록 중에 선택된 셀의 주소는 기본적으로 절대 참조로 기록되지만 [개발 도구] → [코드] → [상대 참조로 기록]을 이용하여 상대 참조로 변경하여 기록할 수 있다.
- 매크로를 상대 참조로 기록하면 매크로를 실행할 때 셀 포인터의 위치에 따라 매크로가 적용되는 위치가 달라진다.
  - 예 [A1] 셀이 선택된 상태에서 [A2:A5] 영역에 배경색을 '노랑색'으로 지정하는 매크로를 작성한 경우 [C1] 셀을 선택하고 매크로를 실행하면 [A1] 셀에서 [C1] 셀, 즉 오른쪽으로 두 칸 이동한 [C2:C5] 영역에 배경색이 '노랑색'으로 지정됨

'매크로 기록' 대화상자

- 매크로 이름
  - '매크로1, 매크로2, …' 등과 같이 자동으로 부여되지만, 사용자가 원하는 이름을 임의로 지정할 수 있다.
  - 이름 지정 시 첫 글자는 반드시 문자로 지정해야 하고, 두 번째 글자부터 문자, 숫자, 밑줄 문자(_) 등을 사용할 수 있다.
  - / ? ' ' . – ※ 등과 같은 문자와 공백은 매크로의 이름으로 사용할 수 없다.
- 바로 가기 키
  - 바로 가기 키에는 영문자만 사용할 수 있으며, 지정하지 않아도 매크로를 기록할 수 있다.
  - 기본적으로 Ctrl과 조합하여 사용하고, 대문자로 지정하면 Shift가 자동으로 덧붙여 지정된다.
  - 지정된 바로 가기 키를 다른 문자로 수정하여 지정할 수 있다.
  - 매크로에 지정된 바로 가기 키가 엑셀의 바로 가기 키보다 우선한다.
- 매크로가 저장되는 위치
  - 개인용 매크로 통합 문서 : PERSONAL.XLSB는 개인용 매크로 통합 문서로, 이 문서에 저장된 매크로는 모든 통합 문서에서 실행할 수 있음
  - 새 통합 문서 : 새 통합 문서를 열어 매크로를 기록하고 적용함
  - 현재 통합 문서 : 현재 작업중인 통합 문서에 매크로를 기록하고 적용함
- 설명 : 해당 매크로에 대한 간략한 설명으로, 사용자가 임의로 지정할 수 있음

> **잠깐만요** 양식 컨트롤과 Activex 컨트롤
> - 양식 컨트롤의 '단추'를 삽입하면 '매크로 지정' 대화상자가 자동으로 표시되지만 ActiveX 컨트롤의 '단추'를 삽입하면 아무것도 표시되지 않습니다.
> - 양식 컨트롤은 [디자인 모드]에서도 해당 컨트롤에 지정된 기능을 실행할 수 있지만 ActiveX 컨트롤은 실행할 수 없습니다.

02 매크로 실행
25.상시, 24.상시, 21.상시, 20.상시, 20.2, 18.1, 16.1, 12.3, 11.2, 08.3, …

- 다음과 같이 수행한 후 '매크로' 대화상자에서 매크로 이름을 선택하여 실행한다.
  - 방법1 [보기] → [매크로] → [매크로()] 클릭
  - 방법2 [개발 도구] → [코드] → [매크로] 클릭
  - 방법3 Alt + F8 누름
- 매크로를 기록할 때 지정한 바로 가기 키를 누른다.
- 워크시트에 삽입된 도형, 그림, 차트, 명령 단추 컨트롤 등에 매크로를 지정하여 실행한다.
- Visual Basic Editor(Alt + F11)에서 매크로 실행
  - 방법1 F5 : 일반적인 실행
  - 방법2 F8 : 한 단계씩 코드 실행
  - 방법3 Ctrl + F8 : 모듈 창의 커서 위치까지 실행
- '매크로' 대화상자
  - 실행 : 선택한 매크로를 실행함
  - 한 단계씩 코드 실행 : 선택한 매크로를 한 줄씩 실행함(디버깅 용도)
  - 편집 : Visual Basic Editor를 이용해 선택한 매크로의 이름이나 명령들을 편집함
  - 만들기 : Visual Basic Editor를 이용해 매크로를 작성함
  - 삭제 : 선택한 매크로를 삭제함
  - 옵션 : 선택한 매크로의 바로 가기 키나 설명을 변경함

03 프로그래밍의 기본
24.상시, 21.상시, 20.상시, 17.2, 16.3, 16.1, 14.1, 11.3, 11.2, 10.3, 10.1, 08.4, …

모듈 (Module)	• 프로시저의 집합이며, 프로젝트를 구성하는 기본 단위 • 표준 모듈 : 워크시트 모듈과 ThisWorkbook 모듈, 공용 모듈이 있음 • 클래스 모듈 : 개체를 새롭게 정의해서 사용할 수 있도록 작성하는 모듈로, 개체의 속성, 메서드, 이벤트를 정의하는 모듈임
프로시저 (Procedure)	• 연산을 수행하거나 값을 계산하는 일련의 명령문과 메서드의 모임으로, 모듈(Module) 안에 작성됨 • Sub ~ End Sub : 프로시저 내에 작성된 코드를 실행하는 가장 일반적인 형태로 결과값을 반환하지 않음 • Function ~ End Function : 프로시저 내에 작성된 코드를 실행하고 실행된 결과값을 반환함 • Property ~ End Property : 개체의 속성을 새로 정의할 때 사용되는 것으로, 결과값을 반환함
개체 (Object)	프로그래밍 과정에서 작업한 내용이 실제 적용되는 독립된 대상을 말함
속성 (Property)	크기, 색, 화면 위치와 같은 개체의 특성이나 가능, 불가능과 같은 개체의 상태를 말함
메서드 (Method)	개체가 실행할 수 있는 동작으로, 특정 개체에서만 실행할 수 있는 프로시저를 의미함
이벤트 (Event)	• 프로그램 사용중에 일어나는 사건(마우스 클릭, 셀 이동 등)을 의미함 • 이벤트가 일어났을 때 실행되도록 작성된 프로시저를 이벤트 프로시저라고 함

04 VBA 문법 - 변수 / 배열

23.상시, 22.상시, 21.상시, 17.2, 12.3, 12.1, 07.2, 06.2, 05.3, 05.2, 05.1

변수 (Variable)	• 컴퓨터가 명령을 처리하는 도중 발생하는 값을 저장하기 위한 공간으로 변할 수 있는 값을 의미함 • 변수의 선언에는 사용하기 전에 변수를 사용하겠다고 선언하는 명시적(Explicit) 선언과 변수를 선언하지 않고 명령문 안에서 사용하는 묵시적(Implicit) 선언으로 구분됨
배열 (Array)	• 동일한 데이터 유형을 여러 개 사용하는 경우, 모든 데이터를 하나의 변수 이름으로 정의해 사용하는 것을 말함 • 배열은 선언할 때 변수 이름 다음에 괄호를 만들어 배열의 크기를 지정함 • 배열의 위치(첨자)는 0부터 시작하지만 프로시저를 시작하기 전에 모듈의 처음에 'Option Base 1'을 선언하면 배열의 위치(첨자)는 1부터 시작함 • 1차원 배열은 행만으로, 2차원 배열은 행과 열로, 3차원 배열은 면, 행, 열로 이루어진 배열임

05 VBA 기본 문법 - For ~Next

21.상시, 20.상시, 19.상시, 18.2, 15.3, 15.2, 13.1, 12.3, 12.2, 11.3, 11.2, 10.2, …

• For문으로 지정된 횟수만큼 For문 안에 수록된 명령 코드를 반복 실행한다.
• Exit For를 이용하여 반복문이 최종값에 이르기 전에 For ~ Next 명령문을 빠져나올 수 있다.
• 형식

```
For 반복변수 = 시작값 To 최종값 [Step 증가값]
    실행문  ← 시작값에서 최종값이 될 때까지 증가값만큼씩 증가하면서 실
            행문을 반복 실행
Next 반복변수
```

06 VBA 기본 문법 - Do While ~ Loop

21.상시, 20.상시21.상시, 15.3, 15.2, 12.2, 10.1, 09.1, 08.4, 08.1, 07.2, 06.4, …

• 조건을 만족하는 동안 실행문을 반복 실행한다.
• 조건을 먼저 검사하는 Do While ~ Loop와 조건을 나중에 검사하는 Do ~ Loop While로 구분된다.
• Do ~ Loop While은 무조건 한번은 실행된다.
• 형식 1

```
Do While 조건식
    실행문  ← 조건식의 결과가 참인 동안 실행문을 반복 실행
Loop
```

• 형식 2

```
Do
    실행문  ← 실행문을 실행한 후 조건식을 검사 조건식이 참인 동안
            실행문을 반복 실행
Loop While 조건식
```

07 VBA 기본 문법 - Do Until ~ Loop

20.1, 15.3, 10.3, 10.2, 07.2, 03.3, 03.2

• 조건을 만족할 때까지, 즉 만족하지 않는 동안 반복 실행한다.
• Do Loop ~ Until은 무조건 한번은 실행된다.
• 형식 1

```
Do Until 조건식
    실행문  ← 조건식의 결과가 거짓인 동안 실행문을 반복 실행
Loop
```

• 형식 2

```
Do
    실행문  ← 실행문을 실행한 후 조건식을 검사 조건식이 거짓인 동안
            반복 실행
Loop Until 조건식
```

08 VBA 기본 문법 - MsgBox

22.상시, 21.상시, 17.2, 08.2, 05.4, 05.3

• 대화상자 안에 단순하게 메시지를 보여주거나 여러 단추를 표시해 클릭된 단추에 대한 번호를 정수형 데이터 유형으로 반환할 수 있다.
• 형식 : MsgBox(메시지[, 버튼종류] [, 대화상자 타이틀] [, 도움말 파일, 도움말 번호])
• 형식 예

AA = MsgBox ("계속할까요?", vbYesNoCancel + vbQuestion, "확인")

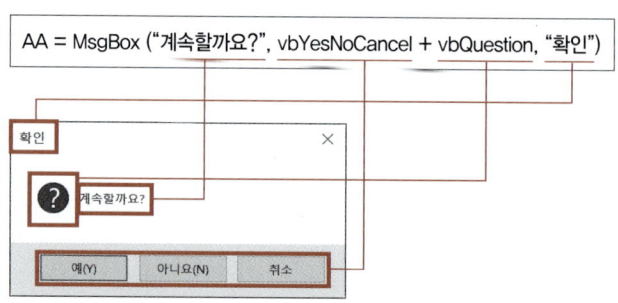

• 버튼의 종류와 상수

상수	값	설명
vbOKOnly	0 또는 생략	〈확인〉 단추만 나타냄
vbOKCancel	1	〈확인〉과 〈취소〉 단추를 나타냄
vbAbortRetryIgnore	2	〈중단〉, 〈다시 시도〉 및 〈무시〉 단추를 나타냄
vbYesNoCancel	3	〈예〉, 〈아니오〉 및 〈취소〉 단추를 나타냄

• 사용할 아이콘을 지정하는 상수

상수	값	설명	그림
vbCritical	16	'중대 메시지' 아이콘을 나타냄	⊗
vbQuestion	32	'질의 경고' 아이콘을 나타냄	❓
vbExclamation	48	'메시지 경고' 아이콘을 나타냄	⚠
vbInformation	64	'메시지 정보' 아이콘을 나타냄	ℹ

25.상시, 21.상시, 18.상시, 17.2, 16.3, 15.1, 14.3, 13.2, 13.1, 11.2, 12.1, 10.2, 08.3, …

09 Worksheet(Worksheets) 개체

- 워크시트를 나타내며 Worksheets 컬렉션의 구성원이다.
- 주요 속성

Add	새 워크시트 삽입
Cells	워크시트의 모든 셀
Columns	워크시트의 모든 열
Range	워크시트의 셀이나 셀 범위
Rows	워크시트의 모든 행
Entirecolumn	지정된 범위 내의 모든 열
Entirerow	지정된 범위 내의 모든 행
Name	워크시트의 이름
Visible	워크시트의 표시 여부 지정

- 주요 메서드

Activate	해당 워크시트를 활성화시킴
Copy	워크시트 복사함
Protect	워크시트 보호함
Select	워크시트 선택함

25.상시, 23.상시, 22.상시, 19.2, 17.1, 16.3, 16.2, 15.3, 14.2, 13.2, 12.3, 12.1, 11.3, 11.1, …

10 Range 개체

- 셀, 행, 열, 연속 셀 블록이 하나 이상 들어 있는 셀 선택 영역을 나타낸다.
- 주요 속성

Address	참조하는 셀 주소
Cells	지정된 범위의 모든 셀
Count	지정된 범위의 셀 수
Currentregion	데이터가 있는 인접 영역의 범위
End	지정된 범위의 마지막 셀
Next	다음 시트나 셀
Offset	지정된 범위에서 떨어진 범위
Range	셀이나 영역 범위
Value	지정된 셀

- 주요 메서드

Select	선택
Clear	삭제
ClearContents	내용만 삭제
ClearFormats	서식만 삭제
Copy	복사

7장 대표기출문제

1. 다음 중 매크로를 작성하고 사용하는 방법에 대한 설명으로 옳지 않은 것은?
24.상시, 23.상시, 22.상시, 21.상시

① 매크로를 기록하는 경우 기본적으로 셀은 절대 참조로 기록되며, 상대 참조로 기록하고자 할 경우 '상대 참조로 기록'을 선택한 다음 매크로 기록을 실행한다.

② 매크로에 지정된 바로 가기 키가 엑셀 고유의 바로 가기 키와 중복될 경우 엑셀 고유의 바로 가기 키가 우선한다.

③ 매크로를 기록하는 경우 실행하려는 작업을 완료하는 데 필요한 모든 단계가 매크로 레코더에 기록되며, 리본 메뉴에서의 탐색은 기록에 포함되지 않는다.

④ 개인용 매크로 통합 문서에 저장한 매크로는 엑셀을 시작할 때마다 자동으로 로드되므로 다른 통합 문서에서도 실행할 수 있다.

> 매크로에 지정된 바로 가기 키가 엑셀 고유의 바로 가기 키와 중복될 경우 매크로에 지정된 바로 가기 키가 우선합니다.

2. 아래 그림과 같이 설정한 상태에서 [매크로 기록] 대화상자의 [확인] 단추를 누른다. [A2:A6] 범위를 선택한 후 글꼴 스타일을 '굵게'를 지정하고 [기록 중지]를 눌러 '서식' 매크로의 작성을 완료하였다. 다음 중 매크로 작성 후 [C1] 셀을 선택하고 '서식' 매크로를 실행한 결과로 옳은 것은?
23.상시, 20.2

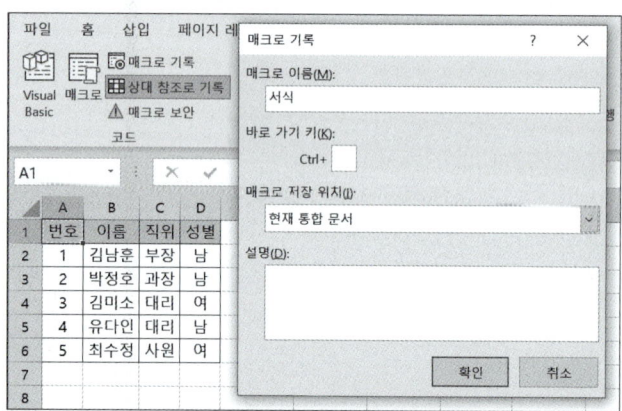

① [A2:A6] 영역의 글꼴 스타일이 굵게 지정된다.
② [A1] 셀만 글꼴 스타일이 굵게 지정된다.
③ [C2:C6] 영역의 글꼴 스타일이 굵게 지정된다.
④ [C1] 셀만 글꼴 스타일이 굵게 지정된다.

> '상대 참조로 기록'이 선택된 상태에서 매크로를 기록했으므로 매크로 실행 시 셀 포인터의 위치에 따라 매크로가 적용되는 위치가 달라집니다. [A1] 셀이 선택된 상태에서 매크로 기록을 시작하여 [A2:A6] 영역에 '굵게'를 지정하는 매크로를 작성했으므로 [C1] 셀을 선택하고 매크로를 실행하면 [A1] 셀에서 [C1] 셀, 즉 오른쪽으로 두 칸 이동한 [C2:C6] 영역에 '굵게'가 지정됩니다.

3. 다음 중 VBA에서 프로시저(Procedure)에 대한 설명으로 옳지 않은 것은?
24.상시, 10.3

① 특정한 기능을 수행할 수 있는 명령문들의 집합이다.
② 사용자가 직접 기록한 매크로도 프로시저로 기록된다.
③ Sub ~ End Sub 프로시저는 명령문들의 실행 결과를 반환한다.
④ 하나 이상의 프로시저들을 이용하여 모듈을 구성할 수 있다.

> • Sub ~ End Sub 프로시저는 결과값을 반환하지 않습니다.
> • 결과값을 반환하는 것은 Function ~ End Function 프로시저입니다.

4. 다음 VBA의 배열에 대한 설명으로 옳지 않은 것은?
23.상시, 22.상시, 21.상시

① 배열은 모든 데이터를 하나의 변수 이름으로 정의해 사용하는 것이다.
② 배열은 선언할 때 변수 이름 다음에 괄호를 만들어 배열의 크기를 지정한다.
③ 배열의 위치는 1부터 시작한다.
④ 1차원 배열은 행, 2차원 배열은 행과 열로, 3차원 배열은 면, 행, 열로 이루어진 배열이다.

> 배열의 위치는 0부터 시작합니다.

5. 다음과 같은 결과가 나오기 위한 프로그램으로 옳은 것은?
21.상시, 09.3

	A	B	C	D	E
1	1	3	6	10	15
2					

① Cells(1, 1) = 1
   For K = 2 To 5
      Cells(K, 1) = Cells(K − 1, 1) + K
   Next

② Cells(1, 1) = 1
   For K = 2 To 5
      Cells(1, K) = Cells(1, K − 1) + K
   Next

③ Cells(1, 1) = 1
   For K = 2 To 5
      Cells(K, 1) = Cells(K − 1, 1) + 2
   Next

④ Cells(1, 1) = 1
   For K = 2 To 5
      Cells(1, K) = Cells(1, K − 1) + 2
   Next

정답 1.② 2.③ 3.③ 4.③ 5.②

❶ Cells(1, 1) = 1
❷ For K = 2 To 5
❸   Cells(1, K) = Cells(1, K-1) + K
❹ Next

❶ 1행 1열, 즉 A1 셀에 1을 입력합니다.
❷ K를 2에서 5가 될 때까지 1씩 증가시키면서 매번 ❸번 문장을 수행합니다.
❸ 1행 K-1열에 입력된 값에 K를 더해 1행 K열에 치환합니다.
❹ 반복문의 끝으로서 반복문의 시작인 ❷번으로 이동합니다.

• For ~ Next문(❷~❹)의 실행에 따른 변수의 변화는 다음과 같습니다.

실행횟수	K	Cells(1, K-1) + K	Cells(1, K)
1	2	1행 1열(A1) + 2	1행 2열(B1) → 3
2	3	1행 2열(B1) + 3	1행 3열(C1) → 6
3	4	1행 3열(C1) + 4	1행 4열(D1) → 10
4	5	1행 4열(D1) + 5	1행 5열(E1) → 15
5	6		18

※ ❶번 실행으로 인해 A1 셀에는 1이 입력되어 있습니다.
※ Cells(1, K)는 K가 1일 때는 1행 1열, K가 2일 때는 1행 2열을 의미합니다. 1행 1열은 A1, 1행 2열은 B1이 됩니다.
• 나머지 보기의 실행 결과는 다음과 같습니다.

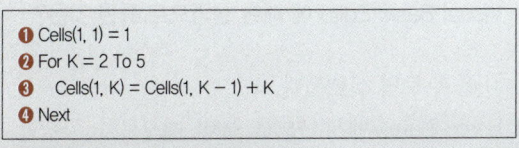

6. 다음 중 1부터 10까지의 합을 구하는 VBA 모듈로 옳지 않은 것은?
21.상시, 15.2

①
```
no = 0
sum = 0
Do While no <= 10
    sum = sum + no
    no = no + 1
Loop
MsgBox sum
```

②
```
no = 0
sum = 0
Do
    sum = sum + no
    no = no + 1
Loop While no <= 10
MsgBox sum
```

③
```
no = 0
sum = 0
Do While no < 10
    sum = sum + no
    no = no + 1
Loop
MsgBox sum
```

④
```
sum = 0
For no = 1 To 10
    sum = sum + no
Next
MsgBox sum
```

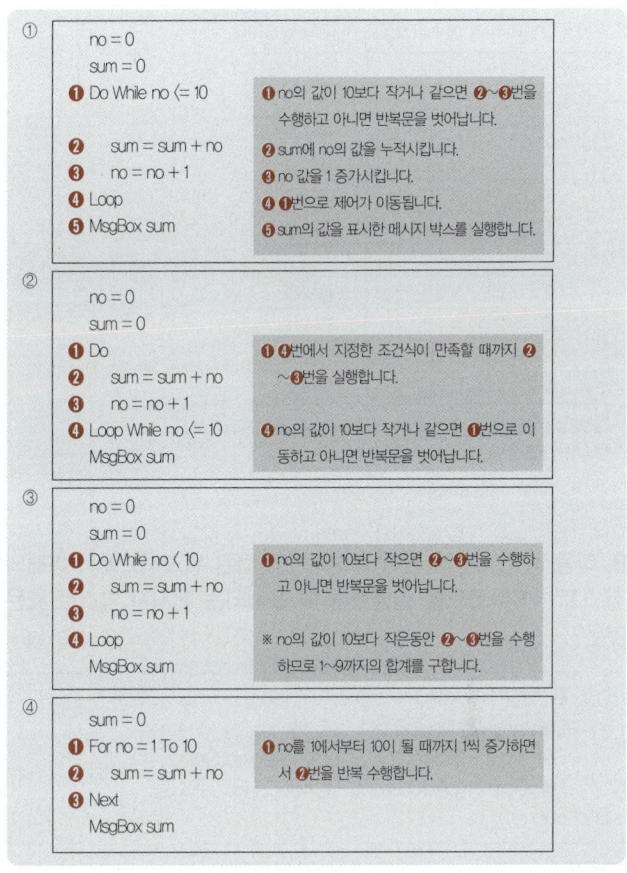

7. 다음 중 아래의 프로시저가 실행된 후 [A1] 셀에 입력되는 값으로 옳은 것은?
20.1, 10.3

```
Sub 예제( )
    Test = 0
    Do Until Test > 10
        Test = Test + 1
    Loop
    Range("A1").Value = Test
End Sub
```

① 10   ② 11
③ 0   ④ 55

문제의 코드를 설명하면 다음과 같습니다.
```
Sub 예제( )
❶   Test = 0
❷   Do Until Test > 10
❸       Test = Test + 1
❹   Loop
❺   Range("A1").Value = Test
End Sub
```

❶ Test 변수에 0을 치환합니다.
❷ Test가 10보다 클 때까지, 즉 Test가 11보다 작은 동안에는 ❸번을 수행하고, 아니면 반복문을 벗어납니다(DO Until~Loop는 조건식이 거짓인 동안 반복 실행함).
❸ Test에 1을 증가 시킵니다.
❹ ❷번으로 이동합니다.

정답 6.③ 7.②

반복문 실행에 따른 변수의 변화는 아래와 같습니다.

실행 횟수	Test	Test 〉 10
실행전	0	
1	0	FALSE
2	1	FALSE
3	2	FALSE
4	3	FALSE
⋮	⋮	⋮
9	8	FALSE
10	9	FALSE
11	10	FALSE
12	11	TRUE

Test가 11이 되었을 때 10보다 크므로 반복문을 벗어납니다.
❺ [A1] 셀에 Test의 값을 저장합니다.

8. 다음 중 [그림]과 같이 데이터가 입력된 워크시트에서 아래의 '테스트' VBA 코드를 실행했을 때 표시되는 메시지 박스로 옳은 것은?
22.상시, 21.상시

```
Sub 테스트( )
    Dim arg As Range
    Set arg = Range("A1").CurrentRegion.Cells
    MsgBox arg.Address & "입니다", 48, "주소는"
End Sub
```

[그림]

	A	B	C
1	학과명	성명	TOEIC
2	경영학과	김영민	790
3	영어영문학과	박찬진	940
4	컴퓨터학과	최우석	860
5	물리학과	황종규	750
6	역사교육과	서진동	880
7			

①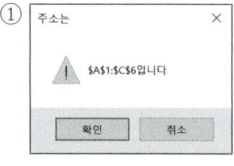
②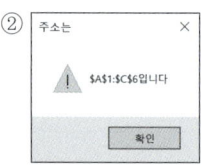
③
④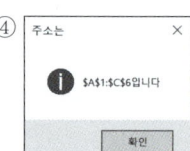

- 메시지 박스는 MsgBox 메시지, 버튼종류+아이콘, 대화상자 타이틀 형식으로 사용됩니다.
- 지문에서 '버튼종류'가 생략되었으므로 〈확인〉 단추만 표시되고, '아이콘'이 48이므로 ' ⚠ (메시지 경고)' 아이콘이 표시됩니다.
- 나머지 보기에 제시된 대화상자를 표시하기 위한 코드는 다음과 같습니다.
① MsgBox arg.Address & "입니다", 1 + 48, "주소는"
③ MsgBox arg.Address & "입니다", 1 + 64, "주소는"
④ MsgBox arg.Address & "입니다", 64, "주소는"

9. 다음 중 Visual Basic Editor에 대한 설명으로 틀린 것은?
25.상시, 24.상시, 21.상시

① Alt + F11 을 누르면 실행된다.
② Visual Basic Editor에서 F5 를 눌러 매크로를 실행할 수 있다.
③ 매크로의 코드는 전체가 한 번에 실행되어, 한 단계씩 실행할 수 없으나 중간에 중단할 수 있다.
④ 기록된 매크로의 내용을 수정할 수 있다.

[매크로] 대화상자에서는 〈한 단계씩 코드 실행〉 단추를, Visual Basic Editor에서는 F8 을 이용하여 매크로를 단계별로 실행할 수 있습니다.

10. 다음 보기에서 A열의 글꼴 서식을 '굵게'로 설정하는 매크로로 옳지 않은 것은?
25.상시, 21.상시, 17.2, 15.1

① Range("A:A").Font.Bold = True
② Columns(1).Font.Bold = True
③ Range("1:1").Font.Bold = True
④ Columns("A").Font.Bold = True

- Range는 워크시트의 셀이나 셀 범위를 선택하는 속성으로 'Range("A:A")'는 A열 전체를, 'Range("1:1")'은 1행 전체를 의미합니다.
- Columns는 워크시트의 열을 선택하는 속성으로 'Columns(1)' 또는 'Columns("A")'은 A열 전체를 의미합니다.

11. 통합 문서의 첫 번째 시트 뒤에 새로운 시트를 추가하는 프로시저를 작성하려고 한다. 다음 중 (   )에 해당하는 인수로 옳은 것은?
25.상시, 21.상시, 13.2

```
Worksheets.Add (    ):=Sheets(1)
```

① Left   ② Right
③ After   ④ Before

Add는 새로운 워크시트를 삽입하는 메서드이고, 'Sheets(1)'은 첫 번째 시트를 의미하므로, 'Worksheets.Add After:=Sheets(1)'로 지정하면 첫 번째 시트 뒤에 새로운 시트가 삽입되고, 'Worksheets.Add Before:=Sheets(1)'로 지정하면 첫 번째 시트 앞에 새로운 시트가 삽입됩니다.

12. 아래의 프로시저를 이용하여 [A1:C3] 영역의 서식만 지우려고 한다. 다음 괄호 안에 들어갈 코드로 옳은 것은?
22.상시, 17.1

```
Sub Procedure( )
    Range("A1:C3").Select
    Selection.(    )
End Sub
```

① DeleteFormats   ② FreeFormats
③ ClearFormats   ④ DeactivateFormats

선택한 영역에 지정된 서식만 삭제하는 메서드는 ClearFormats, 내용만 삭제하는 메서드는 ClearContents입니다.

13. 다음 중 매크로를 실행하는 방법으로 옳지 않은 것은? 25.상시

① 양식 도구 모음의 단추 도구를 이용
② 매크로 기록 시에 지정된 바로 가기 키의 이용
③ 개체에 매크로를 지정하여 실행
④ Ctrl + F8 을 눌러 '매크로' 대화상자에서 실행할 매크로를 선택

> '매크로' 대화상자를 호출하는 바로 가기 키는 Alt + F8 입니다.

14. 다음 중 아래의 워크시트에서 〈보기〉의 프로시저 실행 결과로 옳은 것은? 22.상시, 16.2

	A	B	C
1	데이터1	데이터2	데이터3
2	사과	레몬	
3	바나나	배	
4			귤
5		배	
6	바나나		
7			2
8			

〈보기〉

```
Sub B3선택( )
    Range("B3").CurrentRegion.Select
End Sub
```

① [B3] 셀이 선택된다.
② [A1:B3] 셀이 선택된다.
③ [A1:C3] 셀이 선택된다.
④ [A1:C7] 셀이 선택된다.

> Sub B3선택( )
> ❶ Range("B3").CurrentRegion.Select
> End Sub
>
> ❶ [B3] 셀이 포함된 데이터 범위를 모두 선택합니다.
> – Range : 워크시트의 셀이나 셀 범위
> – CurrentRegion : 데이터가 있는 인접 영역의 범위
> – Select : 선택
> ∴ [B3] 셀을 기준으로 데이터가 입력된 셀들이 서로 인접하게 연결되어 있으므로 이 셀들을 모두 포함하는 영역인 [A1:C7] 영역이 모두 선택됩니다.

3과목 데이터베이스 일반
핵심요약 & 대표기출문제
1장 | 데이터베이스 개요

01 데이터베이스의 정의
24.상시, 21.상시, 19.2, 14.1, 11.1

- 통합된 데이터(Integrated Data) : 자료의 중복을 배제한 데이터의 모임
- 저장된 데이터(Stored Data) : 컴퓨터가 접근할 수 있는 저장 매체에 저장된 자료
- 운영 데이터(Operational Data) : 조직의 고유한 업무를 수행하는 데 존재 가치가 확실하고 없어서는 안 될 반드시 필요한 자료
- 공용 데이터(Shared Data) : 여러 응용 시스템들이 공동으로 소유하고 유지하는 자료

- 스키마의 종류

외부 스키마 (=서브 스키마)	사용자나 응용 프로그래머가 각 개인의 입장에서 필요로 하는 데이터베이스의 논리적 구조를 정의한 것
개념 스키마	모든 응용 프로그램이나 사용자들이 필요로 하는 데이터를 종합한 조직 전체의 데이터베이스로, 하나만 존재함
내부 스키마	실제로 저장될 레코드의 형식, 저장 데이터 항목의 표현 방법, 내부 레코드의 물리적 순서 등을 나타냄

02 데이터베이스의 장·단점
25.상시, 24.상시, 23.상시, 22.상시, 19.2, 17.2, 15.2, 13.3, 11.3, 11.1, 10.2, 09.3, 08.2, 06.4, …

장 점	단 점
• 데이터의 중복성 최소화 • 데이터의 공유 • 데이터의 일관성 유지 • 데이터의 무결성 유지 • 데이터의 보안성 유지 • 데이터의 실시간 처리로, 항상 최신의 데이터 유지 • 데이터의 논리적·물리적 독립성 유지 • 애플리케이션 개발 및 유지보수 용이	• 데이터베이스 전문가의 부족 • 전산화 비용 증가 • 데이터 유실 시 파일 회복이 어려움 • 시스템의 복잡화 • 처리 속도가 느림

05 데이터베이스 관리자
25.상시, 21.상시, 08.3

데이터베이스 관리자(DBA; Database Administrator)란 데이터베이스 시스템을 관리하고 운영에 관한 모든 것을 책임지는 사람이나 그룹이다.

- 데이터 정의어(DDL)를 사용하여 데이터베이스를 기술하고, 데이터 제어어(DCL)를 사용하여 저장된 데이터를 제어한다.
- 데이터베이스 관리자의 기능
  - 데이터베이스의 구성 요소를 결정한다.
  - 데이터베이스의 스키마를 정의한다.
  - 데이터베이스의 저장 구조와 접근 방법을 정의한다.
  - 데이터베이스의 보안 및 권한 부여 정책, 데이터의 유효성 검사 방법을 수립한다.

03 데이터베이스 설계 순서
25.상시, 24.상시, 23.상시, 21.상시

요구 조건 분석 → 개념적 설계 → 논리적 설계 → 물리적 설계 → 구현

06 관계형 데이터베이스의 Relation 구조
23.상시, 22.상시, 21.상시, 19.상시, 19.2, 18.상시, 16.3, 16.1, 13.1, 12.2, 11.2

테이블	데이터들을 행과 열로 표현한 것으로 튜플(레코드)의 집합(릴레이션)
튜플(Tuple)	테이블의 행을 구성하는 개체(레코드)로, 여러 속성들의 묶음
속성 (Attribute)	• 테이블의 열을 구성하는 항목(필드)으로, 데이터베이스의 가장 작은 논리적 단위 • 개체의 특성이나 상태를 기술함
도메인 (Domain)	하나의 속성에서 취할 수 있는 값의 범위(예를 들어 성별의 도메인은 '남', '여'임)
릴레이션 인스턴스	데이터 개체를 구성하고 있는 속성들에 데이터 타입이 정의되어 구체적인 데이터 값을 갖고 있는 것
차수 (Degree)	속성의 개수
기수 (Cardinality)	튜플의 개수

04 스키마
25.상시, 22.상시, 18.2, 13.3

- 데이터베이스의 구조와 제약 조건에 관한 전반적인 명세(Specification)를 기술(Description)한 메타 데이터(Meta-Data)의 집합이다.

1260151 23.상시, 22.상시, 21.상시, 19.1, 17.2, 16.3, 14.1, 13.2, 13.1, 12.2, 12.1, 11.1, ···

07 키의 종류

후보키	• 테이블을 구성하는 속성들 중에서 튜플을 유일하게 식별하기 위해 사용하는 속성들의 부분집합, 즉 기본키로 사용할 수 있는 속성을 말함
	• 릴레이션에 있는 모든 튜플에 대해서 유일성과 최소성을 만족해야 함
	  – 유일성(Unique) : 하나의 키로 하나의 레코드만을 유일하게 식별할 수 있어야 하는 것
	  – 최소성(Minimality) : 모든 레코드들을 유일하게 식별하는 데 꼭 필요한 속성으로만 구성되어야 하는 것

기본키	• 후보키 중에서 선택한 주키 • 한 릴레이션에서 특정 레코드를 유일하게 구별할 수 있는 속성 • Null 값으로 둘 수 없음 • 기본키로 정의된 필드(속성)에는 동일한 값이 중복되어 저장될 수 없음 • 두 개 이상의 필드를 묶어서 기본키로 설정할 수 있음
외래키 (외부키)	• 관계를 맺고 있는 테이블 R1, R2에서 테이블 R1이 참조하고 있는 테이블 R2의 기본키와 같은 R1 테이블의 속성을 외래키라고 함 • 하나의 테이블에는 여러 개의 외래키가 존재할 수 있음 • 외래키로 지정된 필드에는 널(Null) 값이나 중복된 값을 입력할 수 있음
대체키	후보키 중 기본키를 제외한 나머지 속성을 말함
슈퍼키	• 한 릴레이션 내에 있는 속성들의 집합으로 구성된 키로서 릴레이션을 구성하는 모든 튜플들 중 슈퍼키로 구성된 속성의 집합과 동일한 값은 나타나지 않음 • 릴레이션을 구성하는 모든 튜플에 대해 유일성은 만족시키지만, 최소성은 만족시키지 못함

1260152 25.상시, 24.상시, 23.상시, 22.상시, 21.상시, 20.2, 19.1, 18.상시, 18.2, 17.1, 14.2, 13.2, ···

08 정규화

• 테이블 조작 시 애트리뷰트들 간의 종속성 및 중복성으로 인해 예기치 못한 곤란한 현상이 발생하는데, 이를 이상(Anomaly)이라고 한다. 정규화란 이 이상 현상이 발생하지 않도록 중복성 및 종속성을 배제하는 원칙을 공식화한 이론이다.
• 정규화는 중복되는 값을 일정한 규칙에 의해 보다 단순한 형태를 가지는 다수의 테이블로 분리한다.
• 데이터베이스의 논리적 설계 단계에서 수행한다.
• 속성(Attribute) 수가 적은 릴레이션(테이블)으로 분할하는 과정이다.
• 릴레이션(테이블) 속성들 사이의 종속성 개념에 기반을 두고 이들 종속성을 제거하는 과정이라고 할 수 있다.
• 정규화를 수행해도 데이터의 중복을 완전히 제거할 수는 없다.
• 이해하기 쉽고 확장하기 쉽도록 테이블을 구성하며, 무결성 제약 조건의 구현을 용이하게 한다.
• 정규형에는 제 1 정규형에서부터 제 5 정규형까지 있으며, 단계가 높아질수록 만족시켜야 할 제약조건이 늘어나 높은 수준으로 간주된다.
• 지나치게 높은 정규화는 테이블 간의 조인이 많이 발생하므로 데이터베이스의 성능을 저하할 수 있다.
• 정규화 과정
  – 1NF(제1정규형) : 모든 도메인이 원자값만으로 된 릴레이션
  – 2NF(제2정규형) : 부분 함수적 종속이 제거된 릴레이션
  – 3NF(제3정규형) : 이행적 함수 종속이 제거된 릴레이션
  – BCNF(Boyce-Cpdd 정규형) : 결정자가 모두 후보키인 릴레이션

3213801 22.상시, 15.2, 15.1, 12.3, 11.1, 09.1, 07.4, 03.1

09 개체-관계(E-R) 모델

• 개체-관계 모델은 개념적 데이터 모델의 가장 대표적인 것으로, 1976년 피터 첸(Peter Chen)에 의해 제안되었다.
• 개체와 개체 간의 관계를 개념적으로 표시하는 방식으로, 특정 데이터베이스 관리 시스템(DBMS)을 고려한 것은 아니다.
• 개체-관계 모델은 개체와 개체 간의 관계를 기본 요소로 하여 현실 세계를 개념적인 논리 데이터로 표현하는 방법이다.
• 실세계 데이터에 관해 일반 사용자, 프로그래머, 관리자 등의 서로 다른 인식을 하나로 통합하기 위해 설계한다.
• 개체(Entity), 관계(Relationship), 속성(Attribute) 등으로 구성된다.

개체	현실 세계에 존재하는 객체에 대해 사람이 생각하는 개념이나 정보 단위로서, 파일 구성 측면에서 보면 레코드(Record)에 해당됨
속성	개체를 구성하는 요소로, 파일 구성 측면에서 보면 필드(Field)에 해당됨
관계	개체 간의 관계 또는 속성 간의 관계를 말하며, 관계의 형태에는 1:1, 1:N, N:M이 있음

1212003 22.상시, 21.상시, 18.1, 14.3, 14.1, 12.3, 11.1, 09.1, 07.3, 05.2

10 E-R 다이어그램

• E-R 다이어그램은 E-R 모델을 시각적으로 표현하기 위한 도구로, 개념적 설계 단계에서 작성한다.
• 다음과 같은 기호를 이용하여 그래프 방식으로 표현한다.

기호	명칭	의미
□	사각형	개체(Entity) 타입
◇	다이아몬드, 마름모	관계(Relationship) 타입
○	타원	속성(Attribute) 타입
⌒	밑줄 타원	기본키 속성
⨁	복수 타원	복합 속성 예 날짜는 연, 월, 일로 구성됨
□—◇—□	관계	1:1, 1:N, N:M 등의 개체 관계를 표시함

1장 대표기출문제

1. 다음 중 데이터베이스에 대한 설명으로 옳지 않은 것은?

24.상시, 21.상시, 14.1

① 데이터베이스는 컴퓨터가 접근할 수 있는 저장 매체에 저장된 자료이다.
② 데이터베이스는 자료가 최소한으로 중복된 데이터의 모임이다.
③ 데이터베이스는 조직의 고유한 업무를 수행하는 데 존재 가치가 확실하고 없어서는 안 될 반드시 필요한 자료이다.
④ 데이터베이스는 여러 응용 시스템들이 공동으로 소유하고 유지하는 자료이다.

> 데이터베이스는 자료의 중복을 배제한 데이터의 모임입니다.

2. 다음 중 데이터베이스의 구축 목적으로 적절하지 않은 것은?

25.상시, 24.상시, 23.상시, 22.상시

① 데이터의 일괄 처리
② 데이터의 일관성 유지
③ 데이터의 무결성 유지
④ 데이터의 공유

> 데이터베이스의 장점 중 하나는 데이터의 일괄 처리가 아니라 데이터의 실시간 처리입니다. 이로 인해 항상 최신의 데이터를 유지할 수 있습니다.

3. 다음 중 데이터베이스의 3단계 구조 중 하나로 각 개인의 입장에서 필요로 하는 데이터베이스 전체의 논리적인 구조를 보여주는 스키마로 서브 스키마라고도 불리는 것은?

25.상시, 22.상시

① 외부 스키마
② 개념 스키마
③ 내부 스키마
④ 논리 스키마

> 각 개인의 입장에서 필요로 하는 데이터베이스 전체의 논리적인 구조를 보여주는 스키마는 외부 스키마입니다.

4. 다음 중 데이터베이스 설계 순서로 옳은 것은?

25.상시, 24.상시, 23.상시, 21.상시

| ㉠ 요구 조건 분석 | ㉡ 물리적 설계 | ㉢ 개념적 설계 |
| ㉣ 구현 | ㉤ 논리적 설계 | |

① ㉢ → ㉠ → ㉤ → ㉣ → ㉡
② ㉠ → ㉢ → ㉤ → ㉡ → ㉣
③ ㉢ → ㉤ → ㉡ → ㉠ → ㉣
④ ㉠ → ㉤ → ㉢ → ㉡ → ㉣

> 데이터베이스 설계는 '요구 조건 분석 → 개념적 설계 → 논리적 설계 → 물리적 설계 → 구현' 순으로 진행됩니다.

5. 다음 중 데이터베이스 관리자의 역할로 옳지 않은 것은?

25.상시, 21.상시

① COBOL, PASCAL, C와 같은 호스트 프로그래밍 언어와 DCL(Data Control Language)을 이용하여 데이터를 조작한다.
② 데이터베이스의 스키마를 정의한다.
③ 데이터베이스의 구성 요소를 결정한다.
④ 시스템의 성능 분석 및 감시를 한다.

> 일반 호스트 언어로 작성된 프로그램에 데이터 조작어(DML)를 삽입하여 만든 응용 프로그램을 통해서 데이터베이스에 접근하는 사람은 응용 프로그래머입니다.

6. 다음 중 관계 데이터 모델에 대한 설명으로 옳지 않은 것은?

23.상시, 21.상시, 19.2

① 애트리뷰트가 취할 수 있는 같은 타입의 모든 원자 값들의 집합을 도메인이라 한다.
② 관계형 데이터베이스에서 릴레이션은 데이터들을 표(Table) 형태로 표현한 것이다.
③ 속성들로 구성된 튜플들 사이에는 순서가 없다.
④ 애트리뷰트는 널(Null) 값을 가질 수 없다.

> 속성(Attribute)이 기본키로 지정된 경우가 아니라면 널(Null) 값을 가질 수 있습니다.

7. 다른 테이블을 참조하는 외래키(FK)에 대한 다음 설명 중 가장 옳은 것은?

23.상시, 21.상시, 11.1, 09.2, 07.1

① 외래키 필드의 값은 유일해야 하므로 중복된 값이 입력될 수 없다.
② 외래키 필드의 값은 널 값일 수 없으므로, 값이 반드시 입력되어야 한다.
③ 하나의 테이블에는 여러 개의 외래키가 존재할 수 있다.
④ 한 테이블에서 특정 레코드를 유일하게 구별할 수 있는 속성이다.

> ①, ②, ④번은 기본키에 대한 설명입니다.

정답 1.② 2.① 3.① 4.② 5.① 6.④ 7.③

8. 정규화 과정 중 릴레이션에 속한 모든 도메인이 원자값(Atomic Value)만으로 되어 있는 릴레이션은 어떤 정규형의 릴레이션인가?
25.상시, 24.상시, 21.상시

① 제1정규형
② BCNF 정규형
③ 제2정규형
④ 제3정규형

> 릴레이션에 속한 모든 도메인이 원자값(Atomic Value)만으로 되어 있는 릴레이션은 제1정규형입니다.

9. 다음 중 정규화에 대한 설명으로 옳지 않은 것은?
25.상시, 24.상시, 23.상시, 21.상시, 20.2, 19.1

① 대체로 더 작은 필드를 갖는 테이블로 분해하는 과정이다.
② 데이터 중복을 최소화하기 위한 작업이다.
③ 정규화를 통해 테이블 간의 종속성을 높이기 위한 것이다.
④ 추가, 갱신, 삭제 등 작업 시의 이상(Anomaly) 현상이 발생하지 않도록 하기 위한 것이다.

> 정규화는 릴레이션(테이블)의 속성들 사이의 종속성 개념에 기반으로 두고 이들 종속성을 제거하는 과정입니다.

10. 다음 중 개체 관계(Entity Relationship) 모델링에 관한 것으로 옳지 않은 것은?
22.상시

① 기본적으로 개체 타입(Entity Type)과 이들 간의 관계 타입(Relationship Type)을 이용해서 현실 세계를 개념적으로 표현하는 방법이다.
② 속성은 사람, 교수, 학생, 차량처럼 현실 세계에서 인간이 인식할 수 있는 실체를 말한다.
③ 개체와 개체 간의 관계를 기본 요소로 하여 현실 세계를 개념적인 논리 데이터로 표현하는 방법이다.
④ E-R 다이어그램의 개체 타입은 사각형, 관계 타입은 다이아몬드, 속성은 타원, 그리고 이들을 연결하는 링크로 구성된다.

> 속성은 개체의 성질이나 상태를 나타냅니다. ②번은 개체(Entity)에 대한 설명입니다.

11. 다음 중 E-R 다이어그램 표기법의 기호와 의미가 바르게 연결된 것은?
21.상시, 18.1, 14.1

① 사각형 - 속성(Attribute) 타입
② 마름모 - 관계(Relationship) 타입
③ 타원 - 개체(Entity) 타입
④ 밑줄 타원 - 의존 개체 타입

> 사각형은 개체 타입, 타원은 속성 타입, 밑줄 타원은 기본키 속성을 의미합니다.

3과목 데이터베이스 일반
2장 | 테이블(Table) 작성
핵심요약 & 대표기출문제

01 액세스의 구성 요소
25.상시, 24.상시, 23.상시, 21.상시, 19.1, 07.3, 05.4

- 테이블 : 데이터를 저장하고 관리하는 것으로, 데이터베이스에서 가장 기본이 되는 개체임
- 쿼리 : 테이블의 데이터를 다양한 조건으로 검색·추출하거나 내용을 변경하는 개체임
- 폼 : 테이블이나 쿼리 데이터의 입·출력 화면을 작성하는 개체임
- 매크로 : 반복적이고, 단순한 작업을 자동화하는 개체임
- 모듈 : 복잡한 작업을 위해 VBA(Visual Basic for Applications)로 실제 프로그램을 작성하는 개체임

02 테이블 작성
25.상시, 22.상시, 20.2, 07.2, 06.4, 06.2, 05.1, 04.4, 04.3, 03.1

- 테이블 작성은 데이터를 입력할 수 있도록 테이블의 구조를 설계하는 것이다.
- 각 필드와 입력될 데이터의 형식 및 속성 등을 지정할 수 있다.
- 디자인 보기, 데이터시트 보기, 테이블 서식 파일, 테이블 가져오기, 테이블 연결 등을 이용하여 작성할 수 있다.
- '데이터시트 보기'에서는 데이터를 입력하면 입력한 데이터에 맞게 필드의 개수 및 데이터 형식이 자동으로 지정된다.

03 테이블과 필드의 이름 작성 규칙
25.상시, 24.상시, 22.상시, 21.상시, 19.상시, 15.3, 12.1, 04.4, 04.1

- 최대 64자까지 입력할 수 있다.
- . ! [ ]를 제외한 특수 기호, 공백, 숫자, 문자를 조합한 모든 기호를 사용할 수 있으나 공백을 이름의 첫 문자로 사용할 수 없다.
- 테이블 이름과 필드 이름이 같을 수는 있지만 하나의 테이블 내에서 필드 이름이 중복될 수는 없다.
- 테이블 이름과 쿼리 이름은 동일하게 설정할 수 없다.

04 데이터 형식
25.상시, 24.상시, 22.상시, 21.상시, 20.상시, 19.1, 18.1, 17.2, 16.2, 15.2, 15.1, 14.3, 14.2, 14.1, …

- 필드에 입력할 수 있는 데이터의 종류와 크기 등을 나타낸다.
- 데이터 형식에 따라 필드가 갖는 속성이 달라진다.
- 테이블 '디자인 보기' 상태에서 데이터의 형식을 지정하거나 확인할 수 있다.

짧은 텍스트 형식	텍스트나 텍스트와 숫자가 모두 들어 있는 데이터를 입력할 수 있는 형식, 최대 255자까지 저장할 수 있음
긴 텍스트 형식	짧은 텍스트 형식과 비슷한 기능을 제공하며, 최대 64,000자까지 입력할 수 있는 형식
숫자 형식	• 산술 계산에 사용되는 각종 크기의 숫자를 입력할 수 있는 형식 • 숫자 형식을 선택하면 기본적으로 정수형(Long)이 지정됨 • 숫자 형식의 종류 – 바이트형(Byte) : 1Byte – 정수형(Integer) : 2Byte – 정수형(Long) : 4Byte – 실수형(Single) : 소수점 이하 7자리까지 표현, 4Byte – 실수형(Double) : 소수점 이하 15자리까지 표현, 8Byte
큰 번호 형식	• 숫자 형식 보다 큰 숫자를 입력할 수 있는 형식으로, 필드 크기는 8바이트임 • 이전 버전의 Access와 호환되지 않음
통화 형식	화폐 계산에 사용될 자료를 저장할 때 사용하는 형식으로, 기본 필드 크기는 8바이트이며, 소수점 이하 4자리까지 표현할 수 있음
날짜/시간 형식	• 날짜/시간을 입력할 수 있는 형식으로, 기본 필드 크기는 8바이트임 • 미리 정의된 형식이나 사용자 지정 형식을 사용할 수 있음 • 주요 날짜 형식 – 기본 날짜 : 2015-11-12 오후 5:34:23 – 자세한 날짜 : 2015년 11월 12일 목요일 – 간단한 날짜 : 2015-11-12
날짜/시간 연장됨 형식	• 날짜/시간 형식보다 더 넓은 날짜 범위를 입력할 수 있는 형식으로, 필드 크기는 8바이트임 • 날짜/시간 형식보다 더 큰 소수 정밀도를 갖음 • 0001-01-01 00:00:00부터 9999-12-31 23:59:59.9999999까지의 날짜와 시간 값을 저장할 수 있음 • 이전 버전의 Access와 호환되지 않음
일련번호 형식	• 레코드가 추가될 때마다 일률적으로 번호를 하나씩 증가시켜 주는 형식으로 한번 부여된 번호는 다시 부여되지 않으며, 업데이트나 수정이 불가능함 • 기본 필드의 크기는 4바이트임
Yes/No	• Yes/No, True/False, On/Off 등 두 값 중 하나만 입력하는 경우에 사용하는 형식으로, 기본 필드 크기는 1비트임 • '예' 값에는 -1이, '아니요' 값에는 0이 저장됨
OLE 개체 형식	Microsoft Word 문서나 Microsoft Excel 스프레드시트, 그래픽, 사운드, 기타 이진 데이터 등 다른 프로그램에서 만들어진 개체를 입력할 수 있는 형식으로, 기본 필드 크기는 1GB임
첨부 파일	전자 우편에서와 같이 파일을 첨부하기 위한 형식임

05 사용자 지정 기호 - 텍스트

짧은 텍스트와 긴 텍스트 형식은 미리 정의된 형식이 제공되지 않으므로, 다음과 같은 사용자 지정 기호를 이용하여 사용자 지정 형식을 작성할 수 있다.

@	• 입력된 텍스트의 뒤쪽을 기준으로 텍스트 한 자리를 나타냄 • @ 기호의 개수보다 입력된 값이 많은 경우에는 입력된 값을 모두 표시함
&	빈 자릿수를 지정함
\	\ 다음 문자가 사용자 지정 기호라도 일반 문자처럼 해당 자리에 그대로 표시함
〈	모든 문자를 소문자로 변경함
〉	모든 문자를 대문자로 변경함

07 필드 속성 - 입력 마스크

- 데이터 입력 시 데이터를 신속하고 정확하게 입력할 수 있도록 입력되는 데이터 형식에 맞게 입력틀을 만들어 주는 속성이다.
- 사용자 지정 기호

기호	설명	입력 여부
0	• 0~9까지의 숫자만 입력 가능함 • 더하기, 빼기 기호를 사용할 수 없음	필수
9	• 숫자나 공백의 입력이 가능함 • 더하기, 빼기 기호를 사용할 수 없음	선택
#	• 숫자나 공백의 입력이 가능하지만 공백은 저장되지 않음 • 더하기, 빼기 기호를 사용할 수 있음	선택
L	영문자와 한글만 입력할 수 있음	필수
?	영문자와 한글만 입력할 수 있음	선택
A	영문자, 숫자, 한글만 입력할 수 있음	필수
a	영문자, 숫자, 한글만 입력할 수 있음	선택
&	모든 문자나 공백을 입력할 수 있음	필수
C	모든 문자나 공백을 입력할 수 있음	선택
〈	모든 문자를 소문자로 변환	
〉	모든 문자를 대문자로 변환	

06 사용자 지정 기호 - 날짜/시간

m	• m : 필요에 따라 한 자리 또는 두 자리 숫자로 1~12까지의 월을 표시함 • mm : 01~12까지 두 자리 숫자로 월을 표시함 • mmm : Jan~Dec까지 월의 처음 세 자리를 표시함 • mmmm : January에서 December까지 완전한 월 이름을 표시함
h	• h : 한 자리 또는 두 자리 숫자로 0~23까지 시간을 표시함 • hh : 두 자리 숫자로 00~23까지 시간을 표시함
n	• n : 한 자리 또는 두 자리 숫자로 0~59까지 분을 표시함 • nn : 두 자리 숫자로 00~59까지 분을 표시함
AM/PM	• AMPM(ampm) : "오전"이나 "오후" 글자를 포함한 12시간제로 표시함 • AM/PM : 대문자 AM이나 PM을 포함한 12시간제로 표시함 • am/pm : 소문자 am이나 pm을 포함한 12시간제로 표시함 • A/P : 대문자 A나 P를 포함한 12시간제로 표시함 • a/p : 소문자 a나 p를 포함한 12시간제로 표시함

08 필드 속성 - 기타

기본값	새 레코드가 만들어질 때 필드에 자동으로 입력되는 값을 지정하는 속성

유효성 검사 규칙	• 필드에 입력할 데이터의 종류나 범위를 지정하여 입력 데이터를 제한할 때 사용하는 속성
	• 일련번호와 OLE 개체 데이터 형식에서는 사용할 수 없음
	• 유효성 검사 규칙 예
	  – 〈〉0 : 0이 아닌 값을 입력함
	  – 0 Or 〉=100 : 0 또는 100 이상인 값을 입력함
	  – 〉=1 And 〈=99 : 1 이상이고 99 이하, 즉 1부터 99까지의 숫자만 입력함
	  – Between 1 And 99 : 1부터 99까지의 숫자만 입력함
	  – Like "*@*" : 입력되는 자료 중에 반드시 "@" 문자가 포함되어 있어야 함
	  – Like "A-???" : 반드시 "A-"로 시작하는 5개의 문자를 입력함
	  – In("상","중","하") : "상", "중", "하" 중에서 입력함

유효성 검사 텍스트	데이터가 유효성 검사 규칙에 어긋날 경우 오류 메시지를 표시하기 위한 속성

25.상시, 24.상시, 23.상시, 22.상시, 21.상시, 18.2, 16.2, 12.2, 09.2, 09.1, 08.3, 07.1, 06.2, 05.3, …

09 필드 속성 – 조회

- 콤보 상자나 목록 상자 컨트롤에 값을 미리 지정한 후 입력 시 지정한 값을 선택하여 신속하고 정확하게 입력할 수 있도록 설정하는 기능이다.
- 숫자, 큰 번호, Yes/No, 짧은 텍스트 형식에서 지정하여 사용할 수 있다.
- 조회 속성

일반	조회
컨트롤 표시	콤보 상자
행 원본 유형	테이블/쿼리
행 원본	
바운드 열	1
열 개수	1
열 이름	아니요
열 너비	
행 수	16
목록 너비	자동
목록 값만 허용	아니요
여러 값 허용	아니요
값 목록 편집 허용	아니요
목록 항목 편집 폼	
행 원본 값만 표시	아니요

컨트롤 표시	조회 속성을 설정하려면 콤보 상자나 목록 상자를 선택해야 함
행 원본 유형	사용할 행 원본의 유형을 지정하는 것 • 테이블/쿼리 : 테이블이나 쿼리의 데이터를 원본으로 사용할 때 • 값 목록 : 직접 입력한 값을 원본으로 사용할 때 • 필드 목록 : 테이블이나 쿼리 등의 필드명을 원본으로 사용할 때
행 원본	• 행 원본 유형에서 선택된 값에 따라 설정 사항이 달라짐 • 테이블/쿼리 선택 : 테이블 이름, 쿼리 이름, SQL 문을 지정함 • 값 목록 선택 : 사용할 데이터를 세미콜론(;)으로 구분하여 입력함 • 필드 목록 선택 : 테이블 이름, 쿼리 이름, SQL 문을 지정함
바운드 열	선택한 목록의 여러 열 중 해당 컨트롤에 저장되는 열을 지정함
열 개수	표시되는 열의 개수를 지정함
열 이름	열 이름의 표시 여부를 지정함
열 너비	• 열의 너비를 지정하며, 열이 여러 개일 경우 세미콜론(;)으로 구분함 • 열 너비를 0으로 지정하면 해당 필드를 숨길 수 있음
행 수	행의 개수를 지정하는 것으로, 콤보 상자에서만 설정할 수 있음
목록 너비	상자의 목록 너비를 지정하는 것으로, 콤보 상자에서만 설정할 수 있음
목록 값만 허용	지정한 목록 값 이외의 데이터 입력 여부를 지정하는 것으로, 콤보 상자에서만 설정할 수 있음

25.상시, 24.상시, 23.상시, 22.상시, 21.상시, 20.상시, 19.2, 19.1, 18.1, 17.1, 12.3, 11.2, 10.3, 10.2, …

10 기본키

- 테이블에서 각 레코드를 고유하게 정의하는 필드나 필드의 집합을 의미한다.
- 기본키로 지정된 필드에는 중복된 값이나 Null 값을 입력할 수 없고, Null 값이나 중복된 값이 입력된 필드는 기본키로 지정할 수 없다.
- OLE 개체, 첨부 파일, 계산 형식의 필드에는 기본키를 설정할 수 없다.
- 특정 필드를 기본키로 지정하면 해당 필드의 인덱스 속성이 '예(중복 불가능)'로 설정된다.
- 기본키로 지정하면 자동으로 인덱스가 설정되어 신속하게 정보를 찾거나 정렬할 수 있다.
- 여러 개의 필드를 합쳐 기본키로 지정할 수 있지만 기본키는 한 개만 지정할 수 있다.
- 자동으로 설정된 기본키 필드의 인덱스 속성인 '예(중복 불가능)'를 변경하려면 먼저 설정된 기본키를 해제해야 한다.
- 기본키를 설정하지 않아도 다른 테이블과 관계를 설정할 수 있다.
- 관계가 설정된 테이블은 기본키를 해제할 수 없으므로 기본키를 해제하려면 먼저 설정된 관계를 제거해야 한다.
- 데이터가 이미 입력된 필드도 기본키로 지정할 수 있지만, 중복된 데이터가 입력된 경우에는 오류 메시지가 표시된다.
- 기본키로 지정하면 해당 필드 앞에 열쇠 모양의 아이콘이 붙여진 걸 디자인 모드에서 확인할 수 있다.
- 액세스에서 정의할 수 있는 기본키의 종류에는 일련 번호 기본키, 단일 필드 기본 키, 다중 필드 기본키가 있다.

25.상시, 24.상시, 23.상시, 22.상시, 21.상시, 20.상시, 20.2, 19.상시, 16.2, 15.1, 14.3, 12.2, 11.3, …

11 색인(Index)

- 데이터의 검색이나 그룹화 등의 작업 속도를 향상시키기 위해 데이터를 일정한 기준에 맞게 정렬되도록 설정하는 기능으로, 검색을 자주하는 필드에 대해 설정하는 것이 바람직하다.
- 인덱스는 기본적으로 오름차순으로 정렬된다.
- 중복되는 값이 적은 필드를 인덱스로 지정하면 검색 속도가 향상된다.
- 하나의 테이블에 32개까지 인덱스를 만들 수 있으며, 하나의 인덱스에서는 10개의 필드를 사용할 수 있다.
- 인덱스에서 설정할 수 있는 옵션에는 아니요, 예(중복 가능), 예(중복 불가능)가 있다.
  - 아니요 : 인덱스를 설정하지 않음
  - 예(중복 가능) : 중복된 값을 입력할 수 있음
  - 예(중복 불가능) : 중복된 값을 입력할 수 없음

- OLE 개체, 첨부 파일, 계산 형식의 필드에는 인덱스를 설정할 수 없다.
- 인덱스는 테이블을 저장할 때 만들어지고, 레코드를 변경하거나 추가할 때 인덱스 설정에 맞게 자동으로 업데이트된다.
- 데이터 검색, 정렬 등의 작업 시간은 빨라지지만 데이터 추가나 변경 시 속도가 느려진다.
- 데이터의 양이 많아질수록 인덱스를 이용한 검색의 효과를 느낄 수 있다.
- 테이블 디자인 보기 상태에서 인덱스를 설정할 수 있다.

13 참조 무결성

- 관련된 테이블 간의 관계를 유지하고, 사용자가 실수로 관련 데이터를 삭제하거나 변경하지 않도록 하기 위해서 Microsoft Access가 사용하는 규칙을 말한다.
- 외래키 필드 값을 기본 테이블의 기본키 필드 값과 동일하게 유지해 주는 제약 조건이다.
- 참조 무결성을 지정하려면 관계를 설정할 때 '관계 편집'의 '항상 참조 무결성 유지'를 선택한다.
- 참조 무결성의 강화 규칙
  - 기본 테이블의 기본키 필드에 존재하지 않는 데이터는 관계가 설정된 테이블의 외래키 필드 값으로 입력할 수 없다.
  - 기본 테이블과 관계가 설정된 테이블에 일치하는 레코드가 존재할 때는 기본 테이블에서 레코드를 삭제할 수 없다.
  - 기본 테이블과 관계가 설정된 테이블에 일치하는 레코드가 존재할 때는 기본 테이블에서 기본키를 바꿀 수 없다.
  - 기본 테이블의 기본키 필드 값이 바뀌면 자동으로 관계가 설정된 테이블의 관련 필드의 값이 모두 수정되도록 설정할 수 있다.
  - 기본 테이블에서 레코드를 삭제하면 자동으로 관계가 설정된 테이블의 관련 레코드가 모두 삭제되도록 설정할 수 있다.

12 관계 설정

- 테이블에 데이터를 저장할 때 잘못된 데이터의 입력을 사전에 방지하고, 여러 테이블에 저장된 정보들은 연결하여 가져올 수 있도록 테이블 간의 관계를 정의하는 것이다.
- '관계 편집' 대화상자

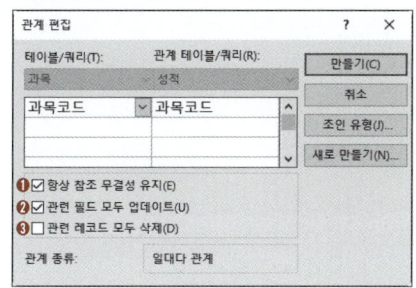

❶ 기본(과목) 테이블에 존재하지 않는 과목코드를 연결 테이블(성적)에 생성할 수 없도록 하고, 기본 테이블의 레코드를 실수로 삭제하거나 변경되지 않도록 규정한다.

❷ 기본 테이블에서 기본키 값이 바뀔 때마다 연결된 테이블의 해당 필드의 값이 자동으로 변경되도록 설정한다.

❸ 기본 테이블에서 레코드를 삭제할 때마다 연결된 테이블의 관련 레코드들이 자동으로 삭제되도록 설정한다.

※ '관계 편집' 대화상자에 표시된 관계의 종류는 자동으로 설정되는 것이며, 임의로 변경할 수 없습니다.

14 레코드 추가/삭제

레코드 추가

- 새로운 레코드를 추가하는 것으로, 항상 마지막에 추가할 수 있다.
- 레코드를 추가할 때는 지정된 필드 속성에 맞게 데이터를 입력해야 한다.
- 특정 필드나 레코드 선택기를 클릭한 후 다음과 같은 방법을 이용하면 레코드를 추가할 수 있도록 커서가 마지막에 있는 빈 레코드로 이동한다.

리본 메뉴 이용	[홈] → [레코드] → [새로 만들기]를 클릭함
바로 가기 메뉴 이용	[새 레코드]를 선택함
키 이용	Ctrl + + 를 누름
탐색 단추 이용	▶*를 누름

레코드 삭제

리본 메뉴 이용	[홈] → [레코드] → [삭제]를 클릭함
바로 가기 메뉴 이용	[레코드 삭제]를 선택함
키 이용	Ctrl + - 나 Delete 를 누름

- 여러 레코드를 한꺼번에 삭제하려면 레코드 선택기를 드래그하여 여러 개의 레코드를 선택한 후 수행한다.
- 레코드를 삭제하면 삭제 여부를 묻는 대화상자가 표시되며, 〈예〉를 클릭하면 삭제된다.
- 삭제된 레코드는 복원할 수 없다.

22.상시, 20.1, 18.상시, 15.3, 13.1, 10.3, 08.3, 08.1, 07.4, 06.3, 06.1, 05.2, …

15 외부 데이터 가져오기

- 텍스트 파일이나 스프레드시트, 데이터베이스 등의 데이터를 Microsoft Access 테이블로 만드는 작업을 말한다.
- 가져온 데이터를 사용해서 새 테이블을 만들 수 있으며, 데이터 구조가 일치할 경우 기존 테이블에 가져온 데이터를 추가할 수 있다.
- 데이터를 가져와도 원본 데이터는 변경되지 않으며, 가져온 데이터를 변경해도 원본 데이터에 영향을 미치지 않는다.
- 액세스에서는 Access '데이터베이스'의 각 개체(테이블, 쿼리, 폼, 보고서, 매크로 등), Excel, 텍스트 파일, XML 파일, ODBC 데이터베이스, HTML 문서, dBASE 파일, Sharepoint 목록, Outlook 폴더 등의 데이터 파일을 가져올 수 있다.
- Excel, 텍스트 파일, HTML 문서 등은 가져오기할 때 제외할 필드를 지정할 수 있다.
- 실행 방법
  - 방법1 [외부 데이터] → [가져오기 및 연결]에서 가져올 파일 형식 선택
  - 방법2 '탐색' 창의 바로 가기 메뉴의 [가져오기]에서 가져올 파일 형식 선택

25.상시, 24.상시, 22.상시, 21.상시, 17.2, 14.2, 14.1, 13.3, 11.1, 10.2, 09.4, 08.2, 08.1, 06.3, …

17 데이터 내보내기

- 데이터베이스 개체를 다른 응용 프로그램에서 사용할 수 있도록 형식을 변경하여 출력하는 것을 말한다.
- Access, Excel, Word RTF 파일, 텍스트 파일, XML 파일, ODBC 데이터베이스, HTML 문서, dBASE 파일, SharePoint 목록, PDF/XPS 등의 형식으로 내보낼 수 있다.
- 테이블에 대한 데이터, 구조, 서식 등은 내보낼 수 있지만 제약조건, 관계, 인덱스 같은 속성은 내보낼 수 없다.
- 쿼리를 내보낼 경우 실행 결과가 저장되며, 폼이나 보고서를 서식 있는 텍스트 파일로 내보낼 경우 각 개체와 연결된 데이터가 표시된다.
- 개체별 내보내기할 수 있는 형식

테이블/쿼리	Excel, Access, 텍스트 파일, XML 파일, ODBC 데이터베이스, HTML 문서, dBASE 파일, Sharepoint 목록, Word RTF 파일, PDF/XPS, Word 병합
폼	Access, Excel, 텍스트 파일, XML 파일, HTML 문서, Word RTF 파일, PDF/XPS
보고서	Excel, Access, 텍스트 파일, XML 파일, HTML 문서, Word RTF 파일, PDF/XPS

- 실행 방법 : 개체를 선택한 후 다음과 같이 수행함
  - 방법1 [외부 데이터] → [내보내기]에서 내보낼 파일 형식 선택
  - 방법2 '탐색' 창의 바로 가기 메뉴의 [내보내기]에서 내보낼 파일 형식 선택

25.상시, 24.상시, 23.상시, 21.상시, 13.2, 12.1, 09.4, 07.1

16 외부 데이터 연결하기

- 다른 응용 프로그램의 데이터를 Microsoft Access에 연결하는 것으로, 연결된 프로그램과 Microsoft Access 양쪽에서 데이터를 입력하거나 편집할 수 있다.
- 연결된 테이블의 데이터를 변경하면 원본 데이터도 자동으로 변경된다.
- 연결된 테이블을 삭제할 수 있으며, 연결된 테이블을 삭제하더라도 원본 데이터베이스의 테이블에는 아무런 영향을 주지 않는다.
- 원본 데이터베이스의 데이터(레코드)를 삭제하면 연결된 테이블의 데이터도 삭제된다.
- ODBC를 이용하면 오라클이나 SQL 서버와 같은 외부 데이터베이스에 연결할 수 있다.
- 액세스에서 연결할 수 있는 형태에는 Access 데이터베이스, dBASE 파일, Excel, 텍스트 파일, Outlook 폴더, Sharepoint 목록, HTML 문서, ODBC 데이터베이스 등이 있다.
- 가져오거나 연결된 테이블을 원본으로 하여 폼이나 보고서를 생성할 수 있다.
- 실행 [외부 데이터] → [가져오기 및 연결] → [새 데이터 원본] → [파일 형식 선택] → '외부 데이터 가져오기' 창에서 '연결 테이블을 만들어 데이터 원본에 연결' 옵션을 선택하여 수행함

2장 대표기출문제

1. 다음 중 Access의 개체에 대한 설명으로 옳지 않은 것은?
25.상시, 24.상시, 23.상시, 21.상시, 19.1

① 쿼리는 폼이나 보고서의 원본 데이터로 사용할 수 있다.
② 폼은 테이블이나 쿼리 데이터의 입출력 화면을 작성한다.
③ 매크로는 모듈에 비해 복잡한 작업을 처리하기 위해 프로그램을 직접 작성하는 것이다.
④ 테이블은 데이터를 저장하는 데 사용하는 데이터베이스 개체로, 레코드 및 필드로 구성된다.

> 매크로는 단순한 작업을 자동화하는 개체이고, 모듈은 매크로에 비해 복잡한 작업을 처리하기 위해 VBA로 실제 프로그램을 작성하는 개체입니다.

2. 테이블을 만드는 방법으로 옳지 않은 것은?
25.상시, 22.상시

① [만들기] 탭에서 [테이블 디자인]을 클릭하면 필드와 형식을 만들고 데이터시트 보기에서 데이터를 입력하면서 테이블을 만들 수 있다.
② [외부 데이터] 탭에서 다양한 형식의 데이터를 가져오거나 테이블에 연결하여 만들 수 있다.
③ [테이블 마법사]를 이용하면 데이터 구조가 이미 정의된 테이블에 데이터를 입력하면서 테이블을 만들 수 있다.
④ [만들기] 탭에서 [테이블]을 클릭하면 필드와 데이터를 입력하면서 테이블을 만들 수 있다.

> 테이블을 만드는 방법 중에 [테이블 마법사]를 이용하는 방법은 없습니다.

3. 다음 중 테이블에서의 필드 이름 지정 규칙에 대한 설명으로 옳은 것은?
25.상시, 24.상시, 22.상시, 21.상시, 19.상시, 15.3

① 필드 이름의 첫 글자는 숫자로 시작할 수 없다.
② 테이블 이름과 동일한 이름을 필드 이름으로 지정할 수 없다.
③ 한 테이블 내에 동일한 이름의 필드를 2개 이상 지정할 수 없다.
④ 필드 이름에 문자, 숫자, 공백, 특수문자를 조합한 모든 기호를 포함할 수 있다.

> ① 필드 이름의 첫 글자를 숫자로 시작할 수 있습니다.
> ② 테이블 이름과 동일한 이름을 필드 이름으로 지정할 수 있습니다.
> ④ 특수 문자 중 . ! [ ]는 필드 이름에 포함할 수 없습니다.

4. 다음 중 데이터의 형식에 관한 설명으로 옳지 않은 것은?
25.상시, 24.상시, 23.상시, 22.상시

① 짧은 데이터 형식의 필드 크기를 기존 크기보다 작게 지정할 경우 데이터가 손실될 수 있다.
② 숫자가 입력된 필드를 짧은 텍스트 형식으로 변경할 수 있다.
③ 정수가 입력된 필드를 일련 번호 형식으로 변경할 수 있다.
④ 날짜가 입력된 필드에 자세한 날짜 유형을 지정할 수 있다.

> 이미 데이터가 입력된 필드의 데이터 형식을 일련 번호 형식으로 변경할 수 없습니다.

5. 다음 중 데이터 형식에 대한 설명으로 옳지 않은 것은?
25.상시, 24.상시, 23.상시, 22.상시

① '첨부 파일'은 jpg, xlsx 등 원하는 파일 형식으로 첨부되도록 할 수 있다.
② 'Yes/No'는 성별이나 결혼 여부 등 두 값 중 하나만 입력하는 경우에 사용한다.
③ '짧은 텍스트'는 최대 255자까지 저장할 수 있다.
④ '일련 번호'는 레코드가 추가될 때마다 1씩 증가하는 값이 자동으로 입력되며, 필드 크기는 정수(Long)이다.

> '첨부 파일' 형식은 다양한 형식의 파일을 첨부할 수 있지만 원하는 파일 형식만 첨부되도록 설정할 수는 없습니다.

6. 데이터 형식이 텍스트인 필드에 다음과 같이 형식을 지정한 후 값을 입력했을 때의 표시 결과가 틀리게 표시된 것은?
25.상시, 21.상시

① @_@   1234   123_4
② >@@@@   abcd   ABCD
③ @   1234   1234
④ @\-@@   abcde   ab-de

> ④번의 표시 결과는 abc-de입니다.
> • @는 입력된 텍스트의 뒤쪽을 기준으로 텍스트 한 자리를 나타내며, @ 기호의 개수보다 입력된 값이 많은 경우에는 입력된 값을 모두 표시합니다.
> • _는 밑줄(_)을 해당 자리에 그대로 표시합니다.
> • >는 모든 문자를 대문자로 변경합니다.
> • \는 \ 다음 문자가 사용자 지정 기호라도 일반 문자처럼 해당 자리에 그대로 표시합니다.

7. 보고서 머리글의 텍스트 박스 컨트롤에 다음과 같이 컨트롤 원본을 지정하였다. 보고서 미리 보기를 하는 경우 어떠한 결과가 나타나는가? (단, 현재 날짜와 시간이 2021년 1월 2일 오후 3시 4분 5초라고 가정한다.)
24.상시, 23.상시, 22.상시

```
=Format(Now( ), "mmmm ampm h:n")
```

① Jan 3:4
② January 오후 3:4
③ Jan pm 3:4:5
④ January pm 3:4:5

> • Format(식, 형식)은 계산 결과에 표시 형식을 지정하는 함수입니다.
> • 날짜 형식을 mmmm으로 지정하였고, 날짜가 2021-01-02이므로 **January**로 표시됩니다.
> • 시간 형식을 ampm h:n으로 지정하였고, 시간이 오후 3시 4분 5초이므로 **오후 3:4**로 표시됩니다.
> ∴ Format 함수가 적용된 결과는 **January 오후 3:4**입니다.

정답 1.③ 2.③ 3.③ 4.③ 5.① 6.④ 7.②

8. 다음과 같은 식을 입력하였을 때의 설명으로 틀린 것은?
24.상시, 23.상시

=Format(Now( ), "m/d")

① Format은 계산 결과에 표시 형식을 지정하는 함수이다.
② Now는 현재 날짜와 시간을 표시해 주는 함수이다.
③ 컨트롤에 입력되는 식은 =로 시작해야 한다.
④ 오늘 날짜가 '2024-06-03'이면 06/03으로 표시된다.

> Format 함수의 표시 형식이 m/d와 같이 월과 일이 모두 한 자리로 지정되었으므로 오늘 날짜가 2024-06-03인 경우 6/3으로 표시됩니다.

9. 다음의 입력 데이터에 대한 입력 마스크 적용 결과가 옳지 않은 것은?
25.상시, 22.상시

① 입력 데이터 : greeNgr388m3
   입력 마스크 : >L????L?000L0
   화면 표시 : GREENgr388m3
② 입력 데이터 : MARIA
   입력 마스크 : >L<????
   화면 표시 : Maria
③ 입력 데이터 : ABCD
   입력 마스크 : !CCC-CCC
   화면 표시 : A-BCD
④ 입력 데이터 : 1419422187
   입력 마스크 : (000)000-0000
   화면 표시 : (141)942-2187

> '>'는 모든 문자를 대문자로 변환하는 기호이므로 ①번은 GRRENGR388M30이 출력됩니다.

10. 다음 중 입력 마스크 설정에 사용하는 사용자 정의 입력 마스크 기호에 대한 설명으로 옳은 것은?
24.상시, 23.상시, 20.2, 14.1, 13.3

① 9 : 소문자로 변환
② > : 숫자나 공백을 입력받도록 설정
③ < : 영문 대문자로 변환하여 입력받도록 설정
④ L : 영문자와 한글만 입력받도록 설정

> ① 9 : 선택 요소로 숫자나 공백을 입력
> ② > : 영문 대문자로 변환하여 입력받도록 설정
> ③ < : 영문 소문자로 변환하여 입력받도록 설정

11. 다음 중 아래 〈학과〉 테이블의 '학과코드' 필드에 대한 설명으로 옳지 않은 것은?
24.상시

필드 이름	데이터 형식
학과코드	숫자

일반 조회
필드 크기	바이트
형식	
소수 자릿수	자동
입력 마스크	999;0;0
캡션	
기본값	10
유효성 검사 규칙	<=200
유효성 검사 텍스트	
필수	예
인덱스	예(중복 불가능)
텍스트 맞춤	일반

① 학과코드는 반드시 입력되어야 한다.
② 필드의 값은 최대 255까지 입력할 수 있다.
③ 동일한 학과코드는 입력될 수 없다.
④ 레코드가 새로 생성되는 경우, 10이 자동으로 입력된다.

> 필드의 형식이 바이트이므로 255까지 입력할 수 있지만 유효성 검사 규칙(<=200)으로 인해 200을 초과하는 값은 입력할 수 없습니다.

12. 테이블 디자인의 조회 표시에서 콤보 상자나 목록 상자를 선택하면 여러 가지 속성이 표시된다. 속성에 대한 설명 중 옳지 않은 것은?
25.상시, 24.상시, 23.상시, 22.상시, 07.1, 05.3, 03.2, 02.3

① 행 원본 : 목록으로 제공할 데이터를 지정한다.
② 바운드 열 : 표시되는 열의 개수를 지정한다.
③ 컨트롤 표시 : 콤보 상자나 목록 상자를 선택한다.
④ 목록 값만 허용 : '예'로 설정하면 목록에 제공된 데이터 이외의 값을 추가할 수 없다.

> ②번은 '열 개수' 속성에 대한 설명입니다. '바운드 열'은 선택한 목록의 여러 열 중 해당 컨트롤에 저장되는 열을 지정하는 속성입니다.

13. 다음 중 액세스에서 테이블을 디자인 할 때 사용되는 조회 속성에 대한 설명으로 가장 옳지 않은 것은?
23.상시, 21.상시, 08.3

① 조회 속성은 데이터 형식이 짧은 텍스트, 숫자, 큰 번호, Yes/No인 경우에만 사용한다.
② 콤보 상자나 목록 상자 등의 컨트롤을 사용할 수 있다.
③ 조회 속성을 이용하면 목록 중에서 선택하여 데이터를 입력할 수 있다.
④ 콤보 상자나 목록 상자의 목록 값을 직접 입력하여 지정하려면 행 원본 유형을 필드 목록으로 선택해야 한다.

> 콤보 상자나 목록 상자의 목록 값을 직접 입력하여 지정하려면 행 원본 유형을 '값 목록'으로 선택해야 합니다. '필드 목록'은 테이블이나 쿼리 등의 필드명을 원본으로 사용할 때 사용합니다.

14. 다음 중 회사의 사원 정보를 데이터베이스로 구축할 때 가장 적합한 기본키에 대한 설명으로 올바른 것은? 25.상시, 24.상시, 23.상시

① 대부분의 자료를 검색할 때 성명을 사용하므로 성명을 기본키로 사용한다.
② 대부분의 사원들이 핸드폰을 사용하므로 핸드폰 번호를 기본키로 사용한다.
③ 성명은 중복 가능성이 있으므로 성명과 부서명을 함께 기본키로 사용한다.
④ 회사에서 사원들에게 지급한 사원코드를 기본키로 사용한다.

> 기본키는 테이블 내 모든 레코드들을 고유하게 식별할 수 있는 필드에 지정해야 하는데, '사원코드'는 사원 개개인을 구분할 수 있도록 부여한 코드이므로 기본키로 사용하기에 가장 적합합니다.

15. 다음 중 데이터베이스에서 인덱스를 사용하는 목적으로 가장 적절한 것은? 25.상시, 23.상시, 22.상시, 16.2, 15.1

① 데이터 검색 및 정렬 작업 속도 향상
② 데이터의 추가, 수정, 삭제 속도 향상
③ 데이터의 일관성 유지
④ 최소 중복성 유지

> 인덱스는 데이터 검색 및 정렬 작업 속도를 향상시키기 위해 사용합니다.

16. 다음 중 기본키(Primary Key)에 대한 설명으로 옳은 것은? 25.상시, 23.상시, 22.상시, 21.상시, 19.1

① 모든 테이블에는 기본키를 반드시 설정해야 한다.
② 액세스에서는 단일 필드 기본키와 일련 번호 기본키만 정의 가능하다.
③ 데이터가 이미 입력된 필드도 기본키로 지정할 수 있다.
④ OLE 개체나 첨부 파일 형식의 필드에도 기본키를 지정할 수 있다.

> ① 테이블에 기본키를 설정하지 않을 수 있습니다.
> ② 액세스에서는 일련 번호 기본키, 단일 필드 기본키, 다중 필드 기본키를 정의할 수 있습니다.
> ④ OLE 개체, 첨부 파일 형식의 필드에는 기본키를 설정할 수 없습니다.

17. 〈제품〉 테이블의 "제품명" 필드는 기본키가 아니지만 중복된 값이 입력될 수 없도록 관련 속성을 설정하려고 한다. 이를 위한 방법으로 옳은 것은? 24.상시, 23.상시

① 인덱스 속성을 '예(중복 불가능)'으로 설정한다.
② 인덱스 속성을 '예(중복 가능)'으로 설정한다.
③ 인덱스 속성을 '예(Null 허용)'으로 설정한다.
④ 필수 속성을 '예'로 설정한다.

> 기본키가 아니지만 중복된 값이 입력될 수 없도록 설정하려면, 인덱스 속성을 '예(중복 불가능)'으로 설정하면 됩니다.

18. 다음 중 아래 〈고객〉과 〈구매리스트〉 테이블 관계에 참조 무결성이 항상 유지되도록 설정할 수 없는 경우는? 23.상시, 21.상시, 20.1

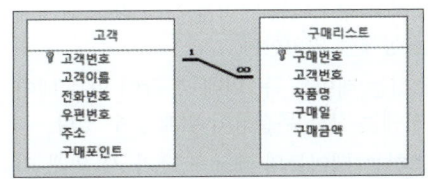

① 〈고객〉 테이블의 '고객번호' 필드 값이 〈구매리스트〉 테이블의 '고객번호' 필드에 없는 경우
② 〈고객〉 테이블의 '고객번호' 필드 값이 〈구매리스트〉 테이블의 '고객번호' 필드에 하나만 있는 경우
③ 〈구매리스트〉 테이블의 '고객번호' 필드 값이 〈고객〉 테이블의 '고객번호' 필드에 없는 경우
④ 〈고객〉 테이블의 '고객번호' 필드 값이 〈구매리스트〉 테이블의 '고객번호' 필드에 두 개 이상 있는 경우

> 〈고객〉 테이블의 '고객번호' 필드는 기본키이고 〈구매리스트〉 테이블의 '고객번호' 필드는 〈고객〉 테이블의 '고객번호' 필드를 참조하는 외래키입니다. 〈고객〉 테이블의 '고객번호' 필드에 없는 값은 〈구매리스트〉 테이블의 '고객번호' 필드에 입력할 수 없습니다.

19. 〈제품〉 테이블과 〈주문상세내역〉 테이블의 관계 설정에 관한 내용으로 옳지 않은 것은? 25.상시, 24.상시

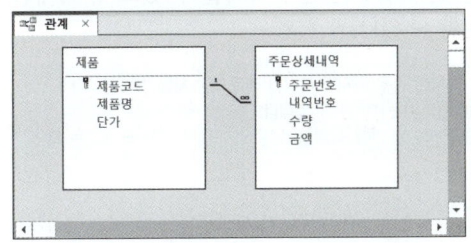

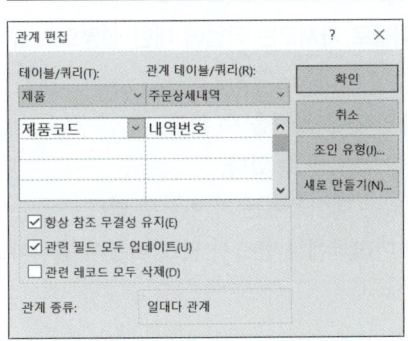

① 〈제품〉 테이블의 레코드를 수정하거나 삭제할 때 참조 무결성이 위배될 수 있다.
② 〈주문상세내역〉 테이블에 레코드를 추가할 때 참조 무결성이 위배될 수 있다.
③ 〈주문상세내역〉 테이블에 레코드를 삭제할 때는 어떠한 경우라도 참조 무결성이 위배되지 않는다.
④ 〈제품〉 테이블의 '제품코드' 데이터를 추가할 때는 참조 무결성이 위배될 수 있다.

> 〈제품〉 테이블에 새롭게 추가되는 '제품코드'는 〈주문상세내역〉 테이블에서 참조하는 자료가 아니므로 참조 무결성에 위배되지 않습니다.

2장 대표기출문제

20. 다음 중 참조 무결성에 대한 설명으로 옳지 않은 것은?
24.상시, 23.상시, 21.상시, 19.1, 07.1

① 참조 무결성은 참조하고 참조되는 테이블 간의 참조 관계에 아무런 문제가 없는 상태를 의미한다.
② 다른 테이블을 참조하는 테이블 즉, 외래 키 값이 있는 테이블의 레코드 삭제 시에는 참조 무결성이 위배될 수 있다.
③ 다른 테이블을 참조하는 테이블의 레코드 추가 시 외래 키 값이 널(Null)인 경우에는 참조 무결성이 유지된다.
④ 다른 테이블에 의해 참조되는 테이블에서 레코드를 추가하는 경우에는 참조 무결성이 유지된다.

> 레코드 삭제 시 참조 무결성이 깨질 수 있는 경우는 다른 테이블에 의해 참조되는 테이블의 레코드를 삭제할 때입니다. 다른 테이블을 참조하는 테이블의 레코드를 삭제하는 것은 참조 무결성에 영향을 주지 못합니다.

21. 다음 중 데이터시트 보기 상태에서의 레코드 추가/삭제에 대한 설명으로 옳은 것은?
21.상시, 10.3

① 레코드를 여러 번 복사한 경우 첫 번째 복사한 레코드만 사용 가능하다.
② 새로운 레코드는 항상 테이블의 마지막 행에서만 추가되며 중간에 삽입될 수 없다.
③ 레코드를 추가하는 단축키는 Ctrl + Insert 이다.
④ 여러 레코드를 선택하여 한 번에 삭제할 수 있으며, 삭제된 레코드는 복원할 수 있다.

> ① 레코드를 여러 번 복사한 경우 마지막 복사한 레코드만 사용 가능합니다.
> ③ 레코드를 추가하는 단축키는 Ctrl + + 입니다.
> ④ 여러 레코드를 선택하여 한 번에 삭제할 수는 있지만, 삭제된 레코드는 복원할 수 없습니다.

22. 외부 데이터를 테이블로 가져오는 작업에 대한 설명으로 옳은 것은?
22.상시

① 엑셀 시트가 여러 개인 경우 가져올 수 없다.
② 일부 필드를 제외하고 가져올 수 있다.
③ 데이터가 이미 들어있는 테이블에는 가져올 수 없다.
④ 가져올 데이터의 행 머리글에는 반드시 필드 이름이 있어야 한다.

> ① 엑셀 시트가 여러 개인 경우 가져올 시트를 선택해서 가져올 수 있습니다.
> ③ 데이터가 이미 들어있는 테이블에 외부에서 가져온 데이터를 추가할 수 있습니다.
> ④ 가져올 데이터의 행 머리글에 필드 이름이 없어도 가져올 수 있습니다.

23. 다음 중 다른 데이터베이스의 원본 데이터를 연결 테이블로 가져온 테이블과 새 테이블로 가져온 테이블에 대한 설명으로 옳지 않은 것은?
25.상시, 24.상시, 23.상시, 21.상시, 13.2, 12.1, 09.4, 07.1

① 연결 테이블로 가져온 테이블을 삭제하면 연결되어 있는 원본 데이터베이스 테이블도 삭제된다.
② 연결 테이블로 가져온 테이블을 삭제해도 원본 테이블은 삭제되지 않고 연결만 삭제된다.
③ 새 테이블로 가져온 테이블을 삭제해도 원본 테이블은 삭제되지 않는다.
④ 새 테이블로 가져온 테이블을 이용하여 폼이나 보고서를 생성할 수 있다.

> 연결 테이블로 가져온 테이블을 삭제해도 원본 테이블은 삭제되지 않고 연결만 삭제됩니다.

24. 다음 중 특정 폼을 [내보내기]를 통해 다른 형식으로 바꾸어 저장하려고 할 때 지정할 수 없는 형식은?
24.상시, 22.상시, 10.2, 08.2, 04.4

① HTML
② 텍스트
③ Excel
④ JPEG

> 폼을 BMP, JPEG 등의 그림 파일 형식으로는 내보낼 수 없습니다.

25. 다음 중 액세스의 내보내기(Export)에 대한 설명으로 가장 옳지 않은 것은?
25.상시, 24.상시

① 테이블이나 쿼리, 폼이나 보고서 등을 다른 형식으로 바꾸어 파일로 저장할 수 있다.
② 테이블의 데이터, 구조, 서식 등은 내보낼 수 있지만 제약 조건, 관계, 인덱스 같은 속성은 내보낼 수 없다.
③ 테이블은 내보내지 않고 보고서만 Word RTF 파일로 내보내는 경우 원본 테이블이 없으므로 자료가 표시되지 않는다.
④ 쿼리를 내보낼 경우 실행 결과가 저장된다.

> 폼이나 보고서를 내보낼 경우 폼이나 보고서와 연결된 데이터가 저장되므로, 원본 테이블과 관계 없이 자료가 표시됩니다.

정답 20.② 21.② 22.② 23.① 24.④ 25.③

3장 | 데이터베이스 질의(Query)

01 단순 조회 질의 - 기본 구문

```
SELECT [DISTINCT] 필드이름
FROM 테이블이름
[WHERE 조건식];
```

- SQL문에서는 대·소문자를 구분하지 않으며, 마지막에 ' ; '을 입력해 SQL문의 끝임을 알린다.
- SELECT문에 'DISTINCT'를 입력하면 검색의 결과가 중복되는 레코드는 검색 시 한 번만 표시된다.
- 필드이름 : 테이블의 모든 필드를 검색할 경우에는 필드 이름 대신 '*' 또는 'All'을 입력하고, 특정 필드들만 검색할 경우 필드와 필드는 쉼표(,)로 구분하여 표시함
- WHERE 조건식 : 조건을 입력하여 특정 조건에 맞는 레코드만 검색할 때 사용함
- 두 개의 테이블을 지정하여 레코드를 검색하려면 두 테이블을 콤마(,)로 연결해야 한다.

03 그룹 지정

```
SELECT [DISTINCT] 필드이름
FROM 테이블이름
[WHERE 조건식]
[GROUP BY 필드이름]
[HAVING 그룹조건식];
```

- GROUP BY절
  - 특정 필드를 기준으로 그룹화하여 검색할 때 사용한다.
  - 일반적으로 GROUP BY는 SUM, AVG, COUNT 같은 그룹 함수와 함께 사용한다.
- HAVING 절
  - 그룹에 대한 조건을 지정할 때 사용한다.
  - 개개의 레코드에 조건을 지정할 때는 WHERE절을 사용한다.
- 일반적으로 GROUP BY는 SUM, AVG, COUNT 같은 그룹 함수와 함께 사용한다.
- WHERE절과 HAVING절의 차이를 보면 WHERE는 개개의 레코드에 조건을 지정하는 것이고, HAVING은 그룹에 대해 조건을 지정하는 것이다.

02 정렬

```
SELECT [DISTINCT] 필드이름
FROM 테이블이름
[WHERE 조건식]
[ORDER BY 필드이름 정렬방식, …];
```

- ORDER BY문 : 특정 필드를 기준으로 레코드를 정렬하여 검색할 때 사용함
- 정렬 방식
  - 'ASC'와 'DESC'가 있으며, 'ASC'는 오름차순, 'DESC'는 내림차순을 의미한다.
  - 정렬 방식을 지정하지 않으면 기본적으로 오름차순(ASC) 정렬이 수행된다.
  - 오름차순으로 정렬할 경우 숫자, 한글, 영문(소문자 → 대문자) 순으로 정렬된다.

04 주요 함수

함수	설명
AVG(필드 이름)	해당 필드를 기준으로 비어있지 않은 필드를 대상으로 평균을 구함
SUM(필드 이름)	필드의 합계를 구함
COUNT(필드 이름)	해당 필드를 기준으로 비어있지 않은 레코드 수를 구함
MIN(필드 이름)	필드에서의 최소값을 구함
MAX(필드 이름)	필드에서의 최대값을 구함
NOW( )	현재 날짜와 시간을 표시함
LEN(필드 이름)	필드에 저장된 문자열의 길이를 반환함
ROUND(필드 이름, 소수자릿수)	필드의 숫자를 지정한 자릿수로 반올림함
LEFT(문자열, 자릿수)	문자열의 왼쪽에서 주어진 자릿수만큼 추출함
MID(문자열, 시작값, 자릿수)	문자열의 시작 위치에서 주어진 자릿수만큼 추출함
RIGHT(문자열, 자릿수)	문자열의 오른쪽에서 주어진 자릿수만큼 추출함

함수	설명
STRCOMP(문자열1, 문자열2)	문자열1과 문자열2를 비교하여 같으면 0, 다르면 -1을 반환함
LCASE(문자열)	문자열을 모두 소문자로 변환함
UCASE(문자열)	문자열을 모두 대문자로 변환함
INSTR(문자열, 찾는 문자)	• 문자열에서 찾는 문자 또는 문자열의 위치를 구함 • 문자열에서 찾는 문자나 문자열이 없는 경우에는 0을 반환함
ISNULL(필드 이름)	필드의 값이 NULL인지를 확인함
IIF(조건, 실행1, 실행2)	조건이 참이면 실행1을, 거짓이면 실행2를 수행함
DATEPART(형식, 날짜)	• 지정된 날짜에서 형식에 제시된 값만 표시함 • 형식은 연(year), 월(month), 일(day)로 구분됨
DATEADD(형식, 값, 날짜)	지정된 날짜에서 형식(연, 월, 일)을 지정한 값만큼 증가함
DATEDIFF(형식, 날짜1, 날짜2)	두 날짜 사이의 형식(연, 월, 일)의 경과값을 표시함
VAL(문자열)	문자열로 표시된 숫자를 숫자 값으로 반환함
DATE( )	현재 날짜를 표시함
TIME( )	현재 시간을 표시함
WEEKDAY(날짜, 형식)	• 지정된 날짜의 요일에 해당하는 숫자를 표시함 • 반환 형식 　- 1 또는 생략 : 1(일요일)에서 7(토요일)까지의 숫자로 표시 　- 2 : 1(월요일)에서 7(일요일)까지의 숫자로 표시 　- 3 : 0(월요일)에서 6(일요일)까지의 숫자로 표시
DATEVALUE(날짜)	텍스트 형식의 날짜를 일련번호로 변환함
YEAR(날짜)	지정된 날짜에서 연도만 표시함
MONTH(날짜)	지정된 날짜에서 월만 표시함
DAY(날짜)	지정된 날짜에서 일만 표시함
HOUR(시간)	지정된 시간에서 시만 표시함
MINUTE(시간)	지정된 시간에서 분만 표시함
SECOND(시간)	지정된 시간에서 초만 표시함

> **잠깐만요** DATEADD, DATEDIFF, DATEPART 함수의 형식
> • yyyy : 연
> • q : 분기
> • m : 월
> • d : 일
> • y : 일(일년 기준)
> • w : 요일
> • ww : 주(일년 기준)
> • h : 시
> • n : 분
> • s : 초

25.상시, 24.상시, 23.상시, 22.상시, 21.상시, 20.2, 20.1, 19.상시, 19.1, 18.상시, 18.2, 18.1, 17.1, …

05 특수 연산자를 이용한 질의

연산자	• 산술 연산자 : +, -, *, /, ₩, mod, &, ^ • 관계 연산자 : 〉, 〈, =, 〉=, 〈=, 〈 〉 • 논리 연산자 : NOT, AND, OR
IN	• 필드의 값이 IN 연산자의 인수로 지정된 값과 같은 레코드만 검색하는 것으로, OR 연산자를 수행한 결과와 같음 • 문법 : WHERE 필드 또는 필드를 나타내는 식 IN(값1, 값2, …)
Between	• 필드의 값이 Between 연산자의 범위로 지정된 값 이내에 포함되는 레코드만 검색하는 것으로, AND 연산자를 수행한 결과와 같음 • 문법 : WHERE 필드 또는 필드를 나타내는 식 BETWEEN 값1 AND 값2
LIKE	• 대표 문자를 이용해 필드의 값이 패턴과 일치하는 레코드만 검색함 • 문법 : WHERE 필드 또는 필드를 나타내는 식 LIKE '문자 패턴'
NOT	• 필드의 값이 NOT 다음에 기술한 연산자의 결과에 포함되지 않는 레코드만 검색함 • 문법 : WHERE 필드 또는 필드를 나타내는 식 NOT 다른 연산

> **잠깐만요** 대표 문자
> • * 또는 % : 모든 문자를 대표함
> • ? 또는 _ : 한 자리 문자를 대표함
> • # : 한 자리 숫자를 대표함

25.상시, 24.상시, 23.상시, 22.상시, 21.상시, 20.상시, 19.상시, 18.2, 16.1, 15.1, 14.2, 13.3, 12.3, …

06 하위 질의

- 선택 질의(SELECT) 혹은 실행 질의(INSERT, UPDATE, DELETE) 안에 작성하는 SELECT문이다.
- 하위 질의 내에 또 다른 하위 질의를 만들 수 있다.
- 하위 질의를 기본 질의에 IN 연산자로 연결하면, 하위 질의의 결과가 기본 질의의 조건으로 사용된다.
- SELECT문의 필드 목록이나 WHERE절 또는 HAVING절에서 식 대신에 하위 쿼리를 사용할 수 있다.

25.상시, 24.상시, 23.상시, 22.상시, 21.상시, 20.1, 17.2, 15.2, 14.1, 13.2, 11.2, 10.2, 09.1, 08.4, …

07 조인

- 두 개 이상의 테이블에 나누어져 저장된 정보를 한 개의 테이블처럼 사용하기 위해 연결하는 방법을 정의하는 것이다.
- 조인에 사용되는 기준 필드의 데이터 형식은 동일하거나 호환되어야 한다.
- 여러 개의 테이블을 조인할 경우 접근 속도의 향상을 위해 필드 이름 앞에 테이블 이름을 마침표(.)로 구분하여 사용한다.

- 보통 연결될 양 테이블 간에 관계가 설정되어 있어야 하지만, 관계가 설정되지 않아도 조인을 수행할 수는 있다.

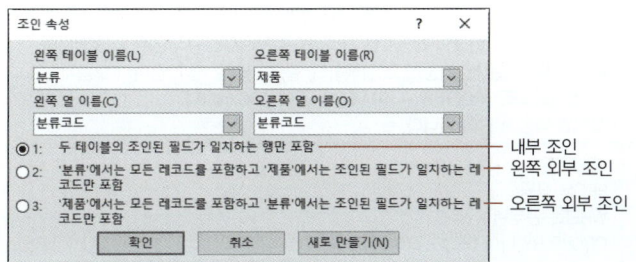

내부 조인(Inner Join)

```
SELECT 필드이름
FROM 테이블이름1 INNER JOIN 테이블이름2
ON 테이블이름1.필드이름=테이블이름2.필드이름
WHERE 조건;
```

- 가장 일반적인 조인의 형태이다.
- 관계가 설정된 두 테이블에서 조인된 필드가 일치하는 행만 질의에 포함된다.

왼쪽 외부 조인(Left Join)

```
SELECT 필드이름
FROM 테이블이름1 LEFT JOIN 테이블이름2
ON 테이블이름1.필드이름=테이블이름2.필드이름
WHERE 조건;
```

- 왼쪽 테이블에서는 모든 레코드를 포함하고, 오른쪽 테이블에서는 조인된 필드가 일치하는 레코드만 질의에 포함된다.

오른쪽 외부 조인(Right Join)

```
SELECT 필드이름
FROM 테이블이름1 RIGHT JOIN 테이블이름2
ON 테이블이름1.필드이름=테이블이름2.필드이름
WHERE 조건;
```

- 오른쪽 테이블에서는 모든 레코드를 포함하고, 왼쪽 테이블에서는 조인된 필드가 일치하는 레코드만 질의에 포함된다.

08 삽입(INSERT)문

- 테이블에 레코드를 추가할 때 사용한다.
- 값을 직접 지정하여 추가할 수도 있고, 다른 테이블의 레코드를 추출하여 추가할 수도 있다.
- 직접 입력하여 추가하기

```
INSERT INTO 테이블 이름(필드이름1, 필드이름2, …)
VALUES (필드값1, 필드값2, …) ;
```

- 테이블로부터 추가하기

```
INSERT INTO 테이블 이름(필드이름1, 필드이름2, …)
SELECT 필드 이름
FROM 테이블 이름
WHERE 조건;
```

- 여러 개의 레코드를 동시에 추가할 수 있지만 한 번에 하나의 테이블에만 추가할 수 있다.
- 레코드의 전체 필드를 추가할 경우에는 필드 이름을 생략할 수 있다.

09 수정(UPDATE)문

```
UPDATE 테이블 이름
SET 필드이름1=값1, 필드이름2=값2, …
WHERE 조건;
```

- 테이블의 필드 값을 변경할 때 사용한다.
- 조건을 지정하여 한 번에 여러 레코드의 필드 값을 변경할 수 있다.
- 조건을 지정하지 않으면 테이블 내의 전체 레코드에 대해 변경이 이루어진다.

10 기타 질의

크로스탭 질의	• 테이블의 특정 필드의 요약값(합계, 개수, 평균 등)을 표시하고 그 값들을 그룹별로 한 집합은 데이터시트의 왼쪽에, 또 한 집합은 데이터 시트의 위쪽에 나열함 • 열과 행 방향의 표 형태로 숫자 데이터의 집계를 구함 • 스프레드시트 프로그램의 피벗 테이블과 유사함 • 행 머리글로 사용될 필드는 여러 개를 지정할 수 있지만 열 머리글로 사용될 필드는 하나만 지정할 수 있음
매개변수 질의	• 쿼리를 실행하면 매개 변수를 입력받을 수 있는 대화상자가 나타나는 질의 • 매개 변수 입력 대화상자에 검색조건으로 사용할 값이나 필드에 삽입할 정보를 입력받아 질의를 수행함 • 입력 받은 매개 변수 값은 조건으로 찾을 데이터 형식과 일치해야 함 • 2가지 이상의 정보를 입력받는 매개 변수 질의문을 작성할 수 있음 • 매개 변수 대화상자에 표시할 텍스트는 매개 변수를 적용할 필드의 조건 행에 대괄호([ ])로 묶어 입력함
통합(Union) 질의	• 성격이 유사한 두 개의 테이블이나 질의의 내용을 합쳐서 하나의 테이블을 만들기 위한 질의 • 같은 레코드는 한 번만 기록 • 두 테이블의 열(필드)의 개수가 다르면 통합되지 않음 • 형식 SELECT 필드이름 FROM 테이블 이름 UNION SELECT 필드이름 FROM 테이블 이름;

3장 대표기출문제

1. 다음 중 각 쿼리문에 대한 설명으로 옳지 않은 것은? 25.상시, 24.상시

① insert into member(id, password, name, age) values ('a001', '1234', 'kim', 20);
② update member set age=17 where id='a001';
③ select * distinct from member where age=17;
④ delete from member where id='a001';

> DISTINCT는 검색 결과가 중복되는 레코드는 검색 시 한 번만 표시하는 것으로, 필드명 앞에 기술합니다.

2. 다음 중 SELECT 문의 선택된 필드에서 중복 데이터를 포함하는 레코드를 제외시키는 조건자로 옳은 것은? 21.상시, 15.2, 10.2

① DISTINCT ② UNIQUE
③ ONLY ④ *

> DISTINCT는 검색의 결과가 중복되는 레코드는 한 번만 표시하라는 의미입니다.

3. 다음 중 아래와 같은 결과를 표시하는 SQL문은? 25.상시, 24.상시, 23.상시, 22.상시

쿼리1			
도서명	저자	정가	출판사
월급쟁이대테크	우용표	₩17,500	길벗경영
차트분석	윤재수	₩25,000	길벗경영
워드프로세서	김종일	₩19,000	길벗수험
컴퓨터활용능력	김우경	₩28,000	길벗수험
코딩인공지능	강희숙	₩18,000	길벗IT
포토샵CC	김선길	₩20,000	길벗IT

① select * from 도서 order by 출판사 asc, 정가 asc;
② select * from 도서 order by 저자 asc, 출판사 desc;
③ select * from 도서 order by 정가 desc, 저자 asc;
④ select * from 도서 order by 도서명 asc, 정가 desc;

> 문제의 그림은 '출판사'를 기준으로 오름차순 정렬하고 '출판사'가 같은 경우에는 '정가'를 기준으로 오름차순 정렬한 결과입니다.

4. 직원(사원번호, 부서명, 이름, 나이, 근무년수, 급여) 테이블에서 근무년수가 3년 이상인 직원들을 나이가 많은 순서대로 조회하되, 같은 나이일 경우 급여의 오름차순으로 모든 필드를 나타내는 질의문으로 옳은 것은? 21.상시, 19.상시, 19.1, 17.1, 16.3, 14.3, 11.3, 09.3, 09.1, 08.2, 08.1, 07.3, 07.2, 06.2, 04.4

① SELECT * FROM 직원 WHERE 근무년수 >= 3 ORDER BY 나이, 급여;
② SELECT * FROM 직원 ORDER BY 나이, 급여 WHERE 근무년수>= 3;
③ SELECT * FROM 직원 ORDER BY 나이 DESC, 급여 ASC WHERE 근무년수 >= 3;
④ SELECT * FROM 직원 WHERE 근무년수 >= 3 ORDER BY 나이 DESC, 급여 ASC;

> • 모든 필드를 검색하므로 'SELECT *'입니다.
> • 〈직원〉 테이블에서 검색하므로 'FROM 직원'입니다.
> • 근무년수가 3년 이상인 레코드를 검색하므로 'WHERE 근무년수 >= 3'입니다.
> • 나이가 많은 순(내림차순)으로 검색하되, 같은 나이일 경우 급여의 오름차순으로 검색하므로 'ORDER BY 나이 DESC, 급여 ASC'입니다.
> • 합치면 다음과 같이 됩니다.
> ```
> SELECT *
> FROM 직원
> WHERE 근무년수 >= 3
> ORDER BY 나이 DESC, 급여 ASC;
> ```

5. 다음 중 HAVING 절과 WHERE 절에 대한 설명으로 옳지 않은 것은? 25.상시, 24.상시

① WHERE 절에는 ORDER BY 절을 사용할 수 없다.
② WHERE 절에는 그룹 함수를 사용할 수 없다.
③ WHERE 절은 검색될 레코드에 대한 조건을 지정할 때 사용한다.
④ 그룹에 대한 조건을 지정할 때는 HAVING 절을 사용한다.

> WHERE 절에는 ORDER BY 절을 사용할 수 있습니다.

6. 다음 중 문자열 함수에 대한 결과로 옳지 않은 것은? 24.상시, 23.상시

① Len("Blossom") = 7
② Mid("Blossom", 3, 2) = os
③ Left("Blossom", 3) = Blo
④ Instr("Blossom", "son") = Null

> InStr(문자열, 찾는 문자)는 문자열에서 찾는 문자 또는 문자열의 위치를 구하는 함수로, 문자열에서 찾는 문자나 문자열이 없는 경우에는 0을 반환합니다.

7. 다음 중 아래 〈학생〉 테이블에 대한 SQL문의 실행 결과로 옳은 것은? 25.상시, 24.상시, 23.상시, 22.상시, 21.상시, 20.1

학생			
학번	전공	학년	나이
1002	영문	SO	19
1004	통계	SN	23
1005	영문	SN	21
1008	수학	JR	20
1009	영문	FR	18
1010	통계	SN	25

```
SELECT AVG([나이]) FROM 학생
WHERE 학년="SN" GROUP BY 전공
HAVING COUNT(*) >= 2;
```

① 21 ② 22
③ 23 ④ 24

질의문은 각 절을 분리하여 이해하면 쉽습니다.
- SELECT AVG([나이]) FROM 학생 : '학생' 테이블에서 〈나이〉 필드의 평균을 검색합니다.
- WHERE 학년="SN" : '학년' 필드의 값이 "SN"인 레코드만을 대상으로 검색합니다.

학번	전공	학년	나이
1004	통계	SN	23
1005	영문	SN	21
1010	통계	SN	25

- GROUP BY 전공 : '전공' 필드를 기준으로 그룹을 지정합니다.

학번	전공	학년	나이
1004	통계	SN	23
1010	통계	SN	25
1005	영문	SN	21

- HAVING COUNT(*))=2 : 그룹별로 레코드의 개수가 2개 이상인 그룹만을 대상으로 검색합니다.

학번	전공	학년	나이
1004	통계	SN	23
1010	통계	SN	25

※ 질의문의 수행 결과 나이의 평균은 (23+25)/2 = 24입니다.

8. 다음 중 아래의 〈급여〉 테이블에 대한 SQL 명령과 실행 결과로 옳지 않은 것은? (단, 빈 칸은 Null임) 25.상시, 23.상시, 22.상시, …

사원번호	성명	가족수
1	가	2
2	나	3
3	다	

① SELECT COUNT(성명) FROM 급여; 를 실행한 결과는 3이다.
② SELECT COUNT(가족수) FROM 급여; 를 실행한 결과는 3이다.
③ SELECT COUNT(*) FROM 급여; 를 실행한 결과는 3이다.
④ SELECT COUNT(*) FROM 급여 WHERE 가족수 Is Null; 을 실행한 결과는 1이다.

COUNT( ) 함수의 인수로 필드명을 지정하면 해당 필드만을 대상으로 비어있지 않은 데이터의 개수를 구합니다. ②번의 실행 결과는 2입니다.

9. 다음 중 연산자 사용에 대한 설명으로 옳지 않은 것은? 25.상시, 24.상시

① Like "김?" : "김"으로 시작하거나 "김"을 포함하는 모든 자료를 표시한다.
② Between 20 and 60 : 20에서 60 사이인 자료를 표시한다.
③ Not "0" : 널 문자가 아닌 자료를 표시한다.
④ 3<>3 Or 2<1 : 화면에 표시되는 내용이 없다.

만능 문자는 모든 문자를 대신하여 사용하는 문자로, *는 문자의 모든 자리를 대신할 수 있지만, ?는 문자의 한 자리만 대신할 수 있습니다. Like "김?"은 "김"으로 시작하는 두 글자인 자료만 표시합니다.

10. 다음 질의문에 대한 설명으로 옳은 것은? 25.상시, 23.상시, 22.상시, 21.상시

```
SELECT 학과번호, 학과명
FROM 학과
WHERE 학과번호 LIKE "C*";
```

① 학과번호가 C로 시작하는 학과번호 두 글자와 학과명을 표시한다.
② 학과번호가 C를 포함하는 학과번호와 학과명을 표시한다.
③ 학과번호가 C로 시작하는 한 글자 이상의 학과번호와 학과명을 표시한다.
④ 학과번호가 C로 끝나는 학과번호와 학과명을 표시한다.

질의문을 각 절별로 살펴보면 다음과 같습니다.
- SELECT 학과번호, 학과명 : '학과번호'와 '학과명' 속성을 표시합니다.
- FROM 학과 : 〈학과〉 테이블에서 검색합니다.
- WHERE 학과번호 LIKE "C*"; : '학과번호'가 "C"로 시작하는 레코드만을 대상으로 검색합니다.

11. 〈상품〉과 〈주문〉 테이블을 대상으로 SQL문을 실행했을 때 결과로 표시되는 상품번호로 옳은 것은? 24.상시, 23.상시, 22.상시

상품번호	상품명
1	Wing
2	Arena
3	Transfer
4	ReadMe
5	Access

주문번호	상품번호	거래처번호
1	1	10
2	2	10
3	1	20
4	3	30
5	4	30
6	2	40
7	4	50

〈SQL문〉

```
Select 상품번호
From 상품
Where 상품번호 In (Select 상품번호
From 주문 Where 거래처번호 Between 30 And 50);
```

① 1, 2
② 2, 3, 4
③ 1, 2, 3, 4, 5
④ 1, 3, 5

하위 질의의 결과가 기본 질의의 조건으로 사용되므로 다음과 같은 순서로 질의문을 수행하면 됩니다.
❶ Select 상품번호 From 주문 Where 거래처번호 Between 30 And 50 : 〈주문〉 테이블에서 '상품번호' 필드를 추출하되, 거래처번호가 30에서 50 사이인 레코드만을 대상으로 합니다.

주문번호	상품번호	거래처번호
1	1	10
2	2	10
3	1	20
4	3	30
5	4	30
6	2	40
7	4	50

정답 8.② 9.① 10.③ 11.②

❷ Select 상품번호 From 상품 Where 상품번호 In (❶) : 〈상품〉 테이블에서 상품번호가 ❶에서 추출한 상품번호와 같은 레코드의 상품번호를 표시합니다.

상품번호	상품명
1	Wing
2	Arena
3	Transfer
4	ReadMe
5	Access

※ 질의문의 수행 결과 표시되는 '상품번호'는 2, 3, 4입니다.

12. 다음 중 하위 쿼리(Sub Query)의 설명으로 옳지 않은 것은?

24.상시, 23.상시, 22.상시, 21.상시, 12.3, 11.2

① 하위 폼이나 하위 보고서는 반드시 하위 쿼리를 사용해야 한다.
② 주 쿼리에서 IN 조건부를 사용하여 하위 쿼리의 일부 레코드에 동일한 값이 있는 레코드만 검색할 수 있다.
③ SELECT문의 필드 목록이나 WHERE 또는 HAVING절에서 식 대신에 하위 쿼리를 사용할 수 있다.
④ 주 쿼리에서 ALL 조건부를 사용하여 하위 쿼리에서 검색된 모든 레코드와 비교를 만족시키는 레코드만 검색할 수 있다.

하위 폼이나 하위 보고서는 테이블, 쿼리, 폼, 다른 보고서를 이용하여 작성할 수 있습니다.

13. 다음 중 아래 SQL 문에 대한 설명으로 옳은 것은?

25.상시, 23.상시, 22.상시, 21.상시

UPDATE 학생 SET 주소='서울' WHERE 학번=100;

① [학생] 테이블에 주소가 '서울'이고 학번이 100인 레코드를 추가한다.
② [학생] 테이블에서 주소가 '서울'이고 학번이 100인 레코드를 검색한다.
③ [학생] 테이블에서 학번이 100인 레코드의 주소를 '서울'로 갱신한다.
④ [학생] 테이블에서 주소가 '서울'인 레코드의 학번을 100으로 갱신한다.

질의문은 각 절을 분리하여 이해하면 쉽습니다.
• Update 학생 : 〈학생〉 테이블의 레코드를 수정합니다.
• Set 주소 = '서울' : '주소' 필드의 값을 "서울"로 변경합니다.
• Where 학번 = '100' : '학번' 필드의 값이 "100"인 레코드만 대상으로 합니다.

14. 아래의 두 테이블을 다음과 같이 조인하여 질의를 수행한 경우의 결과에 대한 설명으로 가장 옳지 않은 것은?

22.상시, 21.상시, 17.2, 14.1, 13.2, 11.2, 09.1, 02.3

〈거래처〉 테이블

거래처번호	거래처명
1	갑을상사
2	영광상회
3	갑자무역

〈매출〉 테이블

번호	매출거래처	매출일
1	1	5월 1일
2	2	5월 3일
3	1	5월 3일
4	NULL	5월 4일

SELECT * FROM 거래처 INNER JOIN 매출 ON 거래처.거래처번호 = 매출.매출거래처;

① 조회 결과의 필드 수는 5개이다.
② 조회 결과의 레코드 수는 4개이다.
③ 3번 거래처에 대한 정보는 나타나지 않는다.
④ 4번 매출에 대한 정보는 나타나지 않는다.

내부 조인(Inner Join)은 조인된 필드가 일치하는 행만 추출되는 것으로, 결과는 다음과 같습니다.

거래처번호	거래처명	번호	매출거래처	매출일
1	갑을상사	3	1	5월 3일
1	갑을상사	1	1	5월 1일
2	영광상회	2	2	5월 3일

15. 다음과 같이 〈제품〉 테이블의 레코드는 모두 표시되고, 〈구매〉 테이블에서는 '제품번호' 필드가 일치하는 레코드만 표시하는 조인 형식은 무엇인가?

25.상시, 24.상시, 23.상시, 22.상시

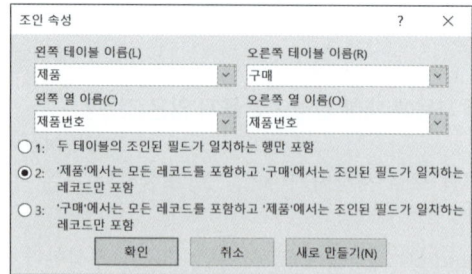

① 내부 조인(Inner Join)
② 왼쪽 외부 조인(Left Join)
③ 오른쪽 외부 조인(Right Join)
④ 카테션 곱(Cartesian Project Join)

> "왼쪽 테이블의 데이터가 모두 표시되면 왼쪽 외부 조인, 오른쪽 테이블의 데이터가 모두 표시되면 오른쪽 외부 조인"입니다.

16. 다음 중 실행 쿼리의 삽입(INSERT)문에 대한 설명으로 옳지 않은 것은?   24.상시, 22.상시, 21.상시, 19.1, 16.1, 14.2

① 한 개의 INSERT문으로 여러 개의 레코드를 여러 개의 테이블에 동일하게 추가할 수 있다.
② 필드 값을 직접 지정하거나 다른 테이블의 레코드를 추출하여 추가할 수 있다.
③ 레코드의 전체 필드를 추가할 경우 필드 이름을 생략할 수 있다.
④ 하나의 INSERT문을 이용해 여러 개의 레코드와 필드를 삽입할 수 있다.

> 여러 개의 레코드를 하나의 테이블에 추가할 수는 있지만 여러 개의 테이블에 동시에 추가할 수는 없습니다.

17. 다음 중 크로스탭 쿼리에 관한 설명으로 옳지 않은 것은?   23.상시, 21.상시

① 레코드의 요약 결과를 열과 행 방향으로 그룹화하여 표시할 때 사용한다.
② 쿼리 데이터시트에서 데이터를 직접 편집할 수 없다.
③ 2개 이상의 열 머리글 옵션과 행 머리글 옵션, 값 옵션 등을 지정해야 한다.
④ 행과 열이 교차하는 곳의 숫자 필드는 합계, 평균, 분산, 표준 편차 등을 계산할 수 있다.

> 열 머리글은 하나의 필드만 지정할 수 있습니다.

18. 다음 중 매개 변수 쿼리에 대한 설명으로 옳지 않은 것은?   25.상시

① 매개 변수 쿼리는 쿼리 실행 시 조건을 입력받아 조건에 맞는 레코드만 반환하는 쿼리이다.
② 매개 변수를 적용할 필드의 조건 행에서 매개 변수 대화상자에 표시할 텍스트를 [ ] 대괄호로 묶어 입력한다.
③ 매개 변수 대화상자에 입력된 매개 변수 값은 조건으로 찾을 필드의 데이터 형식과 일치하지 않아도 된다.
④ 매개 변수 대화상자에 표시할 텍스트에 . !와 같은 문자는 포함할 수 없다.

> 매개 변수 대화상자에 입력된 매개 변수 값은 조건으로 찾을 데이터 형식과 일치해야 합니다. 일치하지 않으면 오류 메시지가 표시됩니다.

19. 다음 중 '학번', '이름', '전화번호' 필드로 동일하게 구성되어 있는 [재학생] 테이블과 [졸업생] 테이블을 통합하여 나타내는 쿼리문으로 옳은 것은?   25.상시, 23.상시, 21.상시

① Select 학번, 이름, 전화번호 From 재학생, 졸업생 Where 재학생.학번 = 졸업생.학번;
② Select 학번, 이름, 전화번호 From 재학생 JOIN Select 학번, 이름, 전화번호 From 졸업생;
③ Select 학번, 이름, 전화번호 From 재학생 OR Select 학번, 이름, 전화번호 From 졸업생;
④ Select 학번, 이름, 전화번호 From 재학생 UNION Select 학번, 이름, 전화번호 From 졸업생;

> 성격이 유사한 두 개의 테이블 데이터를 통합하여 하나로 나타낼 때는 통합(UNION) 쿼리를 사용합니다.

20. 다음 중 업데이트 쿼리에 대한 설명으로 옳지 않은 것은?   24.상시

① 하나 이상의 테이블에 데이터를 추가할 수 있다.
② 여러 필드의 값을 한 번에 변경할 수 있다.
③ 기존 데이터의 값을 널(Null) 값으로 변경할 수 있다.
④ 레코드의 모든 데이터를 변경할 수 있다.

> 테이블에 데이터를 추가하는 쿼리는 추가(INSERT) 쿼리입니다. 또한 추가 쿼리를 이용해도 한 번에 하나의 테이블에만 데이터를 추가할 수 있습니다.

21. 다음 중 날짜 함수를 적용한 결과가 다르게 표시되는 것은?   25.상시

① =DateDiff("yyyy", "2025-3-1", "2028-3-1")
② =Day("2025-3-1")+2
③ =DatePart("m", "2025-3-1")
④ =DateAdd("m", 1, "2025-2-1")

> ① =DateDiff("yyyy", "2025-3-1", "2028-3-1") : 날짜1(2025-3-1)부터 날짜2(2028-3-1)까지 경과한 값을 형식(yyyy, 년)에 맞게 표시합니다. → 3
> ② =Day("2025-3-1")+2 : 지정된 날짜(2025-3-1)에서 일(1)을 추출한 후 2를 더한 값을 표시합니다. → 3
> ③ =DatePart("m", "2025-3-1") : 지정된 날짜(2025-3-1)에서 형식(m, 월)에 제시된 값을 표시합니다. → 3
> ④ =DateAdd("m", 1, "2025-2-1") : 지정된 날짜(2025-2-1)로부터 지정한 값(1)만큼의 형식(m, 월)이 증가된 날짜를 표시합니다. → 2025-03-01

정답 16.① 17.③ 18.③ 19.④ 20.① 21.④

3과목 데이터베이스 일반

핵심요약 & 대표기출문제

4장 | 폼과 컨트롤

01 폼(Form)의 개요

24.상시, 23.상시, 22.상시, 15.2, 12.3, 11.3, 10.3

- 테이블이나 질의(쿼리)를 원본으로 하여 데이터의 입력, 수정, 삭제, 조회 등의 작업을 편리하게 수행할 수 있도록 환경을 제공하는 개체이다.
- 폼에서 데이터를 입력하거나 수정하면 연결된 원본 테이블/쿼리에 반영된다.
- 폼과 컨트롤의 여러 가지 이벤트 속성을 이용하여 원하는 작업을 자동화할 수 있다.
- '레코드 원본' 속성을 이용하여 테이블이나 쿼리를 폼의 원본 데이터로 지정한다.
- Dlookup 함수를 이용하면 폼의 '레코드 원본'으로 설정되지 않은 테이블의 필드 값을 표시할 수 있다.
- 테이블의 특정 레코드만을 폼에 표시하려면 조건을 설정한 쿼리를 만든 후, 이 쿼리를 폼의 원본 데이터로 지정하면 된다.
- 폼에는 원하는 데이터만 표시할 수 있으므로 데이터베이스의 보안성을 높일 수 있다.
- 폼은 폼 머리글, 폼 바닥글, 세부 구역(본문), 페이지 머리글, 페이지 바닥글 구역과 컨트롤, 각 구역의 선택기 등으로 구성되지만 모든 구역을 구성할 필요는 없다.

02 폼의 모양에 따른 분류

25.상시, 21.상시, 17.1, 15.3, 14.3

- 열 형식 : 각 필드가 왼쪽의 레이블과 함께 각각의 행에 표시되고 레이아웃이 자동으로 설정됨
- 테이블 형식 : 각 레코드의 필드들이 한 줄에 나타나며, 레이블은 폼의 맨 위에 한 번 표시됨
- 데이터시트 : 레코드는 행으로, 필드는 열로 각각 나타나는 행/열 형식임
- 맞춤 : 필드 내용의 분량에 따라 각 필드를 균형 있게 배치하는 형식임

03 테이블/쿼리와의 연결 여부에 따른 분류

25.상시, 24.상시, 23.상시, 21.상시, 19.2, 11.1, 10.3, 07.4, 07.1, 04.1

- 바운드(Bound) 폼
  - 테이블이나 쿼리의 레코드와 연결된 폼이다.
  - 테이블이나 쿼리의 데이터를 표시하거나 입력, 수정, 삭제 등의 편집 작업이 가능하다.
  - '레코드 원본' 속성을 이용하여 바운드시킨다.
- 언바운드(Unbound) 폼
  - 테이블이나 쿼리의 레코드와 연결되지 않은 폼이다.
  - 폼을 작성하면 기본적으로 언바운드 폼이 작성된다.
  - 주로 프로그램의 초기 화면, 검색 화면, 확인 화면 등을 위한 명령 단추로 이루어진 화면에 많이 사용된다.

04 폼의 구성 요소

25.상시, 22.상시, 20.1, 14.1, 10.1, 09.3, 07.2, 07.1, 04.2

- 폼은 폼 머리글, 폼 바닥글, 세부 구역(본문), 페이지 머리글, 페이지 바닥글 구역과 컨트롤, 각 구역의 선택기 등으로 구성된다.
- 폼에는 기본적으로 세부 구역(본문)이 표시되며, 폼 머리글/바닥글, 페이지 머리글/바닥글 구역을 표시하거나 숨길 수 있다.

폼 머리글	• 폼 제목 등과 같이 모든 레코드에 동일하게 적용될 정보가 입력되는 구역 • 폼 보기(단일 폼)에서는 상단에 매번 표시되고, 인쇄 미리 보기에서는 첫 페이지의 상단에 한 번만 표시됨
페이지 머리글	• 모든 페이지의 상단에 동일하게 표시될 정보가 입력되는 구역으로, 제목이나 날짜 등을 입력함 • 페이지마다 페이지 상단에 표시되며, 첫 페이지에는 폼 머리글 아래에 표시됨 • 인쇄 미리 보기 상태에서만 확인할 수 있음
세부 구역 (본문)	• 사용할 실제 내용을 입력하는 구역 • 단일 폼에서는 한 화면에 하나의 레코드가 표시되고, 연속 폼과 데이터시트 폼에서는 한 화면에 여러 개의 레코드가 표시됨
폼 바닥글	• 폼 요약 정보 등과 같이 모든 레코드에 동일하게 적용될 정보가 입력되는 구역 • 폼 보기(단일 폼)에서는 하단에 매번 표시되고, 인쇄 미리 보기에서는 마지막 페이지 세부 구역 다음에 한번만 표시됨
페이지 바닥글	• 모든 페이지의 하단에 동일하게 표시될 정보가 입력되는 구역으로, 날짜나 페이지 번호 등을 입력함 • 매 페이지마다 페이지 하단에 표시됨 • 인쇄 미리 보기 상태에서만 확인할 수 있음

25.상시, 24.상시, 23.상시, 22.상시, 20.2, 16.1, 14.3, 10.3

05 폼 만들기

- 하나의 폼에 여러 개의 컨트롤을 만들 수 있다.
- 폼은 자동 폼 생성 도구, 폼 마법사를 이용하여 만들거나 디자인 보기에서 사용자가 직접 만들 수 있다.
- 폼 디자인 보기(필드 목록) 이용하기
  - 필드 목록을 이용하여 연결된 원본 데이터의 필드를 폼에 배치하여 표시할 수 있다.
  - 필드 목록의 필드를 폼에 배치하면 연결된 필드의 레코드와 레이블이 표시된다.
  - 동일한 필드를 여러 번 표시할 수 있으며, 추가나 수정 등이 가능하다.
  - 필드 목록 창에서 필드를 드래그하면, 데이터 형식이 '긴 텍스트'인 컨트롤은 목록 상자로, 'Yes/No'인 컨트롤은 확인란으로, 'OLE 개체'인 컨트롤은 바운드 개체틀로, 나머지 형식은 텍스트 상자로 변환된다.
- 모달 대화상자
  - 사용자가 어떤 동작을 수행해야만 다음 작업이 가능한 대화상자로 모달 대화상자가 실행된 상태에서는 다른 폼이나 개체를 선택할 수 없다.
  - 모달 대화상자 도구를 사용하여 폼을 만들면 〈확인〉과 〈취소〉 버튼이 자동으로 생성된다.

25.상시, 24.상시, 23.상시, 22.상시, 21.상시, 20.2, 20.1, 19.상시, 18.2, 18.1, 17.2, 16.1, 15.3, …

06 폼 분할(분할 표시 폼)

- 하나의 원본 데이터를 하나의 폼에서 [폼 보기(열 형식)]와 [데이터시트 보기]로 볼 수 있도록 폼을 작성한다.
- 두 보기는 하나의 원본 데이터를 사용하므로 서로 연결되어 있어 항상 동기화 되며, 두 보기 중 하나에서 필드를 선택하면 다른 보기에서도 동일한 필드가 선택된다.
- 폼 보기나 데이터시트 보기 상태 모두 데이터의 변경이 가능하다.
- 폼 분할 도구로 분할 표시 폼을 만든 직후에는 위쪽은 레이아웃 보기 형태로 표시되고 아래쪽은 데이터시트 보기 형태로 표시된다.
- 레이아웃 보기에서는 컨트롤의 크기 조정이나 이동이 가능하고 레코드 원본에 있는 필드를 추가할 수 있다.
- 폼 분할 도구로 분할 표시 폼을 만든 직후 표시되는 레이아웃 보기는 폼 보기 상태로 전환이 가능하다.
- [디자인 보기] 상태로 열면 열 형식의 형태로 컨트롤들이 표시된다.
- 폼 속성 창의 '분할 표시 폼 방향' 항목을 이용하여 데이터시트가 표시되는 위치를 폼의 위쪽, 아래쪽, 왼쪽, 오른쪽으로 설정할 수 있다.
- 실행 [만들기] → [폼] → [기타 폼] → [폼 분할] 클릭

25.상시, 24.상시, 23.상시, 22.상시, 21.상시, 15.3, 12.2, 11.3, 11.1, 10.2, 10.1, 09.1, 08.3, 08.1, …

07 폼의 주요 속성 – 형식

캡션	제목 표시줄에 표시될 텍스트를 지정함
기본 보기	폼 보기 형식을 지정하는 것으로 단일 폼, 연속 폼, 데이터시트 등이 제공됨 • 단일 폼 : 레코드를 한 번에 하나만 표시 • 연속 폼 : 현재 창을 채울 만큼 여러 레코드를 표시 • 데이터시트 : 행과 열로 구성된 형태로 표시 • 분할 표시 폼 : 한 화면에 폼 보기와 데이터시트 보기 두 형태로 분할하여 표시
스크롤 막대	스크롤 막대의 표시 여부를 지정함
탐색 단추	탐색 단추의 표시 여부를 지정함
레코드 선택기	레코드 선택기의 표시 여부를 지정함
자동 크기 조정	레코드를 모두 표시할 수 있도록 폼 창의 크기를 자동으로 조정할지의 여부를 지정함
테두리 스타일	폼의 테두리 스타일을 지정하는 것으로 없음, 가늘게, 조정 가능, 대화상자가 제공됨
그림	폼의 배경으로 사용할 그림을 지정함

25.상시, 24.상시, 23.상시, 21.상시, 20.2, 18.2, 18.1, 15.1, 13.3, 13.1, 12.1, 09.4, 05.3, 04.3, …

08 폼의 주요 속성 – 데이터/기타

레코드 원본	• 폼에서 사용할 원본 데이터를 지정함 • 테이블이나 쿼리(질의), SQL문을 레코드 원본으로 지정함
편집·추가·삭제 가능	폼 내용의 편집, 추가, 삭제 가능 여부를 지정함
레코드 잠금	• 두 명 이상의 사용자가 동시에 같은 레코드를 편집하려고 할 때 레코드를 잠그는 방법을 설정함 • 잠그지 않음 : 기본 값이며 여러 사용자가 동시에 레코드를 편집할 수 있음 • 모든 레코드 : 모든 레코드를 다른 사용자가 편집할 수 없도록 잠금 • 편집한 레코드 : 한 번에 한 사람만 레코드를 편집할 수 있음

23.상시, 22.상시, 21.상시, 20.2, 19.2, 17.1, 15.1, 14.1, 12.2, 10.3, 10.1, 09.4, …

09 컨트롤의 개요

- 컨트롤은 폼이나 보고서에서 데이터를 표시하고, 매크로나 함수 등의 명령을 실행하는 데 사용되는 그래픽 개체이다.
- 폼이나 보고서 안에서 동일한 이름의 컨트롤은 사용할 수 없다.
- 컨트롤은 바운드 컨트롤, 언바운드 컨트롤, 계산 컨트롤로 분류할 수 있다.

바운드 컨트롤	• 테이블이나 쿼리의 필드가 컨트롤의 원본 데이터로 연결된 컨트롤 • 테이블의 데이터를 표시하고, 입력, 수정할 수 있음 • 바운드 컨트롤에는 텍스트 상자, 옵션 그룹, 토글 단추, 옵션 단추, 확인란, 콤보 상자, 목록 상자 등이 있음 • 하나의 필드를 여러 개의 컨트롤에 바운드 시킬 수 있음 • 폼 디자인 보기 상태에서 '필드 목록' 창에 표시된 필드를 폼으로 드래그하면 해당 필드가 바운드된 컨트롤이 생성됨
언바운드 컨트롤	• 테이블이나 쿼리의 필드가 컨트롤의 원본 데이터로 연결되지 않은 컨트롤 • 언바운드 컨트롤에는 레이블, 명령 단추가 있음 • 언바운드 컨트롤을 작성한 후 바운드 컨트롤로 변경할 수 있음
계산 컨트롤	• 데이터의 원본 데이터로 식을 사용하는 컨트롤 • 계산 컨트롤을 작성하려면 '컨트롤 원본' 속성에 '='을 입력한 후 식을 지정함 • 값을 직접 입력할 수 없음

25.상시, 24.상시, 23.상시, 22.상시, 21.상시, 20.2, 19.1, 18.상시, 16.3, 16.2, 14.2, 13.3, 13.2, …

11 하위 폼

- 폼 안에 있는 또 하나의 폼을 의미하며, 기본이 되는 폼을 상위(기본) 폼이라 하고, 상위(기본) 폼 안에 있는 폼을 하위 폼이라 한다.
- 테이블, 쿼리, 다른 폼을 이용하여 하위 폼을 작성할 수 있다.
- 기본 폼과 하위 폼이 관련된 필드로 연결되어 있어서 하위 폼에는 기본 폼의 현재 레코드와 관련된 레코드만 표시된다.
- 일 대 다 관계에 있는 테이블이나 쿼리를 효과적으로 표시할 수 있으며, '일'은 기본 폼, '다'는 하위 폼에 해당된다.
- 하위 폼은 단일 폼, 연속 폼, 데이터시트, 분할 표시 폼 형태로 표시할 수 있다.
- 기본 폼은 단일 폼 형태로만 표시할 수 있다.
- 사용할 수 있는 하위 폼의 개수에는 제한이 없으며, 하위 폼을 7개의 수준까지 중첩시킬 수 있다.
- 기본 폼이 기본키를 가진 테이블을 사용하고, 하위 폼이 기본 폼의 기본키 필드와 같거나 호환되는 필드가 포함된 테이블을 사용할 경우에는 관계가 설정되어 있지 않아도 하위 폼을 설정할 수 있다.
- 하위 폼은 폼 마법사, 하위 폼/하위 보고서 컨트롤을 이용하여 만들 수도 있고, '탐색' 창에서 테이블, 쿼리, 폼 등을 기본 폼으로 드래그하여 만들 수도 있다.

25.상시, 24.상시, 23.상시, 22.상시, 21.상시, 20.상시, 19.상시, 19.2, 17.1, 16.3, 14.3, 14.1, 11.2, …

10 컨트롤의 종류

레이블	제목이나 캡션, 설명 등과 같은 텍스트를 표시하는 컨트롤로 다른 컨트롤에 덧붙일 수 있음
텍스트 상자	• 폼이나 보고서의 데이터나 계산 결과를 표시하는 컨트롤 • 계산 결과를 표시하려면 컨트롤 원본에 '='로 시작하는 수식을 입력하면 됨 • 필드에 바운드되었을 경우 컨트롤의 값을 수정하면 필드의 값도 수정됨
옵션 그룹	• 그룹 틀, 확인란, 옵션 단추, 토글 단추를 하나의 그룹으로 묶어 표시할 때 사용하는 컨트롤 • 필드 크기가 정수인 숫자 데이터 형식이나 'Yes/No'로 설정된 필드에 설정함 • 한 그룹에서는 한 번에 하나의 옵션만 선택할 수 있음
토글 단추	Yes나 No 중 하나를 선택할 수 있는 컨트롤
옵션 단추	여러 개의 값 중 하나를 선택할 수 있는 컨트롤
확인란	• 여러 개의 값 중 하나 이상을 선택할 수 있는 컨트롤 • 폼이나 보고서에 'Yes/No' 필드를 추가하면 '확인란' 컨트롤이 삽입됨
콤보 상자	• 텍스트 상자와 목록 상자가 결합된 형태로, 좁은 공간에서 유용하게 사용되는 컨트롤 • 데이터를 목록에서 선택하거나 직접 입력할 수 있음 • 테이블/쿼리, 값 목록, 필드 목록 등을 콤보 상자의 값으로 사용함 • 여러 개의 값 중 하나만 선택할 수 있음
목록 상자	• 콤보 상자와 비슷한 컨트롤인데 목록의 데이터만 사용할 수 있음 • 하나 이상의 값을 선택할 수 있지만 값을 직접 입력할 수는 없음
명령 단추	레코드의 검색, 인쇄 등 특정 기능을 실행할 때 사용하는 컨트롤로, 실행할 기능은 매크로나 이벤트 프로시저로 작성함
하위 폼/ 하위 보고서	• 폼이나 보고서 안에 또 다른 폼이나 보고서를 작성하는 컨트롤 • 일 대 다 관계에 있는 테이블이나 쿼리를 효과적으로 표시할 수 있음

25.상시, 24.상시, 23.상시, 22.상시, 16.3, 14.3, 13.2, 11.2, 08.4, 06.4, 04.2, 03.2

12 기본 폼과 하위 폼 연결 필드

- 연결 필드의 데이터 종류는 반드시 같아야 하며, 데이터 형식이나 필드 크기도 같거나 호환되어야 한다.
- 기본 폼과 하위 폼의 연결 필드 변경 : '하위 폼' 컨트롤의 속성 → '데이터' 탭 → '하위 필드 연결'과 '기본 필드 연결'에서 변경할 수 있음
- 하위 폼/하위 보고서 속성 중에서 '원본 개체' 속성에는 하위 폼으로 사용될 폼을 지정한다.
- '하위 필드 연결' 속성에는 하위 폼의 필드를, '기본 필드 연결' 속성에는 기본 폼의 필드를 지정한다.
- 연결 필드를 설정할 때, 속성란에 값을 직접 입력하거나, 속성란의 작성기 단추를 클릭한 다음 '하위 폼 필드 연결기' 창에서 지정할 수 있다.
- 여러 개의 연결 필드를 지정하려면 세미콜론(;)으로 필드 이름을 구분하여 입력하거나, '하위 폼 필드 연결기' 창에서 여러 필드를 선택한다.
- '하위 폼 필드 연결기' 창에서는 한꺼번에 기본 폼과 하위 폼의 연결 필드를 지정할 수 있다.

24.상시, 23.상시, 22.상시, 21.상시, 15.3, 15.1, 08.4, 06.3, 05.2, 05.1, 04.3, 03.3, …

13 컨트롤 다루기

선택	• 하나의 컨트롤 선택 : 해당 컨트롤이나 레이블을 클릭함 • 연속적인 컨트롤 선택 : 마우스로 선택할 컨트롤이 포함되도록 드래그함 • 비연속적인 컨트롤 선택 : Shift나 Ctrl을 누른 상태에서 컨트롤을 클릭함 • 모든 컨트롤 선택 : 마우스로 모든 컨트롤이 포함되도록 드래그하거나 Ctrl+A를 누름
간격 조정	• 컨트롤 간의 간격을 일정한 기준에 맞춰 조정하는 것으로, [정렬] → [크기 및 순서 조정] → [크기/공간]을 이용함 • 간격 같음 – 컨트롤의 간격을 동일하게 맞추는 것 – 가장 왼쪽과 오른쪽 또는 가장 위와 아래 컨트롤의 위치는 변함 없으며, 그 사이의 컨트롤 위치가 변경됨 • 간격 넓게 / 간격 좁게 – 컨트롤의 간격을 동등하게 맞추되 가장 넓은/좁은 컨트롤을 기준으로 지정함 – 가장 왼쪽 또는 가장 위쪽 컨트롤의 위치만 변함 없음
크기 조정	• [크기] → [자동]을 선택하면 높이가 가장 높은 컨트롤과 낮은 컨트롤을 기준으로 나머지 컨트롤들의 높이와 너비를 자동으로 조정함 • Shift를 누른 채 방향키를 누르면, 컨트롤 크기를 세밀하게 조정할 수 있음
그룹화	• 여러 컨트롤이 그룹화되면 하나의 개체로 취급되어 선택, 복사, 이동, 삭제, 크기 조정, 서식 지정 등의 작업을 한꺼번에 수행할 수 있음 • 그룹 설정 : 여러 컨트롤을 선택한 후 [정렬] → [크기 및 순서 조정] → [크기/공간] → [그룹(㏊)]을 선택함 • 그룹 해제 : 컨트롤을 선택한 후 [정렬] → [크기 및 순서 조정] → [크기/공간] → [그룹 해제(㏊)]를 선택함

25.상시, 24.상시, 23.상시, 22.상시, 17.2, 16.3, 12.2, 12.1, 09.1, 07.4, 07.3, 05.1, 03.3, 02.3, …

14 컨트롤의 주요 속성 – 형식

형식	컨트롤에 표시되는 데이터의 표시 형식을 설정함
소수 자릿수	컨트롤의 데이터에 소수점 이하의 자릿수를 설정함
표시	화면에 컨트롤의 표시 여부를 지정함
중복 내용 숨기기	보고서에서 사용되는 것으로, 현재 컨트롤의 값이 이전 컨트롤 값과 동일한 경우 데이터를 숨길지의 여부를 지정함
확장 가능	컨트롤에 표시될 데이터를 모두 볼 수 있도록 컨트롤 세로 높이의 자동 확장 여부를 지정함

25.상시, 23.상시, 22.상시, 21.상시, 20.2, 16.3, 16.1, 15.3, 15.2, 11.3, 10.3, 09.3, 08.3, …

15 컨트롤의 주요 속성 – 데이터

컨트롤 원본	• 컨트롤에 연결할(바운드 할) 데이터를 설정함 • 계산 컨트롤을 만들려면 '='으로 시작하는 식을 입력하면 됨 • 함수나 수식 사용 시 문자는 큰따옴표(" ")로, 필드명은 대괄호([ ])로 묶어줌
기본값	새 레코드가 추가될 때 컨트롤에 기본적으로 입력될 값을 설정함
입력 마스크	데이터를 정확하게 입력할 수 있도록 입력되는 데이터 형식에 맞게 입력틀을 설정함

유효성 검사 규칙	컨트롤에 입력할 수 있는 데이터의 사양을 설정함
잠금	컨트롤에 입력된 데이터의 편집 여부를 설정함
사용 가능	컨트롤에 포커스를 이동시킬 수 있는지의 여부를 설정함
행 원본 유형	콤보 상자, 목록 상자 컨트롤에서 사용할 데이터를 제공하는 방법(테이블/쿼리, 필드 목록, 값 목록)을 지정함
행 원본	콤보 상자, 목록 상자 컨트롤에서 사용할 데이터를 설정함
바운드 열	콤보 상자, 목록 상자 컨트롤에 저장할 열을 설정함
목록 값만 허용	콤보 상자에서 지정된 목록 값만 사용할지의 여부를 지정함

> **잠깐만요** 컨트롤 원본 지정하기
> 컨트롤의 컨트롤 원본에는 일반적으로 테이블이나 쿼리의 필드를 지정하지만 다른 개체에 있는 컨트롤도 지정할 수 있습니다. 다음과 같은 형식으로 지정합니다.
> =개체!개체 이름!컨트롤 이름
> =forms!상품!txt현재날짜 : 〈상품〉 폼에 있는 'txt현재날짜' 컨트롤을 참조한다는 의미입니다.

24.상시, 23.상시, 19.2, 19.1, 18.상시, 18.2, 17.2, 16.3, 15.2, 15.1, 13.2, 13.1, 07.3

16 컨트롤의 주요 속성 – 기타

이름	컨트롤의 이름을 설정함
IME 모드	컨트롤이 포커스를 가질 때 한글, 영문 등의 입력 모드를 설정함
상태 표시줄 텍스트	컨트롤이 포커스를 가질 때 상태 표시줄에 표시할 텍스트를 설정함
컨트롤 팁 텍스트	컨트롤에 마우스 포인터를 이동시켰을 때 스크린 팁으로 표시되는 텍스트를 설정함
탭 정지	• Tab을 이용하여 포커스를 이동시킬 수 있는지의 여부를 지정함 • Tab을 사용할 경우에는 '예'를, 사용하지 않을 경우에는 '아니요'를 선택함 • 기본 값은 '예'임 • 폼 컨트롤에만 적용되고 보고서 컨트롤에는 적용되지 않음

25.상시, 24.상시, 22.상시, 21.상시, 20.1, 19.2, 18.상시, 18.2, 17.2, 16.3, 14.3, 14.2, 12.1, 11.2, …

17 탭 순서

• 탭 순서는 폼의 컨트롤에 적용하는 기능으로, Tab이나 Enter를 눌렀을 때 이동되는 컨트롤의 순서를 정하는 것이다.
• 기본적으로 컨트롤을 작성한 순서대로 탭 순서가 설정되지만 사용자가 변경할 수 있다.
• 레이블 컨트롤에는 탭 순서를 설정할 수 없다.
• 탭 정지 속성이 '아니요'로 설정된 컨트롤은 '탭 순서' 대화상자에 표시되지 않는다.
• 컨트롤 속성의 탭 인덱스를 지정하거나 [양식 디자인] → [도구] → [탭 순서]를 클릭하여 설정할 수 있다.
• '탭 순서' 대화상자에서 〈자동 순서〉 단추를 클릭하면 탭 이동 순서를 위쪽에서 아래쪽으로, 왼쪽에서 오른쪽 컨트롤로 자동 설정한다.

25.상시, 24.상시, 23.상시, 22.상시, 21.상시, 20.상시, 19.상시, 19.1, 18.1, 17.2, 17.1, 16.2, 15.1, …

18 조건부 서식

- 조건부 서식은 폼이나 보고서에서 조건에 맞는 특정 컨트롤 값에만 서식을 적용하는 것을 말한다.
- 텍스트 상자와 같이 값을 표시하는 컨트롤에 대해 설정할 수 있다.
- 컨트롤에 조건부 서식을 적용하면 컨트롤 값의 변경 사항을 쉽게 파악할 수 있다.
- 필드 값이나 식, 포커스를 가지고 있는 컨트롤을 기준으로 조건부 서식을 설정할 수 있다.
  - 필드 값이 : 특정 컨트롤의 값을 조건으로 지정함
  - 식이 : 식을 이용하여 조건을 지정함
  - 필드에 포커스가 있음 : 해당 필드로 포커스가 이동될 때 적용할 서식을 지정함
- 컨트롤 값이 변경되어 조건에 만족하지 않으면 적용된 서식이 해제된다.
- 조건은 50개까지 지정할 수 있으며, 조건별로 다른 서식을 적용할 수 있다.
- 지정한 조건 중 두 개 이상이 참이면, 첫 번째 조건에 대한 서식이 적용된다.
- 두 개 이상의 규칙이 설정되어 있는 경우 우선순위를 변경할 수 있다.
- 폼이나 보고서를 다른 파일 형식으로 변환하면 조건부 서식이 해제된 상태로 변환된다.
- **실행** [디자인 보기] 상태에서 컨트롤을 선택한 후 [서식] → [컨트롤 서식] → [조건부 서식]을 클릭

25.상시, 24.상시, 23.상시, 22.상시, 21.상시, 20.상시, 20.1, 19.상시, 18.2, 15.2, 13.2, 12.3, 10.3, …

19 도메인 계산 함수

- 도메인 계산 함수는 레코드 집합에 대한 통계를 계산하는 함수로, 인수에는 필드 이름, 폼의 컨트롤, 상수, 함수, 도메인 등을 사용하며 도메인에는 테이블이나 쿼리가 포함된다.
- 도메인 함수에 사용되는 인수들은 각각을 큰따옴표(" ")로 묶어야 하며, 문자열을 연결할 때에는 &를 사용한다.
- 도메인 계산 함수 사용 형식
  - 기본 형식([ ]를 생략해도 됨)

  =DLOOKUP("[필드]", "[도메인(테이블/쿼리)]", "조건")

  예1 =DLOOKUP("거래처명", "거래처", "거래처코드='A1'")
  → 〈거래처〉 테이블에서 '거래처코드'가 "A1"인 레코드의 '거래처명'을 구한다.

  예2 =DLOOKUP("거래처명", "거래처", "거래처코드=1")
  → 〈거래처〉 테이블에서 '거래처코드'가 1인 레코드의 '거래처명'을 구한다.

  예3 =DLOOKUP("거래처명", "거래처", "거래처코드=txt거래처코드") 또는
  =DLOOKUP("거래처명", "거래처", "거래처코드=" & [txt거래처코드])
  → 〈거래처〉 테이블에서 '거래처코드'가 'txt거래처코드' 컨트롤의 값(숫자 형식)과 같은 레코드의 '거래처명'을 구한다.

  예4 =DLOOKUP("거래처명", "거래처", "거래처코드=[txt거래처코드]") 또는
  =DLOOKUP("거래처명", "거래처", "거래처코드=' " & [txt거래처코드] & " ' ")
  → 〈거래처〉 테이블에서 '거래처코드'가 'txt거래처코드' 컨트롤의 값(문자 형식)과 같은 레코드의 '거래처명'을 구한다.

- 도메인 함수 종류

함수	설명
DAVG(인수, 도메인, 조건)	도메인에서 조건에 맞는 자료를 대상으로 지정된 인수의 평균을 계산함
DSUM(인수, 도메인, 조건)	도메인에서 조건에 맞는 자료를 대상으로 지정된 인수의 합계를 계산함
DCOUNT(인수, 도메인, 조건)	도메인에서 조건에 맞는 자료를 대상으로 지정된 인수의 개수를 계산함
DMIN(인수, 도메인, 조건)	도메인에서 조건에 맞는 자료를 대상으로 지정된 인수의 최소값을 계산함
DMAX(인수, 도메인, 조건)	도메인에서 조건에 맞는 자료를 대상으로 지정된 인수의 최대값을 계산함
DLOOKUP(인수, 도메인, 조건)	도메인에서 조건에 맞는 인수를 표시함

잠깐만요 SQL 함수
AVG/SUM/COUNT/MAX/MIN은 필드의 평균/합계/개수/최대값/최소값을 구합니다.

4장 대표기출문제

1. 다음 중 폼에 대한 설명으로 가장 옳지 않은 것은?
23.상시, 22.상시

① 컨트롤 원본에 식을 입력한 경우에는 값을 입력할 수 없다.
② 바운드 폼은 일반적으로 테이블의 내용을 표시하며 이를 수정할 수 있다.
③ 폼의 레코드 원본으로 설정된 테이블의 필드 값만 컨트롤 원본으로 설정하여 표시할 수 있다.
④ 폼을 사용하여 데이터베이스의 보안성과 사용자의 편의성을 높일 수 있다.

> 폼의 레코드 원본으로 설정된 테이블의 필드를 컨트롤 원본으로 설정하여 표시할 수 있습니다. 폼의 레코드 원본으로 설정되지 않은 테이블의 필드는 Dlookup 함수를 컨트롤 원본으로 설정하여 표시할 수 있습니다.

2. 다음 중 폼 마법사에서 선택 가능한 폼의 모양으로 각 필드가 왼쪽의 레이블과 함께 각 행에 나타나며, 폼이 생성된 직후에는 컨트롤 레이아웃이 설정되어 있어 각각의 컨트롤을 다른 크기로 변경할 수 없는 것은?
21.상시, 17.1, 15.3, 14.3

① 열 형식
② 테이블 형식
③ 데이터시트
④ 맞춤

> 각 필드가 왼쪽의 레이블과 함께 각 행에 표시되고, 폼이 생성된 직후에는 컨트롤 레이아웃이 자동으로 설정되는 것은 열 형식입니다.

3. 다음 중 폼에 대한 설명으로 옳지 않은 것은?
23.상시, 21.상시, 19.2

① 모든 폼은 기본적으로 테이블이나 쿼리와 연결되어 표시되는 바운드 폼이다.
② 폼 내에서 단추를 눌렀을 때 매크로와 모듈이 특정 기능을 수행하도록 할 수 있다.
③ 일 대 다 관계에 있는 테이블이나 쿼리는 폼 안에 하위 폼을 작성할 수 있다.
④ 폼과 컨트롤의 속성은 [디자인 보기] 형식에서 [속성 시트]를 이용하여 설정한다.

> 폼을 작성하면 기본적으로 테이블이나 쿼리가 연결되지 않은 언바운드 폼이 만들어 집니다. 폼의 '레코드 원본' 속성에 테이블이나 쿼리를 지정해야 비로소 바운드 폼이 됩니다.

4. 다음 중 폼에 대한 설명으로 옳지 않은 것은?
25.상시, 24.상시

① 폼 내에서 단추를 눌렀을 때 매크로와 모듈이 특정 기능을 수행하도록 할 수 있다.
② 일 대 다 관계에 있는 테이블이나 쿼리는 폼 안에 하위 폼을 작성할 수 있다.
③ 폼과 컨트롤의 속성은 [디자인 보기] 형식에서 [속성 시트]를 이용하여 설정한다.
④ 폼은 레코드 원본에 연결된 대상이 테이블인지 쿼리인지에 따라 바운드 폼과 언바운드 폼으로 구분된다.

> 바운드 폼과 언바운드 폼을 구분하는 기준은 연결 대상의 종류가 아니라 테이블이나 쿼리의 레코드와 연결되어 있는지 여부입니다. 즉 테이블이나 쿼리의 레코드와 연결되어 있으면 바운드 폼, 그렇지 않으면 언바운드 폼입니다.

5. 필드 목록 창에서 필드를 드래그 했을 때 텍스트 상자로 변환되지 않는 데이터 형식은 무엇인가?
24.상시, 23.상시

① 짧은 텍스트
② Yes/No
③ 날짜/시간
④ 하이퍼링크

> 데이터 형식이 'Yes/No'인 컨트롤을 필드 목록 창에서 드래그하면 확인란으로 변환됩니다.

6. 다음과 같은 폼을 만드는 폼 작성 도구는?
23.상시, 22.상시

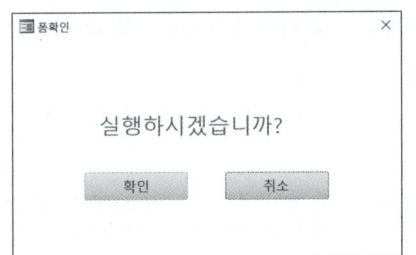

① 여러 항목
② 폼 분할
③ 새 폼
④ 모달 대화상자

> 문제의 그림과 같이 〈확인〉과 〈취소〉 버튼이 자동으로 생성되는 폼은 모달 대화상자입니다.

7. 다음 중 폼 영역에 대한 설명으로 틀린 것은?
22.상시

① 연속 폼으로 설정하면 폼의 모든 영역이 반복되어 표시된다.
② 폼에는 기본적으로 세부 구역(본문)이 표시되며, 폼 머리글/바닥글, 페이지 머리글/바닥글 구역을 표시하거나 숨길 수 있다.
③ 페이지 머리글과 바닥글은 인쇄를 위해 사용된다.
④ 폼은 기본적으로 본문, 폼 머리글/바닥글, 페이지 머리글/바닥글 구역으로 구분된다.

> 연속 폼으로 설정하면 폼의 모든 영역이 아니라 폼의 본문 영역이 반복되어 표시됩니다.

정답 1.③ 2.① 3.① 4.④ 5.② 6.④ 7.①

4장 대표기출문제

8. 다음 중 분할 표시 폼에 대한 설명으로 옳지 않은 것은?

24.상시

① 상단의 단일 폼에서만 데이터의 변경이 가능하며, 하단의 데이터시트에서는 변경된 내용을 바로 확인할 수 있다.
② 분할 표시 폼은 데이터시트 보기와 폼 보기를 동시에 표시하는 기능이며, 이 두 보기는 같은 데이터 원본에 연결되어 있어 항상 상호 동기화된다.
③ 일대다 관계가 설정된 두 테이블의 데이터를 한 화면에 표시할 수 있다.
④ 분할 표시 폼은 [만들기] 탭의 [폼] 그룹에서 [기타 폼] → [폼 분할]을 클릭하여 만들 수 있다.

> 분할 표시 폼은 상단의 단일 폼(폼 보기)이나 하단의 데이터시트 보기 상태 모두에서 데이터 변경이 가능합니다.

9. 다음 중 기본 보기 속성을 통해 설정하는 폼의 종류에 대한 설명으로 가장 옳지 않은 것은?

25.상시, 24.상시, 23.상시, 22.상시, 11.3, …

① 단일 폼은 한 번에 한 개의 레코드만을 표시한다.
② 연속 폼은 현재 창을 채울 만큼 여러 개의 레코드를 표시한다.
③ 연속 폼은 매 레코드마다 폼 머리글과 폼 바닥글이 표시된다.
④ 데이터시트 형식은 스프레드시트처럼 행과 열로 정렬된 폼 필드를 표시한다.

> 단일 폼을 사용할 경우 매 레코드마다 폼 머리글과 폼 바닥글이 표시되지만, 연속 폼은 맨 처음에 폼 머리글, 맨 마지막에 폼 바닥글이 한 번씩만 표시됩니다.

10. 다음 화면에서 설정되어 있는 폼의 속성 값으로 옳지 않은 것은?

25.상시, 24.상시, 23.상시, 22.상시, 21.상시, 15.3, 10.2, 10.1, 09.1, 08.1, 07.2

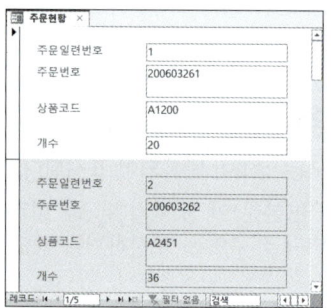

① 레코드 선택기 – 예
② 탐색 단추 – 예
③ 기본 보기 – 단일 폼
④ 캡션 – 주문현황

> 단일 폼은 레코드를 한 번에 하나만 표시하는 보기 형식입니다. 문제의 그림은 한 화면에 2개의 레코드가 표시되어 있으므로 기본 보기 속성은 '연속 폼'으로 지정된 것입니다.

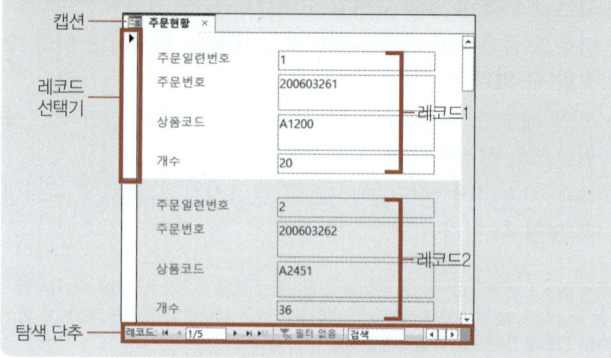

11. 다음 중 하위 폼에서 새로운 레코드를 추가하려고 할 때 설정해야 할 폼 속성은?

25.상시, 24.상시, 23.상시, 21.상시, 13.1

① '필터 사용'을 예로 설정한다.
② '추가 가능'을 예로 설정한다.
③ '편집 가능'을 예로 설정한다.
④ '삭제 가능'을 예로 설정한다.

> 새로운 레코드를 추가할 수 있도록 하려면 '추가 가능' 속성을 "예"로 설정해야 합니다.

12. 계산 컨트롤을 만들 때 반드시 필요한 속성은 무엇인가?

22.상시, 09.3

① 수식 컨트롤
② 행 원본
③ 레코드 원본
④ 컨트롤 원본

> 계산 컨트롤을 작성하려면 해당 컨트롤의 '컨트롤 원본' 속성에 = 을 입력한 후 식을 지정합니다.

13. 다음 중 폼 작성 시 사용하는 컨트롤에 대한 설명으로 옳지 않은 것은?

25.상시, 24.상시, 23.상시, 22.상시, 21.상시

① 탭 컨트롤 : 탭 형식의 대화상자를 작성하는 컨트롤로, 다른 컨트롤을 탭 컨트롤로 복사하거나 추가할 수 있다.
② 바운드 컨트롤 : 폼이나 보고서에서 테이블이나 쿼리의 필드를 컨트롤 원본으로 사용하는 컨트롤이다.
③ 레이블 컨트롤 : 필드나 식의 값을 표시하는 컨트롤이다.
④ 계산 컨트롤 : 원본 데이터로 필드를 사용하지 않고 식을 사용하는 컨트롤이다.

> 레이블은 제목이나 캡션, 설명 등과 같은 텍스트를 표시하는 컨트롤로, 필드나 식의 값을 표시할 수 없습니다.

정답 8.① 9.③ 10.③ 11.② 12.④ 13.③

14. 아래 내용 중 하위 폼에 대한 옳은 설명만을 나열한 것은?
25.상시, 24.상시, 23.상시, 22.상시, 21.상시, 16.2, 13.2, 13.1, 08.4, 07.1, 05.4, 05.3

> ⓐ 하위 폼에는 기본 폼의 현재 레코드와 관련된 레코드만 표시된다.
> ⓑ 하위 폼은 단일 폼으로 표시되며 연속 폼으로는 표시될 수 없다.
> ⓒ 기본 폼과 하위 폼을 연결할 필드의 데이터 형식은 같거나 호환되어야 한다.
> ⓓ 여러 개의 연결 필드를 지정하려면 콜론(:)으로 필드명을 구분하여 입력한다.

① ⓐ, ⓑ, ⓒ
② ⓐ, ⓒ
③ ⓑ, ⓒ, ⓓ
④ ⓑ, ⓓ

> ⓑ 하위 폼은 주로 연속 폼으로 표시합니다.
> ⓓ 여러 개의 연결 필드를 지정하려면 세미콜론(;)으로 필드명을 구분하여 입력해야 합니다.

15. 다음 중 하위 폼에 대한 설명으로 옳지 않은 것은?
25.상시, 23.상시, 22.상시, 21.상시, 16.3, 13.2, 11.1, 09.3, 09.2, 08.3

① 기본 폼과 하위 폼을 연결할 필드의 데이터 형식은 같거나 호환되어야 한다.
② 하위 폼이란 특정한 폼 내에 들어 있는 또 하나의 폼을 말한다.
③ 두 개 이상의 연결 필드를 지정할 때는 필드 이름을 세미콜론(;)으로 구분하여야 한다.
④ 기본 폼과 하위 폼에서 사용되는 테이블간에는 관계가 설정되어 있어야 한다.

> 기본 폼이 기본키를 가진 테이블을 사용하고, 하위 폼이 기본키 필드와 같거나 호환되는 데이터 형식의 필드가 포함된 테이블을 사용할 경우에는 관계가 설정되어 있지 않아도 하위 폼을 설정할 수 있습니다.

16. 다음 중 하위 폼에 대한 설명으로 옳지 않은 것은?
25.상시, 24.상시, 22.상시, 11.2, 08.4, 04.2, 03.2

① 하위 폼에서 여러 개의 연결 필드를 지정할 때에 사용되는 구분자는 세미콜론(;)이다.
② 기본 폼은 단일 폼, 연속 폼, 데이터 시트 형태로 표시할 수 있으며, 하위 폼은 단일 폼의 형태로만 표시할 수 있다.
③ 기본 폼과 하위 폼을 연결할 필드의 데이터 형식은 같거나 호환되어야 한다.
④ [하위 폼 필드 연결기]를 이용하여 간단히 기본 폼과 하위 폼의 연결 필드를 지정할 수 있다.

> 기본 폼과 하위 폼에서 기본 폼은 단일 폼 형식으로만, 하위 폼은 단일 폼, 연속 폼, 데이터시트 보기 등의 형식으로 표시할 수 있습니다.

17. 다음 중 폼의 디자인 보기 상태에서 [정렬] → [크기 및 순서 조정] → [크기/공간]을 이용하여 수행할 수 있는 작업이 아닌 것은?
24.상시, 23.상시, 21.상시

① [간격] → [가로 간격 넓게] : 선택된 컨트롤의 가로 간격을 조금 더 넓게 넓히는 것으로 가장 왼쪽 컨트롤의 위치는 변함이 없다.
② [그룹화] → [그룹] : 선택된 여러 개의 컨트롤을 하나의 개체로 묶는다.
③ [눈금] → [눈금자] : 눈금자를 표시하거나 숨긴다.
④ [크기] → [자동] : 선택된 컨트롤의 크기를 동일하게 자동으로 조정한다.

> [크기] → [자동]을 선택하면 선택된 컨트롤들의 크기를 모두 동일하게 조정하는 것이 아니라, 높이가 가장 높은 것과 낮은 것을 기준으로 나머지 컨트롤들의 높이를 자동으로 조정합니다.

18. 다음 보고서에서 '거래처명'과 같이 컨트롤의 데이터가 이전 레코드와 동일한 경우에는 이를 표시(혹은 인쇄)되지 않도록 설정하고자 한다. 다음 중 설정 방법으로 옳은 것은?
25.상시, 23.상시, 22.상시, 17.2, 12.1, 07.3, 03.2

거래처별 제품목록				
거래처명	제품번호	제품이름	단가	재고량
광명㈜	3	안경테C	₩20,000	67
	6	무테C	₩35,000	33
	2	안경테B	₩15,000	50
총제품수:	3		총재고량:	

① 해당 컨트롤의 '확장 가능' 속성을 '예'로 설정한다.
② 해당 컨트롤의 '중복 내용 숨기기' 속성을 '예'로 설정한다.
③ 해당 컨트롤의 '표시' 속성을 '아니요'로 설정한다.
④ 해당 컨트롤의 '누적 합계' 속성을 '모두'로 설정한다.

> '거래처명'과 같이 컨트롤의 데이터가 이전 레코드와 동일한 경우에는 이를 표시(혹은 인쇄)되지 않도록 설정하려면 해당 컨트롤의 '중복 내용 숨기기' 속성을 '예'로 설정하면 됩니다.

19. 폼 작성 시 컨트롤의 주요 속성 중에서 데이터 속성에 관한 설명이다. 가장 잘못된 것은?
22.상시, 16.1, 15.3, 05.1

① 컨트롤 원본 : 컨트롤에 연결할 데이터를 지정한다.
② 입력 마스크 : 텍스트 상자 컨트롤에 입력할 값의 형식이나 서식을 설정한다.
③ 사용 가능 : 컨트롤의 데이터를 편집할 수 있는지 여부를 지정한다.
④ 기본값 : 새 레코드가 만들어질 때 컨트롤에 기본으로 입력될 값을 지정한다.

> 데이터 속성의 '사용 가능'은 컨트롤에 포커스를 이동시킬 수 있는지의 여부를 설정하는 것입니다. 컨트롤에 입력된 데이터의 편집 여부를 설정하는 것은 '잠금' 속성입니다.

정답 14.② 15.④ 16.② 17.④ 18.② 19.③

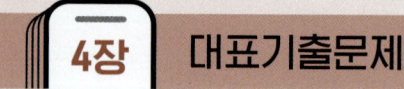

20. 〈상품〉 폼에 있는 '재고' 필드를 참조하고자 한다. 참조 형식이 바르게 설정된 것은?　24.상시, 23.상시, 22.상시, 21.상시, 05.1

① [Forms]![상품]![재고]
② [Forms]@[상품]@[재고]
③ [Forms]![상품]@[재고]
④ [Forms]@[상품]![재고]

> 컨트롤 원본에 다른 개체에 있는 필드를 지정할 경우에는 =[개체]![개체이름]![필드이름]과 같은 형식으로 지정합니다.

21. 폼에서 '성명' 컨트롤에 데이터를 입력하기 위해 입력 모드를 '한글' 또는 '영숫자 반자' 입력 상태로 지정할 때 사용하는 속성은?　23.상시, 19.1, 15.1, 13.1, 07.3

① 엔터키 기능(EnterKey Behavior)
② 상태 표시줄(StatusBar Text)
③ 탭 인덱스(Tab Index)
④ IME 모드(IME Mode)

> 데이터 입력 시 한글, 영숫자 등의 입력 상태를 지정하는 속성은 IME 모드입니다.

22. 다음 중 폼에서의 탭 순서(Tab Order) 지정에 관한 설명으로 옳지 않은 것은?　25.상시, 22.상시, 21.상시, 19.2, 18.2, 14.3, 12.1, 11.2, 10.3, …

① 폼 보기에서 '탭' 키나 '엔터' 키를 눌렀을 때 포커스(Focus)의 이동 순서를 지정하는 것이다.
② 키보드를 이용하여 컨트롤 간 이동을 신속하게 할 수 있는 기능이다.
③ 레이블 컨트롤을 포함한 모든 컨트롤에 탭 순서를 지정할 수 있다.
④ 해당 컨트롤의 '탭 정지' 속성을 '아니오'로 지정하면 탭 순서에서 제외된다.

> 레이블에는 탭 순서를 설정할 수 없습니다.

23. 다음 중 폼이나 보고서에서 조건에 맞는 특정 컨트롤에만 서식을 적용하는 조건부 서식에 대한 설명으로 옳은 것을 모두 고르면?　25.상시, 24.상시, 22.상시, 21.상시, 16.2, 13.3, 11.3

> ⓐ 폼이나 보고서를 다른 파일 형식으로 변환하면 조건부 서식이 유지된 상태로 변환된다.
> ⓑ 컨트롤 값이 변경되어 조건을 만족하지 않으면, 적용된 서식이 해제된다.
> ⓒ 조건은 50개까지 지정할 수 있으며, 조건별로 다른 서식을 적용할 수 있다.
> ⓓ 지정한 조건 중 2개 이상이 참이면, 조건이 참인 서식이 모두 적용된다.

① ⓐ, ⓑ　　　② ⓑ, ⓒ
③ ⓒ, ⓓ　　　④ ⓐ, ⓓ

> ⓐ 폼이나 보고서를 다른 파일 형식으로 변환하면 조건부 서식이 해제된 상태로 변환됩니다.
> ⓓ 지정한 조건 중 두 개 이상의 조건이 참이면, 첫 번째 조건의 서식이 적용됩니다.

24. 다음 중 [학생] 테이블에서 '점수'가 60 이상인 학생들의 인원 수를 구하는 식으로 옳은 것은? (단, '학번' 필드는 [학생] 테이블의 기본키이다.)　25.상시, 24.상시, 23.상시, 22.상시, 21.상시, 20.상시, 19.상시, …

① =DCount("[학생]", "[학번]", "[점수] >= 60")
② =DCount("[학번]", "[학생]", "[점수] >= 60")
③ =DLookUp("[학생]", "[학번]", "[점수] >= 60")
④ =DLookUp("*", "[학생]", "[점수] >= 60")

> 조건에 맞는 레코드의 개수를 구하는 'DCOUNT(인수, 도메인, 조건)' 함수는 도메인(학생 테이블)에서 조건(점수가 60 이상인)에 맞는 레코드 중 인수(학번)로 지정된 필드에 값이 들어 있는 레코드의 개수를 구합니다.

25. 다음 중 폼 바닥글의 텍스트 상자의 컨트롤 원본으로 〈사원〉 테이블에서 직급이 '부장'인 레코드들의 급여 평균을 구하는 함수식으로 옳은 것은?　22.상시, 21.상시, 20.1, 06.2

① =DAVG("[급여]", "[사원]", "[직급]='부장'")
② =DAVG("[사원]", "[급여]", "[직급]='부장'")
③ =AVG("[급여]", "[사원]", "[직급]='부장'")
④ =AVG("[사원]", "[급여]", "[직급]='부장'")

> 조건에 맞는 레코드의 평균을 구하는 'DAVG(인수, 도메인, 조건)' 함수는 도메인(사원 테이블)에서 조건(직급이 '부장'인)에 맞는 레코드 중 인수(급여)로 지정된 필드에 값이 들어 있는 레코드의 평균을 구합니다.

3과목 데이터베이스 일반
핵심요약 & 대표기출문제
5장 | 보고서(Report) 작성

01 보고서의 개요

- 이미 만들어진 테이블이나 질의 등의 데이터를 요약하거나 그룹화하여 종이에 출력하기 위한 개체이다.
- 사용자는 보고서를 통해 데이터베이스 안의 데이터를 재조합하여 유용한 형태의 정보로 만들며, 이를 통해 어떤 사항에 대한 예측이나 결정 및 판단을 내릴 수 있다.
- 폼과 동일하게 여러 유형의 컨트롤로 데이터를 표시하고, 이벤트 프로시저를 작성할 수 있으나 데이터 입력, 추가, 삭제 등의 작업은 불가능하다.
- 보고서의 레코드 원본으로 테이블, 쿼리, SQL문 등을 지정할 수 있으며, 자료별 평균, 합계, 개수 등의 통계 자료를 표시할 수 있다.
- 외부 데이터를 연결한 테이블을 이용하여 보고서를 작성할 수 있다.
- 보고서는 '디자인 보기' 상태에서 설정하거나 수정한 후 '인쇄 미리 보기'나 '레이아웃 보기' 상태에서 확인할 수 있다.
- 이미 작성된 보고서의 유형은 변경할 수 없으므로, 유형을 변경하려면 원본 개체를 이용하여 보고서를 다시 만들어야 한다.

보고서 머리글	• 보고서의 첫 페이지 상단에 한 번 표시됨 • 로고, 보고서 제목, 날짜 등을 삽입함
페이지 머리글	• 보고서 모든 페이지의 상단에 표시되며, 첫 페이지에는 보고서 머리글 다음에 표시됨 • 열 제목 등을 삽입함
그룹 머리글	• 그룹이 지정될 경우 그룹의 상단에 반복적으로 표시됨 • 그룹의 이름, 요약 정보 등을 삽입함 • '그룹, 정렬 및 요약' 창에서 설정함
본문	실제 데이터가 반복적으로 표시되는 부분
그룹 바닥글	• 그룹이 지정될 경우 그룹의 하단에 반복적으로 표시됨 • 그룹별 요약 정보 등을 삽입함 • '그룹, 정렬 및 요약' 창에서 설정함
페이지 바닥글	각 페이지 하단에 표시되며, 주로 날짜나 페이지 번호를 삽입함
보고서 바닥글	• 보고서의 맨 마지막 페이지에 표시됨 • 보고서 총계나 평균 또는 안내 문구 등을 삽입함 • 디자인 보기 상태에서는 가장 마지막 구역에 표시되고 인쇄 미리 보기 상태에서는 마지막 페이지의 페이지 바닥글 위쪽에 한 번만 표시됨

02 보고서 보기 형태

- 인쇄 미리 보기 : 종이에 출력되는 모양 전체를 미리 볼 때 사용함
- 보고서 보기
  - 출력될 보고서를 미리보는 기능으로, 종이가 아니라 화면 출력용이다.
  - '인쇄 미리 보기'와 비슷하지만 페이지 구분 없이 보고서를 모두 표시한다.
- 레이아웃 보기
  - '보고서 보기'와 '디자인 보기'를 혼합한 형태이다.
  - 보고서로 출력될 실제 데이터와 함께 보고서의 레이아웃을 보여주는 기능으로, 데이터를 보면서 컨트롤의 크기 및 위치, 그룹 수준 및 합계를 변경하거나 추가할 수 있다.
- 디자인 보기 : 컨트롤 도구를 이용하여 보고서를 만들거나 수정할 수 있는 형태로, '레이아웃 보기'보다 설정 가능한 속성은 더 많지만, 실제 데이터는 표시되지 않음

03 보고서의 구성

- 보고서는 기본적으로 보고서 머리글, 보고서 바닥글, 본문, 페이지 머리글, 페이지 바닥글 구역과 컨트롤, 각 구역의 선택기 등으로 구성된다.
- 보고서 머리글/바닥글, 페이지 머리글/바닥글 구역은 표시하거나 숨길 수 있으며, 그룹을 설정한 경우 그룹 머리글과 그룹 바닥글을 설정할 수 있다.

04 보고서 만들기

- 보고서에 표시될 필드나 컨트롤 등을 보고서에 배치하는 작업이다.
- 보고서는 테이블, 쿼리, SQL문을 레코드 원본으로 하여 작성한다.
- 마법사 이용하기
  - 정해진 절차에 따라 설정 사항을 지정하면 보고서를 자동으로 만들어 준다.
  - 레코드 원본, 필드, 레이아웃, 서식 등을 직접 선택하여 보고서를 작성할 수 있다.
  - 여러 개의 테이블이나 쿼리를 대상으로 필드를 선택하여 보고서를 작성할 수 있다.
  - 최대 4개의 필드를 대상으로 오름차순, 내림차순 기준으로 정렬을 설정할 수 있다.
  - 1단계(원본 데이터와 필드 선택) → 2단계(데이터 표시 형식 선택) → 3단계(그룹 수준 선택) → 4단계(요약 옵션 선택) → 5단계(보고서 모양 선택) → 6단계(보고서 이름 지정)
  - 보고서 마법사 도구 : 보고서 마법사, 레이블, 업무 문서 양식 마법사, 우편 엽서 마법사
- 그룹화 옵션
  - 그룹으로 지정할 필드의 그룹화 간격을 지정한다.
  - 그룹 수준을 지정한 후에만 그룹화 옵션을 선택할 수 있다.
- 요약 옵션
  - 숫자 필드를 요약하여 합계, 평균, 최소, 최대 값을 계산해 준다.
  - 요약한 그룹의 내용과 요약 결과를 모두 출력하거나 요약 결과만을 출력할 수 있다.
  - 전체 합계에 대한 그룹 합계의 비율을 계산한다.

25.상시, 24.상시, 22.상시, 15.2, 14.2, 13.3, 11.1, 10.2, 09.1, 08.2, 03.3

05 페이지 설정하기

- 페이지 설정은 쿼리나 폼, 보고서 등을 인쇄하기 위해 여백, 용지 방향 등을 설정하는 작업이다.
- 쿼리나 폼, 보고서마다 용지의 방향, 크기, 여백 등을 다르게 지정할 수 있다.
- 페이지 설정할 개체를 실행한 후 [파일] → [인쇄] → [인쇄 미리 보기]를 선택한 다음 [인쇄 미리 보기] → [페이지 레이아웃] → [페이지 설정]을 클릭하여 수행한다.
- '페이지 설정' 대화상자
  - '인쇄 옵션' 탭

여백	밀리미터 단위로 위쪽, 아래쪽, 왼쪽, 오른쪽의 여백을 설정함
보기	설정한 여백을 미리 볼 수 있음
데이터만 인쇄	• 인쇄시 레이블과 컨트롤 테두리, 눈금선 및 선이나 상자 같은 그래픽의 출력 여부를 지정함 • 데이터시트를 인쇄할 경우에는 '데이터만 인쇄' 옵션 대신 '머리글 인쇄' 옵션이 표시됨
분할 표시 폼	분할 표시 폼 인쇄시 폼만 인쇄할지, 데이터시트만 인쇄할지 여부를 지정함

  - '페이지' 탭

용지 방향	용지 방향을 세로 또는 가로로 선택함
용지	용지 크기와 용지 공급 방법을 선택함
프린터	프린터 유형을 선택함

  - '열' 탭

눈금 설정	• 여러 열로 구성된 보고서나 레이블을 인쇄할 때 눈금선 설정을 조절함 • 열 개수 - 한 페이지에 인쇄할 열의 개수를 의미함 - 지정한 값은 인쇄나 인쇄 미리 보기 상태에서만 확인할 수 있음 • 행 간격 : 레코드와 레코드 사이의 간격을 의미함 • 열 간격 : 열과 열 사이 공백의 간격을 의미함
열 크기	• 여러 열로 구성된 보고서나 레이블을 인쇄할 때 열의 크기를 조절함 • 본문과 같게 : 열의 너비와 높이를 본문의 너비와 높이에 맞춰 인쇄함
열 레이아웃	• 여러 열로 구성된 레코드의 배치 순서를 설정함 • 행 우선은 출력할 레코드를 왼쪽 열부터 다음 열로 이동하여 배치하고, 열 우선은 한 행의 열을 모두 배치한 후 다음 행으로 이동하여 배치하여 출력함

25.상시, 22.상시, 21.상시, 18.1, 15.3, 13.2, 12.2, 11.3, 10.3, 10.1, 09.2, 07.4, 07.2, …

06 보고서의 주요 속성

레코드 원본	• 사용할 데이터의 원본을 설정함 • 테이블, 쿼리, SQL문 등을 지정함
필터	추출 조건으로 사용할 필터 설정
필터 사용	지정된 필터의 사용 여부 설정
정렬 기준	정렬할 기준 설정
반복 실행 구역	그룹 머리글의 속성으로 해당 머리글을 매 페이지마다 표시할지 여부를 지정함

기본 보기	• 보고서 보기 형식을 지정하는 것으로, '보고서 보기'와 '인쇄 미리 보기' 중 하나를 선택할 수 있음 • 보고서 보기 : 인쇄 미리 보기와 비슷하지만 페이지의 구분 없이 화면에 보고서를 표시함 • 인쇄 미리 보기 : 보고서 전체를 종이에 출력되는 형태 그대로 화면에 보여줌

25.상시, 24.상시, 23.상시, 22.상시, 21.상시, 20.1, 19.2, 18.상시, 17.1, 16.3, 16.2, 13.3, 13.1, …

07 보고서의 정렬 및 그룹화

- 그룹화란 특정한 필드의 값을 기준으로 데이터를 구분하여 표시하는 기능이다.
- 그룹화의 기준이 되는 필드를 선택하면 기본적으로 정렬 순서가 오름차순으로 설정되어 표시되지만 사용자가 정렬 기준을 임의로 변경할 수 있다.
- 그룹을 만들려면 머리글 구역이나 바닥글 구역 중 하나 이상을 설정해야 한다.
- 그룹을 삭제하면 그룹 머리글이나 바닥글 구역에 삽입된 컨트롤들도 모두 삭제된다.
- 보고서에서는 필드나 식을 기준으로 10개까지 그룹화할 수 있다.
- 날짜 데이터는 연도별, 분기별, 월별, 주별, 일별로 그룹화할 수 있다.
- 문자열 데이터는 첫 문자, 처음 두 문자, 사용자 지정 문자 등을 기준으로 그룹화 할 수 있다.
- 숫자 데이터는 지정한 간격내의 값으로 그룹화할 수 있으며, 함수를 사용하면 첫 번째 숫자를 기준으로도 그룹화할 수 있다.
- 실행 방법 : 디자인 보기 상태에서 다음과 같이 수행한다.
  - 방법1 [보고서 디자인] → [그룹화 및 요약] → [그룹화 및 정렬] 클릭
  - 방법2 보고서의 바로 가기 메뉴에서 [정렬 및 그룹화] 선택

25.상시, 24.상시, 23.상시, 22.상시, 21.상시, 20.상시, 20.2, 19.상시, 18.2, 18.1, 17.2, 16.3, …

08 보고서의 종류

레이블 보고서	• 우편 발송용 레이블을 만드는 기능 • 레이블 크기, 레이블 형식, 텍스트 모양, 사용 가능한 필드, 정렬 기준, 보고서 이름 등을 지정함 • 사용자가 크기와 형식을 지정하여 레이블을 만들 수 있음 • 우편물 레이블 마법사에서 한 줄에 추가 가능한 필드의 개수는 최대 10개임
업무 문서 양식 보고서	거래명세서, 세금계산서 등과 같은 표준으로 정의된 업무용 문서 양식에 맞게 출력하는 기능
크로스탭 보고서	• 보고서를 가로, 세로 방향으로 모두 그룹화하고, 그룹화한 데이터에 대해 합, 개수, 평균 등의 계산을 수행한 것 • 여러 개의 열로 이루어지고, 그룹 머리글과 그룹 바닥글, 세부 구역이 각 열마다 나타나는 형태임 • 크로스탭 쿼리를 레코드 원본으로 지정함

하위 보고서	• 보고서 안에 삽입되는 또 하나의 보고서를 의미하는 것으로, 일대다 관계에 있는 테이블이나 쿼리를 효과적으로 표시할 수 있음 • 하위 보고서가 포함된 보고서에서 '일'에 해당하는 보고서가 주(기본) 보고서이고, '다'에 해당하는 보고서가 하위 보고서임 • 주 보고서와 하위 보고서는 관련된 필드로 연결되어 있으므로 하위 보고서에는 주 보고서의 현재 레코드와 관련된 레코드만 표시됨 • 테이블, 쿼리, 폼, 다른 보고서를 이용하여 하위 보고서를 작성할 수 있음 • 보고서에 삽입된 하위 보고서도 일반 컨트롤과 동일하게 디자인 보기 상태에서 크기 조절 및 이동이 가능함 • 일반적으로 사용할 수 있는 하위 보고서의 개수에는 제한이 없고, 하위 보고서를 7개의 수준까지 중첩시킬 수 있음 • 그룹화 및 정렬 기능을 설정할 수 있음

10 머리글/바닥글에 집계 정보 표시

- 텍스트 상자 컨트롤을 이용하여 합계, 평균, 레코드 개수 등과 같은 요약 정보를 표시할 수 있다.
- 집계 정보를 그룹 머리글/바닥글에 입력하면 각 그룹마다, 보고서 머리글/바닥글에 입력하면 보고서의 맨 앞/마지막 페이지에 집계 정보가 표시된다.
- 페이지 머리글/바닥글에는 함수를 이용하여 레코드의 개수, 합계, 평균 등의 요약 정보를 표시할 수 없다.
- NOW( ) : 현재 날짜와 시간을 표시함
- DATE( ) : 현재 날짜만 표시함
- TIME( ) : 현재 시간만 표시함
- COUNT(인수) : 인수의 개수를 계산함
- SUM(인수) : 인수의 합계를 계산함
- FORMAT(인수, 형식) : 인수를 형식에 맞게 표시함

09 머리글/바닥글에 페이지 번호 표시

- 보고서에 현재 날짜와 시간, 인쇄 페이지 수를 표시하는 기능으로, 주로 페이지 머리글과 페이지 바닥글을 이용한다.
- [보고서 디자인] → [머리글/바닥글]의 '(날짜 및 시간)', '(페이지 번호)' 등을 이용하여 쉽고 간단하게 삽입할 수 있다.
- '페이지 번호' 대화상자

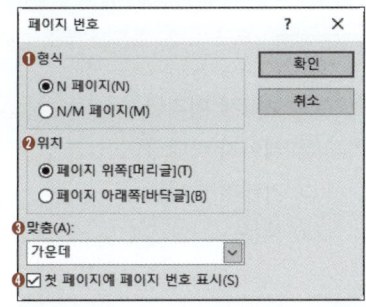

❶ 형식
  - N 페이지 : 현재 페이지 번호만 표시한다.
    =″페이지 ″ & [Page] → 페이지 1
  - N / M 페이지 : '현재 페이지 / 전체 페이지' 형식으로 표시한다.
    =[Page] & ″/″ & [Pages] & ″페이지″ → 1/10페이지

❷ 위치 : 페이지 번호가 표시될 위치를 지정함(위쪽, 아래쪽)

❸ 맞춤 : 페이지 번호의 정렬 방식을 지정함(왼쪽, 가운데, 오른쪽, 안쪽, 바깥쪽)

❹ 첫 페이지에 페이지 번호 표시 여부를 지정한다.

- 텍스트 상자 컨트롤을 페이지 머리글이나 바닥글에 생성한 후 컨트롤 원본에 페이지 번호 표시 형식을 직접 입력할 수도 있다.
  - 큰따옴표(" ") : 큰따옴표(" ") 안의 내용을 그대로 표시함
  - [Page] : 현재 페이지를 표시함
  - [Pages] : 전체 페이지를 표시함
  - & : 식이나 문자열을 연결함
- Format 함수를 사용하면 형식을 지정하여 표시할 수 있다.
  - Format(인수, 형식) : 인수를 형식에 맞게 표시함

11 머리글/바닥글에 누적 합계 표시

- 보고서 텍스트 상자 컨트롤에만 적용되는 속성으로 보고서에서 레코드나 그룹별로 누적값을 계산하는 기능이다.
- 컨트롤 속성에서 '데이터' 탭의 '누적 합계' 속성을 이용한다.

아니요	기본값으로, 현재 레코드의 원본으로 사용하는 필드의 데이터를 텍스트 상자에 표시함
그룹	그룹별로 누적 합계를 계산하여 표시함
모두	그룹에 관계없이 보고서의 끝까지 값이 누적됨

- 컨트롤 원본을 =1로 설정하고 누적 합계 속성을 '그룹'으로 설정하면 그룹별로 일련번호가 입력되고, '모두'로 설정하면 전체에 대한 일련번호가 입력된다.

5장 대표기출문제

1. 다음 중 액세스의 보고서에 대한 설명으로 옳은 것은?
25.상시, 24.상시, 23.상시, 21.상시, 19.1, 04.1, 03.4

① 보고서의 레코드 원본으로 테이블, 쿼리, 엑셀과 같은 외부 데이터, 매크로 등을 지정할 수 있다.
② 보고서 머리글과 보고서 바닥글의 내용은 모든 페이지에 출력된다.
③ 보고서에서도 폼에서와 같이 이벤트 프로시저를 작성할 수 있다.
④ 컨트롤을 이용하지 않고도 보고서에 테이블의 데이터를 표시할 수 있다.

> ① 보고서의 레코드 원본으로 테이블과 쿼리는 사용할 수 있으나 엑셀과 같은 외부 데이터나 매크로는 사용할 수 없습니다.
> ② 보고서 머리글은 보고서의 첫 페이지 상단에, 보고서 바닥글은 보고서의 맨 마지막 페이지에 한 번씩만 표시됩니다.
> ④ 보고서에 테이블의 데이터를 표시하려면, 반드시 컨트롤을 이용해야 합니다.

2. 다음은 보고서 보기 형태에 대한 내용이다. ㉠, ㉡에 알맞은 형태는 무엇인가?
24.상시, 23.상시, 22.상시, 21.상시

> • ㉠ : 보고서로 출력될 실제 데이터를 보면서 컨트롤의 크기 및 위치를 변경할 수 있다.
> • ㉡ : 컨트롤 도구를 이용하여 보고서를 만들거나 수정할 수 있는 형태로, 실제 데이터는 표시되지 않는다.

① ㉠ 레이아웃 보기, ㉡ 디자인 보기
② ㉠ 인쇄 미리 보기, ㉡ 레이아웃 보기
③ ㉠ 디자인 보기, ㉡ 보고서 보기
④ ㉠ 레이아웃 보기, ㉡ 보고서 보기

> 지문에 제시된 내용 중 ㉠은 레이아웃 보기, ㉡은 디자인 보기에 대한 설명입니다.

3. 다음 중 아래 보고서에 대한 설명으로 옳지 않은 것은? 단, 이 보고서는 전체 4페이지이며, 현재 페이지는 2페이지이다.
24.상시, 23.상시, 22.상시, 20.1, 14.3, 14.2, 13.1

거래처별 제품목록				
거래처명	제품번호	제품이름	단가	재고량
㈜맑은세상	20	C-BR렌즈	₩50,000	3
	14	바슈롬렌즈	₩35,000	15
	15	아쿠아렌즈	₩50,000	22
	제품수 :	3	총재고량 :	40
거래처명	제품번호	제품이름	단가	재고량
참아이㈜	9	선글라스C	₩170,000	10
	8	선글라스B	₩120,000	46
	7	선글라스A	₩100,000	23
				2 / 4

① '거래처명'을 표시하는 컨트롤은 '중복 내용 숨기기' 속성이 '예'로 설정되어 있다.
② '거래처명'에 대한 그룹 머리글 영역이 만들어져 있고, '반복 실행 구역' 속성이 '예'로 설정되어 있다.
③ '거래처명'에 대한 그룹 바닥글 영역이 설정되어 있고, 요약 정보를 표시하고 있다.
④ '거래처별 제품목록'이라는 제목은 '거래처명'에 대한 그룹 머리글 영역에 만들어져 있다.

> '거래처별 제품목록'이라는 제목은 현재 페이지가 2페이지라는 것과 페이지 맨 위에 한 번 표시된 것으로 보아 페이지 머리글에 삽입된 것을 알 수 있습니다.

4. 보고서에 대한 설명으로 옳지 않은 것은?
25.상시, 23.상시, 22.상시, 20.1, 15.3

① 보고서는 데이터를 출력하기 위한 개체이다.
② '보고서 보기' 형식을 이용하면 페이지 별로 인쇄되는 형태를 확인할 수 있다.
③ 보고서를 PDF, XPS 형식으로 내보낼 수 있다.
④ 레코드 원본에 SQL 문장을 입력하면 질의 결과를 대상으로 하는 보고서를 작성할 수 있다.

> '보고서 보기' 형식은 보고서를 페이지 구분 없이 모두 표시합니다.

5. 다음 〈보기〉와 같이 거래처별 수금액의 합계를 표시하려고 할 때 가장 적합한 보고서 영역은?
24.상시, 23.상시, 21.상시, 12.1, 08.3, 08.1

〈보기〉

수금액 합계	=Sum([수금액])

```
▶ 보고서 머리글
▶ 페이지 머리글
▶ 거래처명 머리글
▶ 본문
▶ 거래처명 바닥글
▶ 페이지 바닥글
▶ 보고서 바닥글
```

① 보고서 머리글
② 페이지 바닥글
③ 거래처명 바닥글
④ 본문

> 거래처별 수금액의 합계와 같이 그룹별로 구분되는 자료는 그룹 머리글이나 그룹 바닥글에 표시합니다.

6. 다음 중 [보고서 마법사]에 대한 설명으로 옳지 않은 것은?
25.상시, 24.상시, 23.상시

① 최대 4개의 필드를 대상으로 오름차순, 내림차순, 사용자 지정 목록으로 정렬을 설정할 수 있다.
② [요약 옵션]에서 합계에 대한 총계 비율 계산 여부를 지정할 수 있다.
③ [요약 옵션]은 한 개 이상의 숫자 필드가 있어야 활성화 된다.
④ [그룹화 옵션]을 이용하여 그룹 수준 필드와 그룹화 간격을 설정할 수 있다.

> '보고서 마법사'에서 정렬할 필드는 최대 4개까지 지정할 수 있으며, 정렬 기준은 오름차순이나 내림차순만 지정할 수 있습니다.

정답 1.③ 2.① 3.④ 4.② 5.③ 6.①

7. 다음 중 보고서에 대한 설명으로 옳지 않은 것은? 25.상시, 24.상시

① 보고서에 포함할 필드가 모두 한 테이블에 있는 경우 해당 테이블을 레코드 원본으로 사용한다.
② 둘 이상의 테이블을 이용하여 보고서를 작성하는 경우 쿼리를 만들어 레코드 원본으로 사용한다.
③ '보고서' 도구를 사용하면 정보를 입력하지 않아도 바로 보고서가 생성되므로 매우 쉽고 빠르게 보고서를 만들 수 있다.
④ '보고서 마법사'를 이용하는 경우 필드 선택은 여러 개의 테이블 또는 하나의 쿼리에서만 가능하며, 데이터 그룹화 및 정렬 방법을 지정할 수도 있다.

> '보고서 마법사'를 이용하는 경우에는 여러 개의 테이블 또는 여러 개의 쿼리에서 필드를 선택할 수 있습니다. 단 선택된 필드가 포함된 테이블들은 서로 관계가 설정되어 있어야 합니다.

8. 다음 중 보고서의 레이아웃 보기와 디자인 보기에 대한 설명으로 옳지 않은 것은? 25.상시

① '디자인 보기'는 컨트롤 도구를 이용하여 보고서를 만들거나 수정할 수 있는 형태로, 실제 데이터는 표시되지 않는다.
② '레이아웃 보기'는 출력될 실제 데이터를 보면서 컨트롤의 크기 및 위치, 그룹 수준 및 합계를 변경하거나 추가할 수 있다.
③ '디자인 보기'가 '레이아웃 보기'보다 설정 가능한 속성이 더 많다.
④ [페이지 설정] 대화상자에서 열의 개수를 2로 지정하면 '레이아웃 보기' 상태에서 열이 표시된다.

> '페이지 설정' 대화상자의 [열] 탭에서 지정하는 값은 인쇄나 인쇄 미리 보기 상태에서 확인할 수 있는 내용으로, '레이아웃 보기' 상태에서는 확인할 수 없습니다.

9. 다음 중 [페이지 설정] 대화상자에서 설정할 수 없는 것은? 24.상시

① 프린터 선택
② 머리글/바닥글
③ 인쇄 여백
④ 용지 방향

> '페이지 설정' 대화상자에서 머리글/바닥글은 설정할 수 없습니다.

10. 다음 중 보고서에 대한 설명으로 옳지 않은 것은? 25.상시, 24.상시

① 보고서는 데이터를 출력하기 위한 개체이다.
② 보고서의 컨트롤에서는 컨트롤 원본을 사용하여 특정 필드에 바운드 시킬 수 있다.
③ 레코드 원본에 SQL문장을 입력하면 질의 결과를 대상으로 하는 보고서를 작성할 수 있다.
④ 보고서의 레코드 원본으로 테이블, 쿼리나 기존 보고서를 지정할 수 있다.

> 보고서의 레코드 원본으로 테이블, 쿼리, SQL문 등을 지정할 수 있지만 보고서를 지정할 수는 없습니다.

11. 다음 중 보고서의 레코드 원본에 대한 설명으로 옳지 않은 것은? 25.상시

① 필요한 필드가 하나의 테이블에 있는 경우 해당 테이블을 레코드 원본으로 지정할 수 있다.
② 쿼리를 레코드 원본으로 지정할 수 있다.
③ 여러 개의 테이블을 연결한 질의문을 만들어 레코드 원본으로 지정할 수 있다.
④ 식 작성기로 입력한 수식을 레코드 원본으로 지정할 수 있다.

> 식 작성기로 입력한 수식을 보고서의 레코드 원본으로 지정할 수 없습니다.

12. 다음 중 그룹화에 대한 설명으로 옳지 않은 것은? 24.상시

① 그룹으로 지정된 필드의 정렬 기준은 기본적으로 오름차순으로 정렬된다.
② 숫자 데이터는 첫 문자나 처음 두 문자를 기준으로 그룹화할 수 있다.
③ 그룹화 할 필드가 날짜 데이터이면 일·주·월·분기·연도를 기준으로 그룹화할 수 있다.
④ 그룹을 만들려면 머리글 구역 표시나 바닥글 구역 표시 중 하나 이상을 설정해야 한다.

> • 숫자 데이터는 전체 값, 5/1/100/1000 단위, 사용자 지정 간격을 기준으로 그룹화할 수 있습니다.
> • 첫 문자나 처음 두 문자를 기준으로 그룹화할 수 있는 데이터 형식은 문자열 데이터입니다.

13. 다음 중 보고서의 그룹화에 대한 설명으로 옳지 않은 것은? 24.상시, 23.상시, 22.상시, 21.상시, 19.2

① 그룹 머리글과 그룹 바닥글에는 그룹별 요약 정보를 삽입할 수 있다.
② 그룹화 기준이 되는 필드는 데이터가 정렬되어 표시된다.
③ 보고서 마법사를 이용하여 기본적인 그룹화 보고서를 작성할 수 있다.
④ 그룹화 기준은 한 개의 필드로만 지정할 수 있다.

> 두 개 이상의 필드로 그룹을 지정할 경우 첫 번째 기준에 대해 동일한 레코드가 나오면 두 번째 필드를 기준으로 다시 그룹이 지정됩니다.

5장 대표기출문제

14. 보고서 작성 시 사용되는 여러 종류의 마법사 중 다음과 같은 출력물 작성에 가장 적합한 것은? 25.상시, 24.상시

강남구 개포동 326-9호 가남경리부	서울시 강동구 천호3동 185-5호 개성전자경리부
용산구 한강로7가 12-17 골드아이경리부	용산구 한강로10가 18-13 동아후로킹경리부
용산구 한강로11가 12-31 리치경리부	용산구 한강로11가 13-19 멀티클럽경리부

① 업무 양식 마법사   ② 우편 엽서 마법사
③ 레이블 마법사   ④ 보고서 마법사

> 문제에 제시된 그림과 같이 주소가 반복되는 우편 발송용 레이블을 만드는 보고서는 레이블 보고서로, 레이블 마법사를 이용해서 작성할 수 있습니다.

15. 다음 중 하위 보고서에 대한 설명으로 옳지 않은 것은? 23.상시, 21.상시, 18.2, 18.1

① 관계 설정에 문제가 있을 경우, 하위 보고서가 제대로 표시되지 않을 수 있다.
② 디자인 보기 상태에서 하위 보고서의 크기 조절 및 이동이 가능하다.
③ 테이블, 쿼리, 폼 또는 다른 보고서를 이용하여 하위 보고서를 작성할 수 있다.
④ 하위 보고서에는 그룹화 및 정렬 기능을 설정할 수 없다.

> 주 보고서와 하위 보고서에 모두 그룹화 및 정렬 기능을 설정할 수 있습니다.

16. 다음 중 보고서에서 '페이지 번호'를 표현하는 식과 그 결과의 연결이 옳은 것은? (단, 전체 페이지는 3이고, 현재 페이지는 1이다.) 24.상시, 23.상시, 21.상시, 20.상시, 19.상시, 19.1, 18.2, 16.2, 15.2, 15.1, 13.3, 13.1, …

① =[Page] → 3
② =[Page]& "페이지" → 1& 페이지
③ =Format([Page], "000") → 1000
④ =[Page]& "/"& [Pages]& "페이지" → 1/3페이지

> 다른 보기들의 올바른 표시 결과를 확인하세요.
> ① 1
> ② 1페이지
> ③ 001

17. 아래와 같이 보고서의 그룹 바닥글에 도서의 총 권수와 정가의 합계를 인쇄하고자 한다. 다음 중 총 권수와 정가 합계 두 컨트롤의 수식으로 옳은 것은? 25.상시, 22.상시, 21.상시, 19.1

출판사 : 다림[(02)860-2000]			
도서코드	도서명	저자	정가
A547	자전거 도둑	박완서	7000
A914	와인	김준철	25000
총: 2권		정가합계:	32000

① =Count([정가]) & "권", =Total([정가])
② =CountA([정가]) & "권", =Sum([정가])
③ =CountA([도서명]) & "권", =Total([정가])
④ =Count(*) & "권", =Sum([정가])

> 개수를 구하는 함수는 COUNT, 합계를 구하는 함수는 SUM입니다.

18. 다음 중 보고서에서 순번 항목과 같이 그룹 내의 데이터에 대한 일련번호를 표시하기 위해 텍스트 상자 컨트롤의 속성을 설정하는 방법으로 옳은 것은? 25.상시, 24.상시, 23.상시, 22.상시, 14.1, 13.2, …

제품정보

삼성전자			
순번	제품번호	제품명	단가
1	P001	오디오	300
	총 제품수 :		1
LG			
순번	제품번호	제품명	단가
1	P002	오디오	1440
2	P003	비디오	1700
3	P008	세탁기	3000
4	P011	김치냉장고	1200
	총 제품수 :		4
대우전자			
순번	제품번호	제품명	단가

① 텍스트 상자의 컨트롤 원본을 '=1'로 지정하고, 누적 합계 속성을 '그룹'으로 지정한다.
② 텍스트 상자의 컨트롤 원본을 '+1'로 지정하고, 누적 합계 속성을 '그룹'으로 지정한다.
③ 텍스트 상자의 컨트롤 원본을 '+1'로 지정하고, 누적 합계 속성을 '모두'로 지정한다.
④ 텍스트 상자의 컨트롤 원본을 '=1'로 지정하고, 누적 합계 속성을 '모두'로 지정한다.

> 그룹별로 순번(일련번호)을 표시하려면, 컨트롤 원본을 '=1'로 설정하고 누적 합계 속성을 '그룹'으로 설정합니다.

정답 14.③ 15.④ 16.④ 17.④ 18.①

3과목 데이터베이스 일반
핵심요약 & 대표기출문제
6장 | 데이터베이스 프로그래밍

4317701
24.상시, 22.상시, 21.상시, 20.1, 19.상시, 19.2, 18.2, 18.1, 17.2, 16.1, 12.1, 11.2, 10.2, …

01 매크로

- 액세스에서 매크로란 테이블, 쿼리, 폼, 보고서 등 액세스 각 개체들을 효율적으로 자동화할 수 있도록 미리 정의된 기능을 사용하는 것이다.
- 매크로 함수는 주로 컨트롤의 이벤트에 연결하여 사용한다.
- 하나의 매크로 그룹에 여러 개의 매크로를 만들 수 있고, 하나의 매크로에 여러 개의 매크로 함수를 지정할 수 있다.
- 선택된 매크로 함수가 여러 개인 경우 실행 시 위에서 아래의 순서로 실행된다.
- 조건에 맞는 경우에만 실행되도록 하는 조건 매크로를 작성할 수 있다.
- 데이터베이스 파일이 열릴 때 자동으로 실행되는 자동 매크로를 정의하려면 매크로 이름 란에 **AutoExec**를 입력한다.
- 자동 실행 매크로가 실행되지 않게 하려면 Shift를 누른 채 데이터베이스 파일을 연다.
- 매크로 개체는 탐색 창의 '매크로'에 표시되지만 폼이나 보고서에 포함된 매크로는 표시되지 않는다.

3260199
25.상시, 24.상시, 23.상시, 22.상시, 21.상시, 20.2, 14.3, 12.1, 11.2, 05.4, 03.3, 02.3

02 폼과 보고서 관련 매크로 함수

매크로 함수	설명
ApplyFilter	테이블이나 쿼리로부터 레코드를 필터링함
FindNextRecord	특정 조건을 만족하는 레코드 중 현재 검색된 레코드의 다음 레코드를 검색함
FindRecord	특정 조건을 만족하는 레코드 중 첫 번째 레코드를 검색함
GoToControl	특정 컨트롤로 포커스를 이동시킴
GoToPage	현재 폼에서 커서를 지정한 페이지의 첫 번째 컨트롤로 이동시킴
GoToRecord	• 특정 레코드로 포인터를 이동시킴 • First, Last, Previous, Next 등의 인수가 사용됨

1216402
25.상시, 24.상시, 23.상시, 21.상시, 20.상시, 19.1, 16.2, 15.3, 13.2, 12.2, 11.3, 11.2, 09.3, 09.2, …

03 실행 관련 매크로 함수

RunMenuCommand	액세스에서 제공하는 명령을 실행함
QuitAccess	액세스를 종료함
RunCode	프로시저를 실행함
RunMacro	매크로를 실행함
RunSQL	SQL문을 실행함
RunApplication	메모장, 엑셀 등의 응용 프로그램을 실행함

CancelEvent	• 이벤트를 취소함 • 인수가 없음
OpenQuery	쿼리를 데이터 시트 보기, 디자인 보기, 인쇄 미리 보기 등으로 엶
OpenForm	폼을 폼 보기, 디자인 보기, 인쇄 미리 보기, 데이터 시트 보기 등으로 엶
OpenReport	보고서를 데이터 시트 보기, 디자인 보기, 인쇄 미리 보기 등으로 엶
CopyObject	데이터베이스 개체를 복사함
Requery	개체의 컨트롤 원본을 갱신함
CloseWindow	폼이나 테이블, 쿼리 등 활성화되어 있는 데이터베이스 개체를 닫음
MessageBox	메시지 상자를 통해 경고나 알림 등의 정보를 표시함

4218081
25.상시, 24.상시, 23.상시, 21.상시, 14.2, 13.3, 12.1, 11.2, 10.1, 09.4, 08.2, 07.1, 03.3, 02.3

04 이벤트 프로시저

- 이벤트는 마우스 클릭이나 키 누름과 같이 개체에 의해 인식되는 동작이며, 이벤트 프로시저는 특정 개체에 설정된 이벤트가 발생할 때 자동으로 수행되는 프로시저이다.
- 주요 이벤트

이벤트	이벤트 속성	발생 시기
AfterUpdate	After Update	컨트롤이나 레코드의 데이터가 업데이트된 후에 발생함
BeforeUpdate	Before Update	컨트롤이나 레코드의 변경된 데이터가 업데이트되기 전에 발생함
AfterInsert	After Insert	새 레코드가 추가된 후에 발생함
BeforeInsert	Before Insert	새 레코드에 첫 문자를 입력할 때(레코드가 실제로 만들어지기 전) 발생함
Current	On Current	포커스가 임의의 레코드로 이동되어 그 레코드가 현재 레코드가 되거나 폼이 새로 고쳐지거나 다시 질의될 때 발생함
Change	On Change	텍스트 상자의 내용이나 콤보 상자의 텍스트 부분이 바뀔 때, 탭 컨트롤에서 다른 페이지로 이동할 때 발생함
Click	On Click	컨트롤을 마우스 왼쪽 단추로 클릭할 때 발생함
DblClick	On Dbl Click	컨트롤을 마우스 왼쪽 단추로 두 번 클릭할 때 발생함
Activate	On Activate	폼이나 보고서가 활성화될 때 발생함
Deactivate	On Deactivate	Access의 활성 창이 다른 창으로 바뀔 때, 다른 창이 활성 창이 되기 전에 발생함
GotFocus	On Got Focus	컨트롤이나 사용 가능한 컨트롤이 없는 폼이 포커스를 받을 때 발생함
LostFocus	On Lost Focus	폼이나 컨트롤이 포커스를 잃을 때 발생함

05 ACCESS의 개체 - Form(Forms 컬렉션) 개체

24.상시, 23.상시, 22.상시, 21.상시, 19.상시, 19.1, 14.2, 12.1, 11.1, 10.1, 08.1

- Forms 컬렉션은 Microsoft Access 데이터베이스에 현재 열려 있는 모든 폼을 의미한다.
- 이름이나 컬렉션 내의 인덱스를 참조하여 각 Form 개체를 참조한다.
- 주요 속성

RecordSource	폼의 데이터 원본을 지정함
Visible	폼, 보고서, 컨트롤 등의 표시 여부를 결정함

- 주요 메서드

Requery	데이터 원본을 다시 쿼리하여 데이터를 업데이트 함
Refresh	데이터 원본으로 사용하는 레코드를 즉시 업데이트함
SetFocus	포커스를 옮김

07 데이터 접근 개체 - Recordset 개체

22.상시, 18.상시, 16.3, 14.1, 13.2, 09.1, 08.3, 08.1, 05.3, 04.1, 03.2

- 기본 테이블이나 명령 실행 결과로 얻어진 데이터를 임시로 저장해 두는 레코드 집합이다.
- Recordset 개체는 레코드(행)와 필드(열)를 사용하여 구성된다.
- Recordset 개체는 언제나 현재 설정된 레코드 집합에서 단일 레코드만 참조한다.
- ADO를 사용할 때 Recordset 개체를 사용하여 거의 대부분의 데이터를 조작한다.
- 공급자가 지원하는 기능에 따라 Recordset 개체의 일부 속성이나 메소드를 사용할 수 없다.
- 주요 속성 / 메서드

BOF/EOF	현재 레코드 위치가 Recordset 개체의 첫째/마지막 레코드 앞/뒤에 온다는 것을 나타냄
Open	연결된 레코드셋을 엶
Close	열려 있는 개체와 관련된 종속 개체를 모두 닫음
Update	Recordset 개체의 변경 사항을 저장함
AddNew	업데이트 가능한 Recordset 개체를 위한 새 레코드를 만듦
Delete	현재 레코드나 레코드 그룹을 삭제함
Find	Recordset에서 특정 조건에 맞는 레코드를 검색함
Seek	• Recordset의 인덱스를 검색하여 특정 조건에 맞는 레코드를 검색하고, 현재 레코드 위치를 해당 레코드로 변경함 • Find에 비해 검색 속도가 빠름

06 ACCESS의 개체 - DoCmd 개체

25.상시, 24.상시, 23.상시, 22.상시, 21.상시, 19.상시, 18.상시, 17.1, 15.2, 13.3, 12.2, 09.2, 09.1, …

- Microsoft Access 매크로 함수를 Visual Basic에서 실행하기 위한 개체이다.
- 주요 메서드

OpenReport	작성된 보고서를 호출하는 매크로 함수를 수행함
OpenForm	작성된 폼을 호출하는 매크로 함수를 수행함
OpenQuery	작성된 쿼리를 호출하는 매크로 함수를 수행함
RunSQL	SQL문을 실행하는 매크로 함수를 수행함
RunCommand	액세스 내부에서 제공하는 명령을 실행시키는 매크로 함수를 수행함
RunMacro	매크로를 실행하는 매크로 함수를 수행함
OutputTo	데이터베이스 개체를 엑셀, 텍스트 등으로 내보내는 매크로 함수를 수행함
GoToRecord	특정 레코드로 이동하는 매크로 함수를 수행함
Close	활성화되어 있는 데이터베이스 개체를 닫는 매크로 함수를 수행함
Quit	액세스 프로그램을 종료하는 매크로 함수를 수행함
Requery	개체의 데이터를 수정한 후 그 결과를 반영함

6장 대표기출문제

1. 다음 중 매크로에 대한 설명으로 옳지 않은 것은?
22.상시, 21.상시, 19.2, 18.2

① 매크로는 작업을 자동화하고 폼, 보고서 및 컨트롤에 기능을 추가하는 데 사용되는 도구이다.
② 특정 조건이 참일 때에만 매크로 함수를 실행하도록 설정할 수 있다.
③ 하나의 매크로에는 하나의 매크로 함수만 포함될 수 있다.
④ 매크로를 컨트롤의 이벤트 속성에 포함시킬 수 있다.

> 매크로를 실행하여 메시지를 표시한 후 폼을 닫는 것과 같이 하나의 매크로에 여러 개의 매크로 함수를 포함할 수 있습니다.

2. 활성화된 폼에서 옵션 단추의 선택 여부에 따라 해당 텍스트 상자 컨트롤로 포커스(Focus)를 자동 이동하려고 한다. 다음 중 이 작업을 위해 사용되는 매크로 함수로 옳은 것은?
25.상시, 24.상시

① OpenForm
② GoToControl
③ GoToRecord
④ SetValue

> 특정 컨트롤로 포커스를 이동하기 위해 사용하는 매크로 함수는 GoToControl입니다.

3. 다음 중 매크로에 대한 설명으로 옳지 않은 것은?
24.상시

① 매크로는 작업을 자동화하고 폼, 보고서 및 컨트롤에 기능을 추가하는 데 사용되는 도구이다.
② 매크로를 컨트롤의 이벤트 속성에 포함시킬 수 있다.
③ 컨트롤에 포함된 매크로를 포함하여 모든 매크로가 '탐색' 창의 매크로 개체에 표시된다.
④ 데이터베이스 파일이 열릴 때 자동으로 실행되는 매크로를 정의하려면, 매크로 이름을 AutoExec로 지정한다.

> 매크로 개체는 탐색 창의 '매크로'에 표시되지만 폼이나 보고서에 포함된 매크로는 표시되지 않습니다.

4. 다음 중 매크로 함수에 대한 설명으로 옳지 않은 것은?
25.상시, 24.상시, 23.상시, 22.상시, 20.2

① FindRecord : 조건에 맞는 모든 레코드를 검색한다.
② ApplyFilter : 테이블이나 쿼리로부터 레코드를 필터링한다.
③ OpenReport : 작성된 보고서를 호출하여 실행한다.
④ MessageBox : 메시지 상자를 통해 경고나 알림 등의 정보를 표시한다.

> FindRecord 함수는 현재 폼이나 데이터시트에서 지정한 조건에 맞는 첫 번째 레코드를 찾습니다.

5. 다음 매크로 함수에 대한 설명으로 옳지 않은 것은?
23.상시

① FindRecord : 조건에 맞는 첫 번째 레코드를 검색한다.
② GoToControl : 특정 컨트롤로 포커스를 이동시킨다.
③ MessageBox : 메시지 상자를 통해 경고나 알림 등의 정보를 표시한다.
④ CloseWindow : Access를 종료한다.

> CloseWindow는 폼, 테이블, 쿼리 등 활성화되어 있는 데이터베이스 개체를 닫는 매크로 함수입니다. Access를 종료하는 매크로 함수는 QuitAccess입니다.

6. 다음 중 폼을 디자인 보기나 데이터 시트 보기로 열기 위해 사용하는 매크로 함수는?
22.상시, 19.1, 15.3, 08.3, 07.1

① RunMenuCommand
② OpenForm
③ RunMacro
④ RunSQL

> 폼을 디자인 보기나 데이터시트 보기로 열기 위한 매크로 함수는 OpenForm입니다.

7. 다음 중 매크로 함수에 대한 설명으로 옳지 않은 것은?
21.상시

① FindRecord : 조건에 맞는 첫 번째 레코드를 검색한다.
② RunMacro : 매크로를 실행한다.
③ MessageBox : 매개 변수 쿼리를 실행한다.
④ OpenQuery : 쿼리를 실행한다.

> MessageBox 함수는 경고 또는 정보 메시지가 포함된 메시지 상자를 표시합니다. 쿼리를 실행할 때 사용하는 매크로 함수는 OpenQuery입니다.

8. 다음 중 이벤트의 발생 시기에 대한 설명으로 옳지 않은 것은?
25.상시, 24.상시, 23.상시, 21.상시

① Deactivate : 폼이나 보고서가 활성화될 때 발생한다.
② AfterInsert : 새 레코드가 추가된 후에 발생한다.
③ AfterUpdate : 컨트롤이나 레코드의 데이터가 업데이트된 후에 발생한다.
④ LostFocus : 폼이나 컨트롤이 포커스를 잃을 때 발생한다.

> ①번은 Activate 이벤트의 발생 시기입니다. Deactivate 이벤트는 Access의 활성 창이 다른 창으로 바뀔 때, 다른 창이 활성 창이 되기 전에 발생합니다.

9. 다음 중 텍스트 상자의 내용이 변경될 때 발생하는 이벤트는 무엇인가?
21.상시

① After Update
② Before Update
③ Click
④ Change

> 텍스트 상자의 내용이 변경될 때 발생하는 이벤트는 Change 이벤트입니다.

정답 1.③ 2.② 3.③ 4.① 5.④ 6.② 7.③ 8.① 9.④

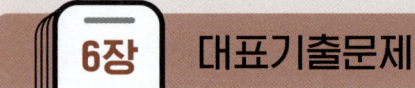

10. 다음 중 액세스에서 보고서를 출력(미리보기/인쇄)하기 위한 VBA 개체와 메서드로 옳은 것은? 23.상시, 22.상시, 12.2

① Docmd.OpenReport ② Report
③ Docmd.ReportPrint ④ Report.Open

> Microsoft Access 매크로 함수를 Visual Basic에서 실행하기 위한 개체는 DoCmd 이고, DoCmd 개체의 메서드 중 보고서를 출력하는 메서드는 OpenReport입니다.

11. 다음 중 현재 폼에서 'cmd숨기기' 단추를 클릭하는 경우, DateDue 컨트롤이 표시되지 않도록 하기 위한 이벤트 프로시저로 옳은 것은? 24.상시, 23.상시, 21.상시, 19.상시, 19.1, 14.2, 11.1

① Private Sub cmd숨기기_Click( )
   Me.[DateDue]!Visible = False
   End Sub
② Private Sub cmd숨기기_DblClick( )
   Me!DateDue.Visible = True
   End Sub
③ Private Sub cmd숨기기_Click( )
   Me![DateDue].Visible = False
   End Sub
④ Private Sub cmd숨기기_DblClick( )
   Me.DateDue!Visible = True
   End Sub

> • 컨트롤을 마우스로 클릭했을 때 발생하는 이벤트는 Click 이벤트입니다.
> • 폼, 보고서 컨트롤 등의 표시 여부를 지정하는 속성은 Visible이며, 'Visible=True'와 같이 Visible 속성을 'True'로 설정하면 표시하고 'False'로 설정하면 표시하지 않습니다.
> • 개체명과 컨트롤명은 느낌표(!)로 구분하고 컨트롤과 속성은 마침표(.)로 연결합니다.

12. 다음 중 아래와 같은 이벤트 프로시저를 실행하는 Command1 단추를 클릭했을 때 실행 결과로 옳은 것은? 21.상시, 17.1, 13.3, 06.3

```
Private Sub Command1_Click( )
   DoCmd.OpenForm "사원정보", acNormal
   DoCmd.GoToRecord , , acNewRec
End Sub
```

① 사원정보 테이블이 열리고 새 레코드를 입력할 수 있도록 비워진 테이블이 열린다.
② 사원정보 폼이 열리고 첫 번째 레코드의 가장 왼쪽 컨트롤에 포커스가 표시된다.
③ 사원정보 폼이 열리고 마지막 레코드의 가장 왼쪽 컨트롤에 포커스가 표시된다.
④ 사원정보 폼이 열리고 새 레코드를 입력할 수 있도록 비워진 폼이 표시된다.

> 지문의 프로시저 내용을 살펴보면 다음과 같습니다.
> • DoCmd.OpenForm "사원정보", acNormal : '사원정보'라는 폼이 열립니다.
> • DoCmd.GoToRecord , , acNewRec : 폼의 마지막에 추가되는 빈 레코드로 이동하여 새로운 데이터를 입력할 수 있도록 합니다.

13. 다음 중 Access의 DoCmd 개체의 메서드가 아닌 것은? 25.상시, 24.상시, 23.상시

① OpenReport ② GoToRecord
③ RunSQL   ④ SetValue

> SetValue는 DoCmd 개체의 메서드가 아니라 필드, 컨트롤, 속성 등의 값을 설정하는 매크로 함수입니다.

14. RecordSet 개체 속성 중 현재 레코드 위치가 RecordSet 개체의 첫 번째 레코드 앞에 온다는 것을 나타내는 값을 반환하는 속성은 무엇인가? 22.상시, 05.3

① EOF   ② BOF
③ RecordCount ④ Filter

> 문제에 제시된 내용은 BOF 속성에 대한 설명입니다.

15. 다음 중 Access 개체에 대한 설명으로 잘못된 것은? 22.상시

① Recordset 개체는 현재 Microsoft Access 응용 프로그램 자체를 의미한다.
② Form 개체의 refresh 메소드는 데이터 원본으로 사용하는 레코드를 즉시 업데이트한다.
③ Docmd 개체는 Microsoft Access 매크로 함수를 Visual Basic에서 실행하기 위한 개체이다.
④ Control 개체의 requery 메소드는 원본 데이터를 다시 읽어 갱신한다.

> Recordset 개체는 기본 테이블이나 실행된 명령 결과로부터 얻어진 데이터를 임시로 저장해 두는 레코드 집합입니다. ①번은 Application 개체에 대한 설명입니다.

정답 10.① 11.③ 12.④ 13.④ 14.② 15.①

최신기출문제

01회
2025년 상시01 컴퓨터활용능력 1급 필기

02회
2025년 상시02 컴퓨터활용능력 1급 필기

03회
2025년 상시03 컴퓨터활용능력 1급 필기

04회
2025년 상시04 컴퓨터활용능력 1급 필기

05회
2025년 상시05 컴퓨터활용능력 1급 필기

06회
2024년 상시01 컴퓨터활용능력 1급 필기

07회
2024년 상시02 컴퓨터활용능력 1급 필기

08회
2024년 상시03 컴퓨터활용능력 1급 필기

09회
2024년 상시04 컴퓨터활용능력 1급 필기

10회
2024년 상시05 컴퓨터활용능력 1급 필기

1과목 컴퓨터 일반

01 다음 중 Windows의 [설정] → [접근성]에 대한 설명으로 옳지 않은 것은?

① 키보드의 숫자 키패드를 이용하여 마우스 포인터를 움직이도록 설정할 수 있다.
② 내레이터의 시작 및 중지 바로 가기 키는 ⊞ + Alt + Enter 이다.
③ 로그인 후 돋보기가 자동으로 실행되도록 설정할 수 있다.
④ 텍스트 크기나 마우스 포인터의 크기 및 색을 변경할 수 있다.

02 다음 중 네트워크 관련 장비로 브리지(Bridge)에 관한 설명으로 옳지 않은 것은?

① 두 개의 근거리 통신망을 상호 접속할 수 있도록 하는 통신망 연결 장치이다.
② 양쪽 방향으로 데이터의 전송만 해줄 뿐 프로토콜 변환 등 복잡한 처리는 불가능하다.
③ OSI 참조 모델의 물리 계층에 속한다.
④ 네트워크 분할을 통해 트래픽을 감소시키다.

03 다음 중 시스템 보안을 위해 사용하는 방화벽(Firewall)의 기능에 대한 설명으로 옳지 않은 것은?

① 인증(Authentication) 및 데이터 암호화 기능 제공
② 모든 방식에 투명성 보장 및 규칙 검증 가능
③ 외부 네트워크 접근 제어
④ 로깅(Logging)과 감사 추적(Audit Trail) 기능

04 다음 중 한글 Windows의 '실행' 창을 이용하여 실행할 수 있는 프로그램으로 옳은 것은?

① taskmgr - 시스템 정보
② winver - 작업 관리자
③ msconfig - 시스템 구성 유틸리티
④ msinfo32 - 레지스트리 편집기

05 다음 중 한글 Windows 10의 '폴더 옵션' 대화상자에서 설정할 수 있는 작업으로 옳지 않은 것은?

① 알려진 파일 형식의 파일 확장명 숨기기를 설정할 수 있다.
② 숨김 파일이나 폴더의 표시 여부를 설정할 수 있다.
③ 공유 폴더에 액세스 할 때 필요한 계정과 암호를 설정할 수 있다.
④ 모든 폴더에 현재 보기(자세히 또는 아이콘)를 적용할 수 있다.

06 다음 중 자료 구성 단위에 대한 설명으로 옳지 않은 것은?

① 8개의 비트(Bit)가 모여 1바이트(Byte)를 구성한다.
② 레코드(Record)는 하나 이상의 관련된 필드가 모여서 구성되는 자료 처리 단위이다.
③ 필드(Field)는 파일 구성의 최소 단위, 여러 개의 필드가 모여서 레코드(Record)가 된다.
④ 워드(Word)는 문자를 표현하는 최소 단위이다.

07 다음 중 컴퓨터를 이용한 정보처리 방식에서 분산 처리 시스템에 관한 설명으로 적절한 것은?

① 여러 개의 CPU와 하나의 주기억장치를 이용하여 여러 프로그램을 동시에 처리하는 방식이다.
② 여러 명의 사용자가 사용하는 시스템에서 시간을 분할하여 프로그램을 실행하는 시스템이다.
③ 여러 대의 컴퓨터들에 의해 작업한 결과를 통신망을 이용하여 상호 교환할 수 있도록 연결되어 있는 시스템이다.
④ 하나의 CPU와 주기억장치를 이용하여 여러 개의 프로그램을 동시에 처리하는 방식이다.

08 다음 중 보안 위협의 유형 중 위협 보안 요건으로 옳은 것은?

① 수정(Modification) - 무결성 저해
② 가로채기(Interception) - 무결성 저해
③ 가로막기(Interruption) - 기밀성 저해
④ 위조(Fabrication) - 가용성 저해

09 다음 중 인터넷과 관련하여 스트리밍(Streaming) 기술에 관한 설명으로 옳은 것은?

① 정지 화상의 프레임에서 중복되는 정보를 삭제하여 데이터를 압축하는 기술이다.
② 네트워크를 통해 대용량의 멀티미디어 데이터 파일을 다운 받을 때 사용자가 전체 파일을 다운 받을 때까지 기다릴 필요 없이 전송되는 대로 재생시키는 기술이다.
③ 하이퍼텍스트와 멀티미디어를 통합한 개념으로 문자뿐만 아니라 그래픽, 사운드, 동영상 등의 정보를 연결해 놓은 미디어 통합 기술이다.
④ 카메라로 촬영한 아날로그 영상을 디지털 영상으로 변환, 캡처하여 편집, 저장시키는 기술이다.

10 다음 중 바탕 화면의 [개인 설정] 바로 가기 메뉴를 이용하여 설정할 수 있는 작업에 대한 설명으로 옳지 않은 것은?

① 화면 보호기를 설정할 수 있다.
② 디스플레이의 해상도를 설정할 수 있다.
③ 시작 메뉴에 표시되는 앱 목록, 최근에 추가된 앱, 가장 많이 사용하는 앱 등을 설정할 수 있다.
④ 바탕 화면의 배경, 색, 소리 등을 한 번에 변경할 수 있는 테마를 선택할 수 있다.

11 다음 중 캐시 메모리(Cache Memory)에 관한 설명으로 옳은 것은?

① 중앙처리장치와 주기억장치 사이에 위치하여 컴퓨터의 처리 속도를 향상시킨다.
② 캐시 메모리는 주로 DRAM을 사용한다.
③ 보조기억장치의 일부를 주기억장치처럼 사용한다.
④ 주기억장치보다 큰 프로그램을 불러와 실행해야 할 때 유용하다.

12 다음 중 시스템 버스에 대한 설명으로 옳지 않은 것은?

① 시스템 버스는 CPU와 주변장치 간의 데이터 전송에 사용되는 통로로, 전달하는 신호 형태에 따라 제어 버스, 주소 버스, 데이터 버스로 구분된다.
② 제어 버스는 CPU가 메모리와 주변장치에 제어 신호를 보내기 위해 사용한다.
③ 주소 버스는 메모리 주소 레지스터와 연결된 버스로, 메모리나 주변장치에 데이터를 읽거나 쓸 때 위치 정보를 보내기 위해 사용하는 양방향 통로이다.
④ 데이터 버스는 메모리 버퍼 레지스터와 연결된 버스로, 각 장치별로 필요한 데이터를 전달하기 위해 사용한다.

13 다음 중 RAID(Redundant Array Of Inexpensive Disk)에 대한 설명으로 옳지 않은 것은?

① 여러 개의 하드디스크를 하나의 저장장치처럼 관리하는 기술이다.
② 미러링(Mirroring) 방식은 데이터를 두 개의 하드디스크에 동일하게 기록하는 방법으로 한쪽 하드디스크의 데이터 손상 시 다른 한쪽 하드디스크를 이용하여 복구한다.
③ 스트라이핑(Striping) 방식은 데이터를 여러 개의 하드디스크에 나누어 저장하므로 장애 시 복구가 용이하나 데이터 입출력이 느리다.
④ RAID는 RAID 컨트롤러를 이용하여 하드웨어적인 방법으로 구성하거나 OS나 RAID 소프트웨어를 사용하여 구성한다.

14 다음 중 [파일 탐색기]의 검색 도구에 대한 설명으로 옳지 않은 것은?

① 수정한 날짜를 이용하여 지난 주에 수정한 파일들을 검색할 수 있다.
② 파일의 크기를 선택하여 검색할 수 있다.
③ 파일의 종류를 선택하여 검색할 수 있다.
④ 파일 특성이 '읽기 전용'인 파일들을 검색할 수 있다.

15 다음 중 인터넷 주소 체계인 IPv6(Internet Protocol version 6)에 관한 설명으로 옳지 않은 것은?

① 주소의 확장성, 융통성, 연동성이 뛰어나며 실시간 흐름 제어로 향상된 멀티미디어 서비스를 제공할 수 있다.
② 16비트씩 4부분, 총 64비트의 주소를 사용하여 IP 주소의 부족 문제를 해결할 수 있다.
③ 주소 체계는 유니캐스트(Unicast), 애니캐스트(Anycast), 멀티캐스트(Multicast) 등 세 가지로 나뉜다.
④ 인증 서비스, 비밀성 서비스, 데이터 무결성 서비스를 제공함으로써 보안 문제를 해결할 수 있다.

16 다음 중 객체 지향 프로그래밍 특징으로 옳은 것은?

① 객체에 대하여 절차적 프로그래밍의 장점을 사용할 수 있다.
② 객체 지향 프로그램은 코드의 재사용과 유지 보수가 용이하다.
③ 객체 지향 프로그램은 주로 인터프리터 번역 방식을 사용한다.
④ 프로그램의 구조와 절차에 중점을 두고 작업을 진행한다.

17 다음 중 컴퓨터의 장치를 교체할 때 고려해야 할 사항으로 옳지 않은 것은?

① 하드디스크의 용량(Gb)은 클수록 좋다.
② 모니터가 지원하는 해상도(dpi)는 클수록 좋다.
③ CPU 코어의 수는 많을수록 좋다.
④ DRAM의 데이터 접근 속도(ns)는 클수록 좋다.

18 다음 중 니블(Nibble)에 대한 설명으로 옳은 것은?

① 자료 표현의 최소 단위이다.
② 1바이트를 반으로 나눈 4비트로 구성된 단위이다.
③ 문자를 표현하는 최소 단위이다.
④ CPU가 한 번에 처리할 수 있는 명령 단위이다.

19 다음 중 빅 데이터에 대한 설명으로 옳지 않은 것은?

① 기존의 관리 방법이나 분석 체계로는 처리하기 어려운 막대한 양의 정형 또는 비정형 데이터 집합이다.
② 많은 데이터로부터 가치를 추출하고 분석하는 기술이다.
③ 스마트 단말의 확산, 소셜 네트워크 서비스의 활성화 등으로 인해 데이터 폭발이 가속화되고 있다.
④ 미래 예측의 활성화로 인해 빅 데이터에 대한 의존성을 강화할 필요가 있다.

20 다음 중 사물 인터넷(IoT)에 대한 설명으로 옳지 않은 것은?

① 모든 사물을 네트워크로 연결하여 소통하는 정보통신 환경을 의미한다.
② 스마트 센싱 기술과 무선 통신 기술을 융합하여 실시간으로 데이터를 주고받는 기술이다.
③ 개방형 정보 공유에 대한 부작용을 최소화하기 위해 정보 보안 기술의 적용이 필요하다.
④ 통계적 기법, 수학적 기법과 인공지능을 이용하여 방대한 양의 데이터들로부터 유용한 정보를 추출하는 기술이다.

2과목 스프레드시트 일반

21 다음 중 '셀 서식' 대화상자의 '맞춤' 탭의 각 항목에 대한 설명으로 틀린 것은?

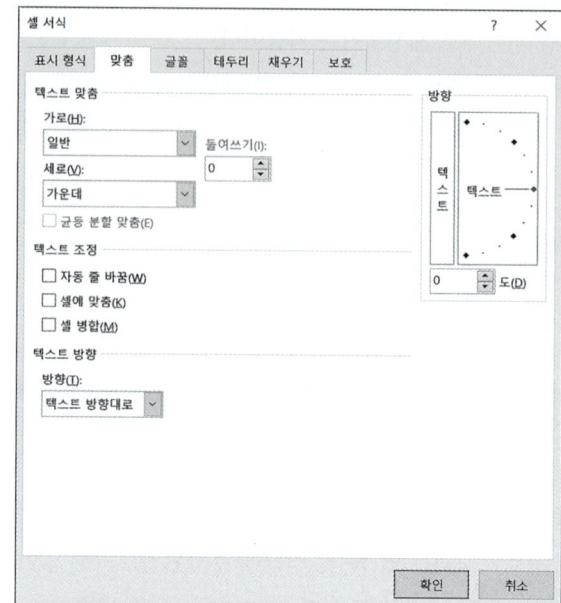

① 자동 줄 바꿈 : 텍스트의 길이가 셀의 너비보다 긴 경우 자동으로 셀의 높이를 변경하여 여러 줄로 나누어 표시한다.
② 셀 병합 : 여러 셀을 선택한 상태에서 '셀 병합'을 실행하면 맨 왼쪽 위 셀의 내용만 남기고 모두 지운다.
③ 방향 : 텍스트의 회전 각도를 지정할 수 있다.
④ 셀에 맞춤 : 입력된 데이터의 길이를 셀의 너비에 맞게 글자 크기를 확대하거나 축소하여 표시한다.

22 다음 중 화면 제어에 관한 설명으로 옳은 것은?

① 작업 중인 워크시트 화면의 축소/확대 비율은 10%에서 400%까지 설정할 수 있다.
② 창 나누기는 4개의 통합 문서를 4개로 분할하여 한 번에 보면서 작업할 수 있다.
③ 틀 고정선은 마우스를 드래그하여 위치를 변경할 수 있다.
④ 창 나누기는 [실행 취소] 명령으로 나누기를 해제할 수 있다.

23 다음 시트에서 면적순위[D3:D12]는 '병원총면적'을 기준으로 순위를 구하되, '병원총면적'이 동일할 경우 '1인면적'을 기준으로 순위를 구하였다. [D3] 셀에 입력된 수식으로 옳은 것은? (큰 값이 1등임)

	A	B	C	D
1				
2	병원코드	병원총면적	1인면적	면적순위
3	H001	4,958	12	7
4	H002	4,958	5	8
5	H003	5,867	7	5
6	H004	6,607	10	3
7	H005	3,976	7	9
8	H006	7,458	8	2
9	H007	6,437	12	4
10	H008	7,458	20	1
11	H009	4,996	10	6
12	H010	3,847	11	10

① =RANK.EQ(B3, $B$3:$B$12)+SUM(($B$3:$B$12=B3)*($C$3:$C$12>=C3))
② =RANK.EQ(B3, $B$3:$B$12)+SUM(($B$3:$B$12=B3)*($C$3:$C$12>C3))
③ =RANK.EQ(B3, $B$3:$B$12)+SUM(($B$3:$B$12=B3)*($C$3:$C$12<C3))
④ =RANK.EQ(B3, $B$3:$B$12)+SUM(($B$3:$B$12=B3)*($C$3:$C$12<=C3))

24 다음 중 시나리오에 대한 설명으로 옳지 않은 것은?
① 시나리오는 별도의 파일로 저장하고 자동으로 바꿀 수 있는 값의 집합이다.
② 여러 시나리오를 비교하여 하나의 테이블로 요약하는 보고서를 만들 수 있다.
③ 시나리오 요약 보고서는 자동으로 다시 갱신되지 않으므로 변경된 값을 요약 보고서에 표시하려면 새 요약 보고서를 만들어야 한다.
④ '시나리오 관리자' 대화상자에서 [표시]를 선택하면 변경 셀의 값이 원본 데이터에 표시된다.

25 다음 중 조건부 서식에 대한 설명으로 옳지 않은 것은?
① 조건부 서식의 조건은 결과가 TRUE(1) 또는 FALSE(0)가 나오도록 작성한다.
② 같은 통합 문서의 특정 셀을 이용하여 조건을 지정할 수 있다.
③ 수식을 이용하여 조건을 지정할 경우, 워크시트의 특정 셀을 클릭하면 상대 참조로 작성된다.
④ '이동 옵션'을 이용하여 조건부 서식이 적용된 셀을 찾을 수 있다.

26 다음 중 매크로를 실행하는 방법으로 옳지 않은 것은?
① 양식 도구 모음의 단추 도구를 이용
② 매크로 기록 시에 지정된 바로 가기 키의 이용
③ 개체에 매크로를 지정하여 실행
④ [Ctrl] + [F8]을 눌러 '매크로' 대화상자에서 실행할 매크로를 선택

27 다음 중 여러 워크시트를 선택하여 그룹으로 설정한 경우에 대한 설명으로 옳지 않은 것은?
① 엑셀 창의 맨 위 제목 표시줄에 [그룹]이라고 표시된다.
② 그룹으로 설정된 임의의 시트에서 데이터를 입력하면 그룹으로 설정된 모든 시트에 반영된다.
③ 그룹으로 설정된 임의의 시트에서 셀 서식을 지정하면 그룹으로 설정된 모든 시트에 반영된다.
④ 그룹을 해제하려면 [Esc]를 누른다.

28 다음 중 엑셀의 인쇄에 관한 설명으로 옳지 않은 것은?
① [기본] 보기 상태에서 페이지 구분선을 드래그하여 위치를 조정할 수 있다.
② 인쇄되는 시작 페이지의 번호를 지정할 수 있다.
③ 워크시트의 일부만 인쇄 영역으로 설정할 수 있다.
④ 눈금선, 행/열 머리글 등을 인쇄하도록 설정할 수 있다.

29 다음 프로시저를 실행한 결과에 대한 설명으로 옳은 것은?

```
Sub range연습( )
Range("B1", "B5").Value = 10
End Sub
```

① [B1] 셀에서 [B5] 셀까지 모든 셀에 10을 입력한다.
② [B1] 셀과 [B5] 셀에 10을 입력한다.
③ 1행에서 5행까지의 모든 셀에 10을 입력한다.
④ 오류가 발생한다.

30 다음 중 부분합에 대한 설명 중 옳지 않은 것은?

① 그룹화할 항목으로 선택된 필드는 자동으로 오름차순 정렬하여 부분합이 계산된다.
② 부분합에서는 합계, 평균, 개수 등의 함수 이외에도 다양한 함수를 선택할 수 있다.
③ 부분합에서 데이터 아래에 요약을 표시할 수 있다.
④ 부분합에서 그룹 사이에 페이지를 나눌 수 있다.

31 다음 그림과 같이 '성'과 '이름'을 합쳐서 '성명'으로 표시하고자 할 때, [C2] 셀에 들어갈 알맞은 수식은?

	A	B	C
1	성	이름	성명
2	이	덕환	이덕환
3	안	치연	안치연
4	강	청기	강청기
5	연	구현	연구현
6			

① =PROPER(A2, B2)   ② =REPLACE(A2, B2)
③ =CONCAT(A2, B2)   ④ =TEXT(A2, B2)

32 아래 워크시트에서 자격증 응시자에 대한 과목별 점수의 합계를 배열 수식으로 구하였다. 다음 중 [C10] 셀에 입력된 배열 수식으로 옳은 것은?

	A	B	C
1	응시자	과목	점수
2	김영호	1과목	60
3		2과목	85
4	강미진	1과목	90
5		2과목	75
6	최수영	1과목	80
7		2과목	95
8			
9		과목	합계
10		1과목	230
11		2과목	255
12			

① {=SUM(IF($B$2:$B$7=B10, $C$2:$C$7))}
② {=SUM(IF(MOD(ROW($C$2:$C$7), 2)=1, $C$2: $C$7))}
③ {=SUM(IF(C2:C7, B2:B7=B10))}
④ {=SUM(IF(MOD(ROWS(C2:C7), 2)=0, C2:C7))}

33 다음 중 엑셀의 [페이지 설정] 대화상자에 대한 설명으로 옳은 것은?

① 인쇄 배율을 수동으로 설정할 수 있으며, 배율은 워크시트 표준 크기의 10%에서 200%까지 설정 가능하다.
② [시트] 탭에서 머리글/바닥글과 행/열 머리글이 인쇄되도록 설정할 수 있다.
③ [페이지] 탭에서 '자동 맞춤'의 용지 너비와 용지 높이를 각각 1로 지정하면 여러 페이지가 한 페이지에 인쇄된다.
④ 셀에 설정된 메모는 시트에 표시된 대로 인쇄할 수는 없으나 시트 끝에 인쇄되도록 설정할 수 있다.

34 다음 워크시트에서 '=SUM(B2:B5 B4:C4)'를 입력했을 때와 결과가 동일한 수식은?

	A	B	C
1	분기	1차	2차
2	1사분기	1	5
3	2사분기	2	6
4	3사분기	3	7
5	4사분기	4	8
6			

① =B2:B5+B4:C4
② =PRODUCT(B2:B5, B4:C4)
③ =B2:B5 B4:C4
④ =SUM(B2:B5, B4:C4)

35 다음 중 [찾기 및 바꾸기] 대화상자에서 '*' 문자 자체를 찾는 방법은?

① '찾을 내용'에 "%*"를 입력한다.
② '찾을 내용'에 "!*"를 입력한다.
③ '찾을 내용'에 "~*"를 입력한다.
④ '찾을 내용'에 "$*"를 입력한다.

36 다음 중 아래의 데이터를 이용하여 각 데이터 간 값을 비교하는 차트를 작성하려고 할 때 가장 적절하지 않은 차트는?

	A	B	C	D	E
1	성명	1사분기	2사분기	3사분기	4사분기
2	홍길동	83	90	95	70
3	성춘향	91	70	70	88
4	이몽룡	93	98	91	93
5					

① 방사형   ② 원형
③ 세로 막대형   ④ 꺾은선형

정답 30.① 31.③ 32.① 33.③ 34.③ 35.③ 36.②

37 다음 중 수식과 그 실행 결과 값의 연결이 옳지 않은 것은?

① =DAYS("2023-11-1", "2023-10-1") → 31
② =ROUNDDOWN(45.6789, 2) → 45.67
③ =SUMPRODUCT({1,2,3}, {5,6,7}) → 32
④ =SQRT(4) * (INT(-2) + POWER(2, 3)) → 12

38 다음 중 아래와 같이 워크시트에 데이터가 입력되어 있는 경우, 보기의 수식과 그 결과 값으로 옳지 않은 것은?

	A
1	메
2	아름다운 강산
3	봄 여름
4	여름
5	희망의 메시지
6	

① =REPLACE(A3, SEARCH(A4, A3), 2, "여행") → 봄 여름 여행
② =REPLACE(A5, SEARCH("아", A2), 4, " ") → 메시지
③ =MID(A5, SEARCH(A1, A5), 1) → 메
④ =MID(A2, SEARCH(A4, A3), 2) → 다운

39 다음 중 아래 그림과 같이 목표값 찾기를 지정했을 때의 설명으로 옳은 것은?

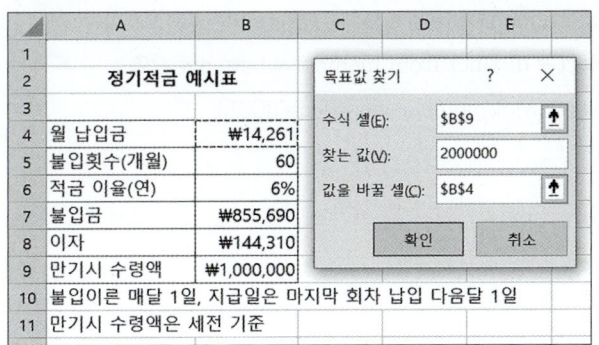

① 만기시 수령액이 2,000,000원이 되려면 월 납입금은 얼마가 되어야 하는가?
② 만기시 수령액이 2,000,000원이 되려면 적금 이율(연)이 얼마가 되어야 하는가?
③ 불입금이 2,000,000원이 되려면 만기시 수령액은 얼마가 되어야 하는가?
④ 월 납입금이 2,000,000원이 되려면 만기시 수령액은 얼마가 되어야 하는가?

40 숫자 −24600을 입력한 후 아래의 표시 형식을 적용했을 때 표시되는 결과로 옳은 것은?

#0.0,"천원";(#0.0,"천원");0.0;@"님"

① 24.6천원
② 24,600
③ (−24.6천원)
④ (24.6천원)

3과목 데이터베이스 일반

41 다음 중 데이터베이스의 구축 목적으로 적절하지 않은 것은?

① 데이터의 일괄 처리
② 데이터의 일관성 유지
③ 데이터의 무결성 유지
④ 데이터의 공유

42 다음 중 HAVING 절과 WHERE 절에 대한 설명으로 옳지 않은 것은?

① WHERE 절에는 ORDER BY 절을 사용할 수 없다.
② WHERE 절에는 그룹 함수를 사용할 수 없다.
③ WHERE 절은 검색될 레코드에 대한 조건을 지정할 때 사용한다.
④ 그룹에 대한 조건을 지정할 때는 HAVING 절을 사용한다.

43 보고서 작성 시 사용되는 여러 종류의 마법사 중 다음과 같은 출력물 작성에 가장 적합한 것은?

강남구 개포동 326-9호 가남경리부	서울시 강동구 천호3동 185-5호 개성전자경리부
용산구 한강로7가 12-17 골드아이경리부	용산구 한강로10가 18-13 동아후로킹경리부
용산구 한강로11가 12-31 리치경리부	용산구 한강로11가 13-19 멀티클럽경리부

① 업무 문서 양식 마법사
② 우편 엽서 마법사
③ 우편물 레이블 마법사
④ 보고서 마법사

44 다음 중 회사의 사원 정보를 데이터베이스로 구축할 때 가장 적합한 기본키에 대한 설명으로 올바른 것은?

① 대부분의 자료를 검색할 때 성명을 사용하므로 성명을 기본키로 사용한다.
② 대부분의 사원들이 핸드폰을 사용하므로 핸드폰 번호를 기본키로 사용한다.
③ 성명은 중복 가능성이 있으므로 성명과 부서명을 함께 기본키로 사용한다.
④ 회사에서 사원들에게 지급한 사원코드를 기본키로 사용한다.

45 다음 중 액세스의 내보내기(Export)에 대한 설명으로 가장 옳지 않은 것은?

① 테이블이나 쿼리, 폼이나 보고서 등을 다른 형식으로 바꾸어 파일로 저장할 수 있다.
② 테이블의 데이터, 구조, 서식 등은 내보낼 수 있지만 제약 조건, 관계, 인덱스 같은 속성은 내보낼 수 없다.
③ 테이블은 내보내지 않고 보고서만 Word RTF 파일로 내보내는 경우 원본 테이블이 없으므로 자료가 표시되지 않는다.
④ 쿼리를 내보낼 경우 실행 결과가 저장된다.

46 다음 중 폼에 대한 설명으로 옳지 않은 것은?

① 폼 내에서 단추를 눌렀을 때 매크로와 모듈이 특정 기능을 수행하도록 할 수 있다.
② 일 대 다 관계에 있는 테이블이나 쿼리는 폼 안에 하위 폼을 작성할 수 있다.
③ 폼과 컨트롤의 속성은 [디자인 보기] 형식에서 [속성 시트]를 이용하여 설정한다.
④ 폼은 레코드 원본에 연결된 대상이 테이블인지 쿼리인지에 따라 바운드 폼과 언바운드 폼으로 구분된다.

47 다음 중 보고서에 대한 설명으로 옳지 않은 것은?

① 보고서에 포함할 필드가 모두 한 테이블에 있는 경우 해당 테이블을 레코드 원본으로 사용한다.
② 둘 이상의 테이블을 이용하여 보고서를 작성하는 경우 쿼리를 만들어 레코드 원본으로 사용한다.
③ '보고서' 도구를 사용하면 정보를 입력하지 않아도 바로 보고서가 생성되므로 매우 쉽고 빠르게 보고서를 만들 수 있다.
④ '보고서 마법사'를 이용하는 경우 필드 선택은 여러 개의 테이블 또는 하나의 쿼리에서만 가능하며, 데이터 그룹화 및 정렬 방법을 지정할 수도 있다.

48 활성화된 폼에서 옵션 단추의 선택 여부에 따라 해당 텍스트 상자 컨트롤로 포커스(Focus)를 자동 이동하려고 한다. 다음 중 이 작업을 위해 사용되는 매크로 함수로 옳은 것은?

① OpenForm
② GoToControl
③ GoToRecord
④ SetValue

49 다음 중 각 쿼리문에 대한 설명으로 옳지 않은 것은?

① insert into member(id, password, name, age) values ('a001', '1234', 'kim', 20);
② update member set age=17 where id='a001';
③ select * distinct from member where age=17;
④ delete from member where id='a001';

50 다음 중 데이터 형식에 대한 설명으로 옳지 않은 것은?

① '첨부 파일'은 jpg, xlsx 등 원하는 파일 형식으로 첨부되도록 할 수 있다.
② 'Yes/No'는 성별이나 결혼 여부 등 두 값 중 하나만 입력하는 경우에 사용한다.
③ '짧은 텍스트'는 최대 255자까지 저장할 수 있다.
④ '일련 번호'는 레코드가 추가될 때마다 1씩 증가하는 값이 자동으로 입력되며, 필드 크기는 정수(Long)이다.

정답 44.④ 45.③ 46.④ 47.④ 48.② 49.③ 50.①

51 테이블 디자인의 조회 표시에서 콤보 상자나 목록 상자를 선택하면 여러 가지 속성이 표시된다. 속성에 대한 설명 중 옳지 않은 것은?

① 행 원본 : 목록으로 제공할 데이터를 지정한다.
② 바운드 열 : 바운드되는 필드의 개수를 지정한다.
③ 컨트롤 표시 : 콤보 상자나 목록 상자를 선택한다.
④ 목록 값만 허용 : '예'로 설정하면 목록에 제공된 데이터 이외의 값을 추가할 수 없다.

52 보고서 머리글의 텍스트 박스 컨트롤에 다음과 같이 컨트롤 원본을 지정하였다. 보고서 미리 보기를 하는 경우 어떠한 결과가 나타나는가? (단, 현재 날짜와 시간이 2024년 1월 2일 오후 3시 4분 5초라고 가정한다.)

=Format(Now( ), "mmmm ampm h:n")

① Jan 3:4
② January 오후 3:4
③ Jan pm 3:4:5
④ January pm 3:4:5

53 다음 VBA에서 변수 선언(Option Explicit)에 대한 설명으로 옳지 않은 것은?

① Dim, Static, Private, Public 키워드로 변수를 선언한다.
② 변수는 반드시 Option Explicit문 이전에 선언해야 한다.
③ 변수를 선언하지 않고 사용하면 에러가 발생한다.
④ 'Option Base 1'을 선언하면 배열의 위치는 1부터 시작한다.

54 다음 중 기본 보기 속성을 통해 설정하는 폼의 종류에 대한 설명으로 가장 옳지 않은 것은?

① 단일 폼은 한 번에 한 개의 레코드만을 표시한다.
② 연속 폼은 현재 창을 채울 만큼 여러 개의 레코드를 표시한다.
③ 연속 폼은 매 레코드마다 폼 머리글과 폼 바닥글이 표시된다.
④ 데이터시트 형식은 스프레드시트처럼 행과 열로 정렬된 폼 필드를 표시한다.

55 하위 폼을 이용하여 폼을 작성할 때의 설명으로 옳지 않은 것은?

① 연결 필드의 데이터 종류는 같아야 하며, 데이터 형식이나 필드 크기도 같거나 호환되어야 한다.
② 하위 폼은 폼 안에 있는 또 하나의 폼이며, 기본이 되는 폼을 기본 폼이라고 하고 기본 폼 안에 들어있는 폼을 하위 폼이라고 한다.
③ 하위 폼/하위 보고서 속성 중에서 원본 개체 속성은 기본 폼으로 사용될 폼만을 의미한다.
④ 하위 필드 연결이나 기본 필드 연결 속성에는 필드명을 사용할 수 있다.

56 다음 중 다른 데이터베이스의 원본 데이터를 연결 테이블로 가져온 테이블과 새 테이블로 가져온 테이블에 대한 설명으로 옳지 않은 것은?

① 새 테이블로 가져온 테이블을 삭제해도 원본 테이블은 삭제되지 않는다.
② 새 테이블로 가져온 테이블을 이용하여 폼이나 보고서를 생성할 수 있다.
③ 연결 테이블로 가져온 테이블을 삭제해도 원본 테이블은 삭제되지 않고 연결만 삭제된다.
④ 연결 테이블로 가져온 테이블을 삭제하면 연결되어 있는 원본 데이터베이스 테이블도 삭제된다.

57 다음의 〈학과〉 테이블에 대한 SQL문의 실행 결과로 표시되는 값은?

〈학과〉

학과코드	학과명	수강인원	강의실코드
1001	인공지능	40	C101
1002	빅데이터	20	C204
1003	데이터보안	30	C308
1004	반도체	10	C405

〈SQL문〉

Select Count(*)
From 학과
Where 수강인원 >
  (Select Avg(수강인원) From 학과);

① 1
② 2
③ 3
④ 4

58 다음 중 문자열 함수에 대한 결과로 옳지 않은 것은?

① Len("Blossom") = 7
② Mid("Blossom", 3, 2) = os
③ Left("Blossom", 3) = Blo
④ Instr("Blossom", "son") = Null

59 〈제품〉 테이블과 〈주문상세내역〉 테이블의 관계 설정에 관한 내용으로 옳지 않은 것은?

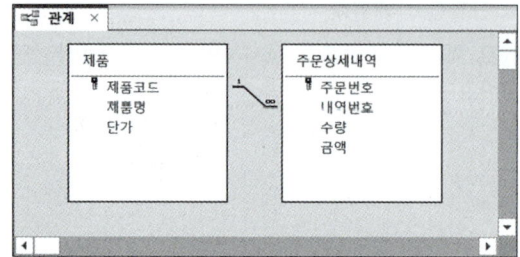

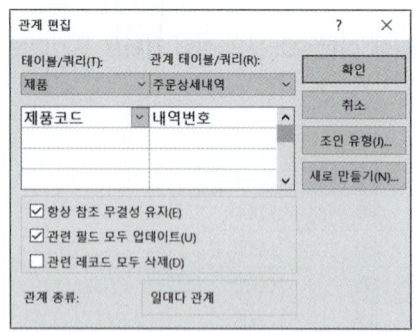

① 〈제품〉 테이블의 레코드를 수정하거나 삭제할 때 참조 무결성이 위배될 수 있다.
② 〈주문상세내역〉 테이블에 레코드를 추가할 때 참조 무결성이 위배될 수 있다.
③ 〈주문상세내역〉 테이블에 레코드를 삭제할 때는 어떠한 경우라도 참조 무결성이 위배되지 않는다.
④ 〈제품〉 테이블의 '제품코드' 데이터를 추가할 때는 참조 무결성이 위배될 수 있다.

60 〈회원〉 테이블의 '주소' 필드의 값이 다음과 같은 경우 SQL문의 실행 결과로 표시되는 값은?

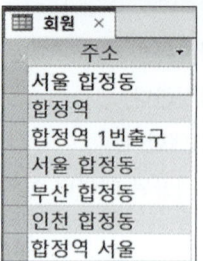

〈SQL〉

```
Select Count(*)
From 회원
Where 주소 = Like "합정*"
```

① 1   ② 7
③ 3   ④ 4

2025년 상시02 컴퓨터활용능력 1급 필기

1과목 : 컴퓨터 일반

01 다음 중 [설정] → [개인 설정] → [잠금 화면]에서 설정할 수 있는 항목이 아닌 것은?

① 화면 보호기의 작동 여부를 설정할 수 있다.
② 로그인 화면에 잠금 화면 배경 그림이 표시되도록 설정할 수 있다.
③ 잠금 화면 배경을 즐겨찾는 사진이나 슬라이드 쇼로 변경할 수 있다.
④ 잠금 화면에 모든 알림의 표시 여부 및 알림 소리의 작동 여부를 설정할 수 있다.

02 다음 중 보안과 관련된 용어에 대한 설명으로 옳은 것은?

① SET(Secure Electronic Transaction)은 웹 보안 프로토콜로, 전자서명, 암호화 통신 등을 통해 보안을 구현한다.
② PGP(Pretty Good Privacy)는 EIT 사가 개발한 프로토콜로, 기존의 HTTP에 보안 요소를 추가함으로써 취약점을 보완한 것이다.
③ SSL(Secure Socket Layer)은 인터넷 상거래 시 필요한 개인 정보를 보호하기 위한 개인 정보 유지 프로토콜이다.
④ PEM(Privacy Enhanced Mail)은 신용카드를 사용하여 안전하게 상거래를 할 수 있도록 보장해 주는 지불 프로토콜이다.

03 다음 중 XML(eXtensible Markup Language)에 대한 설명으로 옳지 않은 것은?

① 별도의 프로그램을 설치하지 않아도 웹 브라우저 상에서 다양한 멀티미디어 콘텐츠 및 웹 등을 제공한다.
② SGML에서 파생된 간단하고 유연한 텍스트 형식이다.
③ HTML의 한계를 극복하기 위한 목적으로 W3C에서 개발한 다목적 마크업 언어이다.
④ 주로 서로 다른 시스템, 특히 인터넷에 연결된 시스템끼리 데이터를 쉽게 주고받을 수 있다.

04 다음 중 컴퓨터에서 사용하는 그래픽 파일의 형식에 관한 설명으로 옳은 것은?

① BMP 파일은 Windows에서 기본적으로 지원하는 포맷으로 고해상도 이미지를 제공하지만 압축을 사용하지 않으므로 파일의 크기가 크다.
② JPG 파일은 인터넷 표준 그래픽 파일 형식으로 256가지 색을 표현하지만 애니메이션으로도 표현할 수 있다.
③ GIF는 손실과 무손실 압축 기법을 모두를 사용할 수 있으며 24비트를 사용하여 색을 표현하기 때문에 사진과 같은 선명한 사진을 표현할 수 있다.
④ WMF 방식은 데이터의 호환성을 위하여 개발된 방식으로 3D 그래픽 표현이 가능하다.

05 다음 중 MIDI(Musical Instrument Digital Interface)에 대한 설명으로 옳지 않은 것은?

① 전자악기 간의 디지털 신호에 의한 통신이나 컴퓨터와 전자 악기 간의 통신 규약이다.
② 파형 정보를 저장하지 않으므로 미디 신호를 재생하려면 미디 신호를 재생할 수 있는 전자 악기를 사용해야 한다.
③ 조명 제어, 무대 회전 등과 다른 장비는 제어할 수 없다.
④ 게임 사운드 트랙과 스튜디어 녹음 등에 사용된다.

06 다음 중 GPU에 대한 설명으로 옳지 않은 것은?

① GPU는 그래픽 처리를 위한 장치이다.
② GPU는 대량의 연산을 직렬로 처리하기 때문에 CPU보다 속도가 빠르며, CPU보다 저렴한 가격에 구현할 수 있다.
③ GPU는 메인보드에 장착된다.
④ GPU는 게임, 딥러닝, 블록체인 등의 다양한 분야에서 사용된다.

07 다음 중 네트워크 관련 장비로 브리지(Bridge)에 관한 설명으로 옳은 것은?

① 주로 LAN에서 다른 네트워크에 데이터를 보내거나 다른 네트워크로부터 데이터를 받아들이는데 사용되는 장치이다.
② 데이터 전송을 위해 가장 최적의 경로를 설정하는데 사용되는 장치이다.
③ 네트워크를 구성할 때 한꺼번에 여러 대의 컴퓨터를 연결하는 장치로, 각 회선을 통합적으로 관리한다.
④ 두 개의 근거리 통신망(LAN)을 상호 접속할 수 있도록 하는 통신망 연결 장치로, OSI 참조 모델의 데이터 링크 계층에 속한다.

08 다음 중 하나의 컴퓨터에 여러 개의 중앙처리장치를 설치하여 주기억장치나 주변장치들을 공유하고, 신뢰성과 연산 능력을 향상시키는 시스템을 의미하는 것은?

① 시분할 처리 시스템(Time Sharing System)
② 다중 프로그래밍 시스템(Multi-Programming System)
③ 듀플렉스 시스템(Duplex System)
④ 다중 처리 시스템(Multi-Processing System)

09 실행 가능한 로드 모듈에 기억공간의 번지를 지정하여 메모리에 적재하고, 컴퓨터에서 실행해야 할 프로그램이나 파일을 메모리로 옮겨주는 프로그램은?

① 로더
② 링커
③ 컴파일러
④ 인터프리터

10 다음 중 RAID(Redundant Array Of Inexpensive Disk)에 대한 설명으로 옳지 않은 것은?

① RAID 0은 여분의 디스크가 포함되지 않지만 동일한 RAID 볼륨을 추가로 구성하며, 추가된 볼륨은 원래의 볼륨과 동일하기 때문에 미러링 모드라고 한다.
② 하드디스크의 모음뿐만 아니라 자동으로 복제해 백업 정책을 구현해 주는 기술이다.
③ RAID 5는 RAID 4의 패리티 볼륨에 대한 병목현상을 개선한 것이다.
④ RAID는 여러 개의 디스크를 하나로 묶어 하나의 논리적 디스크로 작동하게 하는데, 하드웨어적 방법과 소프트웨어적 방법이 있다.

11 다음 중 전자우편(E-mail)에 대한 설명으로 옳지 않은 것은?

① 한 사람이 동시에 여러 사람에게 전자우편을 보낼 수 있다.
② 전체 회신은 받은 메일에 대한 답장을 발송자는 물론 참조인들에게도 전송하는 기능이다.
③ IMAP는 로컬 서버에서 프로그램을 이용하여 전자우편을 액세스하기 위한 표준 프로토콜이다.
④ SMTP는 메일 서버에 도착한 이메일을 사용자 컴퓨터로 가져올 수 있도록 메일 서버에서 제공하는 프로토콜이다.

12 다음 중 아날로그 컴퓨터와 디지털 컴퓨터에 대한 설명으로 옳은 것은?

① 아날로그 컴퓨터는 숫자, 문자 등 이산적인 데이터를 처리한다.
② 디지털 컴퓨터는 전압, 온도 등 연속적으로 변하는 데이터를 처리한다.
③ 아날로그 컴퓨터는 정밀도가 제한적이고 프로그래밍을 필요로하지 않는다.
④ 디지털 컴퓨터의 주요 구성 회로는 증폭 회로이다.

13 다음 중 [드라이브 조각 모음 및 최적화]를 수행할 수 있는 대상으로 옳은 것은?

① 외장 하드디스크 드라이브
② 네트워크 드라이브
③ CD-ROM 드라이브
④ Windows가 지원하지 않는 형식의 압축 프로그램

14 다음 중 컴퓨터의 연산장치에 있는 레지스터에 관한 설명으로 옳지 않은 것은?

① 2진수 덧셈을 수행하는 가산기(Adder)가 있다.
② 뺄셈을 수행하기 위해 입력된 값을 보수로 변환하는 보수기(Complementor)가 있다.
③ 연산 결과를 일시적으로 저장하는 누산기(Accumulator)가 있다.
④ 연산에 사용될 데이터를 기억하는 상태 레지스터(Status Register)가 있다.

15 다음 중 Windows에서 사용하는 USB(Universal Serial Bus)에 대한 설명으로 옳은 것은?

① USB는 범용 병렬 장치를 연결할 수 있게 해 주는 컴퓨터 인터페이스이다.
② USB 3.0은 이론적으로 최대 5Gbps의 전송속도를 가지며, PC 및 연결기기, 케이블 등의 모든 USB 3.0 단자는 파랑색으로 되어 있어 이전 버전과 구분이 된다.
③ 허브를 이용하여 하나의 USB 포트에 여러 개의 주변기기를 연결할 수 있으며, 최대 256개까지 연결할 수 있다.
④ 핫 플러그인(Hot Plug In) 기능은 지원하지 않으나 플러그 앤 플레이(Plug & Play) 기능은 지원한다.

16 다음 중 OSI 참조 모델의 7계층에서 사용하는 주소에 대한 설명으로 옳지 않은 것은?

① IP 주소는 호스트에 대한 식별자로, 네트워크 계층의 IP 프로토콜에서 사용하며, 송신자 IP 주소와 수신자 IP 주소로 구분한다.
② MAC 주소(물리적 주소)는 NIC(Network Interface Card)에 대한 식별자로 물리 계층에서 사용한다.
③ 메일 주소는 응용 계층의 메일 시스템에서 사용자를 구분하려고 사용한다.
④ 포트(Port) 번호는 전송 계층에서 사용하며, 호스트에서 실행되는 프로세스를 구분해 주고 TCP와 UDP가 독립적으로 포트 주소를 관리한다.

17 다음 중 방화벽에 대한 설명으로 적절하지 않은 것은?

① 보안이 필요한 네트워크의 통로를 단일화하여 관리한다.
② 방화벽 시스템은 내부와 외부로부터 불법적인 해킹을 완전히 차단할 수 있다.
③ 권한이 없는 사용자가 네트워크를 통해 컴퓨터에 액세스 하는 것을 방지한다.
④ 역추적 기능으로 외부 침입자의 흔적을 찾을 수 있다.

18 다음 중 객체 지향 프로그래밍 언어에 대한 설명으로 옳지 않은 것은?

① 대표적인 객체 지향 언어로 C++, Java 등이 있다.
② 소프트웨어의 재사용으로 프로그램의 개발 시간을 단축할 수 있다.
③ 상속성, 캡슐화, 추상화, 다형성 등의 특징이 있다.
④ 순차적인 처리가 중요시되며 프로그램 전체가 유기적으로 연결되도록 작성한다.

19 다음 중 한글 Windows 10의 시작 메뉴에 대한 설명으로 옳지 않은 것은?

① 시작 메뉴에 있는 앱의 바로 가기 메뉴에서 [제거]를 이용하면 해당 앱을 제거할 수 있다.
② 시작 화면에 있는 앱이 설치되어 있는 실제 위치를 확인하려면 앱의 바로 가기 메뉴에서 '파일 위치 열기'를 클릭한다.
③ 시작 화면에 있는 앱의 크기를 조절하거나 타일을 이동하고 앱을 그룹화 할 수 있다.
④ [시작] → [설정] → [개인 설정] → [시작]에서 '전체 시작 화면 사용'을 켜면 화면 전체에 시작 메뉴가 표시된다.

20 다음 중 운영체제의 구성인 제어 프로그램에 대한 설명으로 옳지 않은 것은?

① 자원의 할당 및 시스템 전체의 작동 상태를 감시한다.
② 작업이 정상적으로 처리될 수 있도록 작업의 순서와 방법을 관리한다.
③ 작업에 사용되는 데이터와 파일의 표준적인 처리 및 전송을 관리한다.
④ 사용자가 고급언어로 작성한 원시 프로그램을 기계어 형태의 목적 프로그램으로 변환시킨다.

2과목 스프레드시트 일반

21 다음 엑셀 목록을 이용하여 피벗 테이블을 작성하였다. 다음 완성된 피벗 테이블에 대한 설명으로 옳지 않은 것은?

	A	B	C	D
1	판매일자	분류	품목	가격
2	2024-01-04	상의	블라우스	620,000
3	2024-07-14	모자	비니모자	814,000
4	2024-07-19	상의	면바지	794,000
5	2024-05-08	상의	청바지	750,000

	A	B	C	D	E
1					
2	평균 : 가격				
3			모자	상의	총합계
4	1사분기	1월		620,000	620,000
5		3월		926,000	926,000
6	2사분기	4월		786,000	786,000
7		5월		848,500	848,500
8	3사분기	7월	851,000	794,000	832,000
9		8월	706,000		706,000
10		9월	761,000		761,000
11	4사분기	10월		481,000	481,000
12		11월		833,000	833,000
13		12월	632,000	702,750	688,600
14	총합계		760,200	745,667	749,941
15					

① '피벗 테이블 분석' 탭의 '표시' 그룹에서 '필드 머리글'을 표시하였다.
② 피벗 테이블 옵션의 '레이블이 있는 셀 병합 및 가운데 맞춤'을 설정하였다.
③ '판매일자'를 이용하여 분기별, 월별 그룹을 설정하였다.
④ 보고서 레이아웃을 테이블 형식으로 표시하였다.

23 다음 매크로에 대한 설명으로 옳지 않은 것은?

```
Sub Macro1( )
    Range("C2:D6").Select
    With Selection.Font
        .Name = "굴림"
        .Size = 11
        .Underline = xlUnderlineStyleNone
        .Shadow = False
        .ColorIndex = 3
    End With
    With Selection
        .HorizontalAlignment = xlCenter
        .VerticalAlignment = xlBottom
        .WrapText = False
    End With
End Sub
```

① 글꼴을 '굴림'으로 지정한다.
② 폰트 크기를 11로 지정한다.
③ 밑줄을 해제한다.
④ 텍스트의 가로 정렬과 세로 정렬을 모두 가운데 맞춤으로 지정한다.

22 다음 중 아래의 〈수정 전〉 차트를 〈수정 후〉 차트로 변경하기 위한 작업으로 옳지 않은 것은?

〈수정 전〉

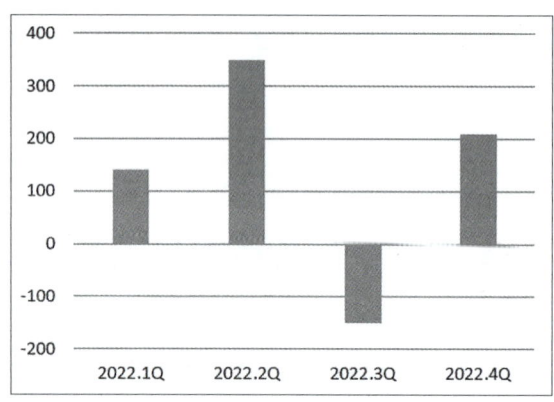

〈수정 후〉

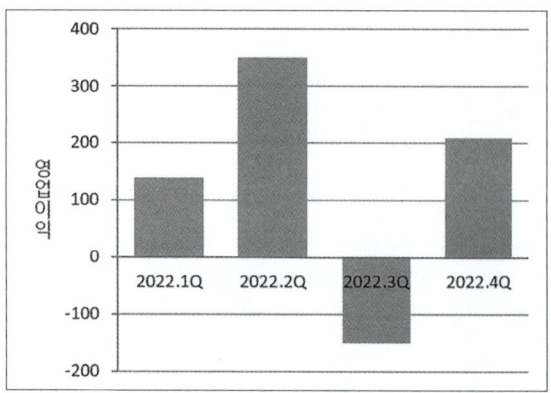

① 간격 너비를 넓혔다.
② 세로(값) 축의 주 눈금을 바깥쪽으로 표시했다.
③ 세로(값) 축의 제목을 '영업이익'으로 추가하고 텍스트 방향을 '세로'로 지정했다.
④ 가로(항목) 축의 레이블 위치를 '축의 옆'으로 지정했다.

24 아래 워크시트와 같이 시상내역[A13:D16] 표를 이용하여 시상내역[D2:D10]을 계산하였다. 다음 중 [D2] 셀에 입력된 배열 수식으로 옳은 것은?

	A	B	C	D
1	이름	공모대상	점수	시상내역
2	김남희	독창	91	대상
3	남궁민	창작동화	65	-
4	이수남	독창	75	-
5	서수남	독창	50	-
6	홍길동	독창	88	최우수상
7	이숙희	창작동화	69	-
8	양종국	창작동화	87	차상
9	김호명	독창	79	-
10	김영희	창작동화	93	장원
11				
12	시상내역			
13	점수	0	80	90
14		80	90	100
15	독창	-	최우수상	대상
16	창작동화	-	차상	장원
17				

① {=INDEX($B$15:$D$16, MATCH(B2, $A$15:$A$16, 0), MATCH(C2, $B$13:$D$13, -1))}
② {=INDEX($B$15:$D$16, MATCH(B2, $A$15:$A$16, 0), MATCH(C2, $B$13:$D$13, 1))}
③ {=INDEX($B$15:$D$16, MATCH(B2, $A$15:$A$16, 0), MATCH(C2, $B$14:$D$14, -1))}
④ {=INDEX($B$15:$D$16, MATCH(B2, $A$15:$A$16, 0), MATCH(C2, $B$14:$D$14, 1))}

25 다음 중 각 차트 종류에 대한 설명으로 적절하지 않은 것은?

① 주식형 : 고가, 저가, 종가 등의 주식 거래 가격을 바탕으로 차트를 작성한다.
② 분산형 차트 : 여러 데이터 계열에 있는 숫자 값 사이의 관계를 보여 주거나 두 개의 숫자 그룹을 xy 좌표로 이루어진 하나의 계열로 표시할 때 사용된다.
③ 거품형 : 데이터 값이 두 개인 경우에만 사용할 수 있으며 첫 번째 값이 X축, 두 번째 값이 데이터 표식의 크기로 사용된다.
④ 표면형 차트 : 두 개의 데이터 집합에서 최적의 조합을 찾을 때 사용된다.

26 아래 시트에서 각 부서마다 직위별로 총점점수의 합계를 구하려고 한다. 다음 중 [B17] 셀에 입력된 수식으로 옳은 것은?

	A	B	C	D	E
1	부서명	직위	업무평가	구술평가	총점점수
2	영업부	사원	35	30	65
3	총무부	대리	38	33	71
4	총무부	과장	45	36	81
5	총무부	대리	35	40	75
6	영업부	과장	46	39	85
7	홍보부	과장	30	37	67
8	홍보부	부장	41	38	79
9	총무부	사원	33	29	62
10	영업부	대리	36	34	70
11	홍보부	대리	27	36	63
12	영업부	과장	42	39	81
13	영업부	부장	40	39	79
14					
15					
16	부서명	부장	과장	대리	
17	영업부				
18	총무부				
19	홍보부				
20					

① {=SUMIFS($E$2:$E$13, $A$2:$A$13, $A$17, $B$2:$B$13, $B$16)}
② {=SUM(($A$2:$A$13=A17)*($B$2:$B$13=B16)*$E$2:$E$13)}
③ {=SUM(($A$2:$A$13=$A17)*($B$2:$B$13=B$16)*$E$2:$E$13)}
④ {=SUM(($A$2:$A$13=A$17)*($B$2:$B$13=$B16)*$E$2:$E$13)}

27 다음과 같이 계층 구조와 계층 구조 내에 빈 셀이 있는 데이터를 표시하는데 적합한 차트로, 하나의 고리 또는 원이 계층 구조의 각 수준을 나타내며 가장 안쪽에 있는 원이 계층 구조의 가장 높은 수준을 나타내는 차트 종류는?

	A	B	C	D
1	판매 현황			
2				
3	대분류	중분류	품목	가격
4	의류	상의	맨투맨	35,000
5			남방	29,500
6			블라우스	37,500
7		하의	청바지	23,000
8			면바지	62,000
9			반바지	45,000
10	패션잡화	모자	캡모자	15,000
11			비니모자	21,500
12			벙거지모자	35,000
13				

① 히스토그램 차트
② 선버스트 차트
③ 도넛형 차트
④ 트리맵 차트

28 다음 중 [매크로] 대화상자에 대한 설명으로 옳지 않은 것은?

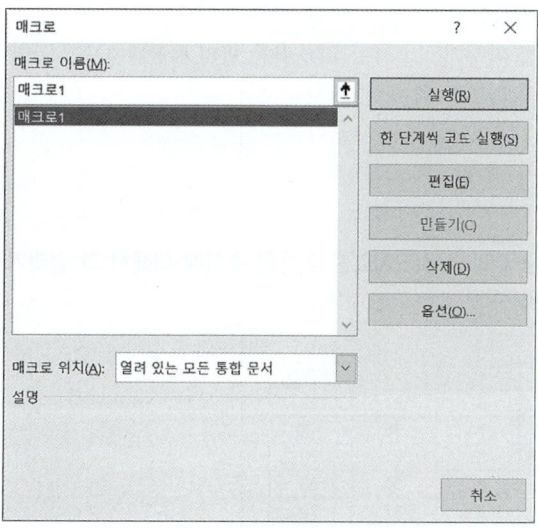

① [편집] 단추를 클릭하면 선택한 매크로를 수정할 수 있도록 VBA가 실행된다.
② [삭제] 단추를 클릭하면 선택한 매크로를 삭제한다.
③ [한 단계씩 코드 실행] 단추를 클릭하면 선택한 매크로를 한 줄씩 실행한다.
④ [옵션] 단추를 클릭하면 선택한 매크로의 이름이나 바로 가기 키, 설명 등을 설정하거나 변경할 수 있다.

29 다음 중 아래 시트에서 고급 필터 기능을 이용하여 점수가 전체 평균 이상이면서 성별이 "남"인 데이터를 추출하려고 할 때, 고급 필터의 조건식으로 옳은 것은?

	A	B	C	D
1	번호	성명	성별	점수
2	1	이방주	남	86
3	2	황영희	여	45
4	3	손기중	남	78
5	4	김보라	여	92
6	5	엄이봉	남	76
7	6	김경삼	남	98
8	7	한우경	여	87
9	8	김상희	여	91
10	9	임선빈	남	64

①
점수	성별
=D2>=AVERAGE($D$2:$D$10)	남

②
조건
=AND(D2>=AVERAGE($D$2:$D$10),C2="남")

③
평균	성별
=D2>=AVERAGE($D$2:$D$10)	
	남

④
조건
=OR(D2>=AVERAGE($D$2:$D$10),C2="남")

30 다음 중 시트 보호 시 '워크시트에서 허용할 내용'으로 저정할 수 있는 내용이 아닌 것은?
① 시나리오 편집
② 개체 편집
③ 시트 이름 바꾸기
④ 자동 필터 사용

31 다음 중 아래의 워크시트를 이용한 수식에 대해서 그 결과가 옳지 않은 것은?

	A	B	C	D
1	이름	국어	영어	수학
2	김원	87	97	72
3	정영희	74	98	100
4	남궁정훈	85	91	70
5	이수	80	80	88
6	김용훈	81	87	70
7	김근태	84	82	80

수식	결과
① =HLOOKUP("영어", A1:D7, 2)	97
② =OFFSET(B2, 3, 2)	88
③ =INDEX(A1:D7, 3, 2)	74
④ =AREAS(A1:D7)	28

32 다음 중 워크시트 이름으로 적절하지 않은 것은?
① _매출실적
② 매출실적?
③ 매출실적&
④ %매출실적

33 다음 중 수식의 결과가 옳지 않은 것은?
① =FIXED(3456.789, 1, FALSE) → 3,456.8
② =EOMONTH(DATE(2015, 2, 25), 1) → 2015-03-31
③ =CHOOSE(ROW(A3:A6), "동", "서", "남", 2015) → 남
④ =REPLACE("February", SEARCH("U", "Seoul-Unesco"), 5, " ") → Febru

34 다음 중 [찾기 및 바꾸기] 대화상자에 대한 설명으로 옳지 않은 것은?

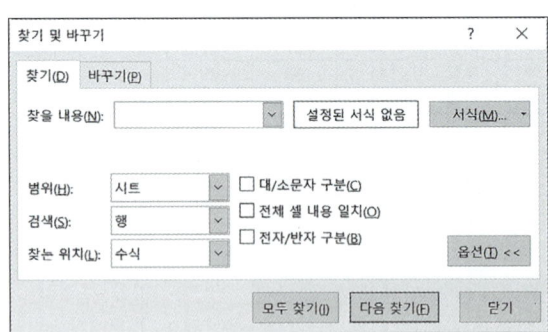

① 문서에서 '찾을 내용'에 입력한 내용과 일치하는 이전 항목을 찾으려면 Shift를 누른 상태에서 [다음 찾기] 단추를 클릭한다.
② '찾을 내용'에 입력한 문자만 있는 셀을 검색하려면 '전체 셀 내용 일치'를 선택한다.
③ 별표(*), 물음표(?) 및 물결표(~) 등의 문자가 포함된 내용을 찾으려면 '찾을 내용'에 작은따옴표(') 뒤에 해당 문자를 붙여 입력한다.
④ 찾을 내용을 워크시트에서 검색할지 전체 통합 문서에서 검색할지 등을 선택하려면 '범위'에서 '시트' 또는 '통합 문서'를 선택한다.

35 다음 중 엑셀의 오차 막대에 대한 설명으로 옳지 않은 것은?

① 가로 막대형 차트, 꺾은선형 차트, 분산형 차트, 거품형 차트, 3차원 세로 막대형 차트, 3차원 꺾은선형 차트에 오차 막대를 표시할 수 있다.
② 차트에 고정값, 백분율, 표준 편차, 표준 오차, 사용자 지정 중 하나를 선택하여 오차량을 표시할 수 있다.
③ 데이터 표식에 대한 오류 가능성이나 불확실성의 정도를 표시한다.
④ 분산형과 거품형 차트에는 세로 오차 막대, 가로 오차 막대를 적용할 수 있다.

36 다음 워크시트에서 [A1] 셀에서 Ctrl을 누른 채 채우기 핸들을 이용하여 드래그 했을 때 [C1] 셀에 표시되는 값은?

	A	B	C	D
1	29.5			
2				

① 29.5
② 31.5
③ 29.7
④ 49.5

37 다음 중 엑셀의 틀 고정에 대한 기능 설명으로 옳지 않은 것은?

① 틀 고정은 특정 행 또는 열을 고정할 때 사용하는 기능으로, 주로 표의 제목 행 또는 제목 열을 고정한 후 작업할 때 유용하다.
② 선택된 셀의 왼쪽 열과 바로 위의 행이 고정된다.
③ 틀 고정 구분선을 마우스로 잡아끌어 틀 고정 구분선을 이동시킬 수 있다.
④ 틀 고정 방법으로 첫 행 고정을 실행하면 선택된 셀의 위치와 상관없이 첫 행이 고정된다.

38 다음 중 엑셀의 화면 제어에 관한 설명으로 옳지 않은 것은?

① 숨겨진 통합 문서를 표시하려면 [보기] → [창] → '숨기기 취소'를 실행한다.
② 틀 고정에 의해 분할된 왼쪽 또는 위쪽 부분은 인쇄 시 반복할 행과 반복할 열로 자동 설정된다.
③ [Excel 옵션]의 [고급] 탭에서 'IntelliMouse로 화면 확대/축소' 옵션을 설정하면 Ctrl을 누르지 않은 상태에서 마우스 휠의 스크롤만으로 화면의 축소 및 확대가 가능하다.
④ 확대/축소 배율은 선택된 시트에만 적용된다.

39 다음 중 [머리글/바닥글] 기능에 대한 설명으로 옳지 않은 것은?

① 머리글이나 바닥글의 텍스트에 앰퍼샌드(&) 문자 한 개를 포함시키려면 앰퍼샌드(&) 문자를 두 번 입력한다.
② 여러 워크시트에 동일한 [머리글/바닥글]을 한 번에 추가하려면 여러 워크시트를 선택하여 그룹화 한 후 설정한다.
③ [페이지 나누기 미리 보기] 상태에서는 워크시트에 머리글과 바닥글 영역이 함께 표시되어 간단히 머리글/바닥글을 추가할 수 있다.
④ 차트 시트인 경우 [페이지 설정] 대화상자의 [머리글/바닥글] 탭에서 머리글/바닥글을 추가할 수 있다.

40 다음 시트와 같이 [A2:D7] 영역에 조건부 서식을 지정하여 2, 4, 6행에 배경색을 지정하려고 할 때 옳지 않은 조건은?

	A	B	C	D
1	이름	국어	영어	수학
2	김원	87	97	72
3	정영희	74	98	100
4	남궁정훈	85	91	70
5	이수	80	80	88
6	김용훈	81	87	70
7	김근태	84	82	80
8				

① =ISEVEN(ROWS($A$2:$A2))
② =ISEVEN(ROW( ))
③ =MOD(ROWS($A$2:$A2), 2)=1
④ =MOD(ROW( ), 2)=0

3과목 데이터베이스 일반

41 데이터 형식이 텍스트인 필드에 다음과 같이 형식을 지정한 후 값을 입력했을 때의 표시 결과가 틀리게 표시된 것은?

	형식	입력값	표시 결과
①	@_@	1234	123_4
②	>@@@@	abcd	ABCD
③	@	1234	1234
④	@₩-@@	abcde	ab-de

42 다음 중 보고서를 작성하는 방법으로 옳지 않은 것은?

① [새 보고서]는 디자인 보기 상태에서 필드를 추가하여 보고서를 작성한다.
② [보고서]는 탐색 창에서 선택한 테이블이나 쿼리에 포함된 필드를 모두 표시하는 보고서를 바로 생성하므로 쉽게 보고서를 작성할 수 있다.
③ [레이블]은 편지 봉투에 붙이는 우편번호 주소 레이블 인쇄용 보고서를 작성한다.
④ [보고서 디자인]은 디자인 보기 상태에서 컨트롤을 이용하여 사용자가 직접 보고서를 작성한다.

43 다음 중 매개 변수 쿼리에 대한 설명으로 옳지 않은 것은?

① 매개 변수 쿼리는 쿼리 실행 시 조건을 입력받아 조건에 맞는 레코드만 반환하는 쿼리이다.
② 매개 변수를 적용할 필드의 조건 행에서 매개 변수 대화상자에 표시할 텍스트를 [ ] 대괄호로 묶어 입력한다.
③ 매개 변수 대화상자에 입력된 매개 변수 값은 조건으로 찾을 필드의 데이터 형식과 일치하지 않아도 된다.
④ 매개 변수 대화상자에 표시할 텍스트에 . !와 같은 문자는 포함할 수 없다.

44 다음 중 이벤트의 발생 시기에 대한 설명으로 옳지 않은 것은?

① Print는 보고서가 인쇄되거나 미리 보기에 표시될 때 발생한다.
② Unload는 폼이 열린 후 레코드들이 표시될 때 발생한다.
③ BeforeUpdate는 컨트롤이나 레코드의 변경된 데이터가 업데이트되기 전에 발생한다.
④ Activate는 폼이나 보고서가 활성화될 때 발생한다.

45 조회 속성에 대한 다음 설명 중 가장 옳지 않은 것은?

필드 속성	
일반 조회	
컨트롤 표시	콤보 상자
행 원본 유형	테이블/쿼리
행 원본	
바운드 열	1
열 개수	1
열 이름	아니요
열 너비	
행 수	16
목록 너비	자동
목록 값만 허용	아니요
여러 값 허용	아니요
값 목록 편집 허용	아니요
목록 항목 편집 폼	
행 원본 값만 표시	아니요

① 다른 테이블에 있는 내용을 목록으로 표시하려면 '행 원본 유형'을 '테이블/쿼리'로 설정한다.
② '서울', '부산', '대전', '광주'와 같은 목록을 직접 지정하려면 '행 원본 유형'을 '값 목록'으로 설정한다.
③ 데이터시트 보기 상태에서 행 목록에 2개의 필드를 표시하려면, '바운드 열'을 2로 지정한다.
④ '목록 값만 허용' 속성을 '예'로 지정하면, 목록 이외의 값은 입력할 수 없다.

46 다음 중 보고서의 레코드 원본에 대한 설명으로 옳지 않은 것은?

① 필요한 필드가 하나의 테이블에 있는 경우 해당 테이블을 레코드 원본으로 지정할 수 있다.
② 쿼리를 레코드 원본으로 지정할 수 있다.
③ 여러 개의 테이블을 연결한 질의문을 만들어 레코드 원본으로 지정할 수 있다.
④ 식 작성기로 입력한 수식을 레코드 원본으로 지정할 수 있다.

47 다음 중 [학생] 테이블에서 '점수'가 60 이상인 학생들의 인원수를 구하는 식으로 옳은 것은? (단, '학번' 필드는 [학생] 테이블의 기본 키이다.)

① =DCount("학생", "학번", "점수 >= 60")
② =DCount("*", "학생", "점수 >= 60")
③ =DCount(학생, 학번, 점수 >= 60)
④ =DCount(학번, 학생, 점수 >= 60)

48 다음 중 보고서에서 [페이지 번호] 대화상자를 이용한 페이지 번호 설정에 대한 설명으로 옳지 않은 것은?

① 첫 페이지에만 페이지 번호가 표시되거나 표시되지 않도록 설정할 수 있다.
② 페이지 번호의 표시 위치를 '페이지 위쪽', '페이지 아래쪽', '페이지 양쪽' 중 선택할 수 있다.
③ 페이지 번호의 형식을 'N 페이지'와 'N/M 페이지' 중 선택할 수 있다.
④ [페이지 번호] 대화상자를 열 때마다 페이지 번호 표시를 위한 수식이 입력된 텍스트 상자가 자동으로 삽입된다.

49 다음 중 관계 데이터베이스에 대한 설명으로 옳지 않은 것은?
① 관계 데이터베이스는 테이블의 형태로 데이터를 관리한다.
② 기본키는 레코드를 식별하는 유일한 값을 갖는 필드이다.
③ 외래키 필드는 다른 테이블의 기본키나 유일성(Unique) 속성을 갖는 필드를 참조한다.
④ 일종의 그래프 형태로 계층 데이터베이스 모델이 확장된 형태이다.

50 다음 중 하위 폼에서 새로운 레코드를 추가하려고 할 때 설정해야 할 폼 속성은?
① '필터 사용'을 예로 설정한다.
② '추가 가능'을 예로 설정한다.
③ '편집 가능'을 예로 설정한다.
④ '삭제 가능'을 예로 설정한다.

51 다음 중 액세스에서 색인(Index)에 대한 다음 설명으로 가장 옳지 않은 것은?
① 하나의 필드나 필드 조합에 인덱스를 만들어 레코드 찾기와 정렬을 효율적으로 수행할 수 있게 한다.
② OLE 개체 데이터 형식 필드는 인덱스를 설정할 수 없다.
③ 색인을 설정하면 자료의 갱신 속도가 빨라진다.
④ 중복 불가능(Unique) 색인을 설정하면 중복된 자료의 입력을 방지할 수 있다.

52 다음 중 쿼리 유형에 대한 설명으로 옳지 않은 것은?
① [테이블 만들기] 쿼리로 레코드를 기존 테이블에 추가할 수 있다.
② [업데이트] 쿼리로 기존 테이블의 데이터를 변경할 수 있다.
③ 실행 쿼리는 쿼리 디자인 그룹 왼쪽에 실행(!) 단추가 표시된다.
④ [삭제] 쿼리로 기존 테이블의 레코드를 삭제할 수 있다.

53 다음 중 연산자 사용에 대한 설명으로 옳지 않은 것은?
① Like "김?" : "김"으로 시작하거나 "김"을 포함하는 모든 자료를 표시한다.
② Between 20 and 60 : 20에서 60 사이인 자료를 표시한다.
③ Not "0" : 널 문자가 아닌 자료를 표시한다.
④ 3<>3 Or 2<1 : 화면에 표시되는 내용이 없다.

54 다음 중 '학번', '이름', '전화번호' 필드로 동일하게 구성되어 있는 [재학생] 테이블과 [졸업생] 테이블을 통합하여 나타내는 쿼리문으로 옳은 것은?
① Select 학번, 이름, 전화번호 From 재학생, 졸업생
  Where 재학생.학번 = 졸업생.학번;
② Select 학번, 이름, 전화번호 From 재학생
  JOIN Select 학번, 이름, 전화번호 From 졸업생;
③ Select 학번, 이름, 전화번호 From 재학생
  OR Select 학번, 이름, 전화번호 From 졸업생;
④ Select 학번, 이름, 전화번호 From 재학생
  UNION Select 학번, 이름, 전화번호 From 졸업생;

55 다음 중 이름이 'txt제목'인 텍스트 상자 컨트롤에 '매출내역'이라는 내용을 입력하는 VBA 명령으로 옳지 않은 것은?
① txt제목 = "매출내역"
② txt제목.text = "매출내역"
③ txt제목.value = "매출내역"
④ txt제목.caption = "매출내역"

56 다음 중 데이터베이스 관리자의 역할로 옳지 않은 것은?
① COBOL, PASCAL, C와 같은 호스트 프로그래밍 언어와 DCL(Data Control Language)을 이용하여 데이터를 조작한다.
② 데이터베이스의 스키마를 정의한다.
③ 데이터베이스의 구성 요소를 결정한다.
④ 시스템의 성능 분석 및 감시를 한다.

57 다음 중 정렬 및 그룹화를 사용하여 업체별 판매금액의 총합을 요약 보고서 형태로 작성하려고 하는 경우에 수행하는 작업으로 가장 옳지 않은 것은?

① 본문 영역에 아무런 컨트롤도 추가하지 않는다.
② 전체 업체의 총 판매금액에 대한 사항은 페이지 바닥글에서 구성한다.
③ 업체명이나 업체번호 필드를 이용하여 그룹화를 수행한다.
④ 그룹의 머리글에 =Sum([판매금액])을 삽입한다.

58 다음이 설명하는 컨트롤은 무엇인가?

- 좁은 공간에서 유용하게 사용하는 컨트롤이다.
- 목록에서 선택하거나 직접 입력할 수 있다.
- 목록에 있는 값만 입력할 수 있도록 설정할 수 있다.

① 텍스트 상자
② 명령 단추
③ 콤보 상자
④ 확인란

59 다음 괄호(㉠, ㉡)에 순서대로 들어갈 내용으로 알맞은 것은?

폼 안에 있는 또 하나의 폼을 (㉠)이라고 하며, (㉠)에서 여러 개의 연결 필드를 지정할 때에 사용되는 구분자는 (㉡)이다.

① 하위 폼, 콤마(,)
② 하위 폼, 세미콜론(;)
③ 기본 폼, 콤마(,)
④ 연속 폼, 세미콜론(;)

60 다음 중 아래 〈학생〉 테이블에 대한 SQL문의 실행 결과로 옳은 것은?

학번	전공	학년	나이
1002	영문	SO	19
1004	통계	SN	23
1005	영문	SN	21
1008	수학	JR	20
1009	영문	FR	18
1010	통계	SN	25

```
SELECT AVG([나이]) FROM 학생
WHERE 학년="SN" GROUP BY 전공
HAVING COUNT(*) >= 2;
```

① 21
② 22
③ 23
④ 24

2025년 상시03 컴퓨터활용능력 1급 필기

1과목 컴퓨터 일반

01 시스템의 전체적인 효율은 좋아지나 여러 사람이 사용함에 따라 개인별 사용자 입장에서는 반응 속도가 느릴 수 있는 시스템은?
① 다중 프로그래밍 시스템
② 다중 처리 시스템
③ 시분할 시스템
④ 일괄 처리 시스템

02 다음 중 소프트웨어의 사용권에 따른 분류에 대한 설명으로 옳지 않은 것은?
① 셰어웨어(Shareware)는 라이선스 요금 없이 무료로 배포되는 소프트웨어로, 영리 목적으로 배포할 수 없다.
② 프리웨어(Freeware)는 누구나 자유롭게 사용할 수 있는 소프트웨어로 기간 및 기능에 제한이 없다.
③ 베타(Beta) 버전은 정식 프로그램을 발표하기 전에 프로그램의 문제 발견이나 기능 향상을 위해 무료로 배포하는 소프트웨어이다.
④ 패치(Patch) 버전은 오류 수정이나 성능 향상을 위해 프로그램 일부를 변경해주는 소프트웨어이다.

03 다음 중 정보 통신망의 구성 형태 중 버스형에 대한 설명으로 옳지 않은 것은?
① 단말장치가 고장나더라도 통신망 전체에 영향을 주지 않는다.
② 둘 이상의 호스트에서 데이터를 동시에 전송하면 데이터 충돌이 발생할 가능성이 있다.
③ 많은 통신회선이 필요하므로 비용이 많이 들지만 신뢰성이 높다.
④ 주로 근거리 통신망에서 사용한다.

04 다음 중 [설정] → [시스템] → [저장소]에 대한 설명으로 옳지 않은 것은?
① '임시 파일'에서 휴지통 콘텐츠나 다운로드 폴더의 항목을 확인할 수 있으며, 특별히 설정하지 않아도 일정 시간이 지나면 기본적으로 삭제된다.
② 저장소 공간을 관리하며 새 콘텐츠가 저장되는 위치를 변경할 수 있다.
③ 로컬 디스크뿐만 아니라 다른 드라이브의 저장소 사용량을 볼 수 있다.
④ 저장소 센스는 기본적으로 하드디스크 공간이 부족할 때 실행되지만 매일, 매주, 매월 단위로 저장소 센스가 실행되도록 설정할 수 있다.

05 다음 중 내부 인터럽트가 발생하는 경우에 해당하는 것은?
① 컴퓨터의 전원 공급이 중단되었을 경우
② 입·출력장치가 데이터의 전송을 요구하거나 전송이 끝났음을 알릴 경우
③ 타이머에 의해 의도적으로 프로그램이 중단된 경우
④ 0으로 나누는 명령이 수행될 경우

06 다음 중 스니핑(Sniffing)에 관한 설명으로 옳은 것은?
① 거짓 메일을 보내서 가짜 금융기관 등의 가짜 웹 사이트로 유인하여 정보를 빼내는 행위이다.
② 정상적인 기능을 하는 프로그램으로 가장하여 프로그램 내에 숨어 있다가 해당 프로그램이 동작할 때 활성화되어 부작용을 일으킨다.
③ 일종의 도청 행위로, 네트워크 주변을 지나다니는 패킷을 엿보면서 계정과 패스워드 등의 정보를 가로채는 행위이다.
④ 대량의 데이터를 한 곳의 서버에 집중적으로 전송함으로써, 서버의 정상적인 기능을 방해하는 것이다.

07 다음 중 Windows 10의 바로 가기 키에 대한 설명으로 옳은 것은?
① ■ + A : 알림 센터 열기
② ■ + B : 설정 열기
③ ■ + . : 이모지 열기
④ ■ + I : 바탕 화면 임시 미리 보기

정답 1.③ 2.① 3.③ 4.① 5.④ 6.③ 7.①

08 다음 중 방화벽(Firewall)에 대한 설명으로 옳지 않은 것은?

① 보안이 필요한 네트워크의 통로를 단일화하여 관리한다.
② 내부 네트워크에서 외부로 나가는 패킷을 체크하여 인증된 패킷만 통과시킨다.
③ 역추적 기능으로 외부 침입자의 흔적을 찾을 수 있다.
④ 방화벽은 외부 네트워크와 내부 네트워크 사이에 위치한다.

09 다음 중 OTT(Over The Top) 서비스에 대한 설명으로 옳지 않은 것은?

① Over The Top에서 Top는 TV의 셋톱박스를 의미하며, 현재도 셋톱박스를 사용해야 서비스 이용이 가능하다.
② 전파나 케이블이 아닌 범용 인터넷망으로 방송 프로그램, 영화 등의 영상 콘텐츠를 제공한다.
③ 기존 방송 콘텐츠와 달리 사용자가 자신이 선호하는 콘텐츠를 검색하거나 알고리즘을 통해 콘텐츠를 추천받을 수 있다.
④ 실시간으로 재생되는 스트리밍 기술을 기반으로 한다.

10 다음 중 컴퓨터 통신에서 사용하는 프로토콜 기능에 관한 설명으로 옳지 않은 것은?

① 통신망에 전송되는 패킷의 흐름을 제어해서 시스템 전체의 안전성을 유지한다.
② 정보를 전송하기 위해 송·수신기 사이에 같은 상태를 유지하도록 동기화 기능을 수행한다.
③ 데이터 전송 도중에 발생하는 오류를 검출한다.
④ 네트워크에 접속된 다양한 단말장치를 자동으로 인식하여 호환성을 제공한다.

11 다음 중 컴퓨터에 설치된 프린터에서 인쇄가 수행되지 않을 경우의 문제 해결 방법으로 옳지 않은 것은?

① 프린터 케이블의 연결 상태가 정상인지 확인한다.
② 프린터의 기종과 프린터의 등록정보가 올바르게 설정되어 있는지 확인한다.
③ 프린터의 스풀 공간이 부족하여 에러가 발생한 경우에는 하드디스크에서 스풀 공간을 확보한다.
④ CMOS 셋업에서 프린터의 설정이 제대로 되어 있는지 시험 인쇄를 하여 확인한다.

12 다음 중 작업 표시줄에 대한 설명으로 옳지 않은 것은?

① 작업 표시줄에 표시된 앱을 마우스 오른쪽 단추로 클릭하면 점프 목록이 표시된다.
② 작업 표시줄의 위치를 마우스를 이용하여 상하좌우 원하는 위치에 배치할 수 있다.
③ 작업 표시줄에 고정된 앱의 바로 가기 메뉴에서 '시작 화면에 고정'을 선택하여 시작 화면에 표시할 수 있다.
④ 작업 표시줄에서 현재 실행중인 앱 위에 마우스 포인터를 놓으면 해당 앱을 통해 열린 창들의 미리 보기가 표시되며 이 중 하나를 클릭하면 해당 창이 활성화된다.

13 다음 중 컴퓨터에서 사용하는 EBCDIC 코드에 대한 설명으로 옳지 않은 것은?

① 4비트의 존 부분과 4비트의 디지트 부분으로 구성된다.
② 특수 문자 및 소문자 표현이 가능하다.
③ 확장 이진화 10진 코드로 BCD 코드를 확장한 것이다.
④ 최대 64개의 문자 표현이 가능하다.

14 다음 중 정보 통신에 사용되는 네트워크 장비인 라우터(Router)에 관한 설명으로 옳은 것은?

① 네트워크를 구성할 때 각 회선을 통합적으로 관리하여 한꺼번에 여러 대의 컴퓨터를 연결하는 장치이다.
② 디지털 신호의 장거리 전송을 위해 수신한 신호를 재생시키거나 출력 전압을 높여주는 장치이다.
③ 네트워크에서 통신을 위해 가장 최적의 경로를 설정하여 전송하고 데이터의 흐름을 제어하는 장치이다.
④ 다른 네트워크로 데이터를 보내거나 받아들이는 역할을 하는 장치이다.

15 다음 중 컴퓨터에서 사용되는 펌웨어(Firmware)에 대한 설명으로 옳지 않은 것은?

① 하드웨어의 동작을 지시하는 소프트웨어이지만 하드웨어적으로 구성되어 하드웨어의 일부분으로도 볼 수 있는 제품을 말한다.
② 하드웨어 교체 없이 소프트웨어 업그레이드 만으로 시스템의 성능을 높이기 위한 목적으로 사용된다.
③ 시스템의 효율을 높이기 위해 RAM에 저장되어 관리된다.
④ 기계어 처리, 데이터 전송, 부동 소수점 연산, 채널 제어 등의 처리 루틴을 가지고 있다.

16 다음 중 HTTP 프로토콜에 대한 설명으로 옳지 않은 것은?

① 하이퍼텍스트 문서를 전송하기 위해 사용하는 프로토콜이다.
② HTTP는 서비스를 제공하거나 응답하는 프로토콜 구조를 가진다.
③ HTTP의 보안이 강화된 버전이 HTTPS이다.
④ HTTP 프로토콜에는 FTP, DNS, TELNET 등이 포함된다.

17 다음 중 OLED(Organic Light Emitting Diodes)에 대한 설명으로 옳지 않은 것은?

① 전류가 흐르면 스스로 빛을 내는 자체 발광형 유기물질을 이용하여 화면을 표시한다.
② 고전력이 사용되나 색재현율이 뛰어나다.
③ OLED는 백라이트를 사용하지 않는다.
④ 구분 방식에 따라 수동형 구동 방식과 능동형 구동 방식으로 구분한다.

18 다음 중 CISC와 RISC에 대한 설명으로 옳은 것은?

① RISC는 명령어의 종류가 많아 복잡한 회로를 이용한다.
② RISC는 명령어 집합이 복잡하고, 가변 길이의 다양한 명령어를 가진다.
③ CISC는 생산가가 비싸고 전력 소모가 많아 열이 많이 발생한다.
④ CISC는 RISC 프로세서 보다 수행 속도가 빠르다.

19 다음 중 [설정] → [시스템] → [디스플레이]에 대한 설명으로 옳지 않은 것은?

① 화면의 방향을 가로, 세로, 가로(대칭 이동), 세로(대칭 이동) 중에서 선택하여 변경할 수 있다.
② 청색광을 조절하는 야간 모드의 켜고 끄는 예약 시간을 설정할 수 있다.
③ 화면의 밝기 및 기타 전원 설정을 조정할 수 있다.
④ 화면에 표시되는 텍스트, 앱 및 기타 항목의 크기를 변경할 수 있다.

20 다음 중 개인용 컴퓨터의 바이오스(BIOS)에 관한 설명으로 옳지 않은 것은?

① 컴퓨터의 기본 입출력장치나 메모리 등 하드웨어 작동에 필요한 명령들을 모아 놓은 프로그램이다.
② 바이오스는 하드디스크에 저장되어 있는 운영체제의 일부이다.
③ 바이오스는 부팅할 때 POST를 통해 컴퓨터를 점검한 후에 사용 가능한 장치를 초기화한다.
④ 하드디스크 타입이나 부팅 순서와 같이 바이오스에서 사용하는 일부 정보는 CMOS에서 설정이 가능하다.

2과목 스프레드시트 일반

21 다음 중 입력 데이터에 사용자 지정 표시 형식을 설정한 경우 그 표시 결과로 옳지 않은 것은?

표시 형식	데이터	결과
① # 0/0	0.5	1/2
② 0/0	1.5	1 1/2
③ 0/0	0.5	1/2
④ # 0/0	1.5	1 1/2

22 다음 중 피벗 테이블에 대한 설명으로 옳지 않은 것은?

① 원본 데이터가 변경되면 피벗 테이블의 데이터도 자동으로 변경된다.
② 외부 데이터를 대상으로 피벗 테이블을 작성할 수 있다.
③ 피벗 테이블을 작성한 후에 사용자가 새로운 수식을 추가하여 표시할 수 있다.
④ 많의 양의 자료를 분석하여 다양한 형태로 요약하여 보여주는 기능이다.

23 [A1:K20] 영역에 데이터가 입력되어 있고, 한 페이지에 인쇄되는 범위가 [A1:J12] 영역일 때 모든 내용을 한 페이지에 출력하도록 하기 위한 속성 설정으로 올바른 것은?

① [축소 확대/배율]을 100%로 한다.
② [자동 맞춤]의 '용지 너비'를 1로 하고 '용지 높이'를 공백으로 한다.
③ [자동 맞춤]의 '용지 너비'를 공백으로 하고 '용지 높이'를 1로 한다.
④ [자동 맞춤]의 '용지 너비'와 '용지 높이'를 1로 한다.

24 다음 중 아래 워크시트의 [B2] 셀에 〈보기〉의 사용자 지정 표시 형식을 적용했을 때 표시되는 값은?

	A	B	C	D	E
1					
2		354600			
3					

〈보기〉

[>=1000000]0.0,,"㎘";[>=1000]0.0," ℓ ";0.0"㎖"

① 345600㎖   ② 345 ℓ
③ 345.6 ℓ   ④ 0.4㎘

25 다음 중 Visual Basic Editor에 대한 설명으로 틀린 것은?

① [Alt] + [F11]을 누르면 Visual Basic Editor가 실행된다.
② Visual Basic Editor에서 [F5]를 눌러 매크로를 실행할 수 있다.
③ 매크로의 코드는 전체가 한 번에 실행되어, 한 단계씩 실행할 수 없으나 중간에 중단할 수 있다.
④ 기록된 매크로의 내용을 수정할 수 있다.

26 다음과 같은 시트에서 [A8] 셀에 아래의 수식을 입력했을 때 계산 결과로 올바른 것은?

=COUNT(OFFSET(D6, -5, -3, 2, 2))

	A	B	C	D
1	성명	중간	기말	합계
2	김나희	100	80	180
3	금근석	90	95	185
4	배정희	80	63	143
5	탁지연	95	74	169
6	한정희	55	65	120
7				

① 4   ② 1
③ 120   ④ 74

27 다음 중 괄호 안에 해당하는 바로 가기 키로 옳은 것은?

통합 문서 내에서 (㉠) 키는 다음 워크시트로 이동, (㉡) 키는 이전 워크시트로 이동할 때 사용한다.

① ㉠ [Shift] + [PgDn], ㉡ [Shift] + [PgUp]
② ㉠ [Ctrl] + [PgDn], ㉡ [Ctrl] + [PgUp]
③ ㉠ [Ctrl] + [←], ㉡ [Ctrl] + [←]
④ ㉠ [Shift] + [↑], ㉡ [Shift] + [↓]

28 아래의 시트에서 [I2:I5] 영역에 [B2:E14] 영역의 표를 참조하는 배열 수식을 사용하여 지점별 총대출금액을 구하였다. 다음 중 [I2:I5] 영역을 블록으로 지정한 후 수식을 입력할 경우 수식 입력줄에 표시된 함수식으로 옳은 것은?

	A	B	C	D	E	F	G	H	I
1		성명		지점	대출금액			지점	총대출금액
2		문정현		서울	7,500			서울	37,500
3		조일순		경기	5,000			경기	30,000
4		남태우		서울	10,000			부산	15,000
5		송현주		충남	8,000			충남	13,000
6		민병우		서울	5,000				
7		정백철		경기	10,000				
8		김주석		경기	10,000				
9		오창환		부산	15,000				
10		장정		서울	7,000				
11		원주연		서울	3,000				
12		강소라		충남	5,000				
13		김연		서울	5,000				
14		정민수		경기	5,000				
15									

① {=SUM(IF($D$2:$D$14=H2, $E$2:$E$14, 0))}
② {=SUMIF($D$2:$D$14=H2, $E$2:$E$14, 1))}
③ {=SUMIF(D2:D14, H2, E2:E14)}
④ {=SUMIF(D2:D14, H2:H5, E2:E14)}

29 다음 중 고급 필터의 조건 범위를 [E1:F3] 영역으로 지정한 후 고급 필터를 실행했을 때 결과로 옳은 것은?

F3 · : × ✓ fx =C2>=AVERAGE($C$2:$C$5)

	A	B	C	D	E	F	G	H
1	코너	담당	판매금액		코너	식		
2	잡화	김남희	5,122,000		잡화			
3	식료품	남궁민	450,000		식료품	TRUE		
4	잡화	이수남	5,328,000					
5	식료품	서수남	6,544,000					
6								

① 코너가 "잡화"이거나, 코너가 "식료품"이거나 판매금액이 판매금액의 평균 이상인 데이터
② 코너가 "잡화"이거나, 코너가 "식료품"이고 판매금액이 판매금액의 평균 이상인 데이터
③ 코너가 "잡화"이고, 코너가 "식료품"이거나 판매금액이 판매금액의 평균 이상인 데이터
④ 코너가 "잡화"이고, 코너가 "식료품"이고 판매금액이 판매금액의 평균 이상인 데이터

30 다음 중 외부 데이터베이스의 데이터를 가져오기 위한 쿼리 마법사의 설명으로 옳지 않은 것은?

① 원본 데이터에서 쿼리에 포함시킬 데이터 열을 선택할 수 있다.
② 데이터를 필터할 때 포함할 행의 조건을 지정하여 필터할 수 있다.
③ 데이터의 정렬 방법도 기준을 지정하여 정렬할 수 있다.
④ 새 쿼리를 만들 때 통합 문서를 동시에 여러 개 선택하여 만들 수 있다.

31 다음 중 아래의 워크시트에서 [F2] 셀에 소속이 '영업1부'인 총매출액의 합계를 계산하기 위한 수식으로 옳지 않은 것은?

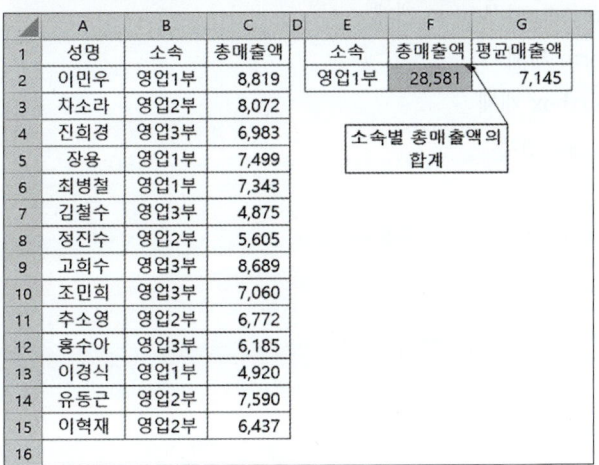

① =DSUM(A1:C15,3,E1:E2)
② =DSUM(A1:C15,C1,E1:E2)
③ =SUMIF(B2:B15,E2,C2:C15)
④ =SUMIF(A1:C15,E2,C1:C15)

32 통합 문서의 첫 번째 시트 뒤에 새로운 시트를 추가하는 프로시저를 작성하려고 한다. 다음 중 (   )에 해당하는 인수로 옳은 것은?

Worksheets.Add (   ):=Sheets(1)

① Left
② Right
③ After
④ Before

33 다음 중 [보기] 탭의 [페이지 나누기 미리 보기]에 대한 설명으로 옳지 않은 것은?

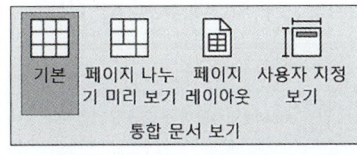

① 페이지 나누기는 구분선을 이용하여 인쇄를 위한 페이지 나누기를 빠르게 조정하는 기능이다.
② 행 높이와 열 너비를 변경하면 자동 페이지 나누기의 위치도 변경된다.
③ [페이지 나누기 미리 보기]에서 수동으로 삽입된 페이지 나누기는 파선으로 표시되고 자동으로 추가된 페이지 나누기는 실선으로 표시된다.
④ 용지 크기, 여백 설정, 배율 옵션 등에 따라 자동 페이지 나누기가 삽입된다.

34 다음 중 데이터가 입력된 셀에서 채우기 핸들을 드래그하여 데이터를 채우는 경우에 대한 설명으로 옳은 것은?

① 일반적인 문자 데이터나 날짜 데이터는 그대로 복사되어 채워진다.
② 1개의 숫자와 문자가 조합된 텍스트 데이터는 숫자만 1씩 증가하고 문자는 그대로 복사되어 채워진다.
③ 숫자 데이터는 1씩 증가하면서 채워진다.
④ 숫자가 입력된 두 셀을 블록 설정하여 채우기 핸들을 드래그하면 두 숫자가 반복하여 채워진다.

35 다음 중 [매크로 기록] 대화상자에서 설정할 수 있는 요소가 아닌 것은?

① 매크로 이름
② 바로 가기 키
③ 매크로 보안
④ 매크로 저장 위치

36 다음 중 워크시트의 화면 [확대/축소]에 관한 설명으로 옳지 않은 것은?

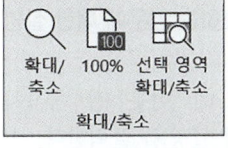

① [선택 영역 확대/축소] 명령은 선택된 영역으로 전체 창을 채우도록 워크시트를 확대하거나 축소한다.
② 설정한 확대/축소 배율은 통합 문서의 모든 시트에 자동으로 적용된다.
③ 문서의 확대/축소는 10%에서 400%까지 설정할 수 있다.
④ 화면의 확대/축소는 단지 화면에서 보이는 상태만을 확대/축소하는 것으로 인쇄 시 적용되지 않는다.

37 워크시트에서 [파일] → [옵션]을 선택하여 'Excel 옵션' 대화상자의 '고급' 탭에서 소수점 자동 삽입의 소수점 위치를 '-2'로 지정하였다. 워크시트의 셀에 1을 입력할 경우 화면에 표시되는 값은?

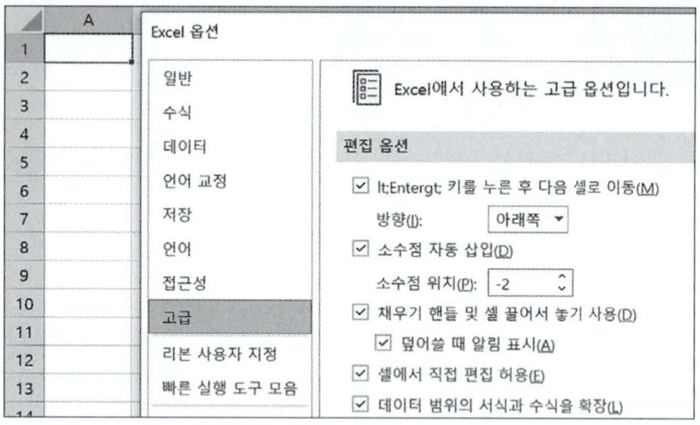

① 0.01　② 1
③ 100　④ 10000

38 다음 중 셀 포인터의 이동 작업에 대한 설명으로 옳지 않은 것은?

① Alt + PgDn을 눌러 현재 시트를 기준으로 오른쪽에 있는 다음 시트로 이동한다.
② 이름 상자에 셀 주소를 입력한 후 Enter를 눌러 원하는 셀의 위치로 이동한다.
③ Ctrl + Home을 눌러 [A1] 셀로 이동한다.
④ Home을 눌러 해당 행의 A 열로 이동한다.

39 다음 중 시트의 특정 범위만 항상 인쇄하는 경우에 대한 설명으로 옳지 않은 것은?

① 인쇄할 영역을 블록 설정한 후 [페이지 레이아웃] 탭 [페이지 설정] 그룹의 [인쇄 영역] → [인쇄 영역 설정]을 클릭한다.
② 인쇄 영역으로 설정되면 페이지 나누기 미리 보기에서는 설정된 부분만 표시되고 나머지 행과 열은 숨겨진다.
③ 인쇄 영역을 설정하면 자동으로 Print_Area라는 이름이 작성되며, 이름은 Ctrl + F3 혹은 [수식] 탭 → [정의된 이름] 그룹 → [이름 관리자]에서 확인할 수 있다.
④ 인쇄 영역 설정은 [페이지 설정] 대화상자의 [시트] 탭에서 지정할 수도 있다.

40 워크시트에서 [A1:D2] 영역을 블록 설정하고, '={1, 2, 3, 4; 6, 7, 8, 9}'를 입력한 후 Ctrl + Shift + Enter를 눌렀다. 다음 중 [B2] 셀에 입력되는 값은?

① 0　② 4
③ 7　④ 없다.

3과목 데이터베이스 일반

41 다음 중 VBA에서 On Click 이벤트의 적용 대상이 아닌 것은?

① Command Button 개체
② Form 개체
③ Textbox 개체
④ Query 개체

42 다음 중 아래 <학생> 테이블에 대한 SQL문의 실행 결과로 옳은 것은?

<학생>

학번	과목	학년	나이
A0001	수학	1	23
A0002	과학	3	25
A0003	수학	3	26
A0004	수학	2	24
A0005	과학	1	21
A0006	수학	3	20

<SQL문>

```
SELECT AVG([나이])
FROM 학생
WHERE 학년=3
GROUP BY 과목
HAVING COUNT(*) >= 2;
```

① 21　② 22
③ 23　④ 24

정답 37.③ 38.① 39.② 40.③ 41.④ 42.③

43 다음 매크로 함수에 대한 설명으로 옳지 않은 것은?

① GoToControl : 특정 컨트롤로 포커스 이동할 수 있으며, 인수로 개체 유형, 개체 이름, 오프셋 등이 사용된다.

② GoToRecord : 지정된 레코드를 열려 있는 테이블, 폼 또는 쿼리 결과 집합의 현재 레코드로 설정할 수 있다.

③ ApplyFilter : 폼 또는 보고서의 원본으로 사용하는 테이블 또는 쿼리에서 가져온 레코드를 제한하거나 정렬할 수 있다.

④ OpenQuery : 데이터시트 보기, 디자인 보기 또는 인쇄 미리 보기 형태로 쿼리를 열 수 있다.

44 보고서에 대한 설명으로 옳지 않은 것은?

① 보고서를 PDF, XPS 형식으로 내보낼 수 있다.

② 보고서 보기 형태를 '보고서 보기'로 지정하면 페이지 별로 인쇄되는 형태를 확인할 수 있다.

③ 레코드 원본에 SQL 문장을 입력하면 질의 결과를 대상으로 하는 보고서를 작성할 수 있다.

④ 둘 이상의 테이블을 이용하여 보고서를 작성하는 경우 쿼리를 만들어 레코드 원본으로 사용한다.

45 다음의 입력 데이터에 대한 입력 마스크 적용 결과가 옳지 않은 것은?

① 입력 데이터 : greeNgr388m3
 입력 마스크 : >L????L?000L0
 화면 표시 : GREENgr388m3

② 입력 데이터 : MARIA
 입력 마스크 : >L<????
 화면 표시 : Maria

③ 입력 데이터 : ABCD
 입력 마스크 : !CCC-CCCC
 화면 표시 : A-BCD

④ 입력 데이터 : 1419422187
 입력 마스크 : (000)000-0000
 화면 표시 : (141)942-2187

46 다음 중 조건부 서식에 대한 설명으로 옳지 않은 것은?

① 첫 번째 조건을 만족하면 해당 조건의 서식이 적용되고, 이후 조건들은 무시된다.

② 폼이나 보고서를 다른 파일 형식으로 변환하면 조건부 서식이 유지된 상태로 변환된다.

③ 필드 값이나 식, 포커스를 가지고 있는 컨트롤을 기준으로 조건부 서식을 설정할 수 있다.

④ 조건을 만족하지 않으면 적용된 서식이 해제되고 기본 서식이 적용된다.

47 폼 보기에서 Tab 을 누를 때마다 탭 순서에 따라 포커스가 들어온다. 다음 중 폼 보기 상태에서 포커스를 가질 수 없는 컨트롤은 무엇인가?

① 레이블　　　　② 목록 상자
③ 입력란　　　　④ 명령 단추

48 다음 중 데이터베이스의 3단계 구조 중 하나로 각 개인의 입장에서 필요로 하는 데이터베이스 전체의 논리적인 구조를 보여주는 스키마로 서브 스키마라고도 불리는 것은?

① 외부 스키마　　　② 개념 스키마
③ 내부 스키마　　　④ 논리 스키마

49 〈학생〉과 〈점수〉 테이블이 다음과 같은 경우 1학년 1반 학생의 학번, 이름, 점수를 표시하는 질의문으로 옳은 것은?

학생	
필드 이름	데이터 형식
학번	짧은 텍스트
이름	짧은 텍스트
학년	숫자
반	숫자
성별	짧은 텍스트

성적	
필드 이름	데이터 형식
학번	짧은 텍스트
이름	짧은 텍스트
점수	숫자

① Select 학번, 이름, 성적 From 학생;

② Select 학번, 이름, 성적 From 성적 WHERE 학번 In (Select 학번 From 학생 Where 학년 = 1 And 반 = 1);

③ Select 학번, 이름, 성적 From 성적;

④ Select 학번, 이름, 성적 From 학생 WHERE 학번 In (Select 학번 From 성적 Where 학년 = 1 And 반 = 1);

정답 43.① 44.② 45.① 46.② 47.① 48.① 49.②

50 다음 중 아래의 이벤트 프로시저에 대한 설명으로 옳지 않은 것은?

```
Private Sub cmd재고_Click( )
    txt재고수량 = txt입고량 – txt총주문량
    DoCmd.OpenReport "제품별재고현황", _
        acViewDesign, , "제품번호 = '" & cmb조회 & "'"
End Sub
```

① 'cmd재고' 컨트롤을 클릭했을 때 실행된다.
② 'txt재고수량' 컨트롤에는 'txt입고량' 컨트롤에 표시되는 값에서 'txt총주문량' 컨트롤에 표시되는 값을 차감한 값으로 표시된다.
③ '제품별재고현황' 보고서가 즉시 프린터로 출력된다.
④ '제품별재고현황' 보고서가 출력될 때 '제품번호' 필드 값이 'cmb조회' 컨트롤 값과 일치하는 데이터만 표시된다.

51 다음 중 테이블에서 사원들이 부모님과 함께 살고 있는 지의 여부를 입력받고자 할 때, 설정할 데이터 형식으로 가장 적절한 것은?

① 짧은 텍스트　　　　② Yes/No
③ 일련 번호　　　　　④ 하이퍼링크

52 다음 중 Access의 개체에 대한 설명으로 옳지 않은 것은?

① 매크로는 모듈에 비해 복잡한 작업을 처리하기 위해 프로그램을 직접 작성하는 것이다.
② 쿼리는 폼이나 보고서의 원본 데이터로 사용할 수 있다.
③ 폼은 테이블이나 쿼리 데이터의 입출력 화면을 작성한다.
④ 테이블은 데이터를 저장하는 데 사용하는 데이터베이스 개체로, 레코드 및 필드로 구성된다.

53 테이블을 만드는 방법으로 옳지 않은 것은?

① [만들기] 탭에서 [테이블 디자인]을 클릭하면 필드와 형식을 만들고 데이터시트 보기에서 데이터를 입력하면서 테이블을 만들 수 있다.
② [외부 데이터] 탭에서 다양한 형식의 데이터를 가져오거나 테이블에 연결하여 만들 수 있다.
③ [테이블 마법사]를 이용하면 데이터 구조가 이미 정의된 테이블에 데이터를 입력하면서 테이블을 만들 수 있다.
④ [만들기] 탭에서 [테이블]을 클릭하면 필드와 데이터를 입력하면서 테이블을 만들 수 있다.

54 다음 중 아래의 VBA 코드를 실행한 결과 메시지 상자에 표시되는 내용은 무엇인가?

```
Private Sub Form_Load( )
    Dim SampleString
    SampleString = "대한상공회의소"
    Mid(SampleString, 3, 2) = "활용"
    MsgBox (SampleString)
End Sub
```

① 대한상공회의소　　　② 상공
③ 대한활용회의소　　　④ 활용

55 [매출 실적 관리] 폼의 'txt평가' 컨트롤에는 'txt매출수량' 컨트롤의 값이 1,000 이상이면 "우수", 500 이상이면 "보통", 그 미만이면 "저조"라고 표시하고자 한다. 다음 중 'txt평가'의 컨트롤 원본으로 옳지 않은 것은?

① =IIf([txt매출수량]〈500, "저조", IIf(txt매출수량)=1000, "우수", "보통"))
② =IIf([txt매출수량]〈500, "저조", IIf(txt매출수량)=500, "보통", "우수"))
③ =IIf([txt매출수량]>=1000, "우수", IIf([txt매출수량]>=500, "보통", "저조"))
④ =IIf([txt매출수량]>=500, IIf([txt매출수량]〈1000, "보통", "우수"), "저조")

56 다음 보고서에 대한 설명으로 옳지 않은 것은?

① '수금 내역' 제목은 페이지 머리글에 작성되었다.
② 그룹 머리글과 그룹 바닥글이 모두 표시되어 있다.
③ "제품명"은 '중복 내용 숨기기' 속성이 "예"로 설정되어 있다.
④ 그룹 머리글은 '페이지 바꿈' 속성이 '구역 후'로 설정되어 있다.

59 아래와 같이 보고서의 그룹 바닥글에 도서의 총 권수와 정가의 합계를 인쇄하고자 한다. 다음 중 총 권수와 정가 합계 두 컨트롤의 수식으로 옳은 것은?

출판사 : 다림[(02)860-2000]			
도서코드	도서명	저자	정가
A547	자전거 도둑	박완서	7000
A914	와인	김준철	25000
총 : 2권		정가합계 : 32000	

① =Count([정가]) & "권", =Total([정가])
② =CountA([정가]) & "권", =Sum([정가])
③ =CountA([도서명]) & "권", =Total([정가])
④ =Count(*) & "권", =Sum([정가])

57 다음 중 폼 영역에 대한 설명으로 틀린 것은?
① 연속 폼으로 설정하면 폼의 모든 영역이 반복되어 표시된다.
② 폼에는 기본적으로 세부 구역(본문)이 표시되며, 폼 머리글/바닥글, 페이지 머리글/바닥글 구역을 표시하거나 숨길 수 있다.
③ 페이지 머리글과 바닥글은 인쇄를 위해 사용된다.
④ 폼은 기본적으로 본문, 폼 머리글/바닥글, 페이지 머리글/바닥글 구역으로 구분된다.

60 다음 중 보고서에 대한 설명으로 옳지 않은 것은?
① 보고서는 데이터를 출력하기 위한 개체이다.
② 보고서의 컨트롤에서는 컨트롤 원본을 사용하여 특정 필드에 바운드 시킬 수 있다.
③ 레코드 원본에 SQL문장을 입력하면 질의 결과를 대상으로 하는 보고서를 작성할 수 있다.
④ 보고서의 레코드 원본으로 테이블, 쿼리나 기존 보고서를 지정할 수 있다.

58 다음 화면에서 설정되어 있는 폼의 속성 값으로 옳지 않은 것은?

① 캡션 : 주문현황
② 탐색 단추 : 예
③ 기본 보기 : 단일 폼
④ 레코드 선택기 : 예

2025년 상시04 컴퓨터활용능력 1급 필기

1과목 컴퓨터 일반

01 다음 중 RFID(Radio Frequency Identification)에 대한 설명으로 옳지 않은 것은?
① RFID는 전파의 적용 범위 및 대상에 제한이 없다.
② RFID는 태그의 종류에 따라 데이터를 반복적으로 기록할 수 있으며, 물리적 손상이 없는 한 반영구적으로 사용할 수 있다.
③ 기존의 바코드와는 달리 RFID는 데이터의 읽기와 쓰기가 가능하다.
④ RFID는 주파수를 이용해 ID를 식별하는 방식으로, 전파를 이용해 먼 거리에서도 정보를 인식할 수 있는 기술이다.

02 다음 중 하드디스크 연결 방식에 대한 설명으로 옳은 것은?
① IDE 방식은 용량을 256GB까지 인식할 수 있다.
② SCSI 방식은 마스터/슬레이브 연결 방식을 사용한다.
③ SATA 방식은 PATA 방식에 비해 전송 속도와 안정성이 높다.
④ EIDE 방식은 2개 장치까지 연결이 가능하다.

03 다음 중 스티커 메모의 아이콘 기능에 대한 설명으로 옳은 것은?

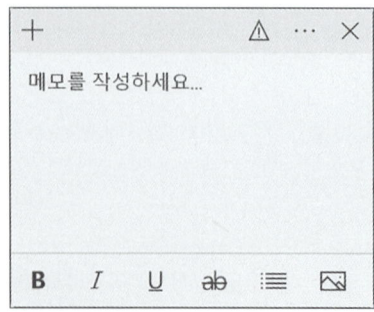

① ➕ : 메모 연결
② ☰ : 목록 확인
③ ab : 메모 삭제
④ ⋯ : 메모 색상 변경, 노트 목록

04 다음 중 프로세서의 설계 방식인 RISC와 CISC에 대한 설명으로 옳지 않은 것은?
① 명령어가 S/W적인 방식을 RISC, H/W적인 방식을 CISC라고 한다.
② RISC 방식은 CISC 방식에 비해 효율성이 떨어지나 전력 소모가 적다.
③ RISC 방식은 CISC 방식에 비해 명령어 수가 적다.
④ RISC 방식은 CISC 방식에 비해 주소 지정이 간단하다.

05 다음 중 폴더의 [속성] 대화상자에 대한 설명으로 옳지 않은 것은?
① 폴더를 만든 날짜와 만든 사람을 확인할 수 있다.
② 폴더 공유를 위한 공유 설정 및 보안을 설정할 수 있다.
③ 폴더의 유형, 폴더 아이콘에 표시되는 사진을 설정하거나 폴더 아이콘을 변경할 수 있다.
④ 읽기 전용이나 숨김 속성을 지정할 수 있다.

06 다음 중 [파일 탐색기]의 [즐겨찾기]에 대한 설명으로 옳지 않은 것은?
① 자주 사용하는 개체를 등록하여 해당 개체로 빠르게 이동하기 위해 사용하는 기능이다.
② 파일이나 폴더 또는 드라이브를 즐겨찾기에 추가하려면 탐색 창의 즐겨찾기 섹션으로 끌어다 놓는다.
③ [폴더 옵션]의 [보기] 탭에서 '즐겨찾기'에서 최근에 사용된 파일이나 폴더의 표시 여부를 지정한다.
④ 자주 사용하는 폴더나 최근에 사용한 파일이 자동으로 등록된다.

07 저전력, 저비용, 저속도와 2.4GHz를 기반으로 하는 홈 자동화 및 데이터 전송을 위한 무선 네트워크 규격은?
① 와이파이　　② 지그비
③ RFID　　　　④ 와이브로

정답 1.① 2.③ 3.④ 4.① 5.① 6.③ 7.②

08 다음 중 Windows 10의 바로 가기 키에 대한 설명으로 옳은 것은?

① Alt + Print Screen : 전체 활성 창을 클립보드로 복사
② Alt + F4 : 활성 창을 닫거나 활성 앱을 종료
③ F3 : 파일 이름 바꾸기
④ Shift + F4 : 활성 문서 닫기

09 다음 중 컴퓨터 그래픽과 관련하여 이미지를 표현하는 방식 중 비트맵(Bitmap) 방식에 관한 설명으로 옳지 않은 것은?

① 픽셀로 이미지를 표현하며, 래스터(Raster) 이미지라고도 한다.
② 점과 점을 연결하는 직선이나 곡선을 이용하여 이미지를 표현하는 방식이다.
③ 다양한 색상을 이용하기 때문에 사실적 표현이 용이하다.
④ 이미지 저장 시 벡터 방식에 비해 많은 용량을 차지한다.

10 다음 중 시스템 보안과 관련한 불법적인 형태에 대한 설명으로 옳지 않은 것은?

① 피싱(Phishing)은 거짓 메일을 보내서 가짜 금융기관 등의 가짜 웹 사이트로 유인하여 정보를 빼내는 행위이다.
② 스푸핑(Spoofing)은 검증된 사람이 네트워크를 통해 데이터를 보낸 것처럼 데이터를 변조하여 접속을 시도하는 행위이다.
③ 분산 서비스 거부 공격(DDOS)은 마이크로소프트사의 MS-DOS를 운영체제로 사용하는 컴퓨터에 네트워크를 통해 불법적으로 접속하는 행위이다.
④ 키로거(Key Logger)는 키 입력 캐치 프로그램을 사용하여 ID나 암호를 알아내는 행위이다.

11 다음 중 인터넷에서 사용하는 IPv6에 관한 설명으로 옳지 않은 것은?

① IPv4와의 호환성이 우수하다.
② 128비트의 주소를 사용하며, 주소의 각 부분은 .(Period)로 구분한다.
③ 실시간 흐름제어로 향상된 멀티미디어 기능을 지원한다.
④ 인증성, 기밀성, 데이터 무결성의 지원으로 보안문제를 해결할 수 있다.

12 다음 중 인터넷 통신 장비인 게이트웨이(Gateway)의 기본적인 역할에 관한 설명으로 옳은 것은?

① 현재 위치한 네트워크에서 다른 네트워크로 연결할 때 사용된다.
② 인터넷 신호를 증폭하며 먼 거리로 정보를 전달할 때 사용된다.
③ 네트워크 계층의 연동장치로 경로 설정에 사용된다.
④ 문자로 된 도메인 이름을 숫자로 이루어진 실제 IP 주소로 변환하는데 사용된다.

13 다음 중 인터넷에서 사용하는 DNS에 관한 설명으로 옳지 않은 것은?

① DNS는 Domain Name Server 또는 Domain Name System의 약자로 쓰인다.
② 문자로 만들어진 도메인 이름을 숫자로 된 IP 주소로 바꾸는 시스템이다.
③ DNS 서버는 IP 주소를 이용하여 패킷의 최단 전송 경로를 설정한다.
④ DNS에서는 모든 호스트들을 각 도메인별로 계층화 시켜서 관리한다.

14 다음 중 아날로그 컴퓨터와 비교하여 디지털 컴퓨터에 대한 설명으로 옳지 않은 것은?

① 이산적인 데이터를 처리한다.
② 논리 회로를 사용한다.
③ 연산 속도가 빠르다.
④ 문자와 숫자를 사용하여 처리한다.

15 다음 중 인터럽트에 대한 설명으로 옳지 않은 것은?

① 인터럽트는 프로그램을 실행하는 도중에 예기치 않은 상황이 발생할 경우 현재 실행중인 작업을 일시 중단하고, 발생된 상황을 우선 처리한 후 실행중이던 작업으로 복귀하여 계속 처리하는 것이다.
② 외부로부터 인터럽트 요청이 들어오면 인터럽트 서비스 루틴이 종료된다.
③ 입출력장치의 입출력 준비 완료를 알리는 경우 인터럽트가 발생한다.
④ 명령 처리 중 오버플로가 발생했을 경우 인터럽트가 발생한다.

16 다음 중 저작권법에 대한 설명으로 가장 적절하지 않은 것은?

① 저작권법은 저작자의 권리를 보호함을 목적으로 한다.
② 원저작물을 번역, 편곡, 변형 등의 방법으로 작성한 2차적 저작물도 독자적인 저작물로서 보호된다.
③ 프로그램을 작성하기 위하여 사용하고 있는 프로그램 언어와 해법에도 적용된다.
④ 저작 재산권이 있는 소프트웨어를 복사하여 판매한 경우 저작권법에 저촉된다.

17 다음 중 멀티미디어와 관련하여 MPEG(Moving Picture Experts Group)에 관한 설명으로 옳지 않은 것은?

① 동영상 전문가 그룹에서 제정한 동영상 압축 기술에 대한 국제 표준 기술이다.
② 동영상뿐만 아니라 오디오 데이터도 압축할 수 있다.
③ MPEG1, MPEG4, MPEG7, MPEG21 등의 규격이 있다.
④ 프레임 간의 연관성을 고려하여 중복 데이터를 제거하는 비손실 압축 기법을 사용한다.

18 다음 중 전자우편(E-mail)에서 메일을 주고 받는데 사용되는 프로토콜로 올바르게 짝지어진 것은?

① ARP, SNMP, POP3
② UDP, ICMP, SMTP
③ SMTP, POP3, MIME
④ MIME, ARP, UDP

19 다음 중 PNG에 대한 설명으로 옳지 않은 것은?

① GIF를 대체하여 인터넷에서 사용할 수 있는 형식이다.
② 애니메이션은 표현할 수 없다.
③ 트루 컬러와 CMYK 색상 모드를 지원한다.
④ 무손실 압축 기법을 사용한다.

20 다음 중 한글 Windows 10의 [빠른 지원]에 대한 설명으로 옳지 않은 것은?

① [시작] → [빠른 지원]을 선택하여 실행할 수 있다.
② 다른 사용자의 컴퓨터에 접속하여 원격 지원을 하거나, 내 컴퓨터에 접속한 다른 사용자로부터 원격 지원을 받을 수 있도록 할 수 있다.
③ '공유 옵션'에는 '모든 권한 가지기'와 '화면 보기'가 있다.
④ 원격 지원을 하는 자는 마이크로소프트 계정으로 로그인 하지 않아도 되고, 지원 받는 자는 로그인 해야 한다.

2과목 스프레드시트 일반

21 다음의 피벗 테이블에 대한 설명으로 옳지 않은 것은?

	A	B	C	D	E	F
1	학과	(모두)				
2						
3			단과대학			
4	성별	값	공과대학	사범대학	인문대학	자연과학대학
5	여					
6		평균 : 취업자수	48	60	44	51
7		평균 : 취업률	60%	62%	72%	58%
8	남					
9		평균 : 취업자수	52	45	46	63
10		평균 : 취업률	67%	68%	49%	56%
11	전체 평균 : 취업자수		50	53	45	57
12	전체 평균 : 취업률		64%	65%	62%	57%

① 피벗 차트를 추가하면 열 레이블에 표시된 항목은 범례(계열)로 표시된다.
② 값 영역에 '취업자수'와 '취업률'을 지정하여 생긴 'Σ 값' 필드가 행 레이블 영역에 표시되어 있다.
③ '성별' 필드를 기준으로 내림차순 정렬하고, 열의 총합계만 표시되어 있다.
④ 피벗 테이블이 선택된 상태에서 [삽입] → [차트] 그룹에서 [추천 차트]를 클릭하면 새로운 시트에 피벗 차트가 작성된다.

22 다음 중 같은 열에 입력된 문자열 목록을 표시하는 바로 가기 키는?

① Tab + ↓
② Shift + ↓
③ Ctrl + ↓
④ Alt + ↓

23 다음 중 통합에 관한 설명으로 옳지 않은 것은?

① 통합된 데이터가 표시될 위치의 첫 행과 왼쪽 열을 기준으로 통합을 실행하려면 '통합' 대화상자에서 '첫 행'과 '왼쪽 열'을 선택한다.
② 데이터 통합은 위치를 기준으로 통합할 수도 있고, 영역의 이름을 정의하여 통합할 수도 있다.
③ 통합된 데이터가 기존 데이터에 덮어쓰기 되는 것을 방지하려면 '원본 데이터에 연결'을 선택한다.
④ 통합할 데이터를 변경하려면 '모든 참조 영역'에 지정된 참조 영역을 삭제한 후 새로 지정한다.

24 다음 중 중복된 항목 제거에 대한 설명으로 틀린 것은?

① 선택한 데이터 목록의 첫 번째 행이 필드명일 경우 '내 데이터에 머리글 표시'를 선택하여 중복 제거 대상에서 제외시킬 수 있다.
② 중복이 제거되면 목록의 첫 번째 값이 유지되고 나머지 동일한 값은 삭제된다.
③ 중복이 제거되면 제거된 만큼에 해당하는 목록 밖의 데이터가 이동된다.
④ 삭제된 데이터는 실행 취소로 되살릴 수 있다.

25 다음 중 부분합에 관한 설명으로 옳지 않은 것은?

① 부분합에서는 합계, 평균, 개수 등의 함수 이외에도 다양한 함수를 선택할 수 있다.
② [부분합 계산 항목]은 그룹으로 묶을 기준이 되는 항목으로, 오름차순 또는 내림차순으로 정렬되어 있어야 한다.
③ 이미 작성된 부분합 그룹 내에 새로운 부분합 그룹을 추가할 수 있다.
④ 부분합에서 그룹 사이에 페이지를 나눌 수 있다.

26 다음 중 데이터의 양이 많아 기본적으로는 3장으로 인쇄되는 워크시트를 1장으로 인쇄하기 위한 방법으로 옳은 것은?

① [페이지 레이아웃] → [페이지 설정] 그룹에서 인쇄 영역을 '전체'로 지정한다.
② [페이지 레이아웃] → [크기 조정] 그룹에서 너비와 높이를 모두 '1페이지'로 지정한다.
③ [페이지 레이아웃] → [페이지 설정] 그룹에서 [너비] → [1페이지]를 선택한다.
④ [페이지 레이아웃] → [시트 옵션] 그룹에서 '자동 맞춤'을 선택한다.

27 다음 중 워크시트에 데이터를 입력하는 방법에 대한 설명으로 옳지 않은 것은?

① 날짜 데이터를 입력하면 기본적으로 셀의 오른쪽에 정렬된다.
② '3과 같이 입력하면 기본적으로 셀의 오른쪽에 정렬된다.
③ 수식 또는 함수 식을 입력할 때는 = 기호를 붙여 입력한다.
④ 여러 개의 셀에 동일한 데이터를 한번에 입력할 때 범위는 연속적으로 지정하지 않아도 된다.

28 다음 중 아래의 워크시트에서 [C1] 셀에 수식 '=A1+B1+C1'을 입력할 경우 발생하는 상황으로 옳은 것은?

	A	B	C
1	0	100	
2			

① [C1] 셀에 '#REF!' 오류 표시
② [C1] 셀에 '#NUM!' 오류 표시
③ 데이터 유효성 오류 메시지 창 표시
④ 순환 참조 경고 메시지 창 표시

29 다음 중 셀에 입력된 데이터에 사용자 지정 표시 형식을 설정한 후의 표시 결과로 옳은 것은?

① 0.25 → 0#.#% → 0.25%
② 0.57 → #.# → 0.6
③ 90.86 → #,##0.0 → 90.9
④ 100 → #,###;@"점" → 100점

30 아래 워크시트에서 [A1:C2] 영역을 범위로 설정하고, 그림과 같이 입력하고 Ctrl + Shift + Enter를 눌렀다. [A5] 셀에 '=A1+B2'를 입력했을 때 결과는?

	A	B	C
1	={1,3,5;2,4,6}	={1,3,5;2,4,6}	={1,3,5;2,4,6}
2	={1,3,5;2,4,6}	={1,3,5;2,4,6}	={1,3,5;2,4,6}
3			

① 4 ② 5
③ 6 ④ 7

31 다음 중 3차원 참조에 대한 설명으로 옳지 않은 것은?

① 여러 워크시트에 있는 동일한 셀 데이터나 셀 범위 데이터에 대한 참조를 뜻한다.
② 'Sheet2'부터 'Sheet4'까지의 [A2] 셀을 모두 더하라는 식을 '=SUM(Sheet2:Sheet4!A2)'와 같이 3차원 참조로 표현할 수 있다.
③ SUM, AVERAGE, COUNTA, STDEV 등의 함수를 사용할 수 있다.
④ 배열 수식에 3차원 참조를 사용할 수 있다.

32 다음 중 아래 시트에서 각 수식을 실행했을 때의 결과 값으로 옳은 것은?

	A	B	C	D	E
1	이름	국어	영어	수학	평균
2	홍길동	83	90	73	82
3	이대한	65	87	91	81
4	한민국	80	75	100	85
5	평균	76	84	88	82.66667
6					

① =SUM(COUNTA(B2:D4), MAXA(B2:D4)) → 102
② =AVERAGE(SMALL(C2:C4, 2), LARGE(C2:C4, 2)) → 75
③ =SUM(LARGE(B3:D3, 2), SMALL(B3:D3, 2)) → 174
④ =SUM(COUNTA(B2, D4), MINA(B2, D4)) → 109

33 다음 중 아래 차트와 같이 오차 막대를 표시하기 위한 오차 막대 서식 설정값으로 옳은 것은?

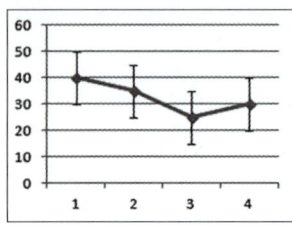

① 표시 방향(모두), 오차량(고정 값 10)
② 표시 방향(모두), 오차량(표준 편차 1.0)
③ 표시 방향(양의 값), 오차량(고정 값 10)
④ 표시 방향(양의 값), 오차량(표준 편차 1.0)

34 아래 워크시트에서 매출액[B3:B9]을 이용하여 매출 구간별 빈도수를 [F3:F6] 영역에 계산한 후 그 값만큼 "★"를 반복하여 표시하고자 한다. 다음 중 이를 위한 수식으로 옳은 것은?

	A	B	C	D	E	F
1						
2		매출액		매출구간		빈도수
3		75		0	50	★
4		93		51	100	★★
5		130		101	200	★★★
6		32		201	300	★
7		123				
8		257				
9		169				
10						
11						

① =REPT("★", FREQUENCY(E3:E6, B3:B9))
② =REPT("★", FREQUENCY(B3:B9, E3:E6))
③ {=REPT("★", FREQUENCY(E3:E6, B3:B9))}
④ {=REPT("★", FREQUENCY(B3:B9, E3:E6))}

35 다음과 같은 이벤트를 실행시켰을 때 나타나는 결과로 옳은 것은?

```
Private Sub
Range("B2:C3").Select
Selection.Delete Shift:=xlToLeft
End Sub
```

① [B2:C3] 영역을 셀의 왼쪽에 복사한다.
② [B2:C3] 영역을 삭제한 후 왼쪽에 있는 셀을 오른쪽으로 이동한다.
③ [B2:C3] 영역을 삭제한 후 오른쪽에 있는 셀을 왼쪽으로 이동한다.
④ [B2:C3] 영역을 셀의 오른쪽에 복사한다.

36 다음 중 시나리오에 대한 설명으로 옳지 않은 것은?
① 시나리오 관리자에서 시나리오를 삭제하면 시나리오 요약 보고서의 해당 시나리오도 자동으로 삭제된다.
② 특정 셀의 변경에 따라 연결된 결과 셀의 값이 자동으로 변경되어 결과값을 예측할 수 있다.
③ 여러 시나리오를 비교하기 위해 시나리오를 피벗 테이블로 요약할 수 있다.
④ 변경 셀과 결과 셀에 이름을 지정한 후 시나리오 요약 보고서를 작성하면 결과에 셀 주소 대신 지정한 이름이 표시된다.

37 다음 중 이름 상자에 대한 설명으로 옳지 않은 것은?
① Ctrl을 누르고 여러 개의 셀을 선택한 경우 마지막 선택한 셀 주소가 표시된다.
② 셀이나 셀 범위에 이름을 정의해 놓은 경우 이름이 표시된다.
③ 차트가 선택되어 있는 경우 차트의 종류가 표시된다.
④ 수식을 작성 중인 경우 최근 사용한 함수 목록이 표시된다.

38 다음 중 인쇄에 관한 설명으로 옳지 않은 것은?
① 차트만 인쇄하려면 차트가 선택된 상태에서 인쇄한다.
② 도형만 제외하고 인쇄하려면 입력된 도형을 선택하고 바로 가기 메뉴에서 [크기 및 속성]을 선택한 후 [도형 서식] 창에서 '개체 인쇄'를 해제한다.
③ 서로 떨어져 있는 영역을 인쇄 영역으로 지정하려면 Shift를 이용하여 지정한다.
④ 노트 인쇄 방법을 '시트 끝'으로 지정하면 인쇄물의 가장 마지막 페이지에 모아 인쇄한다.

39 다음 중 연이율 4.5%로 2년 만기로 매월 말 400,000원씩 저축할 경우, 복리 이자율로 계산하여 만기에 찾을 수 있는 금액을 구하기 위한 수식으로 옳은 것은?
① =FV(4.5%/12, 2*12, -400000)
② =FV(4.5%/12, 2*12, -400000, , 1)
③ =FV(4.5%, 2*12, -400000, , 1)
④ =FV(4.5%, 2*12, -400000)

40 다음 중 원형 차트에 대한 설명으로 옳은 것은?
① 원형 차트는 하나의 축을 가진다.
② 원형 차트에 데이터 테이블을 표시할 수 있다.
③ 원형 차트는 쪼개진 원형으로 표시할 수 있다.
④ 원형 대 꺾은선형 차트에서는 비교적 작은 값을 원형 차트로 결합하여 표시한다.

3과목 데이터베이스 일반

41 다음 중 보고서의 그룹 및 정렬 설정에 대한 설명으로 옳지 않은 것은?

① 그룹을 지정하면 보고서의 내용을 한눈에 쉽게 파악할 수 있다.
② 그룹 머리글 및 바닥글에 텍스트 상자 컨트롤을 생성하여 그룹별 요약 정보 등을 나타낼 수 있다.
③ 그룹화 기준이 되는 필드는 데이터가 정렬되어 표시된다.
④ 그룹 설정 시 특정한 값인 데이터 그룹만 보고서에 표시되도록 조건을 설정할 수 있다.

42 다음 매크로 함수에 대한 설명으로 옳지 않은 것은?

① ApplyFilter : 테이블이나 쿼리로부터 레코드를 필터링한다.
② MessageBox : 메시지 상자를 통해 경고나 알림 등의 정보를 표시한다.
③ OpenReport : 작성된 보고서를 호출하여 실행한다.
④ GoToPage : 현재 선택한 폼에서 지정한 페이지의 마지막 레코드로 이동한다.

43 〈제품〉 테이블의 데이터는 모두 표시되고 〈판매내역〉 테이블의 데이터는 '제품.제품코드' 필드와 일치하는 데이터만 표시되는 조인은?

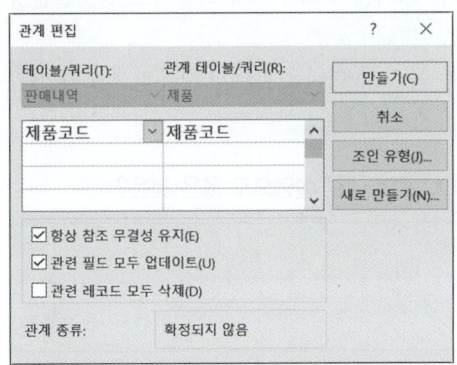

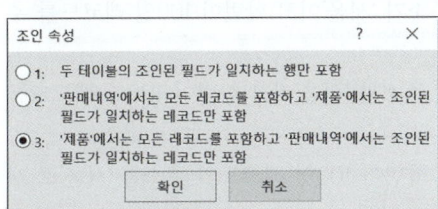

① 왼쪽 외부 조인
② 오른쪽 외부 조인
③ 카테션 조인
④ 내부 조인

44 다음 중 데이터베이스 설계 순서로 옳은 것은?

㉠ 요구 조건 분석   ㉡ 물리적 설계
㉢ 개념적 설계   ㉣ 구현
㉤ 논리적 설계

① ㉢ → ㉠ → ㉤ → ㉣ → ㉡
② ㉠ → ㉢ → ㉤ → ㉡ → ㉣
③ ㉢ → ㉤ → ㉡ → ㉠ → ㉣
④ ㉠ → ㉤ → ㉢ → ㉡ → ㉣

45 다음 중 아래의 〈급여〉 테이블에 대한 SQL 명령과 실행 결과로 옳지 않은 것은? (단, 빈 칸은 Null임)

사원번호	성명	가족수
1	가	2
2	나	4
3	다	

① SELECT COUNT(성명) FROM 급여; 를 실행한 결과는 3이다.
② SELECT COUNT(가족수) FROM 급여; 를 실행한 결과는 3이다.
③ SELECT COUNT(*) FROM 급여; 를 실행한 결과는 3이다.
④ SELECT COUNT(*) FROM 급여 WHERE 가족수 Is Null; 을 실행한 결과는 1이다.

46 다음 중 폼에 대한 설명으로 옳지 않은 것은?

① 폼은 테이블이나 질의(쿼리)를 원본으로 하여 데이터의 입력, 수정, 삭제, 조회 등의 작업을 편리하게 수행할 수 있도록 환경을 제공하는 개체이다.
② 디자인 보기 상태에서 '필드 목록' 창을 이용하여 여러 개의 필드는 추가할 수 없으므로, 필드를 하나씩 더블클릭하여 추가한다.
③ 컨트롤과 여러 도구 모음을 이용하여 시각적으로 다양한 작업 화면을 작성할 수 있다.
④ 폼에 레이블이나 명령 단추만을 추가하여 언바운드 폼을 만들어 사용할 수 있다.

47 다음 중 Access의 DoCmd 개체의 메서드가 아닌 것은?

① OpenReport
② GoToRecord
③ RunSQL
④ SetValue

48 다음 중 [보고서 마법사]에 대한 설명으로 옳지 않은 것은?

① 최대 4개의 필드를 대상으로 오름차순, 내림차순, 사용자 지정 목록으로 정렬을 설정할 수 있다.
② [요약 옵션]에서 합계에 대한 총계 비율 계산 여부를 지정할 수 있다.
③ [요약 옵션]은 한 개 이상의 숫자 필드가 있어야 활성화된다.
④ [그룹화 옵션]을 이용하여 그룹 수준 필드와 그룹화 간격을 설정할 수 있다.

49 다음 중 Access의 기본키(Primary Key)에 대한 설명으로 잘못된 것은?

① 기본키는 테이블의 [디자인 보기] 상태에서 설정할 수 있다.
② 기본키로 설정된 필드에는 널(NULL) 값이 허용되지 않는다.
③ 기본키로 설정된 필드에는 항상 고유한 값이 입력되도록 자동으로 확인된다.
④ 관계가 설정되어 있는 테이블에서 기본키 설정을 해제하면 해당 테이블에 설정된 관계도 삭제된다.

50 다음 중 [학생] 테이블에서 '점수'가 60 이상인 학생들의 인원 수를 구하는 식으로 옳은 것은? (단, '학번' 필드는 [학생] 테이블의 기본키이다.)

① =DCount("[학생]", "[학번]", "[점수] >= 60")
② =DCount("[학번]", "[학생]", "[점수] >= 60")
③ =DLookUp("[학생]", "[학번]", "[점수] >= 60")
④ =DLookUp("*", "[학생]", "[점수] >= 60")

51 다음 중 데이터베이스에서 인덱스를 사용하는 목적으로 가장 적절한 것은?

① 데이터 검색 및 정렬 작업 속도 향상
② 데이터의 추가, 수정, 삭제 속도 향상
③ 데이터의 일관성 유지
④ 최소 중복성 유지

52 다음 중 [홈] → 레코드 → Σ 요약에 대한 설명으로 옳지 않은 것은?

① 'Σ 요약' 기능이 설정된 상태에서 '텍스트' 데이터 형식의 필드에는 '개수' 집계 함수만 지정할 수 있다.
② 'Σ 요약' 기능은 데이터시트 형식으로 표시되는 테이블, 폼, 쿼리, 보고서 등에서 사용할 수 있다.
③ 'Σ 요약' 기능을 실행했을 때 생기는 요약 행을 통해 집계 함수를 좀 더 쉽고 빠르게 사용할 수 있다.
④ 'Σ 요약' 기능이 설정된 상태에서 'Yes/No' 데이터 형식의 필드에 '개수' 집계 함수를 지정하면 체크된 레코드의 총 개수가 표시된다.

53 다음 지문의 SQL문과 결과가 동일한 것은?

```
Select * From 고객
Where 고객.등급 = 'A'
UNION
Select * From 고객
Where 고객.등급 = 'B';
```

① Select * From 고객 Where 고객.등급 = 'A' Or 'B';
② Select * From 고객 Where 고객.등급 = 'A' And 'B';
③ Select * From 고객 Where 고객.등급 = 'A' Or 고객.등급 = 'B';
④ Select * From 고객 Where 고객.등급 = 'A' And 고객.등급 = 'B';

54 다음 중 정규화에 대한 설명으로 옳지 않은 것은?

① 한 테이블에 너무 많은 정보를 포함해서 발생하는 이상 현상을 제거한다.
② 정규화를 실행하면 모든 테이블의 필드 수가 동일해진다.
③ 정규화를 실행하면 테이블이 나누어져 최종적으로는 일관성을 유지하게 된다.
④ 정규화를 실행하는 목적 중 하나는 데이터 중복의 최소화이다.

55 다음 중 아래 SQL 문에 대한 설명으로 옳은 것은?

```
UPDATE 학생
SET 주소 = '서울'
WHERE 학번 = 100;
```

① [학생] 테이블에 주소가 '서울'이고 학번이 100인 레코드를 추가한다.
② [학생] 테이블에서 주소가 '서울'이고 학번이 100인 레코드를 검색한다.
③ [학생] 테이블에서 학번이 100인 레코드의 주소를 '서울'로 갱신한다.
④ [학생] 테이블에서 주소가 '서울'인 레코드의 학번을 100으로 갱신한다.

56 학생들은 여러 과목을 수강하며, 한 과목은 여러 학생들이 수강한다. 이러한 상황에 대한 다음의 테이블 설계 중에서 가장 적절한 것은? (단, 밑줄은 기본키를 의미함)

① 학생(<u>학번</u>, 이름, 연락처)
　과목(<u>과목코드</u>, 과목명, 담당교수)
　수강(<u>학번</u>, <u>과목코드</u>, 성적)

② 수강(<u>학번</u>, 이름, 연락처, 수강과목코드)
　과목(<u>과목코드</u>, 과목명, 담당교수)

③ 수강(<u>학번</u>, 이름, 연락처, 수강과목1, 수강과목2, 수강과목3)
　과목(<u>과목코드</u>, 과목명, 담당교수)

④ 학생(<u>학번</u>, 이름, 연락처)
　과목(<u>과목코드</u>, 과목명, 담당교수)
　수강신청(<u>학번</u>, <u>과목코드</u>, 이름, 과목명)

57 다음 중 하위 폼에 대한 설명으로 옳지 않은 것은?

① 하위 폼은 폼 안에 있는 또 하나의 폼을 의미한다.
② 기본 폼과 하위 폼을 연결할 필드의 데이터 형식은 같거나 호환되어야 한다.
③ 기본 폼과 하위 폼은 반드시 관계가 설정되어 있어야 한다.
④ 여러 개의 연결 필드를 지정하려면 세미콜론(;)으로 필드 이름을 구분하여 입력한다.

58 다음 보고서에서 '거래처명'과 같이 제품번호 3, 6, 2에 대해 다음과 같이 표시되도록 설정하고자 한다. 다음 중 설정 방법으로 옳은 것은?

거래처별 제품목록

거래처명	제품번호	제품이름	단가	재고량
광명(주)	3	안경테C	₩20,000	67
	6	무테C	₩35,000	33
	2	안경테B	₩15,000	50
총제품수 :	3	총재고량 :		

① 해당 컨트롤의 '확장 가능' 속성을 '예'로 설정한다.
② 해당 컨트롤의 '중복 내용 숨기기' 속성을 '예'로 설정한다.
③ 해당 컨트롤의 '화면 표시' 속성을 '아니오'로 설정한다.
④ 해당 컨트롤의 '누적 총계' 속성을 '전체'로 설정한다.

59 〈도서〉 테이블에 대해 다음과 같은 결과를 표시하는 SQL문은?

도서명	저자	출간년도	출판사
70세의 마음	이신호	2020	길벗
어른의 걸음으로	김용갑	2019	길벗
혼자 남는 기분	최미경	2020	오직북
성공의 법칙	김종일	2018	오직북
70세의 마음	김선길	2019	한마음
어른의 걸음으로	김용갑	2018	한마음

① select * from 도서 order by 출판사 asc, 저자 desc;
② select * from 도서 order by 출판사, 출간년도 desc;
③ select * from 도서 order by 도서명, 출간년도 desc;
④ select * from 도서 order by 저자, 출판사 desc;

60 다음 중 보고서에서 순번 항목과 같이 그룹 내의 데이터에 대한 일련번호를 표시하기 위해 텍스트 상자 컨트롤의 속성을 설정하는 방법으로 옳은 것은?

① 텍스트 상자의 컨트롤 원본을 '=1'로 지정하고, 누적 합계 속성을 '그룹'으로 지정한다.
② 텍스트 상자의 컨트롤 원본을 '+1'로 지정하고, 누적 합계 속성을 '그룹'으로 지정한다.
③ 텍스트 상자의 컨트롤 원본을 '+1'로 지정하고, 누적 합계 속성을 '모두'로 지정한다.
④ 텍스트 상자의 컨트롤 원본을 '=1'로 지정하고, 누적 합계 속성을 '모두'로 지정한다.

정답 56.① 57.③ 58.② 59.② 60.①

2025년 상시05 컴퓨터활용능력 1급 필기

1과목 컴퓨터 일반

01 안전한 엑스트라넷을 구축하기 위한 기술 설명과 가장 거리가 먼 것은?
① 외부 파트너 사용자 인증을 통해 허용된 사람만 접근하도록 제어
② 안전하게 데이터를 주고받기 위해 FTP 프로토콜 사용
③ 엑스트라넷을 통해 전송되는 데이터를 암호화하여 데이터가 외부에 노출되는 것을 방지
④ VPN을 사용하여 기업 간에 안전하게 통신

02 다음 중 디지털 이미지에 대한 설명으로 옳지 않은 것은?
① 해상도는 1인치당 표시되는 픽셀(Pixel)의 수를 의미한다.
② 트루 컬러는 24비트로 표현한다.
③ 벡터(Vector) 방식의 이미지는 화면을 확대하면 테두리가 매끄럽지 못하고 울퉁불퉁하게 표현된다.
④ 그래픽 데이터의 표현 방식에는 래스터(Raster) 방식과 벡터(Vector) 방식이 있다.

03 다음 중 윈도우의 저장소 설정에 대한 설명으로 옳은 것은?
① 새 콘텐츠가 저장되는 기본 위치는 '문서'이며, 변경할 수 있다.
② 시스템 히스토리를 사용하여 백업을 할 수 있다.
③ 디스크 정리 기능을 사용할 수 있다.
④ 저장 공간 센스는 임시 파일이나 휴지통 콘텐츠 등과 같은 필요하지 않은 파일을 제거함으로써 자동으로 공간을 확보한다.

04 다음 중 네트워크의 구성(Topology)에서 망형(Mesh)에 관한 설명으로 옳지 않은 것은?
① 단말장치의 추가/제거 및 기밀 보호가 어렵다.
② 모든 지점의 컴퓨터와 단말장치를 서로 연결한 형태이다.
③ 응답시간이 빠르고 노드의 연결성이 높다.
④ 통신 회선 장애 시 다른 경로를 통하여 데이터 전송이 가능하다.

05 다음 중 보수에 대한 설명으로 옳지 않은 것은?
① 보수는 각 자리의 숫자의 합이 어느 일정한 수가 되게하는 수를 말한다.
② 2진법에서 1의 보수는 0은 1로, 1은 0으로 변환하여 구한다.
③ 2진법에서 2의 보수는 1의 보수를 구한 뒤 결과값에 2를 더한다.
④ 컴퓨터에서는 덧셈 연산을 이용하여 뺄셈을 수행하기 위해 사용한다.

06 다음 중 입력장치에 대한 설명으로 옳은 것은?
① OMR - 특정 글꼴로 인쇄된 문자에 빛을 비추어 반사된 빛의 차이를 이용하여 문자를 판독하는 장치이다.
② OCR - 굵기가 서로 다른 선에 빛을 비추어 반사된 값을 코드화하여 판독하는 장치이다.
③ BCR - 컴퓨터용 수성 사인펜으로 표시한 카드에 빛을 비추어 표시 여부를 판독하는 장치이다.
④ MICR - 자성을 띤 특수 잉크로 인쇄된 문자나 기호를 판독하는 장치이다.

07 다음 중 한글 Windows 10에서 마우스의 끌어놓기(Drag & Drop)에 대한 설명으로 옳지 않은 것은?
① 같은 드라이브에서 파일을 Ctrl을 누른 채 다른 폴더로 끌어서 놓으면 복사가 된다.
② D 드라이브에서 파일을 C 드라이브로 끌어서 놓으면 복사가 된다.
③ 같은 드라이브에서 파일을 다른 폴더로 끌어서 놓으면 이동이 된다.
④ USB 드라이브에서 파일을 C 드라이브로 끌어서 놓으면 이동이 된다.

08 다음 중 인터넷 상의 보안을 위협하는 행위에 대한 설명으로 옳지 않은 것은?

① 크래킹(Cracking)은 인터넷을 통한 서비스를 정상적으로 사용하지 못하도록 하는 것으로, 시스템을 파괴하지는 않지만 사용자에게 불편함을 준다.
② 해킹(Hacking)은 사용 권한이 없는 사람이 시스템에 침입하여 정보를 수정하거나 빼내는 행위이다.
③ 피싱(Phishing)은 거짓 메일을 발송하여 특정 금융기관 등의 가짜 웹 사이트로 유인한 후 관련 금융 기관의 정보 등을 빼내는 기법이다.
④ 혹스(Hoax)는 실제로는 악성코드로 행동하지 않으면서 겉으로는 악성코드인 것처럼 가장하여 행동하는 소프트웨어이다.

09 다음 중 인터넷 주소 체계에서 IPv6에 대한 설명으로 옳지 않은 것은?

① 16비트씩 8부분으로 구성되며 각 부분은 점(.)으로 구분된다.
② 각 부분은 4자리의 16진수로 표현하며 앞자리의 0은 생략할 수 있다.
③ IPv4에 비해 등급별, 서비스별로 패킷을 구분할 수 있어 품질보장이 용이하다.
④ 유니캐스트, 애니캐스트, 멀티캐스트 형태의 유형으로 할당하기 때문에 할당된 주소의 낭비 요인을 줄이고 간단하게 주소를 결정할 수 있다.

10 다음 중 레지스터(Register)에 대한 설명 중 옳지 않은 것은?

① 레지스터는 CPU 내부에서 처리할 명령어나 연산 결과 값을 일시적으로 저장하는 기억장치이다.
② 전원공급이 없어도 저장 내용이 계속 유지된다.
③ 구조는 플립플롭(Flip-Flop)이나 래치(Latch)를 직렬 또는 병렬로 연결한다.
④ 레지스터는 메모리 중에서 가장 속도가 빠르다.

11 다음 중 컴퓨터 운영체제의 성능 평가 기준에 해당하지 않는 것은?

① 중앙처리장치의 사용 정도를 측정하는 사용 가능도(Availability)
② 주어진 문제를 정확하게 해결하는 정도를 의미하는 신뢰도(Reliability)
③ 일정 시간 내에 시스템이 처리하는 양을 의미하는 처리 능력(Throughput)
④ 작업을 의뢰한 시간부터 처리가 완료된 시간까지의 반환 시간(Turn Around Time)

12 다음 중 컴퓨터에서 사용하는 가상 메모리에 관한 설명으로 옳은 것은?

① 중앙처리장치와 주기억장치 사이에 위치하여 컴퓨터의 처리 속도를 향상시키는 역할을 한다.
② 보조기억장치의 일부를 주기억장치처럼 사용하는 메모리 사용 기법으로, 주기억장치보다 큰 프로그램을 로드하여 실행할 경우에 유용하다.
③ CPU가 데이터를 처리하는 동안 미리 CPU가 필요로 하는 데이터를 저장해 두는 기억장치이다.
④ 디스크와 같은 보조기억장치의 기억 공간을 가상으로 확장하는 기억장치이다.

13 다음 중 휴지통의 속성 대화상자에서 설정할 수 없는 것은?

① 각 드라이브마다 휴지통의 크기를 MB 단위로 다르게 설정할 수 있다.
② 파일을 삭제할 때 휴지통을 거치지 않고 바로 삭제하도록 설정할 수 있다.
③ 파일을 삭제할 때마다 확인 대화상자가 표시되도록 설정할 수 있다.
④ 휴지통에 지정된 최대 크기를 초과하면 자동으로 휴지통 비우기를 실행하도록 설정할 수 있다.

14 다음 중 핀테크(FinTech)의 활용 분야에 대한 설명으로 옳지 않은 것은?

① 네트워크 등을 통해 다수의 개인으로부터 자금을 모으는 크라우드 펀딩(Crowd funding)
② 알고리즘이나 빅 데이터 등을 분석하여 고객에게 투자 자문을 수행하는 로보 어드바이저(Robo Advisor)
③ 비트코인, 이더리움 등의 가상화폐의 암호화를 위한 데이터 분산 처리
④ 사용자의 편의성에 맞춘 송금 및 간편 결제 기능

15 프로그램을 실행하는 도중에 예기치 않은 상황이 발생할 경우 현재 실행중인 작업을 일시 중단하고, 발생된 상황을 우선 처리한 후 실행중이던 작업으로 복귀하여 계속 처리하는 것을 의미하는 용어는?

① 채널   ② 인터럽트
③ DMA   ④ 레지스터

16 다음 중 컴퓨터에서 사용하는 그래픽 파일의 형식에 관한 설명으로 옳지 않은 것은?

① JPEG는 손실 압축 기법과 무손실 압축 기법을 사용하며, 사용자가 임의로 압축률을 지정할 수 있다.
② BMP는 Windows에서 기본적으로 지원하는 포맷으로 압축을 사용하여 파일의 크기가 작다.
③ GIF는 인터넷 표준 그래픽 형식으로, 무손실 압축 기법을 사용하여 선명한 화질을 제공한다.
④ PNG는 트루 컬러의 지원과 투명색 지정이 가능하다.

17 다음 중 컴퓨터 보안 기법의 하나인 방화벽에 관한 설명으로 옳지 않은 것은?

① 전자 메일 바이러스나 온라인 피싱 등을 방지할 수 있다.
② 해킹 등에 의한 외부로의 정보 유출을 막기 위해 사용하는 보안 기법이다.
③ 외부 침입자의 역추적 기능이 있다.
④ 내부의 불법 해킹은 막지 못한다.

18 다음 중 태블릿 설정에 대한 설명으로 옳은 것은?

① 로그인 시 '소프트웨어에 적절한 모드 사용'을 설정할 수 있다.
② 태블릿 설정 모드에는 '태블릿 모드로 전환 안 함'과 '항상 태블릿 모드로 전환' 두 가지가 있다.
③ 태블릿 모드를 지정하면 앱 실행 시 전체 화면으로 표시되고, 작업 표시줄과 바탕 화면 아이콘이 축소된다.
④ 태블릿 모드를 설정해도 키보드와 마우스를 사용할 수 있다.

19 다음 중 프로그래밍 기법에 대한 설명으로 옳지 않은 것은?

① 객체지향 프로그래밍은 객체를 중심으로 한 기법으로, 소프트웨어의 재사용과 유지보수가 용이하다.
② 구조적 프로그래밍은 지정된 문법 규칙에 따라 일련의 처리 절차를 순서대로 기술해 나가는 기법이다.
③ 비주얼 프로그래밍은 Windows의 GUI 환경에서 아이콘과 마우스를 이용하여 대화형으로 좀 더 쉽게 프로그래밍할 수 있다.
④ 하향식 프로그래밍은 프로그램 구조의 상위 모듈에서 하위 모듈로 작성하는 기법이다.

20 다음 중 3D 프린터에 관한 설명으로 옳지 않은 것은?

① 입력한 도면을 바탕으로 3차원 입체 물품을 만들어 내는 프린터이다.
② 인쇄 원리는 잉크젯 프린터의 인쇄 원리와 같다.
③ 출력 단위로는 IPM, PPM 등이 사용된다.
④ 기계, 건축, 예술, 의료 분야 등에서 활용되고 있다.

2과목 스프레드시트 일반

21 다음 시트에서 [D2], [D3], [D5] 셀에는 '간단한 날짜' 표시 형식을, [D4] 셀에는 '일반' 표시 형식을 지정한 후 각 셀에 수식을 입력했을 때의 결과 값으로 옳지 않은 것은?

	A	B	C	D
1				
2		2025-01-01(수)		
3		2025-01-02(목)		
4		2025-01-03(금)		
5		2025-01-04(토)		
6		2025-01-05(일)		
7		2025-01-06(월)		
8		2025-01-07(화)		
9		2025-01-08(수)		
10		2025-01-09(목)		
11		2025-01-10(금)		
12				

① [D2] 셀 : =EDATE(B11, 5) → 2025-06-10
② [D3] 셀 : =EOMONTH(B2, -5) → 2024-08-31
③ [D5] 셀 : =WORKDAY(B4, 5) → 2025-01-08
④ [D4] 셀 : =NETWORKDAYS(B2, B11) → 8

22 다음 중 아래 그림과 같이 기간과 이율의 변화에 따른 월불입액을 계산하려고 한다. 이때 실행하여야 할 작업 내용에 대한 설명으로 옳지 않은 것은? (월불입액 계산 수식은 '=PMT(B3/12, B2*12, -B4)'임)

	A	B	C	D	E	F
1						
2	기간	5				
3	이율	3%				
4	대출금액	₩10,000,000				
5	월불입액	₩179,687				
6					기간	
7			₩179,687	3	4	5
8			2%	₩ 286,426	₩ 216,951	₩ 175,278
9		이율	3%	₩ 290,812	₩ 221,343	₩ 179,687
10			4%	₩ 295,240	₩ 225,791	₩ 184,165
11			5%	₩ 299,709	₩ 230,293	₩ 188,712
12						

① '데이터 표'를 실행하여 계산된 [D8:F11] 영역의 값은 자동으로 수정되지 않으므로 입력값이 변경되면 [새로 고침]을 해야 한다.
② [C7] 셀에 "=B5"를 입력하고 [C7:F11] 영역을 범위로 지정한 상태에서 '데이터 표'를 실행한다.
③ '데이터 테이블' 대화상자에서 '행 입력 셀'은 [B2] 셀, '열 입력 셀'은 [B3] 셀로 지정한 후 〈확인〉을 클릭한다.
④ 자동으로 결과가 구해진 셀을 하나 선택해서 살펴보면 '{=TABLE(B2,B3)}'과 같은 배열 수식이 들어 있다.

23 다음 워크시트에서 차트 제목을 [A1] 셀의 텍스트와 연결하여 표시하고자 할 때, 차트 제목이 선택된 상태에서 수식 입력줄에 입력할 내용은?

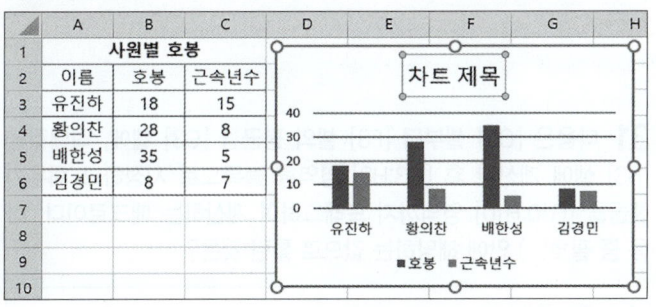

① ='Sheet1'!$A$1
② =Sheet1!$A$1
③ ='$A$1'
④ =$A$1

24 다음 엑셀 목록을 이용하여 피벗 테이블을 작성하였다. 다음 완성된 피벗 테이블에 대한 설명으로 옳지 않은 것은?

① '판매일자'를 이용하여 분기별, 월별 그룹을 설정하였다.
② 보고서 레이아웃을 개요 형식으로 표시하였다.
③ 필드 머리글을 표시하였다.
④ 피벗 테이블 옵션의 '레이블이 있는 셀 병합 및 가운데 맞춤'을 설정하였다.

25 다음 중 아래 [시나리오 관리자] 대화상자의 각 버튼에 대한 설명으로 옳지 않은 것은?

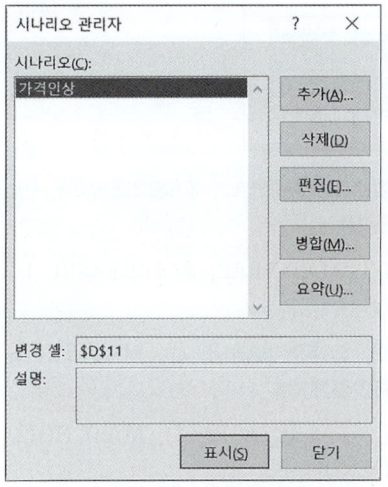

① 표시 : 선택한 시나리오에 대해 결과를 표시한다.
② 편집 : 선택한 시나리오를 변경한다.
③ 병합 : '시나리오 관리자'에 표시된 시나리오를 병합한다.
④ 요약 : 시나리오에 대한 요약 보고서나 피벗 테이블을 작성한다.

26 다음의 [부분합] 실행 결과에 대한 설명으로 옳지 않은 것은?

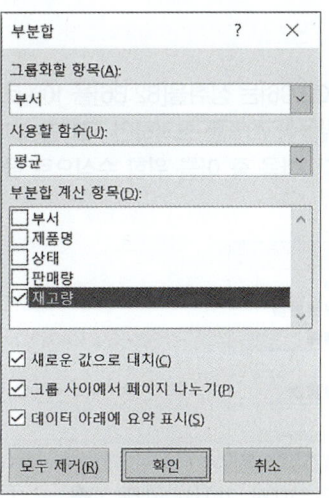

① 정렬할 데이터는 부서를 기준으로 정렬되어 있어야 한다.
② 이미 부분합이 설정되어 있는 경우에는 기존의 부분합 계산 항목은 모두 삭제된다.
③ 인쇄시 부서별로 다른 페이지에 인쇄된다.
④ 평균 아래에 그룹 데이터가 표시된다.

27 아래 워크시트에서 단가표[A10:D13]를 이용하여 단가[C2:C7]를 배열 수식으로 계산하고자 한다. 다음 중 [C2] 셀에 입력된 수식으로 옳은 것은?

	A	B	C	D
1	제품명	수량	단가	
2	허브차	35	2,500	
3	녹차	90	4,000	
4	허브차	15	3,000	
5	녹차	20	3,000	
6	허브차	80	3,000	
7	허브차	90	3,000	
8				
9	<단가표>			
10	제품명	0	30	50
11		29	49	
12	허브차	3,000	2,500	3,000
13	녹차	3,000	3,500	4,000
14				

① {=INDEX($B$12:$D$13, MATCH(A2, $A$12:$A$13, 0), MATCH(B2, $B$10:$D$10, 1))}

② {=INDEX($B$12:$D$13, MATCH(A2, $A$12:$A$13, 1), MATCH(B2, $B$10:$D$10, 0))}

③ {=INDEX(MATCH(A2, $A$12:$A$13, 0), MATCH(B2, $B$10: $D$10, 1), $B$12:$D$13)}

④ {=INDEX(MATCH(A2, $A$12:$A$13, 1), MATCH(B2, $B$10:$D$10, 0), $B$12:$D$13)}

28 아래 워크시트에서 성취도[C2:C6]는 성취율[B2:B6]을 10%로 나눈 값만큼 표시한 것으로, 성취율이 70%를 초과하면 "■"를, 그 외는 "□"을 반복하여 표시하였다. 다음 중 이를 위한 수식으로 옳은 것은?

	A	B	C
1	성명	성취율	성취도
2	김양호	98%	■■■■■■■■■
3	이숙경	75%	■■■■■■■
4	양미진	65%	□□□□□□
5	이형도	85%	■■■■■■■■
6	김인경	50%	□□□□□
7			

① =REPLACE(QUOTIENT(B2, 10%), IF(B2>70%, "■", "□"))

② =REPT(QUOTIENT(B2, 10%), IF(B2>70%, "■", "□"))

③ =REPLACE(IF(B2>70%, "■", "□"), QUOTIENT(B2, 10%))

④ =REPT(IF(B2>70%, "■", "□"), QUOTIENT(B2, 10%))

29 다음 중 김철수의 성적표에서 컴퓨터 과목들의 점수 변경에 따른 평균 점수의 변화를 한 번의 연산으로 빠르게 계산할 수 있는 도구는?

① 데이터 표
② 목표값 찾기
③ 시나리오
④ 피벗 테이블

30 다음 중 데이터 통합에 대한 설명으로 옳지 않은 것은?

① 데이터 통합은 여러 셀 범위를 통합하여 합계, 평균, 최대, 최소, 표준 편차 등을 계산할 수 있는 기능이다.
② 행 레이블이나 열 레이블을 기준으로 통합할 때는 '첫 행'이나 '왼쪽 열'을 선택한다.
③ 참조 영역이 잘못되었을 때는 삭제하고 다시 지정한다.
④ 통합 영역의 데이터 변경 시 원본 영역의 데이터도 자동으로 변경되게 하려면 '원본 데이터에 연결'을 선택한다.

31 다음은 [C3] 셀부터 [F3] 셀의 평균을 [G3] 셀에, 최대값을 [H3] 셀에 계산한 후 [G3:H3] 영역을 블록으로 지정하고 채우기 핸들을 [G10:H10] 영역까지 드래그하여 계산하는 매크로이다. 다음 중 괄호( ) 안에 해당하는 값으로 틀린 것은?

```
Sub 매크로1( )
    Range("G3").Select
    Selection.FormulaR1C1 = "( ⓐ )"
    Range("H3").Select
    Selection.FormulaR1C1 = "( ⓑ )"
    Range("G3:H3").Select
    Selection.( ⓒ ):( ⓓ ), Type:=xlFillDefault
    Range("G3:H10").Select
End Sub
```

① ⓑ =MAX(RC[-5]:RC[-2])
② ⓐ =AVERAGE(RC[-4]:RC[-1])
③ ⓓ =Range("G3:H10")
④ ⓒ Auto Destination

32 다음 중 [데이터 가져오기 및 변환] 기능을 이용하여 Access 파일을 불러오는 경우에 대한 설명으로 옳지 않은 것은?

① 가져온 데이터를 피벗 차트나 피벗 테이블 보고서로 표시할 수 있다.
② 가져온 데이터는 기본적으로 기존 워크시트에 표시된다.
③ 가져온 데이터를 표 형태로 표시할 수 있다.
④ 워크시트의 다른 작업이나 파일을 열 때 새로 고침이 실행되도록 설정할 수 있다.

33 다음 중 엑셀 차트의 추세선에 관한 설명으로 옳지 않은 것은?

① 추세선은 지수, 선형, 로그, 다항식, 거듭제곱, 이동 평균 등 6가지의 종류가 있다.
② 3차원, 방사형, 원형, 도넛형, 표면형 차트에는 추세선을 사용할 수 없다.
③ 추세선에 사용된 수식을 추세선과 함께 나타나게 할 수 있다.
④ 하나의 데이터 계열에 두 개 이상의 추세선을 동시에 표시할 수는 없다.

34 다음 중 아래 차트에 대한 설명으로 옳지 않은 것은?

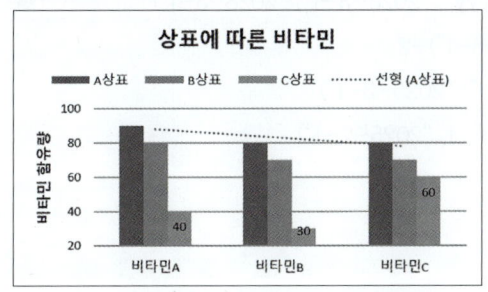

① [데이터 계열 서식] 대화상자에서 '계열 겹치기' 값이 0보다 작게 설정되었다.
② 'A상표' 계열에 선형 추세선이 추가되었고, 'C상표' 계열에는 데이터 레이블이 추가되었다.
③ 세로(값) 축의 기본 단위는 20이고, 최소값과 최대값은 각각 20과 100으로 설정되었다.
④ 기본 세로 축 제목은 '모든 텍스트 270도 회전'으로 "비타민 함유량"이 입력되었다.

35 다음 중 사용자 지정 표시 형식에 대한 설명으로 틀린 것은?

① 양수, 음수, 0, 텍스트 순으로 한 번에 네 가지의 표시 형식을 지정할 수 있다.
② 입력한 데이터가 지정한 소수점 오른쪽의 자리 표시자 보다 더 긴 경우 자리 표시자 만큼 소수 자릿수로 내림된다.
③ 각 섹션에 대한 색은 섹션의 맨 앞에 8개의 색 중 하나를 대괄호로 묶어 입력해야 한다.
④ 두 개의 섹션만을 지정하면 첫 번째 섹션은 양수 또는 0, 두 번째 섹션은 음수에 대한 표시 형식이 적용된다.

36 다음 중 A열의 글꼴 서식을 '굵게'로 설정하는 매크로로 옳지 않은 것은?

① Range("A:A").Font.Bold = True
② Columns(1).Font.Bold = True
③ Range("1:1").Font.Bold = True
④ Columns("A").Font.Bold = True

37 다음 중 셀에 수식을 입력하는 방법에 대한 설명으로 옳지 않은 것은?

① 배열 상수에는 숫자나 텍스트 외에 'TRUE', 'FALSE' 등의 논리값 또는 '#N/A'와 같은 오류 값도 포함될 수 있다.
② 계산할 셀 범위를 선택하여 수식을 입력한 후 Ctrl + Enter 를 누르면 선택한 영역에 수식을 한 번에 채울 수 있다.
③ 수식을 입력한 후 결과값이 수식이 아닌 상수로 입력되게 하려면 수식을 입력한 후 바로 Alt + F9 를 누른다.
④ 수식에서 통합 문서의 여러 워크시트에 있는 동일한 셀 범위 데이터를 이용하려면 3차원 참조를 사용한다.

38 다음 중 통합 문서에 대한 설명으로 옳지 않은 것은?

① 시트 보호는 통합 문서 전체가 아닌 특정 시트만을 보호한다.
② 공유된 통합 문서는 여러 사용자가 동시에 변경 및 병합할 수 있다.
③ 통합 문서 보호 설정 시 암호를 지정하면 워크시트에 입력된 내용을 수정할 수 없다.
④ 사용자가 워크시트를 추가, 삭제하거나 숨겨진 워크시트를 표시하지 못하도록 통합 문서의 구조를 잠글 수 있다.

39 다음 중 매크로 기록과 실행에 관련된 항목들의 설명으로 옳지 않은 것은?

① 매크로 기록 기능을 이용할 때 기본 저장 위치는 '현재 통합 문서'가 된다.
② Alt 와 영문 문자를 조합하여 해당 매크로의 바로 가기 키를 지정할 수 있다.
③ 매크로 기록 기능을 통해 작성된 매크로는 'VBA 편집기'에서 실행할 수 있다.
④ 엑셀을 사용할 때마다 매크로를 사용할 수 있게 하려면 매크로 저장 위치를 '개인용 매크로 통합 문서'를 선택한다.

40 다음 중 [인쇄 미리 보기 및 인쇄]에 관한 설명으로 옳지 않은 것은?

① [인쇄 미리 보기 및 인쇄] 화면에서 '여백 표시'를 선택한 경우 마우스로 여백을 변경할 수 있다.
② [인쇄 미리 보기 및 인쇄] 화면을 표시하는 바로 가기 키는 Ctrl + F2이다.
③ [인쇄 미리 보기 및 인쇄] 화면에서 인쇄 영역을 다시 설정할 수 있다.
④ 인쇄될 내용이 없는 상태에서 [인쇄 미리 보기 및 인쇄] 화면을 실행하면 인쇄할 내용이 없다는 메시지가 표시된다.

3과목 데이터베이스 일반

41 다음 중 VBA에서 변수를 선언하지 않고 사용할 경우 에러를 발생시키기 위한 예약어는?

① Dim
② Option Explicit
③ Function
④ Sub

42 다음 중 테이블 인쇄와 관련된 설명으로 옳지 않은 것은?

① [인쇄] 대화상자에서 '선택한 레코드'를 선택하면 데이터시트 보기 상태에서 선택한 레코드만 인쇄할 수 있다.
② [페이지 설정] 대화상자에서 인쇄할 열의 개수와 레코드의 개수를 선택할 수 있다.
③ [인쇄] 대화상자에서 인쇄 매수를 2 이상으로 설정하면 '한 부씩 인쇄' 항목이 활성화된다.
④ [페이지 설정] 대화상자에서 '머리글 인쇄'를 선택하면 테이블 이름, 날짜, 페이지 번호를 포함하여 인쇄할 수 있다.

43 다음 중 데이터 형식에 대한 설명으로 옳지 않은 것은?

① 숫자 데이터에 소수 자리가 포함된 경우 필드 크기를 실수(Single)나 실수(Double)로 설정한다.
② 짧은 텍스트 형식은 최대 255자까지만 입력이 가능하므로 더 큰 자료를 입력해야 하는 경우 긴 텍스트 형식을 사용한다.
③ 만약의 경우를 대비하기 위해 데이터 형식은 가장 큰 데이터 형식으로 지정하는 것이 좋다.
④ 테이블에 데이터가 입력된 후에는 필드에 추가로 중복된 데이터가 입력되지 않았더라도 필드의 형식을 '일련 번호'로 지정할 수 없다.

44 다음 중 보고서의 레이아웃 보기와 디자인 보기에 대한 설명으로 옳지 않은 것은?

① '디자인 보기'는 컨트롤 도구를 이용하여 보고서를 만들거나 수정할 수 있는 형태로, 실제 데이터는 표시되지 않는다.
② '레이아웃 보기'는 출력될 실제 데이터를 보면서 컨트롤의 크기 및 위치, 그룹 수준 및 합계를 변경하거나 추가할 수 있다.
③ '디자인 보기'가 '레이아웃 보기'보다 설정 가능한 속성이 더 많다.
④ [페이지 설정] 대화상자에서 열의 개수를 2로 지정하면 '레이아웃 보기' 상태에서 열이 표시된다.

45 다음 중 날짜 함수를 적용한 결과가 다르게 표시되는 것은?

① =DateDiff("yyyy", "2025-3-1", "2028-3-1")
② =Day("2025-3-1")+2
③ =DatePart("m", "2025-3-1")
④ =DateAdd("m", 1, "2025-2-1")

46 다음 중 데이터베이스 정규화에 대한 설명으로 가장 옳지 않은 것은?

① 정규화 수준이 높아질수록 데이터베이스의 성능이 향상된다.
② 추가, 갱신, 삭제 등 작업 시의 이상(Anomaly) 현상이 발생하지 않도록 하기 위한 것이다.
③ 정규화를 수행해도 데이터의 중복을 완전히 제거할 수 있는 것은 아니다.
④ 릴레이션의 속성들 사이의 종속성 개념에 기반을 두고 이러한 종속성을 제거하는 과정이라고 할 수 있다.

47 다음 중 하위 폼에 관한 설명으로 가장 옳지 않은 것은?

① 기본 폼 안에 여러 개의 하위 폼을 배치할 수 있다.
② 기본 폼은 단일 폼과 연속 폼으로 표시할 수 있으나 하위 폼은 단일 폼으로만 표시할 수 있다.
③ 기본 폼과 하위 폼은 서로 연결이 되어 있는 경우, 하위 폼에는 기본 폼의 현재 레코드와 관련된 레코드만 저장된다.
④ 하위 폼을 사용하면 일대다 관계에 있는 테이블을 효과적으로 표시할 수 있다.

정답 40.③ 41.② 42.② 43.③ 44.④ 45.④ 46.① 47.②

48 다음 중 액세스의 보고서에 대한 설명으로 옳은 것은?

① 보고서의 레코드 원본으로 테이블, 쿼리, 엑셀과 같은 외부 데이터, 매크로 등을 지정할 수 있다.
② 보고서 머리글과 보고서 바닥글의 내용은 모든 페이지에 출력된다.
③ 보고서에서도 폼에서와 같이 이벤트 프로시저를 작성할 수 있다.
④ 컨트롤을 이용하지 않고도 보고서에 테이블의 데이터를 표시할 수 있다.

49 다음 중 보고서에 대한 설명으로 옳지 않은 것은?

① 디자인 보기 상태에서 업무 양식 보고서나 우편 레이블 보고서로 변경이 용이하다.
② 보고서에 포함할 필드가 모두 한 테이블에 있는 경우 해당 테이블을 레코드 원본으로 사용한다.
③ 둘 이상의 테이블을 이용하여 보고서를 작성하는 경우 쿼리를 만들어 레코드 원본으로 사용한다.
④ '보고서' 도구를 사용하면 정보를 입력하지 않아도 바로 보고서가 생성되므로 매우 쉽고 빠르게 보고서를 만들 수 있다.

50 다음 중 조인(Join)에 대한 설명으로 옳지 못한 것은?

① 두 개 이상의 테이블로부터 원하는 데이터를 검색하는 방법이다.
② 조인에 사용되는 기준 필드는 동일하거나 호환되는 데이터 형식을 가져야 한다.
③ 조인되는 두 테이블의 필드 수가 동일할 필요는 없다.
④ 관계가 설정되지 않은 두 테이블은 조인을 수행할 수 없다.

51 다음 중 아래의 설명에 해당하는 폼을 작성하기에 가장 용이한 방법은?

> • 하나의 폼에서 폼 보기와 데이터시트 보기로 동시에 같은 데이터를 볼 수 있다.
> • 같은 데이터 원본에 연결되어 있으며 항상 상호 동기화된다.
> • 폼의 두 보기 중 하나에서 필드를 선택하면 다른 보기에서도 동일한 필드가 선택된다.

① 폼 도구   ② 폼 디자인
③ 폼 분할   ④ 여러 항목

52 다음 중 학생(학번, 이름, 학과) 테이블에 학과가 '경영학과', 학번이 300, 이름이 '김상공'인 학생의 정보를 추가하는 SQL 문으로 올바른 것은?

① Insert Into 학생(학번, 이름, 학과) Values(300, '김상공', '경영학과');
② Insert 학생(학번, 이름, 학과) Values(300, '김상공', '경영학과');
③ Insert Into 학생(학번, 이름, 학과) Values(300, 김상공, 경영학과);
④ Insert 학생(학번, 이름, 학과) Values(300, 김상공, 경영학과);

53 다음 보고서에 대한 설명으로 옳지 않은 것은?

① 음영으로 표시된 "거래처별보고서"는 페이지 머리글에 작성되었다.
② 거래처별로 그룹이 설정되었고 날짜를 기준으로 내림차순 정렬이 설정되었다.
③ '순번'은 컨트롤 원본에 "=1"이 입력되고 '누적 합계' 속성이 "그룹"으로 설정되었다.
④ 보고서 바닥글에 표시된 페이지 번호는 전체 페이지 번호와 현재 페이지 번호가 레이블을 이용하여 작성되었다.

54 데이터베이스 암호 설정에 대한 설명으로 옳은 것은?

① 데이터베이스를 MDE 형식으로 저장한 후 파일을 열어야 파일 암호를 설정할 수 있다.
② [데이터베이스 압축 및 복구] 도구에서 파일 암호를 설정할 수 있다.
③ [Access 옵션] 창의 보안 센터에서 파일 암호를 설정할 수 있다.
④ 데이터베이스를 단독 사용 모드로 열어야 암호를 설정할 수 있다.

55 〈회원관리〉 폼에서 '가입일'의 내용을 수정할 수 없도록 설정하는 방법으로 올바른 것은?

기관코드	기관명	담당내용	가입일
ZV5	은혜시각장애인요양	빨래도우미	2020-02-22
UV3	무지개복지관	청소도우미	2020-02-23
UV3	무지개복지관	목욕도우미	2020-02-24
UV3	무지개복지관	급식도우미	2020-03-22
UV3	무지개복지관	빨래도우미	2020-03-23
UV3	무지개복지관	청소도우미	2020-03-24

① '탭 정지' 속성을 '아니요'로 설정한다.
② '잠금' 속성을 '예'로 설정한다.
③ '표시' 속성을 '아니요'로 설정한다.
④ '사용 가능' 속성을 '아니요'로 설정한다.

56 다음 중 매크로 함수에 대한 설명으로 옳지 않은 것은?
① FindRecord : 조건에 맞는 모든 레코드를 검색한다.
② ApplyFilter : 테이블이나 쿼리로부터 레코드를 필터링한다.
③ OpenReport : 작성된 보고서를 호출하여 실행한다.
④ MessageBox : 메시지 상자를 통해 경고나 알림 등의 정보를 표시한다.

57 정규화 과정 중 릴레이션에 속한 모든 도메인이 원자값(Atomic Value)만으로 되어 있는 릴레이션은 어떤 정규형의 릴레이션인가?
① 제1정규형
② BCNF 정규형
③ 제2정규형
④ 제3정규형

58 다음의 입력 마스크 설정에 따른 화면 표시 내용이 잘못된 것은?
① 입력 데이터 : 1234567
  입력 마스크 : (99)999-9999
  화면 표시 : (12)345-6700
② 입력 데이터 : a1b2
  입력 마스크 : >L0L0
  화면 표시 : A1B2
③ 입력 데이터 : 1234
  입력 마스크 : ####
  화면 표시 : 1234
④ 입력 데이터 : 123456789
  입력 마스크 : (00)000-0000
  화면 표시 : (12)345-6789

59 다음 중 개체나 필드 이름 지정 규칙으로 옳지 않은 것은?
① 공백을 이름의 첫 문자로 사용할 수 없다.
② 최대 64자까지 입력할 수 있다.
③ 마침표(.), 느낌표(!), 대괄호([ ])를 포함한 모든 특수 문자를 사용할 수 없다.
④ 하나의 테이블 내에서 필드 이름이 중복될 수 없다.

60 다음 중 기본키(Primary Key)에 대한 설명으로 옳은 것은?
① 모든 테이블에는 기본키를 반드시 설정해야 한다.
② 액세스에서는 단일 필드 기본키와 일련 번호 기본키만 정의 가능하다.
③ 데이터가 이미 입력된 필드도 기본키로 지정할 수 있다.
④ OLE 개체나 첨부 파일 형식의 필드에도 기본키를 지정할 수 있다.

06회 2024년 상시01 컴퓨터활용능력 1급 필기

1과목 컴퓨터 일반

01 다음 중 GPU에 대한 설명으로 옳지 않은 것은?
① GPU는 그래픽 처리를 위한 장치이다.
② GPU는 대량의 연산을 직렬로 처리하기 때문에 CPU보다 속도가 빠르며, CPU보다 저렴한 가격에 구현할 수 있다.
③ GPU는 메인보드에 장착된다.
④ GPU는 게임, 딥러닝, 블록체인 등의 다양한 분야에서 사용된다.

02 다음 중 '캡처 및 스케치'에 대한 설명으로 옳지 않은 것은?
① 화면의 특정 부분 또는 전체를 캡처하여 JPG, PNG, GIF 파일로 저장할 수 있다.
② 눈금자 또는 각도기 도구를 이용하여 이미지에 직선이나 아치를 그릴 수 있다.
③ 캡처 유형에는 사각형 캡처, 원형 캡처, 자유형 캡처 세 가지가 있다.
④ 캡처한 이미지를 다른 프로그램으로 열기하여 추가 작업을 할 수 있다.

03 다음 중 빅 데이터에 대한 설명으로 옳지 않은 것은?
① 기존의 관리 방법이나 분석 체계로는 처리하기 어려운 막대한 양의 정형 또는 비정형 데이터 집합이다.
② 많은 데이터로부터 가치를 추출하고 분석하는 기술이다.
③ 스마트 단말의 확산, 소셜 네트워크 서비스의 활성화 등으로 인해 데이터 폭발이 가속화되고 있다.
④ 미래 예측의 활성화로 인해 빅 데이터에 대한 의존성을 강화할 필요가 있다.

04 다음 중 IPv6에 대한 설명으로 옳지 않은 것은?
① IPv4 주소 체계의 주소 부족 문제를 해결하기 위해서 개발되었다.
② 16비트씩 8부분으로 총 128비트로 구성된다.
③ 모바일 IP나 웹 캐스팅용으로는 사용이 어렵지만 등급별, 서비스별로 패킷을 구분할 수 있어 품질 보장이 용이하다.
④ IPv6 주소는 16진수의 숫자를 콜론(:)으로 구분하여 표시한다.

05 다음 중 OLED(Organic Light Emitting Diodes)에 대한 설명으로 옳지 않은 것은?
① 전류가 흐르면 스스로 빛을 내는 자체 발광형 유기물질을 이용하여 화면을 표시한다.
② 고전력이 사용되나 색재현율이 뛰어나다.
③ OLED는 백라이트를 사용하지 않는다.
④ 구분 방식에 따라 수동형 구동 방식과 능동형 구동 방식으로 구분한다.

06 다음 중 [설정] → [시스템] → [저장소]에 대한 설명으로 옳지 않은 것은?
① 하드디스크에서 불필요한 앱이나 임시 파일 등을 제거하여 사용 공간을 확보할 때 사용한다.
② 휴지통과 다운로드 폴더에 보관된 파일의 삭제 기준일을 지정할 수 있다.
③ 저장 공간 센스를 켜면 드라이브의 단편화 제거로 인해 컴퓨터를 효율적으로 사용할 수 있다.
④ 파일 정리를 바로 실행할 수 있다.

07 다음 중 한글 Windows 10의 [글꼴]에 관한 설명으로 옳지 않은 것은?
① [글꼴 설정]을 이용하여 글꼴을 설치 및 삭제할 수 있다.
② 글꼴이 설치되어 있는 폴더의 위치는 C:\Windows\Fonts이다.
③ 글꼴 파일은 .ttf 또는 .ttc의 확장자를 가지고 있다.
④ ClearType 텍스트 조정을 사용하면 가독성을 향상시켜 준다.

정답 1.② 2.③ 3.④ 4.③ 5.② 6.③ 7.①

08 다음 중 한글 Windows 탐색기에서 수행한 작업 결과가 다른 것은?

```
∨ 💻 내 PC
  > ↓ 다운로드
  > 🎬 동영상
  > 📄 문서
  > 🖥 바탕 화면
  > 🖼 사진
  > 🎵 음악
  ∨ 💾 로컬 디스크 (C:)
    > 📁 STUDY
  ∨ 💾 SYSTEM (D:)
    > 📁 COM
  ∨ 🔌 USB 드라이브 (E:)
    > 📁 DATA
  > 🌐 네트워크
```

① 'COM' 폴더에 있는 파일을 Shift를 누른 채 '바탕 화면'으로 드래그한다.
② 'STUDY' 폴더에 있는 파일을 '바탕 화면'으로 드래그한다.
③ '다운로드'에 있는 파일을 Shift를 누른 채 '문서'로 드래그한다.
④ 'DATA' 폴더에 있는 파일을 '사진'으로 드래그한다.

09 다음 중 컴퓨터 및 정보기기에서 사용하는 펌웨어(Firmware)에 관한 설명으로 옳은 것은?
① 주로 하드디스크의 부트 레코드 부분에 저장된다.
② 인터프리터 방식으로 번역되어 실행된다.
③ 운영체제의 일부로 입출력을 전담한다.
④ 소프트웨어의 업그레이드만으로도 기능을 향상시킬 수 있다.

10 다음 중 컴퓨터에서 중앙처리장치와 입출력장치 사이의 속도 차이로 인한 문제점을 해결해 주는 것은?
① 범용 레지스터 ② 콘솔
③ 인터럽트 ④ 채널

11 다음 중 JPEG 파일 형식에 대한 설명으로 옳지 않은 것은?
① 24비트 컬러를 사용하여 트루 컬러로 이미지를 표현한다.
② 사진과 같은 정지 영상을 표현하기 위한 국제 표준 압축 방식이다.
③ Windows에서 기본적으로 사용하는 벡터 파일 형식이다.
④ 사용자가 압축률을 지정해서 이미지를 압축하는 압축 기법을 사용할 수 있다.

12 다음 중 한글 Windows 10의 [설정] → [네트워크 및 인터넷]에 대한 설명으로 옳지 않은 것은?
① 네트워크 문제를 진단하고 해결할 수 있다.
② 컴퓨터 이름과 작업 그룹의 이름을 변경할 수 있다.
③ 내 컴퓨터에서 사용 가능한 네트워크를 표시한다.
④ [어댑터 옵션 변경]을 통해 네트워크 어댑터의 연결 설정을 변경할 수 있다.

13 다음 중 스마트폰을 모뎀처럼 활용하는 방법으로, 컴퓨터나 노트북 등의 IT 기기를 스마트폰에 연결하여 무선 인터넷을 사용할 수 있게 하는 기능은?
① 와이파이(WiFi) ② 블루투스(Bluetooth)
③ 테더링(Tethering) ④ 와이브로(WiBro)

14 한글 Windows 10에서 프린터 스풀(SPOOL) 기능에 대한 설명으로 올바른 것은?
① 스풀링 단위는 인쇄할 문서 전체 단위로만 스풀링이 가능하다.
② 프린터가 인쇄중이라도 다른 응용 프로그램 실행이 가능하다.
③ 스풀링은 인쇄할 내용을 프린터로 직접 전송한다.
④ 저속의 프린터 사용 시 컴퓨터 효율이 크게 저하된다.

15 다음 중 시스템 보안을 위해 사용하는 방화벽(Firewall)에 대한 설명으로 적절하지 않은 것은?
① IP 주소 및 포트 번호를 이용하거나 사용자 인증을 기반으로 접속을 차단하여 네트워크의 출입로를 단일화한다.
② '명백히 허용되지 않은 것은 금지한다'라는 적극적 방어 개념을 가지고 있다.
③ 방화벽을 운영하면 바이러스와 내/외부의 새로운 위험에 효과적으로 대처할 수 있다.
④ 로그 정보를 통해 외부 침입의 흔적을 찾아 역추적 할 수 있다.

16 다음 중 바이러스에 대한 설명으로 옳지 않은 것은?

① 컴퓨터 하드웨어와 무관하게 소프트웨어에만 영향을 미친다.
② 감염 부위에 따라 부트 바이러스와 파일 바이러스로 구분한다.
③ 사용자 몰래 스스로 복제하여 다른 프로그램을 감염시키고, 정상적인 프로그램이나 다른 데이터 파일 등을 파괴한다.
④ 주로 복제품을 사용하거나 통신 매체를 통하여 다운받은 프로그램에 의해 감염된다.

17 다음 중 한글 Windows 10에서 바로 가기 아이콘에 관한 설명으로 옳지 않은 것은?

① 바로 가기 아이콘을 실행하면 연결된 원본 파일이 실행된다.
② 파일, 폴더뿐만 아니라 디스크 드라이브나 프린터에도 바로 가기 아이콘을 만들 수 있다.
③ 일반 아이콘과 비교하여 왼쪽 아랫부분에 화살표가 포함되어 표시된다.
④ 하나의 바로 가기 아이콘에 여러 개의 원본 파일을 연결할 수 있다.

18 다음 중 시스템 소프트웨어에 대한 설명으로 옳지 않은 것은?

① 사용자가 컴퓨터를 이용하여 특정 업무를 처리할 수 있게 개발된 프로그램이다.
② 시스템 소프트웨어는 제어 프로그램과 처리 프로그램으로 구분된다.
③ 컴퓨터 시스템을 효율적으로 운영해 주는 소프트웨어이다.
④ 대표적인 시스템 소프트웨어로는 운영체제가 있다.

19 다음 중 컴퓨터 메인보드의 버스(Bus)에 관한 설명으로 옳지 않은 것은?

① 내부 버스는 CPU와 주변장치 간의 데이터 전송에 사용되는 통로이다.
② 컴퓨터에서 데이터를 주고받는 통로로 사용 용도에 따라 내부 버스, 외부 버스, 확장 버스로 구분된다.
③ 외부 버스는 전달하는 신호의 형태에 따라 데이터 버스, 주소 버스, 제어 버스로 구분된다.
④ 확장 버스는 메인보드에서 지원하는 기능 외에 다른 기능을 지원하는 장치를 연결하는 부분으로 끼울 수 있는 형태이기에 확장 슬롯이라고도 한다.

20 다음 중 컴퓨터에서 사용하는 자료의 표현에 관한 설명으로 옳지 않은 것은?

① 실수형 데이터는 정해진 크기에 부호(1bit)와 가수부(7bit)로 구분하여 표현한다.
② 2진 정수 데이터는 실수 데이터 보다 표현할 수 있는 범위가 작으며 연산 속도는 빠르다.
③ 숫자 데이터 표현 중 10진 연산을 위하여 "팩(Pack)과 언팩(Unpack)" 표현 방식이 사용된다.
④ 컴퓨터에서 뺄셈을 수행하기 위해서는 보수와 덧셈 연산을 이용한다.

2과목 스프레드시트 일반

21 워크시트의 [A1] 셀에 "가나다라마바사"가 입력되어 있고, [A2] 셀에 수식 =MID(CONCAT(LEFT(A1, 3), RIGHT(A1, 3)), FIND("다", A1), 3)을 입력한 결과는?

① 가나다   ② 마바사
③ 다마바   ④ 다라마

22 다음 중 데이터가 입력된 셀에서 채우기 핸들을 드래그하여 데이터를 채우는 경우에 대한 설명으로 옳지 않은 것은?

① 문자 데이터가 입력된 셀을 선택하고 채우기 핸들을 드래그하면 그대로 복사되어 채워진다.
② 숫자 데이터가 입력된 셀을 선택하고 [Ctrl]을 누른 채 채우기 핸들을 드래그하면 1씩 증가하면서 채워진다.
③ 1개의 숫자와 문자가 조합된 데이터가 입력된 셀을 선택하고 [Ctrl]을 누른 채 채우기 핸들을 드래그 하면 숫자만 1씩 증가하면서 채워진다.
④ 숫자가 입력된 두 개의 셀을 선택하고 채우기 핸들을 드래그 하면 두 값의 차이만큼 증가/감소하며 채워진다.

23 고급 필터에서 다음과 같은 조건을 설정하였을 때, 이 조건에 의해 선택되는 데이터들로 옳은 것은?

	A	B	C
1	부서	직위	근속년수
2	홍보부	과장	
3	영업부		>=9
4		대리	<9
5			

① 부서가 홍보부이면서 직위가 과장이거나 부서가 영업부이면서 근속년수가 9년 이상이거나 직위가 대리이면서 근속년수가 9년 미만인 데이터

② 부서가 홍보부나 영업부이면서 직위가 과장이거나 대리이면서 근속년수가 9년 이상이거나 9년 미만인 데이터

③ 부서가 홍보부이면서 직위가 과장이고 부서가 영업부이면서 근속년수가 9년 이상이고 직위가 대리이면서 근속년수가 9년 미만인 데이터

④ 부서가 홍보부나 영업부이고 직위가 과장이거나 대리이고 근속년수가 9년 이상이거나 9년 미만인 데이터

24 아래의 시트에서 횟수에 따른 택배비를 계산하려고 한다. 횟수가 5 이하면 2000, 5 초과 9 이하면 3000, 9 초과면 무료로 표시하기 위해 [C2] 셀에 입력해야 할 수식으로 옳지 않은 것은?

	A	B	C
1	이름	횟수	택배비
2	홍길동	3	2000
3	이숙희	8	3000
4	양종국	10	무료
5	김호명	7	3000

① =IF(B2<=5, 2000, IF(B2<=9, 3000, "무료"))
② =IF(B2>9, "무료", IF(B2>5, 3000, 2000))
③ =IF(B2<=5, 2000, IF(OR(B2>5, B2<=9), 3000, "무료"))
④ =IF(B2<=5, 2000, IF(AND(B2>5, B2<=9), 3000, "무료"))

25 다음 중 조건부 서식에 대한 설명으로 옳지 않은 것은?

① 조건부 서식의 조건은 결과가 TRUE(1) 또는 FALSE(0)가 나오도록 작성한다.
② 같은 통합 문서의 특정 셀을 이용하여 조건을 지정할 수 있다.
③ 수식을 이용하여 조건을 지정할 경우, 워크시트의 특정 셀을 클릭하면 상대 참조로 작성된다.
④ 이동 옵션을 이용하여 조건부 서식이 지정된 셀을 찾을 수 있다.

26 다음 중 아래의 워크시트를 이용한 수식에 대해서 그 결과가 옳지 않은 것은?

	A	B	C	D
1	이름	국어	영어	수학
2	김원	87	97	72
3	정영희	74	98	100
4	남궁정훈	85	91	70
5	이수	80	80	88
6	김용훈	81	87	70
7	김근태	84	82	80
8				

수식	결과
① =HLOOKUP("영어", A1:D7, 2)	97
② =OFFSET(B2, 3, 2)	88
③ =INDEX(A1:D7, 3, 2)	74
④ =AREAS(A1:D7)	28

27 아래는 워크시트 [A1] 셀에서 [매크로 기록]을 클릭하고 작업을 수행한 과정을 VBA의 코드 창에서 확인한 결과이다. 다음 중 이에 대한 설명으로 옳지 않은 것은?

	A	B	C
1		성적현황	
2	학번	학과	이름
3			
4			

```
Sub 매크로2( )
' 매크로2 매크로
'
    ActiveCell.Offset(0, 1).Range("A1").Select
    ActiveCell.FormulaR1C1 = "성적현황"
    ActiveCell.Offset(1, -1).Range("A1").Select
    ActiveCell.FormulaR1C1 = "학번"
    ActiveCell.Offset(0, 1).Range("A1").Select
    ActiveCell.FormulaR1C1 = "학과"
    Range("C2").Select
    ActiveCell.FormulaR1C1 = "이름"
    Range("A3").Select
End Sub
```

① 매크로의 이름은 '매크로2'이다.
② '성적현황', '학번', '학과'는 상대 참조로 기록되었다.
③ [A3] 셀을 클릭하고 매크로를 실행한 후의 셀 포인터 위치는 [A5] 셀이다.
④ [B3] 셀을 클릭하고 매크로를 실행한 후의 [C3] 셀의 값은 '성적현황'이다.

28 다음 중 윗주에 대한 설명으로 옳지 않은 것은?

① 데이터를 삭제해도 윗주는 그대로 표시되어 있다.
② 윗주의 서식을 변경할 수 있다.
③ 문자열 데이터가 입력되어 있는 셀에만 윗주를 표시할 수 있다.
④ 윗주는 셀에 대한 주석을 설정하는 것이다.

29 다음의 피벗 테이블에 대한 설명으로 옳지 않은 것은?

	A	B	C	D	E	F
1	모집구분	(모두)				
2						
3			단과대학			
4	성별	값	공과대학	사범대학	인문대학	자연과학대학
5	남					
6		평균 : 영어	80	75	70	99
7		평균 : 국어	72	98	75	74
8	여					
9		평균 : 영어	83	79	85	87.5
10		평균 : 국어	83	97	79	90.5
11	전체 평균 : 영어		81	77	77	93.25
12	전체 평균 : 국어		78	97	77	82.25

① 피벗 차트를 추가하면 열 레이블에 표시된 항목은 범례(계열)로 표시된다.
② 값 영역에 2개의 필드를 지정하여 생긴 Σ 값 필드가 행 영역에 표시되어 있다.
③ 열의 총합계만 표시되어 있다.
④ 피벗 테이블이 선택된 상태에서 [삽입] → [차트] 그룹에서 세로 막대형 차트를 추가하면 Chart 시트에 피벗 차트가 작성된다.

30 다음 중 워크시트 이름으로 적절하지 않은 것은?

① _매출실적   ② 매출실적?
③ #매출실적   ④ 매출실적&

31 다음 중 [보기] 탭의 [페이지 나누기 미리 보기]에 대한 설명으로 옳지 않은 것은?

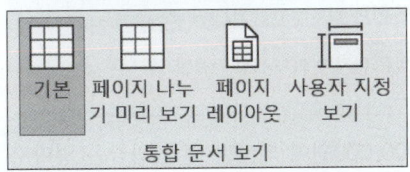

① 페이지 나누기는 구분선을 이용하여 인쇄를 위한 페이지 나누기를 빠르게 조정하는 기능이다.
② 행 높이와 열 너비를 변경하면 자동 페이지 나누기의 위치도 변경된다.
③ [페이지 나누기 미리 보기]에서 수동으로 삽입된 페이지 나누기는 파선으로 표시되고 자동으로 추가된 페이지 나누기는 실선으로 표시된다.
④ 용지 크기, 여백 설정, 배율 옵션 등에 따라 자동 페이지 나누기가 삽입된다.

32 아래 워크시트와 같이 시상내역[A13:D16] 표를 이용하여 시상내역[D2:D10]을 계산하였다. 다음 중 [D2] 셀에 입력된 배열 수식으로 옳은 것은?

	A	B	C	D
1	이름	공모대상	점수	시상내역
2	김남희	독창	91	대상
3	남궁민	창작동화	65	-
4	이수남	독창	75	-
5	서수남	독창	50	-
6	홍길동	독창	88	최우수상
7	이숙희	창작동화	69	-
8	양종국	창작동화	87	차상
9	김호명	독창	79	-
10	김영희	창작동화	93	장원
11				
12	시상내역			
13	점수	0	80	90
14		80	90	100
15	독창	-	최우수상	대상
16	창작동화	-	차상	장원
17				

① {=INDEX($B$15:$D$16, MATCH(B2, $A$15:$A$16, 0), MATCH(C2, $B$13:$D$13, -1))}
② {=INDEX($B$15:$D$16, MATCH(B2, $A$15:$A$16, 0), MATCH(C2, $B$13:$D$13, 1))}
③ {=INDEX($B$15:$D$16, MATCH(B2, $A$15:$A$16, 0), MATCH(C2, $B$14:$D$14, -1))}
④ {=INDEX($B$15:$D$16, MATCH(B2, $A$15:$A$16, 0), MATCH(C2, $B$14:$D$14, 1))}

정답 28.① 29.④ 30.② 31.③ 32.②

33 다음 중 아래 그림과 같이 목표값 찾기를 지정했을 때의 설명으로 옳은 것은?

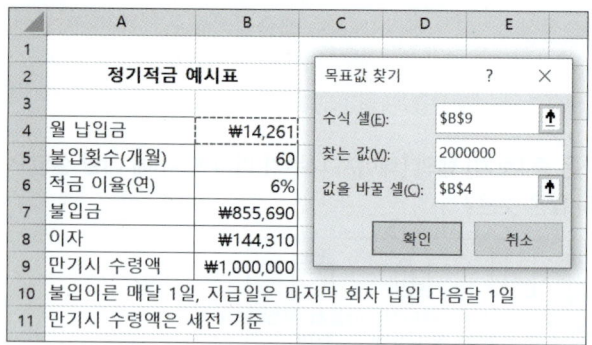

① 만기시 수령액이 2,000,000원이 되려면 월 납입금은 얼마가 되어야 하는가?
② 만기시 수령액이 2,000,000원이 되려면 적금 이율(연)이 얼마가 되어야 하는가?
③ 불입금이 2,000,000원이 되려면 만기시 수령액은 얼마가 되어야 하는가?
④ 월 납입금이 2,000,000원이 되려면 만기시 수령액은 얼마가 되어야 하는가?

34 다음 중 아래 설명에 해당하는 차트 종류는?

- 항목의 값을 점으로 표시하여 여러 데이터 값들의 관계를 보여준다.
- 과학, 통계 및 공학 데이터와 같은 숫자 값을 표시하고 비교하는데 사용된다.
- 가로 축의 값이 일정한 간격이 아닌 경우나 데이터 요소의 수가 많은 경우 사용된다.

① 분산형 차트　② 도넛형 차트
③ 방사형 차트　④ 혼합형 차트

35 다음 중 Visual Basic Editor에 대한 설명으로 틀린 것은?
① Alt + F11을 누르면 실행된다.
② Visual Basic Editor에서 F5를 눌러 매크로를 실행할 수 있다.
③ 매크로를 단계별로 실행할 수는 없으나 중간에 중단할 수 있다.
④ 기록된 매크로의 내용을 수정할 수 있다.

36 다음 중 [페이지 설정] 대화상자에 대한 설명으로 옳지 않은 것은?
① [페이지] 탭에서 '자동 맞춤'의 용지 너비와 용지 높이를 각각 1로 지정하면 여러 페이지가 한 페이지에 인쇄된다.
② [머리글/바닥글]의 여백은 [머리글/바닥글] 탭에서 '머리글'과 '바닥글'의 여백을 mm 단위로 지정할 수 있다.
③ [여백] 탭에서 '페이지 가운데 맞춤'의 가로 및 세로를 체크하면 인쇄 내용이 용지의 가운데에 맞춰 인쇄된다.
④ [시트] 탭에서 '눈금선'의 표시 여부를 지정할 수 있다.

37 숫자 -246000을 입력한 후 아래의 표시 형식을 적용했을 때 표시되는 결과로 옳은 것은?

> #0.0,"천원";(#0.0,"천원");0.0;@"님"

① 246.0천원　② 246,000
③ (-246.0천원)　④ (246.0천원)

38 아래와 같이 통합 문서 보호를 설정했을 경우에 대한 설명으로 옳지 않은 것은?

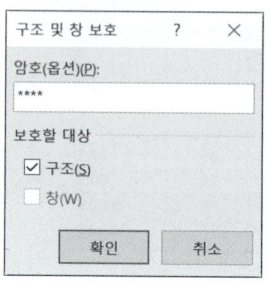

① 워크시트를 이동하거나 삭제할 수 없다.
② 새 워크시트 또는 차트 시트를 삽입할 수 없다.
③ 시나리오 요약 보고서를 만들 수 없다.
④ 워크시트에 작성된 차트를 다른 시트로 이동할 수 없다.

39 다음 그림과 같이 "표" 기능을 사용하여 이자율에 따른 이자액을 계산하려고 한다. 이때 실행하여야 할 작업 내용에 대한 설명으로 옳지 않은 것은?

	A	B	C	D	E	F
1	이자율에 따른 이자액 계산					
2	원금	이자율	이자액			
3	1,500	4%	60			
4				이자율		
5		60	5%	10%	15%	20%
6	원금	2,000	100	200	300	400
7		3,500	175	350	525	700
8		4,000	200	400	600	800
9		5,500	275	550	825	1,100

① '데이터 테이블' 대화상자가 표시되면 "행 입력 셀"은 [B3] 셀, "열 입력 셀"은 [A3] 셀을 지정한 후 〈확인〉을 선택한다.
② 표의 범위([B5:F9])를 설정한 후 [데이터] → [예측] → [가상 분석] → [데이터 표]를 선택한다.
③ 수식이 입력되어야 하는 [C6] 셀을 선택하고 수식 "=A3*B3"를 입력한다.
④ 자동으로 결과가 구해진 셀을 하나 선택해서 살펴보면 "{=TABLE(B3,A3)}"과 같은 배열 수식이 들어 있다.

정답 33.① 34.① 35.③ 36.② 37.④ 38.④ 39.③

40 다음 중 매크로를 작성하고 사용하는 방법에 대한 설명으로 옳지 않은 것은?

① 매크로를 기록하는 경우 기본적으로 셀은 절대 참조로 기록되며, 상대 참조로 기록하고자 할 경우 '상대 참조로 기록'을 선택한 다음 매크로 기록을 실행한다.
② 매크로에 지정된 바로 가기 키가 엑셀 고유의 바로 가기 키와 중복될 경우 엑셀 고유의 바로 가기 키가 우선한다.
③ 매크로를 기록하는 경우 실행하려는 작업을 완료하는 데 필요한 모든 단계가 매크로 레코더에 기록되며, 리본 메뉴에서의 탐색은 기록된 단계에 포함되지 않는다.
④ 개인용 매크로 통합 문서에 저장한 매크로는 엑셀을 시작할 때마다 자동으로 로드되므로 다른 통합 문서에서도 실행할 수 있다.

3과목 데이터베이스 일반

41 〈제품〉 테이블의 "제품명" 필드는 기본키가 아니지만 중복된 값이 입력될 수 없도록 관련 속성을 설정하려고 한다. 이를 위한 방법으로 옳은 것은?

① 인덱스 속성을 '예(중복 불가능)'으로 설정한다.
② 인덱스 속성을 '예(중복 가능)'으로 설정한다.
③ 인덱스 속성을 '예(Null 허용)'으로 설정한다.
④ 필수 속성을 '예'로 설정한다.

42 다음 중 매크로에 대한 설명으로 옳지 않은 것은?

① 매크로는 작업을 자동화하고 폼, 보고서 및 컨트롤에 기능을 추가하는 데 사용되는 도구이다.
② 매크로를 컨트롤의 이벤트 속성에 포함시킬 수 있다.
③ 컨트롤에 포함된 매크로를 포함하여 모든 매크로가 '탐색' 창의 매크로 개체에 표시된다.
④ 데이터베이스 파일이 열릴 때 자동으로 실행되는 매크로를 정의하려면, 매크로 이름을 AutoExec로 지정한다.

43 테이블의 필드에 엑셀 파일을 삽입하려고 할 때 가장 적합한 데이터 형식은?

① 첨부 파일　② 하이퍼링크
③ 긴 텍스트　④ 일련 번호

44 데이터베이스 암호 설정에 대한 설명으로 옳은 것은?

① 데이터베이스를 MDE 형식으로 저장한 후 파일을 열어야 파일 암호를 설정할 수 있다.
② [데이터베이스 압축 및 복구] 도구에서 파일 암호를 설정할 수 있다.
③ [Access 옵션] 창의 보안 센터에서 파일 암호를 설정할 수 있다.
④ 데이터베이스를 단독 사용 모드로 열어야 암호를 설정할 수 있다.

45 다음 중 테이블의 [디자인 보기]에서 설정 가능한 작업에 해당하지 않는 것은?

① 폼 필터를 적용하여 조건에 맞는 레코드만 표시할 수 있다.
② 필드의 '설명'에 입력한 내용은 테이블 구조에 영향을 미치지 않고, 폼에서 해당 필드를 선택할 때 상태 표시줄에 표시된다.
③ 컨트롤 표시 속성은 텍스트 상자, 목록 상자, 콤보 상자 중 선택할 수 있다.
④ 한 개 이상의 필드를 선택하여 기본키로 설정할 수 있다.

46 다음 중 테이블에서의 필드 이름 지정 규칙에 대한 설명으로 옳지 않은 것은?

① 최대 64자까지 입력할 수 있다.
② 공백을 이름의 첫 문자로 사용할 수 없다.
③ 한 테이블 내에 동일한 이름의 필드를 2개 이상 지정할 수 없다.
④ 모든 특수문자, 문자, 숫자, 공백을 포함하여 이름을 지정할 수 있다.

47 다음 중 폼에 대한 설명으로 옳지 않은 것은?

① '레코드 원본' 속성에 지정된 테이블의 필드는 컨트롤 없이도 폼 머리글의 배경에 표시할 수 있다.
② 컨트롤과 여러 도구 모음을 이용하여 시각적으로 다양한 작업 화면을 작성할 수 있다.
③ 폼에 레이블이나 명령 단추만을 추가하여 언바운드 폼을 만들어 사용할 수 있다.
④ 폼을 사용하여 데이터베이스의 보안성과 사용자의 편의성을 높일 수 있다.

48 다음 중 폼 작성 시 사용하는 컨트롤에 대한 설명으로 옳지 않은 것은?

① 바운드 컨트롤 : 폼이나 보고서에서 테이블이나 쿼리의 필드를 컨트롤 원본으로 사용하는 컨트롤이다.
② 탭 컨트롤 : 탭 형식의 대화상자를 작성하는 컨트롤로, 다른 컨트롤을 탭 컨트롤로 복사하거나 추가할 수 있다.
③ 레이블 컨트롤 : 날짜나 시간을 표시하는 용도로 사용하는 컨트롤이다.
④ 계산 컨트롤 : 원본 데이터로 필드를 사용하지 않고 식을 사용하는 컨트롤이다.

49 〈도서〉 테이블에 대해 다음과 같은 결과를 표시하는 SQL문은?

도서명	저자	출간년도	출판사
70세의 마음	이신호	2020	길벗
어른의 걸음으로	김용갑	2019	길벗
혼자 남는 기분	최미경	2020	오직북
성공의 법칙	김종일	2018	오직북
70세의 마음	김선길	2019	한마음
어른의 걸음으로	김용갑	2018	한마음

① select * from 도서 order by 출판사 asc, 저자 desc;
② select * from 도서 order by 출판사, 출간년도 desc;
③ select * from 도서 order by 도서명, 출간년도 desc;
④ select * from 도서 order by 저자, 출판사 desc;

50 다음 중 보고서에 대한 설명으로 옳지 않은 것은?

① 보고서에 포함할 필드가 모두 한 테이블에 있는 경우 해낭 테이블을 레코드 원본으로 사용한다.
② [보고서 디자인]을 이용하면 별도의 정보 입력 과정 없이 테이블이나 쿼리를 이용하여 보고서를 바로 작성할 수 있다.
③ 보고서에서도 폼에서와 같이 이벤트 프로시저를 작성할 수 있다.
④ [보고서 마법사]를 이용하는 경우 마법사가 진행되는 순서에 따라 설정 사항을 지정하면 자동으로 보고서가 작성된다.

51 다음은 보고서 보기 형태에 대한 내용이다. ㉠, ㉡에 알맞은 형태는 무엇인가?

- ㉠ : 보고서로 출력될 실제 데이터를 보면서 컨트롤의 크기 및 위치를 변경할 수 있다.
- ㉡ : 컨트롤 도구를 이용하여 보고서를 만들거나 수정할 수 있는 형태로, 실제 데이터는 표시되지 않는다.

① ㉠ 레이아웃 보기, ㉡ 디자인 보기
② ㉠ 인쇄 미리 보기, ㉡ 레이아웃 보기
③ ㉠ 디자인 보기, ㉡ 보고서 보기
④ ㉠ 레이아웃 보기, ㉡ 보고서 보기

52 아래의 [상황]에서 두 테이블에 변경된 내용을 적용하기 위한 방법으로 가장 적절한 것은?

[상황]
- 〈제품〉 테이블의 '분류코드'는 〈분류〉 테이블의 '분류코드'를 참조한다.
- '분류코드' 체계를 변경하기 위해 〈분류〉 테이블의 '분류코드' 필드 값을 변경하려 하였더니 '관련 레코드가 '제품' 테이블에 있으므로 레코드를 삭제하거나 변경할 수 없습니다.'라는 오류 메시지가 나타났다.

① 두 테이블 간의 관계를 해제하고 〈분류〉 테이블의 '분류코드' 필드 값을 수정한다.
② 〈제품〉 테이블의 '분류코드'를 먼저 수정한 후, 〈분류〉 테이블의 '분류코드' 필드 값을 수정한다.
③ 관계 편집 창에서 '관련 필드 모두 업데이트'를 체크한 후, 〈분류〉 테이블의 '분류코드' 필드 값을 수정한다.
④ 관계 편집 창에서 '관련 필드 모두 업데이트'를 체크한 후, 〈제품〉 테이블의 '분류코드' 필드 값을 수정한다.

53 〈제품〉 테이블의 데이터는 모두 표시되고 〈판매내역〉 테이블의 데이터는 '제품.제품코드' 필드와 일치하는 데이터만 표시되는 조인은?

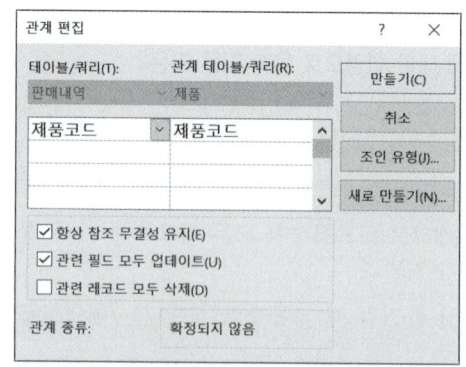

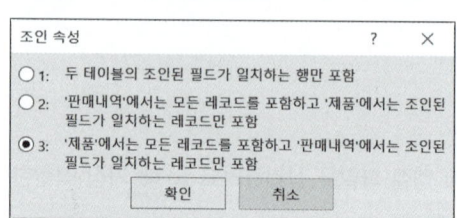

① 왼쪽 외부 조인
② 오른쪽 외부 조인
③ 카테션 조인
④ 내부 조인

54 다음 중 조건부 서식에 대한 설명으로 옳지 않은 것은?

① 첫 번째 조건을 만족하면 해당 조건의 서식이 적용되고, 이후 조건들은 무시된다.
② 폼이나 보고서를 다른 파일 형식으로 변환하면 조건부 서식이 유지된 상태로 변환된다.
③ 필드 값이나 식, 포커스를 가지고 있는 컨트롤을 기준으로 조건부 서식을 설정할 수 있다.
④ 조건을 만족하지 않으면 적용된 서식이 해제되고 기본 서식이 적용된다.

55 다음 중 연산자 사용에 대한 설명으로 옳지 않은 것은?

① Like "김?" : "김"으로 시작하거나 "김"을 포함하는 모든 자료를 표시한다.
② Between 20 and 60 : 20에서 60 사이인 자료를 표시한다.
③ Not "0" : 널 문자가 아닌 자료를 표시한다.
④ 3<>3 Or 2<1 : 화면에 표시되는 내용이 없다.

56 다음 중 문자열 함수에 대한 결과로 옳지 않은 것은?

① Len("Blossom") = 7
② Mid("Blossom", 3, 2) = os
③ Left("Blossom", 3) = Blo
④ Instr("Blossom", "son") = Null

57 다음 중 아래의 이벤트 프로시저에 대한 설명으로 옳지 않은 것은?

```
Private Sub cmd재고_Click( )
    txt재고수량 = txt입고량 – txt총주문량
    DoCmd.OpenReport "제품별재고현황", _
        acViewDesign, , "제품번호 = '" & cmb조회 & " ' "
End Sub
```

① 'cmd재고' 컨트롤을 클릭했을 때 실행된다.
② 'txt재고수량' 컨트롤에는 'txt입고량' 컨트롤에 표시되는 값에서 'txt총주문량' 컨트롤에 표시되는 값을 차감한 값으로 표시된다.
③ '제품별재고현황' 보고서가 즉시 프린터로 출력된다.
④ '제품별재고현황' 보고서가 출력될 때 '제품번호' 필드 값이 'cmb조회' 컨트롤 값과 일치하는 데이터만 표시된다.

58 다음 중 보고서에 대한 설명으로 옳지 않은 것은?

① 디자인 보기 상태에서 업무 양식 보고서나 우편 레이블 보고서로 변경이 용이하다.
② 보고서에 포함할 필드가 모두 한 테이블에 있는 경우 해당 테이블을 레코드 원본으로 사용한다.
③ 둘 이상의 테이블을 이용하여 보고서를 작성하는 경우 쿼리를 만들어 레코드 원본으로 사용한다.
④ '보고서' 도구를 사용하면 정보를 입력하지 않아도 바로 보고서가 생성되므로 매우 쉽고 빠르게 보고서를 만들 수 있다.

59 다음 중 그룹화에 대한 설명으로 옳지 않은 것은?

① 그룹으로 지정된 필드의 정렬 기준은 기본적으로 오름차순으로 정렬된다.
② 숫자 데이터는 첫 문자나 처음 두 문자를 기준으로 그룹화할 수 있다.
③ 그룹화 할 필드가 날짜 데이터이면 실제 값(기본)·일·주·월·분기·연도를 기준으로 그룹화할 수 있다.
④ 그룹을 만들려면 머리글 구역 표시나 바닥글 구역 표시 중 하나 이상을 설정해야 한다.

60 다음 중 SQL문에 대한 설명으로 옳지 않은 것은?

① DROP을 이용하여 조건에 맞는 레코드를 삭제할 수 있다.
② INSERT를 이용하여 조건에 맞는 레코드를 추가할 수 있다.
③ SELECT를 이용하여 조건에 맞는 레코드를 검색할 수 있다.
④ UPDATE를 이용하여 조건에 맞는 레코드를 수정할 수 있다.

2024년 상시02 컴퓨터활용능력 1급 필기

1과목 : 컴퓨터 일반

01 다음 중 한글 Windows의 '실행' 창을 이용하여 실행할 수 있는 프로그램으로 옳은 것은?
① taskmgr - 시스템 정보
② winver - 작업 관리자
③ msconfig - 시스템 구성 유틸리티
④ msinfo32 - 레지스트리 편집기

02 다음 중 OSI 참조 모델의 7계층에서 사용하는 주소에 대한 설명으로 옳지 않은 것은?
① IP 주소는 호스트에 대한 식별자로, 네트워크 계층의 IP 프로토콜에서 사용하며, 송신자 IP 주소와 수신자 IP 주소로 구분한다.
② MAC 주소(물리적 주소)는 NIC(Network Interface Card)에 대한 식별자로 물리 계층에서 사용한다.
③ 메일 주소는 응용 계층의 메일 시스템에서 사용자를 구분하려고 사용한다.
④ 포트(Port) 번호는 전송 계층에서 사용하며, 호스트에서 실행되는 프로세스를 구분해 주고 TCP와 UDP가 독립적으로 포트 주소를 관리한다.

03 다음 중 입력장치에 대한 설명으로 옳은 것은?
① OMR - 특정 글꼴로 인쇄된 문자에 빛을 비추어 반사된 빛의 차이를 이용하여 문자를 판독하는 장치이다.
② OCR - 굵기가 서로 다른 선에 빛을 비추어 반사된 값을 코드화하여 판독하는 장치이다.
③ BCR - 컴퓨터용 수성 사인펜으로 표시한 카드에 빛을 비추어 표시 여부를 판독하는 장치이다.
④ MICR - 자성을 띤 특수 잉크로 인쇄된 문자나 기호를 판독하는 장치이다.

04 다음 중 소프트웨어의 성능을 검사하기 위해 실제로 사용되는 조건에서 처리 능력을 테스트하는 것은?
① 번들
② 알파 버전
③ 베타 버전
④ 벤치마크

05 다음 중 보안 위협의 유형 중 위협 보안 요건으로 옳은 것은?
① 수정(Modification) - 무결성 저해
② 가로채기(Interception) - 무결성 저해
③ 가로막기(Interruption) - 기밀성 저해
④ 위조(Fabrication) - 가용성 저해

06 다음 중 윈도우의 저장소 설정에 대한 설명으로 옳은 것은?
① 절전 모드를 설정할 수 있다.
② 컴퓨터에 설치되어 있는 하드웨어의 종류 및 작동 여부를 확인하고 속성을 변경할 수 있다.
③ 저장 공간 센스는 임시 파일이나 휴지통의 콘텐츠 등과 같은 필요하지 않은 파일을 제거함으로써 자동으로 공간을 확보한다.
④ 시스템에 연결된 장치 및 Windows 사양을 확인할 수 있다.

07 다음 중 디지털 이미지에 대한 설명으로 옳지 않은 것은?
① 그래픽 데이터 표현 방식에는 비트맵 방식과 벡터 방식이 있다.
② 벡터 이미지는 화면을 확대하면 테두리가 매끄럽지 못하고 계단 현상이 발생한다.
③ 비트맵 이미지는 픽셀(Pixel)로 이미지를 표현한다.
④ 비트맵 이미지는 다양한 색상을 이용하기 때문에 사실적 표현이 용이하다.

08 다음 중 한글 Windows 10의 [설정] → [개인 설정]에서 지정할 수 있는 바탕 화면 아이콘의 종류가 아닌 것은?
① 컴퓨터
② 네트워크
③ 문서
④ 즐겨찾기

09 다음 중 컴퓨터 운영체제(OS) 대한 설명으로 옳지 않은 것은?
① 컴퓨터 하드웨어와 응용 프로그램을 사용하고자 하는 사용자 사이에 위치하여 인터페이스 역할을 해주는 소프트웨어이다.
② 운영체제는 컴퓨터가 동작하는 동안 주기억장치에 위치하며, 프로세스, 기억장치, 입·출력장치, 파일 등의 자원을 관리한다.
③ 운영체제의 종류에는 COMPILER, UNIX, LINUX 등이 있다.
④ 운영체제의 목적에는 처리 능력의 향상, 응답 시간의 단축, 사용 가능도의 향상, 신뢰도 향상 등이 있다.

정답 1.③ 2.② 3.④ 4.④ 5.① 6.③ 7.② 8.④ 9.③

10 다음 중 한글 Windows 10의 가상 데스크톱에 대한 설명으로 옳지 않은 것은?

① 시스템을 재시작하면 가상 데스크톱은 모두 제거된다.
② 가상 데스크톱 화면을 닫으려면 Ctrl + ■ + F4를 누른다.
③ 가상 데스크톱을 제거하면 제거된 가상 데스크톱에서 작업 중이던 앱은 이전 가상 데스크톱으로 이동된다.
④ 작업 보기 상단에 표시된 데스크톱에 마우스를 가져가면 해당 데스크톱에서 현재 작업 중인 앱이 표시된다.

11 다음 중 작업 표시줄에 대한 설명으로 옳지 않은 것은?

① 작업 표시줄에 표시된 앱을 마우스 오른쪽 단추로 클릭하면 점프 목록이 표시된다.
② 작업 표시줄의 위치를 마우스를 이용하여 상하좌우 원하는 위치에 배치할 수 있다.
③ 작업 표시줄에 고정된 앱의 바로 가기 메뉴에서 '시작 화면에 고정'을 선택하여 시작 화면에 표시할 수 있다.
④ 작업 표시줄에서 현재 실행중인 앱 위에 마우스 포인터를 놓으면 해당 앱을 통해 열린 창들의 미리 보기가 표시되며 이중 하나를 클릭하면 해당 창이 활성화된다.

12 다음 중 컴퓨터에서 사용하는 가상 메모리에 관한 설명으로 옳은 것은?

① 중앙처리장치와 주기억장치 사이에 위치하여 컴퓨터의 처리 속도를 향상시키는 역할을 한다.
② 보조기억장치의 일부를 주기억장치처럼 사용하는 메모리 사용 기법으로, 주기억장치보다 큰 프로그램을 로드하여 실행할 경우에 유용하다.
③ CPU가 데이터를 처리하는 동안 미리 CPU가 필요로 하는 데이터를 저장해 두는 기억장치이다.
④ 디스크와 같은 보조기억장치의 기억 공간을 가상으로 확장하는 기억장치이다.

13 다음 중 컴퓨터에서 사용하는 EBCDIC 코드에 대한 설명으로 옳지 않은 것은?

① 4비트의 존 부분과 4비트의 디지트 부분으로 구성된다.
② 특수 문자 및 소문자 표현이 가능하다.
③ 확장 이진화 10진 코드로 BCD 코드를 확장한 것이다.
④ 최대 64개의 문자 표현이 가능하다.

14 다음 중 [드라이브 조각 모음 및 최적화]를 수행할 수 있는 대상으로 옳은 것은?

① 외장 하드디스크 드라이브
② 네트워크 드라이브
③ CD-ROM 드라이브
④ Windows가 지원하지 않는 형식의 압축 프로그램

15 프로그램을 실행하는 도중에 예기치 않은 상황이 발생할 경우 현재 실행중인 작업을 일시 중단하고, 발생된 상황을 우선 처리한 후 실행중이던 작업으로 복귀하여 계속 처리하는 것을 의미하는 용어는?

① 채널
② 인터럽트
③ DMA
④ 레지스터

16 다음 중 RAID(Redundant Array Of Inexpensive Disk)에 대한 설명으로 옳지 않은 것은?

① 여러 개의 하드디스크를 하나의 저장장치처럼 관리하는 기술이다.
② 미러링(Mirroring) 방식은 데이터를 두 개의 하드디스크에 동일하게 기록하는 방법으로 한쪽 하드디스크의 데이터 손상 시 다른 한쪽 하드디스크를 이용하여 복구한다.
③ 스트라이핑(Striping) 방식은 데이터를 여러 개의 하드디스크에 나누어 저장하므로 장애 시 복구가 용이하나 데이터 입출력이 느리다.
④ RAID는 RAID 컨트롤러를 이용하여 하드웨어적인 방법으로 구성하거나 OS나 RAID 소프트웨어를 사용하여 구성한다.

17 다음 중 컴퓨터 보안 기법의 하나인 방화벽에 관한 설명으로 옳지 않은 것은?

① 전자 메일 바이러스나 온라인 피싱 등을 방지할 수 있다.
② 해킹 등에 의한 외부로의 정보 유출을 막기 위해 사용하는 보안 기법이다.
③ 외부 침입자의 역추적 기능이 있다.
④ 내부의 불법 해킹은 막지 못한다.

18 다음 중 정보 통신에 사용되는 네트워크 장비인 라우터(Router)에 관한 설명으로 옳은 것은?

① 네트워크를 구성할 때 각 회선을 통합적으로 관리하여 한꺼번에 여러 대의 컴퓨터를 연결하는 장치이다.
② 디지털 신호의 장거리 전송을 위해 수신한 신호를 재생시키거나 출력 전압을 높여주는 장치이다.
③ 네트워크에서 통신을 위해 가장 최적의 경로를 설정하여 전송하고 데이터의 흐름을 제어하는 장치이다.
④ 다른 네트워크로 데이터를 보내거나 받아들이는 역할을 하는 장치이다.

19 다음 중 니블(Nibble)에 대한 설명으로 옳은 것은?

① 자료 표현의 최소 단위이다.
② 1바이트를 반으로 나눈 4비트로 구성된 단위이다.
③ 문자를 표현하는 최소 단위이다.
④ CPU가 한 번에 처리할 수 있는 명령 단위이다.

20 다음 중 OTT(Over The Top) 서비스에 대한 설명으로 옳지 않은 것은?

① Over The Top에서 Top는 TV의 셋톱박스를 의미하며, 현재도 셋톱박스를 사용해야 서비스 이용이 가능하다.
② 전파나 케이블이 아닌 범용 인터넷망으로 방송 프로그램, 영화 등의 영상 콘텐츠를 제공한다.
③ 기존 방송 콘텐츠와 달리 사용자가 자신이 선호하는 콘텐츠를 검색하거나 알고리즘을 통해 콘텐츠를 추천받을 수 있다.
④ 실시간으로 재생되는 스트리밍 기술을 기반으로 한다.

2과목 스프레드시트 일반

21 다음 중 통합에 관한 설명으로 옳지 않은 것은?

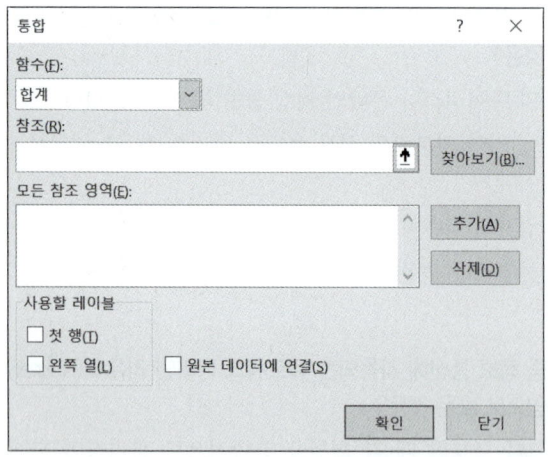

① 모든 참조 영역 : 참조 영역에 범위를 지정한 후 〈추가〉 단추를 클릭하면 '모든 참조 영역'에 표시된다.
② 사용할 레이블 : '첫 행'과 '왼쪽 열'을 이용하여 원본 데이터에 표시된 순서와 상관없이 통합할 수 있다.
③ 원본 데이터에 연결 : 통합 영역의 데이터 변경 시 원본 영역의 데이터도 자동으로 변경된다.
④ 함수 : 합계, 평균, 개수 등 사용할 함수를 선택한다.

22 다음 중 선택된 차트의 페이지 설정에 관한 설명으로 옳지 않은 것은?

① [페이지] 탭에서 '확대/축소 배율'을 지정할 수 없다.
② [여백] 탭에서 '페이지 가운데 맞춤'을 지정할 수 없다.
③ [머리글/바닥글] 탭에서 머리글 및 바닥글을 지정할 수 있다.
④ [차트] 탭에서 '간단하게 인쇄'를 선택하면 차트를 제외한 시트를 인쇄할 수 있다.

23 다음 중 김철수의 성적표에서 컴퓨터 과목들의 점수 변경에 따른 평균 점수의 변화를 한 번의 연산으로 빠르게 계산할 수 있는 도구는?

① 데이터 표 ② 목표값 찾기
③ 시나리오   ④ 피벗 테이블

24 다음 중 표면형 차트에 대한 설명으로 옳은 것은?

① 두 개의 데이터 집합에서 최적의 조합을 찾을 때 사용한다.
② 워크시트의 여러 열이나 행에 있는 데이터에서 시간에 따른 변동의 크기를 강조하여 합계 값을 추세와 함께 살펴볼 때 사용된다.
③ 여러 열이나 행에 있는 데이터에서 전체에 대한 각 부분의 관계를 비율로 나타내어 각 부분을 비교할 때 사용된다.
④ 여러 데이터 계열에 있는 숫자 값 사이의 관계를 보여 준다.

25 다음 중 '셀 서식' 대화상자의 가로 텍스트 맞춤에 대한 설명으로 틀린 것은?

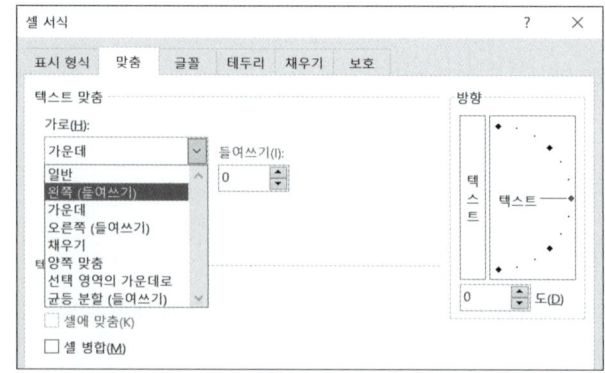

① 양쪽 맞춤 : 여러 줄로 표시된 경우 글자를 양쪽에 붙여 표시한다.
② 선택 영역의 가운데로 : 병합하지 않은 상태에서 선택한 영역의 가운데로 정렬한다.

③ 균등 분할 (들여쓰기) : 셀의 너비보다 데이터의 길이가 긴 경우 열의 너비에 맞게 여러 줄로 표시한 후 글자 간의 간격을 조절한다.

④ 채우기 : 선택한 영역의 가장 왼쪽 셀의 내용을 반복하여 표시하고 나머지 셀의 내용은 삭제된다.

26 다음 조건을 이용하여 사용자 지정 표시 형식을 설정할 경우 옳은 것은?

- 셀의 값이 2000 이상이면 '빨강', 2000 미만 500 이상이면 '파랑', 500 미만이면 색을 지정하지 않고, 천 단위 구분 기호를 표시하시오.
- 0과 텍스트는 아무것도 표시하지 마시오.

[표시 예]
- 3000 : 3,000
- 1000 : 1,000
- 300 : 300
- 0 :
- 상공 :

① [빨강][>=2000]#,###;[파랑][>=500]#,###;#,###

② [빨강][>=2000]#,###;[파랑][>=500]#,###;#,###;

③ [>=2000]〈빨강〉#,###;[>=500]〈파랑〉#,###;#,###

④ [>=2000]〈빨강〉#,###;[>=500]〈파랑〉#,###;#,###;

27 다음 중 매크로에 대한 설명으로 옳지 않은 것은?

① 매크로가 포함된 통합 문서를 열 때, '보안 경고'가 표시되면 '보안 경고'에 표시된 '이 콘텐츠 사용'을 클릭해야 매크로를 실행할 수 있다.

② 매크로를 실행할 바로 가기 키로 영문 소문자를 지정하면 Ctrl이 Ctrl + Shift로 자동 변경된다.

③ 절대 참조로 매크로를 작성하면 매크로를 실행할 때 현재 셀의 위치에 상관없이 매크로를 기록할 때 지정한 셀로 매크로가 실행된다.

④ 리본 메뉴에 [개발 도구] 탭을 추가하려면 'Excel 옵션' 대화 상자의 [리본 사용자 지정] 탭에서 '개발 도구'를 선택하여 체크 표시를 한다.

28 다음 중 콤보 차트에 대한 설명으로 틀린 것은?

① 데이터 계열에 따라 세로 축과 보조 축으로 지정하여 차트를 작성할 수 있다.

② 차트의 그림 영역에서 데이터 계열을 선택하여 차트 종류를 변경할 수 있다.

③ '3차원 묶은 세로 막대형'과 '표식이 있는 꺾은선형' 차트를 혼합하여 차트를 만들 수 있다.

④ 데이터 계열이 2개가 있어야 콤보 차트를 작성할 수 있다.

29 다음 중 아래의 워크시트에서 [B6] 셀에 입력된 수주번호의 담당자를 구하고자 할 때, [B7] 셀에 입력할 수식으로 옳지 않은 것은?

	A	B	C
1	수주번호	담당자	수주금액
2	D12-001	양미숙	1,500
3	D12-002	이숙희	1,000
4	D12-003	김일동	2,300
5			
6	수주코드	D12-002	
7	담당자		
8			

① =INDEX(A2:C4, MATCH(B6, A2:A4, 0), 2)

② =VLOOKUP(B6, OFFSET(A2, 0, 0, COUNTA(A:A)-3, 3), 2, 0)

③ =DGET(A1:C4, 2, A6:B6)

④ =LOOKUP(B6, A2:A4, B2:B4)

30 [A1:K20] 영역에 데이터가 입력되어 있고, 한 페이지에 인쇄되는 범위가 [A1:J12] 영역일 때 모든 내용을 한 페이지에 출력하도록 하기 위한 속성 설정으로 올바른 것은?

① [축소 확대/배율]을 100%로 한다.

② [자동 맞춤]의 '용지 너비'를 1로 하고 '용지 높이'를 공백으로 한다.

③ [자동 맞춤]의 '용지 너비'를 공백으로 하고 '용지 높이'를 1 한다.

④ [자동 맞춤]의 '용지 너비'와 '용지 높이'를 1로 한다.

31 아래의 시트에서 횟수에 따른 택배비를 계산하려고 한다. 횟수가 5 이하면 2000, 5 초과 9 이하면 3000, 9 초과면 무료로 표시하기 위해 [C2] 셀에 입력해야 할 수식으로 옳지 않은 것은?

	A	B	C
1	이름	횟수	택배비
2	홍길동	3	2000
3	이숙희	8	3000
4	양종국	10	무료
5	김호명	7	3000
6			

① =IF(B2<=5, 2000, IF(B2<=9, 3000, "무료"))

② =IF(B2>9, "무료", IF(B2>5, 3000, 2000))

③ =IF(B2<=5, 2000, IF(OR(B2>5, B2<=9), 3000, "무료"))

④ =IF(B2<=5, 2000, IF(AND(B2>5, B2<=9), 3000, "무료"))

32 다음 중 아래와 같은 피벗 테이블을 작성하기 위한 작업으로 옳지 않은 것은?

	A	B	C	D	E
1	성별	(모두)			
2	졸업자	(모두)			
3					
4	단과대학	학과	개수 : 진학자	개수 : 창업자	평균 : 취업률
5	사범대학		8	7	65%
6		영어 교육과	2	2	79%
7		국어교육과	1	1	64%
8		교육학과	2	2	64%
9		수학교육과	3	2	55%
10	사회과학대학		9	10	60%
11	인문대학		9	8	62%
12	총합계		26	25	62%
13					

① 행에 단과대학과 학과를 표시하고, 단과대학에 필터를 적용했다.
② 필터에 성별과 졸업자가 표시되어 있다.
③ 확장/축소 단추와 부분합을 표시하지 않았다.
④ 학과는 취업률을 기준으로 내림차순 정렬되어 있다.

33 다음 중 공유된 통합 문서에 대한 설명으로 옳지 않은 것은?
① 공유 통합 문서를 여러 사용자가 동시에 편집할 수 있도록 설정할 수 있다.
② 공유된 통합 문서에서는 조건부 서식을 추가하거나 변경할 수 없다.
③ 사용자별로 공유된 통합 문서를 열기 위한 암호를 다르게 설정할 수 있다.
④ 필요시 공유 통합 문서에서 특정 사용자의 연결을 끊을 수 있다.

34 대출 원금 3천만원을 연 이자율 6.5%로 3년 동안 매월 말에 상환하는 경우 매월의 불입 금액을 계산하는 함수식으로 옳은 것은? 단, 결과가 양수로 출력되도록 함수의 인수를 설정하시오.
① =PMT(6.5%/12, 3*12, -30000000)
② =PMT(6.5%, 3*12, -30000000)
③ =IPMT(6.5%/12, 3*12, -30000000)
④ =IPMT(6.5%, 3*12, -30000000)

35 다음 중 조건부 서식에 대한 설명으로 옳지 않은 것은?
① 수식을 이용하여 조건을 지정할 경우, 다른 통합 문서에 대한 외부 참조를 사용할 수 있다.
② 조건부 서식의 조건은 결과가 TRUE(1) 또는 FALSE(0)가 나오도록 작성한다.
③ 특정 조건을 만족하는 경우에만 서식이 적용되도록 하는 기능이다.
④ 동일한 셀 범위에 둘 이상의 조건부 서식 규칙이 True로 평가되어 충돌하는 경우 [조건부 서식 규칙 관리자] 대화상자의 규칙 목록에서 가장 위에 있는, 즉 우선순위가 높은 규칙 하나만 적용된다.

36 아래 워크시트의 [C3:C15] 영역을 이용하여 출신지역별로 인원수를 [G3:G7] 영역에 계산하려고 한다. 다음 중 [G3] 셀에 수식을 작성한 뒤 채우기 핸들을 사용하여 [G7] 셀까지 수식 복사를 할 경우 [G3] 셀에 입력할 수식으로 옳은 것은?

	A	B	C	D	E	F	G
1							
2		성명	출신지역	나이			인원
3		김광철	서울	32		서울 지역	3
4		김다나	경기	35		경기 지역	2
5		고준영	서울	36		호남 지역	3
6		성영주	호남	38		영남 지역	3
7		김철수	경기	38		제주 지역	2
8		정석중	호남	42			
9		이진주	영남	44			
10		박성수	제주	45			
11		최미나	영남	48			
12		강희수	제주	50			
13		조광식	서울	52			
14		원춘배	호남	52			
15		지민주	영남	54			
16							

① =SUM(IF($C$3:$C$15=LEFT(F3, 2), 1, 0))
② {=SUM(IF($C$3:$C$15=LEFT(F3, 2), 1, 0))}
③ =SUM(IF($C$3:$C$15=LEFT(F3, 2), 1, 1))
④ {=SUM(IF($C$3:$C$15=LEFT(F3, 2), 1, 1))}

37 다음 중 VBA에서 프로시저(Procedure)에 대한 설명으로 옳지 않은 것은?
① 특정한 기능을 수행할 수 있는 명령문들의 집합이다.
② 사용자가 직접 기록한 매크로도 프로시저로 기록된다.
③ Sub ~ End Sub 프로시저는 명령문들의 실행 결과를 반환한다.
④ 하나 이상의 프로시저들을 이용하여 모듈을 구성할 수 있다.

38 다음 중 고급 필터 실행을 위한 조건 지정 방법에 대한 설명으로 옳지 않은 것은?
① 함수나 식을 사용하여 조건을 입력하면 셀에는 비교되는 현재 대상의 값에 따라 TRUE나 FALSE가 표시된다.
② 함수를 사용하여 조건을 입력하는 경우 원본 필드명과 동일한 필드명을 조건 레이블로 사용해야 한다.
③ 다양한 함수와 식을 혼합하여 조건을 지정할 수 있다.
④ 텍스트 데이터를 필터링할 때 대/소문자는 구분되지 않으나 수식으로 대/소문자를 구분하여 검색할 수 있다.

39 다음 중 통합 문서 저장 시 사용하는 [일반 옵션]에 관한 설명으로 옳지 않은 것은?

① [백업 파일 항상 만들기]는 통합 문서를 저장할 때마다 백업 복사본을 저장하는 기능이다.
② [열기 암호]는 암호를 모르면 통합 문서를 열어 사용할 수 없도록 암호를 지정하는 기능이다.
③ [쓰기 암호]는 암호를 모르더라도 읽기 전용으로 열어 열람이 가능하나 원래 문서 및 복사본으로 통합 문서를 저장할 수 없도록 암호를 지정하는 기능이다.
④ [읽기 전용 권장]은 문서를 열 때마다 통합 문서를 읽기 전용으로 열도록 대화상자를 나타내는 기능이다.

40 다음 중 [찾기 및 바꾸기] 대화상자에 대한 설명으로 옳지 않은 것은?

① 찾을 내용에 '*수정*', 바꿀 내용에 '*변경*'으로 입력하고, [모두 바꾸기] 단추를 클릭하면 '수정'이라는 모든 글자를 '*변경*'으로 바꾼다.
② '=A1*B1'과 같은 수식을 검색하려면 찾는 위치를 '수식'으로 선택한 후 찾을 내용에 '=A1~*B1'으로 입력한다.
③ 찾을 내용과 바꿀 내용은 입력하지 않고, 찾을 서식과 바꿀 서식으로 설정할 수 있다.
④ 셀 포인터 위치를 기준으로 앞에 위치한 데이터를 찾으려면 Shift를 누른 상태에서 [다음 찾기] 단추를 클릭한다.

3과목 데이터베이스 일반

41 다음 중 아래 〈학생〉 테이블에 대한 SQL문의 실행 결과로 옳은 것은?

학번	전공	학년	나이
1002	영문	SO	19
1004	통계	SN	23
1005	영문	SN	21
1008	수학	JR	20
1009	영문	FR	18
1010	통계	SN	25

```
SELECT AVG([나이]) FROM 학생
WHERE 학년="SN" GROUP BY 전공
HAVING COUNT( * )>= 2;
```

① 21 ② 22
③ 23 ④ 24

42 다음 중 현재 폼에서 'cmd숨기기' 단추를 클릭하는 경우, DateDue 컨트롤이 표시되지 않도록 하기 위한 이벤트 프로시저로 옳은 것은?

① Private Sub cmd숨기기_Click( )
　　Me.[DateDue]!Visible = False
　End Sub

② Private Sub cmd숨기기_DblClick( )
　　Me!DateDue.Visible = True
　End Sub

③ Private Sub cmd숨기기_Click( )
　　Me![DateDue].Visible = False
　End Sub

④ Private Sub cmd숨기기_DblClick( )
　　Me.DateDue!Visible = True
　End Sub

43 다음 중 참조 무결성에 대한 설명으로 옳지 않은 것은?

① 참조 무결성은 참조하고 참조되는 테이블 간의 참조 관계에 아무런 문제가 없는 상태를 의미한다.
② 다른 테이블을 참조하는 테이블, 즉 외래 키 값이 있는 테이블의 레코드 삭제 시에는 참조 무결성이 위배될 수 있다.
③ 다른 테이블을 참조하는 테이블의 레코드 추가 시 외래키 값이 널(Null)인 경우에는 참조 무결성이 유지된다.
④ 다른 테이블에 의해 참조되는 테이블에서 레코드를 추가하는 경우에는 참조 무결성이 유지된다.

44 다음 중 정규화에 대한 설명으로 옳지 않은 것은?

① 대체로 더 작은 필드를 갖는 테이블로 분해하는 과정이다.
② 데이터 중복을 최소화하기 위한 작업이다.
③ 정규화를 통해 테이블 간의 종속성을 높이기 위한 것이다.
④ 추가, 갱신, 삭제 등 작업 시의 이상(Anomaly) 현상이 발생하지 않도록 하기 위한 것이다.

45 다음 중 폼 작성 시 사용하는 컨트롤에 대한 설명으로 옳지 않은 것은?

① 바운드 컨트롤 : 폼이나 보고서에서 테이블이나 쿼리의 필드를 컨트롤 원본으로 사용하는 컨트롤이다.
② 탭 컨트롤 : 탭 형식의 대화상자를 작성하는 컨트롤로, 다른 컨트롤을 탭 컨트롤로 복사하거나 추가할 수 있다.
③ 레이블 컨트롤 : 날짜나 시간을 표시하는 용도로 사용하는 컨트롤이다.
④ 계산 컨트롤 : 원본 데이터로 필드를 사용하지 않고 식을 사용하는 컨트롤이다.

46 다음 중 액세스의 보고서에 대한 설명으로 옳은 것은?
① 보고서의 레코드 원본으로 테이블, 쿼리, 엑셀과 같은 외부 데이터, 매크로 등을 지정할 수 있다.
② 보고서 머리글과 보고서 바닥글의 내용은 모든 페이지에 출력된다.
③ 보고서에서도 폼에서와 같이 이벤트 프로시저를 작성할 수 있다.
④ 컨트롤을 이용하지 않고도 보고서에 테이블의 데이터를 표시할 수 있다.

47 다음 중 데이터 형식에 대한 설명으로 옳지 않은 것은?
① '첨부 파일'은 jpg, xlsx 등 원하는 파일 형식으로 첨부되도록 할 수 있다.
② 'Yes/No'는 성별이나 결혼 여부 등 두 값 중 하나만 입력하는 경우에 사용한다.
③ '짧은 텍스트'는 최대 255자까지 저장할 수 있다.
④ '일련 번호'는 레코드가 추가될 때마다 1씩 증가하는 값이 자동으로 입력되며, 필드 크기는 정수(Long)이다.

48 다음 중 Access의 개체에 대한 설명으로 옳지 않은 것은?
① 매크로는 모듈에 비해 복잡한 작업을 처리하기 위해 프로그램을 직접 작성하는 것이다.
② 쿼리는 폼이나 보고서의 원본 데이터로 사용할 수 있다.
③ 폼은 테이블이나 쿼리 데이터의 입출력 화면을 작성한다.
④ 테이블은 데이터를 저장하는 데 사용하는 데이터베이스 개체로, 레코드 및 필드로 구성된다.

49 다음 VBA에서 변수 선언(Option Explicit)에 대한 설명으로 옳지 않은 것은?
① Dim, Static, Private, Public 키워드로 변수를 선언한다.
② 변수는 반드시 Option Explicit문 이전에 선언해야 한다.
③ 변수를 선언하지 않고 사용하면 에러가 발생한다.
④ 'Option Base 1'을 선언하면 배열의 위치는 1부터 시작한다.

50 다음 중 보고서 보기에 대한 설명으로 옳지 않은 것은?
① 보고서 보기를 종료하지 않고 보고서에 직접 필터를 적용하거나 해제할 수 있다.
② 탐색 단추를 이용하여 보고서 페이지를 순차적으로 넘겨보거나 원하는 페이지로 이동할 수 있다.
③ 보고서 데이터를 클립보드에 복사할 수 있다.
④ 보고서 보기는 종이 출력용이 아니라 화면 출력용이다.

51 다음 중 기본키(Primary Key)에 대한 설명으로 옳은 것은?
① 모든 테이블에는 기본키를 반드시 설정해야 한다.
② 액세스에서는 단일 필드 기본키와 일련 번호 기본키만 정의 가능하다.
③ 데이터가 이미 입력된 필드도 기본키로 지정할 수 있다.
④ OLE 개체나 첨부 파일 형식의 필드에도 기본키를 지정할 수 있다.

52 다음 중 아래의 VBA 코드를 실행한 결과 메시지 상자에 표시되는 내용은 무엇인가?

```
Private Sub Form_Load( )
    Dim SampleString
    SampleString = "대한상공회의소"
    Mid(SampleString, 3, 2) = "활용"
    MsgBox (SampleString)
End Sub
```

① 대한상공회의소   ② 상공
③ 대한활용회의소   ④ 활용

53 다음 중 하위 쿼리(Sub Query)의 설명으로 옳지 않은 것은?
① 하위 폼이나 하위 보고서는 반드시 하위 쿼리를 사용해야 한다.
② 주 쿼리에서 IN 조건부를 사용하여 하위 쿼리의 일부 레코드에 동일한 값이 있는 레코드만 검색할 수 있다.
③ SELECT 문의 필드 목록이나 WHERE 또는 HAVING 절에서 식 대신에 하위 쿼리를 사용할 수 있다.
④ 주 쿼리에서 ALL 조건부를 사용하여 하위 쿼리에서 검색된 모든 레코드와 비교를 만족시키는 레코드만 검색할 수 있다.

54 다음 중 사원 테이블(사원번호, 이름, 직급, 연봉, 호봉)에서 호봉이 6인 사원의 연봉을 3%씩 인상하는 SQL문이다. 각 괄호에 들어갈 알맞은 명령어를 순서대로 나열한 것은?

```
Update 사원
(     ) 연봉 = 연봉 * 1.03
(     ) 호봉 = 6;
```

① From, Where   ② Set, From
③ Set, Where   ④ From, Set

55 다음 중 동아리 회원 목록을 표시하는 [동아리회원] 폼에서 성별이 여자인 본문의 모든 컨트롤의 글꼴 서식을 굵게, 기울임꼴로 표시하는 방법으로 적절한 것은?

① 본문 영역에서 '성별' 컨트롤을 선택한 후 조건부 서식에서 규칙으로 필드 값이 다음 값과 같음, 값을 '여자'로 지정한 후 서식을 설정한다.
② 본문 영역의 모든 컨트롤들을 선택한 후 조건부 서식에서 규칙으로 조건 식을 [성별]='여자'로 지정한 후 서식을 설정한다.
③ 본문 영역의 모든 컨트롤들을 선택한 후 조건부 서식에서 규칙으로 필드 값이 다음 값과 같음, 값을 '여자'로 지정한 후 서식을 설정한다.
④ 테이블의 데이터시트 보기에서 여자 회원 레코드들을 모두 선택한 후 서식을 설정한다.

56 다음 중 데이터베이스 설계 순서로 옳은 것은?

㉠ 요구 조건 분석	㉡ 물리적 설계
㉢ 개념적 설계	㉣ 구현
㉤ 논리적 설계	

① ㉢ → ㉠ → ㉤ → ㉣ → ㉡
② ㉠ → ㉢ → ㉤ → ㉡ → ㉣
③ ㉢ → ㉤ → ㉡ → ㉠ → ㉣
④ ㉠ → ㉤ → ㉢ → ㉡ → ㉣

57 다음 〈보기〉와 같이 거래처별 수금액의 합계를 표시하려고 할 때 가장 적합한 보고서 영역은?

〈보기〉 수금액 합계 =Sum([수금액])

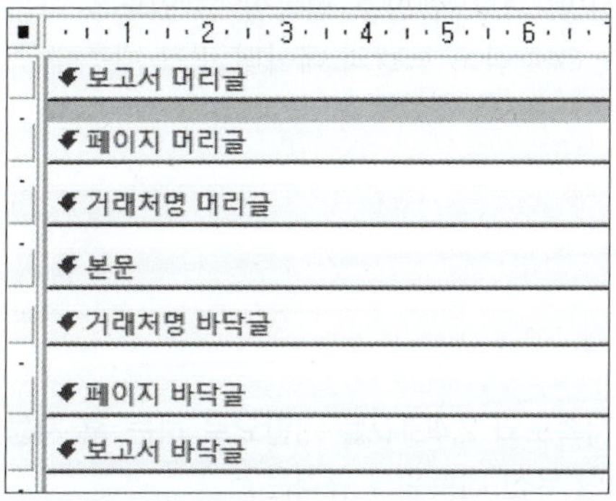

◆ 보고서 머리글
◆ 페이지 머리글
◆ 거래처명 머리글
◆ 본문
◆ 거래처명 바닥글
◆ 페이지 바닥글
◆ 보고서 바닥글

① 보고서 머리글 ② 페이지 바닥글
③ 거래처명 바닥글 ④ 본문

58 아래 내용 중 하위 폼에 대한 옳은 설명만을 나열한 것은?

ⓐ 하위 폼에는 기본 폼의 현재 레코드와 관련된 레코드만 표시된다.
ⓑ 하위 폼은 단일 폼으로 표시되며 연속 폼으로는 표시될 수 없다.
ⓒ 기본 폼과 하위 폼을 연결할 필드의 데이터 형식은 같거나 호환되어야 한다.
ⓓ 여러 개의 연결 필드를 지정하려면 콜론(:)으로 필드명을 구분하여 입력한다.

① ⓐ, ⓑ, ⓒ ② ⓐ, ⓒ
③ ⓑ, ⓒ, ⓓ ④ ⓑ, ⓓ

59 다음 지문의 SQL문과 결과가 동일한 것은?

Select * From 고객
Where 고객.등급 = 'A'
UNION
Select * From 고객
Where 고객.등급 = 'B';

① Select * From 고객 Where 고객.등급 = 'A' Or 'B';
② Select * From 고객 Where 고객.등급 = 'A' And 'B';
③ Select * From 고객 Where 고객.등급 = 'A' Or 고객.등급 = 'B';
④ Select * From 고객 Where 고객.등급 = 'A' And 고객.등급 = 'B';

60 보고서 머리글의 텍스트 박스 컨트롤에 다음과 같이 컨트롤 원본을 지정하였다. 보고서 미리 보기를 하는 경우 어떠한 결과가 나타나는가? (단, 현재 날짜와 시간이 2023년 1월 2일 오후 3시 4분 5초라고 가정한다.)

=Format(Now( ), "mmmm ampm h:n")

① Jan 3:4
② January 오후 3:4
③ Jan pm 3:4:5
④ January pm 3:4:5

최신 기출문제 08회 — 2024년 상시03 컴퓨터활용능력 1급 필기

1과목 : 컴퓨터 일반

01 다음 중 한글 Windows 10의 바로 가기 키에 대한 설명으로 옳은 것은?

① ⊞+Ⓐ : 알림 센터 열기
② ⊞+Ⓑ : 설정 열기
③ ⊞+⟨,⟩ : 이모지 열기
④ ⊞+Ⓘ : 바탕 화면 임시 미리 보기

02 다음 중 PNG에 대한 설명으로 옳지 않은 것은?

① GIF를 대체하여 인터넷에서 사용할 수 있는 형식이다.
② 애니메이션은 표현할 수 없다.
③ 트루 컬러와 CMYK 색상 모드를 지원한다.
④ 무손실 압축 기법을 사용한다.

03 다음 중 레지스터(Register)에 대한 설명 중 옳지 않은 것은?

① 레지스터는 CPU 내부에서 처리할 명령어나 연산 결과 값을 일시적으로 저장하는 기억장치이다.
② 전원공급이 없어도 저장 내용이 계속 유지된다.
③ 구조는 플립플롭(Flip-Flop)이나 래치(Latch)를 직렬 또는 병렬로 연결한다.
④ 레지스터는 메모리 중에서 가장 속도가 빠르다.

04 다음 중 [설정] → [개인 설정] → [잠금 화면]에서 설정할 수 있는 항목이 아닌 것은?

① 화면 보호기 작동 여부를 설정할 수 있다.
② 로그인 화면에 잠금 화면 배경 그림을 표시할 수 있다.
③ 잠금 화면의 미리 보기 배경을 사진이나 슬라이드 쇼로 설정할 수 있다.
④ 잠금 화면에 세부 상태를 표시할 앱을 여러 개 설정할 수 있다.

05 다음 중 한글 Windows 10의 '폴더 옵션' 대화상자에서 설정할 수 있는 작업으로 옳지 않은 것은?

① 알려진 파일 형식의 파일 확장명 숨기기를 설정할 수 있다.
② 숨김 파일이나 폴더의 표시 여부를 설정할 수 있다.
③ 공유 폴더에 액세스 할 때 필요한 계정과 암호를 설정할 수 있다.
④ 모든 폴더에 현재 보기(자세히 또는 아이콘)를 적용할 수 있다.

06 다음 중 컴퓨터에서 사용하는 ASCII 코드에 관한 설명으로 옳지 않은 것은?

① 총 128개의 문자를 표현할 수 있다.
② 모든 문자를 표현할 수 있는 표준화된 국제 코드이다.
③ 데이터 처리 및 통신 시스템 상호 간의 정보 교환을 위해 사용된다.
④ 확장 ASCII 코드는 8비트를 사용하여 문자를 표현한다.

07 네트워크 관련 장비 중 브리지(Bridge)에 관한 설명으로 옳은 것은?

① 주로 LAN에서 다른 네트워크에 데이터를 보내거나 다른 네트워크로부터 데이터를 받아들이는데 사용되는 장치이다.
② 데이터 전송을 위해 가장 최적의 경로를 설정하는데 사용되는 장치이다.
③ 네트워크를 구성할 때 한꺼번에 여러 대의 컴퓨터를 연결하는 장치로, 각 회선을 통합적으로 관리한다.
④ 두 개의 근거리 통신망(LAN)을 상호 접속할 수 있도록 하는 통신망 연결 장치로, OSI 참조 모델의 데이터 링크 계층에 속한다.

08 저전력, 저비용, 저속도와 2.4GHz를 기반으로 하는 홈 자동화 및 데이터 전송을 위한 무선 네트워크 규격은?

① 와이파이
② 지그비
③ RFID
④ 와이브로

09 실행 가능한 로드 모듈에 기억공간의 번지를 지정하여 메모리에 적재하고, 컴퓨터에서 실행해야 할 프로그램이나 파일을 메모리로 옮겨주는 프로그램은?

① 로더
② 링커
③ 컴파일러
④ 인터프리터

10 다음 중 정보 통신망의 구성 형태 중 버스형에 대한 설명으로 옳지 않은 것은?

① 하나의 통신 회선에 여러 대의 컴퓨터를 연결한 형태이다.
② 단말장치의 추가와 제거가 용이하다.
③ 단말장치가 고장나더라도 통신망 전체에 영향을 주지 않는다.
④ 기밀이 보장되며 통신 회선의 길이에 제한이 없다.

11 다음 중 시스템 버스에 대한 설명으로 옳지 않은 것은?

① 시스템 버스는 CPU와 주변장치 간의 데이터 전송에 사용되는 통로로, 전달하는 신호 형태에 따라 제어 버스, 주소 버스, 데이터 버스로 구분된다.
② 제어 버스는 CPU가 메모리와 주변장치에 제어 신호를 보내기 위해 사용한다.
③ 주소 버스는 메모리 주소 레지스터와 연결된 버스로, 메모리나 주변장치에 데이터를 읽거나 쓸 때 위치 정보를 보내기 위해 사용하는 양방향 통로이다.
④ 데이터 버스는 메모리 버퍼 레지스터와 연결된 버스로, 각 장치별로 필요한 데이터를 전달하기 위해 사용한다.

12 다음 중 아날로그 컴퓨터와 디지털 컴퓨터에 대한 설명으로 옳은 것은?

① 아날로그 컴퓨터는 숫자, 문자 등 이산적인 데이터를 처리한다.
② 디지털 컴퓨터는 전압, 온도 등 연속적으로 변하는 데이터를 처리한다.
③ 아날로그 컴퓨터는 정밀도가 제한적이고 프로그래밍을 필요로 하지 않는다.
④ 디지털 컴퓨터의 주요 구성 회로는 증폭 회로이다.

13 다음 중 한글 Windows 10의 시작 메뉴에 대한 설명으로 옳지 않은 것은?

① 시작 메뉴에 있는 앱의 바로 가기 메뉴에서 [제거]를 이용하면 해당 앱을 제거할 수 있다.
② 시작 화면에 있는 앱이 설치되어 있는 실제 위치를 확인하려면 앱의 바로 가기 메뉴에서 '파일 위치 열기'를 클릭한다.
③ 시작 화면에 있는 앱의 크기를 조절하거나 타일을 이동하고 앱을 그룹화 할 수 있다.
④ [시작] → [설정] → [개인 설정] → [시작]에서 '전체 시작 화면 사용'을 켜면 화면 전체에 시작 메뉴가 표시된다.

14 다음 중 CISC와 RISC에 대한 설명으로 옳은 것은?

① RISC는 명령어의 종류가 많아 복잡한 회로를 이용한다.
② RISC는 명령어 집합이 복잡하고, 가변 길이의 다양한 명령어를 가진다.
③ CISC는 생산가가 비싸고 전력 소모가 많아 열이 많이 발생한다.
④ CISC는 RISC 프로세서 보다 수행 속도가 빠르다.

15 다음 중 인터넷 주소 체계인 IPv6(Internet Protocol version 6)에 관한 설명으로 옳지 않은 것은?

① 주소의 확장성, 융통성, 연동성이 뛰어나며 실시간 흐름 제어로 향상된 멀티미디어 서비스를 제공할 수 있다.
② 16비트씩 4부분, 총 64비트의 주소를 사용하여 IP 주소의 부족 문제를 해결할 수 있다.
③ 주소 체계는 유니캐스트(Unicast), 애니캐스트(Anycast), 멀티캐스트(Multicast) 등 세 가지로 나뉜다.
④ 인증 서비스, 비밀성 서비스, 데이터 무결성 서비스를 제공함으로써 보안 문제를 해결할 수 있다.

16 다음 중 컴퓨터에서 사용하는 그래픽 파일의 형식에 관한 설명으로 옳지 않은 것은?

① JPEG는 손실 압축 기법과 무손실 압축 기법을 사용하며, 사용자가 임의로 압축률을 지정할 수 있다.
② BMP는 Windows에서 기본적으로 지원하는 포맷으로 압축을 사용하여 파일의 크기가 작다.
③ GIF는 인터넷 표준 그래픽 형식으로, 무손실 압축 기법을 사용하여 선명한 화질을 제공한다.
④ PNG는 트루 컬러의 지원과 투명색 지정이 가능하다.

17 다음 중 방화벽에 대한 설명으로 적절하지 않은 것은?

① 보안이 필요한 네트워크의 통로를 단일화하여 관리한다.
② 방화벽 시스템은 내부와 외부로부터 불법적인 해킹을 완전히 차단할 수 있다.
③ 권한이 없는 사용자가 네트워크를 통해 컴퓨터에 액세스 하는 것을 방지한다.
④ 역추적 기능으로 외부 침입자의 흔적을 찾을 수 있다.

18 다음 중 컴퓨터의 장치를 교체할 때 고려해야 할 사항으로 옳지 않은 것은?

① 하드디스크의 용량(Gb)은 클수록 좋다.
② 모니터가 지원하는 해상도(dpi)는 클수록 좋다.
③ CPU 코어의 수는 많을수록 좋다.
④ DRAM의 데이터 접근 속도(ns)는 클수록 좋다.

19 다음 중 핀테크(FinTech)의 활용 분야에 대한 설명으로 옳지 않은 것은?

① 네트워크 등을 통해 다수의 개인으로부터 자금을 모으는 크라우드 펀딩(Crowd funding)
② 알고리즘이나 빅 데이터 등을 분석하여 고객에게 투자 자문을 수행하는 로보 어드바이저(Robo Advisor)
③ 비트코인, 이더리움 등의 가상화폐의 암호화를 위한 데이터 분산 처리
④ 사용자의 편의성에 맞춘 송금 및 간편 결제 기능

20 다음 중 컴퓨터의 CMOS에서 설정할 수 있는 항목으로 옳지 않은 것은?

① 하드디스크의 타입
② 하드디스크나 USB 등의 부팅 순서
③ 멀티부팅 시 사용하려는 BIOS의 종류
④ 시스템 암호 설정

2과목 스프레드시트 일반

21 다음 중 데이터를 분포 내의 빈도에 따라 보여주는데 적합하며, 측정 값에 존재하는 몇 개의 계급 구간을 차트의 각 열로 변경하여 데이터를 보다 세부적으로 분석하여 보여주는 차트는?

① 히스토그램 차트
② 트리맵 차트
③ 선버스트 차트
④ 분산형 차트

22 고급 필터에서 조건을 다음과 같이 설정했을 때 이에 대한 설명으로 올바른 것은?

부서	직책	경력
영업부		>=7
개발부	과장	
	주임	<10

① 영업부이거나 개발부이면서 과장이거나 주임이면서 경력이 7년 이상 10년 미만인 직원
② 영업부이면서 경력이 7년 이상이고 개발부이면서 과장이고 주임이면서 10년 미만인 직원
③ 영업부이면서 경력이 7년 이상이거나 개발부이면서 과장이거나 주임이면서 10년 미만인 직원
④ 영업부이거나 경력이 7년 이상이고 개발부이거나 과장이고 주임이거나 10년 미만인 직원

23 다음 중 '페이지 설정' 대화상자에서 머리글과 바닥글을 지정할 때 사용되는 단추를 클릭했을 때 표시되는 값으로 틀린 것은?

① : &[그림]
② : &[전체 페이지 수]
③ : &[탭]
④ : &[경로]&[파일]

24 다음 조건을 이용하여 사용자 지정 표시 형식을 설정할 경우 옳은 것은?

- 양수와 음수 모두에 천 단위 구분 기호 표시
- 음수인 경우 음수 기호(-) 없이 빨강색으로 표시

[표시 예]
- 1500 : 1,500.00
- -2450 : 2,450.00
- 50.1 : 50.10
- 0 : 0.00

① #,###.00;[빨강]#,###.00
② #,##0.00;[빨강]#,##0.00
③ [빨강]#,###.00;#,###.00
④ [빨강]#,##0.00;#,##0.00

25 다음 중 정렬에 대한 설명으로 옳지 않은 것은?
① 표 스타일이 적용된 데이터 영역을 왼쪽에서 오른쪽 방향으로 정렬하려면 정렬하기 전에 '범위로 변환'을 실행해야 한다.
② 숨겨진 행이나 열도 정렬에 포함되어 정렬되나 머리글 행은 정렬되지 않는다.
③ 숫자, 날짜 등과 같이 셀에 입력된 값으로 정렬할 때는 정렬 기준을 '셀 값'으로 지정하고, 셀에 지정된 서식으로 정렬하려면 정렬 기준을 '셀 색'이나 '글꼴 색', '조건부 서식 아이콘'으로 지정해야 한다.
④ 사용자 지정 목록을 사용하여 사용자가 정의한 순서대로 정렬할 수 있다.

26 다음 중 참조의 대상 범위로 사용하는 이름 정의 시 이름의 지정 방법에 대한 설명으로 옳지 않은 것은?
① 'A1'처럼 셀 주소와 같은 형태의 이름을 사용할 수 있다.
② 대소문자를 구분하지 않는다.
③ 같은 통합 문서에서 동일한 이름을 중복하여 사용할 수 없다.
④ 이름 상자의 화살표 단추를 누르고 정의된 이름 중 하나를 클릭하면 해당 셀 또는 셀 범위가 선택된다.

27 다음 그림과 같이 "표" 기능을 사용하여 단가(C7:E7)와 판매량(B8:B11)에 따른 판매금액(C8:E11)을 계산하려고 한다. 이때 실행하여야 할 작업 내용에 대한 설명으로 옳지 않은 것은?

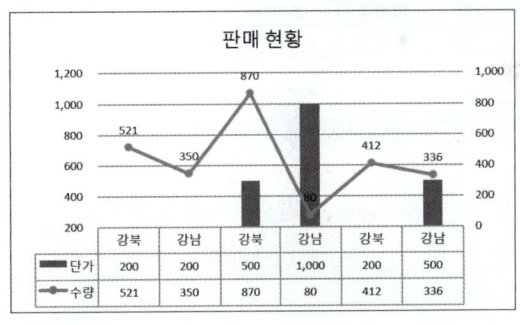

① '데이터 테이블' 대화상자가 표시되면 "행 입력 셀"은 [B3] 셀과, "열 입력 셀"은 [B2] 셀을 지정한 후 〈확인〉을 선택한다.
② [C8:E11] 영역을 블록으로 설정한 후 [데이터] → [예측] → [가상 분석] → [데이터 표]를 선택한다.
③ 수식이 입력되어야 하는 [B7] 셀을 선택하고 수식 "=B2*B3"을 입력한다.
④ 자동으로 결과가 구해진 셀을 하나 선택해서 살펴보면 "{=TABLE(B3,B2)}"와 같은 배열 수식이 들어 있다.

28 다음 중 아래 차트에 대한 설명으로 옳지 않은 것은?

① '판매 현황'이라는 차트 제목이 표시되어 있다.
② '수량' 계열을 보조 축으로 지정하였다.
③ 데이터 테이블에 범례 표지가 표시되어 있다.
④ '수량' 계열에 데이터 레이블이 '가운데'로 표시되어 있다.

29 다음 중 수식과 그 실행 결과 값의 연결이 옳지 않은 것은?
① =DAYS("2023-11-1", "2023-10-1") → 31
② =ROUNDDOWN(45.6789, 2) → 45.67
③ =SUMPRODUCT({1,2,3}, {5,6,7}) → 32
④ =SQRT(4) * (INT(-2) + POWER(2, 3)) → 12

30 다음 중 워크시트에 데이터를 입력하는 방법에 대한 설명으로 옳지 않은 것은?

① 숫자 데이터를 입력하면 기본적으로 셀의 오른쪽에 정렬된다.
② '3과 같이 숫자 앞에 작은따옴표(')를 입력하면 기본적으로 셀의 오른쪽에 정렬된다.
③ 수식 또는 함수 식을 입력할 때는 = 기호를 붙여 입력한다.
④ Ctrl + Enter 를 이용하여 여러 개의 셀에 동일한 데이터를 한번에 입력할 때 범위는 연속적으로 지정하지 않아도 된다.

31 아래 워크시트에서 [B13:D14] 영역에는 직책별 부서별 목표액의 합계를 함수를 이용하여 계산하였다. 함수가 아닌 분석 도구를 이용하여 계산할 경우 가장 알맞은 도구는?

	A	B	C	D
1	이름	직책	부서	목표액
2	김사원	사원	영업부	35,200
3	김흥부	사원	인사부	12,500
4	노지심	부장	영업부	101,200
5	송치윤	부장	인사부	62,533
6	이관우	사원	총무부	32,560
7	이봉주	부장	영업부	64,250
8	이수진	부장	총무부	45,850
9	이양양	사원	인사부	90,400
10	이인상	부장	영업부	54000
11				
12		영업부	인사부	총무부
13	부장	219,450	62,533	45,850
14	사원	35,200	102,900	32,560

① 목표값 찾기　　② 통합
③ 피벗 테이블　　④ 시나리오

32 다음 중 [페이지 설정] 대화상자에 대한 설명으로 옳지 않은 것은?

① 용지 방향, 용지 크기, 인쇄 품질을 설정할 수 있다.
② '머리글/바닥글' 탭의 '머리글' 영역에서 행/열 머리글의 인쇄 여부를 설정한다.
③ 여백은 사용자가 직접 값을 입력할 수 있다.
④ 워크시트에서 차트를 마우스로 선택한 후 [페이지 설정] 메뉴를 선택하면, '시트' 탭이 '차트' 탭으로 바뀐다.

33 워크시트에서 [파일] → [옵션]을 선택하여 'Excel 옵션' 대화상자의 '고급' 탭에서 소수점 자동 삽입의 소수점 위치를 '-2'로 지정하였다. 워크시트의 셀에 1을 입력할 경우 화면에 표시되는 값은?

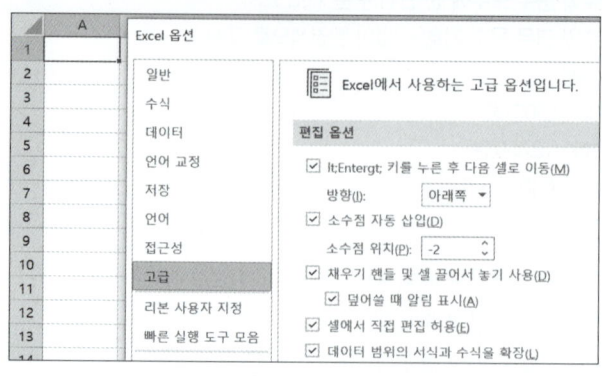

① 0.01　　② 1
③ 100　　④ 10000

34 아래의 워크시트에서 [A1:C1] 영역이 블록으로 지정된 상태에서 채우기 핸들을 끌었을 때 [F1] 셀에 입력되는 값으로 올바른 것은?

	A	B	C	D	E	F	G
1	5		1				
2							

① 1　　② −3
③ −7　　④ 0

35 다음 매크로를 [F9] 셀을 선택한 상태에서 실행했을 경우 실행 결과에 대한 설명으로 틀린 것은?

```
Sub 매크로1( )
    ActiveCell.FormulaR1C1 = "=SUM(RC[-4]:RC[-2])"
    Range("F2").Select
    Selection.AutoFill Destination:=Range("F2:F5"), _
    Type:=xlFillDefault
    Range("F2:F5").Select
End Sub
```

① [F9] 셀에 합계를 구합니다.
② [F9] 셀에 입력된 수식은 '=SUM(F5:F8)'과 같은 의미이다.
③ [F2:F5] 영역은 자동 채우기로 입력된다.
④ [F2:F5] 영역이 선택된 상태로 매크로가 종료된다.

36 다음 중 매크로를 작성하고 사용하는 방법에 대한 설명으로 옳지 않은 것은?

① 매크로 기록 도중에 선택한 셀은 절대 참조로 기록할 수도 있고 상대 참조로 기록할 수도 있다.
② 매크로에 지정된 바로 가기 키가 엑셀 고유의 바로 가기 키와 중복될 경우 매크로 실행의 바로 가기 키가 우선 한다.
③ ActiveX 컨트롤의 '명령 단추'를 추가하면 [매크로 지정] 대화 상자가 자동으로 표시되어 실행할 매크로를 바로 지정할 수 있다.
④ Visual Basic Editor에서 코드 편집을 통해 매크로의 이름이나 내용을 바꿀 수 있다.

37 [A1:D11] 영역의 데이터를 이용하여 성별별 근무년수의 최대 값을 [G2:G3] 영역에 계산하려고 한다. [G2] 셀에 수식을 작성한 뒤 [G3] 셀에 복사하고 셀 포인터를 [G2]에 위치시켰을 때 수식 입력줄에 나타나는 배열 수식으로 틀린 것은?

	A	B	C	D	E	F	G
1	이름	직위	성별	근무년수		성별	근무년수
2	백수인	대리	여	26		남	29
3	장재근	대리	남	14		여	26
4	이성만	과장	남	19			
5	김유신	부장	여	24			
6	이덕화	사원	남	7			
7	공재룡	사원	남	9			
8	이현성	부장	여	22			
9	홍록기	차장	남	17			
10	신동엽	이사	남	29			
11	김한석	이사	여	12			
12							

① {=MAX(IF($C$2:$C$11=F2, $D$2:$D$11))}
② {=MAX(IF($C$2:$C$11=$F2, $D$2:$D$11))}
③ {=MAX(IF(C$2:C$11=F$2, D$2:D$11))}
④ {=MAX(IF(C$2:C$11=$F2, $D2:$D11))}

38 다음과 같은 시트에서 [A8] 셀에 아래의 수식을 입력했을 때 계산 결과로 올바른 것은?

=COUNT(OFFSET(D6, -5, -3, 2, 2))

	A	B	C	D
1	성명	중간	기말	합계
2	김나희	100	80	180
3	금근석	90	95	185
4	배정희	80	63	143
5	탁지연	95	74	169
6	한정희	55	65	120
7				

① 4
② 1
③ 120
④ 74

39 다음 중 아래 그림 [보기] 탭 [창] 그룹의 각 명령에 대한 설명으로 옳지 않은 것은?

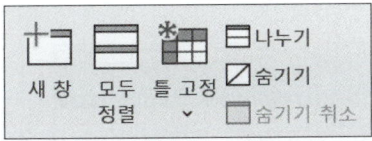

① [새 창]을 클릭하면 새로운 빈 통합 문서가 표시된다.
② [모두 정렬]은 현재 열려 있는 통합 문서를 바둑판식, 계단식, 가로, 세로 등 4가지 형태로 배열한다.
③ [숨기기]는 현재 활성화된 통합 문서 창을 보이지 않도록 숨긴다.
④ [나누기]를 클릭하면 워크시트를 최대 4개의 창으로 분할하여 멀리 떨어져 있는 여러 부분을 한 번에 볼 수 있다.

40 다음 중 시트 보호 시 '워크시트에서 허용할 내용'으로 저정할 수 있는 내용이 아닌 것은?

① 시나리오 편집
② 개체 편집
③ 시트 이름 바꾸기
④ 자동 필터 사용

3과목 데이터베이스 일반

41 다음 중 [사원] 테이블에서 '나이' 필드의 값이 30 이상 35 이하인 사원의 '부서'와 '이름' 필드를 검색하는 SQL 문으로 틀린 것은?

① Select 부서, 이름 From 사원 Where 나이 Between 30 And 35;
② Select 부서, 이름 From 사원 Where 나이 In(30, 31, 32, 33, 34, 35)
③ Select 부서, 이름 From 사원 Where 나이 >= 30 And <=35;
④ Select 부서, 이름 From 사원 Where 사원.나이 >= 30 And 사원.나이 <=35;

42 다음 중 아래 그림과 같이 '성명' 필드가 'txt검색' 컨트롤에 입력된 문자를 포함하는 레코드만을 표시하도록 하는 프로시저의 코드로 옳은 것은?

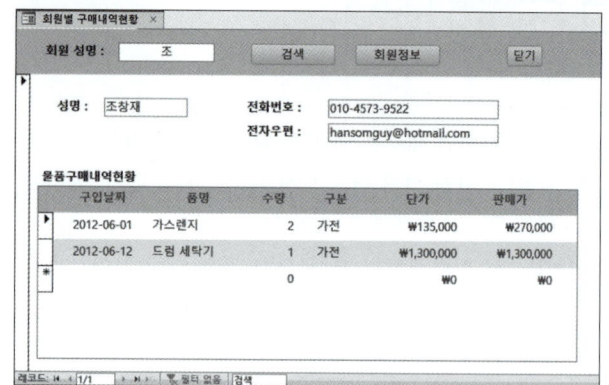

① Me.Filter = "성명 = '*' & txt검색 & '*'"
   Me.FilterOn = True
② Me.Filter = "성명 = '*' & txt검색 & '*'"
   Me.FilterOn = False
③ Me.Filter = "성명 like '*' & txt검색 & '*'"
   Me.FilterOn = True
④ Me.Filter = "성명 like '*' & txt검색 & '*'"
   Me.FilterOn = False

43 다음 중 데이터베이스의 장점이 아닌 것은?
① 데이터의 일관성을 유지할 수 있다.
② 데이터의 중복을 최소화할 수 있다.
③ 데이터의 무결성을 유지할 수 있다.
④ 데이터 유실 시 파일 회복이 쉽다.

44 정규화 과정 중 릴레이션에 속한 모든 도메인이 원자값(Atomic Value)만으로 되어 있는 릴레이션은 어떤 정규형의 릴레이션인가?
① 제1정규형   ② BCNF 정규형
③ 제2정규형   ④ 제3정규형

45 다음 중 개체나 필드 이름 지정 규칙으로 옳지 않은 것은?
① 공백을 이름의 첫 문자로 사용할 수 없다.
② 최대 64자까지 입력할 수 있다.
③ 마침표(.), 느낌표(!), 대괄호([ ])를 포함한 모든 특수 문자를 사용할 수 없다.
④ 하나의 테이블 내에서 필드 이름이 중복될 수 없다.

46 다음과 같은 식을 입력하였을 때의 설명으로 틀린 것은?

=Format(Now( ), "m/d")

① Format은 계산 결과에 표시 형식을 지정하는 함수이다.
② Now는 현재 날짜와 시간을 표시해 주는 함수이다.
③ 컨트롤에 입력되는 식은 =로 시작해야 한다.
④ 오늘 날짜가 '2024-06-03'이면 06/03으로 표시된다.

47 다음 중 아래 〈학과〉 테이블의 '학과코드' 필드에 대한 설명으로 옳지 않은 것은?

① 학과코드는 반드시 입력되어야 한다.
② 필드의 값은 최대 255까지 입력할 수 있다.
③ 동일한 학과코드는 입력될 수 없다.
④ 레코드가 새로 생성되는 경우, 10이 자동으로 입력된다.

48 테이블에 잘못된 데이터가 입력되면 이후 많은 문제가 발생한다. 이런 문제를 해결하기 위한 방안으로 점검을 필요로 하는 필드에 요구 사항이나 조건 또는 입력이 가능한 데이터 등을 미리 지정한 후 데이터 입력 시 이를 점검하도록 하는 기능은 다음 중 어느 것인가?
① 기본값   ② 필수 여부
③ 빈 문자열 허용   ④ 유효성 검사 규칙

49 다음 중 테이블에서 내보내기가 가능한 파일 형식에 해당 하지 않는 것은?
① HTML   ② Excel
③ Outlook   ④ ODBC 데이터베이스

50 다음 중 업데이트 쿼리에 대한 설명으로 옳지 않은 것은?

① 하나 이상의 테이블에 데이터를 추가할 수 있다.
② 여러 필드의 값을 한 번에 변경할 수 있다.
③ 기존 데이터의 값을 널(Null) 값으로 변경할 수 있다.
④ 레코드의 모든 데이터를 변경할 수 있다.

51 다음 중 보고서에 대한 설명으로 옳지 않은 것은?

① 필드와 바운딩된 컨트롤을 사용하여 원본 데이터를 편집하거나 표시할 수 있다.
② 보고서를 PDF, XPS 형식으로 내보낼 수 있다.
③ 레코드 원본에 SQL 문장을 입력하면 질의 결과를 대상으로 하는 보고서를 작성할 수 있다.
④ 둘 이상의 테이블을 이용하여 보고서를 작성하는 경우 쿼리를 만들어 레코드 원본으로 사용한다.

52 다음 중 보고서의 그룹화에 대한 설명으로 옳지 않은 것은?

① 그룹 머리글과 그룹 바닥글에는 그룹별 요약 정보를 삽입할 수 있다.
② 그룹화 기준이 되는 필드는 데이터가 정렬되어 표시된다.
③ 보고서 마법사를 이용하여 기본적인 그룹화 보고서를 작성할 수 있다.
④ 그룹화 기준은 한 개의 필드로만 지정할 수 있다.

53 다음 중 연산자 사용에 대한 설명으로 옳지 않은 것은?

① Like "김?" : "김"으로 시작하거나 "김"을 포함하는 모든 자료를 표시한다.
② Between 20 and 60 : 20에서 60 사이인 자료를 표시한다.
③ Not "0" : 널 문자가 아닌 자료를 표시한다.
④ 3<>3 Or 2<1 : 화면에 표시되는 내용이 없다.

54 다음의 〈학과〉 테이블에 대한 SQL문의 실행 결과로 표시되는 값은?

〈학과〉

학과코드	학과명	수강인원	강의실코드
1001	인공지능	40	C101
1002	빅데이터	20	C204
1003	데이터보안	30	C308
1004	반도체	10	C405

〈SQL문〉

```
Select Count(*)
From 학과
Where 수강인원 >
  (Select Avg(수강인원) From 학과);
```

① 1 ② 2
③ 3 ④ 4

55 다음 중 [페이지 설정] 대화상자에서 설정할 수 없는 것은?

① 프린터 선택 ② 머리글/바닥글
③ 인쇄 여백 ④ 용지 방향

56 다음 중 Access의 DoCmd 개체의 메서드가 아닌 것은?

① OpenReport ② GoToRecord
③ RunSQL ④ SetValue

57 다음 중 분할 표시 폼에 대한 설명으로 옳지 않은 것은?

① 상단의 단일 폼에서만 데이터의 변경이 가능하며, 하단의 데이터시트에서는 변경된 내용을 바로 확인할 수 있다.
② 분할 표시 폼은 데이터시트 보기와 폼 보기를 동시에 표시하는 기능이며, 이 두 보기는 같은 데이터 원본에 연결되어 있어 항상 상호 동기화된다.
③ 레이아웃 보기에서는 컨트롤의 크기 조정이나 이동이 가능하다.
④ 분할 표시 폼은 [만들기] 탭의 [폼] 그룹에서 [기타 폼] → [폼 분할]을 클릭하여 만들 수 있다.

정답 50.① 51.① 52.④ 53.① 54.② 55.② 56.④ 57.①

58 폼 보기 상태에서 다음과 같이 폼이 나타나도록 폼 속성을 설정하였다. 가장 옳지 않은 것은?

진급정보조회					
진급예정일자	입사일자	이름	직위	부서	
2025-04-01	2006-06-01	김구완	이사	기획부	
2024-10-01	2009-10-01	김미향	차장	기획부	
2024-02-01	2017-07-01	김진국	사원	기획부	
2024-03-01	2015-06-01	마소희	주임	기획부	

레코드: 1/93 ▶ ▶| 필터링되지 않음 검색

① 탐색 단추 : 예
② 스크롤 막대 : 세로만
③ 레코드 선택기 : 예
④ 구분 선 : 아니요

59 다음 중 폼에서 컨트롤의 탭 순서를 변경하는 방법으로 옳지 않은 것은?

① 마법사 또는 레이아웃과 같은 도구를 사용하여 폼을 만든 경우 컨트롤이 폼에 표시되는 순서(위쪽에서 아래쪽 및 왼쪽에서 오른쪽)와 같은 순서로 탭 순서가 설정된다.
② 기본적으로는 컨트롤을 작성한 순서대로 탭 순서가 설정되며, 레이블에는 설정할 수 없다.
③ [탭 순서] 대화상자를 이용하면 컨트롤의 탭 순서를 컨트롤 이름 행을 드래그해서 조정할 수 있다.
④ 탭 순서에서 컨트롤을 제거하려면 컨트롤의 탭 정지 속성을 '예'로 설정한다.

60 다음 중 아래 보고서에 대한 설명으로 옳지 않은 것은? 단, 이 보고서는 전체 4페이지이며, 현재 페이지는 2페이지이다.

거래처별 제품목록

거래처명	제품번호	제품이름	단가	재고량
㈜맑은세상	15	아쿠아렌즈	₩50,000	22
	14	바슈롬렌즈	₩35,000	15
	20	C-BR렌즈	₩50,000	3
	제품수 :	3	총재고량 :	40
거래처명	제품번호	제품이름	단가	재고량
참아이㈜	9	선글래스C	₩170,000	10
	7	선글래스A	₩100,000	23
	8	선글래스B	₩120,000	46

2 / 4

① '거래처명'을 표시하는 컨트롤은 '중복 내용 숨기기' 속성이 '예'로 설정되어 있다.
② '거래처명'을 기준으로 그룹이 설정되어 있다.
③ 그룹 바닥글의 '제품수'는 Sum 함수를 이용하여 계산되었다.
④ '거래처별 제품목록'이라는 제목은 페이지 머리글 영역에 만들어져 있다.

2024년 상시04 컴퓨터활용능력 1급 필기

1과목 컴퓨터 일반

01 다음 중 시스템 보안을 위해 사용하는 방화벽(Firewall)의 기능에 대한 설명으로 옳지 않은 것은?
① 인증(Authentication) 및 데이터 암호화 기능 제공
② 모든 방식에 투명성 보장 및 규칙 검증 가능
③ 외부 네트워크 접근 제어
④ 로깅(Logging)과 감사 추적(Audit Trail) 기능

02 다음 중 전기적으로 데이터를 지우거나 다시 기록할 수 있는 기억장치로, 스마트폰, 디지털 카메라 등에 사용되는 메모리는?
① Flash Memory
② Buffer Memory
③ Virtual Memory
④ Cache Memory

03 다음 중 한글 Windows의 [설정] → [접근성]에 대한 설명으로 옳지 않은 것은?
① 키보드의 숫자 키패드를 이용하여 마우스 포인터를 움직이도록 설정할 수 있다.
② 모든 사용자에 대해 로그인 전 내레이터를 사용하도록 설정할 수 있다.
③ 로그인 후 돋보기가 자동으로 실행되도록 설정할 수 있다.
④ 텍스트 커서 및 마우스 포인터의 크기나 색을 변경할 수 있다.

04 다음 중 한글 Windows 10의 바로 가기 키에 대한 설명으로 옳은 것은?
① Alt + PrintScreen : 전체 활성 창을 클립보드로 복사
② Alt + F4 : 활성 창을 닫거나 활성 앱을 종료
③ F3 : 파일 이름 바꾸기
④ Shift + F4 : 활성 문서 닫기

05 다음 중 MIDI(Musical Instrument Digital Interface)에 대한 설명으로 옳지 않은 것은?
① 전자악기 간의 디지털 신호에 의한 통신이나 컴퓨터와 전자악기 간의 통신 규약이다.
② 파형 정보를 저장하지 않으므로 미디 신호를 재생하려면 미디 신호를 재생할 수 있는 전자악기를 사용해야 한다.
③ 조명 제어, 무대 회전 등과 다른 장비는 제어할 수 없다.
④ 게임 사운드 트랙과 스튜디오 녹음 등에 사용된다.

06 다음 중 RAID(Redundant Array Of Inexpensive Disk)에 대한 설명으로 옳지 않은 것은?
① RAID 0은 여분의 디스크가 포함되지 않지만 동일한 RAID 볼륨을 추가로 구성하며, 추가된 볼륨은 원래의 볼륨과 동일하기 때문에 미러링 모드라고 한다.
② 하드디스크의 모음뿐만 아니라 자동으로 복제해 백업 정책을 구현해 주는 기술이다.
③ RAID 5는 RAID 4의 패리티 볼륨에 대한 병목현상을 개선한 것이다.
④ RAID는 여러 개의 디스크를 하나로 묶어 하나의 논리적 디스크로 작동하게 하는데, 하드웨어적 방법과 소프트웨어적 방법이 있다.

07 다음 중 프로그래밍 기법에 대한 설명으로 옳지 않은 것은?
① 객체지향 프로그래밍은 객체를 중심으로 한 기법으로, 소프트웨어의 재사용과 유지보수가 용이하다.
② 구조적 프로그래밍은 지정된 문법 규칙에 따라 일련의 처리 절차를 순서대로 기술해 나가는 기법이다.
③ 비주얼 프로그래밍은 Windows의 GUI 환경에서 아이콘과 마우스를 이용하여 대화형으로 좀 더 쉽게 프로그래밍할 수 있다.
④ 하향식 프로그래밍은 프로그램 구조의 상위 모듈에서 하위 모듈로 작성하는 기법이다.

정답 1.② 2.① 3.④ 4.② 5.③ 6.① 7.②

08 다음 중 사물 인터넷(IoT)에 대한 설명으로 옳지 않은 것은?

① 모든 사물을 네트워크로 연결하여 소통하는 정보통신 환경을 의미한다.
② 스마트 센싱 기술과 무선 통신 기술을 융합하여 실시간으로 데이터를 주고받는 기술이다.
③ 개방형 정보 공유에 대한 부작용을 최소화하기 위해 정보보안 기술의 적용이 필요하다.
④ 통계적 기법, 수학적 기법과 인공지능을 이용하여 방대한 양의 데이터들로부터 유용한 정보를 추출하는 기술이다.

09 다음 중 [설정] → [시스템] → [디스플레이]에 대한 설명으로 옳지 않은 것은?

① 화면의 방향을 가로, 세로, 가로(대칭 이동), 세로(대칭 이동) 중에서 선택하여 변경할 수 있다.
② 청색광을 조절하는 야간 모드의 켜고 끄는 예약 시간을 설정할 수 있다.
③ 화면의 밝기 및 기타 전원 설정을 조정할 수 있다.
④ 화면에 표시되는 텍스트, 앱 및 기타 항목의 크기를 변경할 수 있다.

10 다음 중 전자우편(E-mail)에서 메일을 주고 받는데 사용되는 프로토콜로 올바르게 짝지어진 것은?

① ARP, SNMP, POP3
② UDP, ICMP, SMTP
③ SMTP, POP3, MIME
④ MIME, ARP, UDP

11 다음 중 캐시 메모리(Cache Memory)에 관한 설명으로 옳은 것은?

① 중앙처리장치와 주기억장치 사이에 위치하여 컴퓨터의 처리 속도를 향상시킨다.
② 캐시 메모리는 주로 DRAM을 사용한다.
③ 보조기억장치의 일부를 주기억장치처럼 사용한다.
④ 주기억장치보다 큰 프로그램을 불러와 실행해야 할 때 유용하다.

12 다음 중 전자우편(E-mail)에 대한 설명으로 옳지 않은 것은?

① 한 사람이 동시에 여러 사람에게 전자우편을 보낼 수 있다.
② 전체 회신은 받은 메일에 대한 답장을 발송자는 물론 참조인들에게도 전송하는 기능이다.
③ IMAP는 로컬 서버에서 프로그램을 이용하여 전자우편을 액세스하기 위한 표준 프로토콜이다.
④ SMTP는 메일 서버에 도착한 이메일을 사용자 컴퓨터로 가져올 수 있도록 메일 서버에서 제공하는 프로토콜이다.

13 다음 중 자료 구성 단위에 대한 설명으로 옳지 않은 것은?

① 8개의 비트(Bit)가 모여 1바이트(Byte)를 구성한다.
② 레코드(Record)는 하나 이상의 관련된 필드가 모여서 구성되는 자료 처리 단위이다.
③ 필드(Field)는 파일 구성의 최소 단위, 여러 개의 필드가 모여서 레코드(Record)가 된다.
④ 워드(Word)는 문자를 표현하는 최소 단위이다.

14 다음 중 [파일 탐색기]의 검색 도구에 대한 설명으로 옳지 않은 것은?

① 수정한 날짜를 이용하여 지난 주에 수정한 파일들을 검색할 수 있다.
② 파일의 크기를 선택하여 검색할 수 있다.
③ 파일의 종류를 선택하여 검색할 수 있다.
④ 파일 특성이 '읽기 전용'인 파일들을 검색할 수 있다.

15 다음 중 한글 Windows에서 사용하는 USB(Universal Serial Bus)에 대한 설명으로 옳은 것은?

① USB는 범용 병렬 장치를 연결할 수 있게 해 주는 컴퓨터 인터페이스이다.
② USB 3.0은 이론적으로 최대 5Gbps의 전송속도를 가지며, PC 및 연결기기, 케이블 등의 모든 USB 3.0 단자는 파랑색으로 되어 있어 이전 버전과 구분이 된다.
③ 허브를 이용하여 하나의 USB 포트에 여러 개의 주변기기를 연결할 수 있으며, 최대 256개까지 연결할 수 있다.
④ 핫 플러그인(Hot Plug In) 기능은 지원하지 않으나 플러그 앤 플레이(Plug & Play) 기능은 지원한다.

16 다음 중 개인용 컴퓨터의 바이오스(BIOS)에 관한 설명으로 옳지 않은 것은?

① 컴퓨터의 기본 입출력장치나 메모리 등 하드웨어 작동에 필요한 명령들을 모아 놓은 프로그램이다.
② 바이오스는 하드디스크에 저장되어 있는 운영체제의 일부이다.
③ 바이오스는 부팅할 때 POST를 통해 컴퓨터를 점검한 후에 사용 가능한 장치를 초기화한다.
④ 하드디스크 타입이나 부팅 순서와 같이 바이오스에서 사용하는 일부 정보는 CMOS에서 설정이 가능하다.

17 다음 중 객체 지향 프로그래밍 언어에 대한 설명으로 옳지 않은 것은?

① 대표적인 객체 지향 언어로 C++, Java 등이 있다.
② 소프트웨어의 재사용으로 프로그램의 개발 시간을 단축할 수 있다.
③ 상속성, 캡슐화, 추상화, 다형성 등의 특징이 있다.
④ 순차적인 처리가 중요시되며 프로그램 전체가 유기적으로 연결되도록 작성한다.

18 다음 중 네트워크 관련 장비로 브리지(Bridge)에 관한 설명으로 옳지 않은 것은?

① 두 개의 근거리 통신망을 상호 접속할 수 있도록 하는 통신망 연결 장치이다.
② 통신량을 조절하여 데이터가 다른 곳으로 가지 않도록 한다.
③ OSI 참조 모델의 물리 계층에 속한다.
④ 통신 프로토콜을 변환하지 않고도 네트워크를 확장한다.

19 다음 중 컴퓨터의 소프트웨어 관련 용어에 대한 설명으로 옳은 것은?

① 베타(Beta) 버전은 제작 회사 내에서 테스트할 목적으로 제작하는 소프트웨어이다.
② 셰어웨어(Shareware)는 기능과 사용 기간에 제한 없이 무료로 사용할 수 있는 소프트웨어이다.
③ 패치(Patch) 버전은 이미 제작하여 배포된 프로그램의 오류 수정이나 성능 향상을 위해 프로그램 일부를 변경해 주는 소프트웨어이다.
④ 알파(Alpha) 버전은 프로그램을 출시하기 전에 테스트를 목적으로 일반인에게 공개하는 소프트웨어이다.

20 다음 중 운영체제의 구성인 제어 프로그램에 대한 설명으로 옳지 않은 것은?

① 자원의 할당 및 시스템 전체의 작동 상태를 감시한다.
② 작업이 정상적으로 처리될 수 있도록 작업의 순서와 방법을 관리한다.
③ 작업에 사용되는 데이터와 파일의 표준적인 처리 및 전송을 관리한다.
④ 사용자가 고급 언어로 작성한 원시 프로그램을 기계어 형태의 목적 프로그램으로 변환시킨다.

2과목 스프레드시트 일반

21 다음 중 조건부 서식에 대한 설명으로 옳지 않은 것은?

① 조건부 서식에 지정된 서식이 셀에 이미 지정된 서식보다 우선시 된다.
② 둘 이상의 조건부 서식이 참일 경우 지정된 서식이 모두 적용된다.
③ '조건부 서식 규칙 관리자' 대화상자에서 열려 있는 다른 통합 문서에 지정된 서식도 확인할 수 있다.
④ 수식을 사용하여 조건을 지정할 경우 다른 규칙과 다르게 조건을 만족하는 전체 행 또는 전체 열에 서식을 적용할 수 있다.

22 다음 중 부분합 실행 결과에 대한 설명으로 옳지 않은 것은?

	A	B	C	D
2	도서코드	도서명	분류	금액
8			소설 최대	34,200
9			소설 개수	5
14			시/에세이 최대	32,800
15			시/에세이 개수	4
23			인문 최대	35,000
24			인문 개수	7
31			정치/경제 최대	35,400
32			정치/경제 개수	6
33			전체 최대값	35400
34			전체 개수	22

① 개요 기호 '3'을 클릭하여 3수준 상태로 표시되었다.
② 분류별 금액의 최대를 구한 후 개수를 구했다.
③ 데이터 아래에 요약이 표시되었다.
④ 분류를 기준으로 오름차순 정렬하였다.

23 다음은 [A1:F29] 영역에 입력된 데이터의 일부다. [A1:F29] 영역의 데이터를 이용하여 작성한 다음 피벗 테이블에 대한 설명으로 옳지 않은 것은?

① 필터 영역에 '고객'을 지정하고, 모든 데이터가 표시되도록 지정했다.
② 행 레이블에 '담당'을 지정하고 열 레이블에는 아무것도 지정하지 않았다.
③ '부가세' 필드는 금액의 10%인 계산 필드이다.
④ 피벗 테이블은 '새 워크시트'에 작성하였다.

24 다음 중 외부 데이터를 불러오기 위해 [데이터] → [데이터 가져오기 및 변환] → [데이터 가져오기] → [기타 원본에서] 메뉴에서 선택할 수 없는 메뉴는?

① Active Directory에서
② OData 피드에서
③ Microsoft Query에서
④ Microsoft Word에서

25 다음 '매크로' 대화상자에 대한 설명으로 옳지 않은 것은?

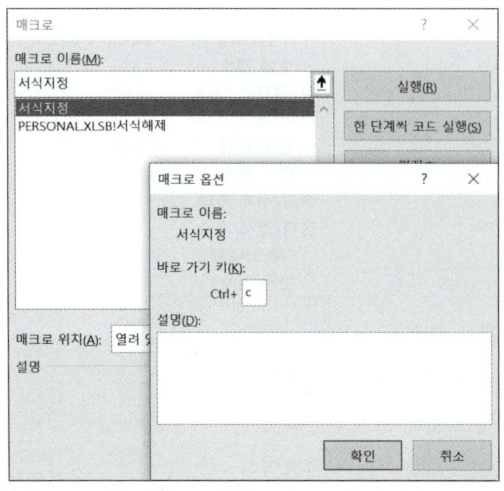

① '서식지정' 매크로는 열려 있는 모든 통합 문서에서 사용할 수 있다.
② '서식지정' 매크로는 바로 가기 키를, 데이터를 복사하는 Ctrl+C로 지정하였기 때문에 바로 가기 키로 사용할 수 없다.
③ '서식해제' 매크로는 '개인용 매크로 통합 문서'로 저장하였다.
④ '서식해제' 매크로는 엑셀을 실행할 때마다 사용할 수 있다.

26 다음 중 윗주에 대한 설명으로 옳지 않은 것은?

① 셀의 데이터를 삭제하면 윗주도 함께 삭제된다.
② 데이터가 입력되지 않은 셀에 윗주를 삽입할 수 없다.
③ 숫자가 입력된 셀에 윗주를 삽입하면 화면에 윗주가 표시된다.
④ 윗주는 셀에 대한 주석을 설정하는 것이다.

27 다음의 〈변경 전〉 차트를 〈변경 후〉 차트로 변경할 때 '데이터 원본 선택' 대화상자의 '숨겨진 셀/빈 셀'에서 선택해야 할 항목으로 옳은 것은?

〈변경 전〉
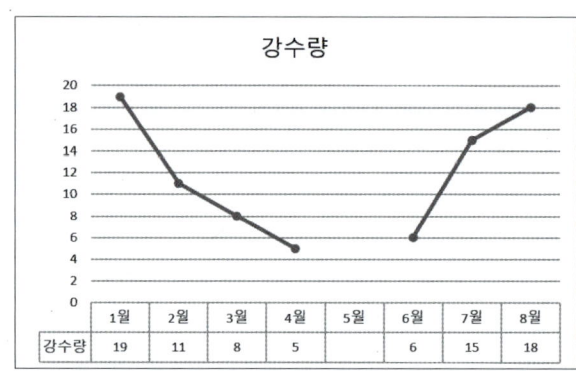

〈변경 후〉
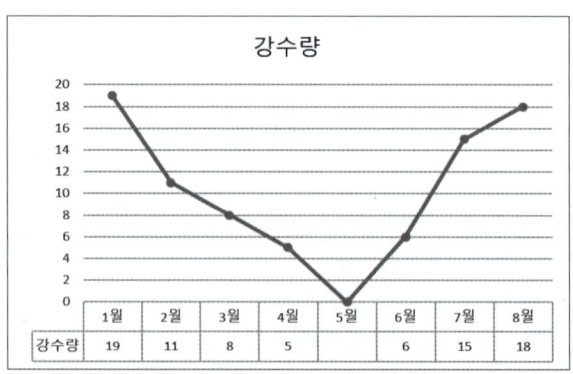

① '빈 셀 표시 형식'을 '간격'으로 지정한다.
② '빈 셀 표시 형식'을 '0으로 처리'로 지정한다.
③ '빈 셀 표시 형식'을 '선으로 데이터 요소 연결'로 지정한다.
④ '숨겨진 행 및 열에 데이터 표시'로 지정한다.

정답 23.① 24.④ 25.② 26.③ 27.②

28 다음 중 창 나누기에 대한 설명으로 옳지 않은 것은?

① 창 나누기를 취소하려면 [보기] → [창] → [나누기 취소]를 선택한다.
② 화면을 수평, 수직, 수평·수직으로 나눌 수 있다.
③ 창 나누기를 수행하면 셀 포인터의 왼쪽과 위쪽을 기준으로 창 구분선이 표시된다.
④ 화면에 표시되는 창 나누기 형태는 인쇄 시 적용되지 않는다.

29 다음 중 데이터 입력에 대한 설명으로 옳지 않은 것은?

① 수식 또는 함수 식을 입력할 때는 = 기호를 붙여 입력한다.
② 표 형식으로 입력된 데이터에서 바로 왼쪽 열에 데이터가 입력되어 있으면 채우기 핸들을 드래그하지 않고 더블클릭하여 왼쪽 열과 동일한 행까지 자동으로 입력할 수 있다.
③ 분수 1/4을 입력하려면 분수 앞에 0을 입력한 뒤 한 칸 띄고 분수를 입력한다.
④ 날짜 데이터를 수식에서 인수로 사용하려면 작은따옴표(')로 묶어준다.

30 다음 워크시트에서 [C3:C6] 영역에 입력된 'e메일'에서 '@' 앞에 글자만을 모두를 대문자로 변환하여 [B3:B6] 영역에 '닉네임'으로 표시하려고 한다. [B3] 셀에 입력할 수식으로 옳은 것은?

	A	B	C
1			
2	이름	닉네임	e메일
3	이의리		khvip@nate.com
4	조규성		rvgold@naver.com
5	조성은		snsilver@gilbut.com
6	황중희		bronzebg@google.com
7			

① =UPPER(LEFT(C3, SEARCH("@", C3)−1))
② =UPPER(MID(C3, SEARCH("@", C3)−1))
③ =UPPER(LEFT(C3, SEARCH(C3, "@")−1))
④ =UPPER(MID(C3, SEARCH(C3, "@")−1))

31 다음 중 아래 워크시트에서 '학과'가 '멀티미디어'이고 '점수'가 90 이상인 인원수를 구하기 위한 수식으로 옳지 않은 것은?

	A	B	C
1			
2	이름	학과	점수
3	이미현	멀티미디어	81
4	이종민	컴퓨터공학과	90
5	박해수	컴퓨터공학과	99
6	조광희	기계공학과	90
7	이선미	멀티미디어	95
8	김태균	컴퓨터 공학과	94
9	권지향	멀티미디어	99

① {=SUM(IF((B3:B9="멀티미디어")*(C3:C9>=90), 1))}
② {=SUM((B3:B9="멀티미디어")*(C3:C9>=90))}
③ {=COUNT((B3:B9="멀티미디어")*(C3:C9>=90))}
④ =COUNTIFS(B3:B9, "멀티미디어", C3:C9, ">=90")

32 다음 워크시트에서 [B3:B8] 영역의 '연락처'를 [C3:C8] 영역의 '전화번호'와 같이 표시하기 위해 [C3] 셀에 입력할 수식으로 옳은 것은?

	A	B	C
1			
2	이름	연락처	전화번호
3	유일한	010-9275-4991	010-9275-****
4	신영현	010-3347-4913	010-3347-****
5	김서하	010-3165-1890	010-3165-****
6	한지혜	010-7779-7463	010-7779-****
7	최현진	010-9905-6975	010-9905-****
8	김명철	010-6747-9013	010-6747-****

① =REPLACE(B3, 10, 4, "****")
② =SUBSTITUTE(B3, 10, 4, "****")
③ =REPLACE(B3, 10, 4, "*")
④ =SUBSTITUTE(B3, 10, 4, "*")

33 다음 중 차트에 대한 설명으로 옳은 것은?

① 워크시트에서 차트에 사용될 데이터를 범위로 지정한 후 Ctrl + F1 을 누르면 별도의 차트 시트에 기본 차트가 작성된다.
② 방사형, 트리맵, 히스토그램 차트는 3차원 차트로 작성할 수 없다.
③ 원형 차트는 2개의 데이터 계열을 표시할 수 있어 '값 축'과 '항목' 축을 표시할 수 있다.
④ 추세선 이름은 자동으로 지정되어 사용자가 임의로 변경할 수 없다.

34 다음 중 시트의 특정 범위만 항상 인쇄하는 경우에 대한 설명으로 옳지 않은 것은?

① 인쇄할 영역을 블록 설정한 후 [페이지 레이아웃] 탭 [페이지 설정] 그룹의 [인쇄 영역] → [인쇄 영역 설정]을 클릭한다.
② 인쇄 영역으로 설정되면 페이지 나누기 미리 보기에서는 설정된 부분만 표시되고 나머지 행과 열은 숨겨진다.
③ 인쇄 영역을 설정하면 자동으로 Print_Area라는 이름이 작성되며, 이름은 Ctrl + F3 혹은 [수식] 탭 → [정의된 이름] 그룹 → [이름 관리자]에서 확인할 수 있다.
④ 인쇄 영역 설정은 [페이지 설정] 대화상자의 [시트] 탭에서 지정할 수도 있다.

35 다음 중 통합 문서에 대한 설명으로 옳지 않은 것은?

① 시트 보호는 통합 문서 전체가 아닌 특정 시트만을 보호한다.
② 공유된 통합 문서는 여러 사용자가 동시에 변경 및 병합할 수 있다.
③ 통합 문서 보호 설정 시 암호를 지정하면 워크시트에 입력된 내용을 수정할 수 없다.
④ 사용자가 워크시트를 추가, 삭제하거나 숨겨진 워크시트를 표시하지 못하도록 통합 문서의 구조를 잠글 수 있다.

36 아래의 시트에서 [C6:C10] 영역에 데이터를 채우려고 할 때 아래 [데이터 테이블] 대화상자에 입력되어야 할 값과 실행 결과 [C6:C10] 영역에 설정된 배열 수식의 쌍으로 올바르게 짝지어진 것은? (단, [C5] 셀에는 수식 '=B2*B3'이 입력되어 있으며, [B5:C10] 영역을 블록으로 지정한 후 [데이터] → [예측] → [가상분석] → [데이터 표]를 실행한다.)

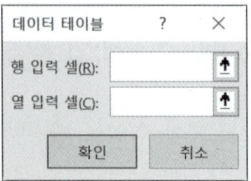

① 입력값 : [행 입력 셀] : $B$2
   설정값 : {=TABLE(,B2)}
② 입력값 : [열 입력 셀] : $B$2
   설정값 : {=TABLE(,B2)}
③ 입력값 : [행 입력 셀] : $B$3
   설정값 : {=TABLE(,B3)}
④ 입력값 : [행 입력 셀] : $B$2, [열 입력 셀] : $B$3
   설정값 : {=TABLE(B2,B3)}

37 다음 중 아래 워크시트의 [A1] 셀에서 10.1을 입력한 후 Ctrl 을 누르고 자동 채우기 핸들을 아래로 드래그한 경우 [A4] 셀에 입력되는 값은?

① 10.1   ② 10.4
③ 13.1   ④ 13.4

38 아래 워크시트에서 매출액[B3:B9]을 이용하여 매출 구간별 빈도수를 [F3:F6] 영역에 계산하고자 한다. 다음 중 이를 위한 배열 수식으로 옳은 것은?

① {=PERCENTILE.INC(B3:B9, E3:E6)}
② {=PERCENTILE.INC(E3:E6, B3:B9)}
③ {=FREQUENCY(B3:B9, E3:E6)}
④ {=FREQUENCY(E3:E6, B3:B9)}

39 다음 중 매크로 기록과 실행에 관련된 항목들의 설명으로 옳지 않은 것은?

① 매크로 기록 기능을 이용할 때 기본 저장 위치는 '현재 통합 문서'가 된다.
② Alt 와 영문 문자를 조합하여 해당 매크로의 바로 가기 키를 지정할 수 있다.
③ 매크로 기록 기능을 통해 작성된 매크로는 'VBA 편집기'에서 실행할 수 있다.
④ 엑셀을 사용할 때마다 매크로를 사용할 수 있게 하려면 매크로 저장 위치를 '개인용 매크로 통합 문서'를 선택한다.

40 다음 중 '페이지 레이아웃'의 '머리글/바닥글 도구'에 대한 설명으로 틀린 것은?

① 페이지 번호, 현재 날짜 등을 추가할 수 있다.
② 보기 형태 중 '페이지 레이아웃'에서도 '머리글/바닥글 도구'를 사용할 수 있다.
③ 머리글과 바닥글의 여백을 워크시트의 여백에 맞추려면 '페이지 여백에 맞추기'를 선택한다.
④ 머리글과 바닥글의 글꼴과 인쇄 배율을 워크시트의 글꼴 크기와 인쇄 배율에 맞추려면 '문서에 맞게 배율 조정'을 선택한다.

3과목 데이터베이스 일반

41 다음 중 하위 폼에서 새로운 레코드를 추가하려고 할 때 설정해야 할 폼 속성은?

① '필터 사용'을 예로 설정한다.
② '추가 가능'을 예로 설정한다.
③ '편집 가능'을 예로 설정한다.
④ '삭제 가능'을 예로 설정한다.

42 활성화된 폼에서 옵션 단추의 선택 여부에 따라 해당 텍스트 상자 컨트롤로 포커스(Focus)를 자동 이동하려고 한다. 다음 중 이 작업을 위해 사용되는 매크로 함수로 옳은 것은?

① OpenForm
② GoToControl
③ GoToRecord
④ SetValue

43 다음 중 컨트롤에 대한 설명으로 옳지 않은 것은?

① 레이블 컨트롤은 제목이나 캡션 등의 설명 텍스트를 표현하기 위해 많이 사용된다.
② 테이블이나 쿼리의 필드가 컨트롤 원본으로 연결된 컨트롤을 계산 컨트롤이라고 한다.
③ 목록 상자 컨트롤은 여러 개의 데이터 행으로 구성되며 대개 몇 개의 행을 항상 표시할 수 있는 크기로 지정되어 있다.
④ 탭 형식의 대화상자를 작성하는 컨트롤로, 다른 컨트롤을 탭 컨트롤로 복사하거나 추가할 수 있는 컨트롤을 탭 컨트롤이라고 한다.

44 다음 중 보고서에 대한 설명으로 옳지 않은 것은?

① 레코드 원본에 SQL 문장을 입력하면 질의 결과를 대상으로 하는 보고서를 작성할 수 있다.
② 보고서의 컨트롤에서는 컨트롤 원본을 사용하여 특정 필드에 바운드시킬 수 있다.
③ 폼과 동일하게 여러 유형의 컨트롤을 이용하여 데이터를 입력, 추가, 삭제하거나 표시할 수 있다.
④ 보고서마다 페이지 설정을 다르게 지정할 수 있다.

45 탭 컨트롤에 대한 설명으로 옳지 않은 것은?

① 탭 형식의 대화상자를 작성하는 컨트롤로, 다른 컨트롤을 탭 컨트롤로 복사하거나 추가할 수 있다.
② 탭 컨트롤의 바로 가기 메뉴에서 [페이지 삽입], [페이지 삭제]를 선택하여 페이지를 추가하거나 삭제할 수 있다.
③ 탭 컨트롤의 바로 가기 메뉴에서 [탭 순서]를 선택하여 탭 컨트롤 내의 페이지 표시 순서를 설정할 수 있다.
④ 폼 디자인 도구의 컨트롤에서 탭 컨트롤 도구를 선택한 후 드래그하여 탭 컨트롤을 추가할 수 있다.

46 다음 중 하위 폼에 대한 설명으로 옳지 않은 것은?

① 하위 폼에서 여러 개의 연결 필드를 지정할 때에 사용되는 구분자는 세미콜론(;)이다.
② 기본 폼은 단일 폼, 연속 폼, 데이터 시트 형태로 표시할 수 있으며, 하위 폼은 단일 폼의 형태로만 표시할 수 있다.
③ 기본 폼과 하위 폼을 연결할 필드의 데이터 형식은 같거나 호환되어야 한다.
④ [하위 폼 필드 연결기]를 이용하여 간단히 기본 폼과 하위 폼의 연결 필드를 지정할 수 있다.

47 다음 중 보고서를 만드는 방법으로 제공되는 마법사 유형이 아닌 것은?

① 하위 보고서 마법사
② 업무 문서 양식 마법사
③ 우편 엽서 마법사
④ 보고서 마법사

48 다음 중 보고서에 대한 설명으로 옳지 않은 것은?

① 보고서는 데이터를 출력하기 위한 개체이다.
② 보고서의 컨트롤에서는 컨트롤 원본을 사용하여 특정 필드에 바운드 시킬 수 있다.
③ 레코드 원본에 SQL문장을 입력하면 질의 결과를 대상으로 하는 보고서를 작성할 수 있다.
④ 보고서의 레코드 원본으로 테이블, 쿼리나 기존 보고서를 지정할 수 있다.

49 〈회원〉 테이블은 '이름'과 '주소' 필드로 구성되어 있으며, '주소' 필드에는 시/도, 시/군/구, 읍/면/동의 형태로 값이 입력되어 있다. 다음 중 주소가 서울시, 합정동이면서 이름이 "이"로 시작하는 회원의 이름과 주소를 조회하는 SQL문으로 옳은 것은?

① select 이름, 주소 from 회원 where 주소 = "서울", "합정동" and 이름 like "이*";
② select 이름, 주소 from 회원 where 주소 like "서울*" or "*합정동" and 이름 like "이*";
③ select 이름, 주소 from 회원 where 주소 like "서울" and "합정동" and 이름 like "이*";
④ select 이름, 주소 from 회원 where 주소 like "서울*" and "*합정동*" and 이름 like "이*";

50 다음의 쿼리 디자인 창과 동일한 결과를 산출하는 SQL문으로 옳은 것은?

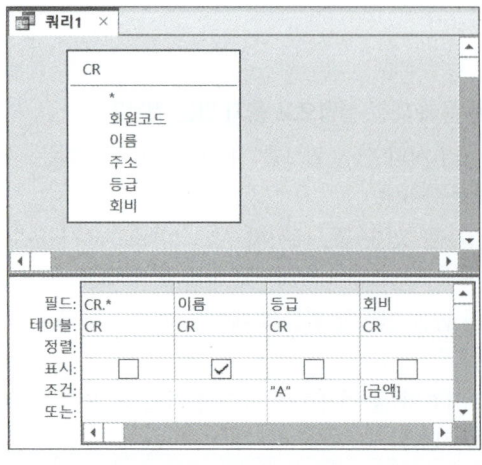

① select * from CR where 등급="A" and 회비=금액;
② select * from CR where 등급="A" or 회비=금액;
③ select 이름 from CR where CR.등급="A" and CR.회비=[금액];
④ select 이름, 등급, 회비 from CR where 등급="A" and 회비=[금액];

51 다음 중 현재 폼에서 'cmd숨기기' 단추를 클릭하는 경우, DateDue 컨트롤이 표시되지 않도록 하기 위한 이벤트 프로시저로 옳은 것은?

① Private Sub cmd숨기기_Click( )
　　Me.[DateDue]!Visible = False
　End Sub
② Private Sub cmd숨기기_DblClick( )
　　Me!DateDue.Visible = True
　End Sub
③ Private Sub cmd숨기기_Click( )
　　Me![DateDue].Visible = False
　End Sub
④ Private Sub cmd숨기기_DblClick( )
　　Me.DateDue!Visible = True
　End Sub

52 〈제품〉 테이블과 〈주문상세내역〉 테이블의 관계 설정에 관한 내용으로 옳지 않은 것은?

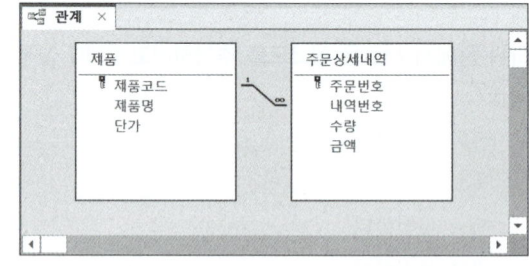

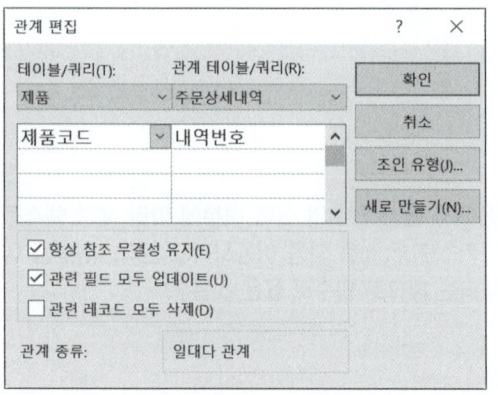

① 〈제품〉 테이블의 레코드를 수정하거나 삭제할 때 참조 무결성이 위배될 수 있다.
② 〈주문상세내역〉 테이블에 레코드를 추가할 때 참조 무결성이 위배될 수 있다.
③ 〈주문상세내역〉 테이블에 레코드를 삭제할 때는 어떠한 경우라도 참조 무결성이 위배되지 않는다.
④ 〈제품〉 테이블의 '제품코드' 데이터를 추가할 때는 참조 무결성이 위배될 수 있다.

53 다음 중 테이블의 필드 속성에서 인덱스를 지정할 수 없는 데이터 형식은?

① 짧은 텍스트
② OLE 개체
③ Yes/No
④ 일련 번호

54 폼에 삽입된 텍스트 상자 컨트롤의 컨트롤 원본으로 'Yes/No' 형식의 '성별' 필드를 바운드시키려고 한다. '성별' 필드의 값이 'Yes'이면 "남", 'No'이면 "여"로 표시하려고 할 때 '형식' 속성의 설정 값으로 옳은 것은?

① ₩남;₩여
② 남/여
③ ;₩남;₩여
④ ₩남,₩여

55 다음 중 데이터베이스에 대한 설명으로 옳지 않은 것은?

① 데이터베이스는 컴퓨터가 접근할 수 있는 저장 매체에 저장된 자료이다.
② 데이터베이스는 자료가 최소한으로 중복된 데이터의 모임이다.
③ 데이터베이스는 조직의 고유한 업무를 수행하는 데 존재 가치가 확실하고 없어서는 안 될 반드시 필요한 자료이다.
④ 데이터베이스는 여러 응용 시스템들이 공동으로 소유하고 유지하는 자료이다.

56 다음 중 학생(학번, 이름, 학과, 학년, 주소) 테이블에서 학과가 "경영학과"이고 학년이 2학년인 학생의 학번과 이름만 출력하는 SQL문으로 올바른 것은?

① Select 학번, 이름 From 학생 Where 학과 Like '경영학과' And 학년 In (2);
② Select 학번, * From 학생 Where 학과='경영학과' Or 학년 = 2;
③ Select 학번, * From 학생 Where 학과='경영학과' And 학년 = 2;
④ Select 학번, 이름 From 학생 Where '경영학과' And 2;

57 다음 중 쿼리 유형에 대한 설명으로 옳지 않은 것은?

① [테이블 만들기] 쿼리로 레코드를 기존 테이블에 추가할 수 있다.
② [업데이트] 쿼리로 기존 테이블의 데이터를 변경할 수 있다.
③ 실행 쿼리는 쿼리 디자인 그룹 왼쪽에 실행(!) 단추가 표시된다.
④ [삭제] 쿼리로 기존 테이블의 레코드를 삭제할 수 있다.

58 다음 중 데이터의 형식에 관한 설명으로 옳지 않은 것은?

① 짧은 데이터 형식의 필드 크기를 기존 크기보다 작게 지정할 경우 데이터가 손실될 수 있다.
② 숫자가 입력된 필드를 짧은 텍스트 형식으로 변경할 수 있다.
③ 정수가 입력된 필드를 일련 번호 형식으로 변경할 수 있다.
④ 날짜가 입력된 필드에 자세한 날짜 유형을 지정할 수 있다.

59 다음 중 전체 페이지는 100이고 현재 페이지는 5일 때 현재 페이지 정보를 "005"와 같이 표현하는 식으로 옳은 것은?

① =Format([Pages], "000")
② =Format([Page], "000")
③ =Format("Pages", "000")
④ =Format("Page", "000")

60 다음 중 폼의 디자인 보기 상태에서 [정렬] → [크기 및 순서 조정] → [크기/공간]을 이용하여 수행할 수 있는 작업이 아닌 것은?

① [간격] → [가로 간격 넓게] : 선택된 컨트롤의 가로 간격을 조금 더 넓게 넓히는 것으로 가장 왼쪽 컨트롤의 위치는 변함이 없다.
② [그룹화] → [그룹] : 선택된 여러 개의 컨트롤을 하나의 개체로 묶는다.
③ [눈금] → [눈금자] : 눈금자를 표시하거나 숨긴다.
④ [크기] → [자동] : 선택된 컨트롤의 크기를 동일하게 자동으로 조정한다.

최신 기출문제 10회 — 2024년 상시05 컴퓨터활용능력 1급 필기

1과목 : 컴퓨터 일반

01 다음 중 태블릿 설정에 대한 설명으로 옳은 것은?
① 로그인 시 '소프트웨어에 적절한 모드 사용'을 설정할 수 있다.
② 태블릿 설정 모드에는 '태블릿 모드로 전환 안 함'과 '항상 태블릿 모드로 전환' 두 가지가 있다.
③ 태블릿 모드를 지정하면 앱 실행 시 전체 화면으로 표시되고, 작업 표시줄과 바탕 화면 아이콘이 축소된다.
④ 태블릿 모드를 설정해도 키보드와 마우스를 사용할 수 있다.

02 다음 중 인터럽트에 대한 설명으로 옳지 않은 것은?
① 인터럽트는 프로그램을 실행하는 도중에 예기치 않은 상황이 발생할 경우 현재 실행중인 작업을 일시 중단하고, 발생된 상황을 우선 처리한 후 실행중이던 작업으로 복귀하여 계속 처리하는 것이다.
② 외부로부터 인터럽트 요청이 들어오면 인터럽트 서비스 루틴이 종료된다.
③ 입출력장치의 입출력 준비 완료를 알리는 경우 인터럽트가 발생한다.
④ 명령 처리 중 오버플로가 발생했을 경우 인터럽트가 발생한다.

03 다음 중 네트워크 통신망의 구성 형태에 관한 설명으로 옳지 않은 것은?
① 스타형은 모든 단말기가 중앙 컴퓨터에 연결되어 있는 형태로, 고장 발견이 쉽고 유지 보수가 용이하다.
② 메시형은 네트워크 상의 모든 노드들이 서로 연결되는 방식으로, 특정 노드에 이상이 생겨도 전송이 가능하다.
③ 버스형은 분산 처리 시스템을 구성하는 방식으로, 확장이 많아질 경우 트래픽이 과중될 수 있다.
④ 링형은 인접한 컴퓨터와 단말기들을 서로 연결하여 양방향으로 데이터 전송이 가능하지만 통신 회선 중 어느 하나라도 고장나면 전체 통신망에 영향을 미친다.

04 다음 중 멀티미디어 그래픽과 관련하여 비트맵(Bitmap) 방식에 관한 설명으로 옳은 것은?
① 픽셀(Pixel)로 이미지를 표현하며, 벡터 방식에 비해 많은 용량을 차지한다.
② 이미지를 확대해도 계단 현상이 발생하지 않는다.
③ 이미지를 모니터 화면에 표시하는 속도가 벡터 방식에 비해 느리다.
④ 파일 형식에는 BMP, TIF, GIF, JPEG, PNG, WMF 등이 있다.

05 다음 중 컴퓨터에서 문자를 표현하는 코드 체계에 대한 설명으로 옳은 것은?
① Unicode : 2개의 Zone 비트와 4개의 Digit 비트로 구성되며, 64개의 문자를 표현할 수 있다.
② BCD 코드 : 8비트를 사용하여 문자를 표현하며, 대형 컴퓨터에서 사용한다.
③ ASCII 코드 : 128가지 문자를 표현할 수 있으며, 데이터 통신용으로 사용한다.
④ EBCDIC 코드 : 전 세계의 모든 문자를 2바이트로 표현하는 국제 표준 코드이다.

06 다음 중 컴퓨터 운영체제의 운영방식에 대한 설명으로 옳은 것은?
① 실시간 처리 시스템 : 컴퓨터에 입력하는 데이터를 일정량 또는 일정시간 동안 모았다가 한꺼번에 처리하는 방식이다.
② 다중 처리 시스템 : 여러 개의 중앙처리장치와 하나의 주기억장치를 이용하여 여러 프로그램을 동시에 처리하는 방식이다.
③ 시분할 시스템 : 여러 대의 컴퓨터들에 의해 작업한 결과를 통신망을 이용하여 상호 교환할 수 있도록 연결되어 있는 시스템이다.
④ 다중 프로그램 시스템 : 처리할 데이터가 입력될 때 마다 즉시 처리하는 방식이다.

07 공공 거래 장부이며, 가상 화폐로 거래할 때 발생할 수 있는 불법적인 해킹을 막는 기술은?
① 전자봉투(Digital Envelope)
② 암호화 파일 시스템(Encrypting File System)
③ 블록체인(Block Chain)
④ 핀테크(FinTech)

정답 1.④ 2.② 3.③ 4.① 5.③ 6.② 7.③

08 다음 중 한글 Windows 10의 제어판에서 드라이브를 보호하여 파일 및 폴더에 무단으로 액세스하는 것을 차단하기 위해 사용하는 도구는?

① Active Directory ② Windows Defender
③ BitLocker ④ Windows Update

09 다음 중 시스템 보안과 관련한 불법적인 형태에 대한 설명으로 옳지 않은 것은?

① 스푸핑(Spoofing)은 검증된 사람이 네트워크를 통해 데이터를 보낸 것처럼 데이터를 변조하여 접속을 시도하는 행위이다.
② 스니핑(Sniffing)은 네트워크 주변을 돌아다니는 패킷을 엿보면서 계정과 패스워드를 알아내는 행위이다.
③ 분산 서비스 거부 공격(DDOS)은 여러 대의 장비를 이용하여 특정 서버에 대량의 데이터를 집중적으로 전송함으로써 서버의 정상적인 동작을 방해하는 행위이다.
④ 키로거(Key Logger)는 거짓 메일을 보내서 가짜 금융기관 등의 가짜 웹 사이트로 유인하여 정보를 빼내는 행위이다.

10 다음 멀티미디어 용어 중 선택된 두 개의 이미지에 대해 하나의 이미지가 다른 이미지로 자연스럽게 변화하도록 하는 특수 효과를 뜻하는 것은?

① 렌더링(Rendering)
② 안티앨리어싱(Anti-Aliasing)
③ 모핑(Morphing)
④ 블러링(Bluring)

11 다음 중 방화벽에 대한 설명으로 옳지 않은 것은?

① 해킹 등에 의한 외부로의 정보 유출을 막기 위해 사용하는 보안 기법이다.
② 역추적 기능이 있어서 외부의 침입자를 역추적하여 흔적을 찾을 수 있다.
③ 사용자 컴퓨터에서 다른 컴퓨터로 악성 소프트웨어를 보내는 것을 방지할 수 있다.
④ 특정 프로그램에 대하여 연결 차단을 해제하기 위해 예외를 둘 수 있다.

12 다음 중 한글 Windows 10의 [폴더 옵션] 대화상자에서 설정할 수 있는 작업으로 옳지 않은 것은?

① [숨김 파일, 폴더 또는 드라이브 표시 안 함]을 선택할 수 있다.
② [라이브러리의 항목 삭제]를 선택할 수 있다.
③ [알려진 파일 형식의 확장명 숨기기]를 선택할 수 있다.
④ [폴더 팁에 파일 크기 정보 표시]를 선택할 수 있다.

13 다음 중 프로그램 카운터(PC)에 대한 설명으로 옳은 것은?

① 명령 레지스터에 있는 명령어를 해독한다.
② 연산 결과를 일시적으로 저장한다.
③ 다음에 실행할 명령어의 주소를 기억한다.
④ 현재 실행 중인 명령의 내용을 기억한다.

14 다음 중 캐시 메모리(Cache Memory)에 관한 설명으로 옳은 것은?

① 중앙처리장치와 주기억장치 사이에 위치하여 컴퓨터의 처리 속도를 향상시킨다.
② 캐시 메모리는 주로 DRAM을 사용한다.
③ 보조기억장치의 일부를 주기억장치처럼 사용한다.
④ 주기억장치보다 큰 프로그램을 불러와 실행해야 할 때 유용하다.

15 웹 기반 애플리케이션을 활용하여 인터넷 개인 서버에서 대용량 데이터베이스를 연산(처리)하고 저장한 데이터를 PC나 스마트폰, Pad 등 다양한 단말기에서 불러오거나 가공할 수 있도록 하는 환경을 의미하는 것은?

① 클라우드 컴퓨팅(Cloud Computing)
② 그리드 컴퓨팅(Grid Computing)
③ 사물 인터넷(Internet of Things)
④ 빅 데이터(Big Data)

16 다음 중 한글 Windows 10에서 네트워크 연결 시 IP 설정이 자동으로 할당되지 않을 경우 직접 설정해야 하는 TCP/IP 속성에 해당하지 않는 것은?

① IP 주소 ② 기본 게이트웨이
③ 서브넷 마스크 ④ 라우터 주소

17 다음 중 시퀀싱(Sequencing)에 대한 설명으로 옳은 것은?
① 컴퓨터를 이용하여 음악을 제작, 녹음, 편집하는 작업을 의미한다.
② 멀티미디어 데이터를 다운로드하면서 동시에 재생해 주는 기술이다.
③ 음성, 영상 등의 아날로그 신호를 디지털 신호로 변환하는 과정이다.
④ 전자악기 간의 디지털 신호에 의한 통신이나 컴퓨터와 전자악기 간의 통신규약이다.

18 다음 중 사운드 카드 관련 용어에 대한 설명으로 옳지 않은 것은?
① 샘플링(Sampling)은 아날로그 신호를 디지털 신호로 변환하는 과정 중 한 단계이다.
② 샘플링률(Sampling Rate)이 높으면 높을수록 원음에 보다 가깝다.
③ 샘플링 주파수(Sampling Frequency)는 낮으면 낮을수록 좋다.
④ 샘플링 비트(Sampling Bit) 수는 음질에 영향을 미친다.

19 다음 중 네트워크 관련 장비로 라우터(Router)에 관한 설명으로 옳지 않은 것은?
① 인터넷 신호를 증폭하거나 중계하는 역할을 하는 네트워크 장비이다.
② 인터넷 환경에서 네트워크와 네트워크 간을 연결할 때 사용하는 장비이다.
③ 데이터 전송을 위해 가장 최적의 경로를 설정한다.
④ 데이터의 흐름을 제어하여 각 데이터들이 효율적으로 전송한다.

20 다음 중 텔레매틱스(Telematics)에 대한 설명으로 옳지 않은 것은?
① 통신(Telecommunication)과 정보과학(Informatics)의 합성어이다.
② 이미지, 음성, 영상 등의 디지털 정보를 유무선 네트워크에 연결시켜 다양한 멀티미디어 서비스를 제공한다.
③ 여러 IT 기술을 차량에 적합하게 적용하여 새로운 부가가치를 창출한다.
④ 차량에 장착된 특수한 장치와 노변 장치를 이용하여 차량을 안전하게 제어한다.

2과목 스프레드시트 일반

21 다음 중 원형 차트에 대한 설명으로 옳은 것은?
① 원형 차트는 하나의 축을 가진다.
② 원형 차트에 데이터 테이블을 표시할 수 있다.
③ 원형 차트는 쪼개진 원형으로 표시할 수 있다.
④ 원형 대 꺾은선형 차트에서는 비교적 작은 값을 원형 차트로 결합하여 표시한다.

22 다음 중 아래와 같이 워크시트에 데이터가 입력되어 있는 경우, 보기의 수식과 그 결과 값으로 옳지 않은 것은?

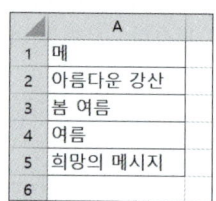

① =REPLACE(A3, SEARCH(A4, A3), 2, "여행") → 봄 여름 여행
② =REPLACE(A5, SEARCH("아", A2), 4, " ") → 메시지
③ =MID(A5, SEARCH(A1, A5), 1) → 메
④ =MID(A2, SEARCH(A4, A3), 2) → 다운

23 다음과 같이 [A2:D7] 영역에 '입사연도'가 2014년 이후이고, '주소'가 "서울"이면 셀 배경색을 설정하는 [조건부 서식]을 지정하려고 한다. 다음 중 [조건부 서식]의 수식 입력란에 입력해야 할 수식으로 옳은 것은?

	A	B	C	D
1	직원번호	직원명	입사연도	주소
2	NK-001	강남홍	2012-05-08	서울 마포구
3	NK-002	이숙민	2014-01-02	서울 강동구
4	NK-003	양희조	2014-05-25	안양 비산동
5	NK-004	조기쁨	2015-04-24	서울 양천구
6	NK-005	강순동	2015-02-08	수원 화성
7	NK-006	이유정	2014-06-08	안양 비산동
8				

① =OR(YEAR($C2)>=2014, LEFT($D2, 2)="서울")
② =AND(YEAR($C2)>=2014, LEFT($D2, 2)="서울")
③ =OR(YEAR(C$2)>=2014, LEFT(D$2, 2)="서울")
④ =AND(YEAR(C$2)>=2014, LEFT(D$2, 2)="서울")

24 다음 워크시트에서 [A2:A6] 영역의 앞에 두 글자를 이용하여 [B2:B6] 영역에 지역을 표시하려고 할때, [B2] 셀에 "서울"을 입력한 후 눌러야 하는 바로 가기 키는?

	A	B
1	코드	지역
2	서울-505	서울
3	부산-120	
4	인천-210	
5	광주-502	
6	성남-650	
7		

① Alt + Tab + E
② Alt + E
③ Shift + E
④ Ctrl + E

25 아래 시트에서 국적별 영화 장르의 편수를 계산하기 위해 [B12] 셀에 작성해야 할 배열 수식으로 옳지 않은 것은?

	A	B	C	D	E
1					
2	NO.	영화명	관객수	국적	장르
3	1	럭키	66,962	한국	코미디
4	2	허드슨강의 기적	33,317	미국	드라마
5	3	그물	9,103	한국	드라마
6	4	프리즘☆투어즈	2,778	한국	애니메이션
7	5	드림 쏭	1,723	미국	애니메이션
8	6	춘몽	382	한국	드라마
9	7	파수꾼	106	한국	드라마
10					
11		코미디	드라마	애니메이션	
12	한국	1	3	1	
13	미국	0	1	1	
14					

① {=SUM(($D$3:$D$9=$A12)*($E$3:$E$9=B$11))}
② {=SUM(IF($D$3:$D$9=$A12, IF($E$3:$E$9=B$11, 1)))}
③ {=COUNT(($D$3:$D$9=$A12)*($E$3:$E$9=B$11))}
④ {=COUNT(IF(($D$3:$D$9=$A12)*($E$3:$E$9=B$11), 1))}

26 아래의 워크시트에서 [A8] 셀에 =INDEX(A1:C6, MATCH(LARGE(C2:C6, 3), C1:C6, 0), 2) 수식을 입력했을 때의 계산 결과로 올바른 것은?

	A	B	C
1	코너	담당	판매금액
2	잡화	김남희	5,122,000
3	식료품	남궁민	450,000
4	잡화	이수진	5,328,000
5	식료품	서수남	6,544,000
6	식료품	김정미	6,024,500

① 남궁민
② 이수진
③ 서수남
④ 김정미

27 다음 중 사용자 지정 표시 형식에 대한 설명으로 틀린 것은?

① 소수점 오른쪽의 자리 표시자 보다 더 긴 숫자가 소수점 이하의 숫자로 셀에 입력될 경우 자리 표시자 만큼 소수 자릿수로 내림된다.
② 양수, 음수, 0, 텍스트 순으로 한 번에 네 가지의 표시 형식을 지정할 수 있다.
③ 각 섹션에 대한 색은 섹션의 맨 앞에 8개의 색 중 하나를 대괄호로 묶어 입력해야 한다.
④ 두 개의 섹션을 지정하면 첫 번째 섹션은 양수 또는 0, 두 번째 섹션은 음수에 대한 표시 형식이다.

28 다음과 같은 이벤트를 실행시켰을 때 나타나는 결과로 옳은 것은?

```
Private Sub Worksheet_Activate( )
    Range("A1").Select
    Selection.Sort Key1:=Range("A2"), _
    Order1:=xlAscending, Header:=xlGuess, _
    OrderCustom:=1, MatchCase:=False, _
    Orientation:=xlTopToBottom
End Sub
```

① 워크시트가 활성화될 때 [A2] 셀을 기준으로 오름차순 정렬한다.
② 이벤트가 실행된 후에는 [A2] 셀이 선택되어 있다.
③ 다른 프로시저에서 Worksheet_Activate( )를 불러와 실행할 수 있다.
④ 워크시트의 데이터가 변경되면 재정렬된다.

29 워크시트에서 [B1] 셀을 삭제하기 위해 다음과 같은 대화상자를 표시하기 위한 바로 가기 키는?

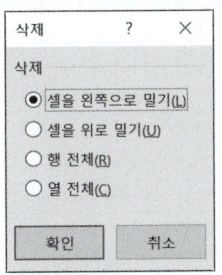

① Alt + +
② Ctrl + +
③ Alt + -
④ Ctrl + -

30 다음 중 [매크로 기록] 대화상자에서 설정할 수 있는 요소가 아닌 것은?

① 매크로 이름
② 바로 가기 키
③ 매크로 보안
④ 매크로 저장 위치

31 다음 중 [시나리오 추가] 대화상자에 대한 설명으로 옳지 않은 것은?

① [데이터] → [예측] → [가상 분석] → [시나리오 관리자] 대화상자에서 [추가] 단추를 클릭하면 표시되는 대화상자이다.
② '변경 셀'은 변경 요소가 되는 값의 그룹이며, 하나의 시나리오에 최대 32개까지 지정할 수 있다.
③ '설명'은 시나리오에 대한 추가적인 설명으로 반드시 입력할 필요는 없다.
④ 보호된 시트에 시나리오가 추가되지 않도록 하려면 '변경 금지'를 선택한다.

32 다음 중 아래 시트에서 사원명이 두 글자이면서 실적이 전체 실적의 평균을 초과하는 데이터를 검색할 때, 고급 필터의 조건으로 옳은 것은?

	A	B
1	사원명	실적
2	유민	15,030,000
3	오성준	35,000,000
4	김근태	18,000,000
5	김원	9,800,000
6	정영희	12,000,000
7	남궁정훈	25,000,000
8	이수	30,500,000
9	김용훈	8,000,000
10		

①
사원명	실적조건
="=??"	=$B2>AVERAGE($B$2:$B$9)

②
사원명	실적
="=??"	=$B2&">"AVERAGE($B$2:$B$9)

③
사원명	실적
=LEN($A2)=2	=$B2>AVERAGE($B$2:$B$9)

④
사원명	실적조건
="=**"	=$B2>AVERAGE($B$2:$B$9)

33 다음 중 [페이지 설정] 대화상자에 대한 설명으로 옳지 않은 것은?

① 용지 방향, 용지 크기, 인쇄 품질을 설정할 수 있다.
② '머리글/바닥글' 탭의 '머리글' 영역에서 행/열 머리글의 인쇄 여부를 설정한다.
③ 여백은 사용자가 직접 값을 입력할 수 있다.
④ 워크시트에서 차트를 마우스로 선택한 후 [페이지 설정] 메뉴를 선택하면, '시트' 탭이 '차트' 탭으로 바뀐다.

34 다음 중 미리 보기 창 및 인쇄 옵션에서 '페이지 설정'을 클릭하여 설정할 수 있는 내용으로 틀린 것은?

① 워크시트의 행 머리글과 열 머리글을 포함하여 인쇄할 수 있다.
② 셀에 표시된 오류가 인쇄되지 않도록 설정할 수 있다.
③ 인쇄 영역을 설정하여 인쇄할 수 있다.
④ 워크시트에 삽입되어 있는 차트, 도형, 그림 등의 모든 그래픽 요소를 제외하고 텍스트만 빠르게 인쇄할 수 있다.

35 다음 중 엑셀의 정렬 기능에 대한 설명으로 옳지 않은 것은?

① 오름차순 정렬과 내림차순 정렬 모두 빈 셀은 항상 마지막으로 정렬된다.
② 숨겨진 행이나 열도 정렬에 포함되어 정렬된다.
③ 대/소문자를 구분하여 정렬할 수 있고, 오름차순으로 정렬하면 소문자 → 대문자 순으로 정렬된다.
④ 표 서식이 적용된 데이터 영역을 '왼쪽에서 오른쪽'으로 정렬하려면 정렬하기 전에 '범위로 변환'을 실행해야 한다.

정답 30.③ 31.④ 32.① 33.② 34.③ 35.②

36 다음 중 배열 상수에 대한 설명으로 옳지 않은 것은?

① 셀 참조, 길이가 다른 열, 달러($) 기호, 백분율(%) 기호 등은 배열 참조에 포함될 수 있다.
② 배열 상수에는 숫자, 텍스트, TRUE나 FALSE 등의 논리값, #N/A와 같은 오류 값이 들어 갈 수 있다.
③ 배열 상수에 정수, 실수, 지수형 서식의 숫자를 사용할 수 있다.
④ 배열 상수 입력 시 열 구분은 쉼표(,)로, 행 구분은 세미콜론(;)으로 한다.

37 다음 중 오류값 '#VALUE!'가 발생하는 원인으로 올바른 것은?

① 잘못된 인수나 피연산자를 사용했을 경우
② 수식에서 값을 0으로 나누려고 할 경우
③ 함수나 수식에 사용할 수 없는 값을 지정했을 경우
④ 셀 참조가 유효하지 않을 때

38 다음 중 [틀 고정]에 대한 설명으로 옳지 않은 것은?

① 워크시트를 스크롤할 때 특정 행이나 열이 계속 표시되도록 하는 기능이다.
② 워크시트의 화면상 첫 행이나 첫 열을 고정할 수 있으며, 선택한 셀의 위쪽 행과 왼쪽 열을 고정할 수도 있다.
③ 표시되어 있는 틀 고정선을 더블클릭하여 틀 고정을 취소할 수 있다.
④ 인쇄 시 화면에 표시되는 틀 고정의 형태는 적용되지 않는다.

39 셀의 값이 100 이상이면 "▲", -100 이하이면 "▼", 그 외는 값이 그대로 표시되는 사용자 지정 표시 형식으로 옳은 것은?

[표시 예]
· 150 : ▲
· 0 : 0
· -50 : -50
· -122 : ▼

① [>=100]"▲";#;[<=-100]"▼"
② [>=100]"▲";0;[<=-100]"▼"
③ [>=100]"▲";[<=-100]"▼";#
④ [>=100]"▲";[<=-100]"▼";0

40 다음 중 셀 영역을 선택한 후 상태 표시줄의 바로 가기 메뉴인 [상태 표시줄 사용자 지정]에서 선택할 수 있는 자동 계산에 해당되지 않는 것은?

① 선택한 영역 중 숫자 데이터가 입력된 셀의 수
② 선택한 영역 중 문자 데이터가 입력된 셀의 수
③ 선택한 영역 중 데이터가 입력된 셀의 수
④ 선택한 영역의 합계, 평균, 최소값, 최대값

3과목 데이터베이스 일반

41 〈제품〉 테이블과 〈주문상세내역〉 테이블의 관계 설정에 관한 내용으로 옳지 않은 것은?

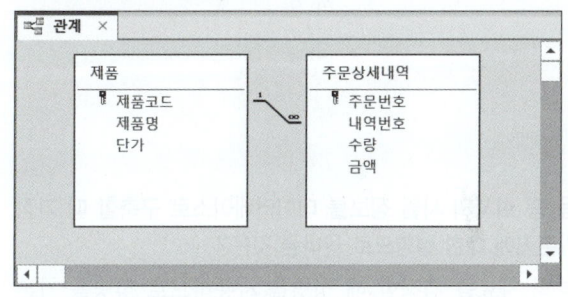

① 〈제품〉 테이블의 레코드를 수정하거나 삭제할 때 참조 무결성이 위배될 수 있다.
② 〈주문상세내역〉 테이블에 레코드를 추가할 때 참조 무결성이 위배될 수 있다.
③ 〈주문상세내역〉 테이블에 레코드를 삭제할 때는 어떠한 경우라도 참조 무결성이 위배되지 않는다.
④ 〈제품〉 테이블의 '제품코드' 데이터를 추가할 때는 참조 무결성이 위배될 수 있다.

42 활성화된 폼에서 옵션 단추의 선택 여부에 따라 해당 텍스트 상자 컨트롤로 포커스(Focus)를 자동 이동하려고 한다. 다음 중 이 작업을 위해 사용되는 매크로 함수로 옳은 것은?

① OpenForm
② GoToControl
③ GoToRecord
④ SetValue

43 다음의 〈학과〉 테이블에 대한 SQL문의 실행 결과로 표시되는 값은?

〈학과〉

학과코드	학과명	수강인원	강의실코드
1001	인공지능	40	C101
1002	빅데이터	20	C204
1003	데이터보안	30	C308
1004	반도체	10	C405

〈SQL문〉
```
Select Count(*)
From 학과
Where 수강인원 >
    (Select Avg(수강인원) From 학과);
```

① 1
② 2
③ 3
④ 4

44 다음 중 회사의 사원 정보를 데이터베이스로 구축할 때 가장 적합한 기본키에 대한 설명으로 옳바른 것은?

① 대부분의 자료를 검색할 때 성명을 사용하므로 성명을 기본키로 사용한다.
② 대부분의 사원들이 핸드폰을 사용하므로 핸드폰 번호를 기본키로 사용한다.
③ 성명은 중복 가능성이 있으므로 성명과 부서명을 함께 기본키로 사용한다.
④ 회사에서 사원들에게 지급한 사원코드를 기본키로 사용한다.

45 다음 중 액세스의 내보내기(Export)에 대한 설명으로 가장 옳지 않은 것은?

① 테이블이나 쿼리, 폼이나 보고서 등을 다른 형식으로 바꾸어 파일로 저장할 수 있다.
② 테이블의 데이터, 구조, 서식 등은 내보낼 수 있지만 제약 조건, 관계, 인덱스 같은 속성은 내보낼 수 없다.
③ 테이블은 내보내지 않고 보고서만 Word RTF 파일로 내보내는 경우 원본 테이블이 없으므로 자료가 표시되지 않는다.
④ 쿼리를 내보낼 경우 실행 결과가 저장된다.

46 다음 중 폼에 대한 설명으로 옳지 않은 것은?

① 폼 내에서 단추를 눌렀을 때 매크로와 모듈이 특정 기능을 수행하도록 할 수 있다.
② 일 대 다 관계에 있는 테이블이나 쿼리는 폼 안에 하위 폼을 작성할 수 있다.
③ 폼과 컨트롤의 속성은 [디자인 보기] 형식에서 [속성 시트]를 이용하여 설정한다.
④ 폼은 레코드 원본에 연결된 대상이 테이블인지 쿼리인지에 따라 바운드 폼과 언바운드 폼으로 구분된다.

47 다음 중 보고서에 대한 설명으로 옳지 않은 것은?

① 보고서에 포함할 필드가 모두 한 테이블에 있는 경우 해당 테이블을 레코드 원본으로 사용한다.
② 둘 이상의 테이블을 이용하여 보고서를 작성하는 경우 쿼리를 만들어 레코드 원본으로 사용한다.
③ '보고서' 도구를 사용하면 정보를 입력하지 않아도 바로 보고서가 생성되므로 매우 쉽고 빠르게 보고서를 만들 수 있다.
④ '보고서 마법사'를 이용하는 경우 필드 선택은 여러 개의 테이블 또는 하나의 쿼리에서만 가능하며, 데이터 그룹화 및 정렬 방법을 지정할 수도 있다.

48 다음 중 데이터베이스의 장점이 아닌 것은?

① 데이터의 일관성을 유지할 수 있다.
② 데이터의 무결성을 유지할 수 있다.
③ 데이터를 일괄 처리할 수 있다.
④ 데이터를 공유할 수 있다.

49 다음 중 각 쿼리문에 대한 설명으로 옳지 않은 것은?

① insert into member(id, password, name, age) values ('a001', '1234', 'kim', 20);
② update member set age=17 where id='a001';
③ select * distinct from member where age=17;
④ delete from member where id='a001';

50 다음 중 데이터 형식에 대한 설명으로 옳지 않은 것은?

① '첨부 파일'은 jpg, xlsx 등 원하는 파일 형식으로 첨부되도록 할 수 있다.
② 'Yes/No'는 성별이나 결혼 여부 등 두 값 중 하나만 입력하는 경우에 사용한다.
③ '짧은 텍스트'는 최대 255자까지 저장할 수 있다.
④ '일련 번호'는 레코드가 추가될 때마다 1씩 증가하는 값이 자동으로 입력되며, 필드 크기는 정수(Long)이다.

51 테이블 디자인의 조회 표시에서 콤보 상자나 목록 상자를 선택하면 여러 가지 속성이 표시된다. 속성에 대한 설명 중 옳지 않은 것은?

① 행 원본 : 목록으로 제공할 데이터를 지정한다.
② 바운드 열 : 바운드되는 필드의 개수를 지정한다.
③ 컨트롤 표시 : 콤보 상자나 목록 상자를 선택한다.
④ 목록 값만 허용 : '예'로 설정하면 목록에 제공된 데이터 이외의 값을 추가할 수 없다.

52 보고서 머리글의 텍스트 박스 컨트롤에 다음과 같이 컨트롤 원본을 지정하였다. 보고서 미리 보기를 하는 경우 어떠한 결과가 나타나는가? (단, 현재 날짜와 시간이 2024년 1월 2일 오후 3시 4분 5초라고 가정한다.)

=Format(Now( ), "mmmm ampm h:n")

① Jan 3:4
② January 오후 3:4
③ Jan pm 3:4:5
④ January pm 3:4:5

53 다음 VBA에서 변수 선언(Option Explicit)에 대한 설명으로 옳지 않은 것은?

① Dim, Static, Private, Public 키워드로 변수를 선언한다.
② 변수는 반드시 Option Explicit문 이전에 선언해야 한다.
③ 변수를 선언하지 않고 사용하면 에러가 발생한다.
④ 'Option Base 1'을 선언하면 배열의 위치는 1부터 시작한다.

54 다음 중 기본 보기 속성을 통해 설정하는 폼의 종류에 대한 설명으로 가장 옳지 않은 것은?

① 단일 폼은 한 번에 한 개의 레코드만을 표시한다.
② 연속 폼은 현재 창을 채울 만큼 여러 개의 레코드를 표시한다.
③ 연속 폼은 매 레코드마다 폼 머리글과 폼 바닥글이 표시된다.
④ 데이터시트 형식은 스프레드시트처럼 행과 열로 정렬된 폼 필드를 표시한다.

55 하위 폼을 이용하여 폼을 작성할 때의 설명으로 옳지 않은 것은?

① 연결 필드의 데이터 종류는 같아야 하며, 데이터 형식이나 필드 크기도 같거나 호환되어야 한다.
② 하위 폼은 폼 안에 있는 또 하나의 폼이며, 기본이 되는 폼을 기본 폼이라고 하고 기본 폼 안에 들어있는 폼을 하위 폼이라고 한다.
③ 하위 폼/하위 보고서 속성 중에서 원본 개체 속성은 기본 폼으로 사용될 폼만을 의미한다.
④ 하위 필드 연결이나 기본 필드 연결 속성에는 필드명을 사용할 수 있다.

56 다음 중 다른 데이터베이스의 원본 데이터를 연결 테이블로 가져온 테이블과 새 테이블로 가져온 테이블에 대한 설명으로 옳지 않은 것은?

① 새 테이블로 가져온 테이블을 삭제해도 원본 테이블은 삭제되지 않는다.
② 새 테이블로 가져온 테이블을 이용하여 폼이나 보고서를 생성할 수 있다.
③ 연결 테이블로 가져온 테이블을 삭제해도 원본 테이블은 삭제되지 않고 연결만 삭제된다.
④ 연결 테이블로 가져온 테이블을 삭제하면 연결되어 있는 원본 데이터베이스 테이블도 삭제된다.

57 다음 중 HAVING 절과 WHERE 절에 대한 설명으로 옳지 않은 것은?

① WHERE 절에는 정렬 옵션을 사용할 수 없다.
② WHERE 절에는 그룹 함수를 사용할 수 있다.
③ WHERE 절은 검색될 레코드에 대한 조건을 지정할 때 사용한다.
④ 그룹에 대한 조건을 지정할 때는 HAVING 절을 사용한다.

정답 50.① 51.② 52.② 53.② 54.③ 55.③ 56.④ 57.②

58 다음 중 문자열 함수에 대한 결과로 옳지 않은 것은?

① Len("Blossom") = 7
② Mid("Blossom", 3, 2) = os
③ Left("Blossom", 3) = Blo
④ Instr("Blossom", "son") = Null

59 보고서 작성 시 사용되는 여러 종류의 마법사 중 다음과 같은 출력물 작성에 가장 적합한 것은?

강남구 개포동 326-9호 가남경리부	서울시 강동구 천호3동 185-5호 개성전자경리부
용산구 한강로7가 12-17 골드아이경리부	용산구 한강로10가 18-13 동아후로킹경리부
용산구 한강로11가 12-31 리치경리부	용산구 한강로11가 13-19 멀티클럽경리부

① 업무 양식 마법사
② 우편 엽서 마법사
③ 레이블 마법사
④ 보고서 마법사

60 〈회원〉 테이블의 '주소' 필드의 값이 다음과 같은 경우 SQL문의 실행 결과로 표시되는 값은?

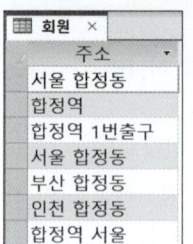

〈SQL〉

```
Select Count(*)
From 회원
Where 주소 = Like "합정*"
```

① 1
② 7
③ 3
④ 4

최신기출문제 해설

컴퓨터활용능력 1급 필기

01회 2025년 상시01 기출문제 해설

01 내레이터의 시작 및 중지 바로 가기 키는 ⊞+Ctrl+Enter입니다.

02 브리지(Bridge)는 OSI 참조 모델의 데이터 링크 계층(Data Link Layer)에 속합니다.

03 방화벽의 기능에는 인증(Authentication), 데이터 암호화, 접근 제어(Access Control), 로깅(Logging)과 감사 추적(Audit Trail) 등이 있습니다.

04 '실행' 창에 msconfig를 입력한 후 〈확인〉을 클릭하면 '시스템 구성' 대화상자가 실행됩니다.
  • taskmgr : 작업 관리자
  • winver : Windows 정보
  • msinfo32 : 시스템 정보
  • regedit : 레지스트리 편집기

05 '폴더 옵션' 대화상자에서는 공유 폴더에 액세스 할 때 필요한 계정과 암호는 설정할 수 없습니다.

06 • 워드(Word)는 CPU가 한 번에 처리할 수 있는 명령 단위입니다.
  • 문자를 표현하는 최소 단위는 바이트(Byte)입니다.

07 분산 처리 시스템(Distributed System)에 관한 설명으로 적절한 것은 ③번입니다.
  • ①번은 다중 처리 시스템(Multi-Processing System), ②번은 시분할 시스템(Time Sharing System), ④번은 다중 프로그래밍 시스템(Multi Programming System)에 대한 설명입니다.

08 수정(Modification)은 무결성을 저해하는 보안 위협의 유형입니다.
  • 가로채기(Interception) : 기밀성 저해
  • 가로막기(Interruption) : 가용성 저해
  • 위조(Fabrication) : 무결성 저해

09 스트리밍(Streaming)은 파일을 다운 받을 때 전체 파일을 다운 받을 때까지 기다릴 필요 없이 전송되는 대로 재생시키는 기술입니다.

10 디스플레이의 해상도는 바탕 화면의 바로 가기 메뉴에서 [디스플레이 설정]을 선택하거나 [⚙설정] → [시스템] → [디스플레이]에서 설정할 수 있습니다.

11 캐시 메모리는 중앙처리장치와 주기억장치 사이에 위치하여 컴퓨터의 처리 속도를 향상시키는 역할을 합니다.
  • ② 캐시 메모리는 접근 속도가 빠른 정적 램(SRAM)을 사용합니다.
  • ③, ④ 가상 메모리(Virtual Memory)에 대한 설명입니다.

12 제어 버스와 데이터 버스는 양방향 통로이고, 주소 버스는 단방향 통로입니다.

13 스트라이핑(Striping) 방식은 데이터를 여러 개의 하드디스크에 나눠서 기록하는 방법으로, 데이터 입출력 속도가 빠르지만 하드디스크가 한개라도 손상되면 데이터를 사용할 수 없고 장애 시 복구가 어렵습니다.

14 '파일 탐색기'의 [검색 도구] → [검색] 탭에는 읽기 전용, 숨김 등 파일 특성을 지정하여 검색할 수 있는 도구가 없습니다.

15 IPv6은 16비트씩 8부분, 총 128비트의 주소를 사용합니다.

16 객체 지향 프로그램은 코드의 재사용과 유지 보수가 용이합니다.

17 DRAM의 데이터 접근 속도(ns)는 작을수록 좋습니다.

18 • 니블(Nibble)은 4비트로 구성된 단위입니다.

• ①번은 비트(Bit), ③번은 바이트(Byte), ④번은 워드(Word)에 대한 설명입니다.

19 빅 데이터를 기반으로 미래 예측의 활성화 방안을 모색하기는 하지만, 빅 데이터에 대한 의존성을 강화할 필요는 없습니다.

20 ④번은 데이터 마이닝(Data Mining)에 대한 설명입니다.

21 '셀에 맞춤'은 입력된 데이터의 길이가 셀의 너비보다 긴 경우 셀의 너비에 맞게 글자 크기를 축소하여 표시하는 기능입니다. 데이터의 길이가 셀의 너비보다 넓다고 하여 글자 크기가 확대되지는 않습니다.

22 화면 제어에 관한 설명으로 옳은 것은 ①번입니다.
  ② 창 나누기는 하나의 워크시트를 2개나 4개의 영역으로 나누는 기능으로, 여러 통합 문서를 나누지는 못합니다.
  ③ 창 나누기 기준선은 마우스로 위치를 조정할 수 있으나 틀 고정선은 마우스로 위치를 조정할 수 없습니다.
  ④ 창 나누기는 [실행 취소] 명령으로 나누기를 해제할 수 없습니다.

23 [D3] 셀에 입력된 수식으로 옳은 것은 ②번입니다.
  • '병원총면적'으로 순위를 구한 후 동일한 순위에 대해 '1인면적'으로 순위를 구하려면, 우선 '병원총면적'을 기준으로 순위를 구한 다음 이 순위에 동일한 '병원총면적'들의 '1인면적'을 비교하여 기준이 되는 '1인면적' 보다 큰 면적의 개수를 구해 더해주면 됩니다.
  =RANK.EQ(B3, $B$3:$B$12)+SUM(($B$3:$B$12=B3)*($C$3:$C$12)C3))
       ❶   ❷

  ❶ RANK.EQ(B3, B3:B12) : [B3:B12] 영역에서 [B3] 셀의 순위를 구합니다. 여러 셀에 결과를 구해야 하므로 범위는 절대 참조로 지정해야 하고, [B3] 셀은 B3 또는 $B3으로 지정하면 됩니다.
  ❷ SUM((B3:B12=B3)*(C3:C12)C3))
  • 조건이 두 개일 때 배열 수식을 이용하여 개수를 구하는 방법은 다음의 3가지 방법이 있습니다.

  • 방법1 : =SUM((조건1) * (조건2))
  • 방법2 : =SUM(IF(조건1, IF(조건2, 1)))
  • 방법3 : =COUNT(IF(조건1, IF(조건2, 1)))

  1. 조건 찾기
    - 조건1 : '병원총면적'이 동일한지를 비교해야 합니다. 비교 대상이 될 '병원총면적'이 있는 범위(B3:B12)와 비교할 기준이 되는 [B3] 셀을 "="으로 연결하여 적어주면 됩니다(B3:B12=B3).
    - 조건2 : 동일한 '병원총면적' 중 '1인면적'이 기준이 되는 '1인면적' 보다 큰 면적을 찾아야 합니다. 비교 대상이 될 '1인면적'이 있는 범위(C3:C12)와 비교할 기준이 되는 [C3] 셀을 ")"로 연결하여 적어주면 됩니다(C3:C12)C3).
  2. 위의 조건을 개수 구하기 배열 수식에 대입하면 다음과 같습니다.

  • 방법1 : =SUM((B3:B12=B3) * C3:C12)C3))
  • 방법2 : =SUM(IF(B3:B12=B3, IF(C3:C12)C3, 1)))
  • 방법3 : =COUNT(IF(B3:B12=B3, IF(C3:C12)C3, 1)))

  • 여러 셀에 결과를 구해야 하므로 범위는 절대 참조로 지정해야 하고, [B3]와 [C3] 셀은 B3 또는 $B3, C3 또는 $C3으로 지정하면 됩니다.

24 시나리오는 별도의 파일로 저장되는 것이 아니라 별도의 시트에 작성됩니다.

25 조건부 서식에서 조건 지정 시 마우스로 특정 셀을 클릭하면 절대 참조로 작성됩니다.

26 '매크로' 대화상자를 호출하는 바로 가기 키는 Alt + F8 입니다.

27 여러 개의 시트가 선택된 그룹 상태를 해제하려면 시트 탭의 바로 가기 메뉴에서 [시트 그룹 해제]를 선택하거나 그룹이 아닌 임의의 시트를 클릭하면 됩니다.

28 [기본] 보기 상태에서는 페이지 구분선을 마우스로 드래그하여 이동할 수 없습니다.

29 Range("B1", "B5")는 Range("B1:B5")와 마찬가지로 [B1:B5] 영역을 선택하므로 'Range("B1", "B5").Value = 10'을 지정하면 [B1] 셀에서 [B5] 셀까지 모든 셀에 10이 입력됩니다.
- [B1] 셀과 [B5] 셀에만 10을 입력하려면 'Range("B1, B5").Value = 10'으로 지정하면 됩니다.

30 부분합을 작성하려면 먼저 그룹화할 항목을 기준으로 반드시 오름차순이나 내림차순으로 정렬한 후 부분합을 실행해야 합니다.

31 여러 개의 텍스트를 한 개의 텍스트로 합칠 때 사용하는 함수는 CONCAT입니다.

32 [C10] 셀에 입력된 배열 수식으로 옳은 것은 ①번입니다.
- 합계를 구하는 배열 수식은 다음의 두 가지 방법이 있습니다.

  - 방법1 : =SUM((조건) * 합계를_구할_범위)
  - 방법2 : =SUM(IF((조건), 합계를_구할_범위))

1. 조건과 범위 찾기
   - 조건 : 과목별 점수란 조건은, 비교 대상이 될 지점 범위 [B2:B7]와 비교할 기준이 되는 "1과목"이 들어있는 [B10] 셀을 "="으로 연결하여 적어주면 됩니다.
   - 합계를_구할_범위 : 점수이므로 [C2:C7]이 됩니다.
2. 위의 조건과 범위를 합계 구하기 배열 수식에 대입하면 다음과 같습니다.

  - 방법1 : =SUM((B2:B7=B10) * C2:C7)
  - 방법2 : =SUM(IF(B2:B7=B10, C2:C7))

- 이 문제는 [C10:C11] 영역에 결과값을 구해야 하므로 범위는 절대 참조로 지정해야 합니다.
- '방법2'로 수식을 입력한 후 Ctrl + Shift + Enter를 누르면 중괄호({ })가 자동으로 입력되어 {=SUM(IF($B$2:$B$7=B10, $C$2:$C$7))}과 같이 표시됩니다.

33 '페이지 설정' 대화상자에 대한 설명으로 옳은 것은 ③번입니다.
① 인쇄 배율은 워크시트 표준 크기의 10%에서 최대 400%까지 설정할 수 있습니다.
② 머리글/바닥글의 인쇄 여부는 '머리글/바닥글' 탭에서 설정할 수 있습니다.
④ 셀에 설정된 메모는 시트에 표시된 대로 인쇄하거나 시트 끝에 인쇄할 수 있습니다.

34 • 'B2:B5 B4:C4'와 같이 두 개의 참조 영역을 공백으로 연결하면 두 영역에서 공통인 [B4] 셀을 참조 영역으로 지정합니다.

	A	B	C
1	분기	1차	2차
2	1사분기	1	5
3	2사분기	2	6
4	3사분기	3	7
5	4사분기	4	8
6			

- 'B2:B5 B4:C4'는 [B4] 셀 하나를 의미하므로 '=SUM(B2:B5 B4:C4)'와 '=B2:B5 B4:C4'의 결과는 3으로 동일합니다.

35 '찾기 및 바꾸기' 대화상자에서 만능 문자인 '?'나 '*' 문자 자체를 찾으려면, 만능 문자 앞에 물결표(~) 기호를 입력하면 됩니다.

36 한 개의 데이터 계열만 표시할 수 있는 원형 차트로는 4개의 계열로 구성된 표의 데이터를 표시할 수 없습니다.

37 ③번의 결과는 38입니다.
① 2023-11-1에서 2023-10-1을 뺀 일수인 31을 반환합니다.
② 45.6789를 소수점 이하 둘째 자리로 자리 내림한 45.67을 반환합니다.
③ 배열에서 대응하는 요소를 모두 곱하고 그 곱의 합을 구한 (1×5)+(2×6)+(3×7) = 38을 반환합니다.

④ ❶ SQRT(4) : 4의 양의 제곱근인 2를 반환합니다.
❷ INT(-2) : -2보다 크지 않은 정수인 -2를 반환합니다.
❸ POWER(2, 3) : 2를 3번 곱한 8을 반환합니다.
∴ = ❶*(❷+❸) = 2*(-2+8) = 12

38 ①번 수식의 결과는 봄 여행입니다.
① =REPLACE(A3, SEARCH(A4, A3), 2, "여행")

❶ SEARCH(A4, A3) : [A3] 셀에 입력된 "봄 여름"에서 [A4] 셀에 입력된 "여름"을 찾아 위치인 3을 반환합니다.
❷ =REPLACE(A3, ❶, 2, "여행") → =REPLACE(A3, 3, 2, "여행") : [A3] 셀에 입력된 "봄 여름"에서 3번째 글자부터 2글자를 "여행"으로 변경한 "봄 여행"을 반환합니다.

② =REPLACE(A5, SEARCH("아", A2), 4, " ")

❶ SEARCH("아", A2) : [A2] 셀에 입력된 "아름다운 강산"에서 "아"를 찾아 위치인 1을 반환합니다.
❷ =REPLACE(A5, ❶, 4, " ") → =REPLACE(A5, 1, 4, " ") : [A5] 셀에 입력된 "희망의 메시지"에서 1번째 글자부터 4글자를 공백(" ")으로 변경한 "메시지"를 반환합니다.

③ =MID(A5, SEARCH(A1, A5), 1)

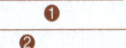

❶ SEARCH(A1, A5) : [A5] 셀에 입력된 "희망의 메시지"에서 [A1] 셀에 입력된 "메"를 찾아 위치인 5를 반환합니다.
❷ =MID(A5, ❶, 1) → =MID(A5, 5, 1) : [A5] 셀에 입력된 "희망의 메시지"의 5번째 자리에서부터 1자리를 추출한 "메"를 반환합니다.

④ =MID(A2, SEARCH(A4, A3), 2)

❶ SEARCH(A4, A3) : [A3] 셀에 입력된 "봄 여름"에서 [A4] 셀에 입력된 "여름"을 찾아 위치인 3을 반환합니다.
❷ =MID(A2, ❶, 2) → =MID(A2, 3, 2) : [A2] 셀에 입력된 "아름다운 강산"의 3번째 자리에서부터 2자리를 추출한 "다운"을 반환합니다.

39 그림은 만기시 수령액(B9)이 2,000,000원이 되려면 월 납입금(B4)이 얼마가 되어야 하는지를 구하는 목표값 찾기입니다.

40 숫자 -24600을 입력한 후 지문의 사용자 지정 표시 형식을 지정하면 -24600이 음수이므로 (#0.0, "천원") 서식이 적용되어 (24.6천원)이

표시됩니다.

> #0.0,"천원";(#0.0,"천원");0.0;@"님"

- #0.0,"천원" : 양수일 때 적용되는 서식으로, **#0.0,"천원"** 형식으로 표시됩니다. 예 24600 → 24.6천원
- (#0.0,"천원") : 음수일 때 적용되는 서식으로, **#0.0,"천원"** 형식으로 표시하되 음수 표시는 ( )로 나타냅니다. 예 -24600 → (24.6천원)
- 0.0 : 0일 때 적용되는 서식으로, **0.0**으로 표시됩니다. 예 0 → 0.0
- @"님" : 텍스트일 때 적용되는 서식으로, 해당 텍스트 다음에 **님**을 표시합니다. 예 합격 → 합격님

※ '#0.0' 다음에 표시되는 콤마(,)는 천 단위를 생략할 때 사용합니다.

41 데이터베이스의 장점 중 하나는 데이터의 일괄 처리가 아니라 데이터의 실시간 처리입니다. 이로 인해 항상 최신의 데이터를 유지할 수 있습니다.

42 WHERE 절에는 ORDER BY 절을 사용할 수 있습니다. 레코드를 정렬하여 검색할 때의 기본 구문은 다음과 같습니다.

> SELECT [DISTINCT] 필드이름
> FROM 테이블(또는 쿼리)이름
> [WHERE 조건식]
> [ORDER BY 필드이름 정렬방식, …];

43 문제에 제시된 그림과 같이 주소가 반복되는 우편 발송용 레이블을 만드는 보고서는 레이블 보고서로, 레이블 마법사를 이용해서 작성할 수 있습니다.

44 • 기본키는 테이블 내 모든 레코드들을 고유하게 식별할 수 있는 필드에 지정해야 합니다.
• '사원코드'는 사원 개개인을 구분할 수 있도록 부여한 코드이므로 기본키로 사용하기에 가장 적합합니다.

45 폼이나 보고서를 내보낼 경우 폼이나 보고서와 연결된 데이터가 사용되므로, 원본 테이블과 관계 없이 자료가 표시됩니다.

46 바운드 폼과 언바운드 폼을 구분하는 기준은 연결 대상의 종류가 아니라 테이블이나 쿼리의 레코드와 연결되어 있는지 여부입니다. 즉 테이블이나 쿼리의 레코드와 연결되어 있으면 바운드 폼, 그렇지 않으면 언바운드 폼입니다.

47 '보고서 마법사'를 이용하는 경우에는 여러 개의 테이블 또는 여러 개의 쿼리에서 필드를 선택할 수 있습니다. 단 선택된 필드가 포함된 테이블들은 서로 관계가 설정되어 있어야 합니다.

48 특정 컨트롤로 포커스를 이동시키는 매크로 함수는 GoToControl입니다.
• OpenForm : 폼을 여는 매크로 함수
• GoToRecord : 레코드 포인터를 이동시키는 매크로 함수로, First, Last, Previous, Next 등의 인수가 사용됨
• SetValue : 필드, 컨트롤, 속성 등의 값을 설정하는 매크로 함수

49 DISTINCT는 검색 결과가 중복되는 레코드는 검색 시 한번 만 표시하는 것으로 필드명 앞에 기술합니다.

50 '첨부 파일' 형식은 다양한 형식의 파일을 첨부할 수 있지만 원하는 파일 형식만 첨부되도록 설정할 수는 없습니다.

51 '바운드 열'은 선택한 목록의 여러 열 중 해당 컨트롤에 저장되는 열을 지정하는 속성입니다.

52 보고서 미리 보기의 결과는 **January 오후 3:4**입니다.
• Format(식, 형식)은 계산 결과에 표시 형식을 지정하는 함수입니다.
• 날짜 형식을 mmmm으로 지정하였고, 날짜가 2024-01-02이므로 **January**로 표시됩니다.
• 시간 형식을 ampm h:n으로 지정하였고, 시간이 오후 3시 4분 5초이므로 **오후 3:4**로 표시됩니다.

53 Option Explicit는 변수를 선언하지 않고 사용하면 에러가 발생하도록 하는 명령문으로, 변수는 Option Explicit문 이후에 Dim, Static, Private, Public 명령문을 이용해 선언합니다.

54 연속 폼은 매 레코드마다가 아닌 폼 창마다 폼 머리글과 폼 바닥글이 표시됩니다.

55 하위 폼/하위 보고서 속성 중에서 원본 개체 속성에는 기본 폼이 아니라 하위 폼으로 사용될 폼을 지정해야 합니다.

56 연결 테이블(Linked Table) 기능을 이용하여 연결한 테이블을 삭제하더라도 원본 데이터에는 아무런 영향을 주지 않습니다.

57 SQL문을 실행한 결과로 표시되는 값은 2입니다. 하위 질의의 결과가 기본 질의의 조건으로 사용되므로 다음과 같은 순서로 질의문을 수행하면 됩니다.
❶ Select Avg(수강인원) From 학과 : 〈학과〉 테이블에서 '수강인원' 필드의 평균을 계산합니다. 평균은 (40+20+30+10) / 4 = 25입니다.
❷ Select Count(*) From 학과 Where 수강인원 〉 (❶) : 〈학과〉 테이블에서 수강인원이 ❶에서 계산된 평균, 즉 25를 초과하는 레코드의 개수를 표시합니다.

학과코드	학과명	수강인원	강의실코드
1001	인공지능	40	C101
1002	빅데이터	20	C204
1003	데이터보안	30	C308
1004	반도체	10	C405

58 InStr(문자열, 찾는 문자)는 문자열에서 찾는 문자 또는 문자열의 위치를 구하는 함수로, 문자열에서 찾는 문자나 문자열이 없는 경우에는 0을 반환합니다.

59 〈제품〉 테이블에 새롭게 추가되는 '제품코드'는 〈주문상세내역〉 테이블에서 참조하는 자료가 아니므로 참조 무결성에 위배되지 않습니다.

60 지문에 제시된 SQL문의 실행 결과로 표시되는 값은 3입니다. 질의문은 각 절을 분리하여 이해하면 쉽습니다.
• Select Count(*) From 회원 : 〈회원〉 테이블에서 조건에 맞는 레코드의 개수를 검색합니다.
• Where 주소 = Like "합정*" : '주소' 필드의 값이 "합정"으로 시작하는 레코드만을 대상으로 검색합니다.

주소
서울 합정동
합정역
합정역 1번출구
서울 합정동
부산 합정동
인천 합정동
합정역 서울

02회 2025년 상시02 기출문제 해설

01 • '잠금 화면'에서는 알림에 관한 설정을 할 수 없습니다.
• 알림의 표시 여부 및 알림 소리의 작동 여부는 [⚙(설정)] → [시스템] → [알림 및 작업]에서 설정할 수 있습니다.

02 보안과 관련된 용어에 대한 설명으로 옳은 것은 ③번입니다.
① SET(Secure Electronic Transaction)은 마스터 카드, 넷스케이프, 마이크로소프트 등이 연합하여 제정한 것으로, 신용카드를 사용하여 안전하게 상거래를 할 수 있도록 보장해 주는 지불 프로토콜입니다. ①번은 SEA(Security Extension Architecture)에 대한 설명입니다.
② PGP(Pretty Good Privacy)는 공개키 암호화 방식을 사용하여 전자우편을 암호화하는 프로토콜로, 전자우편 암호화에 보편적으로 사용되고 있습니다. ②번은 S-HTTP(Secure HTTP)에 대한 설명입니다.
④ PEM(Privacy Enhanced Mail)은 전자우편을 발송하기 전에 미리 암호화하여 전송 도중에 데이터의 유출이 발생해도 내용을 확인할 수 없도록 하는 프로토콜입니다.

03 ①번은 HTML5(HyperText Markup Language 5)에 대한 설명입니다.

04 그래픽 파일의 형식에 관한 설명으로 옳은 것은 ①번입니다.
② JPG는 사진과 같은 선명한 정지영상을 표현하기 위한 국제 표준 압축 방식으로, 24비트 컬러를 사용하므로 16,777,216(2^{24})가지의 색을 표현할 수 있습니다.
③ GIF는 인터넷 표준 그래픽 형식으로, 8비트 컬러를 사용하여 256(2^8)가지로 색의 표현이 제한되지만 애니메이션도 표현할 수 있습니다. 또한 무손실 압축 기법을 사용하여 선명한 화질을 제공합니다.
④ WMF는 Windows에서 기본적으로 사용할 수 있는 벡터 파일 형식입니다. 데이터의 호환성을 위하여 개발된 방식은 TIF입니다.

05 MIDI 신호를 이용해 조명을 제어하거나 무대를 회전하는 것과 같이 전자악기 외의 다른 장비도 제어할 수 있습니다.

06 GPU는 대량의 연산을 병렬로 처리하며, CPU보다 가격이 비쌉니다.

07 브리지(Bridge)는 두 개의 근거리 통신망(LAN)을 상호 접속할 수 있도록 하는 통신망 연결 장치입니다.
• ①번은 게이트웨이(Gateway), ②번은 라우터(Router), ③번은 허브(Hub)에 대한 설명입니다.

08 하나의 컴퓨터에 여러 개의 중앙처리장치를 설치하여 프로그램을 처리하는 방식은 다중 처리 시스템(Multi-Processing System)입니다.
• 시분할 처리 시스템(Time Sharing System) : 한 대의 시스템을 여러 사용자가 동시에 사용하는 방식으로, 일정 시간 단위로 CPU 사용권을 신속하게 전환함으로써, 각 사용자들은 자신만이 컴퓨터를 사용하고 있는 것처럼 느끼게 됨
• 다중 프로그래밍 시스템(Multi-Programming System) : 한 대의 중앙처리장치(CPU)로 여러 개의 프로그램을 동시에 처리하는 방식
• 듀플렉스 시스템(Duplex System) : 두 개의 컴퓨터를 설치하여 한쪽의 컴퓨터가 가동중일 때에는 다른 한 컴퓨터는 대기하게 되며, 가동중인 컴퓨터가 고장이 나면 즉시 대기중인 한쪽 컴퓨터가 가동되어 시스템이 안전하게 작동되도록 운영하는 시스템

09 실행 가능한 로드 모듈에 기억공간의 번지를 지정하여 메모리에 적재하는 프로그램은 로더(Loader)입니다.

• 링커(Linker) : 여러 개의 목적 프로그램에 시스템 라이브러리를 결합해 하나의 실행 가능한 로드 모듈로 만들어 주는 프로그램
• 컴파일러(Compiler) : C, C++, Java, C# 등의 고급 언어로 작성된 프로그램을 기계어로 번역하는 프로그램
• 인터프리터(Interpreter) : 원시 프로그램을 줄 단위로 번역하여 바로 실행해 주는 프로그램으로, 대화식 처리가 가능함

10 • RAID 0은 두 개 이상의 디스크를 사용하여 두 개 이상의 볼륨을 구성한 구조로, 하나의 데이터를 여러 디스크에 분산 저장하기 때문에 스트라이핑(Striping) 모드라고 합니다.
• ①번은 RAID 1에 대한 설명입니다.

11 • SMTP(Simple Mail Transfer Protocol)는 사용자의 컴퓨터에서 작성한 메일을 다른 사람의 계정이 있는 곳으로 전송해 주는 프로토콜입니다.
• ④번은 POP3(Post Office Protocol3)에 대한 설명입니다.

12 아날로그 컴퓨터는 정밀도가 제한적이고 프로그래밍을 필요로 하지 않습니다.
① 아날로그 컴퓨터는 전압, 온도 등 연속적으로 변하는 데이터를 처리합니다.
② 디지털 컴퓨터는 숫자, 문자 등 이산적인 데이터를 처리합니다.
④ 디지털 컴퓨터의 주요 구성 회로는 논리 회로, 아날로그 컴퓨터의 주요 구성 회로는 증폭 회로입니다.

13 • 외장 하드디스크 드라이브는 '드라이브 조각 모음 및 최적화'를 수행할 수 있습니다.
• 네트워크 드라이브, CD-ROM 드라이브, Windows가 지원하지 않는 형식으로 압축된 프로그램에 대해서는 '드라이브 조각 모음 및 최적화'를 수행할 수 없습니다.

14 • 상태 레지스터(Status Register)는 연산중에 발생하는 여러 가지 상태값을 기억하는 레지스터입니다.
• 연산에 사용될 데이터를 기억하는 레지스터는 데이터 레지스터(Data Register)입니다.

15 USB(Universal Serial Bus)에 대한 설명으로 옳은 것은 ②번입니다.
① USB는 범용 직렬 장치를 연결할 수 있게 해주는 컴퓨터 인터페이스입니다.
③ USB는 주변장치를 최대 127개까지 연결할 수 있습니다.
④ USB는 핫 플러그인(Hot Plug In)과 플러그 앤 플레이(Plug&Play) 기능을 모두 지원합니다.

16 MAC 주소는 NIC에 대한 식별자로 데이터 링크 계층에서 사용합니다.

17 방화벽 시스템은 내부로부터의 불법적인 해킹은 막지 못합니다.

18 ④번은 절차적 프로그래밍 언어에 대한 설명입니다.

19 • 시작 화면에 있는 앱의 바로 가기 메뉴에서 [자세히] → [파일 위치 열기]를 선택하면 앱이 실제 설치된 폴더가 아닌 바로 가기 아이콘이 설치되어 있는 폴더가 열립니다.
• 이 폴더에 있는 바로 가기 아이콘의 바로 가기 메뉴에서 [파일 위치 열기]를 선택하면 앱이 실제 설치되어 있는 폴더가 열려 확인할 수 있습니다.

20 ④번은 처리 프로그램 중 언어 번역 프로그램에 대한 설명입니다.

21 • 문제에 제시된 피벗 테이블은 '필드 머리글'을 해제한 것입니다.
• 피벗 테이블에 '필드 머리글'을 표시하면 다음과 같습니다.

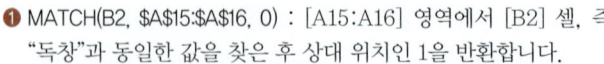

	A	B	C	D	E
1					
2	평균 : 가격		분류 ▼		
3	분기 ▼	판매일자 ▼	모자	상의	총합계
4	1사분기	1월		620,000	620,000
5		3월		926,000	926,000
6	2사분기	4월		786,000	786,000
7		5월		848,500	848,500
8	3사분기	7월	851,000	794,000	832,000
9		8월	706,000		706,000
10		9월	761,000		761,000
11	4사분기	10월		481,000	481,000
12		11월		833,000	833,000
13		12월	632,000	702,750	688,600
14	총합계		760,200	745,667	749,941
15					

22 간격 너비는 막대와 막대 사이의 간격을 말하는 것으로, 〈수정 후〉 차트는 간격 너비를 좁혔습니다.

23 텍스트의 가로 정렬(HorizontalAlignment)은 가운데 맞춤(xlCenter), 세로 정렬(VerticalAlignment)은 아래쪽 맞춤(xlBottom)으로 지정합니다.

```
Sub Macro1( )
  ❶ Range("C2:D6").Select
  ❷ With Selection.Font
  ❸   .Name = "굴림"
  ❹   .Size = 11
  ❺   .Underline = xlUnderlineStyleNone
  ❻   .Shadow = False
  ❼   .ColorIndex = 3
  ❽ End With
  ❾ With Selection
  ❿   .HorizontalAlignment = xlCenter
  ⓫   .VerticalAlignment = xlBottom
  ⓬   .WrapText = False
  ⓭ End With
End Sub
```

❶ [C2:D6] 영역을 선택합니다(Range : 워크시트의 셀이나 셀 범위, Select : 선택).
❷ 글꼴(Font) With문의 시작입니다.
❸ 글꼴을 '굴림'으로 지정합니다.
❹ 크기를 11로 지정합니다.
❺ 밑줄은 지정하지 않습니다.
❻ 그림자를 해제(False)합니다.
❼ 글꼴 색을 빨강(3)으로 지정합니다.
❽ With문의 끝입니다.
❾ With문의 시작입니다.
❿ 가로 정렬(HorizontalAlignment)은 가운데 맞춤(xlCenter)으로 지정합니다.
⓫ 세로 정렬(VerticalAlignment)은 아래쪽 맞춤(xlBottom)으로 지정합니다.
⓬ 텍스트의 줄 바꾸기 기능(WrapText)을 해제(False)합니다.
⓭ With문의 끝입니다.

24 [D2] 셀에 입력된 배열 수식으로 옳은 것은 ②번입니다.

=INDEX($B$15:$D$16, MATCH(B2, $A$15:$A$16, 0), MATCH(C2, $B$13:$D$13, 1))
　　　　　❶　　　　　❷
　　　　　　　　❸

❶ MATCH(B2, $A$15:$A$16, 0) : [A15:A16] 영역에서 [B2] 셀, 즉 "독창"과 동일한 값을 찾은 후 상대 위치인 1을 반환합니다.
❷ MATCH(C2, $B$13:$D$13, 1) : [B13:D13] 영역에서 [C2] 셀, 즉 91보다 작거나 같은 값 중에서 가장 근접한 값(90)을 찾은 후 상대 위치인 3을 반환합니다.
❸ =INDEX($B$15:$D$16, ❶, ❷) → =INDEX($B$15:$D$16, 1, 3) : [B15:D16] 영역에서 1행 3열, 즉 [D15] 셀의 값 "대상"을 반환합니다.

25 거품형은 데이터 값이 세 개인 경우에만 사용할 수 있으며 첫 번째 값이 X축, 두 번째 값이 Y축, 세 번째 값이 데이터 표식의 크기로 사용됩니다.

26 부서마다 직위별 총점점수의 합계를 구하는 배열 수식으로 옳은 것은 ③번입니다.

• 조건이 두 개일 때 배열 수식을 이용하여 합계를 구하는 방법은 다음의 두 가지 방법이 있습니다.

> • 방법1 : =SUM((조건1) * (조건2) * 합계를_구할_범위)
> • 방법2 : =SUM(IF((조건1) * (조건2), 합계를_구할_범위))

1. 조건과 범위 찾기
   - 조건1 : 부서마다란 조건은 A2:A13=A17
   - 조건2 : 직위별이란 조건은 B2:B13=B16
   - 합계를_구할_범위 : 총점점수이므로 [E2:E13]

2. 위의 조건과 범위를 합계 구하기 배열 수식에 대입하면 다음과 같습니다.

> • 방법1 : =SUM((A2:A13=A17) * (B2:B13=B16) * E2:E13)
> • 방법2 : =SUM(IF((A2:A13=A17) * ((B2:B13=B16), E2:E13))

• 이 문제는 여러 셀에 결과값을 구해야 하므로 범위는 절대 참조로 지정해야 하지만, A17 셀의 경우는 A18, A19와 같이 열은 고정되고 행만 변경되어야 하므로 $A17로 지정하고, B16 셀의 경우는 C16, D16과 같이 행은 고정되고 열만 변경되어야 하므로 B$16으로 지정하여 =SUM(($A$2:$A$13=$A17)*($B$2:$B$13=B$16)*$E$2:$E$13)으로 입력해야 합니다.

• 수식을 입력한 후 Ctrl + Shift + Enter 를 누르면 중괄호({ })가 자동으로 표시됩니다.

27 • 계층 구조와 계층 구조 내에 빈 셀이 있는 데이터를 표시하는데 적합한 차트는 선버스트 차트입니다.
• 문제에 제시된 데이터를 이용하여 선버스트 차트를 작성하면 다음과 같습니다.

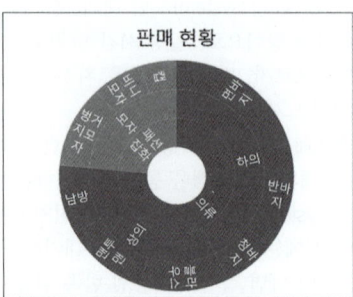

• 히스토그램 차트 : 특정 범위를 그룹화하여 그룹별 데이터의 분포를 표시할 때 사용됨

- **도넛형 차트** : 전체에 대한 각 부분의 관계를 비율로 나타내어 각 부분을 비교할 때 사용됨
- **트리맵 차트** : 계층 간의 상대적 크기를 비교할 때 사용하며, 계층 간의 비율을 사각형으로 표시함

28
- '매크로' 대화상자의 [옵션] 단추를 클릭하여 매크로 이름을 확인할 수 있지만 변경할 수는 없습니다.
- 매크로 이름은 [편집] 단추를 클릭하면 실행되는 VBA 편집기에서 변경할 수 있습니다.

29 문제에 제시된 고급 필터의 조건식으로 옳은 것은 ②번입니다.
- 고급 필터의 조건으로 수식을 입력할 경우에는 조건으로 사용할 필드명을 원본 데이터의 필드명과 다르게 하거나 생략해야 합니다.
- 문제의 조건은 AND 조건(~이면서)이므로 AND 함수를 사용하여 수식을 작성해야 합니다.

30 시트 이름은 시트 보호와 상관 없이 변경할 수 있습니다.

31 ④번 수식의 결과는 1입니다.
① =HLOOKUP("영어", A1:D7, 2) : [A1:D7] 영역의 첫 번째 행에서 "영어"를 찾은 후 이 값이 있는 열의 2행에 있는 값인 97을 반환합니다.
② =OFFSET(B2, 3, 2) : [B2] 셀을 기준으로 3행 2열이 떨어진 [D5] 셀의 값인 88을 반환합니다.
③ INDEX(A1:D7, 3, 2) : [A1:D7] 영역에서 3행 2열, 즉 [B3] 셀의 값인 74를 반환합니다.
④ =AREAS(A1:D7) : AREAS는 인수로 지정된 범위 안에서 영역의 수를 계산하는 함수로, [A1:D7]은 영역이 하나이므로 1을 반환합니다.

32 워크시트 이름에 ＊ / : ? [ ] 등의 문자는 사용할 수 없습니다.

33 ④번의 결과는 "Feb"입니다.
① =FIXED(3456.789, 1, FALSE) : 3456.789를 소수점 첫째 자리로 반올림한 3,456.8을 반환합니다.
 ※ '논리값'이 FALSE이므로 텍스트에 쉼표가 포함됨
② =EOMONTH(DATE(2015, 2, 25), 1)

- ❶ DATE(2015, 2, 25) : 2015-02-25를 반환합니다.
- ❷ EOMONTH(❶) → EOMONTH(2015-02-25) : 2015-02-25를 기준으로 1개월 이후 달의 마지막 날짜인 2015-03-31을 반환합니다.

③ =CHOOSE(ROW(A3:A6), "동", "서", "남", 2015)

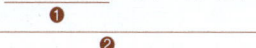

- ❶ ROW(A3:A6) : ROW 함수의 '인수'를 범위로 지정하면 범위의 첫 번째 셀인 'A3' 셀의 행 번호를 반환하므로 3을 반환합니다.
- ❷ =CHOOSE(❶, "동", "서", "남", 2015) → =CHOOSE(3, "동", "서", "남", 2015) : 세 번째에 있는 "남"을 반환합니다.

④ =REPLACE("February", SEARCH("U", "Seoul-Unesco"), 5, " ")

- ❶ SEARCH("U", "Seoul-Unesco") : "Seoul-Unesco"에서 "U"를 찾아 위치인 4를 반환합니다.
 ※ 시작 위치를 생략하면 첫 번째 글자부터 찾아 표시함
- ❷ =REPLACE("February", ❶, 5, " ") → =REPLACE("February", 4, 5, " ") : "February"에서 네 번째 글자부터 다섯 글자를 빈 칸으로 변경한 "Feb"을 반환합니다.

34 별표(＊), 물음표(?) 및 물결표(~) 등의 문자가 포함된 내용을 찾으려면 ~＊ 또는 ~? 등과 같이 찾으려는 문자 앞에 ~ 기호를 입력하면 됩니다.

35 3차원 차트에는 오차 막대를 표시할 수 없습니다.

36 [Ctrl]을 누른 채 숫자가 들어 있는 셀의 채우기 핸들을 드래그하면 값이 1씩 증가하며 입력되므로 [C1] 셀에 31.5가 표시됩니다.

	A	B	C	D
1	29.5	30.5	31.5	32.5
2				

37 창 나누기 기준은 마우스로 위치를 조정할 수 있으나 틀 고정 기준은 마우스로 위치를 조정할 수 없습니다.

38 화면에 표시되는 틀 고정 형태는 인쇄에 영향을 주지 않습니다.

39
- '페이지 나누기 미리 보기' 상태에서는 머리글이나 바닥글을 추가할 수 없습니다.
- 워크시트에 머리글과 바닥글 영역이 함께 표시되어 간단히 머리글/바닥글을 추가할 수 있는 보기 형태는 '페이지 레이아웃' 보기입니다.

40 조건부 서식의 조건을 ①번으로 지정할 경우 3, 5, 7행에 배경색이 지정됩니다.
① =ISEVEN(ROWS($A$2:$A2))
- ISEVEN(인수) 함수는 '인수'가 짝수면 'TRUE', 그렇지 않으면 'FALSE'를 반환하고, ROWS(셀 범위) 함수는 '셀 범위'에서 행 개수를 구하므로 ROWS 함수의 결과가 짝수인 경우 지정한 서식이 적용됩니다.
- [A2:D7] 영역을 범위로 지정한 후 조건부 서식의 조건을 '=ISEVEN(ROWS($A$2:$A2))'으로 지정하면 행별로 수식이 아래와 같이 변경되어 각 행을 비교합니다.
 – 2행 : =ISEVEN(ROWS($A$2:$A2)) → 행 개수 : 1
 – 3행 : =ISEVEN(ROWS($A$2:$A3)) → 행 개수 : 2
  ⋮
 – 7행 : =ISEVEN(ROWS($A$2:$A7)) → 행 개수 : 6

※ 실행 결과

	A	B	C	D
1	이름	국어	영어	수학
2	김원	87	97	72
3	정영희	74	98	100
4	남궁정훈	85	91	70
5	이수	80	80	88
6	김용훈	81	87	70
7	김근태	84	82	80
8				

② =ISEVEN(ROW( )) : ROW(인수) 함수는 '인수'의 행 번호를 반환하는데, '인수'를 지정하지 않으면 수식이 입력된 행을 의미하므로 행 번호가 짝수인 경우, 즉 2, 4, 6행에 지정한 서식이 적용됩니다.
③ =MOD(ROWS($A$2:$A2), 2)=1 : ROWS 함수의 결과를 2로 나눈 나머지가 1인 경우, 즉 2, 4, 6행에 지정한 서식이 적용됩니다.
④ =MOD(ROW( ), 2)=0 : 수식이 입력된 행 번호를 2로 나눈 나머지가 0인 경우, 즉 2, 4, 6행에 지정한 서식이 적용됩니다.

41 ④번의 표시 결과는 abc-de입니다.
- @는 입력된 텍스트의 뒤쪽을 기준으로 텍스트 한 자리를 나타내며, @ 기호의 개수보다 입력된 값이 많은 경우에는 입력된 값을 모두 표시합니다.
- _는 밑줄(_)을 해당 자리에 그대로 표시합니다.
- 〉는 모든 문자를 대문자로 변경합니다.
- ₩는 ₩ 다음 문자가 사용자 지정 기호라도 일반 문자처럼 해당 자리에 그대로 표시합니다.

형식 기호	@	₩-	@	@
입력 값 적용 대상	abc		d	e
표시 결과	abc	–	d	e

42 • ①번은 '보고서 디자인'에 대한 설명입니다.
   • '새 보고서'를 이용하는 경우 레이아웃 보기 상태에서 필드를 추가하여 보고서를 작성할 수 있습니다.

43 매개 변수 대화상자에 입력된 매개 변수 값은 조건으로 찾을 데이터 형식과 일치해야 합니다. 일치하지 않으면 오류 메시지가 표시됩니다.

44 • Unload 이벤트는 폼이나 보고서가 닫히기 직전에 발생합니다.
   • 폼이 열린 후 레코드들이 표시될 때 발생하는 이벤트는 Load 이벤트입니다.

45 • 데이터시트 보기 상태에서 행 목록에 2개의 필드를 표시하려면, '바운드 열' 속성이 아니라 '열 개수' 속성을 2로 지정해야 합니다.
   • '바운드 열'은 선택한 목록의 여러 열 중 해당 컨트롤에 저장되는 열을 지정하는 속성입니다.

46 • 식 작성기로 입력한 수식을 보고서의 레코드 원본으로 지정할 수 없습니다.
   • 식 작성기로 입력한 수식은 컨트롤의 컨트롤 원본으로는 지정할 수 있습니다.

47 [학생] 테이블에서 '점수'가 60 이상인 학생들의 인원수를 구하는 식은 =DCount("*", "학생", "점수 >= 60") 또는 =DCount("학번", "학생", "점수 >= 60")이며, 도메인 함수에서 사용되는 인수는 각각을 큰따옴표(" ")로 묶어줘야 합니다.

48 '페이지 번호' 대화상자에서 페이지가 표시될 위치는 '페이지 위쪽[머리글]'과 '페이지 아래쪽[바닥글]' 중 하나를 선택하여 지정할 수 있습니다.

49 일종의 그래프 형태로 계층 데이터베이스 모델이 확장된 형태는 망(네트워크)형 데이터베이스입니다.

50 새로운 레코드를 추가할 수 있도록 하려면 '추가 가능' 속성을 "예"로 설정해야 합니다.

51 인덱스를 설정하면 데이터 검색, 정렬 등의 작업 시간은 빨라지지만 데이터 추가나 변경 시 갱신(업데이트) 속도는 느려집니다.

52 • ①번은 추가 쿼리에 대한 설명입니다.
   • 테이블 만들기 쿼리는 테이블이나 쿼리에서 데이터를 검색한 후 검색된 결과를 새로운 테이블로 만드는 작업을 수행합니다.

53 만능 문자는 모든 문자를 대신하여 사용하는 문자로, *는 문자의 모든 자리를 대신할 수 있지만, ?는 문자의 한 자리만 대신할 수 있습니다. Like "김?"은 "김"으로 시작하는 두 글자인 자료만 표시합니다.

54 성격이 유사한 두 개의 테이블 데이터를 통합하여 하나로 나타낼 때는 통합(Union) 쿼리를 사용합니다.

55 • 컨트롤에 텍스트를 입력할 때는 value 혹은 text 속성을 이용하는데, 속성을 생략하고 ①번과 같이 지정하면 value나 text 속성이 생략된 것으로 간주됩니다.
   • 텍스트 상자 컨트롤에는 caption 속성이 없습니다. caption 속성은 언바운드 컨트롤에 텍스트를 표시할 때 사용합니다.

56 ①번은 응용 프로그래머의 역할입니다.

57 전체 업체의 총 판매금액에 대한 사항은 보고서 바닥글에서 구성해야 합니다.

58 문제의 지문에 제시된 내용은 콤보 상자 컨트롤의 특징입니다.
   • 텍스트 상자 : 폼이나 보고서의 원본으로 사용되는 데이터나 계산 결과를 표시하는 컨트롤
   • 명령 단추 : 레코드를 찾거나 레코드 인쇄 등의 특정 기능을 실행할 때 사용하는 컨트롤
   • 확인란 : 여러 개의 값 중 하나 이상을 선택할 수 있는 컨트롤

59 폼 안에 있는 또 하나의 폼을 하위 폼, 하위 폼에서 여러 개의 연결 필드를 지정할 때에 사용되는 구분자는 세미콜론(;)입니다.

60 SQL문의 실행 결과는 24입니다. 질의문은 각 절을 분리하여 이해하면 쉽습니다.
   • SELECT AVG([나이]) FROM 학생 : 〈학생〉 테이블에서 '나이' 필드의 평균을 검색합니다.
   • WHERE 학년="SN" : '학년' 필드의 값이 "SN"인 레코드만을 대상으로 검색합니다.

학번	전공	학년	나이
1002	영문	SO	19
1004	통계	SN	23
1005	영문	SN	21
1008	수학	JR	20
1009	영문	FR	18
1010	통계	SN	25

   • GROUP BY 전공 : '전공' 필드를 기준으로 그룹을 지정합니다.

학번	전공	학년	나이
1004	통계	SN	23
1010	통계	SN	25
1005	영문	SN	21

   • HAVING COUNT(*)=2 : 그룹별로 레코드의 개수가 2개 이상인 그룹만을 대상으로 검색합니다.

학번	전공	학년	나이
1004	통계	SN	23
1010	통계	SN	25

   ※ 질의문의 수행 결과 나이의 평균은 (23+25)/2 = 24입니다.

03회 2025년 상시03 기출문제 해설

01 문제에 제시된 내용은 시분할 시스템(Time Sharing System)에 대한 설명입니다.
- 다중 프로그래밍 시스템(Multi Programming System) : 한 개의 CPU(중앙처리장치)로 여러 개의 프로그램을 동시에 처리하는 방식
- 다중 처리 시스템(Multi-Processing System) : 처리 속도를 향상시킬 목적으로 하나의 컴퓨터에 여러 개의 CPU(중앙처리장치)를 설치하여 프로그램을 처리하는 방식
- 일괄 처리 시스템(Batch Processing System) : 처리할 데이터를 일정량 또는 일정 기간 모았다가 한꺼번에 처리하는 방식

02 • 셰어웨어(Shareware)는 기능 혹은 사용 기간에 제한을 두어 배포하는 소프트웨어로, 무료로 사용할 수 있으며, 일정 기간 사용해 보고 정식 프로그램을 구입할 수 있습니다.
- ①번은 프리웨어(Freeware)에 대한 설명입니다.

03 • 버스형(Bus)은 한 개의 통신 회선에 여러 대의 단말장치가 연결되어 있는 형태로 비용이 적게 듭니다.
- ③번은 망형(Mesh)에 대한 설명입니다.

04 '임시 파일'에서 휴지통 콘텐츠나 다운로드 폴더의 항목을 확인할 수 있으며, 사용자가 직접 삭제할 수는 있지만 일정 시간이 지나면 삭제되도록 하는 기능은 없습니다.

05 0으로 나누는 명령이 수행될 경우 내부 인터럽트가 발생합니다.
- ①~③번의 경우 외부 인터럽트가 발생합니다.

06 스니핑(Sniffing)에 관한 설명으로 옳은 것은 ③번입니다.
- ①번은 피싱(Phishing), ②번은 트로이 목마(Trojan Horse), ④번은 분산 서비스 거부 공격(DDoS)에 대한 설명입니다.

07 ■+A는 알림 센터를 표시하는 바로 가기 키입니다.
- ■+B : 알림 영역으로 포커스를 옮기기
- ■+I : '설정' 창 열기
- ■+. / ■+; : 이모지 열기
- ■+, : 바탕 화면 임시 미리 보기

08 방화벽은 외부에서 내부 네트워크로 들어오는 패킷에 대해서는 내용을 엄밀히 체크하여 인증된 패킷만 통과시키지만 반대의 경우는 불가능합니다.

09 OTT(Over The Top)는 드라마, 영화 등의 영상 콘텐츠를 인터넷을 통해 제공하는 서비스입니다. Over The Top에서 Top은 TV의 셋톱박스를 의미하며, 초기에는 셋톱박스를 통해 각종 영상을 시청할 수 있지만 현재는 셋톱박스를 비롯하여 PC, 스마트폰 등 인터넷이 연결된 각종 전자기기를 통해 영상을 시청할 수 있습니다.

10 • 네트워크에 접속된 단말장치를 자동으로 인식하고 호환성을 제공하는 경우는 동일한 프로토콜을 사용하는 경우입니다.
- 운영체제가 서로 다를 경우에는 서로 호환되는 프로토콜을 설치해 주어야 인식하고 호환성을 제공합니다.

11 CMOS 셋업은 사용자의 컴퓨터에 장착된 하드웨어 사양을 CMOS RAM에 기록하는 작업으로, 프린터를 설정하는 메뉴는 없습니다.

12 작업 표시줄에 고정된 앱을 시작 메뉴에 표시하려면 작업 표시줄에 고정된 앱의 바로 가기 메뉴 중 앱의 바로 가기 메뉴에서 '시작 화면에 고정'을 선택해야 합니다.

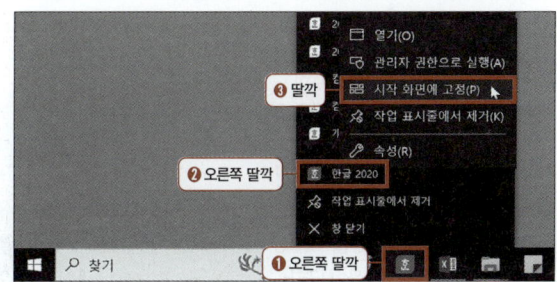

13 EBCDIC 코드는 8비트이므로 최대 $256(2^8)$개의 문자 표현이 가능합니다.

14 라우터(Router)에 관한 설명으로 옳은 것은 ③번입니다.
- ①번은 허브(Hub), ②번은 리피터(Repeater), ④번은 게이트웨이(Gateway)에 대한 설명입니다.

15 펌웨어(Firmware)는 주로 ROM에 저장되어 하드웨어를 제어·관리하는 역할을 수행합니다.

16 FTP, DNS, TELNET은 HTTP 프로토콜에 포함된 것이 아니라 독립된 형태로 각각의 역할을 수행하는 프로토콜입니다.

17 OLED는 전력이 적게 사용됩니다.

18 CISC는 생산가가 비싸고 전력 소모가 많아 열이 많이 발생합니다.
① ②번은 CISC에 대한 설명입니다.
④ CISC는 RISC 프로세서 보다 수행 속도가 느립니다.

19 기타 전원 설정은 [⚙(설정)] → [시스템] → [전원 및 절전]이나 [제어판] → [전원 옵션]에서 조정할 수 있습니다.

20 바이오스는 ROM에 저장되어 있어 ROM-BIOS라고도 합니다.

21 1.5를 입력한 후 표시 형식으로 0/0을 지정하면 3/2로 표시됩니다.

22 • 피벗 테이블의 원본 데이터를 수정해도 피벗 테이블에 자동으로 반영되지 않습니다.
- 원본 데이터의 수정 사항을 피벗 테이블에 반영하려면 [피벗 테이블 분석] → [데이터] → [새로 고침]을 누르면 됩니다.

23 한 페이지에 인쇄되는 범위가 [A1:J12] 영역일 때 [A1:K20] 영역에 입력된 모든 내용을 한 페이지에 출력하려면, '페이지 설정' 대화상자의 '페이지' 탭에서 '자동 맞춤'의 '용지 너비'와 '용지 높이'를 1로 지정하면 됩니다.

24 〈보기〉의 사용자 지정 표시 형식을 적용했을 때 표시되는 값은 354.6 ℓ 입니다.

[>=1000000]0.0,,"㎘";[>=1000]0.0," ℓ ";0.0"㎖"

- [>=1000000]0.0,,"㎘" : 셀에 입력된 값이 1,000,000 이상일 때 적용되는 서식으로, 0.0,,"㎘" 형식으로 표시하되, 백만 단위 이하를 생략합니다.
예 25000000 → 25.0㎘

- [>=1000]0.0," ℓ " : 셀에 입력된 값이 1,000 이상일 때 적용되는 서식으로, 0.0," ℓ " 형식으로 표시하되, 천 단위 이하를 생략합니다.
예 354600 → 354.6 ℓ

- 0.0"㎖" : 1,000 미만일 때 적용되는 서식으로, 0.0"㎖" 형식으로 표시합니다.
예 50 → 50.0㎖

25 '매크로' 대화상자에서 〈한 단계씩 코드 실행〉 단추를 이용하여 매크로를 단계별로 실행할 수 있습니다.

26 지문에 제시된 수식의 계산 결과는 1입니다.

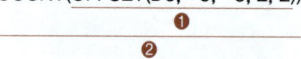

- ❶ OFFSET(D6, −5, −3, 2, 2) : [D6] 셀을 기준으로 −5행, −3열 떨어진 셀 주소(A1)를 찾고, 이 주소를 기준으로 2행, 2열의 범위(A1:B2)를 지정합니다.
- ※ OFFSET(범위, 행, 열, 높이, 너비) 함수에서 행과 열로 지정한 인수가 음수(−)일 경우에는 선택한 범위에서 위쪽(행) 또는 왼쪽(열)으로 이동합니다.
- ❷ =COUNT(❶) → COUNT(A1:B2) : [A1:B2] 영역에서 수치 데이터(B2)의 개수인 1을 반환합니다.

27 통합 문서 내에서 Ctrl + PgDn 은 다음 워크시트로 이동, Ctrl + PgUp 은 이전 워크시트로 이동하는 바로 가기 키입니다.

28 지점별 총대출금액(I2:I5)을 구하는 수식으로 옳은 것은 ④번입니다.
- SUMIF는 조건에 맞는 셀들의 합계를 구하는 함수로 'SUMIF(조건이 적용될 범위, 조건, 합계를 구할 범위)' 형식으로 사용됩니다.
- [I2:I5] 영역, 즉 결과가 입력될 부분을 블록으로 지정하여 한 번에 배열 수식으로 입력할 경우에는 SUMIF 함수의 조건(지점)은 조건이 입력된 영역(H2:H5)을 모두 포함되도록 범위로 지정해야 합니다.
- [I2:I5] 영역을 블록으로 지정하고 =SUMIF(D2:D14, H2:H5, E2:E14)를 입력한 후 Ctrl + Shift + Enter 를 누르면 {=SUMIF(D2:D14, H2:H5, E2:E14)}로 표시됩니다.

29
- 고급 필터를 실행했을 때 결과로 옳은 것은 ②번입니다.
- 고급 필터의 조건을 같은 행에 입력하면 AND 조건(~이고), 다른 행에 입력하면 OR 조건(~이거나)으로 연결되므로 코너가 "잡화"이거나, 코너가 "식료품"이고 판매금액(C2)이 판매금액의 평균 이상인 데이터가 추출됩니다.

30 새 쿼리는 하나의 통합 문서에 대해서만 만들 수 있습니다.

31 소속이 '영업1부'인 총 매출액의 합계를 계산하기 위한 수식으로 옳지 않은 것은 ④번입니다.
- ① =DSUM(A1:C15, 3, E1:E2) : [A1:C15] 영역에서 소속이 '영업1부'인 데이터의 '총매출액'의 합계를 반환합니다.
- ② =DSUM(A1:C15, C1, E1:E2) : 열 번호 대신 필드명이 있는 [C1] 셀을 지정하였으므로 ①번과 동일한 결과가 표시됩니다.
- ③ =SUMIF(B2:B15, E2, C2:C15) : [B2:B15] 영역에서 [E2] 셀(영업1부)과 동일한 데이터를 찾은 후 [C2:C15] 영역에서 같은 행에 있는 데이터들의 합계를 구합니다.
- ④ =SUMIF(A1:C15, E2, C1:C15) : [A1:C15] 영역의 첫 번째 열(A열)에서 [E2] 셀(영업1부)과 동일한 데이터를 찾는데, 동일한 데이터가 없으므로 결과는 0입니다.
- ※ SUMIF 함수에서 조건이 적용될 범위를 여러 열로 구성된 범위를 지정하면 범위의 첫 번째 열에 조건을 적용합니다.

32
- 괄호에 해당하는 인수로 옳은 것은 After입니다.
- Add는 새로운 워크시트를 삽입하는 메서드이고, 'Sheets(1)'은 첫 번째 시트를 의미하는 것으로, 'Worksheets.Add After:=Sheets(1)'로 지정하면 첫 번째 시트 뒤에 새로운 시트가 삽입되고, 'Worksheets.Add Before:=Sheets(1)'로 지정하면 첫 번째 시트 앞에 새로운 시트가 삽입됩니다.

33 [페이지 나누기 미리 보기]에서 수동으로 삽입된 페이지 나누기는 실선으로 표시되고 자동으로 추가된 페이지 나누기는 파선으로 표시됩니다.

34 채우기 핸들에 대한 설명으로 옳은 것은 ②번입니다.
- ① 문자 데이터는 그대로 복사되지만, 날짜 데이터는 1일씩 증가합니다.
- ③ 숫자 데이터는 그대로 복사됩니다. 1씩 증가하면서 채우려면 Ctrl 을 누르고 드래그해야 합니다.
- ④ 숫자가 입력된 두 셀을 블록으로 설정하여 채우기 핸들을 드래그하면 두 셀의 차이만큼 증가/감소하며 채워집니다.

35 매크로 보안은 [개발 도구] → [코드] → [매크로 보안]을 클릭하면 실행되는 '보안 센터' 대화상자에서 설정할 수 있습니다.

36 화면의 확대/축소는 해당 시트에만 적용됩니다.

37 '소수점 위치'에 입력한 숫자가 음수이므로 소수점 이상(왼쪽)의 자릿수를 2자리 늘립니다. 즉 셀에 1을 입력하면 100으로 표시됩니다.

38 Alt + PgUp 과 Alt + PgDn 은 한 화면을 좌, 우로 이동하는 키이고, Ctrl + PgUp 과 Ctrl + PgDn 은 현재 시트의 앞, 뒤 시트로 이동하는 키입니다.

39 페이지 나누기 미리 보기에서는 인쇄 영역으로 설정된 부분은 원래대로 표시되고, 설정되지 않은 부분은 배경이 회색으로 처리되어 표시됩니다.

40 [B2] 셀에 입력되는 값은 7입니다. 배열 수식에서 열은 쉼표(,)로 구분되고 행은 세미콜론(;)으로 구분되므로 [A1:D2] 영역을 선택한 상태에서 ={1, 2, 3, 4; 6, 7, 8, 9}를 입력한 후 Ctrl + Shift + Enter 를 누르면 다음과 같이 입력됩니다.

	A	B	C	D
1	1	2	3	4
2	6	7	8	9
3				

41 쿼리(Query) 개체에서는 Click 이벤트를 제공하지 않습니다.

42 SQL문의 실행 결과는 23입니다. 질의문은 각 절을 분리하여 이해하면 쉽습니다.
- SELECT AVG([나이]) FROM 학생 : 〈학생〉 테이블에서 '나이' 필드의 평균을 검색합니다.
- WHERE 학년=3 : '학년' 필드의 값이 3인 레코드만을 대상으로 검색합니다.

학번	과목	학년	나이
A0001	수학	1	23
A0002	과학	3	25
A0003	수학	3	26
A0004	수학	2	24
A0005	과학	1	21
A0006	수학	3	20

- GROUP BY 과목 : '과목' 필드를 기준으로 그룹을 지정합니다.

학번	과목	학년	나이
A0002	과학	3	25
A0003	수학	3	26
A0006	수학	3	20

- HAVING COUNT(*)>=2 : 그룹별로 레코드의 개수가 2개 이상인 그룹만을 대상으로 검색합니다.

학번	과목	학년	나이
A0003	수학	3	26
A0006	수학	3	20

※ 질의문의 수행 결과, 나이의 평균은 (26+20)/2 = 23입니다.

43 • GoToControl은 인수로 개체 이름만 지정할 수 있습니다.
• 개체 유형, 개체 이름, 오프셋 등을 인수로 사용하는 매크로 함수는 GoToRecord입니다.

44 '보고서 보기' 형식은 보고서를 페이지 구분 없이 모두 표시합니다.

45 '>'는 모든 문자를 대문자로 변환하는 기호이므로 ①번은 **GRRENGR388M3**이 출력됩니다.

46 폼이나 보고서를 다른 파일 형식으로 변환하면 조건부 서식이 해제된 상태로 변환됩니다.

47 레이블 컨트롤에는 탭 순서를 설정할 수 없습니다.

48 문제에 제시된 내용은 외부 스키마의 개념입니다.
• 개념 스키마 : 데이터베이스의 전체적인 논리적 구조로, 모든 응용 프로그램이나 사용자들이 필요로 하는 데이터를 종합한 조직 전체의 데이터베이스로, 하나만 존재함
• 내부 스키마 : 물리적 저장장치의 입장에서 본 데이터베이스의 물리적 구조로, 실제로 저장될 레코드의 형식, 저장 데이터 항목의 표현 방법, 내부 레코드의 물리적 순서 등을 나타냄

49 1학년 1반 학생의 학번, 이름, 점수를 표시하는 질의문으로 옳은 것은 ②번입니다. 문제에 제시된 내용을 만족하는 질의문의 코드를 살펴보면 다음과 같습니다.

❶ SELECT 학번, 과목, 점수
❷ FROM 성적
❸ WHERE 학번 IN (SELECT 학번 FROM 학생 WHERE 학년=1 AND 반=1)

❶ 학과, 과목, 점수를 검색합니다.
❷ 〈성적〉 테이블에서 검색합니다.
❸ 〈학생〉 테이블에서 학년이 1학년이고 반이 1반인 학생의 학번과 같은 학번을 갖고 있는 〈성적〉 테이블의 레코드만을 대상으로 검색합니다.

50 지문의 프로시저를 실행하면 〈제품별재고현황〉 보고서는 프린터로 출력되는 것이 아니라 디자인 보기 상태로 열립니다. 지문에 제시된 코드의 의미는 다음과 같습니다.

❶ Private Sub cmd재고_Click( )
❷ txt재고수량 = txt입고량 – txt총주문량
❸ DoCmd.OpenReport "제품별재고현황", _
    acViewDesign, , "제품번호 = ' " & cmb조회 & " ' "
End Sub

❶ 'cmd재고' 컨트롤을 클릭하면 ❷~❸번을 실행합니다.
❷ 'txt입고량 – txt총주문량'의 결과를 'txt재고수량' 컨트롤의 값으로 지정합니다.
❸ '제품번호' 필드의 값과 'cmb조회' 컨트롤의 값이 같은 레코드를 대상으로 〈제품별재고현황〉 보고서를 디자인 보기(acViewDesign) 상태로 엽니다.

51 문제에 제시된 내용과 같이 '예'나 '아니오' 두 값 중 하나만 입력하는 경우에 사용하는 형식은 'Yes/No'입니다.
• 짧은 텍스트 : 텍스트나 텍스트와 숫자가 모두 들어 있는 데이터를 입력할 수 있는 형식

• 일련 번호 : 레코드가 추가될 때마다 번호를 하나씩 증가시켜 주는 형식
• 하이퍼링크 : 웹 사이트나 파일의 특정 위치로 바로 이동하는 하이퍼링크를 입력할 수 있는 형식

52 모듈이 매크로에 비해 복잡한 작업을 처리하기 위해 프로그램을 직접 작성하는 것입니다.

53 테이블을 만드는 방법 중에 [테이블 마법사]를 이용하는 방법은 없습니다.

54 VBA 코드를 실행한 결과 메시지 상자에 표시되는 내용은 "대한활용회의소"입니다.

Private Sub Form_Load( )
❶ Dim SampleString
❷ SampleString = "대한상공회의소"
❸ Mid(SampleString, 3, 2) = "활용"
❹ MsgBox (SampleString)
End Sub

❶ SampleString을 문자열 변수로 선언합니다.
❷ SampleString 변수에 "대한상공회의소"를 저장합니다.
❸ SampleString 변수에 있는 텍스트 "대한상공회의소"의 세 번째 문자부터 2글자(상공) 대신 "활용"을 저장합니다(대한활용회의소).
❹ SampleString 변수에 있는 내용을 메시지 박스(MsgBox)로 표시합니다.

55 'txt평가'의 컨트롤 원본으로 옳지 않은 것은 ②번입니다. 각 수식을 살펴보면 다음과 같습니다.
① =IIf([txt매출수량]<500, "저조", IIf(txt매출수량)=1000 , "우수","보통"))
→ [txt매출수량]이 500 미만이면 "저조", 1000 이상이면 "우수", 나머지 즉 500 이상 1000 미만이면 "보통"을 표시합니다.
② =IIf([txt매출수량]<500, "저조", IIf(txt매출수량)=500, "보통", "우수")) →
[txt매출수량]이 500 미만이면 "저조", 500 이상이면 "보통", 나머지는 "우수"를 표시합니다. 즉 [txt매출수량]이 1000 이상이거나 1000 미만인 값에 상관없이 무조건 500 이상일 경우 "보통"을 표시하므로 "우수"로 표시되는 값은 없습니다.
③ =IIf([txt매출수량]=1000, "우수", IIf(txt매출수량)= 500, "보통", "저조")) → [txt매출수량]이 1000 이상이면 "우수", 1000~500이면 "보통", 나머지 즉 500 미만이면 "저조"를 표시합니다.
④ =IIf([txt매출수량]>=500, IIf([txt매출수량]<1000, "보통", "우수"), "저조")
     ❶   ❷   ❸

❶ [txt매출수량]이 500 이상이면 ❷를 수행하고, 500 미만이면 ❸(저조)를 표시합니다.
❷ IIf([txt매출수량]<1000, "보통", "우수") : [txt매출수량]이 1000 미만이면 "보통"을, 그렇지 않으면, 즉 1000 이상이면 "우수"를 표시합니다.

56 문제에 제시된 보고서에 대한 설명으로 옳지 않은 것은 ④번입니다.
① 현재 페이지가 2페이지인데 페이지 상단에 '수금 내역' 제목이 표시된 것으로 보아 '수금 내역' 제목은 페이지 머리글에 작성되었음을 알 수 있습니다.
② 필드 제목이 표시된 그룹 머리글과 그룹 내 레코드 개수가 표시된 그룹 바닥글이 표시된 것을 확인할 수 있습니다.
③ 거래처코드가 'C345'인 그룹에서 세 번째 레코드의 제품명인 'TV'가 표시되지 않은 것으로 보아 '제품명' 필드의 '중복 내용 숨기기' 속성이 "예"로 설정되어 있음을 확인할 수 있습니다.

④ 거래처코드가 'C345'인 그룹의 바닥글에서 확인된 레코드 개수는 6개인데, 그림에는 3개의 레코드만 표시되었으므로, 나머지 레코드는 앞 페이지에 표시되었음을 알 수 있습니다. 이와 같이 그룹의 내용이 다음 페이지에 이어서 표시되려면 '페이지 바꿈' 속성이 "없음"으로 설정되어야 합니다. '페이지 바꿈' 속성이 '구역 전'으로 설정되면, 3페이지에 거래처코드가 'C345'인 그룹의 6개 레코드가 모두 표시되고, '구역 후'로 설정되면, 4페이지에 거래처코드가 'C345'인 그룹의 6개 레코드가 모두 표시됩니다.

57 연속 폼으로 설정하면 폼의 모든 영역이 아니라 폼의 본문 영역이 반복되어 표시됩니다.

58 한 화면에 여러 개의 레코드가 연속으로 표시된 것으로 보아 '기본 보기' 속성이 '연속 폼'으로 설정되었음을 알 수 있습니다.

59 개수를 구하는 함수는 COUNT, 합계를 구하는 함수는 SUM입니다.

60 보고서의 레코드 원본으로 테이블, 쿼리, SQL문 등을 지정할 수 있지만 보고서를 지정할 수는 없습니다.

04회 2025년 상시04 기출문제 해설

01 RFID는 주파수의 종류나 환경에 따라 적용 범위나 대상에 제약이 있습니다.

02 하드디스크 연결 방식에 대한 설명으로 옳은 것은 ③번입니다.
① IDE 방식은 용량을 504MB까지 인식할 수 있습니다.
② SCSI 방식은 데이지 체인(Daisy Chain) 연결 방식을 사용합니다.
④ EIDE 방식은 4개 장치까지 연결이 가능합니다.

03 스티커 메모의 아이콘 기능에 대한 설명으로 옳은 것은 ④번입니다.
• ⊞ : 새 메모
• ▤ : 글머리 기호 전환
• ab : 취소선

04 명령어가 S/W적인 방식을 CISC, H/W적인 방식을 RISC라고 합니다.

05 폴더의 '속성' 대화상자에서 폴더를 만든 날짜는 확인할 수 있지만 만든 사람은 확인할 수 없습니다.

06 [폴더 옵션]의 [보기] 탭이 아닌 [일반] 탭에서 '즐겨찾기'에서 최근에 사용된 파일이나 폴더의 표시 여부를 지정할 수 있습니다.

07 저전력, 저비용, 저속도와 2.4GHz를 기반으로 하는 무선 네트워크 규격은 지그비(Zigbee)입니다.
• 와이파이(WiFi) : 2.4GHz대를 사용하는 무선 랜(WLAN) 규격 (IEEE 802.11b)에서 정한 제반 규정에 적합한 제품에 주어지는 인증 마크
• RFID(Radio Frequency IDentification) : 사물에 전자 태그를 부착하고 무선 통신을 이용하여 사물의 정보 및 주변 정보를 감지하는 센서 기술
• 와이브로(Wibro) : 무선 광대역을 의미하는 것으로, 휴대폰, 노트북 등의 모바일 기기를 이용하여 언제 어디서나 이동하면서 고속으로 무선 인터넷 접속이 가능한 서비스

08 [Alt] + [F4]는 활성 창을 닫거나 활성 앱을 종료하는 바로 가기 키입니다.
• [Alt] + [Print Screen] : 현재 작업 중인 활성 창을 클립보드로 복사함
• [Print Screen] : 화면 전체를 클립보드로 복사함
• [F2] : 폴더 및 파일의 이름을 변경함
• [F3] : 파일 탐색기의 '검색 상자'를 선택함

09 • 비트맵은 점(Pixel, 화소)으로 이미지를 표현하는 방식입니다.
• ②번은 벡터 방식에 대한 설명입니다.

10 분산 서비스 거부 공격(DDOS)은 여러 대의 컴퓨터를 이용하여 대량의 데이터를 한 곳의 서버에 집중적으로 전송함으로써 특정 서버의 정상적인 기능을 방해하는 형태의 공격을 말합니다.

11 IPv6은 128비트의 주소를 사용하며, 주소의 각 부분은 :(콜론)으로 구분합니다.

12 게이트웨이(Gateway)는 현재 위치한 네트워크에서 다른 네트워크로 연결할 때 사용됩니다.
• ②번은 리피터(Repeater), ③번은 라우터(Router), ④번은 DNS에 대한 설명입니다.

13 ③번은 라우터(Router)에 대한 설명입니다.

14 디지털 컴퓨터는 아날로그 컴퓨터에 비해 연산 속도가 느립니다.

15 외부로부터 인터럽트 요청이 들어오면 인터럽트 서비스 루틴이 실행됩니다.

16 저작권법은 프로그램을 작성하기 위하여 사용하는 프로그램 언어, 규약, 해법에는 적용되지 않습니다.

17 MPEG는 프레임 간의 연속성을 고려하여 중복 데이터를 제거함으로써 압축률을 높이는 손실 압축 기법을 사용합니다.

18 전자우편에서 메일을 주고 받는데 사용되는 프로토콜에는 SMTP, POP3, MIME가 있습니다.

19 PNG는 트루 컬러는 지원하지만 CMYK 색상 모드를 지원하지 않습니다.

20 원격 지원을 하는 자는 마이크로소프트 계정으로 로그인 해야 하고, 지원 받는 자는 로그인 하지 않아도 됩니다.

21 피벗 테이블을 선택된 상태에서 [삽입] → [차트] 그룹에서 '추천 차트'를 클릭하면 '차트 삽입' 대화상자가 나타나며, 삽입할 차트를 선택한 후 〈확인〉을 클릭하면 현재 시트에 피벗 차트가 작성됩니다.

22 같은 열에 입력된 문자열 목록을 표시하는 바로 가기 키는 [Alt] + [↓]입니다.

23 • '통합'에서는 통합된 데이터가 기존 데이터에 덮어쓰기 되도록 하는 기능은 제공하지 않습니다.
• '원본 데이터에 연결'은 원본 데이터가 변경될 경우 통합된 데이터에도 반영되도록 하는 기능입니다.

24 중복이 제거돼도 목록 밖의 데이터는 이동되지 않습니다.

25 • '부분합 계산 항목'은 함수를 적용할 필드를 선택하는 항목을 말합니다.
• 그룹으로 묶을 기준이 되는 항목은 '그룹화할 항목'입니다.

'부분합' 대화상자

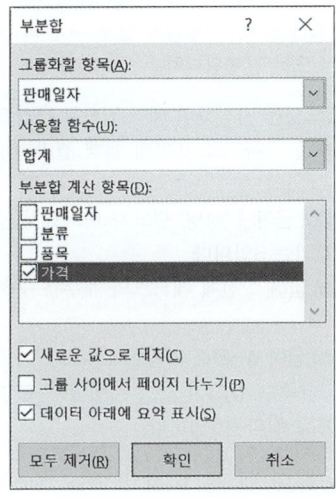

26 여러 장으로 인쇄되는 워크시트를 한 장으로 인쇄하려면 [페이지 레이아웃] → [크기 조정] 그룹에서 너비와 높이를 모두 '1페이지'로 지정하면 됩니다.

27 숫자 데이터를 입력하면 기본적으로 셀의 오른쪽에 정렬되지만 숫자 앞에 작은따옴표(')를 붙여 입력하면 문자 데이터로 인식하므로 셀의 왼쪽에 정렬됩니다.

28 수식에서 해당 수식이 입력된 [C1] 셀을 참조하기 때문에 아래와 같은 순환 참조 경고 메시지가 표시됩니다.

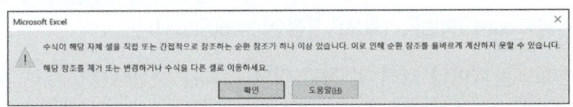

※ 수식에서 직접 또는 간접적으로 수식이 입력된 그 셀을 그 수식에서 참조하는 경우를 순환 참조라고 합니다.

29 사용자 지정 표시 형식의 표시 결과로 옳은 것은 ③번입니다.
① 0.25 → 0#.#% → 25.%
② 0.57 → #.# → .6
④ 100 → #,###;@"점" → 100(@는 문자 데이터의 표시 위치를 지정할 때 사용하므로 "점"은 표시되지 않습니다.)

30 [A5] 셀에 =A1+B2를 입력했을 때 결과는 5입니다.
• 배열 상수를 입력할 때 열의 구분은 쉼표(,)로, 행의 구분은 세미콜론(;)으로 합니다.
• [A1:C2] 영역을 블록으로 지정한 후 ={1,2,3;4,5,6}을 입력하고 Ctrl + Shift + Enter 를 누르면 다음과 같이 입력됩니다.

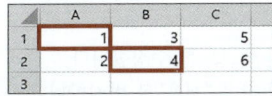

31 배열 수식에는 3차원 참조를 사용할 수 없습니다.

32 각 수식의 결과 값으로 옳은 것은 ③번입니다.
① =SUM(COUNTA(B2:D4), MAXA(B2:D4))
　　　　❶　　　　　　　❷
　　　　　　　❸

❶ COUNTA(B2:D4) : [B2:D4] 영역에서 비어 있지 않은 셀의 개수를 구하면 결과는 9입니다.
❷ MAXA(B2:D4) : [B2:D4] 영역에서 숫자, 빈 셀, 논리값(TRUE/FALSE), 숫자로 표시된 텍스트 등을 모두 포함하여 가장 큰 값을 구하면 결과는 100입니다.
❸ =SUM(❶, ❷) → =SUM(9, 100) : 두 값을 더하면 결과는 109입니다.

② =AVERAGE(SMALL(C2:C4, 2), LARGE(C2:C4, 2))
　　　　　　　❶　　　　　　❷
　　　　　　　　　　❸

❶ SMALL(C2:C4, 2) : [C2:C4] 영역에서 두 번째로 작은 값을 구하면 결과는 87입니다.
❷ LARGE(C2:C4, 2) : [C2:C4] 영역에서 두 번째로 큰 값을 구하면 결과는 87입니다.
❸ =AVERAGE(❶, ❷) → =AVERAGE(87, 87) : 두 수의 평균을 구하면 결과는 87입니다.

③ =SUM(LARGE(B3:D3, 2), SMALL(B3:D3, 2))
　　　　❶　　　　　　❷
　　　　　　　❸

❶ LARGE(B3:D3, 2) : [B3:D3] 영역에서 두 번째로 큰 값을 구하면 결과는 87입니다.
❷ SMALL(B3:D3, 2) : [B3:D3] 영역에서 두 번째로 작은 값을 구하면 결과는 87입니다.
❸ =SUM(❶, ❷) → =SUM(87, 87) : 두 수의 합계를 구하면 결과는 174입니다.

④ =SUM(COUNTA(B2, D4), MINA(B2, D4))
　　　　❶　　　　　　　❷
　　　　　　　❸

❶ COUNTA(B2, D4) : [B2] 셀과 [D4] 셀에서 비어 있지 않은 셀의 개수를 구하면 결과는 2입니다.
❷ MINA(B2, D4) : [B2] 셀과 [D4] 셀에서 숫자, 빈 셀, 논리값(TRUE/FALSE), 숫자로 표시된 텍스트 등을 모두 포함하여 가장 작은 값을 구하면 결과는 83입니다.
❸ =SUM(❶, ❷) → =SUM(2, 83) : 두 수의 합계를 구하면 85입니다.

33 문제의 차트와 같이 오차 막대를 표시하려면 ①번과 같이 설정해야 합니다.

② 표시 방향(모두), 오차량(표준 편차 1.0)

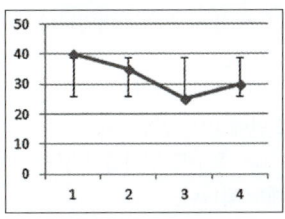

③ 표시 방향(양의 값), 오차량(고정 값 10)

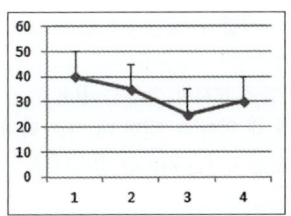

④ 표시 방향(양의 값), 오차량(표준 편차 1.0)

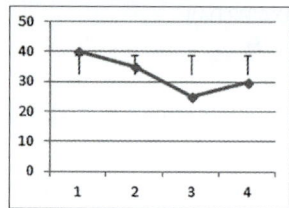

34 매출 구간별 빈도수를 계산한 후 그 값만큼 "★"를 표시하는 수식으로 옳은 것은 ④번입니다.

❶ FREQUENCY(B3:B9, E3:E6) : FREQUENCY(배열1, 배열2)는 '배열2'의 범위에 대한 '배열1' 요소들의 빈도수를 계산하는 함수로, [B3:B9] 영역의 데이터를 대상으로 [E3:E6] 영역의 구간별 빈도수를 계산합니다.

❷ =REPT("★", ❶) : REPT(텍스트, 개수)는 '텍스트'를 '개수'만큼 반복하여 입력하는 함수로, "★"를 ❶의 결과값만큼 반복하여 표시합니다.

※ FREQUENCY 함수는 결과가 여러 개의 값을 갖는 배열로 반환되므로 배열 수식으로 작성해야 합니다. 결과가 계산될 [F3:F6] 영역을 블록으로 지정한 후 =REPT("★", FREQUENCY(B3:B9, E3:E6))을 입력한 다음 Ctrl + Shift + Enter를 누르면 수식 앞뒤에 중괄호({ })가 자동으로 입력되어 {=REPT("★", FREQUENCY(B3:B9, E3:E6))}과 같이 표시됩니다.

35 이벤트 실행의 결과로 옳은 것은 ③번입니다.

```
Private Sub
❶ Range("B2:C3").Select
❷ Selection.Delete Shift:=xlToLeft
End Sub
```

❶ [B2:C3] 영역을 선택합니다.
❷ 선택한 영역을 삭제한 후 오른쪽에 있는 셀을 왼쪽으로 이동합니다.

36 시나리오 관리자에서 시나리오를 삭제해도 이미 작성된 시나리오 요약 보고서는 삭제되지 않습니다.

37 차트를 선택하면 이름 상자에 차트 이름이 표시됩니다.

38 서로 떨어져 있는 영역을 인쇄 영역으로 지정하려면 Ctrl을 이용하여 지정해야 합니다.

39 만기 금액을 구하기 위한 수식으로 옳은 것은 ①번입니다.
FV(이율, 기간, 금액, 현재가치, 납입시점)
• 이율 : 이율이 연 단위이므로 12로 나눕니다(4.5%/12).
• 기간 : 기간이 년 단위이므로 년에 12를 곱합니다(2*12).
• 금액 : 결과값이 양수로 나오도록 음수로 입력합니다(-400000).
• 납입시점 : 기말이므로 생략해도 됩니다.
∴ '=FV(4.5%/12, 2*12, -400000)'입니다.

40 원형 차트는 쪼개진 원형으로 표시할 수 있습니다.
① 원형 차트는 축이 없습니다.
② 원형 차트에는 데이터 테이블을 표시할 수 없습니다.
④ 원형 차트의 종류에는 '원형 대 원형'과 '원형 대 가로 막대형' 차트는 있지만 '원형 대 꺾은선형'이라는 차트는 없습니다.

41 '그룹, 정렬 및 요약' 창에서 그룹 설정 시 특정한 값인 데이터 그룹만 표시되도록 조건을 설정할 수는 없습니다.

42 GoToPage는 현재 선택한 폼에서 지정한 페이지의 첫 번째 컨트롤로 이동시키는 매크로 함수입니다.

43 문제의 그림을 보면 '관계 편집' 대화상자의 오른쪽에 있는 〈제품〉 테이블에서는 모든 레코드를 포함하고, 왼쪽에 있는 〈판매내역〉 테이블에서는 조인된 필드가 일치하는 레코드만 질의에 포함하도록 설정되어 있습니다. 이와 같이 오른쪽이 기준이면, '오른쪽 외부 조인'입니다.

44 데이터베이스 설계는 '요구 조건 분석 → 개념적 설계 → 논리적 설계 → 물리적 설계 → 구현' 순으로 진행됩니다.

45 COUNT( ) 함수의 인수로 필드명을 지정하면 해당 필드를 대상으로 비어있지 않은 데이터의 개수를 구하므로 ②번의 실행 결과는 2입니다.
① SELECT COUNT(성명) FROM 급여; : '성명' 필드가 비어있지 않은 자료의 개수를 구하므로 결과는 3입니다.
③ SELECT COUNT(*) FROM 급여; : 전체 레코드의 개수를 구하므로 결과는 3입니다.
④ SELECT COUNT(*) FROM 급여 WHERE 가족수 Is Null; : '가족수 Is Null'이라는 조건, 즉 '가족수 필드의 값이 비어있는' 조건에 맞는 자료의 개수를 구하므로 결과는 1입니다.

46 '필드 목록' 창에서 여러 필드를 선택한 후 폼 영역으로 드래그하면 선택된 여러 필드를 한 번에 추가할 수 있습니다.

47 SetValue는 필드, 컨트롤, 속성 등의 값을 설정하는 매크로 함수입니다.

48 '보고서 마법사'에서 정렬할 필드는 최대 4개까지 지정할 수 있으며, 정렬 기준은 오름차순이나 내림차순만 지정할 수 있습니다.

49 관계가 설정된 테이블의 기본키는 설정을 해제할 수 없으므로 기본키 설정을 해제하려면 먼저 설정된 관계를 제거해야 합니다.

50 [학생] 테이블에서 '점수'가 60 이상인 학생들의 인원수를 구하는 식은 =DCount("[학번]", "[학생]", "[점수] >= 60")입니다.

51 인덱스는 데이터 검색 및 정렬 작업 속도를 향상시키기 위해 사용합니다.

52 Σ 요약 기능은 테이블이나 폼에서는 사용할 수 없습니다.

53 UNION(통합) 질의는 두 개의 질의 내용을 합쳐서 하나의 테이블을 만드는 질의입니다. 지문의 SQL문은 〈고객〉 테이블의 '등급' 필드가 "A"이거나 "B"인 레코드를 모두 추출하는 질의문으로, 이는 Where 조건으로 '등급' 필드의 값 "A"와 "B"를 OR 연산자로 연결하여, **고객.등급 = 'A' Or 고객.등급 = 'B'**와 같이 적용한 결과와 동일합니다.

54 정규화는 속성(필드)의 수가 적은 릴레이션(테이블)으로 분할하는 과정으로, 정규화를 실행하면 테이블이 늘어나고 필드 수가 줄어들수는 있지만 모든 테이블의 필드 수가 동일해지지는 않습니다.

55 SQL 문에 대한 설명으로 옳은 것은 ③번입니다. 질의문은 각 절을 분리하여 이해하면 쉽습니다.
• Update 학생 : 〈학생〉 테이블의 레코드를 수정합니다.
• Set 주소 = '서울' : '주소' 필드의 값을 "서울"로 변경합니다.
• Where 학번 = '100' : '학번' 필드의 값이 "100"인 레코드만을 대상으로 합니다.

56 학생들은 여러 과목을 수행하며, 한 과목은 여러 학생들이 수강하는 관계는 다 대 다의 관계입니다. 이와 같은 경우에는 〈학생〉 테이블과 〈과목〉 테이블의 기본키를 외래키로 갖는 제 3의 테이블(〈수강〉 테이블)을 정의해야 합니다. 제 3의 테이블(수강)에는 '이름'이나 '과목명'처럼 '학번'이나 '과목코드'에 종속적인 속성이 없어야 합니다.

57 테이블 간에 관계가 설정되어 있지 않은 경우에도 하위 폼으로 연결할 수 있습니다.

58 '거래처명'과 같이 컨트롤의 데이터가 이전 레코드와 동일한 경우에는 이를 표시(혹은 인쇄)되지 않도록 설정하려면 해당 컨트롤의 '중복 내용 숨기기' 속성을 '예'로 설정하면 됩니다.

59 문제의 그림은 '출판사'를 기준으로 오름차순 정렬(ASC 또는 생략)하고, '출판사'가 같은 경우에는 '출간년도'를 기준으로 내림차순 정렬(DESC)한 결과입니다.
  • 나머지 보기로 제시된 SQL문의 결과는 다음과 같습니다.
  ①

  ③

  ④

60 • 그룹별로 순번(일련번호)을 표시하려면, 컨트롤 원본을 '=1'로 설정하고 누적 합계 속성을 '그룹'으로 설정합니다.
  • 누적 합계 속성을 '모두'로 설정하면 그룹에 관계없이 보고서의 끝까지 값이 누적됩니다.

05회 2025년 상시05 기출문제 해설

01 • FTP 프로토콜은 보안에 취약하므로 엑스트라넷에서 사용하기에 적절하지 않습니다.
  • 엑스트라넷을 통해 안전하게 데이터를 주고받기 위해서는 SSL/TLS와 같은 보안 프로토콜을 사용해야 합니다.

02 • 벡터 방식의 이미지는 확대하면 테두리가 매끄럽게 표현됩니다.
  • 이미지를 확대하면 테두리가 매끄럽지 못하고 울퉁불퉁하게 표현되는 것은 비트맵 이미지입니다.

03 윈도우의 저장소 설정에 대한 설명으로 옳은 것은 ④번입니다.
  ① 저장소 설정에서 새 콘텐츠가 저장되는 기본 위치는 '로컬 디스크 C:'입니다.
  ② 저장소 설정에서는 시스템 히스토리가 아닌 파일 히스토리(파일 기록)를 사용하여 백업할 수 있습니다.
  ③ 저장소 설정에서는 디스크 정리 기능을 사용할 수 없습니다.

04 단말장치의 추가/제거 및 기밀 보호가 어려운 것은 링형(Ring)의 특징입니다.

05 2진법에서 2의 보수는 1의 보수를 구한 뒤 결과값에 1을 더하면 됩니다.

06 MICR(자기 잉크 문자 판독기)는 자성을 띤 특수 잉크로 인쇄된 문자나 기호를 판독하는 장치입니다.
  ① OMR(Optical Mark Reader, 광학 마크 판독기) : 컴퓨터용 수성 사인펜으로 표시한 OMR 카드에 빛을 비추어 표시 여부를 판독하는 장치
  ② OCR(Optical Character Reader, 광학 문자 판독기) : 특정 글꼴로 인쇄된 문자에 빛을 비추어 반사된 빛의 차이를 이용하여 문자를 판독하는 장치
  ③ BCR(Bar Code Reader, 바코드 판독기) : 굵기가 서로 다른 선에 빛을 비추어 반사된 값을 코드화하여 판독하는 장치

07 • USB 드라이브에서 파일을 C 드라이브로 끌어서 놓으면 복사가 됩니다.
  • 파일을 이동시키려면 Shift를 누른 채 끌어서 놓아야 합니다.

08 크래킹(Cracking)은 어떤 목적을 가지고 타인의 시스템에 불법으로 침입하여 정보를 파괴하거나 정보의 내용을 자신의 이익에 맞게 변경하는 행위를 의미합니다.

09 IPv6은 16비트씩 8부분으로 구성되며 각 부분은 콜론(:)으로 구분됩니다.

10 레지스터는 전원이 공급되지 않으면 저장된 내용이 지워집니다.

11 사용 가능도(Availability)는 시스템을 사용할 필요가 있을 때 즉시 사용 가능한 정도를 의미합니다.

12 가상 메모리는 보조기억장치의 일부를 주기억장치처럼 사용하는 메모리 기법입니다.

13 휴지통 설정 대화상자에서 휴지통을 자동으로 비우는 기능은 제공하지 않습니다.

14 ③번은 블록체인(Block Chain)에 대한 설명입니다.

15 문제에 제시된 내용은 인터럽트(Interrupt)에 대한 설명입니다.
- 채널(Channel) : 주변장치에 대한 제어 권한을 CPU(중앙처리장치)로부터 넘겨받아 CPU 대신 입·출력을 관리하는 것으로, 중앙처리장치와 입·출력장치 사이의 속도 차이로 인한 문제점을 해결하기 위해 사용됨
- DMA(Direct Memory Access) : CPU의 참여 없이 입·출력장치와 메모리(주기억장치)가 직접 데이터를 주고받는 것
- 레지스터(Register) : CPU 내부에서 처리할 명령이나 연산의 중간 결과값 등을 일시적으로 기억하는 임시 기억장소

16 Windows의 표준 비트맵 파일 형식으로, 압축을 하지 않으므로 파일의 크기가 큽니다.

17 방화벽은 전자 메일 바이러스나 온라인 피싱 등을 방지할 수 없습니다.

18 태블릿 모드를 설정해도 키보드와 마우스를 사용할 수 있습니다.
① 로그인 시 '하드웨어에 적절한 모드 사용'을 설정할 수 있습니다.
② 태블릿 설정 모드에는 '태블릿 모드로 전환 안 함', '항상 태블릿 모드로 전환', '모드를 전환하기 전에 확인'이 있습니다.
③ 태블릿 모드를 지정해도 작업 표시줄은 축소되지 않습니다. 작업 표시줄을 축소하려면 '추가 태블릿 설정 변경' 항목에서 '작업 표시줄 자동 숨기기'를 지정해야 합니다.

19
- 구조적 프로그래밍은 입력과 출력이 각각 하나씩 이루어진 구조로, GOTO문을 사용하지 않으며, 순서, 선택, 반복의 3가지 논리 구조를 사용하는 기법입니다.
- ②번은 절차적 프로그래밍에 대한 설명입니다.

20
- 3D 프린터의 출력 단위는 MMS(MilliMeters per Second)입니다.
- IPM(Images Per Minute)과 PPM(Pages Per Minute)은 잉크젯 및 레이저 프린터의 출력 단위입니다.

21 ③번 수식의 결과 값은 '2025-01-10'입니다.
① =EDATE(B11, 5) : 2025-01-10의 5개월 후인 2025-06-10을 반환합니다.
② =EOMONTH(B2, -5) : 2025-01-01의 5개월 이전 달 마지막 날짜인 2024-08-31을 반환합니다.
③ =WORKDAY(B4, 5) : 2025-01-03부터 주말(토, 일)을 제외하고 5일이 지난 2025-01-10을 반환합니다.
④ =NETWORKDAYS(B2, B11) : 두 날짜 사이의 작업 일수인 10에서 주말(토, 일)을 뺀 8을 반환합니다.

22 '데이터 표'를 실행하여 계산된 영역의 값은 입력값이 변경되면 자동으로 수정됩니다.

23 차트 제목을 선택한 후 수식 입력줄에 =을 입력하고 특정 셀을 클릭하면 수식 입력줄에 =시트이름!셀주소로 표시됩니다.

24
- 문제에 제시된 피벗 테이블은 테이블 형식으로 작성되었습니다.
- 개요 형식으로 작성하면 다음과 같습니다.

	A	B	C	D	E
1					
2	평균 : 가격		분류		
3	분기	판매일자	모자	상의	총합계
4	⊟1사분기				
5		1월		620,000	620,000
6		3월		926,000	926,000
7	⊟2사분기				
8		4월		786,000	786,000
9		5월		848,500	848,500
10	⊟3사분기				
11		7월	851,000	794,000	832,000
12		8월	706,000		706,000
13		9월	761,000		761,000
14	⊟4사분기				
15		10월		481,000	481,000
16		11월		833,000	833,000
17		12월	632,000	702,750	688,600
18	총합계		760,200	745,667	749,941
19					

25 '병합'은 다른 통합 문서나 워크시트에 저장된 시나리오를 가져와 통합하여 요약할 때 사용하는 기능입니다.

26 '데이터 아래에 요약 표시'를 선택하면 그룹 데이터의 아래에 합계나 평균 등의 요약이 표시됩니다.

27 단가표를 이용하여 단가를 구하는 배열 수식으로 옳은 것은 ①번입니다.

{=INDEX($B$12:$D$13, MATCH(A2, $A$12:$A$13, 0), MATCH(B2, $B$10:$D$10, 1))}
　　　　　　❶　　　　　　　　　❷
　　　　　　　　　❸

❶ MATCH(A2, $A$12:$A$13, 0) : [A12:A13] 영역에서 [A2] 셀, 즉 "허브차"와 동일한 값을 찾은 후 상대 위치를 표시하면 결과는 1입니다.
- MATCH(찾을값, 범위, 옵션) 함수에서 옵션을 0으로 지정하면 찾을값과 정확히 일치하는 값을 찾습니다.
- 여러 셀에 결과를 구해야 하므로 범위는 절대 참조로 지정해야 합니다.

❷ MATCH(B2, $B$10:$D$10, 1) : [B10:D10] 영역에서 [B2] 셀, 즉 35보다 작거나 같은 값 중에서 가장 근접한 값(30)을 찾은 후 상대 위치를 표시하면 결과값은 2입니다.

❸ =INDEX($B$12:$D$13, ❶, ❷) → =INDEX($B$12:$D$13, 1, 2) : [B12:D13] 영역에서 1행 2열 즉, [C12] 셀의 값 2500을 반환합니다.

28 성취도를 구하는 수식으로 옳은 것은 ④번입니다.
=REPT(IF(B2>70%, "■", "□"), QUOTIENT(B2, 10%))
　　　　　　❶　　　　　　　　❷
　　　　　　　　❸

❶ IF(B2>70%, "■", "□") : [B2] 셀의 값 98%는 70%보다 크므로 "■"를 반환합니다.
❷ QUOTIENT(B2, 10%) : [B2] 셀의 값 98%를 10%로 나눈 값 9를 반환합니다.
❸ =REPT(❶, ❷) → =REPT("■", 9) : "■"를 9번 반복하여 표시합니다.

29 특정값들(컴퓨터 과목들의 점수)의 변화에 따른 결과값(평균 점수)의 변화 과정을 한 번의 연산으로 빠르게 계산할 수 있는 도구는 데이터 표입니다.
- 목표값 찾기 : 수식에서 원하는 결과(목표)값은 알고 있지만 그 결과값을 계산하기 위해 필요한 입력값을 모를 경우에 사용하는 도구
- 시나리오 : 다양한 상황과 변수에 따른 여러 가지 결과값의 변화를 가상의 상황을 통해 예측하여 분석하는 도구

- 피벗 테이블 : 많은 양의 데이터를 한눈에 쉽게 파악할 수 있도록 요약·분석하여 보여주는 도구

30 '통합' 대화상자의 '원본 데이터에 연결'은 원본 데이터가 변경될 경우 통합된 데이터에도 반영되는 것을 의미합니다.

31 괄호 안에 해당하는 값으로 틀린 것은 ④번으로, 자동 채우기를 실행하는 메서드는 Auto가 아니라 AutoFill입니다. 문제의 매크로 코드를 설명하면 다음과 같습니다.

```
Sub 매크로1( )
❶ Range("G3").Select
❷ Selection.FormulaR1C1 = "=AVERAGE(RC[-4]:RC[-1])"
❸ Range("H3").Select
❹ Selection.FormulaR1C1 = "=MAX(RC[-5]:RC[-2])"
❺ Range("G3:H3").Select
❻ Selection.AutoFill Destination:=Range("G3:H10"), Type:=xlFillDefault
❼ Range("G3:H10").Select
End Sub
```

❶ [G3] 셀을 선택합니다.
❷ 현재 셀에 '=AVERAGE(RC[-4]:RC[-1])', 즉 =AVERAGE(C3:F3)을 입력합니다.
  ※ FormulaR1C1 : R1C1 형식의 수식 입력하기
❸ [H3] 셀을 선택합니다.
❹ 현재 셀에 '=MAX(RC[-5]:RC[-2])', 즉 =MAX(C3:F3)을 입력합니다.
❺ [G3:H3] 영역을 선택합니다.
❻ 현재 셀의 채우기 핸들을 드래그하여 [G3:H10] 영역을 자동 채우기합니다.
  ※ AutoFill : 자동 채우기
❼ [G3:H10] 영역을 선택합니다.

32 가져온 데이터는 기본적으로 새 워크시트에 표시됩니다.

33 하나의 데이터 계열에 두 개 이상의 추세선을 동시에 사용할 수도 있습니다.

34
- 문제에 제시된 차트는 '계열 겹치기' 값이 0으로 설정되었습니다.
- '계열 겹치기' 값이 0보다 작으면 다음과 같이 계열 간 간격이 떨어져서 표시됩니다.

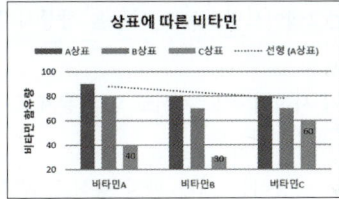

[계열 겹치기 : -50%]

35 소수점 오른쪽의 자리 표시자 보다 더 긴 소수점 이하의 숫자가 셀에 입력될 경우 자리 표시자만큼 소수 자릿수로 내림이 아니라 반올림됩니다.
 예 5.67이 입력된 셀에 사용자 지정 표시 형식으로 0.0으로 지정하면 반올림되어 **5.7**이 표시됩니다.

36 글꼴 서식을 '굵게'로 설정하는 매크로로 옳지 않은 것은 ③번입니다.
- Range는 워크시트의 셀이나 셀 범위를 선택하는 속성으로 'Range("A:A")'는 A열 전체를, 'Range("1:1")'은 1행 전체를 의미합니다.
- Columns는 워크시트의 열을 선택하는 속성으로 'Columns(1)' 또는 'Columns("A")'는 A열 전체를 의미합니다.

37 수식을 입력한 후 결과값이 수식이 아닌 상수로 입력되게 하려면 수식을 입력한 후 F9를 눌러야 합니다.

38 통합 문서 보호 설정 시 지정된 암호는 통합 문서 보호를 해제할 때 필요한 것으로, 통합 문서 보호 상태에서는 암호 지정 여부에 상관없이 워크시트에 데이터를 입력하거나 수정할 수 있습니다.

39 매크로의 바로 가기 키는 기본적으로 Ctrl과 영문자를 조합하여 지정할 수 있습니다.

40 [인쇄 미리 보기 및 인쇄] 화면에서는 지정된 인쇄 영역으로 인쇄 작업을 수행할 수는 있지만 인쇄 영역을 다시 설정할 수는 없습니다.

41 변수를 선언하지 않고 사용할 경우 에러를 발생시키기 위해 사용하는 예약어는 Option Explicit로, 변수 선언 전에 기술합니다.

42 테이블에 대한 '페이지 설정' 대화상자에서는 인쇄할 열이나 레코드의 개수를 지정할 수 없습니다.

43 데이터 형식에 따라 필드가 갖는 속성이 달라지므로, 입력될 데이터의 종류에 따라 알맞은 형식을 지정하는 것이 효과적입니다.

44 '페이지 설정' 대화상자의 [열] 탭에서 지정하는 값은 인쇄나 인쇄 미리 보기 상태에서 확인할 수 있는 내용으로, '레이아웃 보기' 상태에서는 확인할 수 없습니다.

45 ④번을 적용하면, 2025-03-01이 표시됩니다.
① =DateDiff("yyyy", "2025-3-1", "2028-3-1") : 날짜1(2025-3-1)부터 날짜2(2028-3-1)까지 경과한 값을 형식(yyyy, 년)에 맞게 표시합니다.
→ 3
② =Day("2025-3-1")+2 : 지정된 날짜(2025-3-1)에서 일(1)을 추출한 후 2를 더한 값을 표시합니다.
→ 3
③ =DatePart("m", "2025-3-1") : 지정된 날짜(2025-3-1)에서 형식(m, 월)에 제시된 값을 표시합니다.
→ 3
④ =DateAdd("m", 1, "2025-2-1") : 지정된 날짜(2025-2-1)로부터 지정한 값(1)만큼의 형식(m, 월)이 증가된 날짜를 표시합니다.
→ 2025-03-01

46 지나치게 높은 정규화는 테이블 간의 조인이 많이 발생하므로 데이터베이스의 성능이 저하될 수 있습니다.

47 기본 폼과 하위 폼에서 기본 폼은 단일 폼 형식으로만, 하위 폼은 단일 폼, 연속 폼, 데이터시트 보기 등의 형식으로 표시할 수 있습니다.

48 보고서에서도 폼에서와 같이 이벤트 프로시저를 작성할 수 있습니다.
① 보고서의 레코드 원본으로 테이블과 쿼리는 사용할 수 있으나 엑셀과 같은 외부 데이터나 매크로는 사용할 수 없습니다.
② 보고서 머리글은 보고서의 첫 페이지 상단에, 보고서 바닥글은 보고서의 맨 마지막 페이지에 한 번씩만 표시됩니다.
④ 보고서에 테이블의 데이터를 표시하려면, 반드시 컨트롤을 이용해야 합니다.

49 쿼리는 디자인 보기 상태에서 쿼리 유형을 변경할 수 있지만 보고서는 디자인 보기 상태에서 보고서 유형을 변경할 수 없습니다. 보고서 유형을 변경하려면 원본 개체를 이용하여 보고서를 다시 만들어야 합니다.

50 조인을 수행하려면 일반적으로 관계를 설정해야 하지만, 관계가 설정되지 않은 두 테이블도 조인을 수행할 수 있습니다.

51 문제의 지문에 제시된 폼을 작성하기에 가장 용이한 방법은 폼 분할 도구를 사용하는 것입니다.

52 문제에 제시된 조건에 맞는 SQL문은 ①번입니다. 절단위로 구분하여 질의문을 작성하면 쉽습니다.
- 〈학생〉 테이블에 학번, 이름, 학과를 삽입하므로 Insert Into 학생 (학번, 이름, 학과)입니다.
- 삽입되는 속성과 값이 학번은 300, 이름은 '김상공', 학과는 '경영학과'이므로 Value(300, '김상공', '경영학과')입니다.
- ※ '김상공'이나 '경영학과'와 같이 텍스트 형식을 입력할 때는 작은따옴표(' ')나 큰따옴표(" ")로 묶어야 합니다. 그렇지 않으면 해당 값을 필드로 인식하여 매개 변수 대화상자를 표시합니다.

53 페이지 번호는 페이지 바닥글에 텍스트 상자를 이용하여 작성되었습니다.

54 액세스 파일에 암호를 설정하거나 해제하려면 [파일] → [열기] → [찾아보기]를 선택한 후 '열기' 대화상자에서 파일을 선택하고 〈열기〉 단추 옆의 화살표를 클릭한 다음 [단독으로 열기]를 선택해야 합니다. 그런 다음 [파일] → [정보] → [데이터베이스 암호 설정]에서 지정하면 됩니다.

55 내용을 수정할 수 없도록 하려면 '잠금' 속성을 "예"로 설정하면 됩니다.

56 FindRecord 함수는 현재 폼이나 데이터시트에서 지정한 조건에 맞는 첫 번째 레코드를 찾습니다.

57 릴레이션에 속한 모든 도메인이 원자값(Atomic Value)만으로 되어 있는 릴레이션은 제1정규형의 릴레이션입니다.
- **2NF(제2정규형)** : 릴레이션 R이 1NF이고, 키가 아닌 모든 속성이 기본키에 대하여 완전 함수적 종속 관계를 만족함
- **3NF(제3정규형)** : 릴레이션 R이 2NF이고, 키가 아닌 모든 속성이 기본키에 대해 이행적 종속 관계를 이루지 않도록 제한한 릴레이션
- **BCNF(Boyce-Codd 정규형)** : 릴레이션 R에서 결정자가 모두 후보키인 릴레이션

58
- ①번은 ( )123-4567로 화면에 표시됩니다.
- 사용자 지정 기호 '9'는 선택 입력 기호이므로 '9'가 사용된 개수만큼 값이 입력되지 않으면 다음과 같이 입력된 값 만큼만 표시됩니다.

59 마침표(.), 느낌표(!), 대괄호([ ])를 제외한 특수 문자를 사용할 수 있습니다.

60 데이터가 이미 입력된 필드도 기본키로 지정할 수 있습니다.
① 테이블에 기본키를 설정하지 않을 수 있습니다.
② 액세스에서는 일련 번호 기본키, 단일 필드 기본키, 다중 필드 기본키를 정의할 수 있습니다.
④ OLE 개체나 첨부 파일 형식의 필드에는 기본키를 설정할 수 없습니다.

06회 2024년 상시01 기출문제 해설

01 GPU는 대량의 연산을 병렬로 처리하며, CPU보다 가격이 비쌉니다.

02 '캡처 및 스케치'의 캡처 유형에는 사각형 캡처, 자유형 캡처, 창 캡처, 전체 화면 캡처 네 가지가 있습니다.

03 빅 데이터를 기반으로 미래 예측의 활성화 방안을 모색하기는 하지만, 빅 데이터에 대한 의존성을 강화할 필요는 없습니다.

04 IPv6는 모바일 IP나 웹 캐스팅이 용이하며, 등급별, 서비스별로 패킷을 구분할 수 있어 품질 보장도 용이합니다.

05 OLED는 전력이 적게 사용됩니다.

06 저장 공간 센스는 하드디스크 공간이 부족할 때 자동으로 실행되어 임시 파일이나 휴지통의 파일 등 불필요한 파일을 삭제하는 것으로, 드라이브의 단편화를 제거하지는 않습니다.

07
- [제어판] → [글꼴] → [글꼴 설정]에서는 글꼴의 설치 및 삭제를 할 수 없습니다.
- [제어판] → [글꼴] → [글꼴 설정]에서는 글꼴의 표시 및 숨기기를 지정하거나 공간 절약을 위해 글꼴 파일 대신 글꼴 파일에 대한 바로 가기 설치 여부를 지정할 수 있습니다.

08 ①, ②, ③번을 수행하면 파일이 이동되고, ④번을 수행하면 파일이 복사됩니다.

09 펌웨어는 소프트웨어의 업그레이드만으로도 기능을 향상시킬 수 있습니다.

10 중앙처리장치와 입출력장치 사이의 속도 차이로 인한 문제점을 해결해 주는 것은 채널(Chanel)입니다.

11 Windows에서 기본적으로 사용하는 벡터 파일 형식은 WMF입니다.

12 컴퓨터 이름과 작업 그룹의 이름은 [⚙(설정)] → [시스템] → [정보]에서 〈고급 시스템 설정〉을 클릭 → '시스템 속성' 대화상자의 '컴퓨터 이름' 탭에서 변경할 수 있습니다.

13 컴퓨터나 노트북 등의 IT 기기를 스마트폰에 연결하여 무선 인터넷을 사용할 수 있게 하는 기능은 테더링(Tethering)입니다.
- **와이파이(Wi-Fi)** : 무선접속장치(AP)가 설치된 곳을 중심으로 일정거리 이내에서 초고속 인터넷이 가능하게 하는 무선랜 기술
- **블루투스(Bluetooth)** : 근거리 무선 통신을 가능하게 해주는 통신 방식으로, 핸드폰, 노트북과 같은 휴대 가능한 장치들 간의 양방향 정보 전송이 가능함

• 와이브로(Wibro) : 무선 광대역을 의미하는 것으로, 핸드폰, 노트북 등의 모바일 기기를 이용하여 언제 어디서나 이동하면서 고속으로 무선 인터넷 접속이 가능한 서비스

14 스풀링에 대한 설명으로 올바른 것은 ②번입니다.
① 스풀링은 인쇄할 문서 전체 또는 한 페이지 단위로 스풀링할 수 있습니다.
③ 스풀링은 인쇄할 내용을 먼저 하드디스크에 저장합니다.
④ 스풀은 저속의 프린터와 고속의 중앙처리장치 사이에서 컴퓨터 효율을 증가시키기 위해 사용합니다.

15 방화벽은 외부의 불법적인 침입은 막을 수 있지만 내부로부터의 불법적인 위험은 막지 못합니다.

16 바이러스는 소프트웨어뿐만 아니라 하드웨어의 성능에도 영향을 미칠 수 있습니다.

17 하나의 바로 가기 아이콘에는 하나의 원본 파일만 연결할 수 있습니다.

18 ①번은 응용 소프트웨어에 대한 설명입니다.

19 • 내부 버스는 CPU 내부에서 레지스터 간의 데이터 전송에 사용되는 통로입니다.
• ①번은 외부 버스에 대한 설명입니다.

20 실수형 데이터는 정해진 크기에 부호(1비트), 지수부(7비트), 가수부(소수부)로 구분하여 표현합니다.

21 [A2] 셀에 입력된 수식의 결과는 **다마바**입니다.
=MID(CONCAT(LEFT(A1, 3), RIGHT(A1, 3)), FIND("다", A1), 3)

❶ LEFT(A1, 3) : [A1] 셀에 입력된 "가나다라마바사"의 왼쪽에서 세 글자를 추출한 "가나다"를 반환합니다.
❷ RIGHT(A1, 3) : "가나다라마바사"의 오른쪽에서 세 글자를 추출한 "마바사"를 반환합니다.
❸ CONCAT(❶, ❷) → CONCAT("가나다", "마바사") : 주어진 텍스트를 모두 연결한 "가나다마바사"를 반환합니다.
❹ FIND("다", A1) : "가나다라마바사"에서 "다"의 위치인 3을 반환합니다.
❺ =MID(❸, ❹, 3) → =MID("가나다마바사", 3, 3) : "가나다마바사"의 3번째 자리에서부터 세 글자를 추출한 "다마바"를 반환합니다.

22 • 1개의 숫자와 문자가 조합된 데이터가 입력된 셀을 선택하고 Ctrl을 누른 채 채우기 핸들을 드래그하면 그대로 복사되어 채워집니다.
• 숫자만 1씩 증가하면서 채우려면 아무것도 누르지 않은 채 채우기 핸들을 드래그하면 됩니다.

23 고급 필터의 조건을 같은 행에 입력하면 AND 조건(~이고), 다른 행에 입력하면 OR 조건(~이거나)으로 연결되며, AND 조건을 먼저 처리하므로 고급 필터를 실행했을 때 결과로 옳은 것은 ①번입니다.

24 [C2] 셀에 입력해야 할 수식으로 옳지 않은 것은 ③번입니다.
① [B2] 셀이 5 이하면 2000, [B2] 셀이 9 이하면 3000, 그 외는 "무료"를 반환합니다.
② [B2] 셀이 9 초과면 "무료", [B2] 셀이 5 초과면 3000, 그 외는 2000을 반환합니다.
③ [B2] 셀이 5 이하면 2000, [B2] 셀이 5를 초과하거나 9 이하면 3000, 그 외는 "무료"를 반환합니다. 즉 [B2] 셀이 5 이하면 2000, 그 외는 모두 3000이 반환됩니다.
④ [B2] 셀이 5 이하면 2000, [B2] 셀이 5 초과 9 이하면 3000, 그 외는 "무료"를 반환합니다.

25 조건부 서식에서 조건 지정 시 마우스로 특정 셀을 클릭하면 절대 참조로 작성됩니다.

26 ④번 수식의 결과는 1입니다.
① =HLOOKUP("영어", A1:D7, 2) : [A1:D7] 영역의 첫 번째 행에서 "영어"를 찾은 후 이 값이 있는 열의 2행에 있는 값인 97을 반환합니다.
② =OFFSET(B2, 3, 2) : [B2] 셀을 기준으로 3행 2열이 떨어진 [D5] 셀의 값인 88을 반환합니다.
③ =INDEX(A1:D7, 3, 2) : [A1:D7] 영역에서 3행 2열, 즉 [B3] 셀의 값인 74를 반환합니다.
④ =AREAS(A1:D7) : AREAS는 인수로 지정된 범위 안에서 영역의 수를 계산하는 함수로, [A1:D7]은 영역이 하나이므로 1을 반환합니다.

27 • 매크로의 가장 마지막에 있는 'Range("A3").Select'로 인해 현재 셀 포인터의 위치에 상관없이 매크로를 실행하면 셀 포인터는 [A3] 셀에 위치합니다.
• [B3] 셀을 클릭하고 매크로를 실행하면 다음과 같이 실행됩니다.

	A	B	C
1			
2			이름
3			성적현황
4		학번	학과
5			

• 매크로를 하나하나 살펴보면 아래와 같습니다.

```
Sub 매크로2( )
'
❶ ' 매크로2 매크로
'
❷ ActiveCell.Offset(0, 1).Range("A1").Select
❸ ActiveCell.FormulaR1C1 = "성적현황"
❹ ActiveCell.Offset(1, −1).Range("A1").Select
❺ ActiveCell.FormulaR1C1 = "학번"
❻ ActiveCell.Offset(0, 1).Range("A1").Select
❼ ActiveCell.FormulaR1C1 = "학과"
❽ Range("C2").Select
❾ ActiveCell.FormulaR1C1 = "이름"
❿ Range("A3").Select
End Sub
```

❶ 홑 따옴표(')가 있는 문장은 프로그램을 설명하는 주석문으로, 실행되지 않습니다. 매크로 이름이 '매크로2'임을 알려줍니다.
❷ 활성화된 셀에서 아래쪽으로 0칸, 오른쪽으로 1칸 이동한 후 그 셀을 기준으로 첫 번째 열(A), 첫 번째 행(1)을 선택합니다.
• Offset : 지정된 범위에서 떨어진 범위
• Range("A1") : [A1] 셀을 의미하는 것이 아니라 첫 번째 열(A), 첫 번째 행(1)을 의미합니다. 'Range("A2")'로 지정하면 첫 번째 열(A), 두 번째 행(2)을 의미합니다.
※ 'ActiveCell.Offset(0, 1).Select'로 작성해도 결과는 동일합니다.
❸ 활성화된 셀에 **성적현황**을 입력합니다.
❹ 활성화된 셀에서 아래쪽으로 1칸, 왼쪽으로 1칸 이동한 후 그 셀을 기준으로 첫 번째 열(A), 첫 번째 행(1)을 선택합니다.
❺ 활성화된 셀에 **학번**을 입력합니다.

⑥ 활성화된 셀에서 아래쪽으로 0칸, 오른쪽으로 1칸 이동한 후 그 셀을 기준으로 첫 번째 열(A), 첫 번째 행(1)을 선택합니다.
⑦ 활성화된 셀에 **학과**를 입력합니다.
⑧ [C2] 셀을 선택합니다.
⑨ 활성화된 셀에 **이름**을 입력합니다.
⑩ [A3] 셀을 선택합니다.

28 윗주가 삽입된 셀의 데이터를 삭제하면 윗주도 함께 삭제됩니다.

29 피벗 테이블이 선택된 상태에서 [삽입] → [차트] 그룹에서 세로 막대형 차트를 추가하면 피벗 테이블이 작성된 시트에 피벗 차트가 삽입됩니다.

① 피벗 차트를 작성하면 피벗 테이블 보고서의 열 영역에 표시된 '단과대학'이 피벗 차트의 범례로 표시됩니다.

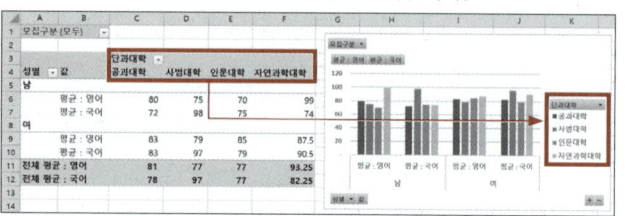

②
• Σ 값 필드가 열 영역에 있는 경우

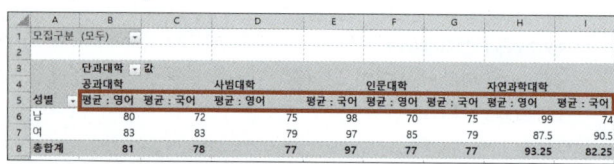

• Σ 값 필드가 행 영역에 있는 경우

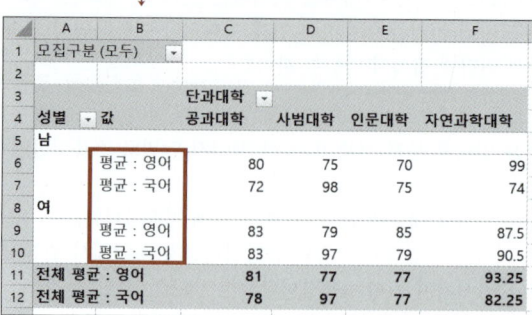

③
• 열의 총합계만 있는 경우

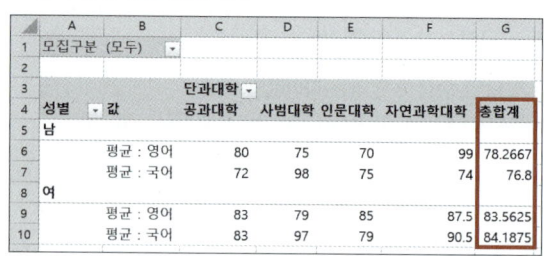

• 행의 총합계만 있는 경우

30 워크시트 이름에 * / : ? [ ] 등의 문자는 사용할 수 없습니다.

31 [페이지 나누기 미리 보기]에서 수동으로 삽입된 페이지 나누기는 실선으로 표시되고 자동으로 추가된 페이지 나누기는 파선으로 표시됩니다.

32 [D2] 셀에 입력된 배열 수식으로 옳은 것은 ②번입니다.

{=INDEX($B$15:$D$16, MATCH(B2, $A$15:$A$16, 0), MATCH(C2, $B$13:$D$13, 1))}
                ❸   ❶   ❷

❶ MATCH(B2, $A$15:$A$16, 0) : [A15:A16] 영역에서 [B2] 셀, 즉 "독창"과 동일한 값을 찾은 후 상대 위치인 1을 반환합니다.
❷ MATCH(C2, $B$13:$D$13, 1) : [B13:D13] 영역에서 [C2] 셀, 즉 91보다 작거나 같은 값 중에서 가장 근접한 값(90)을 찾은 후 상대 위치인 3을 반환합니다.
❸ =INDEX($B$15:$D$16, ❶, ❷) → =INDEX($B$15: $D$16, 1, 3) : [B15:D16] 영역에서 1행 3열, 즉 [D15] 셀의 값 "대상"을 반환합니다.

33 그림은 만기시 수령액(B9)이 2,000,000원이 되려면 월 납입금(B4)이 얼마가 되어야 하는지를 구하는 목표값 찾기입니다.

34 항목의 값을 점으로 표시하여 여러 데이터 값들의 관계를 보여주는 차트는 분산형 차트입니다.
• 도넛형 차트 : 전체에 대한 각 부분의 관계를 비율로 나타내어 각 부분을 비교할 때 사용됨

- **방사형 차트** : 많은 데이터 계열의 집합적인 값을 나타낼 때 사용됨
- **혼합형 차트** : 두 개 이상의 데이터 계열을 갖는 차트에서 특정 데이터 계열을 강조하고자 할 경우 해당 데이터 계열을 다른 차트로 표시하는 것

35 '매크로' 대화상자에서 〈한 단계씩 코드 실행〉 단추를 이용하여 매크로를 단계별로 실행할 수 있습니다.

36 '머리글'과 '바닥글'의 여백은 '페이지 설정' 대화상자의 '여백' 탭에서 지정할 수 있습니다.

37 숫자 -246000을 입력한 후 지문의 표시 형식을 지정하면 -24600이 음수이므로 (#0.0,"천원") 서식이 적용되어 (246.0천원)으로 표시됩니다.
- **#0.0,"천원"** : 양수일 때 적용되는 서식으로, #0.0,"천원" 형식으로 표시됩니다. 예 246000 → 246.0천원
    ※ #0.0,에서 콤마(,)는 천 단위를 생략할 때 사용합니다.
- **(#0.0,"천원")** : 음수일 때 적용되는 서식으로, #0.0,"천원" 형식으로 표시하되 음수 표시는 ( )로 나타냅니다.
    예 -246000 → (246.0천원)
- **0.0** : 0일 때 적용되는 서식으로, 0.0으로 표시됩니다.
    예 0 → 0.0
- **@"님"** : 텍스트일 때 적용되는 서식으로, 해당 텍스트 다음에 "님"을 표시합니다. 예 합격 → 합격님

38 통합 문서 보호는 통합 문서의 시트 삽입, 삭제, 이동, 숨기기, 이름 바꾸기 등을 할 수 없도록 보호하는 것으로, 통합 문서 보호를 실행해도 워크시트에 작성된 차트를 다른 시트로 이동할 수 있습니다.

39 수식이 입력되어야 하는 셀은 [C6] 셀이 아니라 [B5] 셀입니다.

40 매크로에 지정된 바로 가기 키가 엑셀 고유의 바로 가기 키와 중복될 경우 매크로에 지정된 바로 가기 키가 우선합니다.

41 특정 필드에 중복된 값이 입력되지 않도록 하려면, 인덱스 속성을 '예(중복 불가능)'으로 설정하면 됩니다.

42 - '탐색' 창에 표시되는 매크로는 [만들기] → [매크로 및 코드] → [매크로] 메뉴를 이용해 이름을 지정하여 만든 매크로만 표시됩니다.
- 특정 컨트롤에 포함된 매크로는 '탐색' 창에 표시되지 않습니다.

43 이미지, 엑셀 파일, 텍스트 파일 등 다양한 형식의 파일을 필드에 삽입할 때 알맞은 형식은 '첨부 파일' 형식입니다.
- **하이퍼링크** : 웹 사이트나 파일의 특정 위치로 바로 이동하는 하이퍼링크를 입력할 수 있는 형식
- **긴 텍스트** : 짧은 텍스트 형식과 비슷한 기능을 제공하며, 최대 64,000자까지 입력할 수 있는 형식
- **일련 번호** : 레코드가 추가될 때마다 번호를 하나씩 증가시켜 주는 형식

44 액세스 파일에 암호를 설정하거나 해제하려면 [파일] → [열기] → [찾아보기]를 선택한 후 '열기' 대화상자에서 파일을 선택하고 〈열기〉 단추 옆의 화살표를 클릭한 다음 [단독으로 열기]를 선택해야 합니다. 그런 다음 [파일] → [정보] → [데이터베이스 암호 설정]에서 지정하면 됩니다.

45 폼 필터는 폼의 여러 필드에 필터를 적용할 때 사용하는 것으로 테이블의 '디자인 보기'가 아니라 폼의 '디자인 보기'에서 설정이 가능합니다.

46 . ! [ ]를 제외한 특수 문자, 공백, 숫자, 문자를 조합하여 필드 이름으로 사용할 수 있습니다.

47 폼의 '레코드 원본' 속성에 지정된 테이블의 필드 내용을 폼에 표시하려면 반드시 컨트롤을 사용해야 합니다.

48 - 날짜나 시간은 함수를 사용해서 표시하는데, 이와 같이 함수의 결과 값을 표시하려면 텍스트 상자를 사용해야 합니다.
- 레이블은 제목이나 캡션, 설명 등을 표시하는 용도로 사용됩니다.

49 문제의 그림은 '출판사'를 기준으로 오름차순 정렬(ASC 또는 생략)하고, '출판사'가 같은 경우에는 '출간년도'를 기준으로 내림차순 정렬(DESC)한 결과입니다.
- 나머지 보기로 제시된 SQL문의 결과는 다음과 같습니다.

①
도서명	저자	출간년도	출판사
70세의 마음	이신호	2020	길벗
어른의 걸음으로	김용갑	2019	길벗
혼자 남는 기분	최미경	2020	오직북
성공의 법칙	김종열	2018	오직북
어른의 걸음으로	김용갑	2018	한마음
70세의 마음	김선길	2019	한마음

③
도서명	저자	출간년도	출판사
70세의 마음	이신호	2020	길벗
어른의 걸음으로	김용갑	2019	길벗
혼자 남는 기분	최미경	2020	오직북
성공의 법칙	김종열	2018	오직북
어른의 걸음으로	김용갑	2018	한마음
70세의 마음	김선길	2019	한마음

④
도서명	저자	출간년도	출판사
70세의 마음	김선길	2019	한마음
어른의 걸음으로	김용갑	2018	한마음
어른의 걸음으로	김용갑	2019	길벗
성공의 법칙	김종열	2018	오직북
70세의 마음	이신호	2020	길벗
혼자 남는 기분	최미경	2020	오직북

50 - ②번은 [만들기] → [보고서] 그룹의 '보고서' 도구를 이용하여 보고서를 작성하는 경우입니다.
- '보고서 디자인' 도구를 이용하면 디자인 보기 상태에서 컨트롤을 이용하여 사용자가 직접 보고서를 작성할 수 있습니다.

51 출력될 실제 데이터의 레이아웃(윤곽)을 보면서 작업하는 형태는 '레이아웃 보기', 실제 데이터는 표시되지 않지만 컨트롤 도구를 이용하여 보고서를 디자인하는 것은 '디자인 보기'입니다.

52 관계 설정 시 사용자가 실수로 데이터를 변경하거나 삭제하지 않도록 '항상 참조 무결성 유지'를 지정했기 때문에 문제의 메시지가 표시된 것입니다. 이럴 경우에는 참조되는 테이블(분류)의 변경 사항이 참조하는 테이블(제품)에 자동으로 반영되도록 '관계 편집' 창의 '관련 필드 모두 업데이트'를 선택하면 합니다. 이 기능을 이용해야만 정확한 데이터 관리가 가능합니다.

53 문제의 그림을 보면 '관계 편집' 대화상자의 오른쪽에 있는 〈제품〉 테이블에서는 모든 레코드를 포함하고, 왼쪽에 있는 〈판매내역〉 테이블에서는 조인된 필드가 일치하는 레코드만 질의에 포함하도록 설정되어 있습니다. 이와 같이 오른쪽이 기준이면, '오른쪽 외부 조인'입니다.

54 폼이나 보고서를 다른 파일 형식으로 변환하면 조건부 서식이 해제된 상태로 변환됩니다.

55 만능 문자는 모든 문자를 대신하여 사용하는 문자로, *는 문자의 모든 자리를 대신할 수 있지만, ?는 문자의 한 자리만 대신할 수 있습니다. Like "김?"은 "김"으로 시작하는 두 글자인 자료만 표시합니다.

56 InStr(문자열, 찾는 문자)는 문자열에서 찾는 문자 또는 문자열의 위치를 구하는 함수로, 문자열에서 찾는 문자나 문자열이 없는 경우에는 0을 반환합니다.

57 지문의 프로시저를 실행하면 〈제품별재고현황〉 보고서는 프린터로 출력되는 것이 아니라 디자인 보기 상태로 열립니다. 지문에 제시된 코드의 의미는 다음과 같습니다.

```
❶ Private Sub cmd재고_Click( )
❷     txt재고수량 = txt입고량 – txt총주문량
❸     DoCmd.OpenReport "제품별재고현황", _
          acViewDesign, , "제품번호 = ' " & cmb조회 & " ' "
      End Sub
```

❶ 'cmd재고' 컨트롤을 클릭하면 ❷~❸번을 실행합니다.
❷ 'txt입고량 – txt총주문량'의 결과를 'txt재고수량' 컨트롤의 값으로 지정합니다.
❸ '제품번호' 필드의 값과 'cmb조회' 컨트롤의 값이 같은 레코드를 대상으로 〈제품별재고현황〉 보고서를 디자인 보기 (acViewDesign) 상태로 엽니다.

58 쿼리는 디자인 보기 상태에서 쿼리 유형을 변경할 수 있지만 보고서는 디자인 보기 상태에서 보고서 유형을 변경할 수 없습니다. 보고서 유형을 변경하려면 원본 개체를 이용하여 보고서를 다시 만들어야 합니다.

59 • 숫자는 전체 값, 5/10/100/1000 단위, 사용자 지정 간격을 기준으로 그룹화할 수 있습니다.
• 첫 문자나 처음 두 문자를 기준으로 그룹화할 수 있는 데이터 형식은 텍스트입니다.

60 • DROP은 SCHEMA, DOMAIN, TABLE, VIEW, INDEX를 삭제하는 명령어입니다.
• 조건에 맞는 레코드를 삭제할 때 사용하는 명령어는 DELETE입니다.

07회 2024년 상시02 기출문제 해설

01 '실행' 창에 msconfig를 입력한 후 〈확인〉을 클릭하면 '시스템 구성' 대화상자가 실행됩니다.
• taskmgr : 작업 관리자
• winver : Windows 정보
• msinfo32 : 시스템 정보
• regedit : 레지스트리 편집기

02 MAC 주소는 NIC에 대한 식별자로 데이터 링크 계층에서 사용합니다.

03 MICR(자기 잉크 문자 판독기)는 자성을 띤 특수 잉크로 인쇄된 문자나 기호를 판독하는 장치입니다.
① OMR(Optical Mark Reader, 광학 마크 판독기) : 컴퓨터용 수성 사인펜으로 표시한 OMR 카드에 빛을 비추어 표시 여부를 판독하는 장치
② OCR(Optical Character Reader, 광학 문자 판독기) : 특정 글꼴로 인쇄된 문자에 빛을 비추어 반사된 빛의 차이를 이용하여 문자를 판독하는 장치
③ BCR(Bar Code Reader, 바코드 판독기) : 굵기가 서로 다른 선에 빛을 비추어 반사된 값을 코드화하여 판독하는 장치

04 소프트웨어의 성능을 검사하기 위해 실제로 사용되는 조건에서 처리 능력을 테스트하는 것은 벤치마크 테스트입니다.
• 번들(Bundle) : 특정 하드웨어나 소프트웨어를 구입하였을 때 무료로 끼워주는 소프트웨어
• 알파(Alpha) 버전 : 베타테스트를 하기 전, 제작 회사 내에서 테스트할 목적으로 제작하는 소프트웨어
• 베타(Beta) 버전 : 정식 프로그램을 출시하기 전, 테스트를 목적으로 일반인에게 공개하는 소프트웨어

05 수정(Modification)은 무결성을 저해하는 보안 위협의 유형입니다.
• 가로채기(Interception) : 기밀성 저해
• 가로막기(Interruption) : 가용성 저해
• 위조(Fabrication) : 무결성 저해

06 윈도우의 저장소 설정에 대한 설명으로 옳은 것은 ③번입니다.
① 절전 모드는 [⚙(설정)] → [시스템] → [전원 및 절전]에서 설정할 수 있습니다.
② 하드웨어의 종류 및 작동 여부 확인 등은 [⊞(시작)]의 바로 가기 메뉴에서 [장치 관리자]를 선택하여 수행할 수 있습니다.
④ 시스템에 연결된 장치 및 Windows 사양은 [⚙(설정)] → [시스템] → [정보]에서 확인할 수 있습니다.

07 • 벡터 이미지는 이미지를 확대해도 테두리가 거칠어지지 않고, 매끄럽게 표현됩니다.
• 이미지를 확대하면 테두리가 매끄럽지 못하고 계단 현상이 발생하는 것은 비트맵 이미지입니다.

08 [⚙(설정)] → [개인 설정] → [테마] → [바탕 화면 아이콘 설정]에서 설정할 수 있는 바탕 화면 아이콘의 종류에는 '컴퓨터, 휴지통, 문서, 제어판, 네트워크'가 있습니다.

09 • 운영체제의 종류에는 Windows, UNIX, LINUX, MS-DOS 등이 있습니다.

- 컴파일러(Compiler)는 고급 언어로 작성된 프로그램을 기계어로 번역하는 언어번역 프로그램입니다.

10 시스템을 재시작하더라도 가상 데스크톱은 제거되지 않고 남아 있습니다.

11 작업 표시줄에 고정된 앱을 시작 메뉴에 표시하려면 작업 표시줄에 고정된 앱의 바로 가기 메뉴 중 앱의 바로 가기 메뉴에서 '시작 화면에 고정'을 선택해야 합니다.

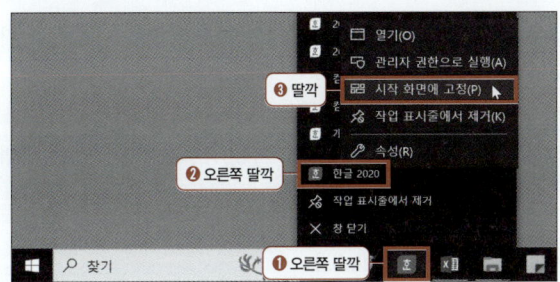

12 가상 메모리는 보조기억장치의 일부를 주기억장치처럼 사용하는 메모리 기법입니다.

13 EBCDIC 코드는 8비트이므로 최대 $256(2^8)$개의 문자 표현이 가능합니다.

14 • 외장 하드디스크 드라이브는 '드라이브 조각 모음 및 최적화'를 수행할 수 있습니다.
- 네트워크 드라이브, CD-ROM 드라이브, Windows가 지원하지 않는 형식으로 압축된 프로그램에 대해서는 '드라이브 조각 모음 및 최적화'를 수행할 수 없습니다.

15 문제에 제시된 내용은 인터럽트(Interrupt)에 대한 설명입니다.
- 채널(Channel) : 주변장치에 대한 제어 권한을 CPU(중앙처리장치)로부터 넘겨받아 CPU 대신 입·출력을 관리하는 것으로, 중앙처리장치와 입·출력장치 사이의 속도 차이로 인한 문제점을 해결하기 위해 사용됨
- DMA(Direct Memory Access) : CPU의 참여 없이 입·출력장치와 메모리(주기억장치)가 직접 데이터를 주고받는 것
- 레지스터(Register) : CPU 내부에서 처리할 명령어나 연산의 중간 결과값 등을 일시적으로 기억하는 임시 기억장소

16 스트라이핑(Striping) 방식은 데이터를 여러 개의 하드디스크에 나눠서 기록하는 방법으로, 데이터 입출력 속도가 빠르지만 하드디스크가 한 개라도 손상되면 데이터를 사용할 수 없고 장애 시 복구가 어렵습니다.

17 방화벽은 전자 메일 바이러스나 온라인 피싱 등을 방지할 수 없습니다.

18 라우터(Router)에 관한 설명으로 옳은 것은 ③번입니다.
- ①번은 허브(Hub), ②번은 리피터(Repeater), ④번은 게이트웨이(Gateway)에 대한 설명입니다.

19 니블(Nibble)은 4비트로 구성된 단위입니다.
- ①번은 비트(Bit), ③번은 바이트(Byte), ④번은 워드(Word)에 대한 설명입니다.

20 OTT(Over The Top)는 드라마, 영화 등의 영상 콘텐츠를 인터넷을 통해 제공하는 서비스입니다. Over The Top에서 Top은 TV의 셋톱박스를 의미하며, 초기에는 셋톱박스를 통해 각종 영상을 시청할 수 있었지만 현재는 셋톱박스를 비롯하여 PC, 스마트폰 등 인터넷이 연결된 각종 전자기기를 통해 영상을 시청할 수 있습니다.

21 '통합' 대화상자의 '원본 데이터에 연결'은 원본 데이터가 변경될 경우 통합된 데이터에도 반영되는 것을 의미합니다.

22 • 차트의 '페이지 설정' 대화상자의 '차트' 탭에서는 '초안'과 '흑백으로 인쇄'만 지정할 수 있습니다.
- 차트를 제외한 시트를 인쇄하는 '간단하게 인쇄'는 시트의 '페이지 설정' 대화상자의 '시트' 탭에서 지정할 수 있습니다.

23 특정값들(컴퓨터 과목들의 점수)의 변화에 따른 결과값(평균 점수)의 변화 과정을 한 번의 연산으로 빠르게 계산할 수 있는 도구는 데이터 표입니다.
- 목표값 찾기 : 수식에서 원하는 결과(목표)값은 알고 있지만 그 결과값을 계산하기 위해 필요한 입력값을 모를 경우에 사용하는 도구
- 시나리오 : 다양한 상황과 변수에 따른 여러 가지 결과값의 변화를 가상의 상황을 통해 예측하여 분석하는 도구
- 피벗 테이블 : 많은 양의 데이터를 한눈에 쉽게 파악할 수 있도록 요약·분석하여 보여주는 도구

24 표면형 차트는 두 개의 데이터 집합에서 최적의 조합을 찾을 때 사용합니다.
- ②번은 영역형 차트, ③번은 도넛형 차트, ④번은 분산형 차트에 대한 설명입니다.

25 가로 텍스트 맞춤을 '채우기'로 지정하면 선택한 영역의 각 셀의 내용을 셀의 너비에 맞게 반복하여 표시합니다.

26 문제 지문에 제시된 조건을 올바로 설정한 사용자 지정 표시 형식은 ②번입니다.
- 사용자 지정 표시 형식에 조건이 있을 경우 '조건1;조건2;두 조건을 만족하지 않을 경우;텍스트' 순으로 지정하며, 조건이나 글꼴 색은 대괄호([ ]) 안에 입력합니다.
- 천 단위 구분 기호를 표시하는데 0이면 아무것도 표시하지 않음 : #,###
- 셀의 값이 2000 이상이면 '빨강' : [빨강][>=2000]#,###
- 2000 미만 500 이상이면 '파랑' : [파랑][>=500]#,###
- 500 미만이면 색을 지정하지 않음 : #,###
- 텍스트는 아무것도 표시하지 않음 :
∴ 표시 형식을 모두 합치면 [빨강][>=2000]#,###;[파랑][>=500]#,###;#,###;입니다.

27 매크로의 바로 가기 키는 기본적으로 Ctrl과 영문 소문자를 조합하여 사용하고, 대문자로 지정하면 Ctrl + Shift로 자동 변경됩니다.

28 3차원 묶은 세로 막대형 차트는 콤보 차트로 구현할 수 없습니다.

29 • ③번 수식의 경우 DGET 함수의 조건이 올바르지 않아 오류 메시지(#VALUE!)가 표시됩니다.
- DGET(범위, 열 번호, 조건)은 해당 '범위'의 '열'에서 '조건'과 일치하는 단일 값을 반환하는 함수로, '조건' 지정 시 첫 번째 셀에는 조건이 포함되어 있는 필드의 필드명을 입력하고 그 아래 셀에 조건을 입력해야 합니다. 이 문제에서 조건은 '수주번호가 D12-002'인 것이므로 다음과 같이 조건을 지정해야 합니다.

수주번호
D12-002

① =INDEX(A2:C4, MATCH(B6, A2:A4, 0), 2)

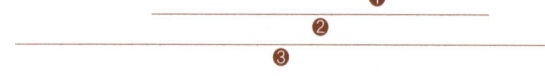

❶ MATCH(B6, A2:A4, 0) : [A2:A4] 영역에서 [B6] 셀, 즉 "D12-002"와 동일한 값을 찾은 후 상대 위치인 2를 반환합니다.
❷ =INDEX(A2:C4, ❶, 2) → =INDEX(A2:C4, 2, 2) : [A2:C4] 영역에서 2행, 2열에 있는 "이숙희"를 반환합니다.

② =VLOOKUP(B6, OFFSET(A2, 0, 0, COUNTA(A:A)–3, 3), 2, 0)

❶ COUNTA(A:A) : A 열에서 데이터가 입력되어 있는 셀의 개수인 6을 반환합니다.
❷ OFFSET(A2, 0, 0, ❶–3, 3) → OFFSET(A2, 0, 0, 3, 3) : [A2] 셀에서 0행, 0열 떨어진 셀 주소(A2)를 찾고 이 주소를 기준으로 3행, 3열의 범위(A2:C4)를 반환합니다.
❸ =VLOOKUP(B6, ❷, 2, 0) → =VLOOKUP(B6, A2:C4, 2, 0) : [A2:C4] 영역의 첫 번째 열에서 "D12-002"와 정확히 일치하는 값을 찾은 후 이 값이 있는 행에서 2열에 있는 "이숙희"를 반환합니다.
④ =LOOKUP(B6, A2:A4, B2:B4) : [A2:A4] 영역에서 "D12-002"와 같은 값을 찾은 후 [B2:B4] 영역에서 같은 행에 있는 "이숙희"를 반환합니다.

30 한 페이지에 인쇄되는 범위가 [A1:J12] 영역일 때 [A1:K20] 영역에 입력된 모든 내용을 한 페이지에 출력하려면, '페이지 설정' 대화상자의 '페이지' 탭에서 '자동 맞춤'의 '용지 너비'와 '용지 높이'를 1로 지정하면 됩니다.

31 [C2] 셀에 입력해야 할 수식으로 옳지 않은 것은 ③번입니다.
① [B2] 셀이 5 이하면 2000, [B2] 셀이 9 이하면 3000, 그 외는 "무료"를 반환합니다.
② [B2] 셀이 9 초과면 "무료", [B2] 셀이 5 초과면 3000, 그 외는 2000을 반환합니다.
③ [B2] 셀이 5 이하면 2000, [B2] 셀이 5를 초과하거나 9 이하면 3000, 그 외는 "무료"를 반환합니다. 즉 [B2] 셀이 5 이하면 2000, 그 외는 모두 3000이 반환됩니다.
④ [B2] 셀이 5 이하면 2000, [B2] 셀이 5 초과 9 이하면 3000, 그 외는 "무료"를 반환합니다.

32 확장/축소 단추는 표시되지 않았지만 부분합은 표시되어 있습니다.

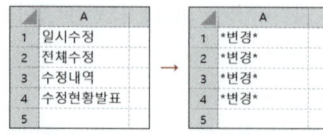

33 모든 사용자가 공통으로 입력할 암호는 설정할 수 있지만 사용자별로 다르게 설정할 수는 없습니다.

34 매월의 불입 금액을 계산하는 함수식으로 옳은 것은 ①번입니다. PMT(이자, 기간, 현재 가치, 미래 가치, 납입 시점) 함수를 사용하여 계산하면 다음과 같습니다.

• 이자 : 이율이 연 단위이므로 12로 나누면 '6.5%/12'입니다.
• 기간 : 기간이 년 단위이므로 년에 12를 곱하면 '3*12'입니다.
• 현재가치 : 대출금을 현재 받았으므로 현재 가치이고, 결과값이 양수로 나오도록 음수로 입력하면 '–30000000'입니다.
• 미래가치 : 0이므로 생략합니다.
• 납입시점 : 매월 말이므로 생략합니다.
∴ 각 인수를 함수에 대입하면 '=PMT(6.5%/12, 3*12, –30000000)'입니다.

35 조건부 서식의 조건으로 다른 시트의 셀은 참조할 수 있으나 다른 통합 문서의 셀은 참조할 수 없습니다.

36 [G3] 셀에 입력할 수식으로 옳은 것은 ②번입니다.
• 조건이 하나일 때 배열 수식을 이용하여 개수를 구하는 방법은 다음의 3가지 방법이 있습니다.

• 방법1 : {=SUM(조건1) * 1)}
• 방법2 : {=SUM(IF(조건1, 1))}
• 방법3 : {=COUNT(IF(조건1, 1))}

1. 조건 찾기 : 출신지역별이란 조건은, 비교 대상이 될 출신지역이 있는 범위(C3:C15)와 비교할 기준이 되는 [F3] 셀의 왼쪽 두 글자(LEFT(F3, 2))를 "="으로 연결하여 적어주면 됩니다 (C3:C15=LEFT(F3, 2)).
2. 위의 조건을 개수 구하기 배열 수식에 대입하면 다음과 같습니다.

• 방법1 : =SUM(C3:C15=LEFT(F3, 2) * 1)
• 방법2 : =SUM(IF(C3:C15=LEFT(F3, 2), 1))
• 방법3 : =COUNT(IF(C3:C15=LEFT(F3, 2), 1))

• SUM은 합계를 구하는 함수로 방법2 =SUM(IF(C3:C15=LEFT(F3, 2), 1 ,0))으로 입력해도 결과는 동일합니다. 이 문제는 여러 셀에 결과를 구하는 수식이므로 범위는 절대 참조로 지정해야 하고, 수식을 입력한 후 Ctrl + Shift + Enter를 눌러야 중괄호 { }가 표시되는 배열 수식으로 입력됩니다.

37 • Sub ~ End Sub 프로시저는 결과값을 반환하지 않습니다.
• 결과값을 반환하는 것은 Function ~ End Function 프로시저입니다.

38 고급 필터에서 함수나 식을 사용하여 조건을 입력하려면, 조건으로 지정될 범위의 첫 행에 입력하는 조건 레이블은 원본 필드명과 다른 필드명을 입력하거나 생략해야 합니다.

39 [쓰기 암호]는 암호를 모르면 원래 문서에는 저장할 수 없지만 다른 이름으로 저장할 수는 있습니다.

40 찾을 내용에 *수정*, 바꿀 내용에 *변경*로 입력하고, [모두 바꾸기] 단추를 클릭하면 수정이라는 글자가 포함된 모든 셀의 모든 글자를 *변경*로 바꿉니다.

	A
1	일시수정
2	전체수정
3	수정내역
4	수정현황발표
5	

→

	A
1	*변경*
2	*변경*
3	*변경*
4	*변경*
5	

41 SQL문의 실행 결과는 24입니다. 질의문은 각 절을 분리하여 이해하면 쉽습니다.
• SELECT AVG([나이]) FROM 학생 : 〈학생〉 테이블에서 '나이' 필드의 평균을 검색합니다.
• WHERE 학년="SN" : '학년' 필드의 값이 "SN"인 레코드만을 대상으로 검색합니다.

학번	전공	학년	나이
1002	영문	SO	19
1004	통계	SN	23
1005	영문	SN	21
1008	수학	JR	20
1009	영문	FR	18
1010	통계	SN	25

- GROUP BY 전공 : '전공' 필드를 기준으로 그룹을 지정합니다.

학번	전공	학년	나이
1004	통계	SN	23
1010	통계	SN	25
1005	영문	SN	21

- HAVING COUNT(*)>=2 : 그룹별로 레코드의 개수가 2개 이상인 그룹만을 대상으로 검색합니다.

학번	전공	학년	나이
1004	통계	SN	23
1010	통계	SN	25

※ 질의문의 수행 결과 나이의 평균은 (23+25)/2 = 24입니다.

42 DateDue 컨트롤이 표시되지 않도록 하기 위한 이벤트 프로시저로 옳은 것은 ③번입니다.
- 특정 컨트롤을 마우스로 클릭했을 때 발생하는 이벤트는 Click 이벤트입니다. 'cmd숨기기' 단추를 클릭했을 때 발생하는 이벤트 프로시저는 Private Sub cmd숨기기_Click( )으로 시작해야 합니다.
- 폼, 보고서 컨트롤 등의 표시 여부를 결정하는 속성은 Visible이며, Visible = False와 같이 Visible 속성을 'False'로 설정하면 표시하지 않고 'True'로 설정하면 표시합니다.
- 개체명과 컨트롤명은 느낌표(!)로 구분하고, 컨트롤에 속성을 지정할 때는 점(.)으로 연결합니다.

43 · 레코드 삭제 시 참조 무결성이 깨질 수 있는 경우는 다른 테이블에 의해 참조되는 테이블의 레코드를 삭제할 때입니다.
- 다른 테이블을 참조하는 테이블의 레코드를 삭제하는 것은 참조 무결성에 영향을 주지 못합니다.

44 정규화는 릴레이션(테이블)의 속성들 사이의 종속성 개념에 기반을 두고 이들 종속성을 제거하는 과정이라고 할 수 있습니다.

45 · 날짜나 시간은 함수를 사용해서 표시하는데, 이와 같이 함수의 결과 값을 표시하려면 텍스트 상자를 사용해야 합니다.
- 레이블은 제목이나 캡션, 설명 등을 표시하는 용도로 사용됩니다.

46 보고서에 대한 설명으로 옳은 것은 ③번입니다.
① 보고서의 레코드 원본으로 테이블과 쿼리는 사용할 수 있으나 엑셀과 같은 외부 데이터나 매크로는 사용할 수 없습니다.
② 보고서 머리글은 보고서의 첫 페이지 상단에, 보고서 바닥글은 보고서의 맨 마지막 페이지에 한 번씩만 표시됩니다.
④ 보고서에 테이블의 데이터를 표시하려면, 반드시 컨트롤을 이용해야 합니다.

47 '첨부 파일' 형식은 다양한 형식의 파일을 첨부할 수 있지만 원하는 파일 형식만 첨부되도록 설정할 수는 없습니다.

48 모듈이 매크로에 비해 복잡한 작업을 처리하기 위해 프로그램을 직접 작성하는 것입니다.

49 Option Explicit는 변수를 선언하지 않고 사용하면 에러가 발생하도록 하는 명령문으로, 변수는 Option Explicit문 이후에 Dim, Static, Private, Public 명령문을 이용해 선언합니다.

50 '보고서 보기' 상태에서는 탐색 단추가 표시되지 않습니다. 또한 '보고서 보기'는 보고서를 페이지 구분 없이 모두 표시하므로 페이지 단위로 넘겨보거나 원하는 페이지로 이동할 수 없습니다.

51 데이터가 이미 입력된 필드도 기본키로 지정할 수 있습니다.
① 테이블에 기본키를 설정하지 않을 수 있습니다.
② 액세스에서는 일련 번호 기본키, 단일 필드 기본키, 다중 필드 기본키를 정의할 수 있습니다.
④ OLE 개체나 첨부 파일 형식의 필드에는 기본키를 설정할 수 없습니다.

52 VBA 코드를 실행하면, 메시지 창에 **대한활용회의소**가 표시됩니다.

```
Private Sub Form_Load( )
❶ Dim SampleString
❷ SampleString = "대한상공회의소"
❸ Mid(SampleString, 3, 2) = "활용"
❹ MsgBox (SampleString)
End Sub
```

❶ SampleString을 문자열 변수로 선언합니다.
❷ SampleString 변수에 "대한상공회의소"를 저장합니다.
❸ SampleString 변수에 있는 텍스트 "대한상공회의소"의 세 번째 문자부터 2글자(상공)를 "활용"으로 변경합니다(대한활용회의소).
❹ SampleString 변수에 있는 내용을 메시지 박스(MsgBox)로 표시합니다.

53 하위 폼이나 하위 보고서는 테이블, 쿼리, 폼, 다른 보고서를 이용하여 작성할 수 있습니다.

54 업데이트 쿼리의 일반적인 구문 형태는 'UPDATE ~ SET ~ WHERE'입니다.

55 성별이 여자인 본문의 모든 컨트롤에 서식을 설정하는 방법으로 옳은 것은 ②번입니다.
① 본문의 '성별' 필드에만 서식이 지정됩니다.
③ 모든 컨트롤을 선택한 상태에서 조건부 서식을 지정했지만 규칙으로 '필드 값'을 지정하고 서식을 지정했으므로 모든 필드가 아닌 '성별' 필드에만 서식이 지정됩니다.
④ 데이터시트 보기 상태에서는 조건에 맞는 서식을 지정할 수 없습니다.

56 데이터베이스 설계는 '요구 조건 분석 → 개념적 설계 → 논리적 설계 → 물리적 설계 → 구현' 순으로 진행됩니다.

57 거래처별 수금액의 합계와 같이 그룹별로 구분되는 자료는 그룹 머리글이나 그룹 바닥글에 표시합니다.

58 하위 폼에 대한 옳은 설명은 ⓐ, ⓒ입니다.
ⓑ 하위 폼은 주로 연속 폼으로 표시합니다.
ⓓ 여러 개의 연결 필드를 지정하려면 세미콜론(;)으로 필드명을 구분하여 입력해야 합니다.

59 UNION(통합) 질의는 두 개의 질의 내용을 합쳐서 하나의 테이블을 만드는 질의입니다. 지문의 SQL문은 〈고객〉 테이블의 '등급' 필드가 "A"이거나 "B"인 레코드를 모두 추출하는 질의문으로, 이는 Where 조건으로 '등급' 필드의 값 "A"와 "B"를 OR 연산자로 연결하여, **고객.등급 = 'A' Or 고객.등급 = 'B'**와 같이 적용한 결과와 동일합니다.

60 보고서 미리 보기의 결과는 January 오후 3:4입니다.
- Format(식, 형식)은 계산 결과에 표시 형식을 지정하는 함수입니다.
- 날짜 형식을 mmmm으로 지정하였고, 날짜가 2023-01-02이므로 January로 표시됩니다.
- 시간 형식을 ampm h:n으로 지정하였고, 시간이 오후 3시 4분 5초이므로 오후 3:4로 표시됩니다.

08회 2024년 상시03 기출문제 해설

01 ■+A는 알림 센터를 표시하는 바로 가기 키입니다.
- ■+B : 알림 영역으로 포커스 옮기기
- ■+I : '설정' 창 열기
- ■+. / ■+; : 이모지(그림 문자) 열기
- ■+, : 바탕 화면 임시 미리 보기

02 PNG는 트루 컬러는 지원하지만 CMYK 색상 모드는 지원하지 않습니다.

03 레지스터는 전원이 공급되지 않으면 저장된 내용이 지워집니다.

04 잠금 화면에 세부 상태를 표시할 앱은 하나만 설정할 수 있습니다.

05 '폴더 옵션' 대화상자에서는 공유 폴더에 액세스 할 때 필요한 계정과 암호는 설정할 수 없습니다.

06 모든 문자를 표현할 수 있는 표준화된 국제 코드는 유니코드(Unicode)입니다.

07 브리지(Bridge)는 두 개의 근거리 통신망(LAN)을 상호 접속할 수 있도록 하는 통신망 연결 장치입니다.
- ①번은 게이트웨이(Gateway), ②번은 라우터(Router), ③번은 허브(Hub)에 대한 설명입니다.

08 저전력, 저비용, 저속도와 2.4GHz를 기반으로 하는 무선 네트워크 규격은 지그비(Zigbee)입니다.
- 와이파이(WiFi) : 2.4GHz대를 사용하는 무선 랜(WLAN) 규격(IEEE 802.11b)에서 정한 제반 규정에 적합한 제품에 주어지는 인증 마크
- RFID(Radio Frequency IDentification) : 사물에 전자 태그를 부착하고 무선 통신을 이용하여 사물의 정보 및 주변 정보를 감지하는 센서 기술
- 와이브로(Wibro) : 무선 광대역을 의미하는 것으로, 휴대폰, 노트북 등의 모바일 기기를 이용하여 언제 어디서나 이동하면서 고속으로 무선 인터넷 접속이 가능한 서비스

09 실행 가능한 로드 모듈에 기억공간의 번지를 지정하여 메모리에 적재하는 프로그램은 로더(Loader)입니다.
- 링커(Linker) : 여러 개의 목적 프로그램에 시스템 라이브러리를 결합해 하나의 실행 가능한 로드 모듈로 만들어 주는 프로그램
- 컴파일러(Compiler) : C, C++, Java, C# 등의 고급 언어로 작성된 프로그램을 기계어로 번역하는 프로그램
- 인터프리터(Interpreter) : 원시 프로그램을 줄 단위로 번역하여 바로 실행해 주는 프로그램으로, 대화식 처리가 가능함

10 버스형은 하나의 통신 회선에 여러 대의 단말장치가 연결된 형태로, 기밀 보장이 어렵고 통신 회선의 길이에 제한이 있습니다.

11 제어 버스와 데이터 버스는 양방향 통로이고, 주소 버스는 단방향 통로입니다.

12 아날로그 컴퓨터는 정밀도가 제한적이고 프로그래밍을 필요로 하지 않습니다.
① 아날로그 컴퓨터는 전압, 온도 등 연속적으로 변하는 데이터를 처리합니다.
② 디지털 컴퓨터는 숫자, 문자 등 이산적인 데이터를 처리합니다.
④ 디지털 컴퓨터의 주요 구성 회로는 논리 회로, 아날로그 컴퓨터의 주요 구성 회로는 증폭 회로입니다.

13
- 시작 메뉴에 있는 앱의 바로 가기 메뉴에서 [자세히] → [파일 위치 열기]를 선택하면 앱이 실제 설치된 폴더가 아닌 바로 가기 아이콘이 설치되어 있는 폴더가 열립니다.
- 이 폴더에 있는 바로 가기 아이콘의 바로 가기 메뉴에서 [파일 위치 열기]를 선택해야 앱이 실제 설치되어 있는 폴더가 열립니다.

14 CISC는 생산가가 비싸고 전력 소모가 많아 열이 많이 발생합니다.
①, ②번은 CISC에 대한 설명입니다.
④ CISC는 RISC 프로세서 보다 수행 속도가 느립니다.

15 IPv6은 16비트씩 8부분, 총 128비트의 주소를 사용합니다.

16 Windows의 표준 비트맵 파일 형식으로, 압축을 하지 않으므로 파일의 크기가 큽니다.

17 방화벽 시스템은 내부로부터의 불법적인 해킹은 막지 못합니다.

18 DRAM의 데이터 접근 속도(ns)는 작을수록 좋습니다.

19 ③번은 블록체인(Block Chain)에 대한 설명입니다.

20
- CMOS에서 BOIS의 종류는 변경할 수 없습니다.
- CMOS에서 설정할 수 있는 항목에는 '시스템의 날짜와 시간, 칩셋, 부팅 순서, 하드디스크 타입, 시스템 암호, 전원 관리, PnP, Anti-Virus' 등이 있습니다.

21 데이터를 분포 내의 빈도에 따라 보여주는데 적합한 차트는 히스토그램 차트입니다.
- 트리맵 차트 : 계층 간의 상대적 크기를 비교할 때 사용하며, 계층 간의 비율을 사각형으로 표시함

- **선버스트 차트** : 계층 간의 관계를 비교할 때 사용하며, 계층 간의 비율을 고리 또는 원으로 표시함
- **분산형 차트** : X·Y 좌표로 이루어진 한 계열로 두 개의 숫자 그룹을 나타내며, 주로 과학·공학용 데이터 분석에 사용됨

22 고급 필터의 조건을 같은 행에 입력하면 AND 조건(~이고), 다른 행에 입력하면 OR 조건(~이거나)으로 연결되며, AND 조건을 먼저 처리하므로 고급 필터를 실행했을 때의 결과로 옳은 것은 ③번입니다.

23 · 🖼 단추를 클릭하면 '&[파일]'이 표시됩니다.
  · '&[탭]'을 표시하는 단추는 🗂 입니다.

24 문제 지문에 제시된 조건을 올바르게 설정한 사용자 지정 표시 형식은 ②번입니다.
- 사용자 지정 표시 형식에 조건이 없을 경우 '양수:음수:0값;텍스트' 순으로 지정하며, 글꼴색은 대괄호([ ]) 안에 입력합니다.
- 천 단위 구분 기호와 소수 이하 둘째 자리까지 표시 : #,###.00 또는 #,##0.00
- 양수 : #,###.00 또는 #,##0.00
- 음수 : [빨강]#,###.00 또는 [빨강]#,##0.00
- 0값 : 0.00
∴ 표시 형식을 모두 합치면 **#,###.00;[빨강]#,###.00;0.00** 또는 **#,##0.00;[빨강]#,##0.00;0.00**입니다. '0값'은 생략이 가능하며 생략할 경우 '양수'에 지정한 표시 형식이 적용되므로 **#,##0.00;[빨강]#,##0.00**으로 설정하면 됩니다.

25 숨겨진 행이나 열에 있는 데이터는 정렬에 포함되지 않습니다.

26 셀 주소와 같은 형태의 이름은 사용할 수 없습니다.

27 [C8:E11] 영역이 아니라 [B7:E11] 영역을 블록으로 설정한 후 [데이터] → [예측] → [가상 분석] → [데이터 표]를 선택해야 합니다.

28 · 문제에 제시된 그림은 데이터 레이블이 '위쪽'으로 설정되어 있습니다.
  · 데이터 레이블을 '가운데'로 설정하면 다음과 같이 표시됩니다.

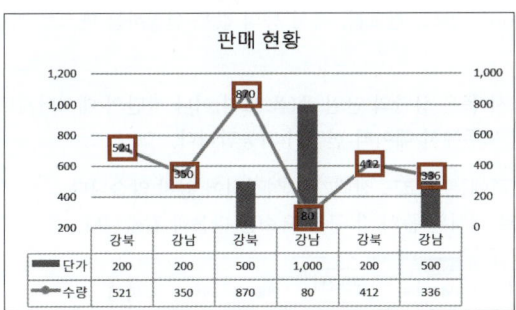

29 ③번의 결과는 38입니다.
① 2023-11-1에서 2023-10-1을 뺀 일수인 31을 반환합니다.
② 45.6789를 소수점 이하 둘째 자리로 자리 내림한 45.67을 반환합니다.
③ 배열에서 대응하는 요소를 모두 곱하고 그 곱의 합을 구한 (1×5)+(2×6)+(3×7) = 38을 반환합니다.

④ ❶ SQRT(4) : 4의 양의 제곱근인 2를 반환합니다.
  ❷ INT(-2) : -2보다 크지 않은 정수인 -2를 반환합니다.
  ❸ POWER(2, 3) : 2를 3번 곱한 8을 반환합니다.
∴ = ❶*(❷+❸) = 2*(-2+8) = 12

30 숫자 데이터를 입력하면 기본적으로 셀의 오른쪽에 정렬되지만 숫자 앞에 작은따옴표(')를 붙여 입력하면 문자 데이터로 인식하므로 셀의 왼쪽에 정렬됩니다.

31 직책별 부서별 목표액의 합계처럼 많은 양의 데이터를 한눈에 쉽게 파악할 수 있도록 요약·분석하여 보여주는 분석 도구는 피벗 테이블입니다.
- **목표값 찾기** : 수식에서 원하는 결과값은 알고 있지만 그 결과값을 계산하기 위해 필요한 입력값을 모를 경우에 사용하는 도구
- **통합** : 비슷한 형식의 여러 데이터를 하나의 표로 통합·요약하여 표시해 주는 도구
- **시나리오** : 다양한 상황과 변수에 따른 여러 가지 결과값의 변화를 가상의 상황을 통해 예측하여 분석하는 도구

32 행/열 머리글의 인쇄 여부는 '페이지 설정' 대화상자의 '시트' 탭에서 설정할 수 있습니다.

33 '소수점 위치'에 입력한 숫자가 음수이므로 소수점 이상(왼쪽)의 자릿수를 2자리 늘립니다. 즉 셀에 1을 입력하면 100으로 표시됩니다.

34 [A1:C1] 영역이 블록으로 지정된 상태에서 채우기 핸들을 드래그하면 두 셀 간의 차이인 4씩 감소되어 입력되므로 [F1] 셀에는 -7이 입력됩니다.

	A	B	C	D	E	F	G
1	5		1	-3		-7	-11
2							

35 ActiveCell.FormulaR1C1 = "=SUM(RC[-4]:RC[-2])"은 현재 셀, 즉 [F9] 셀에서 4열 왼쪽(B9)과 2열 왼쪽(D9)의 합계를 의미하므로 "=SUM(B9:D9)"와 같은 의미입니다.

36 ActiveX 컨트롤의 '명령 단추'가 아니라 양식 컨트롤의 '단추를 추가하면 '매크로 지정' 대화상자가 자동으로 표시되어 실행할 매크로를 바로 지정할 수 있습니다.

37 성별별 근무년수의 최대값을 구하는 배열 수식으로 틀린 것은 ③번입니다.
- 조건이 하나일 때 배열 수식을 이용하여 최대값을 구하는 방법은 다음의 2가지 방법이 있습니다.

  · 방법1 : {=MAX((조건) * 최대값을_구할_범위)}
  · 방법2 : {=MAX(IF(조건, 최대값을_구할_범위))}

1. 조건과 범위 찾기
  - 조건 : 성별별이란 조건은 비교 대상이 될 성별이 있는 범위(C2:C11)와 비교할 기준이 되는 [F2] 셀을 "="으로 연결하여 입력하면 됩니다(C2:C11=F2).
  - 최대값을_구할_범위 : 근무년수이므로 [D2:D11]이 됩니다.
2. 위의 조건과 범위를 합계 구하기 배열 수식에 대입하면 다음과 같습니다..

  · 방법1 : =MAX((C2:C11=F2) * D2:D11)
  · 방법2 : =MAX(IF(C2:C11=F2, D2:D11))

- 이 문제는 [G2:G3] 영역에 결과값을 구해야 하므로 범위는 절대 참조($C$2:$C$11) 또는 행 번호만 절대 참조(C$2:C$11)를 지정해야 합니다.
- F2 셀의 경우는 F3으로 변경되어야 하므로 F2 또는 $F2로 지정해야 합니다.
- 수식을 입력한 후 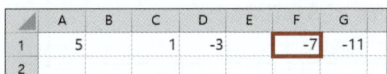를 누르면 중괄호({ })가 자동으로 표시됩니다.

38 지문에 제시된 수식의 계산 결과는 1입니다.

=COUNT(OFFSET(D6, -5, -3, 2, 2))

❶ OFFSET(D6, -5, -3, 2, 2) : [D6] 셀을 기준으로 -5행, -3열 떨어진 셀 주소(A1)를 찾고, 이 주소를 기준으로 2행, 2열의 범위(A1:B2)를 지정합니다.

※ OFFSET(범위, 행, 열, 높이, 너비) 함수에서 행과 열로 지정한 인수가 음수(-)일 경우에는 선택한 범위에서 위쪽(행) 또는 왼쪽(열)으로 이동합니다.

❷ =COUNT(❶) → COUNT(A1:B2) : [A1:B2] 영역에서 수치 데이터(B2)의 개수인 1을 반환합니다.

39 [새 창]은 현재 활성화되어 있는 통합 문서를 새 창에 하나 더 열어서 두 개 이상의 창을 통해 볼 수 있게 해줍니다.

40 시트 이름은 시트 보호와 상관 없이 변경할 수 있습니다.

41 And나 Or 연산자를 이용해 한 필드에 여러 조건을 지정할 때는 ④번과 같이 각 조건을 필드명과 함께 지정해야 합니다.

42 프로시저의 코드로 옳은 것은 ③번입니다. 포함하는 데이터를 조회하려면 특수 연산자 Like와 만능 문자(와일드 카드)를 사용해야 합니다.

❶ Me.Filter = "성명 like '*' & txt검색 & '*'"
❷ Me.FilterOn = True

❶ 성명이 'txt검색' 컨트롤에 입력된 값을 포함하는 레코드를 현재 폼의 Filter 속성으로 정의합니다.
❷ 현재 개체의 Filter 속성에 정의된 Filter를 적용합니다.

43 데이터베이스는 데이터 유실 시 파일 회복이 어렵습니다.

44 릴레이션에 속한 모든 도메인이 원자값(Atomic Value)만으로 되어 있는 릴레이션은 제1정규형의 릴레이션입니다.
- 2NF(제2정규형) : 릴레이션 R이 1NF이고, 키가 아닌 모든 속성이 기본키에 대하여 완전 함수적 종속 관계를 만족함
- 3NF(제3정규형) : 릴레이션 R이 2NF이고, 키가 아닌 모든 속성이 기본키에 대해 이행적 종속 관계를 이루지 않도록 제한한 릴레이션
- BCNF(Boyce-Codd 정규형) : 릴레이션 R에서 결정자가 모두 후보키인 릴레이션

45 마침표(.), 느낌표(!), 대괄호([ ])를 제외한 특수 문자를 사용할 수 있습니다.

46 Format 함수의 표시 형식이 m/d와 같이 월과 일이 모두 한 자리로 지정되었으므로 오늘 날짜가 2024-06-03인 경우 6/3으로 표시됩니다.

47 필드의 형식이 바이트이므로 255까지 입력할 수 있지만 유효성 검사 규칙(<=200)으로 인해 200을 초과하는 값을 입력할 수 없습니다.

48 필드에 입력할 데이터의 종류나 범위를 지정하여 입력 데이터를 제한할 때 사용하는 속성은 유효성 검사 규칙입니다.
- 기본값 : 새 레코드가 만들어질 때 필드에 자동으로 입력되는 값을 지정하는 속성
- 필수 : 필드에 값이 반드시 입력되어야 할지의 여부를 지정하는 속성
- 빈 문자열 허용 : 필드에 문자열의 길이가 0인 문자열을 입력할 수 있는지의 여부를 지정하는 속성

49 • Outlook은 테이블에서 내보내기가 가능한 파일 형식이 아닙니다.
• 테이블에서는 Excel, Access, 텍스트, XML, ODBC 데이터베이스, HTML 등의 형식으로 내보내기 할 수 있습니다.

50 테이블에 데이터를 추가하는 쿼리는 추가(INSERT) 쿼리입니다. 또한 추가 쿼리를 이용해도 한 번에 하나의 테이블에만 데이터를 추가할 수 있습니다.

51 보고서에서는 필드와 바운딩된 컨트롤을 사용하여 원본 데이터를 표시할 수는 있지만 편집할 수는 없습니다.

52 그룹화 기준은 필드나 식을 기준으로 10단계까지의 그룹을 설정할 수 있습니다.

53 만능 문자는 모든 문자를 대신하여 사용하는 문자로, *는 문자의 모든 자리를 대신할 수 있지만, ?는 문자의 한 자리만 대신할 수 있습니다. Like "김?"은 "김"으로 시작하는 두 글자인 자료만 표시합니다.

54 SQL문을 실행한 결과로 표시되는 값은 2입니다. 하위 질의의 결과가 기본 질의의 조건으로 사용되므로 다음과 같은 순서로 질의문을 수행하면 됩니다.

❶ Select Avg(수강인원) From 학과 : 〈학과〉 테이블에서 '수강인원' 필드의 평균을 계산합니다. 평균은 (40+20+30+10) / 4 = 25 입니다.

❷ Select Count(*) From 학과 Where 수강인원 > (❶) : 〈학과〉 테이블에서 수강인원이 ❶에서 계산된 평균, 즉 25를 초과하는 레코드의 개수를 표시합니다.

학과코드	학과명	수강인원	강의실코드
1001	인공지능	40	C101
1002	빅데이터	20	C204
1003	데이터보안	30	C308
1004	반도체	10	C405

55 '페이지 설정' 대화상자에서 머리글/바닥글은 설정할 수 없습니다.

56 SetValue는 필드, 컨트롤, 속성 등의 값을 설정하는 매크로 함수입니다.

57 분할 표시 폼은 상단의 단일 폼(폼 보기)이나 하단의 데이터시트 보기 상태 모두에서 데이터 변경이 가능합니다.

58 문제의 폼에는 레코드 선택기가 설정되어 있지 않습니다.
• 보기로 제시된 폼의 각 구성 요소는 다음과 같습니다.

59 탭 순서에서 컨트롤을 제거하려면, 즉 Tab을 사용하여 포커스를 이동시킬 수 없도록 하려면 컨트롤의 '탭 정지' 속성을 '아니요'로 설정해야 합니다.

60 그룹 바닥글의 '제품수'는 개수를 계산하는 Count 함수를 이용하여 계산되었습니다.

09회 2024년 상시04 기출문제 해설

01 방화벽의 기능에는 인증(Authentication), 데이터 암호화, 접근 제어(Access Control), 로깅(Logging)과 감사 추적(Audit Trail) 등이 있습니다.

02 전기적으로 데이터를 지우거나 다시 기록할 수 있는 기억장치는 플래시 메모리(Flash Memory)입니다.
- 버퍼 메모리(Buffer Memory) : 두 개의 장치가 데이터를 주고받을 때 두 장치 간의 속도 차이를 해결하기 위해 중간에 데이터를 임시로 저장해 두는 공간으로, 키보드 버퍼, 프린터 버퍼 등이 있음
- 가상 메모리(Virtual Memory) : 보조기억장치(하드디스크)의 일부를 주기억장치처럼 사용하는 메모리 기법으로, 주기억장치보다 큰 프로그램을 불러와 실행해야 할 때 유용하게 사용됨
- 캐시 메모리(Cache Memory) : 중앙처리장치(CPU)와 주기억장치 사이에 위치하여 컴퓨터의 처리 속도를 향상시키는 역할을 함

03
- 마우스 포인터의 크기나 색은 변경할 수 있지만 텍스트 커서는 모양만 변경할 수 있고 크기나 색은 변경할 수 없습니다.
- [접근성] → [텍스트 커서]에서 크기나 색을 변경할 수 있는 대상은 커서가 아니라 커서 표시기입니다.

04 Alt + F4 는 활성 창을 닫거나 활성 앱을 종료하는 바로 가기 키입니다.
- Alt + PrintScreen : 현재 작업 중인 활성 창을 클립보드로 복사함
- PrintScreen : 화면 전체를 클립보드로 복사함
- F2 : 폴더 및 파일의 이름을 변경함
- F3 : 파일 탐색기의 '검색 상자'를 선택함

05 MIDI 신호를 이용해 조명을 제어하거나 무대를 회전하는 것과 같이 전자악기 외의 다른 장비도 제어할 수 있습니다.

06
- RAID 0은 두 개 이상의 디스크를 사용하여 두 개 이상의 볼륨을 구성한 구조로, 하나의 데이터를 여러 디스크에 분산 저장하기 때문에 스트라이핑(Striping) 모드라고 합니다.
- ①번은 RAID 1에 대한 설명입니다.

07
- 구조적 프로그래밍은 입력과 출력이 각각 하나씩 이루어진 구조로, GOTO문을 사용하지 않으며, 순서, 선택, 반복의 3가지 논리 구조를 사용하는 기법입니다.
- ②번은 절차적 프로그래밍에 대한 설명입니다.

08 ④번은 데이터 마이닝(Data Mining)에 대한 설명입니다.

09 기타 전원 설정은 [⚙(설정)] → [시스템] → [전원 및 절전]이나 [제어판] → [전원 옵션]에서 조정할 수 있습니다.

10 전자우편에서 메일을 주고 받는데 사용되는 프로토콜에는 SMTP, POP3, MIME가 있습니다.

11 캐시 메모리는 중앙처리장치와 주기억장치 사이에 위치하여 컴퓨터의 처리 속도를 향상시키는 역할을 합니다.
- ② 캐시 메모리는 접근 속도가 빠른 정적 램(SRAM)을 사용합니다.
- ③, ④ 가상 메모리(Virtual Memory)에 대한 설명입니다.

12
- SMTP(Simple Mail Transfer Protocol)는 사용자의 컴퓨터에서 작성한 메일을 다른 사람의 계정이 있는 곳으로 전송해 주는 프로토콜입니다.
- ④번은 POP3(Post Office Protocol3)에 대한 설명입니다.

13
- 워드(Word)는 CPU가 한 번에 처리할 수 있는 명령 단위입니다.
- 문자를 표현하는 최소 단위는 바이트(Byte)입니다.

14 파일 탐색기의 [검색 도구] → [검색] 탭에는 읽기 전용, 숨김 등 파일 특성을 지정하여 검색할 수 있는 도구가 없습니다.

15 USB(Universal Serial Bus)에 대한 설명으로 옳은 것은 ②번입니다.
① USB는 범용 직렬 장치를 연결할 수 있게 해주는 컴퓨터 인터페이스입니다.
③ USB는 주변장치를 최대 127개까지 연결할 수 있습니다.
④ USB는 핫 플러그인(Hot Plug In)과 플러그 앤 플레이(Plug&Play) 기능을 모두 지원합니다.

16 바이오스는 ROM에 저장되어 있어 ROM-BIOS라고도 합니다.

17 ④번은 절차적 프로그래밍 언어에 대한 설명입니다.

18 브리지(Bridge)는 OSI 참조 모델의 데이터 링크 계층에 속합니다.

19 소프트웨어 관련 용어에 대한 설명으로 옳은 것은 ③번입니다.
① 베타(Beta) 버전은 정식 프로그램을 출시하기 전, 테스트를 목적으로 일반인에게 공개하는 소프트웨어입니다.
② 셰어웨어(Shareware)는 기능 혹은 사용 기간에 제한을 두어 배포하는 소프트웨어로, 무료로 사용할 수 있으며, 일정 기간 사용해 보고 정식 프로그램을 구입할 수 있습니다.
④ 알파(Alpha) 버전은 베타테스트를 하기 전, 제작 회사 내에서 테스트할 목적으로 제작하는 소프트웨어입니다.

20 ④번은 처리 프로그램 중 언어 번역 프로그램에 대한 설명입니다.

21 '조건부 서식 규칙 관리자' 대화상자에서는 현재 선택 영역과 현재 시트, 다른 시트에 지정된 서식은 확인할 수 있지만 열려 있는 다른 통합 문서에 지정된 서식은 확인할 수 없습니다.

22 중첩 부분합을 수행하면 먼저 작성한 부분합의 결과가 아래쪽에 표시되므로 문제의 부분합은 분류별 금액의 개수를 구한 후 금액의 최대를 구한 것입니다.

23
- [A1] 셀에는 '고객', [B1] 셀에는 '(다중 항목)'이 표시된 것으로 보아 필터 영역에 '고객'을 지정하고, 일부 데이터만 표시되도록 지정하였습니다.
- 필터 영역에 모든 데이터가 표시되도록 지정하면 다음과 같이 표시됩니다.

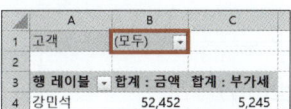

24
- '기타 원본에서' 메뉴에 'Microsoft Word에서'는 없습니다.
- '기타 원본에서' 메뉴에는 Active Directory에서, OData 피드에서, Microsoft Query에서, 테이블/범위에서, 웹, SharePoint 목록에서, Hadoop 파일(HDFS)에서, Microsoft Exchange에서, ODBC에서, OLEDB에서 등이 있습니다.

25 매크로에 지정된 바로 가기 키는 엑셀의 바로 가기 키보다 우선 시되므로 Ctrl + c 를 누르면 '서식 지정' 매크로가 실행됩니다.

26 윗주는 문자 데이터에만 삽입할 수 있으므로 숫자가 입력된 셀에는 윗주를 삽입할 수 없습니다.

27 '숨겨진 셀/빈 셀 설정' 대화상자의 '빈 셀 표시 형식'에는 다음과 같이 3가지 형식이 있으며, '간격'을 지정할 경우 〈변경 전〉 차트처럼 표시되고, '0으로 처리'를 지정할 경우 〈변경 후〉 차트처럼 표시됩니다.

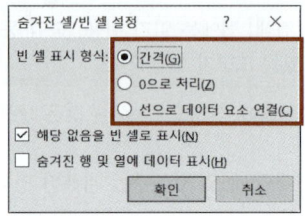

- '빈 셀 표시 형식'을 '선으로 데이터 요소 연결'로 지정할 경우 다음과 같이 표시됩니다.

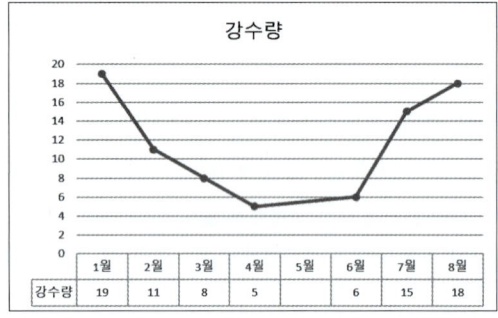

28 창 나누기가 지정된 상태에서 창 나누기를 취소하려면 [보기] → [창] → [나누기]를 클릭하면 됩니다.

29 날짜 데이터를 수식에서 인수로 사용하려면 큰따옴표(" ")로 묶어줘야 합니다.

30 [B3] 셀에 입력할 수식으로 옳은 것은 ①번입니다.
=UPPER(LEFT(C3, SEARCH("@", C3)−1))

❶ SEARCH("@", C3) : [C3] 셀에 입력된 "khvip@nate.com"에서 "@"를 찾아 위치인 6을 반환합니다.

❷ LEFT(C3, ❶−1) → LEFT(C3, 6−1) : "khvip@nate.com"의 왼쪽에서 5글자를 추출한 "khvip"를 반환합니다.

❸ =UPPER(❷) → =UPPER("khvip") : "khvip"를 모두 대문자로 변환한 "KHVIP"를 반환합니다.

31 인원수를 구하기 위한 수식으로 옳지 않은 것은 ③번입니다.
- 조건이 두 개일 때 배열 수식을 이용하여 개수를 구하는 방법은 다음의 3가지 방법이 있습니다.

  - 방법1 : =SUM((조건1)*(조건2))
  - 방법2 : =SUM(IF((조건1)*(조건2), 1))
  - 방법3 : =COUNT(IF((조건1)*(조건2), 1))

1. 조건 찾기
   - 조건1 : 학과가 "멀티미디어"란 조건은 비교 대상이 될 학과가 있는 범위(B3:B9)와 비교할 기준이 되는 "멀티미디어"를 "="으로 연결하여 적어주면 됩니다(B3:B9="멀티미디어").
   - 조건2 : 점수가 90 이상란 조건은 비교 대상이 될 점수가 있는 범위(C3:C9)와 비교할 기준이 되는 90을 ">="로 연결하여 적어주면 됩니다(C3:C9>=90).

2. 위의 조건을 개수 구하기 배열 수식에 대입하면 다음과 같습니다.

   - 방법1 : =SUM((B3:B9="멀티미디어")*(C3:C9>=90))
   - 방법2 : =SUM(IF((B3:B9="멀티미디어")*(C3:C9>=90), 1))
   - 방법3 : =COUNT(IF((B3:B9="멀티미디어")*(C3:C9>=90), 1))

- 수식을 입력한 후 Ctrl + Shift + Enter 를 누르면 중괄호({ })가 자동으로 표시됩니다.

32 [C3] 셀에 입력할 수식으로 옳은 것은 ①번입니다.
- =REPLACE(B3, 10, 4, "****") : [B3] 셀의 값 "010-9275-4991"의 10번째부터 4글자를 "****"로 변경한 "010-9275-****"를 반환합니다.

33 차트에 대한 설명으로 옳은 것은 ②번입니다.
① 별도의 차트 시트에 기본 차트를 작성하려면 F11 을, 데이터가 있는 시트에 기본 차트를 작성하려면 Alt + F1 을 누르면 됩니다.
③ 원형 차트는 항상 한 개의 데이터 계열만을 가지고 있으므로 축이 없습니다.
④ 추세선의 이름은 자동으로 지정되지만 사용자가 임의로 변경할 수 있습니다.

34 페이지 나누기 미리 보기에서는 인쇄 영역으로 설정된 부분은 원래대로 표시되고, 설정되지 않은 부분은 배경이 회색으로 처리되어 표시됩니다.

35 통합 문서 보호 설정 시 지정된 암호는 통합 문서 보호를 해제할 때 필요한 것으로, 통합 문서 보호 상태에서는 암호 지정 여부에 상관없이 워크시트에 데이터를 입력하거나 수정할 수 있습니다.

36 • 데이터 표의 입력값과 실행 결과에 설정된 배열 수식의 짝으로 올바르게 짝지어진 것은 ②번입니다.
- 변화되는 값은 가중치이고, 가중치의 변경 값이 한 열(B)에 입력되어 있으므로 '데이터 테이블' 대화상자의 '열 입력 셀'에 가중치를 지정하면 됩니다. 가중치는 B2 셀에 입력되어 있으므로 '데이터 테이블' 대화상자의 '열 입력 셀'에 'B2'를 입력하면 됩니다.

37 [A4] 셀에 입력되는 값은 13.1입니다. Ctrl 을 누른 채 숫자가 들어 있는 셀의 채우기 핸들을 드래그하면 값이 1씩 증가하며 입력됩니다.

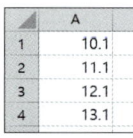

38 • [B3:B9] 영역의 데이터를 대상으로 [E3:E6] 영역의 구간별 빈도수를 계산하려면 [F3:F6] 영역을 블록으로 지정하고 =FREQUENCY(B3:B9, E3:E6)을 입력한 후 Ctrl + Shift + Enter 를 누르면 됩니다.
- Ctrl + Shift + Enter 를 눌러 입력하면 수식 앞뒤에 중괄호({ })가 자동으로 입력되어 {=FREQUENCY(B3:B9, E3:E6)}과 같이 표시됩니다.

39 매크로의 바로 가기 키는 기본적으로 Ctrl 과 영문자를 조합하여 지정할 수 있습니다.

40 '문서에 맞게 배율 조정'을 선택하면 머리글과 바닥글의 글꼴 크기가 아닌 인쇄 배율만 워크시트의 인쇄 배율과 동일하게 적용됩니다.

41 새로운 레코드를 추가할 수 있도록 하려면 '추가 가능' 속성을 "예"로 설정해야 합니다.

42 특정 컨트롤로 포커스를 이동시키는 매크로 함수는 GoToControl 입니다.
- OpenForm : 폼을 여는 매크로 함수
- GoToRecord : 레코드 포인터를 이동시키는 매크로 함수로, First, Last, Previous, Next 등의 인수가 사용됨
- SetValue : 필드, 컨트롤, 속성 등의 값을 설정하는 매크로 함수

43
- 테이블이나 쿼리의 필드가 컨트롤 원본으로 연결된 컨트롤을 바운드 컨트롤이라고 합니다.
- 계산 컨트롤은 데이터의 원본 데이터로 식을 사용하는 컨트롤입니다.

44 보고서에서 데이터의 입력, 추가, 삭제 등의 편집 작업은 불가능합니다.

45
- 탭 컨트롤의 바로 가기 메뉴에서 [탭 순서]를 선택하면, 폼안에서 Tab 이나 Enter 를 눌렀을 경우 이동되는 컨트롤들의 순서를 설정할 수 있습니다.
- 탭 컨트롤 내의 페이지 표시 순서는 탭 컨트롤의 바로 가기 메뉴에서 [페이지 순서]를 선택하여 변경할 수 있습니다.

46 기본 폼과 하위 폼에서 기본 폼은 단일 폼 형식으로만, 하위 폼은 단일 폼, 연속 폼, 데이터시트 보기 등의 형식으로 표시할 수 있습니다.

47 보고서를 만들 때 제공되는 마법사 도구에는 '보고서 마법사, 레이블, 업무 문서 양식 마법사, 우편 엽서 마법사'가 있습니다.

48 보고서의 레코드 원본으로 테이블, 쿼리, SQL문 등을 지정할 수 있지만 보고서를 지정할 수는 없습니다.

49 문제에서 '주소' 필드에는 시/도, 시/군/구, 읍/면/동의 형태로 값이 입력되어 있다고 했으니, 시/도는 항상 주소의 맨 앞에, 읍/면/동은 항상 주소의 맨 뒤에 입력되게 됩니다. 그러므로 주소를 조회할 때 "서울시"로 시작하면서, "합정동"으로 끝나도록 조건을 Like "서울*" and "*합정동"으로 지정하면 됩니다. 해당 조건이 보기에는 없지만 보기 중 ④번의 Like "서울*" and "*합정동*"로 지정해도 문제에서 원하는 조건에 만족하는 자료를 검색할 수 있습니다.

50
- 쿼리 작성기 창의 '표시' 항목에 체크된 필드가 '이름'이므로 표시되는 필드는 '이름'입니다. : select 이름
- 레코드를 추출할 테이블의 이름은 〈CR〉입니다. : from CR
- 조건은 2개인데 같은 행에 입력되었으므로 AND로 연결되며, '등급' 필드의 값이 "A"이면서 '회비' 필드의 값은 [금액] 필드의 값과 같은 레코드만 추출합니다. : where 등급 = "A" and 회비 = [금액]
- ※ '금액' 필드는 〈CR〉 테이블에 없으므로 외부로부터 값을 입력받을 수 있도록 반드시 대괄호([ ])를 붙여서 [금액]과 같이 지정해야 합니다.
- ※ 완성된 SQL문은 다음과 같으며, 필드명 앞에 테이블명을 붙여 CR.등급과 CR.회비로 입력해도 결과는 동일합니다.

    select 이름 from CR where CR.등급="A" and CR.회비=[금액];

51 DateDue 컨트롤이 표시되지 않도록 하기 위한 이벤트 프로시저로 옳은 것은 ③번입니다.
- 특정 컨트롤을 마우스로 클릭했을 때 발생하는 이벤트는 Click 이벤트입니다. 'cmd숨기기' 단추를 클릭했을 때 발생하는 이벤트 프로시저는 Private Sub cmd숨기기_Click( )으로 시작해야 합니다.
- 폼, 보고서 컨트롤 등의 표시 여부를 결정하는 속성은 Visible이며, Visible = False와 같이 Visible 속성을 'False'로 설정하면 표시하지 않고 'True'로 설정하면 표시합니다.
- 개체명과 컨트롤명은 느낌표(!)로 구분하고, 컨트롤에 속성을 지정할 때는 점(.)으로 연결합니다.

52 〈제품〉 테이블에 새롭게 추가되는 '제품코드'는 〈주문상세내역〉 테이블에서 참조하는 자료가 아니므로 참조 무결성에 위배되지 않습니다.

53 OLE 개체, 첨부 파일, 계산 형식의 필드에는 인덱스를 설정할 수 없습니다.

54 'Yes/No' 데이터 형식에서 Yes는 -1, No는 0으로 인식하므로, 음수(Yes)인 경우 남, 0(No)인 경우 여로 표시하는 속성의 설정 값은 ;₩남;₩여입니다.
- ※ 텍스트 상자에 숫자가 입력된 경우 사용자 지정 형식은 네 개의 구역을 세미콜론(;)으로 나누며, 각 구역은 양수 ; 음수 ; 0 ; Null로 구분됩니다.

55 데이터베이스는 자료의 중복을 배제한 데이터의 모임입니다.

56 문제에 주어진 조건에 맞는 SQL문은 ①번입니다.
① "학과 Like '경영학과' and 학년 In (2)"는 학과가 '경영학과'를 포함하고 학년이 2인 레코드를 의미하므로 문제에서 요구하는 조건을 충족하는 문장입니다.
② 조건을 Or로 연결했으므로 틀린 문장입니다.
③ 검색되는 속성을 '학번, *'로 지정하여 모든 속성이 표시되므로 틀린 문장입니다.
④ 조건이 형식에 맞지 않아 오류가 발생합니다.

57
- ①번은 추가 쿼리에 대한 설명입니다.
- 테이블 만들기 쿼리는 테이블이나 쿼리에서 데이터를 검색한 후 검색된 결과를 새로운 테이블로 만드는 작업을 수행합니다.

58 이미 데이터가 입력된 필드의 데이터 형식을 일련 번호 형식으로 변경할 수 없습니다.

59 현재 페이지 정보를 005와 같이 표현하는 식은 =Format([Page], "000")입니다.
- [Page] : 현재 페이지를 표시함
- [Pages] : 전체 페이지를 표시함
- Format(식, 형식) : 계산 결과에 표시 형식을 지정하는 함수

60 [크기] → [자동]을 선택하면 선택된 컨트롤들의 크기를 모두 동일하게 조정하는 것이 아니라 높이가 가장 높은 것과 낮은 것을 기준으로 나머지 컨트롤들의 높이를 자동으로 조정합니다.

10회 2024년 상시05 기출문제 해설

01 태블릿 모드를 설정해도 키보드와 마우스를 사용할 수 있습니다.
① 로그인 시 '하드웨어에 적절한 모드 사용'을 설정할 수 있습니다.
② 태블릿 설정 모드에는 '태블릿 모드로 전환 안 함', '항상 태블릿 모드로 전환', '모드를 전환하기 전에 확인'이 있습니다.
③ 태블릿 모드를 지정해도 작업 표시줄은 축소되지 않습니다. 작업 표시줄을 축소하려면 '추가 태블릿 설정 변경' 항목에서 '작업 표시줄 자동 숨기기'를 지정해야 합니다.

02 외부로부터 인터럽트 요청이 들어오면 인터럽트 서비스 루틴이 실행됩니다.

03 • 버스(Bus)형은 한 개의 통신 회선에 여러 대의 단말장치가 연결되어 있는 형태입니다.
• ③번은 계층(Tree)형에 대한 설명입니다.

04 비트맵 방식은 픽셀(Pixel)로 이미지를 표현하며, 벡터 방식에 비해 많은 용량을 차지합니다.
② 비트맵 방식은 이미지를 확대하면 계단 현상이 발생합니다.
③ 비트맵 방식은 이미지를 모니터 화면에 표시하는 속도가 벡터 방식에 비해 빠릅니다.
④ 비트맵 방식의 파일 형식에는 BMP, TIF, GIF, JPEG, PNG 등이 있으며, WMF는 벡터 방식의 파일 형식입니다.

05 ASCII 코드는 128가지 문자를 표현할 수 있으며, 데이터 통신용으로 사용합니다.
① Unicode는 전 세계의 모든 문자를 2바이트로 표현하는 국제 표준 코드입니다.
② BCD 코드는 2개의 Zone 비트와 4개의 Digit 비트로 구성되며, 64개의 문자를 표현할 수 있습니다.
④ EBCDIC 코드는 8비트를 사용하여 문자를 표현하며, 대형 컴퓨터에서 사용합니다.

06 운영체제의 운영방식에 대한 설명으로 옳은 것은 ②번입니다.
① 실시간 처리 시스템은 처리할 데이터가 생겨날 때마다 바로 처리하는 방식입니다. ①번은 일괄 처리 시스템에 대한 설명입니다.
③ 시분할 시스템은 한 대의 시스템을 여러 사용자가 동시에 사용하는 방식으로, 일정 시간 단위로 CPU 사용권을 신속하게 전환함으로써, 모든 사용자들은 자신만 혼자 컴퓨터를 사용하고 있는 것처럼 느낍니다. ③번은 분산 처리 시스템에 대한 설명입니다.
④ 다중 프로그램 시스템은 한 개의 CPU(중앙처리장치)로 여러 개의 프로그램을 동시에 처리하는 방식입니다.

07 가상 화폐로 거래할 때 발생할 수 있는 불법적인 해킹을 막는 기술을 블록체인(Block Chain)이라고 합니다.
• 전자봉투(Digital Envelope) : 송신자가 메시지를 암호화하기 위해 수신자의 공개키를 사용하여 암호화한 것으로, 암호화 메시지와 암호화 비밀키로 구성됨
• 암호화 파일 시스템(Encrypting File System) : 파일에 기록되는 데이터를 자동으로 암호화해 보안을 높이는 파일 시스템으로, Windows 2000에서 도입되었음
• 핀테크(FinTech) : 금융(Finance)과 기술(Technology)의 합성어로, 금융과 기술의 융합을 통한 금융 서비스 및 산업의 변화를 통칭함

08 드라이브를 보호하여 파일 및 폴더에 무단으로 액세스하는 것을 차단하기 위해 사용하는 도구는 BitLocker입니다.

09 • 키로거(Key Logger)는 키보드상의 키 입력 캐치 프로그램을 이용하여 ID나 암호와 같은 개인 정보를 빼내어 악용하는 기법입니다.
• ④번은 피싱(Phishing)에 대한 설명입니다.

10 2개의 이미지를 부드럽게 연결해 변환·통합하는 그래픽 기법은 모핑(Morphing)입니다.
• 랜더링(Rendering) : 3차원 그래픽 작업의 한 과정으로 2차원적인 이미지에 음영과 채색을 적절히 주어 3차원적인 입체감을 극대화하는 작업
• 안티앨리어싱(Anti-Aliasing) : 이미지의 가장자리가 톱니 모양으로 표현되는 계단 현상을 없애기 위하여 경계선을 부드럽게 해주는 필터링 기술

11 방화벽은 컴퓨터 내부로부터의 불법적인 해킹은 막지 못하므로 다른 컴퓨터로 악성 소프트웨어를 보내는 것을 방지할 수 없습니다.

12 '폴더 옵션' 대화상자의 '보기' 탭에서 제공하는 '고급 설정' 항목에는 '라이브러리의 항목 삭제'가 아니라 '라이브러리 표시'가 있습니다.

13 프로그램 카운터(PC)는 다음에 실행할 명령어의 주소를 기억하는 레지스터입니다.
• ①번은 명령 해독기(Decoder), ②번은 누산기(AC), ④번은 명령 레지스터(IR)에 대한 설명입니다.

14 캐시 메모리는 중앙처리장치와 주기억장치 사이에 위치하여 컴퓨터의 처리 속도를 향상시키는 역할을 합니다.
• ② 캐시 메모리는 접근 속도가 빠른 정적 램(SRAM)을 사용합니다.
• ③, ④ 가상 메모리(Virtual Memory)에 대한 설명입니다.

15 문제에 제시된 내용은 클라우드 컴퓨팅(Cloud Computing)에 대한 설명입니다.
• 그리드 컴퓨팅(Grid Computing) : 지리적으로 분산되어 있는 컴퓨터를 초고속 인터넷 망으로 연결하여 공유함으로써 하나의 고성능 컴퓨터처럼 활용하는 기술
• 사물 인터넷(IoT, Internet of Things) : 인터넷 상에 존재하는 모든 사물을 네트워크로 연결해 인간과 사물, 사물과 사물 긴 언제 어디서나 서로 소통할 수 있게 하는 새로운 정보 통신 환경
• 빅 데이터(Big Data) : 기존의 관리 방법이나 분석 체계로는 처리하기 어려운 막대한 양의 데이터 집합

16 고정 IP 주소로 인터넷에 접속하기 위해 설정해야 할 TCP/IP 항목은 'IP 주소, 서브넷 접두사 길이, 서브넷 마스크, 게이트웨이, DNS 서버 주소'입니다.

17 시퀀싱(Sequencing)은 컴퓨터를 이용하여 음악을 제작, 녹음, 편집하는 작업을 의미합니다.
• ②번은 스트리밍(Streaming), ③번은 샘플링(Sampling), ④번은 MIDI(Musical Instrument Digital Interface)에 대한 설명입니다.

18 샘플링 주파수는 높을수록 좋습니다. 다만 많은 기억 용량이 필요하므로 원 신호 주파수의 2배 정도가 적당합니다.

19 ①번은 리피터(Repeater)에 대한 설명입니다.

20 ④번은 첨단 도로 시스템(Automated Highway Systems)에 대한 설명입니다.

21 원형 차트는 쪼개진 원형으로 표시할 수 있습니다.
① 원형 차트는 축이 없습니다.
② 원형 차트에는 데이터 테이블을 표시할 수 없습니다.
④ 원형 차트의 종류에는 '원형 대 원형'과 '원형 대 가로 막대형' 차트는 있지만 '원형 대 꺾은선형'이라는 차트는 없습니다.

22 ①번 수식의 결과는 **봄 여행**입니다.

① =REPLACE(A3, SEARCH(A4, A3), 2, "여행")
　　　　　　　　❶
　　────────────
　　　　　　❷

❶ SEARCH(A4, A3) : [A3] 셀에 입력된 "봄 여름"에서 [A4] 셀에 입력된 "여름"을 찾아 위치인 3을 반환합니다.
❷ =REPLACE(A3, ❶, 2, "여행") → =REPLACE(A3, 3, 2, "여행") : [A3] 셀에 입력된 "봄 여름"에서 3번째 글자부터 2글자를 "여행"으로 변경한 "봄 여행"을 반환합니다.

② =REPLACE(A5, SEARCH("아", A2), 4, " ")
　　　　　　　　❶
　　────────────
　　　　　　❷

❶ SEARCH("아", A2) : [A2] 셀에 입력된 "아름다운 강산"에서 "아"를 찾아 위치인 1을 반환합니다.
❷ =REPLACE(A5, ❶, 4, " ") → =REPLACE(A5, 1, 4, " ") : [A5] 셀에 입력된 "희망의 메시지"에서 1번째 글자부터 4글자를 공백(" ") 변경한 "메시

③ =MID(A5, SEARCH(A1, A5), 1)
　　　　　　　❶
　　────────────
　　　　　❷

❶ SEARCH(A1, A5) : [A5] 셀에 입력된 "희망의 메시지"에서 [A1] 셀에 입력된 "메"를 찾아 위치인 5를 반환합니다.
❷ =MID(A5, ❶, 1) → =MID(A5, 5, 1) : [A5] 셀에 입력된 "희망의 메시지"의 5번째 자리에서부터 1자리를 추출한 "메"를 반환합니다.

④ =MID(A2, SEARCH(A4, A3), 2)
　　　　　　　❶
　　────────────
　　　　　❷

❶ SEARCH(A4, A3) : [A3] 셀에 입력된 "봄 여름"에서 [A4] 셀에 입력된 "여름"을 찾아 위치인 3을 반환합니다.
❷ =MID(A2, ❶, 2) → =MID(A2, 3, 2) : [A2] 셀에 입력된 "아름다운 강산"의 3번째 자리에서부터 2자리를 추출한 "다운"을 반환합니다.

23 '조건부 서식'의 수식 입력란에 입력해야 할 수식으로 옳은 것은 ②번입니다.
- 첫 번째 조건 : '입사연도'가 2014년 이후 → YEAR(C2)>=2014
- 두 번째 조건 : '주소'가 "서울" → LEFT(D2, 2)="서울"
- 이 문제는 두 조건을 모두 만족하는 행 전체에 서식을 지정해야 하므로 AND 함수를 사용해야 하고, 수식에서 열 번호에만 절대 주소 표시($C2, $D2)를 지정해야 합니다.
∴ =AND(YEAR($C2)>=2014, LEFT($D2, 2)="서울")

24
- '빠른 채우기'는 현재 셀 주변의 데이터 패턴을 감지하여 자동으로 데이터를 입력해 주는 기능으로, 바로 가기 키는 Ctrl + E 입니다.
- [B2] 셀에 "서울"을 입력한 후 Ctrl + E 를 누르면 다음과 같이 표시됩니다.

25 국적별 영화 장르의 편수를 계산하는 수식으로 옳지 않은 것은 ③번입니다.
- 조건이 두 개일 때 배열 수식을 이용하여 개수를 구하는 방법은 다음의 3가지 방법이 있습니다.

- 방법1 : {=SUM((조건1)*(조건2))}
- 방법2 : {=SUM(IF(조건1, IF(조건2, 1)))}
- 방법3 : {=COUNT(IF((조건1)*(조건2), 1))}

1. 문제의 조건 두개는 다음과 같습니다.
   - 조건1 : '국적별'이란 조건은, 비교 대상이 될 국적이 있는 범위(D3:D9)와 비교할 기준이 되는 [A12] 셀을 "="으로 연결하여 적어주면 됩니다(D3:D9=A12).
   - 조건2 : '장르'라는 조건은, 비교 대상이 될 장르가 있는 범위(E3:E9)와 비교할 기준이 되는 [B11] 셀을 "="으로 연결하여 적어주면 됩니다(E3:E9=B11).
2. 위의 조건을 개수 구하기 배열 수식의 '조건' 부분에 대입하면 다음과 같습니다.

- 방법1 : =SUM((D3:D9=A12)*(E3:E9=B11))
- 방법2 : =SUM(IF(D3:D9=A12, IF(E3:E9=B11, 1)))
- 방법3 : =COUNT(IF((D3:D9=A12)*(E3:E9=B11), 1))

이 문제는 여러 셀에 결과값을 구하는 수식으로, 범위는 절대 참조로 지정해야 하지만, A12 셀의 경우는 A13과 같이 열은 고정되고 행만 변경되어야 하므로 $A12로 지정하고, B11 셀의 경우는 C11, D11과 같이 행은 고정되고 열만 변경되어야 하므로 B$11로 지정해야 합니다. 이렇게 식을 완성한 후 Ctrl + Shift + Enter 를 누르면 중괄호 { }가 자동으로 붙여집니다.

26 문제에 제시된 수식의 계산 결과는 "이수진"입니다.
=INDEX(A1:C6, MATCH(LARGE(C2:C6, 3), C1:C6, 0), 2)
　　　　　　　　　　　　❶
　　　　　　　　──────────────
　　　　　　　　　　　　❷
　　────────────────────
　　　　　　　　　❸

❶ LARGE(C2:C6, 3) : [C2:C6] 영역에서 3번째로 큰 값인 5,328,000을 반환합니다.
❷ MATCH(❶, C1:C6, 0) → MATCH(5328000, C1:C6, 0) : [C1:C6] 영역에서 5,328,000와 정확히 일치하는 값을 찾은 후 그 위치의 일련번호인 4를 반환합니다.
❸ =INDEX(A1:C6, ❷, 2) → INDEX(A1:C6, 4, 2) : [A1:C6] 영역에서 4행 2열, 즉 [B4] 셀의 값인 "이수진"을 반환합니다.

27 소수점 오른쪽의 자리 표시자보다 더 긴 소수점 이하의 숫자가 셀에 입력될 경우 자리 표시자만큼 소수 자릿수로 내림이 아니라 반올림됩니다.
> 예 5.67이 입력된 셀에 사용자 지정 표시 형식을 0.0으로 지정하면 반올림되어 5.7이 표시됩니다.

28 문제의 지문에 제시된 코드의 실행 결과로 옳은 것은 ①번입니다.
② 이벤트가 실행된 후에는 [A1] 셀이 선택되어 있습니다.
③ 다른 프로저에서 불러와 실행할 수 없습니다.
④ 워크시트가 활성화될 때 실행되는 프로시저입니다.
문제의 코드를 살펴보면 다음과 같습니다.

❶ Private Sub Worksheet_Activate( )
❷ 　　Range("A1").Select
❸ 　　Selection.Sort Key1:=Range("A2"), _
　　　　Order1:=xlAscending, Header:=xlGuess, _
　　　　OrderCustom:=1, MatchCase:=False, _
　　　　Orientation:=xlTopToBottom
　　End Sub

❶ 워크시트가 활성화될 때 실행되는 프로시저입니다.
❷ [A1] 셀을 선택합니다.

※ [A1] 셀을 선택한 상태에서 정렬을 실행하면 [A1] 셀과 연결된 데이터 목록이 자동으로 선택됩니다.

❸ [A2] 셀을 기준으로 오름차순 정렬을 수행합니다.
• Key1 : 1차 정렬 기준
• Order1: = xlAscending(1차 정렬 기준은 오름차순)
• Orientation:=xlTopToBottom : 위쪽에서 아래쪽, 즉 열을 기준으로 정렬함

29 '삭제' 대화상자를 표시하는 바로 가기 키는 Ctrl + -, '삽입' 대화상자를 표시하는 바로 가기 키는 Ctrl + + 입니다.

30 • '매크로 기록' 대화상자에서 매크로 보안은 설정할 수 없습니다.
• 매크로 보안은 [개발 도구] → [코드] → [매크로 보안]을 클릭하면 실행되는 '보안 센터' 대화상자에서 설정할 수 있습니다.

31 '시나리오 추가' 대화상자의 '변경 금지'는 시나리오를 변경할 수 없도록 보호하는 것입니다.

32 고급 필터의 조건으로 옳은 것은 ①번입니다.
• 만능 문자(와일드 카드) *는 문자의 모든 자리를, ?는 문자의 한 자리만을 대신하는 문자입니다. 두 글자인 데이터를 찾는 조건은 ="=??"로 작성해야 합니다.
※ 고급 필터의 조건으로 값에 대한 비교 연산자로 등호(=)를 사용할 때는 ="=항목" 형식으로 입력하고, 조건으로 지정될 범위의 첫 행에는 원본 데이터 목록의 필드명을 입력해야 합니다(사원명).
• 고급 필터의 조건으로 수식을 입력할 경우, 조건으로 지정될 범위의 첫 행에는 아무것도 입력하지 않거나 원본 데이터의 필드명과 다른 내용을 입력해야 합니다. "실적조건"처럼 필드명인 "실적"만 아니면 됩니다.

33 행/열 머리글의 인쇄 여부는 '페이지 설정' 대화상자의 '시트' 탭에서 설정할 수 있습니다.

34 • 미리 보기 창 및 인쇄 옵션에서 '페이지 설정'을 클릭하면 나타나는 '페이지 설정' 대화상자에서는 '시트' 탭의 인쇄 영역, 반복할 행, 반복할 열이 모두 비활성화되어 있으므로 '인쇄 영역'을 변경할 수 없습니다.
• '페이지 설정' 대화상자를 이용하여 '인쇄 영역'을 변경하려면 [페이지 레이아웃] → [페이지 설정]의 ⌐를 이용하여 '페이지 설정' 대화상자를 호출해야 합니다.

35 숨겨진 행이나 열에 있는 데이터는 정렬에 포함되지 않습니다.

36 $, 괄호, %, 길이가 다른 행이나 열, 셀 참조는 배열 상수로 사용될 수 없습니다.

37 '#VALUE!'는 잘못된 인수나 피연산자를 사용했을 경우 발생합니다.
• ②번은 #DIV/0!, ③번은 #N/A, ④번은 #REF! 오류에 대한 설명입니다.

38 창 나누기 기준선은 마우스로 더블클릭하면 창 나누기가 취소되지만 틀 고정선은 취소되지 않습니다.

39 사용자 지정 표시 형식으로 옳은 것은 ④번입니다. 문제에 제시된 내용을 차례대로 표현하면 다음과 같습니다.
• 100 이상이면 "▲" : [>=100]"▲"
• −100 이하면 "▼" : [<=−100]"▼"
• 그 외는 값을 그대로 표시 : 0

※ 셀의 값이 0일 때 0이 표시되게 하려면 표시 형식을 반드시 0으로 지정해야 합니다.
∴ 사용자 지정 표시 형식을 모두 합치면 [>=100]"▲";[<=−100]"▼";0 입니다.

40 [상태 표시줄 사용자 지정]을 이용하여 데이터가 입력된 셀의 수나 숫자가 입력된 셀의 수는 계산할 수 있지만 문자 데이터가 입력된 셀의 수는 계산할 수 없습니다.

41 〈제품〉 테이블에 새롭게 추가되는 '제품코드'는 〈주문상세내역〉 테이블에서 참조하는 자료가 아니므로 참조 무결성에 위배되지 않습니다.

42 특정 컨트롤로 포커스를 이동시키는 매크로 함수는 GoToControl입니다.
• OpenForm : 폼을 여는 매크로 함수
• GoToRecord : 레코드 포인터를 이동시키는 매크로 함수로, First, Last, Previous, Next 등의 인수가 사용됨
• SetValue : 필드, 컨트롤, 속성 등의 값을 설정하는 매크로 함수

43 SQL문을 실행한 결과로 표시되는 값은 2입니다. 하위 질의의 결과가 기본 질의의 조건으로 사용되므로 다음과 같은 순서로 질의문을 수행하면 됩니다.
❶ Select Avg(수강인원) From 학과 : 〈학과〉 테이블에서 '수강인원' 필드의 평균을 계산합니다. 평균은 (40+20+30+10) / 4 = 25 입니다.
❷ Select Count(*) From 학과 Where 수강인원 > (❶) : 〈학과〉 테이블에서 수강인원이 ❶에서 계산된 평균, 즉 25를 초과하는 레코드의 개수를 표시합니다.

학과코드	학과명	수강인원	강의실코드
1001	인공지능	40	C101
1002	빅데이터	20	C204
1003	데이터보안	30	C308
1004	반도체	10	C405

44 • 기본키는 테이블 내 모든 레코드들을 고유하게 식별할 수 있는 필드에 지정해야 합니다.
• '사원코드'는 사원 개개인을 구분할 수 있도록 부여한 코드이므로 기본키로 사용하기에 가장 적합합니다.

45 폼이나 보고서를 내보낼 경우 폼이나 보고서와 연결된 데이터가 사용되므로, 원본 테이블과 관계 없이 자료가 표시됩니다.

46 바운드 폼과 언바운드 폼을 구분하는 기준은 연결 대상의 종류가 아니라 테이블이나 쿼리의 레코드와 연결되어 있는지 여부입니다. 즉 테이블이나 쿼리의 레코드와 연결되어 있으면 바운드 폼, 그렇지 않으면 언바운드 폼입니다.

47 '보고서 마법사'를 이용하는 경우에는 여러 개의 테이블 또는 여러 개의 쿼리에서 필드를 선택할 수 있습니다. 단 선택된 필드가 포함된 테이블들은 서로 관계가 설정되어 있어야 합니다.

48 데이터베이스의 장점 중 하나는 데이터의 실시간 처리입니다. 이로 인해 항상 최신의 데이터를 유지할 수 있습니다.

49 DISTINCT는 검색 결과가 중복되는 레코드는 검색 시 한번 만 표시하는 것으로 필드명 앞에 기술합니다.

50 '첨부 파일' 형식은 다양한 형식의 파일을 첨부할 수 있지만 원하는 파일 형식만 첨부되도록 설정할 수는 없습니다.

51 '바운드 열'은 선택한 목록의 여러 열 중 해당 컨트롤에 저장되는 열을 지정하는 속성입니다.

52 보고서 미리 보기의 결과는 **January 오후 3:4**입니다.
- Format(식, 형식)은 계산 결과에 표시 형식을 지정하는 함수입니다.
- 날짜 형식을 mmmm으로 지정하였고, 날짜가 2023-01-02이므로 **January**로 표시됩니다.
- 시간 형식을 ampm h:n으로 지정하였고, 시간이 오후 3시 4분 5초이므로 **오후 3:4**로 표시됩니다.

53 Option Explicit는 변수를 선언하지 않고 사용하면 에러가 발생하도록 하는 명령문으로, 변수는 Option Explicit문 이후에 Dim, Static, Private, Public 명령문을 이용해 선언합니다.

54 연속 폼은 매 레코드마다가 아닌 폼 창마다 폼 머리글과 폼 바닥글이 표시됩니다.

55 하위 폼/하위 보고서 속성 중에서 원본 개체 속성에는 기본 폼이 아니라 하위 폼으로 사용될 폼을 지정해야 합니다.

56 연결 테이블(Linked Table) 기능을 이용하여 연결한 테이블을 삭제하더라도 원본 데이터에는 아무런 영향을 주지 않습니다.

57 WHERE 절에서는 그룹 함수를 사용할 수 없습니다.

58 InStr(문자열, 찾는 문자)는 문자열에서 찾는 문자 또는 문자열의 위치를 구하는 함수로, 문자열에서 찾는 문자나 문자열이 없는 경우에는 0을 반환합니다.

59 문제에 제시된 그림과 같이 주소가 반복되는 우편 발송용 레이블을 만드는 보고서는 레이블 보고서로, 레이블 마법사를 이용해서 작성할 수 있습니다.

60 지문에 제시된 SQL문의 실행 결과로 표시되는 값은 3입니다. 질의문은 각 절을 분리하여 이해하면 쉽습니다.
- Select Count(*) From 회원 : 〈회원〉 테이블에서 조건에 맞는 레코드의 개수를 검색합니다.
- Where 주소 = Like "합정*" : '주소' 필드의 값이 "합정"으로 시작하는 레코드만을 대상으로 검색합니다.

주소
서울 합정동
합정역
합정역 1번출구
서울 합정동
부산 합정동
인천 합정동
합정역 서울

한 권으로 끝내는 시나공 컴활

길벗알앤디 지음

1급 필기+실기

길벗

목차 | 실기

0 준비운동
실기 교재 학습 방법 … 3
이 책의 구성 미리 보기 … 4
실습용 데이터 파일을 사용하려면? … 6
채점 프로그램을 사용하려면? … 7
컴퓨터활용능력 실기 시험 입실부터 퇴실까지 … 8
컴퓨터활용능력 시험, 이것이 궁금하다! … 10

1 스프레드시트 실무 – 엑셀 기능

문제 1 · 기본작업(15점)
1 고급 필터 … 14
2 조건부 서식 … 19
3 페이지 레이아웃 … 25
4 시트 보호 … 31

문제 2 · 계산작업(30점)
1 배열 수식 … 36
2 찾기/참조 함수 … 46
3 논리 함수 … 53
4 기타 함수 … 57
5 사용자 정의 함수 … 60

문제 3 · 분석작업(20점)
1 피벗 테이블 … 64
2 데이터 유효성 검사 … 78
3 통합 … 83
4 정렬 … 86
5 부분합 … 89
6 데이터 표 … 93
7 시나리오 … 95
8 목표값 찾기 … 98
9 자동 필터 … 100
10 중복된 항목 제거 … 103

문제 4 · 기타작업(35점)
1 차트 … 105
2 매크로 … 112
3 프로시저 … 118

2 엑셀–실제 시험장을 옮겨 놓았다! … 128

3 데이터베이스 실무 – 액세스 기능

문제 1 · DB 구축(25점)
1 테이블 완성 … 180
2 관계 설정 … 188
3 테이블 생성 … 190

문제 2 · 입력 및 수정 기능 구현(20점)
1 폼 완성 … 193
2 매크로 작성 … 205

문제 3 · 조회 및 출력 구현(20점)
1 보고서 완성 … 211
2 이벤트 프로시저 … 218

문제 4 · 처리 기능 구현(35점)
1 쿼리 작성 … 224

4 액세스–실제 시험장을 옮겨 놓았다! … 242

5 엑셀 최신기출문제
01회 · 2025년 상시01 컴퓨터활용능력 1급 실기 … 299
02회 · 2025년 상시02 컴퓨터활용능력 1급 실기 … 309
03회 · 2025년 상시03 컴퓨터활용능력 1급 실기 … 319
04회 · 2025년 상시04 컴퓨터활용능력 1급 실기 … 329
05회 · 2024년 상시01 컴퓨터활용능력 1급 실기 … 338
06회 · 2024년 상시02 컴퓨터활용능력 1급 실기 … 347
07회 · 2024년 상시03 컴퓨터활용능력 1급 실기 … 357
08회 · 2024년 상시04 컴퓨터활용능력 1급 실기 … 367
09회 · 2023년 상시01 컴퓨터활용능력 1급 실기 … 377
10회 · 2023년 상시02 컴퓨터활용능력 1급 실기 … 385

6 액세스 최신기출문제
01회 · 2025년 상시01 컴퓨터활용능력 1급 실기 … 397
02회 · 2025년 상시02 컴퓨터활용능력 1급 실기 … 406
03회 · 2025년 상시03 컴퓨터활용능력 1급 실기 … 416
04회 · 2025년 상시04 컴퓨터활용능력 1급 실기 … 426
05회 · 2024년 상시01 컴퓨터활용능력 1급 실기 … 436
06회 · 2024년 상시02 컴퓨터활용능력 1급 실기 … 445
07회 · 2024년 상시03 컴퓨터활용능력 1급 실기 … 455
08회 · 2024년 상시04 컴퓨터활용능력 1급 실기 … 465
09회 · 2023년 상시01 컴퓨터활용능력 1급 실기 … 475
10회 · 2023년 상시02 컴퓨터활용능력 1급 실기 … 484

7 부록
1 컴활 함수 사전 … PDF 제공
2 계산작업 문제 모음 … PDF 제공

실기 교재 학습 방법

학습 유형 1

컴활 실기 시험이 처음이에요. 어떻게 진행되는지 모르겠어요.

엑셀/액세스 '실제 시험장을 옮겨 놓았다!'를 먼저 학습한 후 기능을 학습합니다.

'실제 시험장'은 수험자가 시험장에 입실하여 문제를 풀고, 퇴실하는 과정을 상세히 다루었습니다.

1. 실제 시험장을 옮겨 놓았다!
   • 엑셀 ☞ 128쪽 / 액세스 ☞ 242쪽
2. 기능
   • 엑셀 ☞ 14쪽 / 액세스 ☞ 180쪽

학습 유형 2

컴활 실기 시험에 출제되는 기본적인 기능들을 차근차근 익혀가고 싶어요.

엑셀/액세스 기능의 [문제 1]부터 학습한 후 '실제 시험장을 옮겨 놓았다!'를 학습합니다.

'기능'은 시험에 출제되는 기능 단위로 출제 유형을 다양하게 풀어보며 학습할 수 있습니다.

1. 기능
   • 엑셀 ☞ 14쪽 / 액세스 ☞ 180쪽
2. 실제 시험장을 옮겨 놓았다!
   • 엑셀 ☞ 128쪽 / 액세스 ☞ 242쪽

최신기출문제를 풀어봅니다.

실제 시험을 본다고 생각하고 혼자 풀어보고 정답을 확인합니다. 틀린 문제나 어려운 문제가 있다면 동영상 강의를 통해 꼭 확인하고 넘어갑니다.

온라인 채점 서비스를 적절하게 활용합니다.

실제 시험 보는 기분으로 시간을 맞춰놓고 문제를 푼 다음 온라인 채점 서비스를 이용해서 채점합니다. 점수는 물론 틀린 부분이 왜 틀렸는지도 알려줍니다. 틀린 부분을 확인한 후에는 반드시 해당 문제를 다시 한번 풀어봐야 합니다. 틀린 문제는 또 틀릴 확률이 매우 높으니까요.

실기 시험 절차

❶ 필기 합격
필기는 합격 하셨군요~ 실기도 편안한 마음으로 시작합니다. 고고!

❷ 실기 원서 접수
◎ 인터넷 원서 접수 사이트 : licence.korcham.net
◎ 프로그램 : 오피스 2021
◎ 검정수수료 : 25,000원
◎ 인터넷 접수 대행 수수료 : 1,200원

❸ 실기 시험 합격기준
실기 시험은 70점 이상의 점수를 (1급은 두 과목 모두) 얻어야 합격합니다!

❹ 합격 여부 확인
합격여부 확인은 licence.korcham.net로 하면 됩니다.

이 책의 구성 미리 보기

단 한 번에 합격할 수 있는 비법!
기능별 합격전략

토막강의
모르는 부분만 신속히 학습할 수 있도록 기능 단위로 짧게 구성한 동영상 강의입니다. 공부하다가 어려운 부분이 나오면 고민하지 말고 QR 코드를 스캔하세요. 언제든지 저자 직강의 속 시원한 설명을 들을 수 있습니다.

전문가의 합격 전략
실기 시험을 어떻게 준비해야 합격 점수인 70점 이상을 만들 수 있는지 출제 방향을 분석합니다. 출제 비율이 높고 배점이 큰 문제는 먼저, 그리고 확실히 공부해야겠죠?

출제 기능
시험에 출제되는 단위 기능입니다. 답안 작성 전후의 이미지를 통해 수행해야 할 작업을 확실하게 파악할 수 있습니다.

문제 1   기본작업(15점)

전문가의 합격 전략 ★

기본 작업은 조건부 서식, 고급 필터, 시트 보호, 통합 문서 보기, 페이지 레이아웃 등의 기능 중에서 3문제가 출제됩니다. 고급 필터와 조건부 서식은 매회 고정적으로 출제되고 있으며, 시트 보호/통합 문서 보기와 페이지 레이아웃 중에서 한 문제가 선택적으로 출제됩니다. 기본 작업에 특별히 어렵게 출제되는 문제는 없지만 15점을 모두 얻기 위해서는 간혹 고급 필터와 조건부 서식에 주어지는 까다로운 조건까지 만들 수 있도록 조건 지정 연습을 충분히 해야 한다는 것입니다. 고급 필터나 조건부 서식에서 조건을 지정하는 원리는 2번 계산 작업에서의 그것과 동일하니 2번 계산 작업을 먼저 공부한 후에 1번 문제를 공부하는 것도 하나의 요령입니다.

1   고급 필터

출제 비율 100% / 배점 5점

고급 필터는 다음과 같은 과정으로 작업을 진행합니다.

1. 조건을 입력한다.
   ※ 특정 필드만 추출할 경우에는 조건과 함께 추출할 필드명을 입력합니다.
2. [데이터] → 정렬 및 필터 → 고급을 클릭한다.
3. '고급 필터' 대화상자에 결과, 목록 범위, 조건 범위, 복사 위치를 지정하고 〈확인〉을 클릭한다.

	A	B	C	D	E	F
1	[표1]					
2	사원코드	호봉	직무	연봉	연월차	특근비
3	SG0111	수석연구원	연구직	38,500,000	23	120,000
4	SG0710	선임연구원	연구직	37,500,000	17	45,200
5	SG0204	책임연구원	연구직	37,500,000	22	41,000
6	SG0712	책임연구원	연구직	35,000,000	23	64,600
7	SG0812	연구원	연구직	28,500,000	17	32,100
8	SG0810	연구원	연구직	27,000,000	16	37,100
9	SG0411	과장4호	일반직	35,500,000	23	51,500
10	SG0813	부장1호	일반직	34,500,000	22	92,600
11	SG0205	사원3호	일반직	30,000,000	17	46,400
12	SG0203	대리2호	일반직	29,250,000	18	18,800
13	SG0413	대리3호	일반직	28,500,000	19	33,800
14	SG0206	부장2호	일반직	27,000,000	18	38,700
15	SG0811	과장2호	일반직	26,000,000	21	2,600
16	SG0809	과장1호	일반직	25,000,000	20	67,700

→

	A	B	C	D	E	F
1	[표1]					
2	사원코드	호봉	직무	연봉	연월차	특근비
3	SG0111	수석연구원	연구직	38,500,000	23	120,000
4	SG0710	선임연구원	연구직	37,500,000	17	45,200
5	SG0204	책임연구원	연구직	37,500,000	22	41,000
6	SG0712	책임연구원	연구직	35,000,000	23	64,600
7	SG0812	연구원	연구직	28,500,000	17	32,100
8	SG0810	연구원	연구직	27,000,000	16	37,100
9	SG0411	과장4호	일반직	35,500,000	23	51,500
10	SG0813	부장1호	일반직	34,500,000	22	92,600
11	SG0205	사원3호	일반직	30,000,000	17	46,400
12	SG0203	대리2호	일반직	29,250,000	18	18,800
13	SG0413	대리3호	일반직	28,500,000	19	33,800
14	SG0206	부장2호	일반직	27,000,000	18	38,700
15	SG0811	과장2호	일반직	26,000,000	21	2,600
16	SG0809	과장1호	일반직	25,000,000	20	67,700
17						
18	조건					
19	TRUE					
20						
21	사원코드	호봉	직무	연봉	연월차	특근비
22	SG0111	수석연구원	연구직	38,500,000	23	120,000
23	SG0710	선임연구원	연구직	37,500,000	17	45,200
24	SG0204	책임연구원	연구직	37,500,000	22	41,000

※ '호봉'이 "연구원"으로 끝나고, 연봉이 상위 3등 안에 드는 데이터만 [A21] 셀부터 표시되도록 고급 필터를 실행한 화면입니다.

구성 미리 보기

유형별 기출문제
수험서의 핵심은 다양한 문제 풀이

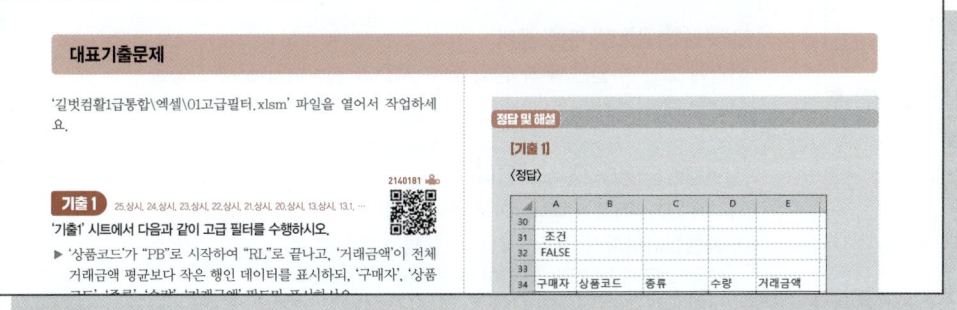

상시시험 출제 유형
실제 시험에 출제되는 다양한 유형의 문제들입니다. 합격에 꼭 필요한 부분으로, 정말 집중해서 공부해야 할 부분입니다. 어렵다고 느낄 땐 QR 코드를 스캔하세요.

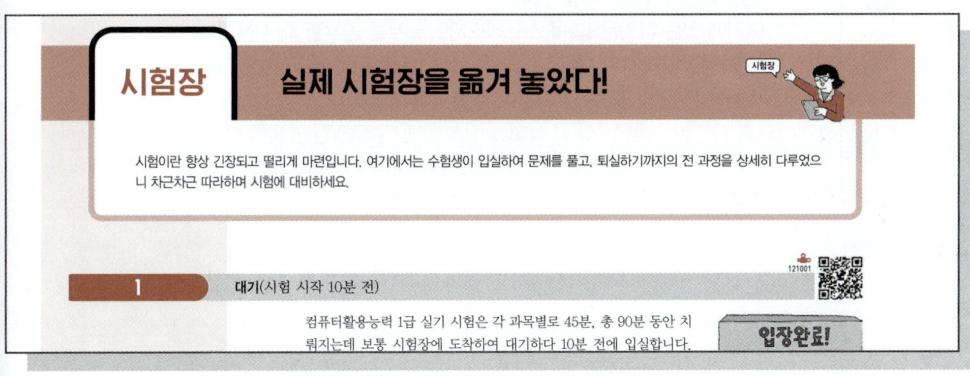

대표기출문제
앞에서 공부한 기능의 대표적인 기출문제입니다. 제대로 공부했다면 이 문제들을 손쉽게 술술~ 풀어낼 수 있습니다. 학습한 기능이 어떻게 문제로 출제되는지 확인하고 모자란 부분을 보충하세요.

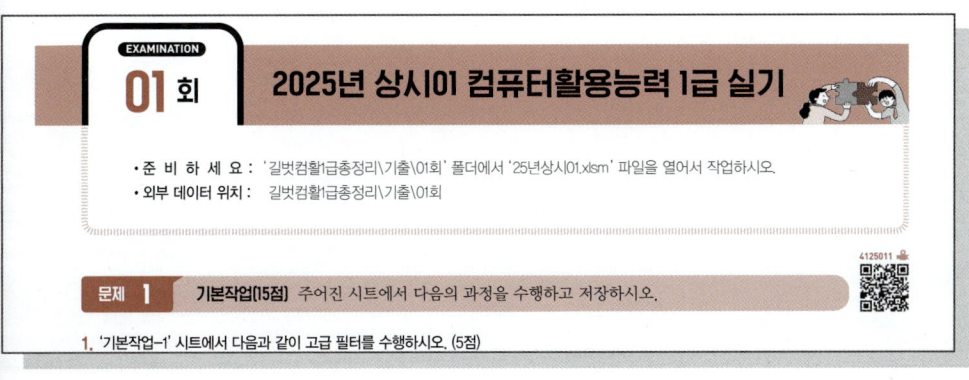

실제 시험장을 옮겨 놓았다!
수험자가 입실하여 문제를 풀고, 퇴실하는 과정을 상세히 다루었습니다. 입실에서 퇴실까지 차근차근 따라하며 시험에 대비하세요.

최신기출문제 10회
실제 시험을 보는 기분으로 혼자 풀어 보고 정답을 확인하세요. 역시 틀린 문제나 어려운 문제가 있다면 동영상 강의를 통해 꼭! 확인하고 넘어가세요.

실습용 데이터 파일을 사용하려면?

1. 시나공 홈페이지(www.sinagong.co.kr)에 접속하여 오른쪽 상단의 〈로그인〉을 클릭한 후 아이디와 패스워드를 넣고 로그인하세요.

   ※ '이메일 주소(아이디)'가 없는 경우에는 〈회원가입〉을 클릭하여 회원으로 가입한 후 구입한 도서를 등록하세요. '회원가입'에 대한 내용은 필기 6쪽을 참고하세요.

2. 위쪽의 메뉴에서 [컴퓨터활용능력] → [1급 필기+실기] → [도서자료실]을 클릭하세요.

   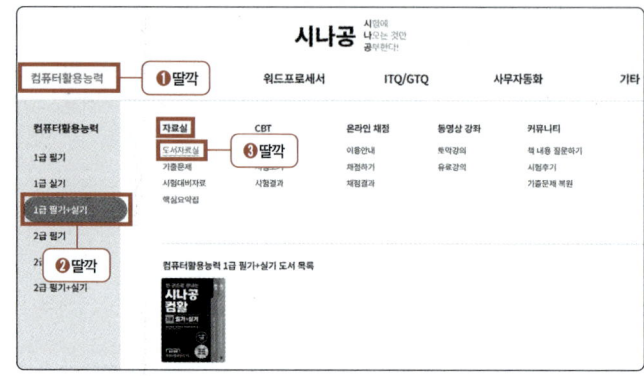

3. 자료실 도서목록에서 [2026 시나공 컴활 1급 필기+실기]를 클릭한 후 [실습예제]를 클릭합니다.

   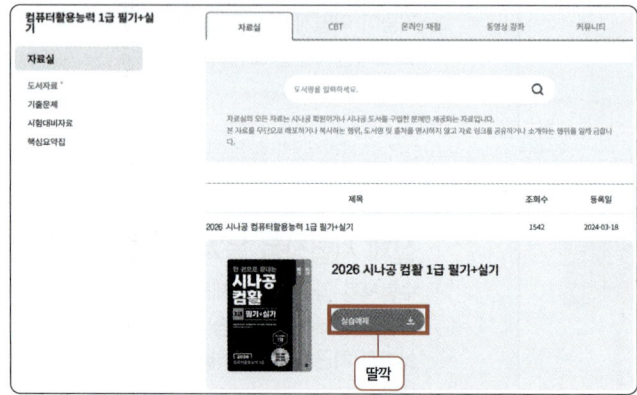

4. 내 컴퓨터의 '다운로드' 폴더에서 실습 예제 파일의 압축을 해제합니다.

   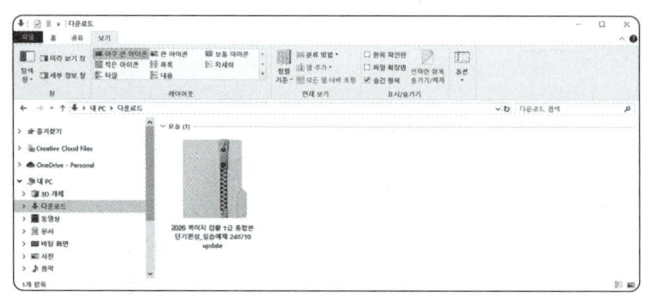

5. '길벗컴활1급통합' 폴더에 다음 그림과 같이 실습용 폴더가 있는지 확인하세요. 이 폴더에 저장된 파일은 책에 수록된 문제를 풀 때 사용됩니다.

   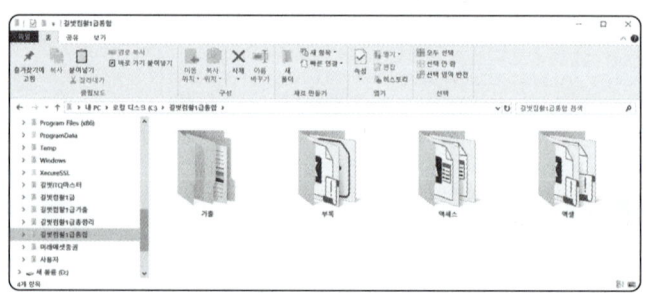

폴더의 용도

'길벗컴활1급통합\기출' 폴더
최신기출문제에서 사용할 엑셀과 액세스의 문제 및 정답 파일이 수록되어 있습니다.

'길벗컴활1급통합\부록' 폴더
여기에 있는 파일은 부록 컴활 함수 사전과 계산작업 문제 모음을 공부할 때 사용합니다.

'길벗컴활1급통합\액세스' 폴더
여기에 있는 파일은 2과목 데이터베이스 실무를 공부할 때 사용합니다.
• **'시험장따라하기' 폴더** : 2과목 '실제 시험장을 옮겨 놓았다!'에서 사용할 문제 및 정답 파일이 수록되어 있습니다.

'길벗컴활1급통합\엑셀' 폴더
여기에 있는 파일은 1과목 스프레드시트 실무를 공부할 때 사용합니다.
• **'시험장따라하기' 폴더** : 1과목 '실제 시험장을 옮겨 놓았다!'에서 사용할 문제 및 정답 파일이 수록되어 있습니다.

채점 프로그램을 사용하려면?

1 채점하기

1. 시나공 홈페이지(sinagong.co.kr)에 접속하여 오른쪽 상단의 〈로그인〉을 클릭한 후 아이디와 패스워드를 넣고 로그인하세요.
2. 위쪽의 메인 메뉴에서 [컴퓨터활용능력] → [1급 필기+실기] → [온라인채점] → [채점하기]를 클릭하세요.

3. '채점하기'에서 채점할 도서로 '2026 시나공 컴활 1급 필기+실기'를 클릭하세요.

※ 간혹 '2026 시나공 컴퓨터활용능력 1급 실기'를 선택하는 경우가 있습니다. 교재명을 잘 확인한 후 꼭 '2026 시나공 컴활 1급 필기+실기'를 선택하세요.

4. '시험 유형 선택'에서 채점할 파일의 '과목', '시험 유형', '시험 회차'를 차례로 선택하세요. 아래쪽에 '채점할 파일 등록' 창이 나타납니다.

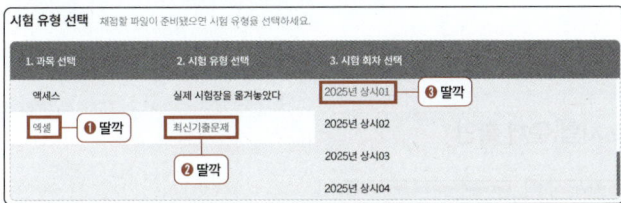

5. 채점할 파일을 '채점할 파일 등록' 창으로 드래그하거나 〈파일 업로드〉를 클릭한 후 '열기' 대화상자에서 채점할 파일을 선택하고 〈열기〉를 클릭하세요.

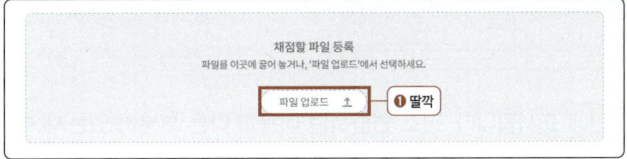

↓

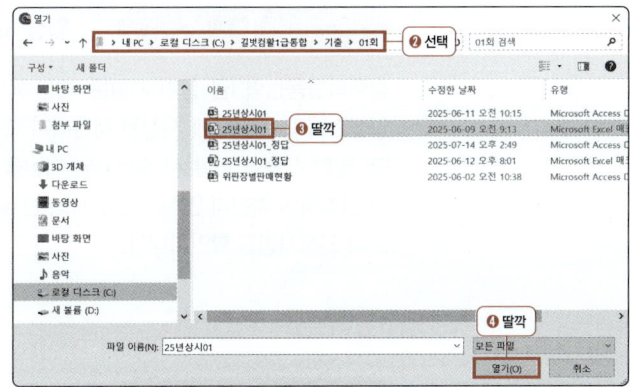

6. 파일이 업로드 된 후 〈채점하기〉를 클릭하면 채점이 수행됩니다.

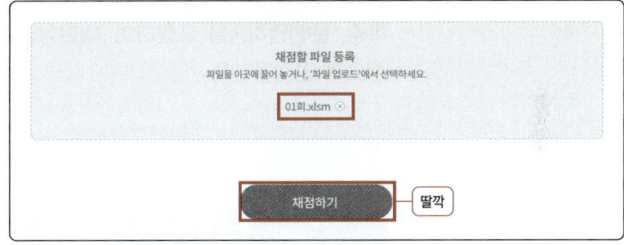

7. 채점이 완료되면 '채점결과'가 표시됩니다.

2 틀린 부분 확인하기

'채점결과'에는 시험 유형, 점수, 합격 여부 그리고 감점 내역이 표시되며, 왼쪽의 문제 번호를 클릭하면 해당 문제의 감점 내역을 확인할 수 있습니다. 올바르게 작성했는데도 틀리다고 표시된 경우에는 시나공 홈페이지 위쪽의 메인 메뉴에서 [커뮤니티]를 클릭하여 해당 문제에 대해 궁금한 점을 문의할 수 있습니다.

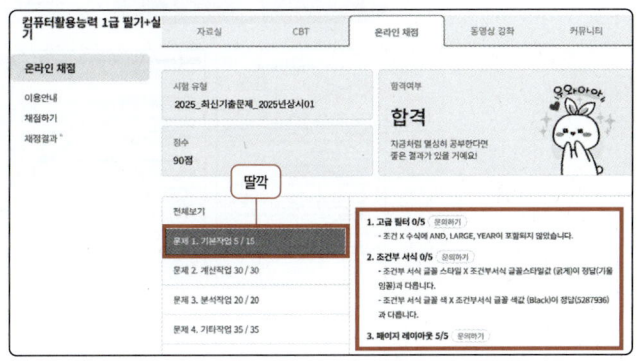

컴퓨터활용능력 실기 시험 입실부터 퇴실까지

1 입실(시험 시작 10분전)

컴퓨터활용능력 1급 실기 시험은 90분 동안 치뤄지는데 보통 시험장에 도착하여 대기하다 10분 전에 입실합니다. 수험표에 지정된 시간까지 도착하지 않으면 입실을 거부당해 시험에 응시하실 수 없습니다. 또한 시험장 입실 시 수험표와 자신을 증명할 수 있는 신분증을 반드시 지참해야 합니다. 시험장에 입실하여 자신의 인적사항과 자리 번호가 표시된 컴퓨터에 앉아서 기다리면 시험 감독위원이 여러분의 인적사항을 확인합니다.

2 신분증 및 수험표 확인

본인 확인을 위해 수험생이 소지한 신분증과 수험표를 확인하는 과정을 거칩니다. 신분증은 주민등록증, 운전면허증을 포함하여 '대한상공회의소'가 공지한 신분증 인정 범위에 속한 증명서만이 신분증으로 인정됩니다.

3 유의사항 및 컴퓨터 확인

컴퓨터 화면 상단에는 시험 관련 유의사항이, 하단에는 〈연습하기〉 버튼이 표시됩니다. 유의사항을 꼼꼼하게 읽어본 후 〈연습하기〉 버튼을 눌러 엑셀과 액세스가 정상적으로 작동하는지 확인합니다. 문제가 있는 경우 손을 들고 감독관을 불러 조치를 받아야 합니다.

4 스프레드시트 시험 문제 확인

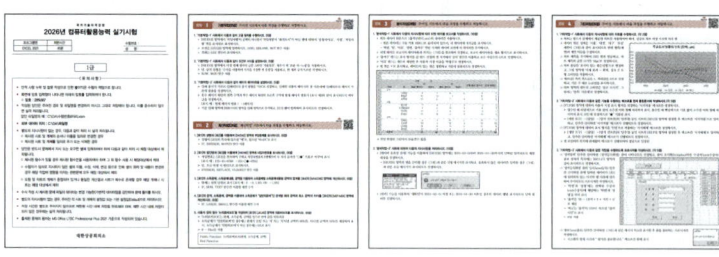

지시사항 1쪽, 문제 3쪽 분량의 문제가 모니터 화면에 표시됩니다. 평소 연습하던 내용과 다른 부분이 있는지 지시사항을 자세히 읽어보세요.

실제 시험장에서 엑셀 문제를 풀 때는 몇 가지 요령이 필요합니다.
첫째, 아는 문제는 바로 풀지만 모르거나 바로 생각나지 않는 문제는 일단 표시해 두고 다음 문제를 풉니다.
둘째, [문제 2] 계산작업은 다른 모든 문제를 푼 다음 가장 나중에 풉니다.
셋째, [문제 2] 계산작업을 풀 때, 머릿속에 대략의 수식이 바로 세워지는 문제는 바로 풀어야 하지만, 수식이 바로 세워지지 않는 문제는 일단 표시해 두고 다음 문제를 풀어야 합니다.
이런 순서로 문제를 푸는 이유는 풀릴 듯 말 듯한 문제를 고민하다 시간을 다 허비하는 실수를 방지하기 위해서입니다. 공부할 때는 [문제2] 계산작업을 가장 먼저 공부해야 하지만, 실제 시험장에서는 가장 나중에 푸는 것이 좋습니다.

5 스프레드시트 시험 시작

시험이 시작되면 엑셀 파일이 자동으로 실행됩니다. 문제와 지시사항들을 꼼꼼히 확인하며 답안을 작성하세요. 컴퓨터에 문제가 발생했을 때 저장하지 않은 답안 파일을 감독관이 책임져주지는 않습니다. 반드시 중간중간 Ctrl + S를 눌러 저장해주세요.

6 스프레드시트 시험 종료

감독관이 시험 종료를 알리면 작업한 내용을 마지막으로 한 번 더 저장합니다.

7 데이터베이스 시험 문제 확인

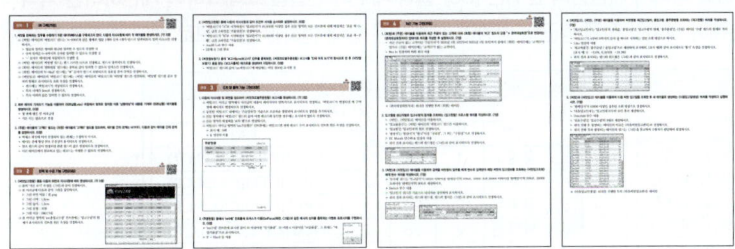

액세스는 풀이 순서가 좀 다릅니다. 액세스 문제들은 서로 연관이 있기 때문에 1번, 2번, 3번, 4번을 차례대로 풀어야 합니다. 그렇다고 모르는 문제를 끝까지 잡고 있을 필요는 없습니다. 엑셀과 마찬가지로 모르는 문제는 과감하게 스킵하고 아는 문제부터 풀어보세요.

8 데이터베이스 시험 시작

시험이 시작되면 액세스 파일이 자동으로 실행됩니다. 문제와 지시사항들을 꼼꼼히 확인하며 답안을 작성하세요. 컴퓨터에 문제가 발생했을 때 저장하지 않은 답안 파일을 감독관이 책임져주지는 않습니다. 반드시 중간중간 Ctrl + S를 눌러 저장해주세요.

9 데이터베이스 시험 종료

감독관이 시험 종료를 알리면 작업한 내용을 마지막으로 한 번 더 저장합니다.

10 퇴실

놓고 가는 소지품은 없는지 확인한 후 퇴실하면 됩니다. 시험 결과는 시험일을 포함한 주를 제외하고 2주 뒤 금요일, https://license.korcham.net/에서 확인할 수 있습니다.

컴퓨터활용능력 시험, 이것이 궁금하다!

Q 조건부 서식에서는 셀 주소의 열 문자 앞에 $를 붙이는데, 고급 필터에서 조건을 작성할 때는 $를 안붙입니다. 이유가 있나요?

A 조건부 서식은 셀 단위로 서식이 적용되기 때문에 행 전체에 서식을 적용하려면 셀 주소의 열 문자 앞에 $를 붙여 열을 고정해야 하지만, 고급 필터는 행 단위로 작업이 이뤄지므로 $를 붙이지 않아도 됩니다.

Q 계산작업 문제는 책에 있는 수식과 똑같을 때만 정답으로 인정되나요?

A 아닙니다. 수식은 작성하는 사람에 따라 다를 수 있으므로, 문제에 제시된 함수를 사용하였고, 수식의 결과가 일치하면 정답으로 인정됩니다.

Q 수식을 작성할 때 $를 붙여 절대 참조로 지정하는 것이 헷갈립니다. 어떤 경우에 절대 참조를 지정하나요?

A 절대 참조를 지정하는 이유는 참조하는 셀의 위치가 변경되어도 수식에 사용된 주소가 변하지 않게 하려는 것입니다. 즉 채우기 핸들을 드래그하여 수식을 복사할 때, 변경되면 안 되는 수식의 주소들은 절대 참조로 지정해야 합니다.
예를 들어, [D3] 셀에 [C3] 셀의 순위를 계산하고 나머지 사람들의 순위는 [D3] 셀의 채우기 핸들을 드래그하여 계산하려면 각각의 평균인 [C4], [C5], [C6], [C7] 셀은 수식이 입력된 위치에 따라 변해야 하지만 전체 평균의 범위인 [C3:C7]은 절대 변하면 안 되므로 절대 주소로 지정해야 합니다.

	A	B	C	D	E
1	성적표				
2	이름	반	평균	순위	순위
3	김예소	1	84	4	=RANK.EQ(C3,$C$3:$C$7)
4	이동준	1	92	2	=RANK.EQ(C4,$C$3:$C$7)
5	임영우	2	96	1	=RANK.EQ(C5,$C$3:$C$7)
6	서현진	2	76	5	=RANK.EQ(C6,$C$3:$C$7)
7	최진성	2	88	3	=RANK.EQ(C7,$C$3:$C$7)

[절대 참조 지정]

	A	B	C	D	E
1	성적표				
2	이름	반	평균	순위	순위
3	김예소	1	84	4	=RANK.EQ(C3,C3:C7)
4	이동준	1	92	2	=RANK.EQ(C4,C4:C8)
5	임영우	2	96	1	=RANK.EQ(C5,C5:C9)
6	서현진	2	76	2	=RANK.EQ(C6,C6:C10)
7	최진성	2	88	1	=RANK.EQ(C7,C7:C11)

[상대 참조 지정(오류)]

Q 매크로를 잘못 만들었어요. 어떻게 해야 하나요?

A 매크로를 잘못 만들었을 때는 다음과 같이 작성한 매크로를 삭제한 후 다시 작성하면 됩니다.
1. [개발 도구] → 코드 → 매크로를 클릭한다.
2. '매크로' 대화상자에서 삭제할 매크로를 선택한 후 〈삭제〉를 클릭한다.
3. 매크로를 새로 작성한다.

Q 문제의 지시사항을 모두 수행했는데 결과 화면이 문제와 다릅니다. 어떻게 해야 하나요?

A 모든 지시사항을 올바르게 수행했다면 문제지의 그림과 엑셀의 결과 화면이 같아야 합니다. 수행하지 않은 지시사항은 없는지, 잘못된 순서로 작업하지는 않았는지 다시 한번 확인해 보세요.

Q 고급 필터의 조건을 작성할 때 '…MID(A2,4,1)*1)=5..'처럼 MID 함수의 결과에 1을 곱하는 이유가 뭐죠?

A 숫자 모양의 텍스트 데이터를 숫자 데이터로 변환하기 위해서입니다. MID, LEFT, RIGHT 함수는 결과를 텍스트로 반환하는 텍스트 함수인데, 이 텍스트를 숫자와 비교하려면 텍스트를 숫자로 변환해야 합니다. 즉 'MID(A2,4,1)*1'와 같이 1을 곱하면 숫자 모양의 텍스트가 숫자로 변환됩니다.

Q 수식을 입력하면 표시 형식이 정답과 다른 경우가 있습니다. 이럴 때는 정답과 동일하게 만들어야 하나요?

A 아닙니다. 문제에 표시 형식을 지정하라는 지시사항이 없으면 표시된 결과 그대로 두면 됩니다.

컴퓨터활용능력 Q&A

Q '관계 편집' 대화상자에서 작업을 수행하는데, 다음 그림과 같이 〈상품〉 테이블을 잠글 수 없다는 메시지가 표시됩니다. 왜 그렇죠?

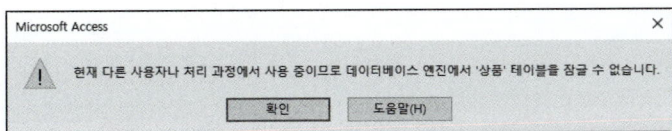

A 현재 관계 설정에 사용하고 있는 테이블을 열어 놓은 상태에서 작업을 수행했기 때문입니다. 메시지 창에서 〈확인〉을 클릭한 후 '관계 편집' 대화상자를 닫고 〈상품〉 테이블을 선택한 다음 닫기 단추(×)를 클릭하세요. 그런 다음 관계 설정 작업을 다시 수행하면 됩니다.

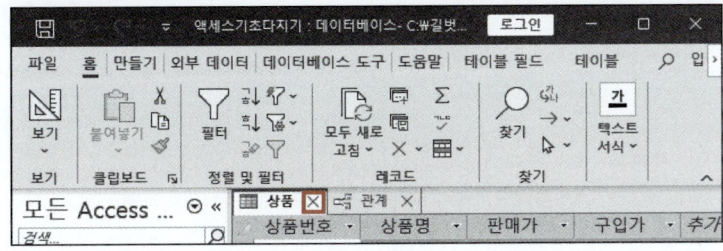

Q 폼이나 보고서의 디자인 보기에서 컨트롤을 더블클릭해도 속성 시트 창이 안 나타나요. 왜 그렇죠?

A 컨트롤이 편집 상태이기 때문입니다. 다른 곳을 클릭하여 편집 상태를 해제하거나 컨트롤의 경계선에 마우스를 놓아 마우스 포인터가 ↔로 변경될 때 더블클릭하면 됩니다.

Q '컨트롤 원본'에 수식을 적을 때, 어떤 경우는 [매출수량]으로 적고 어떤 경우는 "매출수량"으로 적는데, 차이점을 모르겠어요.

A 일반적으로 필드명을 입력할 때는 대괄호([ ])로 묶고, 단순 텍스트를 입력할 때는 큰따옴표(" ")로 묶는다고 생각하면 됩니다. 예외가 있다면, DSum, DAvg 같은 도메인 함수에서 필드명을 입력할 때는 큰따옴표(" ")로 묶는다는 것입니다.

Q '컨트롤 원본'에 현재 날짜를 지정할 때, Date와 Now 중 어떤 것을 사용해야 하나요?

A 문제에 제시된 함수를 사용하면 됩니다. 문제에 사용할 함수가 제시되어 있지 않을 때는 아무거나 사용해도 됩니다. 제시된 함수는 없지만 '시간을 포함하지 않는 시스템의 오늘 날짜'를 표시하라는 조건이 있을 때는 반드시 Date 함수를 사용해야 합니다.

Q 보고서에서 그룹이나 정렬을 설정할 때 '그룹 추가'와 '정렬 추가'의 차이점은 무엇인가요? 똑같이 정렬 설정도 되고 그룹 머리글/바닥글 설정도 되는 것 같은데 …

A 큰 차이점은 없으므로 둘 중 어떤 것을 사용하든 그룹 및 정렬 기준을 지정할 수 있습니다. 차이가 있다면 '그룹 추가'를 클릭하면 그룹 지정이 편리하도록 바로 그룹 기준 필드를 선택할 수 있는 필드 목록이 표시되고, '정렬 추가'를 클릭하면 정렬 지정이 편리하도록 바로 정렬 기준 필드를 선택할 수 있는 필드 목록이 표시됩니다.

Q 컨트롤을 못 찾겠어요. 어떻게 찾죠?

A 속성 시트 창에서 컨트롤의 이름을 확인하면 됩니다. 문제에 제시된 컨트롤이 정확하게 어떤 것인지 모를 경우에는 예상되는 컨트롤을 더블클릭하여 속성 시트 창을 연 다음 속성 시트 창의 '기타' 탭에서 '이름' 속성을 확인하세요. 찾는 컨트롤이 아니면 다른 컨트롤을 클릭해 보면 되겠죠.

엑셀 기능

스프레드시트 실무

문제 1 · 기본작업

문제 2 · 계산작업

문제 3 · 분석작업

문제 4 · 기타작업

문제 1   기본작업(15점)

전문가의 합격 전략

기본 작업은 조건부 서식, 고급 필터, 시트 보호, 통합 문서 보기, 페이지 레이아웃 등의 기능 중에서 3문제가 출제됩니다. 고급 필터와 조건부 서식은 매회 고정적으로 출제되고 있으며, 시트 보호/통합 문서 보기와 페이지 레이아웃 중에서 한 문제가 선택적으로 출제됩니다. 기본 작업에 특별히 어렵게 출제되는 문제는 없지만 15점을 모두 얻기 위해서는 간혹 고급 필터와 조건부 서식에 주어지는 까다로운 조건까지 만들 수 있도록 조건 지정 연습을 충분히 해야 한다는 것입니다. 고급 필터나 조건부 서식에서 조건을 지정하는 원리는 2번 계산 작업에서의 그것과 동일하니 2번 계산 작업을 먼저 공부한 후에 1번 문제를 공부하는 것도 하나의 요령입니다.

1   고급 필터

출제 비율 100% / 배점 5점

고급 필터는 다음과 같은 과정으로 작업을 진행합니다.

1. 조건을 입력한다.

   ※ 특정 필드만 추출할 경우에는 조건과 함께 추출할 필드명을 입력합니다.

2. [데이터] → 정렬 및 필터 → **고급**을 클릭한다.
3. '고급 필터' 대화상자에 결과, 목록 범위, 조건 범위, 복사 위치를 지정하고 〈확인〉을 클릭한다.

	A	B	C	D	E	F
1	[표1]					
2	사원코드	호봉	직무	연봉	연월차	특근비
3	SG0111	수석연구원	연구직	38,500,000	23	120,000
4	SG0710	선임연구원	연구직	37,500,000	17	45,200
5	SG0204	책임연구원	연구직	37,500,000	22	41,000
6	SG0712	책임연구원	연구직	35,000,000	23	64,600
7	SG0812	연구원	연구직	28,500,000	17	32,100
8	SG0810	연구원	연구직	27,000,000	16	37,100
9	SG0411	과장4호	일반직	35,500,000	23	51,500
10	SG0813	부장1호	일반직	34,500,000	22	92,600
11	SG0205	사원3호	일반직	30,000,000	17	46,400
12	SG0203	대리2호	일반직	29,250,000	18	18,800
13	SG0413	대리3호	일반직	28,500,000	19	33,800
14	SG0206	부장2호	일반직	27,000,000	18	38,700
15	SG0811	과장2호	일반직	26,000,000	21	2,600
16	SG0809	과장1호	일반직	25,000,000	20	67,700

→

	A	B	C	D	E	F
1	[표1]					
2	사원코드	호봉	직무	연봉	연월차	특근비
3	SG0111	수석연구원	연구직	38,500,000	23	120,000
4	SG0710	선임연구원	연구직	37,500,000	17	45,200
5	SG0204	책임연구원	연구직	37,500,000	22	41,000
6	SG0712	책임연구원	연구직	35,000,000	23	64,600
7	SG0812	연구원	연구직	28,500,000	17	32,100
8	SG0810	연구원	연구직	27,000,000	16	37,100
9	SG0411	과장4호	일반직	35,500,000	23	51,500
10	SG0813	부장1호	일반직	34,500,000	22	92,600
11	SG0205	사원3호	일반직	30,000,000	17	46,400
12	SG0203	대리2호	일반직	29,250,000	18	18,800
13	SG0413	대리3호	일반직	28,500,000	19	33,800
14	SG0206	부장2호	일반직	27,000,000	18	38,700
15	SG0811	과장2호	일반직	26,000,000	21	2,600
16	SG0809	과장1호	일반직	25,000,000	20	67,700
17						
18	조건					
19	TRUE					
20						
21	사원코드	호봉	직무	연봉	연월차	특근비
22	SG0111	수석연구원	연구직	38,500,000	23	120,000
23	SG0710	선임연구원	연구직	37,500,000	17	45,200
24	SG0204	책임연구원	연구직	37,500,000	22	41,000

※ '호봉'이 "연구원"으로 끝나고, 연봉이 상위 3등 안에 드는 데이터만 [A21] 셀부터 표시되도록 고급 필터를 실행한 화면입니다.

상시시험 출제 유형

☞ 직접 실습하려면 '길벗컴활1급통합\엑셀\01고급필터.xlsm' 파일을 열어서 작업하세요.

> **전문가의 조언**
> - AND(조건1, 조건2, …) 모양의 수식으로, AND 함수를 맨 바깥쪽에 놓고 제시된 조건에 맞게 조건들을 만들어 AND 함수의 인수로 지정하면 됩니다.
> - AVERAGE( ), RANK( ) 함수를 사용할 때는 데이터의 범위를 **절대참조**로 지정한다는 것을 명심하세요.
> - 하나 더, 처음엔 수식이 헷갈립니다. 헷갈리는 수식은 일단 암기합시다.

01 AND 조건

25.상시, 24.상시, 23.상시, 22.상시, 21.상시, 20.상시, 20.1, 19.상시, 19.2, 18.상시, 18.2, 18.1, …

※ 아래 그림을 참고하여 고급 필터의 조건을 이해하고 암기하세요.

	A	B	C	D	E	F	G	H	I	J	K	L
1	주문코드	주문일	주문가격	4월	5월	6월	4월반품	5월반품	6월반품	구분	결제일	결제시간
2	RA-4918	2018-02-17	43,000	24	30	56	○			현금	2018-09-01	09:30
3	SN-5144	2019-01-15	39,000	49	23	58	○	○	○	일시불	2019-10-17	11:20
4	SN-7184	2019-01-25	33,000	47	21	44	○			현금	2019-08-23	15:47
5	RR-2196	2021-02-01	26,000	93	35	24		○		일시불	2021-10-09	17:20
6	RA-7401	2021-02-12	42,000	71	84	92				할부	2021-06-23	11:10
7	SN-1180	2021-01-11	36,000	49	55	57	○	○	○	현금	2021-05-17	18:59
8	RR-2279	2019-03-17	40,000	71	97	46		○		할부	2019-09-07	10:30
9	RA-6094	2021-02-20	38,000	77	61	85				현금	2021-09-16	13:26
10	RA-6926	2018-02-20	39,000	65	55	80	○	○		일시불	2018-06-14	12:54
11	SN-8100	2020-03-15	44,000	49	67	48				일시불	2020-08-25	14:07
12	SN-5239	2020-03-21	41,000	60	48	65				할부	2020-11-11	16:34
13	SN-4863	2021-01-16	45,000	57	27	47				현금	2021-06-14	09:09
14	RR-5241	2021-02-09	29,000	85	60	87	○		○	일시불	2021-10-26	13:19
15	RA-6684	2017-03-06	27,000	83	54	80	○			할부	2017-07-28	17:55

유형 1 25.상시, 23.상시, 22.상시, 21.상시, 20.상시, 13.상시, 13.1, 12.3

'주문코드'가 "SN"으로 시작하고, '주문가격'이 전체 주문가격의
　　　　　　조건1　　　　　　　　　　조건2

평균보다 크거나 같은 데이터

▶ LEFT, AVERAGE, AND 함수 사용

[=AND(LEFT(A2, 2)="SN", C2>=AVERAGE($C$2:$C$15))]
　　　　　　조건1　　　　　　　　조건2

- 복잡한 수식을 입력하면 좌우의 괄호가 맞지 않아 수식에 오류가 발생하는 경우가 많습니다. 이런 경우에는 같은 레벨의 괄호 또는 인수 단위로 충분한 거리를 두고 수식을 입력하면 구분하기가 훨씬 쉽습니다.
  =AND(LEFT(A2, 2)="SN" , C2>=AVERAGE($C$2:$C$15))
  이렇게 수식 중간에 공백을 주고 입력해도 결과는 바르게 나옵니다.
- 직접 실습하려면 '01고급필터.xlsm' 파일을 열어 '01-유형1' 시트의 [A17:A18] 셀에 조건을 입력한 후 [데이터] → 정렬 및 필터 → **고급**을 선택하여 실행하세요.

유형 2 24.상시, 23.상시, 22.상시, 21.상시, 18.상시, 18.1, 14.2, 13.2, 12.2, 12.1

'주문일'의 년도가 2017 보다 크고 2020 보다 작고, '구분'이 "현
　　　　조건1　　　　　　　　조건2　　　　　　조건3

금"이 아닌 데이터

▶ AND, YEAR 함수 사용

[=AND(YEAR(B2)>2017, YEAR(B2)<2020, J2<>"현금")]
　　　　　조건1　　　　　　조건2　　　　　조건3

유형 3 22.상시, 21.상시, 20.상시, 17.상시

'4월반품'이 공백이 아니면서 '결제일'이 '주문일'의 5개월 후 날짜
　　　조건1　　　　　　　　　　　　　조건2

보다 크거나 같은 데이터

▶ ISBLANK, EDATE, NOT, AND 함수 사용

[=AND(NOT(ISBLANK(G2)), K2>=EDATE(B2, 5))]
　　　　　　　조건1　　　　　　　　조건2

유형 4 23.상시, 22.상시, 21.상시, 19.상시, 15.상시

'주문코드'의 마지막 글자가 짝수이고 '4월반품', '5월반품', '6월반
　　　　　　　조건1

품'이 모두 "○"인 데이터
　　　조건2

▶ ISEVEN, RIGHT, AND, COUNTA 함수 사용

[=AND(ISEVEN(RIGHT(A2, 1)), COUNTA(G2:I2)=3)]
　　　　　　조건1　　　　　　　　조건2

유형 5 22.상시, 18.상시, 14.상시, 13.상시

'주문코드'가 "A" 자를 포함하고, '주문코드'의 네 번째 글자가
　　조건1　　　　　　　　　　　　　조건2

5 이상인 데이터

▶ AND, FIND, MID 함수 사용

[=AND(FIND("A", A2)>=1, MID(A2, 4, 1)*1>=5)]
　　　　　조건1　　　　　　조건2

> ***1을 하는 이유**
> MID, LEFT, RIGHT 등은 결과를 텍스트 형식으로 반환하는 텍스트 함수입니다. 텍스트 함수의 결과와 수치 데이터 5를 비교하기 위해서는 텍스트 함수의 결과를 수치 데이터로 변경해야 하므로 'MID(A2, 4, 1)*1'과 같이 '*1'을 해줘야 합니다. VALUE 함수를 사용할 경우에는 'VALUE(MID(A2, 4, 1))'로 해주면 됩니다.

유형 6 결제시간이 오전 9시부터 11시 50분까지인 데이터
　　　　　 ───────조건1────────　─조건2─

▶ AND 함수 사용

[=AND(L2>=9/24, L2<=(11/24+50/(24*60)))]
　　　　─조건1─　　─────조건2─────

> 함수를 사용하지 않고 시간을 조건으로 지정할 때는 시간은 하루 24시간제를 사용하므로 **시간/24**이고, 1시간은 60분이므로 분은 **분/(24*60)**, 시간과 분을 같이 지정할 때는 **시간/24+분/(24*60)**으로 지정하면 됩니다. 12시는 12/24로 0.5를 입력해도 됩니다.
> 예 오후 1시 30분 : 13/24+30/(24*60)

전문가의 조언

- OR(조건1, 조건2, …) 모양의 수식으로, OR 함수를 맨 바깥쪽에 놓고 제시된 조건에 맞게 조건들을 만들어 OR 함수의 인수로 지정하면 됩니다.
- LARGE( ), SMALL( ), MIN( ), MAX( ) 함수를 사용할 때는 데이터의 범위를 절대참조로 지정한다는 것을 명심하세요.
- 마찬가지로, 헷갈리는 수식은 일단 암기합시다.

02 OR 조건

유형 1 '주문일'이 20일 이후이거나 '5월'이 '6월'보다 큰 데이터
　　　　　 ──────조건1──────　─────조건2─────

▶ OR, DAY 함수 사용

[=OR(DAY(B2)>=20, E2>F2)]
　　　　──조건1──　─조건2─

유형 2 '주문가격'이 상위 3위 이내이거나 하위 3위 이내인
　　　　　 ─────조건1─────　─────조건2─────
데이터

▶ LARGE, SMALL, OR 함수 사용

[=OR(C2>=LARGE($C$2:$C$15, 3), C2<=SMALL($C$2:$C$15, 3))]
　　　　──────조건1──────　──────조건2──────

유형 3 '주문가격'이 가장 크거나 '6월' 중 가장 작은 데이터
　　　　　 ──────조건1──────　────조건2────

▶ MAX, MIN, OR 함수 사용

[=OR(C2=MAX($C$2:$C$15), F2=MIN($F$2:$F$15))]
　　　　────조건1────　────조건2────

전문가의 조언

- AND(조건1, OR(조건2, 조건3)) 모양의 수식으로, AND 함수를 맨 바깥쪽에 놓고 AND 함수의 인수를 넣을 자리 중 하나에 OR 함수를 넣으면 됩니다.
- 제시된 조건들이 '~이고', '~이면서'로 연결되면 AND 함수를 사용하고, '~이거나', '또는'으로 연결되면 OR 함수를 사용하세요.
- 마찬가지로, 헷갈리는 수식은 일단 암기합시다.

03 AND, OR 조건

유형 1 '주문코드'가 "4"로 끝나고 '구분'이 "현금" 또는 "할부"인
　　　　　 ─────조건1─────　──조건2──　──조건3──
데이터

▶ AND, OR, RIGHT 함수 사용

[=AND(RIGHT(A2, 1)="4", OR(J2="현금", J2="할부"))]
　　　　─────조건1─────　──조건2──　──조건3──

대표기출문제

'길벗컴활1급통합\엑셀\01고급필터.xlsm' 파일을 열어서 작업하세요.

기출 1
25.상시, 24.상시, 23.상시, 22.상시, 21.상시, 20.상시, 13.상시, 13.1, …

'기출1' 시트에서 다음과 같이 고급 필터를 수행하시오.

▶ '상품코드'가 "PB"로 시작하여 "RL"로 끝나고, '거래금액'이 전체 거래금액 평균보다 작은 행인 데이터를 표시하되, '구매자', '상품코드', '종류', '수량', '거래금액' 필드만 표시하시오.
▶ 조건은 [A31:A32] 영역 내에 알맞게 입력하시오.
 (AND, RIGHT, LEFT, AVERAGE 함수 사용)
▶ 결과는 [A34] 셀부터 표시하시오.

기출 2
23.상시, 22.상시, 21.상시, 19.1, 18.상시, 17.상시, 14.2

'기출2' 시트에서 다음과 같이 고급 필터를 수행하시오.

▶ '판매부수'가 상위 10위 이내이거나 하위 10위 이내이면서 'E-Book'이 공백이 아닌 데이터를 표시하시오.
▶ 조건은 [H1:H2] 영역 내에 알맞게 입력하시오.
 (LARGE, SMALL, OR, AND, NOT, ISBLANK 함수 사용)
▶ 결과는 [H4] 셀부터 표시하시오.

기출 3
22.상시, 21.상시, 20.상시, 17.상시

'기출3' 시트에서 다음과 같이 고급 필터를 수행하시오.

▶ '대출일'의 년도가 2020년이고 월이 6월 이전이면서 '대출일'의 10년 후 날짜가 '상환일' 보다 크거나 같은 데이터를 표시하되, '대표자', '주민번호', '대출일', '상환일', '대출금액', '연이율' 필드만 표시하시오.
▶ 조건은 [A32:A33] 영역 내에 알맞게 입력하시오.
 (YEAR, MONTH, EDATE, AND 함수 사용)
▶ 결과는 [A35] 셀부터 표시하시오.

정답 및 해설

[기출 1]

〈정답〉

	A	B	C	D	E
30					
31	조건				
32	FALSE				
33					
34	구매자	상품코드	종류	수량	거래금액
35	양영솔	PB-16-RL	PB	370	1,443,000
36	오이설	PB-36-RL	PB	320	8,736,000
37	허하영	PB-12-RL	PB	500	5,850,000

〈해설〉

1. 조건과 추출할 필드명을 다음과 같이 입력한다.

	A	B	C	D	E
31	조건				
32	FALSE				
33					
34	구매자	상품코드	종류	수량	거래금액

[A32] : =AND(LEFT(B3, 2)="PB", RIGHT(B3, 2)="RL", H3〈AVERAGE($H$3:$H$29))

2. 데이터 범위 안에 셀 포인터를 놓고 [데이터] → 정렬 및 필터 → 고급을 클릭한다.
3. '고급 필터' 대화상자에서 다음과 같이 지정하고 〈확인〉을 클릭한다.

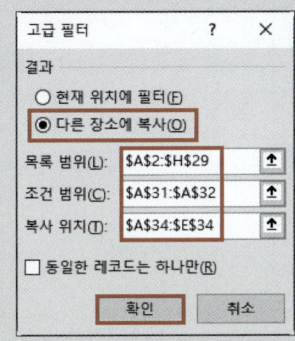

[기출 2]

〈정답〉

	H	I	J	K	L	M
1	조건					
2	TRUE					
3						
4	도서코드	분류	페이지	E-Book	판매부수	도서가격
5	RC-H06	과학	352		65,600	30,000
6	HM-G09	인문	512	○	12,500	16,000
7	RC-G03	사회	288	○	2,300	42,000
8	RC-E05	과학	360	○	66,800	40,000
9	RC-Q02	사회	424	○	69,400	26,000
10	RC-K02	과학	576	○	71,300	10,000
11	HM-I02	인문	392	○	13,200	31,000
12	RC-J00	과학	408	○	12,600	50,000
13	HM-T07	인문	256	○	10,100	38,000

〈해설〉
• '고급 필터' 대화상자

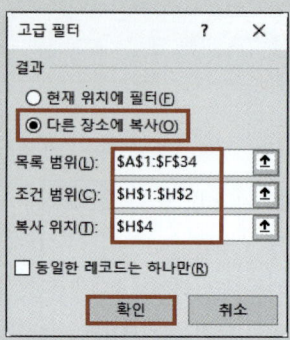

[H2] : =AND(OR(E2>=LARGE($E$2:$E$34, 10), E2<=SMALL($E$2:$E$34, 10)), NOT(ISBLANK(D2)))

[기출 3]

〈정답〉

	A	B	C	D	E	F
31						
32	조건					
33	FALSE					
34						
35	대표자	주민번호	대출일	상환일	대출금액	연이율
36	주이준	770506-2******	2020-02-21	2028-02-21	7,128,000	2.1%
37	서명세	630521-1******	2020-03-16	2029-03-16	36,624,000	1.3%
38	최혜온	800727-2******	2020-03-14	2027-03-14	49,770,000	4.3%

〈해설〉
• '고급 필터' 대화상자

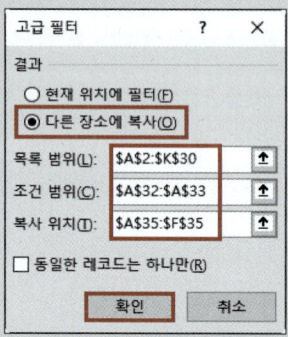

[A33] : =AND(YEAR(E3)=2020, MONTH(E3)<=6, EDATE(E3, 120))=F3)

2 조건부 서식

출제 비율 100% / 배점 5점

조건부 서식은 다음과 같은 과정으로 작업을 진행합니다.

1. 조건부 서식이 적용될 범위를 블록으로 지정한다.
2. [홈] → 스타일 → 조건부 서식 → **새 규칙**을 선택한다.
3. '새 서식 규칙' 대화상자에서 '수식을 사용하여 서식을 지정할 셀 결정'을 선택하고 조건을 입력한다.
4. 〈서식〉 단추를 클릭한 후 '셀 서식' 대화상자에서 서식을 지정한다.

	A	B	C	D	E	F	G
1	[표1]						
2	수험번호	이름	응시횟수	데이터베이스	데이터통신	운영체제	소프트웨어
3	가052	홍길동	1	54	55	69	90
4	나124	이신영	2	95	98	86	100
5	가051	강석호	1	95	85	50	70
6	다952	임수경	3	38	75	54	94
7	나052	양세진	2	24	90	48	69
8	라512	김용민	1	80	83	95	24
9	가215	최준경	3	75	89	98	63
10	다095	유구희	1	86	75	70	75
11	나065	이아현	2	98	86	89	89
12	라658	명세진	1	63	89	90	54
13	라982	김우희	1	55	88	55	95
14	다357	김천명	3	98	95	96	100
15	가094	이상정	2	54	50	53	90
16	나094	최정운	1	95	95	92	66

→

	A	B	C	D	E	F	G
1	[표1]						
2	수험번호	이름	응시횟수	데이터베이스	데이터통신	운영체제	소프트웨어
3	가052	홍길동	1	54	55	69	90
4	나124	이신영	2	95	98	86	100
5	가051	강석호	1	95	85	50	70
6	*다952*	*임수경*	*3*	*38*	*75*	*54*	*94*
7	나052	양세진	2	24	90	48	69
8	라512	김용민	1	80	83	95	24
9	가215	최준경	3	75	89	98	63
10	다095	유구희	1	86	75	70	75
11	나065	이아현	2	98	86	89	89
12	라658	명세진	1	63	89	90	54
13	라982	김우희	1	55	88	55	95
14	*다357*	*김천명*	*3*	*98*	*95*	*96*	*100*
15	가094	이상정	2	54	50	53	90
16	나094	최정운	1	95	95	92	66

※ '응시횟수'가 3 이상이고, '소프트웨어'가 '소프트웨어'의 전체 평균 이상인 행에만 서식이 적용되도록 조건부 서식을 적용한 화면입니다.

상시시험 출제 유형

☞ 직접 실습하려면 '길벗컴활1급통합\엑셀\02조건부서식.xlsm' 파일을 열어서 작업하세요.

※ 아래 그림을 참고하여 조건부 서식의 조건을 이해하고 암기하세요.

	A	B	C	D	E	F	G	H	I
1	학생코드	이름	등록일	구분	국어	영어	수학	과학	총점
2	RA4918	최예스더	2021-02-20	여고	82	85	64	74	76
3	WO144	송종환	2018-02-20	남고	79	73	97	77	82
4	WO7184	윤영주	2021-01-11	남고	76	84	91	85	84
5	RR2196	장민	2019-03-17	여고	81	89	89	93	88
6	RA7401	주재훈	2020-03-21	남고	90	78	73	79	80
7	WO1180	이종한	2019-01-25	남중	69	99	85	67	80
8	RR6279	오진주	2021-02-01	여고	60	76	67	89	73
9	RA6094	배신영	2021-02-12	여중	67	93	83	71	79
10	RA6926	남진	2021-01-16	남고	69	98	78	62	77
11	WO8100	황윤형	2021-02-09	남중	69	63	70	73	69
12	RA5239	노마리아	2020-03-15	여중	78	85	99	80	86
13	RA6684	손예슬	2017-03-06	여고	88	95	65	92	85
14	WO4863	오지완	2018-02-17	남고	96	68	65	60	72
15	RR5241	주현	2019-01-15	여중	98	76	66	65	76

 전문가의 조언

- 셀 주소의 열 문자 앞에 $를 표시할 때는 셀 주소가 선택된 상태에서 F4 를 두 번 누르면 됩니다.
- 문제의 조건이 어떻게 수식으로 표현되었는지 살펴보고, 잘 이해되지 않는 부분은 일단 암기해 두세요.

01 행 전체

25.상시, 24.상시, 23.상시, 22.상시, 21.상시, 20.상시, 19.상시, 19.2, 18.상시, 18.2, 18.1, …

23.상시, 22.상시, 21.상시, 19.2, 18.2, 17.상시, 16.2, 15.상시, 14.2, …

유형 1 '학생코드'가 "R"로 시작하면서 '총점'이 '총점'의 전체 평균을 초
　　　　　　조건1　　　　　　　　　　　　　　　조건2
과하는 행 전체

▶ LEFT, AVERAGE, AND 함수 사용

[=AND(LEFT($A2, 1)="R", $I2〉AVERAGE($I$2:$I$15))]
　　　　　　조건1　　　　　　　　　조건2

조건부 서식을 직접 실행하려면 [A2:I15] 영역을 블록으로 지정한 상태에서 [홈] → 스타일 → 조건부 서식 → **새 규칙**을 선택하여 '새 서식 규칙' 대화상자에서 지정하면 됩니다.

유형 2 '등록일'이 홀수 달이고 2020년 1월 1일 이후인 행 전체
　　　　　조건1　　　　　　　조건2

▶ MONTH, MOD, AND, DATE 함수 사용

[=AND(MOD(MONTH($C2), 2)=1, $C2>=DATE(2020, 1, 1))]
　　　　　　조건1　　　　　　　　조건2

유형 3 '학생코드'의 오른쪽 세 글자를 100으로 나눈 몫이 홀수이고 '총
　　　　　　　　　　　　　　　　　　　　　　　　　조건1
점'이 전체 총점의 80% 이상인 행 전체
　　　조건2

▶ AND, ISODD, QUOTIENT, RIGHT, PERCENTILE.INC 함수 사용

[=AND(ISODD(QUOTIENT(RIGHT($A2, 3), 100)), $I2>=PERCENTILE.INC($I$2:$I$15, 0. 8))]
　　　　　　　　　　조건1　　　　　　　　　　　　　　　　　조건2

```
=AND( ISODD( QUOTIENT(RIGHT($A2, 3), 100) ), $I2>=PERCENTILE.INC($I$2:$I$15, 0.8) )
                         ❶
               ❷                              ❸
                         ❹
```

❶ QUOTIENT(RIGHT($A2, 3), 100)) : [A2] 셀의 값 "RA4918"의 오른쪽 3글자 918을 100으로 나눈 몫인 9를 반환합니다.
❷ ISODD(❶) → ISODD(9) : 9는 홀수이므로 TRUE를 반환합니다.
❸ $I2>=PERCENTILE.INC($I$2:$I$15, 0.8) : [I2] 셀의 값 76은 [I2:I15]의 80번째 백분위수 값인 84.4보다 작으므로 FALSE를 반환합니다.
❹ =AND(❷, ❸) → =AND(TRUE, FALSE) : 두 조건이 모두 TRUE가 아니므로 조건부 서식이 적용되지 않습니다.

유형 4 '총점'이 상위 세 번째 값보다 크거나 하위 세 번째 값보다 작은 행
　　　　　　　　　　조건1　　　　　　　　　　　조건2
전체

▶ LARGE, SMALL, OR 함수 사용

[=OR($I2>LARGE($I$2:$I$15, 3), $I2<SMALL($I$2:$I$15, 3))]
　　　　　　조건1　　　　　　　　　　조건2

유형 5 '총점'이 상위 3위 이내이거나 하위 3위 이내인 행 전체
　　　　　　조건1　　　　　　　　조건2

▶ RANK.EQ, OR 함수 사용

[=OR(RANK.EQ($I2, $I$2:$I$15)<=3, RANK.EQ($I2, $I$2:$I$15, 1)<=3)]
　　　　　　조건1　　　　　　　　　　　　조건2

> RANK.EQ(인수, 범위, '옵션') 함수는 '옵션'을 0 또는 생략하면 내림차순을 기준으로 순위를 구하고, 0 이외의 값이면 오름차순을 기준으로 순위를 구합니다.

유형 6 '등록일'이 가장 빠른 날짜와 가장 늦은 날짜의 행 전체
　　　　　　조건1　　　　　　　조건2

▶ OR, MAX, MIN 함수 사용

[=OR($C2=MIN($C$2:$C$15), $C2=MAX($C$2:$C$15))]
　　　　　　조건1　　　　　　　　　　조건2

유형 7 '구분'이 "남고"이고 '등록일'의 요일이 '화요일'이나 '토요일'인 행
　　　　　조건1　　　　　　　　　　　조건2
전체

▶ OR, WEEKDAY, AND 함수 사용
▶ WEEKDAY 함수는 '월요일'이 1이 되도록 작성

[=AND($D2="남고", OR(WEEKDAY($C2, 2)=2, WEEKDAY($C2, 2)=6)]
　　　　　조건1　　　　　　　　　　　　조건2

> WEEKDAY(날짜, 옵션) 함수의 옵션을 2로 지정하면 1(월요일) ~ 7(일요일)로 요일번호를 반환합니다.

유형 8 '학생코드'에 18이 포함되거나 '국어'가 95 이상인 행 전체
　　　　　　조건1　　　　　　　　　조건2

▶ OR, IFERROR, SEARCH 함수 사용

[=OR(IFERROR(SEARCH(18, $A2), FALSE), $E2>=95)]

- 셀 주소의 행 번호 앞에 $를 표시할 때는 셀 주소가 선택된 상태에서 F4를 한 번 누르면 됩니다.
- 문제의 조건이 어떻게 수식으로 표현되었는지 살펴보고, 잘 이해되지 않는 부분은 일단 암기해 두세요.

02 열 전체

22.상시, 21.상시, 20.1, 19.상시, 18.상시, 17.1

유형 1 20.상시, 19.상시, 17.1

열 번호가 짝수인 열 전체
　　　　 조건

▶ COLUMN, ISEVEN 함수 사용

[=ISEVEN(COLUMN( ))]
　　　　조건

- COLUMN(인수)은 열 번호를 반환하는 함수로, 인수를 생략하면 COLUMN( )이 입력된 셀의 열 번호를 반환합니다.
- [유형 1]의 COLUMN( )은 조건부 서식이 적용되는 범위의 모든 열이, A는 1, B는 2, C는 3과 같이 숫자로 차례대로 반환되며, ISEVEN( ) 함수를 통해 짝수인 열만 참(TRUE)이 반환됩니다.
- ※ 열 머리글까지 포함하여 조건부 서식을 적용해야 합니다. 1행을 포함한 [A1:I15] 영역을 블록으로 지정한 상태에서 [홈] → 스타일 → 조건부 서식 → **새 규칙**을 선택하세요.

유형 2 22.상시, 21.상시, 20.1, 18.상시

열 번호를 3으로 나눈 나머지가 홀수이면서 [A1:I1] 영역의 끝나는
　　　　　　　조건1　　　　　　　　　　　　　조건2
글자가 "학"인 열 전체

▶ COLUMN, MOD, ISODD, AND, RIGHT 함수 사용

[=AND(ISODD(MOD(COLUMN( ), 3)), RIGHT(A$1, 1)="학")]
　　　　　　　　조건1　　　　　　　　　　조건2

```
=AND( ISODD( MOD(COLUMN( ), 3) ), RIGHT(A$1, 1)="학" )
                         ❶
                    ❷
                ❸                    ❹
                       ❺
```

❶ COLUMN( ) : 현재 셀이 [A1] 셀에 있다면 열 번호 1을 반환합니다.
❷ MOD(❶, 3) → MOD(1, 3) : 1을 3으로 나눈 나머지인 1을 반환합니다.
❸ ISODD(❷) → ISODD(1) : 1은 홀수이므로 TRUE를 반환합니다.
❹ RIGHT(A$1, 1)="학" : [A1] 셀 값 "학생코드"의 오른쪽 한 글자인 "드"는 "학"과 다르므로 FALSE를 반환합니다.
❺ =AND(❸, ❹) → =AND(TRUE, FALSE) : 조건이 모두 TRUE가 아니므로 조건부 서식이 적용되지 않습니다.

대표기출문제

'길벗컴활1급통합\엑셀\02조건부서식.xlsm' 파일을 열어서 작업하세요.

기출 1 24.상시, 22.상시, 21.상시, 19.2, 18.2, 17.상시, 16.2, 15.상시, 14.2

'기출1' 시트에서 다음과 같이 조건부 서식을 설정하시오.

▶ [A3:I17] 영역에 대해서 '재배시기'의 글자 수가 2이고, '거래액'이 전체 '거래액'의 평균보다 크고, '사용비료'가 "복합" 또는 "자급"인 전체 행에 대하여 글꼴 스타일 '굵게', 글꼴 색 '표준 색-파랑'으로 적용하시오.
▶ 단, 규칙 유형은 '수식을 사용하여 서식을 지정할 셀 결정'을 사용하고, 한 개의 규칙으로만 작성하시오.
▶ AVERAGE, LEN, AND, OR 함수 사용

기출 2 25.상시, 22.상시, 21.상시, 19.1, 18.상시, 17.상시, 14.2

'기출2' 시트에서 다음과 같이 조건부 서식을 설정하시오.

▶ [A4:G17] 영역에 대해서 '회원코드'의 시작 글자가 "PE"이고 4번째 글자가 4이거나, '월사용액'이 상위 5위 이내인 전체 행에 대하여 글꼴 스타일 '굵은 기울임꼴', 글꼴 색 '표준 색-빨강'으로 적용하시오.
▶ 단, 규칙 유형은 '수식을 사용하여 서식을 지정할 셀 결정'을 사용하고, 한 개의 규칙으로만 작성하시오.
▶ LEFT, MID, LARGE, AND, OR 함수 사용

기출 3 23.상시, 22.상시, 21.상시, 20.상시, 19.1, 14.2, 13.1, 09.4

'기출3' 시트에서 다음과 같이 조건부 서식을 설정하시오.

▶ [A4:H17] 영역에 대해서 행 번호가 홀수이고 '수령일'의 월이 짝수이고 '수령시간'이 오후 12시 이후인 전체 행에 대하여 글꼴 스타일 '기울임꼴', 글꼴 색 '표준 색-파랑'으로 적용하시오.
▶ 단, 규칙 유형은 '수식을 사용하여 서식을 지정할 셀 결정'을 사용하고, 한 개의 규칙으로만 작성하시오.
▶ ROW, ISODD, MOD, MONTH, AND 함수 사용

기출 4 24.상시, 23.상시, 19.상시, 18.상시, 16.상시

'기출4' 시트에서 다음과 같이 조건부 서식을 설정하시오.

▶ [A3:G15] 영역에 대해서 행 번호가 짝수이고, '입사일'이 2000년 1월 1일 이후이고, '지급액'이 전체 '지급액'의 70% 이하인 전체 행에 대하여 글꼴 스타일 '굵게', 글꼴 색 '표준 색-파랑'으로 적용하시오.
▶ 단, 규칙 유형은 '수식을 사용하여 서식을 지정할 셀 결정'을 사용하고, 한 개의 규칙으로만 작성하시오.
▶ ISEVEN, ROW, DATE, PERCENTILE.INC, AND 함수 사용

기출 5 22.상시, 21.상시, 20.상시, 19.상시, 18.상시, 15.상시

'기출5' 시트에서 다음과 같이 조건부 서식을 설정하시오.

▶ [A3:F16] 영역에 대해서 '사원코드'의 끝나는 글자가 5 이상이고, '평가점수'가 상위 5위 이내인 전체 행에 대하여 글꼴 스타일 '굵게', 글꼴 색 '표준 색-빨강'으로 적용하시오.
▶ 단, 규칙 유형은 '수식을 사용하여 서식을 지정할 셀 결정'을 사용하고, 한 개의 규칙으로만 작성하시오.
▶ RIGHT, RANK.EQ, AND 함수 사용

기출 6 22.상시, 21.상시, 20.1, 18.상시

'기출6' 시트에서 다음과 같이 조건부 서식을 설정하시오.

▶ [A2:F8] 영역에서 해당 열 번호가 홀수이면서 [A2:F2] 영역의 끝나는 글자가 "메달"인 열 전체에 대하여 채우기 색 '표준 색-주황'으로 적용하시오.
▶ 단, 규칙 유형은 '수식을 사용하여 서식을 지정할 셀 결정'을 사용하고, 한 개의 규칙으로만 작성하시오.
▶ AND, COLUMN, ISODD, RIGHT 함수 사용

정답 및 해설

[기출 1]

⟨정답⟩

	A	B	C	D	E	F	G	H	I
1									
2	농작물	생산지	계약종류	거래액	재배시기	등급	사용비료	거래수수료	규모
3	고추	전남	계약재배	53,000,000	봄	C	복합	100,000	대형
4	참깨	제주	계약재배	32,000,000	봄	B	자급	90,000	중형
5	양파	제주	계약재배	22,000,000	가을	A	자급	66,000	중형
6	양파	전남	포전매매	34,000,000	가을	A	유기질	120,000	중형
7	마늘	경남	포전매매	28,000,000	여름	A	유기질	112,000	중형
8	**감자**	**전남**	**포전매매**	**46,000,000**	**여름**	**B**	**자급**	**92,000**	**대형**
9	**감자**	**제주**	**포전매매**	**54,000,000**	**월동**	**A**	**자급**	**108,000**	**중형**
10	마늘	전북	계약재배	32,000,000	가을	A	유기질	90,000	대형
11	**고추**	**전북**	**포전매매**	**44,000,000**	**월동**	**B**	**자급**	**120,000**	**대형**
12	참깨	전남	계약재배	24,000,000	월동	B	자급	70,000	대형
13	**양파**	**전남**	**포전매매**	**45,000,000**	**여름**	**C**	**자급**	**90,000**	**대형**
14	마늘	제주	포전매매	38,000,000	여름	B	자급	114,000	중형
15	마늘	전남	포전매매	57,000,000	여름	B	복합	114,000	대형
16	양파	제주	계약재배	58,000,000	월동	C	복합	100,000	대형
17	고추	전북	포전매매	53,000,000	가을	A	복합	106,000	중형

⟨해설⟩

1. 조건부 서식을 적용할 [A3:I17] 영역을 블록으로 지정한다.
2. [홈] → 스타일 → 조건부 서식 → **새 규칙**을 선택한다.
3. '새 서식 규칙' 대화상자에서 '수식을 사용하여 서식을 지정할 셀 결정'을 선택하고 다음과 같이 조건을 입력한다.

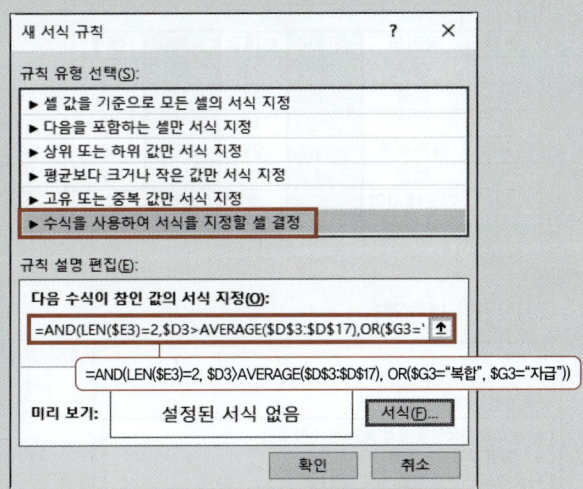

=AND(LEN($E3)=2, $D3)AVERAGE($D$3:$D$17), OR($G3="복합", $G3="자급"))

4. '새 서식 규칙' 대화상자에서 ⟨서식⟩을 클릭한 후 '셀 서식' 대화상자에서 글꼴 스타일 '굵게', 글꼴 색 '표준 색-파랑'을 지정하고 ⟨확인⟩을 클릭한다.
5. '새 서식 규칙' 대화상자에서도 ⟨확인⟩을 클릭한다.

[기출 2]

⟨정답⟩

	A	B	C	D	E	F	G
1							
2	[표1]						
3	회원코드	카드종류	월사용액	발급지사	포인트비율	사용기간(월)	포인트
4	GP-32	SHA02	719,000	지사A	1%	38	7,190
5	CE-05	SHA05	2,103,000	지사B	1%	36	63,090
6	GP-28	SHA01	605,000	지사A	4%	30	24,200
7	*PE-01*	*SHA03*	*9,143,000*	*지사C*	*3%*	*12*	*457,150*
8	GP-09	SHA04	230,000	지사C	5%	25	11,500
9	*PE-10*	*SHA01*	*8,775,000*	*지사B*	*3%*	*30*	*438,750*
10	*PE-40*	*SHA04*	*8,909,000*	*지사C*	*3%*	*28*	*445,450*
11	*CE-35*	*SHA04*	*9,096,000*	*지사A*	*1%*	*8*	*272,880*
12	CE-34	SHA02	3,441,000	지사C	1%	39	103,230
13	GP-12	SHA05	952,000	지사B	3%	20	28,560
14	*PE-13*	*SHA05*	*9,379,000*	*지사C*	*4%*	*7*	*562,740*
15	GP-02	SHA05	2,805,000	지사C	3%	14	140,250
16	PE-32	SHA05	2,928,000	지사B	1%	31	87,840
17	CE-06	SHA04	4,124,000	지사B	4%	14	247,440

⟨해설⟩

· '새 서식 규칙' 대화상자

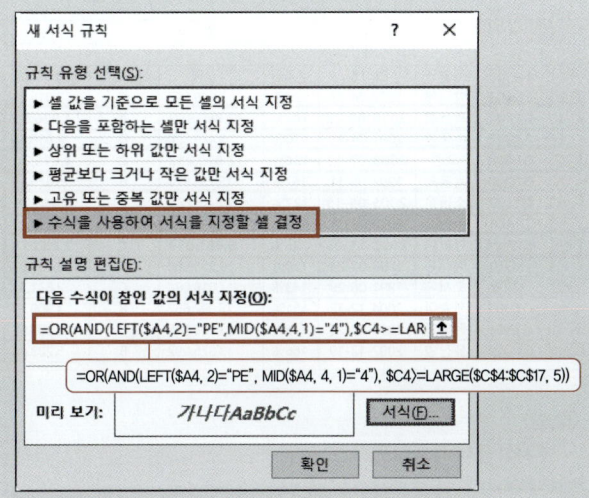

=OR(AND(LEFT($A4, 2)="PE", MID($A4, 4, 1)="4"), $C4)=LARGE($C$4:$C$17, 5))

[기출 3]

⟨정답⟩

	A	B	C	D	E	F	G	H
1								
2	[표1]							
3	대여코드	대여자	수령일	수령시간	대여시간	대여장비	건설사	대여비용
4	RE-7-208	우청호	2020-01-25	09:10	221	크레인	재경그룹	495,000
5	RE-7-209	백은영	2020-03-26	13:00	192	불도저	재경그룹	540,000
6	IA-5-406	정희원	2019-12-09	10:50	72	지게차	인형건설	150,000
7	*IA-5-401*	*임재율*	*2020-02-08*	*15:30*	*24*	*굴착기*	*재경그룹*	*180,000*
8	IA-5-402	임여설	2019-09-14	06:20	24	굴착기	인형건설	180,000
9	ZQ-3-302	손윤혁	2020-06-16	07:00	72	굴착기	재경그룹	180,000
10	IA-5-403	배세윤	2020-02-20	13:20	192	굴착기	미래건축	150,000
11	IA-5-404	박은희	2019-11-09	08:00	48	지게차	미래건축	150,000
12	IA-5-405	고윤혜	2020-04-23	15:30	72	크레인	미래건축	110,000
13	ZQ-3-301	우유현	2020-01-22	07:30	146	불도저	미래건축	342,000
14	ZQ-3-303	최채민	2020-05-18	14:30	216	지게차	재경그룹	675,000
15	ZQ-3-304	백도연	2020-04-18	06:00	192	불도저	미래건축	540,000
16	ZQ-3-305	허민지	2020-03-01	12:20	203	지게차	미래건축	675,000
17	ZQ-3-306	윤정연	2019-06-10	10:30	230	굴착기	재경그룹	810,000

⟨해설⟩

· '새 서식 규칙' 대화상자

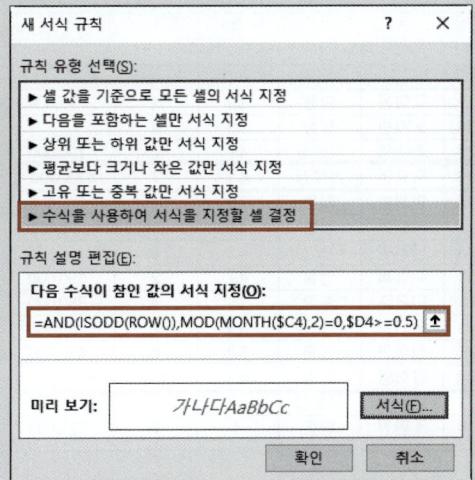

※ 시간 데이터는 밤 12시(자정)를 0.0으로 시작하여 6시는 0.25, 낮 12시(정오)는 0.5, 18시는 0.75로 저장됩니다.

[기출 4]

〈정답〉

	A	B	C	D	E	F	G
1	[표1]						
2	사원코드	사원명	입사일	성과급	지급액	성과등급	매출기여도
3	C6G03	박다해	1997-04-23	127%	8,040,567	C	3,015.21
4	**G1T01**	**곽은경**	**2015-08-22**	**182%**	**12,869,352**	**A**	**4,826.01**
5	A3D07	손동현	2007-04-21	110%	5,489,820	D	2,058.68
6	**G1C06**	**오헌**	**2003-07-11**	**136%**	**12,310,232**	**C**	**4,616.34**
7	G1Q00	문윤채	1992-05-11	167%	15,133,827	B	5,675.19
8	**G1S07**	**조동율**	**2005-09-13**	**127%**	**11,840,774**	**C**	**4,440.29**
9	E9A08	안연지	2018-11-11	152%	7,714,728	B	2,893.02
10	**A3W04**	**안찬현**	**2006-11-25**	**125%**	**5,881,950**	**C**	**2,205.73**
11	E9G10	허태윤	1998-05-24	120%	9,955,660	D	3,733.37
12	A3I08	오서애	1991-06-29	143%	7,018,083	C	2,631.78
13	G1U00	최송아	2004-12-12	151%	13,092,662	B	4,909.75
14	G1N06	정영연	1993-03-28	145%	13,886,845	C	5,207.57
15	G1O09	윤선영	2002-12-19	166%	13,875,092	B	5,203.16

〈해설〉

- '새 서식 규칙' 대화상자

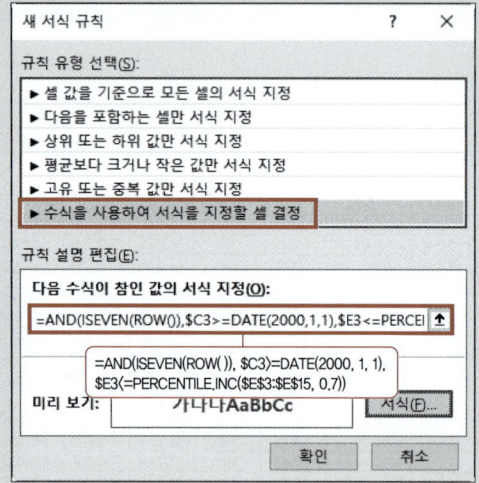

=AND(ISEVEN(ROW( )), $C3>=DATE(2000, 1, 1), $E3<=PERCENTILE.INC($E$3:$E$15, 0.7))

[기출 5]

〈정답〉

	A	B	C	D	E	F
1	[표1]					
2	사원코드	이름	직책	평가점수	자격증	자격수당
3	kr8113	고여원	팀원	3.9	1	95,000
4	de9738	노차빈	팀장	3.3	4	
5	us7420	조슬영	파트장	4.8	2	190,000
6	**kr8406**	**오효연**	**본부장**	**4.7**	**7**	**525,000**
7	au8718	임희솔	팀원	3.9	4	380,000
8	kr7833	장성혁	실장	4.6	1	95,000
9	au8824	남지원	파트장	4.1	0	-
10	us9203	주송희	팀장	4.7	2	190,000
11	kr8119	이윤주	실장	3.5	4	380,000
12	au9503	유연지	파트장	3.9	2	190,000
13	kr9523	전하연	팀원	5.2	6	450,000
14	**kr7238**	**황화영**	**팀원**	**4.8**	**6**	**450,000**
15	us9227	백시빈	파트장	3.3	6	
16	us8814	조현진	팀원	4	7	525,000

〈해설〉

- '새 서식 규칙' 대화상자

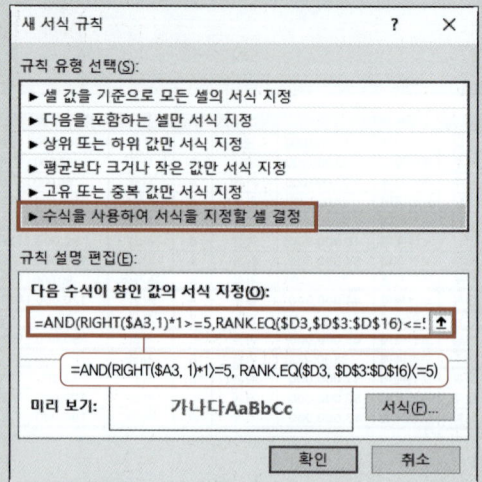

=AND(RIGHT($A3, 1)*1)=5, RANK.EQ($D3, $D$3:$D$16)<=5)

[기출 6]

〈정답〉

	A	B	C	D	E	F
1	[표1]					
2	순위	국가명	금메달	은메달	동메달	합계
3	1	중국	39	25	33	97
4	2	한국	32	28	28	88
5	3	일본	28	16	15	59
6	4	싱가포르	16	25	17	58
7	5	북한	14	17	26	57
8	12	인도네시아	8	9	11	28

〈해설〉

- '새 서식 규칙' 대화상자

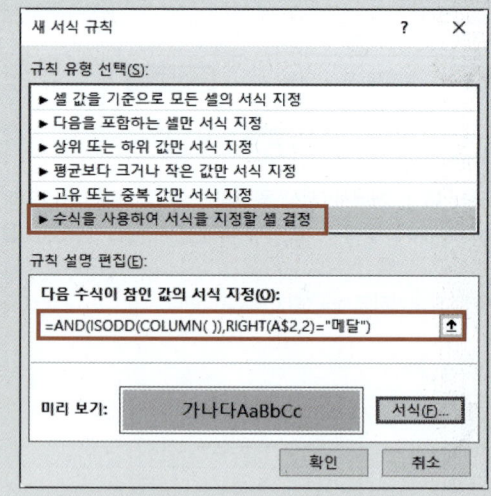

=AND(ISODD(COLUMN( )),RIGHT(A$2,2)="메달")

3 페이지 레이아웃

출제 비율 80% / 배점 5점

페이지 레이아웃은 다음과 같은 과정으로 작업을 진행합니다.

페이지 레이아웃
[페이지 레이아웃] → **페이지 설정**의 을 클릭한다.

페이지 나누기
새로운 페이지의 맨 처음에 표시할 셀을 클릭한 후 [페이지 레이아웃] → 페이지 설정 → 나누기 → **페이지 나누기 삽입**을 클릭한다.

	A	B	C	D
1		[표1]		
2		서명	저자	출판년
3		2030년에는 투명망토가 나올까	얀 파울 스취턴	2015
4		Duck & Goose : Find a Pumpkin	Tad Hills	2009
5		Duck and Goose, Goose Needs a Hug	Tad Hills	2012
6		ENJOY 홋카이도(2015-2016)	정태관,박용준,민보영	2015
7		Extra Yarn	Mac Barnett	2014
8		The Unfinished Angel	Creech, Sharon	2011
9		Why? 소프트웨어와 코딩	조영선	2015
10		값싼 음식의 실제 가격	마이클 캐롤런	2016
11		겉은 노란	파트릭 종대 룬드베리	2014
12		글쓰는 여자의 공간	타니아 슐리	2016
13		나는 누구인가 - 인문학 최고의 공부	강신주, 고미숙 외5	2014
14		나는 단순하게 살기로 했다	사사키 후미오	2015
15		나이트 워치 상	세르게이 루키야넨코	2015
16		내 몸의 바운스를 깨워라	옥주현	2013
17		당나귀와 다이아몬드	D&B	2011
18		돼지 루퍼스, 학교에 가다	킴 그리스웰	2014
19		라플라스의 마녀	히가시노게이고	2016
20		뭐? 나랑 너랑 닮았다고!?	고미 타로	2015
21		벤저민 그레이엄의 정량분석 Quant	스티븐 P. 그라이너	2012
22		부동산의 보이지 않는 진실	이재범 외1	2016
23		부시파일럿, 나는 길이 없는 곳으로 간다	오현호	2016
24		빼꼼 아저씨네 동물원	케빈 월드론	2015

↓

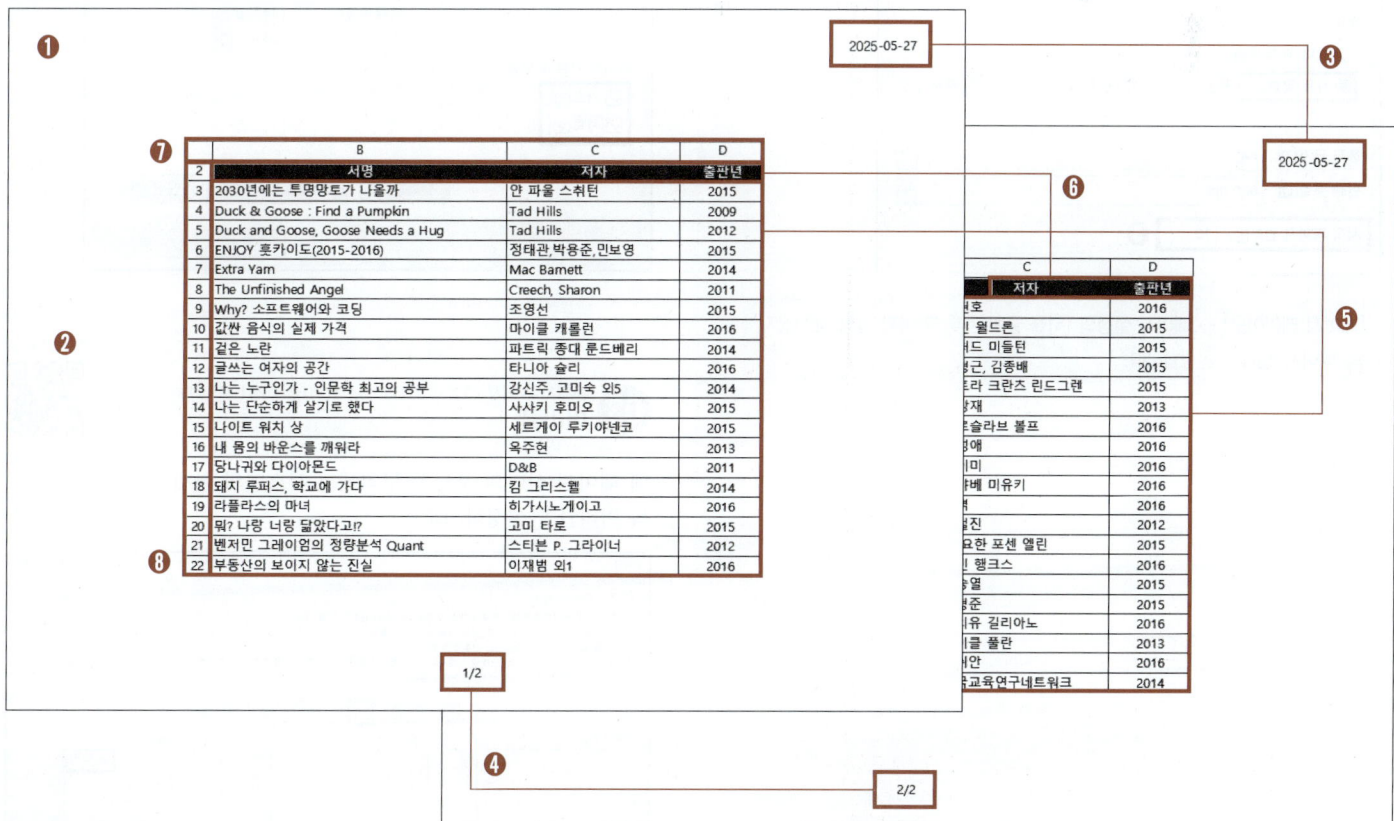

※ 워크시트에 머리글, 바닥글 등을 지정하고, 두 페이지로 인쇄되도록 설정하여 화면으로 출력한 모양입니다.

❶ **용지 방향** : 내용이 용지의 가로 방향으로 출력되도록 지정함
❷ **페이지 가운데 맞춤** : 내용이 인쇄 용지의 가운데에 출력되도록 지정함
❸ **머리글** : 매 페이지 상단의 오른쪽 영역에 시스템의 현재 날짜를 표시함
❹ **바닥글** : 매 페이지 하단의 가운데 영역에 페이지 번호를 표시함
❺ **인쇄 영역** : [B2:D42] 영역만 인쇄되도록 지정함
❻ **인쇄 제목** : 2행이 페이지마다 반복하여 인쇄되도록 지정함
❼ **행/열 머리글** : 행과 열의 머리글이 인쇄되도록 지정함
❽ **페이지 나누기** : [B2:D22] 영역은 1페이지, [B23:D42] 영역은 2페이지에 인쇄되도록 지정함

상시시험 출제 유형

☞ 직접 실습하려면 '길벗컴활1급통합\엑셀\03페이지레이아웃.xlsm' 파일을 열어서 작업하세요.

01 용지 방향 / 자동 맞춤 / 시작 페이지 번호

25.상시, 24.상시, 23.상시, 22.상시, 21.상시, 20.상시, 20.1, 19.상시, 19.2, …

❶ 인쇄용지가 가로로 인쇄되도록 용지 방향을 설정하시오.
❷ 한 페이지에 맞게 배율이 자동으로 조정되도록 설정하시오.
❸ 첫 페이지 번호가 10부터 시작하도록 설정하시오.

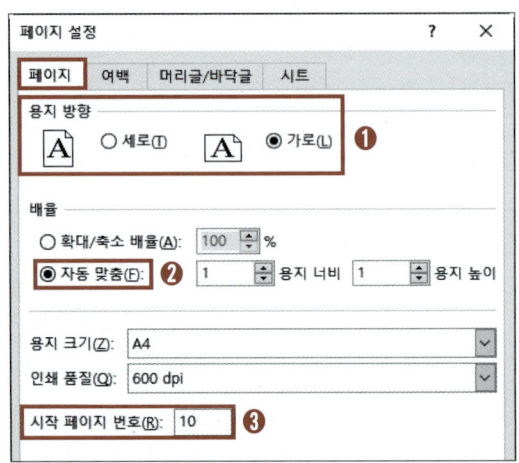

[페이지 레이아웃] → 페이지 설정의 을 클릭한 후 '페이지 설정' 대화상자의 '페이지' 탭에서 설정합니다.

02 페이지 가운데 맞춤

25.상시, 24.상시, 23.상시, 22.상시, 21.상시, 20.상시, 20.1, 18.2

인쇄될 내용이 페이지의 정 가운데에 인쇄되도록 페이지 가운데 맞춤을 설정하시오.

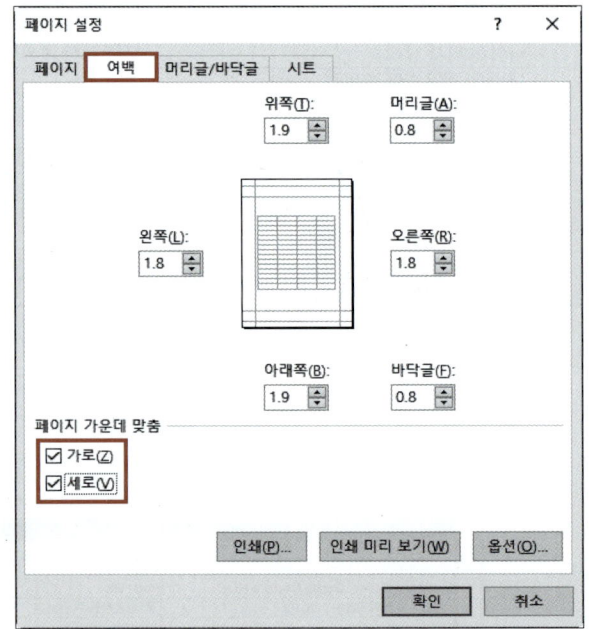

03 머리글

25.상시, 24.상시, 23.상시, 22.상시, 21.상시, 20.상시, 20.1, 19.2 , 19.1, 18.1, …

매 페이지 상단의 오른쪽 구역에는 시스템의 현재 날짜가 표시되도록 머리글을 설정하시오.

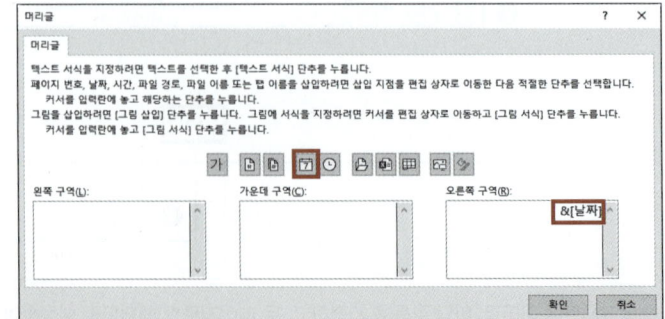

04 바닥글

25.상시, 24.상시, 23.상시, 22.상시, 21.상시, 20.상시, 20.1, 19.2, 19.1, 18.2

매 페이지 하단의 가운데 구역에는 페이지 번호가 [표시 예]와 같이 표시되도록 바닥글을 설정하시오.

[표시 예 : 현재 페이지 번호가 1이고 전체 페이지 번호가 2인 경우 → 1/2]

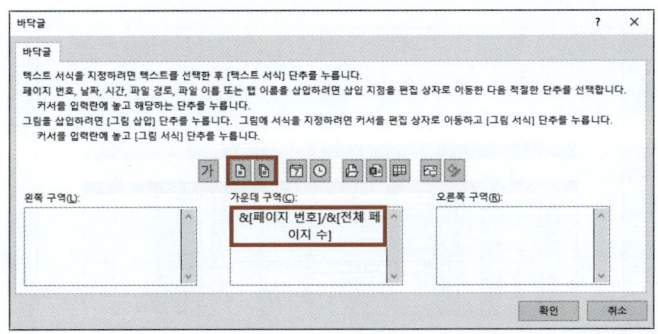

05 인쇄 영역 / 인쇄 제목 / 행·열 머리글

25.상시, 24.상시, 23.상시, 22.상시, 21.상시, 20.상시, 20.1, 19.상시, …

❶ [B2:D22] 영역을 인쇄 영역으로 설정하시오.
❷ [2:2] 행이 반복하여 표시되도록 설정하시오.
❸ 시트에 표시된 눈금선이 인쇄되도록 설정하시오.
❹ 컬러 서식이 지정된 데이터를 흑백으로 인쇄되도록 설정하시오.
❺ 행 머리글(1, 2, 3 등)과 열 머리글(A, B, C 등)이 인쇄되도록 설정하시오.
❻ 메모를 시트에 표시된대로 인쇄되도록 설정하시오.
❼ 시트에 표시된 오류가 공백으로 인쇄되도록 설정하시오.

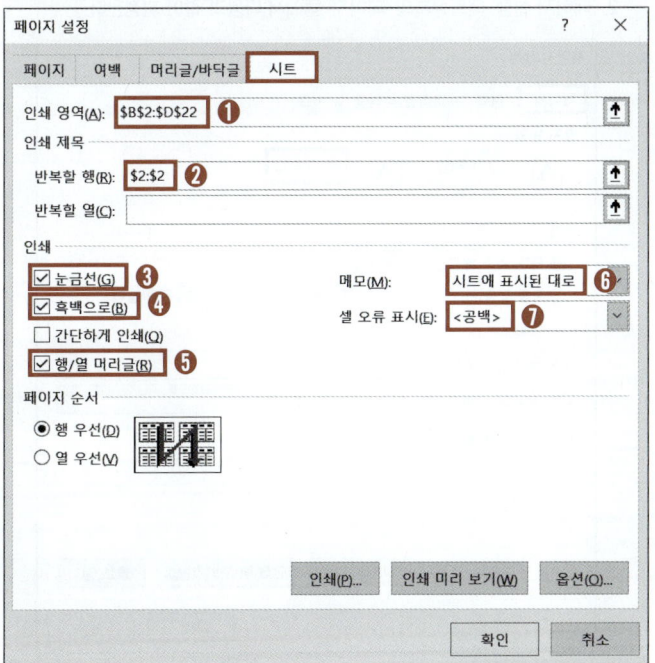

06 인쇄 영역 추가

22.상시, 21.상시, 20.상시, 18.1, 17.상시

[B23:D42] 영역을 기존 인쇄 영역에 추가하시오.

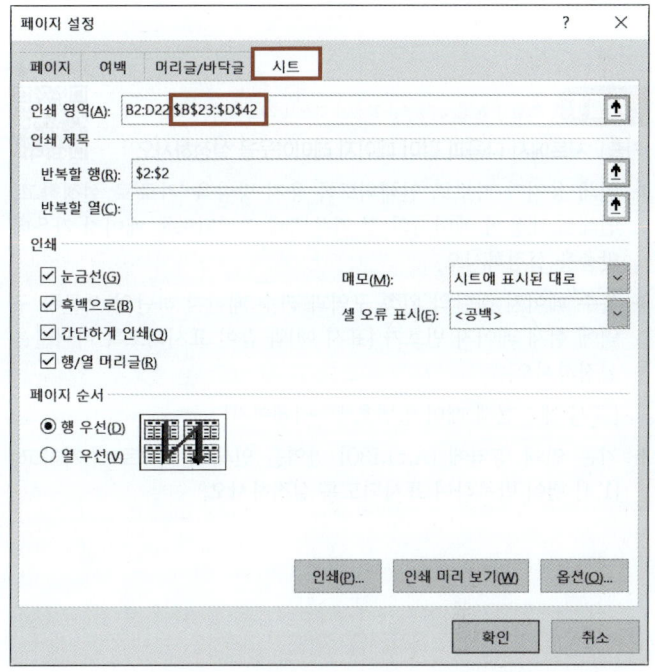

07 페이지 나누기

22.상시, 21.상시, 20.상시, 20.1, 19.상시

[B2:D22] 영역은 1페이지에, [B23:D42] 영역은 2페이지에 표시되도록 페이지 나누기를 수행하시오.

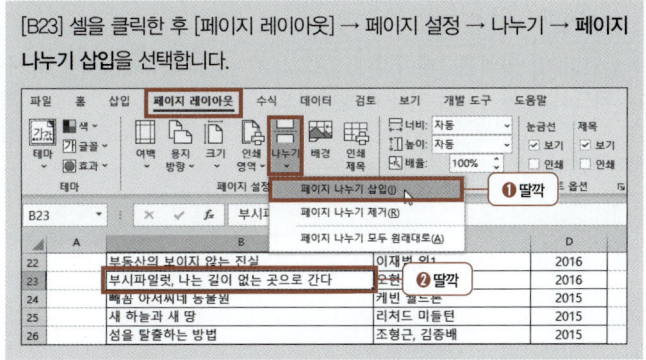

대표기출문제

'길벗컴활1급통합\엑셀\03페이지레이아웃.xlsm' 파일을 열어서 작업하세요.

기출 1
25.상시, 24.상시, 23.상시, 22.상시, 21.상시, 20.상시, 20.1, 19.상시, …

'기출1' 시트에서 다음과 같이 페이지 레이아웃을 설정하시오.

▶ 인쇄 용지가 가로로 인쇄되도록 용지 방향을 '가로'로 설정하고, 인쇄될 내용이 페이지의 정 가운데에 인쇄되도록 페이지 가운데 맞춤을 설정하시오.

▶ 홀수 페이지 하단의 왼쪽 구역과 짝수 페이지 하단의 오른쪽 구역에 현재 페이지 번호가 [표시 예]와 같이 표시되도록 바닥글을 설정하시오.

[표시 예 : 현재 페이지 번호 1 → 1페이지]

▶ 기존 인쇄 영역에 [A20:I30] 영역을 인쇄 영역으로 추가하고, [1:4] 행이 반복하여 표시되도록 설정하시오.

기출 2
25.상시, 24.상시, 23.상시, 22.상시, 21.상시, 20.상시, 20.1, 19.상시, …

'기출2' 시트에서 다음과 같이 페이지 레이아웃을 설정하시오.

▶ [A1:J37] 영역을 인쇄 영역으로 설정하고, [1:2] 행이 매 페이지마다 반복하여 인쇄되도록 인쇄 제목을 설정하시오.

▶ 매 페이지 상단의 오른쪽 구역에는 회사로고가 표시되도록 머리글을 설정하시오.
 - 파일명 : 길벗.JPG

▶ [A1:J22] 영역은 1페이지에, [A23:J37] 영역은 2페이지에 표시되도록 페이지 나누기를 수행하시오.

정답 및 해설

[기출 1]

〈정답〉

- 1페이지

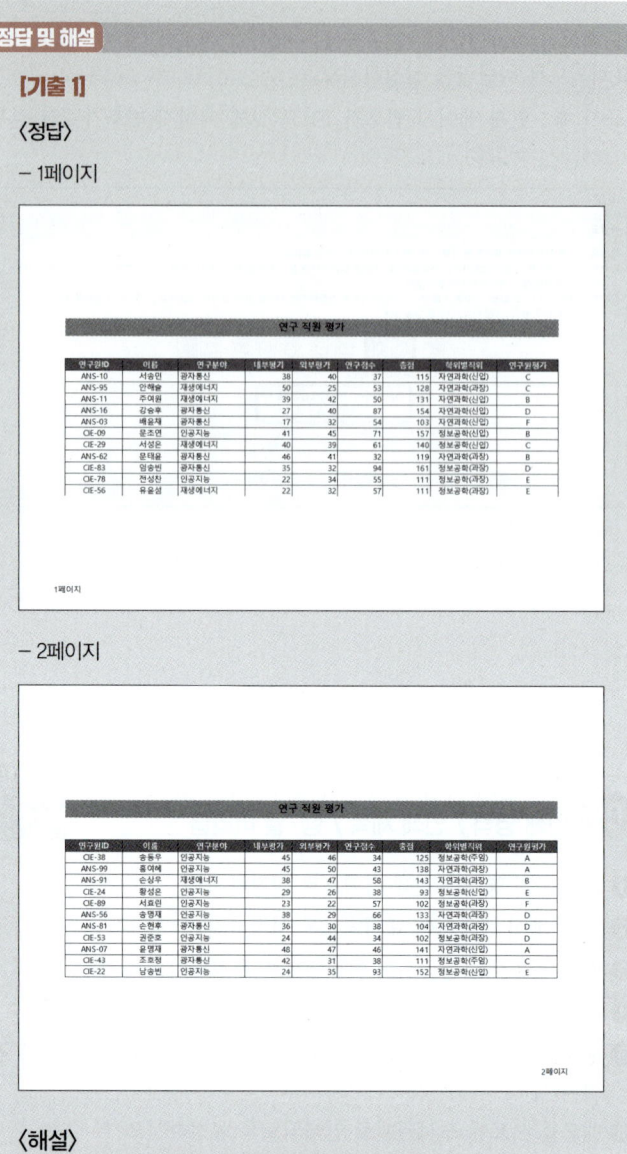

1페이지

- 2페이지

2페이지

〈해설〉

1. [페이지 레이아웃] → 페이지 설정의 을 클릭한다.
2. '페이지 설정' 대화상자의 '페이지' 탭에서 다음과 같이 지정한다.

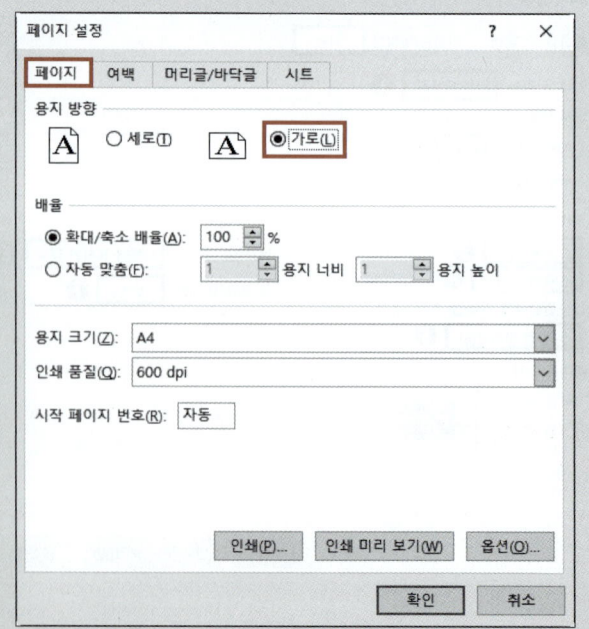

3. '페이지 설정' 대화상자의 '여백' 탭에서 다음과 같이 지정한다.

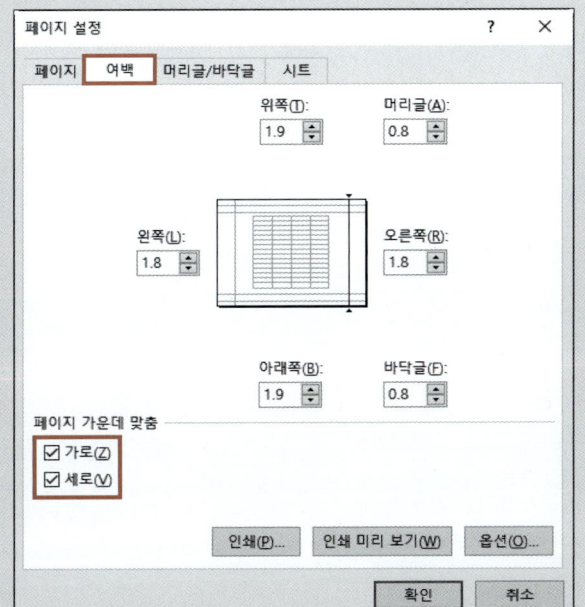

4. '페이지 설정' 대화상자의 '머리글/바닥글' 탭에서 '짝수와 홀수 페이지를 다르게 지정'을 선택한 후 〈바닥글 편집〉을 클릭한다.

5. '바닥글' 대화상자의 '홀수 페이지 바닥글' 탭에서 다음과 같이 지정한다.

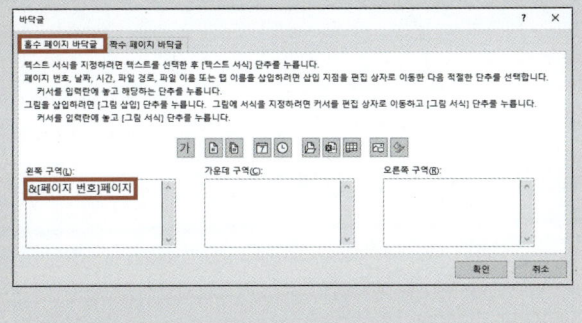

6. '바닥글' 대화상자의 '짝수 페이지 바닥글' 탭에서 다음과 같이 지정한 후 〈확인〉을 클릭한다.

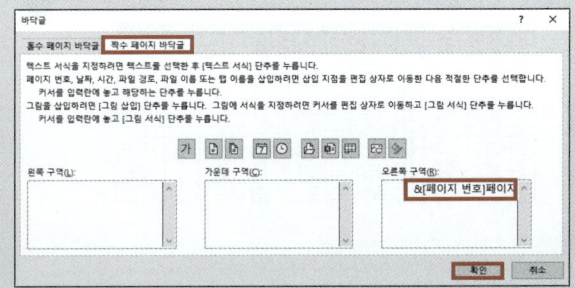

7. '페이지 설정' 대화상자의 '시트' 탭에서 다음과 같이 지정한 후 〈확인〉을 클릭한다.

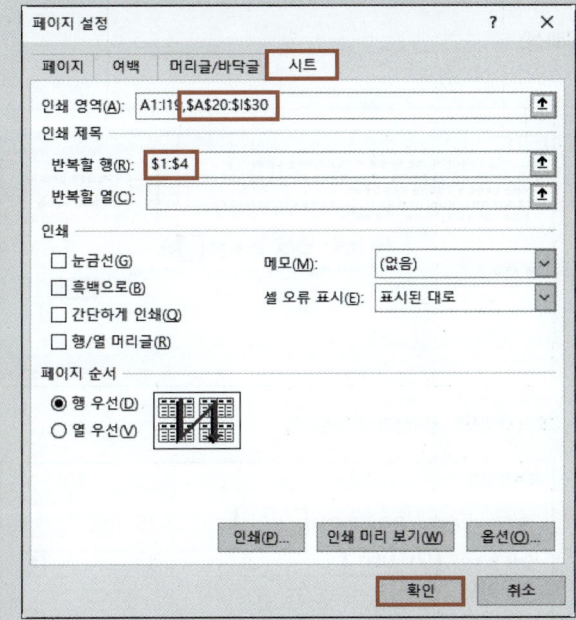

[기출 2]

〈정답〉

- 1페이지

- 2페이지

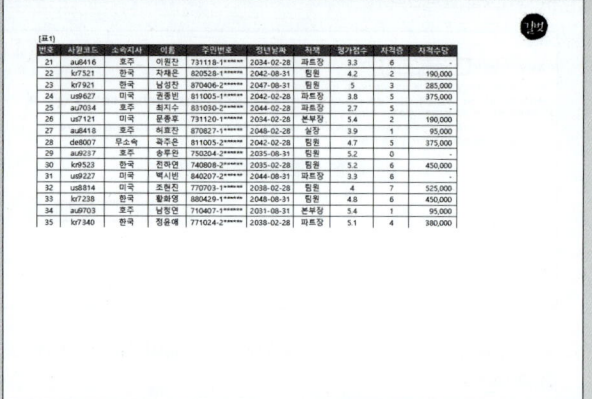

〈해설〉
• '머리글' 대화상자

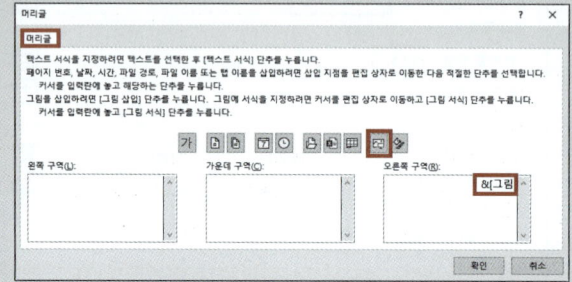

• '페이지 설정' 대화상자의 '시트' 탭

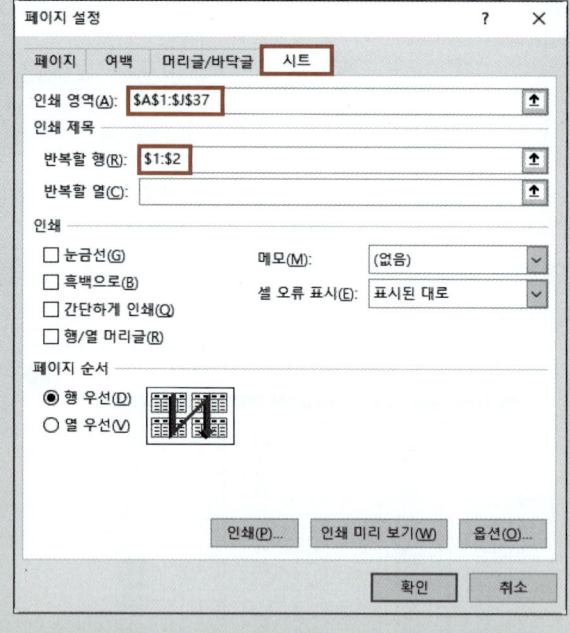

• 페이지 나누기
[A23] 셀을 클릭한 후 [페이지 레이아웃] → 페이지 설정 → 나누기 → 페이지 나누기 삽입 선택

4 시트 보호

출제 비율 20% / 배점 5점

시트 보호는 다음과 같은 과정으로 작업을 진행합니다.

셀 잠금과 수식 숨기기를 적용하여 시트 보호하기

1. 셀 잠금과 수식 숨기기를 적용할 영역을 선택한 후 Ctrl + 1을 누른다.
2. '셀 서식' 대화상자의 '보호' 탭에서 '잠금'과 '숨김' 속성을 선택한다.
3. [검토] → 변경 내용 → **시트 보호**를 클릭한다.
4. 보호 시 허용할 내용을 선택한다.

차트 잠금을 적용하여 시트 보호하기

1. 차트 영역의 바로 가기 메뉴에서 [차트 영역 서식]을 선택한다.
2. '차트 영역 서식' 창에서 '잠금' 속성을 선택한다.
3. [검토] → 변경 내용 → **시트 보호**를 클릭한다.
4. 보호 시 허용할 내용을 선택한다.

도형의 텍스트 잠금을 적용하여 시트 보호하기

1. 도형의 바로 가기 메뉴에서 [도형 서식]을 선택한다.
2. '도형 서식' 창에서 '텍스트 잠금' 속성을 선택한다.
3. [검토] → 변경 내용 → **시트 보호**를 클릭한다.
4. 보호 시 허용할 내용을 선택한다.

통합 문서 보기

[보기] → 통합 문서 보기 → 기본/페이지 나누기 미리 보기/페이지 레이아웃 중 선택한다.

차량명	차량총액	인도금	할부원금	상환기간(월)	월납입금
싼타매	35,000,000	15,000,000	20,000,000	36	555,555.56
코란다	24,000,000	5,000,000	19,000,000	24	791,666.67
SN5	28,000,000	7,500,000	20,500,000	24	854,166.67
크루지	30,000,000	8,000,000	22,000,000	44	500,000.00
윈스타	32,000,000	8,000,000	24,000,000	18	1,333,333.33
KS7	36,000,000	15,000,000	21,000,000	36	583,333.33
그랜지	40,000,000	20,000,000	20,000,000	18	1,111,111.11

※ 데이터를 수정하지 못하도록 셀 잠금, 수식 숨기기, 텍스트 잠금을 적용하고, [B2:G12] 영역만 인쇄되도록 조정하여 '페이지 나누기 미리보기' 상태로 표시한 화면입니다.

> **전문가의 조언**
> 셀 잠금 및 텍스트 잠금을 수행해도 화면상에는 변화가 없지만, 보호된 셀이나 도형에 수정을 시도하면 시트 보호를 해제하라는 경고문이 나타나거나 도형이 선택되지 않는 것을 확인할 수 있습니다.

상시시험 출제 유형

☞ 직접 실습하려면 '길벗컴활1급통합\엑셀\04시트보호.xlsm' 파일을 열어서 작업하세요.

01 셀 잠금 / 수식 숨기기

22.상시, 21.상시, 20.상시, 19.1, 18.상시, 17.상시

[G6:G12] 영역에 셀 잠금과 수식 숨기기를 적용하시오.

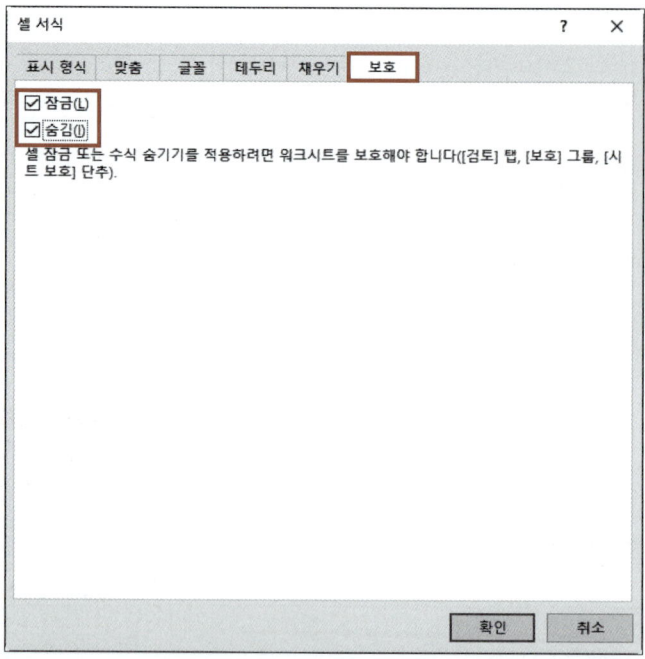

'잠금'을 설정한 셀만 시트 보호가 수행되며, '숨김'을 설정한 셀은 수식 입력줄에 수식이 표시되지 않습니다.

02 잠금

22.상시, 21.상시, 20.상시, 19.1, 18.상시, 17.상시

차트는 편집할 수 없도록 보호하시오.

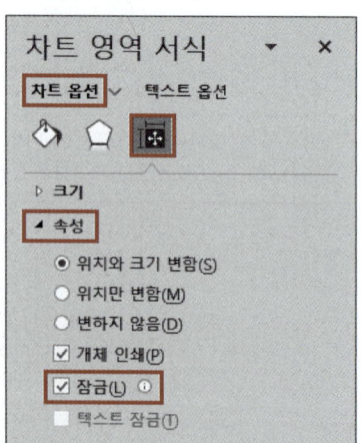

차트 영역의 바로 가기 메뉴에서 [차트 영역 서식]을 선택한 후 '차트 영역 서식' 창에서 설정합니다.

03 텍스트 잠금

22.상시, 21.상시, 20.상시, 18.상시, 17.상시

도형의 텍스트를 수정할 수 있도록 잠금을 해제하시오.

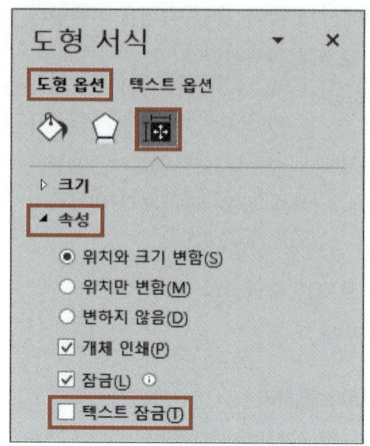

도형의 바로 가기 메뉴에서 [도형 서식]을 선택한 후 '도형 서식' 창에서 설정합니다.

04 시트 보호

22.상시, 21.상시, 20.상시, 19.1, 18.상시, 17.상시

❶ 잠긴 셀의 내용과 워크시트를 보호하시오.
❷ 잠긴 셀의 선택과 잠기지 않은 셀의 선택은 허용하시오.
❸ 시트 보호 해제 암호는 지정하지 마시오.

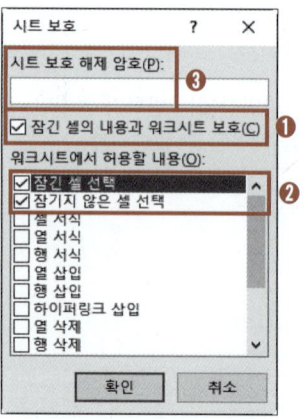

[검토] → 보호 → **시트 보호**를 클릭한 후 '시트 보호' 대화상자에서 설정합니다.

05 통합 문서 보기

22.상시, 21.상시, 20.상시

페이지 나누기 미리 보기로 표시하고 [B2:G24] 영역만 1페이지로 인쇄되도록 페이지 나누기 구분선을 조정하시오.

1. [보기] → 통합 문서 보기 → 페이지 나누기 미리 보기를 클릭합니다.

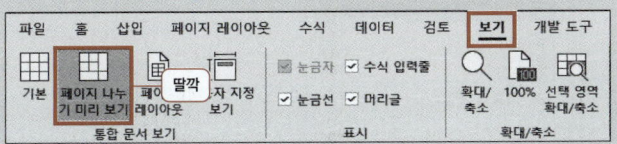

2. 파란색 페이지 나누기 구분선 위로 마우스 포인터를 이동해 포인터의 모양이 ↔, ↕ 등으로 변경됐을 때 드래그하여 [B2:G24] 영역만 표시되도록 조정합니다.

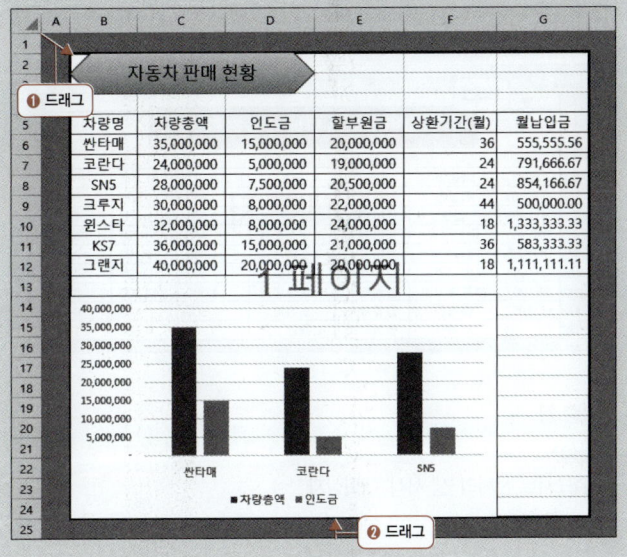

대표기출문제

'길벗컴활1급통합\엑셀\04시트보호.xlsm' 파일을 열어서 작업하세요.

기출 1 22.상시, 21.상시, 20.상시, 19.1, 18.상시, 17.상시

'기출1' 시트에서 다음과 같이 시트 보호와 통합 문서 보기를 설정하시오.

[A5:G13] 영역에 셀 잠금과 수식 숨기기를 적용한 후 잠긴 셀의 내용과 워크시트를 보호하시오.

▶ 도형의 텍스트 잠금은 해제하시오.
▶ 잠긴 셀의 선택과 잠기지 않은 셀의 선택, 셀 서식은 허용하고, 시트 보호 해제 암호는 지정하지 마시오.
▶ '기출1' 시트를 페이지 나누기 미리 보기로 표시하고, [A2:G13] 영역만 1페이지로 인쇄되도록 페이지 나누기 구분선을 조정하시오.

기출 2 22.상시, 21.상시, 20.상시, 19.1, 18.상시, 17.상시

'기출2' 시트에서 다음과 같이 시트 보호를 설정하시오.

▶ 워크시트 전체 셀의 셀 잠금을 해제한 후 [F3:G10] 영역에만 셀 잠금과 수식 숨기기를 적용하여 이 영역의 내용만을 보호하시오.
▶ 차트는 편집할 수 없도록 보호하시오.
▶ 잠긴 셀 선택과 잠기지 않은 셀의 선택, 정렬은 허용하고, 시트 보호 해제 암호는 지정하지 마시오.

정답 및 해설

[기출 1]

〈정답〉

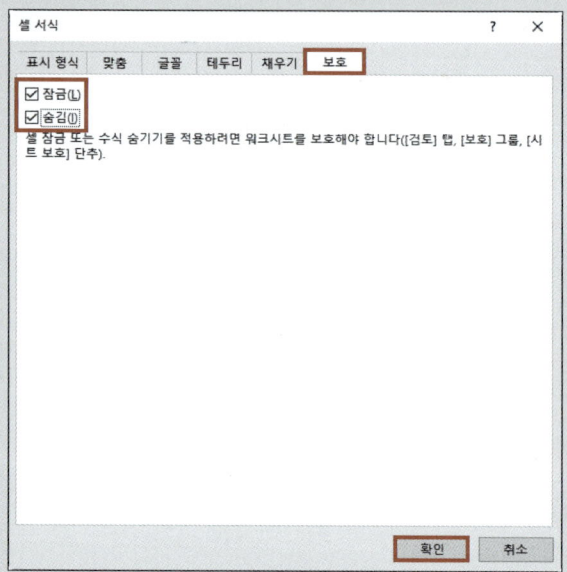

〈해설〉

1. [A5:G13] 영역을 블록으로 지정한 후 Ctrl + 1 을 누른다.
2. '셀 서식' 대화상자의 '보호' 탭에서 '잠금'과 '숨김'을 선택한 후 〈확인〉을 클릭한다.

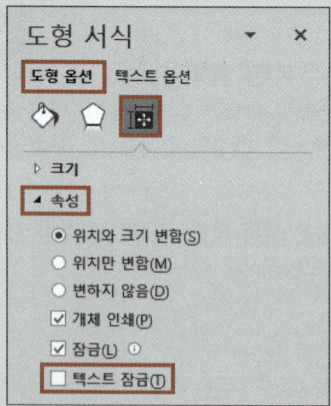

3. 도형의 바로 가기 메뉴에서 [도형 서식]을 선택한다.
4. '도형 서식' 창의 [도형 옵션] → (크기 및 속성) → 속성에서 '텍스트 잠금'의 체크 표시를 해제한다.

5. [검토] → 보호 → 시트 보호를 클릭한다.
6. '시트 보호' 대화상자에서 다음과 같이 지정하고 〈확인〉을 클릭한다.

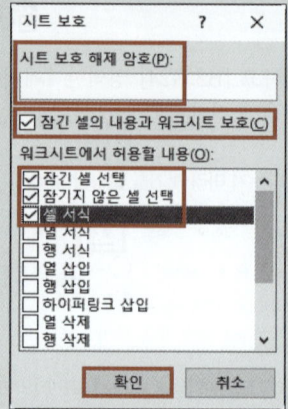

7. [보기] → 통합 문서 보기 → 페이지 나누기 미리 보기를 클릭한다.
8. [A2:G13] 영역만 인쇄되도록 페이지 나누기 구분선을 마우스로 드래그하여 조정한다.

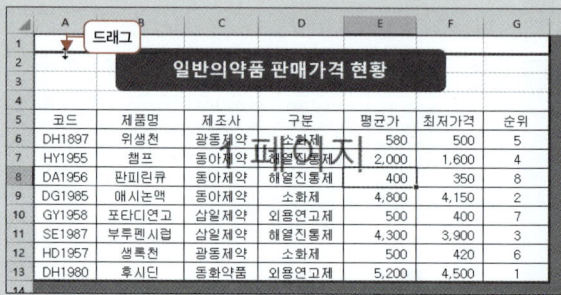

[기출 2]

〈해설〉

• 워크시트 전체의 '셀 서식' 대화상자

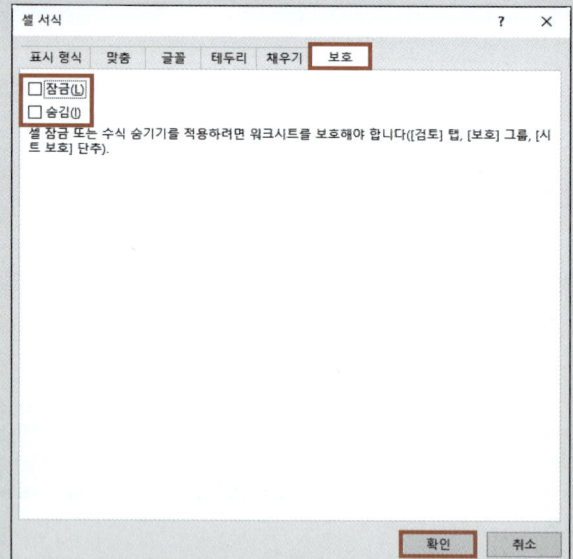

- [F3:G10] 영역의 '셀 서식' 대화상자

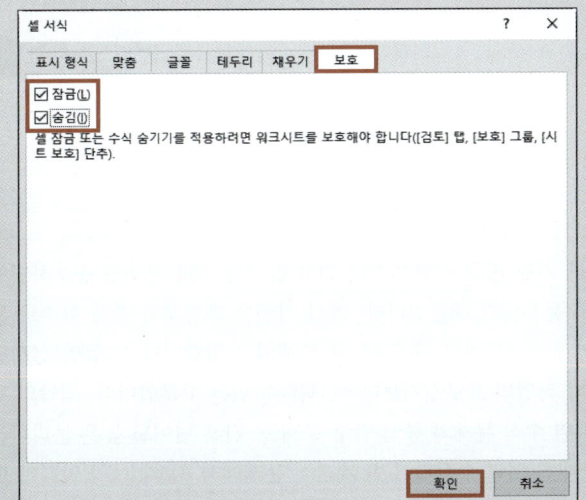

- '차트 영역 서식' 창

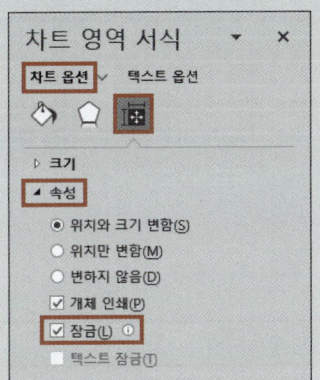

- '시트 보호' 대화상자

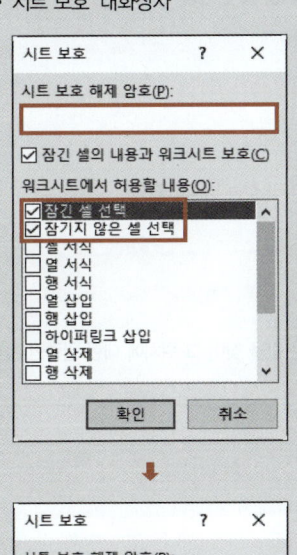

↓

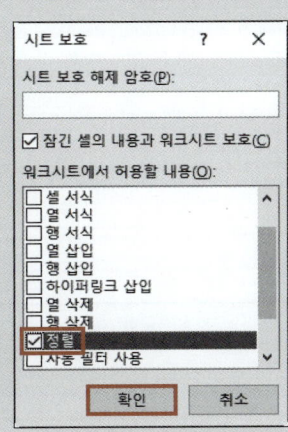

문제 2   계산작업(30점)

전문가의 합격 전략

계산 작업은 컴퓨터활용능력 시험에서 가장 중요한 기본적인 작업으로, 학습에 가장 많은 시간을 배정해야 합니다. 계산문제를 공부하면서 습득하는 함수나 논리수식의 사용법은 컴퓨터활용능력 시험 전반에 걸쳐 두루 응용되기 때문입니다. 계산 작업은 조건문과 중첩 함수로 논리식을 세워 계산하는 배열 수식과 일반 수식이 2문제씩, 그리고 사용자 정의 함수 1문제가 각 6점으로 출제되고 있습니다. 그동안 실시된 시험에서의 사용자 정의 함수는 쉽게 출제된 편이지만 더 깊이 들어간다면 기타 작업의 프로시저보다 어려울 수 있는 부분입니다. 최악의 경우 6점을 포기한다고 생각하고 기출문제 수준 정도로만 이해하세요. 그리고 배열 수식 문제와 중첩 함수 문제 중 간혹 난이도 높은 논리식을 세워야 하는 문제가 출제되는데, 이것도 최악의 경우 포기한다고 생각하세요. 대신 배열 수식과 일반 계산식 문제에서 3문제는 꼭 맞혀야 합니다. 그리고 잊지 말아야 할 것이 계산 작업은 다른 작업을 모두 마친 다음에 해야 한다는 것입니다. 풀릴 듯 말 듯한 계산 문제를 잡고 고민하다 보면 어느덧 종료 시간이 돌아옵니다.

1   배열 수식

출제 비율 100% / 배점 12점

배열 수식은 수식을 입력한 후 Ctrl + Shift + Enter 를 누른다.

- 배열 수식에서 지금까지 출제된 함수들은 다음과 같습니다.

함수	기능
IF(조건, 인수1, 인수2)	조건을 비교하여 '참'이면 인수1, '거짓'이면 인수2 반환 예 =IF(D4>90, "우수", "미달") : [D4] 셀의 값이 90을 초과하면 "우수", 그렇지 않으면 "미달"을 반환함
SUM(인수1, 인수2, …)	인수들의 합계 반환 예 =SUM(A1:A10) : [A1:A10] 영역의 합계를 반환함
AVERAGE(인수1, 인수2, …)	인수들의 평균 반환 예 =AVERAGE(A1:A10) : [A1:A10] 영역의 평균을 반환함

MATCH(찾을값, 범위, 옵션)	• 범위에서 찾을값과 같은 데이터를 찾아 그 위치에 대한 일련번호를 반환함, 옵션에 따라 찾는 방식이 다름
	• 옵션
	  – -1 : 찾을값보다 크거나 같은 값 중 가장 작은 값(내림차순 정렬)
	  – 0 : 찾을값과 첫 번째로 정확하게 일치하는 값
	  – 1 : 찾을값보다 작거나 같은 값 중에서 가장 큰 값(오름차순 정렬)
	예 =MATCH(90, A1:A10, 1) : [A1:A10] 영역에서 90보다 작거나 같은 값 중에서 가장 큰 값을 찾아 그 위치에 대한 일련번호를 반환함

INDEX(범위, 행 번호, 열 번호)	지정된 범위에서 행 번호와 열 번호의 위치에 있는 데이터 반환 예 =INDEX(A1:C30, 2, 2) : [A1:C30] 영역에서 2행 2열에 있는 데이터를 반환함
MAX(인수1, 인수2, …)	인수들 중에서 가장 큰 수 반환 예 =MAX(A1:A10) : [A1:A10] 영역에서 가장 큰 수를 반환함
MIN(인수1, 인수2, …)	인수들 중에서 가장 작은 수 반환 예 =MIN(A1:A10) : [A1:A10] 영역에서 가장 작은 수를 반환함
COUNT(인수1, 인수2, …)	인수들 중에서 숫자가 있는 셀의 개수 반환 예 =COUNT(A1:A10) : [A1:A10] 영역에서 숫자가 있는 셀의 개수를 반환함
RIGHT(텍스트, 개수)	텍스트의 오른쪽부터 지정한 개수만큼 반환 예 =RIGHT("컴퓨터활용능력", 2) : "능력"을 반환함
LEFT(텍스트, 개수)	텍스트의 왼쪽부터 지정한 개수만큼 반환 예 =LEFT("컴퓨터활용능력", 3) : "컴퓨터"를 반환함

함수	설명
TEXT(인수, 형식)	인수를 지정한 형식의 텍스트로 변환하여 반환 예 =TEXT(1000, "0원") : "1000원"을 반환함
REPT(텍스트, 개수)	텍스트를 개수만큼 반복하여 반환 예 =REPT("■", 4) : "■■■■"를 반환함
IFERROR(인수, 오류 시 표시할 값)	인수로 지정한 수식이나 셀에서 오류가 발생하면 오류 시 표시할 값을 반환하고, 그렇지 않으면 결과값 반환 예 =IFERROR((A1+B1)/C1, "오류") : (A1+B1)/C1의 결과가 오류이면 "오류"를 반환하고, 그렇지 않으면 결과값을 반환함
MONTH(날짜)	날짜에서 월 반환 예 =MONTH("2021-07-05") : 7을 반환함
ROUND(인수, 반올림 자릿수)	인수를 지정한 자릿수로 반올림한 값 반환 예 =ROUND(28.685, 1) : 28.7을 반환함
LARGE(범위, N번째)	범위 중 N번째로 큰 값 반환 예 =LARGE(A4:C7, 2) : [A4:C7] 영역에서 두 번째로 큰 값을 반환함
SMALL(범위, N번째)	범위 중 N번째로 작은 값 반환 예 =SMALL(A4:C7, 2) : [A4:C7] 영역에서 두 번째로 작은 값을 반환함
QUOTIENT(인수1, 인수2)	인수1을 인수2로 나누어 몫에 해당하는 정수 부분만 반환 예 =QUOTIENT(11, 2) : 5를 반환함
LEN(텍스트)	텍스트의 길이(개수) 반환 예 =LEN("컴퓨터활용능력") : 7을 반환함
COUNTIFS (조건1 범위, 조건1, 조건2 범위, 조건2, …)	여러 개의 조건을 지정하여 조건에 맞는 셀의 개수 반환 예 =COUNTIFS(C4:C11, "판매부", D4:D11, "1급") : [C4:C11] 영역에서 "판매부"가 입력된 셀들을 찾아 [D4:D11] 영역의 같은 행들에서 "1급"이 입력된 셀들의 개수를 반환함
COUNTA(인수1, 인수2, …)	인수들 중에서 자료가 입력되어 있는 셀의 개수 반환 예 =COUNTA(A1:A10) : [A1:A10] 영역에서 자료가 입력된 셀의 개수를 반환함

RANK.EQ(인수, 범위, 옵션)	• 지정된 범위에서 인수의 순위를 반환함, 옵션에 따라 순위 부여 방식이 다름
	• 옵션
	  – 0 또는 생략 : 내림차순을 기준으로 순위 부여
	  – 0 이외의 값 : 오름차순을 기준으로 순위 부여
	예 =RANK.EQ(E3, E3:E7) : [E3:E7] 영역에서 내림차순을 기준으로 [E3] 셀의 순위를 반환함

MAXA(인수1, 인수2, …)	• 인수 중에서 가장 큰 값 반환 • MAX와 다른 점은 숫자는 물론 빈 셀, 논리값, 숫자로 표시된 텍스트 등도 인수로 사용함 예 =MAXA(D4:D9) : [D4:D9] 영역에서 가장 큰 값을 반환함
FIND(찾을 텍스트, 문자열, 시작 위치)	문자열의 시작 위치에서부터 찾을 텍스트를 찾아 그 위치값을 반환함 예 =FIND("친", "친구친구", 2) : 3을 반환함
FIXED(인수, 자릿수, 논리값)	인수를 반올림하여 지정된 자릿수까지 텍스트로 반환 예 =FIXED(1234.8, 0, FALSE) : 1234.8을 일의 자리로 반올림한 1235에 쉼표가 표시된 1,235를 반환함

상시시험 출제 유형

☞ 직접 실습하려면 '길벗컴활1급통합\엑셀\05배열수식.xlsm' 파일을 열어서 작업하세요.

 전문가의 조언

먼저 [잠깐만요]의 수식 작성 방법을 확실히 암기하세요. 그러고 나서 적용하는 연습을 몇 번만 반복하면 배열 수식 문제가 매우 쉽다는 걸 알게 될 겁니다.

 25.상시, 24.상시, 23.상시, 22.상시, 21.상시, 20.상시, 20.1, 19.상시, 19.2, 19.1, 18.상시, …

01 개수

※ 아래 그림을 참고하여 배열 수식을 이해하고 형식을 암기하세요[유형 1~7].

	A	B	C	D	E	F	G	H	I
1	카드종류	적립률	결제여부	숙박	인원	판매처	판매일	결제금액	판매방법별순위
2	국민카드	3%	완료	리조트	5	인터넷A팀	2021-04-21	350,000	인터넷4
3	농협카드	3%	예정	호텔	8	홈쇼핑C팀	2021-02-01	550,000	홈쇼핑2
4	국민카드	2%	완료	펜션	15	인터넷B팀	2021-03-18	153,000	인터넷5
5	농협카드	1%	완료	리조트	4	홈쇼핑A팀	2021-05-05	100,000	홈쇼핑3
6	농협카드	3%	예정	호텔	8	인터넷C팀	2021-03-15	490,000	인터넷3
7	국민카드	1%	완료	펜션	35	인터넷A팀	2021-04-05	1,540,000	인터넷1
8	농협카드	3%	완료	리조트	25	홈쇼핑A팀	2021-02-09	580,000	홈쇼핑1
9	농협카드	3%	완료	호텔	50	인터넷B팀	2021-02-08	1,050,000	인터넷2
10									
11	개수	1	3	3건	2	2	★★	38%	

잠깐만요 개수 구하기 배열 수식

조건이 2개일 때 배열 수식을 이용하여 개수를 구하는 방법 3가지는 다음과 같습니다. 문제에 주어진 조건을 수식으로 만들어 '조건' 부분에 대입하면 됩니다. 조건의 개수에 따라 조건을 지정하는 부분이 늘어납니다.

- **방법1**: =SUM((조건1) * (조건2))
- **방법2**: =SUM(IF((조건1) * (조건2), 1))
- **방법3**: =COUNT(IF((조건1) * (조건2), 1))

1. **조건1**: 카드종류가 "국민카드" → A2:A9="국민카드"
2. **조건2**: 적립률이 3% → B2:B9=3%
3. 위의 조건을 개수 구하기 배열 수식의 '조건' 부분에 대입하면 다음과 같습니다.
   - 방법1: =SUM((A2:A9="국민카드") * (B2:B9=3%))
   - 방법2: =SUM(IF((A2:A9="국민카드") * (B2:B9=3%),1))
   - 방법3: =COUNT(IF((A2:A9="국민카드") * (B2:B9=3%),1))

   ※ 수식을 입력하고 Ctrl + Shift + Enter를 누르면 수식 입력줄에 {=SUM((A2:A9="국민카드")*(B2:B9=3%))}와 같이 표시됩니다.

잠깐만요

배열 수식을 입력한 후 Ctrl+Shift+Enter를 눌러도 중괄호({ })가 입력되지 않는 경우

입력기가 '한컴 입력기'로 설정되었기 때문입니다. 다음과 같이 Windows 작업 표시줄 알림 영역의 '입력기' 아이콘을 클릭하고 [한국어 Microsoft 입력기]를 선택한 후 Ctrl+Shift+Enter를 누르면 수식에 중괄호({ })가 입력됩니다.

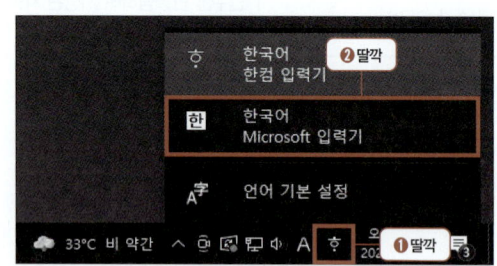

24.상시, 22.상시, 20.상시, 19.2, 18.상시, 18.2, 14.2, 13.2, 12.2, 10.2, 09.3, …

유형 1 SUM 함수 사용

카드종류가 "국민카드"이고 적립률이 3%인 개수를 [B11] 셀에 계산하시오.
         조건1   조건2

[=SUM((A2:A9="국민카드") * (B2:B9=3%))]
         조건1   조건2

복잡한 수식을 입력하면 좌우의 괄호가 맞지 않아 수식에 오류가 발생하는 경우가 많습니다. 이런 경우에는 같은 레벨의 괄호 또는 인수 단위로 충분한 거리를 두고 수식을 입력하면 구분하기가 훨씬 쉽습니다.
=SUM((A2:A9="국민카드") * (B2:B9=3%))
이렇게 수식 중간에 공백을 주고 입력해도 결과는 바르게 나옵니다.

 25.상시, 24.상시, 22.상시, 21.상시, 20.상시, 20.1, 19.상시, 19.2, 19.1, 18.1, …

유형 2 SUM, IF 함수 사용

카드종류가 "국민카드"이고 결제여부가 "완료"인 개수를 [C11] 셀에 계산하시오.
         조건1   조건2

[=SUM(IF((A2:A9="국민카드") * (C2:C9="완료"), 1))]
              조건1   조건2   개수_구할_값

유형 3 COUNT, IF 함수와 & 연산자 사용

결제여부가 "완료"이고, 숙박이 "리조트"인 개수를 [D11] 셀에 계산하시오.
　　　조건1　　　　　　　　조건2

▶ 개수 뒤에 "건" 표시

[=COUNT(IF((C2:C9="완료") * (D2:D9="리조트"), 1))&"건"]
　　　　　　　조건1　　　　　　조건2　　　　개수_구할_값

유형 4 COUNT, IF, RIGHT 함수 사용

카드종류가 "국민카드"이고 판매처가 "A팀"인 개수를 [E11] 셀에 계산하시오.
　　　조건1　　　　　　　조건2

[=COUNT(IF((A2:A9="국민카드") * (RIGHT(F2:F9,2)="A팀"), 1))]
　　　　　　조건1　　　　　　　조건2　　　　개수_구할_값

> **전문가의 조언**
> COUNTIFS 함수를 이용해서도 개수를 구하는 배열 수식을 작성할 수 있습니다. 자주 출제되지는 않지만 어렵지 않으니 같이 기억해 두세요.

유형 5 COUNTIFS 함수 사용

카드종류가 "국민카드"이고 판매처가 "인터넷A팀"인 개수를 [F11] 셀에 계산하시오.
　　　조건1　　　　　　　　조건2

[=COUNTIFS(A2:A9, "국민카드", F2:F9, "인터넷A팀")]
　　　　　　　조건1　　　　　　　　조건2

유형 6 COUNT, COUNTA, IF, TEXT 함수 사용

결제여부가 "완료"이고 숙박이 "리조트"인 데이터의 예약률을 [H11] 셀에
　　　조건1　　　　　　　조건2
계산하시오.

▶ 예약률은 '결제여부와 숙박별 예약 건수 / 전체 예약 건수'로 계산하여 백분율(%)로 표시

[=TEXT(COUNT(IF((C2:C9="완료") * (D2:D9="리조트"), 1)) / COUNTA(C2:C9), "0%")]
　　　　　　　　　　조건1　　　　　　조건2　　　개수_구할_값
　　　　　　결제여부와 숙박별 예약건수　　　　　전체 예약 건수

유형 7 LEFT, SUM, IF 함수 사용

판매방법별 순위를 [I2:I9] 영역에 계산하시오.
　　조건1　　조건2

▶ 판매방법은 판매처의 앞 세 글자임
▶ [표시 예 : 인터넷1, 홈쇼핑2, 인터넷2]

[=LEFT(F2,3) & SUM(IF((LEFT(F2,3)=LEFT($F$2:$F$9,3)) * (H2<$H$2:$H$9), 1))+1]
　　　　　　　　　　　　조건1　　　　　　　　　　　조건2　　　개수_구할_값

> **전문가의 조언**
> - 먼저 SUM만 사용하는 방법과 SUM과 IF를 사용하는 방법 2가지를 확실하게 암기하세요.
> - 문제를 보자마자 대략적인 수식이 세워질 때까지 문제들을 반복해서 풀어보세요.

02 합계

※ 아래 그림을 참고하여 배열 수식을 이해하고 형식을 암기하세요[유형 1~4].

	A	B	C	D	E	F	G	H
1	카드종류	적립률	결제여부	숙박	인원	판매처	판매일	결제금액
2	국민카드	3%	완료	리조트	5	인터넷A팀	2021-04-21	350,000
3	농협카드	3%	예정	호텔	8	홈쇼핑C팀	2021-02-01	550,000
4	국민카드	2%	완료	펜션	15	인터넷B팀	2021-03-18	153,000
5	농협카드	1%	완료	리조트	4	홈쇼핑A팀	2021-05-09	100,000
6	농협카드	3%	예정	호텔	8	인터넷C팀	2021-03-15	490,000
7	국민카드	1%	완료	펜션	35	인터넷A팀	2021-04-05	1,540,000
8	농협카드	3%	완료	리조트	25	홈쇼핑A팀	2021-02-09	580,000
9	농협카드	3%	완료	호텔	50	인터넷B팀	2021-02-08	1,050,000
10								
11	합계	2,043,000	153,000	♥♥♥♥	☆☆☆☆☆	1,890	2,043,000	

유형 1 SUM 함수 사용

카드종류가 "국민카드"인 결제금액의 합계를 [B11] 셀에 계산하시오.
　　　조건　　　　　　　　합계_구할_값

[=SUM((A2:A9="국민카드") * H2:H9)]
　　　　　　조건　　　　　　합계_구할_범위

> **잠깐만요** 합계 구하기 배열 수식
>
> 조건이 1개일 때, 합계를 구하는 배열 수식은 다음과 같습니다. 조건의 수에 따라 조건을 지정하는 부분이 늘어납니다.
>
> **방법1** : =SUM((조건) * 합계_구할_값)
> **방법2** : =SUM(IF(조건, 합계_구할_값))

22.상시, 21.상시, 20.상시, 19.2, 19.1, 16.3, 16.1, 15.상시, 14.1, 13.3, …

유형 2 SUM, IF, MONTH 함수 사용

카드종류가 "국민카드"이고 판매월이 3월 이전인 결제금액의 합계를 [C11] 셀에 계산하시오.
　　　　조건1　　　　　　　　조건2　　　　　합계_구할_값

[=SUM(IF((A2:A9="국민카드") * (MONTH(G2:G9)<=3), H2:H9))]
　　　　　　조건1　　　　　　　　조건2　　　　합계_구할_범위

22.상시, 21.상시, 20.상시, 15.상시, 19.1, 18.1, 15.3, 15.1, 12.2

유형 3 SUM, IF, REPT 함수 사용

결제여부가 "완료"이고 판매처가 "인터넷A팀"인 인원의 합계를 10으로 나눈 값만큼 "♥"를 반복해서 [D11] 셀에 표
　　　조건1　　　　　　　조건2　　　　　합계_구할_값
시하시오.
▶ [표시 예 : 40 → ♥♥♥♥, 20 → ♥♥]

[=REPT("♥", SUM(IF((C2:C9="완료") * (F2:F9="인터넷A팀"), E2:E9)) / 10)]
　　　　　　　　　　조건1　　　　　　　조건2　　　　합계_구할_범위

25.상시, 22.상시, 21.상시, 20.상시, 15.상시, 19.1, 18.1, 16.3, 16.1, 15.3, 15.1, 14.3, 12.2

유형 4 SUM, IF, TEXT 함수 사용

결제여부가 "완료"이고 판매처가 "인터넷A팀"인 결제금액의 합계를 [F11] 셀에 계산하시오.
　　　조건1　　　　　　　조건2　　　　　합계_구할_값
▶ 합계는 천원 단위로 표시 [표시 예 : 0 → 0, 1,321,420 → 1,321]

[=TEXT(SUM(IF((C2:C9="완료") * (F2:F9="인터넷A팀"), H2:H9)), "#,##0,")]
　　　　　　　　　조건1　　　　　　　조건2　　　　합계_구할_범위

- 평균을 구하는 문제에서 주의할 점은 개수나 합계와 달리 반드시 IF문이 포함되어야 한다는 것입니다.
- 예를 들어, { 10, 20, 30, 40 }의 자료 중에서 2번째와 4번째만 조건에 맞는 자료일 경우, IF를 사용하면 { 20, 40 }처럼 2개의 평균을 구하므로 30이 되지만, IF를 사용하지 않으면 { 0, 20, 0, 40 }처럼 0이 포함되는 4개의 평균을 구하므로 15가 됩니다.

23.상시, 22.상시, 21.상시, 20.상시, 19.상시, 18.상시, 17.상시, 16.2, …

유형 1 AVERAGE, IF, LEFT 함수 사용

판매처가 "인터넷"으로 시작하는 결제금액의 평균을 [B11] 셀에 계산하시오.
　　　　조건　　　　　　　　평균_구할_값

[=AVERAGE(IF(LEFT(F2:F9, 3)="인터넷", H2:H9))]
　　　　　　　　조건　　　　　　평균_구할_범위

> **잠깐만요** 평균 구하기 배열 수식
>
> 조건이 1개일 때의 평균을 구하는 배열 수식은 다음과 같습니다. 조건의 수에 따라 조건을 지정하는 부분이 늘어납니다.
>
> =AVERAGE(IF(조건, 평균_구할_범위))

03 평균

25.상시, 24.상시, 23.상시, 22.상시, 21.상시, 20.상시, 19.상시, 18.상시, 17.상시, 17.1, 16.상시, …

※ 아래 그림을 참고하여 배열 수식을 이해하고 형식을 암기하세요[유형 1~7].

	A	B	C	D	E	F	G	H
1	카드종류	적립률	결제여부	숙박	인원	판매처	판매일	결제금액
2	국민카드	3%	완료	리조트	5	인터넷A팀	2021-04-21	350,000
3	농협카드	3%	예정	호텔	8	홈쇼핑C팀	2021-02-01	550,000
4	국민카드	2%	완료	펜션	15	인터넷C팀	2021-03-18	153,000
5	농협카드	1%	완료	리조트	4	홈쇼핑A팀	2021-05-09	100,000
6	농협카드	3%	예정	호텔	8	인터넷C팀	2021-03-15	490,000
7	국민카드	1%	완료	펜션	35	인터넷A팀	2021-04-05	1,540,000
8	농협카드	3%	완료	리조트	25	홈쇼핑A팀	2021-02-09	580,000
9	농협카드	3%	완료	호텔	50	인터넷B팀	2021-02-08	1,050,000
10								
11	평균	716,600	642,500	930,000	20명	18.3	없음	36.7-5.7

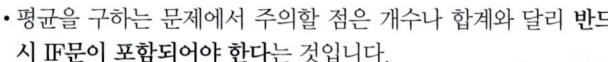

23.상시, 22.상시, 21.상시, 20.상시, 19.상시, 18.상시, 17.상시, 16.1, …

유형 2 AVERAGE, IF, RIGHT 함수 사용

판매처가 "A팀"인 결제금액의 평균을 [C11] 셀에 계산하시오.
조건   평균_구할_값

[=AVERAGE(IF(RIGHT(F2:F9, 2)="A팀", H2:H9))]
                   조건   평균_구할_범위

23.상시, 22.상시, 21.상시, 20.상시, 19.상시, 18.상시, 17.상시, 13.1, …

유형 3 AVERAGE, IF, LARGE 함수 사용

결제금액이 상위 4위 이내인 결제금액의 평균을 [D11] 셀에 계산하시오.
조건   평균_구할_값

[=AVERAGE(IF(H2:H9>=LARGE(H2:H9, 4), H2:H9))]
                   조건   평균_구할_범위

22.상시, 21.상시, 20.상시, 19.상시, 18.상시, 17.상시, 16.상시, 14.1, …

유형 4 AVERAGE, IF, LEN, TEXT 함수 사용

적립률이 1%가 아니고, 숙박이 두 글자인 인원의 평균을 [E11] 셀에 계산
      조건1   조건2   평균_구할_값
하시오.
▶ 평균 뒤에 "명" 표시 [표시 예 : 0 → 0명, 15 → 15명]

[=TEXT(AVERAGE(IF((B2:B9<>1%) * (LEN(D2:D9)=2), E2:E9)), "0명")]
                            조건1   조건2   평균_구할_범위

25.상시, 24.상시, 22.상시, 21.상시, 20.상시, 19.상시, 18.상시, 17.상시, 16.2, …

유형 5 AVERAGE, IF, ROUND 함수 사용

카드종류가 "국민카드"이고 결제여부가 "완료"인 인원의 평균을 [F11] 셀
      조건1   조건2   평균_구할_값
에 계산하시오.
▶ 평균은 반올림하여 소수점 첫째 자리까지 표시

[=ROUND(AVERAGE(IF((A2:A9="국민카드") * (C2:C9="완료"), E2:E9)), 1)]
                                조건1   조건2   평균_구할_범위

23.상시, 21.상시, 20.상시, 19.상시, 18.상시, 17.상시, 16.상시, 16.1, …

유형 6 AVERAGE, IF, IFERROR, MONTH 함수 사용

카드종류가 "국민카드"이고 판매월이 2월인 인원의 평균을 [G11] 셀에 계산
      조건1   조건2   평균_구할_값
하시오.
▶ 해당 데이터가 없는 경우 "없음"으로 표시

[=IFERROR(AVERAGE(IF((A2:A9="국민카드") * (MONTH(G2:G9)=2), E2:E9)), "없음")]
                              조건1   조건2   평균_구할_범위

25.상시

유형 7 AVERAGE, LARGE, SMALL, ROUND 함수와 배열 상수 사용

인원의 상위 1~3위의 평균과 하위 1~3위의 평균을 [H11] 셀에 계산하시오.
평균_구할_값 조건1   조건2
▶ 상위 1~3위와 하위 1~3위의 평균은 반올림하여 소수점 첫째 자리까지 표시하고, 평균 사이에 "-"를 연결하여 표시
[표시 예 : 상위 1~3위 평균이 234.56, 하위 1~3위 평균이 3.24인 경우 → 234.6 - 3.2]

[=ROUND(AVERAGE(LARGE(E2:E9, {1,2,3})), 1) & "-" & ROUND(AVERAGE(SMALL(E2:E9, {1,2,3})),1)]
                                  조건1   조건2
           평균_구할_값   평균_구할_값

25.상시, 23.상시, 22.상시, 21.상시, 20.상시, 19.상시, 18.상시, 17.상시, 16.상시, 15.상시, 13.3, …

04 최대값

※ 아래 그림을 참고하여 배열 수식을 이해하고 형식을 암기하세요[유형 1~3].

	A	B	C	D	E	F	G	H
1	카드종류	적립률	결제여부	숙박	인원	판매처	판매일	결제금액
2	국민카드	3%	완료	리조트	5	인터넷A팀	2021-04-21	350,000
3	농협카드	3%	예정	호텔	8	홈쇼핑C팀	2021-02-01	550,000
4	국민카드	2%	완료	펜션	15	인터넷B팀	2021-03-18	153,000
5	농협카드	1%	완료	리조트	4	홈쇼핑A팀	2021-05-09	100,000
6	농협카드	3%	예정	호텔	8	인터넷C팀	2021-03-15	490,000
7	국민카드	1%	완료	펜션	35	인터넷A팀	2021-04-05	1,540,000
8	농협카드	3%	완료	리조트	25	홈쇼핑A팀	2021-02-09	580,000
9	농협카드	3%	완료	호텔	50	인터넷B팀	2021-02-08	1,050,000
10								
11	최대값	1,540,000	153,000원	1,540,000원	580,000		3	

23.상시, 22.상시, 21.상시, 20.상시, 18.상시, 17.상시

유형 1 MAX, IF 함수 사용

카드종류가 "국민카드"인 결제금액의 최대값을 [B11] 셀에 계산하시오.
조건   최대값_구할_값

[=MAX(IF(A2:A9="국민카드", H2:H9))]
            조건   최대값_구할_범위

> **잠깐만요** 최대값 구하기 배열 수식
>
> 조건이 1개일 때 최대값을 구하는 배열 수식은 다음과 같습니다. 조건의 수에 따라 조건을 지정하는 부분이 늘어납니다.
>
> **방법1** : =MAX((조건) * 최대값_구할_범위)
> **방법2** : =MAX(IF(조건, 최대값_구할_범위))
> **방법3** : =LARGE(IF(조건, 최대값_구할_범위), 1)

수식의 이해

=INDEX(D2:D9,MATCH(MAX((A2:A9="국민카드")*H2:H9),(A2:A9="국민카드")*H2:H9,0))
　　　　　　　　　　　　　　❶
　　　　　　　　　　　　　　　　　　❷
　　　　　　　　　　　　　　　　　　　　　　❸

❶ MAX((A2:A9="국민카드")*H2:H9) : '카드종류'가 "국민카드"인 내역의 '결제금액' 중 최대값인 1,540,000을 반환합니다.

❷ MATCH(❶,(A2:A9="국민카드")*H2:H9,0) → MATCH(1540000, (A2:A9="국민카드")*H2:H9,0) : 1,540,000을 '카드종류'가 "국민카드"인 '결제금액'에서 찾아 그 위치인 6을 반환합니다.

❸ =INDEX(D2:D9, ❷) → =INDEX(D2:D9, 6) : [D2:D9] 영역에서 6행에 해당하는 "펜션"을 반환합니다.

※ INDEX(찾을범위, 행위치, 열위치) 함수에서 범위를 한 개의 열로 지정할 때는 열 위치를 생략할 수 있습니다.

유형 2 LARGE, IF 함수 사용

25.상시, 23.상시, 16.3, 12.1, 11.1, 04.3

적립률이 3%이고 숙박이 "리조트"인 결제금액의 최대값을 [E11] 셀에 계산하시오.
(조건1)　　(조건2)　　(최대값_구할_값)

[=LARGE(IF((B2:B9=3%) * (D2:D9="리조트"), H2:H9), 1)]
　　　　　　조건1　　　　조건2　　　최대값_구할_범위

유형 3 MAX, IF, RANK.EQ 함수 사용

22.상시, 21.상시, 20.상시, 13.3

적립률이 3%이고 숙박이 "리조트"인 결제금액 중 가장 큰 값의 전체 순위를 [F11] 셀에 계산하시오.
(조건1)　　(조건2)　　(최대값_구할_값)

[=RANK.EQ(MAX(IF((B2:B9=3%) * (D2:D9="리조트"), H2:H9)), H2:H9)]
　　　　　　　　조건1　　　　조건2　　최대값_구할_범위
　　　　　　　　　　　　　인수　　　　　　　　　　　범위

유형 2 INDEX, MATCH, MIN, IF 함수 사용

22.상시, 21.상시, 20.상시, 15.상시, 13.상시, 12.2, 11.3, 07.3, 07.1, …

결제여부가 "완료"인 최소 인원의 판매일을 [C11] 셀에 계산하시오.

[=INDEX(G2:G9, MATCH(MIN(IF(C2:C9="완료", E2:E9)), (C2:C9="완료")*E2:E9, 0))]
　　　찾을범위(판매일)　　　　찾을값(완료_최소_인원)　　찾을범위(완료_인원)　옵션
　　　　　　　　　　　　　　　　　　　　　행위치

전문가의 조언

- 배열 수식 문제에서 제일 어려운 문제입니다.
- 지금까지 나온 문제는 모두 INDEX(찾을범위, 행위치, 열위치) 함수가 가장 바깥쪽에 놓이는 수식이 출제됐다는 것을 염두에 두고 수식 작성법을 정확하게 암기하세요.

05 찾기

25.상시, 24.상시, 23.상시, 22.상시, 21.상시, 20.상시, 20.1, 19.상시, 19.1, 18.2, 17.1, 16.2, …

※ 아래 그림을 참고하여 수식을 이해하고 형식을 암기하세요[유형 1~2].

	A	B	C	D	E	F	G	H
1	카드종류	적립률	결제여부	숙박	인원	판매처	판매일	결제금액
2	국민카드	3%	완료	리조트	5	인터넷A팀	2021-04-21	350,000
3	농협카드	3%	예정	호텔	8	홈쇼핑C팀	2021-02-01	550,000
4	국민카드	2%	완료	펜션	15	인터넷B팀	2021-03-18	153,000
5	농협카드	1%	완료	리조트	4	홈쇼핑A팀	2021-05-09	100,000
6	농협카드	3%	예정	호텔	8	인터넷C팀	2021-03-15	490,000
7	국민카드	1%	완료	펜션	35	인터넷A팀	2021-04-05	1,540,000
8	농협카드	3%	완료	리조트	25	홈쇼핑A팀	2021-02-09	580,000
9	농협카드	3%	완료	호텔	50	인터넷B팀	2021-02-08	1,050,000
10								
11	찾기	펜션	2021-05-09	펜션				

유형 1 INDEX, MATCH, MAX 함수 사용

25.상시, 24.상시, 23.상시, 22.상시, 21.상시, 20.상시, 20.1, 19.상시, 19.1, …

카드종류가 "국민카드"인 최대 결제금액의 숙박을 [B11] 셀에 계산하시오.

[=INDEX(D2:D9, MATCH(MAX((A2:A9="국민카드")*H2:H9), (A2:A9="국민카드")*H2:H9, 0))]
　　　　찾을범위(숙박)　　　찾을값(국민카드_최대_결제금액)　찾을범위(국민카드_결제금액)　옵션
　　　　　　　　　　　　　　　　　　　　　　행 위치

대표기출문제

'길벗컴활1급통합\엑셀\05배열수식.xlsm' 파일을 열어서 작업하세요.

※ 아래 그림을 참고하여 배열 수식을 작성하시오.

	A	B	C	D	E	F	G	H
1	[표1]							
2	성명	직업	신청일	성별	구매건수	구매금액	구입코드	대출금액
3	고광섭	자영업	2021-03-02	남	21	9,870,000	J21K	5,000,000
4	권창영	회사원	2021-04-02	남	25	11,750,000	H33K	7,000,000
5	김동진	공무원	2021-03-09	남	12	5,640,000	K95L	5,500,000
6	김병준	자영업	2021-02-20	남	12	5,640,000	J32K	2,000,000
7	김영희	자영업	2021-02-12	여	15	7,050,000	J35L	5,000,000
8	김은조	공무원	2021-03-09	여	57	26,790,000	Y46L	10,000,000
9	마동탁	자영업	2021-01-22	여	25	5,350,000	J71K	2,000,000
10	서현명	공무원	2021-02-15	여	25	11,750,000	K54L	5,000,000
11	정수만	회사원	2021-01-01	여	35	9,970,000	H69L	15,000,000
12	정종수	자영업	2021-03-01	남	5	2,350,000	J45L	2,000,000
13	채경찬	회사원	2021-02-14	남	20	9,400,000	H12L	5,000,000
14	하민지	자영업	2021-03-12	여	35	16,450,000	J78L	10,000,000
15	[표2]							
16	개수	3건	☆☆☆☆	1	2		최대값	최소값
17	합계	5,500,000	★	2,000,000		성명	권창영	정종수
18	평균	12	없음	19		합계/인원수	177(5명)	
19	최대값	5,000,000	35	5,000,000				

기출 1 25.상시, 24.상시, 22.상시, 21.상시, 20.상시, 19.2, 19.1, 16.3, 16.1, … 2140581

[표1]의 직업과 성별을 이용하여 직업이 "자영업"이고 성별이 "여"인 데이터의 개수를 [표2]의 [B16] 셀에 계산하시오.

▶ 개수 뒤에 "건" 표시 [표시 예 : 2 → 2건]

▶ SUM, IF 함수와 & 연산자를 사용한 배열 수식

기출 2 25.상시, 23.상시, 22.상시, 21.상시, 20.상시, 19.2, 19.1, 14.1 2140582

[표1]의 성별과 신청일을 이용하여 성별이 "여"이고 신청월이 2월 이전인 데이터의 개수를 [표2]의 [C16] 셀에 표시하시오.

▶ 개수만큼 "☆"를 반복하여 표시
[표시 예 : 4 → ☆☆☆☆, 2 → ☆☆]

▶ COUNT, IF, MONTH, REPT 함수를 사용한 배열 수식

기출 3 24.상시, 22.상시, 21.상시, 20.상시, 20.1, 19.상시, 19.2, 19.1, 18.1, 15.1, … 2140583

[표1]의 성별과 구입코드를 이용하여 성별이 "여"이고 구입코드의 마지막 글자가 "K"인 데이터의 개수를 [표2]의 [D16] 셀에 계산하시오.

▶ SUM, IF, RIGHT 함수를 사용한 배열 수식

기출 4 24.상시, 23.상시, 22.상시, 21.상시, 20.상시, 19.2, 19.1, 14.1, 11.3 2140584

[표1]의 구입코드를 이용하여 구입코드에 "K"와 3을 포함하는 코드의 개수를 [표2]의 [E16] 셀에 계산하시오.

▶ IF, COUNT, FIND 함수를 사용한 배열 수식

기출 5 25.상시, 22.상시, 21.상시, 20.상시, 20.1, 19.상시, 19.2, 19.1, 18.1, 15.1, … 2140585

[표1]의 직업, 성별, 대출금액을 이용하여 직업이 "공무원"이고 성별이 "남"인 대출금액의 합계를 [표2]의 [B17] 셀에 계산하시오.

▶ SUM, IF 함수를 사용한 배열 수식

기출 6 20.상시, 18.상시, 17.상시 2140586

[표1]의 성별, 신청일, 구매건수를 이용하여 성별이 "남"이고 신청월이 3월 이후인 구매건수의 합계를 50으로 나눈 값만큼 "★"를 반복하여 [표2]의 [C17] 셀에 표시하시오.

▶ [표시 예 : 200 → ★★★★, 100 → ★★]

▶ SUM, MONTH, QUOTIENT, REPT 함수를 사용한 배열 수식

기출 7 22.상시, 21.상시, 20.상시, 20.1, 19.상시, 19.2, 19.1, 18.1, 15.1, 14.3, 13.1, … 2140587

[표1]의 구매건수, 구입코드, 대출금액을 이용하여 구매건수가 10 이하이고 구입코드의 마지막 글자가 "L"인 대출금액의 합계를 [표2]의 [D17] 셀에 계산하시오.

▶ SUM, IF, RIGHT 함수를 사용한 배열 수식

기출 8 25.상시, 23.상시, 22.상시, 21.상시, 20.상시, 19.상시, 18.상시, 17.상시, … 2140588

[표1]의 구매건수, 구매금액, 대출금액을 이용하여 구매건수가 30 이상이고 구매금액이 5,000,000 이상인 대출금액의 평균을 [표2]의 [B18] 셀에 계산하시오.

▶ 평균은 백만 단위로 표시

▶ [표시 예 : 1,000,000 → 1]

▶ AVERAGE, IF, TEXT 함수를 사용한 배열 수식

기출 9
[표1]의 신청일, 구매금액, 구매건수를 이용하여 신청월이 1월이고 구매금액이 5,000,000 이하인 구매건수의 평균을 [표2]의 [C18] 셀에 계산하시오.

▶ 해당 데이터가 없는 경우에는 "없음"으로 표시
▶ AVERAGE, IF, MONTH, IFERROR 함수를 사용한 배열 수식

기출 10
[표1]의 구매금액, 구입코드, 구매건수를 이용하여 구매금액이 3,000,000을 초과하고 구입코드의 첫 글자가 "K"인 구매건수의 평균을 [표2]의 [D18] 셀에 계산하시오.

▶ 평균은 반올림하여 정수로 표시
▶ AVERAGE, IF, LEFT, ROUND 함수 사용

기출 11
[표1]의 성별, 구매건수, 대출금액을 이용하여 성별이 "여"이고 구매건수가 30 미만인 대출금액의 최대값을 [표2]의 [B19] 셀에 계산하시오.

▶ MAX, IF 함수를 사용한 배열 수식

기출 12
[표1]의 성별, 신청일, 구매건수를 이용하여 성별이 "여"이고 신청월이 1월인 구매건수의 최대값을 [표2]의 [C19] 셀에 계산하시오.

▶ MAXA, MONTH 함수를 사용한 배열 수식

기출 13
[표1]의 성별, 구입코드, 대출금액을 이용하여 성별이 "여"이고 구입코드의 첫 글자가 "K"인 대출금액의 최대값을 [표2]의 [D19] 셀에 계산하시오.

▶ MAX, IF, LEFT 함수를 사용한 배열 수식

기출 14
[표1]의 성명, 구매건수, 구매금액을 이용하여 구매건수가 30 이하인 사람 중 구매금액이 가장 많은 사람의 성명을 [표2]의 [G17] 셀에 표시하시오.

▶ INDEX, MATCH, MAX 함수를 사용한 배열 수식

기출 15
[표1]의 성명, 성별, 구매금액을 이용하여 성별이 "남"인 사람 중 구매금액이 가장 작은 사람의 성명을 [표2]의 [H17] 셀에 표시하시오.

▶ INDEX, MATCH, MIN, IF 함수를 사용한 배열 수식

기출 16
[표1]의 성별과 구매건수를 이용하여 성별이 "여"이고 구매건수가 전체 구매건수의 평균보다 큰 회원의 구매건수 합계와 인원수를 [표2]의 [G18] 셀에 계산하시오.

▶ [표시 예 : 170(3명)]
▶ CONCAT, SUM, AVERAGE 함수를 사용한 배열 수식

정답

[기출 1]
[B16] : {=SUM(IF((B3:B14="자영업") * (D3:D14="여"), 1)) &"건"}
　　　　　　　　　조건1　　　　　조건2　　개수_구할 값

[기출 2]
[C16] : {=REPT("☆", COUNT(IF((D3:D14="여") * (MONTH(C3:C14)=2), 1)))}
　　　　　　　　　　　　　　조건1　　　　　　조건2　　　　개수_구할 값

[기출 3]
[D16] : {=SUM(IF((D3:D14="여") * (RIGHT(G3:G14, 1)="K"), 1)) }
　　　　　　　　　조건1　　　　　　조건2　　　　개수_구할 값

[기출 4]
[E16] : {=COUNT(IF((FIND("K", G3:G14, 1)>=1) * (FIND(3, G3:G14, 1)>=1), 1))}
　　　　　　　　　　조건1　　　　　　　조건2　　　　개수_구할 값

[기출 5]
[B17] : {=SUM(IF((B3:B14="공무원") * (D3:D14="남"), H3:H14))}
　　　　　　　　　조건1　　　　　　조건2　　합계_구할 범위

[기출 6]
[C17] : {=REPT("★",QUOTIENT(SUM((D3:D14="남") * (MONTH(C3:C14)=3) * E3:E14), 50))}
　　　　　　　　　　　　　　　　조건1　　　　　　조건2　　　　합계_구할 범위

[기출 7]
[D17] : {=SUM(IF((E3:E14<=10) * (RIGHT(G3:G14, 1)="L"), H3:H14))}
　　　　　　　　　조건1　　　　　　조건2　　합계_구할 범위

[기출 8]
[B18] : {=TEXT(AVERAGE(IF((E3:E14>=30) * (F3:F14>=5000000), H3:H14)), "0,,")}
　　　　　　　　　　　　　조건1　　　　　조건2　　평균_구할 범위

[기출 9]
[C18] : {=IFERROR(AVERAGE(IF((MONTH(C3:C14)=1) * (F3:F14<=5000000), E3:E14)), "없음")}
　　　　　　　　　　　　　조건1　　　　　　조건2　　평균_구할 범위

[기출 10]
[D18] : {=ROUND(AVERAGE(IF((F3:F14>3000000) * (LEFT(G3:G14, 1)="K"), E3:E14)), 0)}
　　　　　　　　　　　　조건1　　　　　　조건2　　평균_구할 범위

[기출 11]
[B19] : {=MAX(IF((D3:D14="여") * (E3:E14<30), H3:H14))}
　　　　　　　　　조건1　　　　조건2　　최대값_구할 범위

[기출 12]
[C19] : {=MAXA((D3:D14="여") * (MONTH(C3:C14)=1) * E3:E14)}
　　　　　　　조건1　　　　　　조건2　　최대값_구할 범위

[기출 13]
[D19] : {=MAX(IF((D3:D14="여") * (LEFT(G3:G14, 1)="K"), H3:H14))}
　　　　　　　　　조건1　　　　　　조건2　　최대값_구할 범위

[기출 14]
[G17] : {=INDEX(A3:A14, MATCH(MAX((E3:E14<=30)*F3:F14), (E3:E14<=30)*F3:F14, 0))}
　　　　　　　　　　　　　　　30이하_최대_구매금액　　30이하_구매금액　옵션

[기출 15]
[H17] : {=INDEX(A3:A14, MATCH(MIN(IF(D3:D14="남", F3:F14)), (D3:D14="남")*F3:F14, 0))}
　　　　　　　　　　　　　　　남_최소_구매금액　　　　남_구매금액　옵션

[기출 16]
[G18] : {=CONCAT(SUM((D3:D14="여") * (E3:E14>AVERAGE(E3:E14)) * E3:E14), "(", SUM((D3:D14="여") * (E3:E14>AVERAGE(E3:E14))), "명)")}
　　　　　　　　　　　　　　구매건수_합계　　　　　　　　　　　　　　　　인원수

2 찾기/참조 함수

출제 비율 100% / 배점 6점

- 찾기/참조 함수 문제에서 지금까지 출제된 함수들은 다음과 같습니다.

함수	기능
VLOOKUP(찾을값, 범위, 열 번호, 옵션)	범위의 첫 번째 열에서 찾을값과 같은 데이터를 찾은 후 찾을값이 있는 행에서 지정된 열 번호에 있는 데이터 반환, 옵션에 따라 찾는 방법이 다름 • 옵션 　- TRUE 또는 생략 : 근사값을 찾음 　- FALSE : 정확하게 일치하는 값을 찾음 예 =VLOOKUP(A1, B2:C3, 2, FALSE) : [B2:C3] 영역의 첫 번째 열에서 [A1] 셀의 값과 정확히 일치하는 값을 찾고, 찾은 값이 있는 행에서 두 번째 열의 값을 반환함
HLOOKUP(찾을값, 범위, 행 번호, 옵션)	범위의 첫 번째 행에서 찾을값과 같은 데이터를 찾은 후 찾을값이 있는 열에서 지정된 행 번호에 있는 데이터 반환, 옵션에 따라 찾는 방법이 다름 • 옵션 　- TRUE 또는 생략 : 근사값을 찾음 　- FALSE : 정확하게 일치하는 값을 찾음 예 =HLOOKUP(A1, B2:C3, 2, FALSE) : [B2:C3] 영역의 첫 번째 행에서 [A1] 셀의 값과 정확히 일치하는 값을 찾고, 찾은 값이 있는 열에서 두 번째 행의 값을 반환함
CONCAT(텍스트1, 텍스트2, …)	인수로 주어진 텍스트들을 연결하여 1개의 문자열로 반환 예 =CONCAT("컴퓨터", "활용") : "컴퓨터활용"을 반환함
YEAR(날짜)	날짜에서 연도만 반환 예 =YEAR("2021-05-07") : 2021을 반환함
CHOOSE(인수, 첫 번째, 두 번째, …)	인수가 1이면 1번째, 인수가 2이면 2번째, … 인수가 n이면 n번째를 반환함 예 =CHOOSE(1, "A", "B", "C") : 첫 번째 "A"를 반환함
ROUNDUP(인수, 올림 자릿수)	인수를 지정한 자릿수로 올림하여 반환 예 =ROUNDUP(25.63, 1) : 25.7을 반환함
LOOKUP(찾을값, 범위1, 범위2)	범위1에서 찾을값과 같은 데이터를 찾은 후 같은 행의 범위2에 있는 데이터 반환 예 =LOOKUP(A1, B1:B10, C1:C10) : [B1:B10] 영역에서 [A1] 셀의 값과 같은 데이터를 찾은 후 [C1:C10]에서 같은 행에 있는 데이터를 반환함
REPLACE(텍스트1, 시작 위치, 개수, 텍스트2)	텍스트1의 시작 위치에서 개수만큼 텍스트2로 변환하여 반환 예 =REPLACE("홍길동", 2, 1, "*") : "홍*동"을 반환함
VALUE(텍스트)	텍스트를 숫자로 변환하여 반환 예 =VALUE(A1) : [A1] 셀의 텍스트를 숫자로 변환하여 반환함
WEEKDAY(날짜, 옵션)	• 날짜에 해당하는 요일번호 반환 • 옵션 　- 1 또는 생략 : 1(일요일) ~ 7(토요일) 　- 2 : 1(월요일) ~ 7(일요일) 　- 3 : 0(월요일) ~ 6(일요일) 예 =WEEKDAY("2021-05-05", 1) : 4(수요일)를 반환함
EDATE(시작 날짜, 개월 수)	'시작 날짜'에서 '개월 수'를 더한 날짜 반환 예 =EDATE("2021-7-1", 3) : 2021-10-01을 반환함
OFFSET(범위, 행, 열, 높이, 너비)	선택한 범위에서 지정한 행과 열만큼 떨어진 위치에 있는 데이터 영역의 데이터 반환 예 =OFFSET(A1, 1, 1, 2, 2) : [A1] 셀에서 아래쪽으로 1행, 오른쪽으로 1열 떨어진 [B2] 셀을 기준으로 2행 2열 데이터 영역의 데이터를 반환함
MOD(인수1, 인수2)	인수1을 인수2로 나눈 나머지 반환 예 =MOD(10, 3) : 1을 반환함
ROW(범위)	지정된 범위의 행 번호 반환 예 =ROW(A1) : [A1] 셀의 행 번호인 1을 반환함
ISERROR(인수)	인수가 오류 값이면 'TRUE', 그렇지 않으면 'FALSE' 반환 예 =ISERROR(A1) : [A1] 셀에 오류가 발생했으면 'TRUE'를, 그렇지 않으면 'FALSE'를 반환함
PMT(이자, 기간, 현재가치, 미래가치, 납입시점)	정기적으로 지급(상환)할 금액 반환, 일정 금액을 대출받았을 경우 이자를 포함하여 매월 상환해야 하는 금액 반환 예 =PMT(6%/12, 12, -10000000) : 10,000,000원을 대출받았을 경우 이자(월이율 6%/12)를 포함하여 매월 상환해야 하는 금액을 반환함
DAY(날짜)	날짜에서 일만 반환 예 =DAY("2021-06-05") : 5를 반환함

상시시험 출제 유형

☞ '길벗컴활1급통합\엑셀\06찾기참조함수.xlsm' 파일을 열어서 작업하세요.

전문가의 조언

- 다른 함수들과 어떤 형태로 중첩되어 출제되는지 살펴보세요.
- 헷갈리는 수식은 일단 암기해 두는 것도 좋은 방법입니다.

01 25.상시, 24.상시, 23.상시, 22.상시, 21.상시, 20.상시, 20.1, 19.상시, 19.2, 19.1, 17.1, 16.3, …
VLOOKUP 함수

※ 아래 그림을 참고하여 수식을 이해하고 작성해 보세요[유형 1~2].

	A	B	C	D	E	F	G
1	[표1]						
2	직원코드	판매수량	지역	지역담당자	접수번호	할인여부	판매금액
3	AA177	150	서울	서울/김영식	1-서울		4,350,000원
4	AE386	274	경상도	경상도/임숙경	2-경상도	추가할인	7,672,000원
5	AA463	207	서울	서울/김영식	3-서울		5,796,000원
6	AE165	103	경상도	경상도/임숙경	4-경상도		2,987,000원
7	AB398	211	경기도	경기도/하석민	5-경기도		5,908,000원
8	AA441	349	서울	서울/김영식	6-서울	추가할인	9,074,000원
9	AC619	201	강원도	강원도/구지훈	7-강원도		5,628,000원
10	AC543	450	강원도	강원도/구지훈	8-강원도	추가할인	11,700,000원
11	[표2]			[표3]			
12	코드	지역	담당자	판매수량	판매단가		
13	AA	서울	김영식	100	30,000		
14	AB	경기도	하석민	200	29,000		
15	AC	강원도	구지훈	300	28,000		
16	AE	경상도	임숙경	400	26,000		

23.상시, 15.상시
유형 1 VLOOKUP, LEFT 함수 사용

직원코드의 앞 두 글자와 [표2]를 이용하여 [C3:C10] 영역에 지역을 표시하시오.

[=VLOOKUP(LEFT(A3, 2), $A$13:$C$16, 2, FALSE)]
　　　　　　찾을값　　　　범위　　　　열위치　옵션

수식 만들기

1. 최종적으로 구할 값은? 지역
2. 지역은 직원코드의 앞 두 글자와 [표2]를 이용하여 표시

	A	B	C
11	[표2]		
12	코드	지역	담당자
13	AA	서울	김영식
14	AB	경기도	하석민
15	AC	강원도	구지훈
16	AE	경상도	임숙경

3. [표2]에서 지역을 찾아와 표시하려면 VLOOKUP 함수 사용

=VLOOKUP(찾을값, 찾을범위, 열위치, 옵션)
　　　　　❶　　　❷　　　❸　　　❹

❶ 찾을값 : [표2]의 첫 번째 열은 직원코드의 앞 두 글자로 되어 있으므로 LEFT(A3,2)
❷ 찾을범위 : [A13:C16]
❸ 열위치 : '찾을범위'에서 지역이 2열에 있으므로 2
❹ 옵션 : '찾을값'과 정확히 일치하는 값을 찾아야 하므로 FALSE
=VLOOKUP(LEFT(A3,2),$A$13:$C$16,2,FALSE)

22.상시, 21.상시, 20.상시, 19.상시, 18.상시, 17.상시, 17.1, 16.상시, …
유형 2 VLOOKUP, IF 함수 사용

판매수량과 [표3]을 이용하여 [F3:F10] 영역에 할인여부를 표시하시오.

▶ 판매금액 = 판매수량 × 판매단가
▶ 판매단가는 [표3]을 참조하여 계산
▶ 할인여부는 판매금액이 7,000,000 이상이면 "추가할인", 그 외는 빈 칸으로 표시

[=IF(B3*VLOOKUP(B3, $D$13:$E$16, 2)>=7000000, "추가할인", " ")]
　　　　　　　　　조건　　　　　　　　　　　　　　　참　　　거짓

※ 아래 그림을 참고하여 수식을 이해하고 작성해 보세요[유형 3~4].

	A	B	C	D	E	F	G	H
1	[표1]						작성일	2021-05-01
2	직원코드	대출금액	대출일	대출기간(년)	지역	지점번호	비고1	비고2
3	AE165	43,000,000	2017-01-11	5	경상도	123-○○-7895	매우부담	1년미만
4	AB398	25,600,000	2020-05-24	3	경기도	123-○○-5837	매우부담	2년이상
5	AK441	13,700,000	2019-02-11	7	없음		여유	3년이상
6	AC619	37,100,000	2014-04-07	10	강원도	123-○○-9510	보통	2년이상
7	AE463	24,000,000	2016-05-23	10	경상도	123-○○-7895	보통	3년이상
8	AK543	49,200,000	2012-04-07	10	없음		부담	1년미만
9	AE177	48,500,000	2018-03-12	5	경상도	123-○○-7895	매우부담	1년이상
10	AE386	6,700,000	2019-02-23	3	경상도	123-○○-7895	여유	1년미만
11	[표2]			[표3]			[표4]	
12	코드	지역	지점번호	월상환액	비고1		남은월	비고2
13	AA	서울	123-58-5920	0	여유		0	1년미만
14	AB	경기도	123-91-5837	200,000	보통		12	1년이상
15	AC	강원도	123-58-9510	400,000	부담		24	2년이상
16	AE	경상도	123-58-7895	600,000	매우부담		36	3년이상

22.상시, 21.상시, 20.상시, 17.상시, 16.3, 14.1, 12.3, 12.2, 11.1, 10.2, …

유형 3 VLOOKUP, IFERROR, LEFT 함수 사용

직원코드의 앞 두 글자와 [표2]를 이용하여 [E3:E10] 영역에 지역을 표시하시오.

▶ 해당 데이터가 없는 경우 "없음"으로 표시

[=IFERROR(VLOOKUP(LEFT(A3, 2), $A$13:$C$16, 2, FALSE), "없음")]
　　　　　　　　　　찾을값　　찾을범위　열위치　옵션
　　　　　　　　　　　　　　인수　　　　　　　　　오류시_표시할_값

수식 만들기

1. 최종적으로 구할 값은? 해당 데이터가 없으면 "없음", 그렇지 않으면 지역
   =IFERROR(지역, "없음")
2. 지역 : VLOOKUP(LEFT(A3, 2), A13:C16, 2, FALSE)
   ↓
   =IFERROR(VLOOKUP(LEFT(A3, 2), A13:C16, 2, FALSE), "없음")

22.상시, 21.상시, 20.상시, 15.상시, 10.1

유형 4 VLOOKUP, PMT 함수 사용

대출금액과 대출기간(년)을 이용하여 월상환액을 구한 후 [표3]에서 월상환액에 대한 비고1을 찾아 [G3:G10] 영역에 표시하시오.

▶ 연이율은 3%임

[=VLOOKUP(PMT(3%/12, D3*12, −B3), $D$13:$E$16, 2)]
　　　　　　　　찾을값　　　　　　찾을범위　　열위치

수식 만들기

1. 최종적으로 구할 값은? 배송비
2. 배송비는 [표2]에서 찾아와 표시

	A	B	C
9	[표2]	판매월	
10	판매수량	1	7
11	0	5,000	8,000
12	100	3,000	5,000
13	200	무료	3,000

=VLOOKUP(B3, A11:C13, 열 위치)

3. 열 위치는 판매일의 월에 따라 달라지므로 MATCH 함수를 이용해 해당 월이 포함되는 상대적인 위치 계산

MATCH(찾을값, 찾을범위, 옵션)
　　　❶　　　❷　　　❸

❶ 찾을값 : MONTH(C3)
❷ 찾을범위 : [B10:C10]
❸ 옵션 : '찾을값' 보다 크지 않은 값 중에서 가장 근접한 값을 찾아야 하므로 1 또는 생략

MATCH(B3, C10:E10, 1)

VLOOKUP 함수의 찾을범위는 A열부터 시작하고, MATCH 함수의 찾을범위는 B열부터 시작합니다. 즉 MATCH 함수의 결과값이 1일 경우 VLOOKUP 함수의 2번째 열의 값을 넣어야 하므로 +1을 해줘야 합니다.

	A	B	C
9	[표2]	판매월	
10	판매수량	1	7
11	0	5,000	8,000
12	100	3,000	5,000
13	200	무료	3,000

MATCH(B3, C10:E10, 1)+1
↓
=VLOOKUP(B3, A11:C13, MATCH(B3, C10:E10, 1)+1)

※ 아래 그림을 참고하여 수식을 이해하고 작성해 보세요[유형 5~6].

	A	B	C	D	E	F	G	H
1	[표1]							
2	직원코드	판매수량	판매일	배송비	판매금액1	판매금액2	지역/직위	결제날짜
3	AC167	207	2021-01-23	무료	5,382,000	4,843,800	강원도(부장)	3월 1일
4	AB398	24	2021-07-11	8,000	696,000	696,000	경기도(과장)	7월 25일
5	AA441	99	2021-02-01	5,000	2,970,000	2,970,000	서울(대리)	2월 10일
6	AC542	349	2021-05-05	무료	8,027,000	7,224,300	강원도(과장)	5월 10일
7	AA177	30	2021-09-12	8,000	900,000	900,000	서울(대리)	9월 25일
8	AB386	450	2021-05-09	무료	10,800,000	9,720,000	경기도(과장)	5월 10일
9	[표2]		판매월	[표3]			판매수량	
10	판매수량	1	7	코드	지역	0	100	300
11	0	5,000	8,000	AA	서울	30,000	28,000	25,000
12	100	3,000	5,000	AB	경기도	29,000	27,000	24,000
13	200	무료	3,000	AC	강원도	28,000	26,000	23,000
14	[표4] 판매일에 따른 월코드와 결제일							
15	날짜(일)	월코드	월	결제일				
16	1	0	이번달	10				
17	10	0	이번달	25				
18	15	1	다음달	5				
19	20	2	다다음달	1				

25.상시, 24.상시, 23.상시, 20.상시, 20.1, 19.상시, 17.상시, 11.1

유형 5 VLOOKUP, MATCH, MONTH 함수 사용

판매수량, 판매일과 [표2]를 이용하여 [D3:D8] 영역에 배송비를 표시하시오.

[=VLOOKUP(B3, $A$11:$C$13, MATCH(MONTH(C3),$B$10:$C$10,1)+1)]
　　　　　　찾을값　　찾을범위　　　　찾을값　　　　범위　　　옵션
　　　　　　　　　　　　　　　　　　　　　　　열위치

48　기능별 합격전략

22.상시, 21.상시, 15.상시

유형 6 VLOOKUP, CHOOSE, MOD, RIGHT, LEFT 함수와 & 연산자 사용

직원코드와 [표3]을 이용하여 [G3:G8] 영역에 지역과 직위를 연결하여 표시하시오.

▶ 지역은 직원코드의 앞 두 글자와 [표3]을 이용하여 계산

▶ 직위는 직원코드의 뒤 세 글자를 4로 나눈 나머지가 0이면 "사원", 1이면 "대리", 2이면 "과장", 3이면 "부장"으로 표시

▶ [표시 예 : 강원도(부장)]

[=VLOOKUP(LEFT(A3, 2), $D$11:$H$13, 2, FALSE) & "(" & CHOOSE(MOD(RIGHT(A3, 3), 4)+1, "사원","대리","과장","부장") & ")"]
　　　　　　찾을값　　　찾을범위　열위치　옵션　　　　　　　　　인수　　　　　첫번째 두번째 세번째 네번째

'MOD(RIGHT(A3, 3), 4)+1'에서 +1을 하는 이유
MOD 함수의 결과값이 0일 경우 CHOOSE(인수, 첫 번째, 두 번째, …) 함수에서 첫 번째 항목을 넣기 위해 MOD 함수의 결과값에 +1을 해줘야 합니다.

전문가의 조언
- VLOOKUP과 마찬가지로 다른 함수들과 어떤 형태로 중첩되어 출제되는지 살펴보세요.
- 헷갈리는 수식은 일단 암기해 두는 것도 좋은 방법입니다.

VALUE 함수를 사용하는 이유

HLOOKUP(VALUE(RIGHT(A3, 1)), $F$12:$H$13, 2)

- HLOOKUP 함수의 '찾을범위'인 [F12:H13]의 첫 번째 행이 수치 데이터로 입력되어 있으므로 '찾을값'도 반드시 수치 데이터로 지정해야 합니다.
- RIGHT 함수는 결과로 텍스트를 반환하므로 VALUE 함수를 이용하여 수치 데이터로 변경한 것입니다. VALUE 함수 대신 'RIGHT(A3,1)*1'로 지정해도 텍스트를 수치 데이터로 변경할 수 있습니다.

02 HLOOKUP 함수
22.상시, 21.상시, 20.상시, 19.상시, 17.상시, 16.상시

※ 아래 그림을 참고하여 수식을 이해하고 작성해 보세요[유형 1~3]

	A	B	C	D	E	F	G	H
1	[표1]							
2	직원코드	이름	판매수량	결제방법	지역/직위	순이익률	할인율	
3	AA171	권창영	99	신용카드	서울(사원)	3.0%	1%	
4	AE386	김영민	274	체크카드	경상(과장)	6.0%	3%	
5	AA463	명노찬	207	현금	서울(주임)	4.0%	5%	
6	AE165	윤선중	24	현금	경상(과장)	4.0%	3%	
7	AB398	이민준	211	체크카드	경기(과장)	4.5%	3%	
8	AA441	오수진	349	현금	서울(사원)	6.0%	10%	
9	AC619	강진구	30	신용카드	강원(과장)	3.5%	1%	
10	AC543	배종숙	450	신용카드	강원(주임)	8.0%	5%	
11	[표2]							
12	코드	AA	AB	AC	AE	1	3	5
13	지역	서울	경기	강원	경상	사원	주임	과장
14	[표3] 순이익률표				[표4] 할인율			
15	판매수량	0	100	300	판매수량	0	100	300
16	AA	3.0%	4.0%	6.0%	현금	3.0%	5.0%	10.0%
17	AB	3.2%	4.5%	6.5%	기타	1.0%	3.0%	5.0%
18	AC	3.5%	5.5%	8.0%				
19	AE	4.0%	6.0%	10.0%				

20.상시, 19.상시

유형 2 HLOOKUP, MATCH, LEFT 함수 사용

판매수량과 직원코드의 앞 두 글자에 따른 순이익률을 [표3]을 이용하여 [F3:F10] 영역에 표시

[=HLOOKUP(C3, $B$15:$D$19, MATCH(LEFT(A3, 2), $A$16:$A$19, 0)+1)]
　　　　찾을값　찾을범위　　　　　　찾을값　　찾을범위　　옵션
　　　　　　　　　　　　　　　　　　　　행위치

22.상시, 21.상시, 20.상시, 16.상시

유형 1 HLOOKUP, LEFT, RIGHT, VALUE 함수와 & 연산자 사용

직원코드와 [표2]를 이용하여 [E3:E10] 영역에 지역과 직위를 표시하시오.

▶ 지역 : 직원코드의 앞 두 글자를 이용하여 [표2]에서 추출
▶ 직위 : 직원코드의 뒤 한 글자를 이용하여 [표2]에서 추출
▶ [표시 예 : 직원코드가 AA171인 경우 → 서울(사원)]

[=HLOOKUP(LEFT(A3, 2), $B$12:$E$13, 2, FALSE) & "(" & HLOOKUP(VALUE(RIGHT(A3, 1)), $F$12:$H$13, 2) & ")"]
　　　　　찾을값　　　찾을범위　　행위치 옵션　　　　　　　　찾을값　　　　　찾을범위　　행위치

유형 3 HLOOKUP, MATCH 함수 사용

22.상시, 21.상시, 20.상시, 17.상시

판매수량과 결제방법과 [표4]를 이용하여 [G3:G10] 영역에 할인율을 표시하시오.

▶ 결제방법에서 "현금"을 제외한 나머지 카드는 "기타"로 처리

[=HLOOKUP(C3, $F$15:$H$17, MATCH(D3, {"현금","체크카드"}, –1)+1)]
         찾을값   찾을범위   찾을값   찾을범위   옵션
                                        행위치

수식의 이해 MATCH(D3,{"현금","체크카드"},–1)

- MATCH(찾을값, 찾을범위, 옵션)는 '범위'에서 '옵션'을 적용하여 '찾을값'과 같은 데이터를 찾아 그 위치에 대한 일련번호를 반환하는 함수입니다.
- {"현금","체크카드"} : '결제방법'은 "현금", "신용카드", "체크카드" 중 하나인데, [표4] 할인율에는 "현금"과 "기타"가 있습니다. 즉 '결제방법'의 "현금"과 "현금" 외의 코드로 구분하여 할인율을 적용하라는 의미입니다. 이런 경우 "현금"만 정확히 찾고 나머지는 모두 "기타"로 처리해야 하는데, "현금", "신용카드", "체크카드", "기타"를 내림차순으로 정렬하면 "현금", "체크카드", "신용카드", "기타"로 되므로 "현금"과 "기타"가 있는 [E16:E17]을 범위로 사용할 수 없습니다. 왜냐하면, 내림차순이어서 '옵션'으로 –1을 사용해야 하는데, 이 경우 "체크카드"와 "신용카드"가 "기타"보다 크므로 "현금"으로 처리됩니다. 이건 { 10, 5 }로 구성된 데이터에서 6을 검색하면 6과 같거나 큰 값 중 가장 작은 값인 10을 찾는 것과 같은 이치입니다. 이런 경우 별도로 찾을 데이터가 있는 '범위'를 만들어 주면 됩니다. 가장 큰 "현금"과 두 번째 큰 항목인 "체크카드"를 두 번째로 하여 '범위'를 만들면 "현금"을 제외한 모든 결제방법은 "체크카드"로 처리됩니다. "체크카드"가 "기타" 역할을 하는 거죠.
- –1 : '옵션'을 –1로 지정하면 '찾을값'과 같은 값이 없을 경우 '찾을값'보다 큰 값 중에서 가장 작은 값을 찾습니다. 이때 '범위'는 반드시 내림차순으로 정렬되어 있어야 합니다.

전문가의 조언

INDEX 함수는 행위치 또는 열위치를 지정하기 위해 MATCH 함수와 중첩하여 사용하는 문제가 주로 출제됩니다.

03 INDEX 함수

25.상시, 24.상시, 23.상시, 22.상시, 21.상시, 20.상시, 19.상시, 19.1, 16.2, 15.상시, 15.1, 12.2, 10.2

※ 아래 그림을 참고하여 수식을 이해하고 작성해 보세요[유형 1–2].

	A	B	C	D	E	F
1	[표1]					
2	직원코드	판매수량	판매일	배송비		
3	AC167	207	2019-12-23	무료		
4	AB398	24	2020-12-11	5,000		
5	AE165	99	2021-02-01	8,000		
6	AC542	349	2020-05-05	무료		
7	AA177	30	2021-09-12	8,000		
8	AB386	350	2021-01-09	3,000		
9	[표2]			[표3]		판매연도
10	직원코드	판매수량	판매일	판매수량	2019	2021
11	AC542	349	2020-05-05	0	5,000	8,000
12	AA177	30	2021-09-12	100	3,000	5,000
13	AB386	350	2021-01-09	200	무료	3,000

유형 1 INDEX, MATCH 함수 사용

25.상시, 24.상시, 23.상시, 22.상시, 21.상시, 20.상시, 19.상시, 19.1, 16.2, …

[표1]을 이용하여 [표2]의 [B11:C13] 영역에 직원코드에 해당하는 판매수량과 판매일을 표시하시오.

[=INDEX($A$3:$D$8, MATCH($A11, $A$3:$A$8, 0),
         찾을범위   행위치
MATCH(B$10, $A$2:$D$2, 0))]
열위치

수식 만들기

1. 최종적으로 구할 값은? 판매수량
2. 직원코드에 해당하는 판매수량을 [표1]에서 찾아 표시하려면 INDEX 함수 사용

=INDEX(찾을범위, 행위치, 열위치)
       ❶   ❷   ❸

❶ 찾을범위 : [A3:D8]
❷ 행위치 : [A3:A8] 영역에서 [A11] 셀의 값과 동일한 값이 있는 상대 위치를 MATCH 함수로 찾음
MATCH(A11, A3:A8, 0)
❸ 열위치 : [A2:D2]에서 [B10] 셀의 값과 동일한 값이 있는 상대 위치를 MATCH 함수로 찾음
MATCH(B10, A2:D2, 0)
↓
=INDEX(A3:D8, MATCH(A11, A3:A8, 0), MATCH(B$10, A2:D2, 0))

※ 판매수량을 계산한 후 채우기 핸들을 드래그하여 판매일을 계산하면 판매일이 숫자 형식으로 표시됩니다. 판매일의 표시 형식을 '날짜' 형식으로 변경하여 결과를 확인하세요.

유형 2 INDEX, MATCH, YEAR 함수 사용

22.상시, 21.상시, 20.상시, 19.상시, 15.상시, 15.3, 12.2

판매수량, 판매일과 [표3]을 이용하여 판매수량과 판매연도에 따른 배송비를 [D3:D8] 영역에 표시하시오.

[=INDEX($E$11:$F$13, MATCH(B3, $D$11:$D$13, 1),
         찾을범위   행위치
MATCH(YEAR(C3), $E$10:$F$10, 1))]
열위치

04 CHOOSE 함수

22.상시, 21.상시, 19.2, 12.1

※ 아래 그림을 참고하여 수식을 이해하고 작성해 보세요[유형 1].

	A	B	C	D	E	F	G
1	[표1]					[표2]	
2	주문코드	주문일자	요일	상품명		코드	상품명
3	1KA225	04월 30일	목요일	화장지		1	화장지
4	3YA542	05월 03일	일요일	물티슈		2	각티슈
5	2KB859	05월 19일	화요일	각티슈		3	물티슈
6	3HA548	04월 22일	수요일	물티슈		4	키친타올
7	4DC587	06월 12일	금요일	키친타올			
8	2KA541	03월 31일	화요일	각티슈			
9	1AA921	05월 27일	수요일	화장지			
10	4HC758	06월 02일	화요일	키친타올			

유형 1 CHOOSE, WEEKDAY 함수 사용

주문일자를 이용하여 [C3:C10] 영역에 주문일자의 요일을 표시하시오.

▶ 단, 요일의 return-type은 '2'로 설정
▶ 표시 예 : 월요일

[=CHOOSE(WEEKDAY(B3, 2), "월요일", "화요일", "수요일",
             인수   첫 번째   두 번째   세 번째
"목요일", "금요일", "토요일", "일요일")]
 네 번째 다섯 번째 여섯 번째 일곱 번째

WEEKDAY(날짜, 옵션) 함수의 옵션을 2로 지정하면 1(월요일) ~ 7(일요일)로 요일번호를 반환합니다.

대표기출문제

'길벗컴활1급통합\엑셀\06찾기참조함수.xlsm' 파일을 열어서 작업하세요.

※ 아래 그림을 이용하여 수식을 작성하시오[기출 1~2].

	A	B	C	D	E	F	G	H	I
1	[표1]								
2	대여코드	대여일자	차량번호	차량종류	대여시간	대여금액	할인율	대여요일	대여방식/지역
3	TO-07	2021-04-02	101하4176	소형	174	5,220,000원	9%	금	전화(경기)
4	EI-25	2021-02-20	102하4030	소형	6	180,000원	할인없음	월	인터넷(경기)
5	VO-02	2021-02-05	143하4331	미니밴	93	1,395,000원	5%	금	방문(충청)
6	EI-03	2021-08-11	104호4978	수입차	213	6,390,000원	15%	수	인터넷(서울)
7	VO-04	2021-09-12	158호4606	수입차	107	3,210,000원	7%	월	방문(경기)
8	VO-05	2021-09-03	105허4367	소형	12	360,000원	할인없음	금	방문(충청)
9	EI-06	2021-10-16	131하4442	미니밴	57	855,000원	10%	월	인터넷(서울)
10	EI-26	2021-02-27	124허4409	소형	153	4,590,000원	12%	월	인터넷(충청)
11	EI-27	2021-05-15	116허4321	세단	95	1,900,000원	10%	월	인터넷(서울)
12	[표2]			[표3] 할인율					
13	차량종류	시간당요금	차량구분	대여방식	50	100	200		
14	미니밴	15,000	EI	인터넷	10%	12%	15%		
15	세단	20,000	VO	방문	5%	7%	9%		
16	소형	30,000	TO	전화	7%	9%	11%		
17	수입차	30,000							

기출 1 22.상시, 21.상시, 19.2, 12.1

대여일자를 이용하여 [H3:H11] 영역에 대여요일을 표시하시오.

▶ 단, 요일의 return-type은 '2'로 설정
▶ 토요일과 일요일인 경우 "월"로 표시
▶ [표시 예 : 월]
▶ CHOOSE, WEEKDAY 함수 사용

기출 2 22.상시, 21.상시, 15.상시

대여코드와 [표3]을 이용하여 [I3:I11] 영역에 대여방식과 지역을 연결하여 표시하시오.

▶ 대여방식은 대여코드의 앞 두 글자와 [표3]을 이용하여 계산
▶ 지역은 대여코드의 뒤 두 글자를 3으로 나눈 나머지가 0이면 "서울", 1이면 "경기", 2이면 "충청"으로 표시
▶ [표시 예 : 전화(경기)]
▶ VLOOKUP, CHOOSE, MOD, RIGHT, LEFT 함수와 & 연산자 사용

정답

[기출 1]

[H3] : =CHOOSE(WEEKDAY(B3, 2), "월", "화", "수", "목", "금", "월", "월")

[기출 2]

[I3] : =VLOOKUP(LEFT(A3, 2), $C$14:$G$16, 2, FALSE) & "(" & CHOOSE(MOD(RIGHT(A3, 2), 3)+1, "서울", "경기", "충청") & ")"

[기출 3]

[F3] : =CONCAT(ROW( )−2, "-", TEXT(VLOOKUP(D3, $A$13:$E$17,
　　　　　　　　　　　　　　　　　　　찾을값　찾을범위
　　MATCH(E3, $B$11:$E$11, 1)+1), "0%"))
　　열위치

[기출 4]

[G3] : =INDEX($B$13:$E$17, MATCH(D3, $A$13:$A$17, 1),
　　　　　　　찾을범위　　　　　　행위치
　　MATCH(E3, $B$11:$E$11, 1))
　　열위치

※ 아래 그림을 이용하여 수식을 작성하시오[기출 3~4].

	A	B	C	D	E	F	G	H
1	[표1]							
2	대여코드	렌탈신청일	종류	가격	렌탈기간	번호-할인율	할인율	종류-할인율
3	A001	2021-01-02	정수기	35,000	12	1-2%	2%	정수기-2%
4	C006	2020-05-03	정수기	120,000	18	2-4%	4%	정수기-4%
5	A003	2020-03-01	공기청정기	26,000	12	3-2%	2%	공기청정기-2%
6	B005	2020-05-23	안마기	74,000	24	4-4%	4%	안마기-4%
7	C006	2020-04-03	정수기	210,000	30	5-6%	6%	정수기-6%
8	C002	2021-01-09	안마기	98,000	13	6-3%	3%	안마기-3%
9	B005	2019-12-08	공기청정기	350,000	36	7-8%	8%	공기청정기-8%
10	[표2] 렌탈기간별 할인율표							
11	할인율	0	12	24	36			
12		11	23	35	50			
13		0	0%	2%	3%	4%		
14	50,000	2%	3%	4%	5%			
15	100,000	3%	4%	5%	6%			
16	200,000	4%	5%	6%	7%			
17	300,000	5%	6%	7%	8%			

기출 3 22.상시, 21.상시, 19.2, 12.1

가격, 렌탈기간과 [표2]를 이용하여 [F3:F9] 영역에 번호와 할인율을 표시하시오.

▶ 번호는 행 번호에서 2를 뺀 값으로 표시
▶ [표시 예 : 행 번호가 3이고, 할인율이 2인 경우 → 1-2%]
▶ VLOOKUP, CONCAT, ROW, TEXT, MATCH 함수 사용

기출 4 25.상시, 24.상시, 23.상시, 22.상시, 21.상시, 20.상시, 19.상시, 19.1, ...

가격, 렌탈기간과 [표2]를 이용하여 가격과 렌탈기간에 따른 할인율을 [G3:G9] 영역에 표시하시오.

▶ INDEX, MATCH 함수 사용

3 논리 함수

출제 비율 100% / 배점 6점

- 논리 함수 문제에서 지금까지 출제된 함수들은 다음과 같습니다. 앞에서 공부한 함수는 제외하였습니다.

함수	기능
AND(인수1, 인수2, …)	주어진 인수가 모두 참이면 참 반환 예 =AND(A1, A2) : [A1]과 [A2] 셀의 값이 모두 참인 경우에만 참을 반환함
FREQUENCY(배열1, 배열2)	배열2의 범위에 대한 배열1 요소들의 빈도수 반환 예 =FREQUENCY(A1:A10, B1:B10) : [B1:B10] 영역에 대한 [A1:A10] 영역의 값들의 빈도수를 반환함
COUNTIF(범위, 조건)	지정된 범위에서 조건에 맞는 셀의 개수 반환 예 =COUNTIF(A1:A10, "컴퓨터") : [A1:A10] 영역에서 "컴퓨터"가 입력된 셀들의 개수를 반환함
SUBSTITUTE(텍스트, 인수1, 인수2)	텍스트에서 인수1을 인수2로 변환하여 반환 예 =SUBSTITUTE("컴활2급", "2", "1") : "컴활1급"을 반환함
OR(인수1, 인수2, …)	인수 중 하나라도 참이면 참 반환 예 =OR(A1, A2) : [A1]과 [A2] 셀의 값 중 하나라도 참이면 참을 반환함
TRUNC(인수, 자릿수)	인수에 대해 자릿수 미만의 수치를 버린 값 반환 예 =TRUNC(5.278, 2) : 5.27을 반환함
ABS(인수)	인수로 주어진 숫자의 절대값 반환 예 =ABS(-5) : 5를 반환함
ISBLANK(인수)	인수가 빈 셀이면 'TRUE', 그렇지 않으면 'FALSE' 반환 예 =ISBLANK(A1) : [A1] 셀이 빈 셀이면 'TRUE'를, 그렇지 않으면 'FALSE'를 반환함
ISNUMBER(인수)	인수가 숫자이면 TRUE 반환 예 =ISNUMBER(5) : 'TRUE'를 반환함, 숫자가 아니었으면 'FALSE'를 반환함
NETWORKDAYS(날짜1, 날짜2, 휴일날짜)	주말(토, 일)과 지정한 휴일날짜를 제외한 날짜1과 날짜2 사이의 작업 일수 반환 예 =NETWORKDAYS("2021-5-3", "2021-5-10", "2021-5-5") : 5를 반환함

상시시험 출제 유형

☞ '길벗컴활1급통합\엑셀\07논리함수.xlsm' 파일을 열어서 작업하세요.

전문가의 조언

IF 함수 문제는 IF 함수의 논리 규칙에 맞게 우리말로 수식을 세워보면 좀 더 쉽게 이해할 수 있습니다.

 25.상시, 24.상시, 23.상시, 22.상시, 21.상시, 20.상시, 20.1, 19.상시, 19.2, 18.1, 17.상시, …

01 IF 함수

※ 아래 그림을 참고하여 수식을 이해하고 작성해 보세요[유형 1].

	A	B	C	D	E	F	G
1	[표1]					기준일 :	2021-04-20
2	생년월일	성별	초과시간	알바시작일	초과수당	알바일수	주민번호
3	2001-04-04	남	3	2021-03-19	29,000	23일	010404-3******
4	2000-06-03	남		2021-04-02	-	13일	000603-3******
5	2002-06-20	여	2	2021-02-25	19,000	39일	020620-4******
6	1998-05-27	남		2021-05-01	-		980527-1******
7	2000-02-01	여		2021-02-10	-	50일	000201-4******
8	1997-11-03	여	1	2021-03-27	10,000	17일	971103-2******
9	2001-04-02	여	5	2021-04-25	48,000		010402-4******
10	2003-09-11	남	2	2021-03-15	19,000	27일	030911-3******

25.상시, 23.상시, 20.상시, 19.2

유형 1 IF, ISNUMBER, ROUND 함수 사용

초과시간을 이용하여 [E3:E10] 영역에 초과수당을 계산하여 표시하시오.

▶ 초과수당 = 초과시간 × 9,500
▶ 초과수당은 초과시간이 숫자가 아니면 0으로 표시
▶ 초과수당은 반올림하여 천의 자리까지 표시

[=IF(ISNUMBER(C3), ROUND(C3*9500, -3), 0)]
     조건   참   거짓

※ 아래 그림을 참고하여 수식을 이해하고 작성해 보세요[유형 2~4].

	A	B	C	D	E	F	G	H
1	[표1]							
2	학생코드	학원등록일	학년	학원비	보강시간	할인율	비고	구분
3	A001	2021-01-02	고1	150,000	213	2%	3시간33분	선유고(1)
4	C006	2020-05-03	고1	300,000	107	5%	1시간47분	상암고(1)
5	A003	2020-03-01	고3	200,000	55	5%	1시간	선유고(2)
6	B005	2019-12-08	고3	550,000	186	10%	3시간6분	경성고(1)
7	B005	2020-05-23	예비중	120,000	51	5%	1시간	경성고(2)
8	C006	2020-04-03	고1	350,000	85	5%	1시간25분	상암고(2)
9	C002	2021-01-09	고2	400,000	123	2%	2시간3분	상암고(3)
10	[표2]							
11	보강시간		개수1	개수2				
12	1 ~	50	없음	0				
13	51 ~	100	3건	2				
14	101 ~	200	3건	2				
15	201 ~	300	1건	1				

22.상시, 21.상시, 20.상시

유형 2 IF, AND, YEAR 함수 사용

학원등록일을 이용하여 학원등록일의 연도가 2019년이고 학원비가 200,000 이상이면 10%, 학원등록일의 연도가 2020년이고 학원비가 100,000 이상이면 5%, 그 외는 2%를 [F3:F9] 영역에 표시하시오.

[=IF(AND(YEAR(B3)=2019, D3>=200000), 10%, IF(AND(YEAR(B3)=2020, D3>=100000), 5%, 2%))]
         조건   참   거짓

22.상시, 21.상시, 20.1, 18.1, 17.상시, 17.1, 16.2

유형 4 IF, FREQUENCY, TEXT 함수를 사용한 배열 수식

보강시간과 [표2]를 이용하여 보강시간별 개수를 [C12:C15] 영역에 표시하시오.

▶ 개수가 0보다 큰 경우 계산된 값 뒤에 "건"을 추가하여 표시하고, 그 외는 "없음"으로 표시
▶ [표시 예 : 0 → 없음, 3 → 3건]

[{=IF(FREQUENCY(E3:E9, B12:B15)>0, TEXT(FREQUENCY(E3:E9, B12:B15), "0건"), "없음")}]
              조건   참   거짓

※ 결과값이 들어갈 [C12:C15] 영역을 블록으로 지정한 후 수식을 입력하고 Ctrl + Shift + Enter 를 누르세요.

22.상시, 21.상시, 20.상시, 16.상시

유형 3 IF, COUNTIF, LEFT 함수와 & 연산자 사용

학생코드를 이용하여 구분별 누적개수를 [H3:H9] 영역에 표시하시오.

▶ 구분은 학생코드의 첫 글자가 "A"이면 "선유고", "B"이면 "경성고", "C"이면 "상암고"임
▶ [표시 예 : 선유고(1), 경성고(1), 선유고(2)]

[=IF(LEFT(A3, 1)="A", "선유고("&COUNTIF($A$3:A3, "A*")&")", IF(LEFT(A3, 1)="B", "경성고("&COUNTIF($A$3:A3, "B*")&")", "상암고("&COUNTIF($A$3:A3, "C*")&")"))]

> **수식의 이해** COUNTIF($A$3:A3, "A*")의 의미
>
> [A3:A3] 영역에서 "A"로 시작하는 학생코드의 개수를 구해 반환합니다. [A3] 셀에 입력한 수식의 채우기 핸들을 드래그하여 나머지 셀에 수식을 입력하면 아래와 같이 변경되면서 누적 개수를 계산합니다.
> - [A3] 셀 : COUNTIF($A$3:A3, "A*") → [A3:A3] 영역에서 "A"로 시작하는 학생코드의 개수 구함
> - [A4] 셀 : COUNTIF($A$3:A4, "A*") → [A3:A4] 영역에서 "A"로 시작하는 학생코드의 개수 구함
>   ⋮
> - [A9] 셀 : COUNTIF($A$3:A9, "A*") → [A3:A9] 영역에서 "A"로 시작하는 학생코드의 개수 구함
> ※ 'A*'는 "A"로 시작하는 모든 문자를 의미합니다.

유형 5 IF, FREQUENCY, RIGHT 함수를 사용한 배열 수식

24.상시

학년, 보강시간과 [표2]를 이용하여 학년의 마지막 글자가 1이거나 3인 학생의 보강시간별 개수를 [D12:D15] 영역에 표시하시오.

[{=FREQUENCY(IF((RIGHT(C3:C9,1)="1")+(RIGHT(C3:C9,1)="3"), E3:E9), B12:B15)}]
　　　　　　　　　　조건1　　　　　　　　조건2　　　　　참

※ 결과값이 들어갈 [D12:D15] 영역을 블록으로 지정한 후 수식을 입력하고 Ctrl + Shift + Enter를 누르세요.

02 IFERROR

24.상시, 23.상시, 22.상시, 21.상시, 20.상시, 15.3

※ 아래 그림을 참고하여 수식을 이해하고 작성해 보세요[유형 1~2].

	A	B	C	D	E	F	G
1	이름	학년	필기	실기	면접	그래프1	그래프2
2	홍가람	1	70	92	57	■■22점	2(▲▲)
3	이성훈	3	90	70	95	실기보강	-2(▽▽)
4	구인하	2	61	97	75	■■■36점	3(▲▲▲)
5	이숙민	2	80	93	87	■13점	1(▲)
6	김형호	1	85	60	85	실기보강	-2(▽▽)
7	양성진	3	85	95	85	■10점	1(▲)
8	임호성	2	75	99	98	■■24점	2(▲▲)
9	김용화	1	88	77	60	실기보강	-1(▽)

유형 1 IFERROR, REPT, TEXT 함수와 & 연산자 사용

22.상시, 21.상시, 20.상시, 15.3

실기와 필기 점수의 차이만큼 [F2:F9] 영역에 그래프1을 표시하시오.

▶ '(실기-필기)/10'의 값만큼 "■" 표시
▶ [표시 예 : '실기-필기'의 값이 25일 경우 → ■■25점]
▶ [표시 예 : '실기-필기'의 값이 -25일 경우 → 실기보강]

[=IFERROR(REPT("■", (D2-C2)/10)&TEXT(D2-C2, "0점"), "실기보강")]
　　　　　　　　　　　인수　　　　　　　　　　　　　오류시_표시할_값

> **수식의 이해**　REPT("■", (D2-C2)/10)
>
> "■"를 '(D2-C2)/10'의 값만큼 반복하여 표시합니다. '(D2-C2)/10'의 값이 음수이면 #VALUE 오류가 나타납니다.
> ※ REPT(텍스트, 개수) 함수에서 '개수'가 실수일 경우 소수점 이하의 값은 버리고 정수값 만큼만 '텍스트'를 반복하여 표시합니다. 예를 들어 '(D2-C2)/10'의 값이 3.19인 경우 지정된 '텍스트'를 3번 반복하여 표시합니다.

유형 2 IFERROR, REPT, TRUNC, ABS 함수와 & 연산자 사용

23.상시, 20.상시

실기와 필기 점수의 차이만큼 [G2:G9] 영역에 그래프2를 표시하시오.

▶ '(실기-필기)/10'의 값만큼 "▲" 또는 "▽" 표시
▶ [표시 예 : '(실기-필기)/10'의 정수 값이 3일 경우 → "3(▲▲▲)", -3일 경우 → "-3(▽▽▽)", 0일 경우 → "0( )"]

[=TRUNC((D2-C2)/10) & "(" & IFERROR(REPT("▲", (D2-C2)/10), REPT("▽", ABS((D2-C2)/10))) & ")"]
　　　　　　　　　　　　　　　　　　　　인수　　　　　　　　　오류시_표시할_값

대표기출문제

'길벗컴활1급통합\엑셀\07논리함수.xlsm' 파일을 열어서 작업하세요.

※ 아래 그림을 이용하여 수식을 작성하시오[기출 1~2].

	A	B	C	D	E	F	G	H
1	[표1]							
2	성명	상품코드	수량	단가	판매금액	총판매시간	비고	분류
3	김새롬	4D055	56	5,300	296,800	50	1시간	생필품(1)
4	권충수	3A835	90	2,500	225,000	90	1시간30분	의류(1)
5	임원이	5A430	19	6,200	117,800	55	1시간	가전(1)
6	이구름	4C317	79	2,000	158,000	35	1시간	생필품(2)
7	김중건	5A794	15	5,300	79,500	85	1시간25분	가전(2)
8	배사공	3B666	100	2,000	200,000	45	1시간	의류(2)
9	김진상	4B383	69	5,300	365,700	97	1시간37분	생필품(3)
10	고진웅	5C766	55	3,000	165,000	68	1시간8분	가전(3)
11	[표2]							
12	수량		개수					
13	1 ~	20	2건					
14	21 ~	50						
15	51 ~	70	3건					
16	71 ~	100	3건					

※ 아래 그림을 이용하여 수식을 작성하시오[기출 3].

	A	B	C	D	E	F	G
1						기준일	2021-03-20
2	이름	판매시작일	1월	2월	3월	판매일수	그래프
3	김한응	2021-03-22	64	84	89		2(☆☆)
4	김태정	2021-03-07	56	90	90	10일	3(☆☆☆)
5	황선철	2021-01-12	11	13	72	49일	0()
6	이만수	2021-02-22	85	95	37	20일	1(☆)
7	이봉삼	2021-03-12	79	66	47	06일	-1(★)
8	이원섭	2021-03-21	85	99	85		1(☆)
9	김주희	2021-03-15	61	85	58	05일	2(☆☆)
10	김환식	2021-02-12	93	51	70	26일	-4(★★★★)

기출 3 23.상시, 22.상시, 21.상시, 18.2, 14.3

1월과 2월 판매량의 차이만큼 [G3:G10] 영역에 그래프를 표시하시오.

▶ '(2월-1월)/10'의 값만큼 "☆" 또는 "★" 표시
▶ [표시 예 : '(2월-1월)/10'의 정수 값이 3일 경우 → 3(☆☆☆), -3일 경우 → -3(★★★), 0일 경우 → 0( )]
▶ IFERROR, REPT, TRUNC, ABS 함수와 & 연산자 사용

기출 1 22.상시, 21.상시, 20.상시, 16.상시

상품코드를 이용하여 분류별 누적개수를 [H3:H10] 영역에 표시하시오.

▶ 분류는 상품코드의 첫 글자가 "3"이면 "의류", "4"이면 "생필품", "5"이면 "가전"임
▶ [표시 예 : 의류(1), 생필품(1), 가전(2)]
▶ IF, COUNTIF, LEFT 함수와 & 연산자 사용

정답

[기출 1]

[H3] : =IF(LEFT(B3, 1)="3", "의류("&COUNTIF($B$3:B3, "3*")&")", IF(LEFT(B3, 1)="4", "생필품("&COUNTIF($B$3:B3, "4*")&")", "가전("&COUNTIF($B$3:B3, "5*")&")"))

[기출 2]

[C13:C16] : {=IF(FREQUENCY(C3:C10, B13:B16)>0, TEXT(FREQUENCY(C3:C10, B13:B16), 0건) ," ")}

※ 결과값이 들어갈 [C13:C16] 영역을 블록으로 지정하고 수식을 입력한 후 Ctrl + Shift + Enter를 누르세요.

[기출 3]

[G3] : =TRUNC((D3-C3)/10) & "(" & IFERROR(REPT("☆", (D3-C3)/10), REPT("★", ABS((D3-C3)/10))) & ")"

기출 2 22.상시, 21.상시, 20.1, 18.1, 17.상시, 17.1, 16.2

수량과 [표2]를 이용하여 수량별 개수를 [C13:C16] 영역에 표시하시오.

▶ 개수가 0보다 큰 경우 계산된 값 뒤에 "건"을 추가하여 표시하고, 그 외는 빈 칸으로 표시
▶ [표시 예 : 5 → 5건]
▶ IF, FREQUENCY, TEXT 함수를 사용한 배열 수식

4 기타 함수

출제 비율 50% / 배점 6점

- 기타 함수 문제에서 지금까지 출제된 함수들은 다음과 같습니다.

함수	기능
SUMPRODUCT(배열1, 배열2, …)	배열1과 배열2의 개별 요소들끼리 곱한 결과를 모두 더한 값 반환 예 =SUMPRODUCT(A1:A2, B1:B2) : [A1:A2] 영역의 값과 [B1:B2] 영역의 값을 대응([A1]×[B1], [A2]×[B2])되게 곱한 값의 합계값을 반환함
DAYS(마지막 날짜, 시작 날짜)	마지막 날짜에서 시작 날짜를 뺀 일 수를 계산하여 반환 예 =DAYS("2021-7-10", "2021-7-7") : 3을 반환함
SUMIF(조건 범위, 조건, 합계 범위)	조건에 맞는 셀을 찾아 합계 반환 예 =SUMIF(A1:A10, "컴퓨터", B1:B10) : [A1:A10] 영역에서 "컴퓨터"가 입력된 셀들을 찾은 후 [B1:B10] 영역의 같은 행에 있는 값들의 합계를 반환함
SUMIFS(합계 범위, 조건1 범위, 조건1, 조건2 범위, 조건2, …)	여러 개의 조건을 지정하여 조건에 맞는 셀들의 합계 반환 예 =SUMIFS(C1:C10, A1:A10, "컴퓨터", B1:B10, "1급") : [A1:A10] 영역에서 "컴퓨터"가 입력된 셀들을 찾고, [B1:B10] 영역에서 같은 행들에 있는 "1급"이 입력된 셀들을 찾은 후 [C1:C10] 영역에서 같은 행에 있는 값들의 합계를 반환함
MID(텍스트, 시작위치, 개수)	텍스트의 시작위치부터 지정한 개수만큼 반환 예 =MID("ABCDE", 3, 2) : "CD"를 반환함
WORKDAY(시작날짜, 일수, 휴일날짜)	시작날짜에 주말과 휴일날짜를 제외하고 일수만큼 지난 날짜 반환 예 =WORKDAY("2021-5-3", 5, "2021-5-5") : 2021-5-11을 반환함(토요일, 일요일, 5월 5일 제외)
DAVERAGE(범위, 열번호, 조건)	범위에서 조건에 맞는 자료 중 지정된 열번호 열의 평균 반환 예 =DAVERAGE(B2:F8, 5, C11:C12) : [B2:F8] 영역에서 [C11:C12]에 입력된 조건을 만족하는 자료를 찾아 5열의 평균을 반환함

상시시험 출제 유형

☞ '길벗컴활1급통합\엑셀\08기타함수.xlsm' 파일을 열어서 작업하세요.

전문가의 조언

배열 상수를 직접 입력할 때 열은 쉼표(,), 행은 세미콜론(;), 그리고 중괄호({ })로 묶어줍니다. 예를 들어,  라면, {1,2,3;4,5,6}와 같이 입력합니다.

01 SUMPRODUCT 함수

24.상시, 23.상시, 22.상시, 21.상시, 16.상시, 13.2

※ 아래 그림을 참고하여 수식을 이해하고 작성해 보세요[유형 1].

	A	B	C	D	E	F	G
1	[표1]						
2	이름	학년	필기	실기	면접	총점1	총점2
3	홍가람	1	70	92	57	78.4	76.2
4	이성훈	3	90	70	95	81	81.5
5	구인하	2	61	97	75	81.8	79.6
6	이숙민	2	80	93	87	87.9	87.3
7	김형호	1	85	60	85	72.5	75
8	양성진	3	85	95	85	90	90
9	임호성	2	95	95	98	95.6	95.9
10	김용화	1	88	77	60	76.9	78
11	[표2] 가중치표						
12	학년	필기	실기	면접			
13	1	40%	40%	20%			
14	2	30%	40%	30%			
15	3	20%	50%	30%			

유형 1 SUMPRODUCT 함수와 배열 상수 사용

24.상시, 23.상시, 22.상시, 21.상시, 13.2

필기, 실기, 면접을 이용하여 필기, 실기, 면접에 가중치를 적용한 총점1을 [F3:F10] 영역에 표시하시오.

▶ '총점1'은 과목별 점수와 가중치를 곱한 값들의 합으로 계산
▶ 가중치는 필기는 30%, 실기는 50%, 면접은 20%임

[=SUMPRODUCT(C3:E3, {0.3,0.5,0.2})]
　　　　　　　　범위1　　범위2

수식의 이해 =SUMPRODUCT(C3:E3, {0.3,0.5,0.2})

SUMPRODUCT(배열1, 배열2)는 배열1과 배열2를 곱한 후 결과를 모두 더하는 함수입니다. 인수로 배열을 지정할 때는 사용할 영역을 범위로 지정하거나 배열 상수를 직접 입력합니다. 배열 상수를 직접 입력할 때는 열의 구분은 쉼표(,)로, 행의 구분은 세미콜론(;)으로, 그리고 인수의 구분은 중괄호({ })로 합니다. '=SUMPRODUCT(C3:E3, {0.3,0.5,0.2})'에서 첫 번째 인수로 입력된 [C3:E3]이 열로 구분되어 있는 3개의 셀이므로 상수로 입력된 두 번째 인수는 첫 번째 인수의 개수와 같은 3개의 숫자를 쉼표(,)로 구분하고, 세 개가 한 개의 인수임을 나타내기 위해 앞뒤에 중괄호({ })를 입력해야 합니다. 만약에 첫 번째 인수가 [E3:E5]처럼 행으로 구분되어 있는 3개의 셀이라면 두 번째 인수도 3개의 숫자를 세미콜론(;)으로 구분하여 {0.3;0.5;0.2}과 같이 입력해야 합니다.

※ 아래 그림을 참고하여 수식을 이해하고 작성해 보세요[02~03].

	A	B	C	D	E	F
1	[표1]					
2	판매코드	판매일	판매상품	단가	판매수량	변경코드
3	가041	2021-03-01	녹차	35,000	12	가C41
4	나026	2020-05-23	커피	72,300	18	나C26
5	다073	2020-04-03	쌍화차	63,900	24	다C73
6	가025	2021-01-09	커피	45,000	24	가C25
7	다056	2019-12-08	녹차	54,500	30	다C56
8	나092	2021-01-02	녹차	25,500	27	나C92
9	가025	2020-05-03	쌍화차	32,000	48	가C25
10	[표2]					
11	판매수량		개수	수량합계	판매상품	비율
12	0	12	◆	12개	커피	23.0%
13	13	24	◆◆◆	66개	녹차	37.7%
14	25	36	◆◆	57개	쌍화차	39.3%
15	37	100	◆	48개		
16	[표3]					
17	커피/녹차 평균		42,000		판매상품	조건
18					커피	FALSE
19					녹차	FALSE

02 COUNTIFS, REPT 함수와 & 연산자 사용

24.상시, 23.상시, 19.상시, 17.상시

판매수량을 이용하여 판매수량별 판매 건수를 구한 후 그 개수만큼 "◆"를 반복하여 [C12:C15] 영역에 표시하시오.

▶ 표시 예 : 3 → ◆◆◆]

[=REPT("◆", COUNTIFS($E$3:$E$9, ">="&A12, $E$3:$E$9, "<="&B12))]
　　　　　　　　　　　조건1_적용_범위　조건1　조건2_적용_범위
　　　　　　　　　　　　　　　　　　　　　　　　조건2

03 DAVERAGE, MODE.SNGL, ROUNDUP 함수 사용

22.상시, 21.상시, 19.상시, 17.상시

판매상품이 "커피" 또는 "녹차"이면서, 판매수량이 판매수량의 최빈수 이상인 단가의 평균을 [표3]의 [C17] 셀에 계산하여 표시하시오.

▶ 조건은 [E17:G20] 영역에 입력
▶ 백의 자리에서 올림하여 천의 자리까지 표시

[조건]

	E	F
17	판매상품	조건
18	커피	FALSE
19	녹차	FALSE

[F18], [F19] : =E3>=MODE.SNGL($E$3:$E$9)

[=ROUNDUP(DAVERAGE(A2:F9, 4, E17:F19), -3)]
　　　　　　　　　　범위　열　　조건

잠깐만요

DSUM, DAVERAGE 등의 데이터베이스 함수는 조건 지정 방법이 고급 필터와 동일합니다. 조건을 지정할 범위의 첫 행에는 원본 데이터 목록의 필드명을 입력하고, 그 아래 행에 조건을 입력합니다. 조건을 같은 행에 입력하면 AND, 다른 행에 입력하면 OR 조건입니다. 단, 수식을 조건으로 사용하는 경우에는 조건지정 영역에 필드명을 생략하거나 원본 데이터와 다른 필드명을 사용해야 합니다.

※ 아래 그림을 참고하여 수식을 이해하고 작성해 보세요[04].

	A	B	C	D
1	[표1]		기준일 :	2021-04-10
2	가입일	가입기간	알바종료일	급여입금일
3	2020-04-04	12개월	2021-05-07	05월12일수요일
4	2020-06-03	10개월	2021-05-21	05월26일수요일
5	2020-06-20	09개월	2021-06-05	06월09일수요일
6	2020-05-27	10개월	2021-06-08	06월11일금요일
7	2020-02-01	14개월	2021-06-16	06월21일월요일
8	2020-11-03	05개월	2021-06-22	06월25일금요일
9	2020-04-02	12개월	2021-07-01	07월06일화요일
10	2020-09-11	07개월	2021-07-20	07월23일금요일
11	2020-07-24	08개월	2021-08-10	08월13일금요일
12	[표2]			
13		휴일		
14	2021-05-05	어린이날		
15	2021-05-19	부처님오신날		

04 DAYS, TEXT, QUOTIENT 함수 사용

22.상시, 21.상시, 18.상시, 15.상시

가입일과 기준일을 이용하여 [B3:B11] 영역에 가입기간을 표시하시오.

▶ 가입기간은 월단위로 표시하되, 한 달은 30일로 계산하고, 일 수가 부족한 달은 개월 수에 포함하지 않음
▶ [표시 예 : 02개월]

[=TEXT(QUOTIENT(DAYS($D$1, A3), 30), "00개월")]
　　　　　　　　　　　인수1　　　인수2

대표기출문제

'길벗컴활1급통합\엑셀\08기타함수.xlsm' 파일을 열어서 작업하세요.

※ 아래 그림을 이용하여 수식을 작성하시오[기출 1].

	A	B	C	D	E	F	G
1	[표1]						
2	이름	사원코드	직위	평일	주말	수당합계	변경코드
3	홍가람	4D055	과장	8		120,000	ZD055
4	이성훈	4A835	대리	10	2	166,000	ZA835
5	구인하	5A430	과장	4	5	160,000	KA430
6	이숙민	4C317	대리	2		26,000	ZC317
7	김형호	5A794	부장	8	1	185,000	KA794
8	양성진	4B666	차장	15	5	385,000	ZB666
9	임호성	4B383	사원	3		33,000	ZB383
10	김용화	5C766	과장	9	3	195,000	KC766
11	[표2] 수당표				[표3]		
12	직위	평일	주말		코드	개수	
13	부장	20,000	25,000		A	2건	
14	차장	18,000	23,000		B	1건	
15	과장	15,000	20,000		C	1건	
16	대리	13,000	18,000		D	1건	
17	사원	11,000	15,000				

기출 1 23.상시, 16.상시

직위, 평일, 주말과 [표2]를 이용하여 수당합계를 계산하여 [F3:F10] 영역에 표시하시오.

▶ 시간당 수당금액은 [표2]에서 찾아 계산
▶ SUMPRODUCT, OFFSET, MATCH 함수 사용

※ 아래 그림을 이용하여 수식을 작성하시오[기출 2].

	A	B	C	D	E
1	대여코드	대여일자	대여시간	반납일	미납기간
2	TO-07	2021-03-02	174	2021-03-11	약 02개월
3	EI-25	2021-02-20	6	2021-02-20	약 02개월
4	VO-02	2021-02-05	93	2021-02-10	약 02개월
5	EI-03	2021-01-11	213	2021-01-21	약 03개월
6	VO-04	2021-02-12	107	2021-02-18	약 02개월
7	VO-05	2021-03-03	12	2021-03-03	약 01개월
8	EI-06	2021-01-16	57	2021-01-19	약 03개월
9	EI-26	2021-04-01	153	2021-04-09	약 01개월
10	EI-27	2021-01-15	95	2021-01-20	약 03개월

기출 2 22.상시, 21.상시, 18.상시, 15.상시

대여일자와 기준일자(2021-05-01)를 이용하여 [E2:E10] 영역에 미납기간을 표시하시오.

▶ 미납기간은 월단위로 표시하되, 한 달은 30일로 계산하고, 일 수가 부족한 달은 개월수에 포함하지 않음
▶ [표시 예 : 약 02개월]
▶ DAYS, TEXT, QUOTIENT 함수 사용

정답

[기출 1]
[F3] : =SUMPRODUCT(D3:E3, OFFSET($A$12, MATCH(C3, $A$13:$A$17,0), 1, 1, 2))
　　　　　　　　　　　　기준셀　　　　행　　　　　　　열높이너비

[기출 2]
[E2] : =TEXT(QUOTIENT(DAYS("2021-05-01", B2), 30), "약 00개월")
　　　　　　　　　　　인수1　　　　　인수2

5 사용자 정의 함수

출제 비율 100% / 배점 6점

사용자 정의 함수는 다음과 같은 과정으로 작업을 진행합니다.

1. Alt + F11 을 누른다.
2. 'Microsoft Visual Basic for Applications'에서 [삽입] → **모듈**을 선택한다.
3. 코드를 입력하고 Microsoft 'Visual Basic for Applications'를 종료한다.
4. 수식을 입력할 셀에서 '함수 삽입(fx)' 아이콘을 클릭한다.
5. '함수 마법사' 대화상자에서 사용자가 만든 함수를 선택하고 〈확인〉을 클릭한다.
6. '함수 인수' 대화상자에서 인수를 선택하고 〈확인〉을 클릭한다.

- 사용자 정의 함수 작성에 사용되는 제어문은 다음과 같습니다.

문법	사용 예

If 조건식1 Then
   실행문1
ElseIf 조건식2 Then
   실행문2
Else
   실행문3
End If
	조건을 판별하여 조건에 맞는 실행문을 실행함
	예 If 총점>=80 Then
	   평가="우수"
	ElseIf 총점>=60 Then
	   평가="보통"
	Else
	   평가="노력요함"
	End If
	※ 총점이 80 이상이면 평가에 "우수", 60 이상이면 "보통", 그 외는 "노력요함"을 입력

Select Case 수식 (또는 변수)
  Case is 조건1
    실행문1
  Case is 조건2
    실행문2
  Case Else
    실행문3
End Select
	조건을 판별하여 조건에 맞는 실행문을 실행함
	예 Select Case 총점
	  Case is >=80
	    평가="우수"
	  Case is >=60
	    평가="보통"
	  Case Else
	    평가="노력요함"
	End Select
	※ 총점이 80 이상이면 평가에 "우수", 60 이상이면 "보통", 그 외는 "노력요함"을 입력

For 반복변수=시작값 To 최종값
   실행문
Next 반복변수
	반복변수가 시작값부터 최종값까지 1씩 증가하면서 실행문을 반복 실행함
	예 For A = 1 To 5 Step 1
	   MsgBox A
	Next A
	※ 반복변수 A가 1부터 1씩 증가하면서 5가 될 때까지 매회 메시지 박스를 실행함

상시시험 출제 유형

☞ '길벗컴활1급통합\엑셀\09사용자정의함수.xlsm' 파일을 열어서 작업하세요.

 전문가의 조언

- IF문은 거의 매회 출제됩니다. 중요하겠죠.
- 게다가 IF문은 [기타작업]의 프로시저 작성에서도 자주 출제되니 여기서 확실히 숙지하고 넘어가는 것이 좋습니다.

 25.상시, 24.상시, 23.상시, 22.상시, 21.상시, 20.상시, 20.1, 19.2, 18.1, 17.상시, 17.1, 16.3, …

01 IF문

※ 아래 그림을 참고하여 사용자 정의 함수를 이해하고 작성해 보세요[유형 1~3].

	A	B	C	D	E	F	G
1					기준 날짜		2021-03-30
2	지점	주문량	주문일	전월주문량	할인율1	할인율2	비고
3	오산점	300	2021-03-11	440	0.15	0.3	우수지점
4	안산점	150	2021-03-02	420	0.05	0.3	우수지점
5	수원점	550	2021-03-23	330	0.2	0.6	
6	서울점	410	2021-03-01	300	0.2	0.6	우수지점
7	안양점	90	2021-03-10	440	0	0.3	우수지점
8	성남점	150	2021-03-26	80	0.05	0.4	
9	인천점	310	2021-03-11	230	0.15	0.5	
10	일산점	460	2021-03-10	310	0.2	0.6	우수지점
11	파주점	550	2021-03-20	380	0.2	0.6	

25.상시, 24.상시, 23.상시, 22.상시, 21.상시, 20.상시, 19.2, 18.1, 17.상시, …

유형 1 IF문 사용

사용자 정의 함수 'fn할인율1'을 작성하여 할인율1[E3:E11]을 표시하시오.

▶ 'fn할인율1'은 주문량을 인수로 받아 값을 되돌려줌
▶ 할인율1은 주문량이 400 이상이면 0.2, 300 이상이면 0.15, 200 이상이면 0.1, 100 이상이면 0.05, 그 외는 0으로 표시

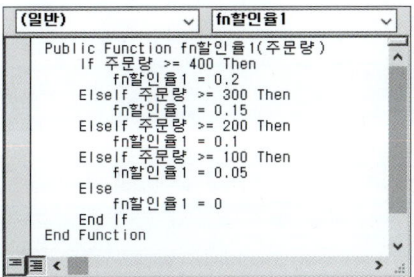

[=fn할인율1(B3)]

24.상시, 23.상시, 22.상시, 16.3, 14.1, 10.3

유형 2 다중 IF문 사용

사용자 정의 함수 'fn할인율2'를 작성하여 할인율2[F3:F11]을 표시하시오.

▶ 'fn할인율2'는 주문량과 전월주문량을 인수로 받아 값을 되돌려줌
▶ 할인율2는 주문량이 전월주문량 이상이면서 주문량이 400 이상이면 0.6, 200 이상이면 0.5, 200 미만은 0.4이고, 주문량이 전월주문량 미만이면 0.3으로 표시

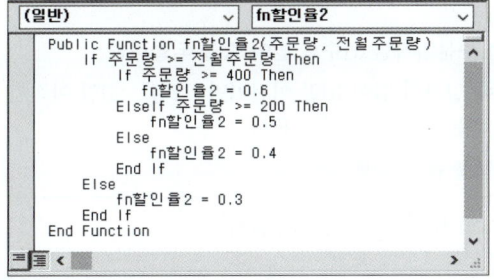

[=fn할인율2(B3,D3)]

25.상시, 22.상시, 21.상시, 20.상시, 20.1, 15.상시, 15.1, 14.3, 14.2, 13.3, …

유형 3 IF문, AND문, OR문, DAY 함수 사용

사용자 정의 함수 'fn비고'를 작성하여 비고[G3:G11]를 표시하시오.

▶ 'fn비고'는 주문량, 주문일, 전월주문량을 인수로 받아 값을 되돌려줌
▶ 비고는 기준날짜(G1)의 일에서 주문일의 일을 뺀 값이 15 이상이고, 주문량이 400 이상이거나 전월주문량이 400 이상이면 "우수지점", 그 외는 빈 칸으로 표시

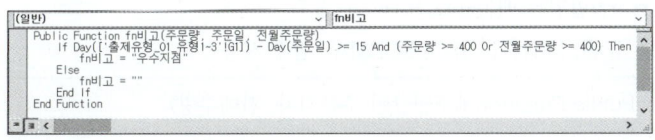

[=fn비고(B3,C3,D3)]

워크시트의 셀을 참조할 때는 '출제유형_01_유형1~3'!G1과 같이 느낌표(!)로 워크시트 이름(출제유형_01_유형1~3)과 셀 주소(G1)를 구분하되, 시트 이름에 특수 문자가 있으므로 시트 이름을 작은 따옴표로 묶어서 입력해야 합니다.
'출제유형_01_유형1~3'!G1
 워크시트   셀주소

> 전문가의 조언
> • SELECT문은 조건이 여러 개일 때 유용하게 사용하는 제어문입니다.
> • IF문과 마찬가지로 [기타작업]에서 프로시저를 작성할 때도 자주 사용되니 여기서 확실히 숙지해야 합니다.

24.상시, 22.상시, 21.상시, 19.1, 18.2, 15.3, 13.2, 11.2, 10.2

02 SELECT문 사용

※ 아래 그림을 참고하여 사용자 정의 함수를 이해하고 작성해 보세요[유형 1~2].

	A	B	C	D	E	F
1	사원코드	입사일	성과급	매출기여도	휴가일수	소속지사
2	G1101	2017-08-22	1.82	4,225	12	강서구182%
3	A3207	2009-04-21	1.1	2,175	18	강서구110%
4	C6309	2009-06-13	1.06	4,921	18	강서구106%
5	A3500	2001-09-22	1.97	2,902	20	관악구197%
6	G1700	2015-05-18	1.78	3,902	15	송파구178%
7	C6800	2021-05-30	1.06	2,723	10	송파구106%
8	C6405	2008-03-01	1.35	2,523	18	관악구135%
9	E9605	2016-09-26	1.08	3,178	12	관악구108%
10	C6203	2002-04-23	1.27	3,863	20	강서구127%

24.상시, 22.상시, 21.상시, 18.2, 15.3, 13.2, 11.2

유형 1 SELECT문 사용

사용자 정의 함수 'fn휴가일수'를 작성하여 휴가일수[E2:E10]를 표시하시오.

▶ 'fn휴가일수'는 입사일을 인수로 받아 값을 되돌려줌
▶ 휴가일수는 입사일이 2005년 12월 31일 이전이면 20, 2010년 12월 31일 이전이면 18, 2015년 12월 31일 이전이면 15, 2020년 12월 31일 이전이면 12, 그 외는 10으로 표시

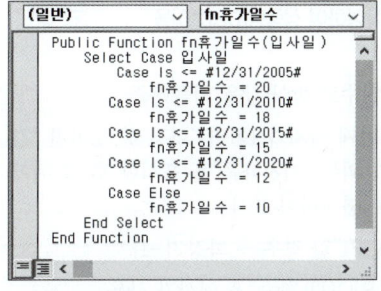

[=fn휴가일수(B2)]

날짜를 비교할 때는 날짜를 샵(#)으로 묶어야 하며, #년-월-일#로 입력하면 자동으로 '#월/일/년#'으로 변경됩니다.

유형 2 SELECT문, MID 함수, FORMAT 함수, & 연산자 사용

24.상시, 22.상시, 19.1

사용자 정의 함수 'fn소속지사'를 작성하여 소속지사[F2:F10]를 표시하시오.

▶ 'fn소속지사'는 사원코드와 성과급을 인수로 받아 값을 되돌려줌
▶ 소속지사는 사원코드의 3번째 글자가 1~3이면 "강서구"와 성과급, 4~6이면 "관악구"와 성과급, 그 외는 "송파구"와 성과급을 표시
▶ 성과급은 백분율로 표시
▶ [표시 예 : 강서구182%]

```
Public Function fn소속지사(사원코드, 성과급)
    Select Case Mid(사원코드, 3, 1)
        Case 1 To 3
            fn소속지사 = "강서구" & Format(성과급, "0%")
        Case 4 To 6
            fn소속지사 = "관악구" & Format(성과급, "0%")
        Case Else
            fn소속지사 = "송파구" & Format(성과급, "0%")
    End Select
End Function
```

[=fn소속지사(A2,C2)]

대표기출문제

'길벗컴활1급통합\엑셀\09사용자정의함수.xlsm' 파일을 열어서 작업하세요.

※ 아래 그림을 이용하여 사용자 정의 함수를 작성하시오[기출 1~4].

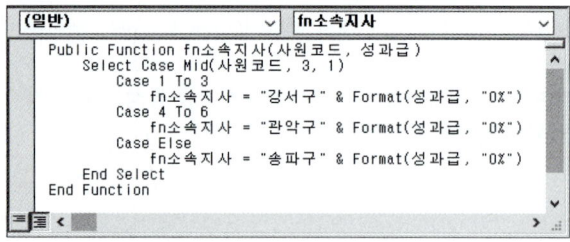

기출 1

24.상시, 22.상시, 21.상시, 19.1, 18.2, 15.3, 13.2

사용자 정의 함수 'fn상품명'을 작성하여 상품명[D2:D10]을 표시하시오.

▶ 'fn상품명'은 주문코드를 인수로 받아 값을 되돌려줌
▶ 상품명은 주문코드의 첫 번째 글자가 1이면 "화장지", 2이면 "각티슈", 3이면 "물티슈", 그 외는 "키친타올"을 표시한 후 그 뒤에 주문코드의 마지막 글자를 연결하여 표시
▶ [표시 예 : 상품명이 "1KA221"일 경우 → 화장지-1]
▶ SELECT문, LEFT 함수, RIGHT 함수, & 연산자 사용

Public Function fn상품명(주문코드)

End Function

기출 2

24.상시, 22.상시, 21.상시, 19.1, 18.2, 15.3, 13.2

사용자 정의 함수 'fn배달날짜'를 작성하여 배달날짜[E2:E10]를 표시하시오.

▶ 'fn배달날짜'는 주문일자를 인수로 받아 값을 되돌려줌
▶ 배달날짜는 주문일자의 일이 10일 이전이면 "12일", 20일 이전이면 "22일", 그 외는 "다음달2일"로 표시
▶ SELECT문, DAY 함수 사용

Public Function fn배달날짜(주문일자)

End Function

기출 3

25.상시, 24.상시, 23.상시, 22.상시, 21.상시, 20.상시, 20.1, 19.2, 18.1, …

사용자 정의 함수 'fn5월할인'을 작성하여 5월할인[F2:F10]을 표시하시오.

▶ 'fn5월할인'은 주문일자와 판매수량을 인수로 받아 값을 되돌려줌
▶ 5월할인은 주문일자가 5월이면서 판매수량이 600 이상이면 15%, 400 이상이면 10%, 200 이상이면 5%, 200 미만은 3%로 표시하고 주문일자가 5월이 아니면 빈 칸으로 표시
▶ 5월할인은 백분율로 표시
▶ IF문, MONTH 함수, FORMAT 함수 사용

Public Function fn5월할인(주문일자, 판매수량)

End Function

기출 4

사용자 정의 함수 'fn사은품'을 작성하여 사은품[G2:G10]을 표시하시오.

▶ 'fn사은품'은 주문코드와 판매수량을 인수로 받아 값을 되돌려줌
▶ 사은품은 판매수량이 400 이상이고 주문코드의 첫 글자가 1 또는 2이면 "1000원쿠폰", 판매수량이 400 이상이고 주문코드의 첫 글자가 3 또는 4이면 "300원쿠폰", 그 외는 빈칸을 표시
▶ IF문, LEFT 함수 사용

```
Public Function fn사은품(주문코드, 판매수량)

End Function
```

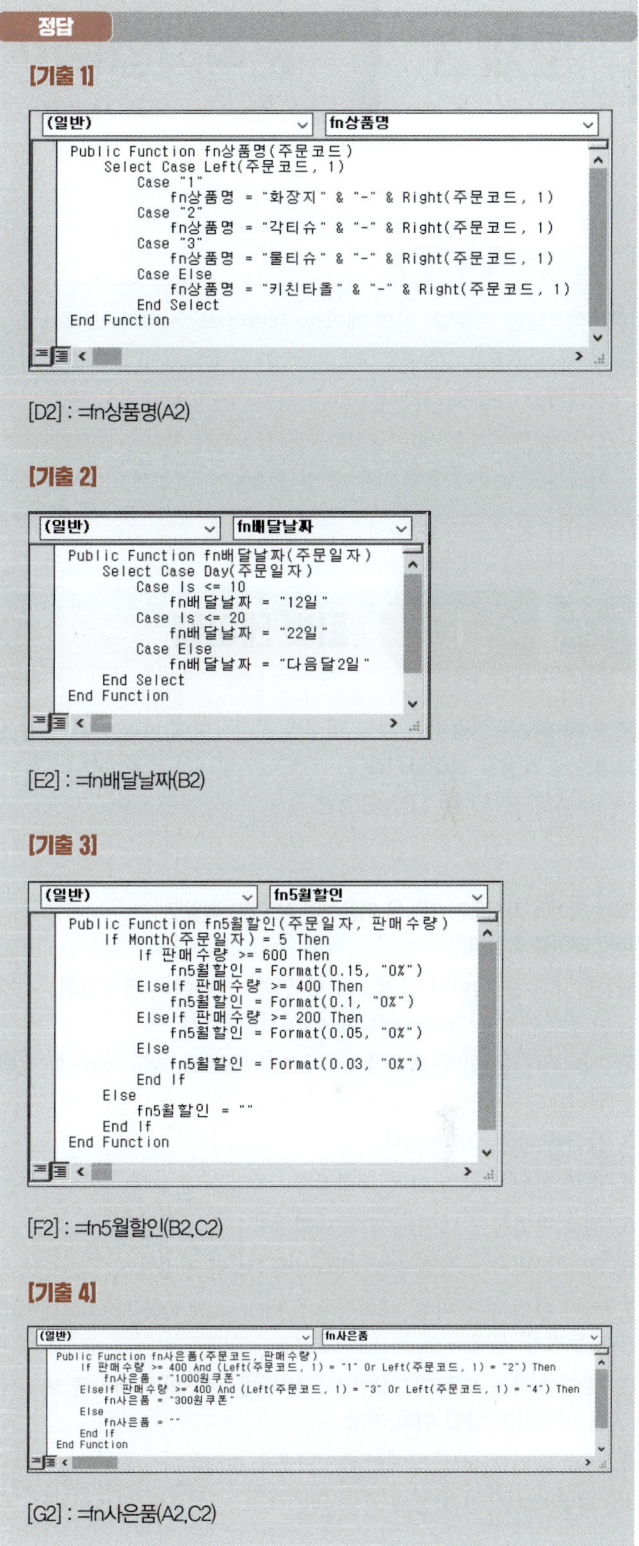

정답

[기출 1]

```
Public Function fn상품명(주문코드)
    Select Case Left(주문코드, 1)
        Case "1"
            fn상품명 = "화장지" & "-" & Right(주문코드, 1)
        Case "2"
            fn상품명 = "각티슈" & "-" & Right(주문코드, 1)
        Case "3"
            fn상품명 = "물티슈" & "-" & Right(주문코드, 1)
        Case Else
            fn상품명 = "키친타올" & "-" & Right(주문코드, 1)
    End Select
End Function
```

[D2] : =fn상품명(A2)

[기출 2]

```
Public Function fn배달날짜(주문일자)
    Select Case Day(주문일자)
        Case Is <= 10
            fn배달날짜 = "12일"
        Case Is <= 20
            fn배달날짜 = "22일"
        Case Else
            fn배달날짜 = "다음달2일"
    End Select
End Function
```

[E2] : =fn배달날짜(B2)

[기출 3]

```
Public Function fn5월할인(주문일자, 판매수량)
    If Month(주문일자) = 5 Then
        If 판매수량 >= 600 Then
            fn5월할인 = Format(0.15, "0%")
        ElseIf 판매수량 >= 400 Then
            fn5월할인 = Format(0.1, "0%")
        ElseIf 판매수량 >= 200 Then
            fn5월할인 = Format(0.05, "0%")
        Else
            fn5월할인 = Format(0.03, "0%")
        End If
    Else
        fn5월할인 = ""
    End If
End Function
```

[F2] : =fn5월할인(B2,C2)

[기출 4]

```
Public Function fn사은품(주문코드, 판매수량)
    If 판매수량 >= 400 And (Left(주문코드, 1) = "1" Or Left(주문코드, 1) = "2") Then
        fn사은품 = "1000원쿠폰"
    ElseIf 판매수량 >= 400 And (Left(주문코드, 1) = "3" Or Left(주문코드, 1) = "4") Then
        fn사은품 = "300원쿠폰"
    Else
        fn사은품 = ""
    End If
End Function
```

[G2] : =fn사은품(A2,C2)

문제 3 분석작업(20점)

전문가의 합격 전략

분석작업은 부분합, 피벗 테이블, 데이터 표, 시나리오, 목표값 찾기, 통합, 유효성 검사, 중복된 항목 제거, 텍스트 나누기, 자동 필터, 조건부 서식 등에서 2문제가 나오는데, 한 문제는 피벗 테이블을 만들어 수정하는 문제가 고정적으로 출제되고, 나머지 한 문제는 중복된 항목을 제거하고 자동 필터를 적용하는 등 2~3가지의 데이터 분석 기능이 혼합된 문제가 출제됩니다. 분석작업에서는 20점을 모두 취득해야 하므로 피벗 테이블의 세부 옵션까지도 꼼꼼하게 살펴볼 필요가 있습니다. 나머지 한 문제로 출제되는 기능은 종류가 여럿이긴 하지만 한두 번만 따라하면 누구나 쉽게 익힐 수 있는 기능이니 [문제 3]에서는 20점 모두 취득하는 것을 목표로 공부해야 합니다.

1 피벗 테이블

출제 비율 100% / 배점 10점

피벗 테이블은 이용하는 파일 형식과 지시사항에 따라 다음과 같은 과정으로 작업을 진행합니다.

외부 데이터 가져오기 기능을 이용하여 ACCDB 파일로 피벗 테이블 작성하기

1. [데이터] → 데이터 가져오기 및 변환 → 데이터 가져오기 → 기타 원본에서 → Microsoft Query에서를 클릭한다.
2. '데이터 원본 선택' 대화상자에서 'MS Access Database*'를 선택한다.
3. 불러올 파일을 선택한다.
4. '쿼리 마법사 – 열 선택' 대화상자 : 불러올 열 선택
5. '쿼리 마법사 – 데이터 필터' 대화상자 : 조건 지정
6. '쿼리 마법사 – 정렬 순서' 대화상자 : 정렬 지정
7. '쿼리 마법사 – 마침' 대화상자 : 'Microsoft Excel(으)로 데이터 되돌리기' 선택
8. '데이터 가져오기' 대화상자 : 표시 방법으로 '피벗 테이블 보고서'를 선택하고 삽입 위치 지정
9. '피벗 테이블 필드' 창에서 레이아웃을 지정한다.
10. 피벗 테이블의 속성을 지정한다.

외부 데이터 원본 기능을 이용하여 ACCDB/XLSX 파일로 피벗 테이블 작성하기

1. [삽입] → 표 → **피벗 테이블**을 클릭한다.
2. '피벗 테이블 만들기' 대화상자 : '외부 데이터 원본 사용'을 선택한 후 〈연결 선택〉을 클릭
3. '기존 연결' 대화상자 : 〈더 찾아보기〉 클릭
4. '데이터 원본 선택' 대화상자 : 불러올 파일 선택
5. '테이블 선택' 대화상자 : 불러올 테이블 선택
6. '피벗 테이블 만들기' 대화상자 : 피벗 테이블의 삽입 위치 지정
7. '피벗 테이블 필드' 창에서 레이아웃을 지정한다.
8. 피벗 테이블의 속성을 지정한다.

외부 데이터 원본 기능을 이용하여 CSV/TXT 파일로 피벗 테이블 작성하기

1. [삽입] → 표 → **피벗 테이블**을 클릭한다.
2. '피벗 테이블 만들기' 대화상자 : '외부 데이터 원본 사용'을 선택한 후 〈연결 선택〉을 클릭
3. '기존 연결' 대화상자 : 〈더 찾아보기〉 클릭
4. '데이터 원본 선택' 대화상자 : 불러올 파일 선택
5. '텍스트 마법사 – 3단계 중 1단계' 대화상자 : '구분 기호로 분리됨'과 '내 데이터에 머리글 표시' 선택
6. '텍스트 마법사 – 3단계 중 2단계' 대화상자 : 구분 기호 선택
7. '텍스트 마법사 – 3단계 중 3단계' 대화상자 : 불러올 때 제외할 열 지정
8. '피벗 테이블 만들기' 대화상자 : 피벗 테이블의 삽입 위치를 지정하고, '데이터 모델에 이 데이터 추가'라는 지시사항이 있을 경우 선택
9. '피벗 테이블 필드' 창에서 레이아웃을 지정한다.
10. 피벗 테이블의 속성을 지정한다.

> **잠깐만요**
>
> 사용하는 엑셀 프로그램의 버전이 달라 [삽입] → 표 → **피벗 테이블**을 클릭했을 때, 하위 메뉴가 표시되면 [**외부 데이터 원본에서**]를 선택한 후 〈연결 선택〉을 클릭하면 됩니다.

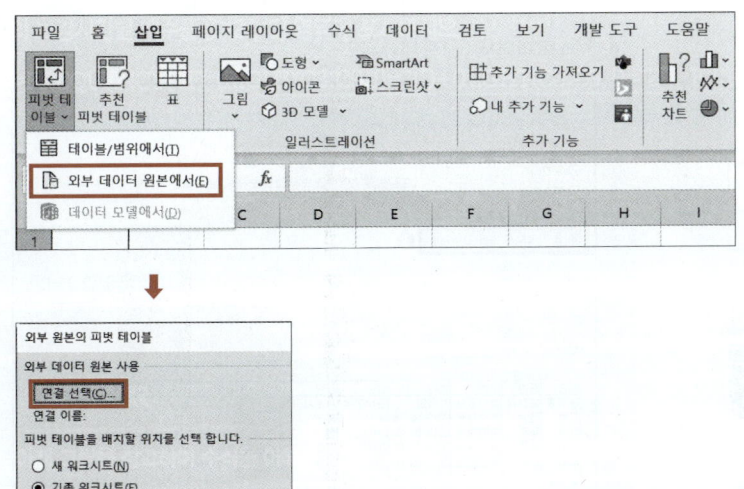

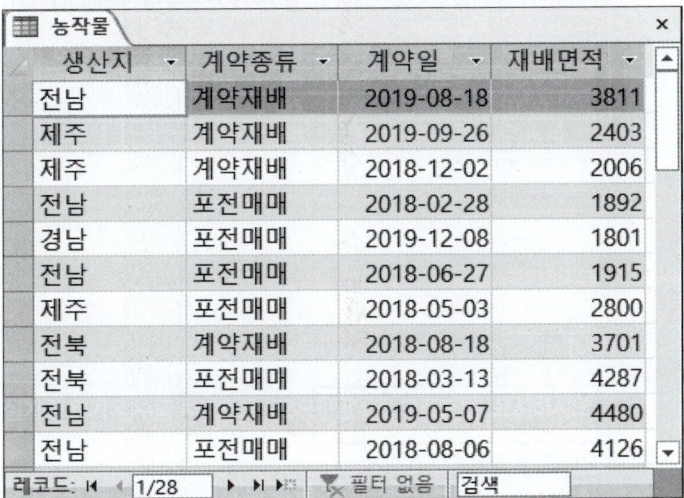

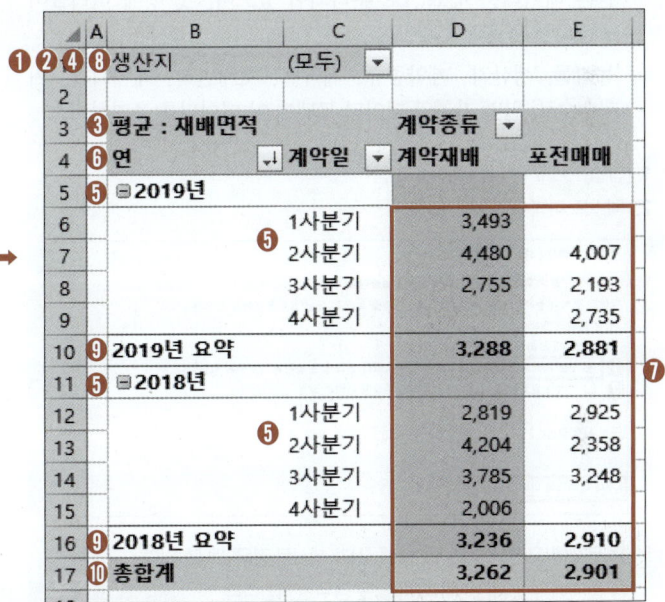

※ 농장물 재배 관련 데이터를 년도별, 분기별, 계약 종류별로 재배면적을 계산해 표시한 피벗 테이블입니다.

❶ **피벗 테이블 작성** : ACCDB 파일을 이용하여 피벗 테이블을 작성함
❷ **레이아웃** : 필터에 '생산지', 행 영역에 '계약일', 열 영역에 '계약종류', 값 영역에 '재배면적' 필드를 지정함
❸ **값 영역 계산 함수** : '평균'으로 지정함
❹ **보고서 레이아웃** : 개요 형식으로 지정함
❺ **그룹** : '계약일' 필드를 '연'과 '분기'로 그룹을 지정함
❻ **정렬** : '연' 필드를 기준으로 내림차순 정렬함
❼ **표시 형식** : '숫자' 범주를 이용하여 1000 단위 구분 기호(,)를 표시함
❽ **피벗 테이블 스타일** : '연한 주황, 피벗 스타일 밝게 17'로 지정한 후 '행 머리글', '열 머리글', '줄무늬 열' 옵션을 지정함
❾ **부분합** : 그룹 하단에 표시되도록 설정함
❿ **행의 총합계** : 행의 총합계만 표시되도록 설정함

상시시험 출제 유형

☞ 직접 실습하려면 '길벗컴활1급통합\엑셀\10피벗테이블.xlsm' 파일을 열어서 작업하세요.

> **전문가의 조언**
> 쉽습니다. 몇 번만 정확하게 따라 해보면 매우 쉽다는 걸 느낄겁니다.

01 원본 데이터 지정 작업

25.상시, 24.상시, 23.상시, 22.상시, 21.상시, 20.상시, 20.1, 19.상시, 19.2, …

22.상시, 21.상시
유형 1 CSV 파일

▶ 외부 데이터 원본으로 〈재배현황01.csv〉의 데이터를 사용하시오.
- 원본 데이터는 쉼표(,)로 분리되어 있으며, 첫 행에 머리글이 포함되어 있음
- '농작물', '생산지', '계약종류', '계약일', '재배면적', '재배시기', '거래수수료' 열만 가져와 데이터 모델에 이 데이터를 추가하시오.

1. [삽입] → 표 → 피벗 테이블 이용
2. '텍스트 마법사' 1단계 대화상자

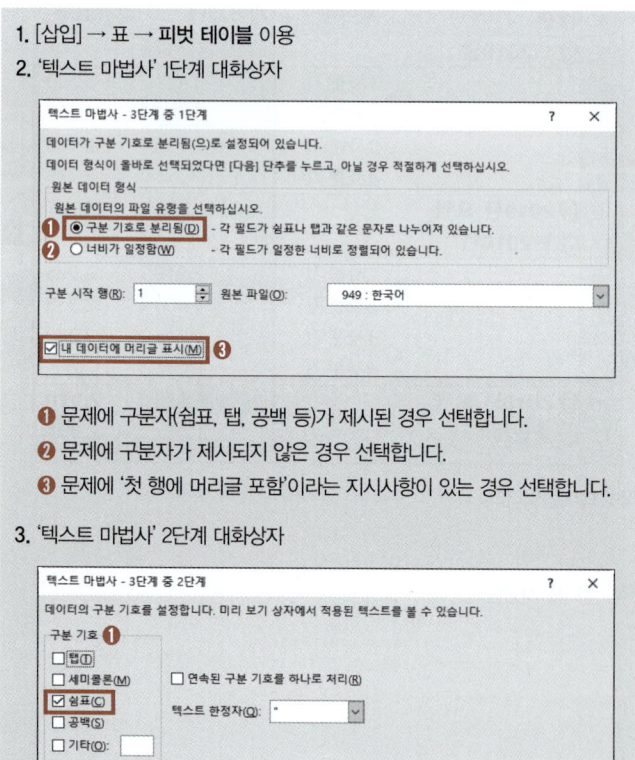

❶ 문제에 구분자(쉼표, 탭, 공백 등)가 제시된 경우 선택합니다.
❷ 문제에 구분자가 제시되지 않은 경우 선택합니다.
❸ 문제에 '첫 행에 머리글 포함'이라는 지시사항이 있는 경우 선택합니다.

3. '텍스트 마법사' 2단계 대화상자

❶ 문제에 제시된 구분자(쉼표, 탭, 공백 등)를 선택합니다.

4. '텍스트 마법사' 3단계 대화상자

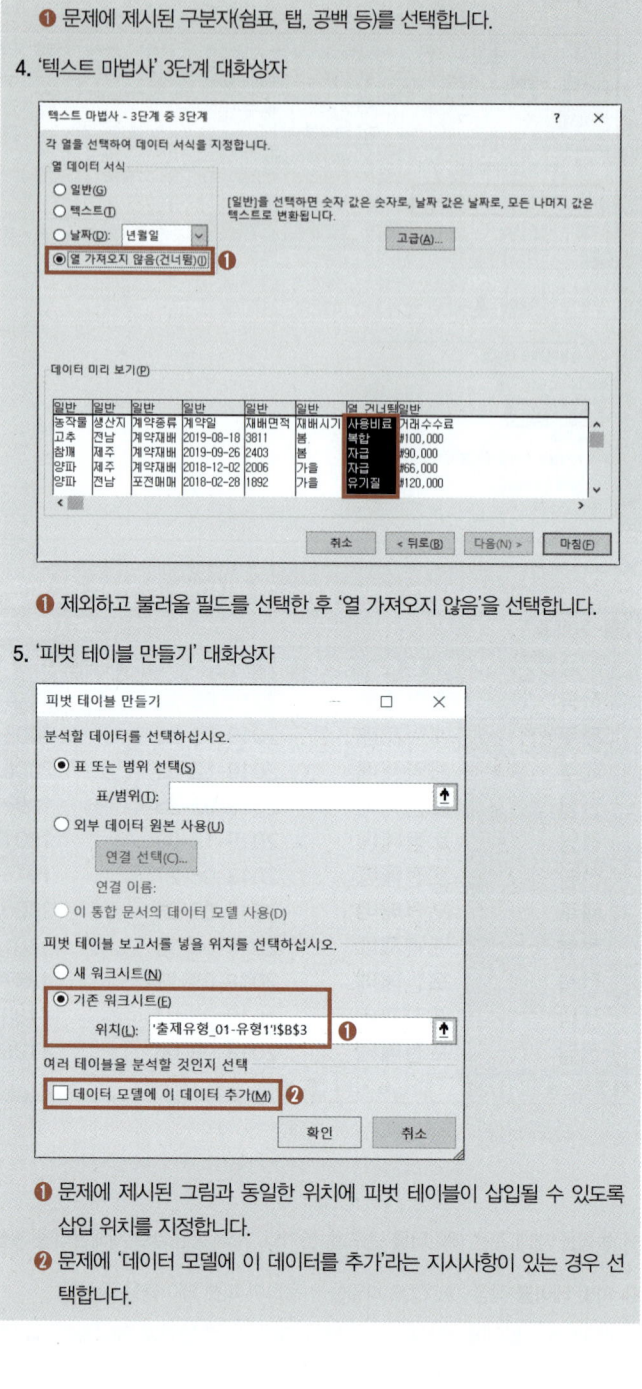

❶ 제외하고 불러올 필드를 선택한 후 '열 가져오지 않음'을 선택합니다.

5. '피벗 테이블 만들기' 대화상자

❶ 문제에 제시된 그림과 동일한 위치에 피벗 테이블이 삽입될 수 있도록 삽입 위치를 지정합니다.
❷ 문제에 '데이터 모델에 이 데이터를 추가'라는 지시사항이 있는 경우 선택합니다.

> **전문가의 조언**
> csv 파일은 '데이터 모델에 이 데이터 추가' 옵션을 선택하지 않으면 파일을 가져올 수 없다는 오류 메시지가 표시됩니다.

25.상시, 24.상시, 23.상시, 22.상시, 21.상시, 20.상시, 20.1, 19.상시, 19.2, 19.1, 18.상시, …
유형 2 ACCDB 파일

외부 데이터 가져오기 기능을 이용하여 〈재배현황02.accdb〉의 〈농산물〉 테이블에서 '농작물', '생산지', '계약종류', '계약일', '재배면적', '재배시기', '거래수수료' 열을 이용하시오.

66 기능별 합격전략

1. [데이터] → 데이터 가져오기 및 변환 → 데이터 가져오기 → 기타 원본에서 → Microsoft Query에서 이용
2. '쿼리 마법사 – 열 선택' 대화상자

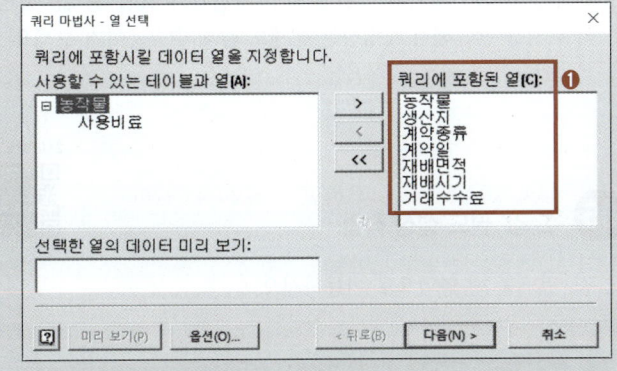

❶ 문제에 제시된 열을 선택합니다.

3. '데이터 가져오기' 대화상자

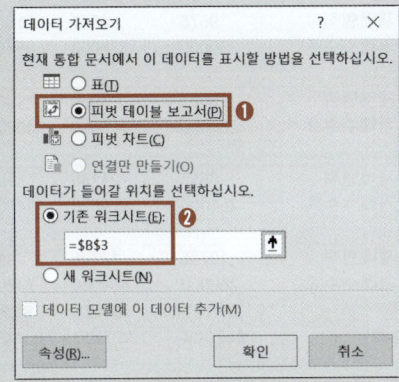

❶ 외부 데이터를 이용하여 피벗 테이블을 작성해야 하므로 '피벗 테이블 보고서'를 선택합니다.
❷ 문제에 제시된 그림과 동일한 위치에 피벗 테이블이 삽입될 수 있도록 삽입 위치를 지정합니다.

> **전문가의 조언**
> - 처음에는 여기가 조금 어렵게 느껴집니다. 문제에 제시된 그림만 보고 레이아웃을 판단해서 설정해야 하기 때문이죠.
> - 겁먹지 말고 집중해서 몇 번만 해보세요. 생각보다 쉽습니다. **행 영역에 지정한 내용은 하나의 열에 모두 표시되고, 열 영역에 지정한 내용은 하나의 행에 모두 표시된다**는 것을 기억하면 좋아요.

02 레이아웃 작업

25.상시, 24.상시, 23.상시, 22.상시, 21.상시, 20.상시, 20.1, 19.상시, 19.2, …

피벗 테이블 보고서의 레이아웃을 〈그림〉을 참조하여 설정하시오.

	A	B	C	D	E
1		생산지	(모두)		
2					
3		합계 : 재배면적	계약종류		
4		재배시기	계약재배	포전매매	총합계
5		가을	9676	6541	16217
6		봄	10083	3000	13083
7		여름	8653	24166	32819
8		월동	10735	12706	23441
9		총합계	39147	46413	85560

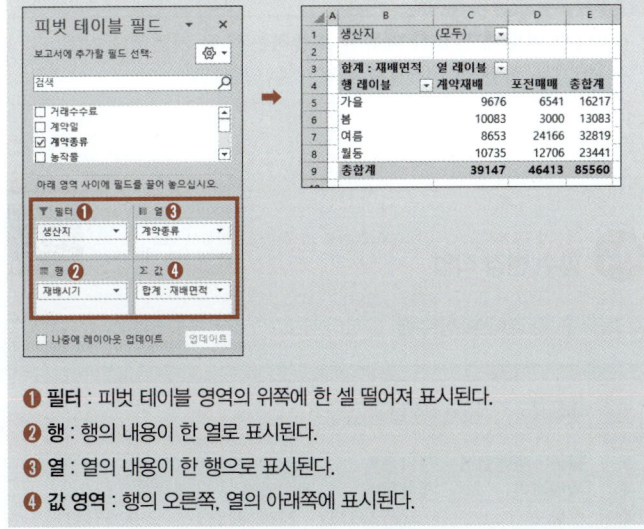

❶ 필터 : 피벗 테이블 영역의 위쪽에 한 셀 떨어져 표시된다.
❷ 행 : 행의 내용이 한 열로 표시된다.
❸ 열 : 열의 내용이 한 행으로 표시된다.
❹ 값 영역 : 행의 오른쪽, 열의 아래쪽에 표시된다.

03 보고서 레이아웃 설정 작업

25.상시, 24.상시, 23.상시, 22.상시, 21.상시, 20.상시, 20.1, 19.상시, 18.2, …

보고서 레이아웃은 '개요 형식'으로 설정하시오.

값 영역에서 임의의 셀을 클릭한 후 [디자인] → 레이아웃 → 보고서 레이아웃 → 개요 형식으로 표시를 선택합니다.

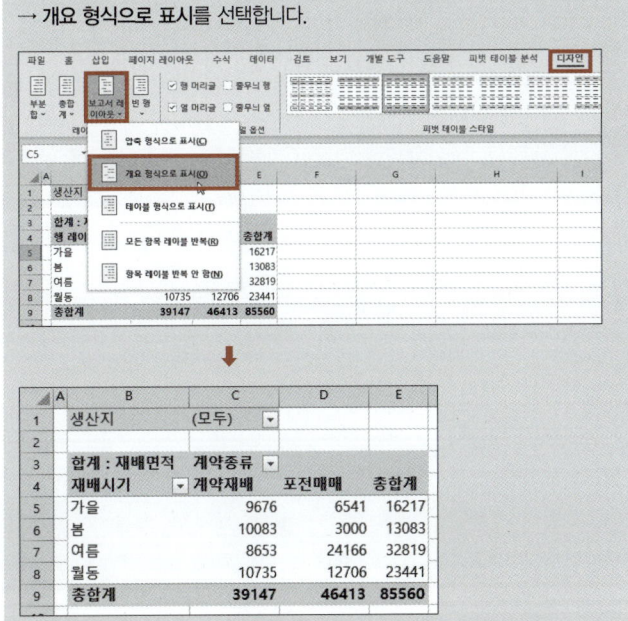

1과목 스프레드시트 실무 67

전문가의 조언

- 어디서 어떻게 필요한 메뉴를 호출하는지 잘 기억해 두세요.
- 나머지는 직관적이라 쉽게 설정할 수 있습니다.

04 함수 변경 작업

25.상시, 24.상시, 23.상시, 22.상시, 21.상시, 20.상시, 20.1, 19.상시, 19.2, …

〈그림〉을 참조하여 함수를 설정하시오.

값 영역에서 임의의 셀을 클릭한 후 바로 가기 메뉴의 [값 요약 기준]에서 사용할 함수를 선택하면 됩니다.

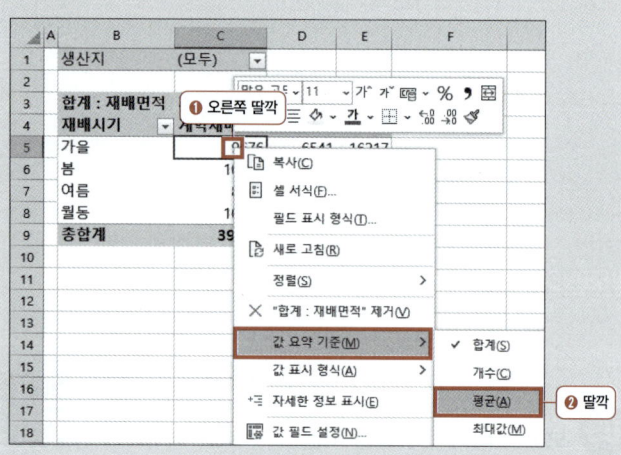

전문가의 조언

- 값 영역에 두 개 이상의 필드를 지정하면 열 영역에 'Σ 값' 필드가 자동으로 생성됩니다.
- 문제에 따라서 제시된 그림을 보고 수험자가 직접 'Σ 값' 필드의 위치를 판단해서 지정하는 문제도 출제되니 눈여겨 보세요.

05 'Σ 값' 필드 설정 작업

24.상시, 23.상시, 22.상시, 21.상시, 20.상시, 20.1, 19.상시, 16.3, 15.상시, …

'Σ 값' 필드를 행 영역으로 이동하시오.

열 영역에 표시된 'Σ 값' 필드를 행 영역으로 드래그합니다.

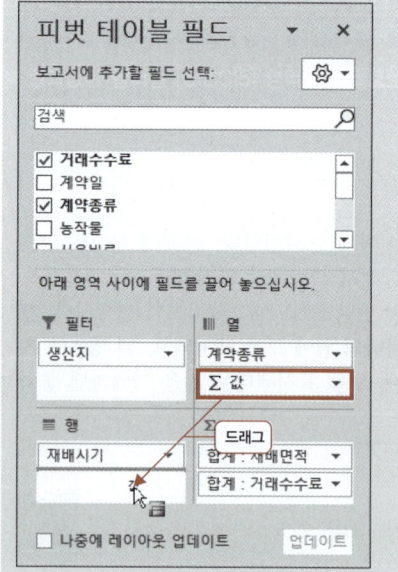

잠깐만요

- **'Σ 값' 필드가 열 영역에 있을 경우** : '값 영역'에 지정한 필드명이 하나의 행에 모두 표시됨

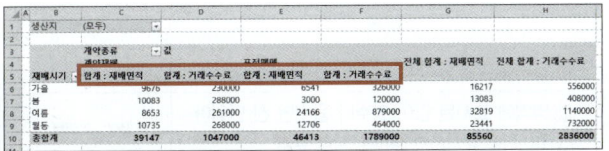

- **'Σ 값' 필드가 행 영역에 있는 경우** : '값 영역'에 지정한 필드명이 하나의 열에 모두 표시됨

	A	B	C	D	E	F
1	생산지	(모두)				
2						
3				계약종류		
4	재배시기	값		계약재배	포전매매	총합계
5	가을					
6		합계 : 재배면적		9676	6541	16217
7		합계 : 거래수수료		230000	326000	556000
8	봄					
9		합계 : 재배면적		10083	3000	13083
10		합계 : 거래수수료		288000	120000	408000
11	여름					
12		합계 : 재배면적		8653	24166	32819
13		합계 : 거래수수료		261000	879000	1140000
14	월동					
15		합계 : 재배면적		10735	12706	23441
16		합계 : 거래수수료		268000	464000	732000
17	전체 합계 : 재배면적			39147	46413	85560
18	전체 합계 : 거래수수료			1047000	1789000	2836000

'계약일' 필드의 바로 가기 메뉴에서 **[그룹]**을 선택한 후 '그룹화' 대화상자에서 '분기'와 '연'을 선택합니다.

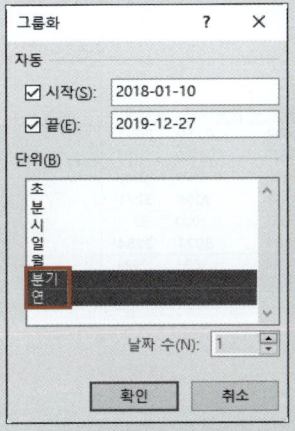

※ 사용하는 엑셀 프로그램의 버전이 교재와 다른 경우 '년(계약일)', '분기(계약일)', '개월(계약일)' 등으로 표시될 수 있습니다. 시험장에서는 교재처럼 표시된다는 것을 알아두세요.

---

06 그룹 지정 작업

25.상시, 24.상시, 23.상시, 22.상시, 21.상시, 20.상시, 20.1, 19.상시, 19.2, …

전문가의 조언

- 행이나 열 영역에 날짜 형식이나 시간 형식의 필드를 지정하면 자동으로 '연', '분기', '월' 또는 '시', '분', '초' 등의 필드가 생성되고 그룹이 자동으로 지정됩니다.
- 주의할 점은, 자동으로 그룹이 지정된 피벗 테이블은 모양이 문제지와 약간 다르기 때문에 반드시 **사용자가 직접 그룹을 지정해야 한다는 것입니다.**

25.상시, 24.상시, 23.상시, 22.상시, 21.상시, 20.상시, 20.1, 19.상시, 19.2, 18.상시, 18.1, …

유형 1 〈그림〉과 같이 '분기'와 '연도'별로 그룹을 지정하시오.

	A	B	C	D	E
1	생산지	(모두)			
2					
3		평균 : 재배면적	계약종류		
4		계약일	계약재배	포전매매	총합계
5		2018년	3236.166667	2909.727273	3024.941176
6		1사분기	2818.5	2924.5	2898
7		2사분기	4204	2357.5	2973
8		3사분기	3785	3248.333333	3463
9		4사분기	2006		2006
10		2019년	3288.333333	2881.2	3103.272727
11		1사분기	3492.5		3492.5
12		2사분기	4480	4007	4243.5
13		3사분기	2755	2193	2614.5
14		4사분기		2735.333333	2735.333333
15		총합계	3262.25	2900.8125	3055.714286

22.상시, 21.상시, 20.상시, 19.상시, 18.상시, 16.2, 15.3, 15.1, 14.2, 13.3, 13.상시

유형 2 '재배시기'를 〈그림〉과 같이 그룹을 지정하시오.

	A	B	C	D	E	F
1	생산지	(모두)				
2						
3		평균 : 재배면적		계약종류		
4		재배시기2	재배시기	계약재배	포전매매	총합계
5		10월~2월		3402	2750	3051
6			가을	3225	2180	2703
7			월동	3578	3177	3349
8		3월~9월		3123	3018	3060
9			봄	3361	3000	3271
10			여름	2884	3021	2984
11		총합계		3262	2901	3056

1. 텍스트를 그룹으로 지정하려면 하나의 그룹으로 지정할 부분을 블록으로 지정한 후 바로 가기 메뉴에서 **[그룹]**을 선택합니다.

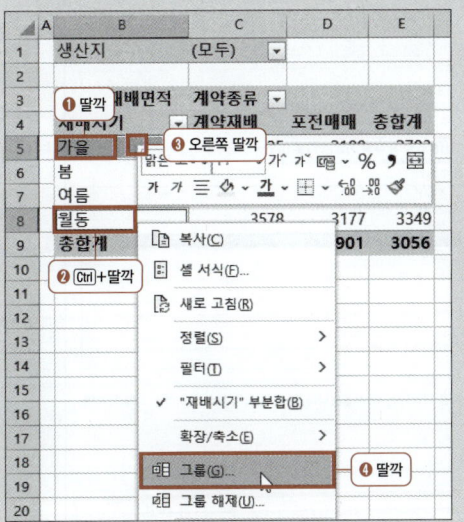

2. 자동으로 입력된 "그룹1"을 10월~2월로 변경합니다. 나머지도 동일한 방법으로 그룹을 지정하면 됩니다.

> **잠깐만요**
>
> '셀 서식' 대화상자의 '사용자 지정' 범주를 이용하여 형식을 지정하는 문제가 가끔 출제됩니다.
>
> | 문제 | 형식 |
> |---|---|
> | 천 단위 콤마를 표시하고 뒤에 "원"자 표시 | #,##0"원" |
> | 값 영역에 표시된 값이 양수나 음수면 천 단위마다 콤마(,)를 표시하고 0이면 "*"로 표시 | #,###;-#,###;"*" |

07 표시 형식 지정 작업

25.상시, 24.상시, 23.상시, 22.상시, 21.상시, 20.상시, 20.1, 19.상시, 19.2, …

'재배면적' 필드의 표시 형식을 '값 필드 설정'의 셀 서식에서 '숫자' 범주를 이용하여 '1000 단위 구분 기호(,)'를 표시하시오.

값 영역의 바로 가기 메뉴에서 [값 필드 설정]을 선택한 후 '값 필드 설정' 대화상자에서 〈표시 형식〉을 클릭하여 지정합니다.

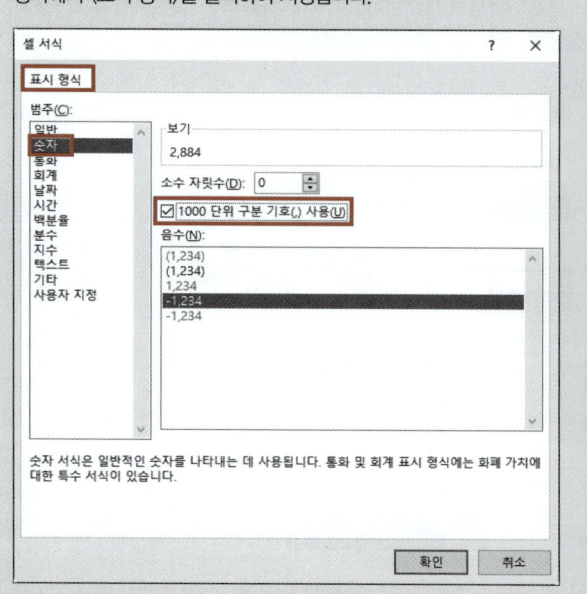

08 정렬 작업

25.상시, 24.상시, 22.상시, 21.상시, 20.상시, 18.1, 16.2, 15.1, 12.1, 11.2, 10.3

유형 1 22.상시, 21.상시, 20.상시, 18.1, 16.2
'재배시기' 필드를 기준으로 내림차순 정렬하시오.

'재배시기' 필드를 클릭한 후 [데이터] → 정렬 및 필터 → 텍스트 내림차순 정렬() 아이콘을 클릭합니다.

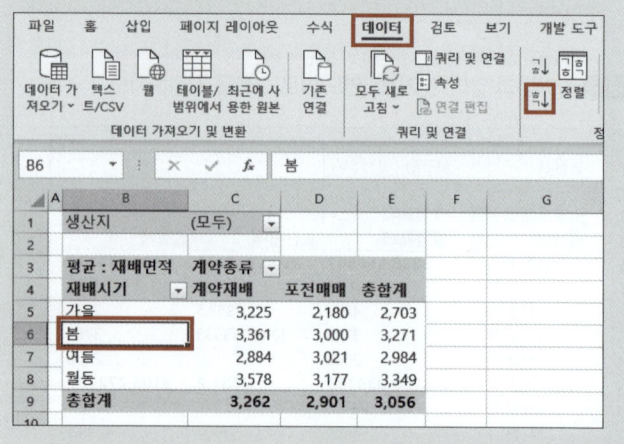

※ '재배시기' 필드의 목록 단추(▼)를 클릭한 후 [텍스트 내림차순 정렬]을 선택해도 됩니다.

유형 2 '재배시기' 필드를 〈그림〉과 같이 수동으로 정렬하시오.

25.상시, 22.상시, 21.상시, 20.상시, 15.1, 12.1, 11.2, 10.3

	A	B	C	D	E
1	생산지	(모두)			
2					
3	평균 : 재배면적	계약종류			
4	재배시기	계약재배	포전매매	총합계	
5	봄	3361	3000	3271	
6	여름	2884	3021	2984	
7	가을	3225	2180	2703	
8	월동	3578	3177	3349	
9	총합계	3262	2901	3056	

'봄'과 '여름'이 입력된 [B6:B7] 영역을 블록으로 지정한 후 테두리 부분을 드래그하여 [B4] 셀로 이동하면 됩니다.

	A	B	C	D	E
1	생산지	(모두)			
2					
3	평균 : 재배면적	계약종류			
4	재배시기	계약재배	포전매매	총합계	
5	가을	3225	2180	2703	
6	봄	3361	3000	3271	
7	여름	2884	3021	2984	
8	월동	3578	3177	3349	
9	총합계	3262	2901	3056	

25.상시, 24.상시, 23.상시, 22.상시, 21.상시, 20.상시, 20.1, 19.상시, 18.상시, …

09 피벗 테이블 스타일 / 피벗 테이블 스타일 옵션 지정 작업

피벗 테이블 스타일은 '연한 주황, 피벗 스타일 밝게 17', 피벗 테이블 스타일 옵션은 '행 머리글', '열 머리글', '줄무늬 열'을 설정하시오.

	A	B	C	D	E
1	생산지	(모두)			
2					
3	평균 : 재배면적	계약종류			
4	재배시기	계약재배	포전매매	총합계	
5	봄	3361	3000	3271	
6	여름	2884	3021	2984	
7	가을	3225	2180	2703	
8	월동	3578	3177	3349	
9	총합계	3262	2901	3056	

[디자인] → 피벗 테이블 스타일의 ▼(자세히) 단추를 클릭하여 스타일의 종류를 선택한 후 피벗 테이블 스타일 옵션을 지정합니다.

전문가의 조언

어디서 어떻게 메뉴를 호출하여 어떤 작업을 하는지 잘 기억해 두세요.

25.상시, 22.상시, 21.상시, 20.상시, 17.상시, 16.3, 14.1, 12.3, 12.2, 11.1, 10.2, …

10 계산 필드 작업

STDEV 함수를 이용하여 '1월', '2월', '3월' 필드의 표준 편차를 구하는 '표준편차' 계산 필드를 추가하시오.

	A	B	C	D	E
1					
2	성명	합계 : 1월	합계 : 2월	합계 : 3월	합계 : 표준편차
3	구미성	66	55	68	7
4	김숙희	87	77	82	5
5	이영자	97	90	57	21.36195996
6	최복선	99	72	79	14.0118997
7	(비어 있음)	692	799	759	54.06477596
8	총합계	1041	1093	1045	28.93671255

[피벗 테이블 분석] → 계산 → 필드, 항목 및 집합 → **계산 필드**를 선택한 후 '계산 필드 삽입' 대화상자에서 지정합니다.

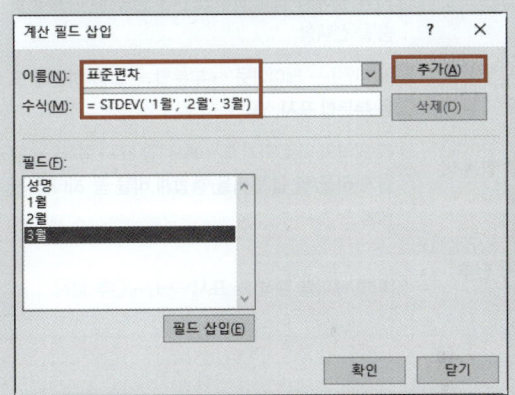

※ '1월', '2월', '3월'은 직접 입력하지 않고 '필드' 영역에서 해당 필드를 더블클릭하면 자동으로 작은따옴표(')로 묶인 상태로 입력됩니다.

> **전문가의 조언**
> 한 번이라도 출제된 나머지 기능들입니다. 합격하고 싶다면 잘 정리해 두세요.

11 기타

25.상시, 24.상시, 23.상시, 22.상시, 21.상시, 20.상시, 20.1, 19.상시, 19.1, 18.1, …

25.상시, 23.상시, 22.상시, … 행의 총합계만 표시 / 열의 총합계만 표시	[디자인] → 레이아웃 → 총합계 → 열의 총합계만 설정/행의 총합계만 설정 선택
25.상시, 22.상시, 21.상시, … 빈 셀 "*" 표시	[피벗 테이블 분석] → 피벗 테이블 → 옵션을 클릭한 후 '피벗 테이블 옵션' 대화상자의 '레이아웃 및 서식' 탭에서 '빈 셀 표시'의 입력란에 *를 입력함
24.상시 오류 셀 "해당없음" 표시	[피벗 테이블 분석] → 피벗 테이블 → 옵션을 클릭한 후 '피벗 테이블 옵션' 대화상자의 '레이아웃 및 서식' 탭에서 '오류 값 표시'의 입력란에 해당없음을 입력함
25.상시, 23.상시, 22.상시, … 레이블이 있는 셀 병합 및 가운데 맞춤	[피벗 테이블 분석] → 피벗 테이블 → 옵션을 클릭한 후 '피벗 테이블 옵션' 대화상자의 '레이아웃 및 서식' 탭에서 '레이블이 있는 셀 병합 및 가운데 맞춤'을 선택함
25.상시, 22.상시, 21.상시, … 그룹 아래에 요약 표시	[디자인] → 레이아웃 → 부분합 → 그룹 하단에 모든 부분합 표시 선택
25.상시, 22.상시, 21.상시, … 행 합계 비율/열 합계 비율/총합계 비율	값 영역의 바로 가기 메뉴에서 [값 표시 형식] → 행 합계 비율/열 합계 비율/총합계 비율 중 하나를 선택함
22.상시, 21.상시, 20.상시, 19.1 '확장(+)/축소(-)' 단추 표시	[피벗 테이블 분석] → 표시 → +/− 단추 클릭
24.상시, 23.상시, 22.상시, … 특정 데이터만 표시	특정 데이터만 표시할 필드의 목록 단추(▼)를 클릭하여 표시할 필드만 선택함 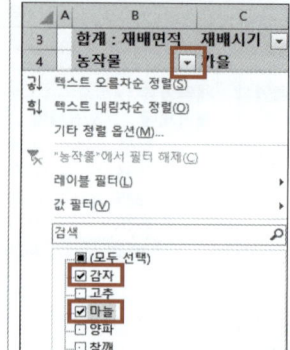
24.상시, 22.상시, 21.상시, … 특정 데이터만 별도 시트에 표시	작성된 피벗 테이블에서 별도 시트에 표시할 데이터가 있는 부분을 더블클릭함. '가을의 계약재배'만을 다른 시트에 표시하려면 [C5] 셀을 더블클릭하면 됨 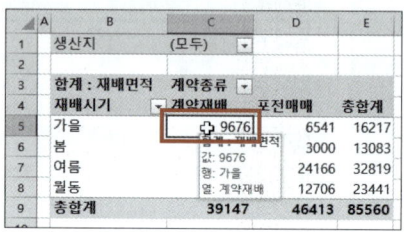
24.상시, 23.상시 각 항목 다음에 빈 줄 삽입	[디자인] → 레이아웃 → 빈 행 → 각 항목 다음에 빈 줄 삽입 선택

대표기출문제

'길벗컴활1급통합\엑셀\10피벗테이블.xlsm' 파일을 열어서 작업하세요.

기출 1   25.상시, 24.상시, 23.상시, 22.상시, 21.상시, 20.상시, 20.1, 19.상시, …

'기출1' 시트에서 다음의 지시사항에 따라 피벗 테이블 보고서를 작성하시오.

▶ 외부 데이터 원본으로 〈대여현황.txt〉의 데이터를 사용하시오.
  – 원본 데이터의 구분 기호는 쉼표(,)와 "/"로 구분되어 있으며, 첫 행에 머리글이 포함되어 있음
  – '결제상태', '대여장비', '대여시간', '대여비용' 열만 가져와 데이터 모델에 이 데이터를 추가하시오.
▶ 피벗 테이블 보고서의 레이아웃과 위치는 〈그림〉을 참조하여 설정하고, 보고서 레이아웃을 테이블 형식으로 표시하시오.
▶ 피벗 테이블 스타일은 '연한 녹색, 피벗 스타일 밝게 21', 피벗 테이블 스타일 옵션은 '행 머리글', '열 머리글', '줄무늬 열'을 설정하시오.
▶ '대여시간'과 '대여비용' 필드의 표시 형식은 '값 필드 설정'의 셀 서식에서 '숫자' 범주를 이용하여 1000 단위 구분 기호(,)를 표시하시오.
▶ 행의 총합계는 표시되지 않도록 설정하시오.

	A	B	C	D	E
1					
2				결제상태 ▼	
3		대여장비 ▼	값	예정	완료
4		굴착기	평균: 대여시간	96	126
5			평균: 대여비용	495,000	495,000
6		불도저	평균: 대여시간	183	174
7			평균: 대여비용	500,400	441,000
8		지게차	평균: 대여시간	89	133
9			평균: 대여비용	289,000	415,600
10		크레인	평균: 대여시간	122	194
11			평균: 대여비용	238,333	495,000
12		전체 평균: 대여시간		138	144
13		전체 평균: 대여비용		398,750	461,333

기출 2 25.상시, 24.상시, 23.상시, 22.상시, 21.상시, 20.상시, 20.1, 19.상시, …

'기출2' 시트에서 다음의 지시사항에 따라 피벗 테이블 보고서를 작성하시오.

▶ 외부 데이터 원본으로 〈자재판매현황.xlsx〉의 〈5월〉 테이블을 이용하시오.
▶ 피벗 테이블 보고서의 레이아웃과 위치는 〈그림〉을 참조하여 설정하고, 보고서 레이아웃을 개요 형식으로 표시하시오.
▶ '단가(원/㎡)' 필드를 〈그림〉과 같이 그룹을 지정하고, 빈 셀에 "***"를 표시하시오.
▶ '회원등급' 필드가 〈그림〉과 같이 표시되도록 수동으로 정렬하고 열의 총합계만 표시하시오.
▶ '판매금액'의 표시 형식은 '값 필드 설정'의 셀 서식을 이용하여 '회계' 범주에서 지정하시오.

	A	B	C	D
1				
2	합계 : 판매금액	회원등급		
3	단가(원/㎡)	Platinum	Gold	Silver
4	2001-3000	***	2,328,000	13,050,500
5	3001-4000	58,500,450	87,454,900	46,031,310
6	4001-5000	54,316,800	19,708,700	3,214,400
7	5001-6000	209,935,440	17,324,320	2,017,600
8	총합계	322,752,690	126,815,920	64,313,810

▶ 확장(+)/축소(-) 단추가 표시되지 않도록 설정하고 각 항목 다음에 빈 줄을 삽입하시오.
▶ '합계 : 통관수수료' 필드를 기준으로 내림차순 정렬하고, '통관수수료' 필드의 표시 형식은 '값 필드 설정'의 셀 서식에서 '사용자 지정' 범주를 이용하여 지정하시오.

	A	B	C	D
2	원자재종류	(다중 항목)		
3				
4	입고시간2	입고시간	합계 : 수입규모(t)	합계 : 통관수수료
5	오전			
6		10:54:25 AM	100	710,000원
7		10:53:47 AM	111	642,000원
8		11:14:17 AM	25	560,000원
9		9:15:14 AM	12	444,000원
10	오전 최대		111	710,000원
11	오전 최소		12	444,000원
12				
13	오후			
14		1:56:03 PM	150	720,000원
15		3:49:54 PM	132	684,000원
16		5:12:18 PM	10	530,000원
17	오후 최대		150	720,000원
18	오후 최소		10	530,000원
19				
20	총합계		540	4,290,000원

시간 데이터를 '오전/오후'로 그룹을 지정하려면 텍스트를 그룹으로 지정하는 것과 같이 그룹으로 지정할 부분을 모두 선택한 후 바로 가기 메뉴에서 [그룹]을 선택하면 됩니다.

기출 3 24.상시, 23.상시, 22.상시, 21.상시, 20.상시, 20.1, 19.상시, 19.2, 19.1, …

'기출3' 시트에서 다음의 지시사항에 따라 피벗 테이블 보고서를 작성하시오.

▶ 외부 데이터 가져오기 기능을 이용하여 〈원자재통관.accdb〉의 〈원자재〉 테이블에서 '물류코드', '원자재종류', '수입규모(t)', '입고시간', '통관수수료' 열을 이용하시오.
▶ '물류코드' 필드가 "A" 또는 "B"로 시작하는 데이터만을 가져오시오.
▶ 피벗 테이블 보고서의 레이아웃과 위치는 〈그림〉을 참조하여 설정하고, 보고서 레이아웃을 개요 형식으로 표시하시오.
▶ '원자재종류' 필드가 '농산물'이거나 '육류'인 데이터만 표시하시오.
▶ '입고시간' 필드를 기준으로 '오전/오후'로 그룹을 설정하고, 각 그룹의 하단에 최대값과 최소값 부분합이 표시되도록 설정하시오.

기출 4 25.상시, 24.상시, 23.상시, 21.상시, 20.상시, 20.1, 19.상시, 19.2, 19.1, …

'기출4' 시트에서 다음의 지시사항에 따라 피벗 테이블 보고서를 작성하시오.

▶ 외부 데이터 원본으로 〈자격수당.csv〉의 데이터를 사용하시오.
 - 원본 데이터는 쉼표(,)로 분리되어 있으며, 첫 행에 머리글이 포함되어 있음
 - '소속지사', '정년날짜', '직책', '평가점수' 열만 가져와 데이터 모델에 이 데이터를 추가하시오.
▶ 피벗 테이블 보고서의 레이아웃과 위치는 〈그림〉을 참조하여 설정하고, 보고서 레이아웃을 테이블 형식으로 표시하시오.
▶ '정년날짜(월)' 필드를 월 단위로 그룹을 지정하고, '평가점수' 필드의 표시 형식은 '값 필드 설정'의 셀 서식에서 '숫자' 범주를 이용하여 소수점 첫째 자리까지만 표시하시오.
▶ '피벗 테이블 옵션'에서 '레이블이 있는 셀 병합 및 가운데 맞춤'을 지정하시오.
▶ 피벗 테이블 스타일은 '연한 노랑, 피벗 스타일 보통 19'로 지정하시오.

	A	B	C	D	E	F	G
1	직책	All					
2							
3	합계 : 평가점수		소속지사				
4	정년날짜	정년날짜	무소속	미국	한국	호주	총합계
5		02월	4.7	22.7	25.6	17.7	70.7
6		08월	8.8	3.3	23.2	18.6	53.9
7	총합계		13.5	26.0	48.8	36.3	124.6

기출 5 25.상시, 24.상시, 223.상시, 22.상시, 21.상시, 20.상시, 20.1, 19.상시, …

'기출5' 시트에서 다음의 지시사항에 따라 피벗 테이블 보고서를 작성하시오.

▶ 외부 데이터 원본으로 〈연구직평가표.accdb〉의 〈평가내역〉 테이블을 사용하시오.
▶ 피벗 테이블 보고서의 레이아웃과 위치는 〈그림〉을 참조하여 설정하고, 보고서 레이아웃을 개요 형식으로 표시하시오.
▶ '내부평가', '외부평가', '연구점수'를 SUM 함수로 합계를 계산하는 '총점' 계산 필드를 추가하시오.
▶ '연구원평가' 필드가 'A'인 데이터만 표시하시오.
▶ '연구원ID' 필드가 'ANS'로 시작하면 '자연과학', 'CIE'로 시작하면 '정보공학'으로 그룹을 설정하시오.
▶ '총점' 필드를 총합계 비율로 표시하시오.
▶ '연구분야'의 상위 5% 이내만 표시되도록 필터를 설정하시오.
▶ '연구원ID'가 'ANS-99'인 연구원의 '인공지능' 데이터만 별도 시트에 작성하시오(시트명을 '인공지능연구원'으로 지정하고, '기출 5' 시트 앞에 위치시킴).

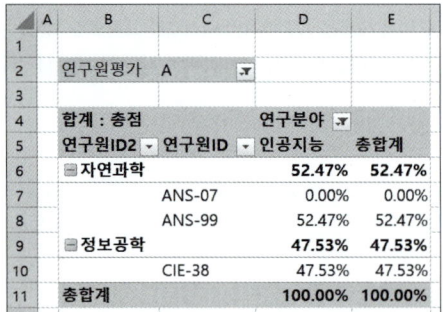

해설

[기출 1]

1. [삽입] → 표 → **피벗 테이블**을 클릭한다.
2. '피벗 테이블 만들기' 대화상자에서 **'외부 데이터 원본 사용'**을 선택한 후 〈연결 선택〉을 클릭한다.
3. '기존 연결' 대화상자에서 〈더 찾아보기〉를 클릭한다.
4. '데이터 원본 선택' 대화상자에서 '대여현황.txt' 파일을 선택하고 〈열기〉를 클릭한다.
5. '텍스트 마법사 – 3단계 중 1단계' 대화상자에서 **'구분 기호로 분리됨'**과 **'내 데이터에 머리글 표시'**를 선택한 후 〈다음〉을 클릭한다.
6. '텍스트 마법사 – 3단계 중 2단계' 대화상자에서 그림과 같이 지정한 후 〈다음〉을 클릭한다.

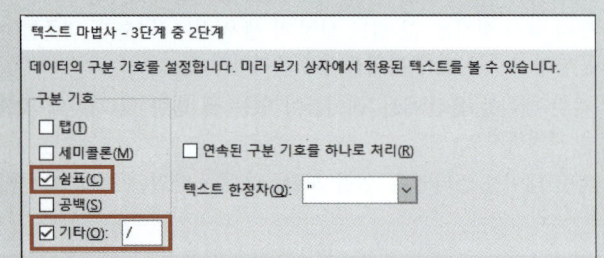

7. '텍스트 마법사 – 3단계 중 3단계' 대화상자에서 '대여코드'를 선택하고 **'열 가져오지 않음(건너뜀)'**을 선택한다. 이어서 '수령일'도 동일하게 지정한 후 〈마침〉을 클릭한다.

8. '피벗 테이블 만들기' 대화상자에서 피벗 테이블의 삽입 위치로 [B2] 셀을 지정하고 **'데이터 모델에 이 데이터 추가'**를 선택한 후 〈확인〉을 클릭한다.
9. '피벗 테이블 필드' 창에서 그림과 같이 레이아웃을 지정한 후 'Σ 값' 필드를 행 영역으로 드래그한다.

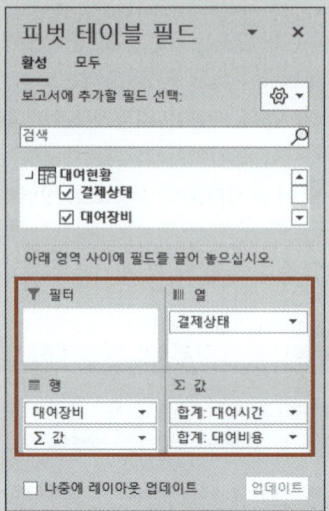

10. '대여시간' 필드의 바로 가기 메뉴에서 [값 요약 기준] → **평균**을 선택한다. '대여비용' 필드도 동일하게 변경한다.
11. [디자인] → 레이아웃 → 보고서 레이아웃 → **테이블 형식으로 표시**를 선택한다.
12. [디자인] → 피벗 테이블 스타일의 ▼ (자세히)를 클릭한 후 **'연한 녹색, 피벗 스타일 밝게 21'**을 선택한다.
13. [디자인] → 피벗 테이블 스타일 옵션의 **'행 머리글', '열 머리글', '줄무늬 열'**을 선택한다.
14. '대여시간' 필드의 바로 가기 메뉴에서 [**값 필드 설정**]을 선택한다.
15. '값 필드 설정' 대화상자에서 〈표시 형식〉을 클릭한다.
16. '셀 서식' 대화상자의 '범주'에서 '숫자'의 **'1000 단위 구분 기호(,) 사용'**을 선택한 후 〈확인〉을 클릭한다.
17. '값 필드 설정' 대화상자에서도 〈확인〉을 클릭한다.
18. '대여비용'도 동일한 방법으로 지정한다.
19. [디자인] → 레이아웃 → 총합계 → **열의 총합계만 설정**을 선택한다.

[기출 2]

• '피벗 테이블 필드' 창

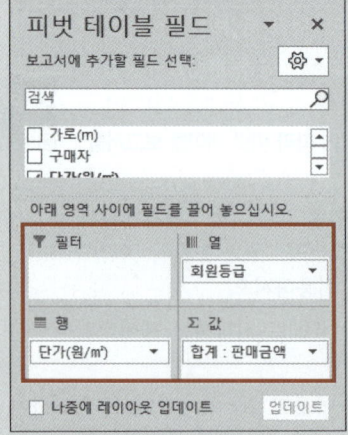

- '그룹화' 대화상자

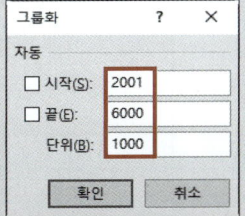

- '회원필드' 정렬

  [C3] 셀의 테두리 부분을 드래그하여 [A3] 셀로 이동한다.

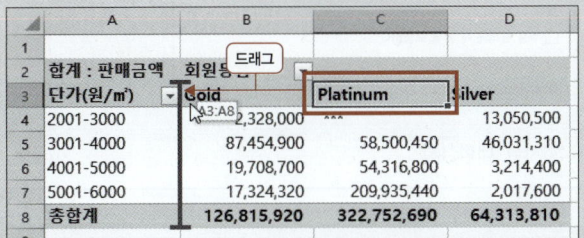

[기출 3]

- '쿼리 마법사 – 열 선택' 대화상자

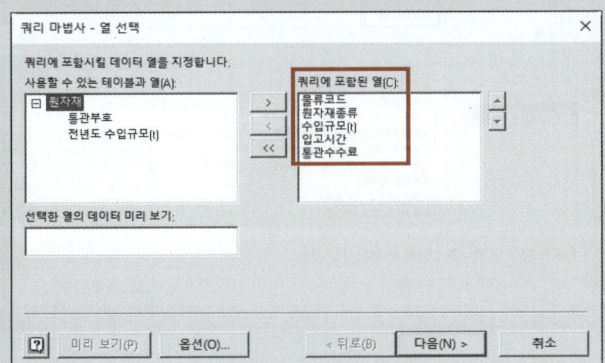

- '쿼리 마법사 – 데이터 필터' 대화상자

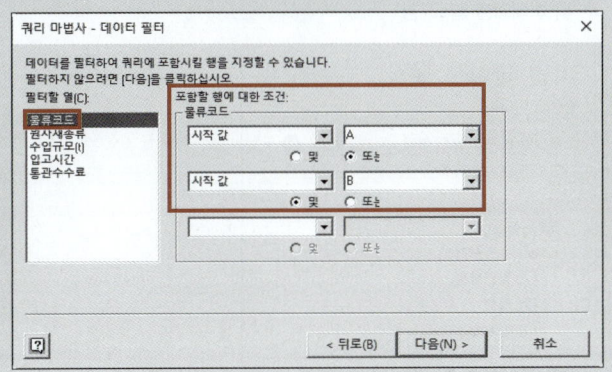

- '피벗 테이블 필드' 창

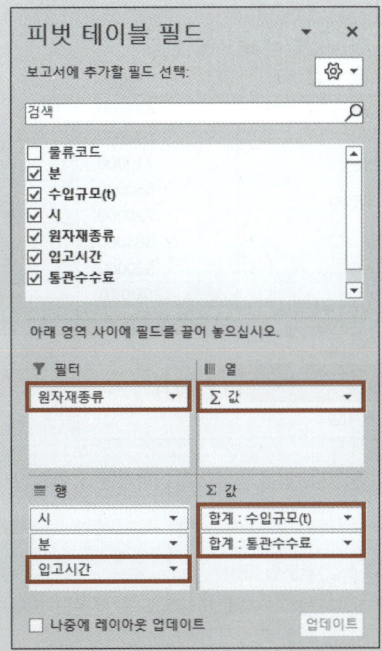

- '농산물'과 '육류'만 표시

  '원자재종류' 필드의 목록 단추(▼)를 클릭하여 '여러 항목 선택'을 선택한 후 그림과 같이 지정한다.

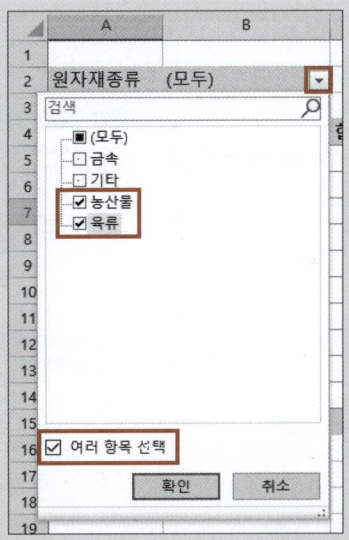

- 그룹 지정

  1. '입고시간'이 표시된 임의의 셀을 클릭한 후 바로 가기 메뉴에서 [그룹 해제]를 선택한다.

  ※ 행이나 열 영역에 시간 형식의 필드를 지정하면 해당 필드의 데이터에 따라 자동으로 '시', '분' 등의 필드가 생성되고 그룹이 자동으로 지정됩니다. 자동으로 지정된 그룹을 해제하고 오전/오후로 그룹을 지정해야 합니다.

  2. "오전"으로 그룹을 지정할 부분을 범위로 지정한 후 바로 가기 메뉴에서 [그룹]을 선택한다.

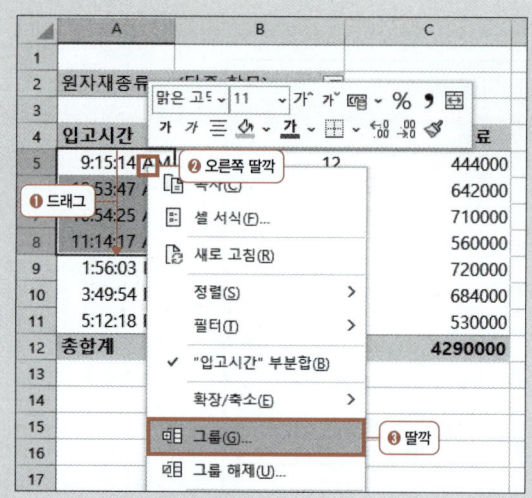

3. "그룹1"을 **오전**으로 변경한다. 같은 방법으로 나머지를 **오후**로 그룹을 지정한다.

- 각 그룹 하단에 최대값/최소값 부분합 표시
  1. [디자인] → 레이아웃 → 부분합 → **그룹 하단에 모든 부분합 표시**를 선택한다.
  2. 요약이 표시된 셀을 선택한 후 바로 가기 메뉴에서 [필드 설정]을 선택한다.

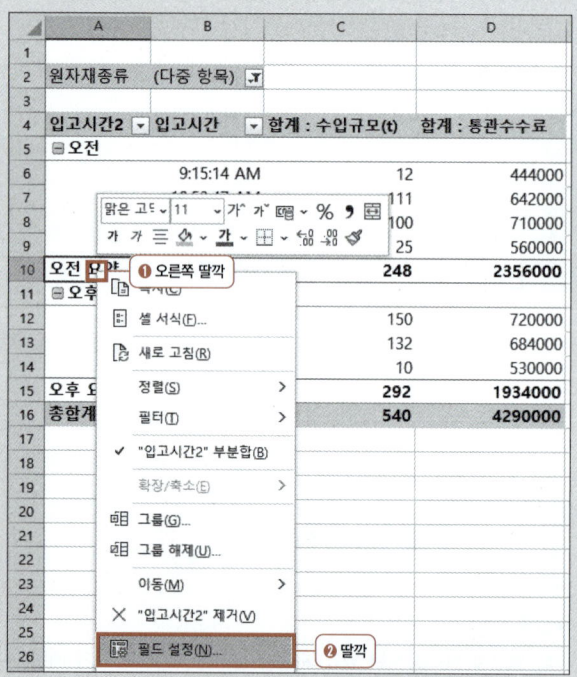

3. '필드 설정' 대화상자에서 그림과 같이 지정한 후 〈확인〉을 클릭한다.

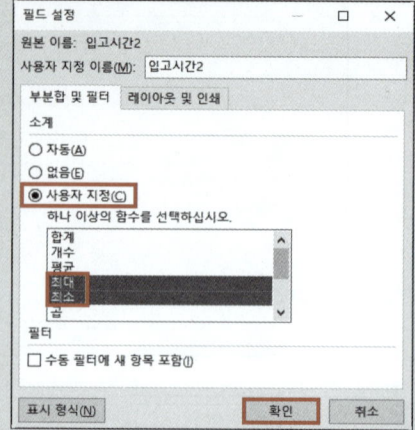

- '셀 서식' 대화상자

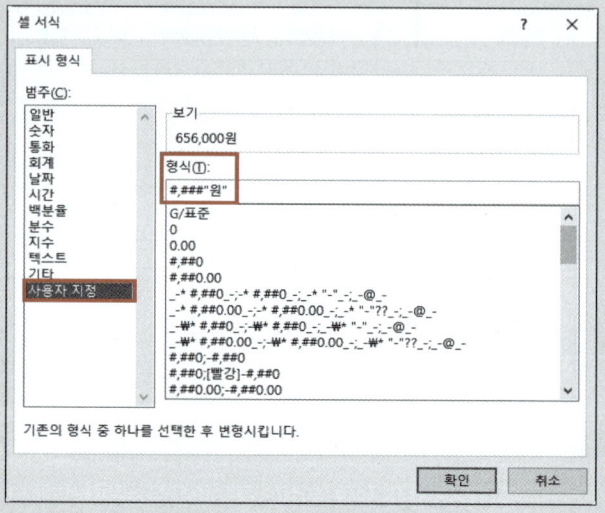

[기출 4]

- '피벗 테이블 필드' 창

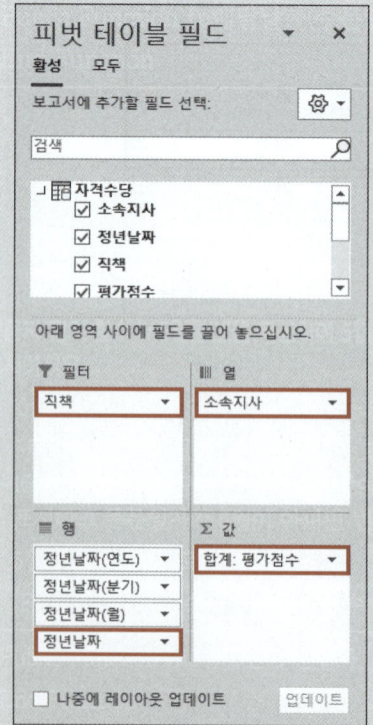

• '그룹화' 대화상자

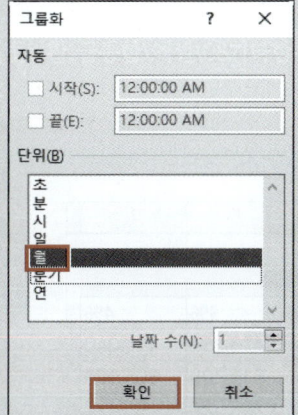

[기출 5]
〈정답〉

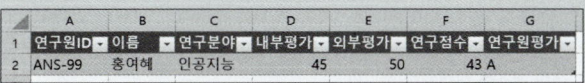

〈해설〉
• '피벗 테이블 필드' 창

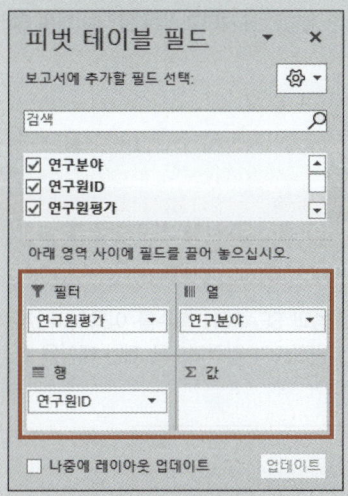

• '계산 필드 삽입' 대화상자

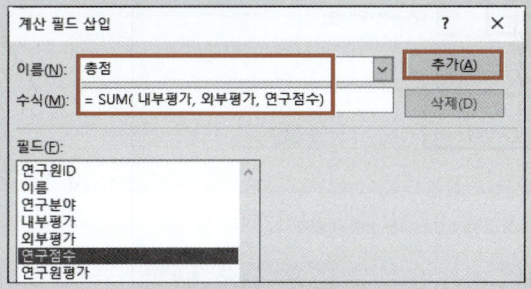

• 별도 시트에 표시
[D8] 셀을 더블클릭한다.
• 필터 적용
1. [D4] 셀의 필터 목록 단추(▼)를 클릭하여 [값 필터] → **상위 10**을 선택한다.

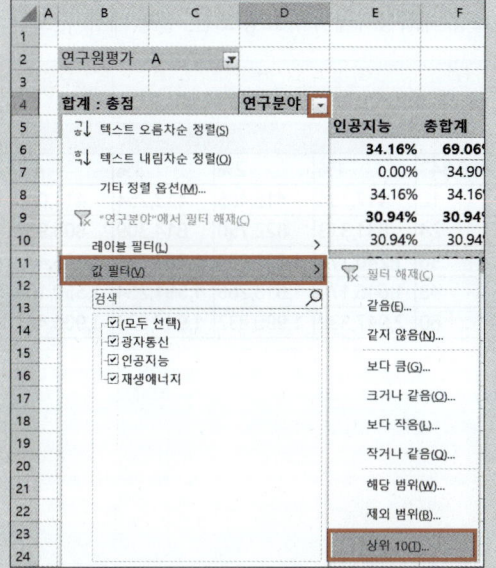

2. '상위 10 자동 필터' 대화상자에서 다음과 같이 지정한다.

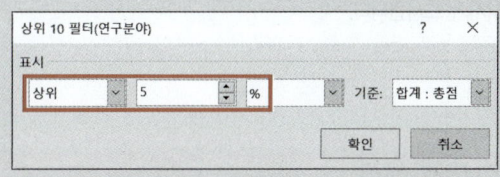

2 데이터 유효성 검사

출제 비율 50% / 배점 10점

데이터 유효성 검사는 다음과 같은 과정으로 작업을 진행합니다.

1. 데이터 범위를 블록으로 지정한 후 [데이터] → 데이터 도구 → **데이터 유효성 검사**( )를 클릭한다.
2. '데이터 유효성' 대화상자에서 유효성 조건, 설명 메시지, 오류 메시지 등을 지정한다.

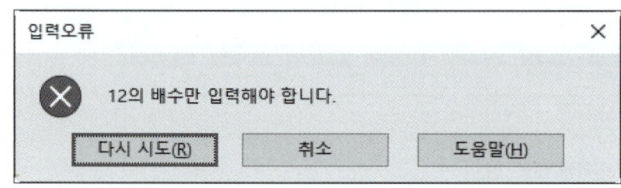

※ [F4:F8] 영역에 12의 배수만 입력되도록 설정하고 설명 메시지를 입력하였기 때문에 [F4:F8] 영역을 클릭하면 입력에 대한 설명이 표시되고, 잘못된 데이터를 입력하면 오류 메시지가 표시됩니다.

상시시험 출제 유형

☞ 직접 실습하려면 '길벗컴활1급통합\엑셀\11데이터유효성검사.xlsm' 파일을 열어서 작업하세요.

01 사용자 지정
24.상시, 23.상시, 22.상시, 21.상시

유형 1 22.상시, 21.상시
[데이터 유효성 검사] 기능과 MOD 함수를 이용하여 [F4:F8] 영역에는 12의 배수만 입력되도록 제한 대상을 설정하시오.

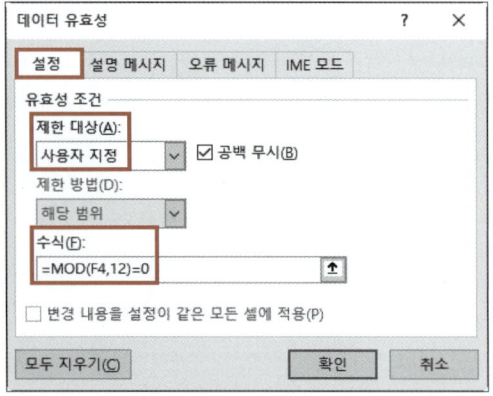

유형 2 23.상시, 22.상시, 21.상시
[데이터 유효성 검사] 기능과 SEARCH 함수를 이용하여 [A2:A7] 영역에는 반드시 "A"가 포함된 직원코드가 입력되도록 제한 대상을 설정하시오.

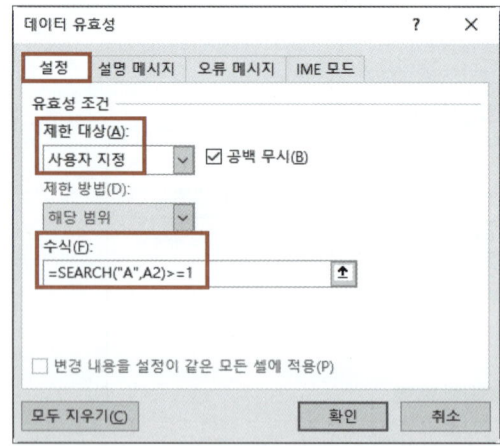

유형 3 23.상시, 22.상시, 21.상시
[데이터 유효성 검사] 기능과 QUOTIENT 함수를 이용하여 [C2:C10] 영역에는 3.3으로 나눈 몫이 34 이하인 값만 입력되도록 제한 대상을 설정하시오.

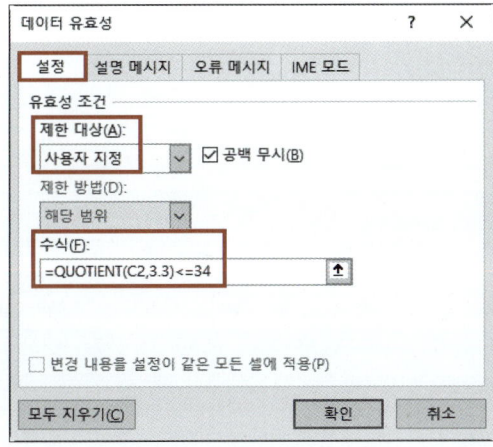

03 목록
22.상시, 21.상시

[데이터 유효성 검사] 기능을 이용하여 [B2:B9] 영역에는 '과일', '채소', '잡곡', '정육' 목록이 표시되도록 지정하시오.

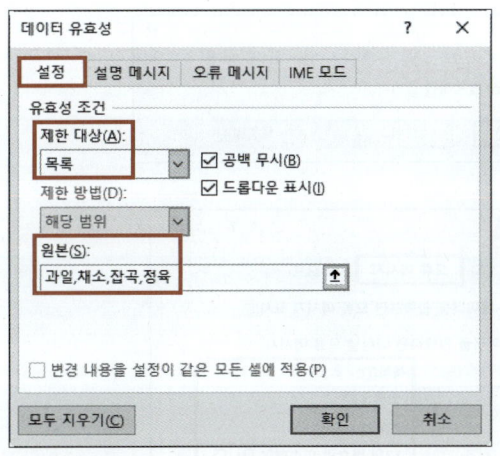

02 정수
25.상시, 24.상시, 22.상시, 21.상시

[데이터 유효성 검사] 기능을 이용하여 [D2:D9] 영역에는 1~10의 정수만 입력되도록 제한 대상을 설정하시오.

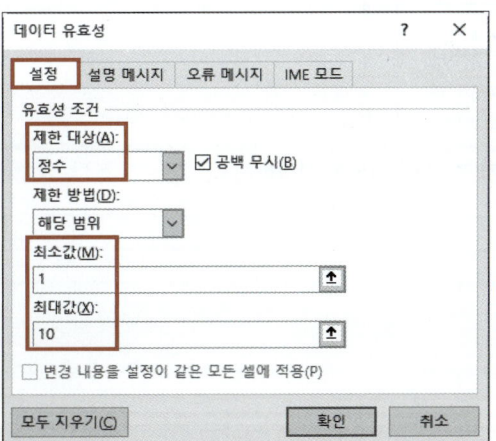

04 설명 메시지
25.상시, 24.상시, 22.상시, 21.상시

〈그림〉과 같은 설명 메시지를 표시하시오.

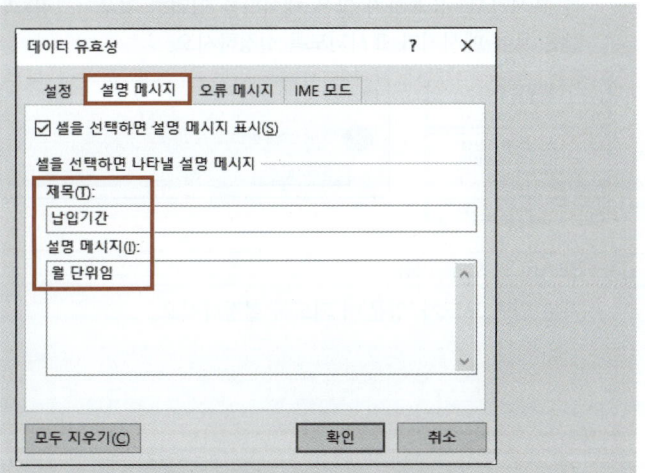

05 오류 메시지

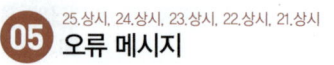

유효하지 않은 데이터를 입력한 경우 〈그림〉과 같은 오류 메시지가 표시되도록 설정하시오.

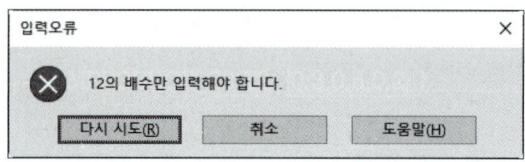

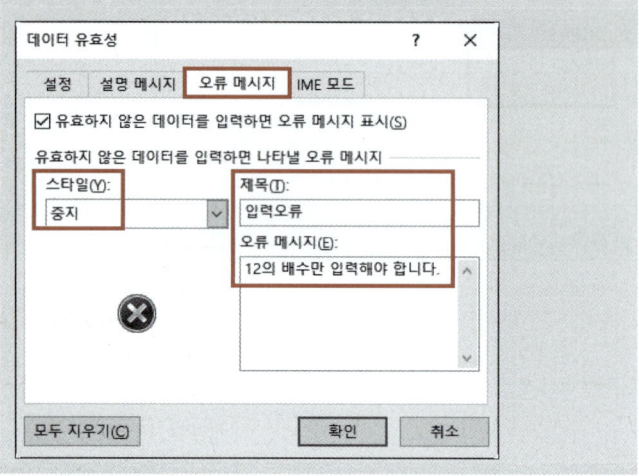

대표기출문제

'길벗컴활1급통합\엑셀\11데이터유효성검사.xlsm' 파일을 열어서 작업하세요.

기출 1 25.상시, 24.상시, 23.상시, 22.상시, 21.상시

'기출1' 시트에 대하여 다음의 지시사항을 처리하시오.

▶ [데이터 유효성 검사] 기능을 이용하여 [D3:D7] 영역에는 두 번째 글자 이후에 반드시 "@"가 포함된 이메일주소가 입력되도록 제한 대상을 설정하시오.

- [D3:D7] 영역의 셀을 클릭한 경우 〈그림〉과 같은 설명 메시지를 표시하고, 유효하지 않은 데이터를 입력한 경우 〈그림〉과 같은 오류 메시지가 표시되도록 설정하시오.

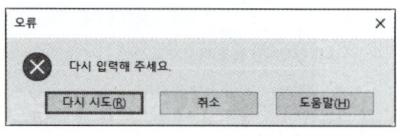

- SEARCH 함수 이용
- 기본 입력 모드가 '영문'이 되도록 설정하시오.

기출 2 25.상시, 24.상시, 23.상시, 22.상시, 21.상시

'기출2' 시트에 대하여 다음의 지시사항을 처리하시오.

▶ [데이터 유효성 검사] 기능을 이용하여 [C3:C9], [C12:C18], [C21:C25] 영역에 'PB', '합판', '무늬목', '집성목', '중섬유판' 목록이 표시되도록 지정하시오.

- [C3:C9], [C12:C18], [C21:C25]영역의 셀을 클릭한 경우 〈그림〉과 같은 설명 메시지를 표시하고, 유효하지 않은 데이터를 입력한 경우 오류 메시지가 표시되지 않도록 설정하시오.

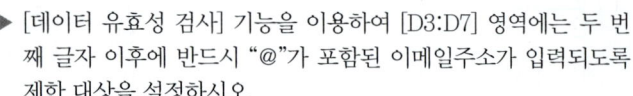

- IME 모드가 '한글'이 되도록 설정하시오.

해설

[기출 1]

1. [D3:D7] 영역을 블록으로 지정한 후 [데이터] → 데이터 도구 → 데이터 유효성 검사(□)를 클릭한다.
2. '데이터 유효성' 대화상자의 '설정' 탭에서 다음과 같이 지정한다.

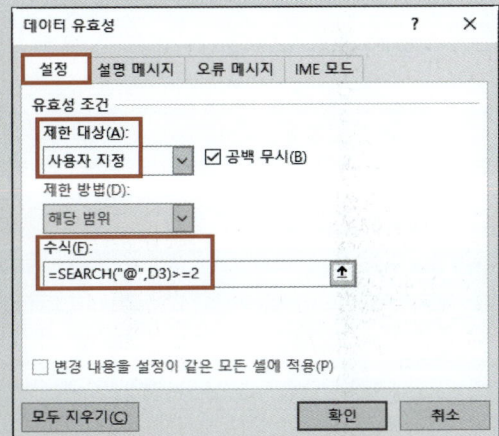

3. '데이터 유효성' 대화상자의 '설명 메시지' 탭에서 다음과 같이 지정한다.

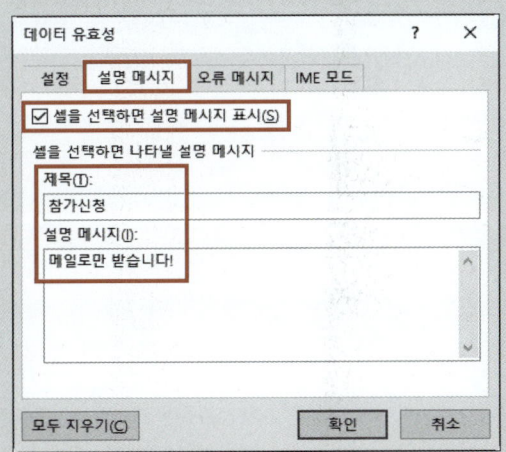

4. '데이터 유효성' 대화상자의 '오류 메시지' 탭에서 다음과 같이 지정한다.

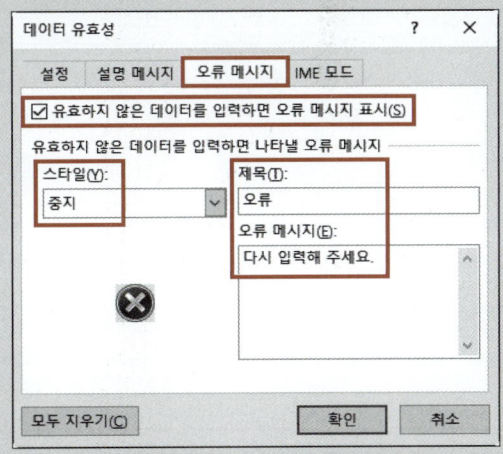

5. '데이터 유효성' 대화상자의 'IME 모드' 탭에서 다음과 같이 지정한 후 〈확인〉을 클릭한다.

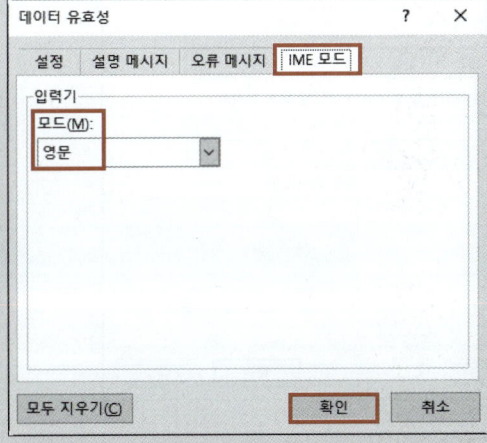

[기출 2]

1. '데이터 유효성' 대화상자 '설정' 탭

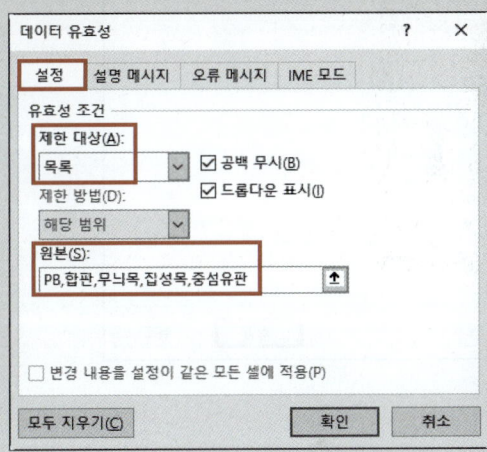

2. '데이터 유효성' 대화상자 '설명 메시지' 탭

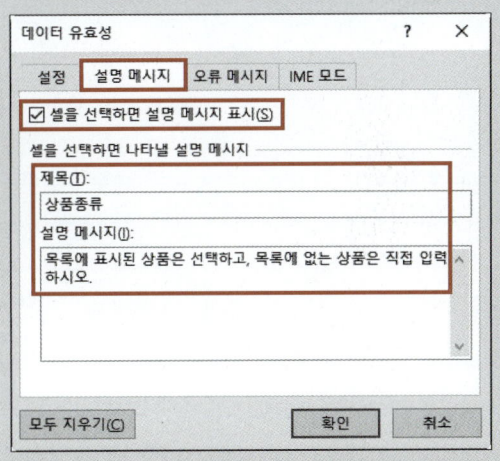

3. '데이터 유효성' 대화상자 '오류 메시지' 탭

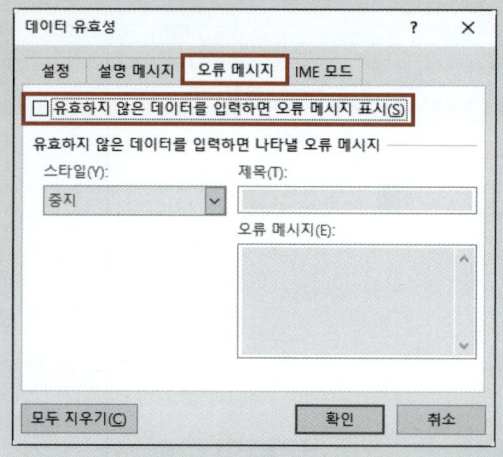

4. '데이터 유효성' 대화상자 'IME 모드' 탭

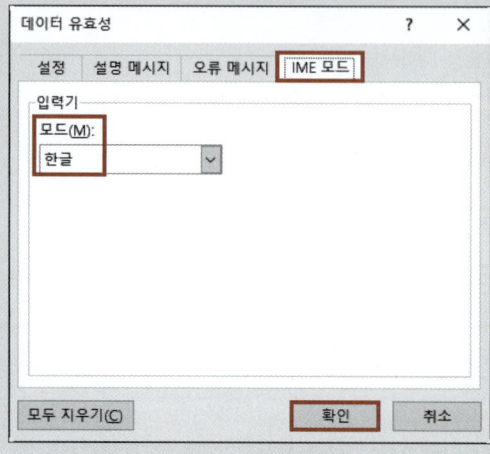

3 통합

출제 비율 30% / 배점 10점

통합은 다음과 같은 과정으로 작업을 진행합니다.

1. 통합된 내용이 표시될 범위를 블록으로 지정한 후 [데이터] → 데이터 도구 → **통합**을 클릭한다.
2. '통합' 대화상자에서 '함수', '참조 영역', '사용할 레이블'을 지정한 후 〈확인〉을 클릭한다.

	A	B	C	D	E	F	G
1	[표1] 1학년 1학기				[표2] 1학년 2학기		
2	과목	시험	점수		과목	시험	점수
3	국어	기말고사	38		국어	기말고사	39
4	영어	기말고사	20		영어	기말고사	37
5	수학	기말고사	18		수학	기말고사	37
6	국어	수행평가	14		국어	수행평가	10
7	영어	수행평가	13		영어	수행평가	7
8	수학	수행평가	6		수학	수행평가	20

→

	I	J
1	[표3] 과목별 평균	
2	과목	점수
3	국어	25
4	영어	19
5	수학	20

※ [표1]과 [표2]의 '과목'별 '점수'의 평균을 [표3]에 통합하여 표시한 화면입니다.

상시시험 출제 유형

☞ 직접 실습하려면 '길벗컴활1급통합\엑셀\12통합.xlsm' 파일을 열어서 작업하세요.

01 통합 작성

데이터 도구 [통합] 기능을 이용하여 [A2:C9], [E2:G9] 영역에서 시험별 점수의 합계를 [J3:J5] 영역에 계산하시오.

	A	B	C	D	E	F	G	H	I	J
1	[표1] 1학년 1학기				[표2] 1학년 2학기				[표3] 시험별 합계	
2	과목	시험	점수		과목	시험	점수		시험	점수
3	국어	기말고사	38		국어	기말고사	39		기말고사	
4	영어	기말고사	20		영어	기말고사	37		수행평가	
5	수학	기말고사	18		수학	기말고사	37		중간고사	
6	국어	수행평가	14		국어	수행평가	10			
7	영어	수행평가	13		영어	수행평가	7			
8	수학	수행평가	6		수학	수행평가	20			
9	과학	중간고사	26		과학	중간고사	36			

결과가 표시될 부분인 [I2:J5] 영역을 블록으로 지정하고 [데이터] → 데이터 도구 → **통합**을 클릭한 후 '통합' 대화상자에서 지정합니다. 이때 '참조' 범위는 '시험' 필드가 첫 번째 열에 오도록 지정해야 합니다.

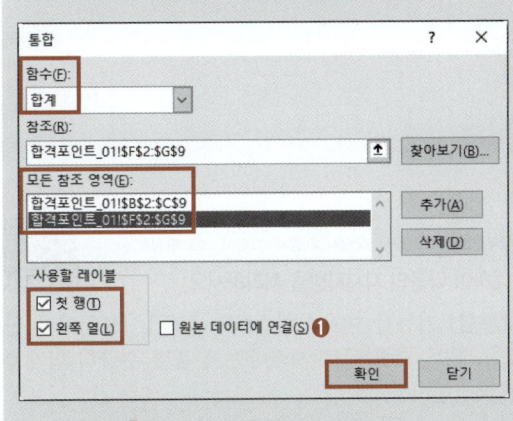

↓

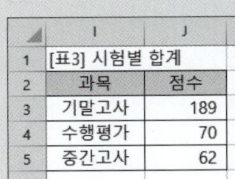

	I	J
1	[표3] 시험별 합계	
2	과목	점수
3	기말고사	189
4	수행평가	70
5	중간고사	62

❶ '참조 영역'의 데이터가 변경되면 통합 표의 결과도 자동 업데이트 되도록 설정'이라는 지시사항이 있을 때는 '원본 데이터에 연결' 옵션을 선택하면 됩니다.

대표기출문제

'길벗컴활1급통합\엑셀\12통합.xlsm' 파일을 열어서 작업하세요.

기출 1
24.상시, 23.상시, 22.상시, 21.상시, 20.상시, 20.1, 19.상시, 19.2, 19.1, …

'기출 1' 시트에 대하여 다음의 지시사항을 처리하시오.

데이터 도구 [통합] 기능을 이용하여 '1사분기', '2사분기', '3사분기' 시트의 [A2:F9] 영역에 있는 데이터에 대해 공항명별 여객과 화물의 평균을 '기출1' 시트의 [A2] 셀부터 표시하시오.

※ 참조 영역의 데이터가 변경되면 통합 표의 결과도 자동 업데이트 되도록 설정하시오.

	A	B	C	D
2	공항명		여객	화물
8	김포		3,093	1,056
15	인천		2,454	1,165
20	부산		4,290	1,139
27	제주		2,579	666

기출 2
25.상시, 24.상시, 23.상시, 22.상시, 21.상시, 20.상시, 20.1, 19.상시, …

'기출2' 시트에 대하여 다음의 지시사항을 처리하시오.

데이터 도구 [통합] 기능을 이용하여 [표1], [표2], [표3]에서 상품코드가 "MP", "PB", "MDF"로 시작하는 상품별 수량의 합계를 [I3:J5] 영역에 계산하시오.

기출 3
24.상시

'기출3' 시트에 대하여 다음의 지시사항을 처리하시오.

데이터 도구 [통합] 기능을 이용하여 [표1]에 있는 데이터에 대해 [표2]의 [H2:J7] 영역에 '종류'별 '숙박비'의 최대값과 '교통비'의 '최소값'을 계산하시오.

정답 및 해설

[기출 1]

1. [A2:C2] 영역을 블록으로 지정한 후 [데이터] → 데이터 도구 → **통합**을 클릭한다.

2. '통합' 대화상자에서 그림과 같이 지정한 후 〈확인〉을 클릭한다.

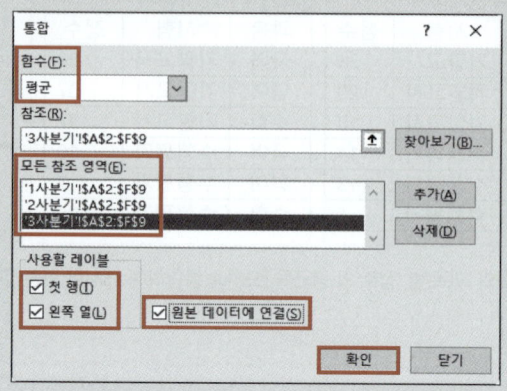

3. A열의 열 너비를 넓혀준다.

[기출 2]

〈정답〉

	H	I	J
1		[표4]	
2		상품코드	수량
3		MP*	1,180
4		PB*	3,150
5		MDF*	1,040

〈해설〉

1. [I3:I5] 영역에 다음과 같이 입력

	H	I	J
1		[표4]	
2		상품코드	수량
3		MP*	
4		PB*	
5		MDF*	

2. '통합' 대화상자

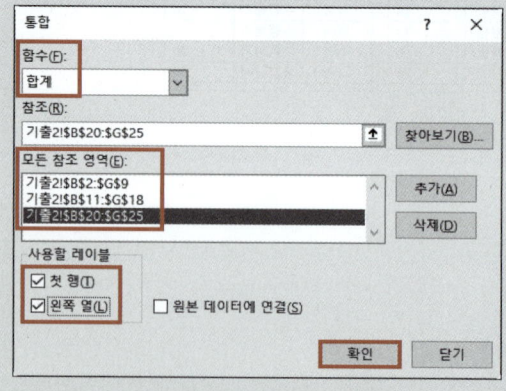

[기출 3]

〈정답〉

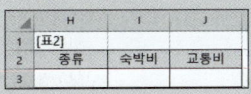

	H	I	J
1	[표2]		
2	종류	숙박비	교통비
3	효도관광	744,000	22,600
4	자유여행	876,000	18,500
5	모임여행	663,000	27,300
6	패키지관광	632,000	14,200
7	가족여행	502,000	18,800

〈해설〉

1. [H2:J2] 영역에 다음과 같이 입력한 후 [H2:J2] 영역을 블록으로 지정

	H	I	J
1	[표2]		
2	종류	숙박비	교통비
3			

2. '교통비' 최소값의 '통합' 대화상자 실행

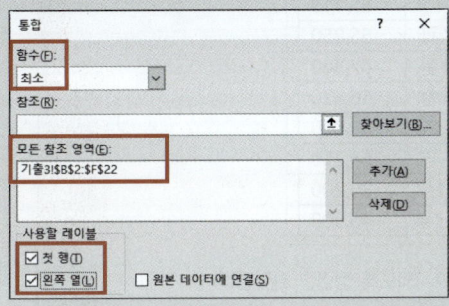

3. [H2:I2] 영역을 블록으로 지정한 후 '숙박비' 최대값의 '통합' 대화상자 실행

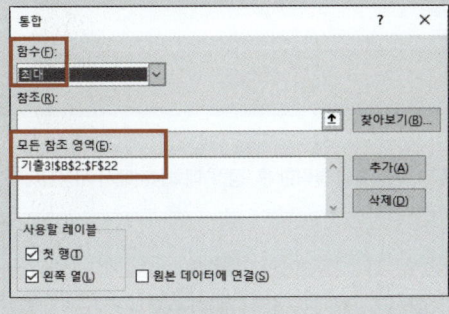

4 정렬

출제 비율 30% / 배점 10점

정렬은 다음과 같은 과정으로 작업을 진행합니다.

1. 정렬할 영역을 블록으로 지정한 후 [데이터] → 정렬 및 필터 → **정렬**을 클릭한다.
2. '정렬' 대화상자에서 '열', '정렬 기준', '정렬'을 지정한다.

	A	B	C	D	E
1	[표1]				
2	사원번호	이름	직책	부서	본봉
3	1003	이유림	과장	기획실	56,800
4	2105	김구완	대리	총무과	55,850
5	2106	송혜영	부장	총무과	102,500
6	2107	전주욱	대리	기획실	62,500
7	2208	윤인수	대리	기획실	56,520
8	2210	서정화	사원	총무과	64,250
9	3112	제갈량	부장	영업1부	95,620
10	3115	노지심	사원	영업1부	35,200
11	3321	이관우	사원	영업3부	58,000
12	3322	곽장비	사원	영업3부	45,600
13	3424	이충렬	과장	영업4부	85,110
14	4029	조자룡	과장	기획실	72,533

→

	A	B	C	D	E
1	[표1]				
2	사원번호	이름	직책	부서	본봉
3	3112	제갈량	부장	영업1부	95,620
4	2106	송혜영	부장	총무과	102,500
5	4029	조자룡	과장	기획실	72,533
6	1003	이유림	과장	기획실	56,800
7	3424	이충렬	과장	영업4부	85,110
8	2105	김구완	대리	총무과	55,850
9	2107	전주욱	대리	기획실	62,500
10	2208	윤인수	대리	기획실	56,520
11	3321	이관우	사원	영업3부	58,000
12	2210	서정화	사원	총무과	64,250
13	3115	노지심	사원	영업1부	35,200
14	3322	곽장비	사원	영업3부	45,600

※ 자료를 '부장', '과장', '대리', '사원' 순으로 정렬하고, '직책'이 동일할 경우 '이름'을 기준으로 녹색이 위쪽에 표시되도록 정렬한 화면입니다.

상시시험 출제 유형

☞ 직접 실습하려면 '길벗컴활1급통합\엑셀\13정렬.xlsm' 파일을 열어서 작업하세요.

01 사용자 지정 목록 25.상시, 24.상시, 23.상시, 22.상시, 21.상시

'직책'을 '부장 – 과장 – 대리 – 사원' 순으로 정렬하시오.

	A	B	C	D	E
1	[표1]				
2	사원번호	이름	직책	부서	본봉
3	1003	이유림	과장	기획실	56,800
4	2105	김구완	대리	총무과	55,850
5	2106	송혜영	부장	총무과	102,500
6	2107	전주욱	대리	기획실	62,500
7	2208	윤인수	대리	기획실	56,520
8	2210	서정화	사원	총무과	64,250
9	3112	제갈량	부장	영업1부	95,620
10	3115	노지심	사원	영업1부	35,200
11	3321	이관우	사원	영업3부	58,000
12	3322	곽장비	사원	영업3부	45,600
13	3424	이충렬	과장	영업4부	85,110
14	4029	조자룡	과장	기획실	72,533

[데이터] → 정렬 및 필터 → **정렬**을 클릭한 후 '정렬' 대화상자에서 지정합니다.

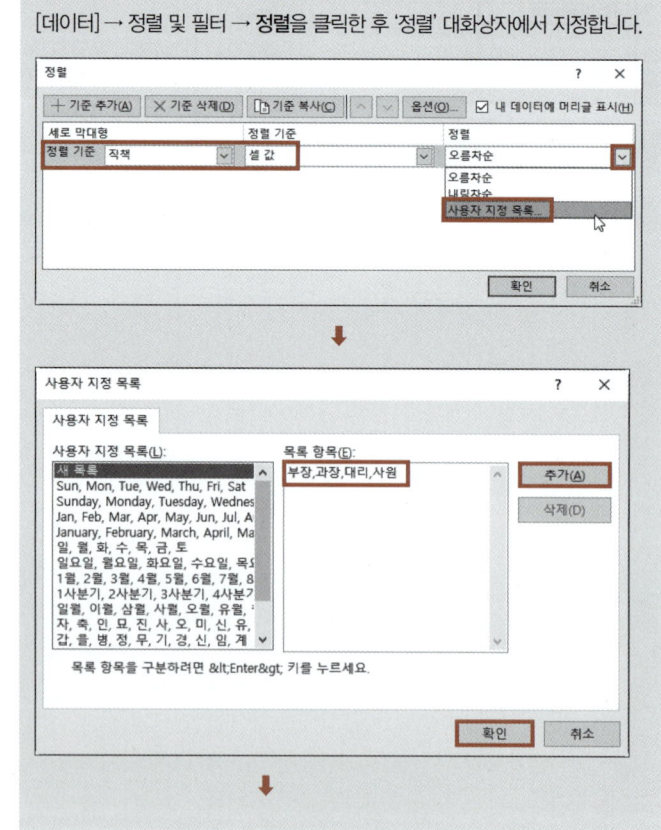

	A	B	C	D	E
1	[표1]				
2	사원번호	이름	직책	부서	본봉
3	2106	송혜영	부장	총무과	102,500
4	3112	제갈량	부장	영업1부	95,620
5	1003	이유림	과장	기획실	56,800
6	3424	이충렬	과장	영업4부	85,110
7	4029	조자룡	과장	기획실	72,533
8	2105	김구완	대리	총무과	55,850
9	2107	전주욱	대리	기획실	62,500
10	2208	윤인수	대리	기획실	56,520
11	2210	서정화	사원	총무과	64,250
12	3115	노지심	사원	영업1부	35,200
13	3321	이관우	사원	영업3부	58,000
14	3322	곽장비	사원	영업3부	45,600

02 '왼쪽에서 오른쪽'으로 정렬

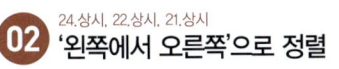

24.상시, 22.상시, 21.상시

[C2:E14] 영역을 '행 2'를 기준으로 '왼쪽에서 오른쪽'으로 정렬하시오.

	A	B	C	D	E
1	[표1]				
2	사원번호	이름	직책	부서	본봉
3	1003	이유림	과장	기획실	56,800
4	2105	김구완	대리	총무과	55,850
5	2106	송혜영	부장	총무과	102,500
6	2107	전주욱	대리	기획실	62,500
7	2208	윤인수	대리	기획실	56,520
8	2210	서정화	사원	총무과	64,250
9	3112	제갈량	부장	영업1부	95,620
10	3115	노지심	사원	영업1부	35,200
11	3321	이관우	사원	영업3부	58,000
12	3322	곽장비	사원	영업3부	45,600
13	3424	이충렬	과장	영업4부	85,110
14	4029	조자룡	과장	기획실	72,533

'정렬' 대화상자에서 〈옵션〉 단추를 클릭하여 '방향'을 '왼쪽에서 오른쪽'으로 지정하면 됩니다.

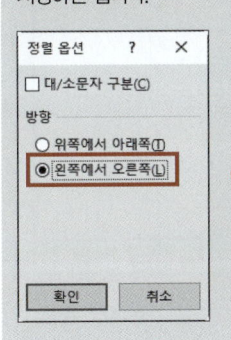 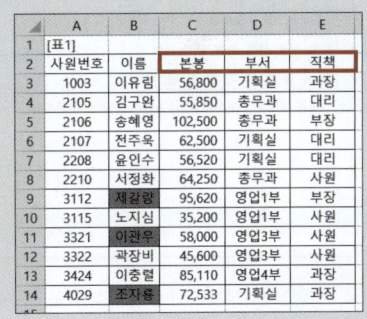

대표기출문제

'길벗컴활1급통합\엑셀\13정렬.xlsm' 파일을 열어서 작업하세요.

기출 1   25.상시, 24.상시, 23.상시, 22.상시, 21.상시

'기출1' 시트에 대하여 다음의 지시사항을 처리하시오.

[정렬] 기능을 이용하여 [표1]에서 '연구분야'를 '인공지능 – 광자통신 – 재생에너지' 순으로 정렬하고, 동일한 '연구분야'인 경우 '총점'의 셀 색이 'RGB(255, 0, 0)'과 'RGB(0, 112, 192)'인 셀이 위에서부터 순서대로 표시되도록 정렬하시오.

기출 2   24.상시, 22.상시, 21.상시

'기출2' 시트에 대하여 다음의 지시사항을 처리하시오.

[정렬] 기능을 이용하여 [표1]의 [B2:E12] 영역을 '행 2'를 기준으로 왼쪽에서 오른쪽으로 정렬하여 '영어듣기 – 영어독해 – 전산이론 – 전산실기' 순으로 표시하시오.

정답 및 해설

[기출 1]

〈정답〉

	A	B	C	D	E	F	G
1	[표1]						
2	연구원ID	이름	연구분야	내부평가	외부평가	연구점수	총점
3	CIE-09	문조연	인공지능	41	45	71	157
4	ANS-99	홍여혜	인공지능	45	50	43	138
5	CIE-38	송동우	인공지능	45	46	34	125
6	CIE-61	장종연	인공지능	41	38	41	120
7	CIE-78	전성찬	인공지능	22	34	55	111
8	ANS-16	강승후	광자통신	27	40	87	154
9	CIE-83	임송빈	광자통신	35	32	94	161
10	CIE-93	임혜은	광자통신	47	17	99	163
11	ANS-03	배윤채	광자통신	17	32	54	103
12	ANS-10	서송민	광자통신	38	40	37	115
13	ANS-62	문태윤	광자통신	46	41	32	119
14	ANS-74	문채이	재생에너지	32	49	78	159
15	CIE-14	조정민	재생에너지	48	35	81	164
16	ANS-11	주여원	재생에너지	39	42	50	131
17	ANS-91	손상우	재생에너지	38	47	58	143
18	ANS-95	안해슬	재생에너지	50	25	53	128
19	CIE-29	서성은	재생에너지	40	39	61	140
20	CIE-56	유윤섬	재생에너지	22	32	57	111

〈해설〉

1. [A2:G20] 영역을 블록으로 지정한 후 [데이터] → 정렬 및 필터 → **정렬**을 클릭한다.
2. '정렬' 대화상자에서 '정렬 기준'을 '연구분야'로 선택한 후 '정렬'에서 '사용자 지정 목록'을 선택한다.

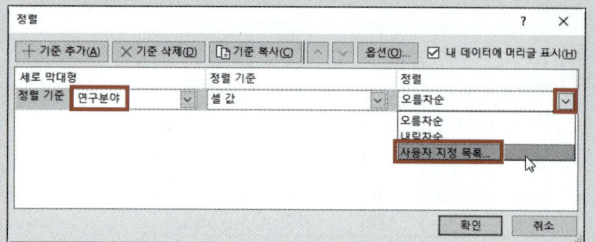

3. '사용자 지정 목록' 대화상자에서 **인공지능,광자통신,재생에너지**를 입력한 후 〈추가〉와 〈확인〉을 차례대로 클릭한다.

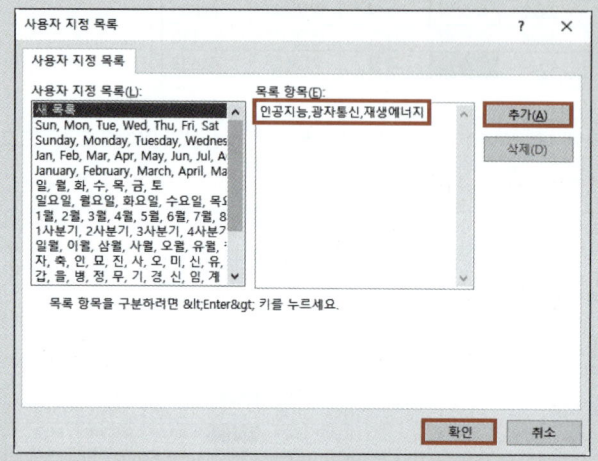

4. '정렬' 대화상자에서 〈기준 추가〉를 클릭하고 '다음 기준'에서 '총점', '정렬 기준'에서 '셀 색', '정렬'에서 '빨강'을 선택한다.

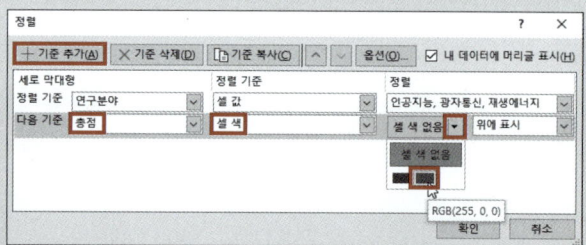

5. '정렬' 대화상자에서 '기준 추가'를 다시 클릭하고 '다음 기준'에서 '총점', '정렬 기준'에서 '셀 색', '정렬'에서 '파랑'을 선택한 후 〈확인〉을 클릭한다.

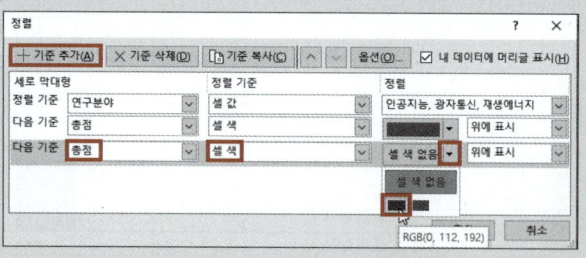

[기출 2]

〈정답〉

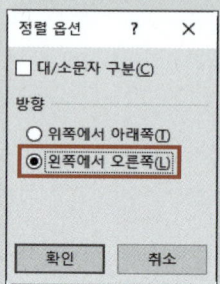

〈해설〉

1. '정렬 옵션' 대화상자

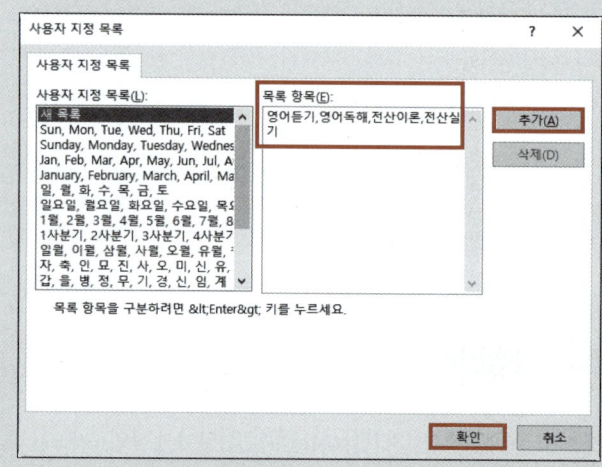

2. '사용자 지정 목록' 대화상자

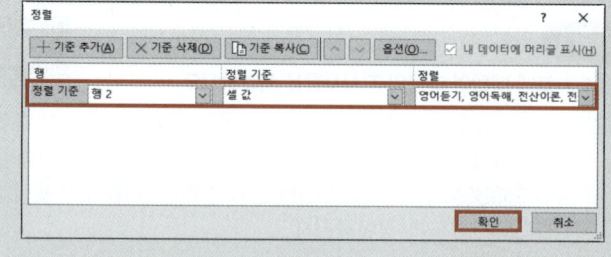

3. '정렬' 대화상자

5 부분합

출제 비율 30% / 배점 10점

부분합은 다음과 같은 과정으로 작업을 진행합니다.

1. 부분합을 작성할 영역을 블록으로 지정한 후 [데이터] → 정렬 및 필터 → **정렬**을 클릭한다.
2. '정렬' 대화상자에서 정렬 기준을 지정한다.
3. [데이터] → 개요 → **부분합**을 클릭한다.
4. 첫 번째 '부분합' 대화상자에서 '그룹화할 항목', '사용할 함수', '부분합 계산 항목'을 지정한다.
5. [데이터] → 개요 → **부분합**을 클릭한다.
6. 두 번째 '부분합' 대화상자에서 '그룹화할 항목', '사용할 함수', '부분합 계산 항목'을 지정하고 '새로운 값으로 대치'를 해제한다.

	A	B	C	D	E	F
1	[표1]					
2	반	성명	성별	생년월일	연락처	출석일수
3	온유반	권지인	여	2007-01-02	010-84**-****	14
4	믿음반	김서영	여	2007-02-08	010-88**-****	15
5	온유반	김시연	여	2007-09-06	010-36**-****	12
6	믿음반	김종헌	남	2007-05-21	010-73**-****	13
7	믿음반	김종헌	남	2007-08-10	010-73**-****	12
8	온유반	김주한	남	2007-12-24	010-93**-****	9
9	믿음반	김주형	남	2007-06-29	010-42**-****	15
10	온유반	박준영	남	2007-10-10	010-71**-****	15
11	소망반	박진우	남	2007-02-03	010-71**-****	10
12	믿음반	송예린	여	2007-03-02	010-90**-****	15
13	소망반	오정은	여	2007-04-17	010-40**-****	15
14	소망반	유연서	여	2007-12-10	010-52**-****	13
15	소망반	윤서연	여	2007-02-08	010-73**-****	15
16	소망반	임형빈	남	2007-01-03	010-99**-****	12
17	온유반	차숙원	남	2007-08-27	010-62**-****	14

➡

1 2 3 4		A	B	C	D	E	F
	1	[표1]					
	2	반	성명	성별	생년월일	연락처	출석일수
	3	믿음반	김종헌	남	2007-05-21	010-73**-****	13
	4	믿음반	김종헌	남	2007-08-10	010-73**-****	12
	5	믿음반	김주형	남	2007-06-29	010-42**-****	15
	6		3	남 개수			
	7	믿음반	김서영	여	2007-02-08	010-88**-****	15
	8	믿음반	송예린	여	2007-03-02	010-90**-****	15
	9		2	여 개수			
	10	믿음반 평균					14
	11	소망반	박진우	남	2007-02-03	010-71**-****	10
	12	소망반	임형빈	남	2007-01-03	010-99**-****	12
	13		2	남 개수			
	14	소망반	오정은	여	2007-04-17	010-40**-****	15
	15	소망반	유연서	여	2007-12-10	010-52**-****	13
	16	소망반	윤서연	여	2007-02-08	010-73**-****	15
	17		3	여 개수			
	18	소망반 평균					13
	19	온유반	김주한	남	2007-12-24	010-93**-****	9
	20	온유반	박준영	남	2007-10-10	010-71**-****	15
	21	온유반	차숙원	남	2007-08-27	010-62**-****	14
	22		3	남 개수			
	23	온유반	권지인	여	2007-01-02	010-84**-****	14
	24	온유반	김시연	여	2007-09-06	010-36**-****	12
	25		2	여 개수			
	26	온유반 평균					12.8
	27		15	전체 개수			
	28	전체 평균					13.26667

※ '반'별로 '출석일수'의 평균을 계산한 후 같은 반 내에서 남녀 성별로 인원수를 계산하여 표시한 화면입니다.

상시시험 출제 유형

☞ 직접 실습하려면 '길벗컴활1급통합\엑셀\14부분합.xlsm' 파일을 열어서 작업하세요.

01 정렬 지정

25.상시, 24.상시, 23.상시, 22.상시, 21.상시, 18.2, 17.상시, 16.3, 13.3, 12.3, …

'반'을 기준으로 오름차순으로 정렬하고, '반'이 동일한 경우 '성별'을 기준으로 오름차순 정렬하시오.

	A	B	C	D	E	F
1	[표1]					
2	반	성명	성별	생년월일	연락처	출석일수
3	온유반	권지인	여	2007-01-02	010-84**-****	14
4	믿음반	김서영	여	2007-02-08	010-88**-****	15
5	온유반	김시연	여	2007-09-06	010-36**-****	12
6	믿음반	김종헌	남	2007-05-21	010-73**-****	13
7	믿음반	김종헌	남	2007-08-10	010-73**-****	12
8	온유반	김주한	남	2007-12-24	010-93**-****	9
9	믿음반	김주형	남	2007-06-29	010-42**-****	15
10	온유반	박준영	남	2007-10-10	010-71**-****	15
11	소망반	박진우	남	2007-02-03	010-71**-****	10
12	믿음반	송예린	여	2007-03-02	010-90**-****	15
13	소망반	오정은	여	2007-04-17	010-40**-****	15
14	소망반	유연서	여	2007-12-10	010-52**-****	13
15	소망반	윤서연	여	2007-02-08	010-73**-****	15
16	소망반	임형빈	남	2007-01-03	010-99**-****	12
17	온유반	차숙원	남	2007-08-27	010-62**-****	14

[데이터] → 정렬 및 필터 → **정렬**을 클릭한 후 '정렬' 대화상자에서 지정합니다.

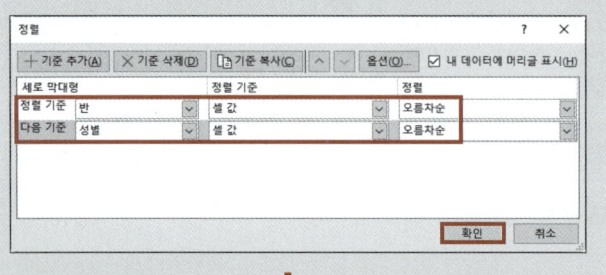

↓

	A	B	C	D	E	F
1	[표1]					
2	반	성명	성별	생년월일	연락처	출석일수
3	믿음반	김종헌	남	2007-05-21	010-73**-****	13
4	믿음반	김종헌	남	2007-08-10	010-73**-****	12
5	믿음반	김주형	남	2007-06-29	010-42**-****	15
6	믿음반	김서영	여	2007-02-08	010-88**-****	15
7	믿음반	송예린	여	2007-03-02	010-90**-****	15
8	소망반	박진우	남	2007-02-03	010-71**-****	10
9	소망반	임형빈	남	2007-01-03	010-99**-****	12
10	소망반	오정은	여	2007-04-17	010-40**-****	15
11	소망반	유연서	여	2007-12-10	010-52**-****	13
12	소망반	윤서연	여	2007-02-08	010-73**-****	15
13	온유반	김주한	남	2007-12-24	010-93**-****	9
14	온유반	박준영	남	2007-10-10	010-71**-****	15
15	온유반	차숙원	남	2007-08-27	010-62**-****	14
16	온유반	권지인	여	2007-01-02	010-84**-****	14
17	온유반	김시연	여	2007-09-06	010-36**-****	12

02 부분합 작성

25.상시, 24.상시, 23.상시, 22.상시, 21.상시, 18.2, 17.상시, 16.3, 13.3, 12.3, …

[부분합] 기능을 이용하여 [표1]에서 '반'별 '출석일수'의 평균을 계산한 후 '성별'별 '성명'의 개수를 계산하시오.

- 평균과 개수는 위에 명시된 순서대로 처리하시오.

	A	B	C	D	E	F
1	[표1]					
2	반	성명	성별	생년월일	연락처	출석일수
3	믿음반	김종헌	남	2007-05-21	010-73**-****	13
4	믿음반	김종헌	남	2007-08-10	010-73**-****	12
5	믿음반	김주형	남	2007-06-29	010-42**-****	15
6	믿음반	김서영	여	2007-02-08	010-88**-****	15
7	믿음반	송예린	여	2007-03-02	010-90**-****	15
8	소망반	박진우	남	2007-02-03	010-71**-****	10
9	소망반	임형빈	남	2007-01-03	010-99**-****	12
10	소망반	오정은	여	2007-04-17	010-40**-****	15
11	소망반	유연서	여	2007-12-10	010-52**-****	13
12	소망반	윤서연	여	2007-02-08	010-73**-****	15
13	온유반	김주한	남	2007-12-24	010-93**-****	9
14	온유반	박준영	남	2007-10-10	010-71**-****	15
15	온유반	차숙원	남	2007-08-27	010-62**-****	14
16	온유반	권지인	여	2007-01-02	010-84**-****	14
17	온유반	김시연	여	2007-09-06	010-36**-****	12

- 부분합은 정렬을 수행한 다음 [데이터] → 개요 → **부분합**을 클릭한 후 '부분합' 대화상자에서 지정합니다.
- 두 번째 '부분합' 대화상자에서는 반드시 '새로운 값으로 대치'를 해제해야 합니다.

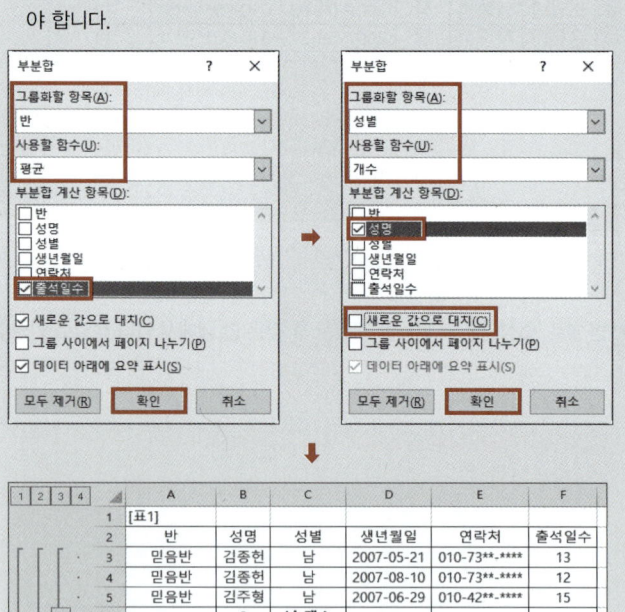

↓

		A	B	C	D	E	F
1		[표1]					
2		반	성명	성별	생년월일	연락처	출석일수
3		믿음반	김종헌	남	2007-05-21	010-73**-****	13
4		믿음반	김종헌	남	2007-08-10	010-73**-****	12
5		믿음반	김주형	남	2007-06-29	010-42**-****	15
6				3	남 개수		
7		믿음반	김서영	여	2007-02-08	010-88**-****	15
8		믿음반	송예린	여	2007-03-02	010-90**-****	15
9				2	여 개수		
10		믿음반 평균					14
11		소망반	박진우	남	2007-02-03	010-71**-****	10
12		소망반	임형빈	남	2007-01-03	010-99**-****	12
13				2	남 개수		
14		소망반	오정은	여	2007-04-17	010-40**-****	15
15		소망반	유연서	여	2007-12-10	010-52**-****	13
16		소망반	윤서연	여	2007-02-08	010-73**-****	15
17				3	여 개수		
18		소망반 평균					13
19		온유반	김주한	남	2007-12-24	010-93**-****	9
20		온유반	박준영	남	2007-10-10	010-71**-****	15
21		온유반	차숙원	남	2007-08-27	010-62**-****	14
22				3	남 개수		
23		온유반	권지인	여	2007-01-02	010-84**-****	14
24		온유반	김시연	여	2007-09-06	010-36**-****	12
25				2	여 개수		
26		온유반 평균					12.8
27			15	전체 개수			
28		전체 평균					13.26667

대표기출문제

'길벗컴활1급통합\엑셀\14부분합.xlsm' 파일을 열어서 작업하세요.

기출 1 25.상시, 24.상시, 23.상시, 22.상시, 21.상시, 18.2, 17.상시, 16.3, …

'기출1' 시트에 대하여 다음의 지시사항을 처리하시오.

[부분합] 기능을 이용하여 [표1]에서 '단과대학'별 '졸업자'의 평균을 계산한 후 '성별'별 '취업률'의 최대값을 계산하시오.

- '단과대학'을 기준으로 오름차순으로 정렬하고, '단과대학'이 동일한 경우 '성별'을 기준으로 오름차순 정렬하시오.
- 평균과 최대값은 위에 명시된 순서대로 처리하시오.

기출 2 25.상시, 24.상시, 23.상시, 22.상시, 21.상시, 18.2, 17.상시, 16.3, …

'기출2' 시트에 대하여 다음의 지시사항을 처리하시오.

[부분합] 기능을 이용하여 [표1]에서 '연구분야'별 '총점'의 개수를 계산한 후 평균을 계산하시오.

- '연구분야'를 기준으로 오름차순으로 정렬하시오.
- 개수와 평균을 위에 명시된 순서대로 처리하시오.

정답 및 해설

[기출 1]

〈정답〉

	A	B	C	D	E
1	[표1]				
2	단과대학	학과	성별	졸업자	취업률
3	사범대학	교육학과	남	40	58%
4	사범대학	국어교육과	남	45	58%
5			남 최대		58%
6	사범대학	수학교육과	여	35	60%
7	사범대학	국어교육과	여	50	64%
8	사범대학	영어 교육과	여	60	78%
9			여 최대		78%
10	사범대학 평균			46	
11	사회과학대학	심리학과	남	45	42%
12	사회과학대학	사회학과	남	50	72%
13	사회과학대학	사회복지학과	남	70	49%
14			남 최대		72%
15	사회과학대학	행정학과	여	49	73%
16	사회과학대학	심리학과	여	50	66%
17	사회과학대학	사회학과	여	51	51%
18	사회과학대학	정치외교학과	여	52	75%
19			여 최대		75%
20	사회과학대학 평균			52.42857	
21	인문대학	문헌정보학과	남	40	68%
22	인문대학	역사학과	남	55	42%
23	인문대학	국어국문학과	남	60	57%
24			남 최대		68%
25	인문대학	철학과	여	25	60%
26	인문대학	중어중문학과	여	40	85%
27	인문대학	역사학과	여	42	55%
28	인문대학	영어영문학과	여	50	46%
29			여 최대		85%
30	인문대학 평균			44.57143	
31			전체 최대값		85%
32	전체 평균			47.84211	

〈해설〉

1. [A2:E21] 영역을 블록으로 지정한 후 [데이터] → 정렬 및 필터 → **정렬**을 클릭한다.
2. '정렬' 대화상자에서 그림과 같이 지정한 후 〈확인〉을 클릭한다.

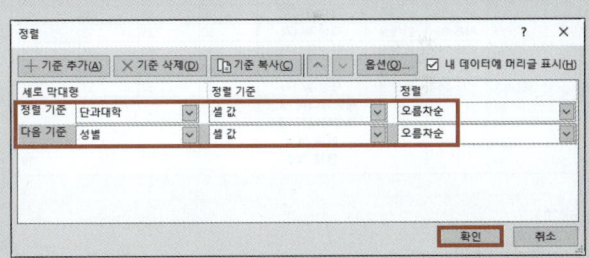

3. 블록이 지정된 상태에서 [데이터] → 개요 → **부분합**을 클릭한다.
4. '부분합' 대화상자에서 그림과 같이 지정한 후 〈확인〉을 클릭한다.

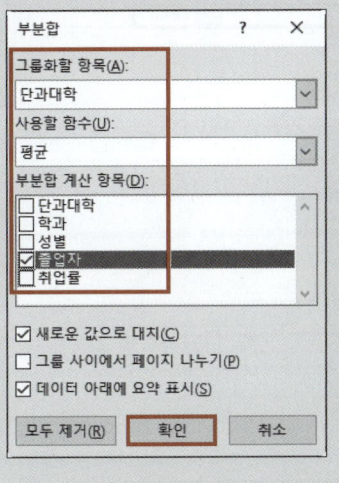

5. 블록이 지정된 상태에서 [데이터] → 개요 → **부분합**을 클릭한다.
6. '부분합' 대화상자에서 그림과 같이 지정하고, '새로운 값으로 대치'를 해제한 후 〈확인〉을 클릭한다.

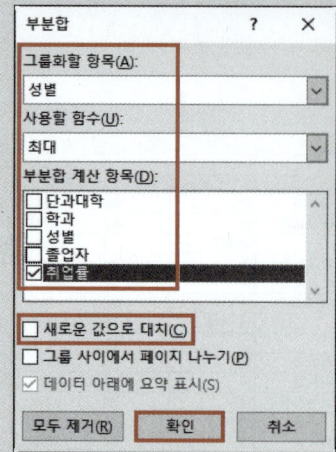

• 1차 '부분합' 대화상자

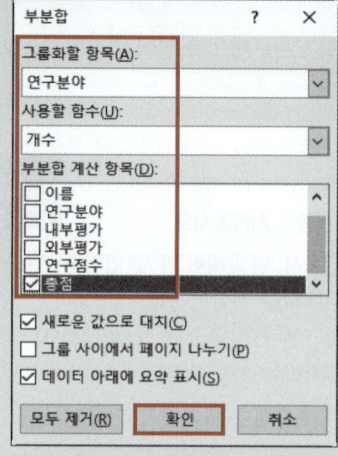

• 2차 '부분합' 대화상자

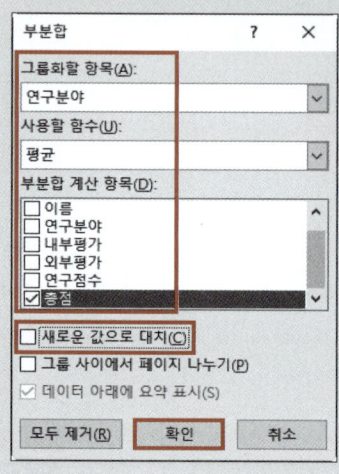

[기출 2]
〈정답〉

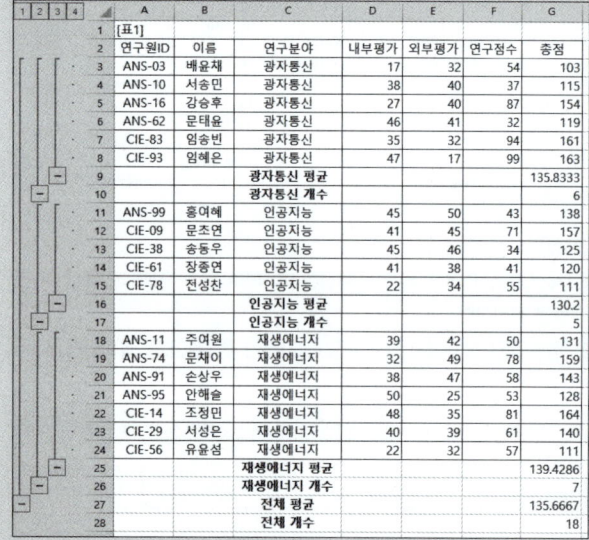

〈해설〉
• '정렬' 대화상자

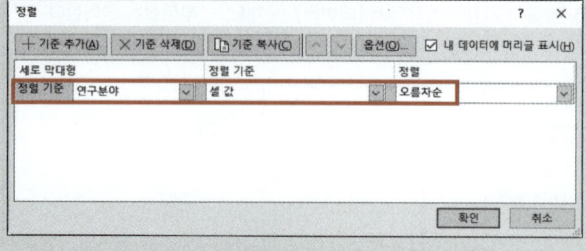

6 데이터 표

출제 비율 30% / 배점 10점

데이터 표는 다음과 같은 과정으로 작업을 진행합니다.

1. 결과를 계산하는 수식을 표의 왼쪽 상단에 복사→붙여넣기 한다.
2. 데이터 표가 적용될 영역을 블록으로 지정한 후 [데이터] → 예측 → 가상 분석 → **데이터 표**를 선택한다.
3. '데이터 표' 대화상자에서 '행 입력 셀'과 '열 입력 셀'을 지정한다.

	A	B	C	D	E	F	G	H	I	J
1		[표1]				[표2]				
2		이자율	5%					이자율		
3		금액	35000				1%	2%	3%	4%
4		기간	12			12				
5		미래가치	408,843		기간	24				
6						36				
7						48				
8						60				

↓

	B	C	D	E	F	G	H	I	J
1	[표1]				[표2]				
2	이자율	5%					이자율		
3	금액	35000			408,843	1%	2%	3%	4%
4	기간	12			12	417,734	415,485	413,254	411,040
5	미래가치	408,843		기간	24	831,313	822,750	814,309	805,989
6					36	1,240,778	1,221,957	1,203,526	1,185,477
7					48	1,646,171	1,613,266	1,581,254	1,550,109
8					60	2,047,532	1,996,832	1,947,833	1,900,467

※ 이자율과 기간 변동에 따른 미래가치의 변화를 [표2]에 표시한 화면입니다.

상시시험 출제 유형

☞ 직접 실습하려면 '길벗컴활1급통합\엑셀\15데이터표.xlsm' 파일을 열어서 작업하세요.

01 데이터 표 작성

25.상시, 23.상시, 22.상시, 21.상시, 20.상시, 19.상시, 18.1, 16.2, 16.1, …

[표1]은 이자율(C2)과 기간(C4)의 값에 따른 미래가치(C5)를 계산한 것이다. [데이터 표] 기능을 이용하여 [G4:J8] 영역에 이자율과 기간의 변동에 따른 미래가치를 계산하시오.

	A	B	C	D	E	F	G	H	I	J
1		[표1]				[표2]				
2		이자율	5%					이자율		
3		금액	35000				1%	2%	3%	4%
4		기간	12			12				
5		미래가치	408,843		기간	24				
6						36				
7						48				
8						60				

데이터 표는 [데이터] → 예측 → 가상 분석 → **데이터 표**에서 지정합니다.

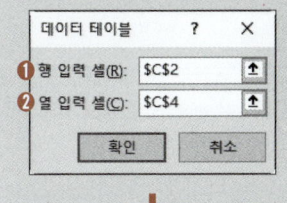

❶ 행 입력 셀(R): $C$2
❷ 열 입력 셀(C): $C$4

↓

	B	C	D	E	F	G	H	I	J
1	[표1]				[표2]				
2	이자율	5%					이자율		
3	금액	35000			408,843	1%	2%	3%	4%
4	기간	12			12	417,734	415,485	413,254	411,040
5	미래가치	408,843		기간	24	831,313	822,750	814,309	805,989
6					36	1,240,778	1,221,957	1,203,526	1,185,477
7					48	1,646,171	1,613,266	1,581,254	1,550,109
8					60	2,047,532	1,996,832	1,947,833	1,900,467

❶ **행 입력 셀** : 변화되는 값이 행에 있을 때 변화되는 셀의 주소를 지정합니다. 변화되는 '이자율'이 3행에 있으므로 미래가치 계산에 사용된 셀 주소 [C2] 셀을 '행 입력 셀'에 지정합니다.

❷ **열 입력 셀** : 변화되는 값이 열에 있을 때 변화되는 셀의 주소를 지정합니다. 변화되는 '기간'이 F열에 있으므로 미래가치 계산에 사용된 셀 주소 [C4] 셀을 '열 입력 셀'에 지정합니다.

대표기출문제

'길벗컴활1급통합\엑셀\15데이터표.xlsm' 파일을 열어서 작업하세요.

기출 1 25.상시, 23.상시, 22.상시, 21.상시, 20.상시, 19.상시, 18.1, 16.2, …

'기출1' 시트에 대하여 다음의 지시사항을 처리하시오.

[표1]은 대출기간(D4)과 이율(F4)의 값에 따른 월상환액(G4)을 계산한 것이다. [데이터 표] 기능을 이용하여 [D9:G12] 영역에 대출기간과 이율의 변동에 따른 월상환액을 계산하시오.

기출 2 25.상시, 23.상시, 22.상시, 21.상시, 20.상시, 19.상시, 18.1, 16.2, …

'기출2' 시트에 대하여 다음의 지시사항을 처리하시오.

'상반기 판매현황' 표의 실적율[B6]은 계획수량[B4]과 판매수량[B5]을 이용하여 계산한 것이다. [데이터 표] 기능을 이용하여 [E5:E8] 영역에 판매수량의 변동에 따른 실적율을 계산하시오.

정답 및 해설

[기출 1]

⟨정답⟩

	A	B	C	D	E	F	G
6		[표2]					
7					대출기간		
8			₩288,614	1	2	3	4
9		이율	2.0%	842,389	425,403	286,426	216,951
10			2.5%	844,661	427,604	288,614	219,140
11			3.0%	846,937	429,812	290,812	221,343
12			3.5%	849,216	432,027	293,021	223,560

⟨해설⟩

1. [G4] 셀을 선택하고 수식 입력줄의 수식을 복사(Ctrl+C)한 후 Esc를 누른다.
   ※ 셀에 입력된 수식을 변화 없이 그대로 복사하기 위해서는 수식 입력줄에 표시된 수식을 복사해야 합니다.
2. [C8] 셀을 클릭한 후 복사한 수식을 붙여넣기(Ctrl+V) 한다.
3. [C8:G12] 영역을 블록으로 지정한 후 [데이터] → 예측 → 가상 분석 → 데이터 테이블을 선택한다.
4. '데이터 테이블' 대화상자에서 그림과 같이 지정한 후 ⟨확인⟩을 클릭한다.

행 입력 셀(R): $D$4
열 입력 셀(C): $F$4

[기출 2]

⟨정답⟩

	D	E
3	판매수량	실적율
4		48.98%
5	1,000	40.82%
6	1,500	61.22%
7	2,000	81.63%
8	2,500	102.04%

⟨해설⟩

- [E4] : =B5/B4
- '데이터 테이블' 대화상자

행 입력 셀(R):
열 입력 셀(C): $B$5

7 시나리오

출제 비율 10% / 배점 10점

시나리오는 다음과 같은 과정으로 작업을 진행합니다.

1. 변경 셀과 결과 셀에 이름을 정의한다.
2. [데이터] → 예측 → 가상 분석 → **시나리오 관리자**를 선택한다.
3. '시나리오 관리자' 대화상자에서 〈추가〉를 클릭한다.
4. '시나리오 추가' 대화상자에서 시나리오의 이름과 변경 셀을 지정한다.
5. '시나리오 값' 대화상자에서 변경 값을 지정한다.
6. '시나리오 관리자' 대화상자에서 〈요약〉을 클릭한다.
7. '시나리오 요약' 대화상자에서 '보고서 종류'와 '결과 셀'을 지정한다.

	A	B	C	D	E
1	서울 대리점 판매현황				
2	품목	목표량	판매량	판매단가	판매액
3	냉장고	9	15	950	14,250
4	오디오	5	10	1,400	14,000
5	비디오	11	15	560	8,400
6	카메라	14	14	340	4,760
7	합계	39	54	3,250	41,410

→

	A	B	C	D	E	F
1						
2		시나리오 요약				
3				현재 값:	단가인상	
4						
5		변경 셀:				
6			냉장고단가	950	1,100	
7		결과 셀:				
8			판매액합계	41,410	43,660	
9		참고: 현재 값 열은 시나리오 요약 보고서가 작성될 때의				
10		변경 셀 값을 나타냅니다. 각 시나리오의 변경 셀들은				
11		회색으로 표시됩니다.				

※ 냉장고의 판매단가가 950에서 1,100으로 증가할 때의 판매액 합계를 '시나리오 요약 보고서'로 표시한 화면입니다.

상시시험 출제 유형

☞ 직접 실습해 보려면 '길벗컴활1급통합\엑셀\16시나리오.xlsm' 파일을 열어서 작업하세요.

01 이름 정의

25.상시, 22.상시, 21.상시, 20.상시

[D3] 셀의 이름은 '냉장고단가'로 정의하시오.

[D3] 셀을 클릭하고 이름 상자에 **냉장고단가**를 입력한 후 Enter를 누릅니다.

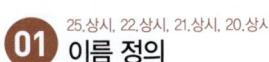

	A	B	C	D	E
1	서울 대리점 판매현황				
2	품목	목표량	판매량	판매단가	판매액
3	냉장고	9	15	950	14,250
4	오디오	5	10	1,400	14,000
5	비디오	11	15	560	8,400
6	카메라	14	14	340	4,760
7	합계	39	54	3,250	41,410

02 시나리오 작성

25.상시, 22.상시, 21.상시, 20.상시

냉장고의 판매단가[D3]가 다음과 같이 변동하는 경우 판매액 합계[E7]의 변동 시나리오를 작성하시오.

▶ 시나리오 이름은 "단가인상", 냉장고의 판매단가는 1100으로 설정함

	A	B	C	D	E
1	서울 대리점 판매현황				
2	품목	목표량	판매량	판매단가	판매액
3	냉장고	9	15	950	14,250
4	오디오	5	10	1,400	14,000
5	비디오	11	15	560	8,400
6	카메라	14	14	340	4,760
7	합계	39	54	3,250	41,410

시나리오는 [데이터] → 예측 → 가상 분석 → **시나리오 관리자**를 선택한 후 '시나리오 관리자' 대화상자에서 〈추가〉를 클릭하여 지정합니다.

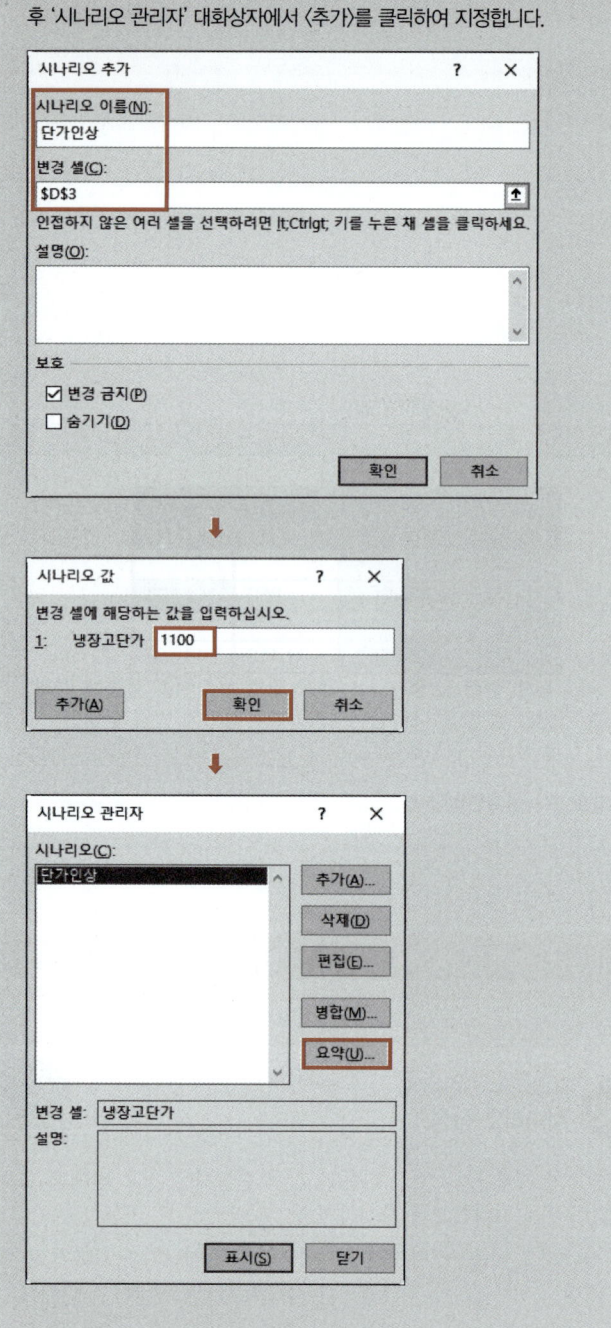

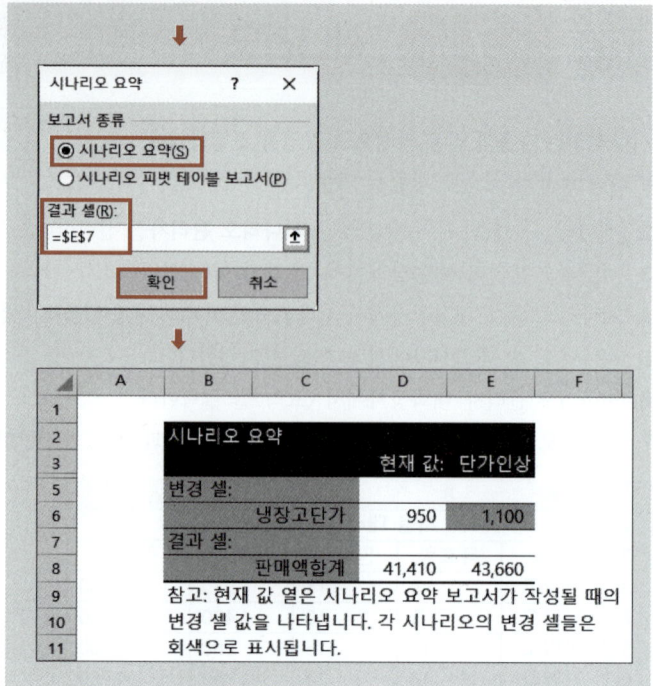

> **잠깐만요**
>
> '시나리오 추가' 대화상자에서 범위 지정 단추(⬆)를 이용하여 '변경 셀'을 지정하면 '시나리오 추가' 대화상자가 '시나리오 편집'으로 변경됩니다.

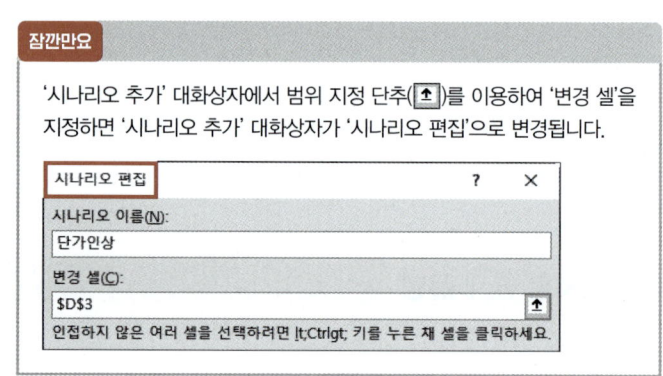

대표기출문제

'길벗컴활1급통합\엑셀\16시나리오.xlsm' 파일을 열어서 작업하세요.

기출 1   25.상시, 22.상시, 21.상시, 20.상시

'기출1' 시트에 대하여 다음의 지시사항을 처리하시오.

[시나리오 관리자] 기능을 이용하여 [표1]에서 수량[B4]이 다음과 같이 변동하는 경우 순이익[B9]의 변동 시나리오를 작성하시오.

▶ [B4] 셀의 이름은 "수량", [B9] 셀의 이름은 "순이익"으로 정의하시오.
▶ 시나리오1 : 시나리오 이름은 '판매증가', 수량을 400으로 설정하시오.
▶ 시나리오2 : 시나리오 이름은 '판매감소', 수량을 150으로 설정하시오.
▶ 시나리오 요약 시트는 '기출1' 시트의 바로 왼쪽에 위치해야 함

정답 및 해설

[기출 1]

〈정답〉

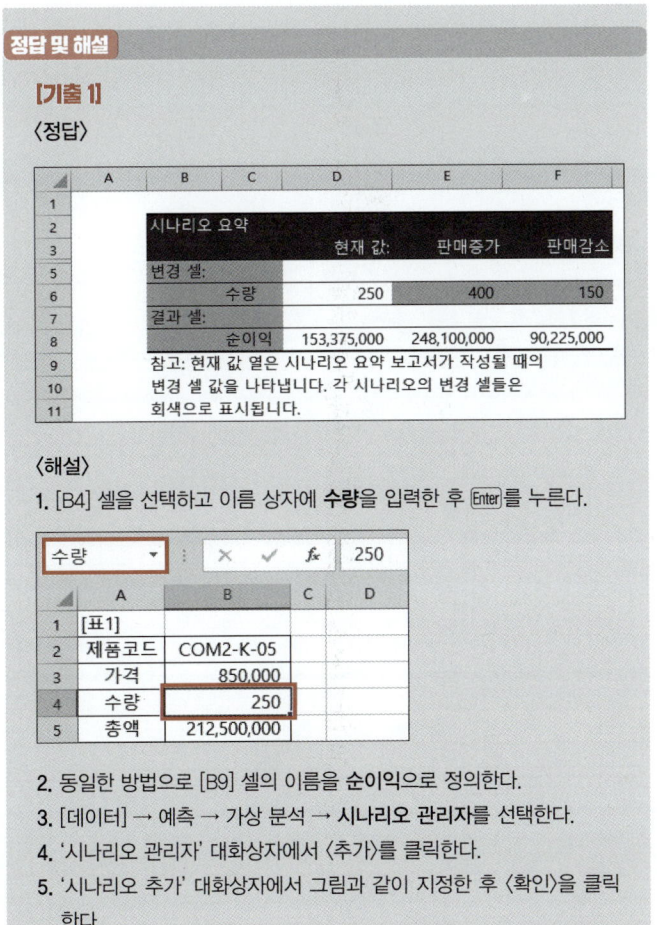

〈해설〉

1. [B4] 셀을 선택하고 이름 상자에 **수량**을 입력한 후 Enter를 누른다.

2. 동일한 방법으로 [B9] 셀의 이름을 **순이익**으로 정의한다.
3. [데이터] → 예측 → 가상 분석 → **시나리오 관리자**를 선택한다.
4. '시나리오 관리자' 대화상자에서 〈추가〉를 클릭한다.
5. '시나리오 추가' 대화상자에서 그림과 같이 지정한 후 〈확인〉을 클릭한다.

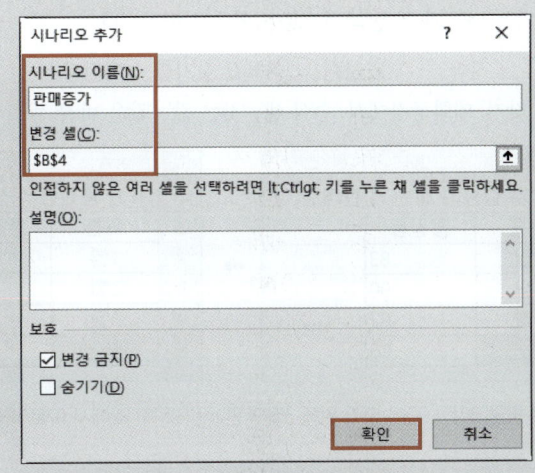

6. '시나리오 값' 대화상자의 수량에 **400**을 입력한 후 〈추가〉를 클릭한다.

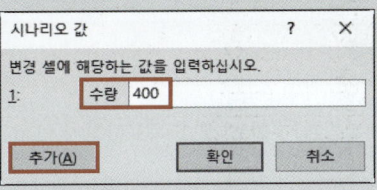

7. '시나리오 추가' 대화상자에서 그림과 같이 지정한 후 〈확인〉을 클릭한다.

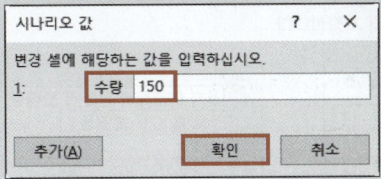

8. '시나리오 값' 대화상자의 수량에 **150**을 입력한 후 〈확인〉을 클릭한다.

9. '시나리오 관리자' 대화상자에서 〈요약〉을 클릭한다.
10. '시나리오 요약' 대화상자에서 그림과 같이 지정한 후 〈확인〉을 클릭한다.

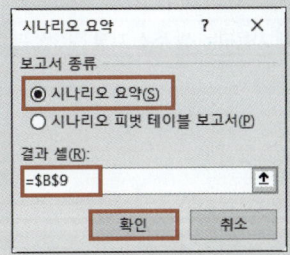

8 목표값 찾기

출제 비율 10% / 배점 10점

목표값 찾기는 다음과 같은 과정으로 작업을 진행합니다.

1. [데이터] → 예측 → 가상 분석 → **목표값 찾기**를 선택한다.
2. '목표값 찾기' 대화상자에서 '수식 셀', '찾는 값', '값을 바꿀 셀'을 지정한다.

	A	B	C
1	[표1] 홍길동의 상판기 판매량		
2	이름	홍길동	
3	1월	83	
4	2월	90	
5	3월	82	
6	평균	85	

→

	A	B	C
1	[표1] 홍길동의 상판기 판매량		
2	이름	홍길동	
3	1월	83	
4	2월	90	
5	3월	97	
6	평균	90	

※ 홍길동의 평균[B6]이 90이 되기 위해 3월의 판매량[B5]이 82에서 97로 바뀐 화면입니다.

상시시험 출제 유형

☞ 직접 실습하려면 '길벗컴활1급통합\엑셀\17목표값찾기.xlsm' 파일을 열어서 작업하세요.

01 목표값 찾기 작성

23.상시, 22.상시, 21.상시, 19.상시, 17.1, 15.상시, 10.1, 07.3, 05.4, …

[목표값 찾기] 기능을 이용하여 평균[B6]이 90점이 되려면 3월[B5] 판매량이 얼마가 되는지 계산하시오.

	A	B	C
1	[표1] 홍길동의 상판기 판매량		
2	이름	홍길동	
3	1월	83	
4	2월	90	
5	3월	82	
6	평균	85	

목표값 찾기는 [데이터] → 예측 → 가상 분석 → **목표값 찾기**를 선택한 후 '목표값 찾기' 대화상자에서 지정합니다.

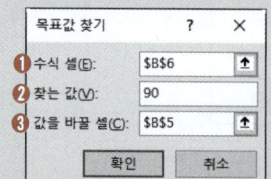

목표값 찾기 대화상자
- ❶ 수식 셀(E): $B$6
- ❷ 찾는 값(V): 90
- ❸ 값을 바꿀 셀(C): $B$5

→

	A	B	C
1	[표1] 홍길동의 상판기 판매량		
2	이름	홍길동	
3	1월	83	
4	2월	90	
5	3월	97	
6	평균	90	

❶ **수식 셀** : 결과값이 출력되는 셀 주소 지정 → 평균(B6)
❷ **찾는 값** : 목표로 하는 값 입력 → 90
❸ **값을 바꿀 셀** : 목표값을 만들기 위해 사용되는 셀 주소 지정 → 3월 판매량(B5)

대표기출문제

'길벗컴활1급통합\엑셀\17목표값찾기.xlsm' 파일을 열어서 작업하세요.

기출 1 23.상시, 22.상시, 21.상시, 19.상시, 17.1, 15.상시, 10.1, 07.3, 05.4, …

'기출1' 시트에 대하여 다음의 지시사항을 처리하시오.

[목표값 찾기] 기능을 이용하여 [표1]에서 '매출액'의 합계[D9]가 5,000,000이 되려면 '엑셀2016' 판매량[C3]이 얼마가 되어야 하는지 계산하시오.

정답 및 해설

[기출 1]

〈정답〉

	A	B	C	D
1	[표1]			
2	도서명	판매단가	판매량	매출액
3	엑셀2016	18,100	44	804,200
4	전산개론	11,050	30	331,500
5	한글2010	13,200	49	646,800
6	인터넷	16,300	76	1,238,800
7	자바	14,500	32	464,000
8	정보처리	15,300	99	1,514,700
9		합계		5,000,000

〈해설〉

1. [데이터] → 예측 → 가상 분석 → **목표값 찾기**를 선택한다.
2. '목표값 찾기' 대화상자에서 그림과 같이 지정한 후 〈확인〉을 클릭한다.

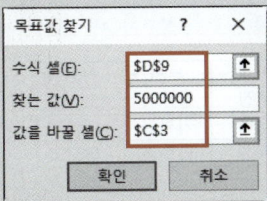

3. '목표값 찾기 상태' 대화상자에서도 〈확인〉을 클릭한다.

9 자동 필터

출제 비율 10% / 배점 10점

자동 필터는 다음과 같은 과정으로 작업을 진행합니다.

1. [데이터] → 정렬 및 필터 → **필터**( )를 클릭한다.
2. 조건을 지정할 필드에서 자동 필터 목록 단추( )를 클릭하여 조건을 지정한다.

	A	B	C	D	E
1	[표1]				
2	사원번호	이름	직책	부서	본봉
3	3112	제갈량	부장	영업1부	95,620
4	2106	송혜영	부장	총무과	102,500
5	4029	조자룡	과장	기획실	72,533
6	1003	이유림	과장	기획실	56,800
7	3424	이충렬	과장	영업4부	85,110
8	2105	김구완	대리	총무과	55,850
9	2107	전주욱	대리	기획실	62,500
10	2208	윤인수	대리	기획실	56,520
11	3321	이관우	사원	영업3부	58,000
12	2210	서정화	사원	총무과	64,250
13	3115	노지심	사원	영업1부	35,200
14	3322	곽장비	사원	영업3부	45,600

→

	A	B	C	D	E
1	[표1]				
2	사원번▼	이름▼	직책▼	부서▼	본봉▼
11	3321	이관우	사원	영업3부	58,000
12	2210	서정화	사원	총무과	64,250

※ 사원 데이터 중에서 '직책'이 "사원"이고 '본봉'이 50,000 이상인 데이터만 표시한 화면입니다.

상시시험 출제 유형

☞ 직접 실습해 보려면 '길벗컴활1급통합\엑셀\18자동필터.xlsm' 파일을 열어서 작업하세요.

※ 아래 그림을 참고하여 자동 필터를 실행해 보세요.

	A	B	C	D	E
1	[표1]				
2	사원번호	이름	직책	부서	본봉
3	3112	제갈량	부장	영업1부	95,620
4	2106	송혜영	부장	총무과	102,500
5	4029	조자룡	과장	기획실	72,533
6	1003	이유림	과장	기획실	56,800
7	3424	이충렬	과장	영업4부	85,110
8	2105	김구완	대리	총무과	55,850
9	2107	전주욱	대리	기획실	62,500
10	2208	윤인수	대리	기획실	56,520
11	3321	이관우	사원	영업3부	58,000
12	2210	서정화	사원	총무과	64,250
13	3115	노지심	사원	영업1부	35,200
14	3322	곽장비	사원	영업3부	45,600

01 숫자 필터

24.상시, 22.상시, 21.상시, 20.상시, 19.상시, 16.상시, 14.1, 12.1, 11.1, 10.1, 07.2, 07.1, …

유형 1 [필터] 기능을 이용하여 '사원번호'가 2000~3000 사이이고, '본봉'이 60,000 이상인 데이터 행만 표시되도록 숫자 필터를 설정하시오.

1. [데이터] → 정렬 및 필터 → **필터**( )를 클릭합니다.
2. 조건을 지정할 필드의 목록 단추( )를 클릭하여 [숫자 필터] → **사용자 지정 필터**를 선택한 다음 '사용자 지정 자동 필터' 대화상자에서 지정합니다.

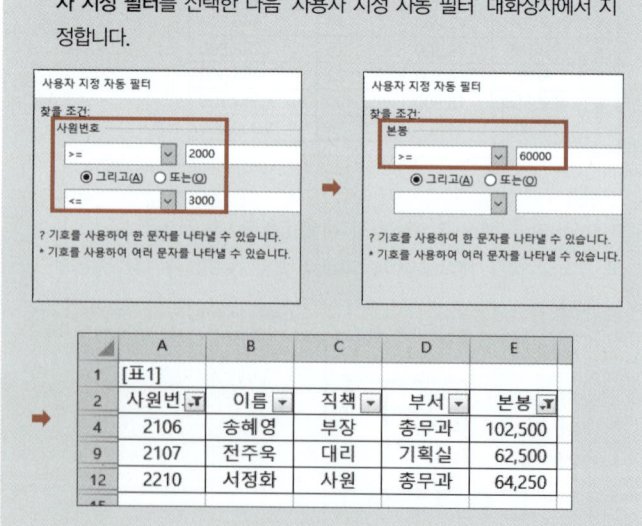

유형 2 [필터] 기능을 이용하여 '본봉'이 상위 25%에 해당하는 데이터 행만 표시되도록 숫자 필터를 설정하시오.

1. [데이터] → 정렬 및 필터 → 필터( )를 클릭합니다.
2. 조건을 지정할 필드의 목록 단추( )를 클릭하여 [숫자 필터] → **상위 10**을 선택한 다음 '상위 10 자동 필터' 대화상자에서 지정합니다.

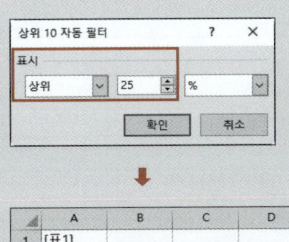

02 텍스트 필터

[필터] 기능을 이용하여 '부서'가 "영업"으로 시작하는 데이터 행만 표시되도록 텍스트 필터를 설정하시오.

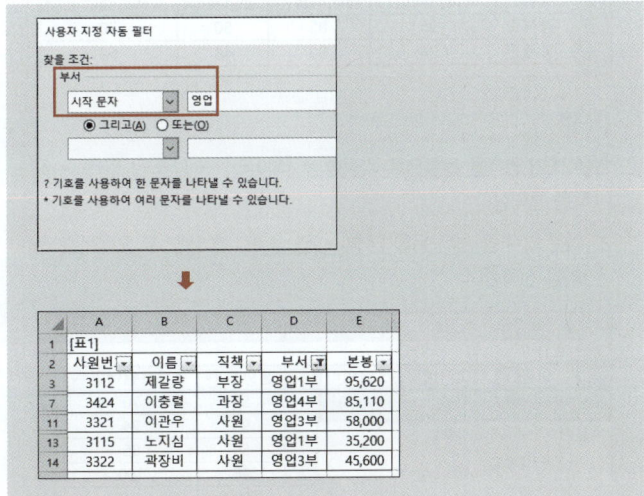

대표기출문제

'길벗컴활1급통합\엑셀\18자동필터.xlsm' 파일을 열어서 작업하세요.

기출 1
24.상시, 22.상시, 21.상시, 20.상시, 19.상시, 14.1, 12.1, 11.1, 10.1, …

'기출1' 시트에 대하여 다음의 지시사항을 처리하시오.

[필터] 기능을 이용하여 [표1]에서 '이름'을 기준으로 오름차순 정렬한 후 '운영체제'와 '소프트웨어공학'이 70점 이하인 데이터 행만 표시되도록 숫자 필터를 설정하시오.

기출 2
24.상시, 22.상시, 21.상시, 20.상시, 19.상시, 14.1, 12.1, 11.1, 10.1, …

'기출2' 시트에 대하여 다음의 지시사항을 처리하시오.

[필터] 기능을 이용하여 [표1]에서 '환자코드'가 "1"로 끝나고, '생년월일'이 1990년 이후인 데이터 행만을 표시하시오.

기출 3
24.상시, 22.상시, 21.상시, 20.상시, 19.상시, 14.1, 12.1, 11.1, 10.1, …

'기출3' 시트에 대하여 다음의 지시사항을 처리하시오.

[필터] 기능을 이용하여 [표1]에서 '퇴직금'이 상위 5개 항목에 해당하는 데이터 행만 표시되도록 숫자 필터를 설정하시오.

정답 및 해설

[기출 1]

〈정답〉

	A	B	C	D	E
1	[표1]				
2	이름	데이터베이	데이터통	운영체자	소프트웨어공
3	강석호	95	85	50	70
8	양세진	24	90	48	69

〈해설〉

1. [A2:E2] 영역을 블록으로 지정한 후 [데이터] → 정렬 및 필터 → 필터를 클릭한다.

2. '이름'의 자동 필터 목록 단추(▼)를 클릭한 후 [텍스트 오름차순 정렬]을 선택한다.

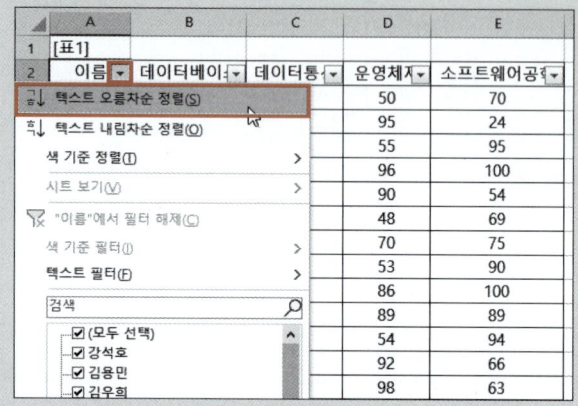

3. '운영체제' 필드의 자동 필터 목록 단추(▼)를 클릭한 후 [숫자 필터] → **사용자 지정 필터**를 선택한다.

4. '사용자 지정 자동 필터' 대화상자를 다음과 같이 지정한 후 〈확인〉을 클릭한다.

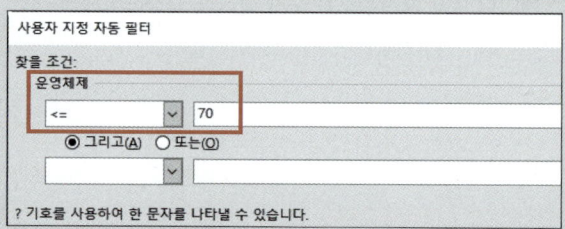

5. 동일하게 '소프트웨어공학'에도 지정한다.

[기출 2]

〈정답〉

	A	B	C	D	E	F
1						
2	환자코드	성명	생년월일	성별	진료과목	담당의사
11	A011	이수만	2000-11-03	남	흉부외과	박종식
12	D371	이종호	1995-05-14	남	정형외과	하석태
14	F301	오현정	1994-09-30	여	호흡기내과	김지수

〈해설〉

1. '환자코드'의 '사용자 지정 자동 필터' 대화상자

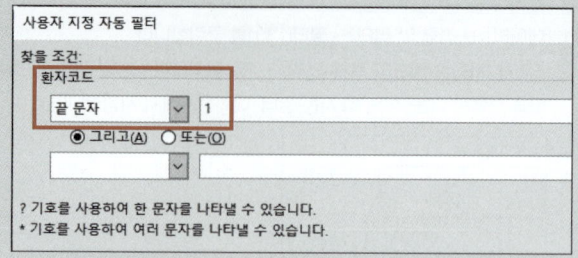

2. '생년월일'의 '사용자 지정 자동 필터' 대화상자

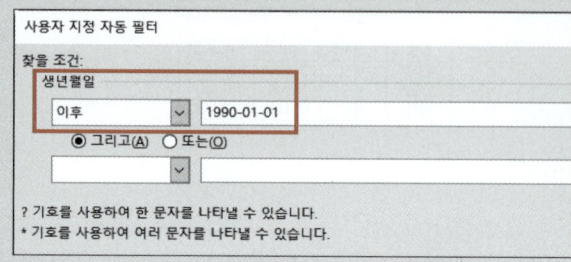

[기출 3]

〈정답〉

	A	B	C	D	E	F	G	H
1	[표1]							
2	성명	부서명	직책	근속기	기본급	상여금	수당	퇴직금
3	강감찬	회계부	부장	25	2,800	11,200	1,400	82,600
5	최강석	기획인사부	부장	21	2,800	11,200	1,400	71,400
6	조민준	영업부	차장	25	2,500	10,000	1,250	73,750
8	김재욱	회계부	과장	18	2,000	8,000	400	44,400
9	서정화	회계부	차장	22	2,500	10,000	1,250	66,250

〈해설〉

- '상위 10 자동 필터' 대화상자

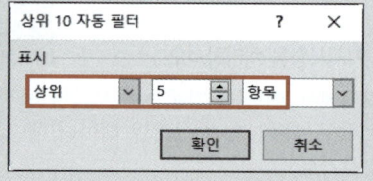

10 중복된 항목 제거

출제 비율 10% / 배점 10점

중복된 항목 제거는 다음과 같은 과정으로 작업을 진행합니다.

1. 중복된 항목을 제거할 영역을 블록으로 지정한 후 [데이터] → 데이터 도구 → **중복된 항목 제거**를 클릭한다.
2. '중복된 항목 제거' 대화상자에서 기준이 될 '열'을 지정한다.

	A	B	C	D	E	F
1	[표1]					
2	반	성명	성별	생년월일	연락처	출석일수
3	온유반	권지인	여	2007-01-02	010-84**-****	14
4	온유반	김주한	남	2007-12-24	010-93**-****	9
5	믿음반	김주형	남	2007-06-29	010-42**-****	15
6	온유반	박준영	남	2007-10-10	010-71**-****	15
7	소망반	박진우	남	2007-02-03	010-71**-****	10
8	믿음반	송예린	여	2007-03-02	010-90**-****	15
9	소망반	오정은	여	2007-04-17	010-40**-****	15
10	소망반	유연서	여	2007-12-10	010-52**-****	13
11	소망반	윤서연	여	2007-02-08	010-73**-****	15
12	소망반	임형빈	남	2007-01-03	010-99**-****	12
13	온유반	차숙원	남	2007-08-27	010-62**-****	14
14	온유반	박준영	남	2007-10-10	010-22**-****	14
15	믿음반	송예린	여	2007-03-02	010-87**-****	12
16	믿음반	김주형	남	2007-06-29	010-42**-****	15

→

	A	B	C	D	E	F
1	[표1]					
2	반	성명	성별	생년월일	연락처	출석일수
3	온유반	권지인	여	2007-01-02	010-84**-****	14
4	온유반	김주한	남	2007-12-24	010-93**-****	9
5	믿음반	김주형	남	2007-06-29	010-42**-****	15
6	온유반	박준영	남	2007-10-10	010-22**-****	14
7	소망반	박진우	남	2007-02-03	010-71**-****	10
8	믿음반	송예린	여	2007-03-02	010-90**-****	15
9	소망반	오정은	여	2007-04-17	010-40**-****	15
10	소망반	유연서	여	2007-12-10	010-52**-****	13
11	소망반	윤서연	여	2007-02-08	010-73**-****	15
12	소망반	임형빈	남	2007-01-03	010-99**-****	12
13	온유반	차숙원	남	2007-08-27	010-62**-****	14

※ '반', '성명', '성별', '생년월일'이 중복되는 행을 제거한 화면입니다.

상시시험 출제 유형

☞ 직접 실습하려면 '길벗컴활1급통합\엑셀\19중복된항목제거.xlsm' 파일을 열어서 작업하세요.

01 중복된 항목 제거

25.상시, 22.상시, 21.상시

데이터 도구를 이용하여 [표1]에서 '반', '성명', '성별', '생년월일' 열을 기준으로 중복된 값이 입력된 셀을 포함하는 행을 삭제하시오.

[데이터] → 데이터 도구 → **중복된 항목 제거**를 클릭한 후 '중복된 항목 제거' 대화상자에서 지정합니다.

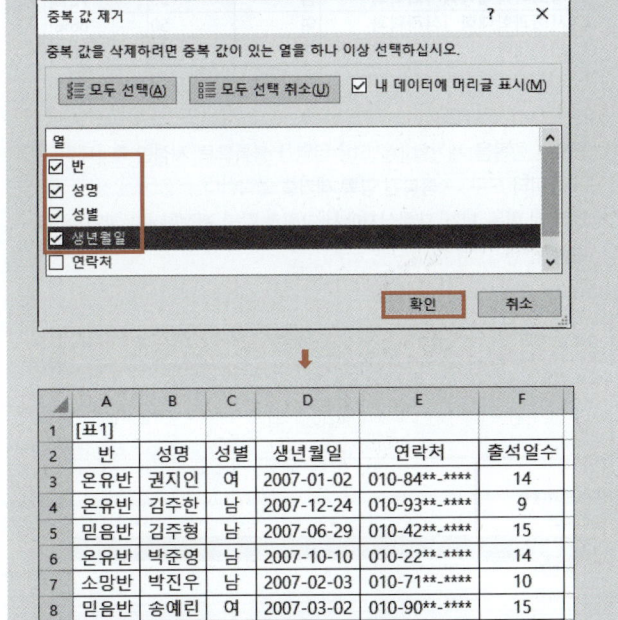

대표기출문제

'길벗컴활1급통합\엑셀\19중복된항목제거.xlsm' 파일을 열어서 작업하세요.

기출 1 25.상시, 22.상시, 21.상시

'기출1' 시트에 대하여 다음의 지시사항을 처리하시오.

데이터 도구를 이용하여 [표1]에서 '단과대학', '학과', '성별' 열을 기준으로 중복된 값이 입력된 셀을 포함하는 행을 삭제하시오.

정답 및 해설

[기출 1]

〈정답〉

	A	B	C	D	E
1	[표1]				
2	단과대학	학과	성별	졸업자	취업률
3	인문대학	철학과	여	25	60%
4	사범대학	수학교육과	여	35	60%
5	사범대학	국어교육과	여	50	64%
6	사범대학	교육학과	남	40	58%
7	인문대학	문헌정보학과	남	40	68%
8	인문대학	중어중문학과	여	40	85%
9	인문대학	역사학과	여	42	55%
10	사범대학	국어교육과	남	45	58%
11	사회과학대학	심리학과	남	45	42%
12	사회과학대학	행정학과	여	49	73%
13	사회과학대학	사회학과	남	50	72%
14	사회과학대학	심리학과	여	50	66%
15	인문대학	영어영문학과	여	50	46%

〈해설〉

1. 중복된 항목을 제거할 [A2:E11] 영역을 블록으로 지정한 후 [데이터] → 데이터 도구 → **중복된 항목 제거**를 클릭한다.
2. '중복된 항목 제거' 대화상자에서 그림과 같이 지정한 후 〈확인〉을 클릭한다.

3. 'Microsoft Excel' 대화상자에서 제거된 항목 수를 확인한 후 〈확인〉을 클릭한다.

문제 4   기타작업(35점)

> **전문가의 합격 전략** ★
>
> 기타 작업에서는 만들어진 차트를 수정하는 문제, 매크로를 작성하는 문제, 프로시저를 작성하는 문제가 출제되는데 차트에 10점, 매크로에 10점, 프로시저에 15점이 배정됩니다. 차트의 경우 지시 사항대로 수정만 하면 되는 간단한 문제지만 10점을 모두 얻기 위해서는 간단한 서식설정에서 계열의 추가, 변경, 추세선의 추가 등 차트와 관계된 모든 기능을 완전히 알고 있어야 합니다. 매크로의 경우 조건부 서식이나 사용자 지정 표시 형식 등이 문제로 출제되기 때문에 조건 지정하는 방법과 사용자 지정 표시 형식을 정확히 알아둘 필요가 있습니다. 수험생 가운데는 매크로를 어렵게 생각하는 경우가 있는데, 매크로는 몇 가지만 이해하면 생각보다 쉽게 점수를 얻을 수 있는 부분이니 절대 포기하지 마세요.
>
> 프로시저는 많은 시간동안 충분한 연습을 거쳐야 완전히 이해할 수 있는 프로그래밍 분야입니다. 시험에는 5점짜리 3문제가 출제되는데, 최악의 경우 10점은 포기한다 생각하고 지금까지 기출문제에 출제된 주요 코드 10개만 암기하고 다른 작업 영역에 보다 많은 시간을 할애하는 편이 훨씬 효율적입니다.

1   차트

출제 비율 100% / 배점 10점

차트 작업에 작업 순서는 큰 의미가 없지만 순서대로 수행하지 않을 경우 문제지에 제시된 모양과 다르게 표시될 수 있으므로 문제에 제시된 순서대로 작업하는 것이 좋습니다.

• 다음은 자주 출제되는 지시사항을 모두 적용하여 완성한 차트입니다.

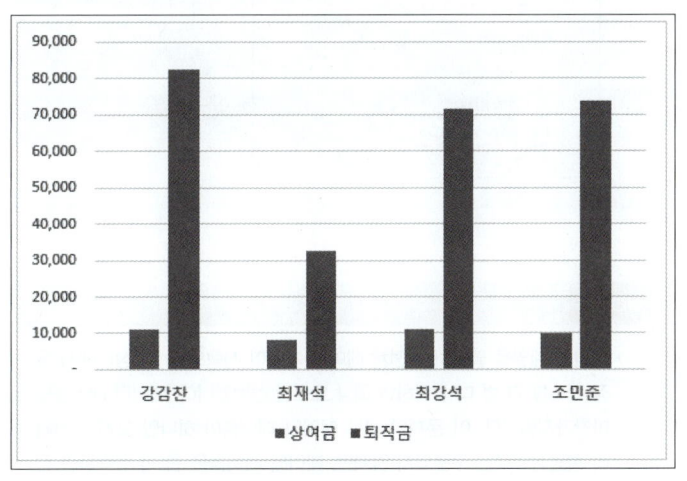 →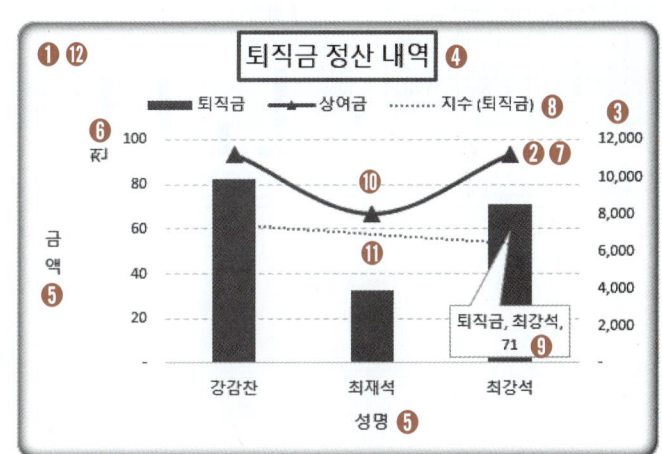

❶ **데이터 범위** : '조민준'의 데이터 삭제함

❷ **차트 종류** : '상여금' 계열의 차트 종류를 '표식이 있는 꺾은선형'으로 변경함

❸ **보조 축** : '상여금' 계열을 보조 축으로 지정함

❹ **차트 제목** : '차트 위'에 표시한 후 도형 스타일을 '색 윤곽선 – 파랑, 강조 1'로 지정함

❺ **축 제목** : 세로(값) 축 제목과 가로(항목) 축 제목을 표시한 후 세로(값) 축 제목의 '텍스트 방향'을 '스택형'으로 지정함

❻ **축 서식** : 세로(값) 축을 주 단위 20000, 최대 경계 100000, 표시 단위 '천'으로 지정하고, 차트에 단위 레이블을 표시함

❼ **계열 서식** : 표식을 형식 '삼각형(▲)', 크기 10, 선 스타일 '완만한 선'을 지정함

❽ **범례** : '위쪽'에 표시함

❾ **데이터 레이블** : '퇴직금' 계열의 '최강석' 요소에 설명선으로 데이터 레이블 '계열 이름', '항목 이름', '값'을 '축에 가깝게'로 표시함

❿ **가로 눈금선** : '파선'으로 표시함

⓫ **추세선** : '퇴직금' 계열에 '지수' 추세선을 지정함

⓬ **차트 영역 서식** : 테두리 스타일은 '둥근 모서리', 그림자는 '안쪽 가운데'로 지정함

상시시험 출제 유형

☞ 직접 실습하려면 '길벗컴활1급통합\엑셀\20차트.xlsm' 파일을 열어서 작업하세요.

01 차트 제목을 셀에 연동

<small>25.상시, 24.상시, 23.상시, 22.상시, 21.상시, 21.1, 19.1, 18.2, 18.1</small>

차트 제목을 추가하여 [A1] 셀과 연동하시오.

1. 차트에 '차트 제목'을 추가합니다.
2. 차트에 삽입된 '차트 제목'이 선택된 상태에서 수식 입력줄을 클릭하고 =을 입력한 후 [A1] 셀을 클릭하고 Enter를 누릅니다.

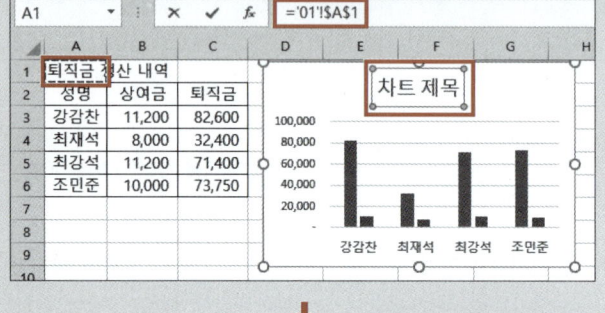

02 설명선으로 표시된 데이터 레이블 표시

<small>22.상시, 21.상시, 20.상시, 20.1, 19.상시, 19.2, 18.상시, 18.2, 18.1, 17.1, …</small>

'퇴직금' 계열의 '조민준' 요소에만 설명선으로 표시된 데이터 레이블을 〈그림〉과 같이 표시하시오.

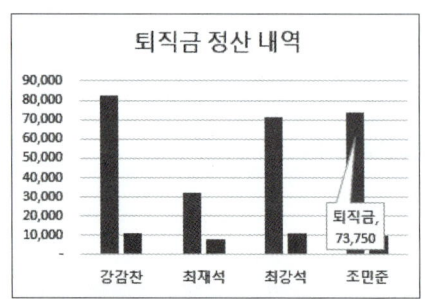

1. '퇴직금' 계열의 '조민준' 요소만을 선택한 상태에서 [차트 디자인] → 차트 레이아웃 → 차트 요소 추가 → 데이터 레이블 → 데이터 설명선을 선택합니다.
2. 차트에 삽입된 '데이터 레이블'을 클릭한 후 다시 한번 클릭합니다.

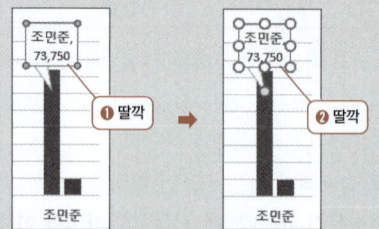

3. '데이터 레이블 서식' 창에서 레이블 내용과 위치를 지정합니다.

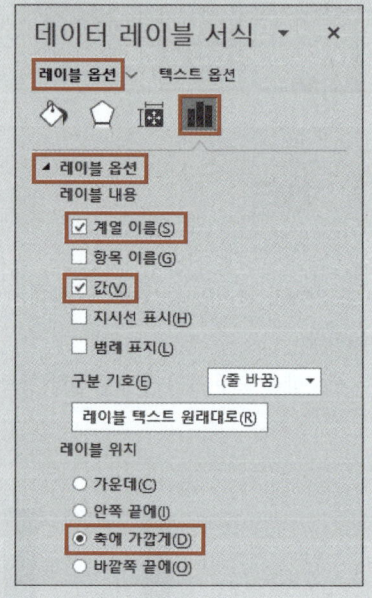

> **잠깐만요**
>
> - 데이터 계열을 클릭하면 전체 데이터 계열이 선택되고, 그 상태에서 특정 요소를 한 번 더 클릭하면 해당 요소만 선택됩니다. 데이터 레이블도 마찬가지입니다. 이 문제의 경우 데이터 레이블이 하나만 표시된 상태라 화면상으로는 구분되지 않지만, 데이터 레이블을 한 번 클릭하면 전체 데이터 레이블이 선택되고, 한 번 더 클릭하면 해당 데이터 레이블만 선택됩니다.
> - 데이터 레이블을 한 번만 클릭한 상태에서 데이터 레이블 옵션을 지정하면 데이터 계열 전체에 데이터 레이블이 표시됩니다.
>   – 데이터 레이블을 한 번만 클릭한 상태에서 데이터 레이블 옵션을 지정한 경우

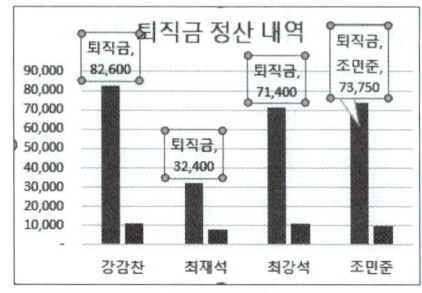

03 축의 최대값 지정

25.상시, 22.상시, 21.상시, 16.2

가로 축 교차를 '축의 최대값'으로 지정하시오.

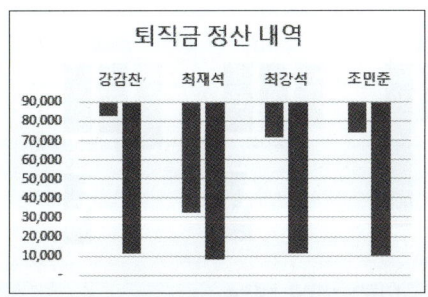

'가로 축 교차' 옵션은 '기본 세로 축'에서, '세로 축 교차' 옵션은 '기본 가로 축'에서 설정합니다. 세로(값) 축을 선택한 후 '축 서식' 창에서 지정하세요.

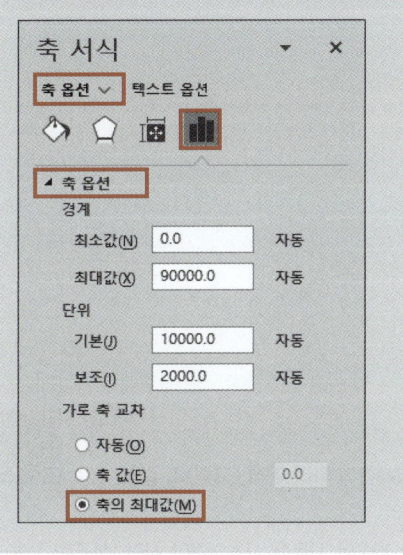

04 주 눈금 지정

22.상시, 21.상시, 16.2

세로(값) 축의 주 눈금이 교차되도록 지정하시오.

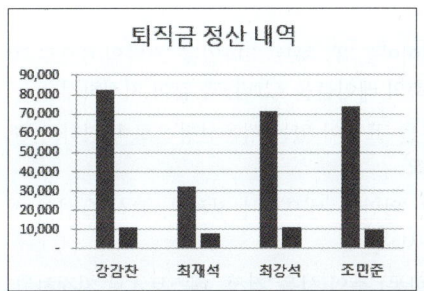

세로(값) 축을 선택한 후 '축 서식' 창에서 지정합니다.

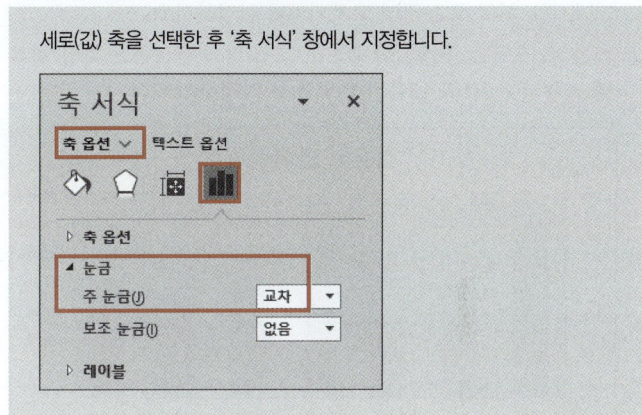

대표기출문제

'길벗컴활1급통합\엑셀\20차트.xlsm' 파일을 열어서 작업하세요.

기출 1  25.상시, 24.상시, 23.상시, 22.상시, 21.상시, 20.상시, 20.1, 19.상시, …

'기출1' 시트의 차트를 지시사항에 따라 아래 〈그림〉과 같이 수정하시오.

※ 차트는 반드시 문제에서 제공한 차트를 사용하여야 하며, 신규로 작성 시 0점 처리됨

① 차트의 색상형을 '다양한 색상표 3'으로 지정하고, 차트 제목을 삽입한 후 [A1] 셀과 연동하시오.
② '할인요금T' 계열을 추가하고, '행/열 전환'을 지정하시오.
③ 세로(값) 축의 최소값 경계와 기본 단위를 〈그림〉과 같이 지정하고, 계열 겹치기를 30%, 간격 너비를 100%로 지정하시오.
④ '독일' 계열에 '지수 추세선'을 추가하고, 너비를 2pt, 화살표 꼬리 유형을 '열린 화살표'로 지정하시오.
⑤ 차트 영역의 테두리 스타일은 '둥근 모서리', 그림자는 '안쪽 가운데'로 설정하시오.

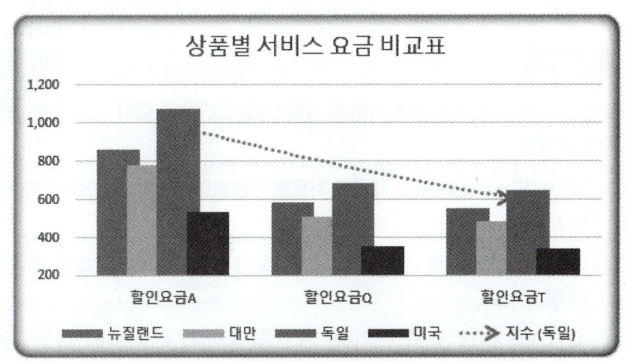

기출 2

'기출2' 시트의 차트를 지시사항에 따라 아래 〈그림〉과 같이 수정하시오.

※ 차트는 반드시 문제에서 제공한 차트를 사용하여야 하며, 신규로 작성 시 0점 처리됨

① 차트 레이아웃을 '레이아웃 3', 차트 스타일을 '스타일 6'으로 지정하고, 가로(항목) 축의 레이블을 〈그림〉과 같이 지정하시오.
② '실적율'의 차트 종류를 '표식이 있는 꺾은선형'으로 변경하고 '보조 축'으로 지정하시오.
③ '실적율' 계열의 선을 '완만한 선'으로 설정하고, 표식 옵션의 형식을 '▲'으로 변경하시오.
④ 세로(값) 축과 가로(항목) 축의 선을 '검정, 텍스트 1'로 지정하고, '세로(값) 축'의 주 눈금이 교차되도록 설정하시오.
⑤ 기본 주 가로 눈금선을 삭제하고, 그림 영역에 도형 스타일 '반투명 - 황금색, 강조 4, 윤곽선 없음'을 지정하시오.

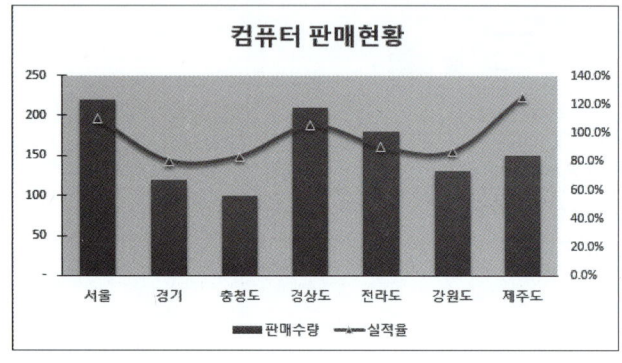

기출 3

'기출3' 시트의 차트를 지시사항에 따라 아래 〈그림〉과 같이 수정하시오.

※ 차트는 반드시 문제에서 제공한 차트를 사용하여야 하며, 신규로 작성 시 0점 처리됨

① 차트가 〈그림〉과 같이 표시되도록 원본 데이터와 계열 순서를 변경하시오.
② 세로(값) 축의 표시 단위를 '천'으로 지정하고 차트에 단위 레이블을 〈그림〉과 같이 표시하시오.
③ 세로(값) 축의 '가로 축 교차'를 '축의 최대값'으로 지정하고, 가로 주 눈금선을 '파선'으로 지정하시오.
④ '성과급' 계열의 '조찬진'과 '신동희' 요소에 데이터 설명선으로 표시된 데이터 레이블을 〈그림〉과 같이 표시하시오.
⑤ 차트 영역의 글꼴을 'HY중고딕', 도형 효과의 네온을 '네온: 5pt, 주황, 강조색 2'로 지정하시오.

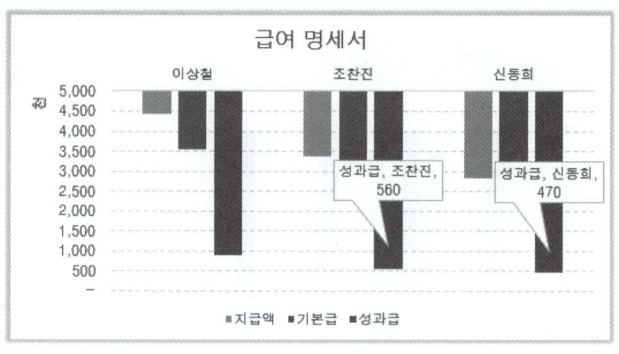

기출 4

'기출4' 시트의 차트를 지시사항에 따라 아래 〈그림〉과 같이 수정하시오.

※ 차트는 반드시 문제에서 제공한 차트를 사용하여야 하며, 신규로 작성 시 0점 처리됨

① 세로(값) 축을 '값을 거꾸로'로 표시하고, '출석' 계열을 삭제하시오.
② 세로(축) 제목을 〈그림〉과 같이 표시하고, 텍스트 방향을 '스택형'으로 표시하시오.
③ '과제' 계열의 이름을 '수행평가'로 수정하고, 범례 위치를 〈그림〉과 같이 변경하시오.
④ 3차원 회전의 X를 20°, '직각으로 축 고정'을 지정하고 '기말' 계열의 간격 너비를 100%, 세로 막대 모양을 '원통형'으로 지정하시오.
⑤ 세로 주 눈금선을 표시하고 그림 영역의 패턴 채우기를 '점선: 5%'로 지정하시오.

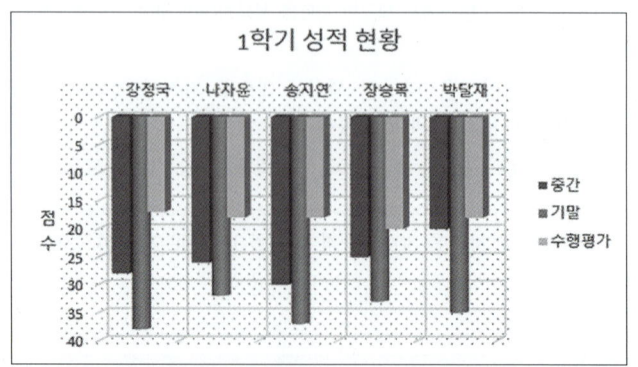

해설

[기출 1]

① 색상형 변경 및 차트 제목 표시

1. 차트를 선택한 후 [차트 디자인] → 차트 스타일 → 색 변경 → 다양한 색상표 3을 선택한다.
2. [차트 디자인] → 차트 레이아웃 → 차트 요소 추가 → 차트 제목 → **차트 위**를 선택한다.
3. 차트에 삽입된 '차트 제목'이 선택된 상태에서 수식 입력줄을 클릭하고 =을 입력한 후 [A1] 셀을 클릭하고 Enter 를 누른다.

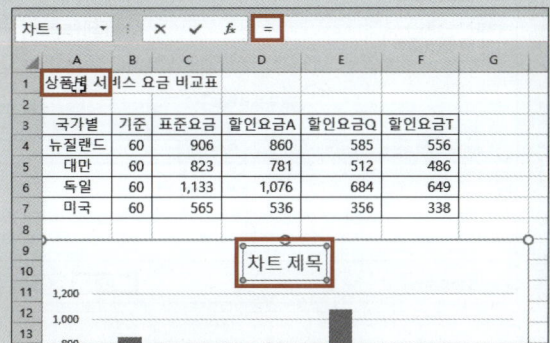

② 계열 추가 및 '행/열 전환' 지정

1. [F3:F7] 영역을 복사하여 차트 영역에 붙여넣기한다.

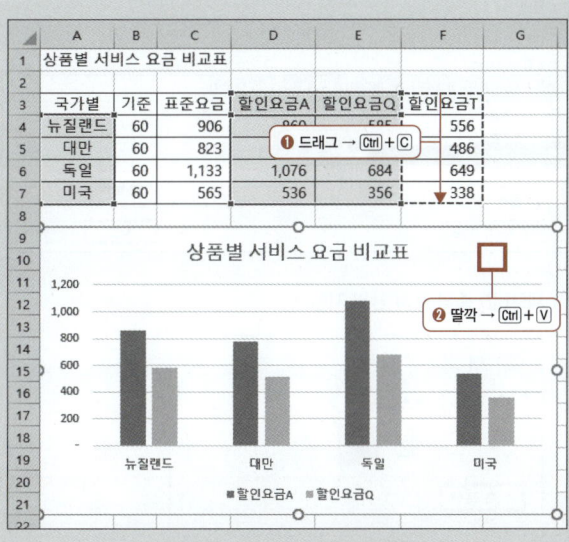

2. [차트 디자인] → 데이터 → 행/열 전환을 클릭한다.

③ 최소값 경계/기본 단위 및 계열 겹치기/간격 너비 변경

1. 세로(값) 축을 더블클릭한 후 '축 서식' 창에서 다음과 같이 지정한다.

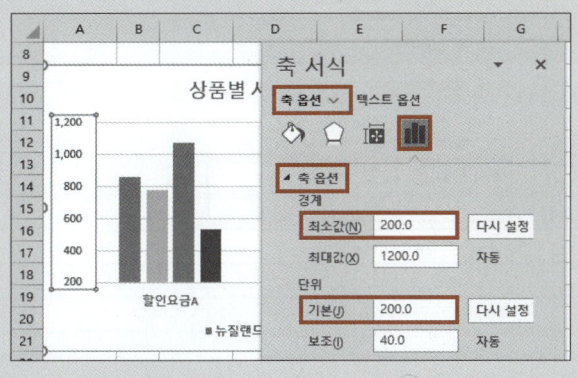

2. 임의의 데이터 계열을 클릭한 후 '데이터 계열 서식' 창에서 다음과 같이 지정한다.

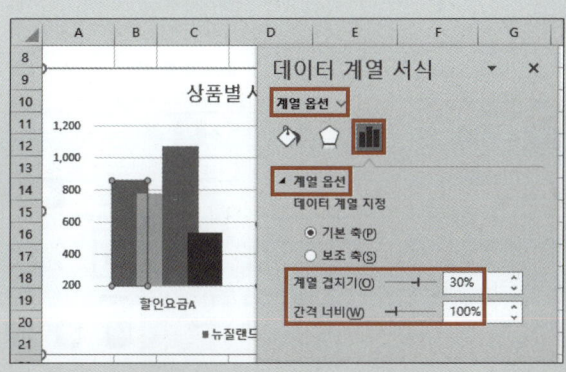

④ 추세선 표시 및 서식 변경

1. '독일' 계열을 선택한 후 [차트 디자인] → 차트 레이아웃 → 차트 요소 추가 → 추세선 → **지수**를 선택한다.
2. 차트에 표시된 추세선을 더블클릭한 후 '추세선 서식' 창에서 다음과 같이 지정한다.

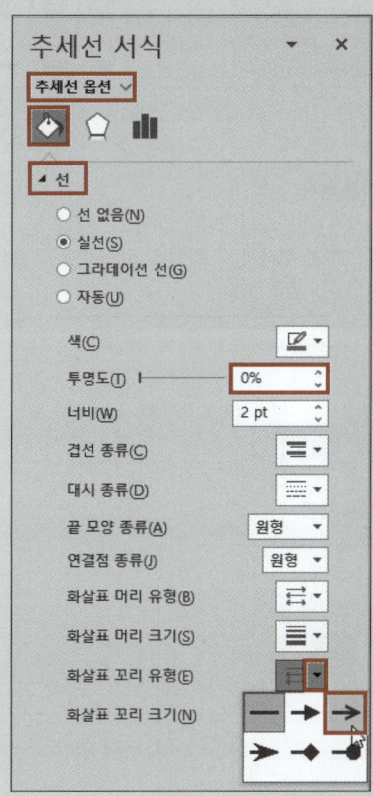

⑤ 테두리 스타일과 그림자 설정

차트 영역을 더블클릭한 후 '차트 영역 서식' 창에서 다음과 같이 지정한다.

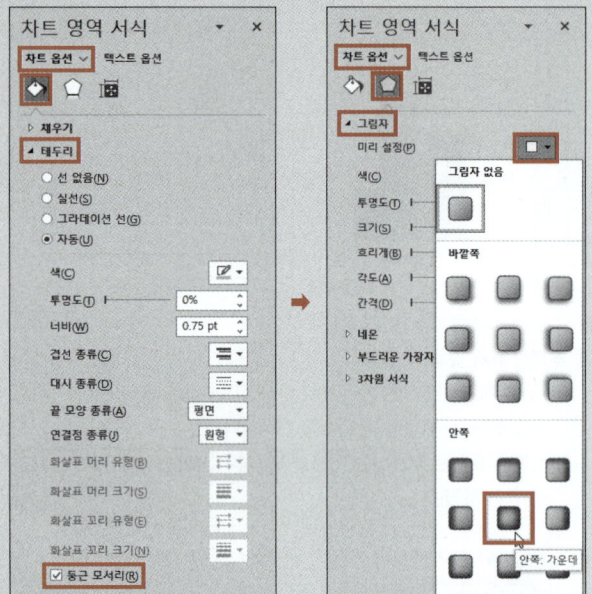

[기출 2]

① 가로(항목) 축의 레이블 표시

1. 차트 영역의 바로 가기 메뉴에서 [데이터 선택]을 선택한다.
2. '데이터 원본 선택' 대화상자에서 '가로(항목) 축 레이블'의 〈편집〉 단추를 클릭한 후 다음과 같이 지정한다.

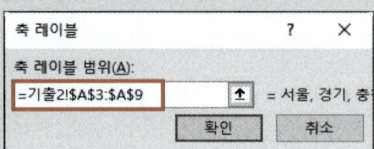

④ '세로(값) 축'의 주 눈금 지정

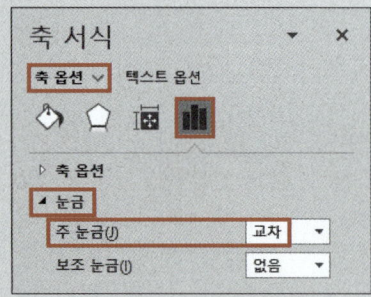

[기출 3]

① 원본 데이터 및 계열 순서 변경

차트 영역의 바로 가기 메뉴에서 [데이터 선택]을 선택한 후 다음과 같이 지정한다.

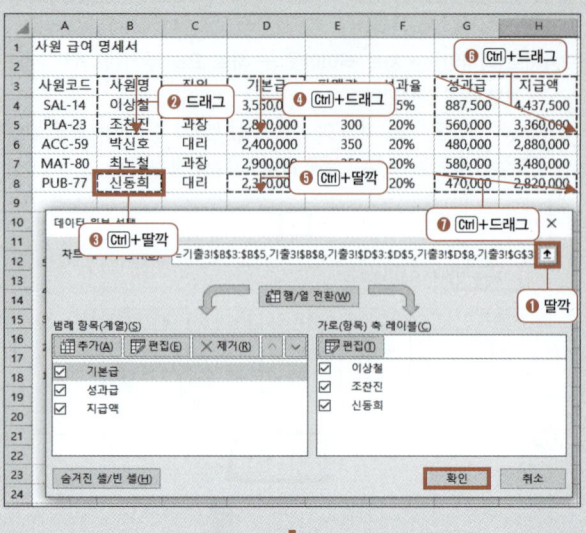

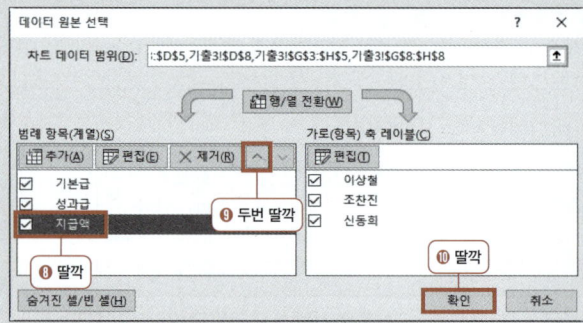

② 세로(값) 축의 표시 단위 지정

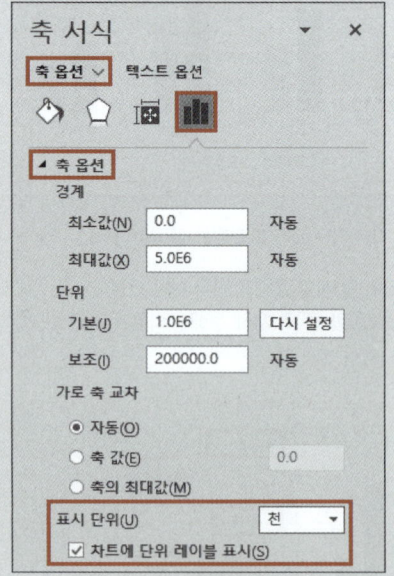

③ 세로(값) 축의 '가로 축 교차' 지정

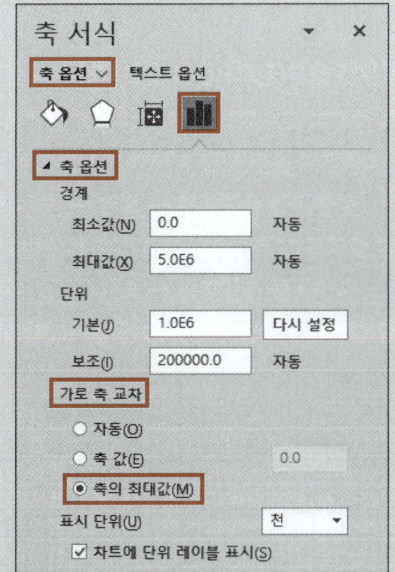

④ 데이터 레이블 서식 지정

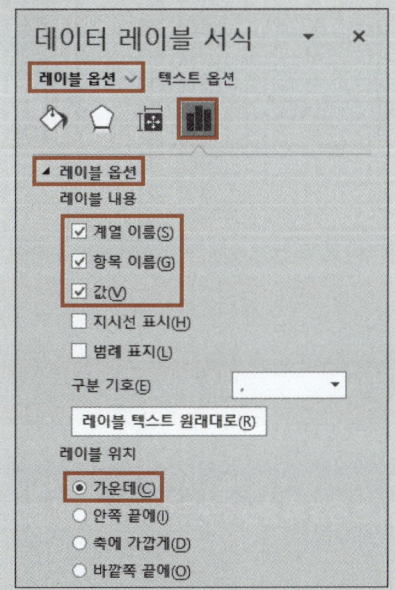

[기출 4]
① 세로(값) 축의 '값을 거꾸로' 지정

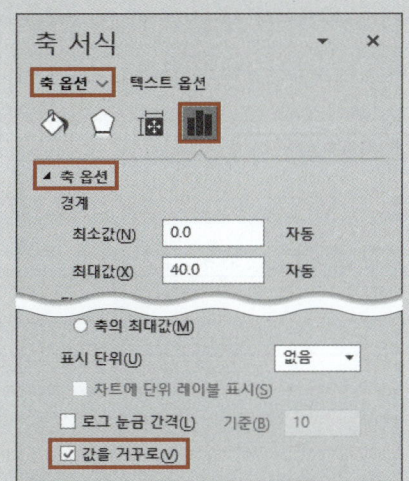

② 세로(값) 축 제목의 텍스트 방향 변경

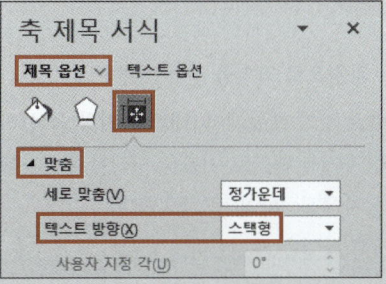

③ 계열 이름 변경
1. 차트 영역의 바로 가기 메뉴에서 [데이터 선택]을 선택한다.
2. '데이터 원본 선택' 대화상자의 '범례 항목(계열)'에서 '과제'를 선택하고 〈편집〉 단추를 클릭한 후 다음과 같이 지정한다.

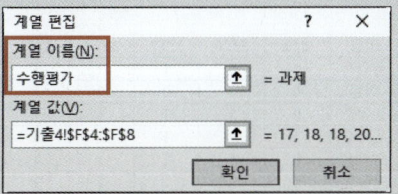

④ 3차원 회전의 X회전 변경
차트 영역의 바로 가기 메뉴에서 [3차원 회전]을 선택한 후 다음과 같이 지정한다.

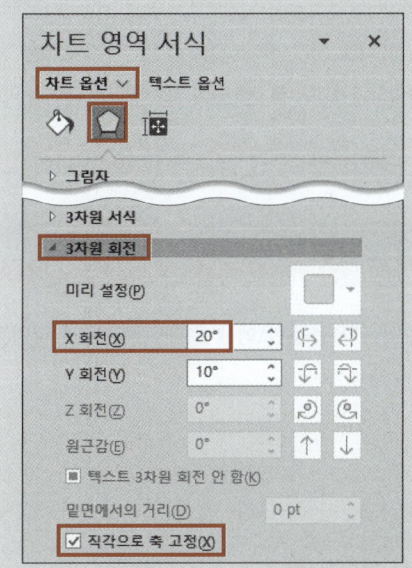

2 매크로

출제 비율 100% / 배점 10점

매크로는 다음과 같은 과정으로 작업을 진행합니다.

1. 도형을 삽입한 후 바로 가기 메뉴에서 [매크로 지정]을 선택한다.
2. '매크로 지정' 대화상자에서 매크로 이름을 지정한 후 〈기록〉을 클릭한다.
3. '매크로 기록' 대화상자에서 〈확인〉을 클릭한다.
4. 순서대로 매크로 기록 작업을 수행한다.
5. [개발 도구] → 코드 → **기록 중지**를 클릭한다.
6. 도형의 바로 가기 메뉴에서 [**텍스트 편집**]을 선택한 후 텍스트를 입력한다.

❶ 〈서식적용〉 단추를 클릭하면 [D6:H17] 영역의 값들 중 1은 "O"으로, 0은 "X"로 표시합니다.
❷ 〈그래프보기〉 단추를 클릭하면 [I6:I17] 영역에 출석 일수에 따른 데이터 막대를 표시합니다.

상시시험 출제 유형

☞ 직접 실습하려면 '길벗컴활1급통합\엑셀\21매크로.xlsm' 파일을 열어서 작업하세요.

01 사용자 지정 표시 형식 지정

25.상시, 24.상시, 23.상시, 22.상시, 21.상시

유형 1 [C2:C10] 영역에 사용자 지정 표시 형식을 설정하시오.

▶ 셀 값이 0보다 크면 1000 단위 구분 기호를 표시, 0이면 0을 표시, 0보다 작으면 빨강색으로 "■" 뒤에 한 칸 띄우고 숫자를 음수 기호 없이 1000 단위 구분 기호를 표시, 텍스트이면 "※" 기호를 표시하시오.

[표시 예 : 1500인 경우 → 1,500, 0인 경우 → 0, -2000인 경우 → ■ 2,000]

사용자 지정 표시 형식은 조건이 없을 때는 기본적으로 양수, 음수, 0, 텍스트 순으로 표시 형식이 적용됩니다.

#,### ; [빨강]"■" #,### ; 0 ; "※"
양수   음수   0값 텍스트

	A	B	C
1	판매월	품명	순이익
2	1월	하이트	65,000
3	2월	카스	500,000
4	1월	라거	0
5	3월	바트	225,000
6	2월	진로	22,500
7	3월	백세주	35,000
8	1월	시원	※
9	2월	짐레트	550,000
10	3월	마주앙	600,000

25.상시, 24.상시, 23.상시, 22.상시, 21.상시

유형 3 [D2:D7] 영역에 사용자 지정 표시 형식을 설정하시오.

▶ 셀 값이 5,000,000 이상인 경우 빨강색으로 천 단위로 절삭하고 1000 단위 구분 기호를 표시한 후 앞에는 "★"를, 뒤에는 "천원"을 표시하고, 0인 경우 "※"를 표시하고, 그 외는 천 단위로 절삭하고 1000 단위 구분 기호를 표시한 후 뒤에 "천원"을 표시하시오.

[표시 예 : 6540000인 경우 → ★ 6,540천원, 1230000인 경우 → 1,230천원, 100인 경우 → 0천원]

	A	B	C	D
1	대리점	계획수량	판매수량	총판매금액
2	서울	200	220	2640000
3	인천	300	220	6600000
4	부산	150	120	1440000
5	광주	120	폐업	0
6	제주	200	210	6300000
7	대전	150	150	4500000

표시 형식의 마지막에 1000 단위 구분 기호(,)를 표시하면 할 때마다 3자리씩 생략합니다.

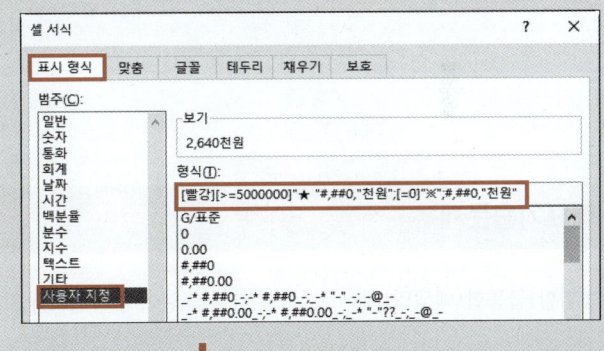

형식: [빨강][>=5000000]★ "#,##0,"천원";[=0]"※";#,##0,"천원"

↓

	A	B	C	D
1	대리점	계획수량	판매수량	총판매금액
2	서울	200	220	2,640천원
3	인천	300	220	★ 6,600천원
4	부산	150	120	1,440천원
5	광주	120	폐업	※
6	제주	200	210	★ 6,300천원
7	대전	150	150	4,500천원

25.상시, 24.상시, 23.상시, 22.상시, 21.상시

유형 2 [D2:D11] 영역에 사용자 지정 표시 형식을 설정하시오.

▶ 셀 값이 100,000 이상이면 빨강색으로 1000 단위 구분 기호와 숫자 앞에 "★"를 표시하고, 50,000 미만이면 파랑색으로 1000 단위 구분 기호와 숫자 앞에 "☆"를 표시하고, 그 외에는 1000 단위 구분 기호만 표시하시오.

[표시 예 : 200000인 경우 → ★200,000, 0인 경우 → ☆0]

	A	B	C	D
1	품목명	수량	판매금액	미수금
2	Blue	20	240,000	8370
3	Red300	7	84,000	312000
4	Violet550	7	80,500	156000
5	Red334	12	300,000	0
6	Yellow	12	150,000	38700
7	Violet550	7	80,500	97000
8	Violet600	15	278,250	702000
9	Yellow	15	180,000	58000
10	Violet600	8	90,000	93000
11	Red334	20	280,000	49000

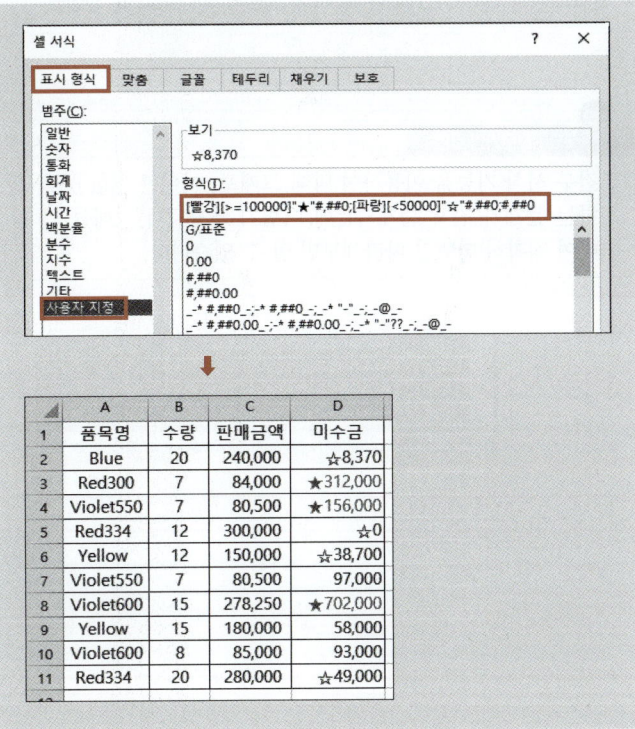

형식: [빨강][>=100000]"★"#,##0;[파랑][<50000]"☆"#,##0;#,##0

↓

	A	B	C	D
1	품목명	수량	판매금액	미수금
2	Blue	20	240,000	☆8,370
3	Red300	7	84,000	★312,000
4	Violet550	7	80,500	★156,000
5	Red334	12	300,000	☆0
6	Yellow	12	150,000	☆38,700
7	Violet550	7	80,500	97,000
8	Violet600	15	278,250	★702,000
9	Yellow	15	180,000	58,000
10	Violet600	8	85,000	93,000
11	Red334	20	280,000	☆49,000

유형 4 [D2:D8] 영역에 사용자 지정 표시 형식을 설정하시오.

25.상시, 24.상시, 23.상시, 22.상시, 21.상시

▶ 셀 값이 90 이상이면 빨강색으로 "★"를, 80 이상이면 파랑색으로 "☆"를 표시한 후 뒤에 숫자를 표시하고, 그 외는 숫자만을 [표시 예]와 같이 표시하시오.

[표시 예 : 90인 경우 → ★ 90, 81인 경우 → ☆ 81, 79인 경우 → 79]

	A	B	C	D
1	성명	시험	과제	총점
2	이덕환	48	42	90
3	안치연	39	40	79
4	강청기	43	38	81
5	연구현	39	49	88
6	오지락	45	49	94
7	사은숙	29	23	52
8	봉하영	41	20	61

서식 코드 중 * 기호는 * 기호 다음에 있는 특정 문자를 셀의 너비만큼 반복하여 채웁니다. * 다음에 빈 칸을 삽입하였으므로 빈 칸이 셀의 너비만큼 반복하여 채워 줍니다.

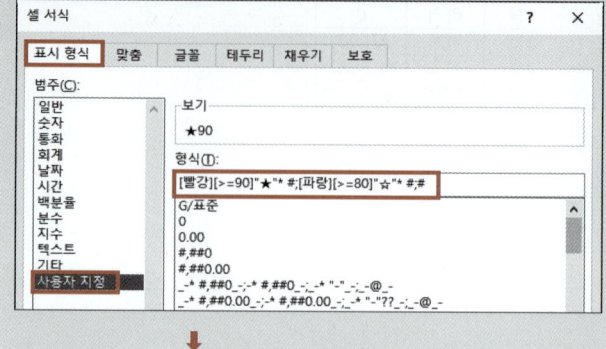

대표기출문제

'길벗컴활1급통합\엑셀\21매크로.xlsm' 파일을 열어서 작업하세요.

기출 1 25.상시, 24.상시, 23.상시, 22.상시, 21.상시

'기출 1' 시트에서 다음과 같은 기능을 수행하는 매크로를 현재 통합문서에 작성하시오.

① [D4:E11] 영역에 사용자 지정 표시 형식을 설정하는 '표시형식적용' 매크로를 생성하시오.

▶ 셀 값이 90 이상이면 빨강색으로 "우수"를, 60 미만이면 파랑색으로 "노력"을 표시한 후 문자와 숫자 사이에 공백을 셀의 너비만큼 표시하고, 그 외는 숫자만을 표시하시오.

[표시 예 : 90인 경우 → 우수 90, 50인 경우 → 노력 50, 0인 경우 → 0]

▶ [개발 도구] → [삽입] → [양식 컨트롤]의 '단추'를 동일 시트의 [H3:H4] 영역에 생성한 후 텍스트를 "표시형식적용"으로 입력하고, 단추를 클릭하면 '표시형식적용' 매크로가 실행되도록 설정하시오.

② [F4:F11] 영역에 조건부 서식을 적용하는 '그래프보기' 매크로를 생성하시오.

▶ 규칙 유형은 '셀 값을 기준으로 모든 셀의 서식 지정'으로 선택하고, 서식 스타일을 '아이콘 집합', 아이콘 스타일을 '4색 신호등'으로 설정하시오.

▶ 숫자 값이 90 이상이면 ●(녹색), 80 이상이면 ●(노랑), 70 이상이면 ●(빨강), 그 외에는 ●(검정)으로 표시하시오.

▶ [개발 도구] → [삽입] → [양식 컨트롤]의 '단추'를 동일 시트의 [H6:H7] 영역에 생성한 후 텍스트를 "그래프보기"로 입력하고, 단추를 클릭하면 '그래프보기' 매크로가 실행되도록 설정하시오.

※ 셀 포인터의 위치에 관계없이 매크로가 실행되어야 정답으로 인정됨

 전문가의 조언

조건부 서식 기능을 이용하여 막대 그래프, 아이콘 집합 등을 표시하는 문제가 간혹 출제되는데 어렵지 않습니다. 〈해설〉를 참고하여 정확히 한번만 따라해보면 알 수 있습니다.

기출 2 25.상시, 24.상시, 23.상시, 22.상시, 21.상시

'기출 2' 시트에서 다음과 같은 기능을 수행하는 매크로를 현재 통합문서에 작성하시오.

① [D4:D12] 영역에 사용자 지정 표시 형식을 설정하는 '서식적용' 매크로를 생성하시오.
- ▶ 셀 값이 0.2 이상이면 빨강색으로 "★" 뒤에 백분율로 표시하고, 0.1 이상이면 파랑색으로 "☆" 뒤에 백분율로 표시하고, 그 외는 백분율로만 표시하시오.
  [표시 예 : 0.2인 경우 → ★20%, 0.1인 경우 → ☆10%, 0.08인 경우 → 8%]
- ▶ [도형] → [기본 도형]의 '사각형: 빗면(□)'을 동일 시트의 [G3:G4] 영역에 생성한 후 텍스트를 "서식적용"으로 입력하고, 단추를 클릭하면 '서식적용' 매크로가 실행되도록 설정하시오.

② [D4:D12] 영역에 표시 형식을 '일반'으로 적용하는 '서식해제' 매크로를 생성하시오.
- ▶ [도형] → [기본 도형]의 '사각형: 빗면(□)'을 동일 시트의 [G6:G7] 영역에 생성한 후 텍스트를 "서식해제"로 입력하고, 단추를 클릭하면 '서식해제' 매크로가 실행되도록 설정하시오.

※ 셀 포인터의 위치에 관계없이 매크로가 실행되어야 정답으로 인정됨

기출 3 25.상시, 24.상시, 23.상시, 22.상시, 21.상시

'기출3' 시트에서 다음과 같은 기능을 수행하는 매크로를 현재 통합문서에 작성하시오.

① [E3:E15] 영역에 사용자 지정 표시 형식을 설정하는 '표시단위적용' 매크로를 생성하시오.
- ▶ 셀 값이 50,000,000 이상인 경우 빨강색으로 백만 단위로 절삭하고 숫자 앞에는 "▼"를, 뒤에는 "백만원"을 표시하고, 10,000,000 미만인 경우 파랑색으로 백만 단위로 절삭하고 숫자 앞에는 "▲"를, 뒤에는 "백만원"을 표시하고, 그 외는 백만 단위로 절삭하고 뒤에 "백만원"만 표시하시오.
  [표시 예 : 89000000 → ▼89백만원, 9000000 → ▲9백만원, 100 → 0백만원]
- ▶ [개발 도구] → [삽입] → [양식 컨트롤]의 '단추'를 동일 시트의 [G2:G3] 영역에 생성한 후 텍스트를 "표시단위적용"으로 입력하고, 단추를 클릭하면 '표시단위적용' 매크로가 실행되도록 설정하시오.

② [C3:C15] 영역에 조건부 서식을 적용하는 '색조보기' 매크로를 생성하시오.
- ▶ 규칙 유형은 '셀 값을 기준으로 모든 셀의 서식 지정'으로 선택하고, 서식 스타일을 '3가지 색조'로 설정하시오.
- ▶ 중간값의 종류를 숫자, 값을 50,000,000, 색을 '테마 색 – 흰색, 배경 1', 최대값의 색을 '표준 색 – 파랑'으로 표시하시오.
- ▶ [개발 도구] → [삽입] → [양식 컨트롤]의 '단추'를 동일 시트의 [G5:G6] 영역에 생성한 후 텍스트를 "색조보기"로 입력하고, 단추를 클릭하면 '색조보기' 매크로가 실행되도록 설정하시오.

※ 셀 포인터의 위치에 관계없이 매크로가 실행되어야 정답으로 인정됨

기출 4 25.상시, 24.상시, 23.상시, 22.상시, 21.상시

'기출4' 시트에서 다음과 같은 기능을 수행하는 매크로를 현재 통합문서에 작성하시오.

① [D3:D11] 영역에 사용자 지정 표시 형식을 설정하는 '서식적용2' 매크로를 생성하시오.
- ▶ 값이 양수면 숫자를 소수점 첫째 자리까지 표시하고, 음수면 빨강색으로 "▼"를 셀의 왼쪽에 붙여서 표시하고, 숫자는 오른쪽에 붙여서 소수점 첫째 자리까지 표시하고, 0이나 텍스트면 아무것도 표시하지 마시오.
  [표시 예 : 2.05인 경우 → ☐   2.1☐, -8.87인 경우 → ☐▼   8.9☐]
- ▶ [개발 도구] → [삽입] → [양식 컨트롤]의 '단추'를 동일 시트의 [F2:F3] 영역에 생성한 후 텍스트를 "서식적용"으로 입력하고, 단추를 클릭하면 '서식적용2' 매크로가 실행되도록 설정하시오.

② [D3:D11] 영역에 표시 형식을 '일반'으로 적용하는 '서식해제2' 매크로를 생성하시오.
- ▶ [개발 도구] → [삽입] → [양식 컨트롤]의 '단추'를 동일 시트의 [F5:F6] 영역에 생성한 후 텍스트를 "서식해제"로 입력하고, 단추를 클릭하면 '서식해제2' 매크로가 실행되도록 설정하시오.

정답 및 해설

[기출 1]

〈정답〉

	A	B	C	D	E	F	G	H
1			성적 현황					
2								
3	성명	전공학과	결석수	중간고사	기말고사	평점		표시형식적용
4	이미영	컴퓨터	1	우수 90		88 ●	89	
5	구기자	국문	3	우수 100	노력 59	● 79.5		
6	한명구	경영	2	87	우수 95	● 91		그래프보기
7	사오정	국문	8	85	82	● 83.5		
8	오동추	컴퓨터	5	노력 46	75	● 60.5		
9	윤수아	경영	6	66	노력 59	● 62.5		
10	김기자	컴퓨터	4	68	88	● 78		
11	우주태	경영	2	우수 90	우수 95	● 92.5		

〈해설〉

① '표시형식적용' 매크로

1. [개발 도구] → 컨트롤 → 삽입 → 양식 컨트롤에서 '단추(□)'를 선택한 후 [H3:H4] 영역에 맞게 드래그한다.
2. '매크로 지정' 대화상자의 매크로 이름에 **표시형식적용**을 입력하고 〈기록〉을 클릭한다.
3. '매크로 기록' 대화상자에서 〈확인〉을 클릭한다.
4. 서식을 적용할 [D4:E11] 영역을 블록으로 지정한 후 Ctrl + 1 을 누른다.
5. '셀 서식' 대화상자에서 그림과 같이 지정한 후 〈확인〉을 클릭한다.

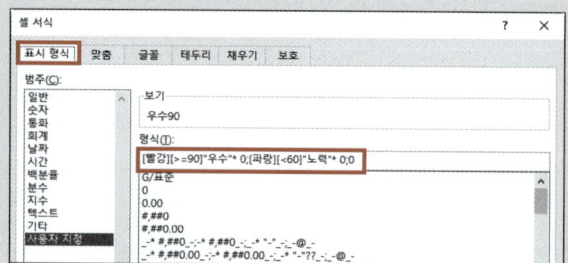

6. 임의의 셀을 클릭한 후 '기록 중지(□)' 아이콘을 클릭한다.
7. '단추'의 바로 가기 메뉴에서 [텍스트 편집]을 선택한 후 텍스트를 **표시형식적용**으로 수정한다.

② '그래프보기' 매크로

1. [개발 도구] → 컨트롤 → 삽입 → 양식 컨트롤에서 '단추(□)'를 선택한 후 [H6:H7] 영역에 맞게 드래그한다.
2. '매크로 지정' 대화상자의 매크로 이름에 **그래프보기**를 입력하고 〈기록〉을 클릭한다.
3. '매크로 기록' 대화상자에서 〈확인〉을 클릭한다.
4. [F4:F11] 영역을 블록으로 지정한 후 [홈] → 스타일 → 조건부 서식 → 새 규칙을 선택한다.

5. '새 서식 규칙' 대화상자에서 그림과 같이 지정하고 〈확인〉을 클릭한다.

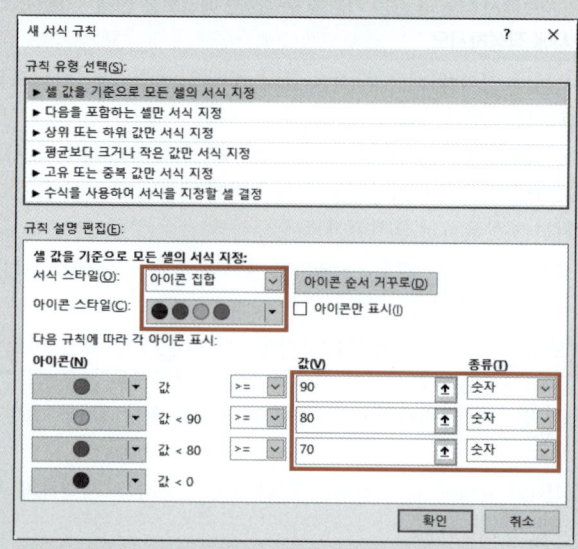

6. 임의의 셀을 클릭한 후 '기록 중지(□)' 아이콘을 클릭한다.
7. '단추'의 바로 가기 메뉴에서 [텍스트 편집]을 선택한 후 텍스트를 **그래프보기**로 수정한다.

[기출 2]

	A	B	C	D	E	F	G
1	제품 생산현황						
2							
3	제품코드	생산부서	생산량	불량률	최대생산량		서식적용
4	PE-12	생산1부	800	0%	1,000		
5	PE-23	생산2부	2,000	☆11%	2,500		
6	PE-34	생산3부	960	4%	1,200		서식해제
7	CE-10	제조1부	720	6%	900		
8	CE-20	제조2부	1,200	★20%	1,500		
9	CE-30	제조3부	2,800	☆11%	3,500		
10	AM-11	생산1부	640	6%	800		
11	AM-22	생산2부	720	8%	900		
12	AM-33	생산3부	1,200	★24%	1,500		

① '서식적용' 매크로

- '셀 서식' 대화상자

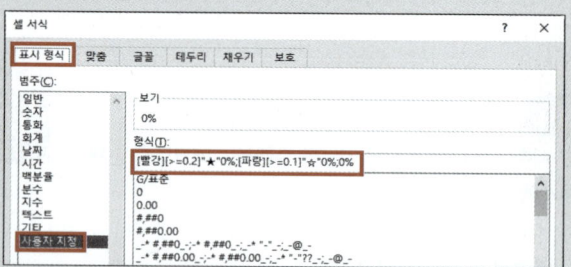

② '서식해제' 매크로

- '셀 서식' 대화상자

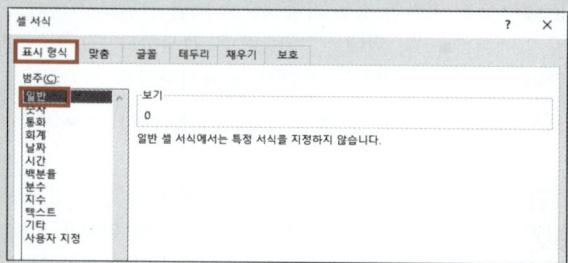

[기출 3]

〈정답〉

	A	B	C	D	E	F	G
1							
2	성명	주민번호	출자금액	관할지부	대출금액		표시단위적용
3	송종환	691028-1******	26,300,000	동대문	▲8백만원		
4	최혜온	800727-2******	55,300,000	마포	50백만원		
5	윤영서	860729-2******	15,300,000	마포	▲8백만원		색조보기
6	장슬지	631106-1******	66,300,000	광진	43백만원		
7	주재훈	610122-1******	66,100,000	동대문	47백만원		
8	이종한	870517-1******	11,200,000	광진	▲7백만원		
9	남태현	821211-2******	73,800,000	마포	47백만원		
10	황윤형	830918-2******	94,660,000	마포	▼60백만원		
11	오진주	600303-1******	54,700,000	동대문	30백만원		
12	배신영	650805-1******	83,100,000	마포	37백만원		
13	노장우	730626-2******	76,300,000	강남	39백만원		
14	오지완	671121-1******	34,800,000	강남	21백만원		
15	주현일	840806-2******	76,800,000	마포	▼61백만원		

〈해설〉

① '표시단위적용' 매크로
- '셀 서식' 대화상자

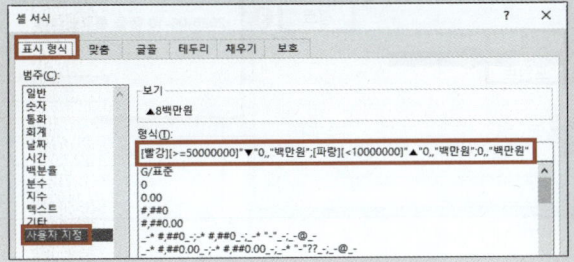

② '색조보기' 매크로
- '새 서식 규칙' 대화상자

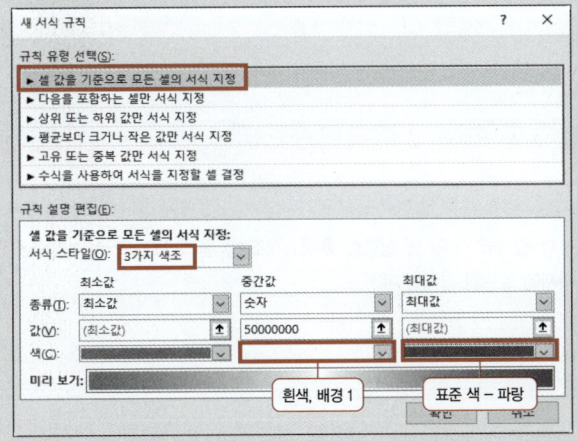

[기출 4]

〈정답〉

	A	B	C	D	E	F
1	[표1] 지점별 영업 실적					
2	지점명	1월	2월	전월대비 증감율		
3	서울점	10,854,000	9,970,000	▼ 8.9		서식적용
4	오산점	16,345,000	16,016,000	▼ 2.1		
5	안양점	7,602,000	7,720,000	1.5		서식해제
6	인천점	3,477,000	4,347,000	20.0		
7	수원점	15,380,000	14,549,000	▼ 5.7		
8	성남점	14,512,000	14,987,000	3.2		
9	파주점	5,512,000	휴점			
10	부천점	6,405,000	6,916,000	7.4		
11	안산점	14,320,000	17,571,000	18.5		

〈해설〉

① '서식적용2' 매크로
- '셀 서식' 대화상자

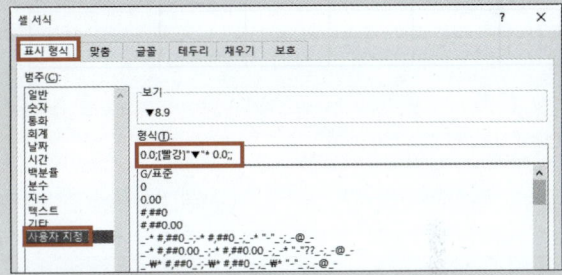

② '서식해제2' 매크로
- '셀 서식' 대화상자

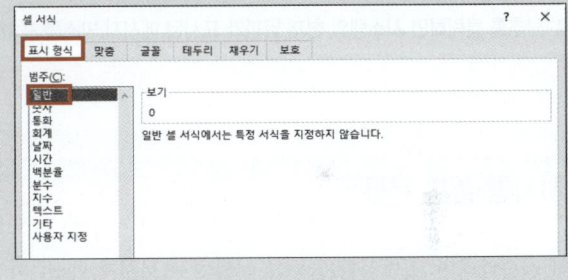

3 프로시저

출제 비율 100% / 배점 15점

프로시저는 다음과 같은 과정으로 작업을 진행합니다.

1. [개발 도구] → 컨트롤 → 디자인 모드(☑)를 클릭한다.
2. 워크시트에 만들어져 있는 단추를 더블클릭한다.
3. 'Click( )', 'UserForm_Initialize( )', 'Worksheet_Change( )' 등의 프로시저를 찾아 코드를 입력한다.

	A	B	C	D	E	F
1	[표1]					
2	고객명	고객등급	매출금액	결제방식	할인금액	관리
3	홍길동	고급	50000	현금	5000	
4						
5						
6						
7						
8						
9						
10						

→

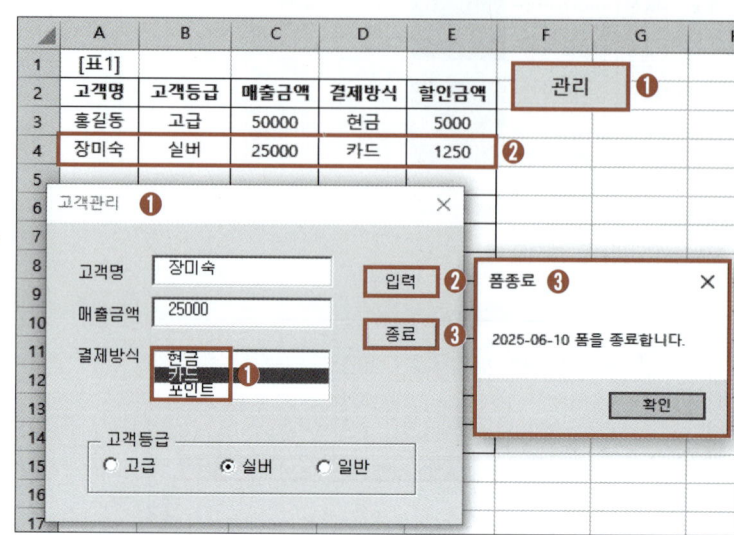

❶ '관리' 단추를 클릭하면 '결제방식' 목록이 표시된 〈고객관리〉 폼이 표시됩니다.
❷ 〈고객관리〉 폼에서 '입력' 단추를 클릭하면 폼에 입력된 데이터가 워크시트의 [표1]에 추가됩니다.
❸ '종료' 단추를 클릭하면 시스템의 현재 날짜가 표시된 메시지 박스를 표시한 후 폼을 종료합니다.

상시시험 출제 유형

☞ 직접 실습하려면 '길벗컴활1급통합\엑셀\22프로시저.xlsm' 파일을 열어서 작업하세요.

> **전문가의 조언**
> 거의 매회 출제되며 코드가 짧아 점수 획득이 매우 쉬운 프로시저입니다. **무조건 외워야 합니다.**

 01 폼 초기화 프로시저
25.상시, 24.상시, 23.상시, 22.상시, 21.상시, 20.상시, 20.1, 19.상시, 19.2, 19.1, 18.상시, …

유형 1 〈고객조회〉 폼의 '고객코드(cmb구분)' 목록에는 [B4:B9] 영역의 값이 표시되도록 프로시저를 작성하시오.

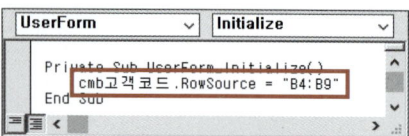

Alt + F11을 눌러 VBA를 실행한 후 〈고객조회〉 폼의 'UserForm_Initialize( )' 프로시저에 코드를 입력합니다.

22.상시, 21.상시, 18.상시, 15.상시
유형 2 〈상품주문〉 폼의 '상품(lst상품)' 목록에는 '기타작업-1' 시트의 [A3:B7] 영역의 값이 표시되도록 프로시저를 작성하시오.

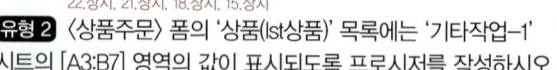
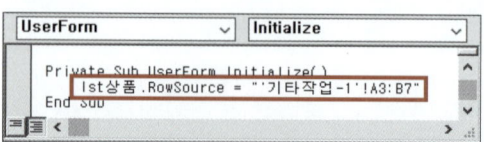

다른 워크시트에 있는 셀의 데이터를 참조할 경우 시트 이름과 셀 주소를 느낌표(!)로 구분하고, 시트 이름에 한글, 영어 외에 다른 문자가 포함되어 있을 경우에는 작은따옴표(' ')로 묶어서 입력해야 합니다.
예 '기타작업-1'!A3:B7

22.상시, 21.상시, 17.상시, 15.1

유형 3 〈식당예약〉 폼의 '음식명(cmb음식명)' 목록에는 "닭백숙", "오리백숙", "닭도리탕"이 표시되도록 프로시저를 작성하시오.

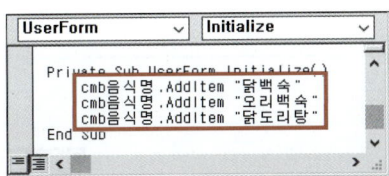

AddItem 메서드는 데이터를 직접 콤보 상자나 목록 상자에 추가할 때 이용합니다.

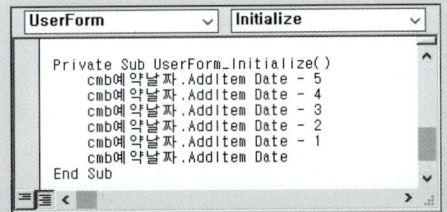

cmb예약날짜.AddItem Date - 5 : 'cmb예약날짜' 콤보 상자에 현재 날짜에서 5를 뺀 값을 목록으로 추가합니다.
- AddItem : 데이터를 직접 콤보 상자나 목록 상자에 추가할 때 사용하는 메서드
- Date : 시스템의 현재 날짜를 나타내는 명령어

24.상시, 22.상시, 21.상시, 16.2, 16.1, 15.1, 14.1

유형 4 〈고객관리〉 폼의 '고객등급'은 '실버(opt실버)'가 초기값으로 선택되도록 프로시저를 작성하시오

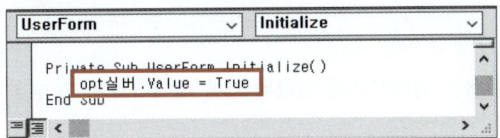

전문가의 조언
- 프로시저 3문제 중 가장 어려운 문제입니다.
- 여기 수록된 문제 수준으로 출제되면 맞히고 이보다 더 어렵게 출제되면 틀린다는 생각으로 공부하세요.
- 이 문제에서 List, Listindex 속성과 IsNull, UCase 함수를 확실하게 이해하고 넘어가세요.

25.상시, 24.상시, 23.상시, 22.상시, 21.상시, 20.상시, 20.1, 19.상시, 19.2, 19.1, 18.상시, 18.2, …

02 폼의 자료를 워크시트에 입력 / 워크시트의 자료를 폼에 표시

25.상시, 24.상시, 23.상시, 22.상시, 21.상시, 20.상시, 20.1, 19.상시, 19.2, …

유형 1 〈상품주문2〉 폼의 '주문(cmd주문)' 단추를 클릭하면 폼에 입력된 데이터가 [표1]에 입력되어 있는 마지막 행 다음에 연속하여 추가되도록 프로시저를 작성하시오.

▶ 목록 상자(lst상품)에서 상품을 선택했을 때에만 폼의 데이터를 워크시트에 입력되도록 설정하시오.

▶ 목록 상자(lst상품)에서 상품을 선택하지 않았으면 〈그림〉과 같은 메시지 박스를 표시하고 목록 상자(lst상품)의 첫 번째 항목을 선택하시오.

▶ 'ID(txtID)'는 소문자로 입력해도 워크시트에는 대문자로 입력되도록 설정하시오

▶ '금액'은 '수량×단가'이고, 1000 단위 구분 기호(,)를 표시하여 입력하시오.

▶ List와 Listindex, UCase와 Format 함수 사용

24.상시, 22.상시, 21.상시, 19.상시, 17.상시, 15.상시, 13.1, 09.1, 07.3, 06.1

유형 5 〈식당예약〉 폼의 '예약날짜(txt예약날짜)'에는 기본적으로 현재 시스템의 날짜가, '예약시간(txt예약시간)'에는 현재 시스템의 시간이 표시되도록 프로시저를 작성하시오.

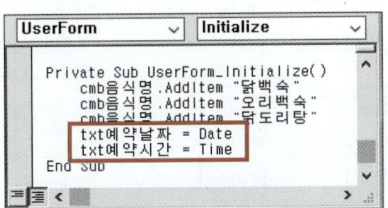

현재 시스템의 날짜는 Date, 시간은 Time, 날짜와 시간은 Now 함수를 이용하여 표시합니다.

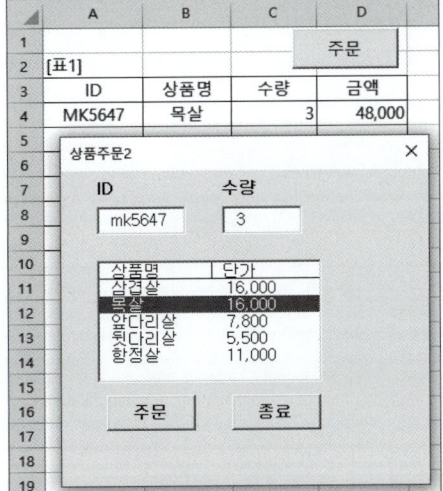

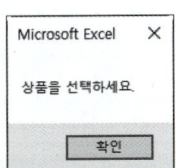

25.상시, 22.상시, 21.상시, 15.상시

유형 6 〈볼링장예약〉 폼의 '예약날짜(cmb예약날짜)' 목록에는 현재 날짜부터 5일전까지의 날짜가 표시되도록 프로시저를 작성하시오.

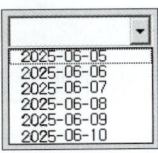

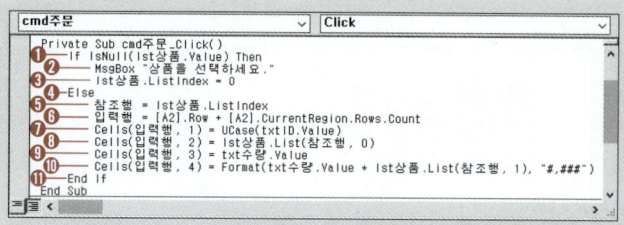

① 'lst상품' 목록 상자의 값이 널(Is Null)이면 ②~③번을 수행하고 끝냅니다.
- IsNull( ) : 유효한 데이터를 전혀 포함하지 않으면 참(True)을, 포함하면 거짓(False)을 반환하는 함수

② "상품을 선택하세요."라는 메시지를 표시합니다.

③ 'lst상품' 목록 상자의 인덱스 번호를 0으로 치환합니다. 목록 상자의 행 번호는 0에서 시작하므로 인덱스 번호를 0으로 지정하면 첫 번째 항목이 선택됩니다.
- Listindex : 목록 상자 컨트롤의 목록 부분에서 선택한 항목의 인덱스 번호를 반환하거나 설정하는 속성

④ ①의 조건을 만족하지 않을 경우, 즉 'lst상품' 목록 상자의 값이 널이 아니면 ⑤~⑩번을 수행하고 끝냅니다.

⑤ '참조행' 변수에 'lst상품' 목록 상자에서 선택한 목록의 인덱스 번호를 치환합니다. 목록 상자의 행 번호는 0에서 시작하므로 목록 상자에서 3행을 클릭했다면 '참조행'에는 2가 치환됩니다.

⑥ '입력행' 변수에 [a2] 셀의 행 번호인 2와 [a2] 셀과 연결된 범위에 있는 데이터의 행수를 더하여 치환합니다(2+3=5).

⑦ 지정된 셀 위치, 즉 5행 1열에 'txtID'를 표시하되, 대문자로 변환하여 표시합니다.
- UCase( ) : 문자열을 모두 대문자로 변환하는 함수

⑧ 5행 2열에 'lst상품' 목록 상자의 참조행, 0열에 있는 데이터를 입력합니다.
- List( ) : 목록 상자나 콤보 상자 목록의 항목 위치를 지정하는 속성
- 행 번호와 열 번호는 0부터 시작하므로 'lst상품.List(0, 0)'은 'lst상품' 목록 상자의 1행, 1열에 있는 데이터를 의미합니다.
- 'lst상품' 목록 상자에서 세 번째 행에 있는 '앞다리살'을 선택하면 인덱스 번호(ListIndex)는 0부터 시작하므로 2가 참조행 변수에 치환됩니다. 'lst상품.List(참조행, 0)'은 'lst상품.List(2, 0)'으로 'lst상품' 목록 상자의 세 번째 행, 첫 번째 열에 있는 데이터 '앞다리살'을 의미하고 lst상품.List(2, 1)은 세 번째 행, 두 번째 열에 있는 '7,800'을 의미합니다.

⑨ 5행 3열에 'txt수량'을 입력합니다.

⑩ 5행 4열에 (txt수량) * 'lst상품' 목록 상자의 (참조행, 2열의 데이터)의 결과를 천 단위 구분 기호를 적용하여 입력합니다.

⑪ lf문의 끝입니다.

전문가의 조언

이 문제에서 다음 내용을 확실히 기억해 두세요.
- Format 함수를 이용하여 영문자를 대문자로 변환하는 방법
- 시간을 오전/오후로 구분해서 입력하는 방법
- 콤보 상자가 선택되지 않도록 하는 방법

2142218

25.상시, 24.상시, 23.상시, 22.상시, 21.상시, 20.상시, 20.1, 19.상시, 19.2, …

유형 2 〈식당예약2〉 폼의 '예약(cmd예약)' 단추를 클릭하면 폼에 입력된 데이터가 [표1]에 입력되어 있는 마지막 행 다음에 연속하여 추가되도록 프로시저를 작성하시오.

▶ '예약번호'는 데이터가 입력되는 순서를 나타내는 번호를 입력하시오.

▶ 'ID(txtID)'는 5자를 소문자로 입력해도 워크시트에는 대문자로 입력되도록 설정하시오.

▶ '구분'은 '예약시간(txt예약시간)'을 "오전"과 "오후"로 구분하여 표시하시오.

▶ 입력 후에는 '음식명(cmb음식명)'이 선택되지 않도록 설정하시오.

▶ Format, Hour 함수 이용

▶ 입력되는 데이터는 워크시트에 입력된 기존 데이터와 같은 형식의 데이터로 입력하시오.

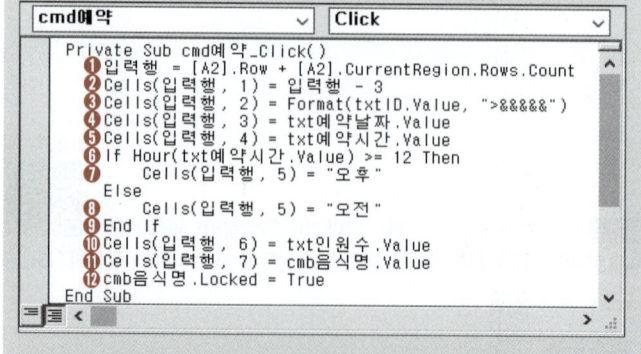

[코드 설명]

```
Private Sub cmd예약_Click()
① 입력행 = [A2].Row + [A2].CurrentRegion.Rows.Count
② Cells(입력행, 1) = 입력행 - 3
③ Cells(입력행, 2) = Format(txtID.Value, ">&&&&&")
④ Cells(입력행, 3) = txt예약날짜.Value
⑤ Cells(입력행, 4) = txt예약시간.Value
⑥ If Hour(txt예약시간.Value) >= 12 Then
⑦     Cells(입력행, 5) = "오후"
   Else
⑧     Cells(입력행, 5) = "오전"
⑨ End If
⑩ Cells(입력행, 6) = txt인원수.Value
⑪ Cells(입력행, 7) = cmb음식명.Value
⑫ cmb음식명.Locked = True
End Sub
```

① '입력행' 변수에 [a2] 셀의 행 번호인 2와 [a2] 셀과 연결된 범위에 있는 데이터의 행수를 더하여 치환합니다(2+4 = 6).

❷ 지정된 셀 위치, 즉 6행 1열에 '입력행-3'의 결과를 입력합니다.
- '입력행'의 값 6에서 3을 빼면 3이고, '입력행'의 값은 데이터를 입력할 때마다 1씩 증가하므로, '입력행-3'의 값은 데이터를 입력할 때마다 1, 2, 3, … 으로 변경됩니다.
  • 'tx예약날짜'의 값을 날짜 데이터로, 'txt예약시간'의 값을 시간 데이터로, 'txt수량'의 값을 숫자로 워크시트에 입력하려면 반드시 'txt예약날짜.Value', 'txt예약시간.Value', 'txt수량.Value'와 같이 'Value' 속성을 붙여야 합니다. 'Value' 속성을 생략하면 데이터가 텍스트로 입력됩니다.
❸ 6행 2열에 'txtID'를 대문자로 변환하여 입력합니다.
❹ 6행 3열에 '예약날짜(txt예약날짜)'를 입력합니다.
❺ 6행 4열에 '예약시간(txt예약시간)'을 입력합니다.
❻ '예약시간(txt예약시간)'의 '시'가 12보다 크거나 같으면 ❼을 수행하고 그렇지 않으면 ❽을 수행합니다.
❼ 6행 5열에 "오후"를 입력합니다.
❽ 6행 5열에 "오전"을 입력합니다.
❾ If문의 끝입니다.
❿ 6행 6열에 '인원수(txt인원수)'를 입력합니다.
⓫ 6행 7열에 '음식명(cmb음식명)'을 입력합니다.
⓬ 'cmb음식명'의 값을 편집할 수 없도록 잠금을 설정합니다.
• Locked : 편집 가능 여부를 지정하는 속성

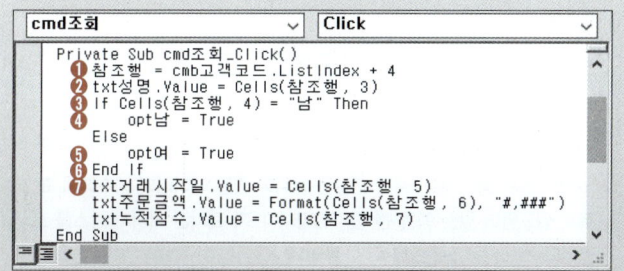

❶ • cmb고객코드.ListIndex는 콤보 상자에서 선택한 고객코드의 상대 위치를 반환합니다. 콤보 상자에서 상대적인 위치는 0에서 시작하므로 'H102'를 선택하면 'cmb고객코드.ListIndex'은 1을 반환합니다.
• 워크시트에서 'H102'에 대한 정보는 5행에 입력되어 있으므로 'H102'가 있는 행을 지정하기 위해 'cmb고객코드.ListIndex'에 반환된 값 1에 4를 더한 것입니다.
• 결론적으로 4를 더한 이유는 [표1]의 실제 데이터의 위치가 워크시트의 4행부터 시작하기 때문입니다.
❷ '참조행', 3열에 있는 데이터를 'txt성명' 컨트롤에 표시합니다.
❸ '참조행', 4열에 있는 데이터가 "남"이면 ❹를 수행하고 그렇지 않으면 ❺를 수행합니다.
❹ 'opt남'을 선택합니다.
❺ 'opt여'를 선택합니다.
❻ If문의 끝입니다.
❼ '참조행', 5열에 있는 데이터를 'txt거래시작일' 컨트롤에 표시합니다. 나머지도 동일한 방법으로 수행합니다.

전문가의 조언

자주 출제되며 쉽게 점수를 얻을 수 있는 코드입니다. **꼭 암기하세요.**

24.상시, 23.상시, 22.상시, 21.상시, 12.3, 12.1, 11.3, 11.2, 08.3, 07.1, 05.1, …

유형 3 〈고객조회2〉 폼의 '고객코드(cmb고객코드)'에서 조회할 '고객코드'를 선택하고 '조회(cmd조회)' 단추를 클릭하면 워크시트의 [표1]에서 해당 데이터를 찾아 폼에 표시하는 프로시저를 작성하시오.

▶ ListIndex 속성을 이용하시오.

▶ '성별'이 '남'이면 옵션 단추의 '남(opt남)'을 선택하고, '여'면 '여(opt여)'를 선택하시오.

▶ '주문금액'은 천 단위마다 콤마를 표시하시오.

25.상시, 24.상시, 23.상시, 22.상시, 21.상시, 20.상시, 20.1, 19.상시, 19.2, 19.1, 18.2, 17.상시, …

03 폼 종료 및 메시지 박스 표시

24.상시, 23.상시, 22.상시, 21.상시, 19.상시, 17.상시, 13.2

유형 1 〈볼링장예약〉 폼의 '닫기(cmd닫기)' 단추를 클릭하면 〈그림〉과 같은 메시지 박스를 표시한 후 폼을 종료하는 프로시저를 작성하시오.

▶ 전체 예약건수 표시

[코드 설명]

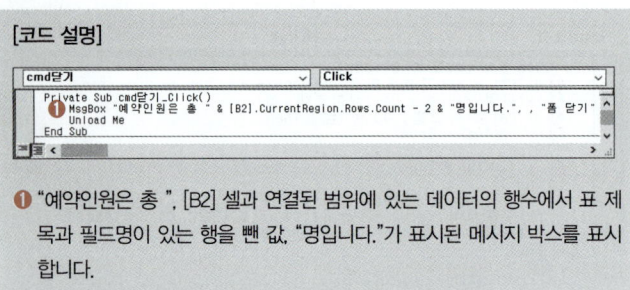

❶ "예약인원은 총 ", [B2] 셀과 연결된 범위에 있는 데이터의 행수에서 표 제목과 필드명이 있는 행을 뺀 값, "명입니다."가 표시된 메시지 박스를 표시합니다.
- 'MsgBox'는 대화상자에 메시지를 표시하는 명령입니다.

25.상시, 24.상시, 23.상시, 22.상시, 21.상시, 19.2, 18.1, 16.2, 15.1

유형 2 〈고객관리〉 폼의 '종료(cmd종료)' 단추를 클릭하면 〈그림〉과 같은 메시지 박스를 표시한 후 폼을 종료하는 프로시저를 작성하시오.

- 시스템의 현재 시간 표시

〈정답〉

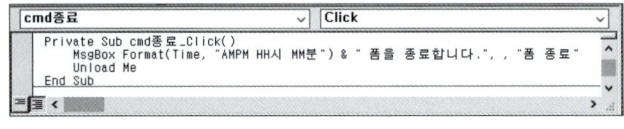

23.상시, 22.상시, 21.상시, 20.상시, 20.1, 14.2

유형 3 〈상품주문〉 폼의 '종료(cmd종료)' 단추를 클릭하면 '기타작업-2' 시트의 [A1] 셀에 "컴활합격"을 입력한 후 폼을 종료하는 프로시저를 작성하시오.

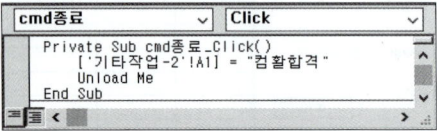

전문가의 조언

자주 출제되는 내용은 아니지만 코드가 간단하여 쉽게 작성할 수 있습니다. 이런 문제 놓치면 마음 상합니다.

04 Change/Activate

22.상시, 21.상시, 10.2, 05.4, 04.3

유형 1 셀의 데이터가 변경(Change)되면 해당 셀로 셀 포인터가 이동되고 글꼴 스타일을 '굵게', 글꼴 크기를 13으로 표시하는 이벤트 프로시저를 작성하시오.

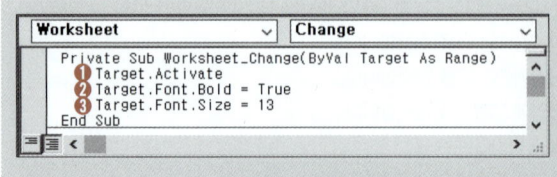

❶ 현재 작업하고 있는 워크시트에서 변화가 있는 셀을 활성화합니다. 즉, 해당 셀로 셀 포인터를 이동합니다.
❷ 현재 작업하고 있는 워크시트에서 변화가 있는 셀의 글꼴 스타일을 '굵게'로 변경합니다.
❸ 현재 작업하고 있는 워크시트에서 변화가 있는 셀의 글꼴 크기를 13 포인트로 변경합니다.

25.상시, 24.상시, 22.상시, 21.상시, 14.1, 05.2, 05.1, 04.2

유형 2 시트를 활성화(Activate)하면 해당 시트의 [F1] 셀에 "컴활합격"을 입력한 후 글꼴 스타일을 '기울임꼴', 글꼴을 '궁서체'로 표시하는 이벤트 프로시저를 작성하시오.

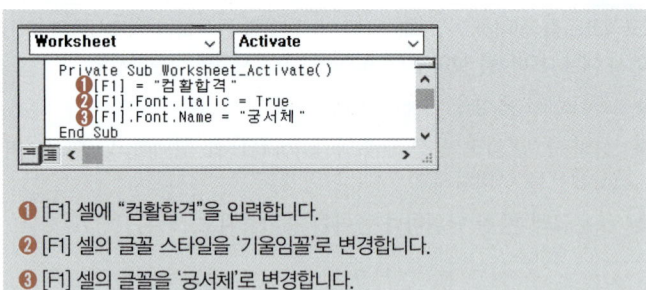

❶ [F1] 셀에 "컴활합격"을 입력합니다.
❷ [F1] 셀의 글꼴 스타일을 '기울임꼴'로 변경합니다.
❸ [F1] 셀의 글꼴을 '궁서체'로 변경합니다.

대표기출문제

'길벗컴활1급통합\엑셀\22프로시저.xlsm' 파일을 열어서 작업하세요.

기출 1
25.상시, 24.상시, 23.상시, 22.상시, 21.상시, 20.상시, 20.1, 19.상시, …

'기출1' 시트에서 다음과 같은 작업을 수행하도록 프로시저를 작성하시오.

① '신청' 단추를 클릭하면 〈수강신청〉 폼이 나타나도록 설정하고, 폼이 초기화되면 '프로그램(lst프로그램)' 목록에는 [G5:I11] 영역의 값이 표시되고, '구분'은 '기존회원(opt기존회원)'이 초기값으로 선택되도록 프로시저를 작성하시오.

② 〈수강신청〉 폼의 '등록(cmd등록)' 단추를 클릭하면 클릭하면 폼에 입력된 데이터가 [표1]에 입력되어 있는 마지막 행 다음에 연속하여 추가되도록 프로시저를 작성하시오.

▶ 목록 상자(lst프로그램)에서 프로그램을 선택했을 때에만 폼의 데이터를 워크시트에 입력되도록 설정하시오.

▶ 목록 상자(lst프로그램)에서 과목을 선택하지 않았으면 '신청자(txt신청자)' 컨트롤에 '선택안함'을 표시한 후, 목록 상자(lst프로그램)의 첫 번째 항목을 선택하시오.

▶ ListIndex와 List를 이용하시오.

▶ 선택한 옵션 단추의 Caption 속성을 이용하여 '구분'을 입력하시오.

▶ '레슨비'는 천 단위마다 콤마를 표시하여 입력하시오.

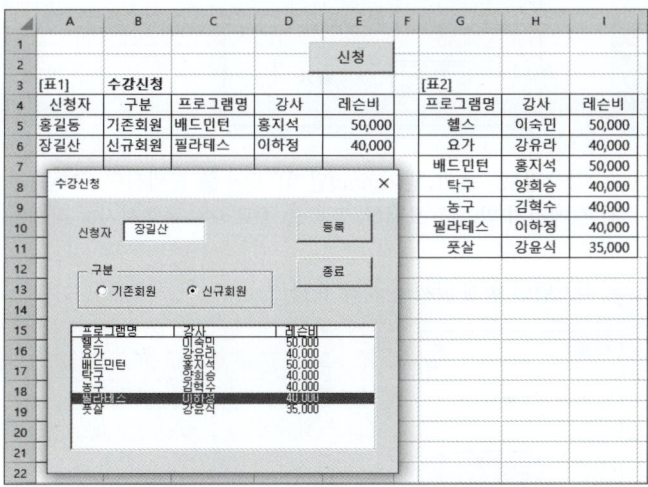

③ 〈수강신청〉 폼의 '종료(cmd종료)' 단추를 클릭하면 [B3] 셀에 "수강신청"을 입력하고 글꼴 스타일을 '굵게'로 지정한 후 폼이 종료되도록 구현하시오.

기출 2
25.상시, 24.상시, 23.상시, 22.상시, 21.상시, 20.상시, 20.1, 19.상시, …

'기출2' 시트에서 다음과 같은 작업을 수행하도록 프로시저를 작성하시오.

① '등록' 단추를 클릭하면 〈주문등록〉 폼이 나타나도록 설정하고, 폼이 초기화 되면 '주문날짜(txt주문날짜)'에 현재 날짜가 표시되고, '상품종류(cmb상품종류)' 목록에는 [J5:J10] 영역이 표시되도록 프로시저를 작성하시오.

② 〈주문등록〉 폼의 '입력(cmd입력)' 단추를 클릭하면 폼에 입력된 데이터가 [표1]에 입력되어 있는 마지막 행 다음에 연속하여 추가되도록 프로시저를 작성하시오.

▶ '주문번호'는 데이터가 입력되는 순서를 나타내는 번호를 입력하시오.

▶ '구분'은 현재 시간이 12:00:00보다 크거나 같으면 "오후", 그 외는 "오전"으로 입력하시오.

▶ '단가'는 [표2]를 참조하여 입력하시오.

▶ '금액'은 '단가 × 수량'으로 계산하시오.

▶ 입력되는 데이터는 워크시트에 입력된 기존 데이터와 같은 형식의 데이터로 입력하시오.

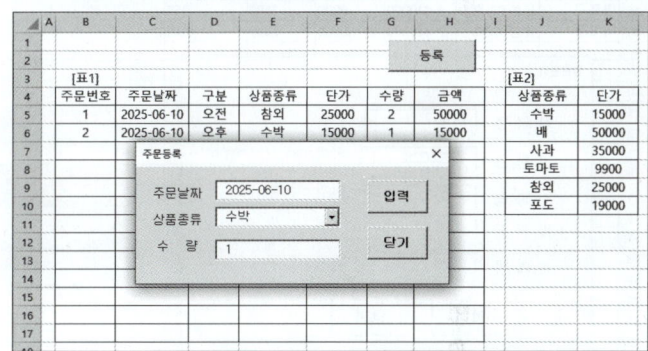

③ 〈주문등록〉 폼의 '닫기(cmd닫기)' 단추를 클릭하면 〈그림〉과 같이 전체 주문건수가 표시된 메시지를 표시한 후 폼이 종료되도록 구현하시오.

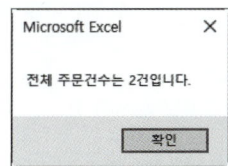

기출 3

'기출3' 시트에서 다음과 같은 작업을 수행하도록 프로시저를 작성하시오.

① '건물관리' 단추를 클릭하면 〈건물관리〉 폼이 나타나도록 설정하고, 폼이 초기화(Initialize)되면 '지역명(cmb지역명)' 목록에는 "마포구", "용산구", "서대문구", "종로구"가 표시되도록 프로시저를 작성하시오.

② 〈건물관리〉 폼의 '입력(cmd입력)' 단추를 클릭하면 폼에 입력된 데이터가 [표1]에 입력되어 있는 마지막 행 다음에 연속하여 추가되고, 폼의 모든 컨트롤의 값이 초기화 되도록 프로시저를 작성하시오.

▶ '할인액'은 '건물명'의 끝에 두 글자가 "1호"이면 관리비의 10%, 그 외는 5%로 계산하시오.

▶ '보증금', '임차료', '관리비'는 숫자로 입력하시오.

▶ If, Right, Val 함수를 사용하시오.

▶ 입력되는 데이터는 워크시트에 입력된 기존 데이터와 같은 형식의 데이터로 입력하시오.

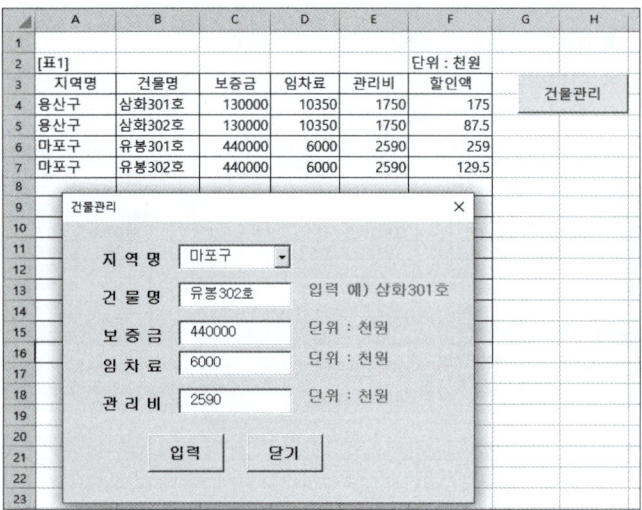

③ '기출3' 시트의 데이터가 변경(Change)되면 해당 셀로 셀 포인터가 이동되고 글꼴이 '굴림체'로, 글꼴 크기가 12로 설정되도록 이벤트 프로시저를 작성하시오.

기출 4

'기출4' 시트에서 다음과 같은 작업을 수행하도록 프로시저를 작성하시오.

① '수강생정보' 단추를 클릭하면 〈수강생정보〉 폼이 나타나도록 설정하고, 폼이 초기화(Initialize)되면 '이름(cmb이름)' 목록에는 [A3:A10] 영역의 값이 표시되도록 프로시저를 작성하시오.

② 〈수강생정보〉 폼에서 '이름(cmb이름)'을 선택한 후 '검색(cmd검색)' 단추를 클릭하면 선택한 성명에 해당하는 데이터가 폼에 표시되는 프로시저를 작성하시오.

▶ '수강생코드'는 소문자로 입력되어 있어도 폼에는 대문자로 표시되도록 설정하시오.

▶ '회비'에는 1000 단위 구분 기호(,)를 표시하시오.

▶ 검색한 후에는 '이름(cmb이름)'이 선택되지 않도록 설정하시오.

▶ UCase, Format 함수를 이용하시오.

③ 〈수강생정보〉 폼의 '닫기(cmd닫기)' 단추를 클릭하면 〈그림〉과 같은 메시지 박스를 표시한 후 폼을 종료하는 프로시저를 작성하시오.

▶ 시스템의 현재 날짜와 시간 표시

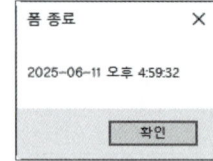

정답 및 해설

[기출 1]

① '신청' 단추 및 폼 초기화 프로시저

• '신청' 단추 클릭 프로시저

1. [개발 도구] → 컨트롤 → 디자인 모드를 클릭한다.
2. '신청' 단추를 더블클릭한다.
3. 'cmd수강신청_Click( )' 프로시저에 다음과 같이 코드를 입력한다.

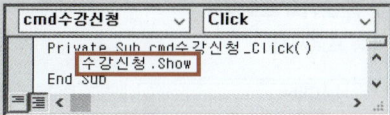

• 폼 초기화 프로시저

1. 프로젝트 탐색기에서 〈수강신청〉 폼을 선택하고 '코드 보기(📄)' 아이콘을 클릭한다.
2. 개체 선택 콤보 상자에서 'UserForm'을 선택하고, 프로시저 선택 콤보 상자에서 'Initialize'를 선택한다.
3. 'UserForm_Initialize( )' 프로시저에 다음과 같이 코드를 입력한다.

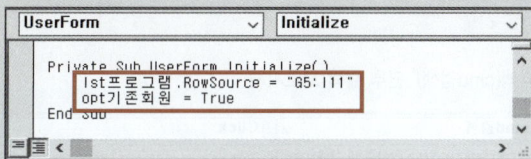

② '등록(cmd등록)' 단추 클릭 프로시저

1. 프로젝트 탐색기에서 〈수강신청〉 폼을 더블클릭하여 〈수강신청〉 폼이 화면에 나오게 한다.
2. '등록' 단추를 더블클릭하여 'cmd등록_Click( )' 프로시저가 나오게 한다.
3. 'cmd등록_Click( )' 프로시저에 다음과 같이 코드를 입력한다.

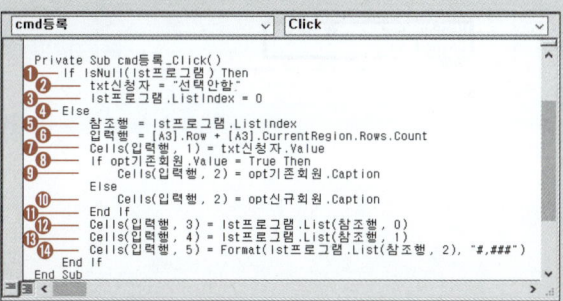

❶ 'lst프로그램' 목록 상자의 값이 널(Is Null)이면 ❷~❸을 수행하고 끝냅니다.

  • IsNull( ) : 유효한 데이터를 전혀 포함하지 않으면 참(True)을, 포함하면 거짓(False)을 반환하는 함수

❷ 'txt신청자'에 '선택안함'을 표시합니다.

❸ 'lst프로그램' 목록 상자의 인덱스 번호를 0으로 치환합니다. 목록 상자의 행 번호는 0에서 시작하므로 인덱스 번호를 0으로 지정하면 첫 번째 항목이 선택됩니다.

❹ ❶의 조건을 만족하지 않을 경우, 즉 'lst프로그램' 목록 상자의 값이 널이 아니면 ❺~⓮를 수행하고 끝냅니다.

❺ '참조행' 변수에 'lst프로그램' 목록 상자에서 선택한 목록의 인덱스 번호를 치환합니다. 목록 상자의 행 번호는 0에서 시작하므로 목록 상자에서 3행을 클릭했다면 '참조행'에는 2가 치환됩니다.

❻ '입력행' 변수에 [A3] 셀의 행 번호인 3과 [A3] 셀과 연결된 범위에 있는 데이터의 행수를 더하여 치환합니다(3+4=7).

❼ 입력행 1열에 'txt신청자' 컨트롤의 값을 입력합니다.

❽ 'opt기존회원'을 선택하면 ❾를 수행하고, 아니면 ❿을 수행합니다.

❾ 입력행 2열에 'opt기존회원' 컨트롤의 캡션, 즉 "기존회원"을 입력합니다.

❿ 입력행 2열에 'opt신규회원' 컨트롤의 캡션, 즉 "신규회원"을 입력합니다.

⓫ If문의 끝입니다.

⓬ 입력행 3열에 'lst프로그램' 목록 상자의 참조행, 0열에 있는 데이터를 입력합니다.

⓭ 입력행 4열에 'lst프로그램' 목록 상자의 참조행, 1열에 있는 데이터를 입력합니다.

⓮ 입력행 5열에 'lst프로그램' 목록 상자의 참조행, 2열에 있는 데이터를 천 단위 구분 기호를 적용하여 입력합니다.

③ '종료(cmd종료)' 단추 클릭 프로시저

1. 프로젝트 탐색기에서 〈수강신청〉 폼을 더블클릭하여 〈수강신청〉 폼이 화면에 나오게 한다.
2. '종료' 단추를 더블클릭하여 'cmd종료_Click( )' 프로시저가 나오게 한다.
3. 'cmd종료_Click( )' 프로시저에 다음과 같이 코드를 입력한다.

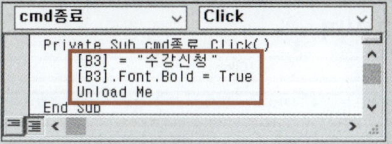

[기출 2]

① '등록' 단추 및 폼 초기화 프로시저

• '등록' 단추 클릭 프로시저

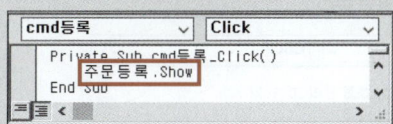

• 폼 초기화 프로시저

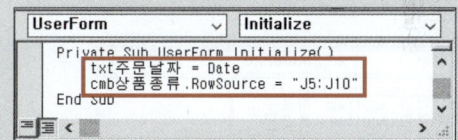

② '입력(cmd입력)' 단추 클릭 프로시저

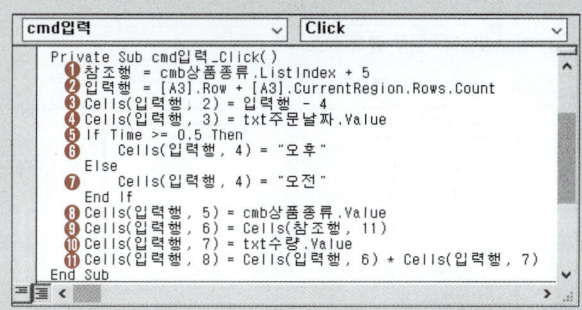

❶ • cmb상품종류.ListIndex는 콤보 상자에서 선택한 상품종류의 상대 위치를 반환합니다. 콤보 상자에서 상대적인 위치는 0에서 시작하므로 "수박"을 선택했다면 cmb상품종류.ListIndex는 0을 반환합니다.

  • 워크시트에서 '수박'에 대한 정보는 5행에 입력되어 있으므로 '수박'이 있는 행을 지정하기 위해 cmb코드.ListIndex에서 반환한 값 0에 5를 더한 것입니다.

  • 결론적으로 5를 더한 이유는 [표2]에서 실제 데이터의 위치가 워크시트의 5행에서 시작하기 때문입니다.

1과목 스프레드시트 실무 **125**

❷ '입력행' 변수에 [A3] 셀의 행 번호인 3과 [A3] 셀과 연결된 범위에 있는 데이터의 행수를 더하여 치환합니다.
❸ 지정된 셀 위치, 즉 5행 2열에 '입력행-4'를 표시합니다.
- '입력행'의 값 5에서 4를 빼면 1이고, '입력행'의 값은 데이터를 입력할 때마다 1씩 증가하므로, '입력행-4'의 값은 데이터를 입력할 때마다 1, 2, 3, …으로 변경됩니다.
❹ 입력행 3열에 'txt주문날짜'를 표시합니다.
❺ 시스템의 현재 시간이 0.5 이상이면 ❻번을 수행하고 아니면 ❼번을 수행합니다.
- 시간 데이터는 밤 12시(자정)를 0.0으로 시작하여 6시는 0.25, 낮 12시(정오)는 0.5, 18시는 0.75로 저장됩니다.
❻ 입력행 4열에 "오후"를 표시합니다.
❼ 입력행 4열에 "오전"을 표시합니다.
❽ 입력행 5열에 'cmb상품종류'를 표시합니다.
❾ 입력행 6열에 참조행 11열의 값을 표시합니다.
❿ 입력행 7열에 'txt수량'을 표시합니다.
⓫ 입력행 8열에 '입력행 6열'의 값에 '입력행 7열'의 값을 곱한 값을 표시합니다.

③ '닫기' 단추 클릭 프로시저

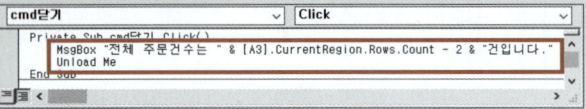

[기출 3]

① '건물관리' 단추 및 폼 초기화 프로시저

• '건물관리' 단추 클릭 프로시저

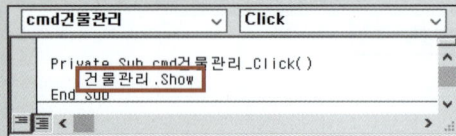

• 폼 초기화 프로시저

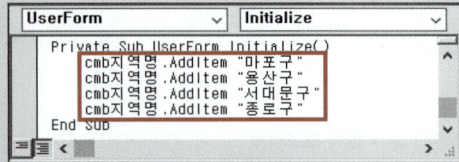

② '입력(cmd입력)' 단추 클릭 프로시저

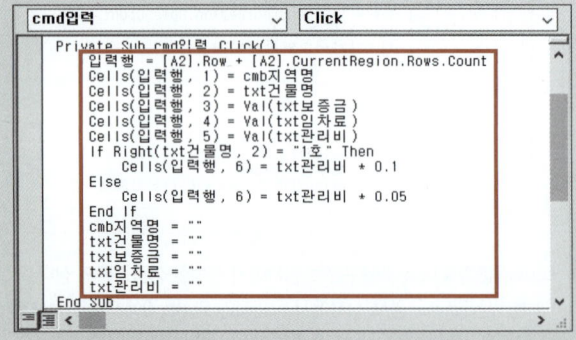

※ Val 함수를 이용하라는 지시사항이 있을 때는 Val 함수를 이용하여 숫자로 입력해야 합니다.

③ 워크시트의 Change 이벤트에 기능 설정

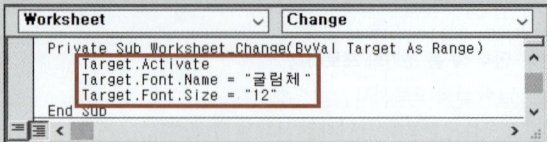

[기출 4]

① '수강생정보' 단추 및 폼 초기화 프로시저

• '수강생정보' 단추 클릭 프로시저

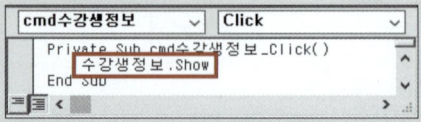

• 폼 초기화 프로시저

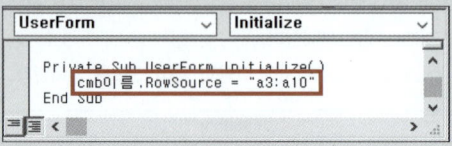

② '검색(cmd검색)' 단추 클릭 프로시저

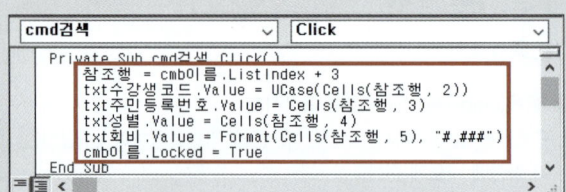

③ '닫기(cmd닫기)' 단추 클릭 프로시저

```
cmd닫기            Click
    Private Sub cmd닫기_Click()
        MsgBox Now, , "폼 종료"
        Unload Me
    End Sub
```

엑셀

실제 시험장을 옮겨 놓았다!

1 · 입실(시험 시작 10분 전)
2 · 신분증 및 수험표 확인
3 · 유의사항 및 컴퓨터 확인
4 · 문제 확인
5 · 문제 풀이
6 · 엑셀 시험 마무리

컴퓨터활용능력 1급 **실기**

시험장 | 실제 시험장을 옮겨 놓았다!

시험이란 항상 긴장되고 떨리게 마련입니다. 여기에서는 수험생이 입실하여 문제를 풀고, 퇴실하기까지의 전 과정을 상세히 다루었으니 차근차근 따라하며 시험에 대비하세요.

1 입실(시험 시작 10분 전)

컴퓨터활용능력 1급 실기 시험은 각 과목별로 45분, 총 90분 동안 치뤄지는데 보통 시험장에 도착하여 대기하다 10분 전에 입실합니다. 수험표에 지정된 시간까지 도착하지 않으면 입실을 거부당해 시험에 응시하실 수 없습니다. 또한 시험장 입실 시 수험표와 자신을 증명할 수 있는 신분증을 반드시 지참해야 합니다.

2 신분증 및 수험표 확인

시험장에 입실하여 자신의 인적사항과 자리 번호가 표시된 컴퓨터에 앉아서 기다리면 시험 감독위원이 여러분이 소지한 신분증과 수험표를 통해 본인 인증 과정을 거칩니다. 신분증은 주민등록증, 운전면허증을 포함하여 '대한상공회의소'가 공지한 신분증 인정 범위에 속한 증명서만이 신분증으로 인정됩니다.

3 유의사항 및 컴퓨터 확인

컴퓨터 화면 상단에는 시험 관련 유의사항이, 하단에는 〈연습하기〉 버튼이 표시됩니다. 유의사항을 꼼꼼하게 읽어본 후 〈연습하기〉 버튼을 눌러 엑셀과 액세스가 정상적으로 작동하는지 확인합니다. 문제가 있는 경우 손을 들고 감독관을 불러 조치를 받아야 합니다.

4 문제 확인

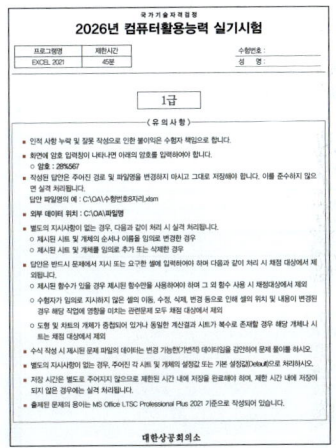 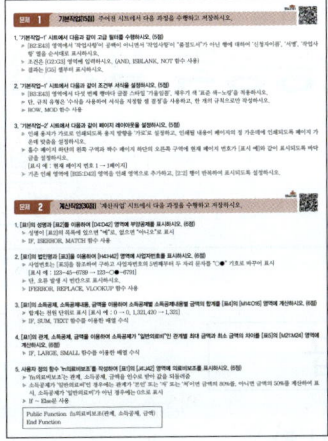 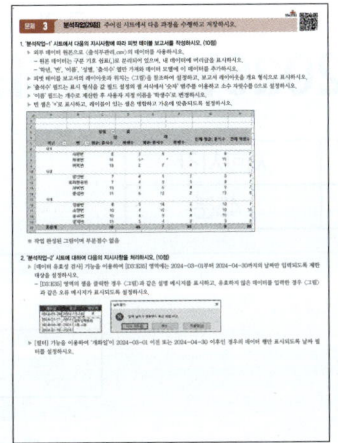 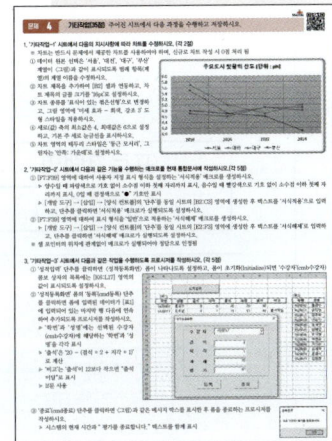

문제는 모니터에 표시되며, 보통 지시사항과 풀어야 할 문제를 포함한 4면으로 되어 있습니다. 확인하고 이상이 있으면 감독위원에게 문의하여 처리하세요.

다음은 최근 출제 경향이 잘 반영된 기출문제입니다. 풀이 과정을 따라하면서 전반적인 시험 분위기를 익히기 바랍니다.

실제 시험장에서 엑셀 문제를 풀 때는 몇 가지 요령이 필요합니다.

첫째, 아는 문제는 바로 풀지만 모르거나 바로 생각나지 않는 문제는 일단 표시해 두고 다음 문제를 풉니다.

둘째, [문제 2] 계산작업은 다른 모든 문제를 푼 다음 가장 나중에 풉니다.

셋째, [문제 2] 계산작업을 풀 때, 머릿속에 대략의 수식이 바로 세워지는 문제는 바로 풀어야 하지만, 수식이 바로 세워지지 않는 문제는 일단 표시해 두고 다음 문제를 풀어야 합니다.

이런 순서로 문제를 푸는 이유는 풀릴 듯 말 듯한 문제를 고민하다 시간을 다 허비하는 실수를 방지하기 위해서입니다.

공부할 때는 [문제2 계산작업]을 가장 먼저 공부해야 하지만, 실제 시험장에서는 가장 나중에 푸는 것이 좋습니다.

> **전문가의 조언**
> 다음에 제시된 문제는 시험을 치룬 학생들의 기억을 토대로 복원한 것이므로, 일부 내용이 실제 시험과 다를 수 있습니다.

국가기술자격검정

2026년 컴퓨터활용능력 실기시험

프로그램명	제한시간
EXCEL 2021	45분

수험번호 :

성　명 :

1급

───〈 유 의 사 항 〉───

- 인적 사항 누락 및 잘못 작성으로 인한 불이익은 수험자 책임으로 합니다.

- 화면에 암호 입력창이 나타나면 아래의 암호를 입력하여야 합니다.
  - 암호 : 28%567

- 작성된 답안은 주어진 경로 및 파일명을 변경하지 마시고 그대로 저장해야 합니다. 이를 준수하지 않으면 실격 처리됩니다.
  답안 파일명의 예 : C:\OA\수험번호8자리.xlsm

- **외부 데이터 위치 : C:\OA\파일명**

- 별도의 지시사항이 없는 경우, 다음과 같이 처리 시 실격 처리됩니다.
  - 제시된 시트 및 개체의 순서나 이름을 임의로 변경한 경우
  - 제시된 시트 및 개체를 임의로 추가 또는 삭제한 경우

- 답안은 반드시 문제에서 지시 또는 요구한 셀에 입력하여야 하며 다음과 같이 처리 시 채점 대상에서 제외됩니다.
  - 제시된 함수가 있을 경우 제시된 함수만을 사용하여야 하며 그 외 함수 사용 시 채점대상에서 제외
  - 수험자가 임의로 지시하지 않은 셀의 이동, 수정, 삭제, 변경 등으로 인해 셀의 위치 및 내용이 변경된 경우 해당 작업에 영향을 미치는 관련문제 모두 채점 대상에서 제외
  - 도형 및 차트의 개체가 중첩되어 있거나 동일한 계산결과 시트가 복수로 존재할 경우 해당 개체나 시트는 채점 대상에서 제외

- 수식 작성 시 제시된 문제 파일의 데이터는 변경 가능한(가변적) 데이터임을 감안하여 문제 풀이를 하시오.

- 별도의 지시사항이 없는 경우, 주어진 각 시트 및 개체의 설정값 또는 기본 설정값(Default)으로 처리하시오.

- 저장 시간은 별도로 주어지지 않으므로 제한된 시간 내에 저장을 완료해야 하며, 제한 시간 내에 저장이 되지 않은 경우에는 실격 처리됩니다.

- 출제된 문제의 용어는 MS Office LTSC Professional Plus 2021 기준으로 작성되어 있습니다.

대한상공회의소

문제 1 기본작업(15점) 주어진 시트에서 다음 과정을 수행하고 저장하시오.

1. '기본작업-1' 시트에서 다음과 같이 고급 필터를 수행하시오. (5점)
    ▶ [B2:E43] 영역에서 '작업사항'이 공백이 아니면서 '작업사항'이 "품절도서"가 아닌 행에 대하여 '신청자이름', '서명', '작업사항' 열을 순서대로 표시하시오.
    ▶ 조건은 [G2:G3] 영역에 입력하시오. (AND, ISBLANK, NOT 함수 사용)
    ▶ 결과는 [G5] 셀부터 표시하시오.

2. '기본작업-1' 시트에서 다음과 같이 조건부 서식을 설정하시오. (5점)
    ▶ [B3:E43] 영역에서 다섯 번째 행마다 글꼴 스타일 '기울임꼴', 채우기 색 '표준 색-노랑'을 적용하시오.
    ▶ 단, 규칙 유형은 '수식을 사용하여 서식을 지정할 셀 결정'을 사용하고, 한 개의 규칙으로만 작성하시오.
    ▶ ROW, MOD 함수 사용

3. '기본작업-2' 시트에서 다음과 같이 페이지 레이아웃을 설정하시오. (5점)
    ▶ 인쇄 용지가 가로로 인쇄되도록 용지 방향을 '가로'로 설정하고, 인쇄될 내용이 페이지의 정 가운데에 인쇄되도록 페이지 가운데 맞춤을 설정하시오.
    ▶ 홀수 페이지 하단의 왼쪽 구역과 짝수 페이지 하단의 오른쪽 구역에 현재 페이지 번호가 [표시 예]와 같이 표시되도록 바닥글을 설정하시오.
    [표시 예 : 현재 페이지 번호 1 → 1페이지]
    ▶ 기존 인쇄 영역에 [B25:D42] 영역을 인쇄 영역으로 추가하고, [2:2] 행이 반복하여 표시되도록 설정하시오.

문제 2 계산작업(30점) '계산작업' 시트에서 다음 과정을 수행하고 저장하시오.

1. [표1]의 성명과 [표2]를 이용하여 [D4:D42] 영역에 부양공제를 표시하시오. (6점)
    ▶ 성명이 [표2]의 목록에 있으면 "예"로, 없으면 "아니오"로 표시
    ▶ IF, ISERROR, MATCH 함수 사용

2. [표1]의 법인명과 [표3]을 이용하여 [H4:H42] 영역에 사업자번호를 표시하시오. (6점)
    ▶ 사업번호는 [표3]을 참조하여 구하고 사업자번호의 5번째부터 두 자리 문자를 "○●" 기호로 바꾸어 표시
    [표시 예 : 123-45-6789 → 123-○●-6791]
    ▶ 단, 오류 발생 시 빈칸으로 표시하시오.
    ▶ IFERROR, REPLACE, VLOOKUP 함수 사용

3. [표1]의 소득공제, 소득공제내용, 금액을 이용하여 소득공제별 소득공제내용별 금액의 합계를 [표4]의 [M14:O16] 영역에 계산하시오. (6점)
    ▶ 합계는 천원 단위로 표시 [표시 예 : 0 → 0, 1,321,420 → 1,321]
    ▶ IF, SUM, TEXT 함수를 이용한 배열 수식

4. [표1]의 관계, 소득공제, 금액을 이용하여 소득공제가 "일반의료비"인 관계별 최대 금액과 최소 금액의 차이를 [표5]의 [M21:M24] 영역에 계산하시오. (6점)
    ▶ IF, LARGE, SMALL 함수를 이용한 배열 수식

5. 사용자 정의 함수 'fn의료비보조'를 작성하여 [표1]의 [J4:J42] 영역에 의료비보조를 표시하시오. (6점)
    ▶ 'fn의료비보조'는 관계, 소득공제, 금액을 인수로 받아 값을 되돌려줌
    ▶ 소득공제가 '일반의료비'인 경우에는 관계가 '본인' 또는 '자' 또는 '처'이면 금액의 80%를, 아니면 금액의 50%를 계산하여 표시, 소득공제가 '일반의료비'가 아닌 경우에는 0으로 표시
    ▶ If ~ Else문 사용

```
Public Function  fn의료비보조(관계, 소득공제, 금액)

End Function
```

문제 3 분석작업(20점) 주어진 시트에서 다음 과정을 수행하고 저장하시오.

1. '분석작업-1' 시트에서 다음의 지시사항에 따라 피벗 테이블 보고서를 작성하시오. (10점)
   ▶ 외부 데이터 원본으로 〈출석부관리.csv〉의 데이터를 사용하시오.
     – 원본 데이터는 구분 기호 쉼표(,)로 분리되어 있으며, 내 데이터에 머리글을 표시하시오.
     – '학년', '반', '이름', '성별', '출석수' 열만 가져와 데이터 모델에 이 데이터를 추가하시오.
   ▶ 피벗 테이블 보고서의 레이아웃과 위치는 〈그림〉을 참조하여 설정하고, 보고서 레이아웃을 개요 형식으로 표시하시오.
   ▶ '출석수' 필드는 표시 형식을 값 필드 설정의 셀 서식에서 '숫자' 범주를 이용하고 소수 자릿수를 0으로 설정하시오.
   ▶ '이름' 필드는 개수로 계산한 후 사용자 지정 이름을 '학생수'로 변경하시오.
   ▶ 빈 셀은 '*'로 표시하고, 레이블이 있는 셀은 병합하고 가운데 맞춤되도록 설정하시오.

	A	B	C	D	E	F	G	H
1								
2								
3			성별	값				
4			남		여			
5	학년	반	평균: 출석수	학생수	평균: 출석수	학생수	전체 평균: 출석수	전체 학생수
6	⊟1							
7		사랑반	8	3	4	4	6	7
8		화평반	11	5	*	*	11	5
9		희락반	13	2	7	4	9	6
10	⊟2							
11		양선반	7	4	1	3	5	7
12		오래참음반	7	4	9	3	8	7
13		자비반	13	3	6	4	9	7
14		충성반	11	6	13	2	12	8
15	⊟3							
16		믿음반	8	5	14	2	10	7
17		소망반	10	4	10	6	10	10
18		온유반	10	4	9	4	10	8
19		절제반	11	5	4	3	9	8
20	총합계		10	45	7	35	9	80

※ 작업 완성된 그림이며 부분점수 없음

2. '분석작업-2' 시트에 대하여 다음의 지시사항을 처리하시오. (10점)
   ▶ [데이터 유효성 검사] 기능을 이용하여 [D3:E35] 영역에는 2024-03-01부터 2024-04-30까지의 날짜만 입력되도록 제한 대상을 설정하시오.
     – [D3:E35] 영역의 셀을 클릭한 경우 〈그림〉과 같은 설명 메시지를 표시하고, 유효하지 않은 데이터를 입력한 경우 〈그림〉과 같은 오류 메시지가 표시되도록 설정하시오.

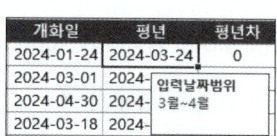
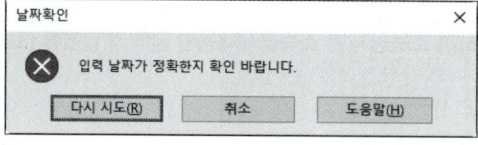

   ▶ [필터] 기능을 이용하여 '개화일'이 2024-03-01 이전 또는 2024-04-30 이후인 경우의 데이터 행만 표시되도록 날짜 필터를 설정하시오.

문제 4 **기타작업(35점)** 주어진 시트에서 다음 과정을 수행하고 저장하시오.

1. '기타작업-1' 시트에서 다음의 지시사항에 따라 차트를 수정하시오. (각 2점)
   ※ 차트는 반드시 문제에서 제공한 차트를 사용하여야 하며, 신규로 차트 작성 시 0점 처리 됨

   ① 데이터 원본 선택은 '서울', '대전', '대구', '부산' 계열이 〈그림〉과 같이 표시되도록 범례 항목(계열)의 계열 이름을 수정하시오.
   ② 차트 제목을 추가하여 [B2] 셀과 연동하고, 차트 제목의 글꼴 크기를 '16pt'로 설정하시오.
   ③ 차트 종류를 '표식이 있는 꺾은선형'으로 변경하고, 그림 영역에 '미세 효과 – 회색, 강조 3' 도형 스타일을 적용하시오.
   ④ 세로(값) 축의 최소값은 4, 최대값은 6으로 설정하고, 기본 주 세로 눈금선을 표시하시오.
   ⑤ 차트 영역의 테두리 스타일은 '둥근 모서리', 그림자는 '안쪽: 가운데'로 설정하시오.

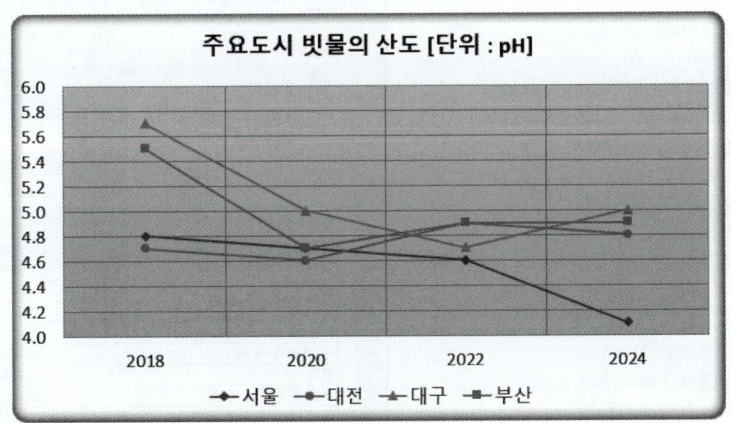

2. '기타작업-2' 시트에서 다음과 같은 기능을 수행하는 매크로를 현재 통합문서에 작성하시오.(각 5점)
   ① [F7:F39] 영역에 대하여 사용자 지정 표시 형식을 설정하는 '서식적용' 매크로를 생성하시오.
      ▶ 양수일 때 파랑색으로 기호 없이 소수점 이하 첫째 자리까지 표시, 음수일 때 빨강색으로 기호 없이 소수점 이하 첫째 자리까지 표시, 0일 때 검정색으로 "●" 기호만 표시
      ▶ [개발 도구] → [삽입] → [양식 컨트롤]의 '단추'를 동일 시트의 [B2:C3] 영역에 생성한 후 텍스트를 '서식적용'으로 입력하고, 단추를 클릭하면 '서식적용' 매크로가 실행되도록 설정하시오.
   ② [F7:F39] 영역에 대하여 표시 형식을 '일반'으로 적용하는 '서식해제' 매크로를 생성하시오.
      ▶ [개발 도구] → [삽입] → [양식 컨트롤]의 '단추'를 동일 시트의 [E2:F3] 영역에 생성한 후 텍스트를 '서식해제'로 입력하고, 단추를 클릭하면 '서식해제' 매크로가 실행되도록 설정하시오.
   ※ 셀 포인터의 위치에 관계없이 매크로가 실행되어야 정답으로 인정됨

3. '기타작업-3' 시트에서 다음과 같은 작업을 수행하도록 프로시저를 작성하시오. (각 5점)
   ① '성적입력' 단추를 클릭하면 〈성적등록화면〉 폼이 나타나도록 설정하고, 폼이 초기화(Initialize)되면 '수강자'(cmb수강자) 콤보 상자의 목록에는 [K6:L17] 영역의 값이 표시되도록 설정하시오.
   ② '성적등록화면' 폼의 '등록'(cmd등록) 단추를 클릭하면 폼에 입력된 데이터가 [표1]에 입력되어 있는 마지막 행 다음에 연속하여 추가되도록 프로시저를 작성하시오.
      ▶ '학번'과 '성명'에는 선택된 수강자(cmb수강자)에 해당하는 '학번'과 '성명'을 각각 표시
      ▶ '출석'은 '20 – (결석 * 2 + 지각 * 1)'로 계산
      ▶ '비고'는 '출석'이 12보다 작으면 "출석미달"로 표시
      ▶ If문 사용

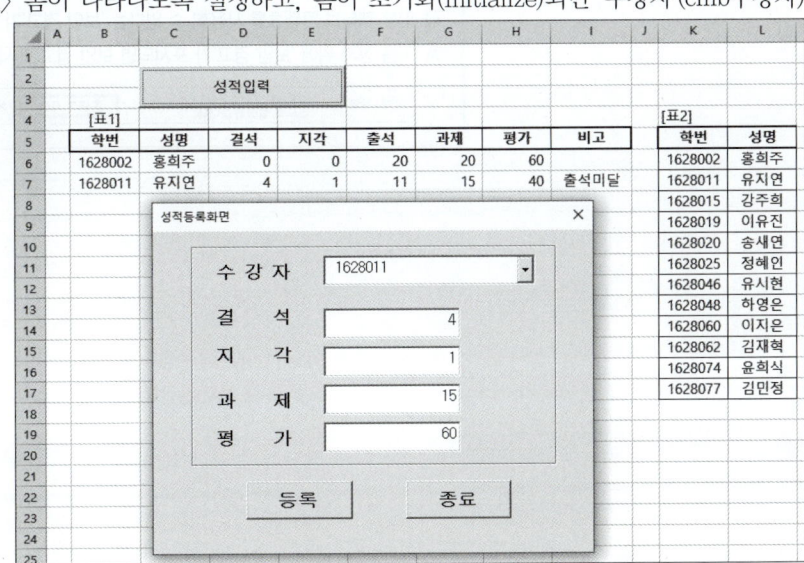

   ③ '종료'(cmd종료) 단추를 클릭하면 〈그림〉과 같은 메시지 박스를 표시한 후 폼을 종료하는 프로시저를 작성하시오.
      ▶ 시스템의 현재 시간과 " 평가를 종료합니다." 텍스트를 함께 표시

5 문제 풀이

전문가의 조언

- 수험생 여러분은 '길벗컴활1급통합\엑셀\시험장따라하기' 폴더에서 '12345678.xlsm'을 실행시킨 다음 따라하시면 됩니다.
- 실제 시험장에서는 자동으로 '수험번호.xlsm' 파일이 생성됩니다. 수험번호는 8자리 숫자이므로 수험번호가 12345678이라면 '12345678.xlsm' 파일이 자동으로 생성됩니다.
- 시험 시작을 알리면, 암호 입력 대화상자가 표시되지 않고 바로 문제 파일이 열립니다. 혹시라도 암호 입력 대화상자가 표시된다면, 당황하지 말고 문제 1면의 〈유의사항〉에 표시된 암호를 직접 입력하면 됩니다.

전문가의 조언

빠른 실행 도구 모음의 '저장(📁)' 아이콘을 클릭하여 수시로 저장해야 합니다. 시험 중에 정전이나 기타의 이유로 컴퓨터가 다운될 경우, 저장하지 않아서 잃어버린 내용을 복구하는 시간은 주어지지 않습니다.

감독위원이 시험 시작을 알리면 시험관련 유의사항이 화면에서 사라지고 파일명이 수험번호로 지정된 문제 파일이 화면에 나타납니다.

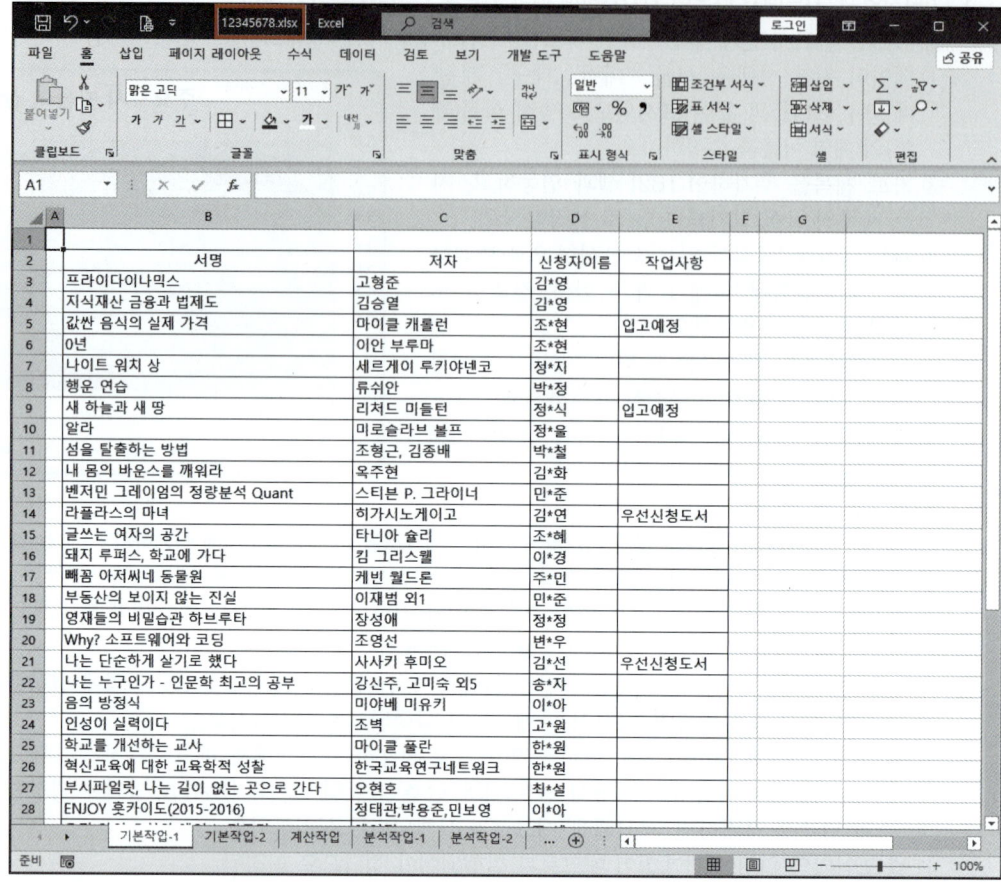

궁금해요 시나공 Q&A 베스트

Q 일부 액티브 콘텐츠를 사용할 수 없다는 '보안 경고'가 나타나요.

A 이름 상자 위에 '보안 경고'가 표시되면 보안 경고 메시지의 오른쪽에 있는 〈콘텐츠 사용〉을 클릭하세요.

문제 1   기본작업 풀이

01. 고급 필터 수행하기

1. '기본작업-1' 시트를 선택한 후 먼저 고급 필터에 사용할 조건과 추출할 필드명을 입력해야 합니다. [G2] 셀에 **조건**, [G3] 셀에 **=AND(NOT(ISBLANK(E3)), E3<>"품절도서")**, [G5:I5] 영역에 추출할 필드명을 그림과 같이 입력하세요.

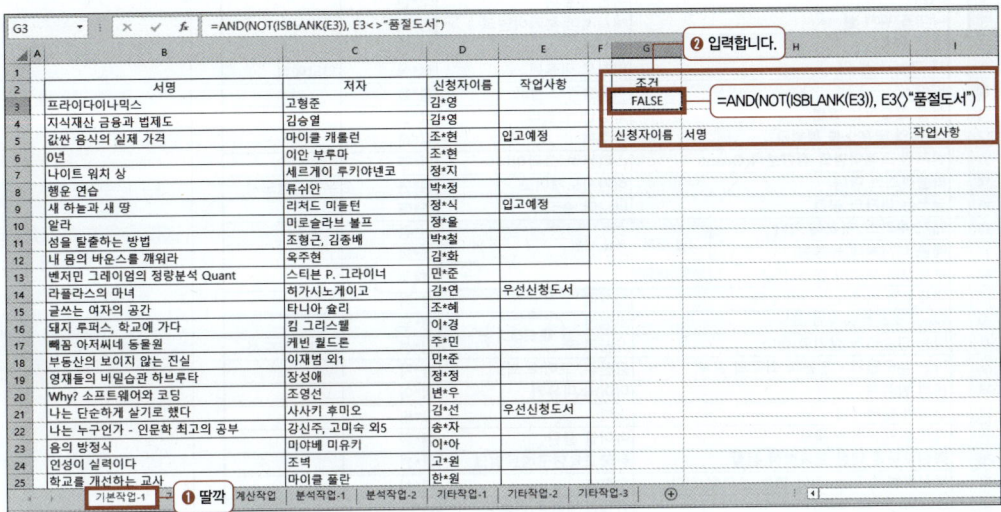

> **전문가의 조언**
>
> - 함수나 식의 계산값을 고급 필터의 찾을 조건으로 지정하는 경우, 조건 지정 범위의 첫 행에 입력하는 필드명은 원본 데이터의 필드명과 다른 문자열을 입력하거나 생략해야 합니다.
> - 문제에 제시된 AND, NOT, ISBLANK 함수를 모두 사용하여 조건을 지정해야 합니다.

2. 조건을 입력했으면 데이터 범위(B2:E43) 안에 셀 포인터를 놓고, [데이터] → 정렬 및 필터 → 고급을 클릭하세요. '고급 필터' 대화상자가 나타나면 현재 데이터가 있는 영역이 아닌 다른 장소에 추출하기 위해 '다른 장소에 복사'를 선택하고, 범위 지정 단추(↑)를 클릭하세요.

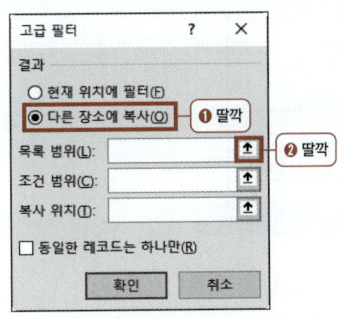

> **전문가의 조언**
>
> 고급 필터를 수행하기 전에 셀 포인터 위치가 데이터 범위(B2:E43) 안에 있었다면 '목록 범위'가 자동으로 지정됩니다.

3. [B2:E43] 영역을 마우스로 드래그하면 셀 주소가 '목록 범위' 난에 표시됩니다. 범위 지정 단추 (圖)를 다시 한 번 클릭하면 '고급 필터' 대화상자로 돌아갑니다.

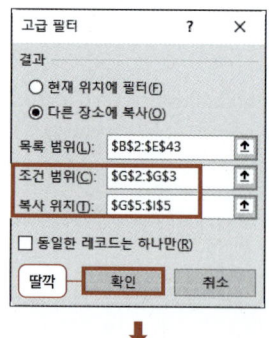

4. 같은 방법으로 '조건 범위'와 '복사 위치'를 그림과 같이 지정하고 〈확인〉을 클릭하세요.

02. 조건부 서식 지정하기

1. 필드명을 제외한 [B3:E43] 영역을 화살표 방향으로 드래그하여 블록으로 지정한 후 [홈] → 스타일 → 조건부 서식 → **새 규칙**을 선택하세요.

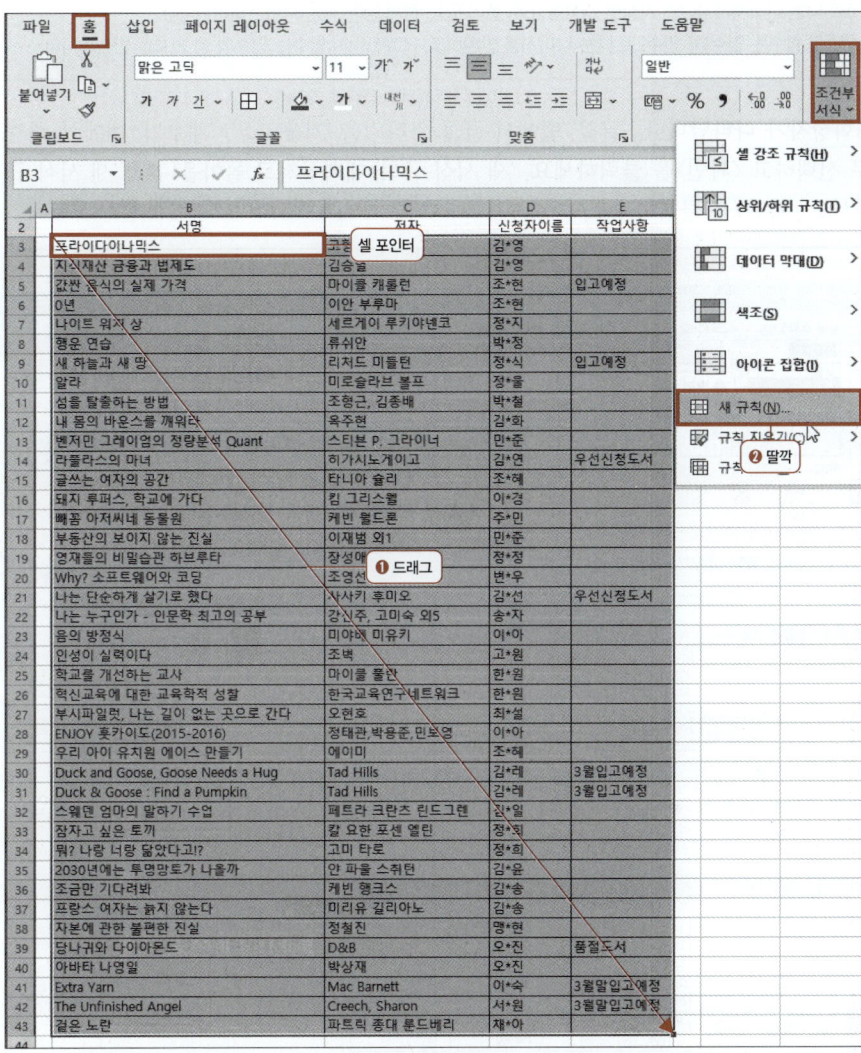

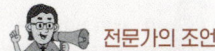 전문가의 조언

조건부 서식을 적용할 범위를 지정할 때, 필드 제목은 지정하지 않는다는 것을 기억하세요.

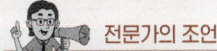 전문가의 조언

범위를 지정했을 때는 흰색으로 반전된 셀이 현재 셀 포인터입니다.

2. '새 서식 규칙' 대화상자가 나타납니다. '수식을 사용하여 서식을 지정할 셀 결정'을 선택한 다음 그림과 같이 조건을 입력하고 〈서식〉을 클릭하세요.

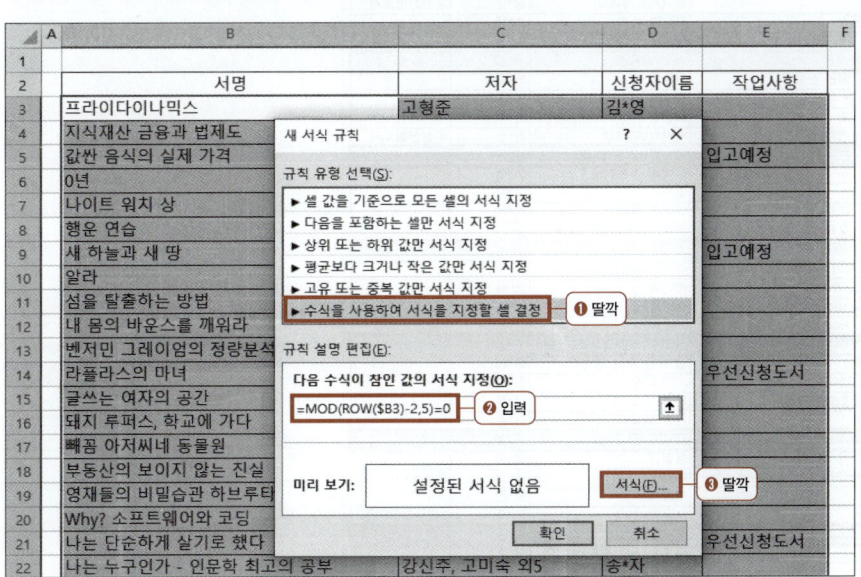

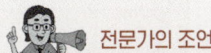 전문가의 조언

• 수식을 사용하여 조건을 설정하려면 '새 서식 규칙' 대화상자에서 '수식을 사용하여 서식을 지정할 셀 결정'을 선택해야 합니다.
• '새 서식 규칙' 대화상자에서 조건으로 수식을 입력할 때 방향키(→, ←, ↑, ↓)를 누르면 현재 셀 포인터를 기준으로 이동된 셀 주소가 입력됩니다. 그러므로 수식을 수정하기 위해 셀 포인터를 이동할 때는 마우스로 직접 해당 위치를 클릭해야 합니다.

전문가의 조언

범위로 지정한 행 전체에 같은 서식이 적용되게 하려면 기준이 되는 셀 주소의 열 번호 앞에 '$'를 붙여야 합니다. 여기서는 서명이 있는 첫 번째 주소인 [B3] 셀이 기준이 되는 셀 주소에 해당됩니다.

> **잠깐만요** =MOD(ROW($B3)-2,5)=0
>
> 현재 셀 포인터가 [B3] 셀에 있으니 [B3] 셀이 있는 행의 행 번호(3)에서 2를 뺀 값을 5로 나눈 나머지가 0이면 지정한 서식을 [B3] 셀이 있는 전체 행에 적용하라는 의미입니다. 만약 셀 포인터가 [B4] 셀로 이동하면 [B4] 셀이 있는 행의 행 번호에서 2를 뺀 값을 5로 나눈 나머지가 0이면 지정한 서식을 [B4] 셀이 있는 전체 행에 적용하라는 의미입니다.
> ※ MOD(인수1, 인수2) 함수는 인수1을 인수2로 나눈 나머지를 반환하고, ROW(인수) 함수는 인수의 행 번호를 반환합니다.

3. '셀 서식' 대화상자가 나타납니다. '글꼴' 탭에서 글꼴 스타일을 '기울임꼴', '채우기' 탭에서 배경색을 '노랑'으로 선택하고 〈확인〉을 클릭하세요. '새 서식 규칙' 대화상자로 돌아옵니다. '새 서식 규칙' 대화상자에서도 〈확인〉을 클릭하세요.

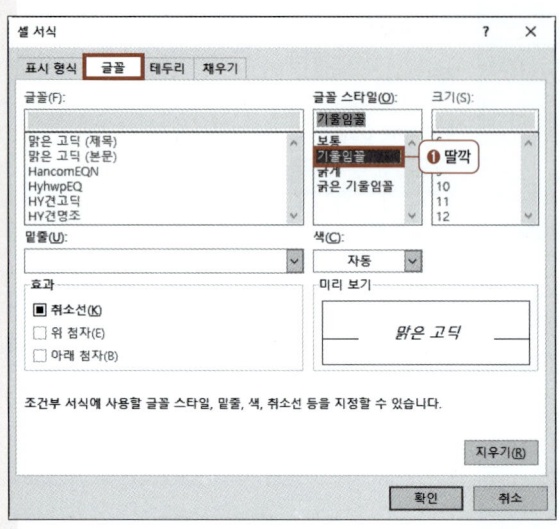
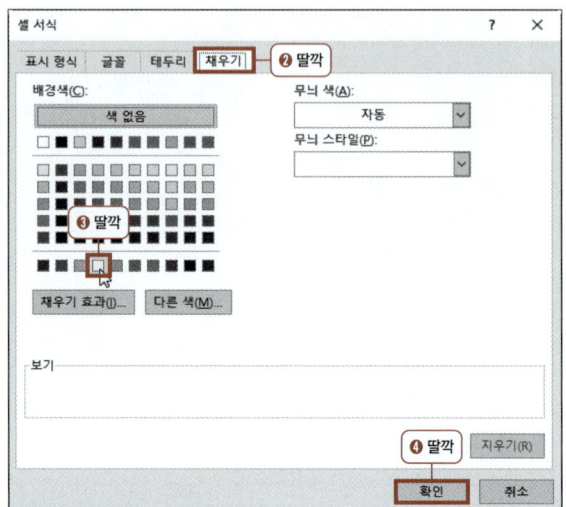

4. 데이터의 다섯 번째 행마다 글꼴 스타일이 '기울임꼴', 배경색이 '노랑'으로 표시된 것을 확인할 수 있습니다.

03. 페이지 레이아웃 설정하기

1. '기본작업-2' 시트를 선택한 후 [페이지 레이아웃] → **페이지 설정**의 🔲를 클릭하세요. '페이지 설정' 대화상자가 나타납니다.

2. 인쇄 용지가 가로로 인쇄되도록 용지 방향을 '가로'로 설정해야 합니다. '페이지 설정' 대화상자의 '페이지' 탭에서 '가로'를 선택하세요.

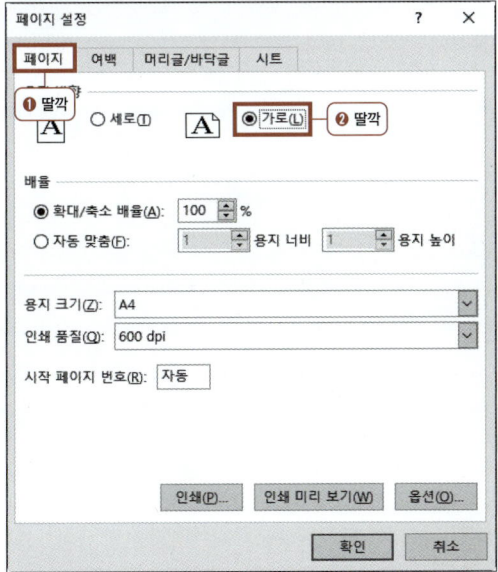

3. 인쇄될 내용이 정 가운데에 인쇄되도록 설정해야 합니다. '페이지 설정' 대화상자의 '여백' 탭에서 '가로'와 '세로'를 선택하세요.

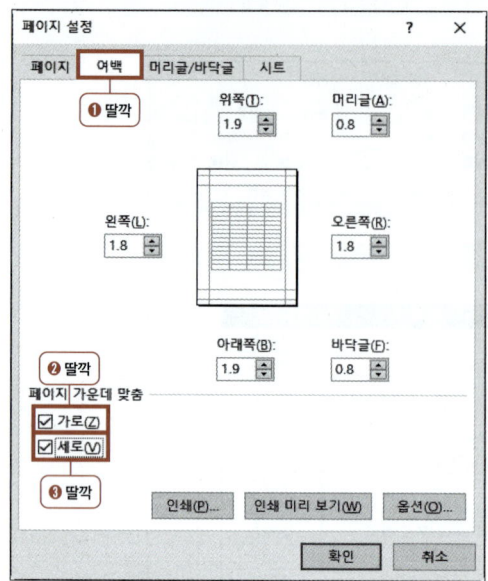

4. 페이지 번호가 홀수 페이지 하단의 왼쪽 구역과 짝수 페이지 하단의 오른쪽 구역에 표시되도록 설정해야 합니다. '페이지 설정' 대화상자의 '머리글/바닥글' 탭에서 '짝수와 홀수 페이지를 다르게 지정'을 선택한 후 〈바닥글 편집〉을 클릭하세요. '바닥글' 대화상자가 나타납니다.

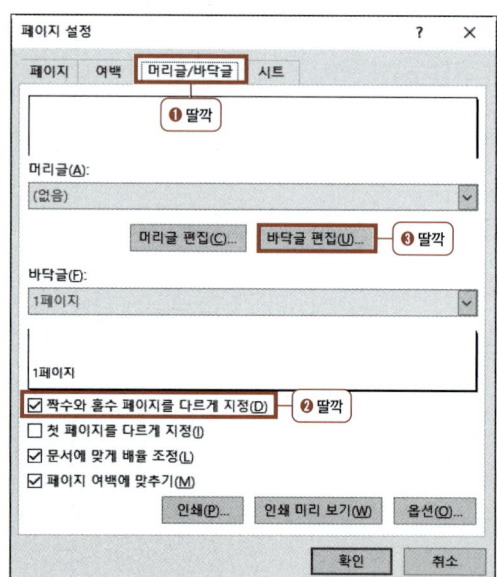

5. '바닥글' 대화상자의 '홀수 페이지 바닥글' 탭에서 '왼쪽 구역'을 클릭한 후 '페이지 번호 삽입(📄)' 아이콘을 클릭하면 '왼쪽 구역'에 '&[페이지 번호]'가 표시됩니다. 이어서 '&[페이지 번호]' 뒤에 **페이지**를 입력하세요.

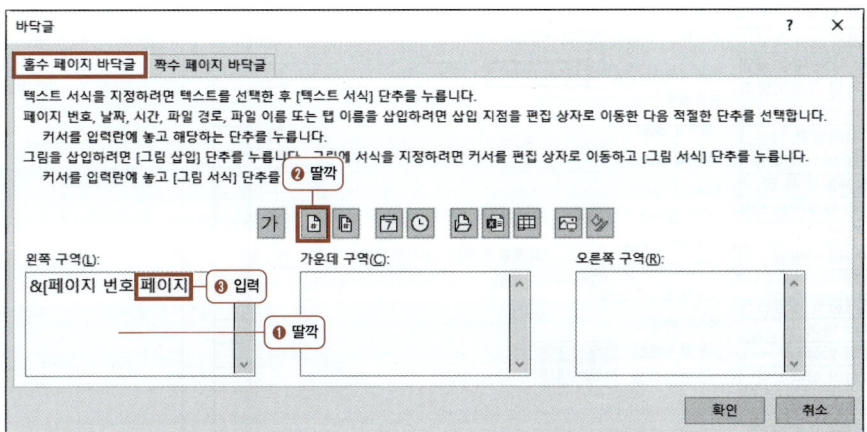

6. '바닥글' 대화상자의 '짝수 페이지 바닥글' 탭에서 '오른쪽 구역'을 클릭한 후 동일한 방법으로 페이지 번호를 삽입한 후 〈확인〉을 클릭하세요.

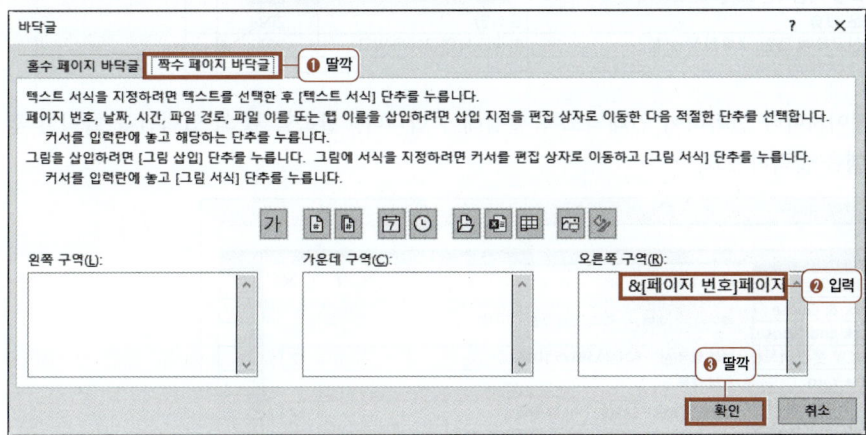

7. 기존 인쇄 영역에 [B25:D42] 영역을 인쇄 영역으로 추가해야 합니다. '페이지 설정' 대화상자의 '시트' 탭에서 '인쇄 영역'에 입력된 범위 뒤에 콤마(,)를 입력한 후 추가할 영역을 마우스로 드래그하세요.

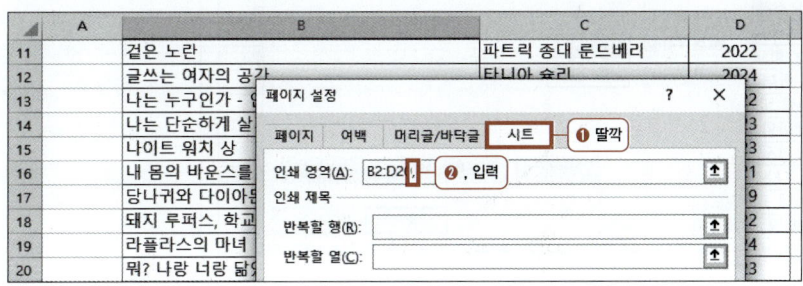

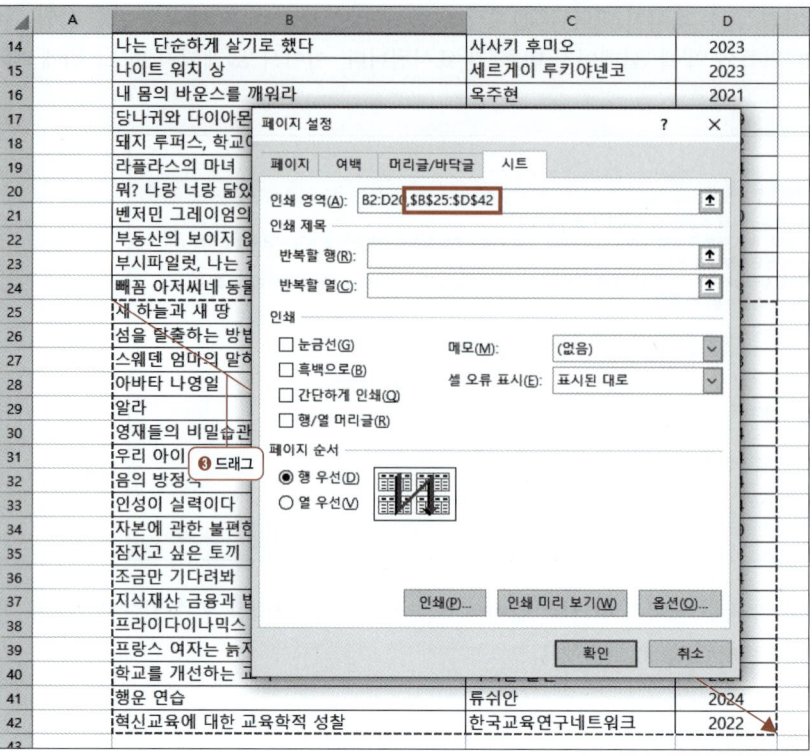

전문가의 조언

2행 중 어디를 클릭하든 2행 전체가 반복 행으로 지정됩니다.

8. 2행이 매 페이지마다 반복하여 인쇄되도록 설정해야 합니다. '반복할 행'의 입력난을 클릭한 후 워크시트의 2행을 클릭하세요.

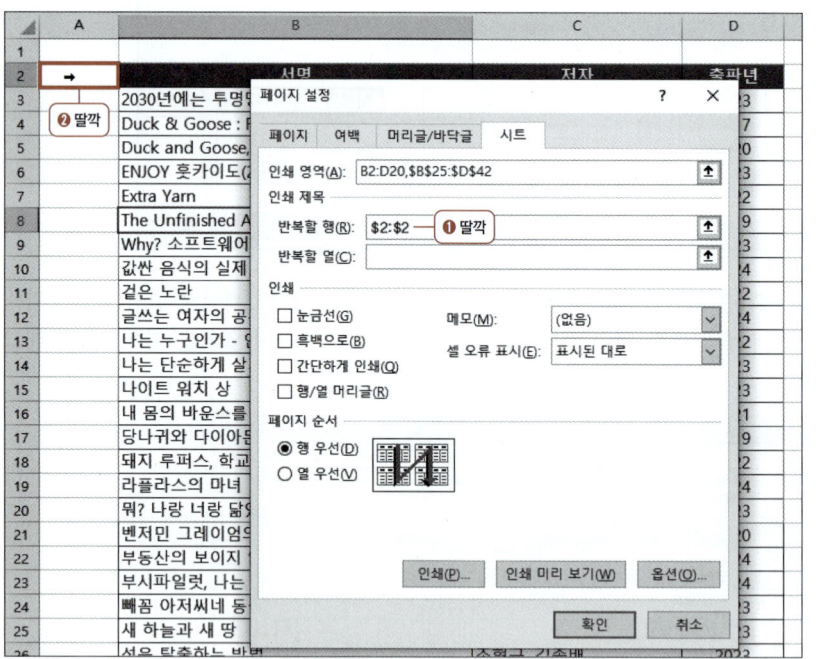

9. 페이지 설정 결과를 확인하기 위해 '페이지 설정' 대화상자에서 〈인쇄 미리 보기〉 단추를 클릭합니다. '인쇄 미리 보기' 화면은 Esc를 누르면 종료됩니다.

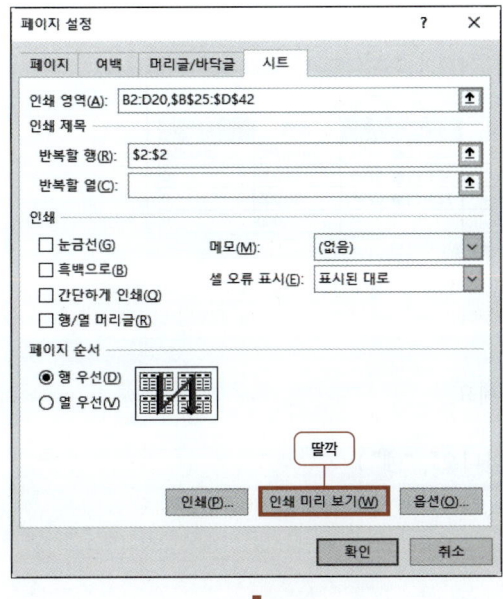

1페이지

2페이지

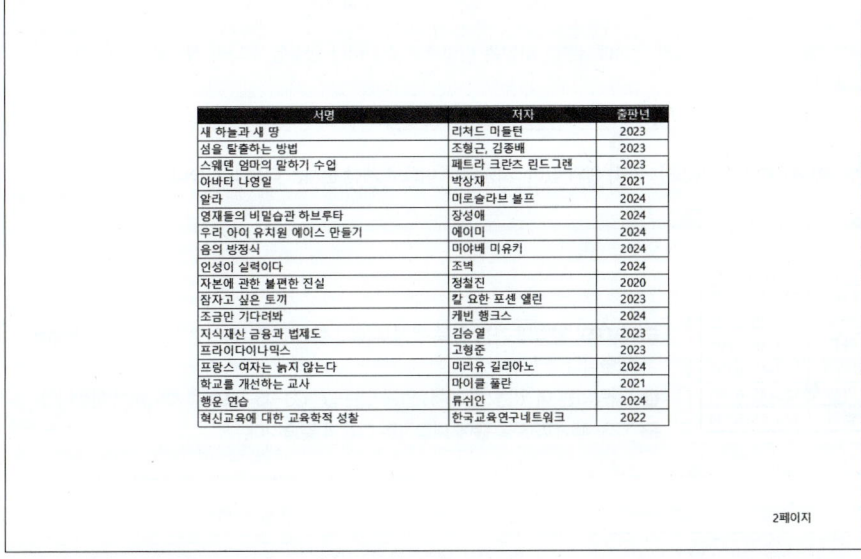

문제 2   계산작업 풀이

'계산작업' 시트를 선택하세요.

	A	B	C	D	E	F	G	H	I	J	K
1											
2		[표1]									
3		성명	관계	부양공제	소득공제	소득공제내용	법인명	사업자번호	금액	의료비보조	
4		김가인	모	예	일반의료비	간소화자료	사랑의원	123-○●-6793	612,700	306,350	
5		김가인	모	예	신용카드	대중교통	상공카드	123-○●-6791	13,000	0	
6		김가인	모	예	신용카드	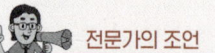중교통	상공카드	123-○●-6791	46,000	0	
7		김가인	모	예	현금영수증	일반사용분			3,000	0	

기본작업-1   기본작업-2   **계산작업**   분석작업-1   분석 …

01. 부양공제 구하기

1. [D4] 셀에 다음과 같이 입력한 후 결과를 확인하세요.

=IF(ISERROR(MATCH(B4,$L$4:$L$7,0)), "아니오", "예")

> **전문가의 조언**
> 일반 수식을 입력한 후 Ctrl + Enter 를 누르면 셀 포인터가 이동되지 않고 입력이 완성되므로, 셀 포인터를 한 칸 위로 이동하지 않고 바로 자동 채우기를 할 수 있습니다.

수식의 이해

수식을 이해할 때는 우선순위에 따라 안쪽에서부터 바깥쪽 방향으로 수식이나 함수를 하나씩 상수로 변환하면서 이해하면 쉽습니다.
=IF(ISERROR(MATCH(B4,L4:L7,0)), "아니오", "예")
                   ❶

1. ❶ MATCH(B4,L4:L7,0) : [L4:L7] 영역에서 [B4] 셀의 값 "김가인"이 있는 위치는 2입니다. 이 값을 ❶에 대입하면 다음과 같습니다.
=IF(ISERROR(2), "아니오", "예")
       ❷
2. ❷ ISERROR(2) : 2는 오류가 아니므로 FALSE를 반환합니다. 이 값을 ❷에 대입하면 다음과 같습니다.
3. =IF(FALSE, "아니오", "예") : 조건이 FALSE이므로 "예"가 [D4] 셀에 입력됩니다.

2. 결과를 확인한 후 [D42] 셀까지 자동 채우기 핸들을 드래그하여 수식을 복사하세요.

02. 사업자번호 구하기

1. [H4] 셀에 다음과 같이 입력한 후 결과를 확인하세요.

=IFERROR(REPLACE(VLOOKUP(G4,$O$4:$P$9,2,FALSE),5,2,"○●")," ")

수식의 이해

수식을 이해할 때는 우선순위에 따라 안쪽에서부터 바깥쪽 방향으로 수식이나 함수를 하나씩 상수로 변환하면서 이해하면 쉽습니다.
=IFERROR(REPLACE(VLOOKUP(G4,O4:P9,2,FALSE),5,2,"○●")," ")
                         ❶

1. ❶ VLOOKUP(G4,O4:P9,2,FALSE) : [G4] 셀의 값이 "사랑의원"이므로 계산 순서는 다음과 같습니다.

	O	P
2	[표3]	
3	법인명	사업자번호
4	한국대학교	123-45-6789
5	미래카드	123-45-6790
6	상공카드	123-45-6791
7	알파고카드	123-45-6792
8	사랑의원	123-45-6793
9	중앙병원	123-45-6794

㉠ [O4:P9] 영역의 가장 왼쪽 열에서 [G4] 셀의 값 "사랑의원"을 찾습니다. 5행에 있습니다.
㉡ "사랑의원"이 있는 5행에서 2열에 있는 값 "123-45-6793"을 찾아서 반환합니다.
㉢ "123-45-6793"을 ❶에 대입하면 다음과 같습니다.

=IFERROR(REPLACE("123-45-6793",5,2,"○●")," ")
         ❷

2. ❷ REPLACE("123-45-6793",5,2,"○●") : "123-45-6793"의 5번째부터 두 글자를 "○●"로 표시합니다. "123-○●-6793"을 ❷에 대입하면 다음과 같습니다.
3. =IFERROR("123-○●-6793"," ") : "123-○●-6793"이 오류가 아니므로 [H4] 셀에 그대로 입력됩니다.

2. 결과를 확인한 후 [H42] 셀까지 자동 채우기 핸들을 드래그하여 수식을 복사하세요.

03. 소득공제별 소득공제내용별 금액의 합계 구하기

1. [M14] 셀에 다음과 같이 입력한 후 Ctrl + Shift + Enter 를 눌러 배열 수식을 완성하세요.

=TEXT(SUM(IF(($E$4:$E$42=$L14)*($F$4:$F$42=M$13),$I$4:$I$42)),"#,##0,")

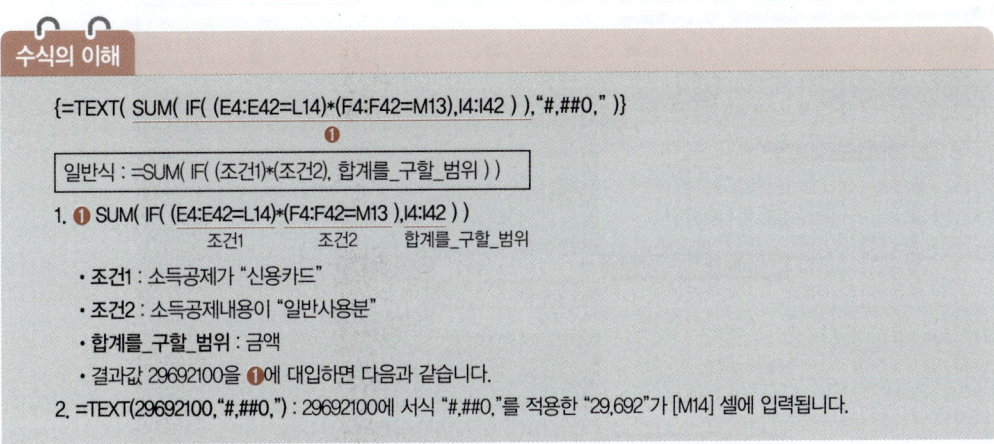

2. 결과를 확인한 후 [M16] 셀까지 자동 채우기 핸들을 드래그하여 수식을 복사한 후 다시 [O16] 셀까지 자동 채우기 핸들을 드래그하여 수식을 복사하세요.

04. 소득공제가 '일반의료비'인 관계별 최대 금액과 최소 금액의 차이 구하기

1. [M21] 셀에 다음과 같이 입력한 후 Ctrl + Shift + Enter 를 눌러 배열 수식을 완성하세요.

=LARGE(IF(($C$4:$C$42=$L21)*($E$4:$E$42=$M$20),$I$4:$I$42),1)-SMALL(IF(($C$4:$C$42=$L21)*($E$4:$E$42=$M$20),$I$4:$I$42),1)

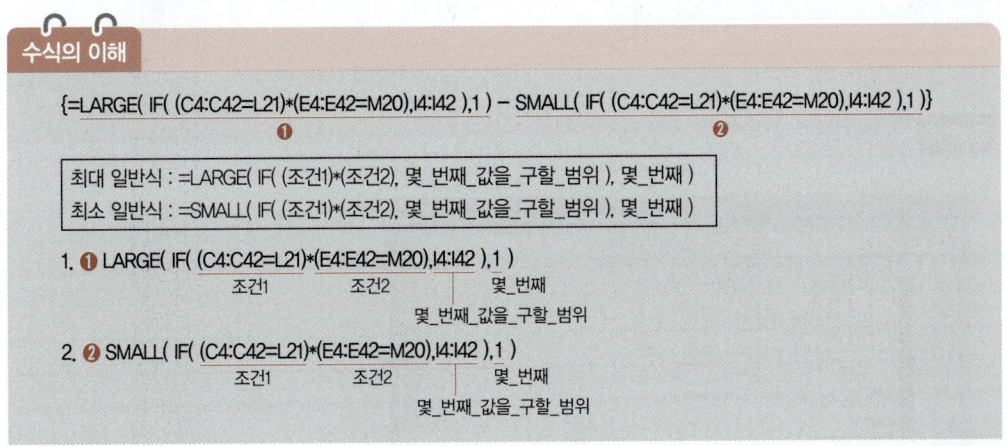

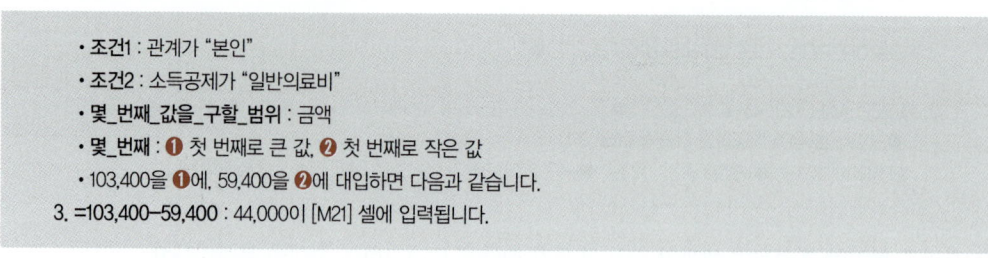

- 조건1 : 관계가 "본인"
- 조건2 : 소득공제가 "일반의료비"
- 몇_번째_값을_구할_범위 : 금액
- 몇_번째 : ❶ 첫 번째로 큰 값, ❷ 첫 번째로 작은 값
- 103,400을 ❶에, 59,400을 ❷에 대입하면 다음과 같습니다.

3. =103,400−59,400 : 44,000이 [M21] 셀에 입력됩니다.

2. 결과를 확인한 후 [M24] 셀까지 자동 채우기 핸들을 드래그하여 수식을 복사하세요.

05. 사용자 정의 함수를 이용한 의료비보조 구하기

1. Alt + F11 을 눌러 VBE를 호출하세요.

2. 프로젝트 탐색기 창에서 바로 가기 메뉴를 호출하여 [삽입] → **모듈**을 선택하세요.

전문가의 조언

- VBE는 Visual Basic Editor를 말합니다.
- 바로 가기 메뉴를 호출한다는 것은 마우스 오른쪽 버튼을 클릭한다는 것 알고 있죠?
- [개발 도구] → 코드 → Visual Basic을 클릭해도 VBE가 호출됩니다.
- 워크시트 이름의 바로 가기 메뉴에서 [코드 보기]를 선택해도 VBE가 호출됩니다.

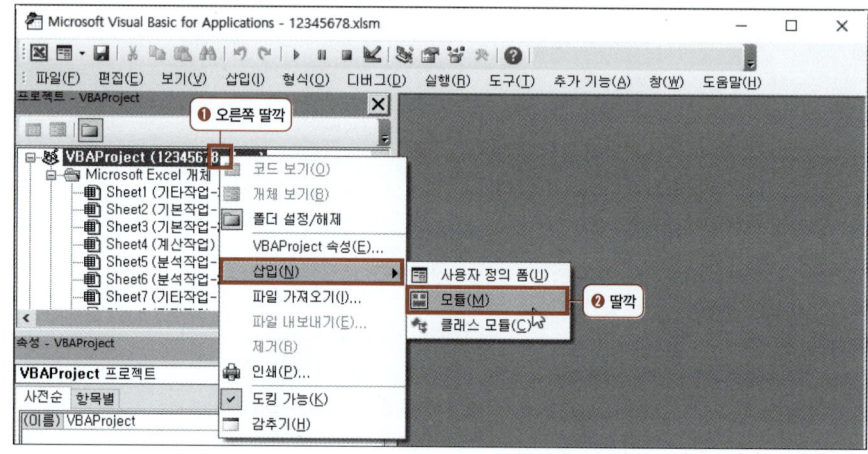

3. 프로젝트 탐색기 창에 모듈이 추가됩니다. 추가된 모듈의 코드 창에 다음과 같이 코드를 입력한 후 '보기 Microsoft Excel(📊)' 아이콘을 클릭하면 워크시트로 돌아갑니다.

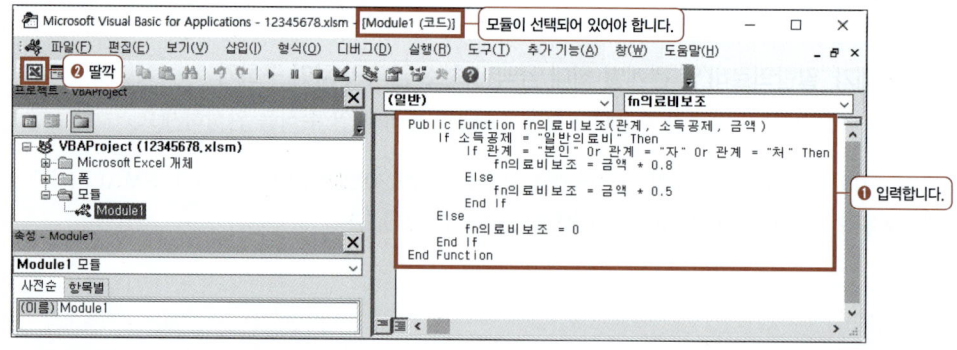

잠깐만요 사용자 정의 함수 코드

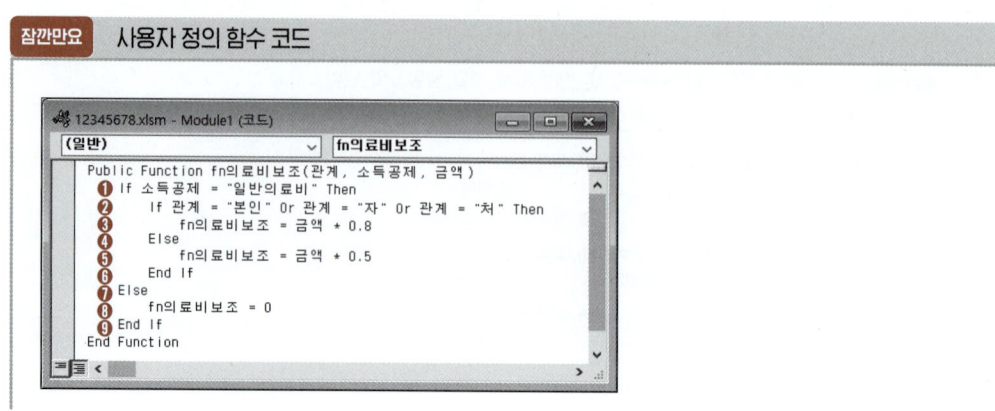

❶ 소득공제가 "일반의료비"이면 ❷를 수행하고 아니면 ❽을 수행하고 끝냅니다.
❷ '관계'가 "본인" 또는 "자" 또는 "처"이면 ❸을 수행하고 아니면 ❺를 수행하고 끝냅니다.
❸ 'fn의료비보조'에 금액*0.8의 결과를 저장합니다.
❹ '관계'가 "본인" 또는 "자" 또는 "처"가 아니면 ❺를 수행하고 끝냅니다.
❺ 'fn의료비보조'에 금액*0.5의 결과를 저장합니다.
❻ IF문을 종료합니다.
❼ 소득공제가 "일반의료비"가 아니면 ❽을 수행하고 끝냅니다.
❽ 'fn의료비보조'에 0을 저장합니다.
❾ IF문을 종료합니다.

4. [J4] 셀에 다음과 같이 입력한 후 [J42] 셀까지 자동 채우기 핸들을 드래그하여 수식을 복사하세요.

=fn의료비보조(C4,E4,I4)

5. 모든 계산 작업을 완료하면 다음 그림과 같은 결과가 표시됩니다.

문제 3   분석작업 풀이

01. 피벗 테이블 만들기

1. '분석작업-1' 시트를 선택한 후 [삽입] → 표 → **피벗 테이블**을 클릭하세요.

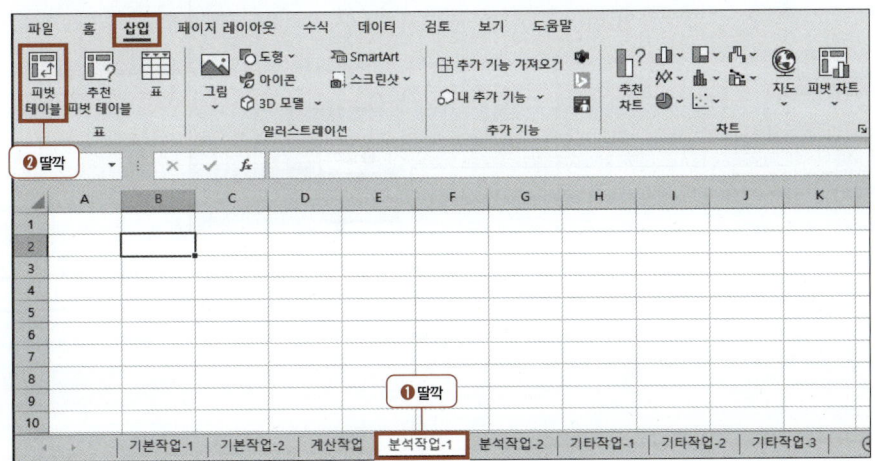

2. '피벗 테이블 만들기' 대화상자가 나타납니다. '피벗 테이블 만들기' 대화상자에서 '외부 데이터 원본 사용'을 선택한 후 〈연결 선택〉을 클릭하세요.

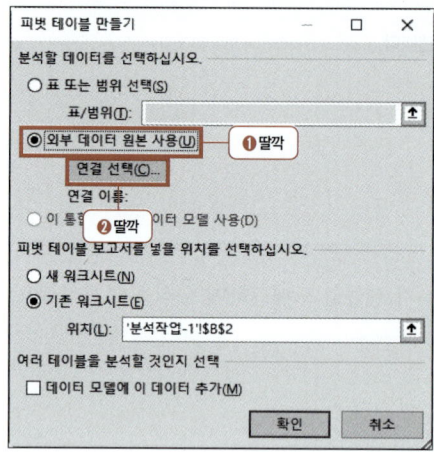

3. '기존 연결' 대화상자가 나타납니다. '기존 연결' 대화상자에서 〈더 찾아보기〉를 클릭하세요.

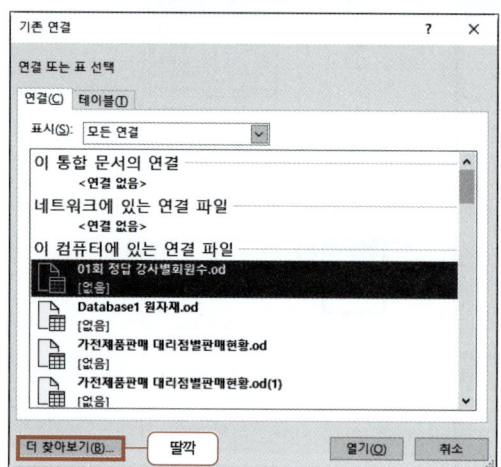

4. '데이터 원본 선택' 대화상자가 나타납니다. '데이터 원본 선택' 대화상자에서 'OA\출석부관리.csv'를 선택한 후 〈열기〉를 클릭하세요.

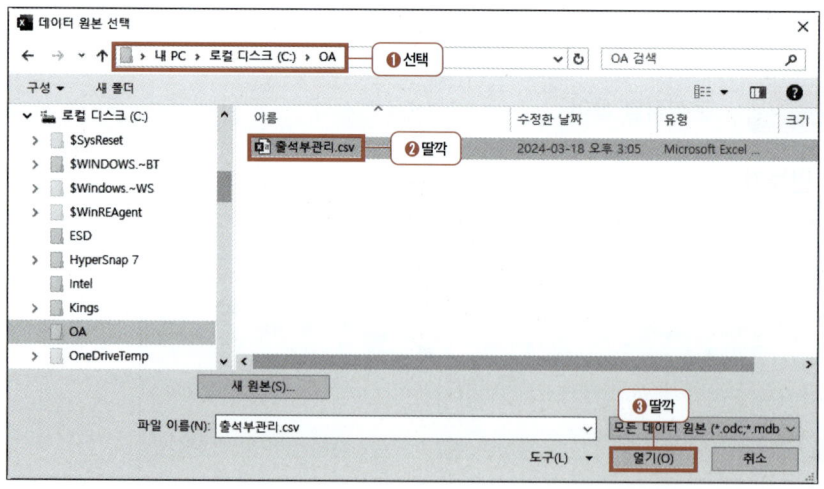

전문가의 조언

실제 시험에서는 불러올 데이터베이스 파일이 'C:\OA' 폴더 안에 들어 있습니다. 수험생 여러분은 '길벗컴활1급통합\엑셀\시험장따라하기' 폴더 안에 들어 있는 '출석부관리.csv' 파일을 선택하면 됩니다.

5. '텍스트 마법사 – 3단계 중 1단계' 대화상자에서 '구분 기호로 분리됨'과 '내 데이터에 머리글 표시'를 선택한 후 〈다음〉을 클릭하세요.

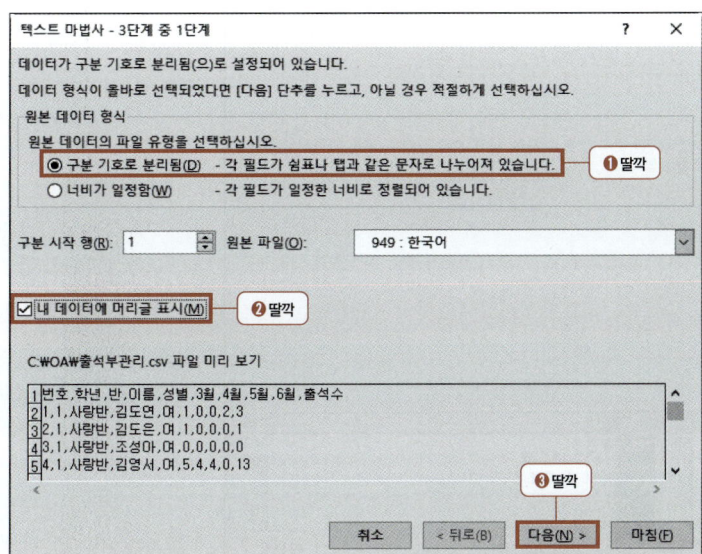

6. '텍스트 마법사 – 3단계 중 2단계' 대화상자에서 구분 기호를 '쉼표'로 지정한 후 〈다음〉을 클릭하세요.

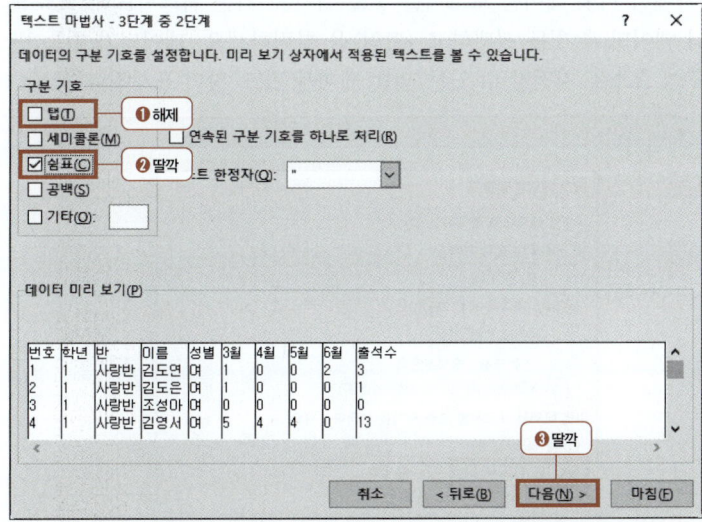

7. '텍스트 마법사 – 3단계 중 3단계' 대화상자의 '데이터 미리 보기'에서 '번호' 열을 클릭한 후 '열 데이터 서식'에서 '열 가져오지 않음(건너뜀)'을 선택하세요.

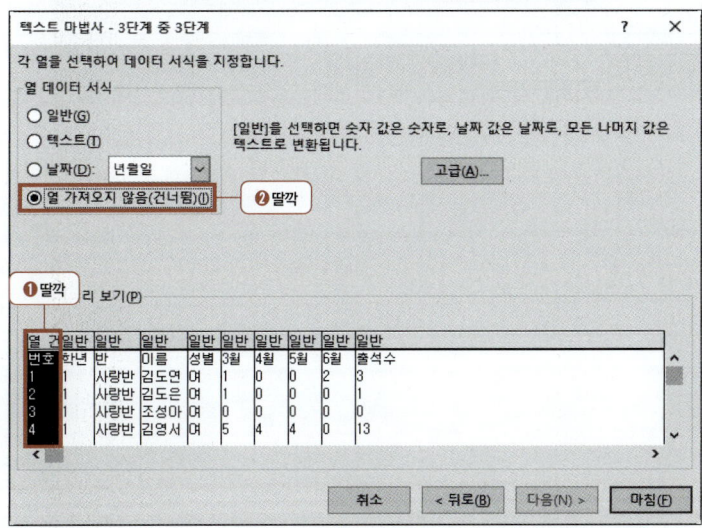

8. 같은 방법으로 '3월', '4월', '5월', '6월' 열을 모두 '열 가져오지 않음(건너뜀)'으로 지정한 후 〈마침〉을 클릭하세요.

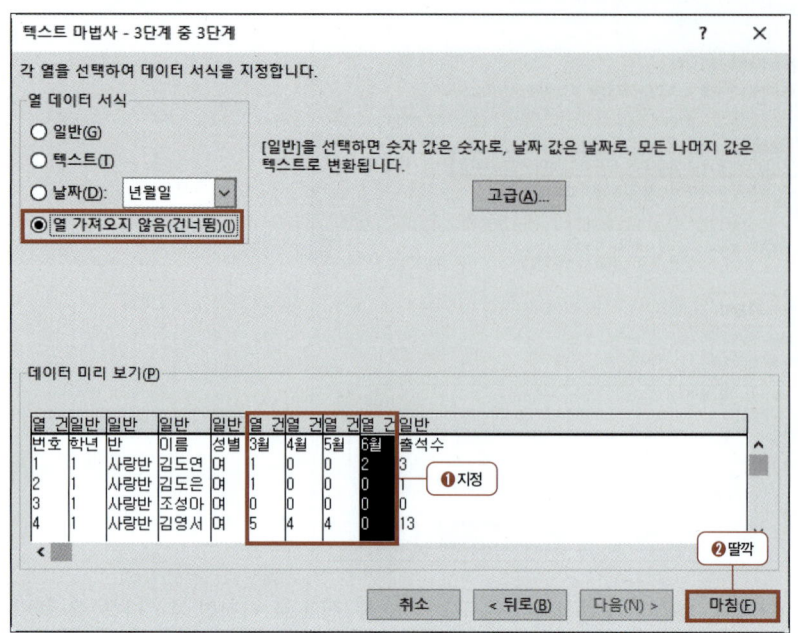

9. '피벗 테이블 만들기' 대화상자에서 피벗 테이블 보고서를 넣을 위치를 '기존 워크시트'의 'A3' 셀로 지정한 후 '데이터 모델에 이 데이터 추가'를 선택하고 〈확인〉을 클릭하세요. 데이터가 없는 빈 피벗 테이블과 피벗 테이블의 구성 요소를 지정할 수 있는 '피벗 테이블 필드' 창이 표시됩니다.

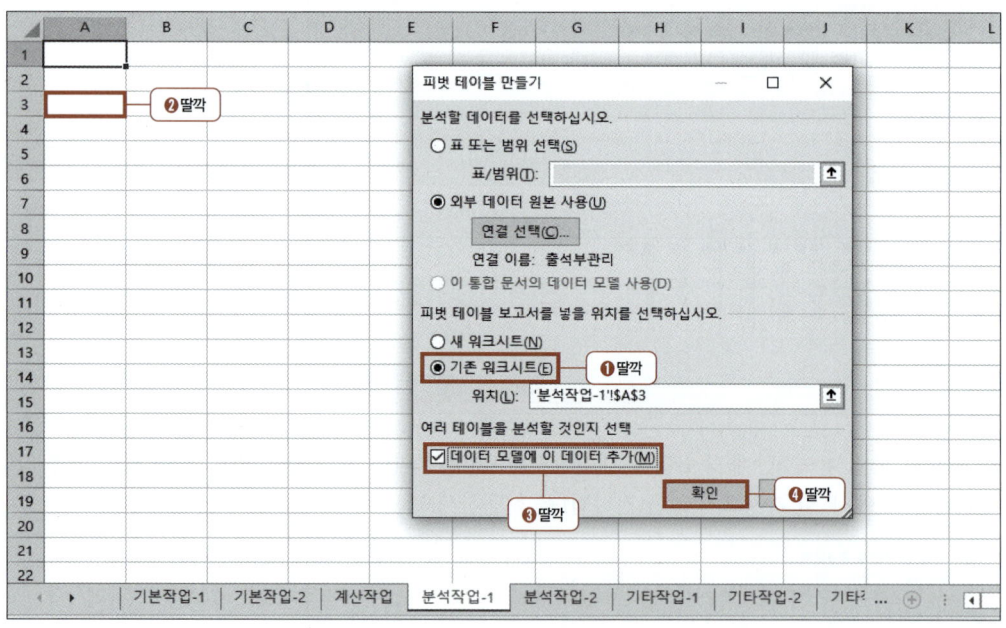

전문가의 조언

작성한 피벗 테이블이 표시될 위치는 문제에 제시된 그림을 보고 판단해야 합니다. 피벗 테이블의 행과 열이 시작하는 부분을 지정하면 됩니다.

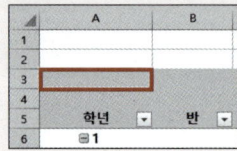

10. '피벗 테이블 필드' 창에서 행 영역에 '학년'과 '반', 열 영역에 '성별', 값 영역에 '출석수'와 '이름'을 끌어다 놓으세요. 값 영역에 두 개 이상의 필드를 넣으면 열 영역에 'Σ 값'이 자동으로 생성됩니다.

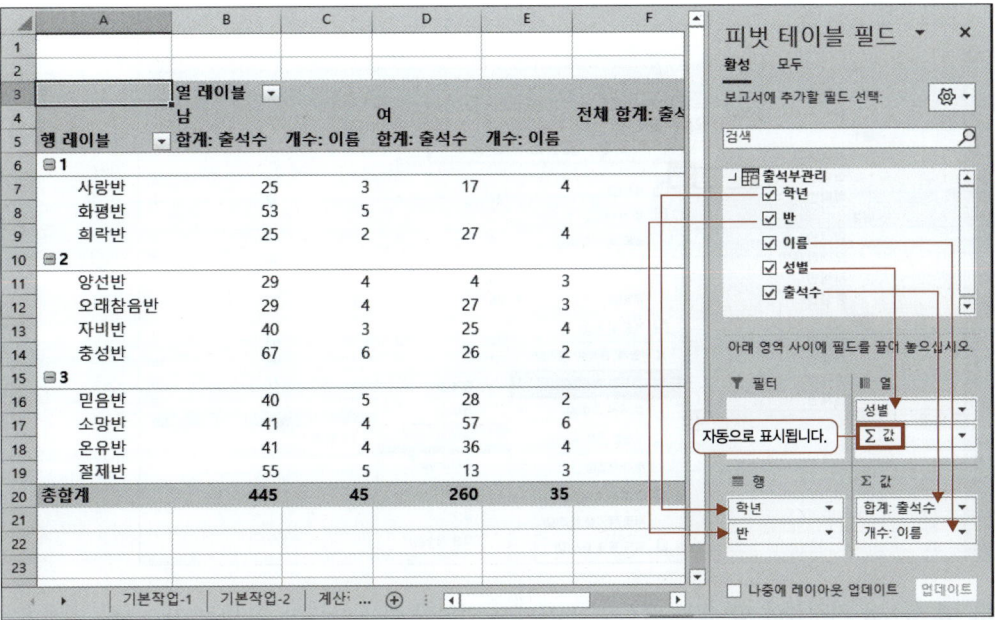

11. 보고서 레이아웃을 개요 형식으로 변경해야 합니다. 작성된 피벗 테이블 임의의 셀을 클릭한 후 [디자인] → 레이아웃 → 보고서 레이아웃 → **개요 형식으로 표시**를 선택하세요.

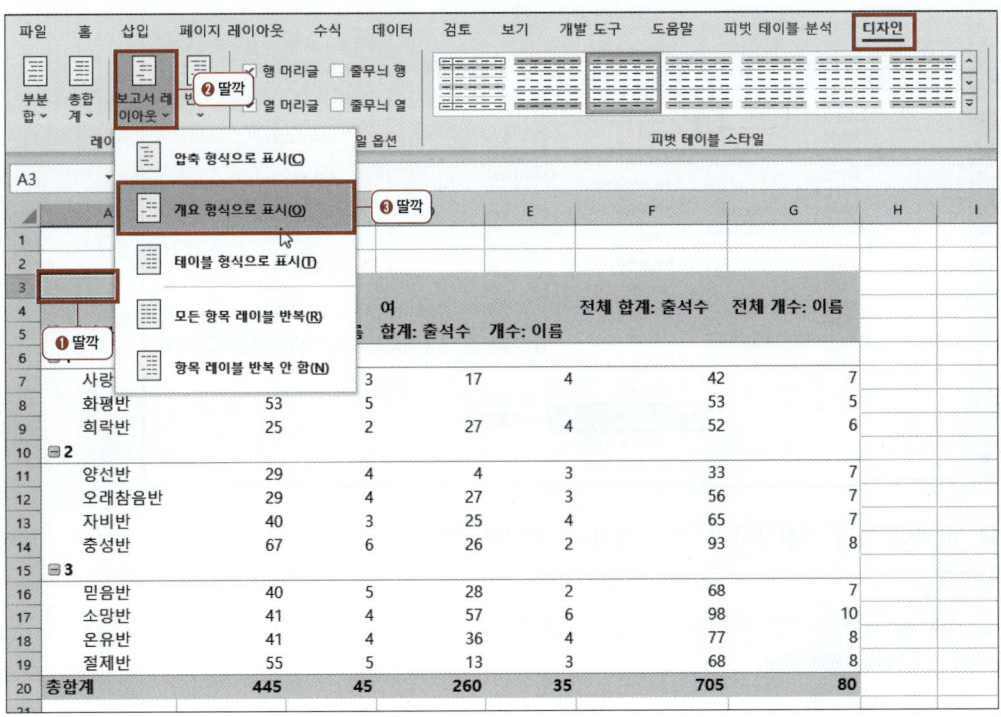

12. 값 영역에 놓인 필드는 기본적으로 합계가 계산되는데, 이것을 평균으로 변경해야 합니다. '출석수' 필드에서 임의의 셀을 클릭한 후 바로 가기 메뉴에서 [값 요약 기준] → **평균**을 선택하세요.

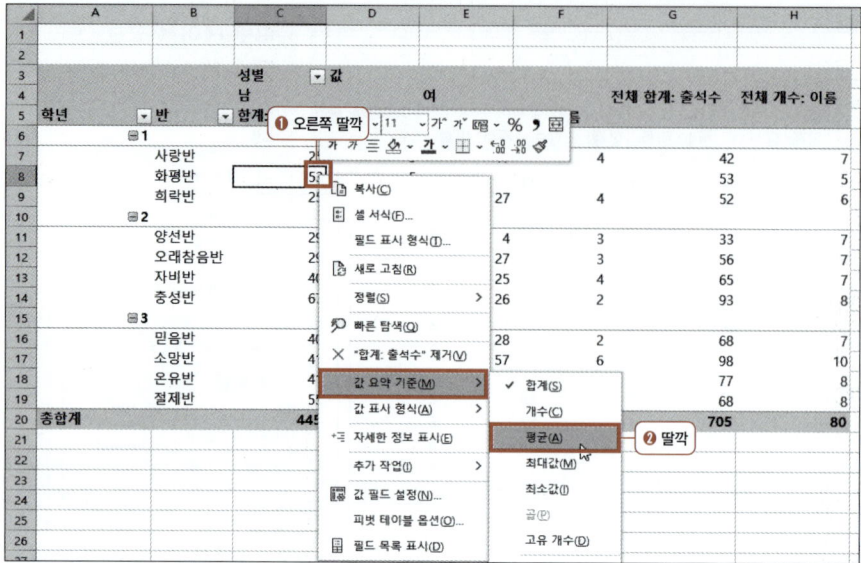

13. 셀 서식을 지정해야 합니다. '출석수' 필드에서 임의의 셀을 클릭한 후 바로 가기 메뉴에서 [**값 필드 설정**]을 선택하세요.

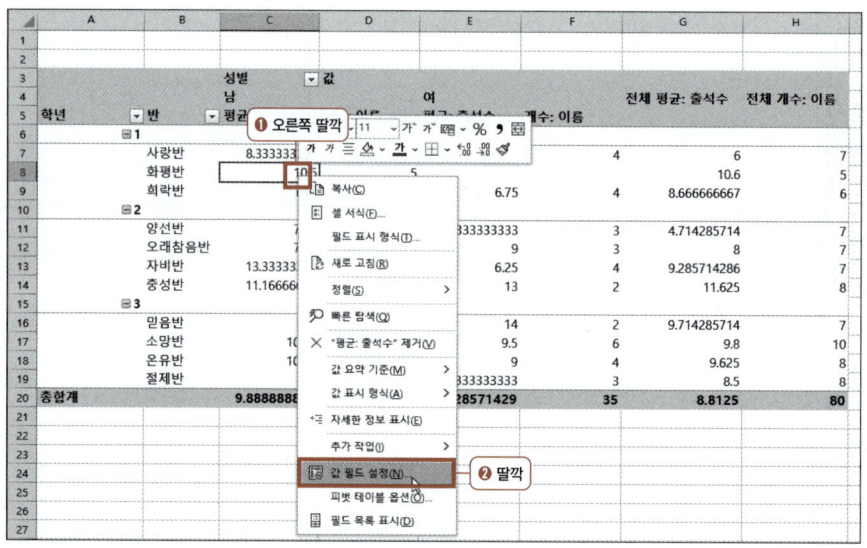

 전문가의 조언

'출석수' 필드의 바로 가기 메뉴에서 [값 요약 기준] → **평균**을 선택하지 않고 '값 필드 설정' 대화상자의 '값 요약 기준' 탭에서 '평균'을 선택해도 됩니다.

14. '값 필드 설정' 대화상자의 〈표시 형식〉을 클릭하세요.

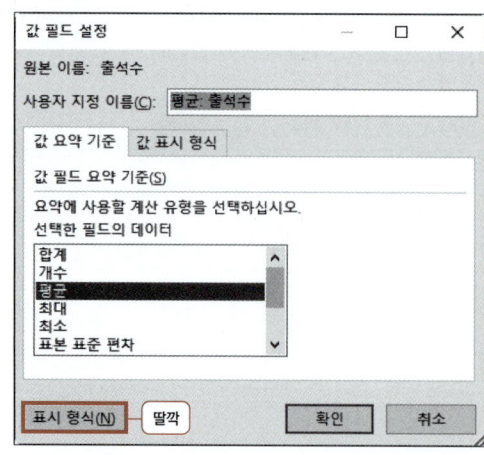

15. '셀 서식' 대화상자에서 그림과 같이 지정한 후 〈확인〉을 클릭하세요. 이어서 '값 필드 설정' 대화상자에서도 〈확인〉을 클릭하세요.

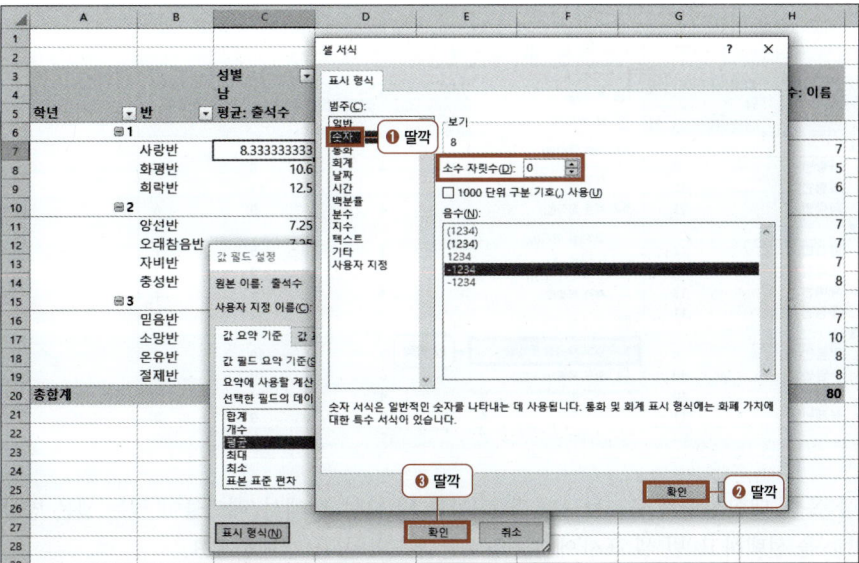

16. '이름' 필드의 이름을 '학생수'로 변경해야 합니다. '이름' 필드에서 임의의 셀을 클릭한 후 바로 가기 메뉴에서 [**값 필드 설정**]을 선택하세요.

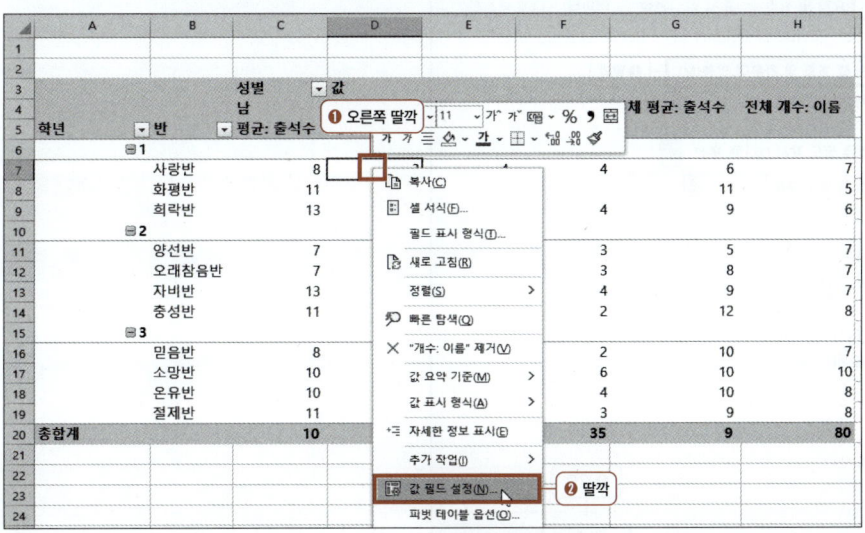

17. '값 필드 설정' 대화상자에서 '사용자 지정 이름'을 **학생수**로 변경한 후 〈확인〉을 클릭하세요.

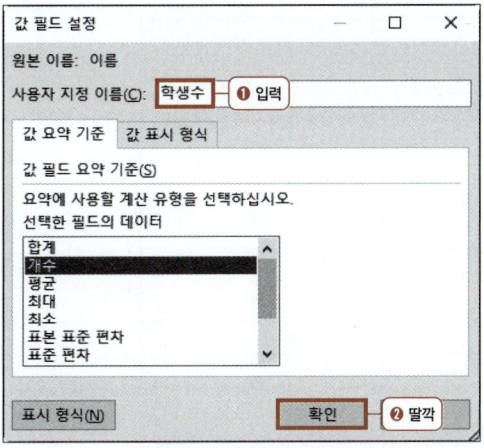

18. 빈 셀에 '*'를 표시하고 레이블이 있는 셀은 병합하고 가운데 맞춤되도록 설정해야 합니다. 작성된 피벗 테이블에서 임의의 셀을 클릭한 후 바로 가기 메뉴에서 **[피벗 테이블 옵션]**을 선택하세요.

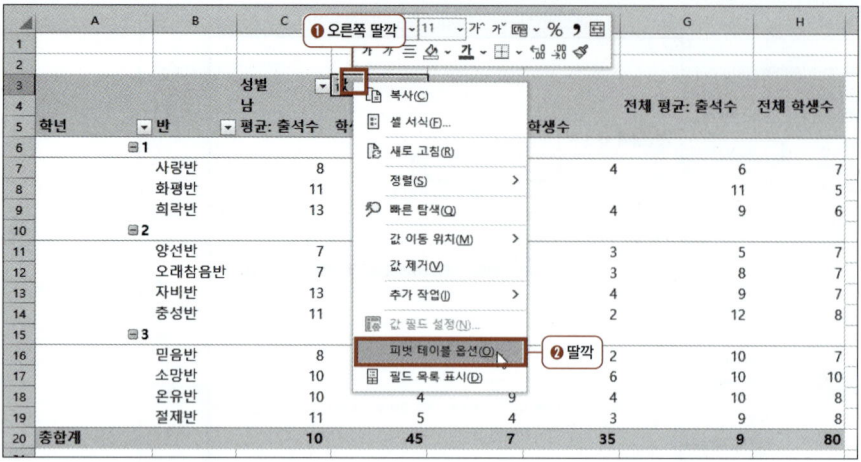

19. '피벗 테이블 옵션' 대화상자가 표시됩니다. '레이아웃 및 서식' 탭에서 '레이블이 있는 셀은 병합하고 가운데 맞춤'을 선택하고 '빈 셀 표시'에 *를 입력한 후 〈확인〉을 클릭하세요.

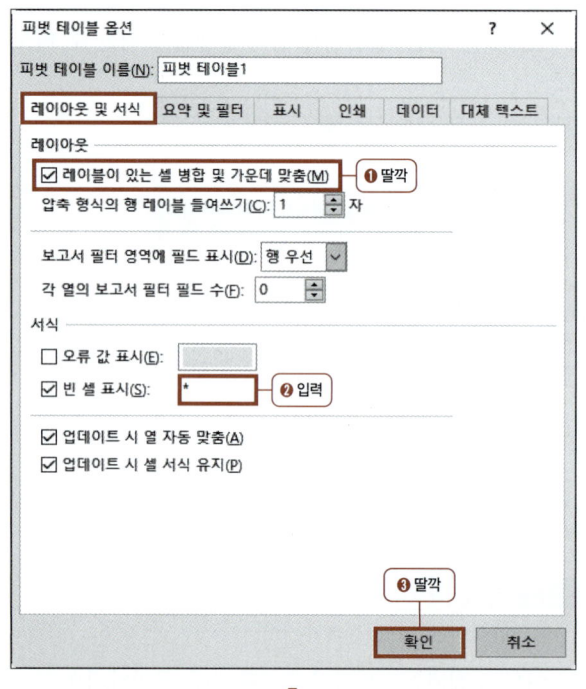

02. 데이터 유효성 검사 / 필터

1 데이터 유효성 검사

1. '분석작업-2' 시트를 선택한 다음 [D3:E35] 영역을 블록으로 지정한 후 [데이터] → 데이터 도구 → **데이터 유효성 검사**(⊟)를 클릭하세요. '데이터 유효성' 대화상자가 나타납니다.

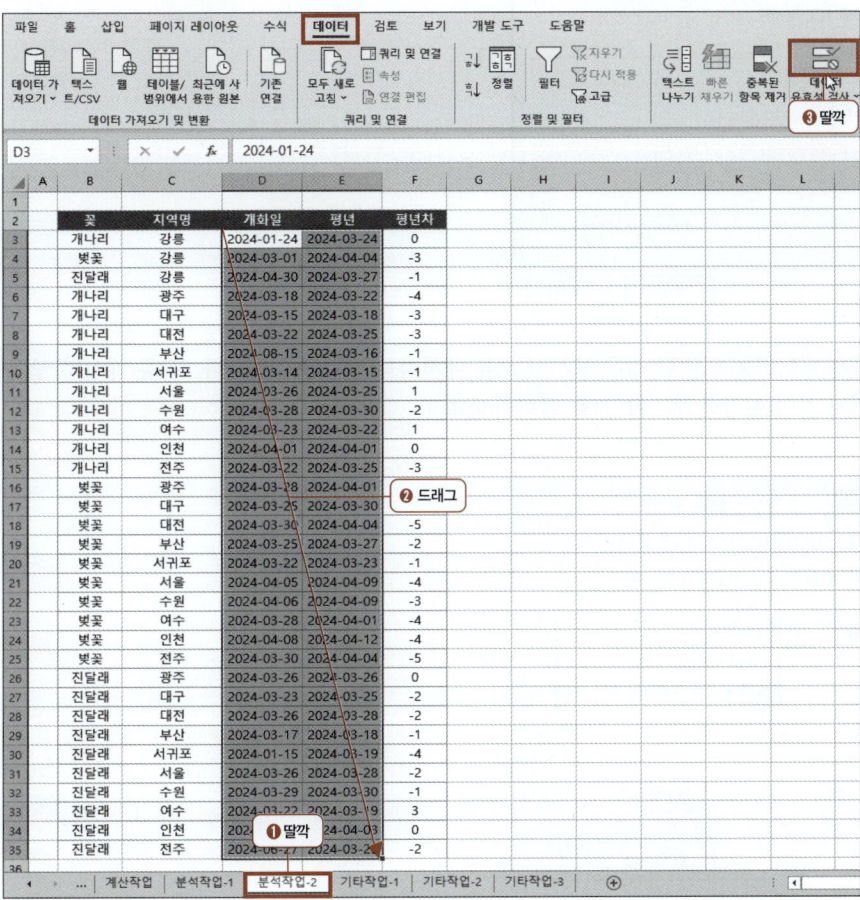

2. 2024-03-01부터 2024-04-30까지의 날짜만 입력되도록 제한 대상을 설정해야 합니다. '데이터 유효성' 대화상자의 '설정' 탭에서 '제한 대상'을 '날짜'로 선택하고, '시작 날짜'와 '끝 날짜'를 그림과 같이 입력하세요.

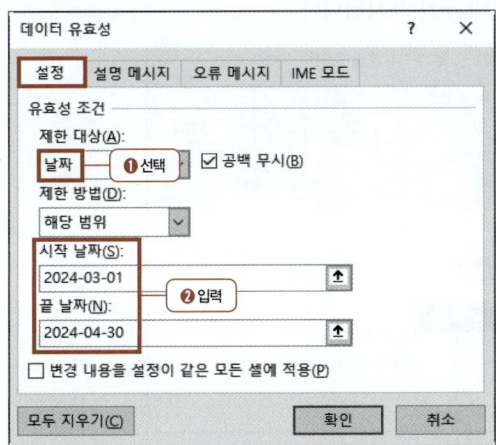

3. [D3:E35] 영역을 클릭했을 때 표시할 설명 메시지를 설정해야 합니다. '설명 메시지' 탭을 클릭한 후 그림과 같이 지정하세요.

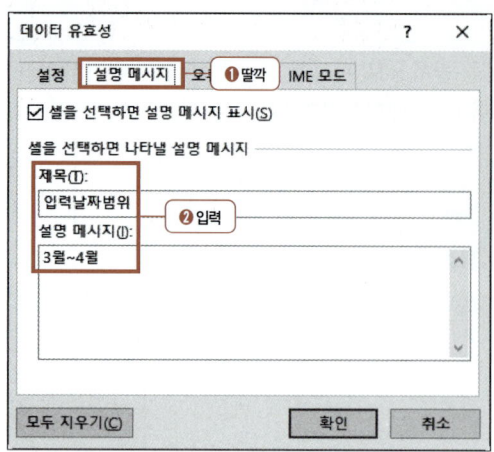

4. 유효하지 않은 데이터를 입력한 경우 표시될 오류 메시지를 설정해야 합니다. '오류 메시지' 탭을 클릭한 후 그림과 같이 지정한 후 〈확인〉을 클릭하세요.

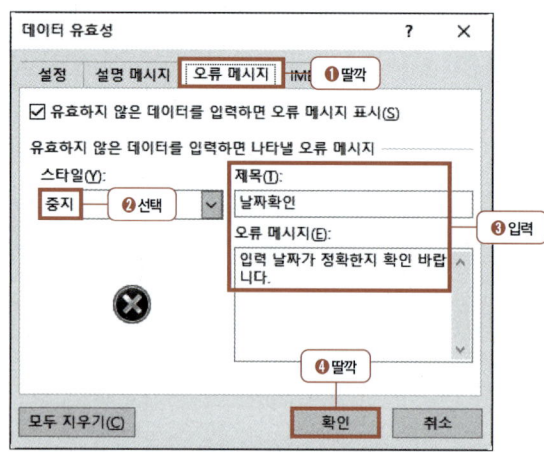

2 필터

1. '분석작업-2' 시트에서 [B2:F2] 영역을 블록으로 지정하고, [데이터] → 정렬 및 필터 → **필터**를 클릭하세요. 각 필드명의 오른쪽에 자동 필터 목록 단추(▼)가 표시됩니다.

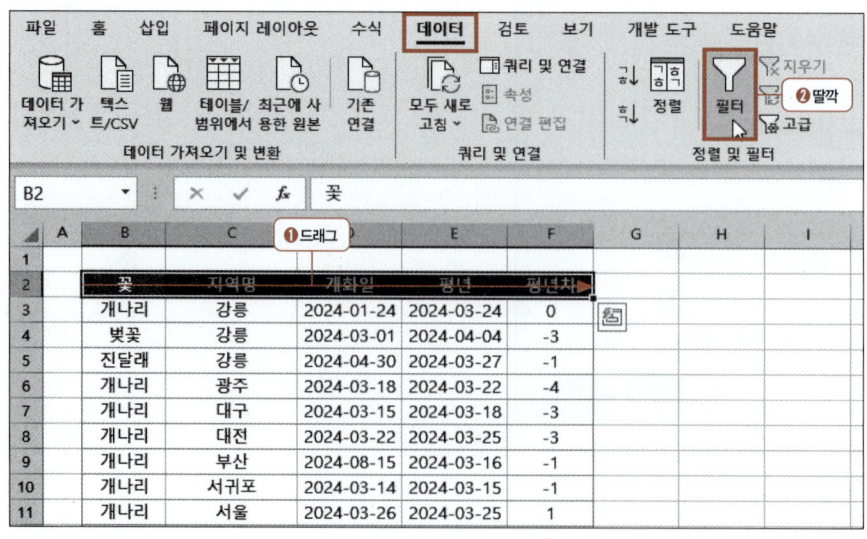

> **궁금해요 시나공 Q&A 베스트**
>
> **Q** 각 필드명의 오른쪽에 표시되어야 할 자동 필터 목록 단추(▼)가 엉뚱한 곳에 표시되거나 '목록이 없다.'는 메시지가 표시돼요. 어떻게 해야 하나요?
>
> **A** 자동 필터는 메뉴를 선택하기 전에 반드시 필드명을 블록으로 지정하거나, 해당하는 데이터 범위(B2:F35) 안에 셀 포인터를 놓고 시작해야 합니다.

2. '개화일'이 2024-03-01 이전 또는 2024-04-30 이후인 데이터만을 표시하기 위해 '개화일' 필드의 자동 필터 목록 단추(▼)를 클릭한 후 [날짜 필터] → **이전**을 선택하세요. 조건을 입력할 수 있는 '사용자 지정 자동 필터' 대화상자가 나타납니다.

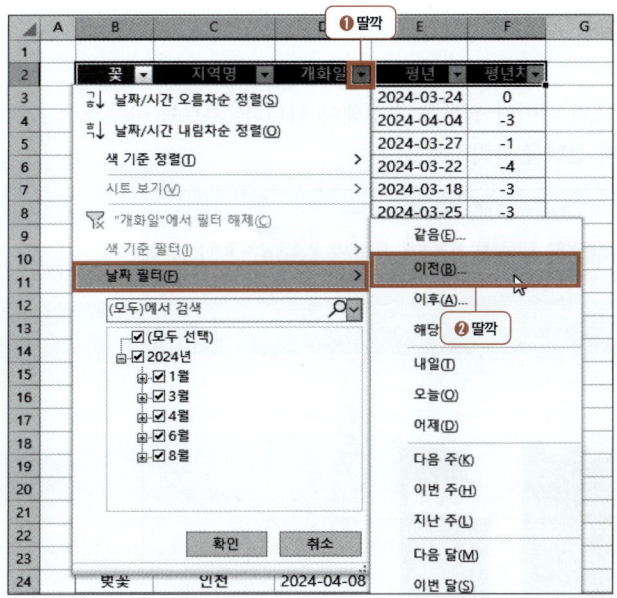

3. '사용자 지정 자동 필터' 대화상자에서 그림과 같이 조건을 지정하고 〈확인〉을 클릭하면 '개화일'이 2024-03-01 이전 또는 2024-04-30 이후인 데이터만 표시됩니다.

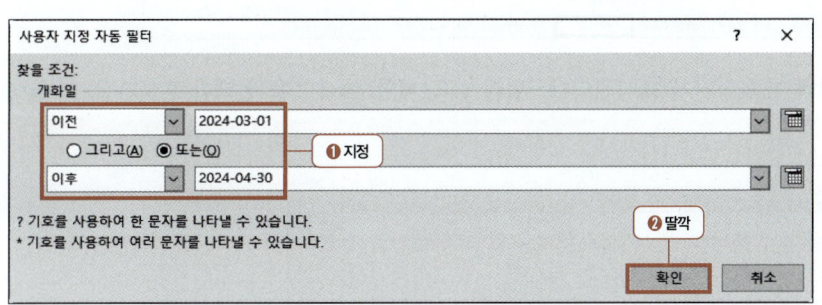

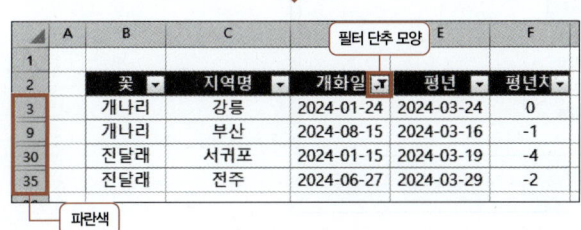

전문가의 조언

자동 필터의 결과는 원본 데이터가 있는 곳에 그대로 추출됩니다. 조건을 지정한 필드명의 오른쪽에 있는 자동 필터 목록 단추의 모양()과 추출된 결과의 행 번호가 파란색으로 표시된 것으로 필터 여부를 판단할 수 있습니다. 직접 확인해 보세요!

> 전문가의 조언
>
> 차트의 바로 가기 메뉴에서 [데이터 선택]을 선택해도 됩니다.

문제 4　　기타작업 풀이

01. 차트 수정하기

1 계열 이름 수정하기

1. '기타작업-1' 시트를 선택하세요. 차트의 데이터 원본을 수정해야 합니다. 차트를 마우스로 클릭한 후 [차트 디자인] → 데이터 → **데이터 선택**을 클릭하세요.

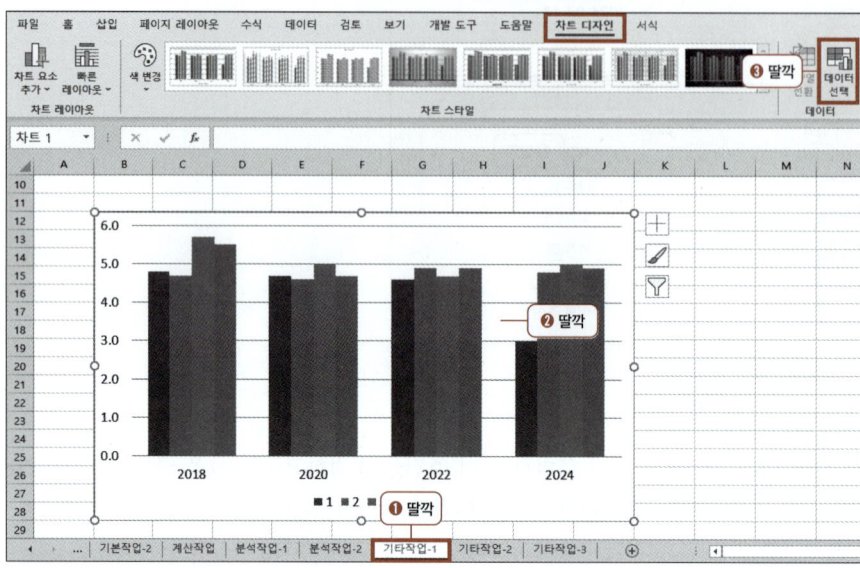

2. '데이터 원본 선택' 대화상자가 표시됩니다. '범례 항목(계열)'에서 '1'을 선택한 후 〈편집〉을 클릭하세요.

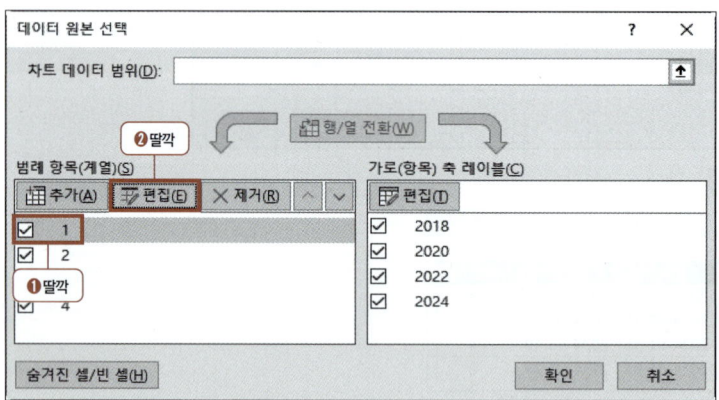

3. '계열 편집' 대화상자가 나타납니다. '계열 편집' 대화상자의 '계열 이름'에 **서울**을 입력한 후 〈확인〉을 클릭하세요.

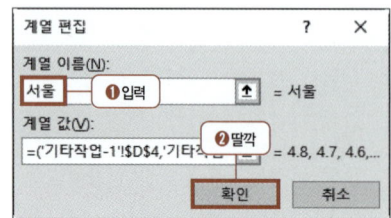

4. 같은 방법으로 나머지 계열도 '대전', '대구', '부산'으로 수정한후 〈확인〉을 클릭하세요.

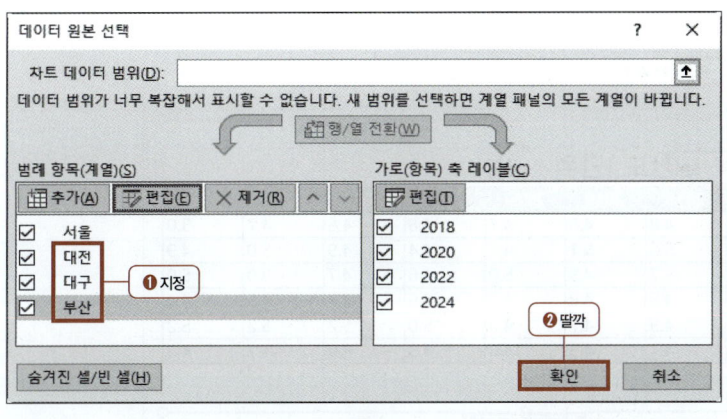

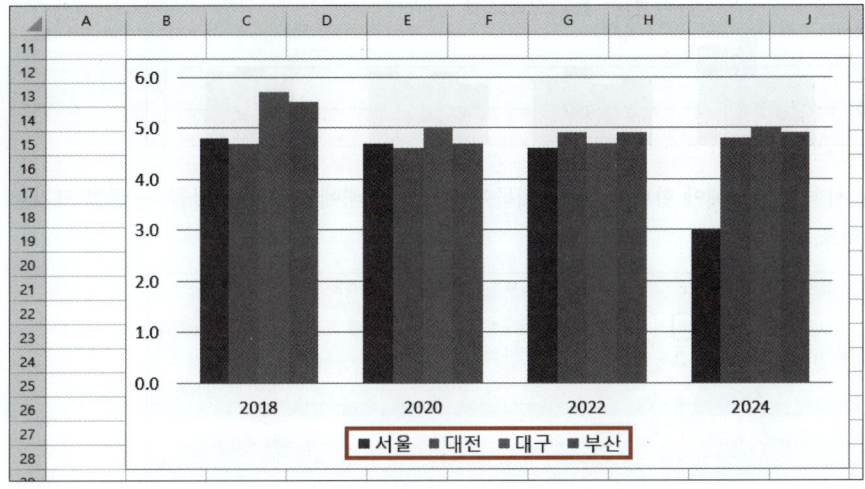

② 차트 제목 추가하기

1. 차트 제목을 추가하기 위해 차트를 선택하고 [차트 디자인] → 차트 레이아웃 → 차트 요소 추가 → 차트 제목 → **차트 위**를 선택합니다.

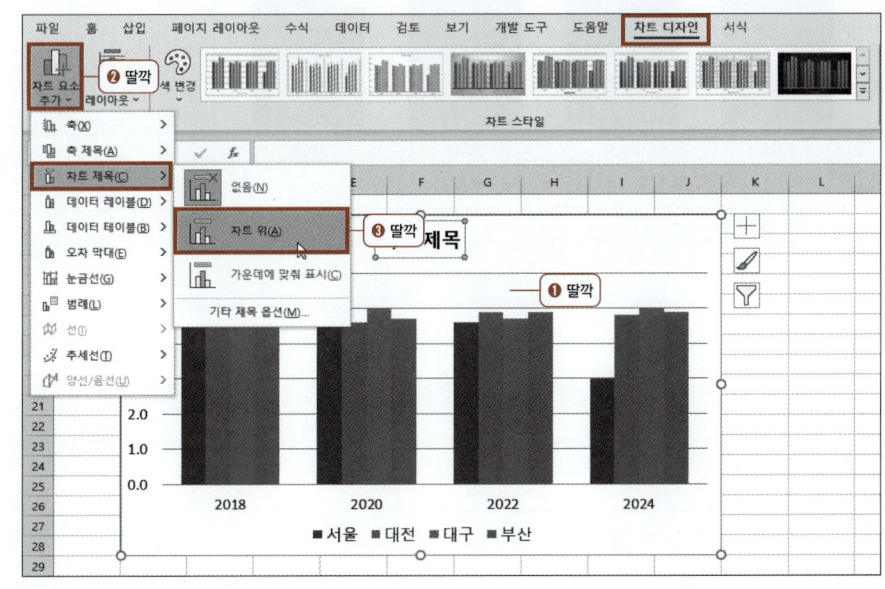

전문가의 조언

차트 제목을 표시하는 다른 방법
차트를 선택하면 표시되는 '(차트 요소)'를 클릭한 후 [차트 제목] → **차트 위**를 선택하세요.

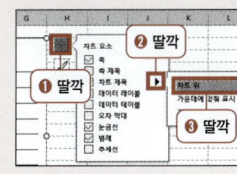

2. 차트에 삽입된 '차트 제목'이 선택된 상태에서 수식 입력줄을 클릭하고 =을 입력한 후 [B2] 셀을 클릭하고 Enter를 누르세요.

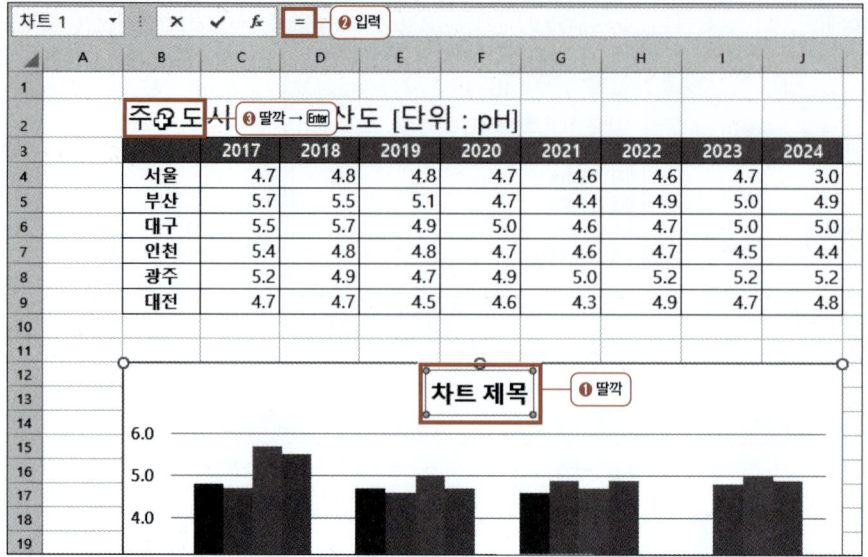

3. 차트 제목에 서식을 지정해야 합니다. 차트 제목이 선택된 상태에서 [홈] → 글꼴 → **글꼴 크기**를 **16**으로 지정하세요.

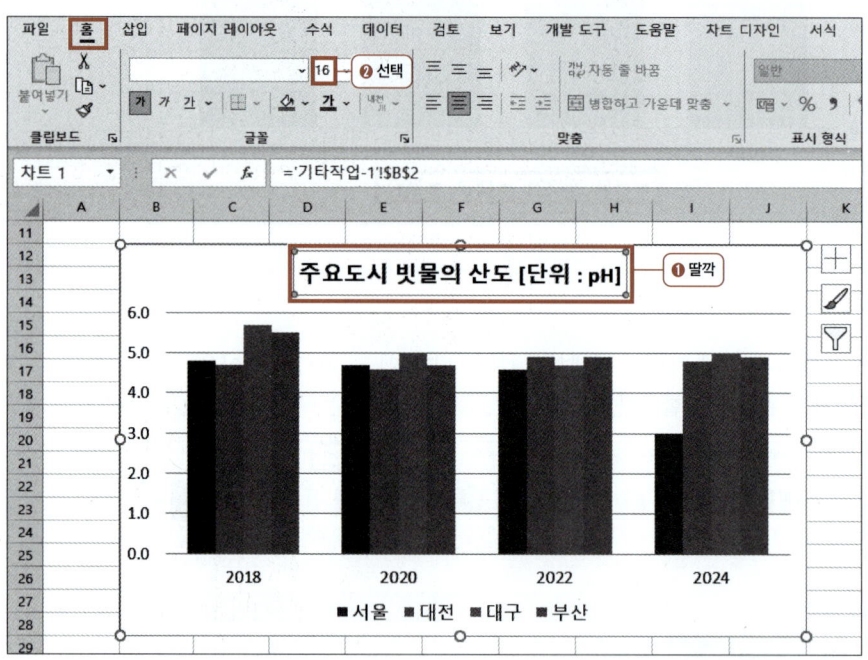

③ 차트 종류 변경 및 그림 영역 서식 지정하기

1. 차트 종류를 변경해야 합니다. 차트의 바로 가기 메뉴에서 [**차트 종류 변경**]을 선택하세요. '차트 종류 변경' 대화상자가 나타납니다.

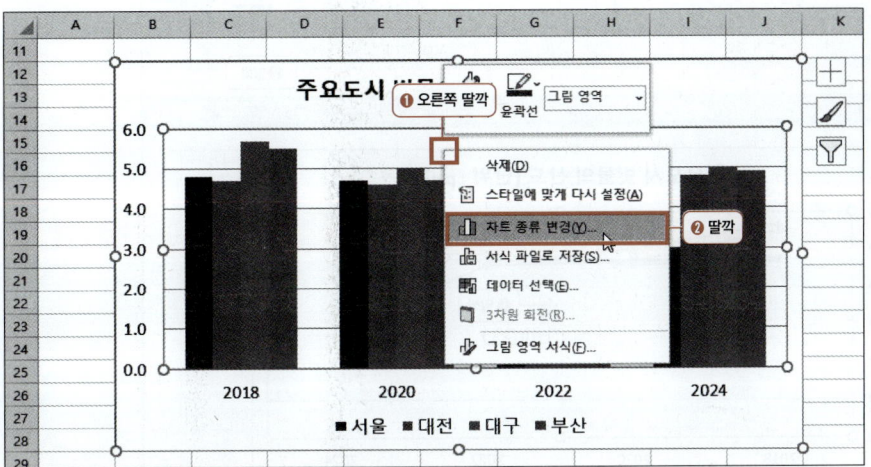

2. '차트 종류 변경' 대화상자에서 차트 종류를 '표식이 있는 꺾은선형'으로 지정한 후 〈확인〉을 클릭하세요.

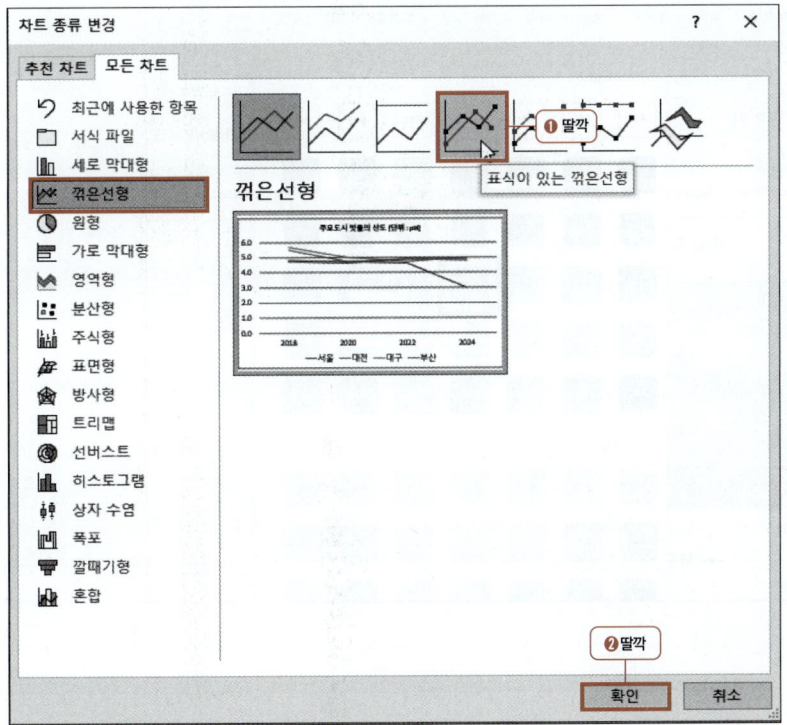

3. 그림 영역에 도형 스타일을 지정해야 합니다. 그림 영역을 선택하고 [서식] → 도형 스타일의 ▽(자세히)를 클릭한 후 '미세 효과 – 회색, 강조 3'을 선택하세요.

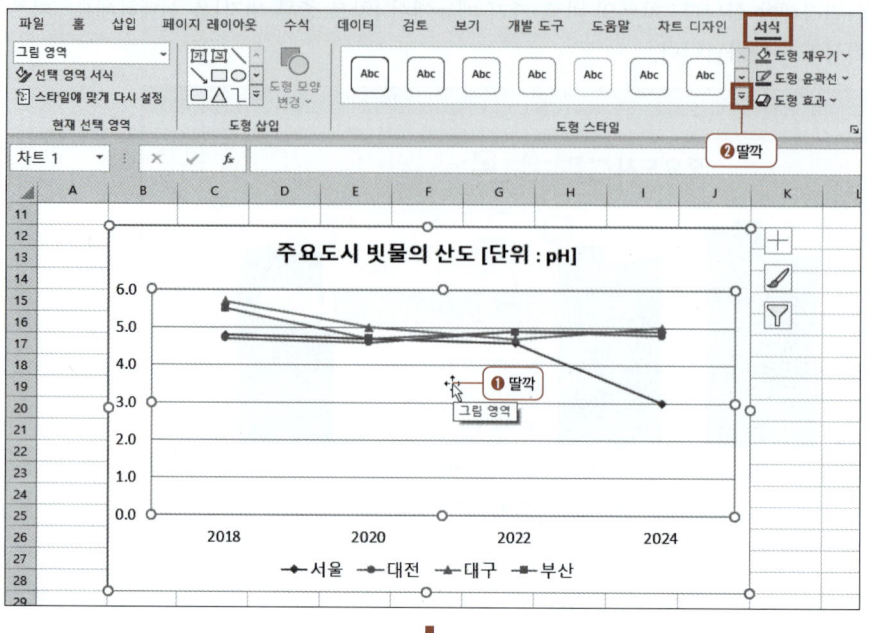

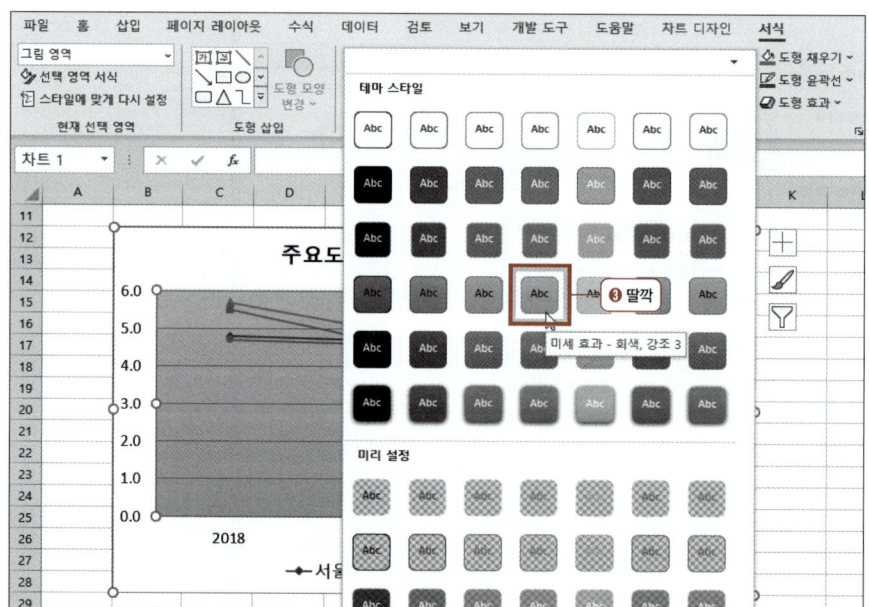

4 축 서식 및 눈금선 지정하기

1. 세로(값) 축의 '최소값' 경계를 4, '최대값' 경계를 6으로 지정해야 합니다. 세로(값) 축을 더블클릭하세요.

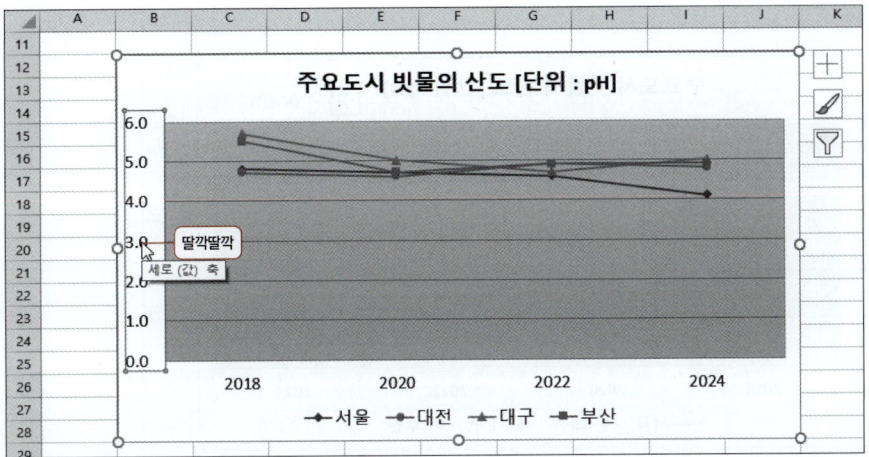

> **전문가의 조언**
> 세로(값) 축의 바로 가기 메뉴에서 [축 서식]을 선택해도 됩니다.

2. '축 서식' 창이 나타납니다. [축 옵션] → 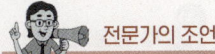(축 옵션) → **축 옵션**에서 '최소값' 경계를 4로, '최대값' 경계를 6으로 지정하고 '닫기(×)' 단추를 클릭하세요.

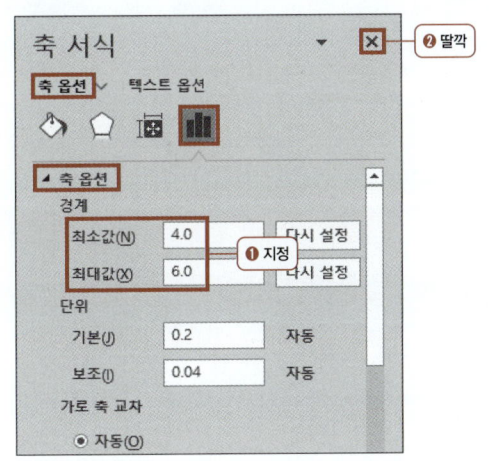

> **전문가의 조언**
> '최소값' 경계를 4로 입력하면 자동으로 4.0, '최대값' 경계를 6으로 입력하면 자동으로 6.0으로 변경되어 입력됩니다.

3. '기본 주 세로 눈금선'을 표시해야 합니다. 차트를 선택한 후 [차트 디자인] → 차트 레이아웃 → 차트 요소 추가 → 눈금선 → **기본 주 세로**를 선택하세요.

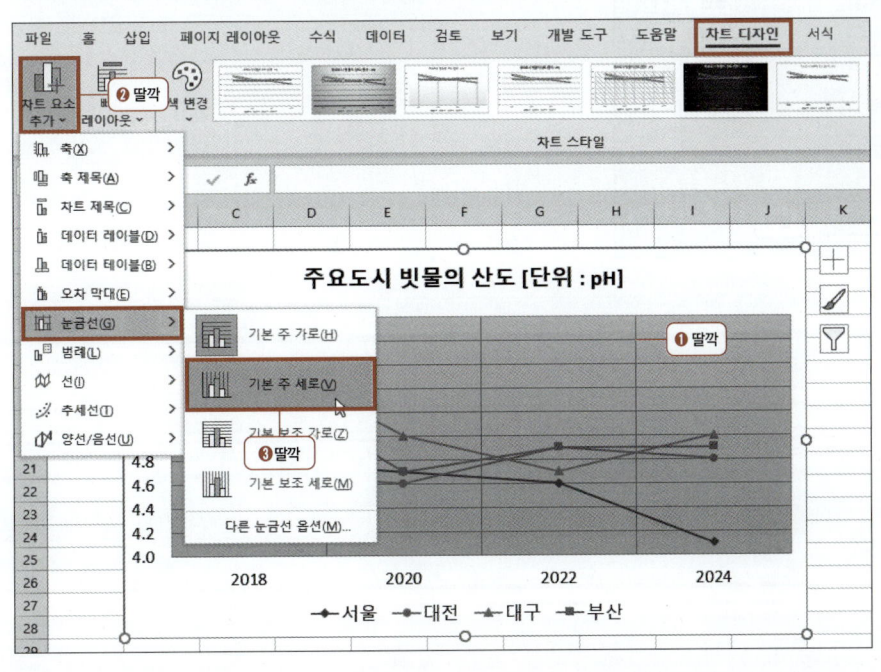

> **전문가의 조언**
> **눈금선을 표시하는 다른 방법**
> 차트를 선택하면 표시되는 (차트 요소)를 클릭한 후 [눈금선] → **기본 주 세로**를 선택하세요.
>
>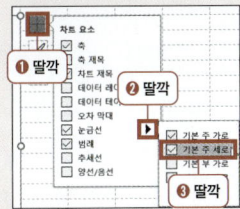

1과목 스프레드시트 실무 **163**

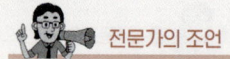

전문가의 조언

차트 영역의 바로 가기 메뉴에서 [차트 영역 서식]을 선택해도 됩니다.

❺ 차트 영역 서식 설정하기

1. 차트 영역에 '둥근 모서리'와 '안쪽: 가운데' 그림자를 설정해야 합니다. 차트 영역을 더블클릭하세요.

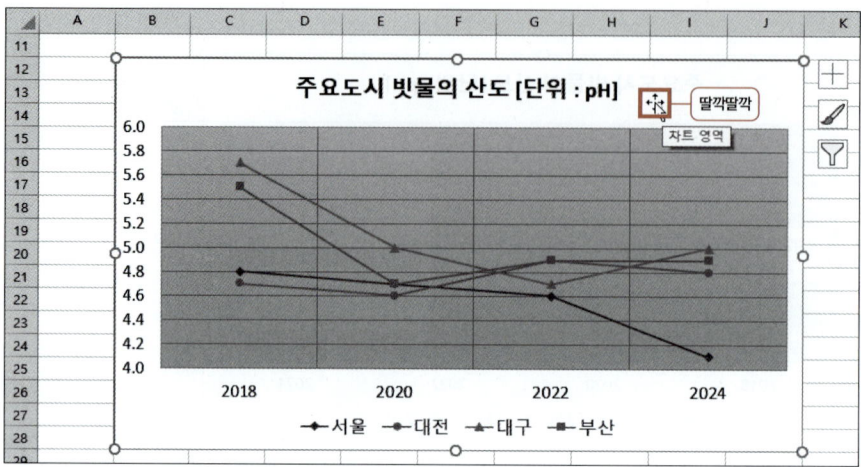

2. '차트 영역 서식' 창이 나타납니다. [차트 옵션] → (채우기 및 선) → **테두리**에서 '둥근 모서리'를 선택하세요.

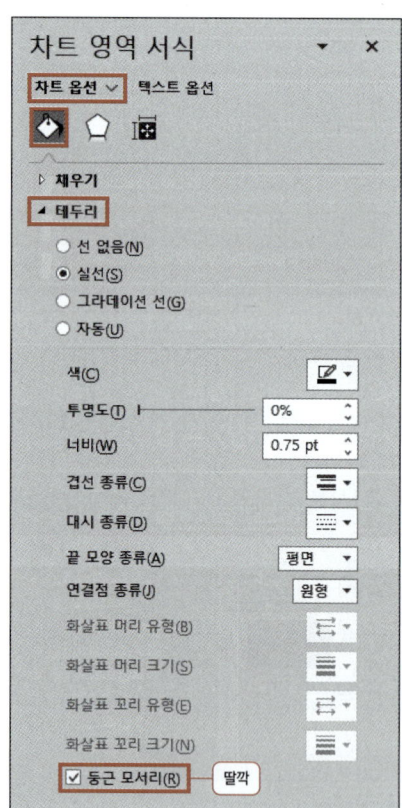

3. 이어서 [차트 옵션] → ◪(효과) → **그림자**에서 '안쪽: 가운데'를 선택한 후 '닫기(✕)' 단추를 클릭하세요.

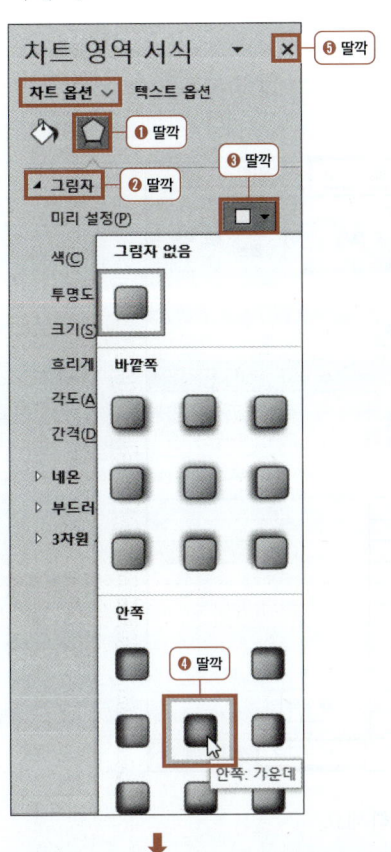

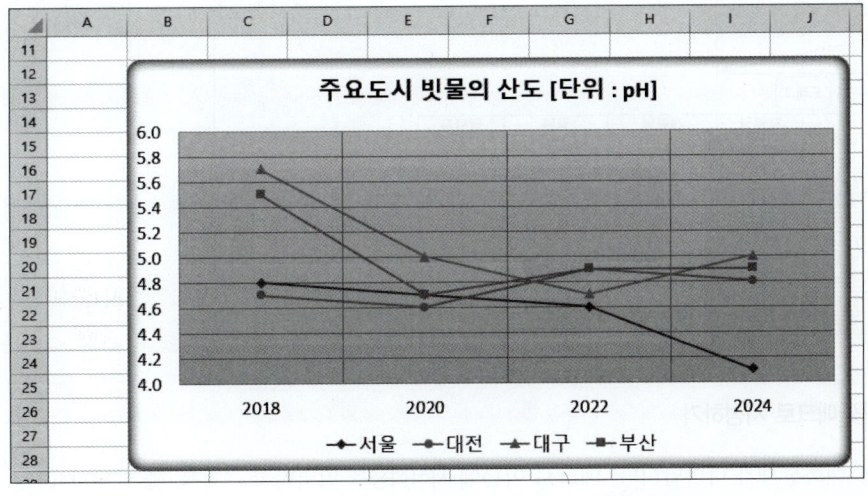

02. 매크로 작성하기

1 '서식적용' 단추 만들기

1. '기타작업-2' 시트를 선택한 다음 [개발 도구] → 컨트롤 → 삽입 → 양식 컨트롤 → ▭(단추)를 선택하세요.

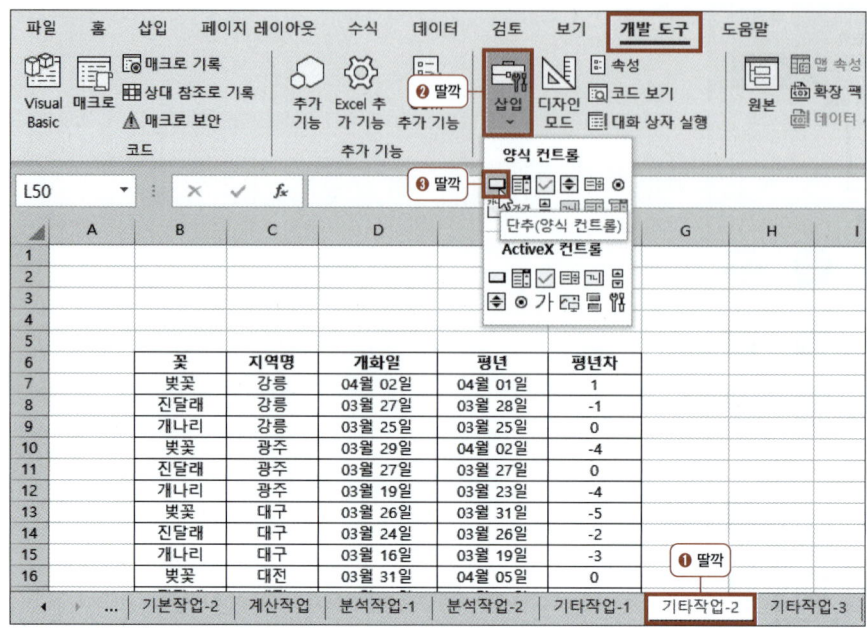

> **궁금해요 시나공 Q&A 베스트**
> **Q** 리본 메뉴에 [개발 도구]가 없어요!
> **A** [파일] → 옵션 선택 → 'Excel 옵션' 대화상자의 '리본 사용자 지정' 탭 클릭 → '기본' 탭의 '개발 도구'를 선택해 주세요.
>
>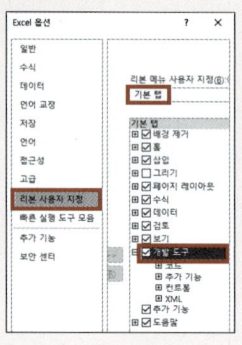

2. 마우스 포인터가 '+'로 바뀌면 [B2:C3] 영역에 맞게 드래그하세요.

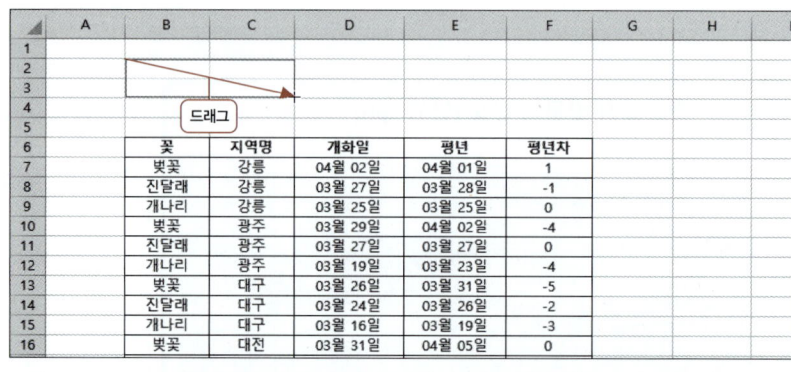

> **전문가의 조언**
> 단추를 셀에 정확히 맞추려면 Alt 를 누른 채 드래그하세요.
>

2 '서식적용' 매크로 지정하기

1. '매크로 지정' 대화상자가 나타납니다. 매크로 이름에 **서식적용**을 입력하고, 〈기록〉을 클릭하세요.

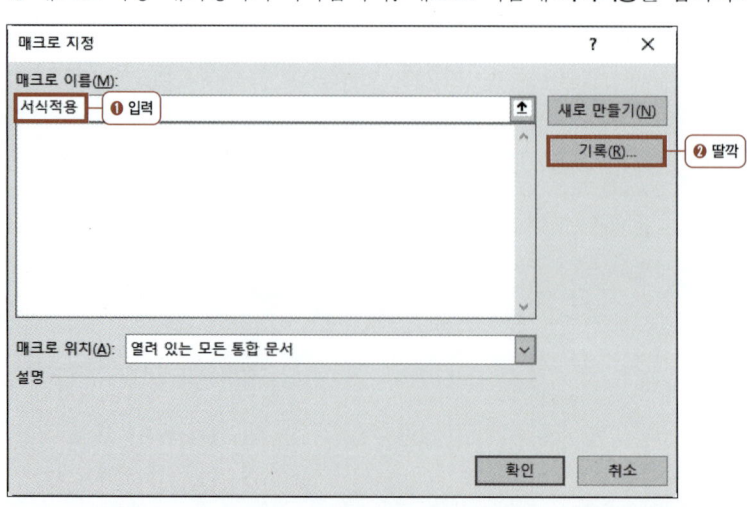

2. '매크로 기록' 대화상자가 나타납니다. '매크로 기록' 대화상자의 매크로 이름에는 "서식적용"이 입력되어 있습니다. 〈확인〉을 클릭하세요.

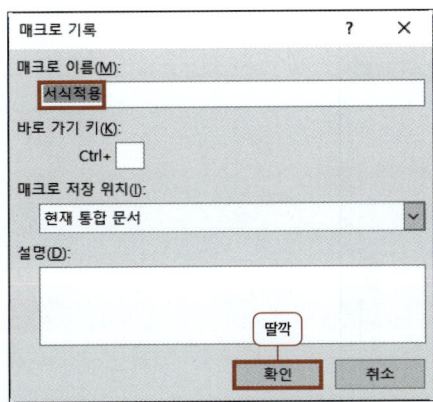

3. 매크로 기록 중임을 알리는 '기록 중지' 아이콘이 상태 표시줄에 나타납니다. 서식을 적용할 [F7:F39] 영역을 블록으로 지정한 후 Ctrl + 1 을 누르세요.

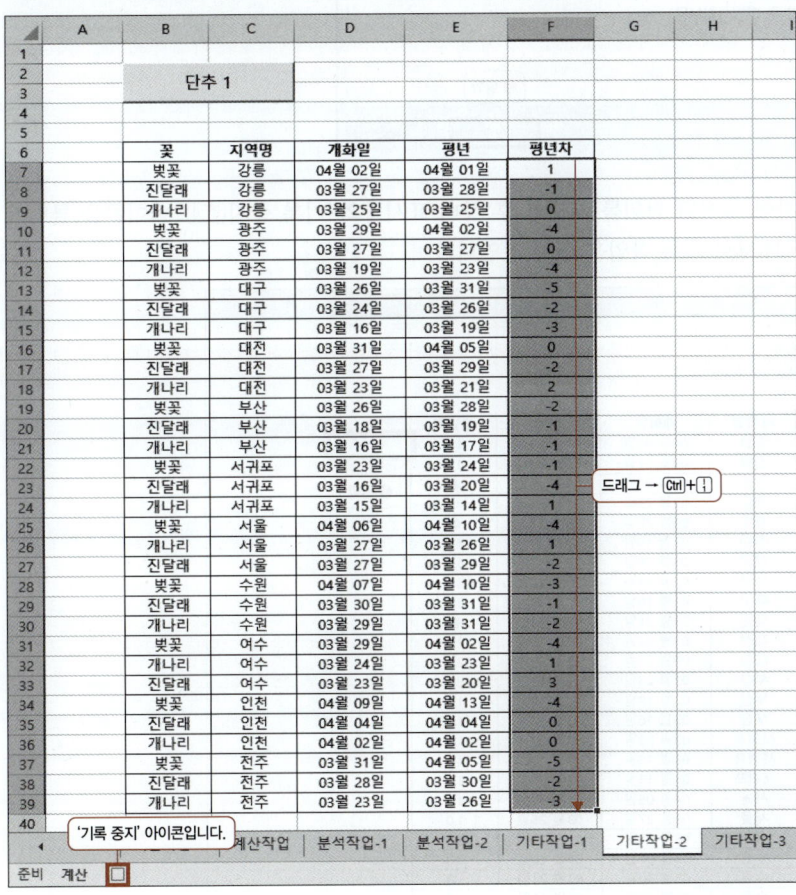

'셀 서식' 대화상자를 실행하는 다른 방법
- 방법1 : [홈] → 표시 형식의 🖻 클릭
- 방법2 : 바로 가기 메뉴에서 [셀 서식] 선택

1과목 스프레드시트 실무 **167**

4. '셀 서식' 대화상자가 나타납니다. '셀 서식' 대화상자의 '표시 형식' 탭에서 '사용자 지정'을 선택한 후 '형식'에 [파랑]0.0;[빨강]0.0;[검정]"●"를 입력하고 〈확인〉을 클릭하세요.

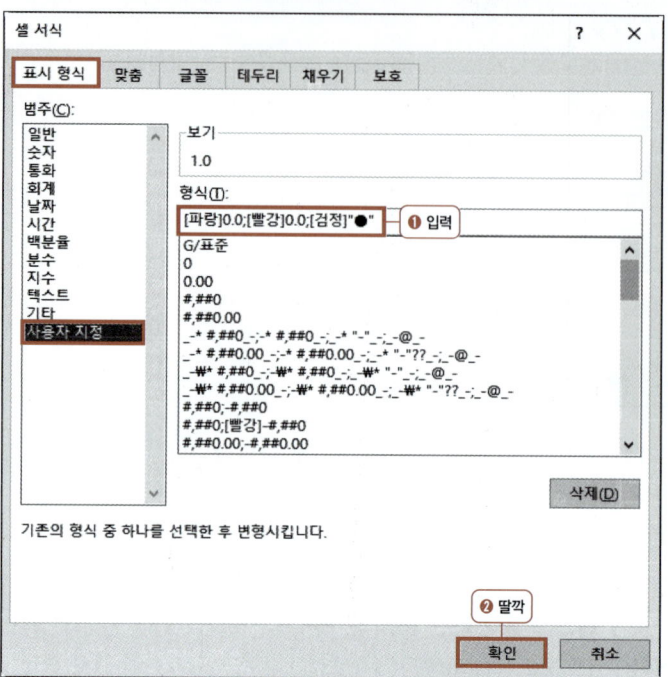

전문가의 조언

• 임의의 셀을 클릭하여 블록 설정을 해제하는 이유는 계산 결과를 편리하게 확인하기 위해서입니다. 블록이 설정된 상태로 매크로 작성을 종료해도 채점과는 무관합니다.
• [개발 도구] → 코드 → **기록 중지**를 클릭해도 됩니다.

5. 임의의 셀을 클릭하여 설정된 범위를 해제한 후 상태 표시줄의 '기록 중지(□)' 아이콘을 클릭하세요. 이제 '서식적용' 매크로 기록 작업을 마친 것입니다.

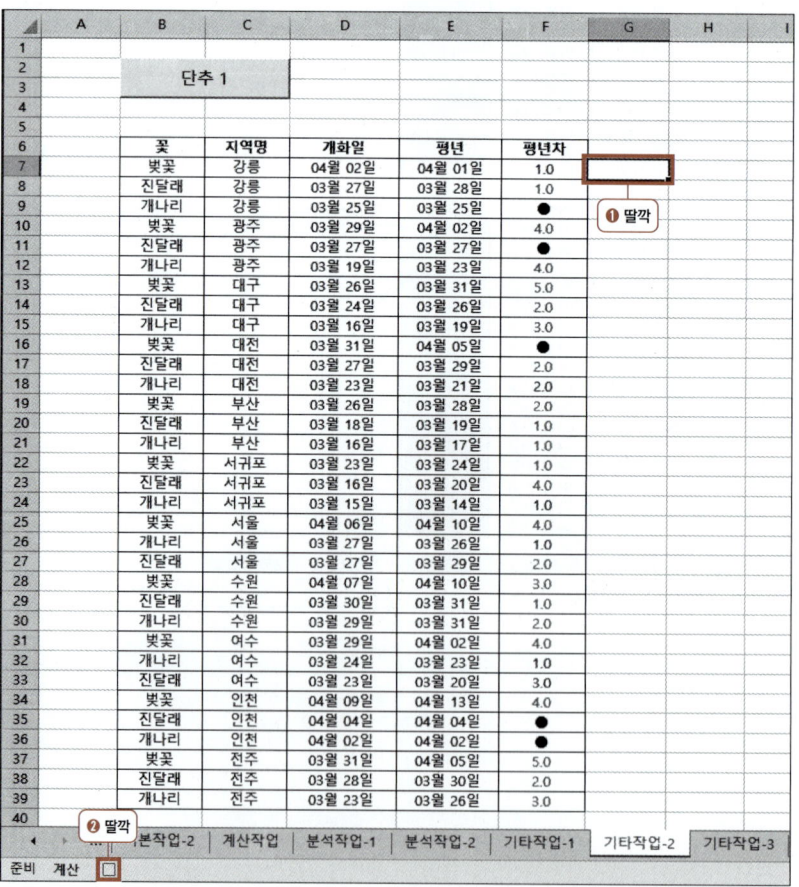

6. '단추'의 텍스트를 변경해야 합니다. '단추'의 바로 가기 메뉴에서 [**텍스트 편집**]을 선택하세요. 이어서 **단추 1**을 삭제하고 **서식적용**을 입력한 다음 임의의 셀을 클릭하여 '단추'의 텍스트 편집 상태를 해제하세요.

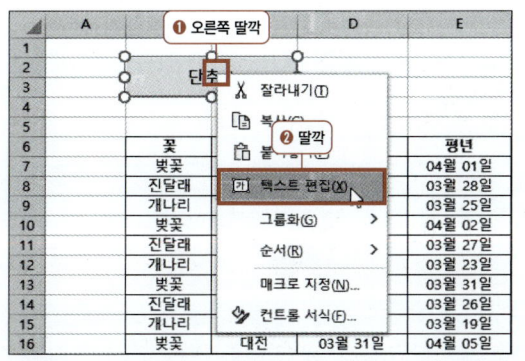

③ '서식해제' 단추 만들기

[개발 도구] → 컨트롤 → 삽입 → 양식 컨트롤 → ▭(**단추**)를 선택한 후 마우스 포인터가 '+'로 바뀌면 [E2:F3] 영역에 맞게 드래그하세요.

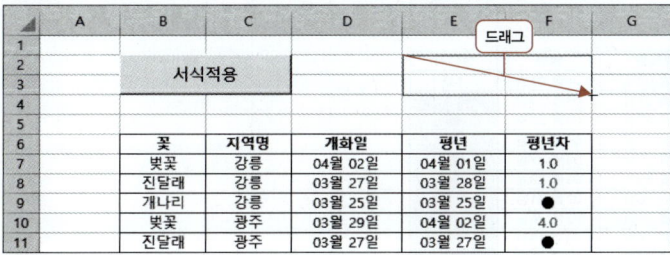

④ '서식해제' 매크로 지정하기

1. '매크로 지정' 대화상자가 나타납니다. 매크로 이름에 **서식해제**를 입력하고, 〈기록〉을 클릭하세요.

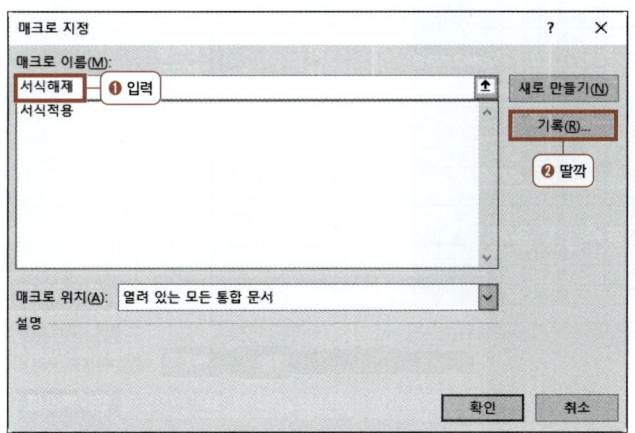

2. '매크로 기록' 대화상자가 나타납니다. '매크로 기록' 대화상자의 매크로 이름에는 "서식해제"가 입력되어 있습니다. 〈확인〉을 클릭하세요.

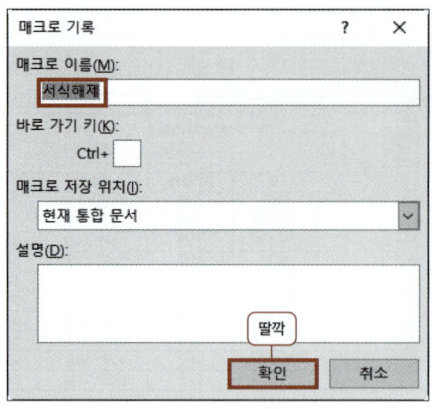

3. 매크로 기록 중임을 알리는 '기록 중지' 아이콘이 상태 표시줄에 나타납니다. 서식을 적용할 [F7:F39] 영역을 블록으로 지정한 후 Ctrl + 1 을 누르세요.

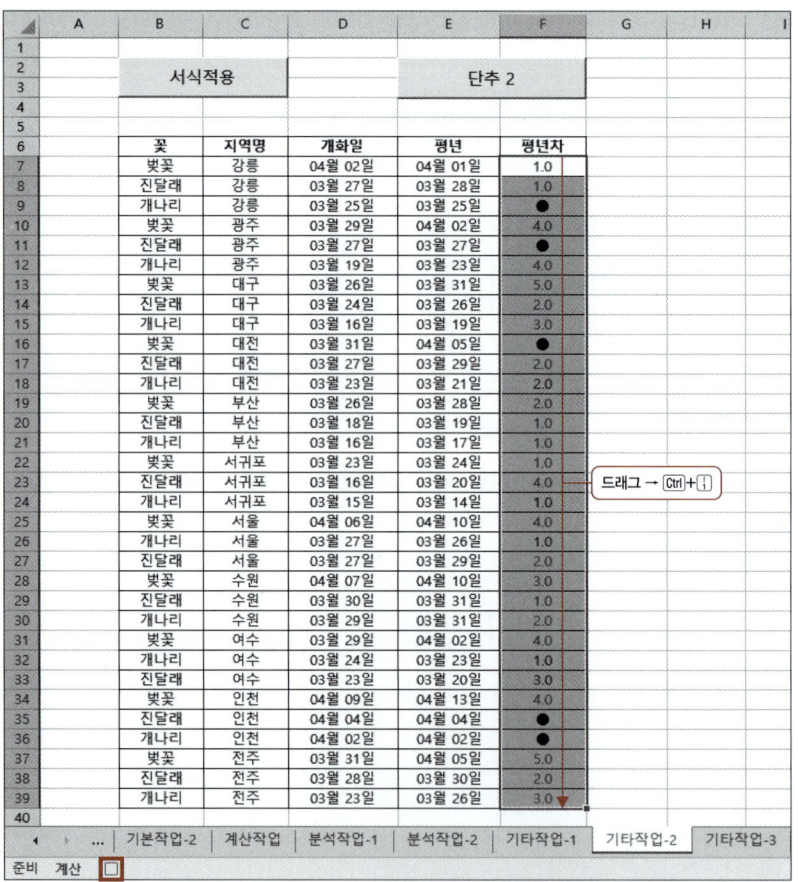

4. '셀 서식' 대화상자가 나타납니다. '셀 서식' 대화상자의 '표시 형식' 탭에서 '일반'을 선택한 후 〈확인〉을 클릭하세요.

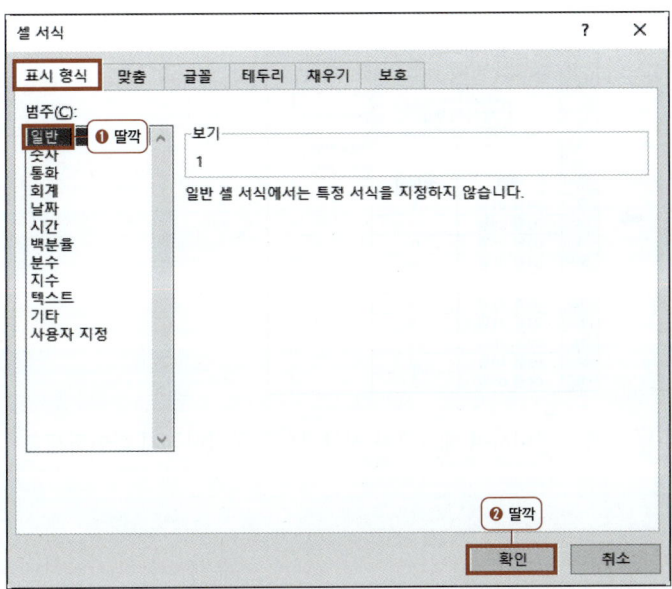

5. 임의의 셀을 클릭하여 설정된 범위를 해제한 후 상태 표시줄의 '기록 중지(▫)' 아이콘을 클릭하세요. '서식해제' 매크로 기록 작업을 마친 것입니다.

6. '단추'의 텍스트를 변경해야 합니다. '단추'의 바로 가기 메뉴에서 [**텍스트 편집**]을 선택하세요. 이어서 **단추 2**를 삭제하고 **서식해제**를 입력한 다음 임의의 셀을 클릭하여 '단추'의 텍스트 편집 상태를 해제하세요.

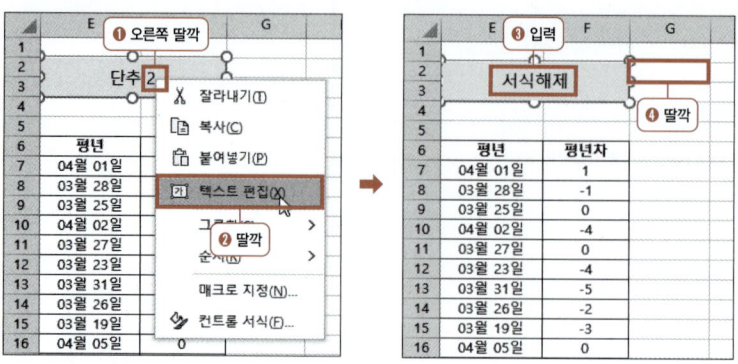

7. '서식적용' 단추와 '서식해제' 단추를 차례로 클릭하여 매크로가 정상적으로 동작하는지 확인하세요.

03. 프로시저 작성하기

1 〈성적등록화면〉 폼 표시하기

1. '기타작업-3' 시트를 선택한 후 [개발 도구] → 컨트롤 → 디자인 모드를 클릭하세요. '성적입력' 단추가 디자인 모드로 변경됩니다. '성적입력' 단추를 더블클릭하세요.

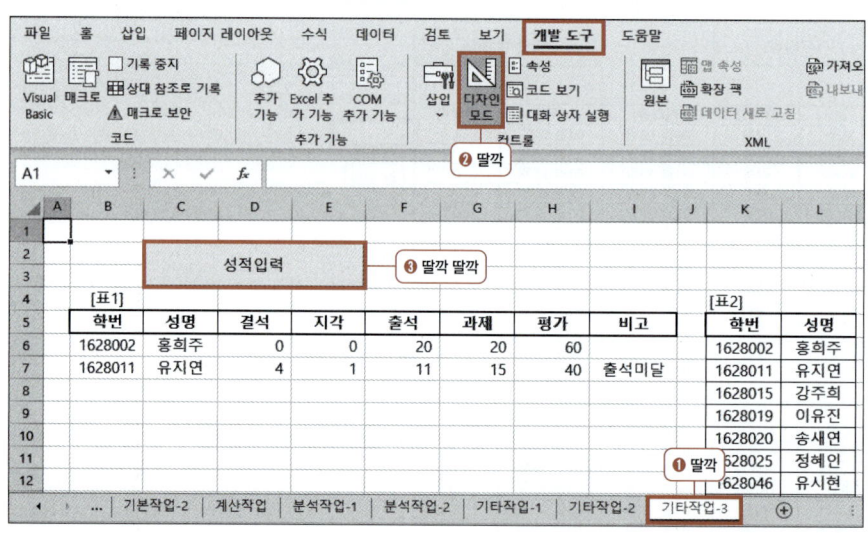

2. VBE가 실행됩니다. 실행된 VBE에는 'cmd성적입력_Click( )' 프로시저가 자동으로 나타나 있습니다. 다음 그림과 같이 코드를 입력하세요.

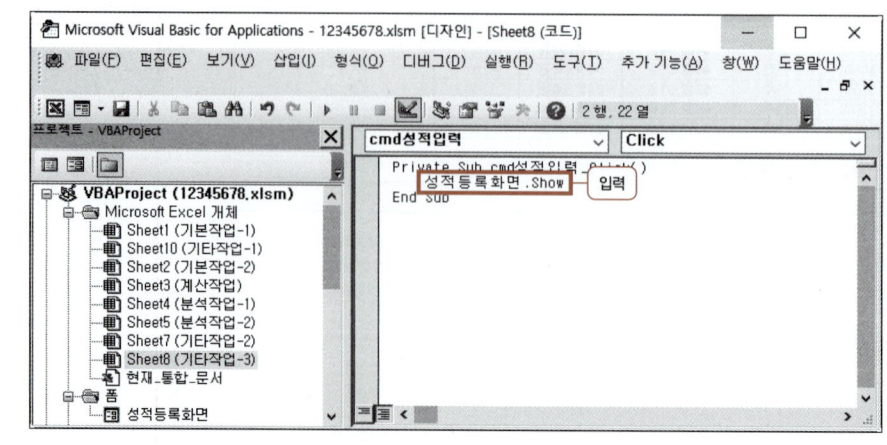

전문가의 조언

매크로 작성을 잘못하였을 경우에는 기존에 작성했던 매크로를 삭제한 후 다시 작성하면 됩니다. 매크로를 삭제하는 방법은 [개발 도구] → 코드 → 매크로를 클릭한 후 '매크로' 대화상자가 나타나면 삭제할 매크로 이름을 선택한 다음 〈삭제〉를 클릭하면 됩니다.

전문가의 조언

VBE 호출 방법
• [개발 도구] → 코드 → Visual Basic 클릭
• Alt + F11
• 시트 이름의 바로 가기 메뉴에서 [코드 보기] 선택

전문가의 조언

결과를 확인하려면 워크시트의 [개발 도구] → 컨트롤 → 디자인 모드를 다시 클릭하여 디자인 모드를 해제한 후 '성적입력' 단추를 클릭하세요. 정상적으로 실행된다면 〈물품구매〉 폼이 화면에 나타납니다.

> **코드 설명**
>
> '성적등록화면.Show'에서 '성적등록화면'은 폼의 이름이고, 'Show'는 폼을 화면에 나타나게 하는 메서드입니다. 즉 〈성적등록화면〉 폼을 화면에 표시하라는 명령입니다.

❷ 폼이 실행되면 자동으로 콤보 상자 채우기

1. 프로젝트 탐색기 창에서 〈성적등록화면〉 폼을 더블클릭하세요.

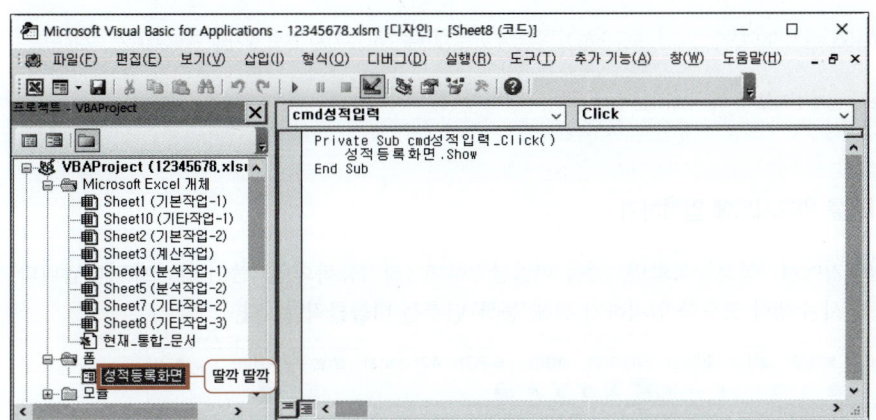

2. 〈성적등록화면〉 폼이 코드 창에 표시됩니다. 코드 창에서 〈성적등록화면〉 폼을 더블클릭하거나 프로젝트 탐색기 창의 '코드 보기(▦)' 아이콘을 클릭하세요.

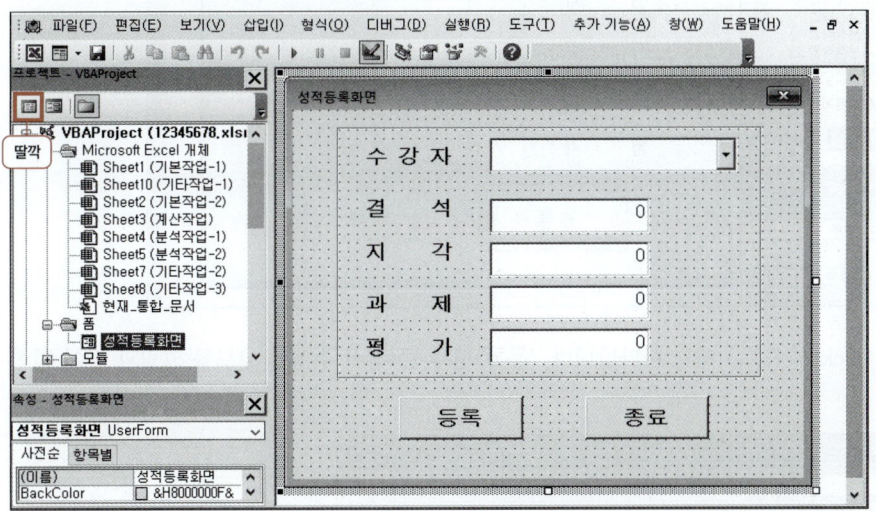

3. UserForm_Click( ) 프로시저가 자동으로 표시됩니다. 개체 선택 콤보 상자에 'UserForm'은 선택되어 있으니 그냥 두고, 프로시저 선택 콤보 상자에서 'Initialize' 프로시저를 선택하세요.

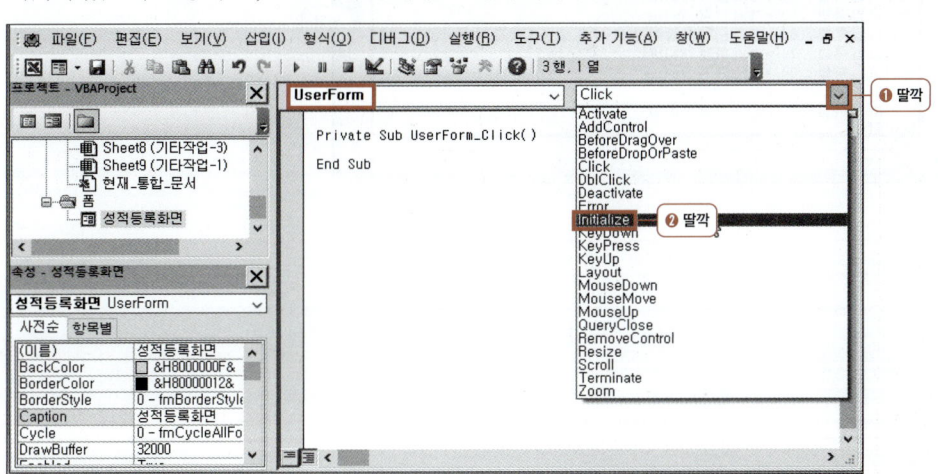

4. 코드 입력 창에 'UserForm_Initialize( )' 프로시저가 나타납니다. 'UserForm_Initialize( )' 프로시저에 다음과 같이 코드를 입력하세요.

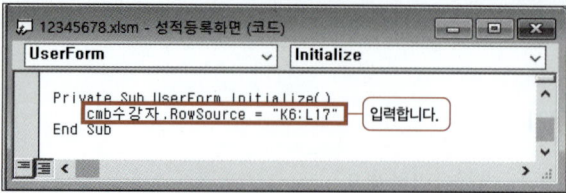

코드설명

• cmb수강자.RowSource = "K6:L17" : 워크시트의 [K6:L17] 영역에 있는 내용을 'cmb수강자' 콤보 상자의 'RowSource' 속성값으로 지정합니다.

– 'RowSource'는 콤보 상자의 목록을 나타내는 속성입니다.

③ 폼의 자료를 워크시트에 입력하기

1. 프로젝트 탐색기에서 〈성적등록화면〉 폼을 더블클릭하면 〈성적등록화면〉 폼이 화면에 나타납니다. '등록' 단추 클릭 시 수행할 코드를 입력하기 위해 '등록' 단추를 더블클릭합니다.

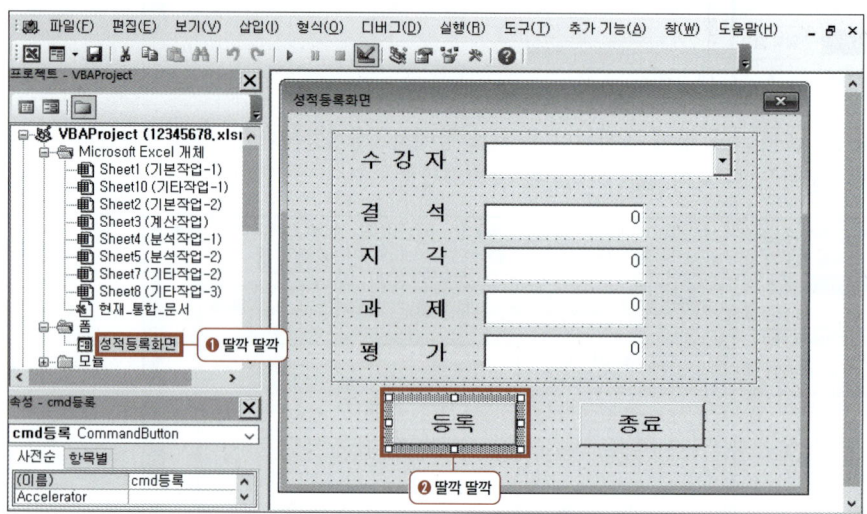

2. 'cmd등록_Click( )' 프로시저가 나타납니다. '등록' 단추 클릭 시 수행할 코드를 그림과 같이 입력하세요.

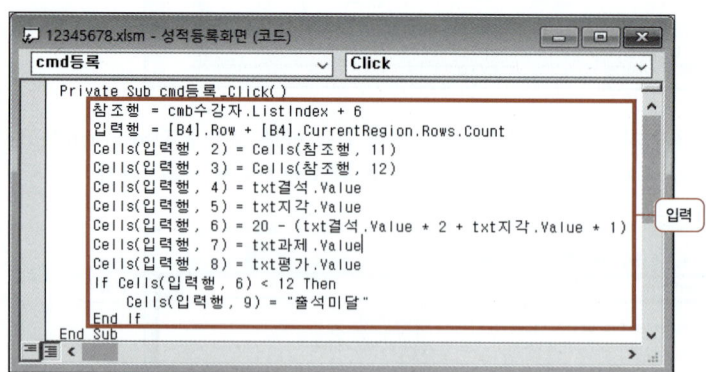

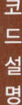
코드 설명

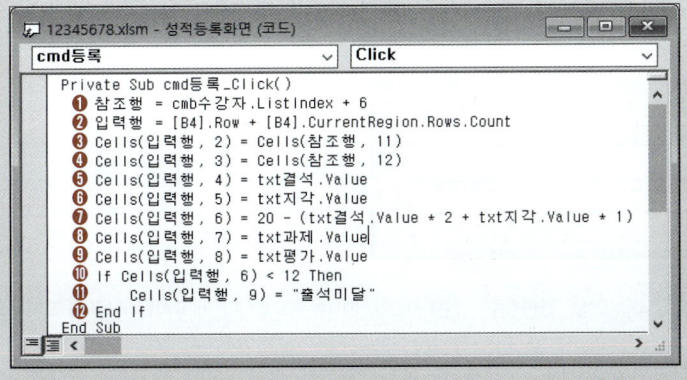

❶ '참조행' 변수에 'cmb수강자' 콤보 상자에서 선택한 목록의 인덱스 번호를 치환합니다. 콤보 상자의 행 번호는 0에서 시작하므로 콤보 상자에서 3행을 클릭했다면 '참조행'에는 2가 저장됩니다.
- ListIndex는 콤보 상자 컨트롤의 목록 부분에서 선택한 항목의 인덱스 번호를 반환하거나 설정하는 속성입니다.
- '참조행'은 'cmb수강자' 콤보 상자에서 선택한 수강자가 [표2]의 몇 번째 행에 있는지를 구하기 위해 사용합니다. [표2]에서 실제 데이터가 입력되어 있는 행은 워크시트의 6행이므로 'cmb수강자' 콤보 상자에서 선택한 목록 값에 대한 ListIndex에 6을 더한 것입니다.
  즉, 'cmb수강자' 콤보 상자에서 첫 번째에 있는 '홍희주'를 선택하면 ListIndex는 0이므로 '참조행' 변수는 6이 됩니다.
❷ '입력행' 변수에 [B4] 셀의 행 번호인 4와 [B4] 셀과 연결된 범위에 있는 데이터의 행수를 더하여 저장합니다.(4+4=8).
❸ 8행 2열에 워크시트의 참조행(6) 11열[K6]의 값(1628002)을 입력합니다.
❹ 8행 3열에 워크시트의 참조행(6) 12열[L6]의 값(홍희주)을 입력합니다.
❺ 8행 4열에 'txt결석'의 값을 입력합니다.
  - Value는 컨트롤에 값을 지정하는 속성입니다.
❻ 8행 5열에 'txt지각'의 값을 입력합니다.
❼ 8행 6열에 '20 - (txt결석 * 2 + txt지각 * 1)의 결과를 입력합니다.
❽ 8행 7열에 'txt과제'의 값을 입력합니다.
❾ 8행 8열에 'txt평가'의 값을 입력합니다.
❿ 8행 9열에 8행 6열에 입력된 값이 12 미만이면 ⓫번을 수행하고 끝납니다.
⓫ 8행 9열에 "출석미달"을 입력합니다.
⓬ IF문의 끝입니다.

④ 폼 종료하기

1. 프로젝트 탐색기에서 〈성적등록화면〉 폼을 더블클릭하면 〈성적등록화면〉 폼이 화면에 나타납니다. '종료' 단추 클릭시 수행할 코드를 입력하기 위해 '종료' 단추를 더블클릭합니다.

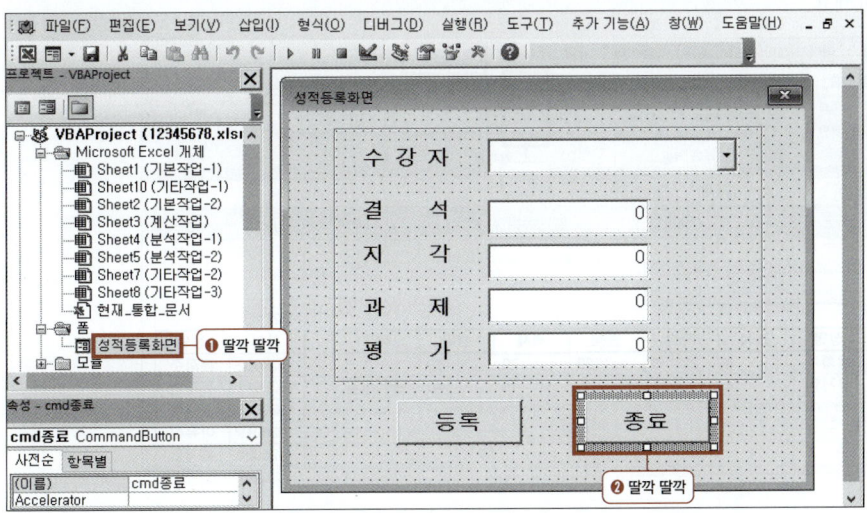

2. 'cmd종료_Click( )' 프로시저가 나타납니다. '종료' 단추 클릭 시 수행할 코드를 그림과 같이 입력하세요.

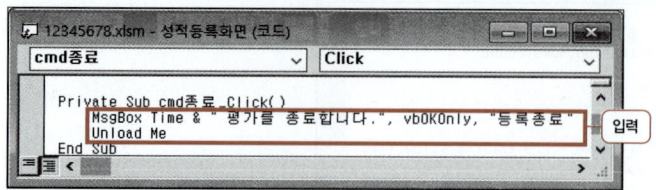

코드설명

- **MsgBox Time & " 평가를 종료합니다.", vbOKOnly, "등록종료"** : 현재 시간과 "평가를 종료합니다."가 표시된 메시지를 표시합니다.
  - 'MsgBox'는 대화상자에 메시지를 표시하는 명령입니다.
  - 'Time'은 현재 시간을 표시하는 함수입니다.
  - 'vbOKOnly'는 〈확인〉 단추만을 표시하는 단추 종류입니다.
- **Unload Me** : 현재 작업중인 폼을 화면과 메모리에서 제거합니다.
  - Unload는 현재 메모리에서 실행중인 개체를 제거하는 명령입니다.
  - Me는 현재 작업중인 폼을 말합니다. 다른 폼을 지정하려면 폼의 이름을 정확하게 기록해야 합니다. 현재 〈성적등록화면〉 폼에서 작업하고 있으므로 **Unload 성적등록화면**이라고 입력해도 같은 결과가 나옵니다.

5 실행 결과 확인하기

1. VBE '표준' 도구 모음의 '보기 Microsoft Excel(🅇)' 아이콘을 클릭하세요.

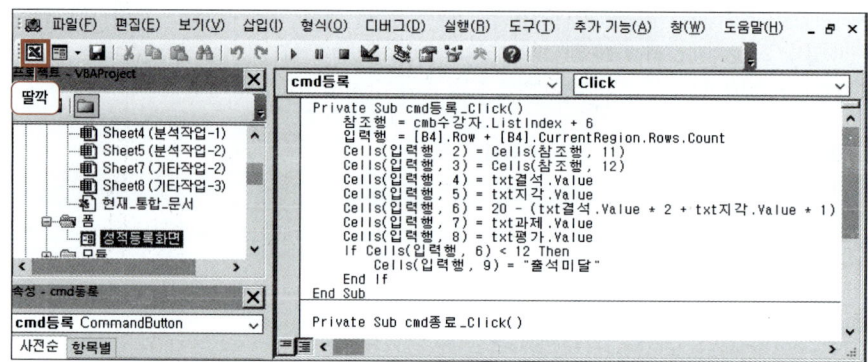

2. '기타작업-3' 워크시트로 돌아옵니다. [개발 도구] → 컨트롤 → **디자인 모드**를 클릭하여 디자인 모드를 해제하세요.

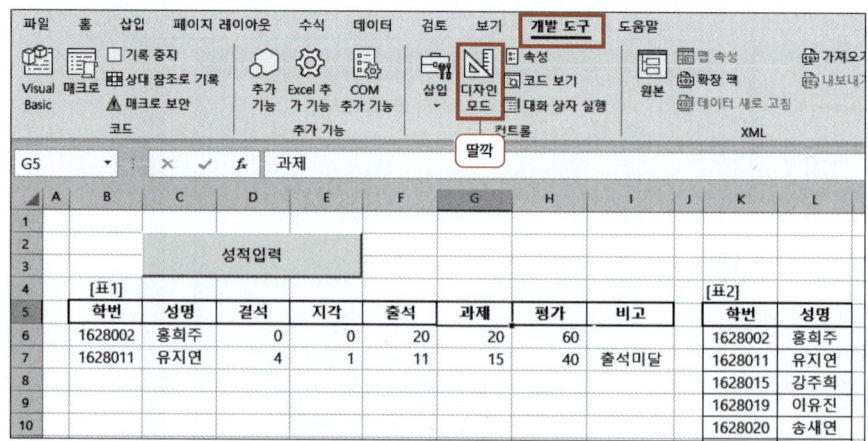

3. 실행 결과를 확인하기 위해 '성적입력' 단추를 클릭합니다. 〈성적등록화면〉 폼이 나타나고, 'cmb 수강자' 콤보 상자에 목록이 표시됩니다.

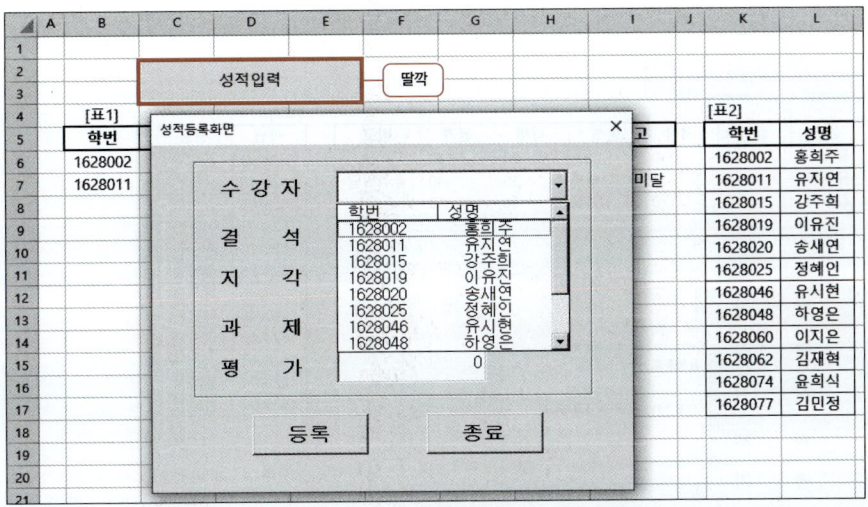

4. 데이터를 입력하고 '등록' 단추를 클릭하여 결과를 확인하세요. 폼에 입력한 데이터가 워크시트에 입력됩니다.

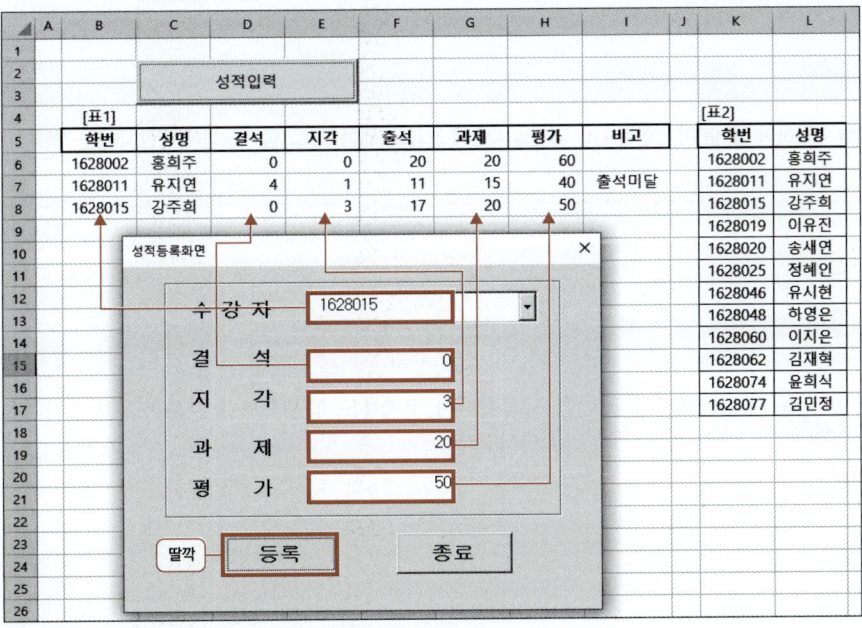

1과목 스프레드시트 실무 **177**

5. '종료' 단추를 클릭하여 결과를 확인하세요. 현재 시간이 표시된 메시지 박스를 표시하고, 메시지 박스에서 〈확인〉을 클릭하면 폼을 종료합니다.

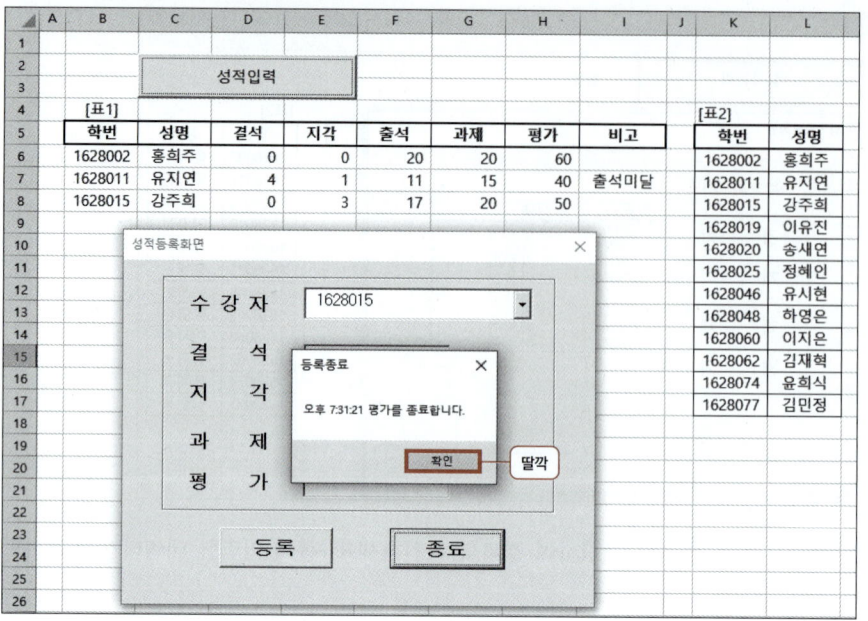

> **잠깐만요**
>
> 채점 프로그램을 이용하여 여러분이 완성한 답안 파일을 채점해 보세요. 채점 프로그램 사용법에 대한 내용은 7쪽을 참고하세요.

6 엑셀 시험 마무리

시험이 종료된 후 바로 데이터베이스 시험을 시작합니다. 2과목도 성공적으로 완수하길 바랍니다.

액세스 기능

데이터베이스 실무

문제 1 · DB 구축

문제 2 · 입력 및 수정 기능 구현

문제 3 · 조회 및 출력 기능 구현

문제 4 · 처리 기능 구현

문제 1   DB 구축(25점)

> **전문가의 합격 전략** ★
>
> [문제1]은 데이터베이스 시스템을 사용하기 위해서 테이블을 완성하고 테이블과의 관계를 설정하고 필요한 외부 데이터를 가져오거나 혹은 내보내는, 한마디로 말해 필요한 데이터베이스를 구축하는 문제가 출제되는 영역입니다. DB 구축에서는 테이블 완성, 관계 설정, 외부 데이터 연결/내보내기/가져오기에서 3문제가 출제됩니다. 기본키, 참조 무결성, 인덱스, 유효성 검사 등 데이터베이스의 기본적인 기능에 대한 이해만 있으면 누구나 쉽게 해결할 수 있는 문제들입니다.

1. 테이블 완성

출제 비율 100% / 배점 20점

테이블 완성은 다음과 같은 과정으로 작업을 진행합니다.

1. 작업할 테이블을 [디자인 보기]로 연다.
2. 속성을 설정할 필드를 선택한다.
3. 필드 속성 창의 '일반' 탭에서 해당 속성에 설정 값을 입력한다.

- 다음은 지금까지 출제된 12개의 속성과 4개의 기능을 적용한 테이블입니다.

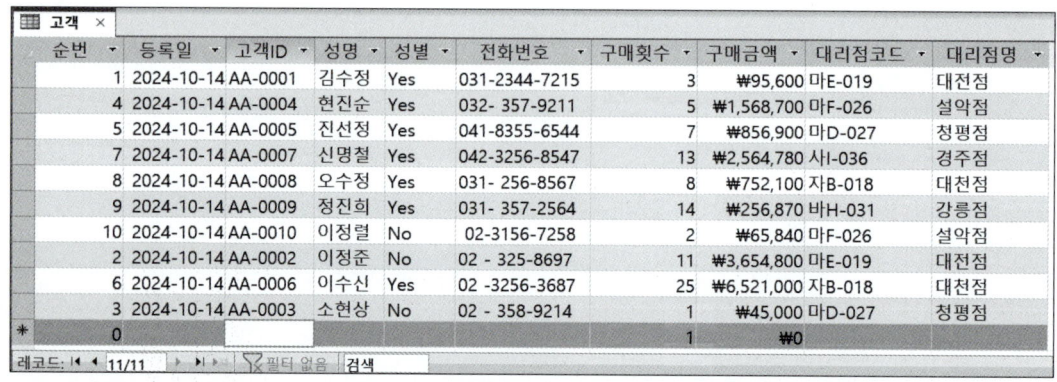

↓

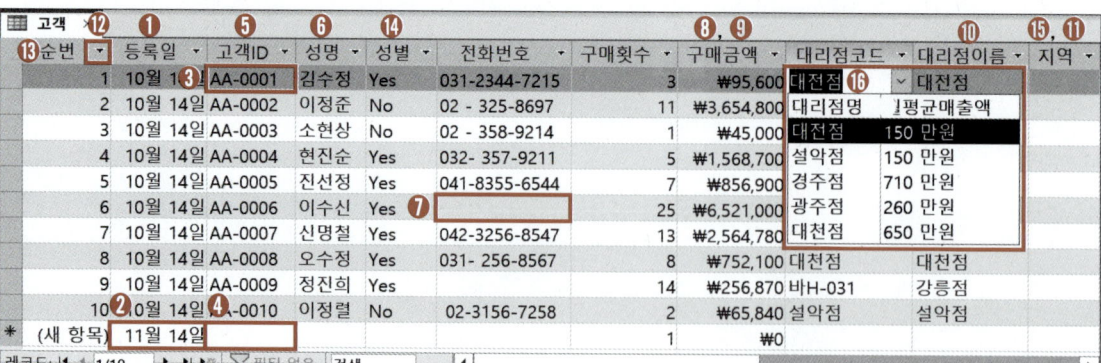

[속성]

❶ 형식 : '등록일' 필드는 '06월 05일' 형식으로 표시되도록 표시 형식을 설정함

❷ 기본값 : 새로운 레코드를 추가하는 경우 '등록일' 필드에는 기본적으로 시스템의 오늘 날짜가 입력되어 표시되도록 설정함

❸ IME 모드 : '고객ID' 필드는 자동으로 영문 입력 상태가 되도록 IME 모드를 설정함

④ **입력 마스크** : '고객ID' 필드에는 데이터가 'AA-0000' 형식으로 입력되도록 입력 마스크를 설정함
⑤ **인덱스** : '고객ID' 필드에는 중복된 값이 입력될 수 없도록 인덱스를 설정함
⑥ **필수** : '성명' 필드에는 반드시 값이 입력되도록 필수 속성을 설정함
⑦ **빈 문자열 허용** : '전화번호' 필드에는 데이터를 입력하지 않아도 되게 설정함
⑧ **유효성 검사 규칙** : '구매금액' 필드에는 0보다 큰 값만 입력되도록 유효성 검사 규칙을 설정함
⑨ **유효성 검사 텍스트** : '구매금액' 필드에 0이하의 값이 입력되면 "0 보다 큰 값을 입력하세요."라는 메시지가 표시되도록 설정함
⑩ **캡션** : '대리점명' 필드는 '대리점이름'으로 표시되도록 설정함
⑪ **필드 크기** : '지역' 필드의 크기를 40으로 설정함
⑫ **테이블 속성의 정렬 기준** : '고객' 테이블의 데이터들이 '순번' 필드를 기준으로 오름차순 정렬되어 표시되도록 설정함

[기능]
⑬ **기본 키 설정** : '순번' 필드를 기본키로 설정함
⑭ **데이터 형식 변경** : '성별' 필드에는 True/False 또는 Yes/No 두 가지 형태의 데이터만 입력되도록 데이터 형식을 'Yes/No'로 설정함
⑮ **필드 추가** : '지역' 필드를 '대리점명' 필드 뒤에 추가함
⑯ **조회 기능 설정** : 〈대리점〉 테이블의 '대리점명', '월평균매출액'이 콤보 상자 형태로 나타나도록 설정함

상시시험 출제 유형

> **전문가의 조언**
> '입력 마스크' 속성에서는 지시사항에 사용할 입력 마스크 대치 문자를 제대로 판단하는 것이 중요합니다. 자주 출제되는 내용이니 **입력 제한을 위한 대치 문자를 모두 기억해 두세요.**
> ☞ 직접 실습하려면 '길벗컴활1급통합\액세스\01테이블완성.accdb' 파일을 열고 〈입력마스크〉 테이블에서 작업하세요.

01 입력 마스크 속성

25.상시, 24.상시, 23.상시, 22.상시, 21.상시, 20.상시, 19.상시, 19.2, 19.1, 17.1, 16.상시, …

25.상시, 24.상시, 23.상시, 22.상시, 21.상시, 20.상시, 19.상시, 19.2, 16.3, …

유형 1 '고객ID' 필드는 'AA-0000'의 형식으로 입력되도록 입력 마스크를 설정하시오.

▶ 앞의 두 자리는 영문 대문자로 반드시 입력받되, 소문자가 입력되어도 대문자로 변환되도록 설정할 것
▶ 뒤의 네 자리는 1~9999 사이의 숫자로 입력받되, 공백 없이 반드시 입력되도록 설정할 것
▶ '-' 기호도 함께 저장하고, 화면에 표시되는 기호는 '#'으로 설정할 것

〈정답〉

 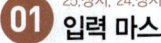

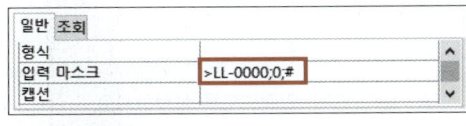

1. 〈입력마스크〉 테이블의 바로 가기 메뉴에서 [디자인 보기]를 선택합니다.

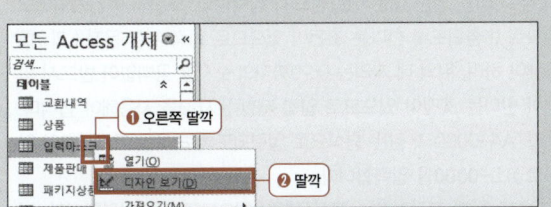

2. '고객ID' 필드를 클릭하여 '고객ID' 필드의 속성을 나오게 한 후 '일반' 탭의 '입력 마스크' 속성난을 클릭하세요.

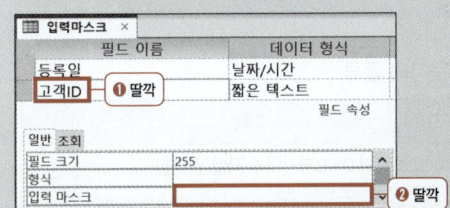

3. '입력 마스크' 속성난에 >LL-0000;0;#을 입력하세요.

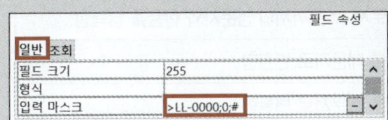

4. 닫기 단추()를 클릭한 후 저장 여부를 묻는 대화상자가 표시되면 〈예〉를 클릭하세요.

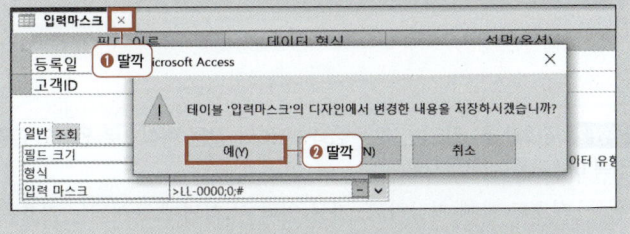

5. '탐색' 창에서 〈입력마스크〉 테이블을 더블클릭하여 〈입력마스크〉 테이블을 엽니다.

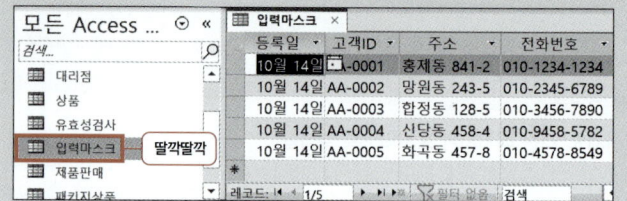

6. '고객ID' 필드에 고객ID를 입력하면서 입력 자리가 '##-####'으로 표시되는지 확인해 보세요.

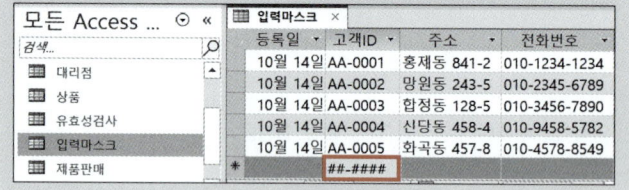

잠깐만요 | 입력 마스크 사용자 지정 형식

>LL-0000 ; 0 ; #
  ❶   ❷ ❸

❶ 앞의 두 자리는 영문 대문자로 반드시 입력받되, 소문자가 입력되어도 대문자로 변환되도록 한다는 조건이 있으므로 입력 제한 문자 L과 >를 사용해야 하며, 뒤의 네 자리는 0~9까지의 숫자를 공백없이 반드시 입력해야 한다는 조건이 있으므로 입력 제한 문자 0을 사용해야 합니다. 그리고 'AA-0000'과 같은 형식으로 입력되도록 하라는 지시사항이 있으므로 >LL-0000을 입력합니다.

❷ '-' 기호도 함께 저장이라는 지시사항이 있으므로 0을 입력합니다. 저장하지 않을 때는 1이나 공백으로 지정합니다.

❸ 화면에 표시되는 기호는 '#'이라는 지시사항이 있으므로 #을 입력합니다.

입력 마스크 대치 문자의 종류

대치 문자	기능
0	필수 요소로서 0~9까지의 숫자를 입력함
9	선택 요소로서 0~9까지의 숫자나 공백을 입력함
L	필수 요소로서 A~Z까지의 영문자와 한글을 입력함
?	선택 요소로서 A~Z까지의 영문자와 한글을 입력함
>	모든 문자를 대문자로 변환함
<	모든 문자를 소문자로 변환함

25.상시, 23.상시, 22.상시, 21.상시, 20.상시, 19.상시, 19.1, 17.1, 16.상시, 16.3, …

유형 2 '전화번호' 필드는 '123-1234-1234'와 같은 형식으로 입력되도록 입력 마스크를 설정하시오.

▶ '-' 기호도 함께 저장하고, 자료 입력 시 화면에 표시되는 기호는 '#'으로 설정할 것

▶ 숫자는 0~9까지의 숫자가 반드시 입력될 수 있도록 설정할 것

〈정답〉

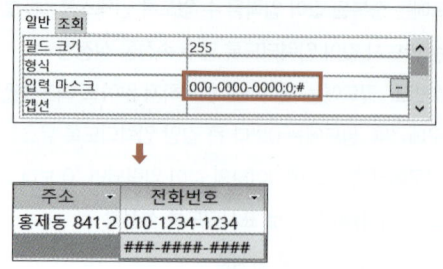

25.상시, 24.상시, 23.상시, 22.상시, 21.상시

유형 3 '기관코드' 필드는 'P101'과 같은 형식으로 입력되도록 입력 마스크를 설정하시오.

▶ "P"가 문자로 저장되도록 설정할 것
▶ 숫자는 0~9까지의 숫자만 입력될 수 있도록 설정할 것

〈정답〉

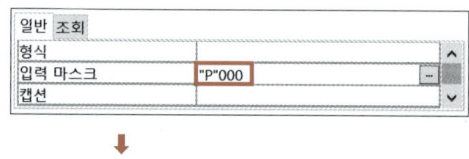

전문가의 조언

'유효성 검사 규칙' 속성에서는 입력 제한을 위한 수식을 정확하게 작성하는 것이 중요합니다. 조금 까다롭게 느껴지는 수식이 있으면 지시사항과 입력 제한 수식을 함께 암기해 두세요.
☞ 직접 실습하려면 '길벗컴활1급통합\액세스\01테이블완성.accdb' 파일을 열고 〈유효성검사〉 테이블에서 작업하세요.

02 유효성 검사 규칙 속성

25.상시, 24.상시, 23.상시, 22.상시, 21.상시, 20.상시, 19.상시, 18.상시, …

23.상시, 22.상시, 21.상시, 20.상시, 19.상시, 18.상시, 17.상시, 16.상시, 16.1, …

유형 1 '구매금액' 필드에는 0보다 큰 값만 입력되도록 설정하시오.

25.상시, 23.상시, 22.상시, 21.상시, 20.상시, 20.1, 19.상시, 19.2, 19.1, 18.상시, 18.2, …

유형 2 '등급' 필드에는 "A", "B", "C"만 입력되도록 설정하시오.

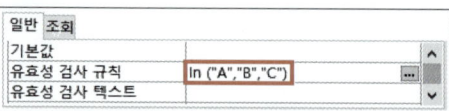

유효성 검사 규칙 속성에 **"A" Or "B" Or "C"**를 입력해도 결과가 동일합니다.

25.상시, 24.상시, 22.상시, 21.상시, 19.상시, 17.상시, 14.1, 12.1, 11.2, 10.2, 10.1

유형 3 '금액' 필드에는 '수량'에 '단가'를 곱한 값과 같은 값만 입력되도록 설정하시오.

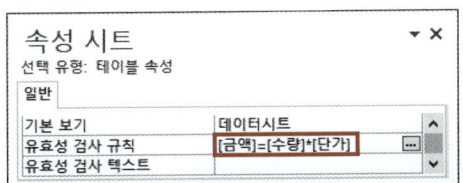

- 두 개 이상의 필드를 사용하여 유효성 검사 규칙을 설정할 때는 필드가 아닌 테이블 속성의 '유효성 검사 규칙' 속성에서 설정합니다.
- 테이블 유효성 검사 규칙은 테이블 디자인 보기 상태에서 [테이블 디자인] → 표시/숨기기 → 속성 시트(□)를 클릭한 후 테이블 속성 창의 '유효성 검사 규칙' 속성에 설정합니다.

25.상시, 24.상시, 22.상시, 21.상시, 20.상시, 18.상시

유형 4 '수량' 필드에는 1~500 사이의 값만 입력할 수 있도록 설정하시오.

일반	조회	
기본값		
유효성 검사 규칙	Between 1 And 500	
유효성 검사 텍스트		

유효성 검사 규칙 속성에 >=1 And <=500을 입력해도 결과가 동일합니다.

22.상시, 21.상시, 20.상시, 18.상시, 17.상시, 14.1, 12.1, 11.2, 11.1, 10.3, 10.2, 10.1

유형 5 '이메일' 필드에는 '@'이 반드시 포함되도록 설정하시오.

일반	조회	
기본값		
유효성 검사 규칙	Like "*@*"	
유효성 검사 텍스트		

Like : 만능 문자(*, ?)와 함께 사용하며, 문자 패턴을 비교함

25.상시

유형 6 'GPS위도'와 'GPS경도' 필드에는 다음의 값만 입력할 수 있도록 설정하시오.

▶ '위도' 필드 : 27.62 이상 37.69 미만
▶ '경도' 필드 : 126.78 이상 127.99 미만

- 'GPS위도' 필드

일반	조회	
기본값	0	
유효성 검사 규칙	>=27.62 And <37.69	
유효성 검사 텍스트		

- 'GPS경도' 필드

일반	조회	
기본값		
유효성 검사 규칙	>=126.78 And <127.99	
유효성 검사 텍스트		

> **전문가의 조언**
>
> 기타 나머지 속성들은 문제의 지시사항을 통해 사용해야 할 속성을 쉽게 파악할 수 있습니다. 지시사항 중 사용해야 할 속성을 의미하는 키워드를 표시해 두었으니 키워드와 속성을 연관지어 기억해 두세요.

25.상시, 24.상시, 23.상시, 22.상시, 21.상시, 20.상시, 20.1, 19.상시, 19.2, ...

03 기타 속성

속성	지시사항
25.상시, 24.상시, 23.상시, 22.상시, ... 필수	'담당자명' 필드에는 반드시 값이 입력되도록 설정하시오.
25.상시, 24.상시, 23.상시, 22.상시, ... 기본값	새로운 레코드가 추가되는 경우 '날짜' 필드에는 현재 날짜가 입력되도록 설정하시오.
25.상시, 24.상시, 23.상시, 22.상시, ... 인덱스	'학번' 필드에는 중복된 값이 입력될 수 없도록 인덱스를 설정하시오.
20.상시, 19.상시, 18.상시, 17.상시, ... 형식	'날짜' 필드의 형식을 "mm월 dd일"로 설정하시오.
25.상시, 24.상시, 23.상시, 22.상시, ... 필드 크기	'제품단가' 필드의 크기를 '바이트'로 설정하시오.
25.상시, 23.상시, 22.상시, 21.상시, ... IME 모드	'등급' 필드에 포커스가 이동하면 입력기가 영숫자 반자가 되도록 설정하시오.
25.상시, 24.상시, 23.상시, 22.상시, ... 빈 문자열 허용	'학점' 필드는 빈 문자열이 허용되지 않도록 설정하시오.
22.상시, 21.상시, 19.상시, 09.2, 07.4 캡션	'제품명' 필드는 필드 이름을 변경하지 않고, '상품이름'으로 표시되도록 설정하시오.
25.상시, 24.상시, 22.상시, 21.상시, ... 테이블 정렬 기준	테이블을 열면 '학번'을 기준으로 오름차순 정렬되어 표시되도록 설정하시오.

테이블 정렬 기준은 테이블 디자인 보기 상태에서 [테이블 디자인] → 표시/숨기기 → 속성 시트(□)를 클릭한 후 테이블 속성 창의 '정렬 기준' 속성에 설정합니다.

잠깐만요 '형식' 속성의 사용자 지정 기호

형식	기호	설명
날짜	y	• y : 1년 중의 일을 표시(1~366)함 • yy : 연도의 마지막 두 자리를 표시함 • yyyy : 연도를 네 자리 숫자로 표시함
	m	• m : 필요에 따라 한 자리 또는 두 자리 숫자로 1~12까지의 월을 표시함 • mm : 01~12까지 두 자리 숫자로 월을 표시함 • mmm : Jan~Dec까지 월의 처음 세 자리를 표시함 • mmmm : January에서 December까지 완전한 월 이름을 표시함
	d	• d : 필요에 따라 한 자리 또는 두 자리 숫자로, 1~31까지의 일을 표시함 • dd : 01~31까지 두 자리 숫자로 일을 표시함 • ddd : sun~sat까지 요일의 처음 세 자리를 표시함 • dddd : Sunday~Saturday까지 완전한 요일 이름을 표시함
	a	• aaa : 요일을 '일'~'토'의 형태로 표시함 • aaaa : 요일을 '일요일'~'토요일'의 형태로 표시함
시간	h	• h : 한 자리 또는 두 자리 숫자로 0~23까지 시간을 표시함 • hh : 두 자리 숫자로 00~23까지 시간을 표시함

☞ 04~07을 직접 실습하려면 '길벗컴활1급통합\액세스\01테이블완성.accdb' 파일을 열고 〈고객〉 테이블에서 작업하세요.

04 기본 키 설정하기

25.상시, 24.상시, 23.상시, 22.상시, 21.상시, 20.상시, 19.상시, 18.상시, 18.2, …

〈고객〉 테이블의 '순번' 필드를 기본 키로 설정하시오.

〈정답〉

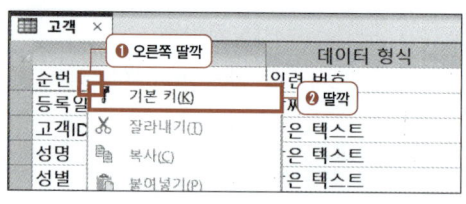

05 데이터 형식 변경하기

25.상시, 24.상시, 23.상시, 22.상시, 21.상시, 21.1, 19.상시, 15.3, 14.3, 14.2, …

〈고객〉 테이블의 '성별' 필드에는 True/False 또는 Yes/No 두 가지 형태의 데이터만 입력되도록 데이터 형식을 설정하시오.

〈정답〉

필드 이름	데이터 형식	
성별	짧은 텍스트	▼ ❶ 딸깍
고객등급	짧은 텍스트	
전화번호	긴 텍스트	
대리점코드	숫자	
대리점명	큰 번호	
	날짜/시간	
	날짜/시간 연장됨	
	통화	
	일련 번호	
	Yes/No	❷ 딸깍
	OLE 개체	

↓

필드 이름	데이터 형식
성명	짧은 텍스트
성별	Yes/No
고객등급	짧은 텍스트

06 필드 추가하기

23.상시, 22.상시, 21.상시, 20.상시, 19.상시, 19.2, 18.상시, 18.2, 18.1, …

〈고객〉 테이블의 '지역' 필드를 '대리점명' 필드의 뒤에 추가하시오.

〈정답〉

필드 이름	데이터 형식
대리점명	짧은 텍스트
지역	짧은 텍스트

↓

대리점명	지역
안양점	
순천점	
목포점	
속초점	

> 필드를 맨 뒤가 아니라 필드와 필드 사이에 추가할 때는 추가할 위치의 행 선택기를 클릭하고 Insert를 눌러 먼저 행을 추가한 후 추가할 필드명을 입력합니다.

전문가의 조언

조회 기능도 문제의 지시사항을 통해 사용해야 할 속성을 쉽게 파악할 수 있습니다. 지시사항에 사용해야 할 속성을 의미하는 키워드가 들어있기 때문이죠. **속성을 의미하는 키워드를 표시해 두었으니 키워드와 속성을 연관지어 기억해 두세요.**

07 조회 기능 설정하기

25.상시, 24.상시, 23.상시, 22.상시, 21.상시, 20.1, 19.상시, 19.2, 19.1, 18.상시, 18.2, 18.1, …

24.상시, 23.상시, 22.상시, 21.상시, 20.1, 19.상시, 19.2, 19.1, 18.상시, …

유형 1 〈고객〉 테이블의 '대리점코드' 필드에 다음과 같이 조회 속성을 설정하시오.

▶ 콤보 상자 형태로 〈대리점〉 테이블의 '대리점코드', '대리점명', '월평균매출액' 목록이 나타나도록 설정하시오.
▶ 필드에는 '대리점코드'가 저장되도록 설정하시오.
▶ 열 이름이 표시되도록 설정하고, 화면에 '대리점코드'는 표시되지 않도록 설정하시오.
▶ 행 수를 6으로 설정하시오.
▶ '대리점명'과 '월평균매출액' 필드의 열의 너비를 각각 2cm와 3cm, 목록 너비는 5cm로 설정하시오.

▶ 목록 이외의 값은 입력되지 않도록 하시오.

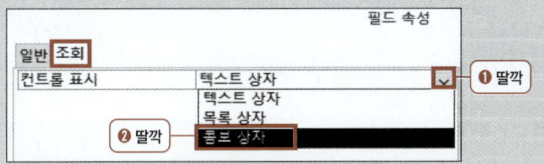

〈정답〉

일반 조회	
컨트롤 표시	콤보 상자
행 원본 유형	테이블/쿼리
행 원본	SELECT 대리점.대리점코드, 대리점.대리점명, 대리점.월평균매출액 FROM 대리점;
바운드 열	1
열 개수	3
열 이름	예
열 너비	0cm;2cm;3cm
행 수	6
목록 너비	5cm
목록 값만 허용	예

1. 〈고객〉 테이블의 바로 가기 메뉴에서 [디자인 보기]를 선택합니다.
2. '대리점코드' 필드를 클릭하세요.
3. '조회' 탭에서 '컨트롤 표시' 속성을 '콤보 상자'로 변경하세요.

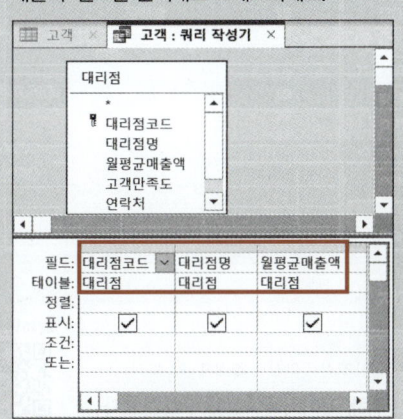

4. '행 원본' 속성의 작성기 단추(…)를 클릭하세요.
5. '테이블 추가' 창에서 〈대리점〉 테이블을 더블클릭한 후 닫기(×) 단추를 클릭하세요.
6. '쿼리 작성기' 창에서 〈대리점〉 테이블의 '대리점코드', '대리점명', '월평균매출액' 필드를 순서대로 드래그하세요.

7. '쿼리 작성기' 창의 닫기(×) 단추를 클릭하세요.
8. 업데이트 확인 창에서 〈예〉를 클릭하세요.
9. 연결되는 필드의 개수가 3개이므로 '열 개수'에 3을 입력합니다.
   ※ 바운드 열은 저장될 필드를 지정하는 것으로, '대리점코드'는 '행 원본' 속성에 지정된 필드 중에서 순서상 첫 번째이므로 1을 입력합니다. '대리점명'이 저장되도록 설정해야 한다면 2를 입력하면 됩니다.
   ※ 열 개수는 지시사항에 없으므로 사용하는 필드의 개수를 세서 입력하면 됩니다.
   ※ 열 너비를 입력할 때 각각은 세미콜론(;)으로 구분하며, 0;2;3과 같이 입력하고 Enter를 누르면, cm가 자동으로 붙어 0cm;2cm;3cm와 같이 입력됩니다.
   ※ 열 너비를 0cm로 설정하면, 해당 필드는 화면에 표시되지 않습니다.

25.상시, 24.상시, 22.상시, 21.상시, 19상시, 18.상시, 16.상시, 14.2, 13.3, 12.3, 12.2, 11.2, …

유형 2 〈고객〉 테이블의 '고객등급' 필드에 대해서 다음과 같이 조회 속성을 설정하시오.

▶ "VIP", "Gold", "Silver", "Bronze"가 콤보 상자의 형태로 나타나도록 설정하시오.

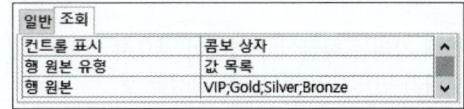

〈정답〉

일반 조회	
컨트롤 표시	콤보 상자
행 원본 유형	값 목록
행 원본	VIP;Gold;Silver;Bronze

대표기출문제

'길벗컴활1급통합\액세스\01테이블완성.accdb' 파일을 열어서 작업하세요.

기출 1 25.상시, 24.상시, 23.상시, 22.상시, 21.상시, 20.상시, 19.상시, 19.2, …

회원 정보를 관리하기 위해 데이터베이스를 구축하고자 한다. 다음의 지시사항에 따라 〈회원〉 테이블을 완성하시오.

① '회원코드' 필드는 'A-F0001' 형식으로 입력되도록 입력 마스크를 설정하시오.
  ▶ 첫 번째와 세 번째 자리는 한글이나 영문이 반드시 입력되고, 뒤의 4자리는 숫자가 반드시 입력되도록 설정할 것
  ▶ '-'도 저장하고 데이터가 입력될 자리에 '*'이 표시되도록 설정할 것
② '성명' 필드에는 중복된 값이 입력될 수 있도록 인덱스를 설정하시오.
③ 새로운 레코드가 추가되는 경우 '가입일' 필드에는 현재 날짜가 입력되도록 설정하시오.
④ '회원등급' 필드에는 값이 반드시 입력되도록 설정하시오.
⑤ '이메일' 필드에 '@'이 반드시 포함되도록 유효성 검사 규칙을 설정하시오.

기출 2 25.상시, 24.상시, 23.상시, 22.상시, 21.상시, 20.상시, 20.1, 19.상시, …

여행 상품을 관리하기 위해 데이터베이스를 구축하고자 한다. 다음의 지시사항에 따라 〈패키지상품〉 테이블을 완성하시오.

① '패키지명' 필드를 기본키로 설정하시오.
② '패키지명' 필드는 'GP1101'과 같은 형식으로 입력되도록 입력 마스크를 설정하시오.
  ▶ 앞의 2자리 문자는 선택적으로 입력받되 소문자를 입력해도 대문자로 표시되도록 설정하고, 뒤의 4자리 숫자는 0 ~ 9까지의 숫자와 공백만 입력할 수 있도록 설정할 것
  ▶ 자료 입력 시 화면에 표시되는 기호는 '#'으로 설정할 것
③ '캐디등급' 필드에는 "아마추어", "프로", "준프로" 외에 다른 값은 입력되지 않도록 유효성 검사 규칙을 설정하시오.
④ '판매가' 필드의 값에 통화 기호가 표시되도록 설정하시오.
⑤ '판매가' 필드 뒤에 '숙소약도' 필드를 추가하고 데이터 형식을 '첨부 파일'로 설정하시오.

기출 3 25.상시, 24.상시, 23.상시, 22.상시, 21.상시, 20.1, 19.상시, 19.2, …

상품 정보를 관리하기 위해 데이터베이스를 구축하고자 한다. 다음의 지시사항에 따라 〈상품〉 테이블을 완성하시오.

① '상품코드' 필드는 IME 모드를 '영숫자 반자'로 설정하시오.
② '상품명' 필드에는 빈 문자열이 허용되지 않도록 설정하시오.
③ '제조사코드' 필드는 'DCM-01'과 같은 형식으로 입력되도록 입력 마스크를 설정하시오.
  ▶ 앞의 3글자는 "DCM"이 고정적으로 입력되고 뒤의 2글자는 0~9까지의 숫자가 반드시 입력되도록 설정하시오.
  ▶ '-'도 저장하고 데이터가 입력될 자리에 '*'이 표시되도록 설정할 것
④ '화소' 필드의 필드 크기를 '바이트'로 설정하시오.
⑤ '판매가'를 기준으로 내림차순으로 정렬되도록 테이블 속성을 설정하시오.

기출 4 25.상시, 24.상시, 23.상시, 22.상시, 21.상시, 20.상시, 19.1, 18.상시, …

제품판매 정보를 관리하기 위해 데이터베이스를 구축하고자 한다. 다음의 지시사항에 따라 〈제품판매〉 테이블을 완성하시오.

① '주문번호' 필드에는 중복된 값이 입력될 수 없도록 인덱스를 설정하시오.
② '주문번호' 필드는 필드 이름을 변경하지 않고, 'No'로 표시되도록 설정하시오.
③ '판매일' 필드에는 2021년 이후 날짜만 입력되도록 설정하고, 다른 값이 입력되면 "2021년 이후 날짜만 입력"이라는 메시지가 표시되도록 설정하시오.
④ '제품단가' 필드에는 값이 반드시 입력되도록 설정하시오.
⑤ '판매량' 필드는 새 레코드 추가 시 기본적으로 1이 입력되도록 설정하시오.

기출 5 25.상시, 24.상시, 23.상시, 22.상시, 21.상시, 20.1, 19.상시, 19.2, 19.1, ···

〈교환내역〉 테이블의 '회원코드' 필드에 다음과 같이 조회 속성을 설정하시오.

- 콤보 상자 형태로 〈회원〉 테이블의 '회원코드', '성명', '회원등급' 목록이 나타나도록 설정하시오.
- 필드에는 '회원코드'가 저장되도록 설정하시오.
- 열 이름이 표시되도록 설정하고, 화면에 '회원코드'는 표시되지 않도록 설정하시오.
- '성명'과 '회원등급' 필드의 열의 너비를 각각 2cm와 3cm, 목록 너비는 5cm로 설정하시오.
- 목록 이외의 값은 입력되지 않도록 하시오.

정답

[기출 1]

1. 〈회원〉 테이블을 [디자인 보기]로 연다.
2. 속성을 설정할 필드를 선택한다.
3. 필드 속성 창의 '일반' 탭 또는 '조회' 탭에서 해당 속성에 설정 값을 입력한다.
   ① '회원코드' 필드의 입력 마스크 → L-L0000;0;*
   ② '성명' 필드의 인덱스 → 예(중복 가능)
   ③ '가입일' 필드의 기본값 → Date( )
   ④ '회원등급' 필드의 필수 → 예
   ⑤ '이메일' 필드의 유효성 검사 규칙 → Like "*@*"

[기출 2]

② '패키지명' 필드의 입력 마스크 → >??9999;;#
③ '캐디등급' 필드의 유효성 검사 규칙 → In("아마추어", "프로", "준프로")
④ '판매가' 필드의 형식 → 통화
⑤ '숙소약도' 필드의 데이터 형식 → 첨부 파일

[기출 3]

① '상품코드' 필드의 IME 모드 → 영숫자 반자
② '상품명' 필드의 빈 문자열 허용 → 아니요
③ '제조사코드' 필드의 입력 마스크 → "DCM"-00;0;*
④ '화소' 필드의 필드 크기 → 바이트
⑤ 테이블 속성의 정렬 기준 → 판매가 Desc

[기출 4]

① '주문번호' 필드의 인덱스 → 예(중복 불가능)
② '주문번호' 필드의 캡션 → No
③ '판매일' 필드의 유효성 검사 규칙 → >=#2021-01-01#
   '판매일' 필드의 유효성 검사 텍스트 → "2021년 이후 날짜만 입력"
④ '제품단가' 필드의 필수 → 예
⑤ '판매량' 필드의 기본값 → 1

[기출 5]

일반 조회	
컨트롤 표시	콤보 상자
행 원본 유형	테이블/쿼리
행 원본	SELECT 회원.회원코드, 회원.성명, 회원.회원등급 FROM 회원;
바운드 열	1
열 개수	3
열 이름	예
열 너비	0cm;2cm;3cm
행 수	16
목록 너비	5cm
목록 값만 허용	예

2 관계 설정

출제 비율 90% / 배점 5점

관계 설정은 다음과 같은 과정으로 작업을 진행합니다.

1. [데이터베이스 도구] → 관계 → **관계**(📇)를 클릭한다.
2. '테이블 추가' 창의 '테이블' 탭에서 관계를 설정할 테이블을 차례대로 더블클릭한다.
   ※ '테이블 추가' 창이 표시되지 않으면, '관계' 창의 바로 가기 메뉴에서 [**테이블 표시**]를 선택한다.
3. 테이블 간의 관련 필드를 끌어서 연결한다.
4. '관계 편집' 대화상자에서 필요한 옵션을 선택하고 〈만들기〉를 클릭한다.

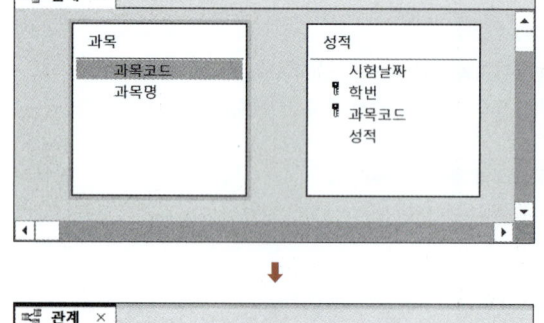

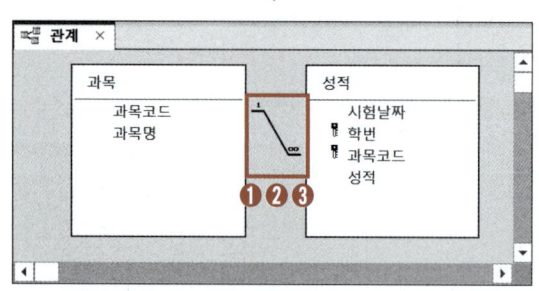

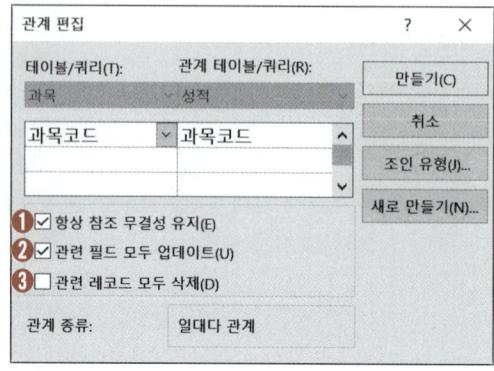

❶ 〈과목〉 테이블과 〈성적〉 테이블 간 항상 참조 무결성이 유지된다.

❷ 〈과목〉 테이블의 '과목코드' 필드가 변경되면 이를 참조하는 〈성적〉 테이블의 '과목코드' 필드도 함께 변경된다.

❸ 〈성적〉 테이블에서 참조하고 있는 〈과목〉 테이블의 레코드는 삭제할 수 없다.

※ 〈과목〉 테이블과 〈성적〉 테이블 간 참조 무결성을 강화하기 위해 관계를 설정하는 화면입니다.

상시시험 출제 유형

관계 설정은 출제되는 문제가 정해져 있으니 관계 편집 대화상자를 기억해 두세요.

- "유지되도록, 변경되도록, 삭제할 수 있도록" 이라는 지시사항에는 옵션을 체크합니다.
- "변경되지 않도록, 삭제되지 않도록" 이라는 지시사항에는 옵션을 체크 하지 않습니다.

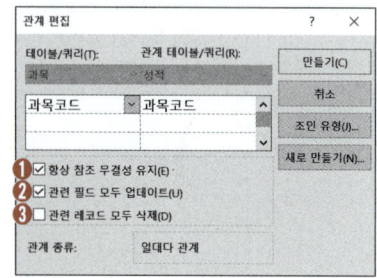

No	지시사항	'관계 편집' 대화상자 옵션 설정
❶	두 테이블 간에 항상 참조 무결성을 유지하도록 설정	☑항상 참조 무결성 유지(E)
❷	〈과목〉 테이블의 '과목코드' 필드가 변경되면, 〈성적〉 테이블의 '과목코드' 필드도 변경되도록 설정	☑관련 필드 모두 업데이트(U)
❸	〈성적〉 테이블이 참조하고 있는 〈과목〉 테이블의 레코드를 삭제할 수 있도록 설정	☑관련 레코드 모두 삭제(D)
	〈성적〉 테이블이 참조하고 있는 〈과목〉 테이블의 레코드를 삭제할 수 없도록 설정	☐관련 레코드 모두 삭제(D)

※ '항상 참조 무결성 유지' 옵션이 체크 되어야만 '관련 필드 모두 업데이트'나 '관련 레코드 모두 삭제' 옵션이 활성화되므로, 이제까지 모든 문제가 '항상 참조 무결성 유지' 옵션을 체크하도록 출제되었습니다.

※ '관련 필드 모두 업데이트'나 '관련 레코드 모두 삭제' 옵션에 대한 지시사항이 없을 때는 해당 옵션을 체크하지 않으면 됩니다.

대표기출문제

'길벗컴활1급통합\액세스\02관계설정.accdb' 파일을 열어서 작업하세요.

기출 1 25.상시, 24.상시, 23.상시, 22.상시, 21.상시, 20.상시, 20.1, 19.상시, …

〈과외〉 테이블의 '학생ID' 필드는 〈학생〉 테이블의 '학생ID' 필드를 참조하며, 테이블 간의 관계는 M:1이다. 두 테이블에 대해 다음과 같이 관계를 설정하시오.

▶ 두 테이블 간에 항상 참조 무결성을 유지하도록 설정하시오.
▶ 〈학생〉 테이블의 '학생ID' 필드가 변경되면 이를 참조하는 〈과외〉 테이블의 '학생ID' 필드도 변경되도록 설정하시오.
▶ 〈과외〉 테이블에서 참조하고 있는 〈학생〉 테이블의 레코드를 삭제할 수 없도록 설정하시오.

정답 및 해설

[기출 1]

〈정답〉

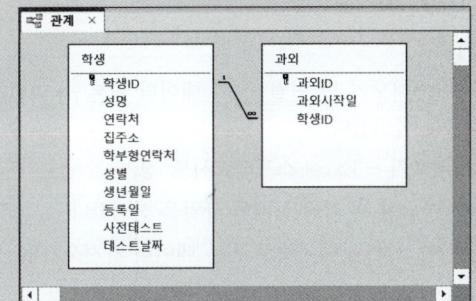

〈해설〉

1. [데이터베이스 도구] → 관계 → 관계(🗂)를 클릭한다.
2. '테이블 추가' 창의 '테이블' 탭에서 〈학생〉과 〈과외〉 테이블을 차례대로 더블클릭한 후 닫기(✕) 단추를 클릭한다.
3. 〈학생〉 테이블의 '학생ID' 필드를 〈과외〉 테이블의 '학생ID' 필드로 드래그 앤 드롭한다.
4. '관계 편집' 대화상자에서 다음과 같이 옵션을 선택하고 〈만들기〉를 클릭한다.

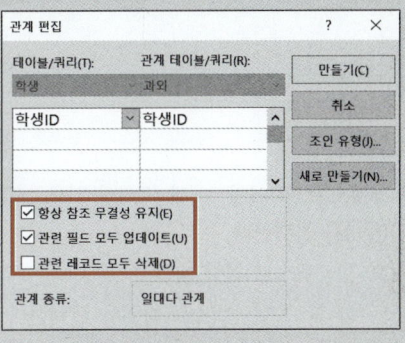

3. 테이블 생성

출제 비율 70% / 배점 5점

테이블 생성은 가져오는 파일 형식에 따라 다음과 같은 과정으로 작업을 진행합니다.

엑셀 파일 가져오기

1. [외부 데이터] → 가져오기 및 연결 → 새 데이터 원본 → 파일에서 → Excel(	)을 클릭한다.
2. '외부 데이터 가져오기 – Excel 스프레드시트' 창
   - 〈찾아보기〉를 클릭한 후 가져올 엑셀 파일을 선택한다.
   - '현재 데이터베이스의 새 테이블로 원본 데이터 가져오기'를 선택한다.
3. '스프레드시트 가져오기 마법사' 1단계 대화상자 : '워크시트 표시'나 '이름 있는 범위 표시' 선택
4. '스프레드시트 가져오기 마법사' 2단계 대화상자 : '첫 행에 열 머리글이 있음' 여부 지정
5. '스프레드시트 가져오기 마법사' 3단계 대화상자 : 필드의 '데이터 형식'이나 제외할 필드 선택
6. '스프레드시트 가져오기 마법사' 4단계 대화상자 : 기본 키 지정
7. '스프레드시트 가져오기 마법사' 5단계 대화상자 : 테이블 이름 입력

텍스트 파일 가져오기

1. [외부 데이터] → 가져오기 및 연결 → 새 데이터 원본 → 파일에서 → **텍스트 파일**(	)을 클릭한다.
2. '외부 데이터 가져오기 – 텍스트 파일' 창
   - 〈찾아보기〉를 클릭한 후 가져올 텍스트 파일을 선택한다.
   - '현재 데이터베이스의 새 테이블로 원본 데이터 가져오기'를 선택한다.
3. '텍스트 가져오기 마법사' 1단계 대화상자 : 필드 구분 방법 선택
4. '텍스트 가져오기 마법사' 2단계 대화상자 : 필드를 나눌 구분 기호 선택, '첫 행에 필드 이름 포함' 여부 지정
5. '텍스트 가져오기 마법사' 3단계 대화상자 : 제외할 필드 선택
6. '텍스트 가져오기 마법사' 4단계 대화상자 : 기본 키 지정
7. '텍스트 가져오기 마법사' 5단계 대화상자 : 테이블 이름 입력

엑셀 파일 연결하기

1. [외부 데이터] → 가져오기 및 연결 → 새 데이터 원본 → 파일에서 → Excel(	)을 클릭한다.
2. '외부 데이터 가져오기 – Excel 스프레드시트' 창
   - 〈찾아보기〉를 클릭한 후 연결할 엑셀 파일을 선택한다.
   - '연결 테이블을 만들어 데이터 원본에 연결'을 선택한다.
3. '스프레드시트 연결 마법사' 1단계 대화상자 : '워크시트 표시'나 '이름 있는 범위 표시' 선택
4. '스프레드시트 연결 마법사' 2단계 대화상자 : '첫 행에 열 머리글이 있음' 여부 지정
5. '스프레드시트 연결 마법사' 3단계 대화상자 : 테이블 이름 입력

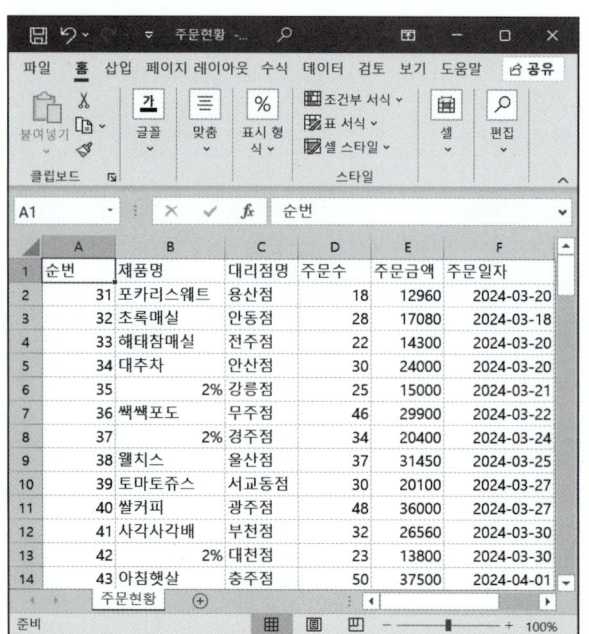 →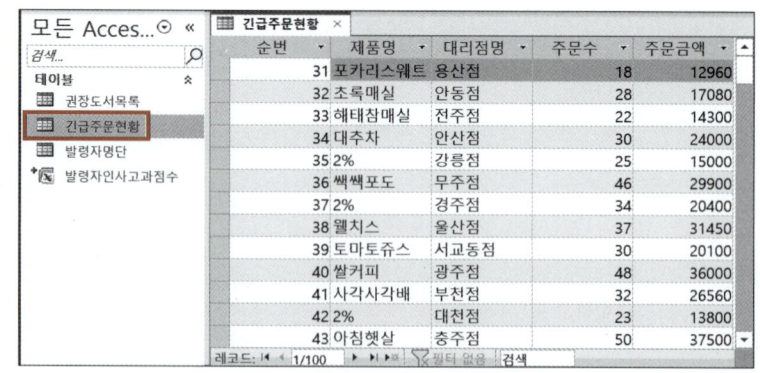

※ 엑셀 파일의 데이터인 '주문현황' 시트를 액세스의 테이블인 '긴급주문현황' 테이블로 가져온 화면입니다.

상시시험 출제 유형

01 엑셀 파일 가져오기 / 엑셀 파일 연결하기

1. '외부 데이터 가져오기 – Excel 스프레드시트' 창

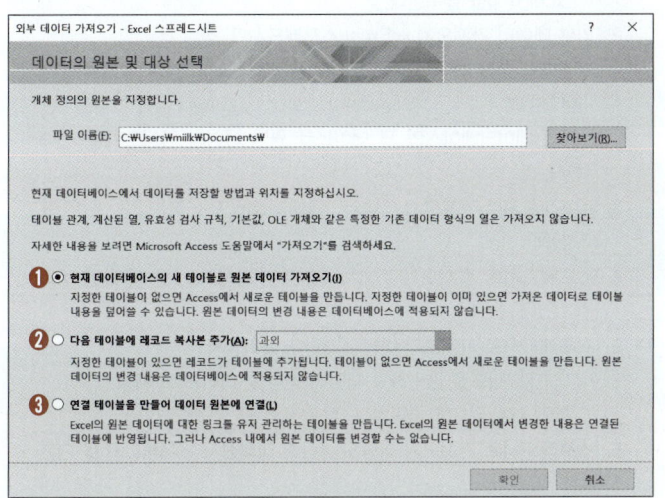

❶ 외부에서 가져온 데이터를 이용하여 새로운 테이블을 작성한다.
❷ 외부에서 가져온 데이터를 기존의 테이블에 추가합니다.
❸ 외부에서 가져온 데이터를 이용하여 새로운 테이블을 작성하되 외부 데이터가 들어 있는 외부 파일과 연결한다.

2. '스프레드시트 가져오기 마법사' 1단계 대화상자

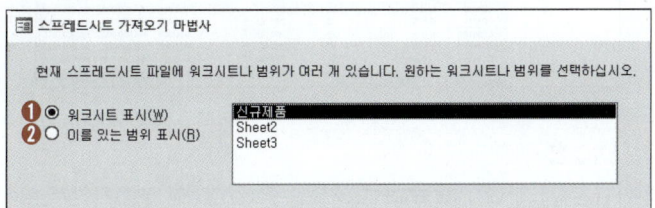

❶ 엑셀 시트를 단위로 하여 가져오거나 연결할 경우 사용한다.
❷ 엑셀에서 이름으로 정의된 범위를 단위로 하여 가져오거나 연결할 경우 사용한다.

3. '스프레드시트 가져오기 마법사' 2단계 대화상자

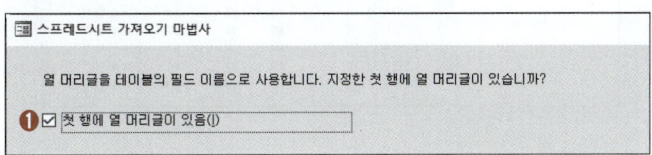

❶ 문제에 '첫 번째 행이 필드 이름'이라는 지시사항이 있는 경우 체크한다.

4. '스프레드시트 가져오기 마법사' 3단계 대화상자

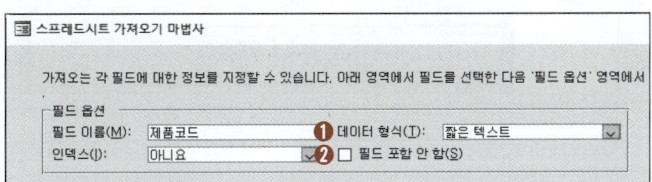

❶ 문제에 필드의 데이터 형식이 제시된 경우 해당 필드를 선택하고 제시된 데이터 형식을 선택한다.
❷ 문제에 제외할 필드가 제시된 경우 해당 필드를 선택하고 '필드 포함 안 함'을 체크한다.

5. '스프레드시트 가져오기 마법사' 4단계 대화상자

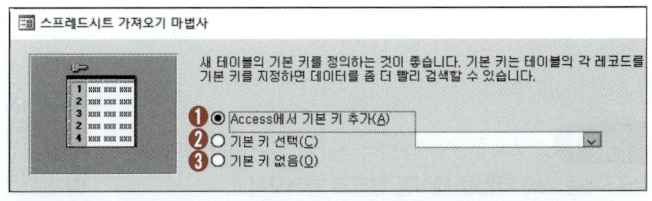

❶ Access에서 기본적으로 제공하는 기본 키를 새로운 필드로 추가한다.
❷ 외부에서 가져오는 데이터 중에서 기본 키로 사용할 필드를 선택한다.
❸ 기본 키를 정의하지 않는다.

02 텍스트 파일 가져오기

1. '텍스트 가져오기 마법사' 1단계 대화상자

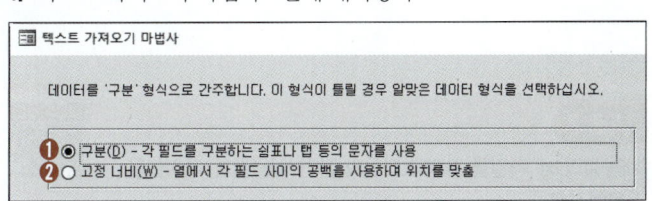

❶ 문제에 구분자(쉼표, 탭, 공백 등)가 제시된 경우 선택한다.
❷ 문제에 구분자가 제시되지 않은 경우 선택한다.

2. '텍스트 가져오기 마법사' 2단계 대화상자

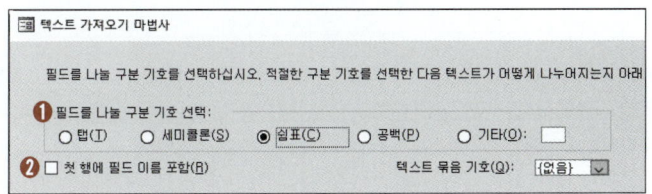

❶ 문제에 제시된 구분자(쉼표, 탭, 공백 등)를 선택한다.
❷ 문제에 '첫 번째 행이 필드 이름'이라는 지시사항이 있는 경우 체크한다.

대표기출문제

'길벗컴활1급통합\액세스\03테이블생성.accdb' 파일을 열어서 작업하세요.

기출 1
25.상시, 24.상시, 23.상시, 22.상시, 21.상시, 20.상시, 17.상시, 16.상시, …

'신규제품.xlsx' 파일을 테이블 형태로 가져오시오.

▶ '입고제품'으로 이름이 지정된 범위를 이용할 것
▶ 첫 번째 행은 필드 이름임
▶ '재고량' 필드의 데이터 형식을 '바이트'로 설정하시오.
▶ '할인금액' 필드는 추가 대상에서 제외하시오.
▶ '제품코드'를 기본 키로 지정하고 테이블 이름을 '신규입고제품'으로 할 것

기출 2
23.상시, 22.상시, 21.상시, 20.상시, 08.4, 06.2, 06.1, 05.3, 05.2, 04.4, …

'채용결과.txt' 파일을 가져와 다음과 같이 '채용결과' 테이블을 작성하시오.

▶ 첫 번째 행은 필드 이름임
▶ 구분자는 쉼표(,)임
▶ Access에서 제공하는 기본 키를 설정할 것

기출 3
25.상시, 24.상시

외부 데이터 가져오기 기능을 이용하여 〈산업단지추가분.xlsx〉에서 '추가자료' 시트의 데이터를 가져와 〈산업단지현황〉 테이블에 추가하시오.

정답

[기출 1]

1. [외부 데이터] → 가져오기 및 연결 → 새 데이터 원본 → 파일에서 → Excel()을 클릭한다.
2. '외부 데이터 가져오기 – Excel 스프레드시트' 창
   - 〈찾아보기〉를 클릭한 후 가져올 '신규제품.xlsx' 엑셀 파일을 선택한다.
   - '현재 데이터베이스의 새 테이블로 원본 데이터 가져오기'를 선택한다.
3. '스프레드시트 가져오기 마법사' 1단계 대화상자 : '이름 있는 범위 표시' 선택
4. '스프레드시트 가져오기 마법사' 2단계 대화상자 : '첫 행에 열 머리글이 있음' 선택
5. '스프레드시트 가져오기 마법사' 3단계 대화상자
   - '재고량' 필드를 클릭하고 데이터 형식을 '바이트'로 지정
   - '할인금액' 필드를 클릭하고 '필드 포함 안 함' 체크
6. '스프레드시트 가져오기 마법사' 4단계 대화상자 : '제품코드'를 기본 키로 지정
7. '스프레드시트 가져오기 마법사' 5단계 대화상자 : 테이블 이름을 **신규입고제품**으로 입력

[기출 2]

[기출 3]

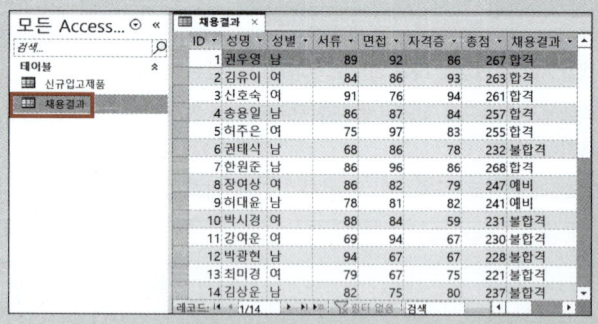

문제 2   입력 및 수정 기능 구현(20점)

전문가의 합격 전략 ★

[문제 2]는 테이블에 들어 있는 데이터를 조작하기 위한 폼에 대한 문제입니다. 폼 자체에 대한 속성 지정하기, 폼에 배치한 컨트롤에 대한 속성 지정하기, 특정 컨트롤들의 세부적인 속성 설정하기, 폼에 배치한 단추에 입력, 수정, 삭제 기능 설정하기, 다른 폼이나 쿼리 테이블 호출하기, 하위 폼 연결하기 등의 문제가 출제될 수 있습니다. 시험에서는 위 기능 중에서 3문제를 조합하여 20점으로 출제됩니다. 특별하게 어려운 문제는 없지만 [문제 2]에서 20점 만점이 아니라 15점을 목표로 하는 이유는 매크로 함수를 이용해 폼이나 보고서에서 자료 조회 시 어려운 검색식을 세워야 하는 5점짜리 문제가 1개 정도 나올 가능성이 있기 때문입니다.

1   폼 완성

출제 비율 100% / 배점 15점

폼 완성은 다음과 같은 과정으로 작업을 진행합니다.

1. 작업할 폼의 바로 가기 메뉴에서 [디자인 보기]를 선택한다.
2. 속성을 설정할 개체를 더블클릭한다.
3. 속성 시트 창에서 해당 속성을 찾아 설정값을 입력한다.

• 다음은 지금까지 출제된 17개의 속성을 적용한 폼입니다.

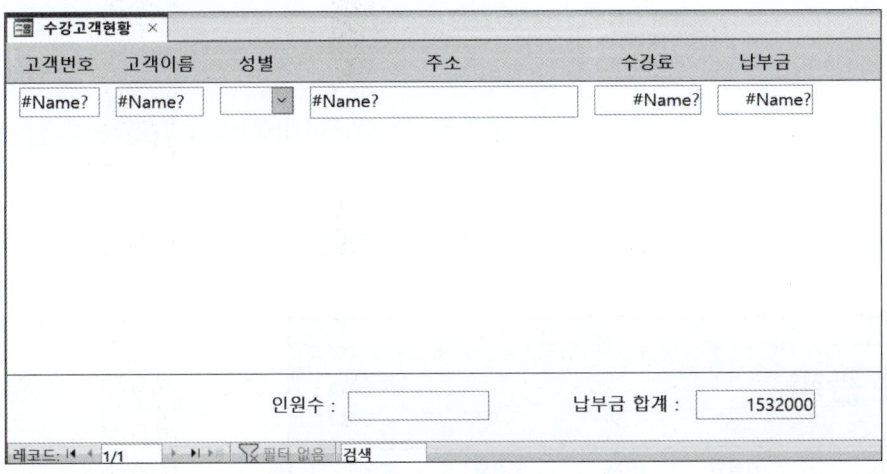

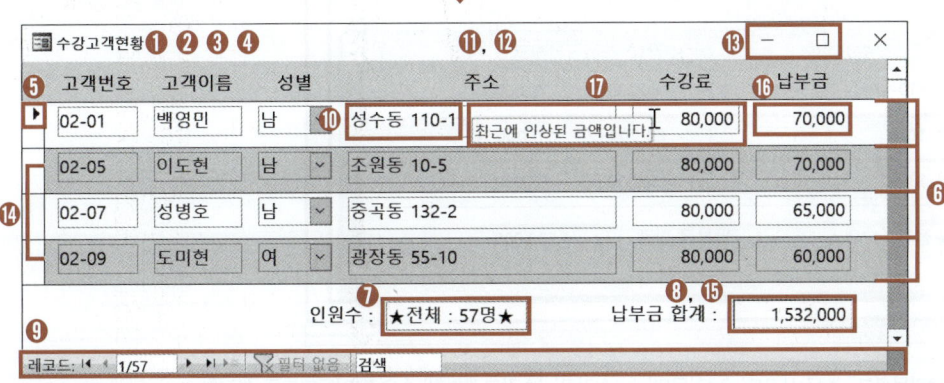

❶ **레코드 원본** : 〈수강고객현황〉 쿼리를 폼의 레코드 원본으로 설정함
❷ **추가 가능** : 폼에 새 레코드를 추가할 수 없도록 설정함
❸ **삭제 가능** : 폼에서 레코드를 삭제할 수 없도록 설정함

❹ **기본 보기** : 폼의 기본 보기를 여러 개의 레코드가 표시되는 '연속 폼'으로 설정함
❺ **레코드 선택기** : 폼에 레코드 선택기가 표시되도록 설정함
❻ **구분 선** : 폼에 구분선이 표시되도록 설정함
❼ **컨트롤 원본** : 'txt인원수' 컨트롤에는 레코드의 수가 표시되도록 설정함
❽ **형식** : 'txt납부금합계' 컨트롤에는 천 단위마다 콤마(,)가 표시되도록 설정함
❾ **탐색 단추** : 폼에 탐색 단추가 표시되도록 설정함
❿ **〈Enter〉 키 기능** : 'txt주소' 컨트롤에서는 Enter를 누르면 다른 곳으로 이동하지 않고 줄 바꿈이 일어나도록 설정함
⓫ **팝업** : 폼이 팝업 폼으로 열리도록 설정함
⓬ **모달** : 폼이 열려 있는 경우 다른 작업을 수행할 수 없도록 설정함
⓭ **최소화/최대화 단추** : 폼에 최소화 단추와 최대화 단추가 표시되도록 설정함
⓮ **다른 배경색** : 폼 본문의 배경색을 'Access 테마 3'으로 다르게 설정함
⓯ **특수 효과** : 'txt납부금합계' 컨트롤의 모양이 오목하게 표시되도록 특수 효과를 설정함
⓰ **탭 정지** : 'txt납부금' 컨트롤은 Tab을 이용하여 포커스를 이동할 수 없도록 설정함
⓱ **컨트롤 팁 텍스트** : 'txt수강료' 컨트롤에 마우스를 놓으면 "최근에 인상된 금액입니다."라는 메시지가 표시되도록 설정함

• 다음은 지금까지 출제된 4개의 기능을 적용한 폼입니다.

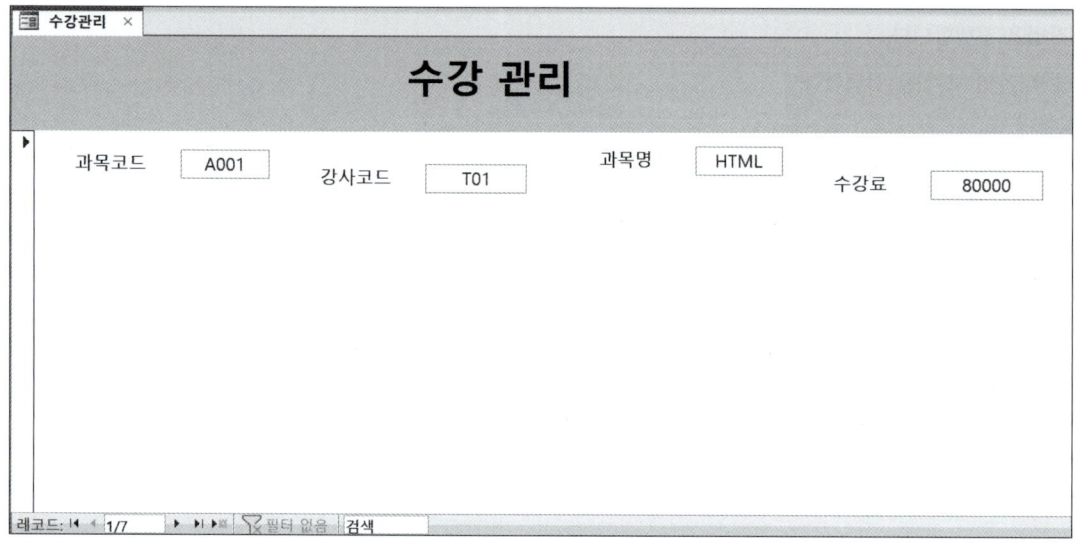

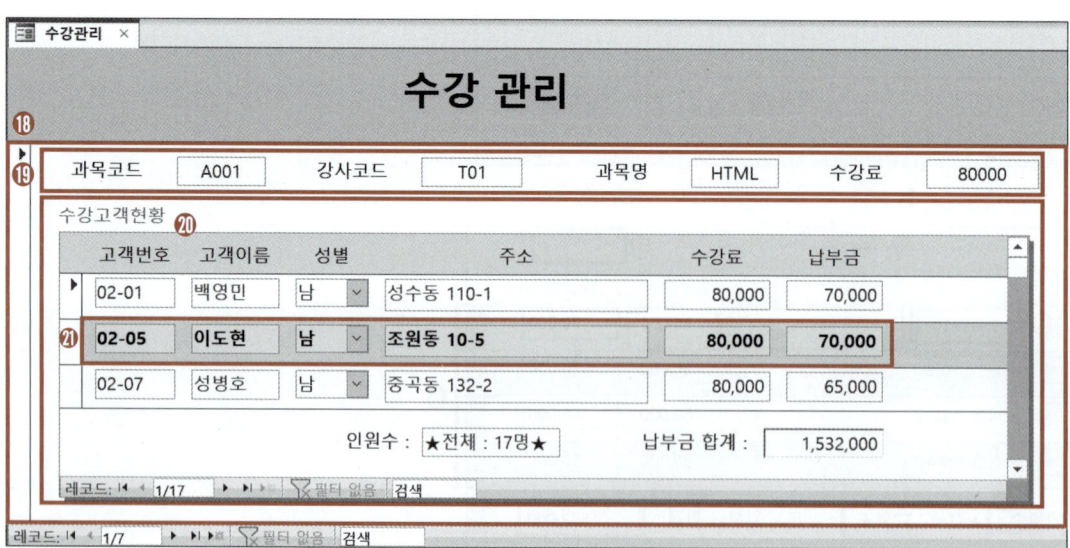

⓲ **탭 순서 변경** : 본문에서 탭을 누를 때 포커스가 'txt과목코드', 'txt강사코드', 'txt과목명', 'txt수강료', '수강고객현황' 순으로 이동되도록 설정함
⓳ **컨트롤 위치 조절** : 본문의 컨트롤들이 위쪽을 기준(위로 맞춤)으로 정렬되어 표시되도록 설정함
⓴ **컨트롤 생성** : 폼 본문에 '수강고객현황' 폼을 하위 폼으로 추가함
㉑ **조건부 서식 설정** : '고객이름' 필드의 첫 글자가 "이"인 레코드에만 글꼴 '굵게', 배경색 '표준 색 - 노랑'으로 표시되도록 조건부 서식을 설정함

상시시험 출제 유형

☞ 직접 실습하려면 '길벗컴활1급통합\액세스\04폼완성-출제유형.accdb' 파일을 열어 작업하세요.

> **전문가의 조언**
>
> '컨트롤 원본' 속성에서는 지시사항에 맞게 수식을 작성하는 것이 어려울 수 있습니다. 문제가 **반복해서 출제되고 있으니 조금 어렵게 느껴지는 수식은 지시사항과 함께 암기해 두세요.**

5562207

01 컨트롤 원본 속성

25.상시, 24.상시, 23.상시, 22.상시, 21.상시, 20.상시, 20.2, 20.1, 19.상시, …

25.상시, 24.상시, 23.상시, 22.상시, 21.상시, 20.상시, 20.1, 19.상시, 19.2, 19.1, 18.상시, 18.2, …

유형 1 〈수강고객현황〉 폼 본문의 'txt고객이름' 컨트롤을 '고객이름' 필드에 바운드 시키시오.

〈정답〉

↓

고객번호	고객이름
02-01	백영민

1. '탐색' 창의 〈수강고객현황〉 폼의 바로 가기 메뉴에서 [디자인 보기]를 선택합니다.

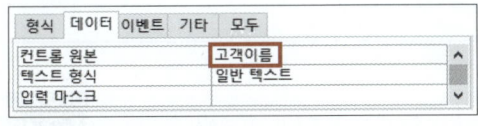

2. 폼 본문의 'txt고객이름' 컨트롤을 더블클릭한 후 'txt고객이름' 속성 시트 창의 '데이터' 탭에서 '컨트롤 원본' 속성을 '고객이름'으로 설정하고 닫기 단추(×)를 클릭하세요.

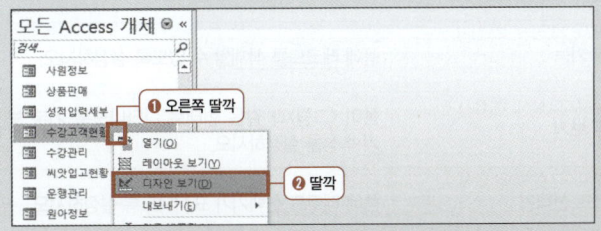

3. [양식 디자인] → 보기 → **폼 보기**(□)를 클릭하여 폼을 실행하세요.

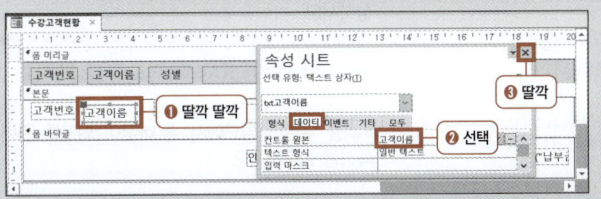

4. 'txt고객이름' 컨트롤에 고객이름이 표시되는지 확인한 다음 닫기 단추(×)를 클릭하세요. 저장 확인 대화상자가 표시되면 〈예〉를 클릭하세요.

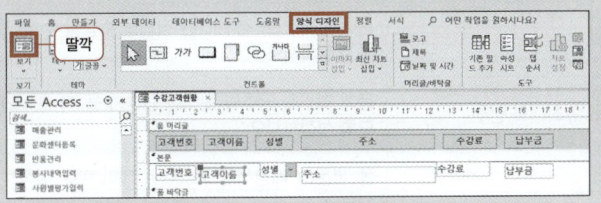

25.상시, 23.상시, 22.상시, 21.상시, 20.상시, 18.상시, 16.상시, 12.3, 11.1, 10.3

유형 2 〈원아정보〉 폼 바닥글의 'txt총인원' 컨트롤에는 총인원을 "▶ 총인원은 10명입니다 ◀"와 같이 표시하시오(Count 함수와 & 연산자 사용).

〈정답〉

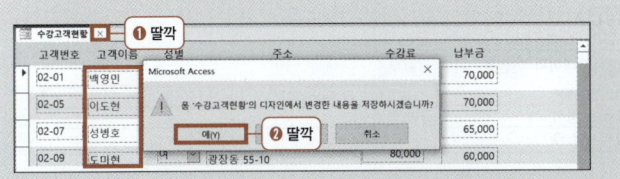

↓

▶ 총인원은 29명입니다 ◀

24.상시, 22.상시, 21.상시, 20.상시, 20.1, 19.상시, 19.1, 18.상시, 18.1, 11.3, 11.1, …

유형 3 〈일일소비입력〉 폼 바닥글의 'txt합계' 컨트롤에는 '금액' 필드의 합계를 표시하시오.

〈정답〉

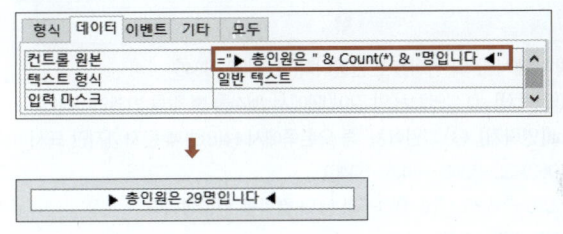

↓

합계	10,323,544

Sum(인수) : 인수의 합계를 계산함

25.상시, 24.상시, 22.상시, 21.상시, 20.상시, 19.상시, 19.1, 18.상시, 15.상시, 14.2, 10.1, 09.3, …

유형 4 〈성적입력세부〉 폼 바닥글의 'txt평균' 컨트롤에는 '점수' 필드의 평균을 표시하시오.

〈정답〉

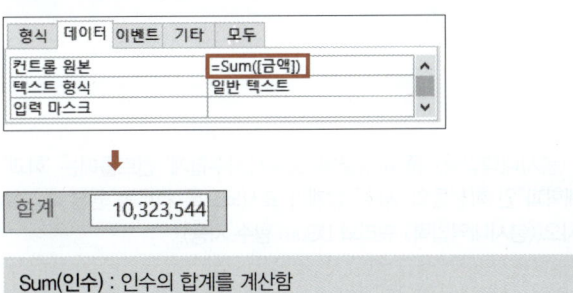

↓

평균점수	9.5

Avg(인수) : 인수의 평균을 계산함

25.상시

유형 5 〈소매점정보〉 폼 본문의 'txt연락처' 컨트롤에는 '연락처' 필드에서 ")" 이후의 글자를 추출한 후 앞에 "HP 010-"를 덧붙여 [표시 예]와 같이 표시하시오(Right, Len, InStr 함수와 & 연산자 사용).

▶ 표시 예 : 062)432-8346 → HP 010-432-8346

〈정답〉

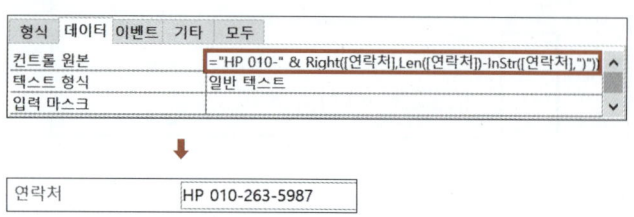

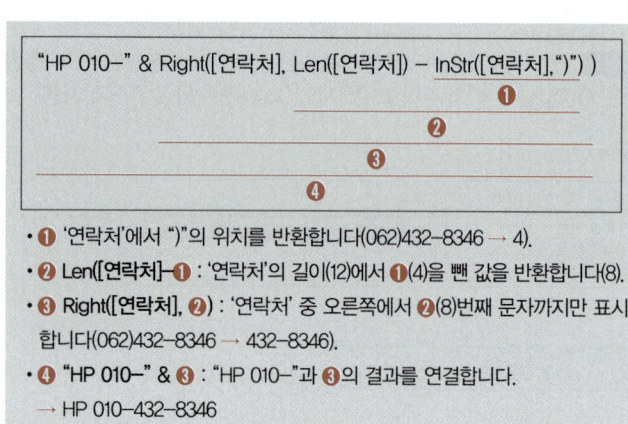

- ❶ '연락처'에서 ")"의 위치를 반환합니다(062)432-8346 → 4).
- ❷ Len([연락처])-❶ : '연락처'의 길이(12)에서 ❶(4)을 뺀 값을 반환합니다(8).
- ❸ Right([연락처], ❷) : '연락처' 중 오른쪽에서 ❷(8)번째 문자까지만 표시합니다(062)432-8346 → 432-8346).
- ❹ "HP 010-" & ❸ : "HP 010-"과 ❸의 결과를 연결합니다.
  → HP 010-432-8346

25.상시, 24.상시, 23.상시, 22.상시, 21.상시, 20.상시, 19.상시, 18.상시, 17.상시, 16.상시, …

유형 6 〈봉사내역입력〉 폼 바닥글의 'txt봉사시수합계' 컨트롤에는 '학과'가 "회계학과"인 학생들의 '시수' 합계가 표시되도록 컨트롤 원본 속성을 설정하시오(〈봉사내역입력〉 쿼리와 DSum 함수 사용).

〈정답〉

형식	데이터	이벤트	기타	모두
컨트롤 원본	=DSum("시수","봉사내역입력","학과='회계학과'")			
텍스트 형식	일반 텍스트			
입력 마스크				

↓

회계학과 학생들의 총 봉사 시수: 20

DSum("시수","봉사내역입력","학과='회계학과'")의 의미
- DSum(인수, 도메인, 조건) : 도메인에서 조건에 맞는 자료를 대상으로 지정된 인수의 합계를 계산함
- 시수 : 합계를 구할 값이 들어있는 필드 이름
- 봉사내역입력 : 작업 대상 레코드가 들어있는 테이블이나 쿼리의 이름으로, 지시사항에 없을 경우에는 폼 속성 창의 '레코드 원본' 속성에서 확인해야 함
- 학과='회계학과' : 조건으로서 〈봉사내역입력〉 쿼리에서 '학과' 필드의 값이 "회계학과"인 학생만을 대상으로 계산함

잠깐만요 도메인 계산 함수

함수	설명
DAvg(인수,도메인,조건)	도메인에서 조건에 맞는 자료를 대상으로 지정된 인수의 **평균**을 계산함
DSum(인수,도메인,조건)	도메인에서 조건에 맞는 자료를 대상으로 지정된 인수의 **합계**를 계산함
DCount(인수,도메인,조건)	도메인에서 조건에 맞는 자료를 대상으로 지정된 인수의 **개수**를 계산함
DMin(인수,도메인,조건)	도메인에서 조건에 맞는 자료를 대상으로 지정된 인수의 **최소값**을 계산함
DMax(인수,도메인,조건)	도메인에서 조건에 맞는 자료를 대상으로 지정된 인수의 **최대값**을 계산함
DLookup(인수,도메인,조건)	도메인에서 조건에 맞는 인수를 표시함

전문가의 조언

기타 나머지 속성들은 문제의 지시사항을 통해 사용해야 할 속성을 쉽게 파악할 수 있습니다. 지시사항 중 사용해야 할 속성을 의미하는 키워드를 표시해 두었으니 키워드와 속성을 연관지어 기억해 두세요.

25.상시, 24.상시, 23.상시, 22.상시, 21.상시, 20.상시, 20.1, 19.상시, …

02 기타 속성

속성	지시사항
16.상시, 12.1, 10.2, … 레코드 원본	〈수강고객현황〉 쿼리를 폼의 레코드 원본으로 설정하시오.
24.상시, 23.상시, 22.상시, … 추가 가능	폼에 레코드를 추가할 수 없도록 설정하시오.
24.상시, 23.상시, 22.상시, … 삭제 가능	폼에 레코드를 삭제할 수 없도록 설정하시오.
24.상시, 22.상시, 21.상시, … 기본 보기	폼이 〈그림〉과 같은 형태로 나타나도록 기본 보기 속성을 설정하시오.
23.상시, 22.상시, 21.상시, … 레코드 선택기	폼에 레코드 선택기가 표시되도록 설정하시오.
25.상시, 23.상시, 22.상시, … 구분 선	구분 선이 표시되도록 설정하시오.
25.상시, 22.상시, 21.상시, … 형식	천 단위마다 콤마(,)가 표시되도록 형식 속성을 설정하시오.
25.상시, 24.상시, 22.상시, … 탐색 단추	폼의 탐색 단추가 표시되지 않도록 설정하시오.
19.상시, 18.상시, 18.2, 17.상시, … 〈Enter〉 키 기능	Enter 를 누르면 필드에서 줄 바꿈이 되도록 관련 속성을 설정하시오.
25.상시, 22.상시, 20.상시, 18.1, … 팝업	폼이 팝업 폼으로 열리도록 설정하시오.
23.상시, 22.상시, 21.상시, … 모달	폼이 열려 있을 경우 다른 작업을 수행할 수 없도록 설정하시오.
20.상시, 18.상시, 05.1, 04.2 최소화/최대화 단추	폼에 최소화 단추와 최대화 단추가 둘 다 표시되도록 설정하시오.
24.상시, 23.상시, 22.상시, … 배경색	폼 본문의 배경색을 'Access 테마 9'로 설정하시오.

25.상시, 22.상시, 21.상시, … 특수 효과	특수 효과를 '오목'으로 설정하시오.
24.상시, 20.상시, 19.상시, … 탭 정지	포커스를 이동시킬 수 없도록 설정하시오.
25.상시, 24.상시, 22.상시, 21.상시 잠금	• 컨트롤의 잠금 속성을 '예'로 설정하시오. • 컨트롤을 편집할 수 없도록 관련 속성을 설정하시오. (단 포커스는 이동 가능함)
20.상시, 18.상시, 16.1, 12.2 컨트롤 팁 텍스트	컨트롤에 마우스를 가져가면 〈그림〉과 같이 관련 텍스트가 나타나도록 설정하시오.
23.상시 사용 가능	컨트롤을 〈그림〉과 같이 선택할 수 없도록 설정하시오.
23.상시 탭 인덱스	폼을 열었을 때 컨트롤에 포커스가 이동되도록 탭 인덱스를 설정하시오.
23.상시 폼의 정렬 기준	폼이 열릴 때 ○○ 필드를 기준으로 내림차순 정렬되어 표시되도록 설정하시오.
25.상시, 24.상시 스크롤 막대	폼에 스크롤 막대가 표시되지 않도록 설정하시오.
25.상시 배경 스타일	컨트롤의 배경이 투명하게 표시되도록 설정하시오.
25.상시 테두리 스타일	컨트롤의 테두리가 투명하게 표시되도록 설정하시오.

- **기본 보기** : 문제지의 폼 그림에 여러 개의 레코드가 표시되어 있으면 '연속 폼', 하나의 레코드만 표시되어 있으면 '단일 폼'을 선택함
- **탭 인덱스** : 탭 인덱스는 폼에서 해당 컨트롤의 탭 순서를 설정하는 것으로, 0부터 시작합니다. 탭 인덱스를 0으로 지정하면 폼을 열었을 때 해당 컨트롤에 포커스가 있게 됩니다.
- **폼의 정렬 기준** : 폼에 표시된 레코드의 정렬 기준을 설정하는 것으로, '폼 속성' 시트의 '데이터' 탭의 '정렬 기준' 속성에서 설정합니다. 오름차순은 Asc, 내림차순은 Desc를 정렬 기준 필드 뒤에 적어줍니다.

> **잠깐만요**
>
> 설정하려는 속성이 속해있는 탭을 알고 있으면 문제를 좀 더 빠르게 해결할 수 있습니다. **눈으로 확인할 수 있는 속성은 '형식' 탭, 데이터와 관련된 속성은 '데이터' 탭, 나머지는 '기타' 탭**이라는 것을 염두에 두고 다음 표를 기억해 두세요.
>
> **'폼'의 주요 속성**
>
> | 탭 | 속성 |
> |---|---|
> | 형식 | 기본 보기, 구분 선, 레코드 선택기, 최소화/최대화 단추, 탐색 단추 |
> | 데이터 | 레코드 원본, 추가 가능, 삭제 가능, 정렬 기준 |
> | 기타 | 팝업, 모달 |
>
> **'컨트롤'의 주요 속성**
>
> | 탭 | 속성 |
> |---|---|
> | 형식 | 형식, 배경 스타일, 테두리 스타일, 특수 효과, 글꼴 이름, 글꼴 크기, 텍스트 맞춤, 문자색 |
> | 데이터 | 컨트롤 원본, 잠금, 사용 가능 |
> | 기타 | 〈Enter〉 키 기능, 컨트롤 팁 텍스트, 탭 정지, 탭 인덱스 |
>
> **'본문 구역'의 주요 속성**
>
> | 탭 | 속성 |
> |---|---|
> | 형식 | 다른 배경색 |

03 탭 순서 변경하기

22.상시, 21.상시, 20.상시, 19.상시, 16.3, 15.1, 13.3, 13.1, 12.3, 12.1, …

〈수강고객현황〉 폼 본문의 컨트롤 탭 순서가 'txt고객번호', 'txt고객이름', 'cmb성별', 'txt주소', 'txt수강료', 'txt납부금'이 되도록 설정하시오.

1. 본문 바의 바로 가기 메뉴에서 [**탭 순서**] 선택합니다.
2. '탭 순서' 대화상자에서 이동할 컨트롤의 행 선택기를 클릭한 후 이동할 위치로 드래그하세요.

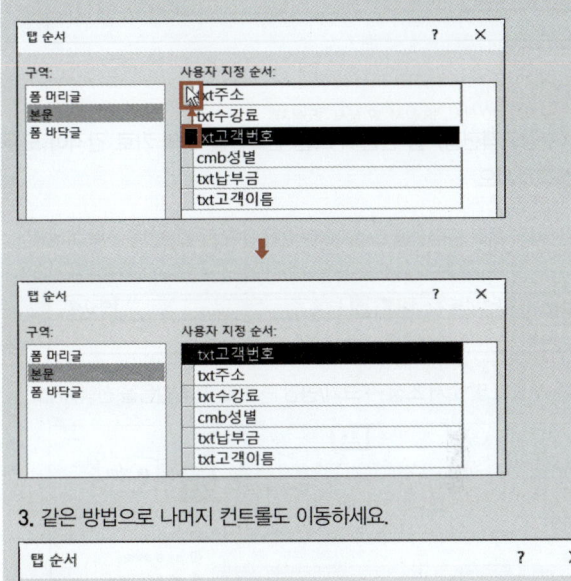

3. 같은 방법으로 나머지 컨트롤도 이동하세요.

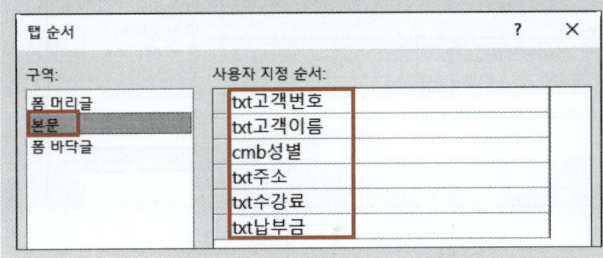

04 컨트롤 조절하기

25.상시, 23.상시, 22.상시, 21.상시, 20.상시, 19.상시, 15.3, 15.1, 11.2, 09.3, …

유형 1 〈수강고객현황〉 폼 본문의 모든 컨트롤에 대해 위쪽을 기준(위로 맞춤)으로 같은 지점에 위치하도록 설정하시오.

1. 본문 영역의 세로 눈금선을 드래그하여 본문의 모든 컨트롤을 선택하세요.

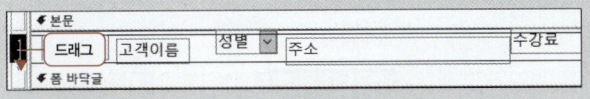

2. 바로 가기 메뉴의 [맞춤] → **위쪽**을 선택하세요.

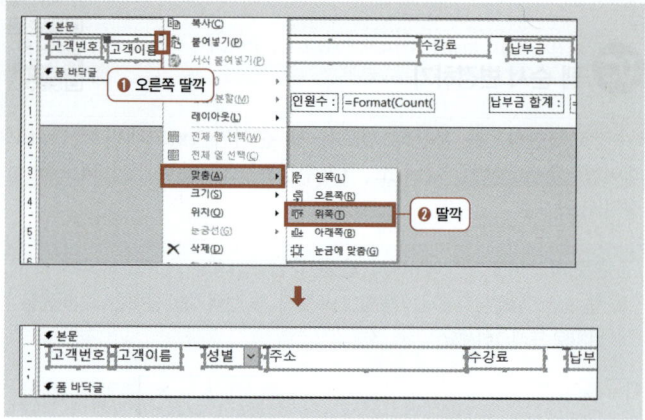

25.상시, 20.상시, 18.상시, 17.상시, 15.상시

유형 2 〈수강고객현황〉 폼 본문의 모든 컨트롤들 간의 가로 간격이 모두 같도록 설정하시오.

1. 본문 영역의 세로 눈금선을 드래그하여 본문의 모든 컨트롤을 선택하세요.

2. [정렬] → 크기 및 순서 조정 → 크기/공간 → 가로 간격 같음을 선택하세요.

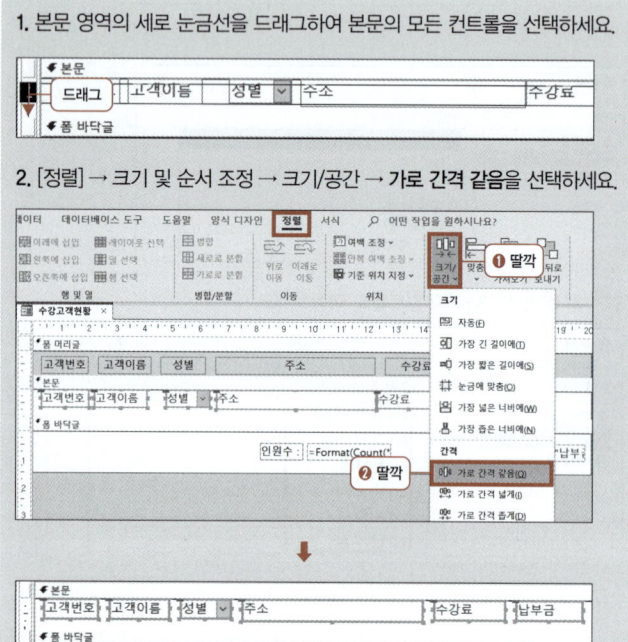

25.상시

유형 3 〈수강고객현황〉 폼 바닥글의 'txt인원수'와 'txt납부금합계' 컨트롤의 높이를 가장 짧은 컨트롤을 기준으로 동일하게 설정하시오.

1. 폼 바닥글의 'txt인원수'와 'txt납부금합계' 컨트롤을 선택하세요.

2. 바로 가기 메뉴의 [크기] → 가장 짧은 길이에를 선택하세요.

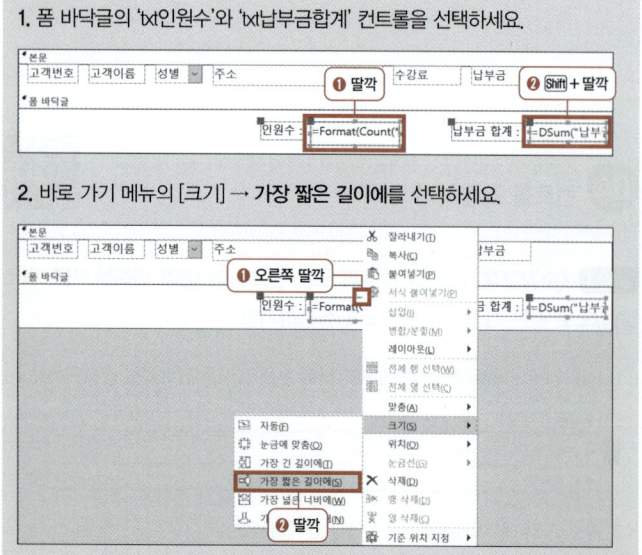

05 기본 폼과 하위 폼 연결하기
24.상시

〈수강관리〉 폼의 '과목코드' 필드를 이용하여 하위 폼에 〈수강고객현황〉 폼의 내용이 표시되도록 기본 폼과 하위 폼을 연결하시오.

1. 〈수강관리〉 폼의 바로 가기 메뉴에서 [디자인 보기]를 선택합니다.
2. 본문에 '언바운드'로 표시된 하위 폼을 더블클릭한 후 '속성 시트' 창이 표시되면, '데이터' 탭의 '원본 개체' 속성을 '수강고객현황'으로 설정합니다.

형식	데이터	이벤트	기타	모두
원본 개체	수강고객현황			
기본 필드 연결	과목코드			
하위 필드 연결	과목코드			
빈 마스터에 필터 사용	예			

※ '원본 개체' 속성을 설정하면 '기본 필드 연결'과 '하위 필드 연결' 속성에 설정된 값이 자동으로 표시됩니다.

06 컨트롤 생성하기
25.상시, 23.상시, 22.상시, 21.상시, 20.상시, 19.상시, 18.상시, 17.상시, 16.상시, …

24.상시
유형 1 〈수강관리〉 폼 머리글에 다음과 같이 그림을 삽입하시오.

▶ 그림 파일 이름 : 로고.png
▶ 그림 너비 : 1.6cm
▶ 그림 높이 : 1.3cm
▶ 그림 유형 : 포함
▶ 그림 이름 : IMG그림

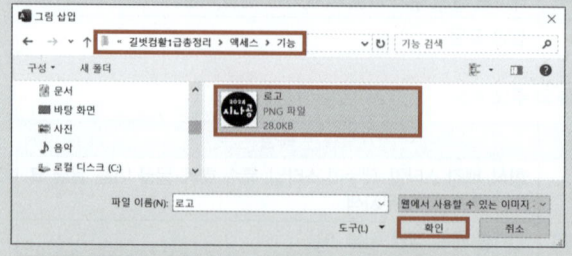

1. 〈수강관리〉 폼의 바로 가기 메뉴에서 [디자인 보기]를 선택합니다.
2. [양식 디자인] → 컨트롤 → 이미지 삽입 → 찾아보기를 클릭합니다.
3. '그림 삽입' 대화상자에서 찾는 위치를 '길벗컴활1급총정리\액세스\기능'으로 지정한 후 '로고.png'를 선택한 다음 〈확인〉을 클릭한다.

4. 폼 머리글의 제목 왼쪽에 마우스를 드래그하여 그림을 삽입한다.

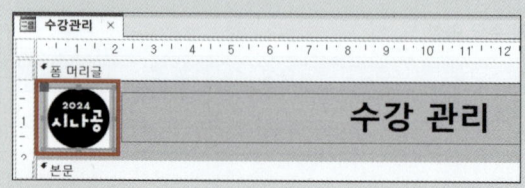

5. 삽입된 그림을 더블클릭한 후 '속성 시트' 창이 표시되면, 다음과 같이 속성을 설정한다.
- '형식' 탭의 그림 유형 → 포함
- '형식' 탭의 너비 → 1.6cm
- '형식' 탭의 높이 → 1.3cm
- '기타' 탭의 이름 → IMG그림

※ 너비나 높이를 입력할 때 1.6이나 1.3과 같이 입력하고 Enter를 누르면, cm가 자동으로 붙어 1.6cm 또는 1.3cm와 같이 입력됩니다.

> **잠깐만요** [양식 디자인] → 컨트롤의 주요 컨트롤

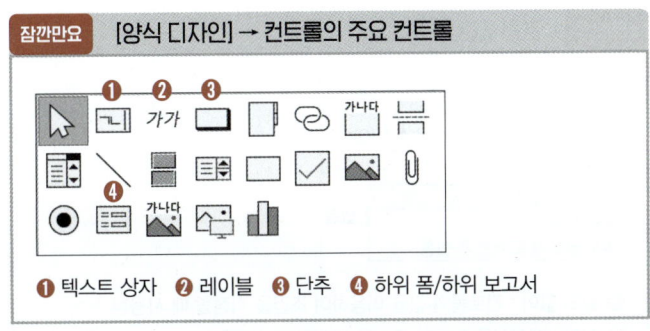

❶ 텍스트 상자 ❷ 레이블 ❸ 단추 ❹ 하위 폼/하위 보고서

25.상시, 23.상시, 22.상시, 21.상시, 20.상시, 20.1, 19.상시, 19.2, 19.1, 18.상시, 18.1, …

유형 2 〈상품판매〉 폼 머리글에 〈그림〉과 같이 레이블을 생성하시오.

▶ 레이블의 이름은 'lbl제목'로 설정하시오.
▶ 글꼴은 '궁서', 크기는 22로 설정하시오.

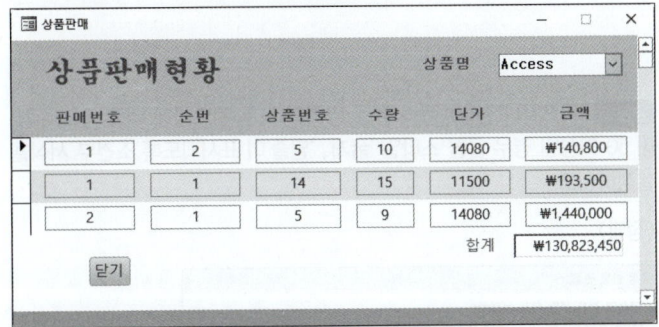

1. [양식 디자인] → 컨트롤 → 레이블()을 클릭한 후 폼 머리글에서 적당한 위치에 드래그하세요.
2. 〈그림〉과 같이 제목을 입력하세요.
3. [서식] → 글꼴에서 글꼴을 '궁서', 크기를 22로 변경하세요.

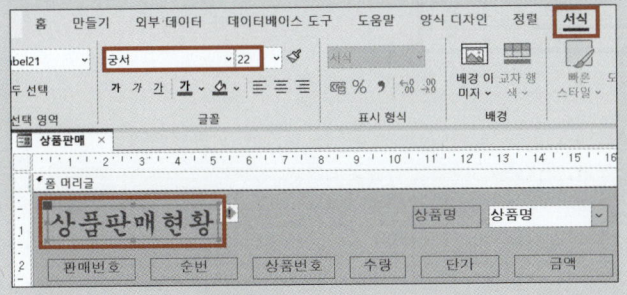

4. 작성된 레이블을 더블클릭하세요.
5. '속성 시트' 창의 '기타' 탭에서 '이름' 속성에 lbl제목을 입력하세요.

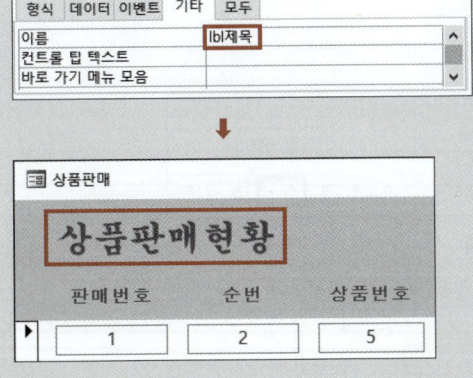

> **전문가의 조언**
> 조건부 서식을 설정할 때는 지시사항에 맞게 수식을 작성하는 것이 어려울 수 있습니다. 문제가 **반복해서 출제되고 있으니 조금 어렵게 느껴지는 수식은 지시사항과 함께 암기해 두세요.**

07 조건부 서식 설정하기

25.상시, 24.상시, 23.상시, 22.상시, 21.상시, 20.상시, 20.1, 19.상시, 19.2, 19.1,

20.상시, 19.상시, 18.상시, 17.상시, 15.3, 13.3

유형 1 〈수강고객현황〉 폼의 본문에 있는 모든 컨트롤에 대해 '고객이름' 필드의 첫 글자가 "김"인 경우 글꼴 스타일은 '굵게', 배경색은 '표준색 – 노랑'으로 표시되도록 조건부 서식을 설정하시오.

1. 조건부 서식을 적용할 컨트롤들을 선택한 후 [서식] → 컨트롤 서식 → 조건부 서식()을 클릭하세요.
2. '조건부 서식 규칙 관리자' 대화상자에서 〈새 규칙〉을 클릭하세요.

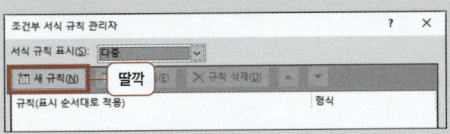

3. '새 서식 규칙' 대화상자에서 조건과 서식을 그림과 같이 설정하고 〈확인〉을 클릭한 후 '조건부 서식 규칙 관리자' 대화상자에서도 〈확인〉을 클릭하세요.

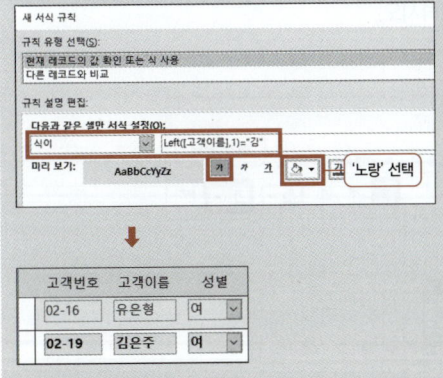

잠깐만요 — 조건 유형

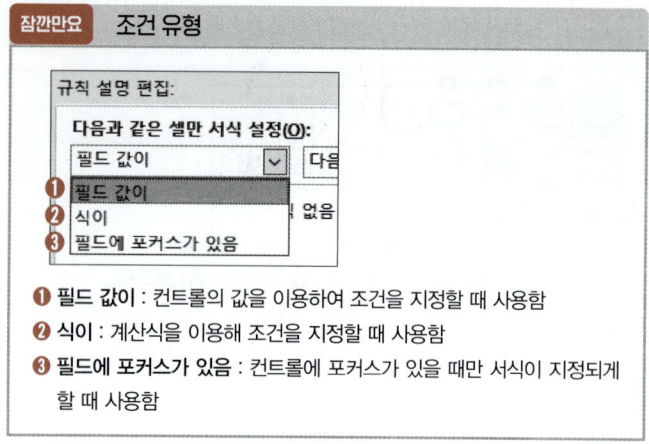

① **필드 값이** : 컨트롤의 값을 이용하여 조건을 지정할 때 사용함
② **식이** : 계산식을 이용해 조건을 지정할 때 사용함
③ **필드에 포커스가 있음** : 컨트롤에 포커스가 있을 때만 서식이 지정되게 할 때 사용함

23.상시, 19.상시, 17.상시, 16.상시

유형 2 〈구매입력〉 폼의 본문에 있는 모든 컨트롤에 대하여 '구매일자'의 날짜가 짝수날인 경우 글꼴 스타일은 '굵게', 글꼴 색은 '표준색-빨강'으로 표시되도록 조건부 서식을 설정하시오.

〈정답〉

- Day(날짜) : 지정된 날짜에서 일만 표시함
- 인수1 Mod 인수2 : 인수1을 인수2로 나눈 나머지를 구함

23.상시, 20.상시, 19.상시, 18.상시, 16.상시

유형 3 〈반품관리〉 폼 본문의 모든 컨트롤에 대하여 '반품수'가 전체 반품수의 평균 이상인 경우 글꼴 스타일은 '굵게', 글꼴색은 빨강색으로 지정하는 조건부 서식을 설정하시오.

〈정답〉

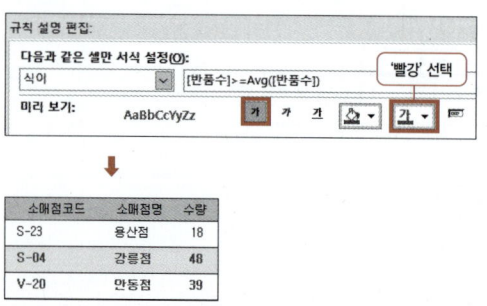

25.상시, 24.상시, 22.상시, 21.상시, 20.상시, 18.상시, 18.2, 17.상시, 16.상시, 16.2, 14.2, 14.1

유형 4 〈일일소비입력〉 폼에 본문의 'ck출금항목'을 제외한 모든 컨트롤에 대해 '분류명' 필드의 값이 "외식비"이고 '금액' 필드의 값이 20,000 이상인 경우 글꼴 스타일은 '굵게', 글꼴색은 '빨강'으로 표시되도록 조건부 서식을 설정하시오.

〈정답〉

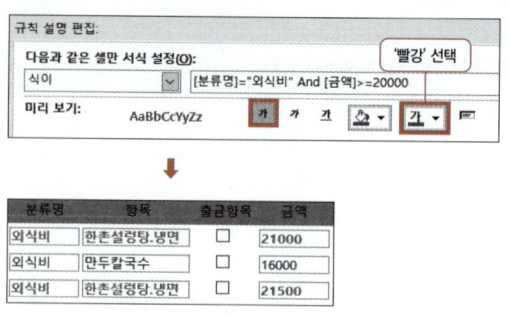

25.상시, 24.상시, 22.상시, 21.상시, 20.상시, 20.1, 19.상시, 19.1, 18.상시, 18.1, 17.상시, …

유형 5 〈씨앗입고현황〉 폼의 본문 영역의 모든 컨트롤에 대해 '입고수량'이 50 이상인 경우 글꼴 스타일 '굵게', '밑줄'이 표시되도록 조건부 서식을 설정하시오.

〈정답〉

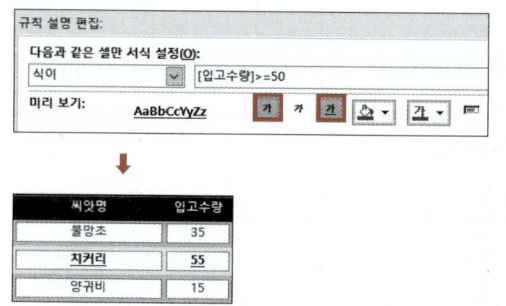

25.상시, 24.상시, 20.상시, 19.상시, 18.상시, 17.상시, 16.상시

유형 6 〈상품판매〉 폼의 본문 컨트롤에 대하여 본문에 있는 임의의 컨트롤에 커서가 위치하면 해당 컨트롤의 배경색이 노란색으로 채워지도록 조건부 서식을 설정하시오.

〈정답〉

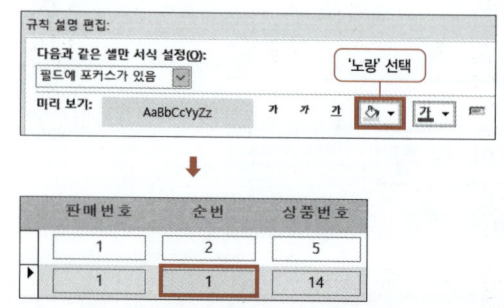

대표기출문제

'길벗컴활1급통합\액세스\04폼완성-기출.accdb' 파일을 열어서 작업하세요.

기출 1 25.상시, 24.상시, 23.상시, 22.상시, 21.상시, 20.상시, 20.1, 19.상시, …

〈구매현황〉 폼을 다음의 화면과 지시사항에 따라 완성하시오.

① 〈회원권〉 테이블을 레코드 원본으로 설정하시오.
② 폼의 '기본 보기' 속성을 〈그림〉과 같이 설정하시오.
③ 본문의 모든 컨트롤이 〈그림〉과 같이 위쪽을 기준으로 동일한 높이에 위치하도록 맞추시오.
④ 폼에 레코드를 추가하거나 삭제할 수 없도록 설정하시오.
⑤ 폼 바닥글의 'txt회원수' 컨트롤에는 전체 레코드의 수가 〈그림〉과 같이 표시되도록 컨트롤 원본 속성을 설정하시오.
▶ FORMAT, COUNT 함수를 이용할 것

기출 2 25.상시, 24.상시, 23.상시, 22.상시, 21.상시, 20.상시, 20.1, 19.상시, …

〈구매내역열람〉 폼을 다음의 화면과 지시사항에 따라 완성하시오.

① 폼 머리글에 〈그림〉과 같이 레이블을 생성한 후 폼 제목을 입력하고, 이름은 'lab제목', 글꼴은 '궁서', 크기는 25로 설정하시오.
② 폼 본문의 'txt구매일' 컨트롤에 '구매일' 필드를 바운드 시키시오.
③ 폼의 탐색 단추와 구분 선이 표시되도록 설정하시오.
④ 하위 폼에 대해 특수 효과를 '오목'으로 설정하시오.
⑤ 하위 폼에는 포커스가 이동되지 않도록 설정하시오.

기출 3 25.상시, 24.상시, 23.상시, 22.상시, 21.상시, 20.상시, 19.상시, 19.1, …

〈패키지주문현황〉 폼을 다음의 화면과 지시사항에 따라 완성하시오.

① 폼 머리글 영역의 'txt조회' 컨트롤에는 Enter를 누르면 필드에서 줄 바꿈이 되도록 관련 속성을 설정하시오.
② 폼 본문에 있는 컨트롤들의 가로 간격을 모두 같게 설정하시오.
③ 폼 본문 영역의 'txt판매일' 컨트롤에는 '판매일' 필드의 년도 부분만 2자리로 표시되고, 월과 일은 '@' 문자로 표시되도록 형식 속성을 설정하시오.
④ 폼 본문 영역의 'txt판매처기호' 컨트롤에 '패키지명' 필드와 '판매처코드' 필드의 내용이 표시 예와 같이 표시되도록 컨트롤 원본 속성을 설정하시오.
▶ 표시 예 : GP127(TR1480)
⑤ 폼 본문의 탭 순서는 화면의 왼쪽부터 차례대로 이동되도록 설정하시오.

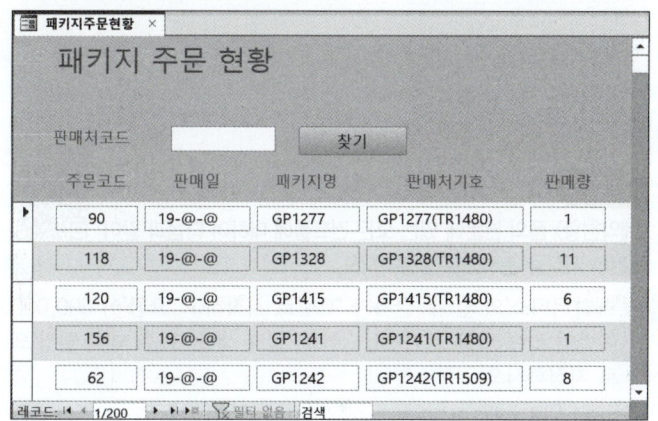

기출 4 25.상시, 24.상시, 23.상시, 22.상시, 21.상시, 20.상시, 20.1, 19.상시, …

〈회원목록〉 폼을 다음의 화면과 지시사항에 따라 완성하시오.

① 폼 머리글의 배경색을 '밝은 텍스트'로 설정하시오.
② 폼에 레코드 선택기가 표시되지 않게 설정하시오.
③ 'txt주소' 컨트롤에 마우스를 가져가면 〈그림〉과 같이 관련 텍스트가 나타나도록 설정하시오(도로명 주소로 변경 예정).
④ 폼에 최소화/최대화 단추가 표시되지 않도록 설정하시오.
⑤ 폼이 팝업 폼으로 열리도록 설정하고, 폼이 열려 있을 경우 다른 작업을 수행할 수 없도록 설정하시오.

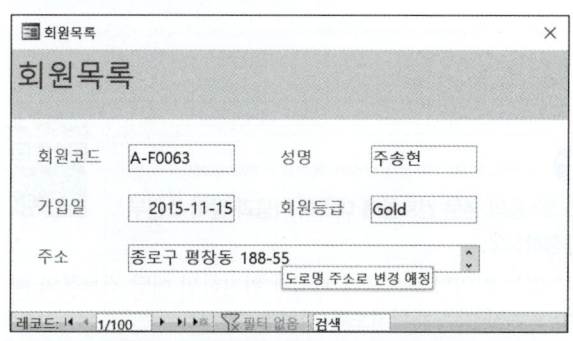

기출 5 25.상시

〈봉사내역입력〉 폼 바닥글의 'txt봉사시수합계' 컨트롤에는 현재 폼 본문의 'txt학과'에 표시된 학과의 총 봉사시수가 다음과 같이 표시되도록 설정하시오.

▶ '학과' 필드에서 "과" 글자 전까지만 추출하여 [표시 예]와 같이 표시되도록 '컨트롤 원본' 속성을 설정하시오.

[표시 예] '학과'가 "금융정보과"이고 총 봉사시수가 19인 경우 → 금융정보 학생들의 총 봉사시수 : 20 시수

▶ 〈봉사현황〉 쿼리와 Left, InStr, Dsum, Format 함수를 사용하시오.

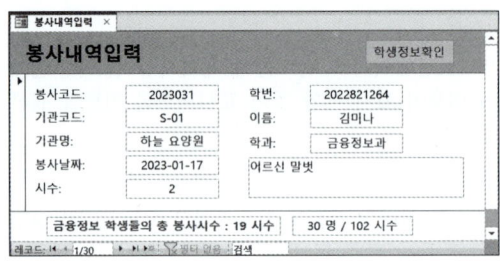

기출 6 25.상시, 24.상시, 22.상시, 21.상시, 20.상시, 20.1, 19.상시, 19.1, …

〈예약현황〉 폼의 본문에 있는 모든 컨트롤에 대하여 다음과 같이 조건부 서식을 순서대로 설정하시오.

▶ '예약서비스'의 앞 두 글자가 "CA"로 시작하고 '요금'이 500,000 미만인 경우 글꼴 스타일을 '굵게', 글자 색을 '표준 색 - 빨강'으로 지정하시오.
▶ '서비스명' 필드의 값에 "Magic"이 포함된 경우 글꼴 스타일을 '굵게', 글꼴 색을 '표준 색 - 파랑'으로 지정하시오.
▶ Left 함수와 And, Like 연산자를 사용하시오.

기출 7 25.상시, 24.상시, 22.상시, 20.상시, 19.상시, 17.상시, 16.3, 15.3, …

〈구매자명단〉 폼의 본문에 있는 모든 컨트롤에 대하여 다음과 같이 조건부 서식을 설정하시오.

▶ '배송주소'에 "종로구"가 포함된 레코드에 대해 글꼴 스타일을 '굵게', '밑줄'을 지정하시오.

기출 8 25.상시, 24.상시, 20.상시, 19.상시, 18.상시, 17.상시, 16.상시

〈과목리스트〉 폼의 본문 컨트롤에 대하여 다음과 같이 조건부 서식을 설정하시오.

▶ 본문에 있는 임의의 컨트롤에 커서가 위치하면 해당 컨트롤의 배경색이 노란색으로 채워지도록 지정하시오.

정답 및 해설

[기출 1]

1. 〈구매현황〉 폼의 바로 가기 메뉴에서 [디자인 보기]를 선택한다.
2. 속성을 설정할 대상을 더블클릭한다.
3. 속성 시트 창의 각 탭에서 해당 속성에 설정값을 입력한다.

〈정답〉

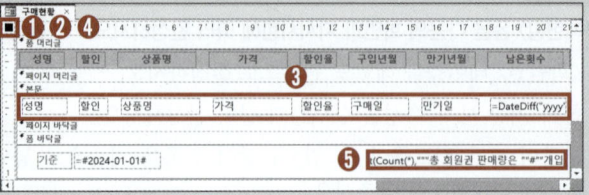

〈해설〉

① , ② 폼의 속성 설정하기
- '데이터' 탭의 레코드 원본 → 회원권
- '형식' 탭의 기본 보기 → 연속 폼

③ 본문 모든 컨트롤의 위치 조절하기
본문의 컨트롤을 모두 선택한 후 바로 가기 메뉴에서 [맞춤] → **위쪽**()을 선택한다.

④ 폼의 속성 설정하기
- '데이터' 탭의 추가 가능 → 아니요
- '데이터' 탭의 삭제 가능 → 아니요

⑤ 'txt회원수' 컨트롤에 속성 설정하기
'데이터' 탭의 컨트롤 원본 속성 →
=Format(Count(*), "총 회원권 판매량은 #개입니다.")

[기출 2]

〈정답〉

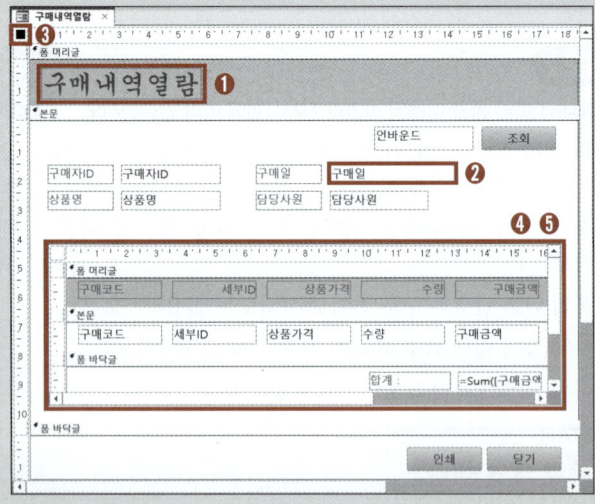

〈해설〉

① 제목 삽입하기
1. [양식 디자인] → 컨트롤 → 레이블()을 클릭한 후 폼 머리글의 적당한 위치에 드래그한다.
2. **구매내역열람**을 입력하고 Enter를 누른 후 [서식] → 글꼴에서 글꼴을 '궁서', 크기를 25로 변경한 다음 문제의 그림과 같이 배치한다.
3. 작성된 레이블을 더블클릭한 후 '속성 시트' 창이 표시되면, '기타' 탭의 '이름' 속성에 lab제목을 입력한다.

② 'txt구매일' 컨트롤에 속성 설정하기
'데이터' 탭의 컨트롤 원본 → 구매일

❸ 폼의 속성 설정하기
- '형식' 탭의 탐색 단추 → 예
- '형식' 탭의 구분 선 → 예

❹ 하위 폼 컨트롤에 속성 설정하기
'형식' 탭의 특수 효과 → 오목

❺ 하위 폼 컨트롤에 속성 설정하기
'기타' 탭의 탭 정지 → 아니요

[기출 3]

〈정답〉

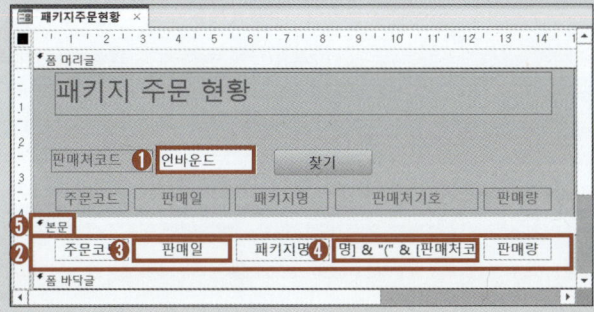

〈해설〉

❶ 'txt조회' 컨트롤의 속성 설정하기
'기타' 탭의 〈Enter〉 키 기능 → 필드에서 줄 바꿈

❷ 본문 모든 컨트롤의 가로 간격 조절하기
본문의 모든 컨트롤을 선택한 후 [정렬] → 크기 및 순서 조정 → 크기/공간 → 가로 간격 같음(⬚)을 선택한다.

❸ 'txt판매일' 컨트롤의 속성 설정하기
'형식' 탭의 형식 → yy-@-@

❹ 'txt판매처기호' 컨트롤의 속성 설정하기
'데이터' 탭의 컨트롤 원본 → =[패키지명] & "(" & [판매처코드] & ")"

❺ 본문 컨트롤의 탭 순서 설정하기

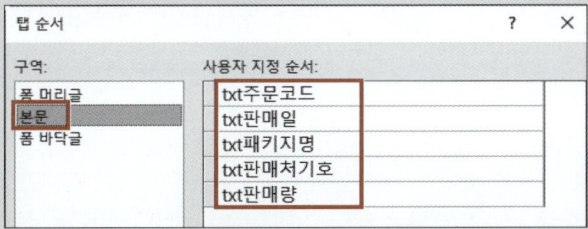

[기출 4]

〈정답〉

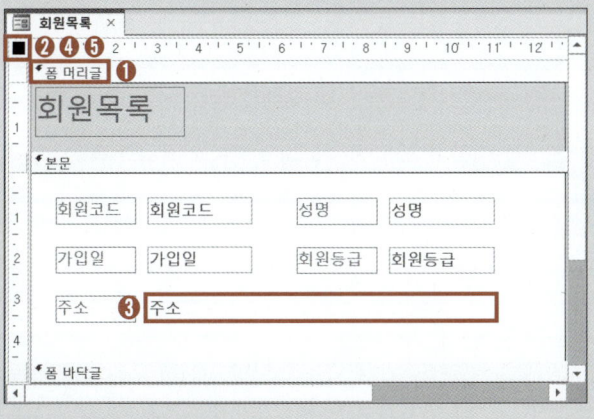

〈해설〉

❶ 폼 머리글의 속성 설정하기
'형식' 탭의 배경색 → 밝은 텍스트

❷ 폼의 속성 설정하기
'형식' 탭의 레코드 선택기 → 아니요

❸ 'txt주소' 컨트롤에 속성 설정하기
'기타' 탭의 컨트롤 팁 텍스트 → 도로명 주소로 변경 예정

❹ 폼의 속성 설정하기
'형식' 탭의 최소화/최대화 단추 → 표시 안 함

❺ 폼의 속성 설정하기
- '기타' 탭의 팝업 → 예
- '기타' 탭의 모달 → 예

[기출 5]

'txt봉사시수합계' 컨트롤에 속성 설정하기
'데이터' 탭의 컨트롤 원본 →
=Left([학과],InStr([학과],"과")-1) & " 학생들의 총 봉사시수 : " & Format(DSum("시수","봉사현황","학과=txt학과"),"# 시수")

Left([학과],InStr([학과],"과")-1)의 의미
- InStr([학과],"과")-1 : '학과'에서 "과"의 위치를 반환합니다("금융정보과" → 5). 여기서 1을 뺍니다(4).
- Left([학과], 4) : '학과'에서 왼쪽부터 네 번째 문자까지만 표시합니다("금융정보과" → 금융정보).

DSum("시수","봉사현황","학과=txt학과")의 의미
- 시수 : 결과값을 구할 필드 이름으로, 여기서는 시수의 합계를 구하므로 '시수' 필드를 지정합니다.
- 봉사현황 : 작업 대상 레코드가 들어 있는 테이블이나 쿼리의 이름으로서, 문제에 제시되지 않았다면 폼 속성의 '데이터' 탭에서 '레코드 원본' 속성과 동일하게 지정하면 됩니다.
- 학과=txt학과 : 조건으로서 '학과'가 'txt학과' 컨트롤의 값과 같은 레코드만 대상으로 합니다.

Format(DSum("시수","봉사현황","학과=txt학과"),"# 시수")의 의미
Format( )은 숫자를 지정된 형식에 맞게 문자열로 변환해 주는 함수로, DSum( ) 함수의 결과값이 19인 경우 **19 시수**로 표시합니다.

[기출 6]

- 첫 번째 조건부 서식

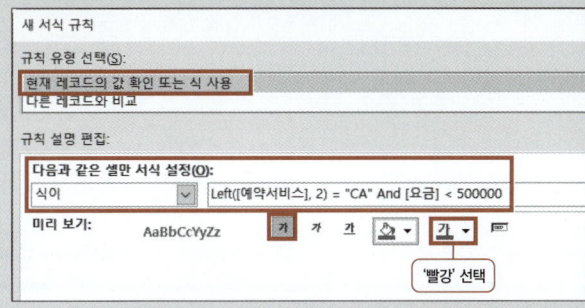

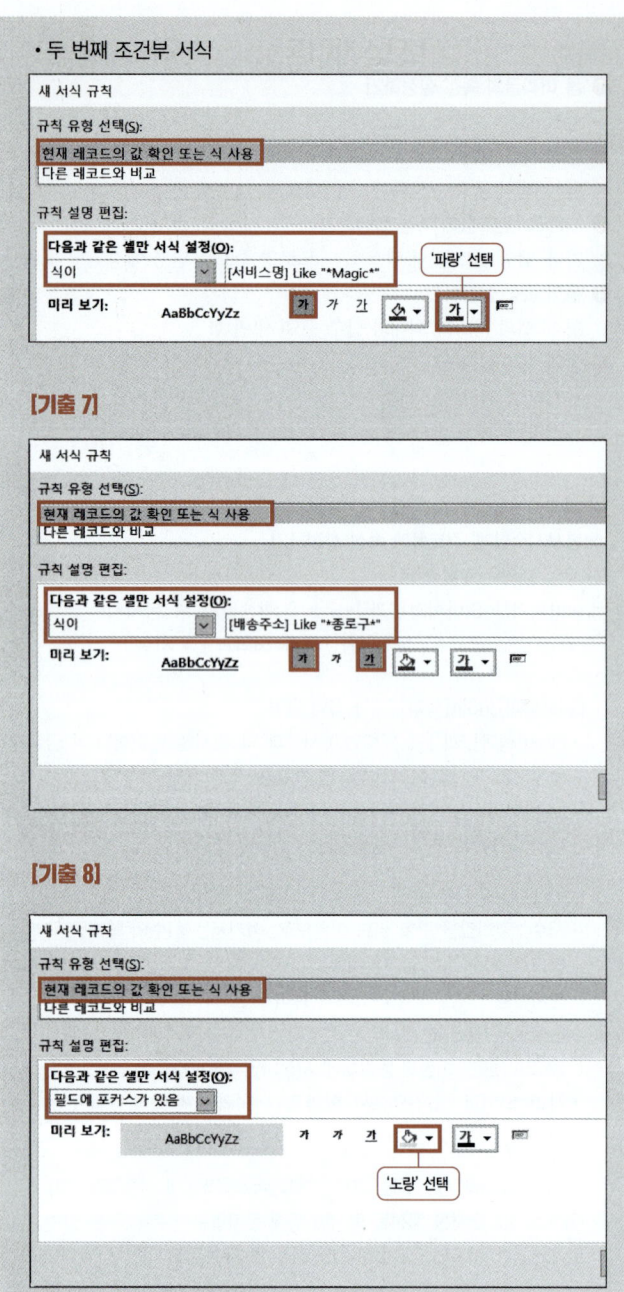

2 매크로 작성

출제 비율 100% / 배점 5점

매크로 작성은 다음과 같은 과정으로 작업을 진행합니다.

1. [만들기] → 매크로 및 코드 → **매크로(📋)**를 클릭한다.
2. '매크로' 창에서 매크로 함수를 선택하고 인수를 설정한다.
3. 매크로 이름을 입력한다.
4. 매크로를 지정할 폼을 [디자인 보기]로 연다.
5. 매크로를 지정할 컨트롤을 더블클릭한다.
6. 컨트롤 속성 시트 창의 '이벤트' 탭에서 사용할 이벤트를 클릭한다.
7. 목록 단추(∨)를 클릭한 후 위에서 작성한 매크로를 선택한다.

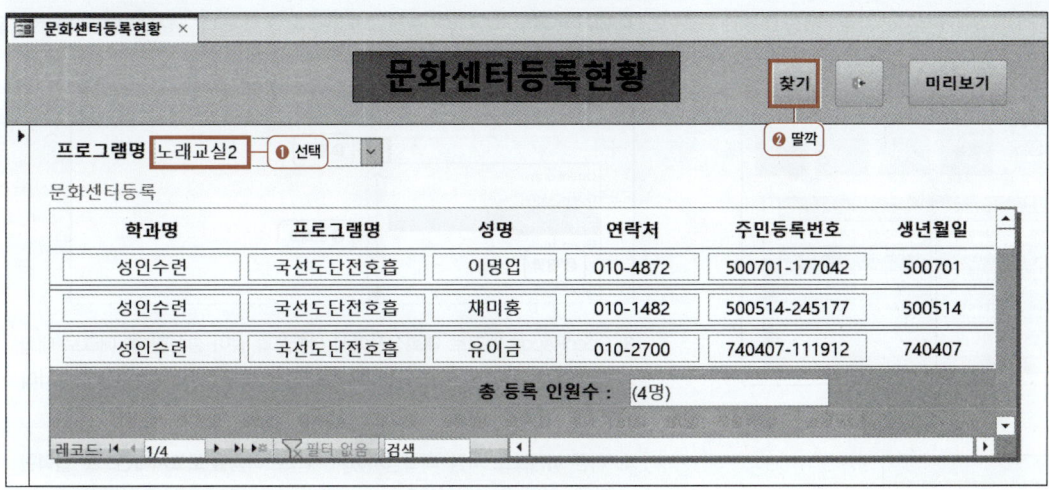

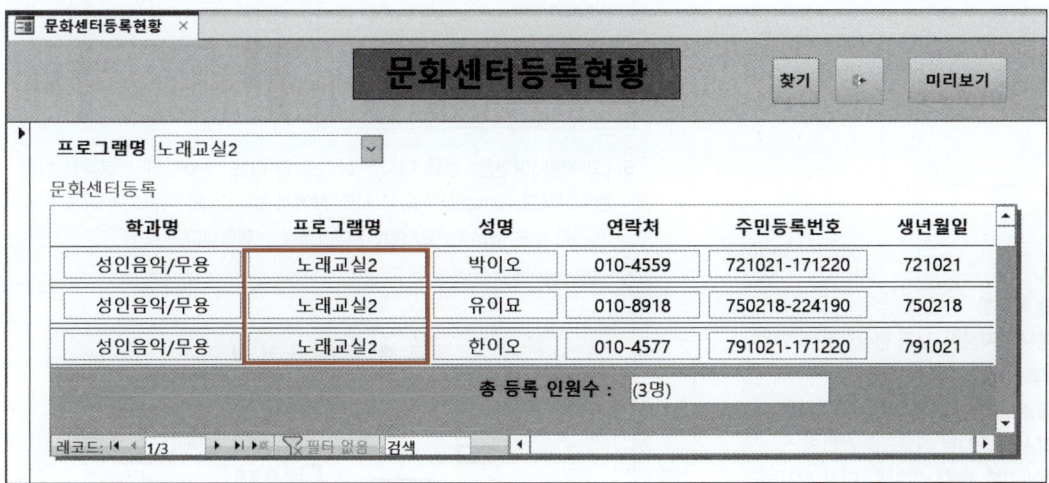

※ 프로그램명이 '노래교실2'인 자료만 폼에 표시한 것입니다.

상시시험 출제 유형

☞ 직접 실습하려면 '길벗컴활1급통합\액세스\05매크로-출제유형.accdb' 파일을 열어 작업하세요.

01 OpenReport - 보고서 열기

25.상시, 24.상시, 23.상시, 22.상시, 21.상시, 20.상시, 20.1, 19.상시, 19.2, …

〈고객별대여현황〉 폼의 '문서 미리 보기(미리 보기)' 아이콘()을 클릭하면 〈고객별대여현황〉 보고서를 '인쇄 미리 보기' 형식의 '대화 상자' 창 모드로 여는 〈보고서확인〉 매크로를 생성한 후 지정하시오.

▶ 매크로 조건 : 'cmb고객코드'에서 선택한 고객만을 대상으로 할 것

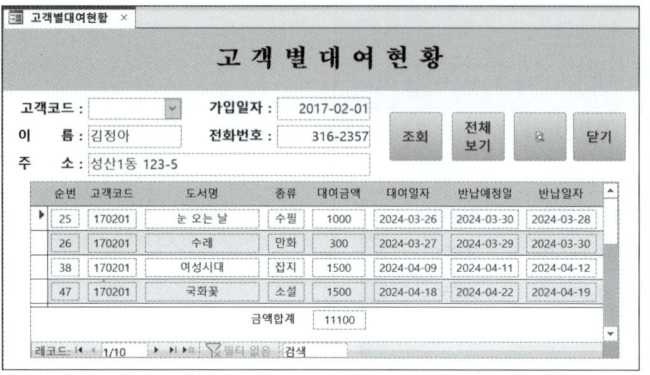

〈정답〉

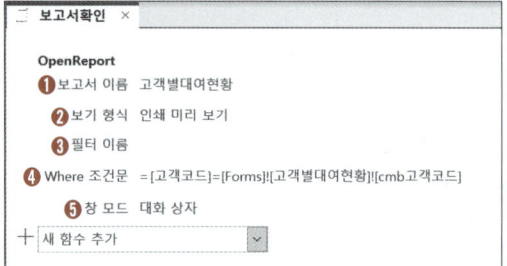

OpenReport
- 보고서를 호출하는 매크로 함수입니다.
- ❶ 보고서 이름 : 호출할 보고서의 이름을 지정함
- ❷ 보기 형식 : 보고서를 열 때의 보기 형식을 지정함. 보기 형식으로는 '인쇄 미리 보기' 형식만 고정적으로 출제되고 있음
- ❸ 필터 이름 : 보고서에 표시할 레코드를 제한하는 필터의 이름을 입력함
- ❹ Where 조건문 : 조건을 지정하여 보고서에 표시할 레코드를 제한함
- ❺ 창 모드 : 보고서가 열릴 때 창의 속성(기본, 숨김, 아이콘, 대화 상자)을 선택함

Where 조건문
- 〈고객별대여현황〉 폼의 'cmb고객코드' 컨트롤에 입력된 값과 〈고객별대여현황〉 보고서의 '고객코드' 필드의 값이 같은 자료만을 〈고객별대여현황〉 보고서에 표시합니다.
- 컨트롤에 연결된 필드를 확인하면, 조건에 사용할 필드를 알 수 있습니다. 'cmb고객코드' 컨트롤의 '행 원본' 속성에 연결된 필드가 〈고객〉 테이블의 '고객코드' 필드이므로 조건에 '고객코드' 필드를 사용합니다. 컨트롤이 콤보 상자가 아니라 텍스트 상자인 경우에는 '컨트롤 원본' 속성을 확인합니다.
- Where 조건문에 '고객코드' 필드의 경로가 없는 이유는 매크로가 실행될 때 열리는 〈고객별대여현황〉 보고서에 포함된 필드이기 때문입니다. 하지만 'cmb고객코드' 컨트롤은 〈고객별대여현황〉 보고서가 아니라 〈고객별대여현황〉 폼에 있는 컨트롤이므로 해당 개체의 경로를 지정해야 합니다.

1. 매크로에 이름을 지정하여 사용하는 경우는 먼저 매크로 개체를 생성한 후 이를 연결하여 사용하면 됩니다. [만들기] → 매크로 및 코드 → **매크로**(□)를 클릭하세요.

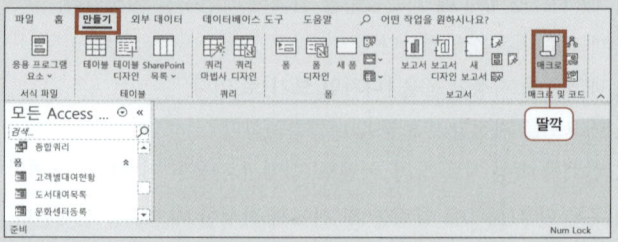

2. 매크로 함수 선택란의 목록 단추(▽)를 누른 다음 'OpenReport' 함수를 선택하세요.

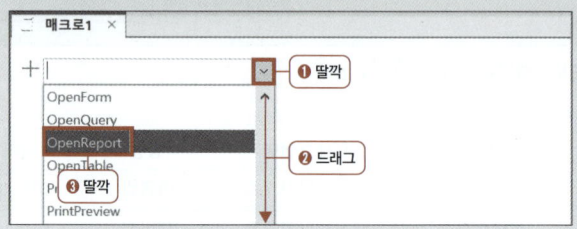

3. OpenReport 매크로 대화상자에서 〈정답〉과 같이 설정한 후 매크로 대화 상자의 닫기 단추(×)를 클릭하세요. 저장 여부를 묻는 대화상자가 나타나면 〈예〉를 클릭하세요.

4. '다른 이름으로 저장' 대화상자에서 매크로 이름을 **보고서확인**으로 입력한 다음 〈확인〉을 클릭하세요.

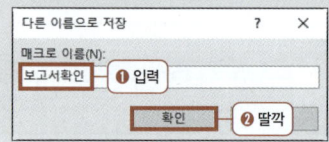

5. 〈고객별대여현황〉 폼을 디자인 보기로 연 다음 'cmd인쇄' 컨트롤을 더블클릭하세요. 'cmd인쇄' 속성 시트 창에서 'On Click' 이벤트의 목록 단추(▽)를 누른 다음 〈보고서확인〉 매크로를 선택합니다.

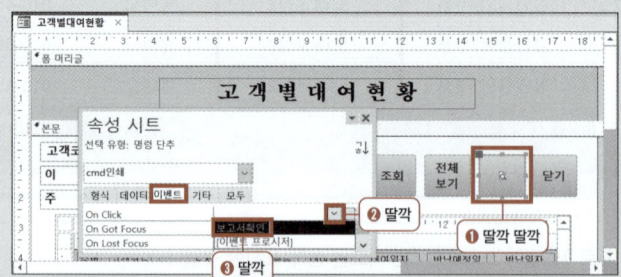

6. 폼을 실행한 후 'cmb고객코드' 컨트롤에 고객코드(예 : 170623)를 선택하고 '문서 미리 보기' 아이콘(□)을 클릭하세요. 〈고객별대여현황〉 보고서가 열리고 'cmb고객코드' 컨트롤에 표시된 고객코드의 정보가 〈고객별대여현황〉 보고서에 표시되는지 확인해 보세요.

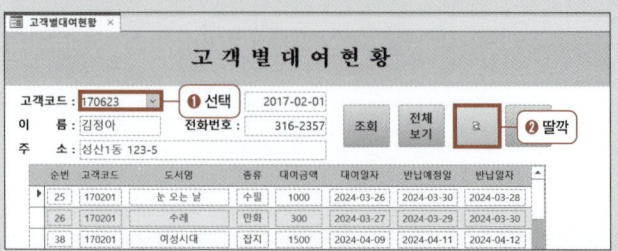

02 OpenReport, MessageBox – 보고서를 연 후 메시지 상자 표시

25.상시, 24.상시, 22.상시, 21.상시, 19.상시, 19.1, 18.1, 14.1, 08.2, 05.1, 04.4

〈회원관리〉 폼의 '보고서보기'(cmd보고서) 단추를 클릭하면 다음과 같은 기능이 구현되도록 〈보고서보기〉 매크로를 생성한 후 지정하시오.

▶ 〈회원목록〉 보고서를 '인쇄 미리 보기' 상태로 표시한 후 다음과 같이 메시지 상자를 표시할 것

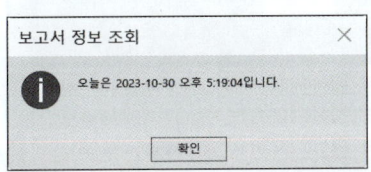

〈정답〉

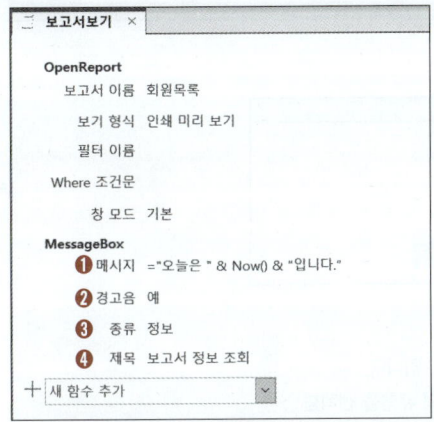

MessageBox
- 메시지를 표시하는 함수입니다.
1. **메시지** : 메시지 상자에 표시할 내용을 입력함
2. **경고음** : 메시지가 나타날 때 시스템의 경고음 유무를 선택함
3. **종류** : 메시지 상자에 나타낼 아이콘의 종류를 선택함
   - 위험(✕)   - 경고?(?)
   - 경고!(⚠) - 정보(ⓘ)
4. **제목** : 메시지 상자의 제목 표시줄에 표시할 내용을 입력함

="오늘은 " & Now() & "입니다."
- 큰따옴표(" ")로 묶인 문자열은 그대로 표시함
- Now() : 오늘 날짜와 시간을 표시함
- & : 문자열과 Now() 함수의 결과를 연결함

03 OpenForm – 폼 열기

25.상시, 23.상시, 22.상시, 21.상시, 20.상시, 20.1, 19.상시, 19.2, 19.1, 18.상시, …

〈봉사내역입력〉 폼의 '학생정보확인'(cmd보기) 단추를 클릭하면 〈재학생관리〉 폼을 '폼 보기' 형식의 '읽기 전용' 모드로 여는 〈재학생보기〉 매크로를 생성하여 지정하시오.

▶ 매크로 조건 : '학번' 필드의 값이 'txt학번'에 해당하는 재학생의 정보만 표시

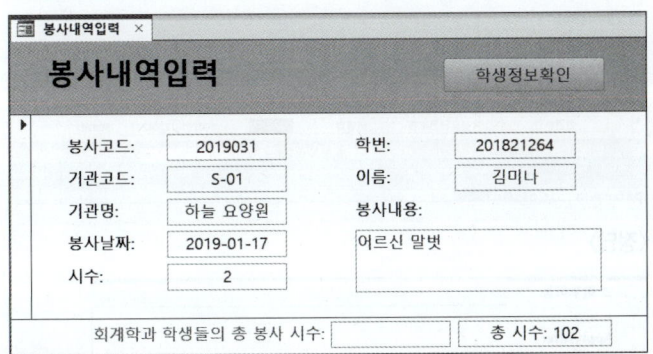

〈정답〉

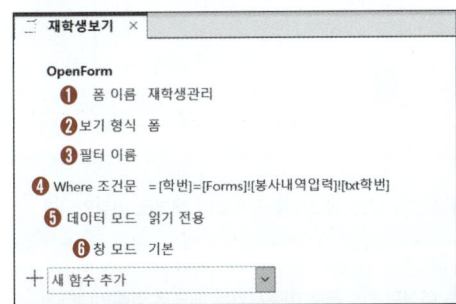

OpenForm
- 폼을 호출하는 매크로 함수입니다.
1. **폼 이름** : 호출할 폼의 이름을 지정함
2. **보기 형식** : 폼을 열 때의 보기 형식을 설정함. 보기 형식으로는 '폼' 형식만 고정적으로 출제되고 있음
3. **필터 이름** : 폼에 표시할 레코드를 제한하는 필터의 이름을 입력함
4. **Where 조건문** : 조건을 지정하여 폼에 표시할 레코드를 제한함
5. **데이터 모드** : 보기 형식이 데이터시트일 때 폼에서 데이터를 다룰 수 있는 범위(추가, 편집, 읽기 전용)를 선택함
6. **창 모드** : 폼이 열릴 때 창의 속성(기본, 숨김, 아이콘, 대화 상자)을 선택함

04 ApplyFilter, GoToControl – 폼 조회 후 컨트롤 이동

25.상시, 24.상시, 18.상시, 17.상시, 16.상시

〈문화센터등록현황〉 폼 머리글의 '찾기(cmd찾기)' 단추를 클릭하면 'cmb프로그램명' 컨트롤에서 선택한 '프로그램명'으로 필터를 수행하고, 폼 본문의 'txt연락처' 컨트롤로 포커스가 이동하는 〈조회후이동〉 매크로를 생성하여 지정하시오.

▶ ApplyFilter 함수와 GoToControl 메서드를 사용하시오.

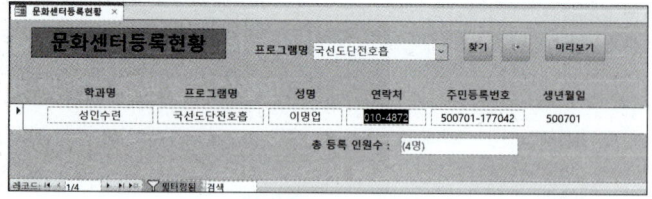

〈정답〉

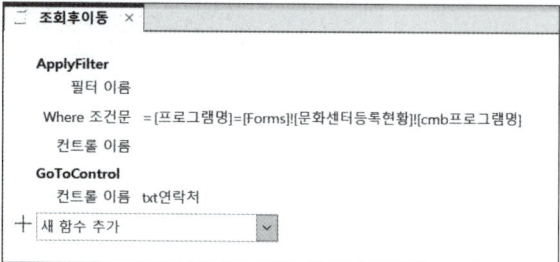

ApplyFilter
테이블이나 쿼리로부터 조건에 맞는 레코드를 검색하는 매크로 함수입니다.

GoToContorl
활성화된 폼에서 커서를 특정한 컨트롤로 이동시키는 매크로 함수입니다.

05 CloseWindow – 폼 종료

25.상시, 20.상시, 19.상시, 19.2, 19.1, 18.1, 14.1, 08.2, 18.1, 05.1, 04.4

〈지도학생〉 폼의 'cmd종료'(폼종료) 단추를 클릭하면 〈지도학생〉 폼을 저장한 후 종료하는 〈폼종료〉 매크로를 생성한 후 지정하시오.

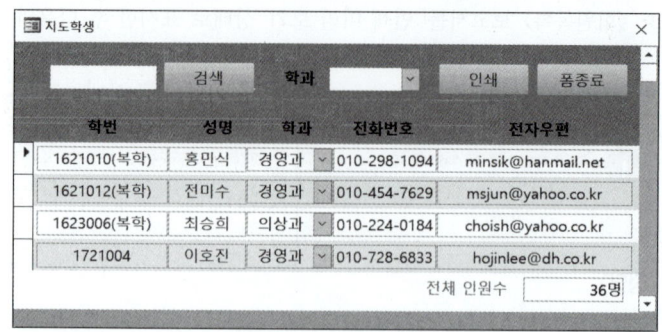

〈정답〉

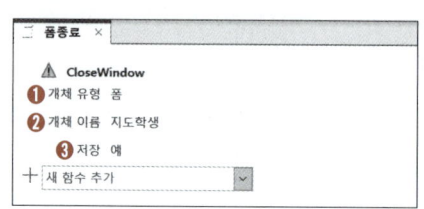

CloseWindow
• 개체를 닫는 매크로 함수입니다.
❶ 개체 유형 : 닫을 개체의 유형을 선택함
❷ 개체 이름 : 닫을 개체의 이름을 입력하거나 목록에서 선택함
❸ 저장 : 〈예〉, 〈아니요〉, 〈확인〉 등 저장 여부와 방법을 선택함. 〈확인〉을 선택하면 변경 사항이 있을 경우 저장 여부를 묻는 대화상자가 나타남

대표기출문제

'길벗컴활1급통합\액세스\05매크로-기출.accdb' 파일을 열어서 작업하세요.

기출 1
25.상시, 24.상시, 23.상시, 22.상시, 21.상시, 20.상시, 20.1, 19.상시, …

〈패키지주문현황〉 폼 머리글의 '보고서보기'(cmd인쇄) 단추를 클릭하면 〈판매처주문현황〉 보고서를 '인쇄 미리 보기'의 형태로 여는 〈보고서보기〉 매크로를 작성한 후 지정하시오.

▶ 매크로 조건 : 'txt출력' 컨트롤에 입력된 판매일 이전의 레코드만 표시할 것

기출 2
25.상시, 23.상시, 22.상시, 21.상시, 20.상시, 20.1, 19.상시, 19.2, 19.1, …

〈패키지주문현황〉 폼 머리글의 '폼보기'(cmd폼보기) 단추를 클릭하면 〈패키지정보〉 폼을 여는 〈폼보기〉 매크로를 작성한 후 지정하시오.

▶ 매크로 조건 : 'txt조회' 컨트롤에 입력된 '패키지명'을 포함하는 레코드만 표시할 것

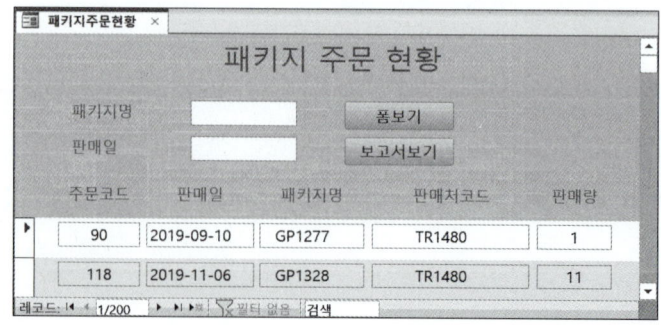

기출 3
25.상시, 24.상시, 22.상시, 21.상시, 19.상시, 19.1, 18.1, 14.1, 08.2, …

〈패키지주문현황〉 폼 본문의 'txt판매처코드' 컨트롤을 더블클릭하면 다음과 같은 메시지를 표시한 후 〈판매처주문현황〉 보고서를 인쇄 미리 보기 형태로 출력하는 〈보고서출력〉 매크로를 생성한 후 지정하시오.

▶ 매크로 조건 : 메시지 상자에서 〈확인〉을 클릭하면 〈패키지주문현황〉 폼의 'txt판매처코드' 컨트롤에 입력된 '판매처코드'에 해당하는 판매처만 표시할 것

기출 4
25.상시, 24.상시, 18.상시, 17.상시, 16.상시

〈서울상권현황조회〉 폼 머리글의 '조회(cmd조회)' 단추를 클릭하면 'txt조회' 컨트롤에 입력된 '상권구분코드'로 필터를 수행하고, 폼 본문의 'txt교통지출금액' 컨트롤로 포커스가 이동하는 〈조회후이동〉 매크로를 생성하여 지정하시오.

▶ ApplyFilter 함수와 GoToControl 메서드를 사용하시오.

정답

[기출 1]
1. [만들기] → 매크로 및 코드 → 매크로(□)를 클릭한다.
2. '매크로' 창에서 'OpenReport' 함수를 선택한 후 다음과 같이 인수를 지정하고 닫기(×) 단추를 클릭한다.

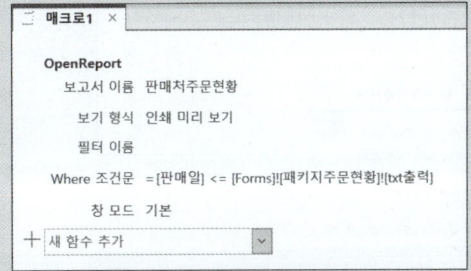

3. 저장 여부를 묻는 대화상자에서 〈예〉를 클릭한다.
4. '다른 이름으로 저장' 대화상자에서 매크로 이름으로 **보고서보기**를 입력한 후 〈확인〉을 클릭한다.
5. 〈패키지주문현황〉 폼을 [디자인 보기]로 연다.
6. 매크로를 지정할 'cmd인쇄' 컨트롤을 더블클릭한다.
7. 'cmd인쇄' 컨트롤 속성 시트 창의 '이벤트' 탭에서 'On Click' 이벤트를 클릭한다.
8. 목록 단추(▽)를 클릭한 후 '보고서보기' 매크로를 선택한다.

[기출 2]
'폼보기' 매크로 작성 후 'cmd폼보기' 컨트롤의 'On Click' 이벤트에 지정하기

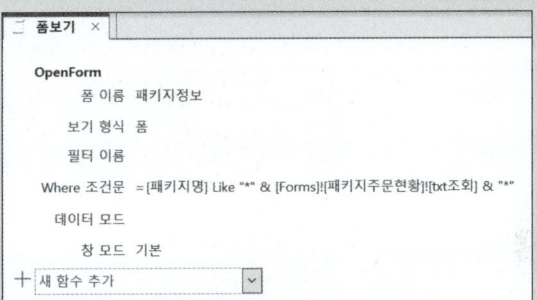

[기출 3]
'보고서출력' 매크로 작성 후 'txt판매처코드' 컨트롤의 'On Dbl Click' 이벤트에 지정하기

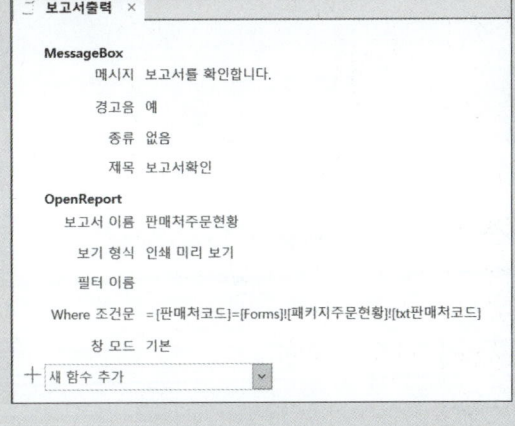

[기출 4]
'조회후이동' 매크로 작성 후 'cmd조회' 컨트롤의 'On Click' 이벤트에 지정하기

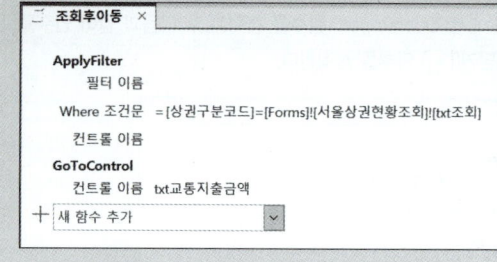

문제 3   조회 및 출력 기능 구현(20점)

전문가의 합격 전략 ★

조회 및 출력 기능 구현은 테이블에 들어 있는 데이터를 폼에서 조회하고 결과를 보고서에 출력하는 문제입니다. [문제 2]가 주로 폼에 대한 문제라면 [문제 3]은 주로 보고서에 대한 문제입니다. [문제 3]은 보고서 자체에 대한 속성 및 출력 형식 지정하기, 데이터 필터링 하기, 특정 자료 찾기, 인쇄하기 등의 기능 중에서 2문제를 조합하여 20점으로 출제됩니다. [문제 3]도 특별하게 어려운 문제는 없지만 20점 만점이 아니라 15점을 목표로 하는 이유는 이벤트 프로시저 구현 시 어려운 검색식을 세워야 하는 5점짜리 문제가 1개 정도 나올 가능성이 있기 때문입니다.

1. 보고서 완성

출제 비율 100% / 배점 15점

보고서 완성은 다음과 같은 과정으로 작업을 진행합니다.

1. 작업할 보고서의 바로 가기 메뉴에서 [디자인 보기]를 선택한다.
2. 속성을 설정할 개체를 더블클릭한다.
3. 속성 창에서 해당 속성을 찾아 설정값을 입력한다.

• 다음은 지금까지 출제된 8개의 속성과 4개의 기능을 적용한 보고서입니다.

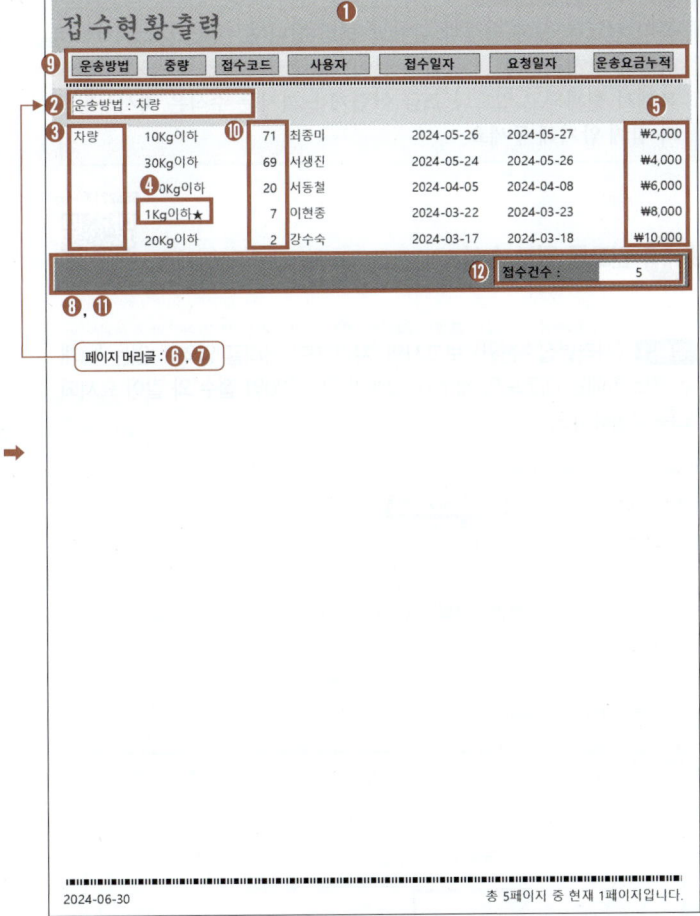

[속성]

❶ 레코드 원본 : 〈접수현황〉 쿼리를 레코드 원본으로 설정함

❷ 컨트롤 원본 : 'txt운송방법그룹' 컨트롤에는 '운송방법'이 표시되도록 설정함

❸ **중복 내용 숨기기** : 'txt운송방법' 컨트롤의 값이 이전 레코드와 같은 경우 값이 표시되지 않게 설정함
❹ **형식** : 'txt중량' 컨트롤의 빈 공간에 ★이 반복하여 표시되도록 설정함
❺ **누적 합계** : 'txt운송요금누적' 컨트롤에는 운송요금이 그룹별로 누적되도록 설정함
❻ **페이지 바꿈** : '운송방법' 그룹 머리글 영역이 시작되기 전에 페이지가 바뀌도록 설정함
❼ **반복 실행 구역** : 그룹의 데이터 일부가 다음 페이지로 넘어갈 경우 '운송방법' 그룹 머리글의 내용이 다음 페이지에도 표시되도록 설정함
❽ **배경색** : '운송방법' 그룹 바닥글의 배경색을 '강조'로 설정함

[기능]

❾ **컨트롤 이동** : '운송방법' 그룹 머리글 영역의 레이블과 선 컨트롤을 '페이지 머리글' 영역으로 이동함
❿ **정렬 추가** : 동일한 '운송방법' 내에서는 '접수코드'를 기준으로 내림차순 정렬함
⓫ **그룹 머리글/바닥글 생성** : '운송방법' 그룹 바닥글이 화면에 표시되도록 설정함
⓬ **컨트롤 생성** : '운송방법' 그룹 바닥글 영역에 운송방법별 '접수건수'가 표시되도록 컨트롤을 생성함

상시시험 출제 유형

☞ 직접 실습하려면 '길벗컴활1급통합\액세스\06보고서완성-출제유형.accdb' 파일을 열어 작업하세요.

전문가의 조언

폼의 컨트롤 원본 속성과 같다고 보면 됩니다. 마찬가지로 지시사항에 맞게 수식을 작성하는 것이 어려울 수 있겠죠. 문제가 반복해서 출제되고 있으니 조금 어렵게 느껴지는 수식은 지시사항과 함께 암기해 두세요.

01 컨트롤 원본 속성

25.상시, 24.상시, 22.상시, 21.상시, 20.상시, 20.1, 19.상시, 19.2, 19.1, 18.상시, 18.2, 17.상시, …

유형 1 〈자격별접수현황〉 보고서의 '자격코드' 머리글 영역에 있는 'txt개수' 컨트롤에는 레코드의 개수가 20개인 경우 "20명 접수"와 같이 표시되도록 설정하시오.

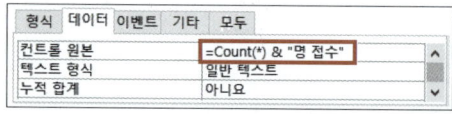

1. '탐색' 창의 〈자격별접수현황〉 보고서의 바로 가기 메뉴에서 [디자인 보기]를 선택하세요.
2. '자격코드' 머리글에 있는 'txt개수' 컨트롤을 더블클릭하여 'txt개수' 속성 시트 창을 호출하세요.

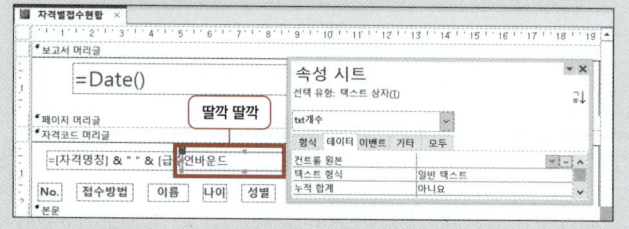

3. 'txt개수' 속성 시트 창의 '데이터' 탭을 클릭한 후 '컨트롤 원본' 속성에 **=Count(*) & "명 접수"**를 입력하세요.

4. [보고서 디자인] → 보기 →  → **인쇄 미리 보기()**를 선택하여 결과를 확인하세요.

20.상시, 16.2, 15.상시, 13.3, 12.3, 12.2, 11.3, 11.2, 10.3, 09.4, 08.1, 07.1, 06.4, …

유형 2 〈부서별평가현황〉 보고서의 페이지 바닥글에 있는 'txt날짜' 컨트롤에는 현재 날짜와 시간이 "2024년 06월 11일 20시"와 같이 표시되도록 설정하시오(Format, Now 함수 사용).

- **Now( )** : 현재 날짜와 시간을 표시함
- **Format(변환할 데이터, "표시 형식")**
  - 숫자나 날짜 등의 변환할 데이터를 "표시 형식"대로 변환하는 함수입니다.
  - :, ; 등은 표시 형식에 예약된 기호이므로, ":", ";" 등의 기호 자체를 화면에 표시할 때는 해당 기호를 이중 큰따옴표("" "")로 묶어줘야 합니다.

  예1 Now( )의 반환값이 2024-03-05 09:16:39일 때
  =Format(Now( ), "yyyy年 m月") → 2024年 3月

  예2 Now( )의 반환값이 2024-03-05 09:16:39일 때
  =Format(Now( ), "yyyy-mm-dd hh:nn:ss ampm")
  → 2024-03-05 09:16:39 오전

  예3 Date( )의 반환값이 2024-03-05일 때
  =Format(Date( ), "yyyy-mmm-dd aaaa")
  → 2024-Mar-05 금요일

예4 '매출'의 평균이 31281.345일 때
=Format(Avg([매출]), "부서별 매출 평균"" : ""#,###.0")
→ 부서별 매출 평균 : 31,281.3

예5 현재 페이지가 3일 때
=Format([Page], "현재 페이지"" : "" 000") → 현재 페이지 : 003

잠깐만요 '형식' 속성의 시간 사용자 지정 기호

형식	기호	설명
시간	h	• h : 한 자리 또는 두 자리 숫자로 0~23까지 시간을 표시함 • hh : 두 자리 숫자로 00~23까지 시간을 표시함
	n	• n : 한 자리 또는 두 자리 숫자로 0~59까지 분을 표시함 • nn : 두 자리 숫자로 00~59까지 분을 표시함
	s	• s : 한 자리 또는 두 자리 숫자로 0~59까지 초를 표시함 • ss : 두 자리 숫자로 00~59까지 초를 표시함
	AM/PM	• AM/PM : 대문자 AM이나 PM을 포함한 12시간제로 표시함 • am/pm : 소문자 am이나 pm을 포함한 12시간제로 표시함

25.상시, 24.상시, 23.상시, 22.상시, 21.상시, 20.1, 19.2, 19.1, 18.2, 18.1, 17.1, 16.상시, 16.2, …

유형3 〈부서별평가현황〉 보고서의 페이지 바닥글에 있는 'txt페이지' 컨트롤에는 페이지 번호가 "1/5페이지"와 같이 표시되도록 설정하시오.

형식	데이터	이벤트	기타	모두
컨트롤 원본	=[Page] & "/" & [Pages] & "페이지"			
텍스트 형식	일반 텍스트			
누적 합계	아니요			

• [Page] : 현재 페이지를 나타냄
• [Pages] : 전체 페이지를 나타냄

24.상시, 22.상시, 21.상시, 18.1, 11.2, 09.4, 08.3, 08.2, 07.3, 04.4, 04.1

유형4 〈과목별시험성적〉 보고서의 본문에 있는 'txt과목명' 컨트롤에는 '과목명'과 '과목코드'가 [표시 예]와 같이 표시되도록 설정하시오.

▶ [표시 예] '과목명'이 "OA실무", '과목코드'가 "R203"일 경우 → OA실무(R203)

형식	데이터	이벤트	기타	모두
컨트롤 원본	=[과목명] & "(" & [과목코드] & ")"			
텍스트 형식	일반 텍스트			
누적 합계	아니요			

25.상시, 24.상시, 23.상시, 22.상시, 21.상시, 20.상시, 19.2, 18.상시, 18.2, 18.1

유형5 〈자격별접수현황〉 보고서의 본문에 있는 'txt순번' 컨트롤에는 그룹별로 일련번호가 표시되도록 관련 속성을 설정하시오.

형식	데이터	이벤트	기타	모두
컨트롤 원본	=1			
텍스트 형식	일반 텍스트			
누적 합계	그룹			

누적 합계
• 모두 : 필드의 전체에 대해 처음부터 차례로 값을 누적시켜 표시함
• 그룹 : 필드의 그룹에 대해 차례로 값을 누적시키면서 표시함. 그룹이 바뀌면 새롭게 누적을 시작함

25.상시

유형6 〈자격별접수현황〉 보고서의 보고서 머리글에 있는 'txt년도' 컨트롤에 오늘 날짜가 [표시 예]와 같이 표시되도록 '컨트롤 원본'과 '형식' 속성을 설정하시오.

▶ 표시 예 : 오늘 날짜가 2025-06-25인 경우 → 2025년도

▶ 시간을 포함하지 않는 시스템의 오늘 날짜만 입력되는 함수를 사용하시오.

형식	데이터	이벤트	기타	모두
컨트롤 원본	=Date()			
텍스트 형식	일반 텍스트			
누적 합계	아니요			

형식	데이터	이벤트	기타	모두
형식	yyyy"년도"			
소수 자릿수	자동			
표시	예			

전문가의 조언

기타 나머지 속성들은 문제의 지시사항을 통해 사용해야 할 속성을 쉽게 파악할 수 있습니다. 지시사항 중 사용해야 할 속성을 의미하는 키워드를 표시해 두었으니 키워드와 속성을 연관지어 기억해 두세요.

02 기타 속성

25.상시, 24.상시, 23.상시, 22.상시, 21.상시, 20.상시, 20.1, 19.상시, …

속성	지시사항
08.2, 06.1, 05.4, 05.3, 04.4, … 레코드 원본	〈접수현황〉 쿼리를 보고서의 레코드 원본으로 설정하시오.
24.상시, 23.상시, 22.상시, 21.상시 중복 내용 숨기기	컨트롤의 값이 이전 레코드와 동일한 경우에는 표시되지 않도록 설정하시오.
25.상시, 22.상시, 21.상시, 20.상시, … 형식	컨트롤의 빈 공간에 ★이 반복하여 표시되도록 형식 속성을 설정하시오.
22.상시, 21.상시, 19.2, 18.상시, … 누적 합계	컨트롤에는 분류별 '금액' 필드의 누계가 표시되도록 설정하시오.
25.상시, 24.상시, 22.상시, 21.상시, … 페이지 바꿈	머리글 영역이 시작되기 전에 페이지를 바꾸도록 속성을 설정하시오.
25.상시, 24.상시, 23.상시, 22.상시, … 반복 실행 구역	머리글 영역이 매 페이지마다 반복적으로 인쇄되도록 설정하시오.
25.상시, 22.상시, 21.상시, 20.상시, … 배경색	페이지 바닥글의 배경색을 'Access 테마 2'로 변경하시오.
23.상시 표시	페이지 머리글이 표시되도록 설정하시오.
25.상시 문자색	컨트롤의 문자색이 #FFFFFF로 표시되도록 설정하시오.

그룹별로 서로 다른 페이지에 출력되도록 제시된 경우의 '페이지 바꿈' 속성
• 문제지의 그림에 그룹이 표시되어 있으면 해당 그룹을 표시한 다음 페이지를 바꾸는 것이므로 '구역 후'를 선택합니다.
• 그렇지 않다면 '구역 전'을 선택하면 됩니다.

> **잠깐만요**
>
> 설정하려는 속성이 속해있는 탭을 알고 있으면 문제를 좀 더 빠르게 해결할 수 있습니다. 눈으로 확인할 수 있는 속성은 '**형식**' 탭에, 데이터와 관련된 속성은 '**데이터**' 탭에, 나머지는 '**기타**' 탭이라는 것을 염두에 두고 다음 표를 기억해 두세요.
>
> **'보고서'의 주요 속성**
>
> | 탭 | 속성 |
> |---|---|
> | 데이터 | 레코드 원본 |
>
> **'컨트롤'의 주요 속성**
>
> | 탭 | 속성 |
> |---|---|
> | 형식 | 형식, 중복 내용 숨기기, 배경색, 문자색 |
> | 데이터 | 컨트롤 원본, 누적 합계 |
>
> **그룹 영역의 주요 속성**
>
> | 탭 | 속성 |
> |---|---|
> | 형식 | 배경색, 페이지 바꿈, 반복 실행 구역, 표시 |

03 컨트롤 이동

23.상시, 13.상시, 12.2, 11.3, 11.2, 11.1, 10.3, 10.2, 09.4, 09.2, 09.1, …

다음의 화면을 참조하여 〈접수현황출력〉 보고서의 '운송방법' 머리글 영역에 있는 레이블과 선 컨트롤을 '페이지 머리글' 영역으로 이동한 후 페이지 머리글의 높이를 1cm로 설정하시오.

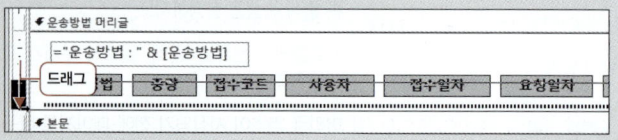

1. '운송방법' 머리글의 세로 눈금자를 드래그하여 이동할 컨트롤들을 모두 선택합니다.

2. 선택된 컨트롤을 페이지 머리글로 드래그하세요.

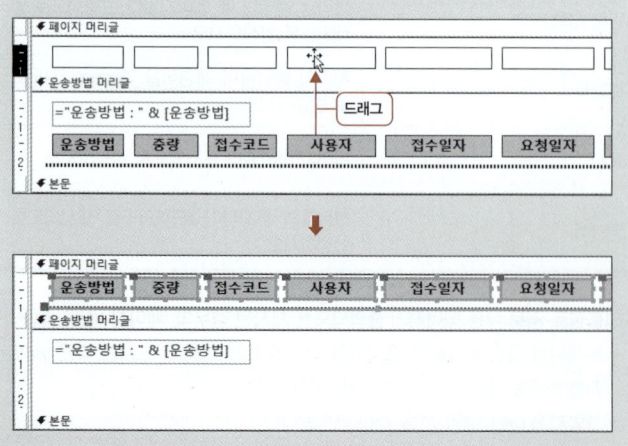

3. '운송방법' 머리글 영역을 더블클릭한 후 '그룹 머리글' 속성 시트 창의 '형식' 탭에서 '높이'를 1cm로 설정합니다.

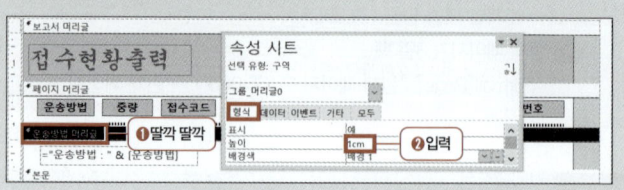

04 정렬

25.상시, 24.상시, 23.상시, 22.상시, 21.상시, 20.상시, 20.1, 19.상시, 19.2, …

〈창고별제품정보〉 보고서를 이미 그룹화된 '창고명' 필드를 기준으로 1차적으로 오름차순으로 정렬하고, 2차적으로 '생산량' 필드를 기준으로 내림차순으로 정렬하도록 설정하시오.

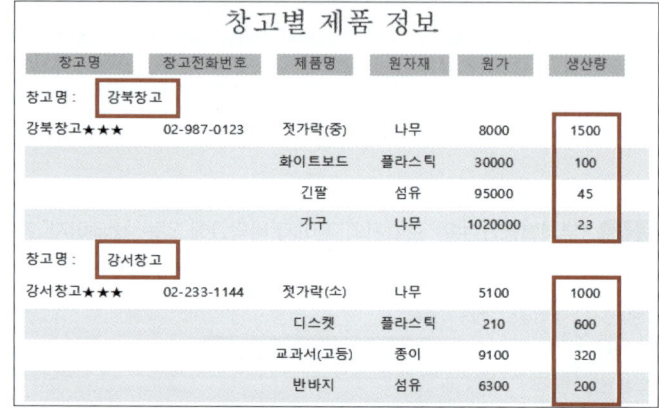

1. [보고서 디자인] → 그룹화 및 요약 → **그룹화 및 정렬**()을 클릭합니다.
2. '그룹, 정렬 및 요약' 창에서 이미 그룹이 설정된 '창고명' 필드의 정렬 기준을 '오름차순'으로 지정하세요.

3. '그룹, 정렬 및 요약' 창에서 〈정렬 추가〉를 클릭하세요.
4. 필드 선택 목록에서 '생산량'을 선택한 후 '내림차순'으로 지정하세요.

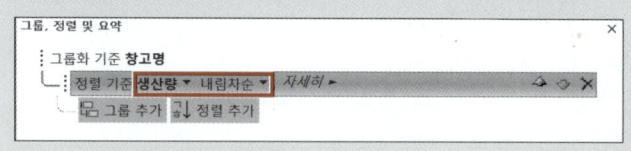

05 그룹 머리글/바닥글 생성

25.상시, 24.상시, 22.상시, 20.상시, 19.상시, 18.상시, 16.3, 13.상시, 12.1, 09.2, …

〈등록현황〉 보고서의 '학과명'을 그룹 머리글로 설정하고 그룹 바닥글을 표시하시오.

1. '그룹, 정렬 및 요약' 창에서 〈그룹 추가〉를 클릭한 후 필드 선택 목록 상자에서 '학과명'을 선택합니다.
2. '그룹, 정렬 및 요약' 창에서 그룹 기준으로 설정된 '학과명'의 '자세히'를 클릭하세요.
3. '바닥글 구역 표시 안 함'의 ▼를 클릭한 후 [바닥글 구역 표시]를 선택하세요.

1. [보고서 디자인] → 컨트롤 → 선(□)을 클릭한 후 본문 영역 컨트롤들 아래 부분에 드래그하여 선을 삽입한다.
2. 다음과 같이 속성을 설정한다.
   - '형식' 탭의 너비 → 15.4cm
   - '형식' 탭의 테두리 스타일 → 점선
   - '기타' 탭의 이름 → Line구분선

06 컨트롤 생성하기

25.상시, 23.상시, 20.상시, 19.상시, 18.상시, 17.상시, 16.3, 13.상시, …

〈분류별소비내역〉 보고서의 본문 레코드들 사이에 〈그림〉과 같이 점선이 표시되도록 선 컨트롤을 삽입하시오.

▶ 너비 : 15.4cm
▶ 이름 : Line구분선

잠깐만요 [보고서 디자인] → 컨트롤의 주요 컨트롤

❶ 텍스트 상자 ❷ 레이블 ❸ 선

분류별 소비 내역

날짜	코드	대분류	분류명	항목	금액	누계
2020-06-30	12	공과금	가스요금	가스요금	40670	40670
2020-08-01	12	공과금	가스요금	가스(서초)	20820	61490
2020-08-03	12	공과금	가스요금	도시가스	20820	82310
2020-08-09	12	공과금	가스요금	가스(난곡)	9870	92180
2020-08-31	12	공과금	가스요금	가스비(난곡?)	8760	100940
2020-09-03	12	공과금	가스요금	가스(난곡)	9480	110420
2020-09-30	12	공과금	가스요금	가스(서초)	12710	123130

분류별 소비 평균 : 17,590.0

대표기출문제

'길벗컴활1급통합\액세스\06보고서완성-기출.accdb' 파일을 열어서 작업하세요.

기출 1
25.상시, 24.상시, 23.상시, 22.상시, 21.상시, 20.상시, 20.1, 19.상시, …

다음의 지시사항 및 화면을 참조하여 〈분류별판매현황〉 보고서를 완성하시오.

① 본문 레코드들 사이에 〈그림〉과 같이 파선이 표시되도록 선 컨트롤을 삽입하시오.
   ▶ 너비 : 18.3cm
   ▶ 이름 : Line선
② 동일한 분류코드에서는 '판매일'을 기준으로 내림차순으로 정렬되어 표시되도록 설정하시오.
③ 보고서 머리글의 'txt날짜' 컨트롤에는 시스템의 현재 날짜와 시간이 다음과 같이 표시되도록 설정하고, 문자색이 #FFFFFF로 표시되도록 관련 속성을 설정하시오.
   ▶ 현재 날짜와 시간이 2025년 06월 25일 17:19:26이면 '2025-06-25 05:19:26 오후'와 같이 표시
   ▶ Format() 함수와 현재 날짜와 시간을 나타내는 함수를 사용
④ 'txt제품코드'와 'txt판매량' 컨트롤에는 각각 '제품코드'와 '판매량' 필드를 바운드 시키시오.
⑤ 본문의 'txt판매금액' 컨트롤에는 분류코드별 판매금액의 누계가 표시되도록 설정하시오.

분류별 판매 현황 보고서
2025-06-25 05:19:26 오후

삼성전자(총판매수량 : 755개)

판매일	제조사	제품코드	제품단가	판매량	판매금액
2024-04-29	삼성전자	EPBR1948	₩258,700	41	₩10,606,700
2024-04-23	archon	EPDZ2228	₩205,000	51	₩12,656,700
2024-03-22	Razer	EPNO2791	₩30,800	62	₩12,995,500
2024-03-16	ADATA	EPHB1045	₩59,800	72	₩13,593,500
2024-02-16	오디오테크니카	EPEW2392	₩114,200	112	₩18,161,500
2023-12-31	Britz	EPAC2654	₩174,000	125	₩20,423,500
2023-12-19	ADATA	EPSJ2789	₩245,500	144	₩25,088,000
2023-12-16	파나소닉	EPUR1968	₩221,100	153	₩27,077,900
2023-12-12	파트론	EPOZ1984	₩37,800	183	₩28,211,900
2023-11-14	JBL	EPRK1107	₩77,500	202	₩29,684,400
2023-10-30	ABKO	EPXD1781	₩60,900	224	₩31,024,200
2023-10-30	ABKO	EPOM1656	₩99,000	270	₩35,578,200
2023-10-25	APPLE	EPAT1083	₩62,100	290	₩36,820,200
2023-09-29	ABKO	EPKJ1192	₩46,000	325	₩38,430,200
2023-09-26	QCY	EPEB1644	₩101,600	362	₩42,189,400
2023-09-24	삼성전자	EPGQ2644	₩164,000	400	₩48,421,400
2023-09-04	스카이디지탈	EPHI2461	₩48,100	429	₩49,816,300
2023-08-25	오디오테크니카	EPPH1218	₩233,300	439	₩52,149,300
2023-08-22	ABKO	EPAF2511	₩187,100	447	₩53,646,100
2023-08-16	쿨러마스터	EPSA1521	₩249,500	487	₩63,626,100
2023-08-15	웨이코스	EPEL2980	₩209,500	521	₩70,749,100
2023-07-20	SONY	EPOE2074	₩76,300	537	₩71,969,900
2023-06-13	파나소닉	EPQ81326	₩189,900	570	₩78,236,600

1/5페이지

기출 2

다음의 지시사항 및 화면을 참조하여 〈구매현황〉 보고서를 완성하시오.

① 상품명 머리글의 'txt구분' 컨트롤에는 '상품명'이 〈그림〉과 같이 표시되도록 설정하시오.
② 각 필드의 레이블이 그룹마다 그룹 머리글에 한 번씩만 표시되도록 위치를 이동한 후 본문의 높이를 1cm로 설정하시오.
③ '상품명' 머리글 영역이 매 페이지마다 반복하여 출력되도록 설정하시오.
④ 〈그림〉과 같이 그룹별로 주문건수가 표시되도록 설정하시오.
  ▶ 그룹 바닥글에는 텍스트 상자를 추가한 후 이름을 'txt주문건수'로 지정하고 주문건수를 표시할 것
⑤ '상품명' 머리글의 배경색을 'Access 테마 4'로 변경하시오.

정답 및 해설

[기출 1]

1. 〈분류별판매현황〉 보고서의 바로 가기 메뉴에서 [디자인 보기]를 선택한다.
2. 속성을 설정할 대상을 더블클릭한다.
3. 속성 창의 각 탭에서 해당 속성에 설정 값을 입력한다.

〈정답〉

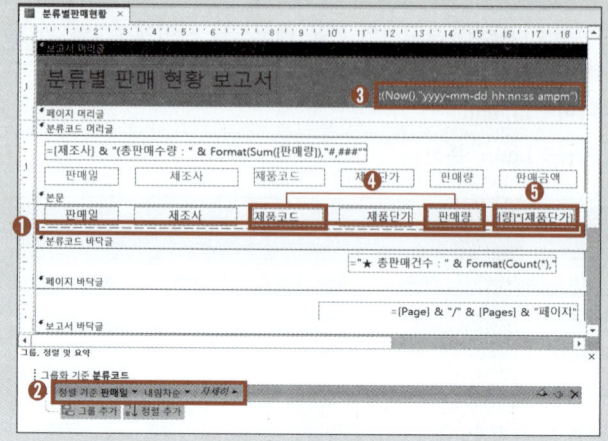

〈해설〉

❶ 선 삽입하기
- [보고서 디자인] → 컨트롤 → **선(◌)** 을 클릭한 후 본문 영역 컨트롤들 아래 부분에 드래그하여 선을 삽입한다.
- '형식' 탭의 너비 → 18.3cm
- '형식' 탭의 테두리 스타일 → 파선
- '기타' 탭의 이름 → Line선

❷ '그룹, 정렬 및 요약' 창

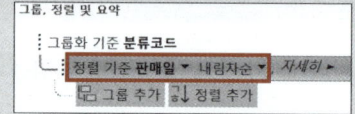

❸ 'txt날짜' 컨트롤에 속성 설정하기
- '데이터' 탭의 컨트롤 원본
  → =Format(Now( ), "yyyy-mm-dd hh:nn:ss ampm")
- '형식' 탭의 문자색 → #FFFFFF

❹ 'txt제품코드'와 'txt판매량' 컨트롤에 속성 설정하기
- 'txt제품코드' 컨트롤 : '데이터' 탭의 컨트롤 원본 → 제품코드
- 'txt판매량' 컨트롤 : '데이터' 탭의 컨트롤 원본 → 판매량

❺ 'txt판매금액' 컨트롤에 속성 설정하기
'데이터' 탭의 누적 합계 → 그룹

기출 3

다음의 지시사항 및 화면을 참조하여 〈상품별주문현황〉 보고서를 완성하시오.

① 〈주문현황〉 테이블을 레코드 원본으로 설정하시오.
② '상품코드' 바닥글은 상품코드별로 서로 다른 페이지에 출력되도록 설정하시오.
③ 본문의 'txt상품명' 컨트롤의 값이 이전 레코드와 동일한 경우에는 표시되지 않도록 설정하시오.
④ 본문의 'txt상품명' 컨트롤의 빈 공간에 "▶"이 반복하여 표시되도록 설정하시오.
⑤ 페이지 바닥글의 'txt페이지' 컨트롤에는 홀수 쪽에만 페이지 번호가 "1페이지"와 같이 표시되도록 설정하시오.
  ▶ IIF, MOD 함수 사용

[기출 2]

〈정답〉

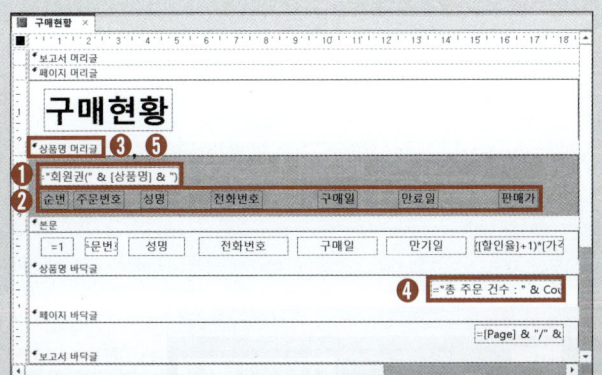

〈해설〉

❶ 'txt구분' 컨트롤에 속성 설정하기
  '데이터' 탭의 컨트롤 원본 → ="회원권(" & [상품명] & ")"

❷ 본문 영역의 레이블을 '상품명' 머리글로 이동하기
  1. 본문 영역의 모든 레이블을 선택한 후 '상품명' 머리글 영역으로 드래그한다.
  2. 본문 영역의 모든 텍스트 상자를 본문 영역의 위쪽으로 드래그한다.
  3. 본문 영역에 속성 설정하기
     '형식' 탭의 높이 → 1cm

❸ '상품명' 머리글에 속성 설정하기
  '형식' 탭의 반복 실행 구역 → 예

❹ 텍스트 상자를 추가한 후 컨트롤 원본 속성 설정하기
  • [보고서 디자인] → 컨트롤 → 텍스트 상자()를 클릭한 후 '상품명' 바닥글의 적당한 위치에 드래그한다.
  • 텍스트 상자와 함께 생성된 레이블을 클릭한 후 Delete를 눌러 삭제한다.
  • '데이터' 탭의 컨트롤 원본 →
    ="총 주문 건수 : " & Count(*)
  • '기타' 탭의 이름 → txt주문건수

❺ '상품명' 머리글에 속성 설정하기
  '형식' 탭의 배경색 → Access 테마 4

[기출 3]

〈정답〉

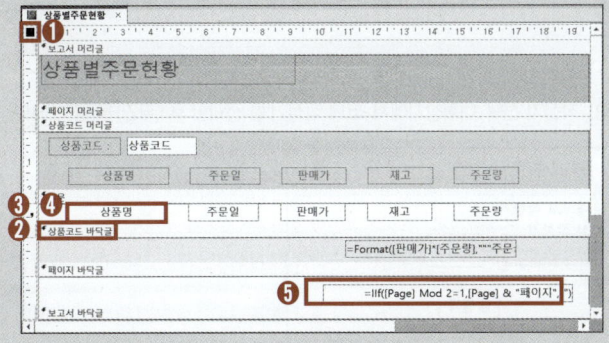

〈해설〉

❶ 보고서 속성 설정하기
  '데이터' 탭의 레코드 원본 → 주문현황

❷ '상품코드' 바닥글에 속성 설정하기
  '형식' 탭의 페이지 바꿈 → 구역 후

❸ 'txt상품명' 컨트롤에 속성 설정하기
  '형식' 탭의 중복 내용 숨기기 → 예

❹ 'txt상품명' 컨트롤에 속성 설정하기
  '형식' 탭의 형식 → @*▶

❺ 'txt페이지' 컨트롤에 속성 설정하기
  '데이터' 탭의 컨트롤 원본 → =IIf([Page] Mod 2=1, [Page] & "페이지"," ")

2 이벤트 프로시저

출제 비율 100% / 배점 5점

이벤트 프로시저는 다음과 같은 과정으로 작업을 진행합니다.

1. 이벤트 프로시저를 작성할 컨트롤을 더블클릭한다.
2. 컨트롤 속성 시트 창의 '이벤트' 탭에서 지정할 이벤트를 클릭한다.
3. 작성기 단추(…)를 클릭한다.
4. '작성기 선택' 대화상자에서 '코드 작성기'를 선택한다.
5. VBA 창에 코드를 입력한다.

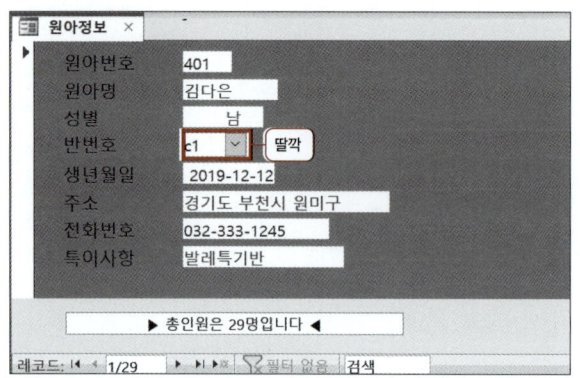 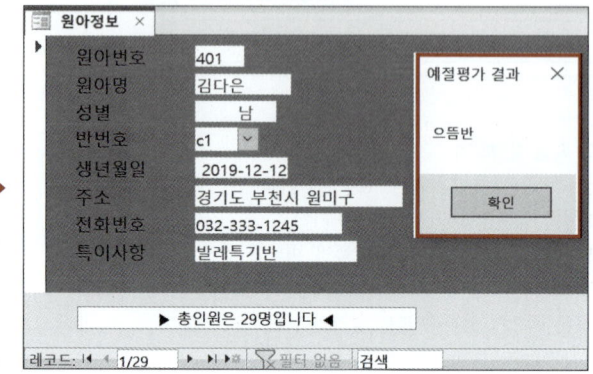

※ '반번호'를 클릭했을 때 '반번호'가 "c1"이면 "으뜸반", "c2"이면 "버금반", 나머지는 "내년을 기대하세요"라는 메시지를 표시하는 화면입니다.

상시시험 출제 유형

☞ 직접 실습하려면 '길벗컴활1급통합\액세스\07프로시저-출제유형.accdb' 파일을 열어 작업하세요.

01 조회 – Filter 속성

25.상시, 23.상시, 22.상시, 21.상시, 20.상시, 20.1, 19.상시, 19.2, 19.1, 18.2, 16.상시, …

22.상시, 21.상시, 20.1, 19.2, 19.1, 18.상시, 18.2, 18.1, 12.2, 11.3, …

유형 1 〈일일소비입력〉 폼의 '조회'(cmd조회) 단추를 클릭하면 'txt조회' 컨트롤에 입력된 평가날짜에 해당하는 정보만 조회하도록 이벤트 프로시저를 구현하시오(Filter, FilterOn 속성 사용).

〈정답〉

```
Private Sub cmd조회_Click()
❶ Me.Filter = "평가날짜 = #" & txt조회 & "#"
❷ Me.FilterOn = True
End Sub
```

❶ '평가날짜' 필드의 값이 'txt조회' 컨트롤에 입력한 값과 동일한 레코드를 현재 폼의 Filter 속성으로 정의합니다.
❷ 현재 폼 개체의 Filter 속성에 정의된 Filter를 적용합니다.
※ 코드에 Me.Filter = "조건" 없이 Me.FilterOn = False만 입력하면 이전에 설정된 Filter 조건이 해제되어 전체 레코드가 표시됩니다.

1. '탐색' 창의 〈일일소비입력〉 폼의 바로 가기 메뉴에서 [디자인 보기]를 선택하세요.
2. 'cmd조회' 컨트롤을 더블클릭한 후 'cmd조회' 속성 시트 창의 '이벤트' 탭에서 'On Click'을 클릭합니다. 이어서 작성기 단추(…)를 클릭하세요.

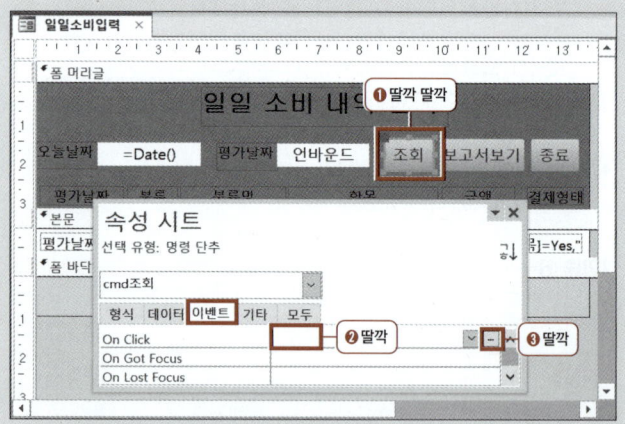

3. '작성기 선택' 대화상자에서 '코드 작성기'를 선택한 후 〈확인〉을 클릭하세요.

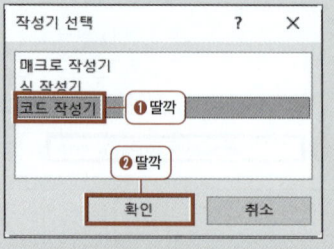

4. VBA에 'cmd조회'의 'cmd조회_Click( )' 프로시저가 나타납니다. 정답과 같이 코드를 입력하세요.
5. '표준' 도구 모음의 '보기 Microsoft Access( )' 아이콘을 클릭하세요. VBA에서 'Microsoft Access'로 돌아옵니다.

6. 'cmd조회' 컨트롤의 속성 시트 창을 닫고, [양식 디자인] → 보기 → 폼 보기(▦)를 클릭하여 폼을 실행시킵니다. 'txt조회' 컨트롤에 조회할 날짜를 입력하고 'cmd조회' 단추를 클릭하면 입력한 날짜의 정보만 표시되는 확인하세요.

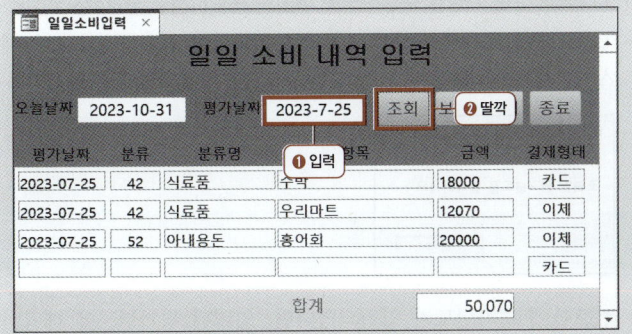

잠깐만요 조회식에서 컨트롤 연결하기

조회식에서 컨트롤을 연결할 때는 컨트롤의 값에 따라 작성 방법이 다른데, 조금 까다롭습니다. 잘 이해되지 않으면 세 가지 조회식을 암기한 다음 문제에 따라 필드명과 컨트롤명만 바꿔 사용하면 됩니다.

[입력 데이터]

No	형식	필드명	컨트롤명	컨트롤 입력 값
1	숫자	판매량	txt수량	200
2	문자	제품명	txt제품명	컴퓨터
3	날짜	거래일자	txt거래일자	2024-7-25

[조회식]

No	조회식
1	Me.Filter = "판매량 >=" & txt수량
2	Me.Filter = "제품명 = '" & txt제품명 & "'"
3	Me.Filter = "거래일자 = #" & txt거래일자 & "#"

[컨트롤에 입력된 값이 적용된 조회식]

No	조회식
1	Me.Filter = "판매량 >= 200"
2	Me.Filter = "제품명 = '컴퓨터'"
3	Me.Filter = "거래일자 = #2024-7-25#"

25.상시, 23.상시, 22.상시, 21.상시, 20.상시, 19.상시, 16.상시, 16.2, 13.1, …

유형 2 〈근무현황관리〉 폼의 '조회'(cmd조회) 단추를 클릭하면 'txt부서' 컨트롤에 입력된 부서명과 동일한 자료만 표시하도록 이벤트 프로시저를 구현하시오.

▶ RecordSource 속성을 사용할 것

〈정답〉

```
Private Sub cmd조회_Click()
    Me.RecordSource = "Select * from 구분상세 Where 부서명 = '" & txt부서명 & "'"
End Sub
```

부서명이 'txt부서명' 컨트롤에 입력된 값과 동일한 레코드를 〈구분상세〉 쿼리에서 찾아 현재 폼의 레코드 원본으로 지정합니다.

※ RecordSource 속성을 사용할 때는 조회할 폼에서 레코드 원본을 확인한 다음 사용된 개체명을 조회식에 적어주면 됩니다. 위 코드에서는 '구분상세'가 여기에 해당됩니다.

23.상시

유형 3 〈판매현황관리〉 폼의 '제품정보찾기'(cmd제품정보찾기) 단추를 클릭하면 '판매번호' 필드의 값이 'txt판매번호' 컨트롤에 입력된 값과 같은 정보만 표시되도록 이벤트 프로시저를 구현하시오.

▶ DoCmd 개체와 ApplyFilter 메소드 사용

〈정답〉

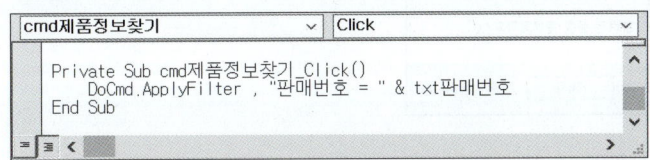

'판매번호' 필드의 값이 'txt판매번호' 컨트롤에 입력된 값과 동일한 레코드만 조회합니다.

※ DoCmd는 메서드를 이용하여 매크로를 실행하는 개체이고, ApplyFilter는 테이블이나 쿼리로부터 조건에 맞는 레코드를 검색하는 매크로 함수입니다. ApplyFilter의 첫 번째 인수에는 '필터 이름'을, 두 번째 인수에는 'Where 조건문'을 입력하는데, 여기서는 'Where 조건문'에 조건을 입력할 것이므로, '필터 이름'을 입력하는 부분을 생략한 후 자리를 확보하기 위해 , 를 입력한 것입니다.

25.상시, 24.상시, 23.상시, 22.상시, 21.상시, 20.상시, 20.1, 19.2, 19.1, 18.상시, …

02 메시지 출력 – MsgBox

24.상시, 22.상시, 21.상시, 20.상시, 20.1, 19.상시, 18.상시, 17.상시, …

유형 1 〈지도학생〉 폼의 'txt전화번호'를 클릭하면 해당 '전화번호' 주인의 '성명'과 '보호자연락처'를 표시하도록 이벤트 프로시저를 구현하시오.

〈정답〉

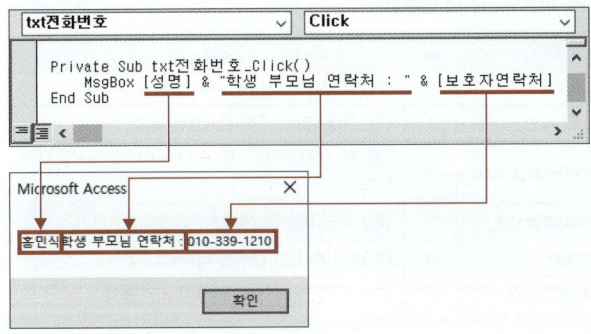

> **MsgBox 함수**
> - MsgBox 함수는 대화상자에 메시지와 함께 필요한 단추를 표시해 클릭하게 할 수 있습니다.
> - 메시지를 보여주고 사용자가 단추를 누를 때까지 기다린 다음 사용자가 누른 단추에 해당하는 값(Integer)을 반환합니다.
> - 기본 형식 : MsgBox 메시지 [,버튼종류] [,대화상자 타이틀]

24.상시, 22.상시, 21.상시, 20.상시, 19.상시, 19.2, 19.1, 18.상시, 18.2, …

유형 2 〈과목〉 폼의 '닫기'(cmd닫기) 단추를 클릭하면 '열려진 폼을 종료할까요?'라는 메시지, 그리고 '예(Y)'와 '아니오(N)' 단추가 있는 메시지 상자를 표시한 후 〈예〉 단추를 클릭하면 변경 내용을 저장하고 바로 폼을 종료하도록 이벤트 프로시저를 구현하시오.

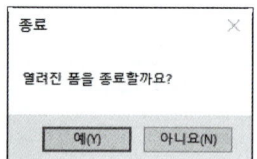

〈정답〉

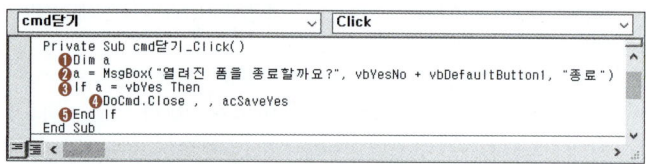

❶ 변수 a를 선언합니다.
❷ MsgBox를 표시한 후 MsgBox에서 선택한 결과를 a에 저장합니다.
❸ a의 값이 vbYes(〈예〉 단추 클릭)이면 ❹를 수행합니다.
❹ 현재 개체(폼)를 닫습니다.
 - DoCmd : Microsoft Access 매크로 함수를 Visual Basic에서 실행하기 위한 개체임
 - Close , , acSaveYes
  - Close : 개체를 닫음
  - , , : Close 다음에는 닫을 개체를 입력해야 하는데, 생략했으므로 현재 개체를 닫음
  - acSaveYes : 저장 여부를 묻지 않고 변경 내용을 저장함
❺ If문을 종료합니다.

MsgBox("열려진 폼을 종료할까요?", vbYesNo + vbDefaultButton1, "종료")

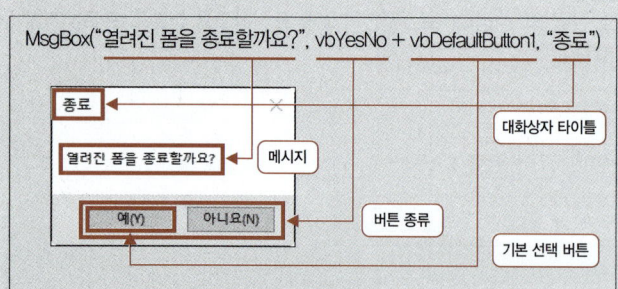

MsgBox 버튼의 종류와 인수값

상수	값	설명
vbOKOnly	0	〈확인〉 단추만 나타냅니다.
vbOKCancel	1	〈확인〉과 〈취소〉 단추를 나타냅니다.
vbAbortRetryIgnore	2	〈중단〉, 〈다시 시도〉 및 〈무시〉 단추를 나타냅니다.
vbYesNoCancel	3	〈예〉, 〈아니오〉 및 〈취소〉 단추를 나타냅니다.
vbYesNo	4	〈예〉와 〈아니오〉 단추를 나타냅니다.
vbRetryCancel	5	〈다시 시도〉와 〈취소〉 단추를 나타냅니다.

25.상시, 24.상시, 23.상시, 22.상시, 21.상시, 20.상시, 19.상시, 18.상시, …

유형 3 〈사원별평가입력〉 폼의 '조회'(cmd조회) 단추를 클릭하면 다음과 같은 기능을 수행하도록 이벤트 프로시저를 구현하시오.

▶ 'txt조회' 컨트롤에 평가년도가 입력되지 않았다면 아래와 같은 메시지 상자를 표시한 후 'txt조회' 컨트롤에 포커스를 위치시킬 것

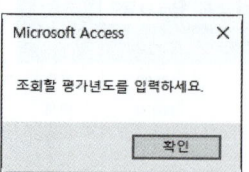

▶ 컨트롤에 평가년도가 입력되었다면, 입력된 평가년도에 해당하는 정보만 조회할 것
▶ If ~ Else 함수 사용
▶ Filter, FilterOn 속성 사용

〈정답〉

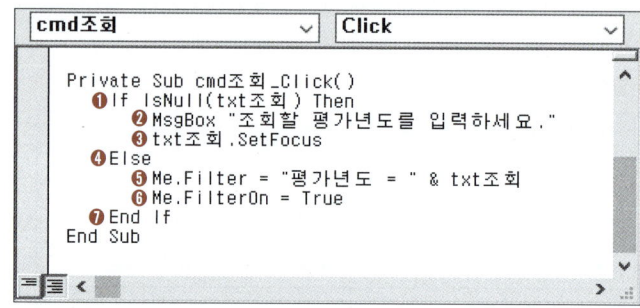

❶ 'txt조회' 컨트롤이 비어 있다면 ❷를 수행합니다.
 ※ IsNull(인수) : 인수로 지정된 값이 NULL(비어 있는지)인지의 여부를 확인함
❷ 메시지 상자를 표시합니다.
❸ 'txt조회' 컨트롤에 포커스를 이동시킵니다.
 ※ 'SetFocus'는 지정된 컨트롤로 포커스를 옮겨주는 메서드입니다.
❹ 'txt조회' 컨트롤이 비어 있지 않다면 ❺를 수행합니다.
❺ '평가년도' 필드의 값이 'txt조회' 컨트롤에 입력한 값과 동일한 레코드를 현재 폼의 Filter 속성으로 정의합니다.
❻ 현재 폼 개체의 Filter 속성에 정의된 Filter를 적용합니다.
❼ If문을 종료합니다.

24.상시, 22.상시, 21.상시

유형 4 〈분류별주문현황〉 폼 머리글을 더블클릭하면 다음과 같은 기능을 수행하도록 이벤트 프로시저를 구현하시오.

▶ 아래와 같은 메시지 상자를 표시하고 〈예〉를 클릭하면 〈분류별주문현황〉 폼 머리글의 'txt조회' 컨트롤에 포커스가 이동되도록 할 것

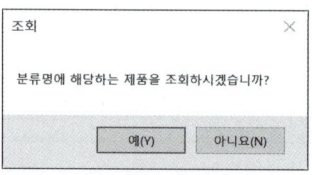

▶ GoToControl 함수 사용

〈정답〉

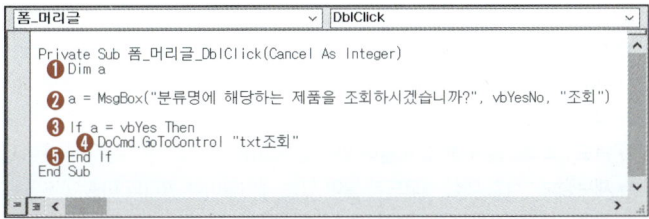

❶ 변수 a를 선언합니다.
❷ MsgBox를 표시한 후 MsgBox에서 선택한 결과를 a에 저장합니다.
❸ a의 값이 vbYes(〈예〉 단추 클릭)이면 ❹를 수행합니다.
❹ 'txt조회' 컨트롤로 포커스를 이동합니다.
  ※ 'GoToControl'은 지정된 컨트롤로 포커스를 옮기는 매크로 함수입니다.
❺ If문을 종료합니다.

24.상시

유형 5 〈산업단지현황내역〉 폼 본문의 'txt시도코드' 컨트롤을 더블클릭하면 다음과 같은 기능을 수행하도록 이벤트 프로시저를 구현하시오.

▶ '시도코드' 필드의 마지막 1글자가 1이면 '시도명' 필드의 값에 "특별시"를, 2면 '시도명' 필드의 값에 "광역시"를, 3이면 '시도명' 필드의 값에 "특별자치시"를, 4면 '시도명' 필드의 값에 "특별자치도"를, 5면 '시도명' 필드의 값에 "도"를 아래 그림과 같이 표시하시오.

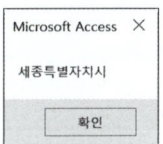

▶ Select Case문과 Right 함수, & 연산자를 사용하시오.

〈정답〉

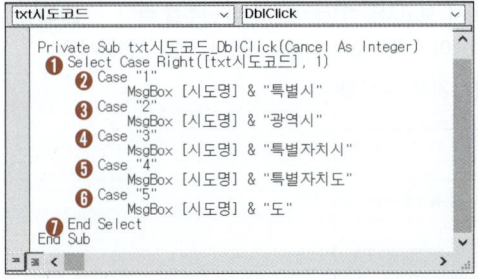

❶ 'txt시도코드' 컨트롤에 입력된 값에서 마지막 한 글자를 추출합니다.
  ※ Select Case문은 수식의 결과에 따라 해당하는 명령문을 수행하는 제어문입니다.
❷ ❶의 결과가 "1"이면 '시도명' 필드의 값에 "특별시"를 덧붙여 메시지 상자에 표시합니다.
❸ ❶의 결과가 "2"면 '시도명' 필드의 값에 "광역시"를 덧붙여 메시지 상자에 표시합니다.
❹ ❶의 결과가 "3"이면 '시도명' 필드의 값에 "특별자치시"를 덧붙여 메시지 상자에 표시합니다.
❺ ❶의 결과가 "4"면 '시도명' 필드의 값에 "특별자치도"를 덧붙여 메시지 상자에 표시합니다.
❻ ❶의 결과가 "5"면 '시도명' 필드의 값에 "도"를 덧붙여 메시지 상자에 표시합니다.
❼ Select Case문을 종료합니다.

03 보고서 출력 - OpenReport

25.상시, 20.상시, 19.상시, 19.1, 18.상시, 18.1, 17.상시, 17.1, 16.상시, …

〈문화센터등록현황〉 폼의 '미리보기'(cmd보고서) 단추를 클릭하면, 〈등록현황〉 보고서를 '인쇄 미리 보기' 형식으로 연 후 〈문화센터등록현황〉 폼을 닫는 이벤트 프로시저를 구현하시오.

▶ 'txt학과명' 컨트롤에 표시된 '학과명'과 같은 자료만을 대상으로 할 것
▶ DoCmd 개체의 메소드를 사용

〈정답〉

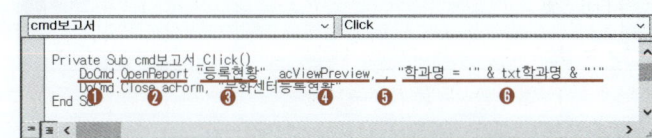

❶ Microsoft Access 매크로 함수를 Visual Basic에서 실행하기 위한 개체입니다.
❷ 보고서를 여는 매크로 함수입니다.
❸ 보고서 이름입니다.
❹ 보고서를 인쇄 미리 보기(acViewPreview) 형태로 엽니다.
❺ acViewPreview 다음에는 보고서에 표시할 내용을 제한하는 필터 이름을 입력해야 하는데, 생략했으므로 자리를 확보하기 위해 ,를 2번 입력하여 , ,와 같이 표시한 것입니다.
❻ 조건으로, 학과명이 'txt학과명' 컨트롤에 입력한 값과 동일한 레코드만을 대상으로 합니다.

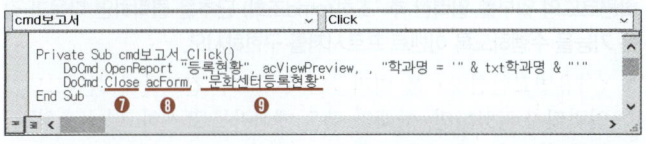

❼ 개체를 닫는 매크로 함수입니다.
❽ 닫는 대상이 폼입니다.
❾ 폼 이름입니다.

04 데이터 정렬

25.상시, 24.상시, 22.상시, 21.상시, 19.상시, 17.상시, 16.상시

〈판매현황관리〉 폼의 '정렬'(cmd정렬) 단추를 클릭하면 '판매량'을 기준으로 내림차순 정렬이 수행되도록 이벤트 프로시저를 구현하시오.

▶ 폼의 OrderBy, OrderByOn 속성 사용

〈정답〉

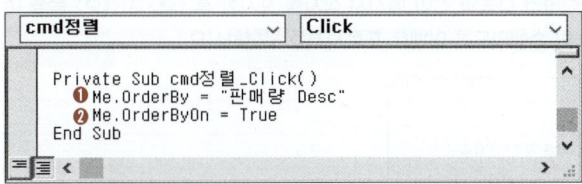

❶ 판매량을 기준으로 내림차순(Desc) 정렬하도록 OrderBy 속성을 정의합니다.
❷ 현재 폼 개체의 OrderBy 속성에 정의된 정렬 기준을 적용합니다.

05 컨트롤에 값 표시
`22.상시, 21.상시`

<재무정보조회> 폼이 로드(Load)될 때 <재무정보> 테이블의 년도 중 가장 큰 값이 'Txt현재' 컨트롤에 표시되도록 이벤트 프로시저를 구현하시오.

▶ DMax 함수 사용

〈정답〉

```
Form                        ∨  Load                    ∨
    Private Sub Form_Load()
❶   Txt현재 = DMax("년도", "재무정보")
    End Sub
```

❶ 'Txt현재' 컨트롤에 DMax( ) 함수의 결과 값을 저장합니다.

DMax("년도", "재무정보")
- DMax(인수, 도메인, 조건) : 도메인에서 조건에 맞는 자료를 대상으로 지정된 인수의 최대값을 계산함
- 년도 : 최대값을 구할 값이 들어 있는 필드 이름
- 재무정보 : 작업 대상 레코드가 들어 있는 테이블이나 쿼리의 이름
- 조건이 생략되었으므로 전체 레코드를 대상으로 '년도' 필드의 최대값을 계산합니다.

대표기출문제

'길벗컴활1급통합\액세스\07프로시저-기출.accdb' 파일을 열어서 작업하세요.

기출 1
`25.상시, 24.상시, 23.상시, 22.상시, 21.상시, 20.상시, 19.상시, 18.상시, …`

<사유별교환현황> 폼 머리글의 'txt조회' 컨트롤에 찾고자 하는 회원코드의 일부를 입력한 후 '조회'(cmd조회) 단추를 클릭하면 다음과 같은 기능을 수행하도록 이벤트 프로시저를 구현하시오.

▶ <사유별교환현황> 폼 머리글의 'txt조회' 컨트롤에 회원코드가 입력되지 않았다면, 아래와 같은 메시지를 표시하고 'txt조회' 컨트롤에 포커스를 이동시킬 것

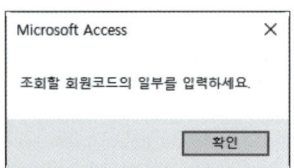

▶ 'txt조회' 컨트롤에 회원코드가 입력되었다면, 입력된 회원코드를 포함하는 정보만 조회할 것
▶ If ~ Else 함수를 이용할 것
▶ Filter와 FilterOn 속성을 이용할 것

기출 2
`22.상시, 21.상시, 20.상시, 20.1, 20.1, 19.상시, 19.2, 19.1, 18.상시, …`

<패키지주문현황> 폼 머리글의 '폼보기'(cmd폼보기) 단추를 더블클릭하면 다음과 같이 메시지 상자를 표시한 후 <패키지정보> 폼을 여는 기능이 수행되도록 이벤트 프로시저를 구현하시오.

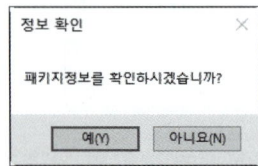

▶ 메시지 상자에서 <예>를 클릭하면, <패키지주문현황> 폼의 'txt조회' 컨트롤에 입력된 패키지명에 해당하는 정보만 표시할 것

기출 3
`25.상시, 24.상시, 23.상시, 22.상시, 21.상시, 20.상시, 19.상시, …`

<구매내역열람> 폼 본문의 'cmb상품명' 컨트롤에서 조회할 상품을 선택하면 해당 상품명과 동일한 레코드만 조회되도록 이벤트 프로시저를 구현하시오.

▶ After Update 이벤트로 구현할 것
▶ RecordSource 속성을 사용할 것

기출 4
`25.상시, 22.상시, 21.상시, 20.상시, 20.1, 19.상시, 19.1, 18.상시, 18.1, …`

<구매내역열람> 폼에서 '보고서출력'(cmd보고서) 단추를 클릭하면 다음과 같은 기능이 수행되도록 이벤트 프로시저를 구현하시오.

▶ 다음과 같은 메시지를 표시할 것

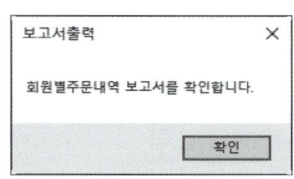

▶ 메시지 상자에서 <확인>을 클릭하면 <회원별주문내역> 보고서를 '인쇄 미리 보기' 형태로 출력할 것

기출 5
`25.상시, 24.상시, 22.상시, 21.상시, 19.상시, 17.상시, 16.상시`

<사유별교환현황> 폼의 '제품가 정렬'(cmd정렬) 단추를 클릭하면 다음과 같은 기능이 수행되도록 이벤트 프로시저로 구현하시오.

▶ '제품가'를 기준으로 내림차순 정렬할 것
▶ 폼의 OrderBy, OrderByOn 속성을 이용할 것

기출 6 24.상시, 23.상시

〈수강현황조회〉 폼 머리글의 '조회(cmd조회)' 단추를 클릭하면 '강좌분류' 필드의 값이 'txt분류조회' 컨트롤에 입력된 값과 같은 정보만 표시되도록 이벤트 프로시저를 구현하시오.

▶ DoCmd 개체와 ApplyFilter 메소드 사용

기출 7 25.상시, 20.상시, 19.상시, 19.1, 18.상시, 18.1, 17.상시, 17.1, 16.상시, …

〈사유별교환현황〉 폼 머리글의 '보고서보기'(cmd보고서) 단추를 클릭하면 〈출력별제품현황〉 보고서를 '인쇄 미리 보기' 형식으로 연 후 〈사유별교환현황〉 폼을 닫는 이벤트 프로시저를 구현하시오.

▶ 'txt검색' 컨트롤에 입력된 제품가 이상인 제품들의 자료만을 대상으로 할 것
▶ DoCmd 개체의 메소드를 사용

정답

[기출 1]

1. 〈사유별교환현황〉 폼의 바로 가기 메뉴에서 [디자인 보기]를 선택한다.
2. 'cmd조회' 컨트롤을 더블클릭한다.
3. 속성 시트 창의 '이벤트' 탭에서 'On Click' 이벤트를 클릭한다.
4. 작성기 단추(…)를 클릭한다.
5. '작성기 선택' 대화상자에서 '코드 작성기'를 선택한 후 〈확인〉을 클릭한다.
6. VBA에 다음과 같이 코드를 입력한다.

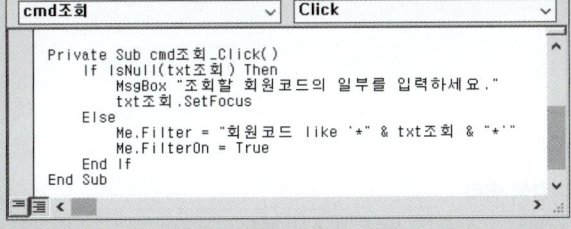

[기출 2]

'폼보기'(cmd폼보기) 단추에 기능 구현하기

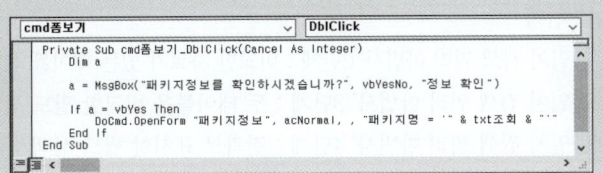

[기출 3]

'cmb상품명' 컨트롤에 기능 구현하기

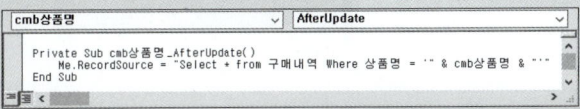

[기출 4]

'보고서출력'(cmd보고서) 단추에 기능 구현하기

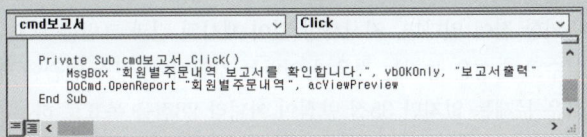

[기출 5]

'제품가 정렬'(cmd정렬) 단추에 기능 구현하기

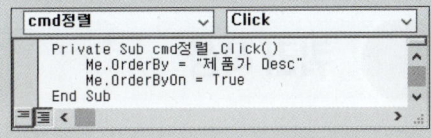

[기출 6]

'조회(cmd조회)' 단추에 기능 구현하기

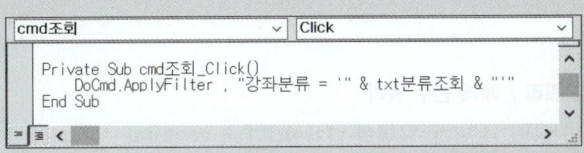

[기출 7]

'보고서보기'(cmd보고서) 단추에 기능 구현하기

문제 4   처리 기능 구현(35점)

전문가의 합격 전략

처리 기능 구현에서는 쿼리 작성 문제가 5개 출제되는데, 쿼리 작성을 절대 어렵게 생각하지 마세요. 데이터베이스의 기본적인 개념만 이해하면 마법사나 쿼리 작성기를 이용하여 충분히 해결할 수 있는 문제가 대부분이므로 쿼리에 배정된 점수는 꼭 28점 이상 취득해야 합니다. 주의할 점이 있다면, 지시사항 없이 제시된 결과 그림을 보고 수험자가 속성을 판단해서 지정해야 하는 경우가 있는데, 너무 긴장한 나머지 실수로 속성을 놓치는 경우가 있다는 것입니다. 평소 연습할 때 결과 그림을 꼼꼼히 확인하는 습관을 들여야 합니다. [문제 4]도 특별하게 어려운 문제는 없지만 35점 만점이 아니라 28점을 목표로 하는 이유는 이전에 출제되지 않았던 속성이나 함수를 적용하는 문제가 7점짜리 쿼리 문제로 1개 정도 나올 가능성이 있기 때문입니다.

1   쿼리 작성

출제 비율 100% / 배점 35점

쿼리는 종류에 따라 다음과 같은 과정으로 작업을 진행합니다.

그룹 쿼리 / 매개 변수 쿼리

1. [만들기] → 쿼리 → **쿼리 디자인**(▦)을 클릭한다.
2. '테이블 추가'에서 사용할 테이블이나 쿼리를 선택한다.
3. 결과에 표시할 필드를 하단의 그리드 라인에 추가한다.
4. [쿼리 디자인] → 표시/숨기기 → **요약**(∑)을 클릭한다.
5. 그룹으로 묶을 필드에서 '묶는 방법'을 지정한다.
6. 정렬 기준이나 조건을 지정한다.
   ※ 매개 변수 쿼리는 조건에 매개 변수 대화상자에 표시할 내용을 입력한다.
7. [쿼리 디자인] → 결과 → **실행**(!)을 클릭한다.
8. 실행 결과와 문제에 제시된 그림을 비교한다.
9. 결과와 다르게 표시된 필드명을 수정하거나 형식을 지정한다.
10. 쿼리를 저장한다.

크로스탭 쿼리 - 쿼리 작성기 사용

1. [만들기] → 쿼리 → **쿼리 디자인**(▦)을 클릭한다.
2. '테이블 추가'에서 사용할 테이블이나 쿼리를 선택한다.
3. [쿼리 디자인] → 쿼리 유형 → **크로스탭**(▦)을 클릭한다.
4. 행 머리글, 열 머리글, 값으로 사용될 필드를 지정한다.
5. 그룹으로 묶을 필드에서 '묶는 방법'을 지정한다.
   ※ 이후 과정은 '그룹 쿼리' 작업 과정의 6번 이후와 동일하다.

크로스탭 쿼리 - 마법사 사용

1. [만들기] → 쿼리 → **쿼리 마법사**(▦)를 클릭한다.
2. '새 쿼리' 대화상자에서 '크로스탭 쿼리 마법사'를 선택한다.
3. '크로스탭 쿼리 마법사' 1단계 : 데이터 원본 선택
4. '크로스탭 쿼리 마법사' 2단계 : 행 머리글 필드 선택
5. '크로스탭 쿼리 마법사' 3단계 : 열 머리글 필드 선택
6. '크로스탭 쿼리 마법사' 4단계 : 데이터(값) 필드, 계산 함수, 행 합계 포함 여부 선택
7. '크로스탭 쿼리 마법사' 5단계 : 쿼리 이름 입력

불일치 검색 쿼리

1. [만들기] → 쿼리 → **쿼리 마법사**(▦)를 클릭한다.
2. '새 쿼리' 대화상자에서 '불일치 검색 쿼리 마법사'를 선택한다.
3. '불일치 검색 쿼리 마법사' 1단계 : 조회할 자료가 있는 원본 테이블 선택
4. '불일치 검색 쿼리 마법사' 2단계 : 비교할 자료가 있는 테이블 선택
5. '불일치 검색 쿼리 마법사' 3단계 : 두 테이블을 비교할 필드 선택
6. '불일치 검색 쿼리 마법사' 4단계 : 결과로 표시할 필드 선택
7. '불일치 검색 쿼리 마법사' 5단계 : 쿼리 이름 입력

수정(Update) 쿼리

1. [만들기] → 쿼리 → **쿼리 디자인**(📋)을 클릭한다.
2. '테이블 추가'에서 사용할 테이블이나 쿼리를 선택한다.
3. 수정할 필드를 하단의 그리드 라인에 추가한다.
4. [쿼리 디자인] → 쿼리 유형 → **업데이트**(📋)를 클릭한다.
5. 수정할 필드의 '업데이트' 란에 수정할 값을 입력한다.
6. 필드에 조건을 지정한다.
7. 쿼리를 저장한다.
8. 작성한 쿼리를 실행하라는 지시사항이 있는 경우 쿼리를 실행한다.

테이블 생성 쿼리

1. [만들기] → 쿼리 → **쿼리 디자인**(📋)을 클릭한다.
2. '테이블 추가'에서 사용할 테이블이나 쿼리를 선택한다.
3. 필요한 필드를 하단의 그리드 라인에 추가한다.
4. 필드에 정렬 기준이나 조건을 지정한다.
5. [쿼리 디자인] → 쿼리 유형 → **테이블 만들기**(📋)를 클릭한다.
6. '테이블 만들기' 대화상자에 생성할 테이블 이름을 입력한다.
7. 쿼리를 저장한다.
8. 작성한 쿼리를 실행하라는 지시사항이 있는 경우 쿼리를 실행한다.

추가(Insert) 쿼리

1. [만들기] → 쿼리 → **쿼리 디자인**(📋)을 클릭한다.
2. '테이블 추가'에서 추가 데이터가 있는 테이블이나 쿼리를 선택한다.
3. 추가할 필드를 하단의 그리드 라인에 추가한다.
4. [쿼리 디자인] → 쿼리 유형 → **추가**(📋)를 클릭한다.
5. '추가' 대화상자에서 추가할 테이블을 선택한다.
6. 추가할 필드의 '추가' 란에서 추가할 필드를 선택한다.
   ※ 추가될 테이블의 필드 이름과 추가할 테이블의 필드 이름이 같을 경우 추가난에 자동으로 필드 이름이 표시되지만, 다를 경우에는 직접 지정해줘야 한다.
7. 필드에 조건을 지정한다.
8. 쿼리를 저장한다.
9. 작성한 쿼리를 실행하라는 지시사항이 있는 경우 쿼리를 실행한다.

학과

학과코드	학과이름	학과담당교수
A-101	멀티미디어	문수민
B-201	정보처리	박상돈
C-302	웹정보수리	김미정

학생

학번	성명	성별	학과코드	학년
17024004	김상수	✓	B-201	4
17024005	이윤상	✓	C-302	4
17024006	박민경		C-302	4

성적

시험날짜	학번	과목코드	성적
2020-12-08	17024004	T100	97
2020-12-09	17024004	T103	92
2020-12-10	17024005	R204	87

재시험대상조회

학과이름	학년	성명	성적
정보처리	4	박세진	47
정보처리	4	박세진	42
멀티미디어	2	노민영	50
멀티미디어	2	노민영	52
멀티미디어	2	홍민철	60

※ '성적'이 60점 이하인 학생들의 정보만 조회하는 쿼리를 만들어 실행한 화면입니다.

상시시험 출제 유형

☞ 직접 실습하려면 '길벗컴활1급통합\액세스\08쿼리-출제유형.accdb' 파일을 열어 작업하세요.

01 그룹 쿼리 1
25.상시, 24.상시, 23.상시, 21.상시, 20.상시, 20.1, 19.상시, 19.1, …

학과별로 봉사활동을 한 학생들의 봉사학생수와 총시수를 조회하는 〈학과별봉사현황〉 쿼리를 작성하시오.
① ② ③
④

▶ 〈봉사내역〉과 〈재학생〉 테이블을 이용하시오.
⑤

▶ 봉사학생수는 '학번' 필드를 이용하여 [표시 예]와 같이 표시되도록 '형식' 속성을 이용하시오. [표시 예 : 0 → 0명, 5 → 5명]
⑥ ⑦

▶ 총시수는 '시수' 필드를 이용하여 [표시 예]와 같이 표시되도록 '형식' 속성을 이용하시오. [표시 예 : 21 → 21시간]
⑧ ⑨

▶ '총시수' 필드를 기준으로 내림차순 정렬하시오.
⑩

▶ 학생당봉사시수는 '총시수'를 '봉사학생수'로 나눈 값으로 계산하여, [표시 예]와 같이 표시되도록 '형식' 속성을 설정하시오.
⑪
⑫
[표시 예] 0 → 0.0, 1.234 → 1.2

▶ '학과' 필드의 값이 "회계학과"가 아닌 것만 조회 대상으로 하시오.
⑬

▶ '봉사코드' 필드의 7번째 값이 3~7 사이인 것만 조회 대상으로 하시오. (Mid 함수와 Like 연산자 사용)
⑭

▶ 쿼리 실행 결과 표시되는 필드와 필드명은 〈그림〉과 같이 표시되도록 설정하시오.
⑮

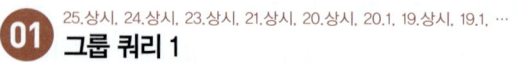

1. [만들기] → 쿼리 → **쿼리 디자인**()을 클릭하세요.
2. 쿼리 작성기 창에서 아래와 같이 설정하고 저장한 후 [쿼리 디자인] → 결과 → **실행**(!)을 클릭하여 결과를 확인하세요.

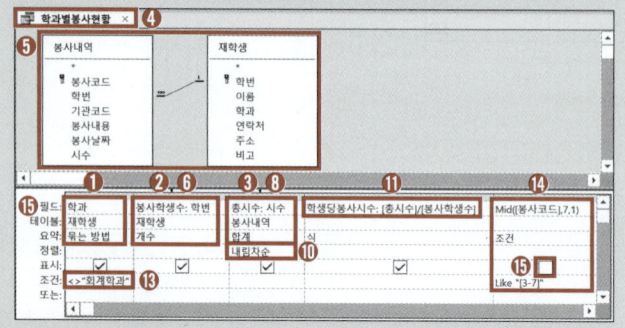

⑦ '봉사학생수' 필드 속성 설정하기
 • '일반' 탭의 형식 → 0명
 ※ '0 → 0명'과 같이 값이 0일 때의 표시 방법이 제시된 경우에는 형식에 0을 사용하고, 그렇지 않은 경우에는 #을 사용합니다.
⑨ '총시수' 필드 속성 설정하기
 • '일반' 탭의 형식 → #시간
⑫ '학생당봉사시수' 필드 속성 설정하기
 • '일반' 탭의 형식 → 0.0
※ ②, ③ '봉사학생수'와 '총시수'를 구하라는 지시사항이 있으므로 '요약' 항목을 각각 '개수'와 '합계'로 지정합니다.
※ ⑥ '학번' 필드를 이용해 값을 구하되 화면에는 '봉사학생수'로 표시합니다.
※ ⑭ Like "[3-7]" : Mid 함수로 추출한 7번째 자리가 "3"부터 "7"까지 중 하나인 '봉사코드'만 표시함
※ ⑮ Mid 함수로 추출한 '봉사코드' 필드의 7번째 값은 조건에만 사용되고 화면에는 표시되지 않으므로 '표시' 항목을 체크하지 않습니다.

02 그룹 쿼리 2
25.상시, 24.상시, 23.상시, 22.상시, 21.상시

〈씨앗입고〉, 〈씨앗〉, 〈주문〉 테이블을 이용하여 씨앗명별 평균주문량과 재고비율을 조회하는 〈재고현황〉 쿼리를 작성하시오.
① ② ③
④ ⑤

▶ '평균주문량'은 '수량' 필드를 이용하여 [표시 예]와 같이 표시되도록 '형식' 속성을 설정하시오.
⑥ ⑦
[표시 예 : 0 → 0.0개, 16.666… → 16.7개]

▶ '재고비율'은 다음과 같이 계산된 결과 값 만큼을 "■"로 표시하시오. (String, Sum 함수 사용)
⑧
재고비율 = '수량' 필드의 합계 / '입고수량' 필드의 합계 × 10

▶ '씨앗명' 필드를 기준으로 오름차순 정렬하시오.
⑨

▶ 입고일자가 2025년인 것만 조회 대상으로 하시오. (Year 함수 사용)
⑩

▶ 씨앗코드가 A부터 B까지의 문자 중 하나로 시작하는 것만 조회 대상으로 하시오. (Like 연산자 사용)
⑪

▶ 원산지가 "한국"이나 "미국"인 것만 조회 대상으로 하시오. (In 연산자 사용)
⑫

▶ 쿼리 결과 표시되는 필드와 필드명은 〈그림〉과 같이 표시되도록 설정하시오.
⑬

쿼리 작성기 창

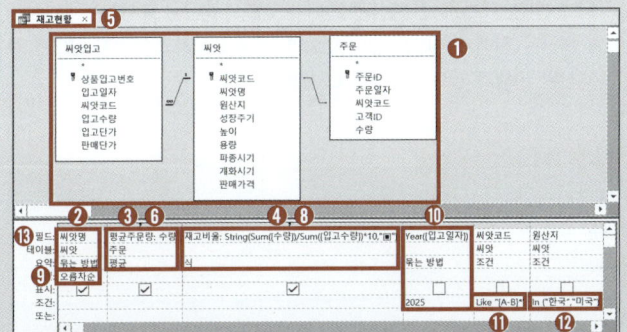

❼ '평균주문량' 필드 속성 설정하기
- '일반' 탭의 형식 → 0.0개

❽ '재고비율' 계산에 사용된 String 함수의 의미
- String 함수는 String(개수, 문자) 형식으로 사용되며, 지정한 개수만큼 반복해서 문자를 표시합니다.
- String(Sum([수량]) / Sum([입고수량]) * 10, "■")
  ㉠
  ㉡
  ㉢

※ '수량' 필드의 합계가 500이고, '입고수량' 필드의 합계가 165라고 가정합니다.
- ㉠ '수량' 필드의 합계를 '입고수량' 필드의 합계로 나눕니다.
  → 0.3030 …
- ㉡ ㉠의 결과값에 10을 곱합니다. → 3.03 …
- ㉢ ㉡의 정수값 만큼 문자 "■"을 반복 표시합니다. → ■■■

03 매개 변수 쿼리

25.상시, 24.상시, 23.상시, 22.상시, 21.상시, 19.상시, 19.2, 18.상시, …

〈씨앗〉과 〈씨앗입고〉 테이블을 이용하여 검색할 씨앗명의 일부를 매개 변수로 입력받아 해당 씨앗의 입고 정보를 조회하는 〈씨앗입고조회〉 매개 변수 쿼리를 작성하시오.

▶ '부가세'는 '입고단가' 필드가 비어 있으면 "입고단가 누락"을, '입고단가' 필드의 값이 10000 이하이면, "판매단가의 10%"를, '입고단가' 필드의 값이 10000 이상 50000 이하이면 "판매단가의 20%"를, '입고단가' 필드의 값이 50000 초과이면 "판매단가의 30%"를 표시하시오. (Switch, IsNull 함수 사용)

▶ '입고일자' 필드를 기준으로 내림차순 정렬하여 표시하시오.

▶ 쿼리 결과 표시되는 필드와 필드명, 필드의 형식은 〈그림〉과 같이 표시되도록 설정하시오.

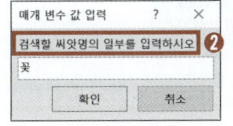
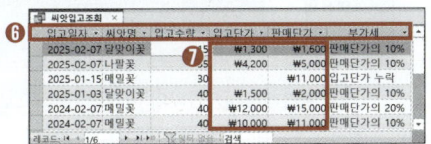

쿼리 작성기 창

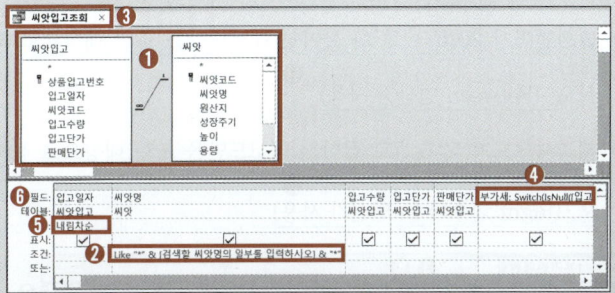

❹ '부가세' 계산에 사용된 Switch, IsNull 함수의 의미
- Switch 함수는 'Switch(조건1, 인수1, 조건2, 인수2, …)' 형식으로 사용됩니다.
- Switch(IsNull([입고단가]), "입고단가 누락", [입고단가]<=10000, "판매단가의 10%", [입고단가]<=50000, "판매단가의 20%", [입고단가]>50000, "판매단가의 30%")

- ㉠ '입고단가' 필드에 값이 없으면, "입고단가 누락"을 표시합니다.
  ※ IsNull(인수) : 인수가 비어 있으면 참(True), 아니면 거짓(False)을 반환함
- ㉡ '입고단가' 필드의 값이 10000 이하이면, "판매단가의 10%"를 표시합니다.
- ㉢ '입고단가' 필드의 값이 50000 이하이면, "판매단가의 20%"를 표시합니다.
- ㉣ '입고단가' 필드의 값이 50000을 초과하면, "판매단가의 30%"를 표시합니다.

❼ '입고단가', '판매단가' 필드 속성 설정하기
- '일반' 탭의 형식 → 통화
※ ❼번은 문제의 지시사항에는 없지만 제시된 〈그림〉을 보고 수험생이 판단하여 설정합니다.

04 크로스탭 쿼리

25.상시, 24.상시, 23.상시, 22.상시, 21.상시, 20.상시, 20.1, 19.상시, …

약식코드명별 주문월별 상품들의 1/4분기 주문횟수와 판매가의 평균을 조회하는 〈1분기판매현황〉 크로스탭 쿼리를 작성하시오.

▶ 〈상품〉과 〈주문2〉 테이블을 이용할 것

▶ '약식코드명'은 〈상품〉 테이블의 '상품코드' 필드에서 "-" 글자 전까지만 추출하여 표시하시오. (Left, InStr 함수 사용)

▶ '주문횟수'는 '주문번호' 필드를 이용하여 [표시 예]와 같이 표시되도록 '형식' 속성을 설정하시오. [표시 예 : 0 → 0건, 11 → 11건]

▶ 판매가의 평균은 '판매가' 필드를 이용하여 계산하되, 빈 셀에는 "*"을 표시하시오. (IIf, IsNull, Avg 함수 사용)

▶ '약식코드명' 필드를 기준으로 내림차순 정렬하여 표시하시오. ⑫

▶ 출시년도가 2015 ~ 2019 사이인 레코드만을 조회 대상으로 하시오. ⑬ (Between 연산자 사용)

▶ 제조사코드가 5, 6, 7로 끝나는 레코드만을 조회 대상으로 하시오. ⑭ (Right 함수와 In 연산자 사용)

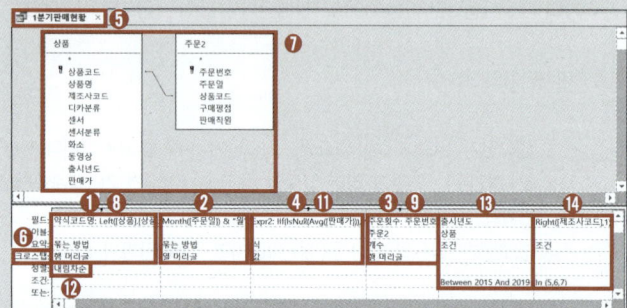

❷ 사용할 함수나 설정할 속성에 대한 세부 지시사항이 없더라도, "주문월별 상품들의 1/4분기"라는 지시사항과 그림을 기준으로 수식 Month([주문일]) & "월"을 만들고, '쿼리' 속성의 '열 머리글'에 "1월", "2월", "3월"을 설정해야 합니다.
  • '쿼리' 속성 설정하기
    – '월'이 표시된 열 머리글을 클릭하고 [쿼리 디자인] → 표시/숨기기 → 속성 시트(▤)를 클릭한 후 다음과 같이 설정합니다.
    – '일반' 탭의 열 머리글 → "1월", "2월", "3월"
❻ [쿼리 디자인] → 쿼리 유형 → 크로스탭(▦)을 클릭합니다.
❽ '약식코드명' 표시에 사용된 함수들의 의미
  • InStr 함수는 'InStr(문자열, 찾는문자)' 형식으로 사용됩니다.
  • Left([상품].[상품코드], InStr([상품].[상품코드], "-")-1)
                            ⓐ
                ⓑ
    – ⓐ 〈상품〉 테이블의 '상품코드'에서 "-"의 위치를 반환합니다("SZ09-098" → 5) 여기에서 1을 뺍니다(4).
    ※ '상품코드' 필드처럼 두 테이블 모두에 속한 필드는 [상품].[상품코드]와 같이 필드명 앞에 테이블명을 함께 입력해야 합니다.
    – ⓑ Left([상품].[상품코드], ⓐ) → Left([상품].[상품코드], 4) : 〈상품〉 테이블의 '상품코드' 중 왼쪽에서 네 번째 문자까지만 표시합니다("SZ09-098" → SZ09).
❿ '주문횟수' 필드 속성 설정하기
  • '일반' 탭의 형식 → 0"건"
⓫ 판매가의 평균 계산에 사용된 함수들의 의미
  • IIf(IsNull(Avg([판매가])), "*", Avg([판매가]))
           ⓐ
         ⓑ
         ⓒ
    – ⓐ Avg([판매가]) : '판매가' 필드의 평균을 계산함
    – ⓑ IsNull(ⓐ) : 계산된 ⓐ의 결과값이 없으면 참(True), 아니면 거짓(False)을 반환함

– ⓒ IIf(ⓑ, "*", Avg([판매가])) : 조건 ⓑ이 참(True)이면 "*"을 표시하고, 거짓(False)이면 계산된 '판매가' 필드의 평균을 표시함
※ 계산된 '판매가' 필드의 값이 없으면 "*"을 표시하고 그렇지 않으면 계산된 '판매가' 필드의 평균을 표시합니다.

05 테이블 생성 쿼리

25.상시, 24.상시, 23.상시, 22.상시, 21.상시, 20.1, 19.상시, 18.1, …

〈거래처〉와 〈거래내역〉 테이블을 이용하여, 상호의 일부를 매개 변수로 입력받아 ❶ ❷ 해당 상호의 거래 내역을 조회하여 새 테이블로 생성하는 〈상호별거래조회〉 쿼리를 작성하고 실행하시오. ❸ ❹ ❺

▶ '거래건수'는 '순번' 필드를 이용하시오. ❻

▶ '평균세액'은 '세액' 필드의 평균을 계산하여, [표시 예]와 같이 소수점 이하 둘째 자리에서 반올림하여 첫째 자리까지 표시하시오. ❼ ❽ (Round, Avg 함수 사용) [표시 예 : 12666.666… → 12666.7]

▶ '최대금액'은 '금액' 필드를 이용하시오. ❾

▶ 평균세액이 높은 순으로 상위 50%까지만 표시되도록 설정하시오. ❿ ⓫

▶ 행선지코드가 1 또는 3으로 끝나는 것만 조회 대상으로 하시오. ⓬ (Right 함수와 In 연산자 사용)

▶ 쿼리 실행 후 생성되는 테이블의 이름은 〈상호별거래내역〉으로 설정하시오. ⓭

▶ 쿼리 실행 결과 생성되는 테이블의 필드는 그림을 참고하여 수험자가 판단하여 설정하시오. ⓮

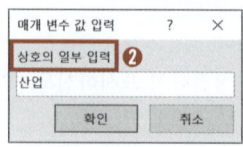

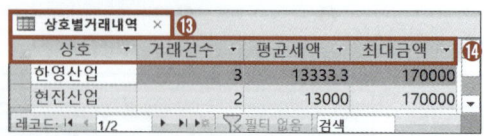

※ 〈상호별거래조회〉 쿼리의 매개 변수 값으로 '산업'을 입력하여 실행한 후의 〈상호별거래내역〉 테이블

- ❹ [쿼리 디자인] → 쿼리 유형 → 테이블 만들기(🔲)를 클릭한 후 '테이블 만들기' 대화상자에 **상호별거래내역**을 입력합니다.

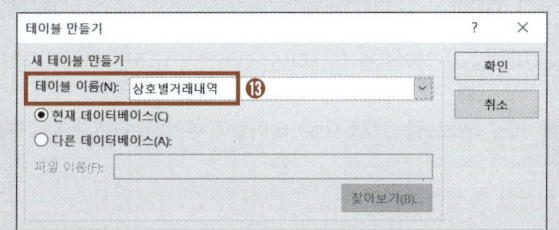

- 쿼리 작성기 창

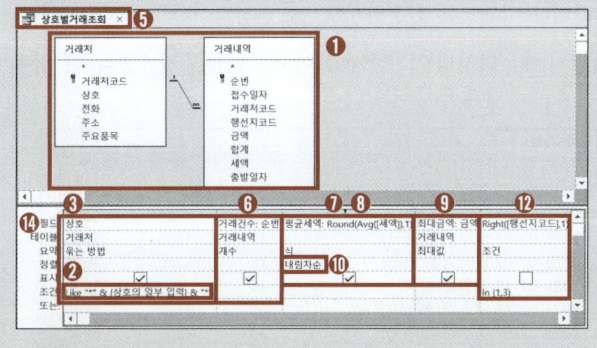

- ⓫ '쿼리' 속성 설정하기
  - '일반' 탭의 상위 값 → 50%

쿼리 작성기 창

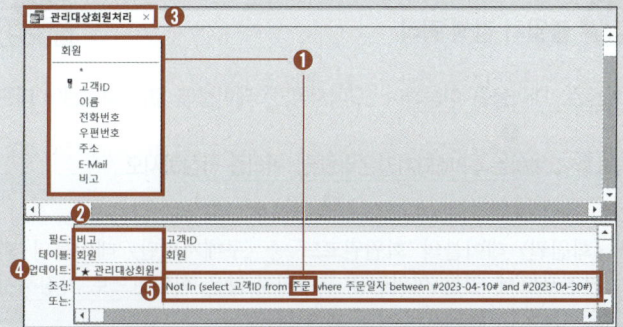

- ❹ [쿼리 디자인] → 쿼리 유형 → 업데이트()를 클릭합니다.
- ❺ 〈주문〉 테이블을 이용하여 〈회원〉 테이블에 조건을 적용하는 과정

최근 주문이 없는 고객이란 '주문일자'가 2023년 4월 10일부터 2023년 4월 30일까지 중에서 〈회원〉 테이블에는 '고객ID'가 있으나 〈주문〉 테이블에는 '고객ID'가 없는 고객을 의미합니다. 즉 〈주문〉 테이블의 해당 주문일자에 주문이 있는 고객을 제외한 나머지 고객을 의미하는 것으로, 이 고객들을 〈회원〉 테이블에서 검색하면 됩니다. '주문일자' 필드가 있는 〈주문〉 테이블과 〈회원〉 테이블은 '고객ID' 필드를 기준으로 관계가 설정되어 있으므로 조건을 지정할 필드로 '고객ID' 필드를 사용합니다. '조건'에는 조건에 맞는 고객을 검색하는 SQL문을 입력합니다.

❶ 〈주문〉 테이블에서 '주문일자'가 2023년 4월 10일부터 2023년 4월 30일까지인 고객의 고객ID만 추출합니다. 날짜를 조건에 사용할 때는 #으로 묶어줍니다.

> select 고객ID from 주문 where 주문일자 between #2023-04-10# and #2023-04-30#

❷ 〈주문〉 테이블에서 추출한 '고객ID'를 제외한 '고객ID'를 〈회원〉 테이블에서 찾아 '비고' 필드의 값을 "★ 관리대상회원"으로 변경해야 하므로 〈회원〉 테이블의 '고객ID' 필드의 조건을 다음과 같이 작성합니다.

> not in (select 고객ID from 주문 where 주문일자 between #2023-04-10# and #2023-04-30#)

06 업데이트 쿼리

25.상시, 24.상시, 23.상시, 22.상시, 21.상시, 19.상시, 16.상시, 12.2, …

〈회원〉, 〈주문〉 테이블을 이용하여 최근 주문이 없는 고객에 대해 〈회원〉 테이블의 '비고' 필드의 값을 '★ 관리대상회원'으로 변경하는 〈관리대상회원처리〉 업데이트 쿼리를 작성한 후 실행하시오.

▶ 최근 주문이 없는 고객이란 주문일자가 2023년 4월 10일부터 2023년 4월 30일까지 중에서 〈회원〉 테이블에는 '고객ID'가 있으나 〈주문〉 테이블에는 '고객ID'가 없는 고객임. (Not In과 하위 쿼리 사용)

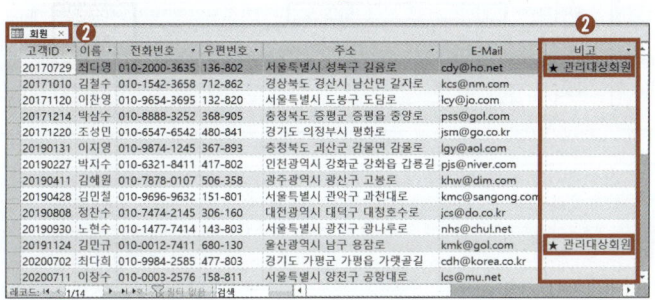

※ 〈관리대상회원처리〉 쿼리를 실행한 후의 〈회원〉 테이블

07 불일치 검색 쿼리

25.상시, 24.상시, 23.상시, 22.상시, 16.2, 15.상시, 12.2, 09.2, 08.1, …

〈회원권〉 테이블을 이용하여 〈구매자명단〉 테이블에 없는 회원권에 대한 정보를 조회하는 〈구매되지않은회원권〉 쿼리를 작성하시오.

▶ 〈회원권〉 테이블의 '회원권코드' 중 〈구매자명단〉 테이블의 '회원권코드'에 없는 회원권을 구매되지 않은 회원권으로 가정하시오. (Not In 연산자와 하위 쿼리 사용)

▶ '회원권'에 "레지"가 포함된 것은 조회 대상에서 제외하시오. (Not Like 연산자 사용)

▶ 쿼리 실행 결과 표시되는 필드와 필드명은 〈그림〉과 같이 표시되도록 설정하시오.

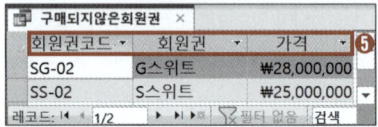

쿼리 작성기 창

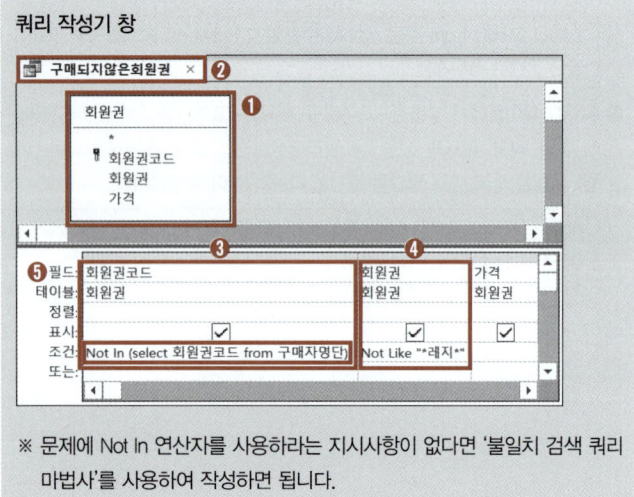

※ 문제에 Not In 연산자를 사용하라는 지시사항이 없다면 '불일치 검색 쿼리 마법사'를 사용하여 작성하면 됩니다.

08 추가 쿼리

25.상시, 17.1, 11.3, 10.3, 10.2, 07.3, 07.2

〈씨앗〉과 〈씨앗입고〉 테이블을 이용하여 2025년에 입고된 씨앗의 정보를 조회한 후 해당 레코드를 〈2025자료〉 테이블에 추가하는 〈2025자료추출〉 쿼리를 작성한 후 실행하시오.

▶ '씨앗원산지'는 '씨앗명'과 '원산지' 필드를 연결하여 [표시 예]와 같이 표시되도록 설정하시오. (& 연산자 사용)

[표시 예] '씨앗명'이 "금계국"이고, '원산지'가 "중국"인 경우 → 금계국(중국)

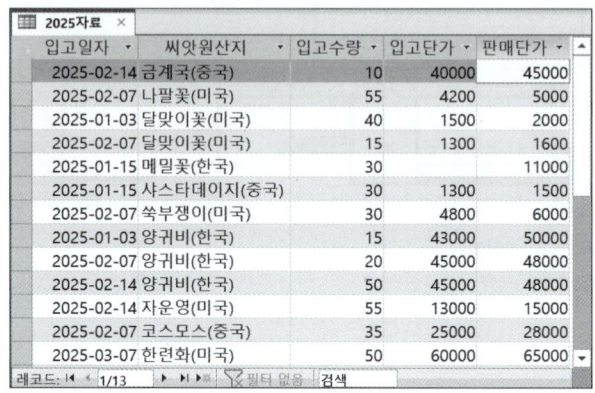

※ 〈2025자료추출〉 쿼리를 실행한 후의 〈2025자료〉 테이블

• ❸ [쿼리 디자인] → 쿼리 유형 → 추가(📋)를 클릭한 후 '추가' 대화상자에서 "2025자료"를 선택합니다.

• 쿼리 작성기 창

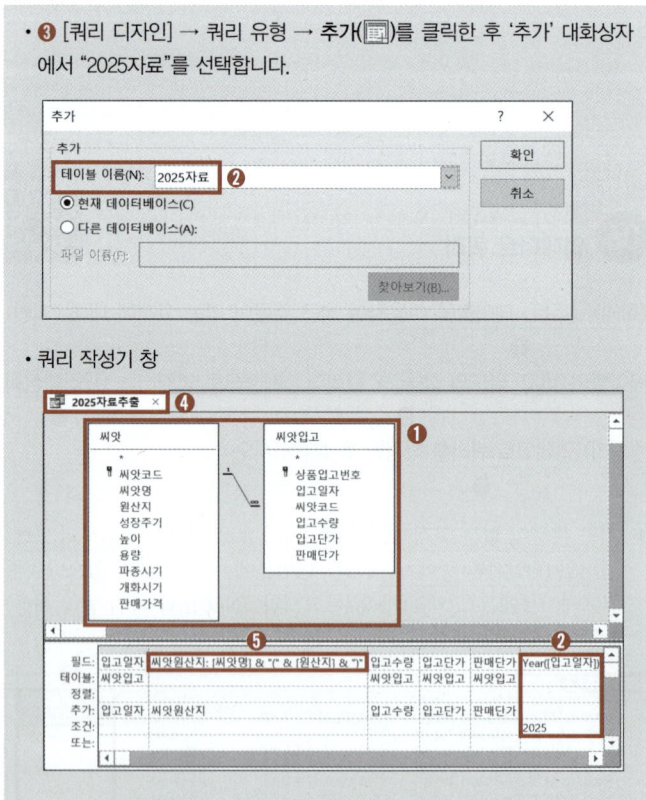

대표기출문제

'길벗컴활1급통합\액세스\기능\08쿼리-기출.accdb' 파일을 열어서 작업하세요.

기출 1 25.상시, 24.상시, 23.상시, 22.상시, 21.상시, 20.상시, 19.상시, 18.상시

〈주문2〉와 〈상품2〉 테이블을 이용하여 상품이름별 주문건수와 평균평점을 조회하는 〈주문현황〉 쿼리를 작성하시오.

▶ '상품이름'은 [표시 예]와 같이 '상품명'과 '상품코드'를 연결하여 표시하되, '상품코드'는 '-' 이전까지만 표시하고, '-'을 포함한 나머지 글자를 '*'로 표시하시오.
  [표시 예] '상품명'이 "쿨픽스 A300"이고 '상품코드'가 "SM03-011"인 경우 → 쿨픽스 A300(SM03****)
▶ '주문건수'는 '주문번호' 필드를 이용하시오.
▶ '평균평점'은 '구매평점' 필드를 이용하여 [표시 예]와 같이 표시되도록 '형식' 속성을 설정하시오.
  [표시 예] 15.666… → 15.7
▶ 평균평점이 높은 순으로 상위 3개의 레코드만 표시하시오.
▶ 주문일이 2025년 5월 31일 이전인 레코드만 조회 대상으로 하시오.
▶ '동영상' 필드의 값에 "HD"가 포함된 레코드만 조회 대상으로 하시오.
▶ '판매직원' 필드가 비어있지 않은 레코드만 조회 대상으로 하시오.
▶ Left, InStr, String, Len 함수와 &, Like, Is Not 연산자를 사용하시오.
▶ 쿼리 실행 결과 표시되는 필드와 필드명은 〈그림〉과 같이 표시되도록 설정하시오.

상품이름	주문건수	평균평점
쿨픽스 A300(SM03****)	6	15.7
EOS 5D Mark 4(FG01****)	5	15.6
파인픽스 X100V(FU04****)	7	15.6

기출 2 25.상시, 24.상시, 22.상시, 21.상시, 20.상시, 20.1, 19.상시, 19.1, …

〈교환사유〉, 〈교환내역〉, 〈전원공급기〉 테이블을 이용하여 교환내용별 보증기간, 교환횟수, 최저제품가를 조회하는 〈교환현황〉 쿼리를 작성하시오.

▶ '교환내용'은 [표시 예]와 같이 '내용' 필드의 값과 '사유코드'의 오른쪽 두 글자 그리고 "*"를 연결하여 표시하시오.
  [표시 예] '내용'이 "과열"이고 '사유코드'가 "OHF"인 경우 → 과열(HF*)
▶ '보증기간'은 '구매일'과 '무상보증일' 사이의 개월 수를 [표시 예]와 같이 표시하시오.
  [표시 예] 보증기간의 개월 수가 72인 경우 → 72개월

▶ '교환횟수'는 '교환번호' 필드를 이용하여 [표시 예]와 같이 표시하시오.
  [표시 예] 0 → 0건, 10 → 10건
▶ '최저제품가'는 '제품가'를 이용하시오.
▶ 교환횟수가 10건 이상인 레코드만을 조회 대상으로 하시오.
▶ Right와 DateDiff 함수를 사용하시오.
▶ 쿼리 실행 결과 표시되는 필드와 필드명, 필드의 형식은 〈그림〉과 같이 표시되도록 설정하시오.

교환내용	보증기간	교환횟수	최저제품가
과열(HF*)	72개월	10건	₩45,000
기타(NF*)	60개월	12건	₩35,900
단선(NF*)	36개월	10건	₩21,490
단선(NF*)	60개월	12건	₩45,000
배송 중 파손(MF*)	36개월	14건	₩21,490
배송 중 파손(MF*)	60개월	12건	₩40,500
정격 불안정(NF*)	36개월	12건	₩24,900
핀 불량(IF*)	60개월	14건	₩34,140
핀 불량(IF*)	72개월	10건	₩21,490

기출 3 25.상시, 24.상시, 23.상시, 22.상시, 21.상시, 19.상시, 19.2, 18.상시, …

〈접수〉와 〈회원〉 테이블을 이용하여 '나이'의 최소와 최대를 매개 변수로 입력받아 해당 나이에 속한 회원을 대상으로, 응시지역별 접수건수와 평균응시료를 조회하는 〈나이대별접수현황〉 쿼리를 작성하시오.

▶ '접수건수'는 '접수번호' 필드를 이용하여 [표시 예]와 같이 표시되도록 '형식' 속성을 설정하시오.
  [표시 예] 0 → 0건, 6 → 6건
▶ '평균응시료'는 '응시료' 필드를 이용하여 [표시 예]와 같이 표시되도록 '형식' 속성을 설정하시오.
  [표시 예] 0 → 0원, 24133.33… → 24,133원
▶ 나이가 매개 변수로 입력받은 '최소 나이 입력' 이상이고 '최대 나이 입력' 이하인 자료만을 대상으로 하시오.
▶ 쿼리 실행 결과 표시되는 필드와 필드명은 〈그림〉과 같이 표시되도록 설정하시오.

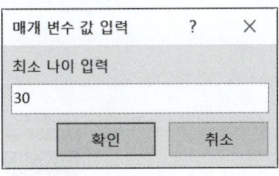 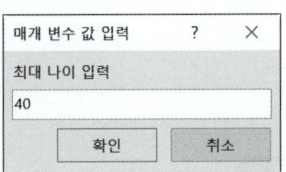

응시지역	접수건수	평균응시료
경남	6건	24,133원
경북	3건	21,600원
광주	4건	21,725원
대구	9건	18,156원
대전	2건	15,450원
부산	4건	18,850원
서울	2건	21,100원
세종	1건	17,800원
울산	2건	18,600원
인천	1건	21,000원
전남	11건	19,473원
전북	7건	21,300원
충북	4건	19,600원

기출 4 25.상시, 24.상시, 23.상시, 22.상시, 21.상시, 20.상시

〈봉사기관〉과 〈봉사내역〉 테이블을 이용하여 봉사한 년도를 매개 변수로 입력받아 해당 년도의 봉사월별 학생수와 봉사시수합계를 조회하는 〈월별봉사내역〉 쿼리를 작성하시오.

- ▶ '봉사월'은 '봉사날짜' 필드를 이용하여 [표시 예]와 같이 표시되도록 '형식' 속성을 설정하시오.
  [표시 예] 5 → 5월, 12 → 12월

- ▶ '학생수'는 '학번' 필드를 이용하여 [표시 예]와 같이 표시되도록 '형식' 속성을 설정하시오.
  [표시 예] 0 → 0명, 3 → 3명

- ▶ '봉사시수합계'는 '시수' 필드를 이용하여 [표시 예]와 같이 표시되도록 '형식' 속성을 설정하시오.
  [표시 예] 0 → 0시간, 9 → 9시간

- ▶ 봉사시수합계가 많은 순으로 상위 5개의 레코드만 표시하시오.

- ▶ '기관명' 필드의 값 중 "하늘 요양원"인 것은 조회 대상에서 제외하시오.

- ▶ Month, Year 함수와 Not 연산자를 사용하시오.

- ▶ 쿼리 실행 결과 표시되는 필드와 필드명은 〈그림〉과 같이 표시되도록 설정하시오.

기출 5 25.상시, 24.상시, 23.상시, 22.상시, 21.상시, 20.상시, 20.1, 19.상시, …

주문지역별 제품명별 주문 최대액과 주문금액의 합계를 조회하는 〈지역별광역시주문내역〉 크로스탭 쿼리를 작성하시오.

- ▶ 〈주문정보〉 쿼리를 이용하시오.

- ▶ '주문지역'은 '상세주소'의 왼쪽 두 글자가 "대구" 또는 "부산"이면 "남부지역", 그 외에는 "중부지역"으로 표시하시오.

- ▶ '주문 최대액'은 '주문금액' 필드의 최댓값이 표시되도록 설정하시오.

- ▶ '제품명' 필드를 기준으로 오름차순 정렬하여 표시하시오.

- ▶ '지역' 필드의 값이 "광역시"로 끝나는 제품만을 대상으로 하되, 조건으로 사용되는 지역은 '지역' 필드의 값에서 좌우 공백을 제거한 후 사용하시오.

- ▶ 주문수량이 10개 이상인 레코드만을 조회 대상으로 하시오.

- ▶ IIf, Left, Right, Trim 함수와 In 연산자를 사용하시오.

- ▶ 쿼리 결과로 표시되는 필드와 필드명, 필드의 형식은 〈그림〉과 같이 표시되도록 설정하시오.

기출 6 25.상시, 24.상시, 23.상시

목적지명별 고객등급별 좌석금액비율과 총결제금액의 합계를 조회하는 〈목적지-등급별결제금액〉 크로스탭 쿼리를 작성하시오.

- ▶ 〈고객현황〉, 〈운항관리〉, 〈보험사현황〉 테이블을 이용하시오.

- ▶ '좌석금액비율'은 '좌석금액의 합계 / 총결제금액의 합계'를 계산하여 [표시 예]와 같이 소수점 이하 셋째 자리에서 반올림하여 둘째 자리까지 표시하시오.
  [표시 예] 좌석금액비율이 0.1325… → 1대0.13

- ▶ '고객등급'은 '평가등급' 필드의 값이 "AAAA"이면 "최우수"로, '평가등급' 필드의 값이 "AAA" 또는 "AA"이면 "우수"로, '평가등급' 필드의 값이 "A"이면 "일반"으로 표시하시오.

- ▶ 총결제금액의 합계는 '총결제금액' 필드를 이용하여 [표시 예]와 같이 표시되도록 '형식' 속성을 설정하시오.
  [표시 예] 0 → 0원, 10150000 → 10,150,000원

- ▶ '고객등급'은 "최우수", "우수", "일반" 순으로 표시되도록 설정하시오.

- ▶ Round, Sum, Switch 함수와 In, & 연산자를 사용하시오.

- ▶ 쿼리 결과로 표시되는 필드와 필드명은 〈그림〉과 같이 표시되도록 설정하시오.

기출 7 23.상시, 22.상시, 21.상시

업체별, 업체구분별 추천 인원수를 조회하는 〈업체구분별인원수〉 크로스탭 쿼리를 작성하시오.

▶ 〈채용업체〉와 〈취업추천〉 테이블을 이용하시오.
▶ 추천 인원수는 '학번' 필드를 이용하여 계산하되, 빈 셀에는 '*'을 표시하시오.
▶ IIf, IsNull, Count 함수를 사용하시오.
▶ 쿼리 결과로 표시되는 필드와 필드명은 〈그림〉과 같이 표시되도록 설정하시오.

기출 8 25.상시, 24.상시, 23.상시, 22.상시, 21.상시, 20.1, 19.상시, 18.1, …

〈서울상권분석〉 테이블을 이용하여 상권명이 "학교"로 끝나면서, 상권구분코드가 "A"인 지역을 조회하여 새 테이블로 생성하는 〈지역별지출비율〉 쿼리를 작성하고 실행하시오.

▶ '상권변화정도'는 '상권변화코드' 필드의 값이 "HH"이면 "심각"으로, "LH"이면 "위험"으로, "LL"이면 "안심"으로 표시하시오.
▶ '총지출비율'은 '총지출금액' 필드의 값을 4,000,000으로 나눈 몫 만큼 "▒" 기호를 반복하여 표시하시오.
▶ '지역명' 필드를 기준으로 오름차순 정렬하여 표시하시오.
▶ 쿼리 실행 후 생성되는 테이블의 이름은 〈조회된지역별지출비율〉로 설정하시오.
▶ Switch, String 함수와 Like 연산자를 사용하시오.
▶ 쿼리 실행 결과 생성되는 테이블의 필드는 〈그림〉을 참조하여 수험자가 판단하여 설정하시오.

기출 9 25.상시, 24.상시, 23.상시, 22.상시, 21.상시, 20.1, 19.상시, 18.1, …

〈상품2〉와 〈주문2〉 테이블을 이용하여 센서의 두 번째 글자가 "C" 또는 "O"이면서, 구매평점이 20 이상인 판매직원의 수당 정보를 조회하여 새 테이블로 생성하는 〈판매직원수당조회〉 쿼리를 작성한 후 실행하시오.

▶ '총주문수'는 '주문번호' 필드를 이용하시오.
▶ '추가수당'은 '총주문수' 필드의 값이 5 미만이면 10,000, 5 이상 20 미만이면 20,000, 20 이상이면 50,000으로 처리하시오.
▶ '판매수당'은 '총주문수 × 10,000 + 추가수당'으로 계산하여 표시하시오.
▶ 쿼리 실행 후 생성되는 테이블의 이름은 〈판매직원수당확인〉으로 설정하시오.
▶ Switch, Mid 함수와 In 연산자를 사용하시오.
▶ 쿼리 실행 결과 생성되는 테이블의 필드는 〈그림〉을 참조하여 수험자가 판단하여 설정하시오.

기출 10 24.상시, 23.상시, 22.상시, 21.상시, 19.상시, 16.상시, 12.2, 09.3, ...

학생의 참여도와 이름을 매개 변수로 입력받아 해당 학생의 참여도만큼 〈학생〉 테이블의 비고란에 "★"을 표시하는 〈참여도확인〉 업데이트 쿼리를 작성한 후 실행하시오.

▶ 〈학생〉 테이블을 이용하시오.
▶ String 함수를 사용하시오.

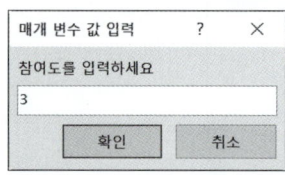
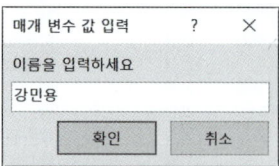

↓

※ 매개 변수 값으로 '참여도'에 '3'을 '이름'에 "강민용"을 입력하여 실행한 후의 〈학생〉 테이블

기출 11 24.상시

〈서울상권분석〉 테이블을 이용하여 '소득구분기타' 필드의 값을 변경하는 〈소득구분평가〉 업데이트 쿼리를 작성한 후 실행하시오.

▶ '소득구분기타'는 정수로 변경한 '소득구간코드' 필드의 값이 1~3이면 "저소득", 4~6이면 "중소득", 7~9이면 "고소득"으로 표시하시오.
  [표시 예] 3 → 저소득, 6 → 중소득, 7 → 고소득
▶ Choose와 Int 함수를 사용하시오.

※ 〈소득구분평가〉 쿼리를 실행한 후의 〈서울상권분석〉 테이블

기출 12 25.상시

〈소방본부〉와 〈구급활동〉 테이블을 이용하여 출동건수가 가장 많은 본부의 '비고' 필드의 값을 "우수본부"로 변경하는 〈우수본부체크〉 업데이트 쿼리를 작성한 후 실행하시오.

▶ Max 함수와 하위 쿼리를 사용하시오.

※ 〈우수본부체크〉 쿼리를 실행한 후의 〈소방본부〉 테이블

기출 13 25.상시

'확인한 월'을 매개 변수로 입력받은 후 '지상층수' 필드에 값이 입력되지 않은 레코드를 대상으로 '비고' 필드 값을 변경하는 〈지상층수미입력확인〉 업데이트 쿼리를 작성한 후 실행하시오.

▶ 〈정비사업현황〉 테이블을 이용하시오.
▶ '지상층수' 필드가 Null인 경우 입력 받은 매개 변수의 값을 [표시 예]와 같이 표시하시오.
  [표시 예] 확인한 월이 7인 경우 → 층수 미입력(7월 확인)
▶ Is 연산자를 사용하시오.

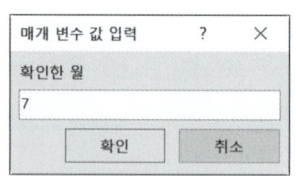

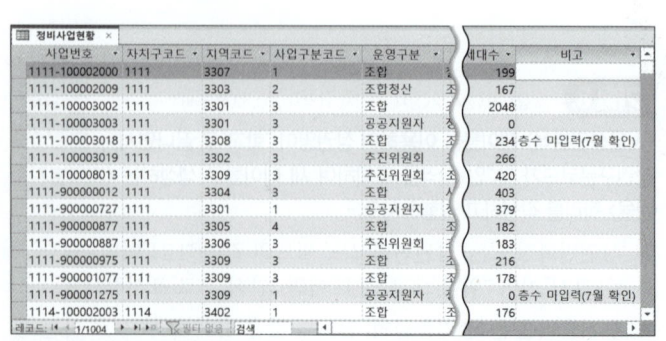

※ 〈지상층수미입력확인〉 쿼리의 매개 변수 값으로 7을 입력하여 실행한 후의 〈정비사업현황〉 테이블

기출 14 25.상시, 24.상시, 22.상시, 21.상시

〈상품〉과 〈주문목록〉 테이블을 이용하여 판매되지 않은 제품을 조회하는 〈미판매제품〉 쿼리를 작성하시오.

▶ 제품이 판매되지 않았다는 것은 〈상품〉 테이블에는 '제품번호' 가 있는데, 〈주문목록〉 테이블에는 '제품번호'가 없다는 것을 의미한다.
▶ '미판매제품'은 '제품명' 필드를 이용하시오.
▶ Is Null 연산자를 사용하시오.
▶ 쿼리 결과로 표시되는 필드와 필드명은 〈그림〉과 같이 표시되도록 설정하시오.

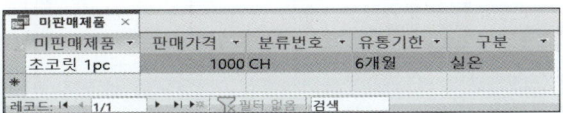

기출 15 25.상시, 17.1, 11.3, 10.3, 10.2, 07.3, 07.2

〈신규원생〉 테이블의 데이터 중 매개 변수로 입력받은 주소를 포함하는 원생의 정보를 〈원아〉 테이블에 추가하는 〈신규원생추가〉 쿼리를 작성한 후 실행하시오.

▶ '출생년도'는 '생년월일' 필드에서 년도만 추출하시오.
▶ '원아번호' 필드가 "7"로 시작하는 원생만 추가 대상으로 하시오.
▶ 〈신규원생〉 테이블의 '이전교육원' 필드는 추가 대상에서 제외하시오.
▶ Year 함수와 Like 연산자를 이용하시오.

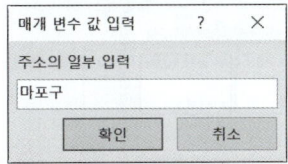

※ 〈신규원생추가〉 쿼리의 매개 변수 값으로 "마포구"를 입력하여 실행한 후 2개의 레코드가 추가된 〈원아〉 테이블

정답 및 해설

[기출 1]
• 쿼리 작성기 창

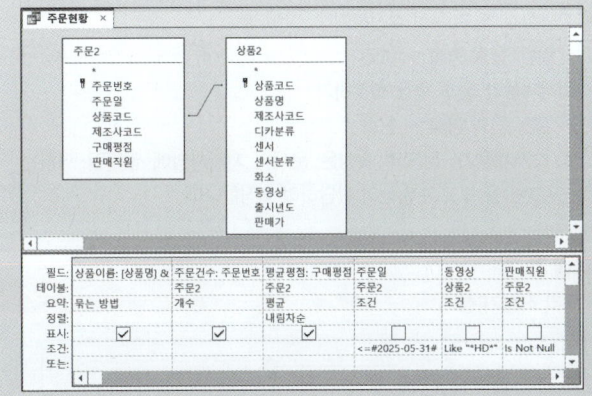

※ **상품이름** : [상품명] & "(" & Left([상품2].[상품코드],InStr([상품2].[상품코드],"-")-1) & String(Len([상품2].[상품코드])-InStr([상품2].[상품코드],"-")+1,"*") & ")"

※ 〈주문2〉와 〈상품2〉 테이블은 '상품코드'를 기준으로 조인된 상태이므로, [상품2].[상품코드]가 아니라 [주문2].[상품코드]와 같이 작성해도 결과는 동일합니다.

• Left([상품코드], InStr([상품코드], "-")-1)
　　　　　　　　　❶
　　　　　　❷

※ '상품명'이 "쿨픽스 A300"이고 '상품코드'가 "SM03-011"이라고 가정합니다.
– ❶ : '상품코드'에서 "-"의 위치를 반환합니다(SM03-011 → 5). 그 값에서 1을 뺍니다(4).
– ❷ : '상품코드' 중 왼쪽에서 ❶(4)번째 문자까지만 표시합니다 (SM03-011 → SM03)

• String(Len([상품코드]) – InStr([상품코드], "-") +1, "*")
　　　　　　❸　　　　　　❹
　　　　　　　　❺

– ❸ : '상품코드'의 길이를 반환합니다(SM03-011 → 8).
– ❹ : '상품코드'에서 "-"의 위치를 반환합니다(SM03-011 → 5).
– ❺ : ❸-❹+1의 값(4) 만큼 문자 "*"을 반복 표시합니다. → ****

• 쿼리 속성 설정하기
– '일반' 탭의 상위 값 → 3
※ '평균평점'이 높은 순으로 상위 3개의 레코드만 조회해야 하므로, '평균평점'을 기준으로 내림차순 정렬이 선행되어야 합니다.

• '평균평점' 필드 속성 설정하기
– '일반' 탭의 형식 → #.0

[기출 2]
• 쿼리 작성기 창

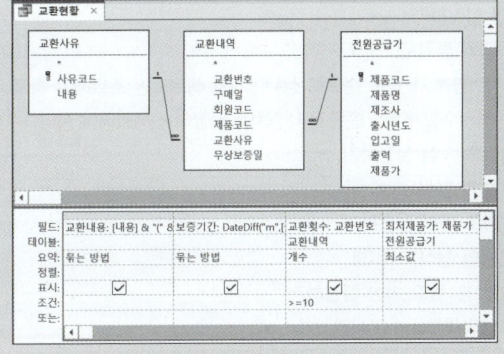

※ **교환내용** : [내용] & "(" & Right([사유코드],2) & "*)"
※ **보증기간** : DateDiff("m",[구매일],[무상보증일]) & "개월"
※ **DateDiff(형식, 날짜1, 날짜2)** : 두 날짜 사이의 형식(년, 월, 일)의 경과값을 표시함
- '교환횟수' 필드 속성 설정하기
  - '일반' 탭의 형식 → 0"건"
- '최저제품가' 필드 속성 설정하기
  - '일반' 탭의 형식 → 통화
  ※ '최저제품가' 필드의 속성은 문제의 지시사항에 없지만 제시된 〈그림〉을 보고 수험생이 판단하여 설정합니다.

[기출 3]
- 쿼리 작성기 창

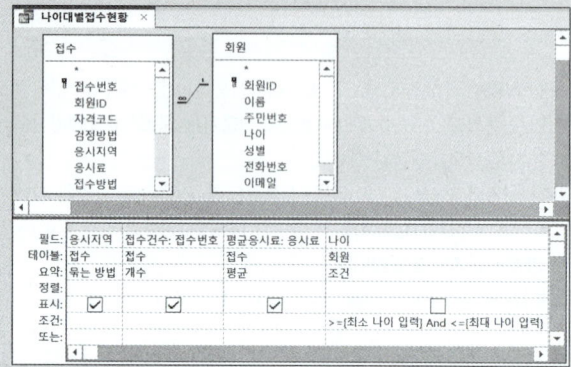

- '접수건수' 필드 속성 설정하기
  - '일반' 탭의 형식 → 0"건"
- '평균응시료' 필드 속성 설정하기
  - '일반' 탭의 형식 → #,##0"원"

[기출 4]
- 쿼리 작성기 창

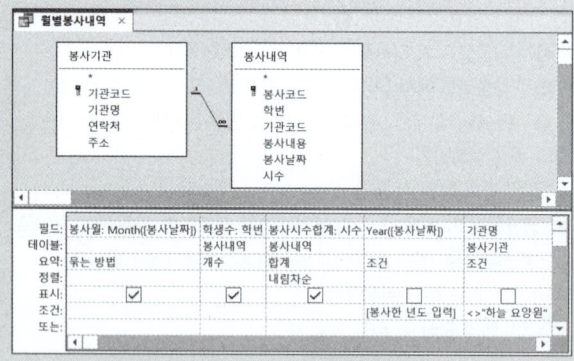

※ '기관명' 필드의 조건으로 Not "하늘 요양원"을 입력하여 저장한 후 디자인 보기로 열면 자동으로 〈 〉"하늘 요양원"으로 변경됩니다. 이는 채점과 무관하니 신경쓰지 않아도 됩니다.
- 쿼리 속성 설정하기
  - '일반' 탭의 상위 값 → 5
  ※ '봉사시수합계'가 높은 순으로 상위 5개의 레코드만 조회해야 하므로, '봉사시수합계'를 기준으로 내림차순 정렬이 선행되어야 합니다.
- '봉사월' 필드 속성 설정하기
  - '일반' 탭의 형식 → #"월"
- '학생수' 필드 속성 설정하기
  - '일반' 탭의 형식 → 0"명"
- '봉사시수합계' 필드 속성 설정하기
  - '일반' 탭의 형식 → 0"시간"

[기출 5]
- 쿼리 작성기 창

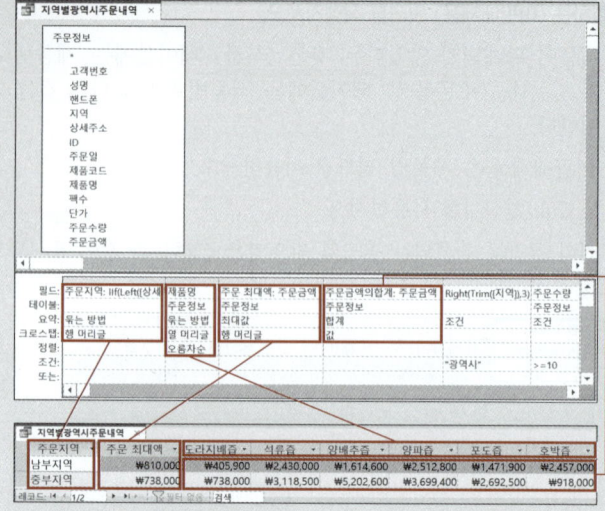

※ **주문지역** : IIf(Left([상세주소],2) In ("대구","부산"), "남부지역", "중부지역")
- IIf(Left([상세주소],2) In ("대구","부산"), "남부지역", "중부지역")
  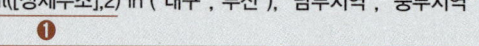
  ❶   ❷   ❸   ❹
  - ❶ Left([상세주소],2) : '상세주소' 필드의 값에서 왼쪽 두 글자를 추출함
  ※ ❶이 "대구" 또는 "부산"이면(❷) "남부지역"을 표시하고(❸), 그렇지 않으면 "중부지역"을 표시합니다(❹).
- Right(Trim([지역]), 3) = "광역시"
  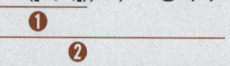
  - ❶ Trim([지역]) : '지역' 필드의 값에서 좌우 공백을 제거함
  - ❷ Right(❶, 3) = "광역시" : ❶에서 오른쪽의 세 글자가 "광역시"와 같은지 확인함
- '주문 최대액'과 '주문금액의합계' 필드의 속성 설정하기
  - '일반' 탭의 형식 → 통화

[기출 6]
- 쿼리 작성기 창

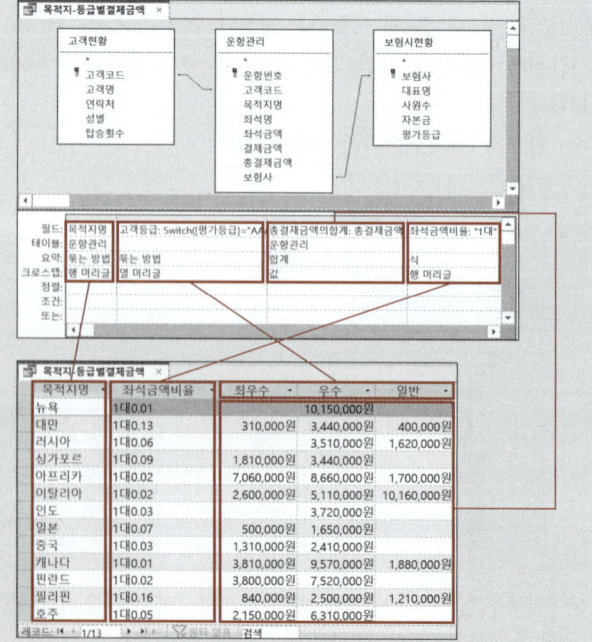

※ 고객등급 : Switch([평가등급]="AAAA","최우수",[평가등급] In ("AAA","AA"),"우수",[평가등급]="A","일반")

※ 좌석금액비율 : "1대" & Round(Sum([좌석금액])/Sum([총결제금액]),2)

• Switch([평가등급]="AAAA","최우수", [평가등급] In ("AAA","AA"),"우수",
           ❶   ❷

[평가등급]="A","일반")
     ❸

- ❶ '평가등급' 필드의 값이 "AAAA"이면, "최우수"를 표시합니다.
- ❷ '평가등급' 필드의 값이 "AAA" 또는 "AA"이면, "우수"를 표시합니다.
- ❸ '평가등급' 필드의 값이 "A"이면, "일반"을 표시합니다.

• '쿼리' 속성 설정하기
- '일반' 탭의 열 머리글 → "최우수", "우수", "일반"

• '총결제금액의합계' 필드의 속성 설정하기
- '일반' 탭의 형식 → #,##0"원"

[기출 7]
• 쿼리 작성기 창

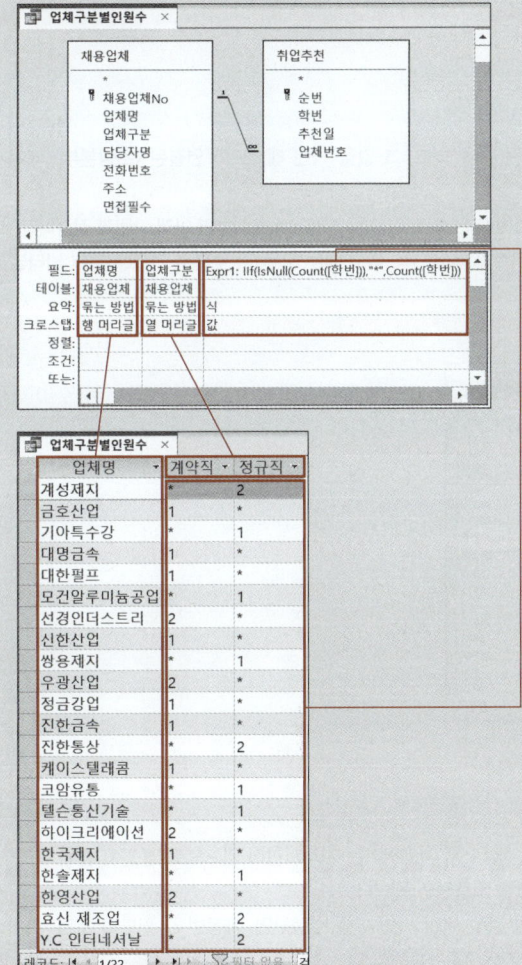

• IIf(IsNull(Count([학번])), "*", Count([학번]))
                 ❶
       ❷
            ❸

- ❶ Count([학번]) : '학번' 필드의 개수를 계산함
- ❷ IsNull(❶) : 계산된 ❶의 결과값이 없으면 참(True), 아니면 거짓(False)을 반환함
- ❸ IIf(❷, "*", Count([학번]) : 조건 ❷가 참(True)이면 "*"을 표시하고, 거짓(False)이면 계산된 '학번' 필드의 개수를 표시함

※ 계산된 '학번' 필드의 값이 없으면 "*"을 표시하고, 그렇지 않으면 계산된 '학번' 필드의 개수를 표시합니다.

[기출 8]
• 쿼리 작성기 창

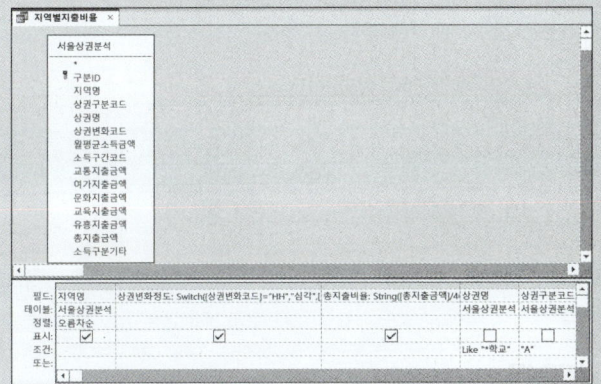

※ 상권변화정도 : Switch([상권변화코드]="HH","심각", [상권변화코드]="LH","위험", [상권변화코드]="LL","안심")

※ 총지출비율 : String([총지출금액]/4000000,"■")

• '테이블 만들기' 대화상자

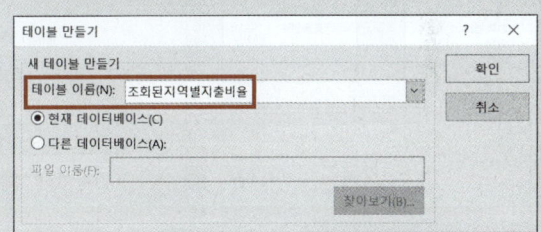

[기출 9]
• 쿼리 작성기 창

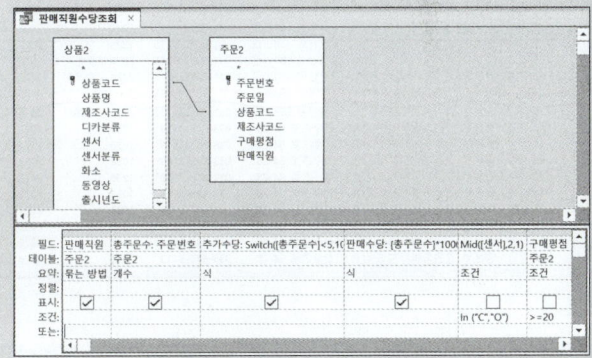

※ 추가수당 : Switch([총주문수]<5,10000, [총주문수]<20,20000, [총주문수]>=20,50000)

※ 판매수당 : [총주문수]*10000+[추가수당]

• '테이블 만들기' 대화상자

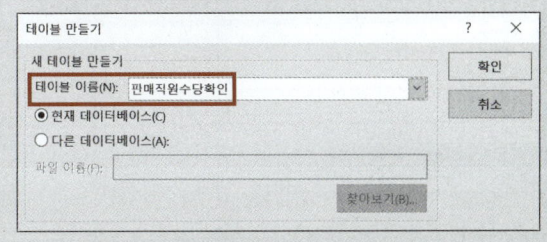

[기출 10]
쿼리 작성기 창

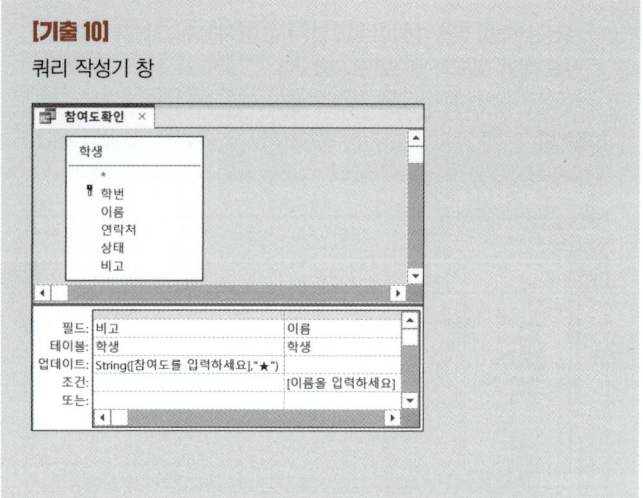

[기출 11]
쿼리 작성기 창

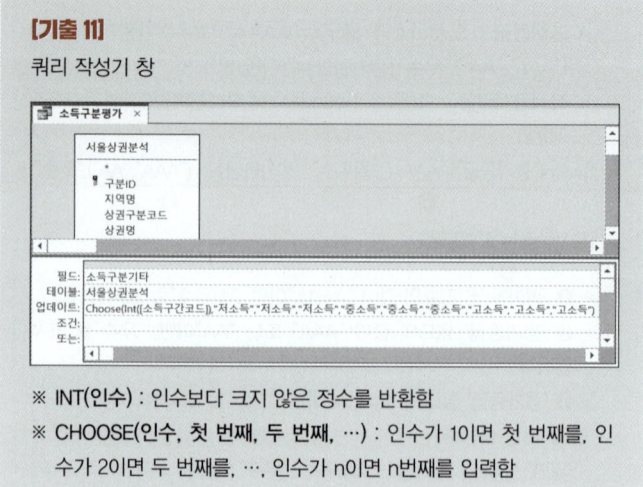

※ INT(인수) : 인수보다 크지 않은 정수를 반환함
※ CHOOSE(인수, 첫 번째, 두 번째, …) : 인수가 1이면 첫 번째를, 인수가 2이면 두 번째를, …, 인수가 n이면 n번째를 입력함

[기출 12]
쿼리 작성기 창

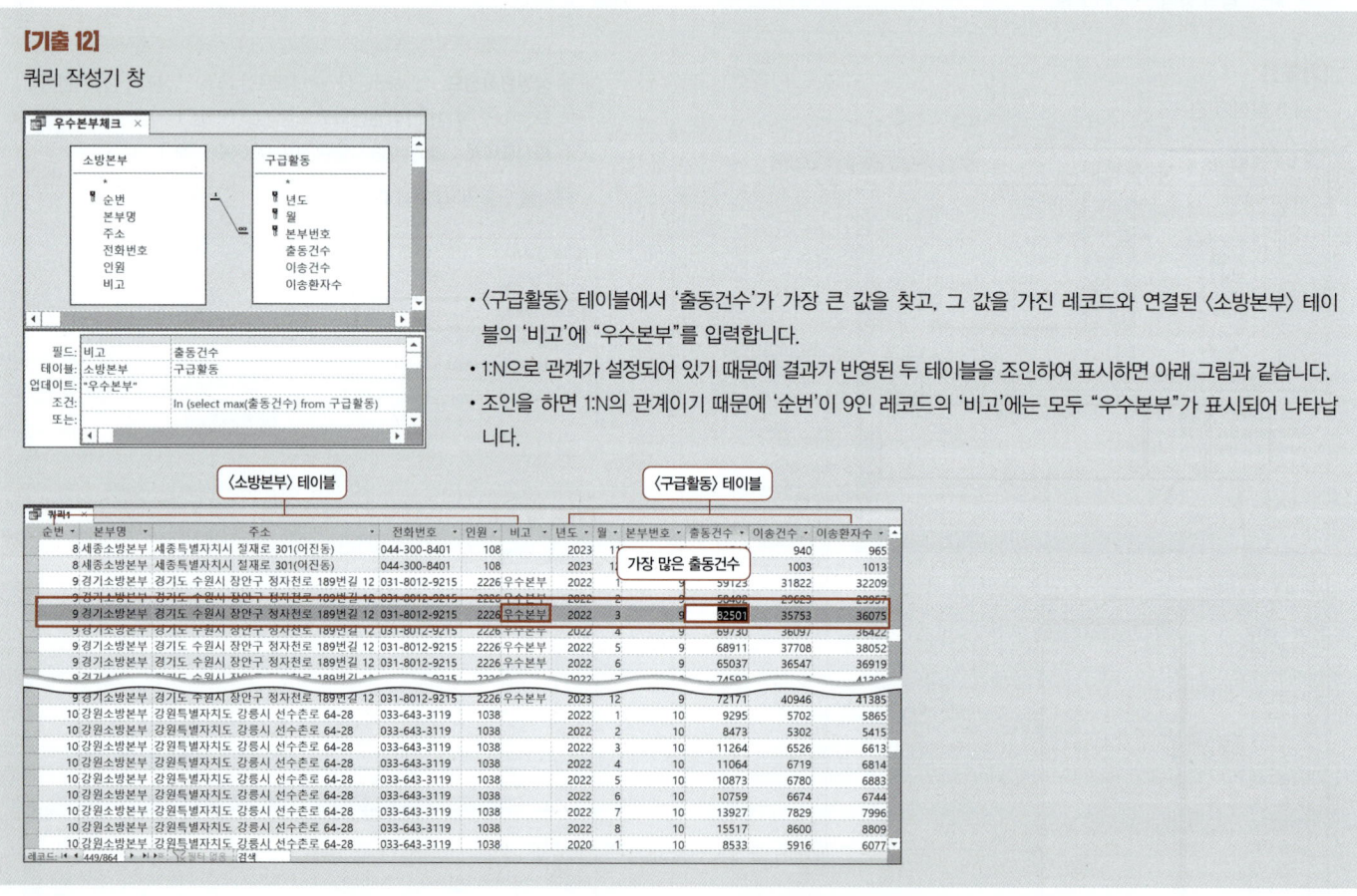

- 〈구급활동〉 테이블에서 '출동건수'가 가장 큰 값을 찾고, 그 값을 가진 레코드와 연결된 〈소방본부〉 테이블의 '비고'에 "우수본부"를 입력합니다.
- 1:N으로 관계가 설정되어 있기 때문에 결과가 반영된 두 테이블을 조인하여 표시하면 아래 그림과 같습니다.
- 조인을 하면 1:N의 관계이기 때문에 '순번'이 9인 레코드의 '비고'에는 모두 "우수본부"가 표시되어 나타납니다.

[기출 13]
쿼리 작성기 창

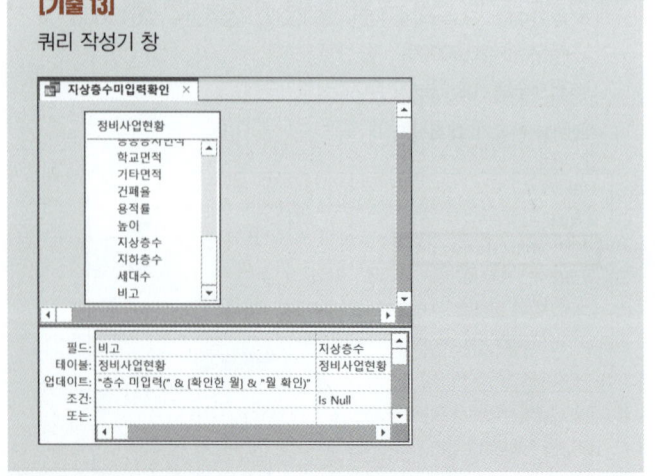

[기출 14]
※ 문제에 Not In을 사용하라는 지시사항이 없으므로 '불일치 검색 쿼리 마법사'를 사용하면 됩니다.
※ '불일치 검색 쿼리 마법사'를 수행하면 '제품번호' 필드의 조건에 Is Null이 자동으로 적용됩니다.

1. [만들기] → 쿼리 → 쿼리 마법사(🔲)를 클릭하세요.
2. '새 쿼리' 대화상자에서 '불일치 검색 쿼리 마법사'를 선택한 후 〈확인〉을 클릭하세요.

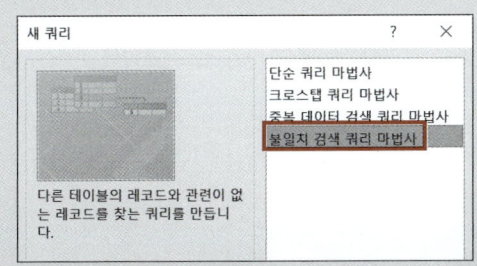

3. '불일치 검색 쿼리 마법사' 1단계 대화상자에서 조회할 자료가 들어 있는 원본 테이블을 선택합니다. 다음과 같이 설정하고 〈다음〉을 클릭하세요.

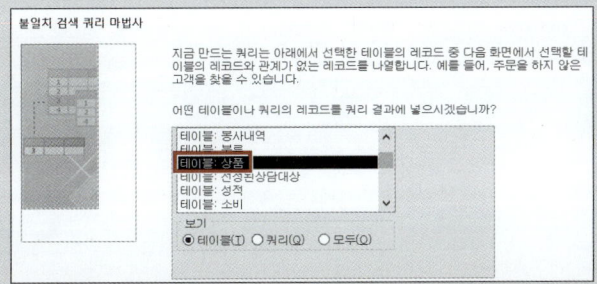

4. '불일치 검색 쿼리 마법사' 2단계 대화상자에서 비교할 자료가 들어 있는 테이블을 선택합니다. 다음과 같이 설정하고 〈다음〉을 클릭하세요.

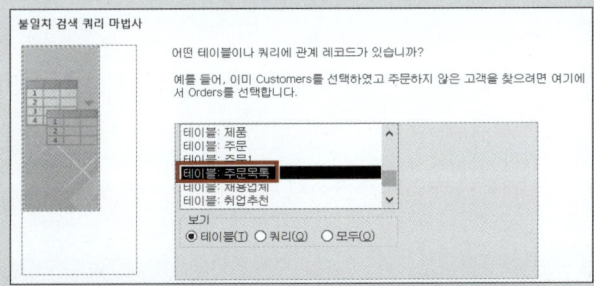

5. '불일치 검색 쿼리 마법사' 3단계 대화상자에서 두 테이블 간 일치하는, 즉 비교할 필드를 선택합니다. 다음과 같이 설정하고 〈다음〉을 클릭하세요.

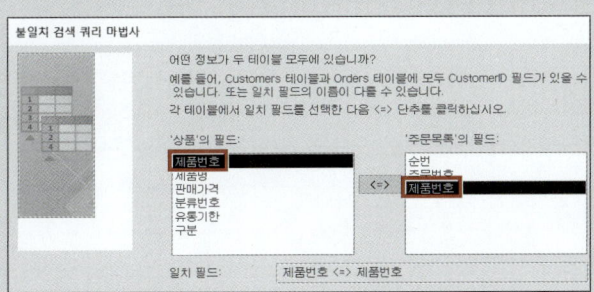

6. '불일치 검색 쿼리 마법사' 4단계 대화상자에서 결과로 표시할 필드를 선택합니다. 다음과 같이 설정하고 〈다음〉을 클릭하세요.

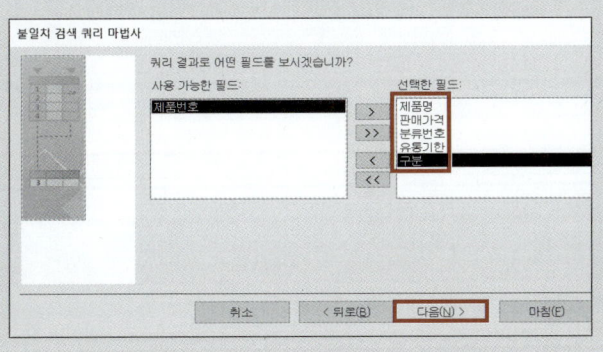

7. '불일치 검색 쿼리 마법사' 5단계 대화상자에서 쿼리 이름을 **미판매제품**으로 입력하고 필드명 변경을 위해 '디자인 수정'을 선택한 후 〈마침〉을 클릭하세요.

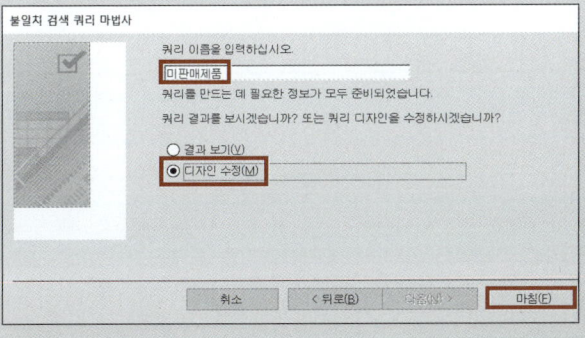

※ 쿼리 작성기 창

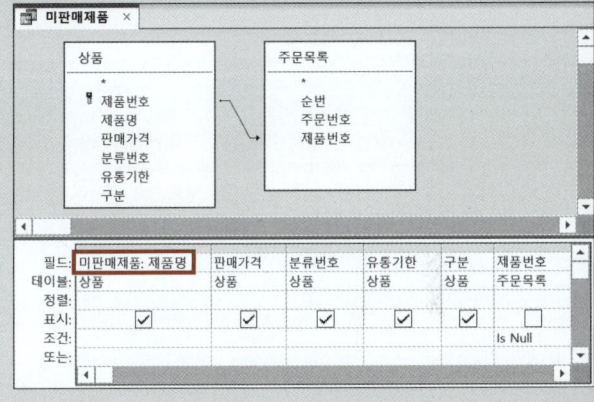

[기출 15]

• 쿼리 작성기 창

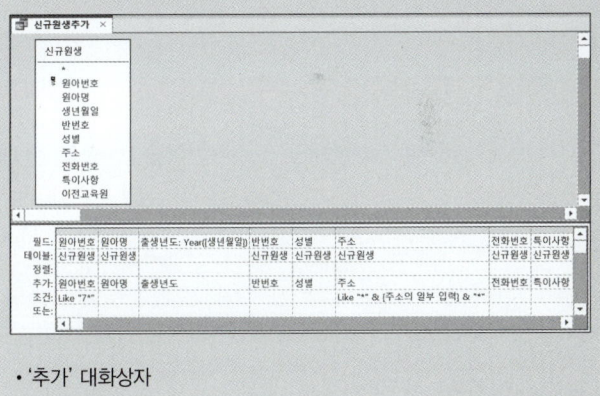

• '추가' 대화상자

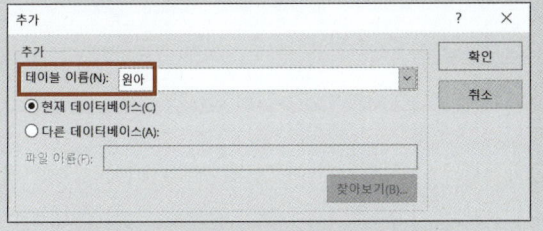

memo

액세스

실제 시험장을 옮겨 놓았다!

1 • 대기
2 • 시험 준비
3 • 문제 확인
4 • 데이터베이스 시험 시작
5 • 문제 풀이
6 • 액세스 시험 마무리

컴퓨터활용능력 1급 **실기**

시험장 | 실제 시험장을 옮겨 놓았다!

시험장에서는 항상 긴장되고 떨리게 마련입니다. 이 장에서는 수험생이 입실하여 문제를 풀고, 퇴실하기까지의 전 과정을 상세히 다루었으니 차근차근 따라하며 시험에 대비하세요.

1 대기(시험 시작 10분 전)

1과목 스프레드시트 시험이 끝나면 별도의 휴식 시간 없이 2과목 데이터베이스 시험이 시작됩니다. 자신의 자리에 앉아 대기하면 인원을 확인합니다.

2 시험 준비(시험 시작 1분 전)

전문가의 조언
수험번호는 8자리 숫자입니다. 수험번호가 '12345678'이라면 '12345678.accdb' 파일이 자동으로 생성됩니다.

자동으로 'Microsoft Access 2021' 프로그램이 실행되면서 '수험번호.accdb' 파일이 생성됩니다.

3 유의사항 및 컴퓨터 확인

문제는 모니터에 표시되며, 보통 지시사항과 풀어야 할 문제를 포함한 4면으로 되어 있습니다. 확인하고 이상이 있으면 감독위원에게 문의하여 처리하세요.

다음은 출제 경향이 잘 반영된 기출문제입니다. 풀이 과정을 따라하면서 전반적인 시험 분위기를 익히기 바랍니다.

국 가 기 술 자 격 검 정

2026년 컴퓨터활용능력 실기시험

프로그램명	제한시간
Access 2021	45분

수험번호 :

성　명 :

1급

─〈 유 의 사 항 〉─

- 인적 사항 누락 및 잘못 작성으로 인한 불이익은 수험자 책임으로 합니다.

- 화면에 암호 입력창이 나타나면 아래의 암호를 입력하여야 합니다.
  ○ 암호 : 6992#0

- 작성된 답안은 주어진 경로 및 파일명을 변경하지 마시고 그대로 저장해야 합니다. 이를 준수하지 않으면 실격처리 됩니다.
  ○ 답안 파일명의 예 : C:\DB\수험번호 8자리.accdb

- 외부 데이터 위치 : C:\DB\파일명

- 별도의 지시사항이 없는 경우, 다음과 같이 처리하면 실격 처리됩니다.
  ○ 제시된 개체의 이름을 임의로 변경한 경우
  ○ 제시된 개체의 속성을 임의로 변경한 경우
  ○ 제시된 개체를 임의로 삭제하거나 추가한 경우

- 별도의 지시사항이 없는 경우, 기능의 구현은 모듈이나 매크로 등을 이용하며, 예외적인 상황에 대해서는 고려하지 않아도 됩니다.

- 제시된 함수가 있을 경우 제시된 함수만을 사용하여야 하며, 그 외 함수 사용시 채점 대상에서 제외됩니다.

- 별도의 지시사항이 없는 경우, 주어진 각 개체의 속성은 설정값 또는 기본 설정값(Default)으로 처리하십시오.

- 제시된 화면은 예시이며 나타난 값은 실제와 다를 수 있습니다.

- 저장 시간은 별도로 주어지지 아니하므로 제한된 시간 내에 저장을 완료해야 합니다.

- 본 문제의 용어는 MS Office LTSC Professional Plus 2021로 작성되었습니다.

대한상공회의소

문제 1 DB 구축(25점)

1. 씨앗을 판매하는 업무를 수행하기 위한 데이터베이스를 구축하고자 한다. 다음의 지시사항에 따라 각 테이블을 완성하시오. (각 3점)
   ① 〈씨앗〉 테이블의 '씨앗코드' 필드는 'A-0000'과 같은 형태로 영문 1개와 숫자 4개가 반드시 입력되도록 입력 마스크를 설정하시오.
      ▶ 영문자 입력은 영어와 한글만 입력할 수 있도록 설정할 것
      ▶ 숫자 입력은 0~9까지의 숫자만 입력할 수 있도록 설정할 것
      ▶ '-' 문자도 테이블에 저장되도록 설정할 것
   ② 〈씨앗〉 테이블의 '씨앗명' 필드는 필드 크기를 10으로 설정하고, 반드시 입력되도록 설정하시오.
   ③ 〈회원〉 테이블의 '전화번호' 필드에는 중복된 값이 입력될 수 없도록 인덱스를 설정하시오.
   ④ 〈회원〉 테이블의 'E-Mail' 필드에는 "@" 문자가 반드시 포함되도록 유효성 검사 규칙을 설정하시오.
   ⑤ 〈씨앗입고〉 테이블의 '씨앗코드' 필드에는 〈씨앗〉 테이블의 '씨앗코드'와 '씨앗명' 필드를 연결하되, '씨앗명' 필드만 콤보 상자의 형태로 표시되도록 조회 속성을 설정하시오.
      ▶ 필드에는 '씨앗코드'가 저장되도록 설정하시오.
      ▶ 목록 너비를 3cm로 설정하시오.
      ▶ 목록 이외의 값은 입력될 수 없도록 설정하시오.

2. 외부 데이터 가져오기 기능을 이용하여 〈B2B납품.xlsx〉 파일에서 범위로 정의된 이름 '납품대상'의 내용을 가져와 〈B2B납품〉 테이블을 생성하시오. (5점)
   ▶ 첫 번째 행은 열 머리글임
   ▶ 기본 키는 없음으로 설정

3. 〈주문〉 테이블의 '고객ID' 필드는 〈회원〉 테이블의 '고객ID' 필드를 참조하며, 테이블 간의 관계는 M:1이다. 다음과 같이 테이블 간의 관계를 설정하시오. (5점)
   ※ 액세스 파일에 이미 설정되어 있는 관계는 수정하지 마시오.
   ▶ 테이블 간에 항상 참조 무결성이 유지되도록 설정하시오.
   ▶ 참조 필드의 값이 변경되면 관련 필드의 값도 변경되도록 설정하시오.
   ▶ 다른 테이블에서 참조하고 있는 레코드는 삭제할 수 없도록 설정하시오.

문제 2 입력 및 수정 기능 구현(20점)

1. 〈씨앗입고현황〉 폼을 다음의 화면과 지시사항에 따라 완성하시오. (각 3점)
   ① 폼의 '기본 보기' 속성을 〈그림〉과 같이 설정하시오.
   ② 폼 머리글에 다음과 같이 그림을 삽입하시오.
      ▶ 그림 파일 이름 : 꽃.png
      ▶ 그림 너비 : 1.6cm
      ▶ 그림 높이 : 1.3cm
      ▶ 그림 유형 : 포함
      ▶ 그림 이름 : IMG그림
   ③ 폼 바닥글 영역의 'txt총입고수량' 컨트롤에는 '입고수량'의 합계가 표시되도록 컨트롤 원본 속성을 설정하시오.

2. 〈씨앗입고현황〉 폼에 다음의 지시사항과 같이 조건부 서식을 순서대로 설정하시오. (6점)
   ▶ '씨앗코드'가 "A"로 시작하면서 '입고단가'가 10,000원 이상인 경우 본문 영역의 모든 컨트롤에 대해 배경색은 '표준 색-노랑', 글꼴 스타일은 '기울임꼴'로 설정하시오.
   ▶ '씨앗코드'가 "B"로 시작하면서 '입고단가'가 10,000원 이상인 경우 본문 영역의 모든 컨트롤에 대해 배경색은 '표준 색-주황', 글꼴 스타일은 '기울임꼴'로 설정하시오.
   ▶ And와 Left 함수 사용
   ▶ [문제 1] 그림 참조

3. 〈씨앗정보찾기〉 폼의 '보고서(cmd보고서)' 단추를 클릭하면, 〈씨앗코드별주문현황〉 보고서를 '인쇄 미리 보기'의 형식으로 연 후 〈씨앗정보찾기〉 폼을 닫는 〈보고서출력〉 매크로를 생성하여 지정하시오. (5점)
   ▶ '씨앗코드' 필드의 값이 'txt씨앗코드'에 해당하는 씨앗 정보만 표시할 것

문제 3 조회 및 출력 기능 구현(20점)

1. 다음의 지시사항 및 화면을 참조하여 〈씨앗코드별주문현황〉 보고서를 완성하시오. (각 3점)
   ① 씨앗코드 머리글 영역에서 머리글의 내용이 페이지마다 반복적으로 표시되도록 설정하고, '씨앗코드'가 변경되면 매 구역 전에 페이지도 변경되도록 설정하시오.
   ② 동일한 '씨앗코드' 내에서는 '주문일자'를 기준으로 오름차순 정렬되어 표시되도록 정렬을 추가하시오.
   ③ 본문 영역에서 '씨앗코드' 필드의 값이 이전 레코드와 동일한 경우에는 표시되지 않도록 설정하시오.
   ④ 본문 영역의 배경색을 '교차 행'으로 변경하시오.
   ⑤ 씨앗코드 바닥글 영역의 'txt주문횟수' 컨트롤에는 씨앗코드별 전체 레코드 수가 표시되도록 컨트롤 원본 속성을 설정하시오.
      ▶ 표시 예 : 5회
      ▶ & 연산자 이용

   주문현황   2024-11-26

씨앗코드	주문일자	이름	전화번호	수량
A-0077	2025-04-14	최다희	010-9984-2585	8
	2025-04-17	노현수	010-1477-7414	1
	2025-04-21	노현수	010-1477-7414	10
	2025-04-23	이창수	010-0003-2576	9

   주문횟수 : 4회

   1/12페이지

2. 〈주문현황〉 폼에서 'txt수량' 컨트롤에 포커스가 이동(GotFocus)하면, 〈그림〉과 같은 메시지 상자를 출력하는 이벤트 프로시저를 구현하시오. (5점)
   ▶ 'txt수량' 컨트롤에 표시된 값이 10 이상이면 "인기품종", 10 미만 6 이상이면 "보통품종", 그 외에는 "비인기품종"으로 표시하시오.
   ▶ If ~ ElseIf 문 사용

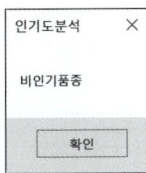

문제 4 처리 기능 구현(35점)

1. 〈회원〉과 〈주문〉 테이블을 이용하여 최근 주문이 없는 고객에 대해 〈회원〉 테이블의 '비고' 필드의 값을 "★ 관리대상회원"으로 변경하는 〈관리대상회원처리〉 업데이트 쿼리를 작성한 후 실행하시오. (7점)
   ▶ 최근 주문이 없는 고객이란 '주문일자'가 2025년 4월 10일부터 2025년 4월 20일까지 중에서 〈회원〉 테이블에는 '고객ID'가 있으나 〈주문〉 테이블에는 '고객ID'가 없는 고객이다.
   ▶ Not In 연산자와 하위 쿼리 사용

   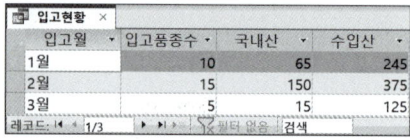

   ※ 〈관리대상회원처리〉 쿼리를 실행한 후의 〈회원〉 테이블

2. 입고월별 생산지별로 입고수량의 합계를 조회하는 〈입고현황〉 크로스탭 쿼리를 작성하시오. (7점)
   ▶ 〈씨앗〉, 〈씨앗입고〉 테이블을 이용하시오.
   ▶ '입고품종수'는 〈씨앗〉 테이블의 '씨앗코드' 필드를 이용하시오.
   ▶ '입고월'은 '입고일자'의 월로 설정하시오.
   ▶ '생산지'는 '원산지'가 "한국"이면 "국내산", 그 외는 "수입산"으로 설정하시오.
   ▶ IIf, Month 함수와 & 연산자 사용
   ▶ 쿼리 결과 표시되는 필드와 필드명은 〈그림〉과 같이 표시되도록 설정하시오.

3. 〈씨앗〉과 〈씨앗입고〉 테이블을 이용하여 검색할 씨앗명의 일부를 매개 변수로 입력받아 해당 씨앗의 입고정보를 조회하는 〈씨앗입고조회〉 매개 변수 쿼리를 작성하시오. (7점)
   ▶ '부가세' 필드는 '입고단가'가 10000 이하이면 '판매단가'의 10%로, 10000 초과 30000 이하이면 '판매단가'의 20%로, 30000 초과이면 '판매단가'의 30%로 계산하시오.
   ▶ Switch 함수 사용
   ▶ '입고일자' 필드를 기준으로 내림차순 정렬하여 표시하시오.
   ▶ 쿼리 결과 표시되는 필드와 필드명, 필드의 형식은 〈그림〉과 같이 표시되도록 설정하시오.

   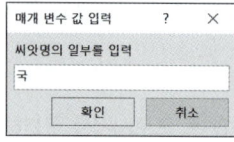 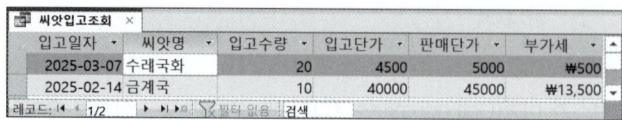

4. 〈씨앗입고〉, 〈씨앗〉, 〈주문〉 테이블을 이용하여 씨앗명별 최근입고일자, 총입고량, 총주문량을 조회하는 〈재고현황〉 쿼리를 작성하시오. (7점)
   ▶ '최근입고일자'는 '입고일자'의 최대값, '총입고량'은 '입고수량'의 합계, '총주문량'은 〈주문〉 테이블 '수량' 필드의 합계로 처리하시오.
   ▶ '씨앗코드'가 A부터 B까지의 문자 중 하나로 시작하는 것만 조회 대상으로 하시오.
   ▶ Like 연산자 사용
   ▶ '재고비율'은 '총주문량 / 총입고량'으로 계산하여 표시하되, [표시 예]와 같이 표시되도록 '형식' 속성을 설정하시오.
   [표시 예: 0 → 0.0%, 0.34523 → 34.5%]
   ▶ 쿼리 결과 표시되는 필드와 필드명은 〈그림〉과 같이 표시되도록 설정하시오.

씨앗명	최근입고일자	총입고량	총주문량	재고비율
금계국	2025-02-14	40	28	70.0%
끈끈이대나물	2025-02-07	135	15	11.1%
나팔꽃	2025-02-07	165	50	30.3%
메밀꽃	2025-02-07	220	48	21.8%
물망초	2025-02-07	195	54	27.7%
양귀비	2025-02-14	510	138	27.1%
자운영	2025-02-14	110	11	10.0%
한련화	2025-03-07	260	42	16.2%

5. 〈씨앗〉과 〈씨앗입고〉 테이블을 이용하여 다음 씨앗 입고일을 조회한 후 새 테이블로 생성하는 〈다음입고일생성〉 쿼리를 작성하고 실행하시오. (7점)
   ▶ '판매단가'가 10000 이상인 경우만 조회 대상으로 설정하시오.
   ▶ '다음입고일자'는 '입고일자'로부터 15일 후로 계산하시오.
   ▶ DateAdd 함수 사용
   ▶ '필요수량'은 '입고수량'의 2배로 계산하시오.
   ▶ 쿼리 실행 후 생성되는 테이블의 이름은 〈다음씨앗입고관리〉로 설정하시오.
   ▶ 쿼리 실행 결과 생성되는 테이블의 필드는 〈그림〉을 참고하여 수험자가 판단하여 설정하시오.

씨앗코드	씨앗명	다음입고일	필요수량
B-0012	양귀비	2025-01-18	30
P-0011	더덕	2025-01-18	40
A-1005	이베리스	2025-01-30	80
A-1002	코스모스	2025-01-30	60
A-1355	메밀꽃	2025-01-30	60
A-9022	한련화	2025-01-30	30
A-1002	코스모스	2025-02-22	70
A-1355	메밀꽃	2025-02-22	80
B-0012	양귀비	2025-02-22	40
A-1355	메밀꽃	2025-02-22	80
B-2008	자운영	2025-03-01	110
A-1002	코스모스	2025-03-01	80
A-0077	금계국	2025-03-01	20
A-1005	이베리스	2025-03-22	60
A-9022	한련화	2025-03-22	100
P-0011	더덕	2025-03-22	30
B-0012	양귀비	2025-03-01	100

   ※ 〈다음입고일생성〉 쿼리를 실행한 후의 〈다음씨앗입고관리〉 테이블

4 데이터베이스 시험 시작

전문가의 조언

- 수험생 여러분은 '길벗컴활급통합\액세스\시험장따라하기' 폴더에서 '12345678.accdb'를 실행시킨 다음 따라하시면 됩니다.
- 실제 시험장에서는 자동으로 '수험번호.accdb' 파일이 생성됩니다. 수험번호는 8자리 숫자이고 수험번호가 12345678이라면 '12345678.accdb' 파일이 자동으로 생성됩니다.
- 최근 상시 시험의 문제 파일에는 암호가 지정되어 있지 않으므로 암호 입력 대화상자가 표시되지 않습니다. 만일 시험장에서 암호 입력 대화상자가 표시된다면, 문제 1면의 〈유의사항〉에 암호가 표시되어 있으므로 이를 확인하여 입력하면 됩니다.

1. 감독위원이 시험 시작을 알리면 시험관련 유의사항 화면이 사라지고 'Microsoft Access 2021' 프로그램 화면이 나타납니다.

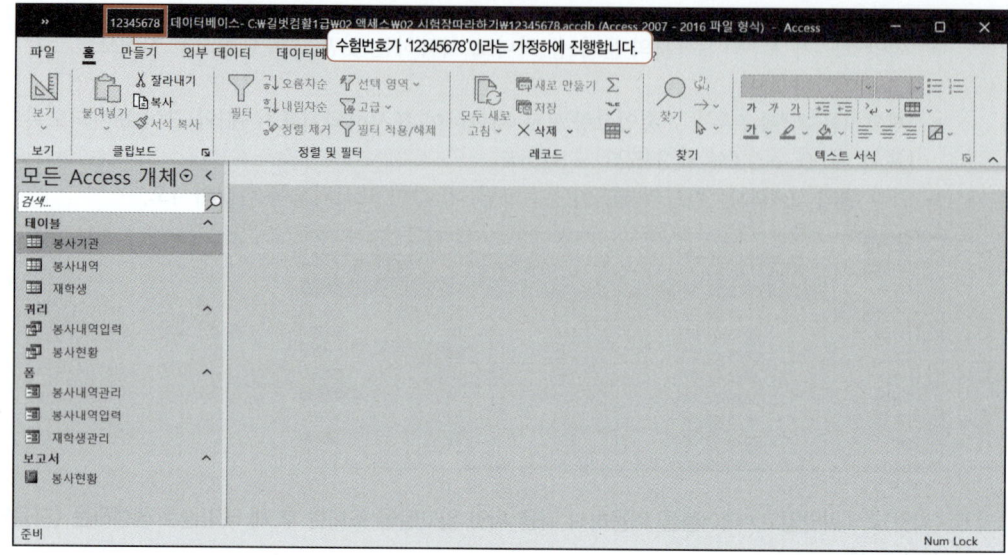

잠깐만요 　 액세스 문제 풀이

- 액세스는 풀이 순서가 좀 다릅니다. 액세스 문제들은 서로 연관이 있기 때문에 1번, 2번, 3번, 4번을 차례대로 풀어야 합니다. 그렇다고 모르는 문제를 끝까지 잡고 있을 필요는 없습니다. 엑셀과 마찬가지로 모르는 문제는 과감하게 스킵하고 아는 문제부터 풀어보세요.
- 문제와 지시사항들을 꼼꼼히 확인하며 답안을 작성하세요. 컴퓨터에 문제가 발생해도 저장하지 않은 답안 파일은 감독관이 책임져주지 않습니다. 반드시 중간중간 Ctrl+S를 눌러 저장해주세요.

잠깐만요 　 파일을 열면 '보안 경고' 메시지가 나타납니다.

테이블이나 폼을 만들 때는 크게 문제가 되지 않지만 매크로나 프로시저는 실행되지 않습니다. '보안 경고' 메시지의 오른쪽 끝에 있는 〈콘텐츠 사용〉 단추를 클릭하여 데이터베이스 파일에 포함된 모든 콘텐츠를 사용할 수 있도록 설정하세요.

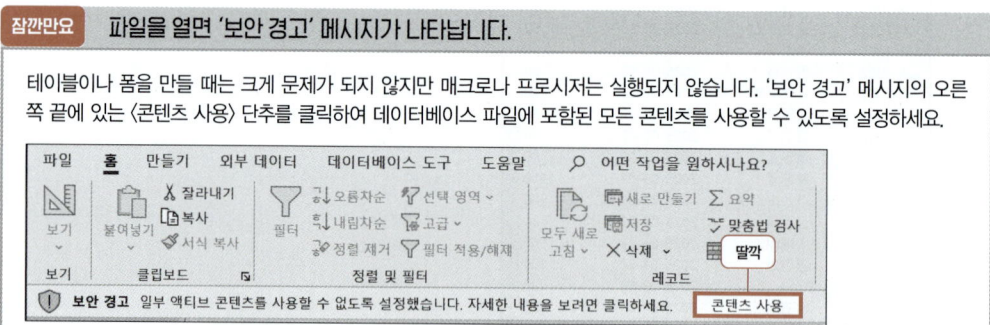

5 문제 풀이

문제 1 DB 구축 풀이

01. 테이블 완성하기(각 3점)

〈씨앗〉 테이블

① '씨앗코드' 필드에 '입력 마스크' 속성 설정하기

1. 〈씨앗〉 테이블의 바로 가기 메뉴에서 [디자인 보기]를 선택하세요.

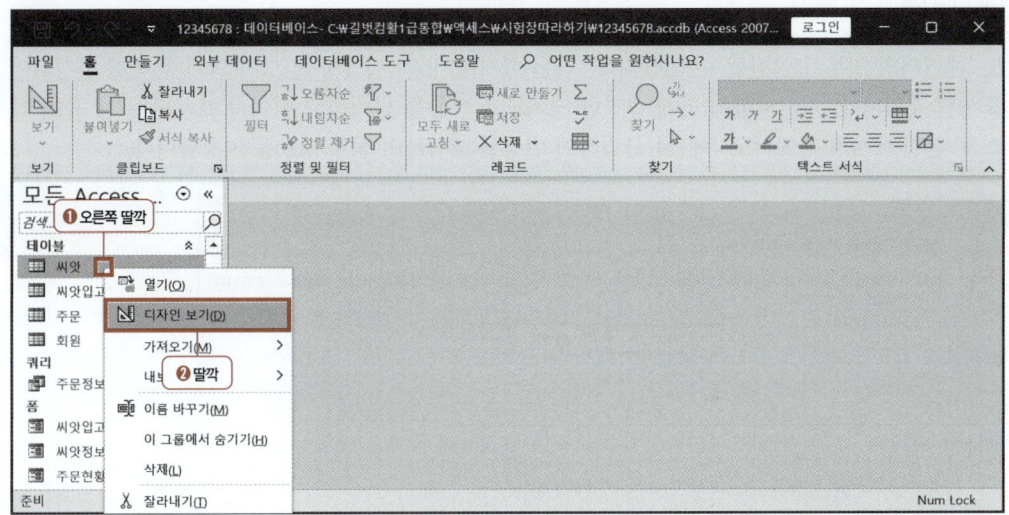

2. '씨앗코드' 필드를 클릭하여 '씨앗코드' 필드의 속성이 나타나게 한 후 '일반' 탭의 '입력 마스크' 속성에 L-0000;0을 입력합니다. 이렇게 설정하면 "-" 기호도 테이블에 저장됩니다.

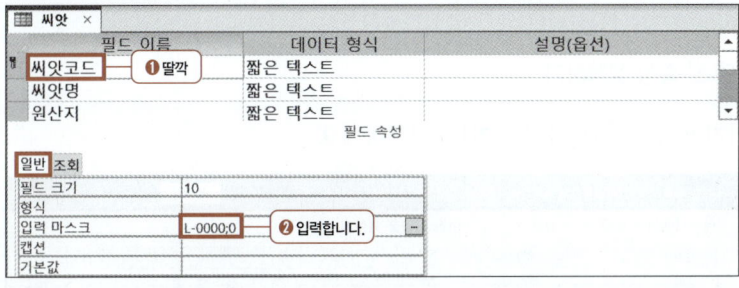

② '씨앗명' 필드에 '필드 크기' 속성과 '필수' 속성 설정하기

3. '씨앗명' 필드를 클릭하여 '씨앗명' 필드의 속성이 나타나게 한 후 '일반' 탭의 '필드 크기' 속성을 10으로 변경하고, '필수' 속성을 '예'로 설정하세요.

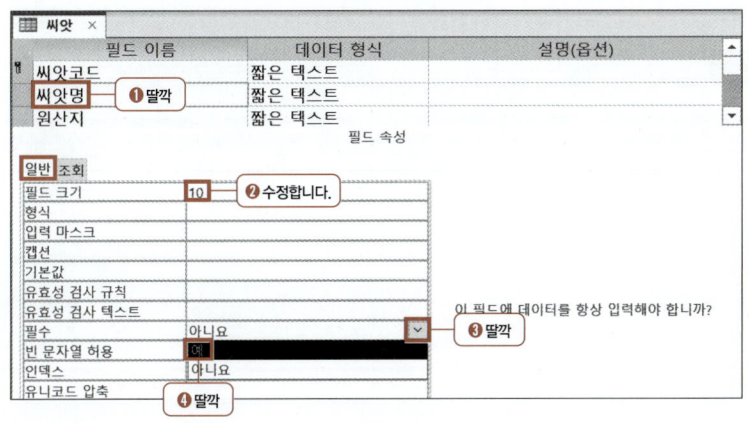

전문가의 조언

'탐색' 창에 모든 개체가 표시되지 않을 경우 '탐색' 창의 를 클릭한 후 범주 탐색에서 [개체 유형]을, '그룹 기준 필터'에서 [모든 Access 개체]를 선택하세요. 이렇게 설정해 놓으면 모든 개체가 표시됩니다.

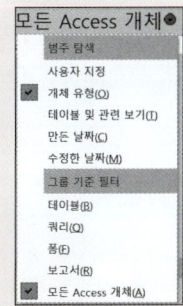

전문가의 조언

바로 가기 메뉴는 마우스 오른쪽 버튼을 클릭했을 때 나타나는 메뉴를 말합니다.

전문가의 조언

입력 마스크

입력 마스크란 사용자가 정확한 자료를 편리하게 입력할 수 있도록 입력되는 자료의 틀을 만드는 속성입니다.

L-0000;0

- L : A~Z까지의 영문자와 한글 입력, 공백 포함 안 함
- - : 연결 부호, 자동으로 입력됨
- 0000 : 0~9까지의 숫자 반드시 입력, 공백 포함 안 함
- 0 : 테이블에 저장 시 '-' 기호 함께 저장됨

전문가의 조언

- '필수' 속성이 '예'로 설정된 필드에는 반드시 값이 입력되어야 합니다. 값을 입력하지 않은 경우에는 레코드가 생성되지 않습니다.
- '필수' 글자 부분이나 필수 속성 난을 더블클릭할 때마다 '아니요', '예'가 차례로 선택됩니다. 이미 지정된 값 중 하나를 선택하는 속성에서 유용하게 사용할 수 있습니다.

4. 닫기 단추(☒)를 클릭한 후 저장 여부를 묻는 대화상자가 표시되면 〈예〉를 클릭하세요.

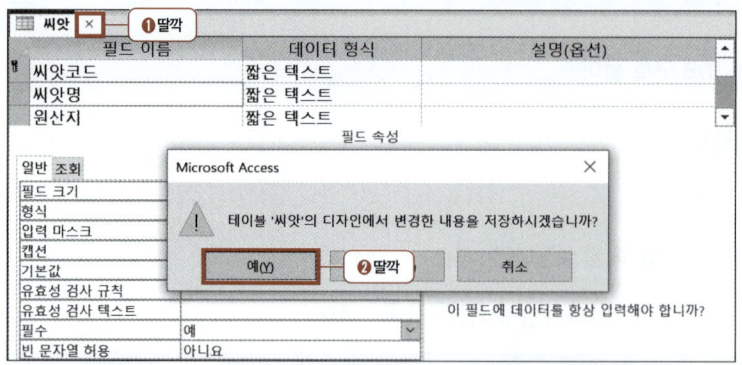

5. "데이터의 일부가 손실될 수 있습니다."라는 메시지 창은 '씨앗명' 필드의 크기가 작게 변경되어 표시된 것입니다. 지시사항에 맞게 변경한 것이므로 〈예〉를 클릭하고 이어서 표시되는 '새 규칙 테스트' 관련 메시지 창에서도 〈예〉를 클릭하여 변경된 테이블의 설계 정보를 저장합니다.

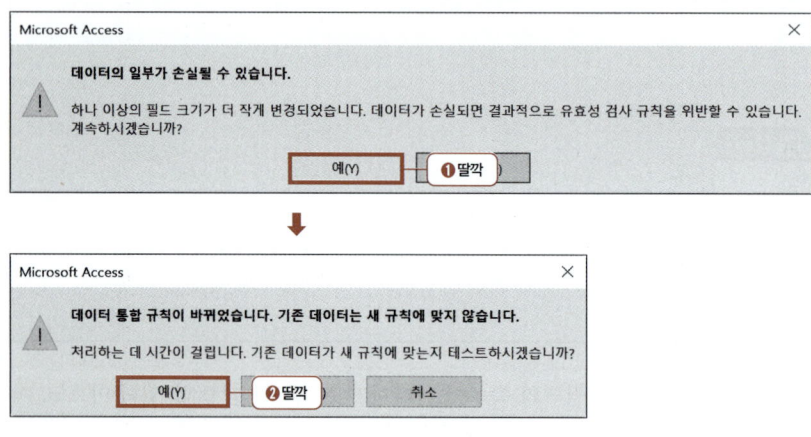

〈회원〉 테이블

3 '전화번호' 필드에 '인덱스' 속성 설정하기

1. 〈회원〉 테이블의 바로 가기 메뉴에서 [디자인 보기]를 선택하세요.

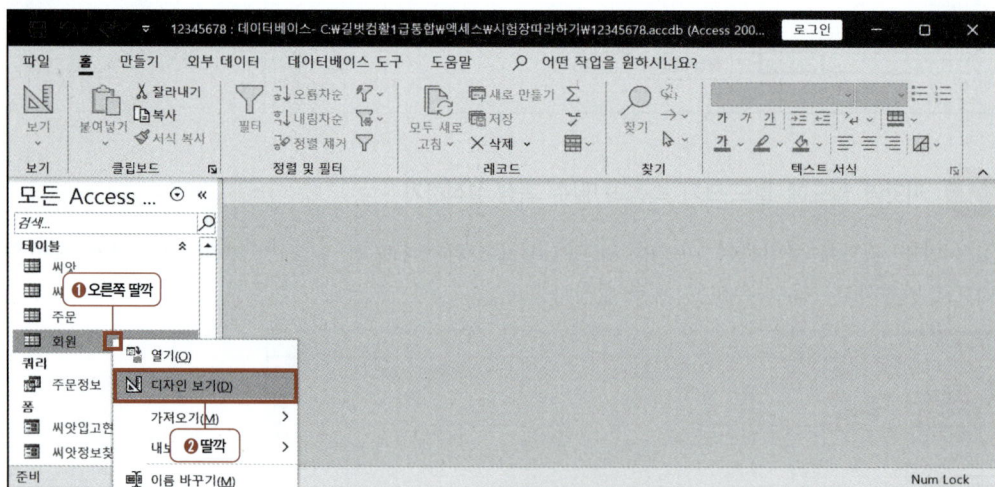

2. '전화번호' 필드를 클릭하여 '전화번호' 필드의 속성이 나타나게 한 후 '일반' 탭의 '인덱스' 속성을 '예(중복 불가능)'으로 설정하세요.

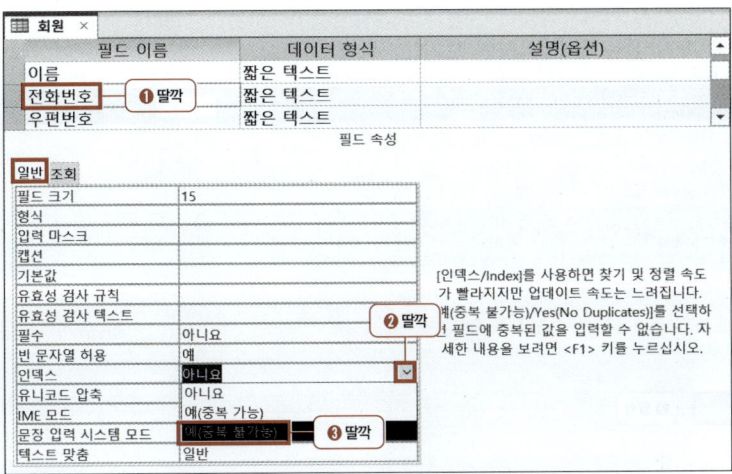

> **전문가의 조언**
> **인덱스 속성**
> 데이터 검색, 그룹화 등의 작업 속도를 향상시키기 위해 데이터를 일정한 기준에 맞게 정렬되도록 설정하는 기능으로 중복 허용 여부에 따라 '예(중복 가능)'과 '예(중복 불가능)' 중 하나를 설정할 수 있습니다.

4 'E-Mail' 필드에 '유효성 검사 규칙' 속성 설정하기

3. 'E-Mail' 필드를 클릭하여 'E-Mail' 필드의 속성이 나타나게 한 후 '일반' 탭의 '유효성 검사 규칙' 속성에 Like "*@*"을 입력하여 'E-Mail' 필드에는 "@" 문자가 반드시 포함되도록 설정합니다.

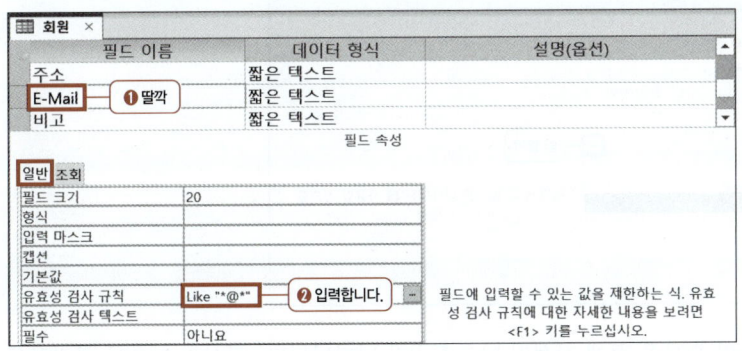

> **전문가의 조언**
> • '유효성 검사 규칙' 속성은 미리 정한 규칙에 맞는 값만 입력될 수 있도록 하는 속성입니다.
> • Like 연산자는 만능 문자(*, ?)와 함께 사용하며, 문자 패턴을 비교합니다.
> • 연산자나 함수, 예약어 등을 영문 소문자로 입력하고 Enter를 누르면 자동으로 첫 글자만 대문자로 변경됩니다.

4. 닫기 단추()를 클릭한 후 저장 여부를 묻는 대화상자가 표시되면 〈예〉를 클릭하고, 이어서 표시되는 '새 규칙 테스트' 관련 메시지 창에서도 〈예〉를 클릭하여 변경된 테이블의 설계 정보를 저장합니다.

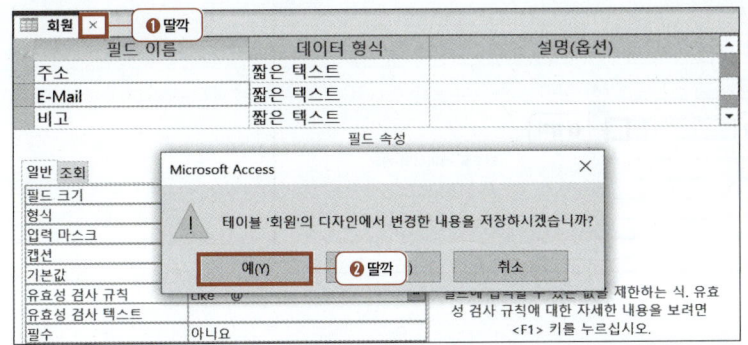

2과목 데이터베이스 실무 251

〈씨앗입고〉 테이블

5 '씨앗코드' 필드에 조회 속성 설정하기

1. 〈씨앗입고〉 테이블의 바로 가기 메뉴에서 [**디자인 보기**]를 선택하세요.

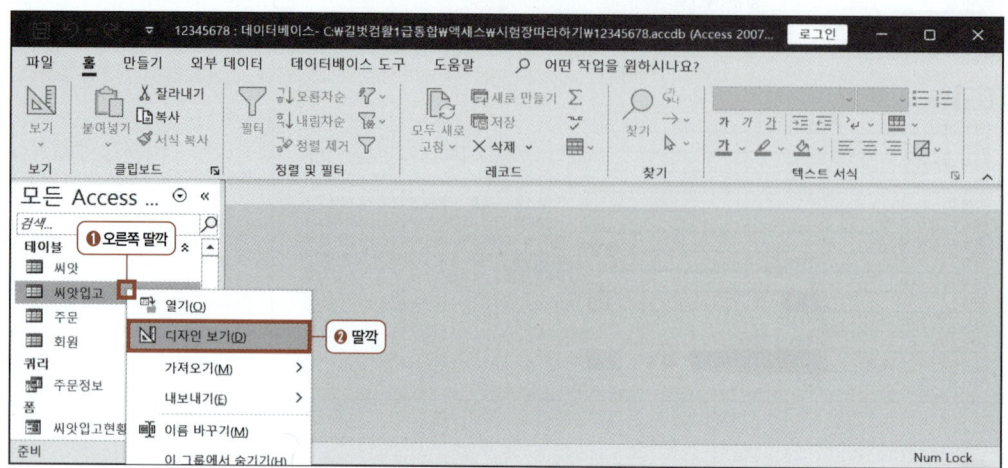

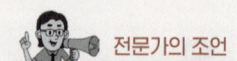
목록 단추(☑)는 '컨트롤 표시' 난을 클릭하면 표시됩니다.

2. '씨앗코드' 필드를 선택한 후 속성 창의 '조회' 탭에서 '컨트롤 표시'의 목록 단추(☑)를 클릭한 다음 '콤보 상자'를 선택합니다.

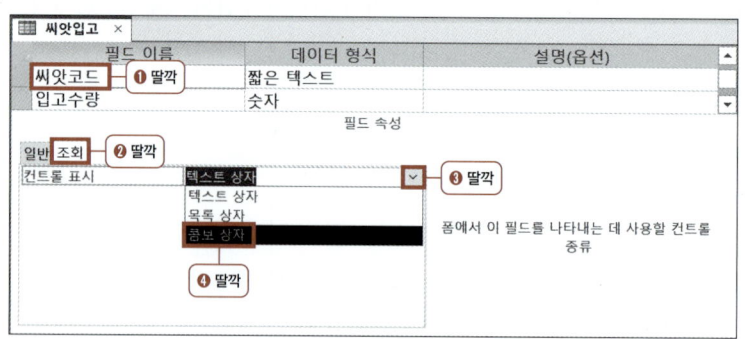

3. '행 원본' 속성을 클릭하면 오른쪽 끝에 작성기 단추(…)가 나타납니다. 작성기 단추를 클릭하세요.

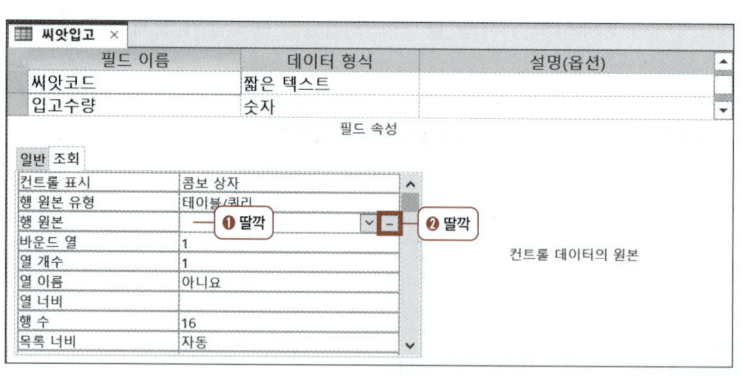

4. '테이블 추가' 창의 '테이블' 탭에서 〈씨앗〉을 더블클릭하고 닫기 단추(⋈)를 클릭하세요. '쿼리 작성기'에 〈씨앗〉 테이블이 추가됩니다.

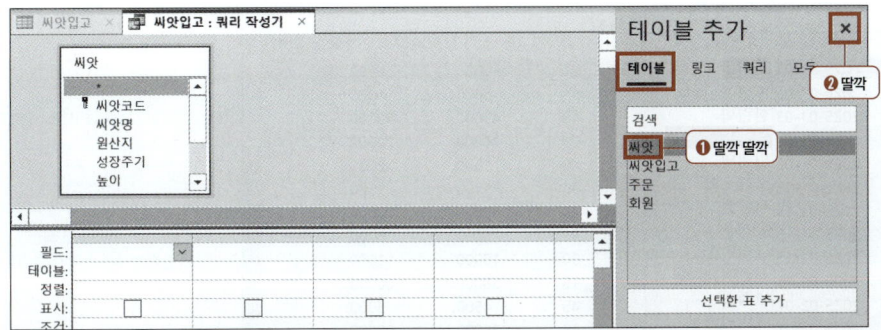

5. 〈씨앗〉 테이블의 '씨앗코드' 필드를 첫 번째 필드로, '씨앗명' 필드를 두 번째 필드로 드래그한 다음 닫기 단추(⋈)를 클릭하세요.

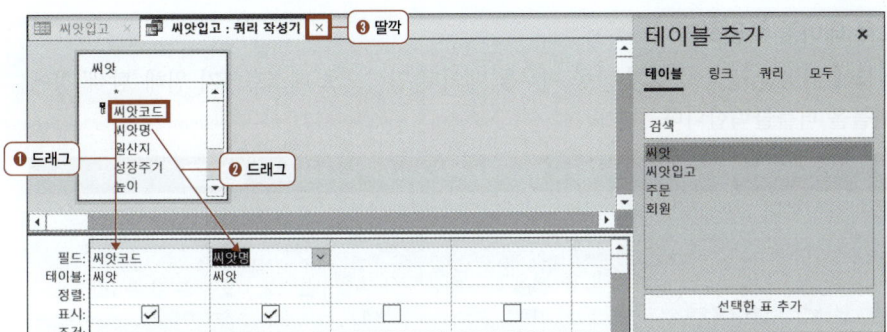

전문가의 조언

'쿼리 작성기'의 〈씨앗〉 테이블에서 '씨앗코드'와 '씨앗명'을 차례로 더블클릭해도 각각을 드래그한 것과 동일한 결과를 얻을 수 있습니다.

6. 업데이트 확인 창이 나타납니다. 〈예〉를 클릭하세요.

7. '행 원본'이 설정되면 '바운드 열', '열 개수', '목록 너비', '목록 값만 허용' 속성을 그림과 같이 설정하세요.

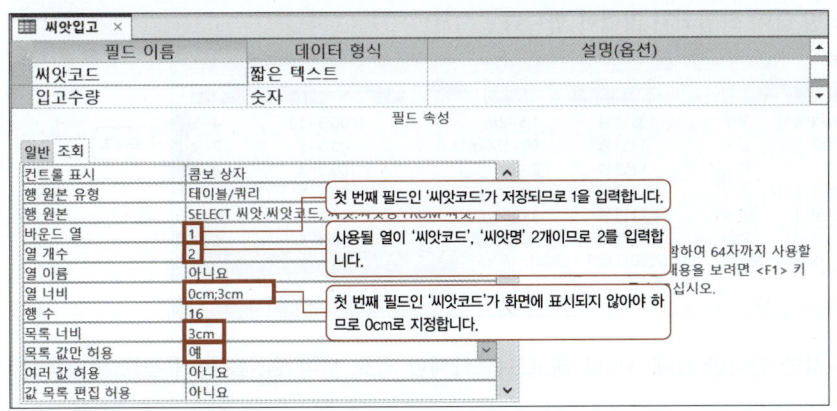

전문가의 조언

- 열 개수를 2로 지정하는 이유는 콤보상자에 사용될 필드가 '씨앗코드', '씨앗명'이기 때문입니다.
- 열 너비를 0cm;3cm로 지정하는 이유는 첫 번째 필드인 '씨앗코드'는 화면에 표시하지 않고 '씨앗명'만 화면에 표시하기 위해서입니다.
- 열 너비를 입력할 때 각 필드는 세미콜론(;)으로 구분하며, '0'을 입력하면 자동으로 '0cm'로 변경됩니다.
- 열 너비가 문제에 주어지지 않았지만 목록 너비가 3cm로 제시되었고, '씨앗명'만 화면에 표시하면 되므로 '0cm;3cm'와 같이 '씨앗명'이 표시될 너비로 3cm를 지정하면 됩니다.

8. 닫기 단추(⋈)를 클릭한 후 저장 여부를 묻는 대화상자가 표시되면 〈예〉를 클릭하여 변경된 테이블의 설계 정보를 저장합니다.

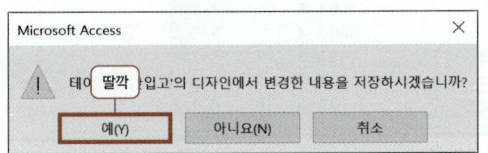

9. 〈씨앗입고〉 테이블을 더블클릭하여 연 다음 '씨앗코드' 필드에 조회 속성이 정상적으로 설정되었는지 확인하세요.

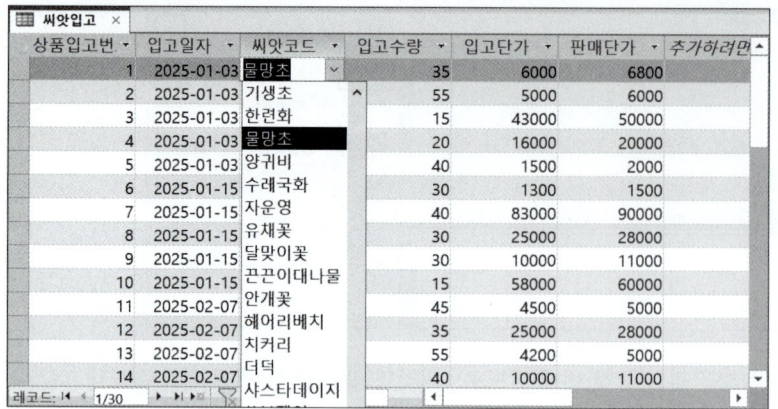

데이터 입력으로 테이블 확인하기

1. 〈씨앗〉 테이블에 설정한 필드 속성의 작동 여부를 데이터 입력으로 테스트하기 위해 '탐색' 창에서 〈씨앗〉 테이블을 더블클릭합니다.

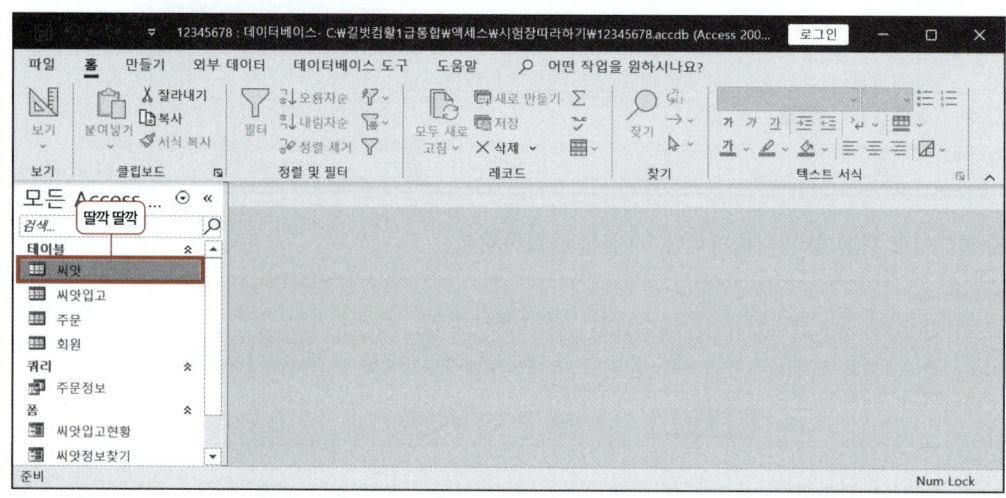

2. '씨앗코드' 필드는 입력 마스크 설정 시 반드시 입력되도록 지정했기 때문에 빈 칸을 삽입하려고 Spacebar를 눌러도 빈 칸이 삽입되지 않아야 합니다.

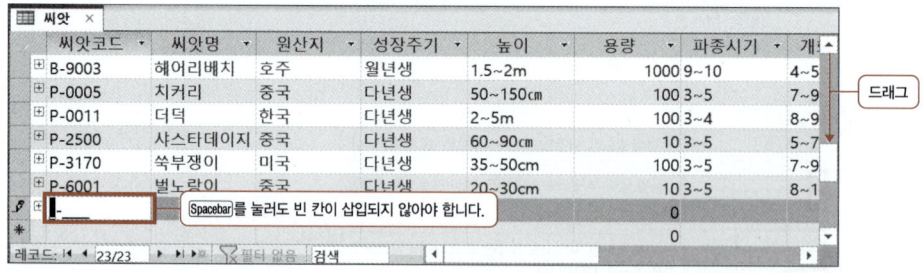

3. 레코드의 일부 값만 입력한 상태이므로 레코드를 삭제할 필요 없이 Esc를 눌러 필드 입력을 취소하세요.

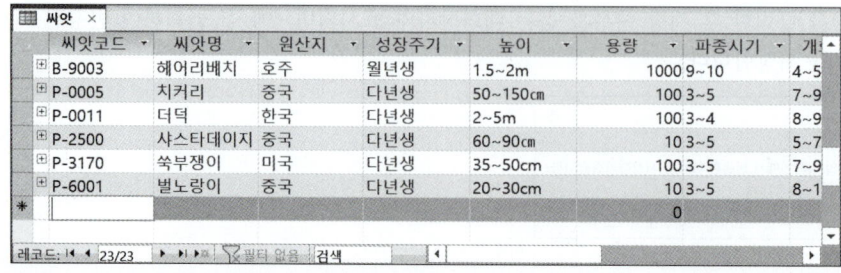

전문가의 조언

테이블의 각 필드 속성을 지정한 후 올바르게 설정했는지 확인하기 위한 내용입니다. 실제 시험에서는 마음이 급하고, 시간도 여유롭지 못해 설정 사항이 제대로 동작하는지 확인하기가 쉽지 않습니다. 평소 연습할 때 올바르게 설정하였는지 이 방법으로 꼭 확인해 보시기 바랍니다. 그리고 시험장에서는 확인할 시간이 없다는걸 명심하고 평소 연습할 때 실수 없이 정확하게 푸는 습관을 길러야 합니다.

4. '씨앗명' 필드에 **12345678900**을 입력하려고 하면 **1234567890**까지만 입력되는지 확인해 보세요. 필드 크기를 10으로 설정했기 때문에 10자리를 초과하는 값은 입력되지 않아야 합니다.

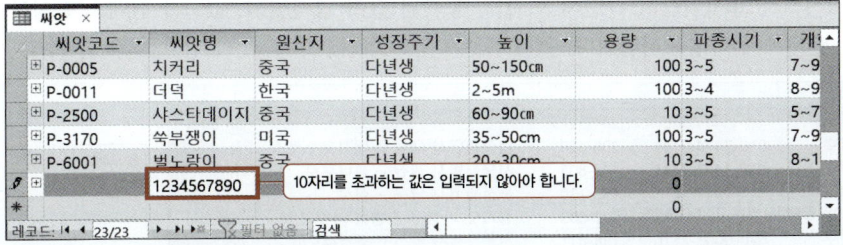

5. Esc를 눌러 필드 입력을 취소한 후 다음 레코드로 이동(↓)시켜 보세요. '씨앗명' 필드에는 반드시 값이 입력되도록 필수 속성을 설정하였으므로 에러 메시지가 표시됩니다.

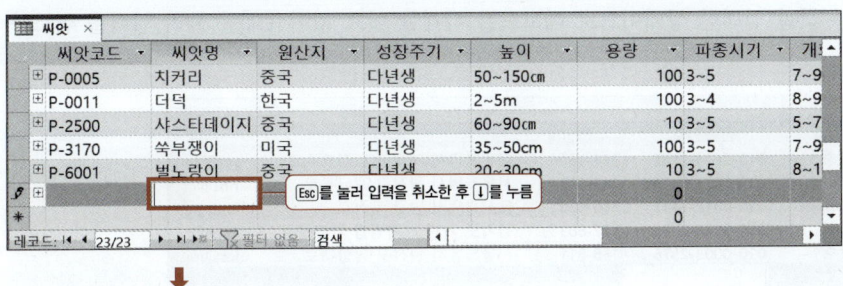

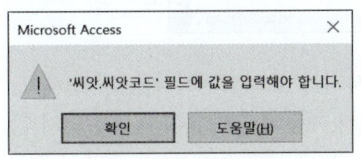

6. 에러 메시지 창에서 〈확인〉을 클릭하고 Esc를 눌러 레코드 입력을 취소한 후 〈씨앗〉 테이블의 닫기 단추(☒)를 클릭하세요.

7. 〈회원〉 테이블에 설정한 필드 속성의 작동 여부도 확인해야 합니다. '탐색' 창에서 〈회원〉 테이블을 더블클릭합니다.

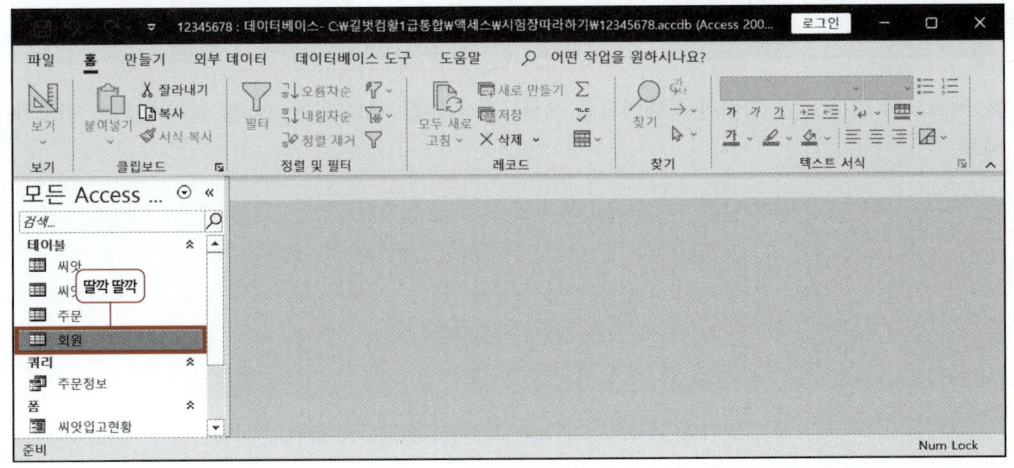

2과목 데이터베이스 실무　255

8. '전화번호' 필드에 인덱스 설정 여부를 확인하려면, 먼저 기본키로 설정된 '고객ID'에 값을 입력해야 합니다. '고객ID' 필드에 1234를 입력하고, '전화번호' 필드에 위와 동일한 010-0003-2576을 입력하여 오류 메시지가 표시되는지 확인해 보세요. 중복된 값이 입력될 수 없도록 인덱스 속성을 설정하였으므로 에러 메시지가 표시됩니다.

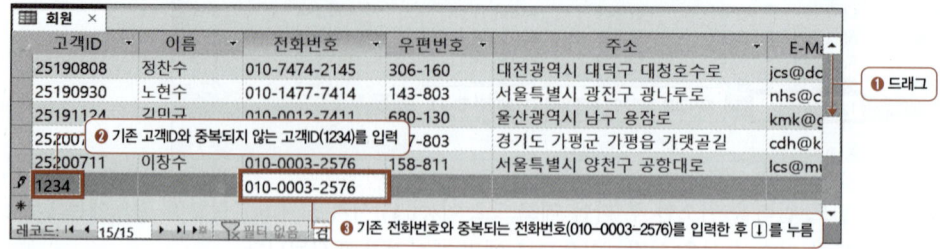

> **전문가의 조언**
>
> '고객ID' 필드에 값을 입력하지 않고 '전화번호' 필드에 값을 입력한 후 다음 레코드로 이동(↓)시키면 기본키로 설정된 '고객ID' 필드에 값이 입력되지 않았으므로 오류 메시지가 표시됩니다. 메시지 창에서 〈확인〉을 클릭하세요.

9. 레코드의 일부 값만 입력한 상태이므로 레코드를 삭제할 필요 없이 Esc를 눌러 입력을 취소하세요.

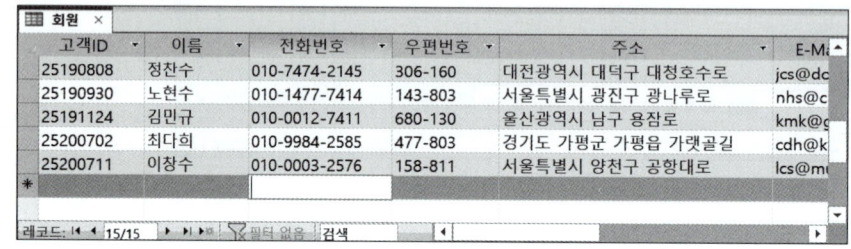

> **전문가의 조언**
>
> 오류 메시지가 표시되면 메시지 창에서 〈확인〉을 클릭하세요.

10. 'E-Mail' 필드에 a.net을 입력하고 Enter를 누르면 오류 메시지가 표시되는지 확인해 보세요. "@"문자가 반드시 포함되도록 유효성 검사 규칙 속성을 설정했기 때문에 "@"문자가 포함되지 않으면 오류 메시지가 표시되어야 합니다.

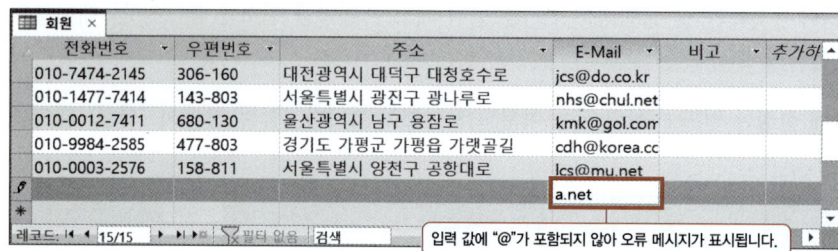

11. 레코드의 일부 값만 입력한 상태이므로 레코드를 삭제할 필요 없이 Esc를 눌러 입력을 취소하세요.

12. 〈회원〉 테이블의 닫기 단추(☒)를 클릭하세요.

> **전문가의 조언**
>
> 설정 내용을 확인하는 과정에서 새로 추가한 레코드가 있다면, 삭제하고 작업하는 것이 좋습니다. 채점과는 무관할지라도 새로 추가된 레코드로 인해 폼이나 보고서에 출력된 결과가 문제와 다르게 출력되면 작업에 혼란을 가져올 수 있기 때문입니다.

> **전문가의 조언**
>
> 〈씨앗입고〉 테이블의 '씨앗코드' 필드에 설정한 조회 속성은 248쪽에서 확인했으므로 추가로 확인 작업을 진행하지 않았습니다.

02. 'B2B납품.xlsx' 파일에서 내용 가져와 테이블로 생성하기(5점)

1. [외부 데이터] → 가져오기 및 연결 → 새 데이터 원본 → 파일에서 → Excel을 클릭하세요.

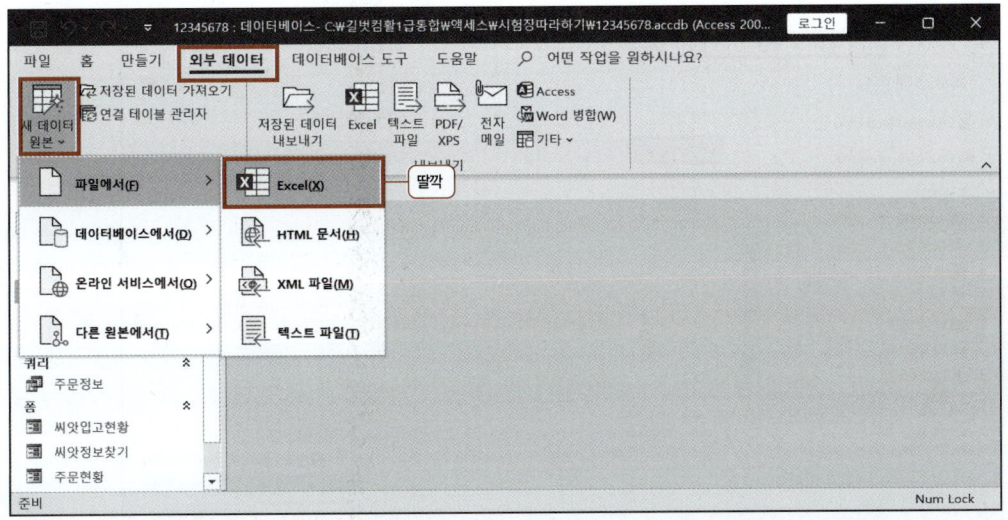

2. '외부 데이터 가져오기 - Excel 스프레드시트' 창이 나타납니다. 가져올 파일 이름과 데이터의 저장 방법 및 위치를 지정해야 합니다. 파일 이름을 지정하기 위해 〈찾아보기〉를 클릭합니다.

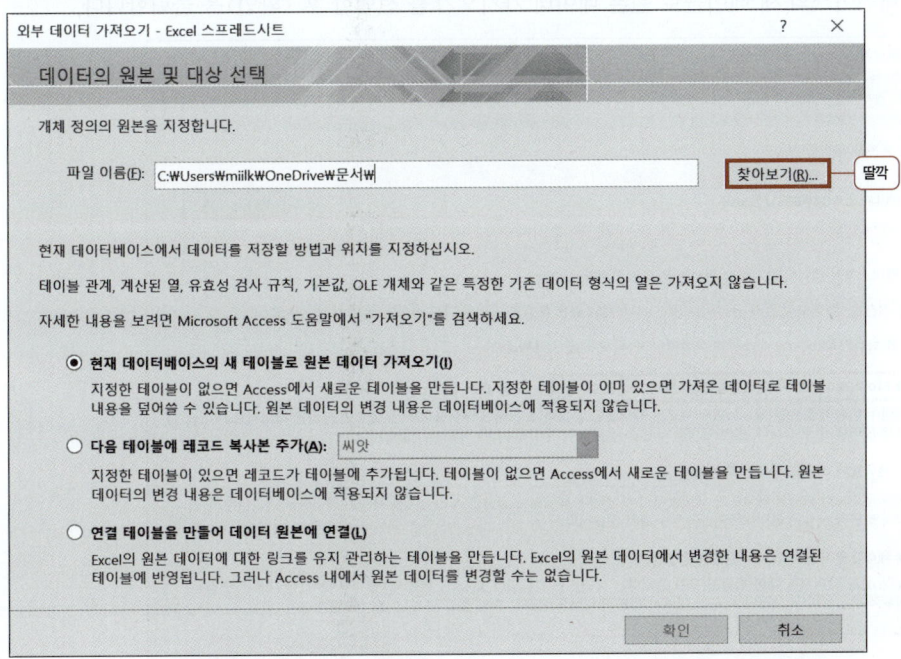

전문가의 조언

실제 시험에서는 불러올 데이터베이스 파일이 'C:\DB' 폴더 안에 들어 있습니다. 수험생 여러분은 '길벗컴활1급통합\액세스\시험장따라하기' 폴더 안에 들어 있는 'B2B납품.xlsx' 파일을 불러오면 됩니다.

3. '파일 열기' 대화상자가 나타나고, 파일 형식이 자동으로 지정됩니다. 'C 드라이브의 DB' 폴더에서 'B2B납품.xlsx' 파일을 선택한 후 〈열기〉를 클릭하세요.

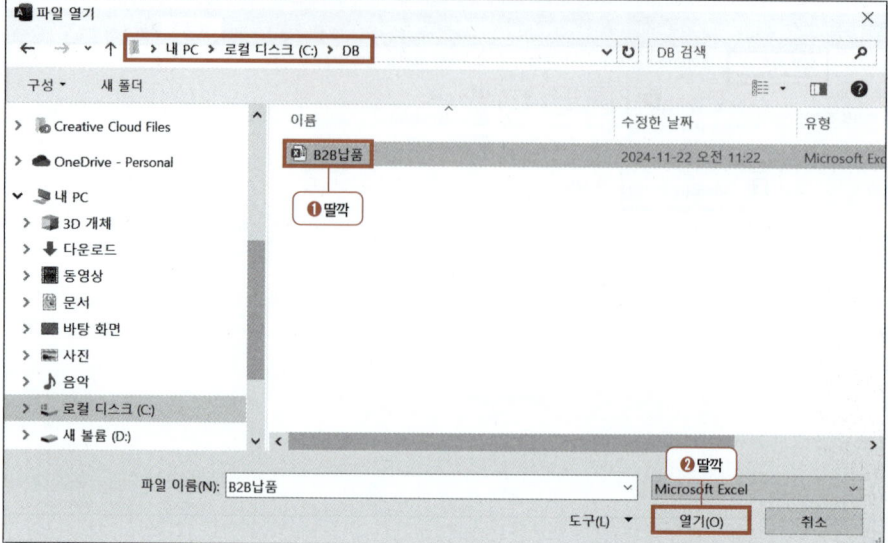

4. '외부 데이터 가져오기 - Excel 스프레드시트' 창으로 돌아옵니다. 새 테이블로 가져와야 하므로 '현재 데이터베이스의 새 테이블로 원본 데이터 가져오기'를 선택한 후 〈확인〉을 클릭합니다.

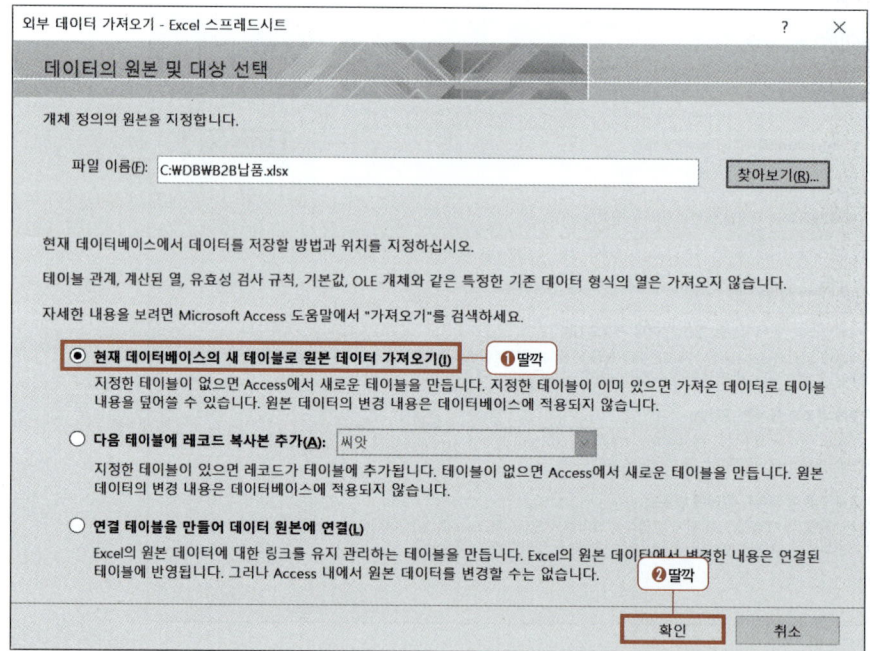

5. '스프레드시트 가져오기 마법사' 1단계 대화상자에서 '이름 있는 범위 표시'를 선택한 후 〈다음〉을 클릭하세요.

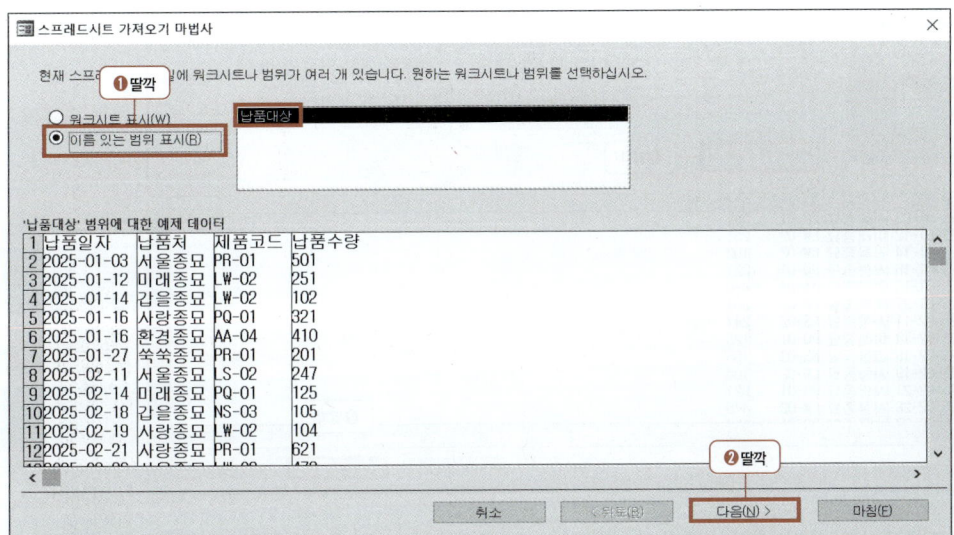

 전문가의 조언

문제에 "범위로 정의된 이름 '납품대상'의 내용"을 가져오라는 지시사항이 있으므로 '이름 있는 범위 표시'를 선택한 후 다음 작업을 진행하는 것입니다.

6. '스프레드시트 가져오기 마법사' 2단계 대화상자에서 '첫 행에 열 머리글이 있음'을 선택한 후 〈다음〉을 클릭하세요.

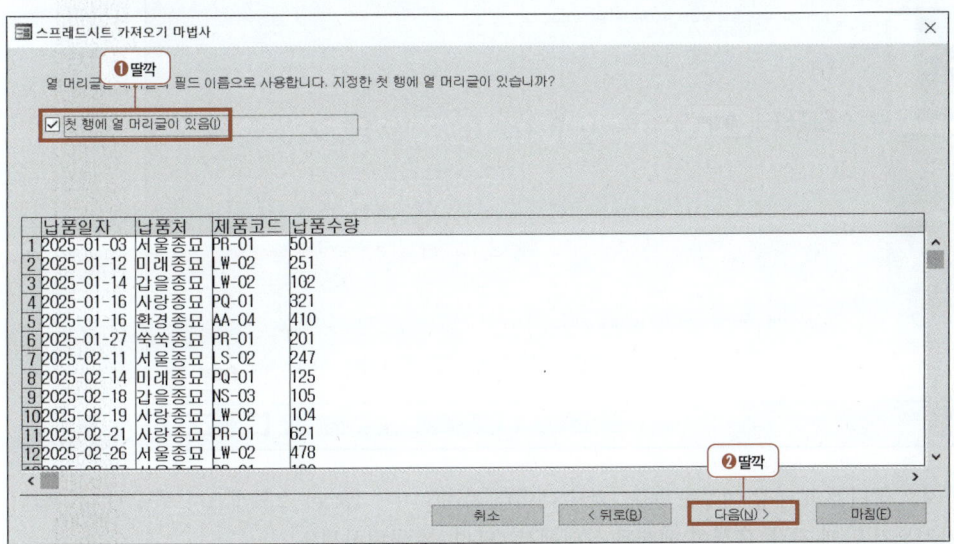

 전문가의 조언

문제에 "첫 번째 행은 열 머리글"이라는 지시사항이 있으므로 '첫 행에 열 머리글이 있음'을 선택한 후 다음 작업을 진행하는 것입니다.

7. '스프레드시트 가져오기 마법사' 3단계 대화상자에서 〈다음〉을 클릭하세요.

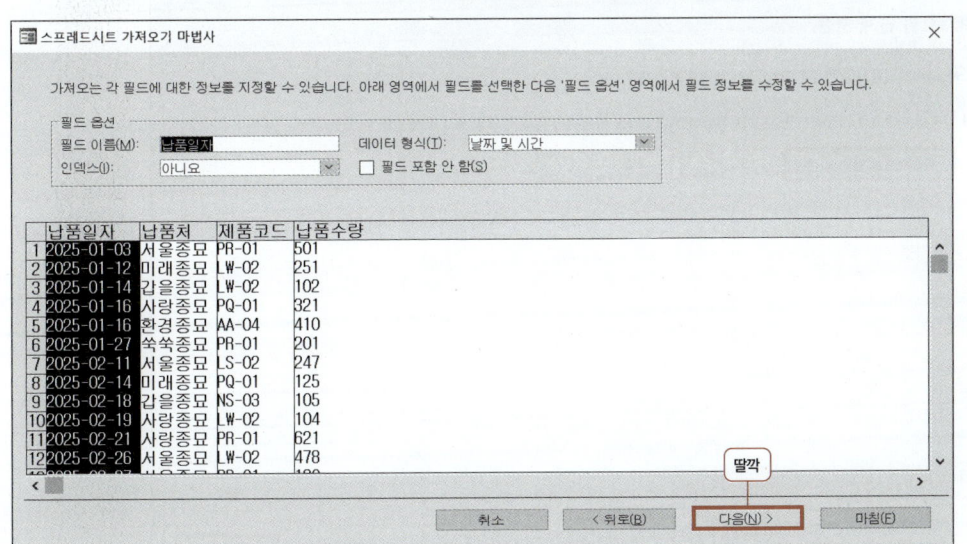

 전문가의 조언

문제에 "○○ 필드를 제외"하라는 지시사항이 있는 경우 이 과정에서 제시된 필드를 대상으로 '필드 포함 안 함'을 선택하면 되는데, 이번 문제에는 지시사항이 없으므로 설정 과정 없이 〈다음〉을 클릭한 후 다음 작업을 진행하는 것입니다.

전문가의 조언

문제에 "기본 키는 없음으로 설정"하라는 지시사항이 있으므로 '기본 키 없음'을 선택한 후 다음 작업을 진행하는 것입니다.

8. '스프레드시트 가져오기 마법사' 4단계 대화상자에서 '기본 키 없음'을 선택한 후 〈다음〉을 클릭하세요.

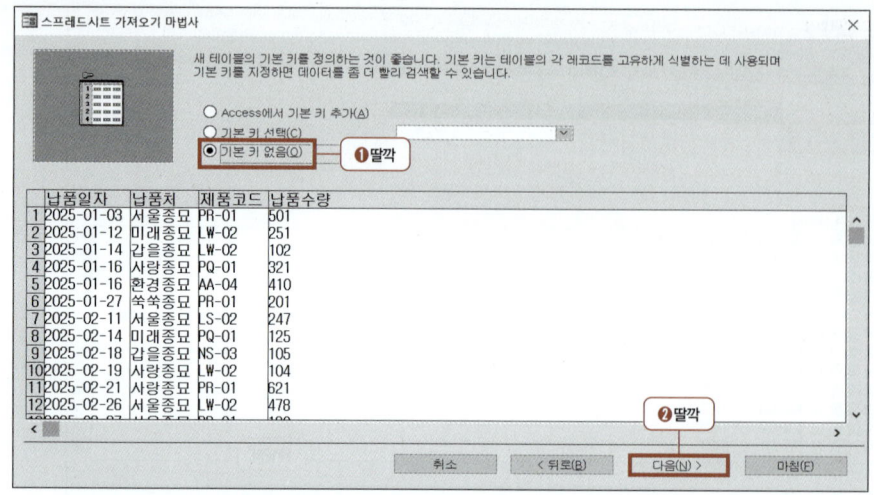

9. '스프레드시트 연결 마법사' 5단계 대화상자에서 '테이블 이름'에 **B2B납품**을 입력한 후 〈마침〉을 클릭하세요.

전문가의 조언

문제에 제시된 테이블의 이름을 잘못 입력하면 배정된 점수를 모두 잃게 됩니다. 이름을 잘못 입력하지 않도록 주의하세요.

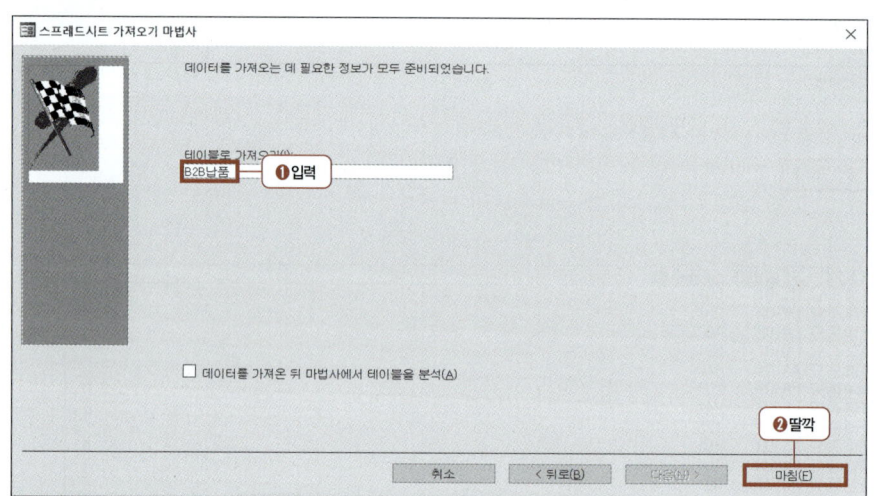

10. 가져오기 단계의 저장 여부를 묻는 '외부 데이터 가져오기 – Excel 스프레드시트' 창이 나타납니다. '가져오기 단계 저장' 옵션이 해제된 상태에서 〈닫기〉를 클릭하세요.

전문가의 조언

'가져오기 단계 저장'은 가져오기 단계에서 설정한 내용을 저장하는 것으로, 동일한 파일을 다시 가져올 때 '스프레드시트 마법사'를 거치지 않고 빠르게 가져올 수 있습니다. '가져오기 단계 저장' 옵션을 선택하여 저장한 내용은 [외부 데이터] → 가져오기 및 연결 → **저장된 데이터 가져오기**를 통해 저장 여부를 확인할 수 있고, 가져오기를 실행할 수도 있습니다.

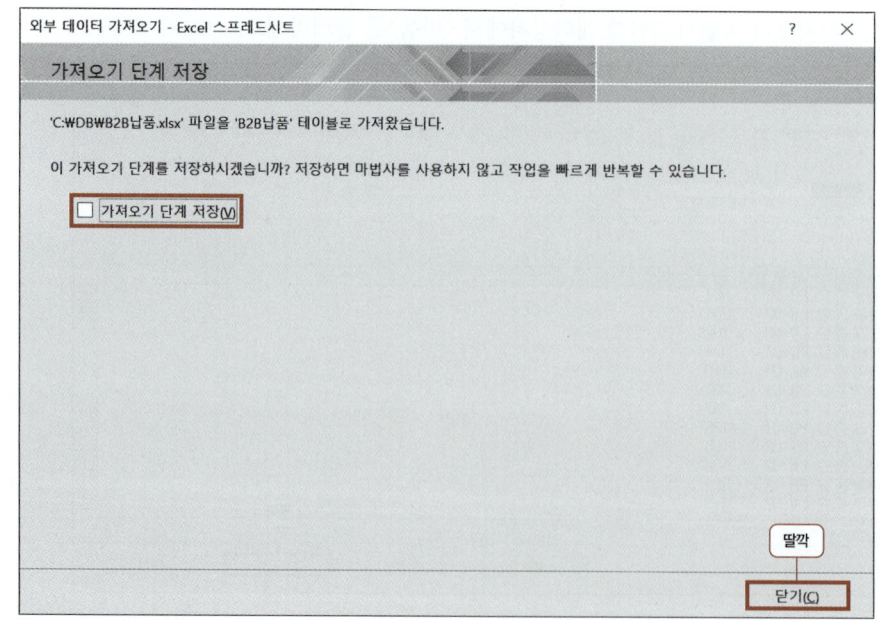

11. 〈B2B납품〉 테이블을 더블클릭하여 가져오기 결과를 확인한 후 닫기 단추(X)를 클릭하세요.

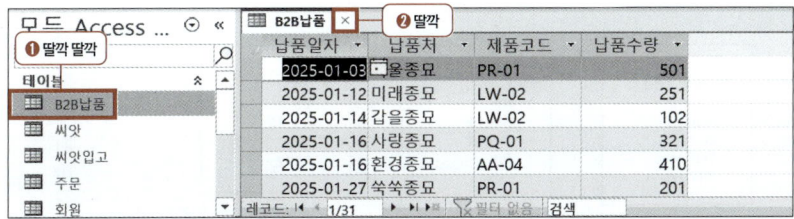

03. 〈회원〉 테이블과 〈주문〉 테이블 간의 관계 설정하기(5점)

1. [데이터베이스 도구] → 관계 → **관계**()를 클릭합니다.

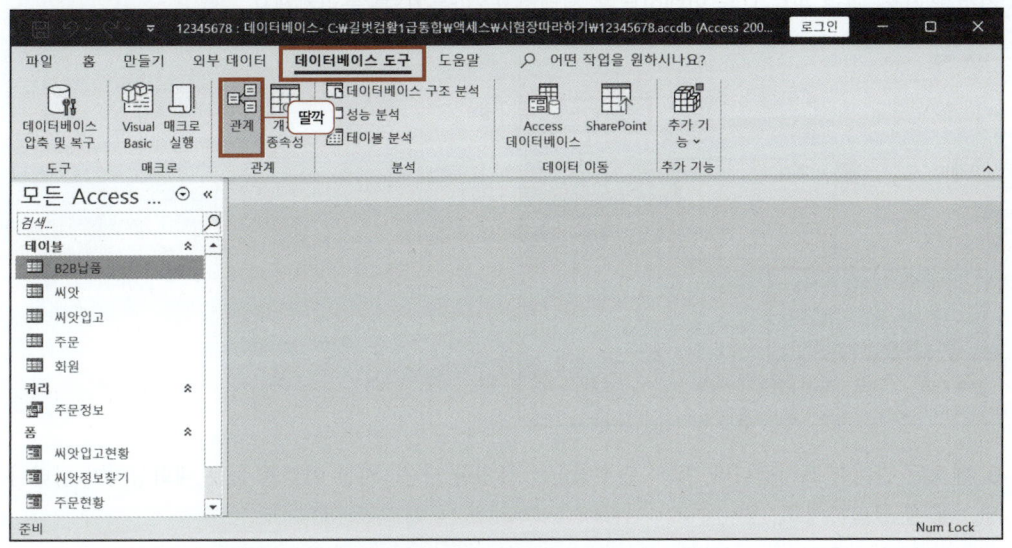

2. '관계' 창의 바로 가기 메뉴에서 [테이블 표시]를 선택하세요.

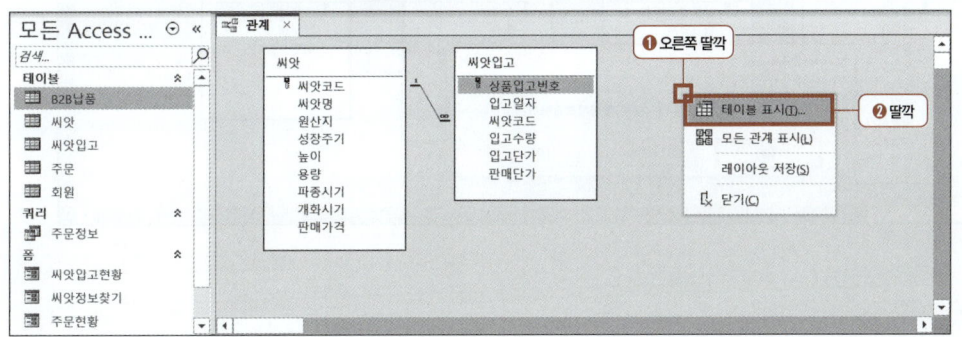

 전문가의 조언

'관계' 창이 처음 열릴 때 '테이블 추가' 창이 자동으로 표시됩니다. 하지만 이 문제와 같이 이미 설정되어 있는 관계가 있는 경우에는 '테이블 추가' 창이 표시되지 않으므로, '관계' 창의 바로 가기 메뉴에서 [테이블 표시]를 선택하여 '테이블 추가' 창을 표시한 것입니다.

3. '테이블 추가' 창의 '테이블' 탭에서 〈회원〉과 〈주문〉 테이블을 더블클릭하여 추가한 후 '테이블 추가' 창의 닫기 단추(X)를 클릭하세요.

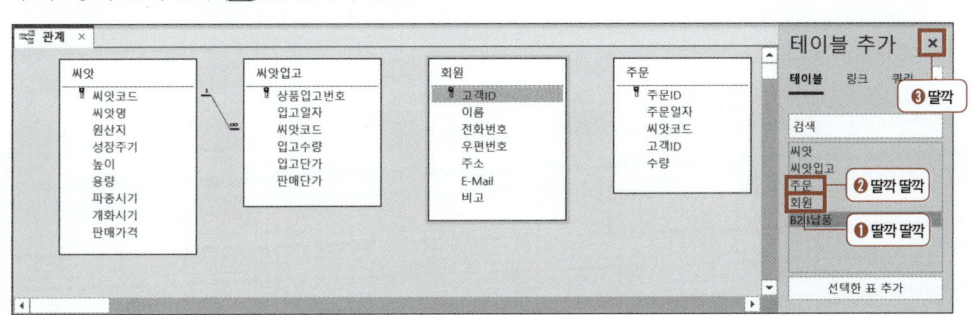

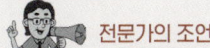 전문가의 조언

'테이블 추가' 창이 화면을 가려 작업에 방해되지 않는다면 굳이 '테이블 추가' 창을 닫을 필요는 없습니다.

 전문가의 조언

〈주문〉 테이블의 '고객ID' 필드를 〈회원〉 테이블의 '고객ID' 필드로 끌어다 놓아도 결과는 같습니다.

4. 〈회원〉 테이블의 '고객ID' 필드를 〈주문〉 테이블의 '고객ID' 필드로 끌어다 놓으세요.

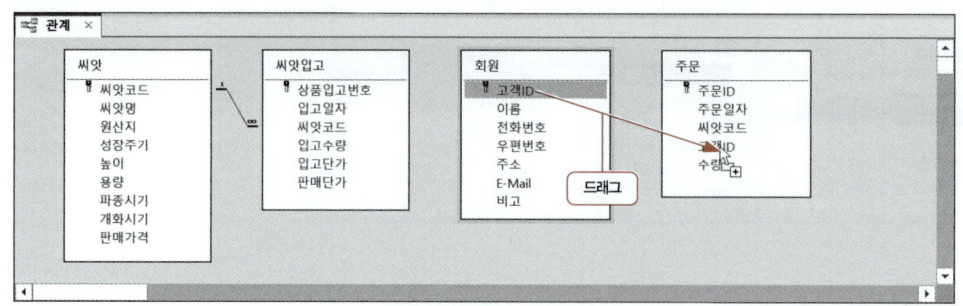

5. 마우스의 왼쪽 버튼에서 손가락을 떼는 순간 '관계 편집' 대화상자가 나타납니다. '항상 참조 무결성 유지'와 '관련 필드 모두 업데이트'를 선택하고 〈만들기〉를 클릭하세요.

 전문가의 조언

- '관련 필드 모두 업데이트'나 '관련 레코드 모두 삭제' 항목을 설정하려면 우선 '항상 참조 무결성 유지' 항목을 체크해야 합니다.
- 문제에서 참조 필드(〈회원〉 테이블의 '고객ID' 필드)가 변경되면, 관련 필드(〈주문〉 테이블의 '고객ID' 필드)의 값도 변경되도록 설정하라고 했으므로 '관련 필드 모두 업데이트' 항목을 체크하는 것입니다.
- 문제에서 다른 테이블에서 참조하고 있는 레코드는 삭제할 수 없도록 설정하라고 했으므로 '관련 레코드 모두 삭제' 항목은 체크하지 않은 것입니다.

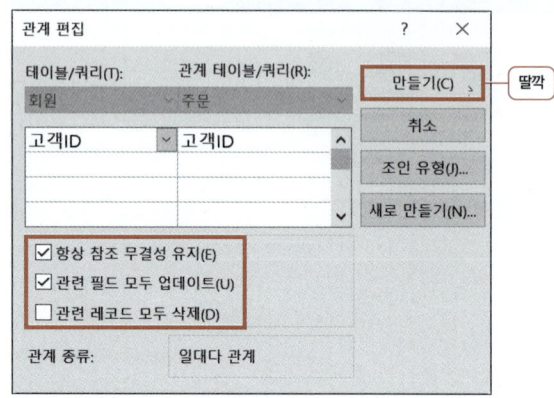

6. 설정된 관계가 표시됩니다. 닫기 단추(×)를 클릭한 다음, 저장 여부를 묻는 대화상자가 나타나면 〈예〉를 클릭하세요.

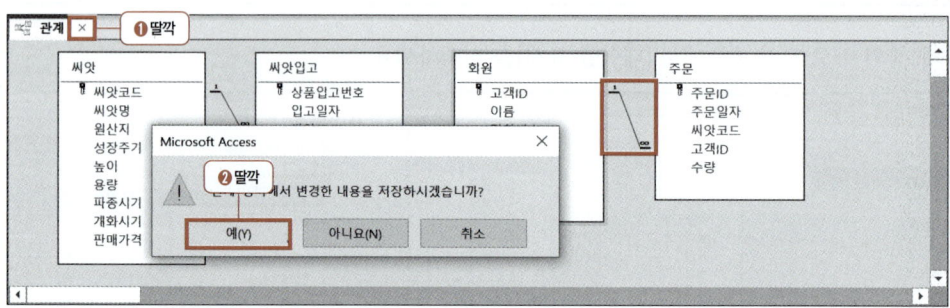

문제 2   입력 및 수정 기능 풀이

01. 〈씨앗입고현황〉 폼 완성하기(각 3점)

1 '기본 보기' 속성 설정하기

1. 〈씨앗입고현황〉 폼의 바로 가기 메뉴에서 [디자인 보기]를 선택하여 〈씨앗입고현황〉 폼을 디자인 보기 형태로 표시합니다.

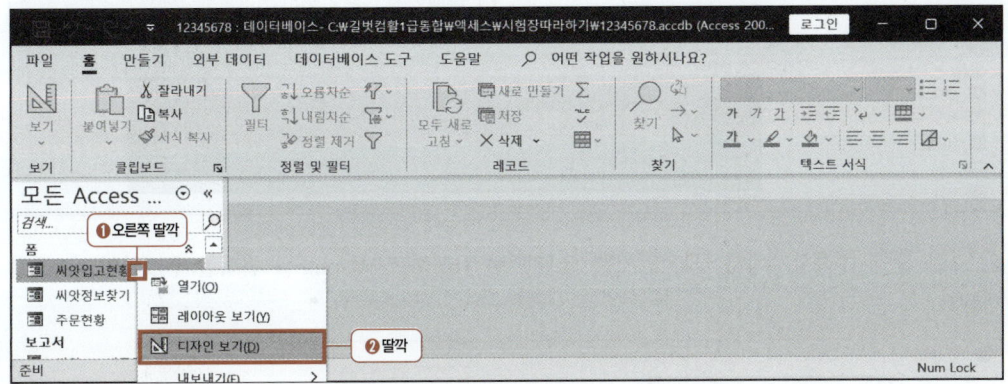

2. '폼' 속성 시트 창을 호출하기 위해 '폼 선택기'를 더블클릭합니다.

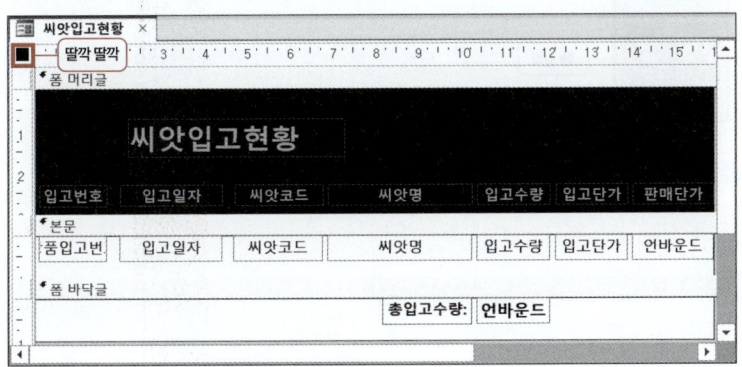

3. '폼' 속성 시트 창의 '형식' 탭에서 '기본 보기' 속성을 '연속 폼'으로 선택하세요.

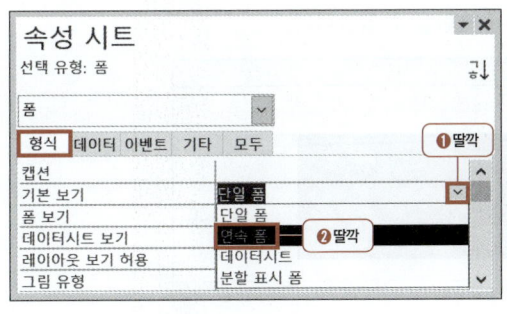

> **전문가의 조언**
>
> - 단일 폼은 한 창에 한 개의 레코드만 표시하고, 연속 폼은 창의 크기에 맞게 여러 개의 레코드를 표시합니다.
> - 속성 값을 지정할 경우 속성명이나 속성난을 마우스로 더블클릭하면 속성이 갖고 있는 목록이 차례로 선택됩니다. 예를 들면, 속성명인 '기본 보기'를 더블클릭하거나 속성난을 더블클릭할 때마다 '단일 폼', '연속 폼', '데이터시트', '분할 표시 폼'이 순차적으로 반복 선택된다는 의미입니다.

② 그림 삽입하기

1. [양식 디자인] → 컨트롤 → 이미지 삽입 → **찾아보기**를 클릭하세요.

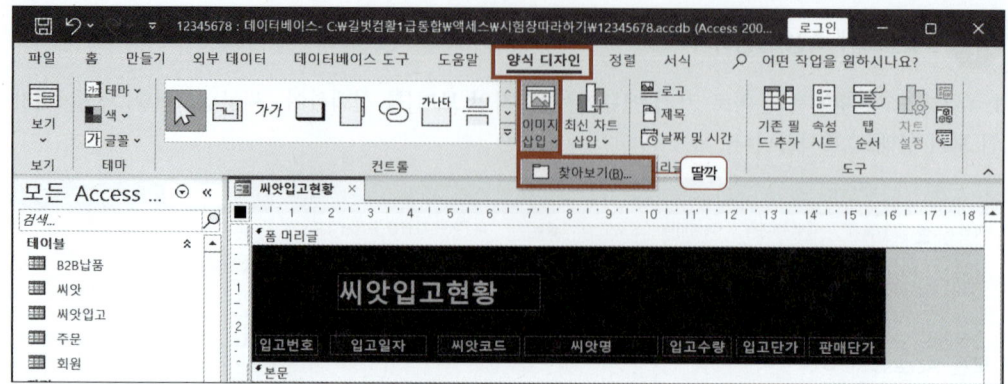

 전문가의 조언

실제 시험에서는 불러올 이미지 파일이 'C:\DB' 폴더 안에 들어 있습니다. 수험생 여러분은 '길벗컴활1급통합\액세스\시험장따라하기' 폴더 안에 들어 있는 '꽃.png' 파일을 불러 오면 됩니다.

2. '그림 삽입' 대화상자에서 찾는 위치를 'C:\DB'로 지정하고 '꽃.png'를 선택한 후 〈확인〉을 클릭하세요.

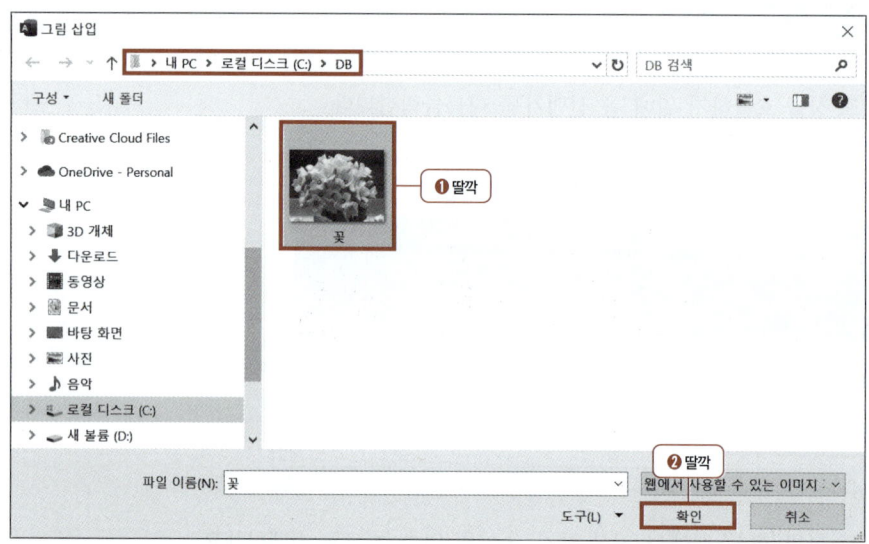

3. 폼 머리글의 제목 왼쪽에서 마우스를 드래그하여 그림을 삽입합니다.

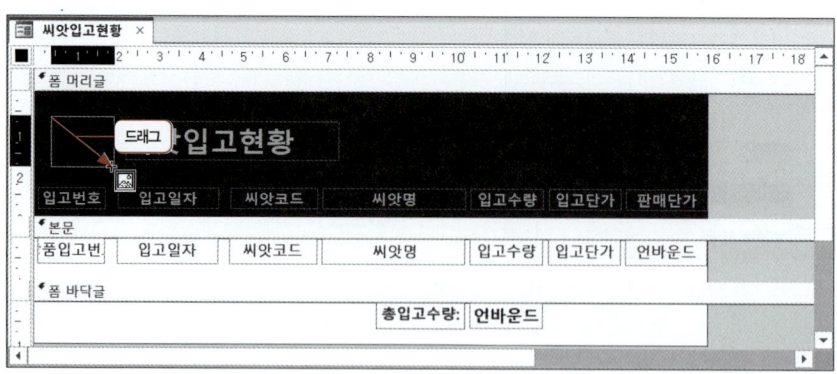

4. 삽입된 그림을 더블클릭한 후 '속성 시트' 창이 표시되면, '형식' 탭에서 '그림 유형', '너비', '높이' 속성을 그림과 같이 설정하세요.

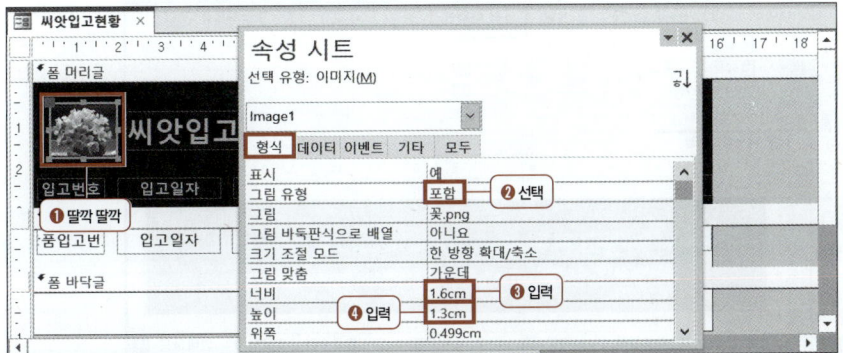

> **전문가의 조언**
> '그림 유형' 속성을 '포함'으로 지정하면, '그림' 속성에 원본 파일 이름 (꽃.png)이 자동으로 표시됩니다.

5. 이어서 '기타' 탭의 '이름' 속성에 IMG그림을 입력하고 닫기 단추(☒)를 클릭하세요.

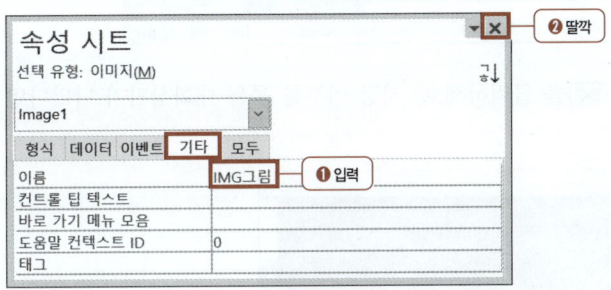

> **전문가의 조언**
> 속성 시트 창을 닫지 않고 다른 컨트롤을 클릭하면 속성 시트 창의 내용이 새로 선택한 컨트롤로 변경되므로, 속성 시트 창이 화면을 가려 작업에 방해되지 않는다면 굳이 속성 시트 창을 닫을 필요는 없습니다.

③ 'txt총입고수량' 컨트롤에 '컨트롤 원본' 속성 설정하기

1. 폼 바닥글의 'txt총입고수량' 컨트롤에 속성을 설정하기 위해 'txt총입고수량' 컨트롤을 더블클릭합니다.

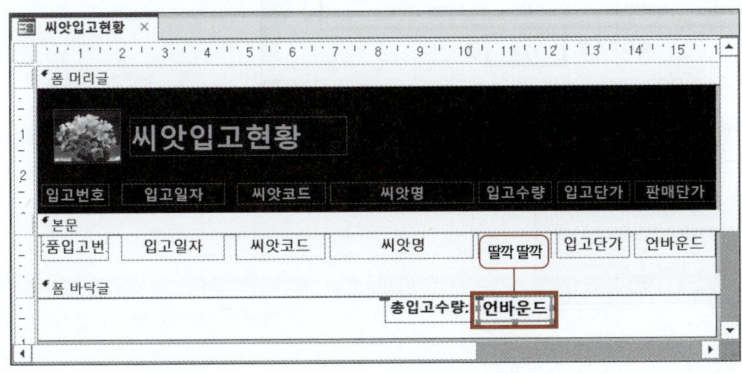

> **궁금해요 시나공 Q&A 베스트**
> **Q 컨트롤을 못 찾겠어요!**
> **A** 컨트롤의 이름은 속성 시트 창에서 확인할 수 있으므로 문제에 제시된 컨트롤이 정확하게 어떤 것인지 모를 경우, 예상되는 컨트롤을 더블클릭하여 속성 시트 창을 열어보세요. 그러면 속성 시트 창의 윗 부분에 해당 컨트롤의 이름이 표시됩니다.

2. 'txt총입고수량' 속성 시트 창에서 '데이터' 탭의 '컨트롤 원본' 속성에 =Sum([입고수량])을 입력하고 닫기 단추(☒)를 클릭하세요.

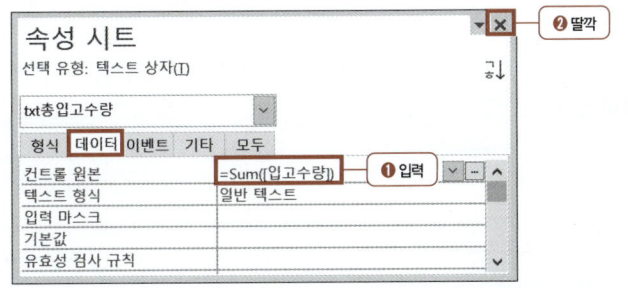

2과목 데이터베이스 실무 **265**

3. [양식 디자인] → 보기 → **폼 보기**(□)를 클릭하여 폼을 실행하세요.

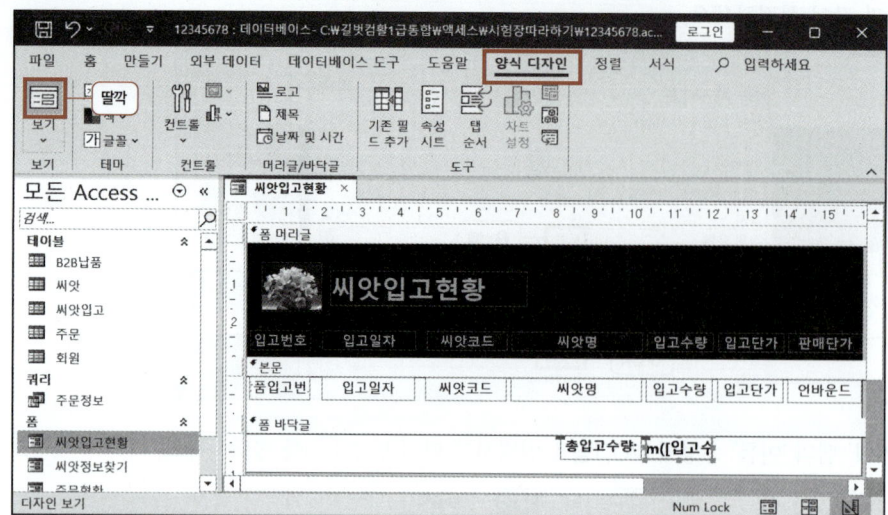

4. 완성된 폼을 확인한 다음 닫기 단추(☒)를 클릭하세요. 저장 여부를 묻는 대화상자가 나타나면 〈예〉를 클릭하세요.

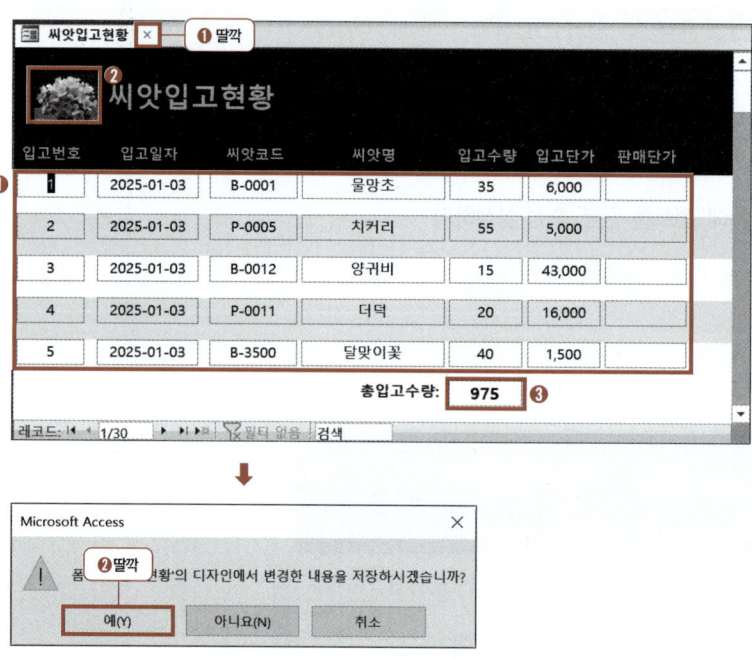

> **전문가의 조언**
>
> **확인할 사항**
> ❶ 연속 폼 설정 여부 : 창의 크기에 맞게 여러 개의 레코드가 표시됨
> ❷ 그림 삽입 여부
> ❸ 총입고수량 표시 여부

02. 〈씨앗입고현황〉 폼의 본문 컨트롤에 조건부 서식 설정하기(6점)

1. 〈씨앗입고현황〉 폼의 바로 가기 메뉴에서 [**디자인 보기**]를 선택하여 〈씨앗입고현황〉 폼을 디자인 보기 형태로 표시합니다.

2. 본문 영역 왼쪽의 눈금자 부분을 클릭하여 본문 영역의 모든 컨트롤을 선택한 후 [서식] → 컨트롤 서식 → **조건부 서식**(▦)을 클릭하세요.

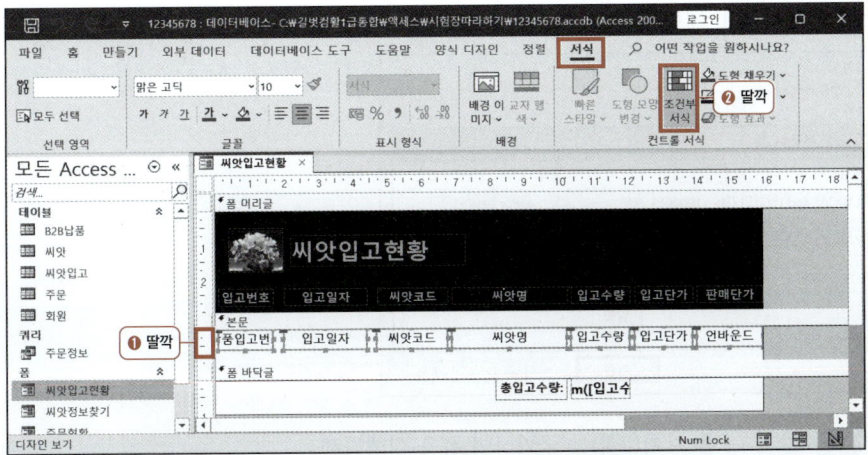

3. '조건부 서식 규칙 관리자' 대화상자에서 〈새 규칙〉을 클릭한 후 '새 서식 규칙' 대화상자에서 조건과 서식을 그림과 같이 설정한 후 〈확인〉을 클릭하세요.

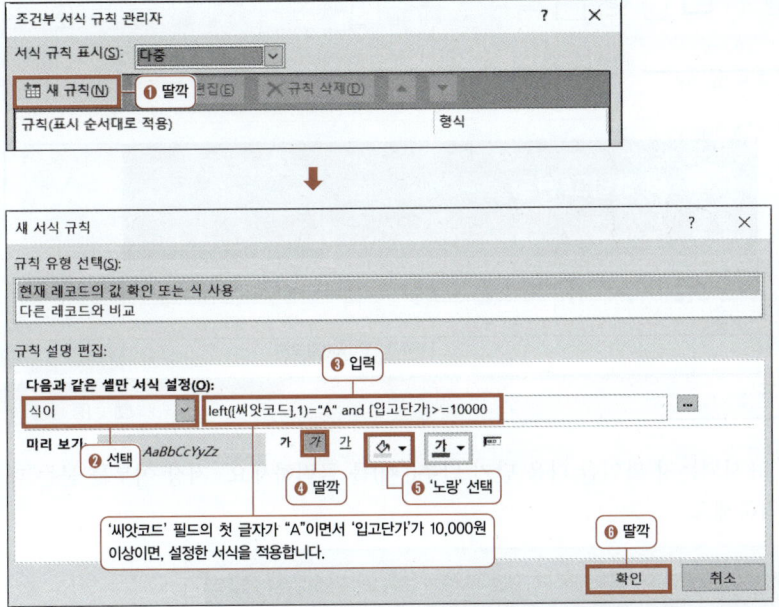

4. '조건부 서식 규칙 관리자' 대화상자가 다시 표시됩니다. 두 번째 규칙을 적용하기 위해 〈새 규칙〉을 클릭한 후 '새 서식 규칙' 대화상자에서 조건과 서식을 그림과 같이 설정한 후 〈확인〉을 클릭하세요.

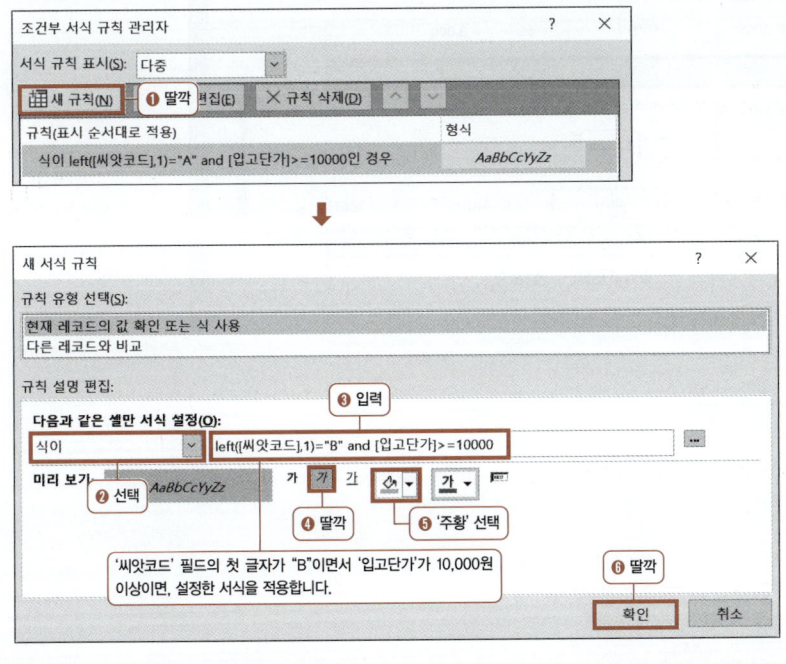

 전문가의 조언

레코드 전체에 조건부 서식을 적용하려면 본문의 모든 컨트롤을 선택한 상태에서 [서식] → 컨트롤 서식 → 조건부 서식을 클릭한 후 '식이'를 이용하여 조건을 지정해야 합니다.

 전문가의 조언

조건부 서식의 규칙은 '조건부 서식 규칙 관리자' 대화상자에 표시된 순서대로 적용되므로, 반드시 문제에 제시된 순서에 맞게 규칙을 작성해야 합니다.

5. '조건부 서식 규칙 관리자' 대화상자가 다시 표시됩니다. 〈확인〉을 클릭하세요.

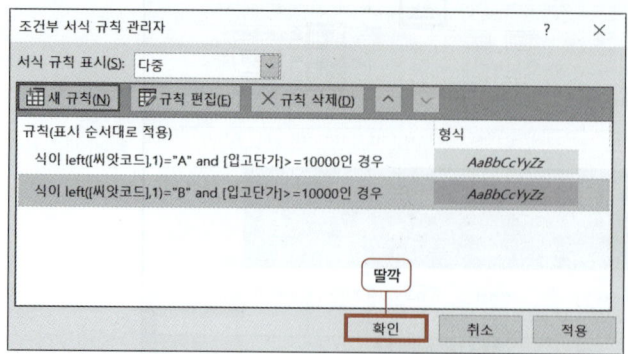

6. [양식 디자인] → 보기 → 폼 보기(▦)를 클릭하여 폼을 실행하세요.

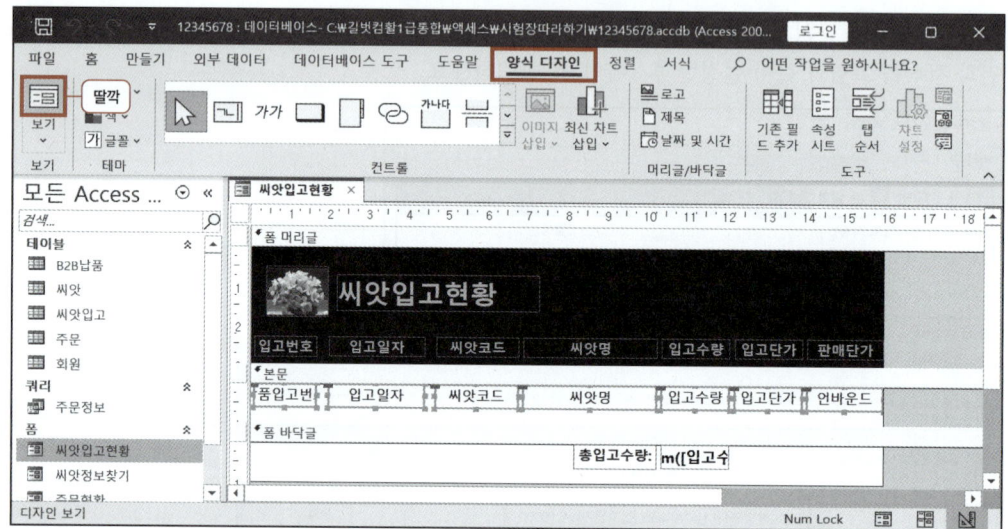

7. 지정한 조건에 맞게 표시되는지 확인한 다음 닫기 단추(×)를 클릭하세요. 저장 여부를 묻는 대화상자에서 〈예〉를 클릭하세요.

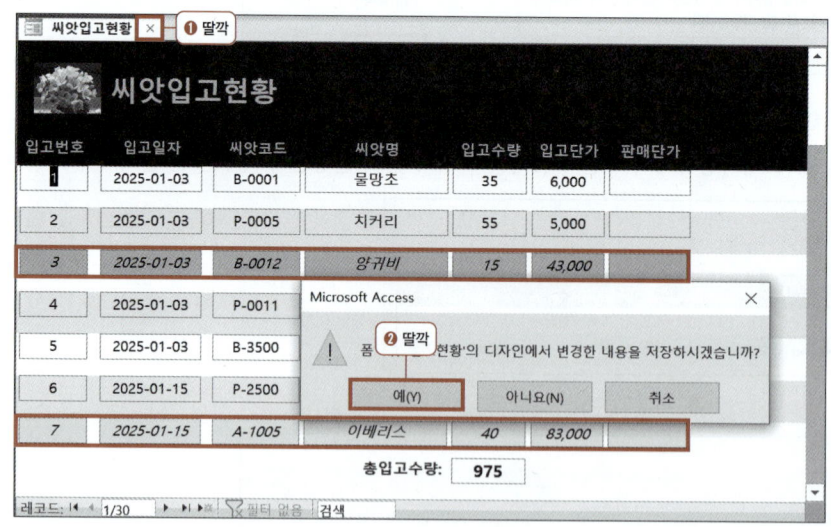

전문가의 조언

확인할 사항

- '씨앗코드'가 "A"로 시작하면서 '입고단가'가 10,000원 이상인 경우 글꼴 스타일이 '기울임꼴', 배경 색이 '노랑'으로 표시되는지 확인합니다.
- '씨앗코드'가 "B"로 시작하면서 '입고단가'가 10,000원 이상인 경우 글꼴 스타일이 '기울임꼴', 배경 색이 '주황'으로 표시되는지 확인합니다.

03. '보고서(cmd보고서)' 단추에 클릭 기능 구현하기(5점)

1. 매크로에 이름을 지정하여 사용하는 경우는 먼저 매크로 개체를 생성한 후 이를 연결하여 사용하면 됩니다. [만들기] → 매크로 및 코드 → **매크로(🗒)**를 클릭하세요.

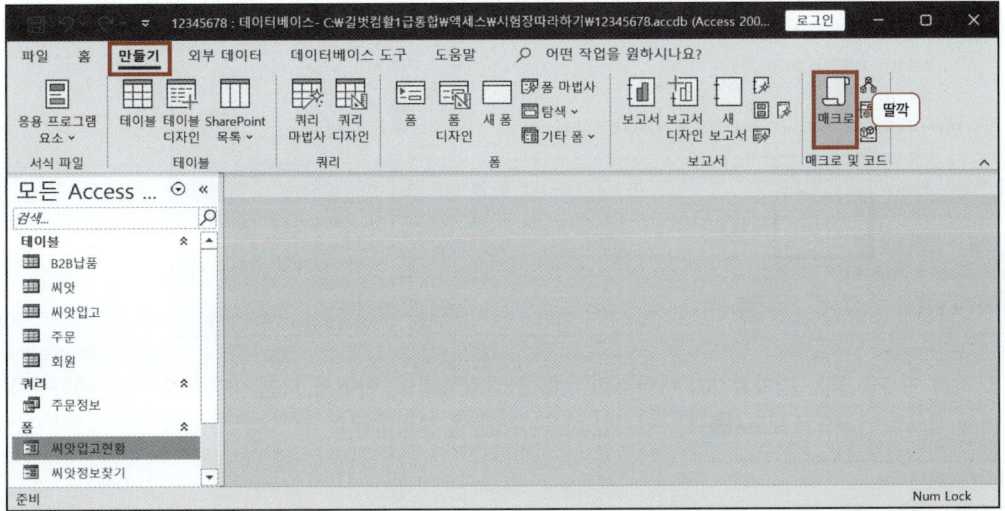

2. 매크로 함수 선택란의 목록 단추(∨)를 누른 다음 'OpenReport' 함수를 선택하세요.

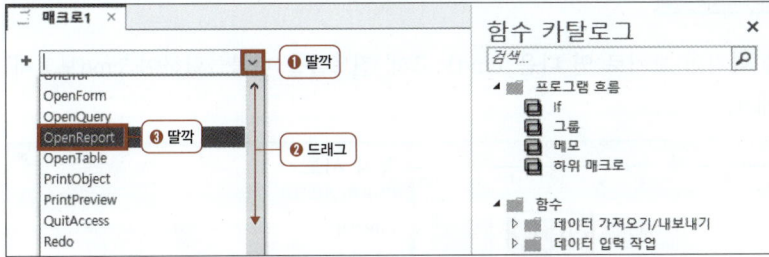

3. OpenReport 매크로 함수 대화상자에서 그림과 같이 지정하세요.

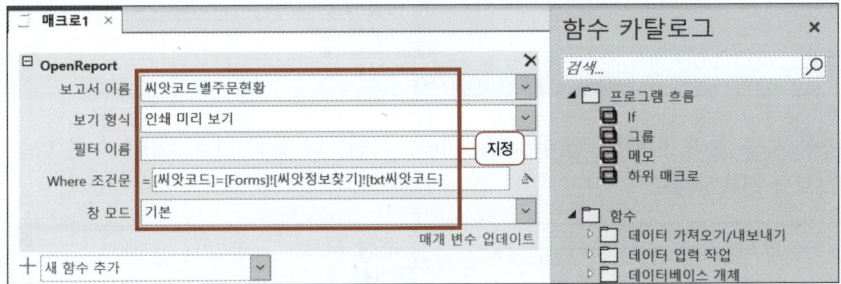

4. 이어서 '새 함수 추가' 목록 단추를 누른 다음 'CloseWindow' 함수를 선택하세요.

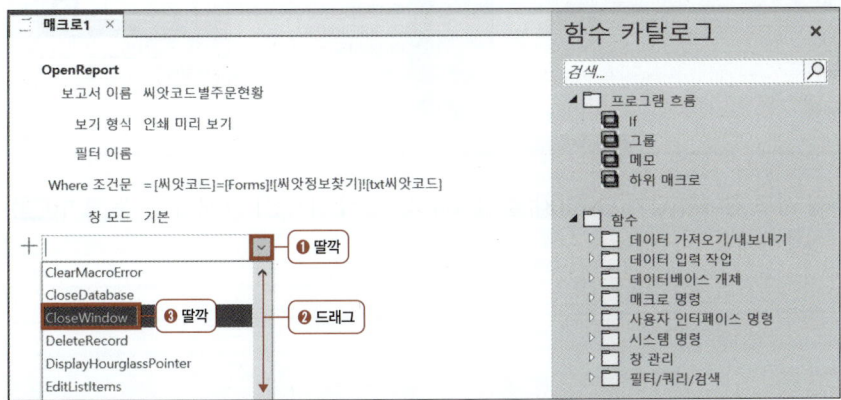

5. CloseWindow 매크로 함수 대화상자에서 그림과 같이 지정한 후 매크로 대화상자의 닫기 단추(☒)를 클릭하세요.

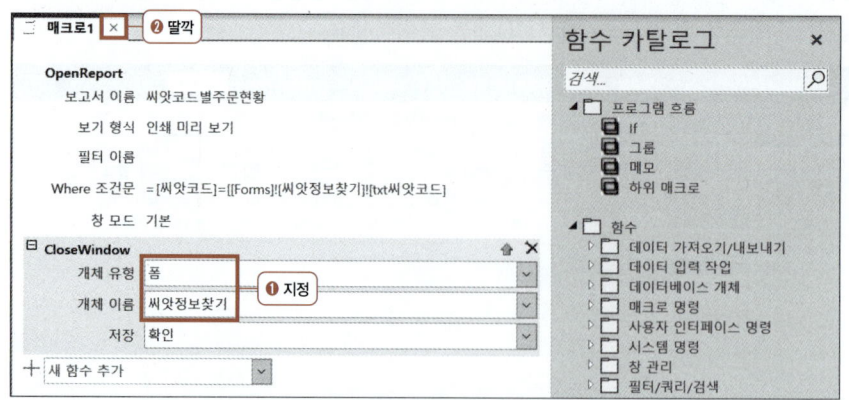

6. 저장 여부를 묻는 대화상자가 나타나면 〈예〉를 클릭하세요. 이어서 '다른 이름으로 저장' 대화상자에서 매크로 이름으로 **보고서출력**을 입력한 다음 〈확인〉을 클릭하세요.

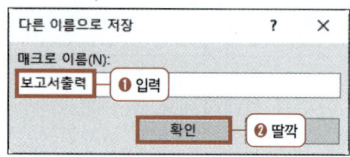

7. 〈씨앗정보찾기〉 폼을 디자인 보기로 연 다음 'cmd보고서' 컨트롤을 더블클릭하여 'cmd보고서' 속성 시트 창을 호출하세요.

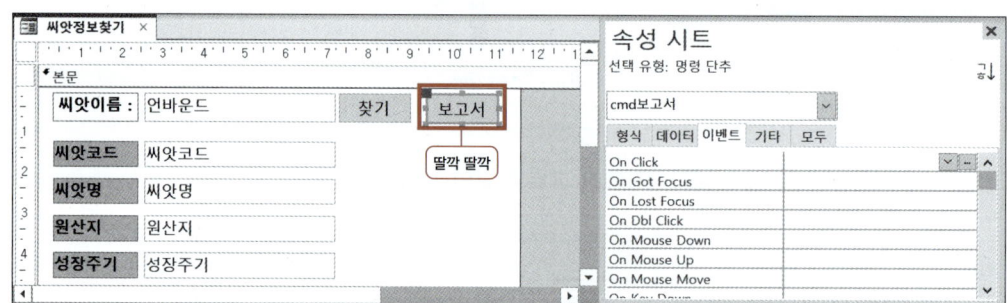

8. 'cmd보고서' 속성 시트 창의 '이벤트' 탭에서 'On Click' 이벤트의 목록 단추(▼)를 누른 다음 〈보고서출력〉 매크로를 선택하세요.

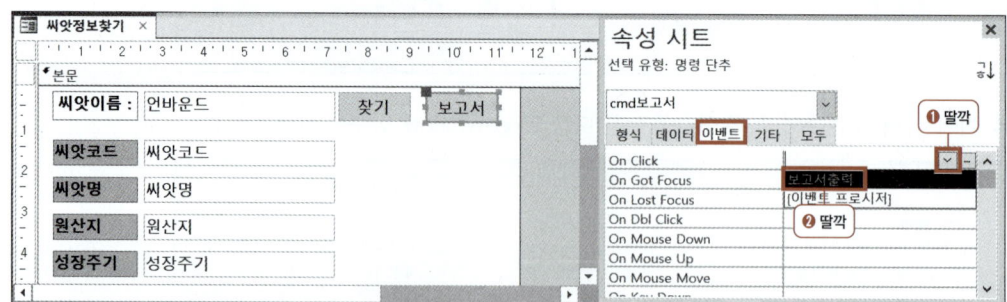

9. 'cmd보고서' 속성 시트 창에서 닫기 단추(☒)를 클릭하고, [양식 디자인] → 보기 → **폼 보기**(▤)를 클릭하여 폼을 실행하세요.

10. 'txt씨앗코드' 컨트롤에서 '씨앗코드'를 확인한 후 〈보고서〉 단추를 클릭하세요.

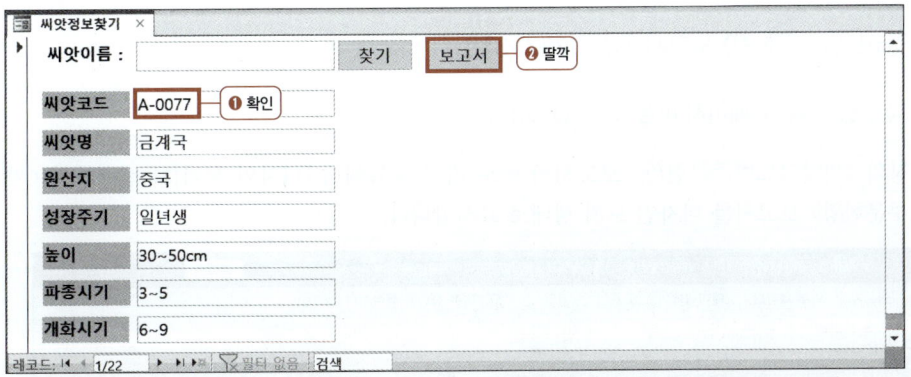

11. 〈씨앗코드별주문현황〉 보고서가 인쇄 미리 보기 상태로 열린 후 〈씨앗정보찾기〉 폼이 닫히면서 〈씨앗정보찾기〉 폼의 저장 여부를 묻는 대화상자가 표시됩니다. 〈예〉를 클릭하세요.

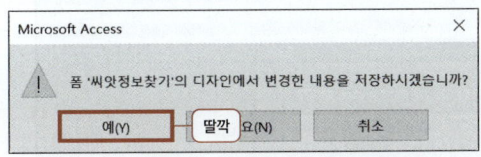

12. 이어서 〈씨앗코드별주문현황〉 보고서의 결과를 확인한 다음 [인쇄 미리 보기] → 미리 보기 닫기 → **인쇄 미리 보기 닫기(⊠)**를 클릭하세요.

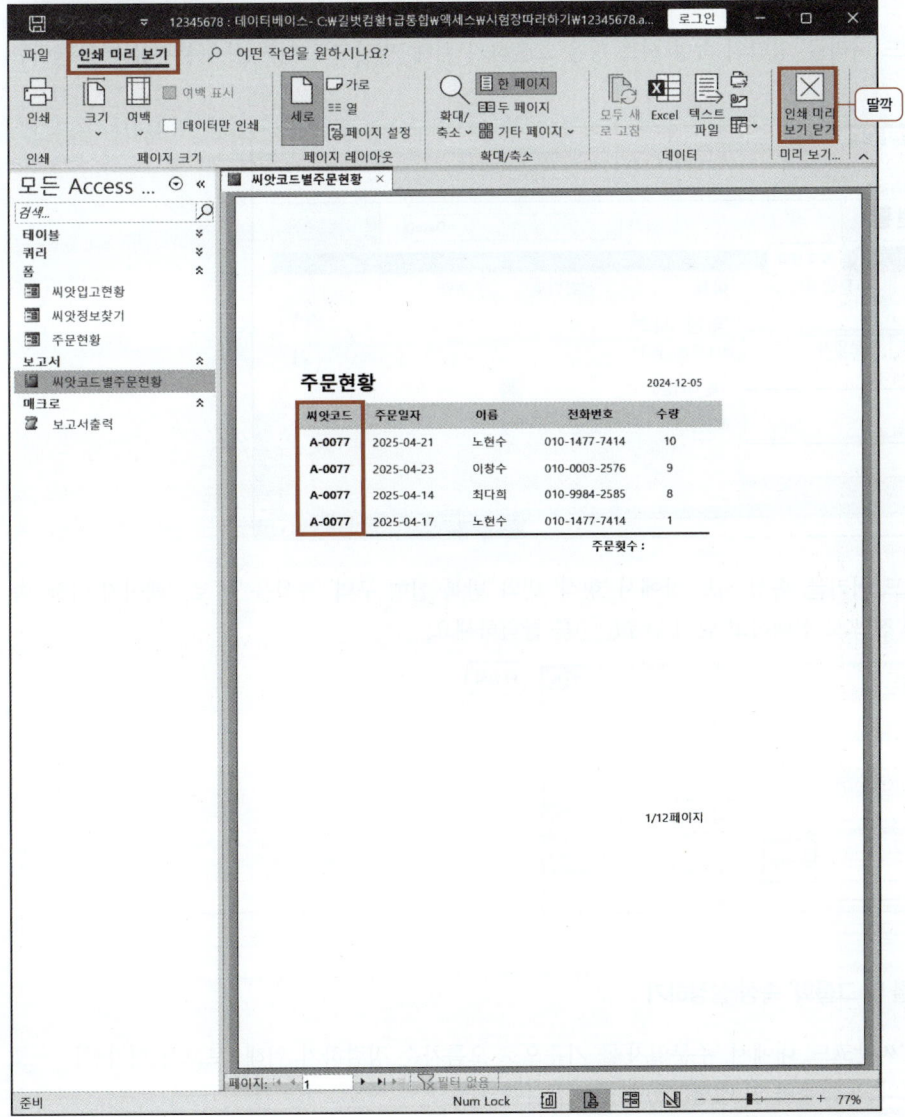

| 문제 3 | 조회 및 출력 기능 풀이 |

01. 〈씨앗코드별주문현황〉 보고서 완성하기(각 3점)

1 '반복 실행 구역'과 '페이지 바꿈' 속성 설정하기

1. '탐색' 창의 〈씨앗코드별주문현황〉 보고서의 바로 가기 메뉴에서 [디자인 보기]를 선택하여 〈씨앗코드별주문현황〉 보고서를 디자인 보기 형태로 표시합니다.

> **궁금해요** 시나공 Q&A 베스트
>
> **Q** '탐색' 창에 〈씨앗코드별주문현황〉 보고서가 없어요!
>
> **A** '탐색' 창에 모든 개체가 표시되지 않아서 그렇습니다. '탐색' 창의 ⊙를 클릭한 후 '범주 탐색'에서 [개체 유형]을, '그룹 기준 필터'에서 [모든 Access 개체]를 선택하세요. 이렇게 설정해 놓으면 모든 개체가 표시되니 항상 이렇게 설정해 놓고 작업하세요.

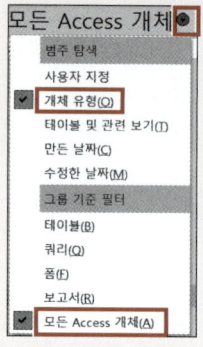

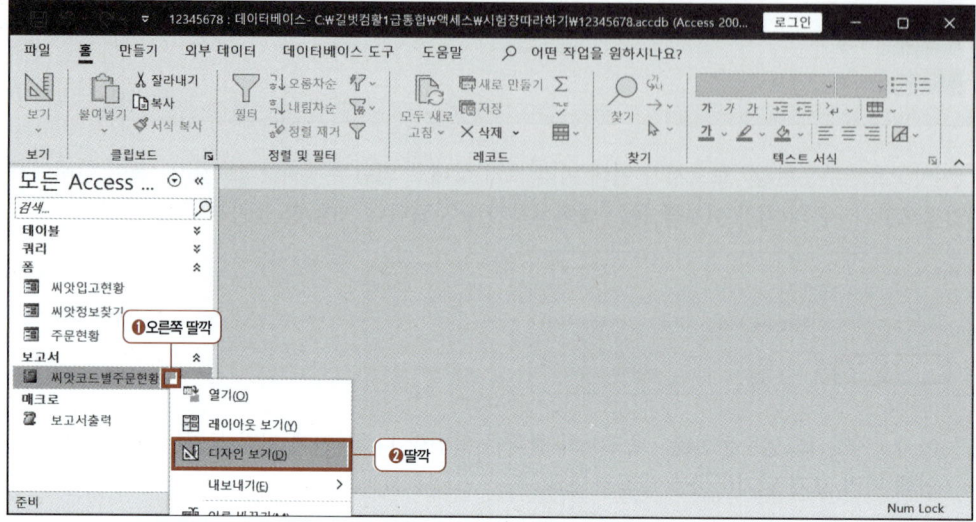

2. '씨앗코드 머리글' 영역의 속성 시트 창을 호출하기 위해 '씨앗코드 머리글' 구분선을 더블클릭합니다.

3. '씨앗코드 머리글' 속성 시트 창에서 '형식' 탭의 '반복 실행 구역' 속성을 '예'로, '페이지 바꿈' 속성을 '구역 전'으로 선택하고 닫기 단추(⊠)를 클릭하세요.

> **전문가의 조언**
>
> '반복 실행 구역' 글자 부분이나 반복 실행 구역 속성난을 더블클릭할 때마다 '아니요', '예'가 차례로 선택됩니다. 이미 지정된 값 중 하나를 선택하는 속성에서 유용하게 사용할 수 있습니다.

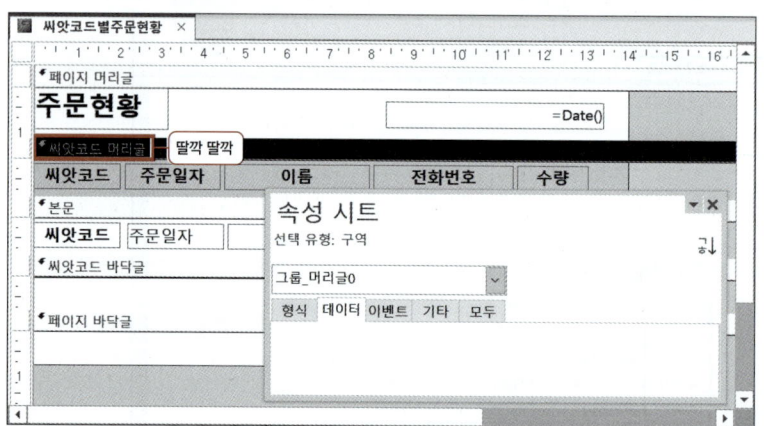

2 '정렬 및 그룹화' 속성 설정하기

> **전문가의 조언**
>
> • '그룹, 정렬 및 요약' 창은 보고서 영역의 바로 가기 메뉴에서 [정렬 및 그룹화]를 선택해도 표시할 수 있습니다.
> • 화면 하단에 '그룹, 정렬 및 요약' 창이 표시되어 있는 경우에는 바로 2번 작업을 수행하면 됩니다.

1. 동일한 '씨앗코드' 내에서 '주문일자'를 기준으로 오름차순 정렬하기 위해 [보고서 디자인] → 그룹화 및 요약 → 그룹화 및 정렬()을 클릭합니다.

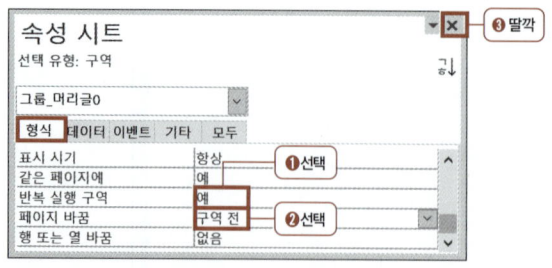

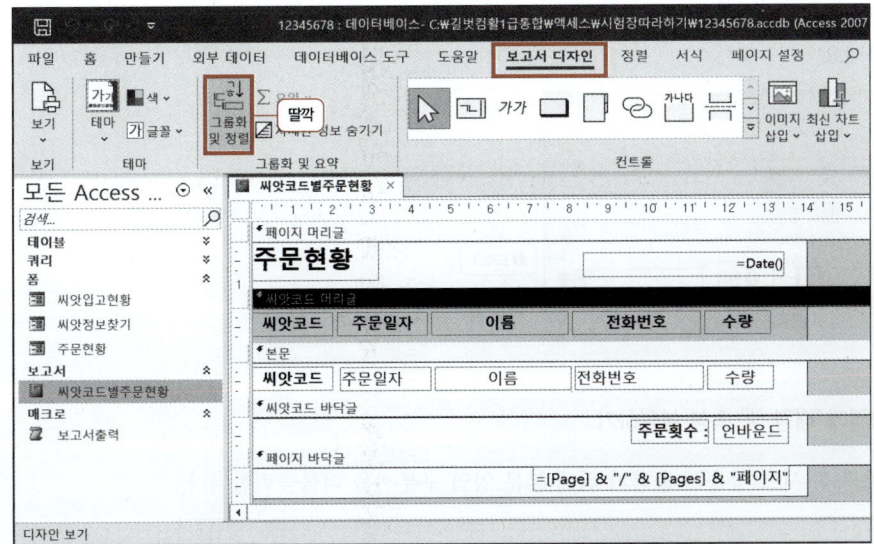

2. 화면 하단에 '그룹, 정렬 및 요약' 창이 나타납니다. '주문일자'를 기준으로 오름차순 정렬하기 위해 '정렬 추가'를 클릭한 후 나타나는 필드 선택 목록 상자에서 '주문일자'를 선택합니다.

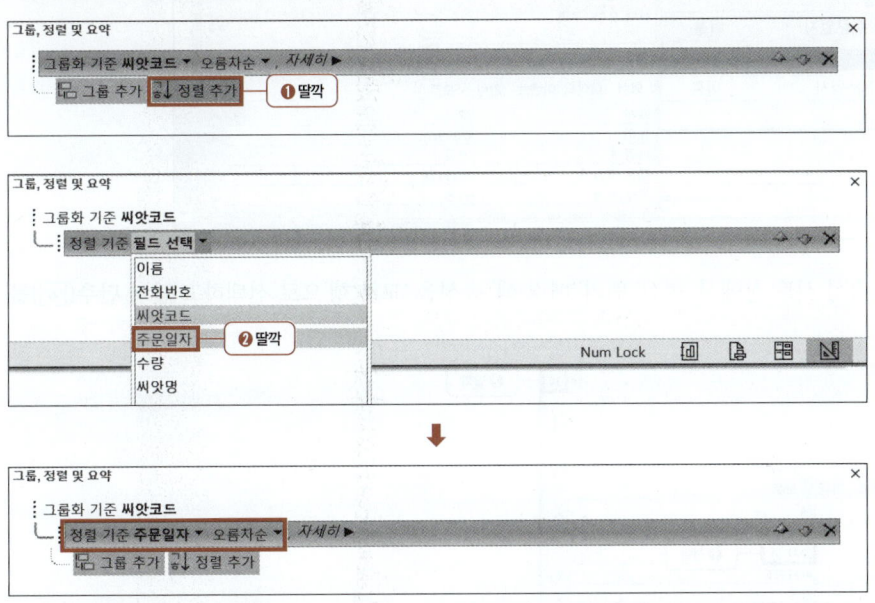

③ 'txt씨앗코드' 컨트롤에 '중복 내용 숨기기' 속성 설정하기

1. 'txt씨앗코드' 텍스트 상자의 속성 시트 창을 호출하기 위해 본문 영역에 있는 'txt씨앗코드' 텍스트 상자를 더블클릭합니다.

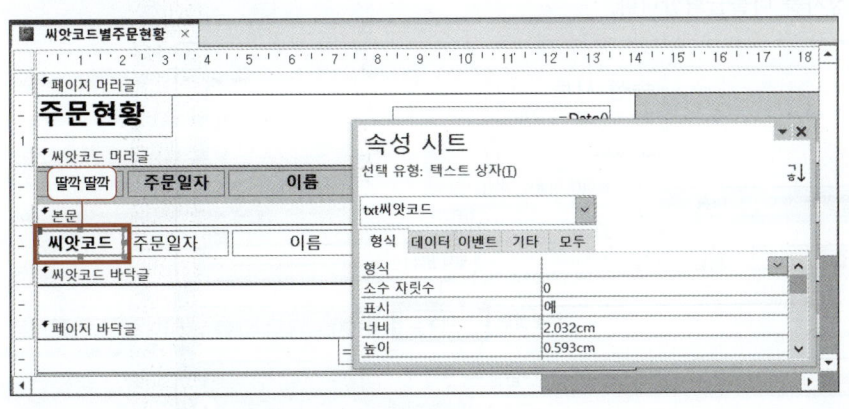

전문가의 조언

그룹이나 정렬을 추가하면 선택한 필드에 대해 기본적으로 오름차순으로 정렬이 지정됩니다.

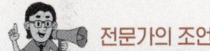 시나공 Q&A 베스트

Q 컨트롤을 못 찾겠어요!

A 컨트롤의 이름은 속성 시트 창에서 확인할 수 있으므로 문제에 제시된 컨트롤이 정확하게 어떤 것인지 모를 경우, 예상되는 컨트롤을 더블클릭하여 속성 시트 창을 열어보세요. 그러면 속성 시트 창의 윗 부분에 해당 컨트롤의 이름이 표시됩니다.

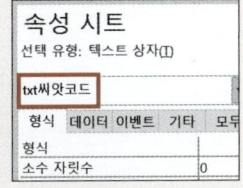

| 궁금해요 | **시나공 Q&A 베스트** |

Q '형식' 탭에 '중복 내용 숨기기' 속성이 없어요.

A 속성의 수가 많아 첫 번째 화면에 표시되지 않아서 그렇습니다. 스크롤바를 아래쪽으로 한참 드래그한 다음 찾아보세요.

2. 'txt씨앗코드' 속성 시트 창에서 '형식' 탭의 '중복 내용 숨기기' 속성을 '예'로 선택하고 닫기 단추(☒)를 클릭하세요.

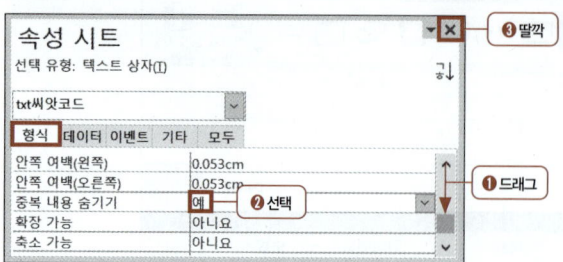

4 본문 영역에 '배경 색' 속성 설정하기

1. 본문 영역의 속성 시트 창을 호출하기 위해 본문 영역 구분선을 더블클릭합니다.

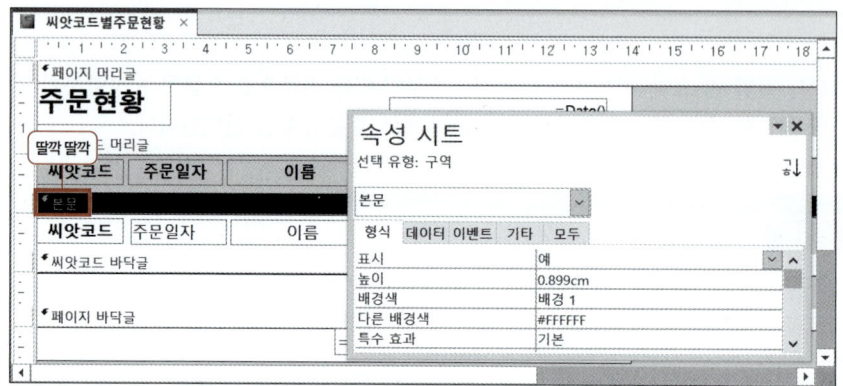

2. 본문 영역 속성 시트 창에서 '형식' 탭의 '배경 색' 속성을 '교차 행'으로 선택하고 닫기 단추(☒)를 클릭하세요.

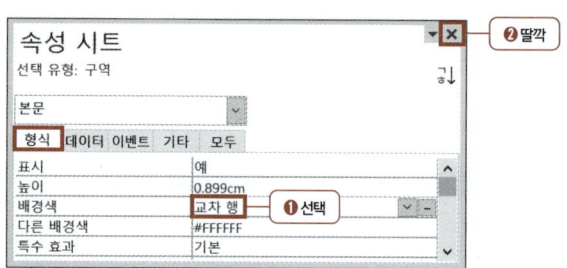

5 'txt주문횟수' 컨트롤에 '컨트롤 원본' 속성 설정하기

1. 'txt주문횟수' 텍스트 상자의 속성 시트 창을 호출하기 위해 '씨앗코드 바닥글' 영역에 있는 'txt주문횟수' 텍스트 상자를 더블클릭합니다.

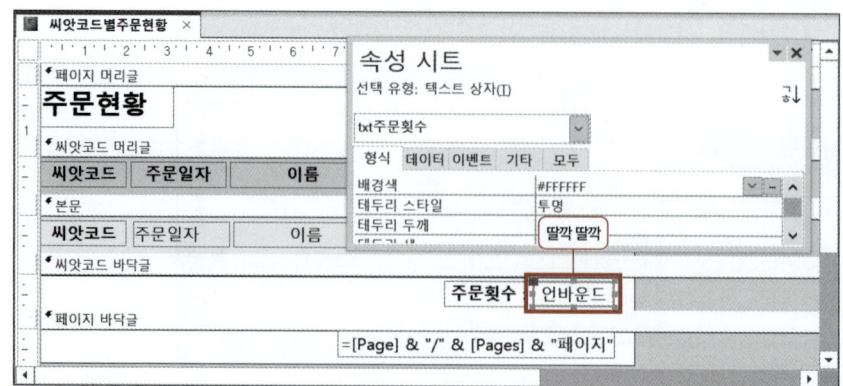

2. 'txt주문횟수' 속성 시트 창에서 '데이터' 탭의 '컨트롤 원본' 속성에 **=count(*) & "회"** 를 입력하고 닫기 단추(⊠)를 클릭하세요.

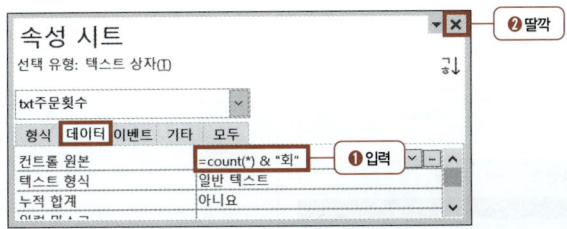

3. 보고서 설정 사항을 확인하기 위해 [보고서 디자인] → 보기 → 보기 → **인쇄 미리 보기**(🔍)를 클릭하여 설정한 내용을 확인한 다음 [인쇄 미리 보기] → 미리 보기 닫기 → **인쇄 미리 보기 닫기**(⊠)를 클릭하세요.

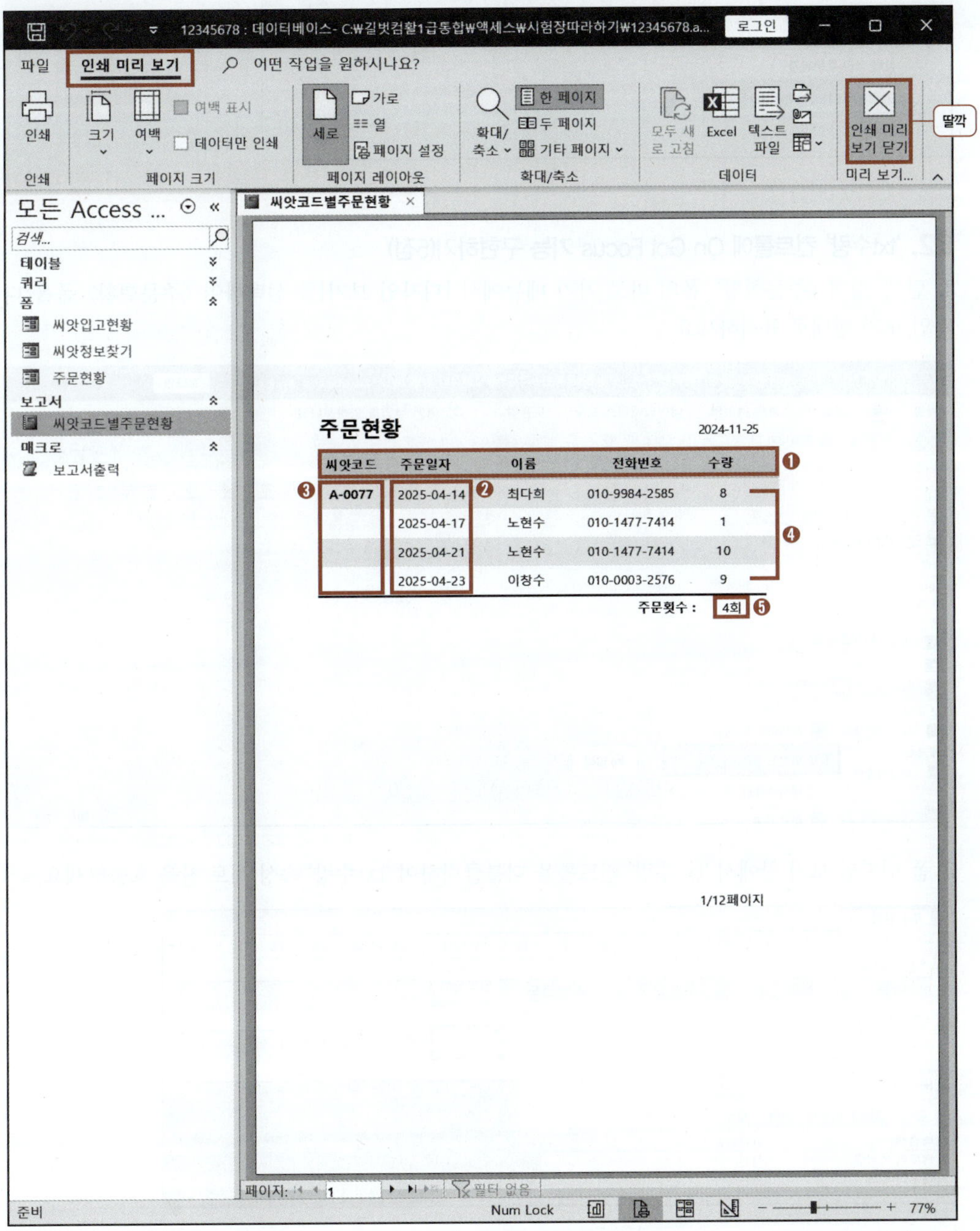

전문가의 조언

=Count(*)의 의미

Count( ) 함수의 인수를 *로 입력하면 레코드의 일부 필드가 Null 값이어도 레코드의 개수에 포함시킵니다. 예를 들어 Count([씨앗코드])와 같이 필드를 명시하면 '씨앗코드' 필드가 Null인 레코드는 개수에서 제외됩니다.

전문가의 조언

확인할 사항

❶
- '씨앗코드 머리글' 영역의 '반복 실행 구역' 속성 적용 여부 : '씨앗코드 머리글' 영역의 내용이 매 페이지가 시작될 때 반복되어 표시됩니다.
- '씨앗코드 머리글' 영역의 '페이지 바꿈' 속성 적용 여부 : '씨앗코드 머리글' 영역의 '페이지 바꿈' 속성이 '구역 전'으로 설정되어 있습니다. '페이지 바꿈' 속성이 '구역 후'로 설정되어 있다면, 본문의 내용이 다음 페이지에 표시됩니다.

❷ '씨앗코드' 내에서 '주문일자' 기준 오름차순 정렬 여부

❸ 'txt씨앗코드' 컨트롤의 '중복 내용 숨기기' 속성 적용 여부

❹ 본문 영역의 '배경 색' 속성 적용 여부

❺ 'txt주문횟수' 컨트롤의 '컨트롤 원본' 속성 적용 여부

4. 보고서 디자인 보기 상태로 전환됩니다. 닫기 단추(❌)를 클릭하면 저장 여부를 묻는 대화상자가 나타납니다. 〈예〉를 클릭하세요.

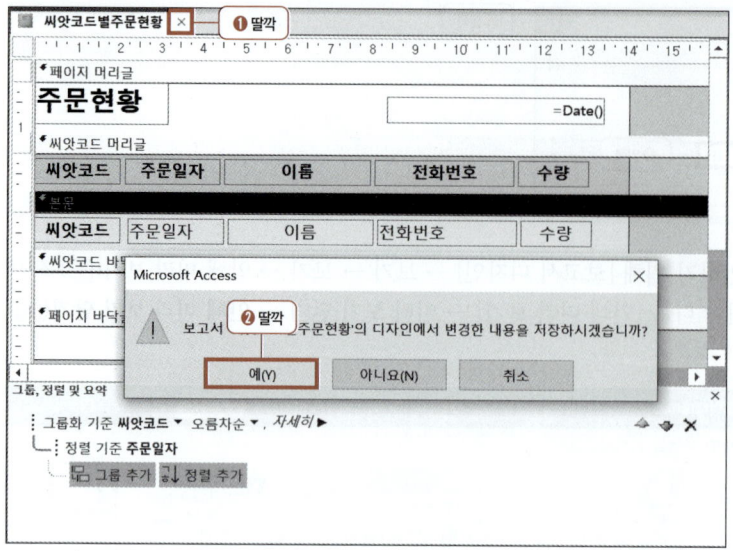

02. 'txt수량' 컨트롤에 On Got Focus 기능 구현하기(5점)

1. '탐색' 창의 〈주문현황〉 폼의 바로 가기 메뉴에서 [디자인 보기]를 선택하여 〈주문현황〉 폼을 디자인 보기 형태로 표시하세요.

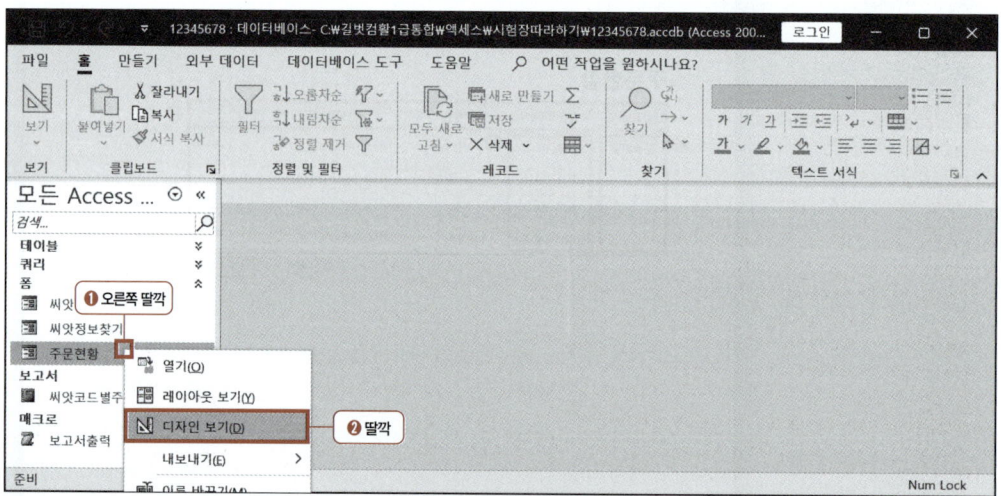

2. 폼 디자인 보기 창에서 'txt수량' 컨트롤을 더블클릭하여 'txt수량' 속성 시트 창을 호출하세요.

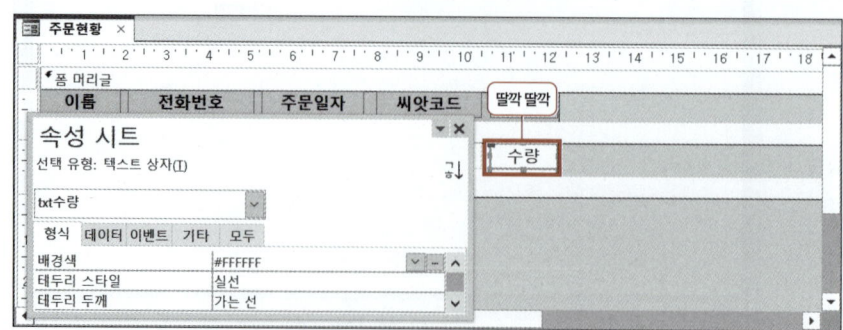

3. 'txt수량' 속성 시트 창의 '이벤트' 탭에서 'On Got Focus' 속성을 클릭한 후 작성기 단추(...)를 클릭하세요.

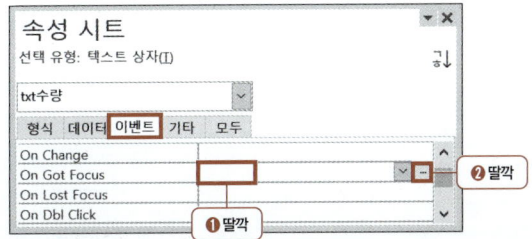

4. '작성기 선택' 대화상자에서 '코드 작성기'를 선택한 후 〈확인〉을 클릭합니다.

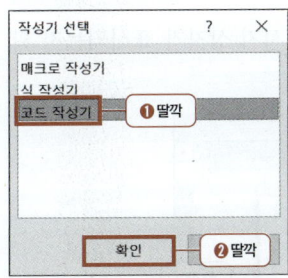

 전문가의 조언

문제의 지시사항 중에 "이벤트 프로시저를 구현하시오."라는 문구가 있으므로 '코드 작성기'를 선택한 후 다음 작업을 진행하는 것입니다.

5. 'txt수량' 컨트롤에 포커스가 이동하면, 'txt수량' 컨트롤에 표시된 값에 따른 메시지 상자를 표시하기 위해 'txt수량_GotFocus( )' 이벤트 프로시저에 다음과 같이 코드를 입력합니다. 입력이 완료되면 '표준' 도구 모음의 '보기 Microsoft Access(🗗)' 아이콘을 클릭하세요. VBA에서 'Microsoft Access'로 돌아옵니다.

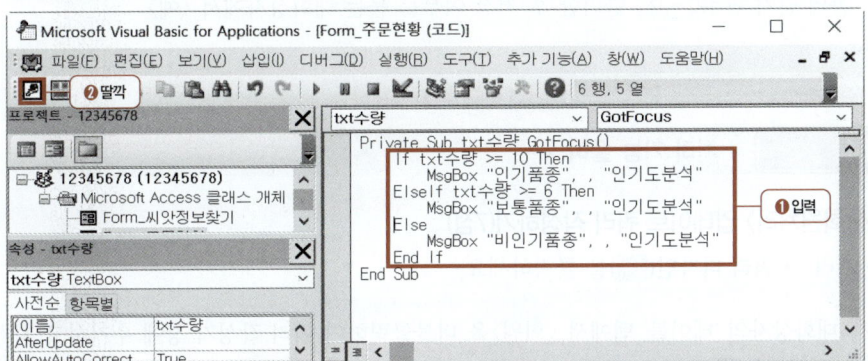

 전문가의 조언

매크로에서 대화상자에 메시지를 표시하는 함수는 'MessageBox'이고, 이벤트 프로시저에서 대화상자에 메시지를 표시하는 함수는 'MsgBox'입니다.

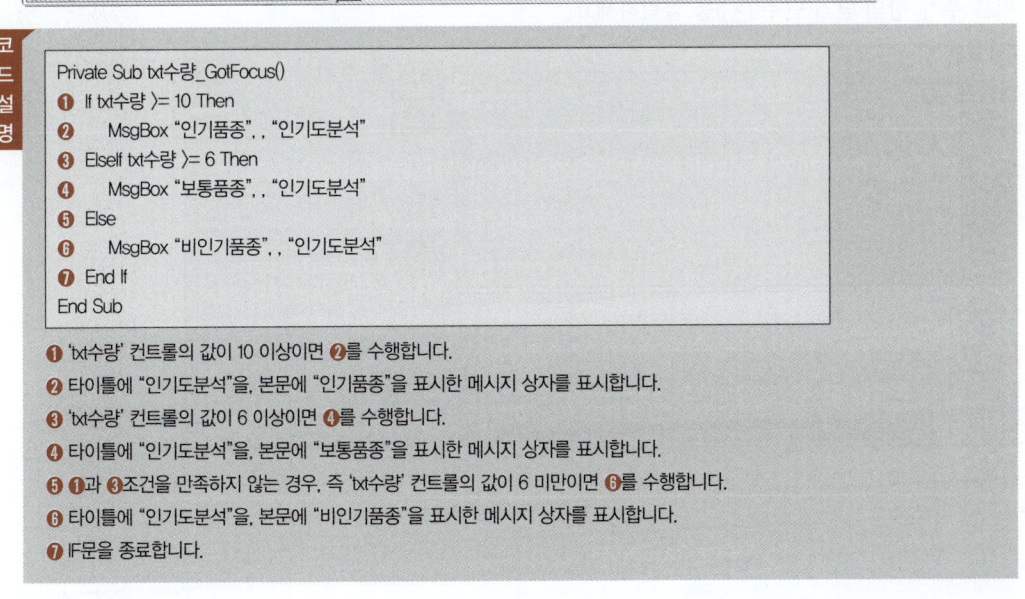

코드 설명

```
Private Sub txt수량_GotFocus()
❶ If txt수량 >= 10 Then
❷     MsgBox "인기품종", , "인기도분석"
❸ ElseIf txt수량 >= 6 Then
❹     MsgBox "보통품종", , "인기도분석"
❺ Else
❻     MsgBox "비인기품종", , "인기도분석"
❼ End If
End Sub
```

❶ 'txt수량' 컨트롤의 값이 10 이상이면 ❷를 수행합니다.
❷ 타이틀에 "인기도분석"을, 본문에 "인기품종"을 표시한 메시지 상자를 표시합니다.
❸ 'txt수량' 컨트롤의 값이 6 이상이면 ❹를 수행합니다.
❹ 타이틀에 "인기도분석"을, 본문에 "보통품종"을 표시한 메시지 상자를 표시합니다.
❺ ❶과 ❸조건을 만족하지 않는 경우, 즉 'txt수량' 컨트롤의 값이 6 미만이면 ❻를 수행합니다.
❻ 타이틀에 "인기도분석"을, 본문에 "비인기품종"을 표시한 메시지 상자를 표시합니다.
❼ IF문을 종료합니다.

 전문가의 조언

MsgBox 함수
- MsgBox 함수는 대화상자 안에 단순하게 메시지를 보여주거나 여러 단추를 표시해 클릭된 단추에 대한 번호를 정수형 데이터 유형으로 반환할 수 있습니다.
- 대화상자로 메시지를 보여주고 사용자가 단추를 누를 때까지 기다린 다음 사용자가 누른 단추에 해당하는 값(Integer)을 반환합니다.
- 기본 형식 : MsgBox 메시지 [,버튼종류] [,대화상자 타이틀] [,도움말 파일, 도움말 번호]

6. 'txt수량' 속성 시트 창의 'On Got Focus'에 "[이벤트 프로시저]"가 표시됩니다. 닫기 단추(☒)를 클릭하세요.

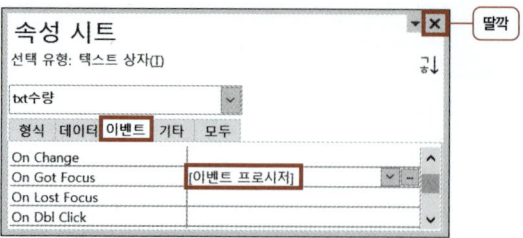

7. [양식 디자인] → 보기 → 폼 보기(🔳)를 클릭하여 폼을 실행하세요.

8. 'txt수량' 컨트롤을 클릭하여 'txt수량' 컨트롤에 표시된 값에 따른 메시지 상자가 표시되는지 확인하세요.

> **전문가의 조언**
>
> 메시지 상자 타이틀에 "인기도분석"이 표시되고, 메시지 상자 본문에는 'txt수량' 컨트롤에 표시된 값이 10 이상이면 "인기품종", 10 미만 6 이상이면 "보통품종", 그 외에는 "비인기품종"이 표시되는지 확인하세요.

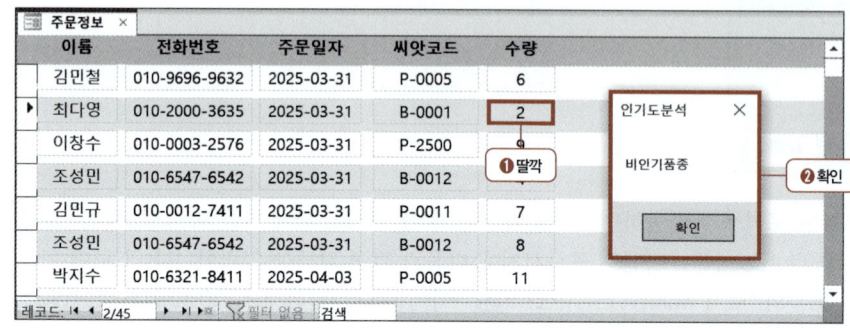

9. 〈주문현황〉 폼의 닫기 단추(☒)를 클릭한 후 저장 여부를 묻는 대화상자에서 〈예〉를 클릭하세요.

문제 4 — 처리 기능 풀이

01. 〈관리대상회원처리〉 업데이트 쿼리 작성하기(7점)

1. [만들기] → 쿼리 → 쿼리 디자인(🔳)을 클릭하세요.

2. '테이블 추가' 대화상자의 '테이블' 탭에서 〈회원〉을 더블클릭하여 쿼리 작성기 창에 추가하고 '테이블 추가' 창의 닫기 단추(☒)를 클릭하세요.

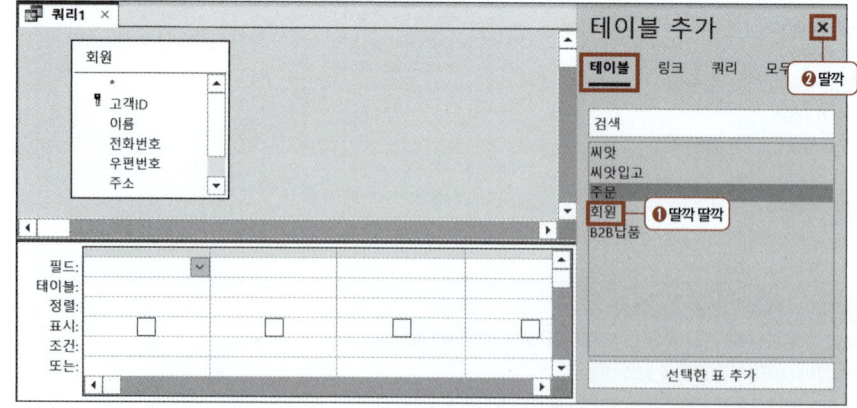

3. 업데이트 쿼리로 변경하기 위해 [쿼리 디자인] → 쿼리 유형 → **업데이트()**를 클릭합니다.

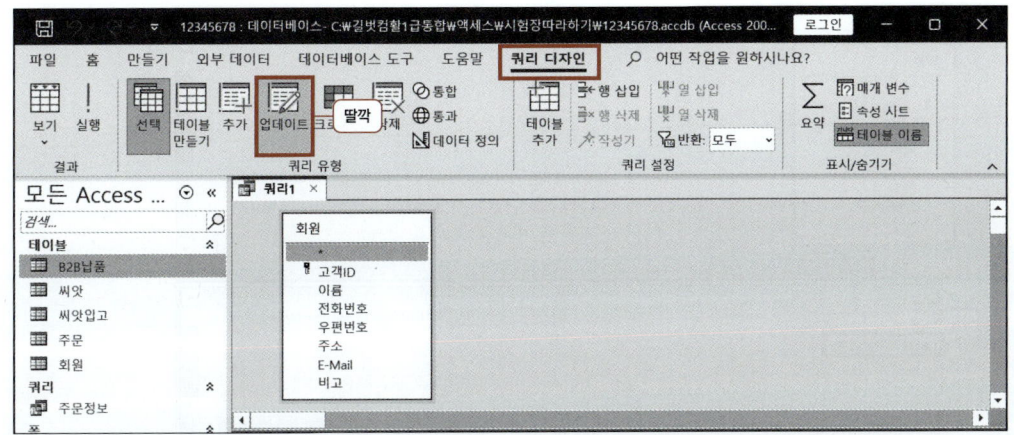

4. 수정할 필드인 〈회원〉 테이블의 '비고'를 하단 그리드 라인의 첫 번째 필드로, 조건을 지정할 '고객ID'를 두 번째 필드로 드래그하세요.

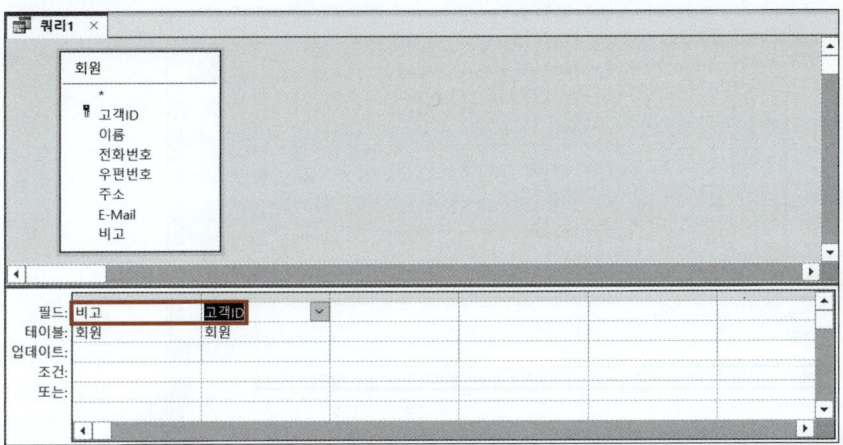

> **전문가의 조언**
>
> 필드를 드래그하지 않고 더블클릭해도 쿼리 작성기 창 하단의 그리드 영역에 필드가 배치됩니다.

잠깐만요 〈주문〉 테이블을 이용하여 〈회원〉 테이블에 조건을 적용하는 과정

'주문일자' 기준 2025년 4월 10일부터 2025년 4월 20일까지의 기간에 〈회원〉 테이블에는 '고객ID'가 있으나 〈주문〉 테이블에는 '고객ID'가 없는 고객이란 〈주문〉 테이블의 해당 주문일자에 주문이 있는 회원을 제외한 나머지 회원으로, 이 회원들을 〈회원〉 테이블에서 검색하면 됩니다. '주문일자' 필드가 있는 〈주문〉 테이블과 〈회원〉 테이블은 '고객ID' 필드를 기준으로 관계가 설정되어 있으므로 조건을 지정할 필드로 '고객ID' 필드를 사용합니다. 또한 조건에 맞는 고객ID를 검색하는 SQL문을 하위 쿼리로 작성하여 〈회원〉 테이블의 '고객ID' 필드에 조건으로 사용해야 합니다.

❶ 〈주문〉 테이블에서 '주문일자'가 2025년 4월 10일부터 2025년 4월 20일까지인 회원의 고객ID만 추출합니다. 날짜를 조건에 사용할 때는 #으로 묶어줍니다.

```
select 고객ID from 주문 where 주문일자 between #2025-4-10# and #2025-4-20#
```

❷ 〈주문〉 테이블에서 추출한 '고객ID'를 제외한 '고객ID'를 〈회원〉 테이블에서 찾아 '비고' 필드의 값을 "★ 관리대상회원"으로 변경해야 하므로 〈회원〉 테이블의 '고객ID' 필드의 조건을 다음과 같이 작성합니다.

```
not in (select 고객ID from 주문 where 주문일자 between #2025-4-10# and #2025-4-20#)
```

> **전문가의 조언**
>
> **하위 쿼리**
>
> 하위 쿼리는 다른 선택 쿼리나 실행 쿼리 안에 SELECT문으로 이루어진 쿼리를 말합니다. 하위 쿼리를 작성할 때는 괄호( ) 안에 입력해야 합니다.

전문가의 조언

'★' 기호는 한글 자음 ㅁ을 입력한 후 한자를 누르면 표시되는 특수 문자 목록에서 선택하면 됩니다.

5. '비고' 필드의 '업데이트'에 "★ 관리대상회원"을 입력하세요.

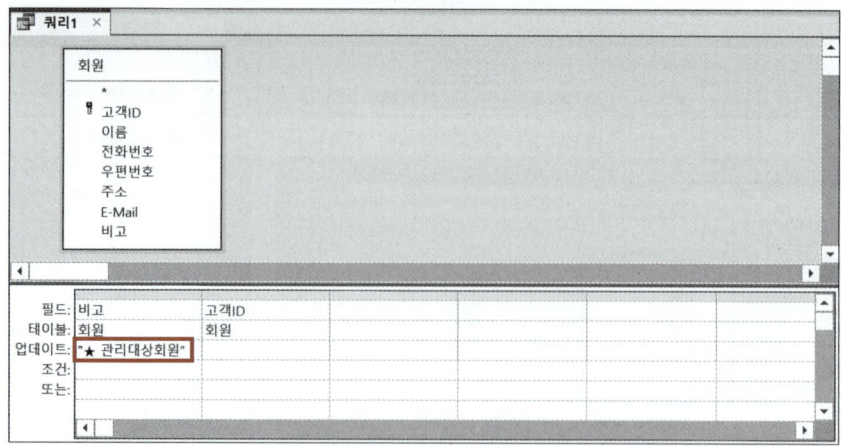

6. '고객ID' 필드의 '조건'에 not in (select 고객ID from 주문 where 주문일자 between #2025-4-10# and #2025-4-20#)을 입력하세요.

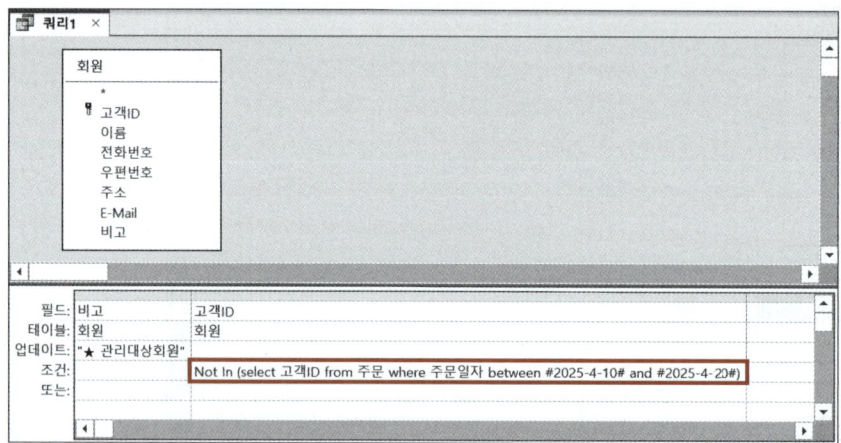

전문가의 조언

업데이트 쿼리, 테이블 만들기 쿼리 등은 문제에 쿼리를 작성하고 실행하라는 조건이 제시되어 있습니다. 그러므로 반드시 쿼리를 작성한 후 실행해서 결과를 확인해야 합니다.

7. [쿼리 디자인] → 결과 → **실행(!)**을 클릭한 후 "4행을 새로 고칩니다."라는 메시지가 출력되면 〈예〉를 클릭하세요.

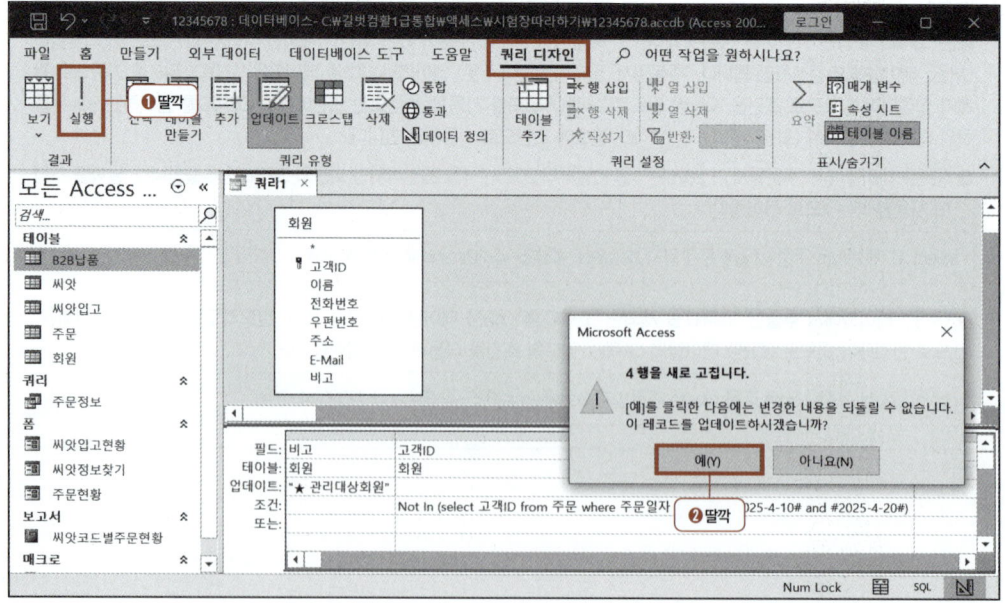

8. 쿼리 작성기 창의 닫기 단추(☒)를 클릭하세요. 저장 여부를 묻는 대화상자가 나타나면 〈예〉를 클릭하세요.

9. 쿼리 이름에 **관리대상회원처리**를 입력한 후 〈확인〉을 클릭하세요.

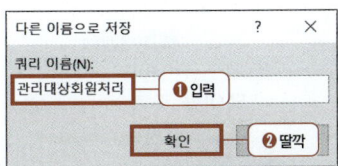

전문가의 조언
문제에 제시된 쿼리의 이름을 잘못 입력하면 배정된 점수를 모두 잃게 됩니다. 이름을 잘못 입력하지 않도록 각별히 주의하세요.

10. 〈회원〉 테이블을 열어 '비고'의 값이 수정되었는지 확인하세요.

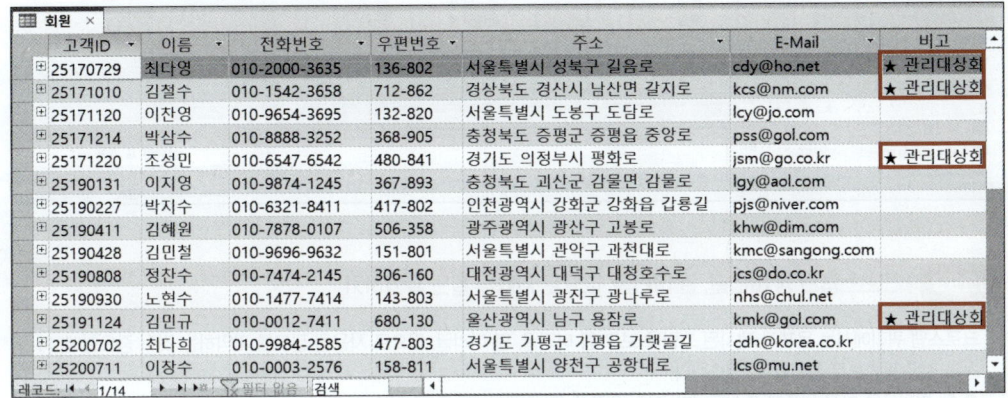

전문가의 조언
실행 결과가 240쪽 문제에 제시된 그림과 같은지 확인하세요.

02. 〈입고현황〉 크로스탭 쿼리 작성하기(7점)

1. [만들기] → 쿼리 → **쿼리 디자인**(▦)을 클릭하세요.

2. '테이블 추가' 대화상자의 '테이블' 탭에서 〈씨앗〉과 〈씨앗입고〉 테이블을 차례로 더블클릭하여 쿼리 작성기 창에 추가하고 '테이블 추가' 창의 닫기 단추(☒)를 클릭하세요.

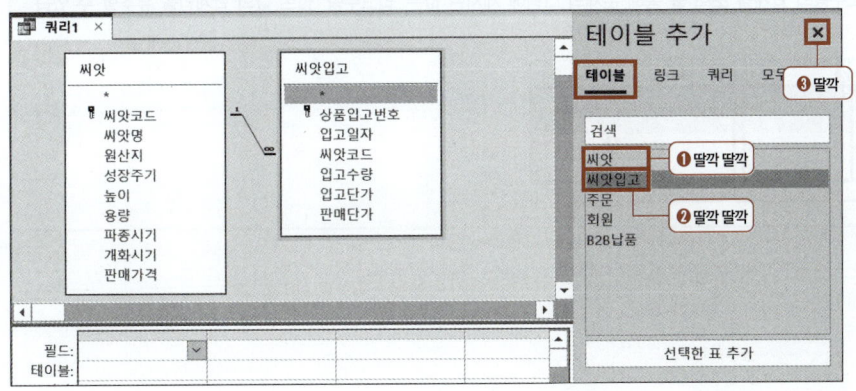

전문가의 조언
2개의 테이블 한 번에 추가하기
〈씨앗〉 테이블을 선택한 후 Ctrl을 누른 채 〈씨앗입고〉 테이블을 차례로 선택하면 2개의 테이블이 선택됩니다. 〈선택한 표 추가〉를 클릭하면 선택된 테이블이 한 번에 추가됩니다.

3. 크로스탭 쿼리로 변경하기 위해 [쿼리 디자인] → 쿼리 유형 → **크로스탭**(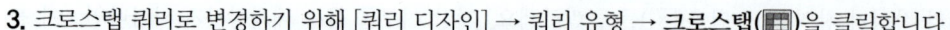)을 클릭합니다.

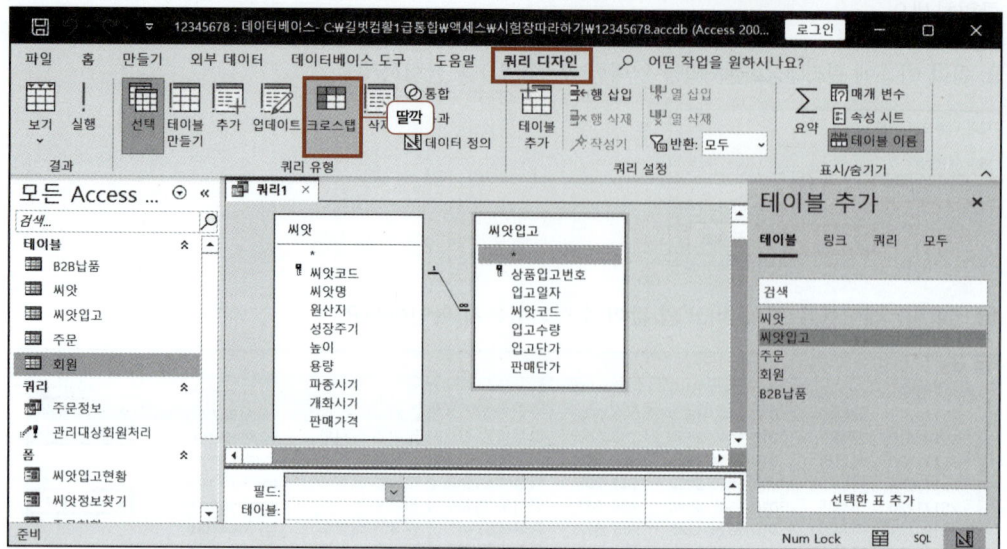

> **잠깐만요** **크로스탭의 행 머리글, 열 머리글, 값으로 사용될 필드 확인하기**
>
> 크로스탭 쿼리에서는 문제에 제시된 그림을 보고 행 머리글, 열 머리글, 값으로 사용될 필드를 파악하는 것이 중요한데, 다음과 같은 방법으로 확인할 수 있습니다.
> ❶ 행 머리글은 가장 왼쪽에 표시됩니다. 가장 왼쪽에 '입고월'이 표시되어 있는데, 문제의 지시사항 중 "입고월은 입고일자의 월로 설정"라는 지시사항을 통해 '입고일자' 필드가 사용되었음을 알 수 있습니다.
> ❷ 행 머리글은 1개 이상 지정할 수 있는데, 여러 개를 지정한 경우 왼쪽부터 순차적으로 표시됩니다. 행 머리글은 보통 함수를 적용해야 하므로 문제에 함수를 적용할 필드명이 제시됩니다. 문제의 지시사항 중 "입고품종수는 〈씨앗〉 테이블의 씨앗코드 필드를 이용"을 통해 문제의 그림에 제시된 '입고품종수'는 '씨앗코드' 필드 값의 개수임을 유추할 수 있습니다.
> ❸ 열 머리글은 위쪽에 표시되며, 1개만 지정할 수 있습니다. 표시된 내용으로 유추할 수 있는데, 문제의 지시사항 중에 "생산지는 원산지가 '한국'이면 '국내산', 그 외는 '수입산'으로 설정"을 통해 '원산지' 필드가 사용되었음을 알 수 있습니다.
> ❹ 값은 열 머리글 아래쪽으로 표시됩니다. 값 필드도 함수를 적용해야 하므로 문제에서 확인할 수 있습니다. 문제의 지시사항 중 "입고수량의 합계를 조회"를 통해 문제의 그림에 제시된 값은 '입고수량' 필드 값의 합계임을 유추할 수 있습니다.
>
>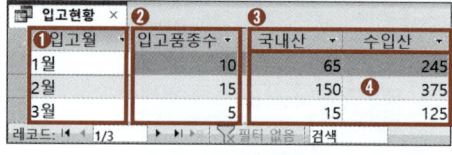

4. 문제의 결과 그림에서 가장 왼쪽에 표시된 부분은 행 머리글이고, 위쪽에 표시된 부분은 열 머리글입니다. 그리고 아래쪽에 숫자로 표시된 부분이 값 부분입니다. 행 머리글로 사용될 〈씨앗입고〉 테이블의 '입고일자'를 하단 그리드 라인의 첫 번째 필드로 드래그한 후 '크로스탭' 행을 '행 머리글'로 선택하세요.

> **전문가의 조언**
> 필드를 드래그하지 않고 더블클릭해도 쿼리 작성기 창 하단의 그리드 영역에 필드가 배치됩니다.

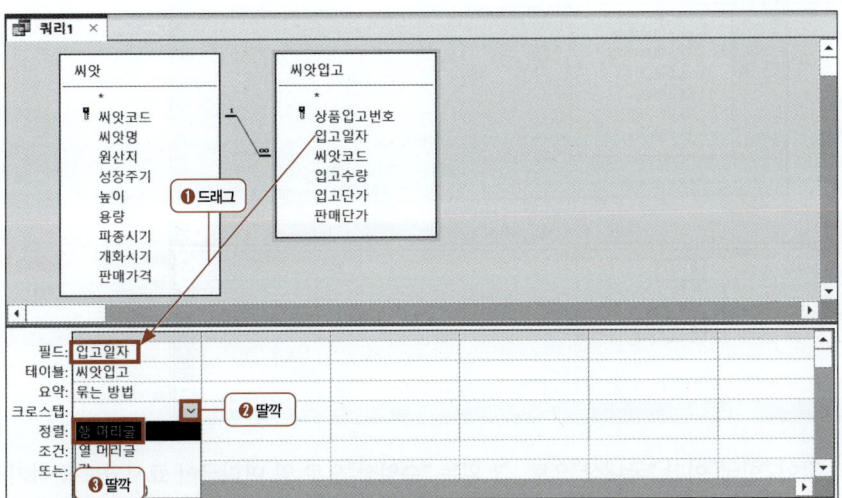

5. 행 머리글이 "입고월"로 표시되고 행 머리글의 값이 '입고일자' 필드의 월로 표시되도록 하기 위해 필드명을 **입고월: month([입고일자]) & "월"**로 변경합니다.

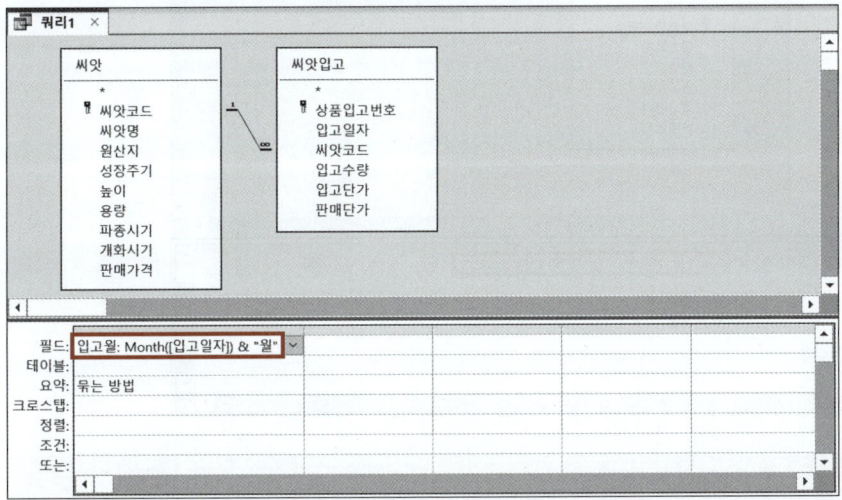

> **잠깐만요** 연산자나 함수, 예약어 등의 입력
>
> • 연산자나 함수, 예약어 등을 영문 소문자로 입력하고 Enter를 누르면 자동으로 첫 글자만 대문자로 변경됩니다.
> • 함수 안에 입력되는 필드명을 대괄호([ ]) 없이 입력해도 자동으로 대괄호가 붙어 입력됩니다. 즉 month(입고일자)를 입력하면 자동으로 Month([입고일자])로 변경됩니다.
> • Month 함수는 필드의 값에서 월만 추출합니다.

6. 열 머리글로 사용될 〈씨앗〉 테이블의 '원산지'를 하단 그리드 라인의 두 번째 필드로 드래그한 후 '크로스탭' 행을 '열 머리글'로 선택하세요.

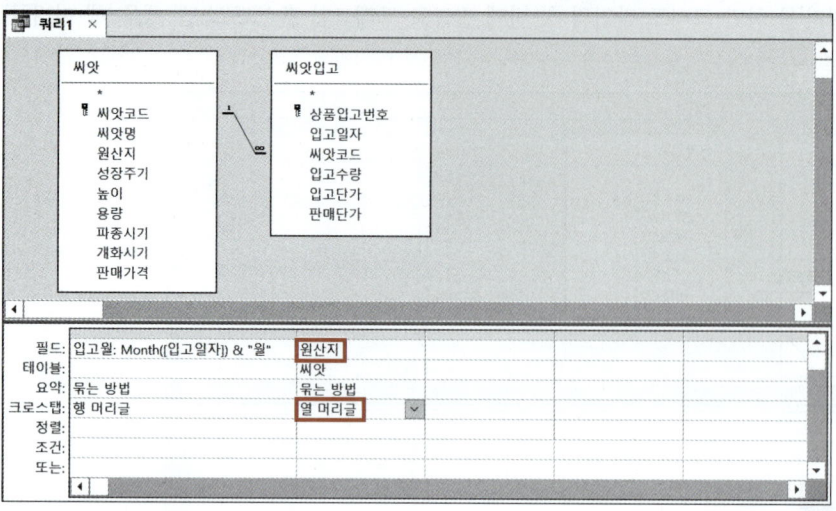

7. '원산지' 필드의 값이 "한국"이면 "국내산"으로, 그 외는 "수입산"으로 열 머리글이 표시되도록 하기 위해 필드명을 **IIf([원산지]="한국","국내산","수입산")**으로 변경합니다.

> **전문가의 조언**
> 필드명 없이 IIf, Month 등의 함수를 입력하면 자동으로 **Expr:1**이 필드명으로 입력됩니다.

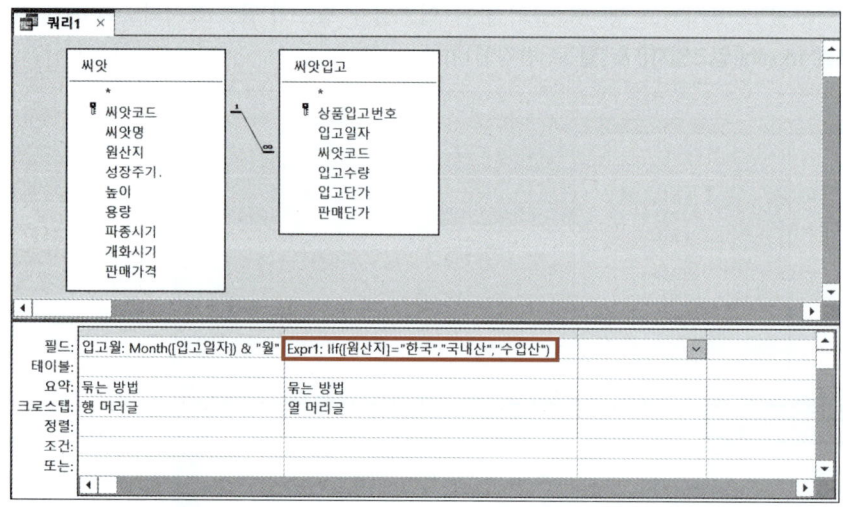

[함수설명]

'원산지' 필드의 값이 "한국"이면(❶) "국내산"을 표시하고(❷), 그렇지 않으면 "수입산"을 표시합니다(❸).

8. 문제에서 "입고수량의 합계를 조회"한다고 하였으므로, 값으로 사용될 〈씨앗입고〉 테이블의 '입고수량' 필드를 세 번째 필드로 드래그한 후 '요약' 행을 '합계'로, '크로스탭' 행을 '값'으로 선택하세요.

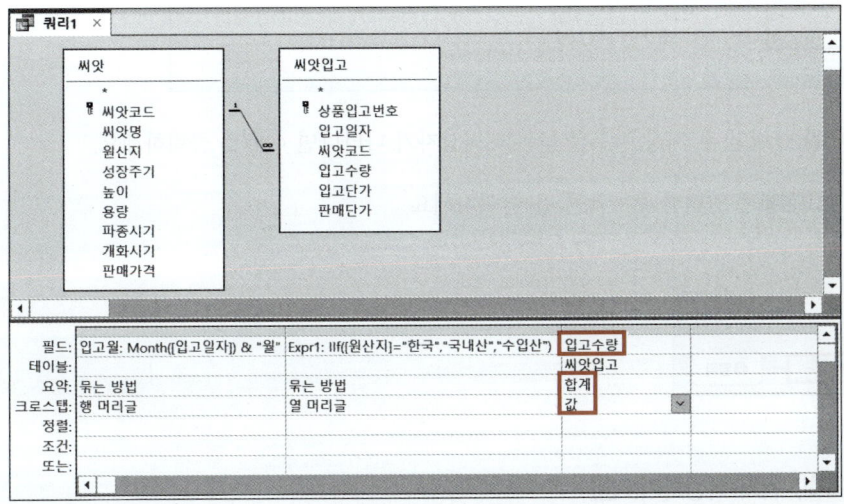

9. [쿼리 디자인] → 결과 → **실행(!)** 을 클릭하여 현재까지의 결과를 확인해 보세요.

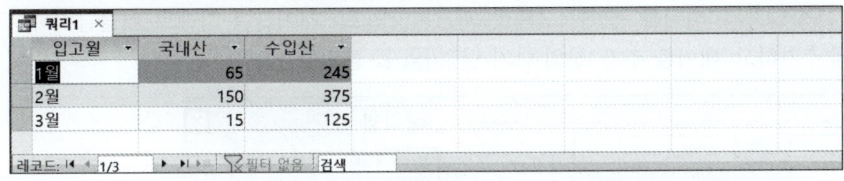

10. 문제의 결과 그림에는 '입고월'과 '원산지' 사이에 '입고품종수'가 표시되어 있는데 이것도 행 머리글입니다. 추가된 행 머리글은 가장 왼쪽에 표시되는 기본 행 머리글 옆에 이어서 표시됩니다. 행 머리글을 추가하기 위해 [홈] → 보기 → **디자인 보기()** 를 클릭하여 쿼리 작성기 창으로 돌아옵니다.

11. 〈씨앗〉 테이블의 '씨앗코드' 필드를 하단 그리드 라인의 네 번째 필드로 드래그한 후 필드 이름을 '입고품종수'로 표시하기 위해 **입고품종수: 씨앗코드**를 입력합니다. 이어서 '요약' 행을 '개수'로, '크로스탭' 행을 '행 머리글'로 선택하세요.

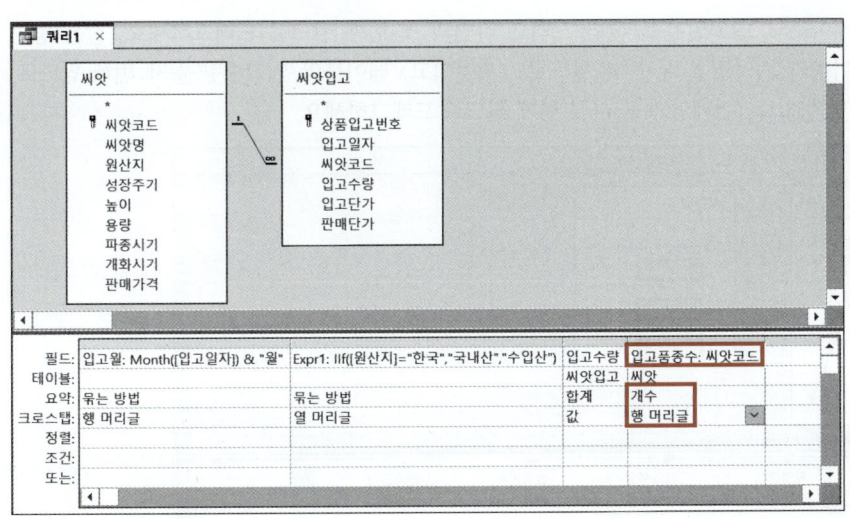

> **전문가의 조언**
>
> 문제에 '입고품종수'는 '씨앗코드' 필드를 이용하라는 지시사항이 있으므로 〈씨앗〉 테이블의 '씨앗코드' 필드를 두 번째 행 머리글로 지정하고 '요약' 행을 '개수'로 지정한 것입니다.

전문가의 조언

실행 결과가 246쪽 문제에 제시된 그림과 같은지 확인하세요.

12. [쿼리 디자인] → 결과 → **실행**()을 클릭하여 결과를 확인하세요.

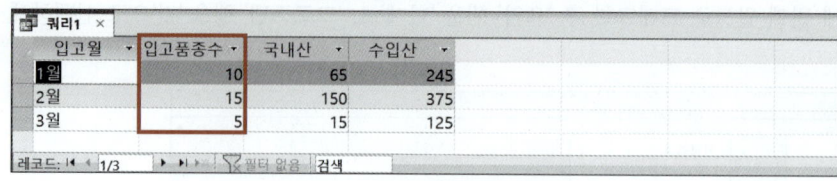

13. 닫기 단추(⊠)를 클릭한 후 저장 여부를 묻는 대화상자가 나타나면 〈예〉를 클릭하세요.

14. 쿼리 이름에 **입고현황**을 입력한 후 〈확인〉을 클릭하세요.

전문가의 조언

문제에 제시된 쿼리의 이름을 잘못 입력하면 배정된 점수를 모두 잃게 됩니다. 이름을 잘못 입력하지 않도록 각별히 주의하세요.

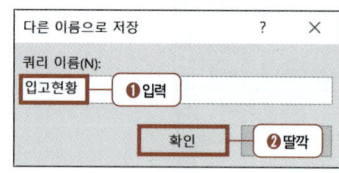

03. 〈씨앗입고조회〉 쿼리 작성하기(7점)

1. [만들기] → 쿼리 → **쿼리 디자인**()을 클릭하세요.

2. '테이블 추가' 대화상자의 '테이블' 탭에서 〈씨앗〉과 〈씨앗입고〉 테이블을 차례로 더블클릭하여 쿼리 작성기 창에 추가하고 '테이블 추가' 창의 닫기 단추(⊠)를 클릭하세요.

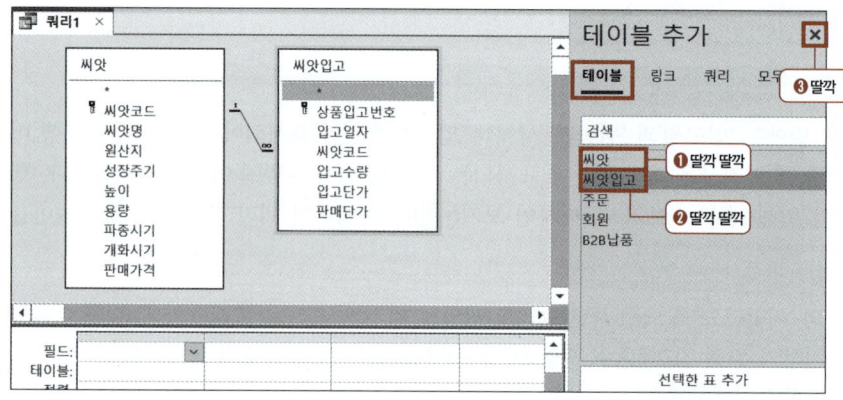

3. 〈씨앗입고〉 테이블의 '입고일자'를 하단 그리드 라인의 첫 번째 필드로 드래그하세요. 같은 방법으로 〈씨앗〉 테이블의 '씨앗명'을 두 번째 필드로, 〈씨앗입고〉 테이블의 '입고수량'을 세 번째 필드로, '입고단가'를 네 번째 필드, '판매단가'를 다섯 번째 필드로 드래그하세요.

전문가의 조언

• '부가세'는 '입고단가' 필드를 이용할 것이므로 필드를 그리드 라인에 추가하지 않습니다.
• 필드를 드래그하지 않고 더블클릭해도 쿼리 작성기 창 하단의 그리드 영역에 필드가 배치됩니다.

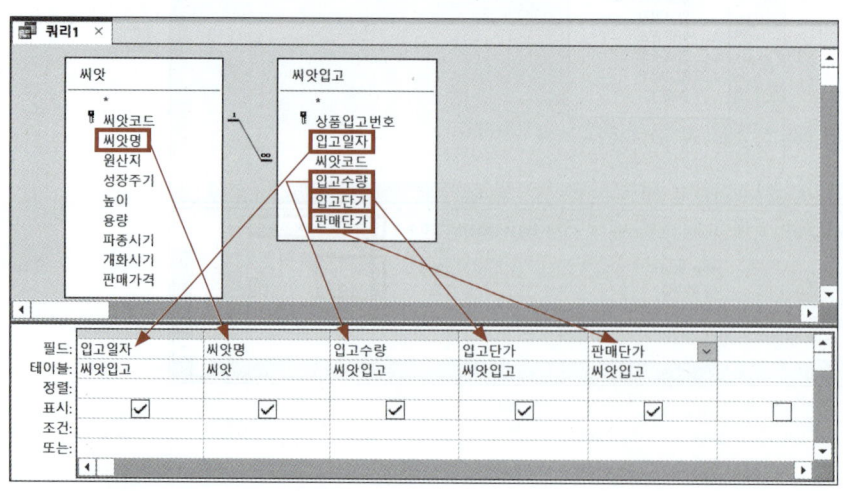

4. 그리드 라인의 다섯 번째 필드에 '부가세'를 표시하기 위해 **부가세: Switch(입고단가<=10000,판매단가*0.1,입고단가<=30000,판매단가*0.2,입고단가>30000,판매단가*0.3)**을 입력하세요.

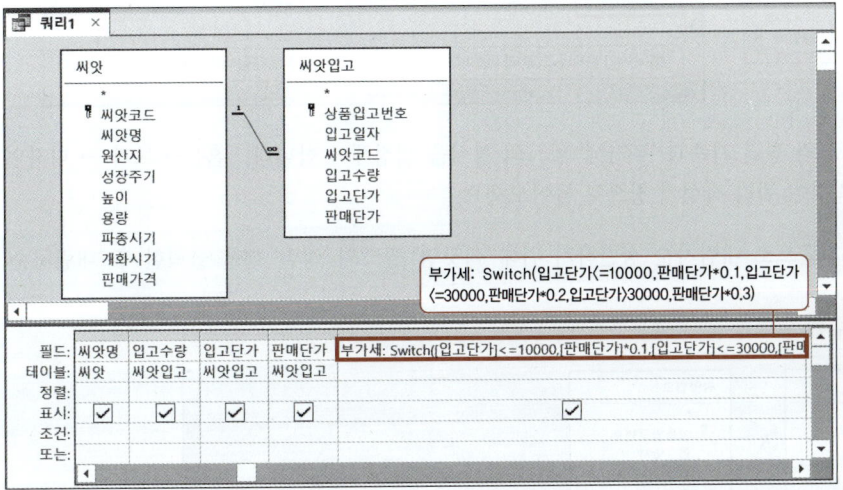

> **전문가의 조언**
>
> 부가세: Switch(입고단가<=10000,판매단가*0.1,입고단가<=30000,판매단가*0.2,입고단가>30000,판매단가*0.3)를 입력하면 식에 사용된 필드명에 자동으로 대괄호가 붙어 부가세: Switch([입고단가]<=10000,[판매단가]*0.1,[입고단가]<=30000,[판매단가]*0.2,[입고단가]>30000,[판매단가]*0.3)으로 변경됩니다.

> **잠깐만요** '부가세' 계산에 사용된 Switch 함수의 의미
>
> - Switch 함수는 'Switch(조건1, 인수1, 조건2, 인수2, …)' 형식으로 사용됩니다.
> - Switch([입고단가]<=10000,[판매단가]*0.1, [입고단가]<=30000,[판매단가]*0.2, [입고단가]>30000,[판매단가]*0.3)
>   ❶   ❷   ❸
> - ❶ '입고단가' 필드의 값이 10000 이하이면, '판매단가' 필드의 값에 0.1을 곱한 값, 즉 판매단가의 10%를 표시합니다.
> - ❷ '입고단가' 필드의 값이 30000 이하이면, '판매단가' 필드의 값에 0.2를 곱한 값, 즉 판매단가의 20%를 표시합니다.
> - ❸ '입고단가' 필드의 값이 30000을 초과하면, '판매단가' 필드의 값에 0.3을 곱한 값, 즉 판매단가의 30%를 표시합니다.

5. 이제 매개 변수를 지정할 차례입니다. '씨앗명' 필드의 조건에 Like "*" & [씨앗명의 일부를 입력] & "*"를 입력한 후 [쿼리 디자인] → 결과 → **실행( )**을 클릭하여 지금까지의 결과를 확인하세요.

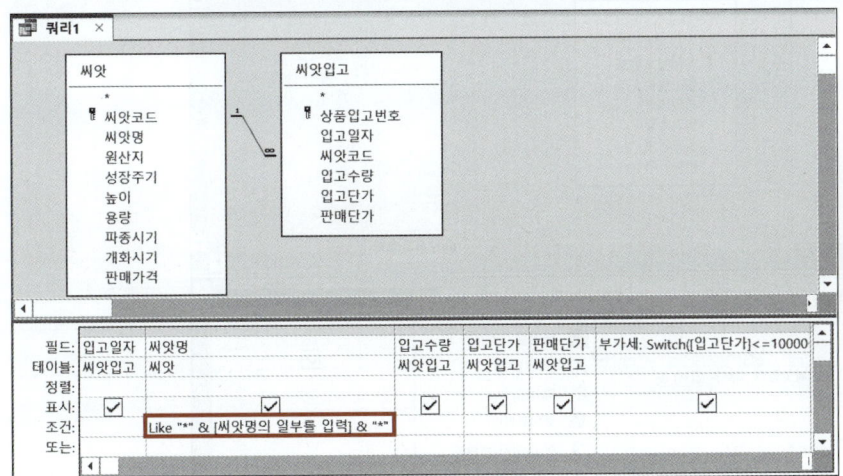

↓ 지금까지의 실행 결과

> **전문가의 조언**
>
> **매개 변수 쿼리**
> 매개 변수 쿼리란 '매개 변수 값 입력' 대화상자를 사용자에게 보여주어, 사용자가 검색에 사용할 자료를 입력하는 쿼리입니다. '씨앗명' 필드의 조건에 Like "*" & [씨앗명의 일부를 입력] & "*"라고 입력한 것이 매개 변수 쿼리를 작성한 것입니다. 이렇게 입력하고 실행하면 5번 과정과 같은 대화상자가 나타납니다. 씨앗명을 입력하고 〈확인〉을 클릭하면 입력된 씨앗명을 포함하는 씨앗에 대한 정보만 표시됩니다.

전문가의 조언
결과를 확인하기 위해 매개 변수 대화상자에 입력하는 값은 문제에 제시된 값과 동일하게 입력한 후 결과를 확인하세요.

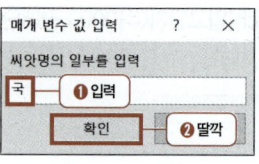
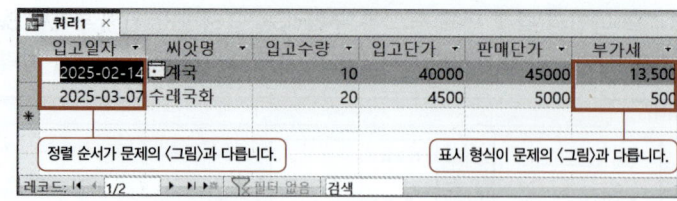

6. '입고일자' 필드의 정렬 기준과 '부가세' 필드의 형식을 설정해야 합니다. [홈] → 보기 → **디자인 보기**()를 클릭하여 쿼리 작성기 창으로 돌아오세요.

7. '입고일자'를 기준으로 내림차순 정렬하기 위해 '씨앗명' 필드의 '정렬' 행을 클릭한 후 '내림차순'을 선택합니다.

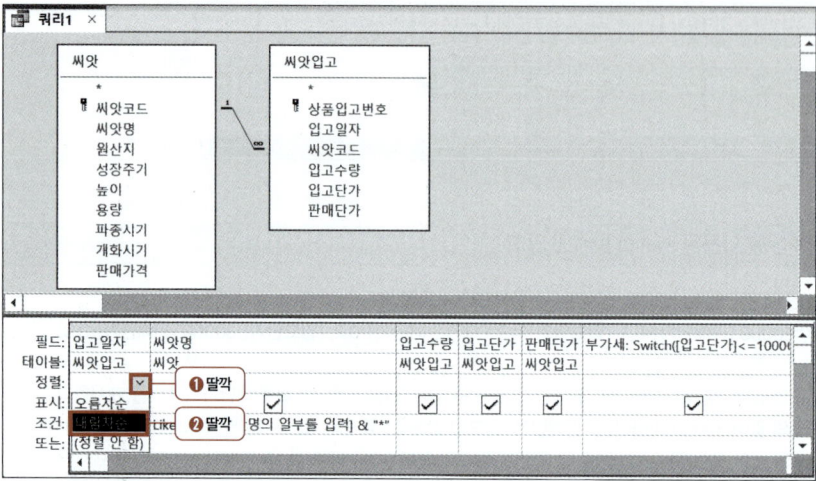

8. '부가세' 필드의 값을 통화 형식으로 변경해야 합니다. 그리드 라인의 '부가세' 필드의 바로 가기 메뉴에서 [속성]을 선택하세요.

전문가의 조언
- '부가세' 필드의 형식은 문제의 지시사항으로 제시되지 않았지만 문제의 지시사항 중에 "쿼리 실행 결과 표시되는 필드와 필드명은 〈그림〉과 같이 표시되도록 설정"하라는 문구가 있으므로 수험자는 본인이 작성한 쿼리의 실행 결과와 문제에 제시된 결과 그림을 비교하여 다른 부분이 있다면 추가로 설정해야 합니다.
- 쿼리 작성기 창의 하단 그리드 영역 중 '부가세' 필드를 클릭한 후 [쿼리 디자인] → 표시/숨기기 → **속성 시트**()를 클릭해도 됩니다.

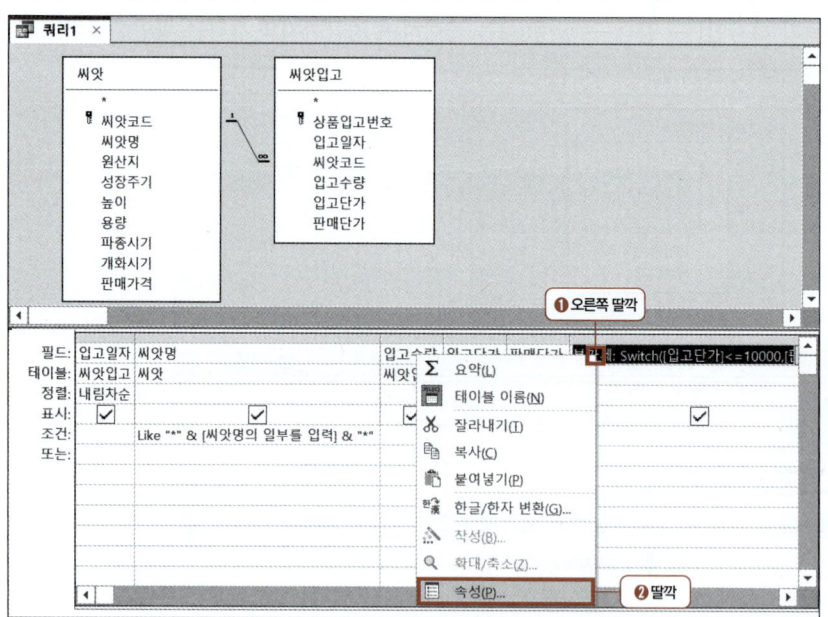

9. '필드' 속성 시트 창에서 '형식'을 '통화'로 설정한 후 닫기 단추(×)를 클릭하세요.

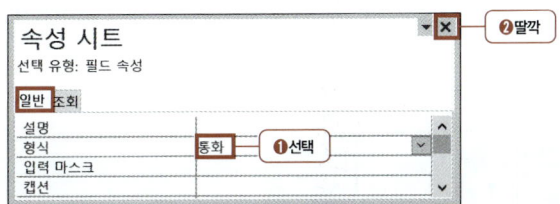

10. [쿼리 디자인] → 결과 → **실행**(!)을 클릭하여 결과를 확인한 후 결과 화면을 닫으세요. 저장 여부를 묻는 대화상자가 나타나면 〈예〉를 클릭하세요.

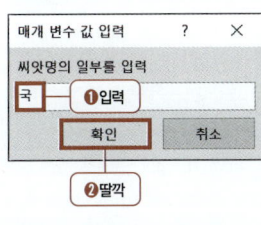
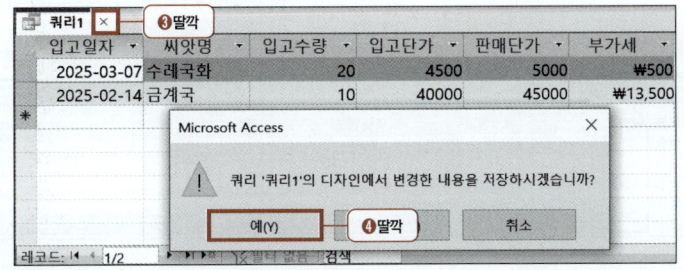

> **전문가의 조언**
> 실행 결과가 246쪽 문제에 제시된 그림과 같은지 확인하세요.

11. 쿼리 이름에 **씨앗입고조회**를 입력한 후 〈확인〉을 클릭하세요.

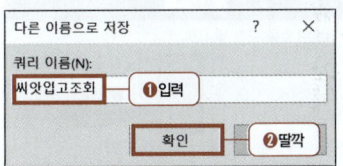

> **전문가의 조언**
> 문제에 제시된 쿼리의 이름을 잘못 입력하면 배정된 점수를 모두 잃게 됩니다. 이름을 잘못 입력하지 않도록 각별히 주의하세요.

04. 〈재고현황〉 쿼리 작성하기(7점)

1. [만들기] → 쿼리 → **쿼리 디자인**(▦)을 클릭하세요.

2. '테이블 추가' 대화상자의 '테이블' 탭에서 〈씨앗입고〉, 〈씨앗〉, 〈주문〉 테이블을 차례로 더블클릭하여 쿼리 작성기 창에 추가하고 '테이블 추가' 창의 닫기 단추(×)를 클릭하세요.

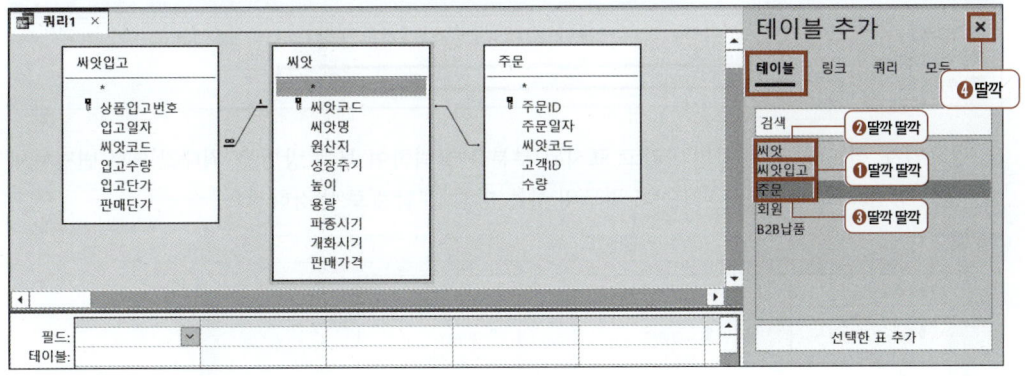

전문가의 조언

- '재고비율'은 '총주문량'과 '총입고량' 필드를 이용할 것이므로 필드를 그리드 라인에 추가하지 않습니다.
- 필드를 드래그하지 않고 더블클릭해도 쿼리 작성기 창 하단의 그리드 영역으로 필드가 배치됩니다.

3. 〈씨앗〉 테이블의 '씨앗명'을 하단 그리드 라인의 첫 번째 필드로 드래그하세요. 같은 방법으로 〈씨앗입고〉 테이블의 '입고일자'를 두 번째 필드로, '입고수량'을 세 번째 필드로, 〈주문〉 테이블의 '수량'을 네 번째 필드로 드래그하세요.

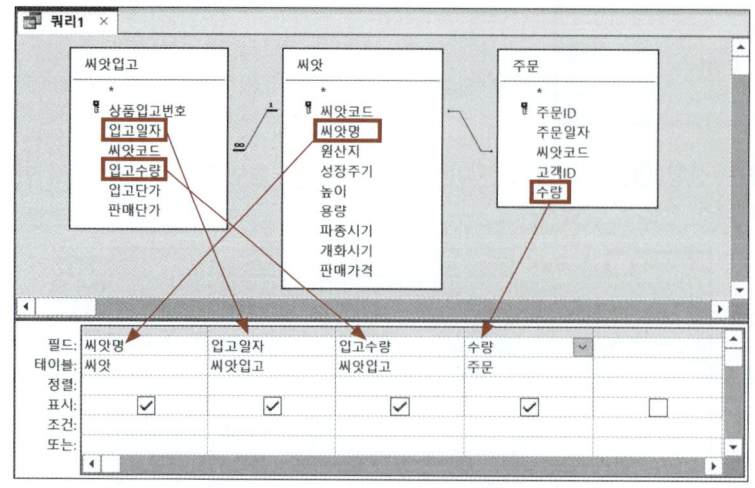

4. 씨앗명별로 그룹을 지정하기 위해 [쿼리 디자인] → 표시/숨기기 → **요약**(∑)을 클릭합니다.

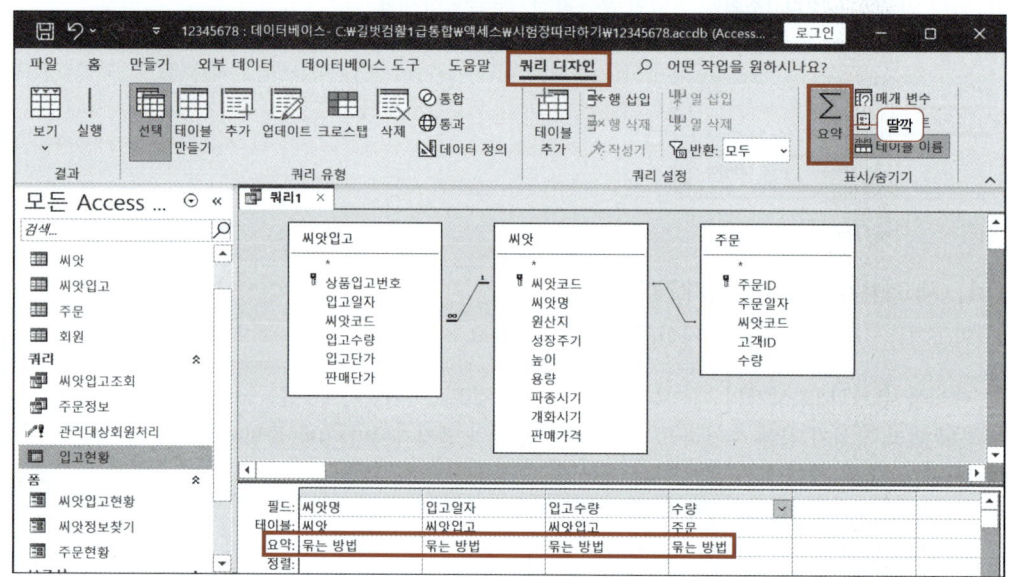

 전문가의 조언

묶는 방법
합계, 평균, 최소값, 최대값, 개수, 표준 편차, 분산, 처음 값, 마지막 값, 식, 조건

5. '입고일자' 필드의 '묶는 방법'이라고 표시된 부분을 클릭하여 묶는 방법을 '최대값'으로 변경하세요. 같은 방법으로 '입고수량'과 '수량' 필드의 묶는 방법을 '합계'로 변경하세요.

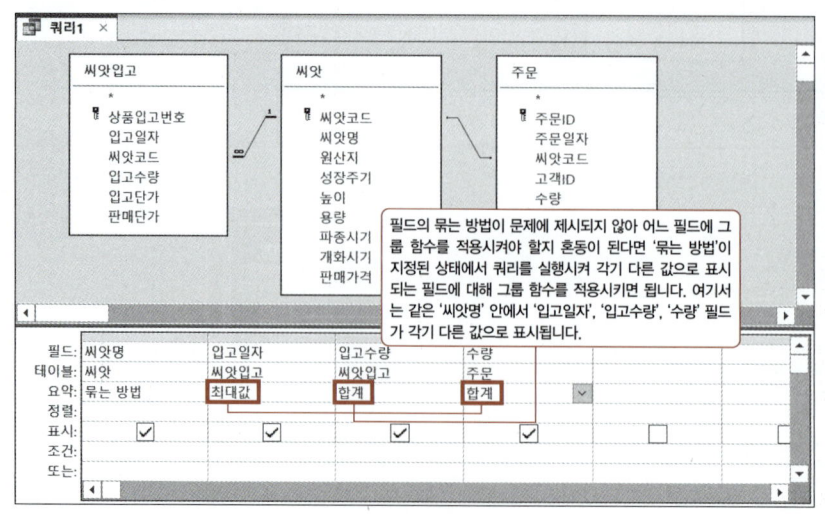

⬇ 현재까지의 실행 결과

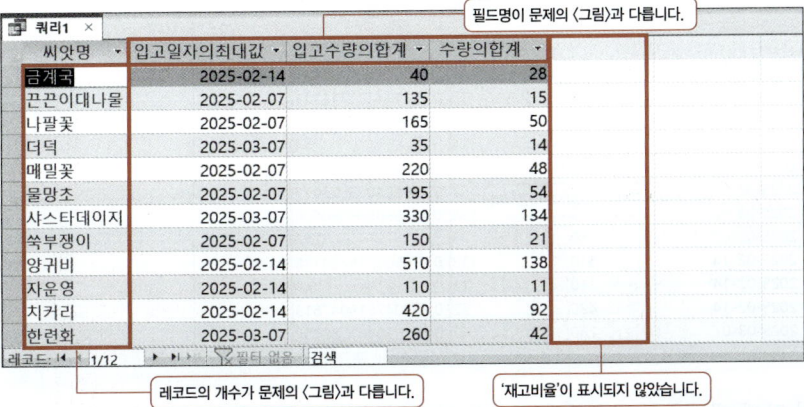

6. 그리드 라인의 두 번째 필드의 필드명을 '최근입고일자'로 표시하기 위해 **최근입고일자: 입고일자**로, 세 번째 필드의 필드명을 '총입고량'으로 표시하기 위해 **총입고량: 입고수량**으로, 네 번째 필드의 필드명을 '총주문량'으로 표시하기 위해 **총주문량: 수량**으로 변경합니다.

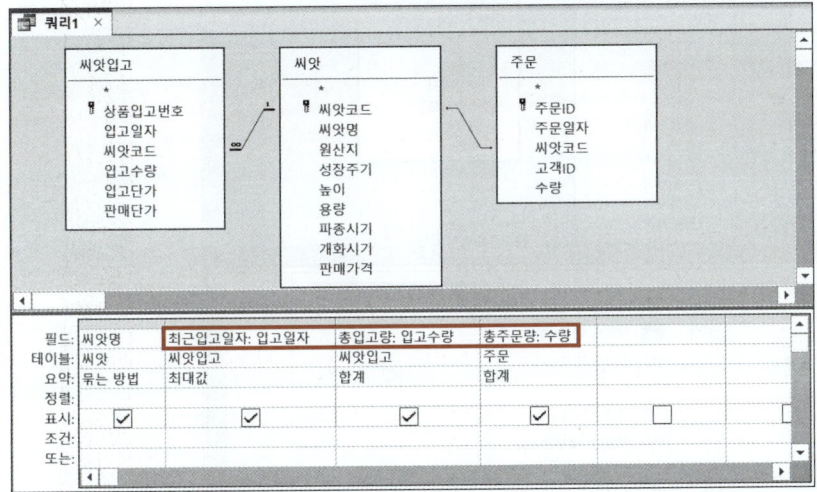

7. 그리드 라인의 다섯 번째 필드에 '재고비율'을 표시하기 위해 **재고비율: 총주문량/총입고량**을 입력한 후 묶는 방법을 '식'으로 변경합니다.

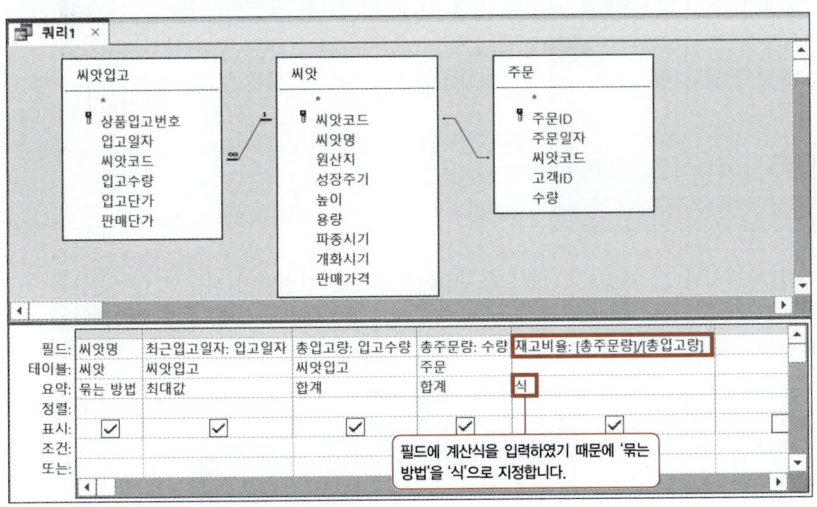

↓ 현재까지의 실행 결과

> **전문가의 조언**
>
> - 현재까지의 실행 결과를 확인하려면, [쿼리 디자인] → 결과 → **실행(!)**을 클릭하세요.
> - 결과를 확인한 후에는 [홈] → 보기 → **디자인 보기**를 클릭하여 쿼리 작성기 창으로 돌아오세요.

> **전문가의 조언**
>
> 필드의 형식에 대한 지시사항은 없지만 문제의 지시사항 중에 "쿼리 실행 결과 표시되는 필드와 필드명은 〈그림〉과 같이 표시되도록 설정"하라는 내용이 있으므로 수험자는 본인이 작성한 쿼리의 실행 결과와 문제에 제시된 그림을 비교하여 다른 부분이 있다면 추가로 설정해야 합니다.

> **전문가의 조언**
>
> **재고비율: 총주문량/총입고량**을 입력하면 식에 사용된 필드명에 자동으로 대괄호가 붙어 **재고비율: [총주문량]/[총입고량]**으로 변경됩니다.

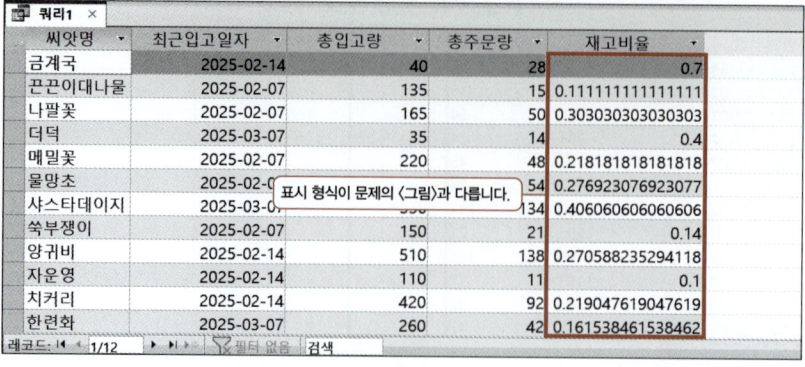

전문가의 조언
쿼리 작성기 창의 하단 그리드 영역 중 '재고비율' 필드를 클릭한 후 [쿼리 디자인] → 표시/숨기기 → **속성 시트(🗐)**를 클릭해도 됩니다.

8. '재고비율' 필드의 값에 백분율을 적용하여 소수점 첫째 자리까지 표시하되, 0인 경우에도 0.0%로 표시되도록 형식을 변경해야 합니다. 그리드 라인의 '재고비율' 필드의 바로 가기 메뉴에서 [속성]을 선택하세요.

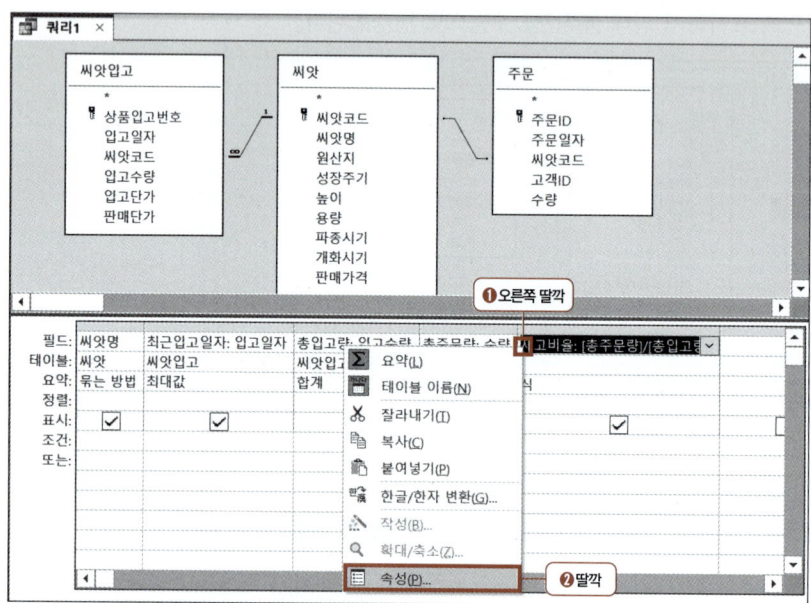

9. '필드' 속성 시트 창에서 '형식'에 **0.0%**를 입력한 후 닫기 단추(⨯)를 클릭하세요.

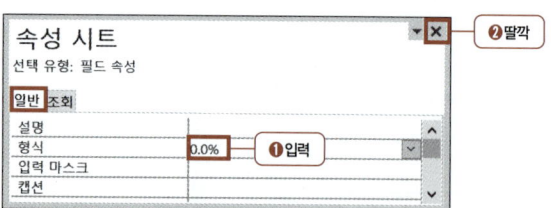

전문가의 조언

• 쿼리에 추가해야 할 '씨앗코드'가 〈씨앗〉과 〈씨앗입고〉 테이블에 모두 있습니다. 1 : N의 관계에서는 보통 1쪽에 해당하는 테이블의 필드를 선택하지만 N쪽의 필드를 선택해도 결과는 같게 나옵니다. 앞서 '입고품종수'를 구하기 위해 사용한 '씨앗코드'처럼 문제의 지시사항에 사용할 필드가 속한 테이블이 제시된 경우가 아니므로 어떤 테이블을 사용하든 관계 없습니다. 즉 〈씨앗입고〉 테이블의 '씨앗코드' 필드를 선택해도 결과는 동일합니다.
• Like "[A–B]*" : "A"부터 "B"까지로 시작하는, 즉 "A", "B" 중에서 하나로 시작하는 '씨앗코드'만 조회 대상으로 합니다.

10. 이제 조건을 지정할 차례입니다. '씨앗코드' 필드를 이용해 조건을 지정해야 하므로 〈씨앗〉 테이블의 '씨앗코드' 필드를 하단 그리드 라인의 여섯 번째 필드로 드래그하고 '요약' 행을 '조건'으로 지정한 후 like "[A–B]*"를 입력하세요.

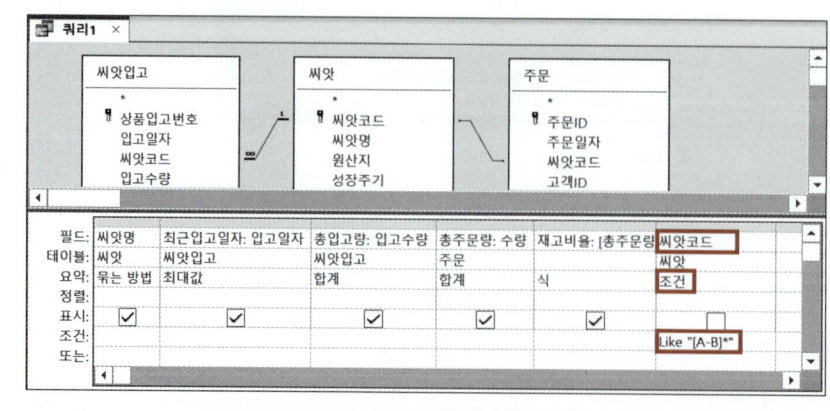

11. [쿼리 디자인] → 결과 → **실행**( )을 클릭하여 결과를 확인한 후 쿼리 실행 결과 화면을 닫으세요. 저장 여부를 묻는 대화상자가 나타나면 〈예〉를 클릭하세요.

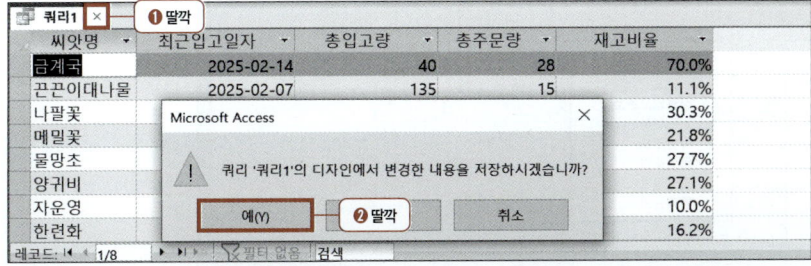

> **전문가의 조언**
> 실행 결과가 247쪽 문제에 제시된 그림과 같은지 확인하세요.

12. 쿼리 이름에 **재고현황**을 입력한 후 〈확인〉을 클릭하세요.

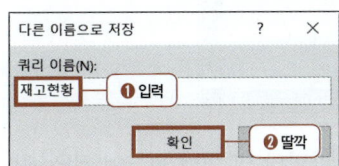

> **전문가의 조언**
> 문제에 제시된 쿼리의 이름을 잘못 입력하면 배정된 점수를 모두 잃게 됩니다. 이름을 잘못 입력하지 않도록 각별히 주의하세요.

05. 〈다음입고일생성〉 쿼리 작성하기(7점)

1. [만들기] → 쿼리 → **쿼리 디자인**( )을 클릭하세요.

2. '테이블 추가' 대화상자의 '테이블' 탭에서 〈씨앗〉과 〈씨앗입고〉 테이블을 더블클릭하여 쿼리 작성기 창에 추가하고 '테이블 추가' 창의 닫기 단추( )를 클릭하세요.

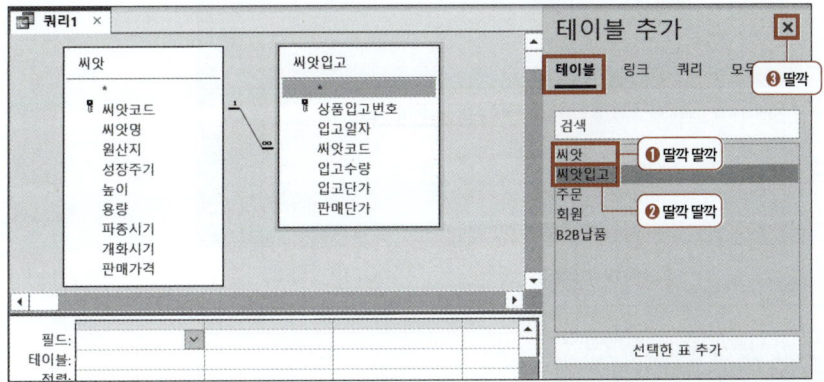

3. 〈씨앗〉 테이블의 '씨앗코드'를 하단 그리드 라인의 첫 번째 필드로 드래그한 후 같은 방법으로 '씨앗명' 필드를 두 번째 필드로 드래그하세요.

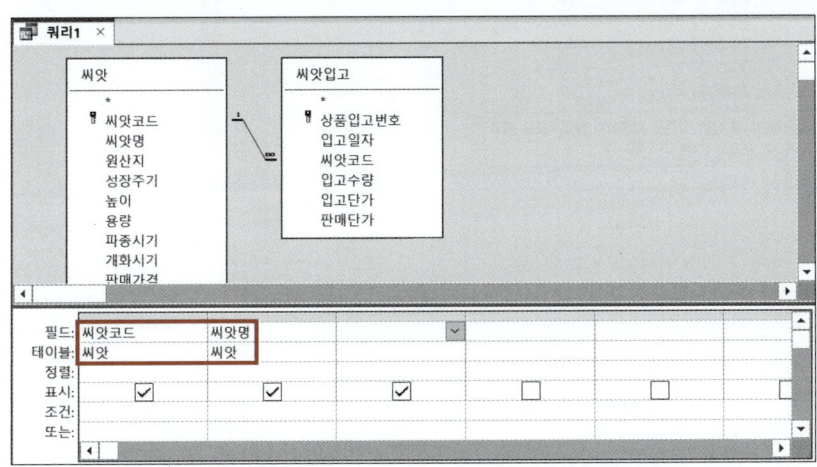

> **전문가의 조언**
> • 결과를 표시하는 데 필요한 필드만 하단의 그리드 라인에 추가합니다.
> • '다음입고일'과 '필요수량'은 함수를 이용해 직접 작성할 것이므로 별도로 필드를 그리드 라인에 추가하지 않습니다.
> • 필드를 드래그하지 않고 더블클릭해도 쿼리 작성기 창 하단의 그리드 영역으로 필드가 배치됩니다.

전문가의 조언

DateAdd("d",15,[입고일자])

지정된 날짜에서 형식(d, 日)으로 지정한 값만큼 증가하여 표시합니다. 입고일자가 2025-02-12이면 15일 증가한 날짜인 2025-02-27을 표시합니다.

4. '다음입고일'은 '입고일자'로부터 15일 후로 계산해야 하므로, 하단 그리드 라인의 세 번째 필드에 **다음입고일: dateadd("d",15,입고일자)**를 입력합니다.

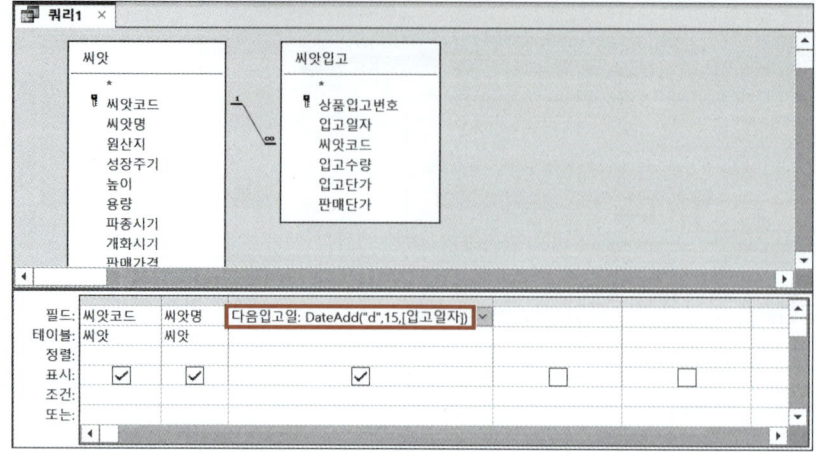

5. '필요수량'은 '입고수량'의 2배로 계산해야 하므로, 하단 그리드 라인의 네 번째 필드에 **필요수량: 입고수량*2**를 입력합니다.

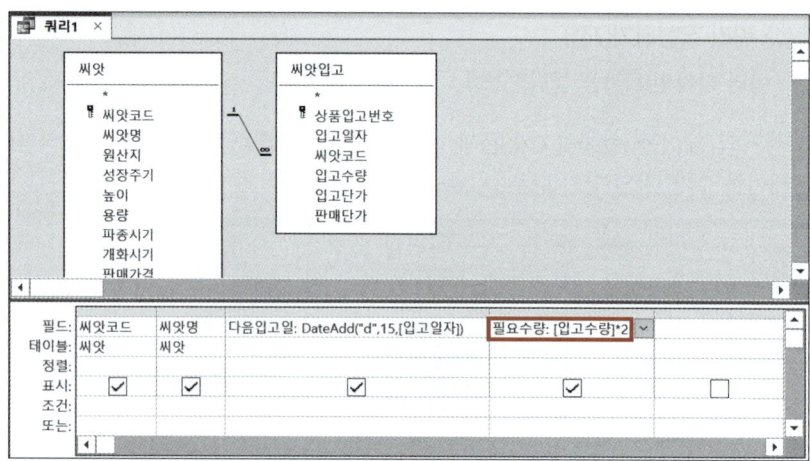

↓ 현재까지의 실행 결과

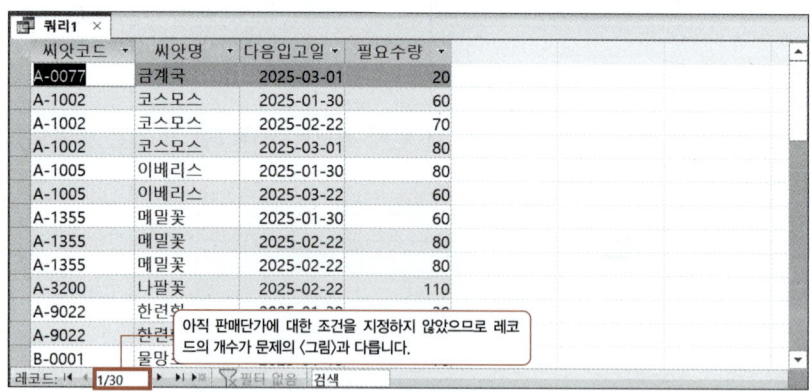

전문가의 조언

• 현재까지의 실행 결과를 확인하려면, [쿼리 디자인] → 결과 → **실행**(!)을 클릭하세요.
• 결과를 확인한 후에는 [홈] → 보기 → **디자인 보기**(⧉)를 클릭하여 쿼리 작성기 창으로 돌아오세요.

6. '판매단가' 필드를 이용해 조건을 지정해야 하므로 〈씨앗입고〉 테이블의 '판매단가' 필드를 하단 그리드 라인의 다섯 번째 필드로 드래그하고 결과 화면에는 표시되지 않도록 '표시' 항목을 클릭하여 체크를 해제한 후 조건에 >=10000을 입력하세요.

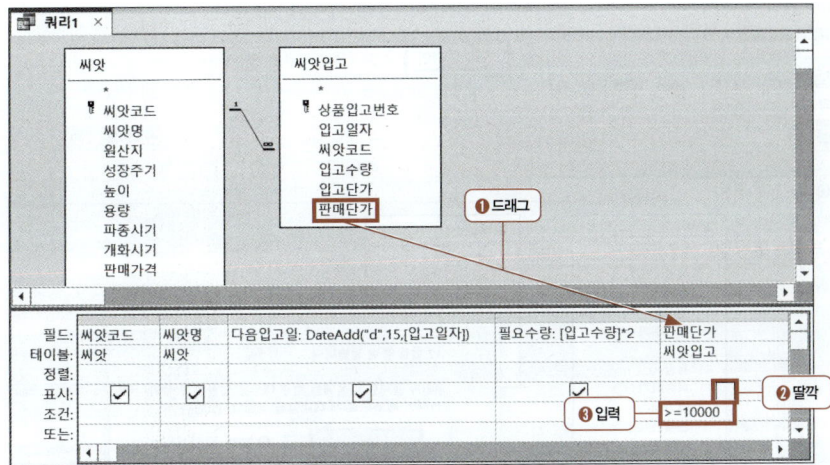

7. 조회된 내용이 새 테이블로 생성되도록 테이블 만들기 쿼리로 변경하기 위해 [쿼리 디자인] → 쿼리 유형 → **테이블 만들기**()를 클릭합니다. '테이블 만들기' 대화상자가 표시됩니다.

> **전문가의 조언**
> 테이블 만들기 쿼리는 테이블이나 쿼리에서 데이터를 검색한 후 검색된 결과를 새로운 테이블로 만드는 쿼리를 말합니다.

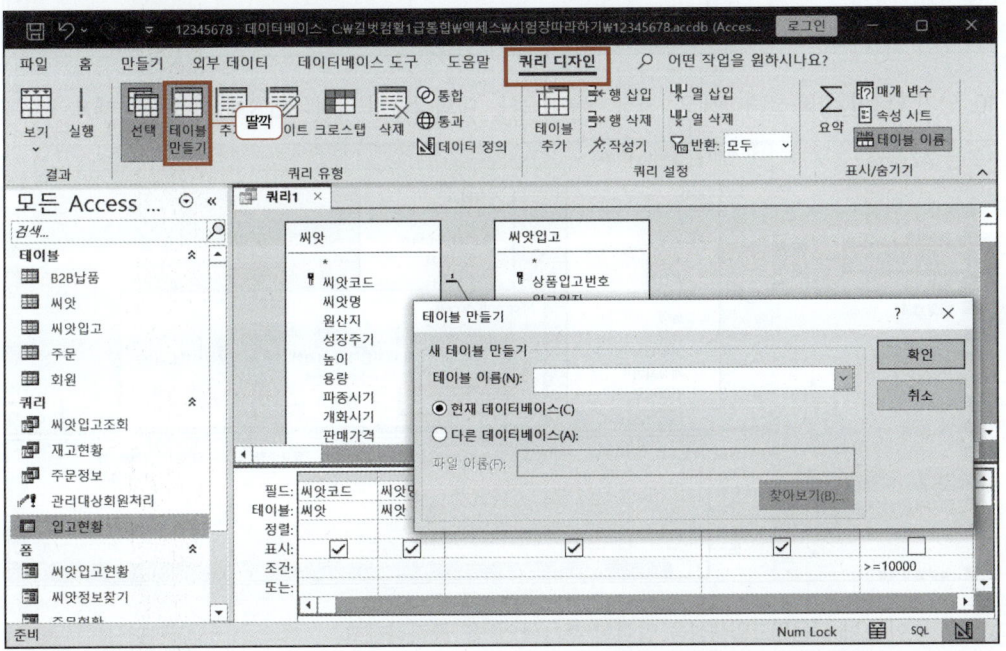

8. '테이블 만들기' 대화상자에서 '테이블 이름'에 **다음씨앗입고관리**를 입력한 후 〈확인〉을 클릭하세요.

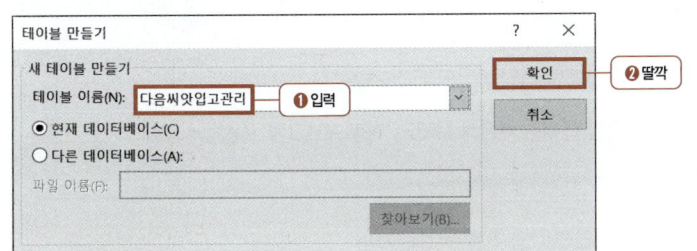

> **전문가의 조언**
> 테이블 만들기 쿼리 이름과 테이블 만들기 쿼리로 만들어지는 테이블의 이름이 서로 다릅니다. 이 둘의 이름을 혼동하여 잘못 입력하면 배정된 점수를 모두 잃게 됩니다. 이름을 잘못 입력하지 않도록 각별히 주의하세요.

전문가의 조언

테이블 만들기 쿼리, 업데이트 쿼리 등은 문제에 쿼리를 작성하고 실행하라는 조건이 제시되어 있습니다. 반드시 쿼리를 작성한 후 실행해서 결과를 확인해야 합니다.

9. 이제 쿼리를 실행하여 〈다음씨앗입고관리〉 테이블을 만들어야 합니다. [쿼리 디자인] → 결과 → **실행(!)** 을 클릭하세요. 'Microsoft Access' 대화상자에서 〈예〉를 클릭하면 17개의 레코드를 가진 〈다음씨앗입고관리〉 테이블이 만들어집니다.

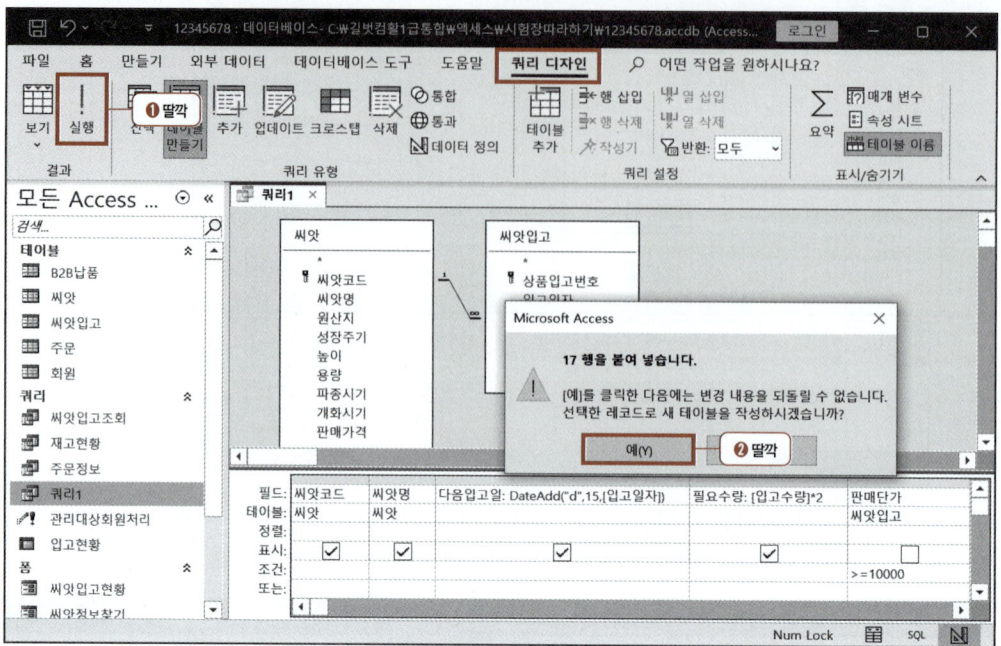

10. 닫기 단추(×)를 클릭하세요. 저장 여부를 묻는 대화상자가 나타나면 〈예〉를 클릭하세요.

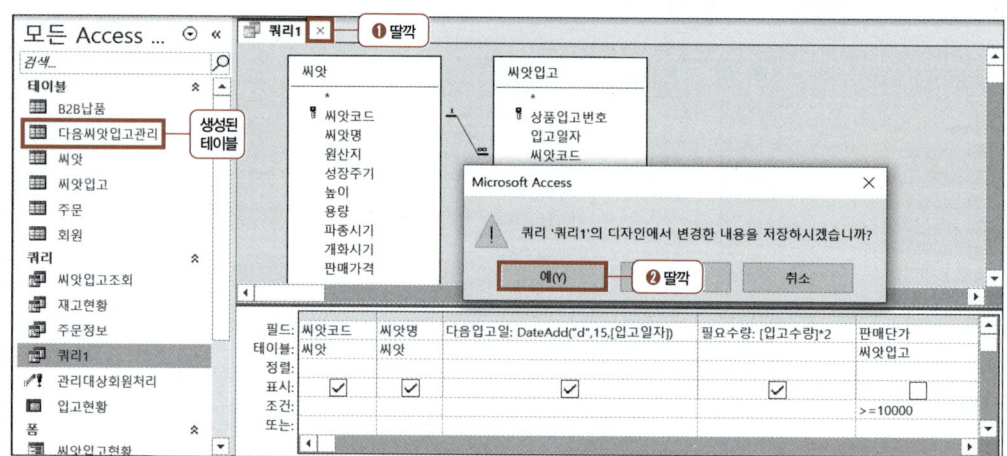

11. '쿼리 이름'에 **다음입고일생성**을 입력한 후 〈확인〉을 클릭하세요.

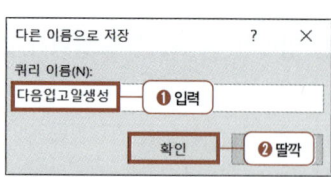

채점 프로그램을 이용하여 여러분이 완성한 답안 파일을 채점해 보세요. 채점 프로그램 사용법에 대한 내용은 7쪽을 참고하세요.

전문가의 조언

테이블 만들기 쿼리 이름과 테이블 만들기 쿼리로 만들어지는 테이블의 이름이 서로 다릅니다. 이 둘의 이름을 혼동하여 잘못 입력하면 배정된 점수를 모두 잃게 됩니다. 이름을 잘못 입력하지 않도록 각별히 주의하세요.

6 액세스 시험 마무리

놓고 가는 소지품은 없는지 확인한 후 퇴실하면 됩니다. 시험 결과는 시험일을 포함한 주를 제외하고 2주 뒤 금요일, https://license.korcham.net/에서 확인할 수 있습니다.

엑셀
최신기출문제

01회
2025년 상시01 컴퓨터활용능력 1급 실기

02회
2025년 상시02 컴퓨터활용능력 1급 실기

03회
2025년 상시03 컴퓨터활용능력 1급 실기

04회
2025년 상시04 컴퓨터활용능력 1급 실기

05회
2024년 상시01 컴퓨터활용능력 1급 실기

06회
2024년 상시02 컴퓨터활용능력 1급 실기

07회
2024년 상시03 컴퓨터활용능력 1급 실기

08회
2024년 상시04 컴퓨터활용능력 1급 실기

09회
2023년 상시01 컴퓨터활용능력 1급 실기

10회
2023년 상시02 컴퓨터활용능력 1급 실기

최신기출문제

시험지는 문제의 표지 및 전체 지시사항 1면, 문제 3면 이렇게 총 <u>4면</u>으로 구성되어 있습니다. 문제 1면에는 작업할 파일의 암호, 외부 데이터 위치, 시험 전반에 관한 지시사항이 들어 있습니다. 각각의 기출문제에서는 시험 전반에 관한 지시사항은 생략하였습니다. 아래는 실제 시험지와 동일한 문제 1면입니다. 시험 전반에 관한 지시사항을 한 번 읽어보세요.

국가기술자격검정

2026년 컴퓨터활용능력 실기 기출문제

프로그램명	제한시간
EXCEL 2021	45분

수험번호 :

성명 :

1급	01회

〈 유 의 사 항 〉

- 인적 사항 누락 및 잘못 작성으로 인한 불이익은 수험자 책임으로 합니다.
- 화면에 암호 입력창이 나타나면 아래의 암호를 입력하여야 합니다.
  ○ **암호 : 7%2153**
- 작성된 답안은 주어진 경로 및 파일명을 변경하지 마시고 그대로 저장해야 합니다. 이를 준수하지 않으면 실격 처리됩니다.
  답안 파일명의 예 : C:\OA\수험번호8자리.xlsm
- **외부 데이터 위치 : C:\OA\파일명**
- 별도의 지시사항이 없는 경우, 다음과 같이 처리 시 실격 처리됩니다.
  ○ 제시된 시트 및 개체의 순서나 이름을 임의로 변경한 경우
  ○ 제시된 시트 및 개체를 임의로 추가 또는 삭제한 경우
  ○ 외부 데이터를 시험 시작 전에 열어본 경우
- 답안은 반드시 문제에서 지시 또는 요구한 셀에 입력하여야 하며 다음과 같이 처리 시 채점 대상에서 제외됩니다.
  ○ 제시된 함수가 있을 경우 제시된 함수만을 사용하여야 하며 그 외 함수 사용 시 채점대상에서 제외
  ○ 수험자가 임의로 지시하지 않은 셀의 이동, 수정, 삭제, 변경 등으로 인해 셀의 위치 및 내용이 변경된 경우 해당 작업에 영향을 미치는 관련문제 모두 채점 대상에서 제외
  ○ 도형 및 차트의 개체가 중첩되어 있거나 동일한 계산결과 시트가 복수로 존재할 경우 해당 개체나 시트는 채점 대상에서 제외
- 수식 작성 시 제시된 문제 파일의 데이터는 변경 가능한(가변적) 데이터임을 감안하여 문제 풀이를 하시오.
- 별도의 지시사항이 없는 경우, 주어진 각 시트 및 개체의 설정값 또는 기본 설정값(Default)으로 처리하시오.
- 저장 시간은 별도로 주어지지 않으므로 제한된 시간 내에 저장을 완료해야 하며, 제한 시간 내에 저장이 되지 않은 경우에는 실격 처리됩니다.
- 출제된 문제의 용어는 MS Office LTSC Professional Plus 2021 기준으로 작성되어 있습니다.

대한상공회의소

2025년 상시01 컴퓨터활용능력 1급 실기

- 준 비 하 세 요 : '실기길벗컴활1급통합\기출\01회' 폴더에서 '25년상시01.xlsm' 파일을 열어서 작업하시오.
- 외부 데이터 위치 : 실기길벗컴활1급통합\기출\01회

문제 1 기본작업(15점) 주어진 시트에서 다음의 과정을 수행하고 저장하시오.

1. '기본작업-1' 시트에서 다음과 같이 고급 필터를 수행하시오. (5점)
   - [A2:H29] 영역에서 '주문일'이 토요일이거나 일요일인 데이터의 '제품명', '주문일', '적립금', '주문금액' 필드만 순서대로 표시하시오.
   - 조건은 [J2:J3] 영역 내에 알맞게 입력하시오. (OR, WEEKDAY 함수 사용)
   - 단, 요일의 return-type은 '2'로 설정
   - 결과는 [J5] 셀부터 표시하시오.

2. '기본작업-1' 시트에서 다음과 같이 조건부 서식을 설정하시오. (5점)
   - [A3:H29] 영역에서 '주문금액'이 가장 큰 값과 가장 작은 값인 데이터의 행 전체에 대하여 글꼴 스타일은 '굵은 기울임꼴', 밑줄은 '실선', 채우기 색은 '표준 색-노랑'으로 적용하시오.
   - 단, 규칙 유형은 '수식을 사용하여 서식을 지정할 셀 결정'을 사용하고, 한 개의 규칙으로만 작성하시오.
   - OR, LARGE, SMALL 함수 사용

3. '기본작업-2' 시트에서 다음과 같이 페이지 레이아웃을 설정하시오. (5점)
   - 페이지 여백을 '좁게'로 설정하고, 인쇄될 내용이 페이지의 가로를 기준으로 가운데에 인쇄되도록 페이지 가운데 맞춤을 설정하시오.
   - 페이지의 상단 가운데에 현재 날짜가 표시되도록 머리글을 설정하시오.
   - [A1:I100] 영역을 인쇄 영역으로 설정하고, 눈금선이 인쇄되도록 설정하시오.

문제 2 계산작업(30점) '계산작업' 시트에서 다음 과정을 수행하고 저장하시오.

1. [표1]의 소속부서와 [표3]을 이용하여 [표1]의 [C4:C23] 영역에 담당자를 표시하시오. (6점)
   - 소속부서의 앞 2글자는 센터명이고, 뒤 2글자는 팀명임
   - 담당자는 소속부서의 센터명, 팀명과 [표3]을 참조하여 구함
   - VLOOKUP, MID, MATCH 함수 사용

2. [표1]의 기존대표센터를 이용하여 [표1]의 [J4:J23] 영역에 대표센터코드를 표시하시오. (6점)
   - 대표센터코드는 기존대표센터의 마지막 3자리가 100 이하이면 기존대표센터의 "A"를 "J"로, 100 초과 200 이하이면 "G"를 "D"로, 그 외에는 "C"를 "E"로 변경하시오.
   - IF, RIGHT, SUBSTITUTE, VALUE 함수 사용

3. [표1]의 소속부서와 총관리대수를 이용하여 [표2]의 [M4:M9] 영역에 센터명별 제품관리비율을 표시하시오. (6점)
   - 센터명은 소속부서의 앞 2글자임
   - 제품관리비율 = 센터명별 총관리대수의 합계 / 총관리대수의 합계
   - 계산된 값은 백분율로 소수점 이하 첫째 자리까지 표시하시오.
     [표시 예 : 0.123 → 12.3%, 0.00123 → 0.1%, 0.010203 → 1.0%]
   - LEFT, TEXT, SUM 함수를 이용한 배열 수식

4. [표1]의 트랙터대수, 관리기대수, 땅속작물수확기대수를 이용하여 각 제품별로 상위 1~3위의 평균과 하위 1~3위의 평균을 [표4]의 [L22:N22] 영역에 표시하시오. (6점)
   - 하위 1~3위와 상위 1~3위의 평균은 소수점 이하 둘째 자리에서 반올림하여 첫째 자리까지 표시하고, 평균 사이에 "-"를 연결하여 [표시 예]와 같이 표시하시오.
     [표시 예 : 상위 1~3위 평균이 234.56, 하위 1~3위 평균이 3.24인 경우 → 234.6 - 3.2]
   - ROUND, AVERAGE, LARGE, SMALL 함수와 배열 상수, & 연산자를 이용한 배열 수식

5. 사용자 정의 함수 'fn중요도'를 작성하여 [표1]의 [H4:H23] 영역에 중요도를 계산하여 표시하시오. (6점)
   - 'fn중요도'는 총관리대수, 트랙터대수를 인수로 받아 중요도를 계산하는 함수이다.
   - 총관리대수가 200 이상이고 트랙터대수가 100 이상이면 'fn중요도'에 "★"를 표시하고, 총관리대수가 100 이상이고 트랙터대수가 50 이상이면 'fn중요도'에 "☆"를 표시하고, 나머지는 공백으로 표시하시오.
   - IF ~ ELSEIF ~ ELSE문 사용

   ```
   Public Function fn중요도(총관리대수, 트랙터대수)
   End Function
   ```

문제 3 분석작업(20점) 주어진 시트에서 다음 작업을 수행하고 저장하시오.

1. '분석작업-1' 시트에서 다음의 지시사항에 따라 피벗 테이블 보고서를 작성하시오. (10점)
   - 외부 데이터 가져오기 기능을 이용하여 〈위판장별판매현황.accdb〉의 〈위탁판매〉 테이블에서 '위판장코드', '어종상태명', '위판장명', '위판날짜', '위판금액' 열을 이용하시오.
   - 피벗 테이블 보고서의 레이아웃과 위치는 〈그림〉을 참조하여 설정하고, 보고서 레이아웃을 테이블 형식으로 표시하시오.
   - '위판금액' 필드를 기준으로 〈그림〉과 같이 그룹을 설정하시오.
   - 총합계는 〈그림〉을 참고하여 설정하시오.
   - '위판장코드' 필드의 표시 형식은 '값 필드 설정'의 셀 서식에서 '사용자 지정' 범주를 이용하여 〈그림〉과 같이 지정하시오.
   - 빈 셀은 "해당없음"으로 표시하고, 레이블이 있는 셀은 병합하고 가운데 맞춤되도록 설정하시오.

	A	B	C	D	E	F
1						
2		어종상태명	(모두)			
3						
4		개수 : 위판장코드			위판장명	
5		위판금액	위판날짜	서귀포위판장	성산위판장	흑산도위판장
6			2025-04-01	11개	12개	6개
7		1-1000000	2025-04-02	3개	3개	1개
8			2025-04-03	해당없음	5개	1개
9			2025-04-15	해당없음	2개	해당없음
10		1-1000000 요약		14개	22개	8개
11			2025-04-01	3개	1개	1개
12		1000001-2000000	2025-04-02	해당없음	1개	1개
13			2025-04-03	해당없음	해당없음	1개
14		1000001-2000000 요약		3개	2개	3개
15		2000001-3000000	2025-04-03	2개	해당없음	1개
16		2000001-3000000 요약		2개	해당없음	1개
17		3000001-4000000	2025-04-01	해당없음	1개	해당없음
18			2025-04-03	1개	해당없음	해당없음
19		3000001-4000000 요약		1개	1개	해당없음
20		총합계		20개	25개	12개

2. '분석작업-2' 시트에 대하여 다음의 지시사항을 처리하시오. (10점)

- [시나리오] 기능을 이용하여 연이율(C3)이 다음과 같이 변동하는 경우 월납입액(C6)의 변동 시나리오를 작성하시오.
  - [C3] 셀은 '연이율', [C6] 셀은 '월납입액'으로 이름을 정의하시오.
  - 시나리오1 : 시나리오 이름은 '이율증가', 연이율(C3)이 5.8%로 증가
  - 시나리오2 : 시나리오 이름은 '이율감소', 연이율(C3)이 5.2%로 감소
  - 위 시나리오에 의한 '시나리오 요약' 보고서는 '분석작업-2' 시트 바로 왼쪽에 위치시키시오.
- [표1]의 월납입액[C6]은 납입기간(C4)을 이용하여 계산한 것이다. [데이터 표] 기능과 [표1]을 이용하여 납입기간[C4]의 변동에 따른 월납입액을 [G4:G8] 영역에 계산하시오.

문제 4 기타작업(35점) 주어진 시트에서 다음 작업을 수행하고 저장하시오.

1. '기타작업-1' 시트에서 다음과 같은 기능을 수행하는 매크로를 현재 통합문서에 작성하시오. (각 5점)

   ① [C3:C21] 영역에 사용자 지정 표시 형식을 설정하는 '서식설정' 매크로를 생성하시오.
   - '전년대비 증감률'이 10% 이상이면 빨강색으로 "상승"을, 0 미만이면 파랑색으로 "감소"를, 그 외는 "보통"으로 표시하시오.
     [표시 예 : '전년대비 증감률'이 15%일 경우 → 상승, -5%일 경우 → 감소, 3%일 경우 → 보통]
   - [개발 도구] → [삽입] → [양식 컨트롤]의 '단추'를 동일 시트의 [E2:E3] 영역에 생성한 후 텍스트를 "서식설정"으로 입력하고, 도형을 클릭하면 '서식설정' 매크로가 실행되도록 설정하시오.

   ② [C3:C21] 영역에 표시 형식을 '일반'으로 적용하는 '서식해제' 매크로를 생성하시오.
   - [개발 도구] → [삽입] → [양식 컨트롤]의 '단추'를 동일 시트의 [E5:E6] 영역에 생성한 후 텍스트를 "서식해제"로 입력하고, 도형을 클릭하면 '서식해제' 매크로가 실행되도록 설정하시오.

   ※ 셀 포인터의 위치에 관계없이 매크로가 실행되어야 정답으로 인정됨

2. '기타작업-2' 시트에서 다음의 지시사항에 따라 차트를 수정하시오. (각 2점)

   ※ 차트는 반드시 문제에서 제공한 차트를 사용하여야 하며, 신규로 차트 작성시 0점 처리됨
   ① '2021년' 계열을 삭제하고 차트 종류를 '묶은 가로 막대형' 차트로 변경하시오.
   ② 차트 제목은 '차트 위'로 설정한 후 〈그림〉과 같이 지정하고, 범례는 차트의 오른쪽에 표시하시오.
   ③ 차트의 가로(값) 축의 최대값과 기본 단위를 〈그림〉과 같이 설정하고, 세로(항목) 축을 '항목을 거꾸로'로 지정하시오.
   ④ '2024년' 항목에만 데이터 레이블을 표시하고 〈그림〉과 같이 데이터 레이블 위치를 설정하시오.
   ⑤ 차트 영역의 테두리 스타일은 '둥근 모서리', 차트 영역의 그림자를 '오프셋: 왼쪽 위'로 지정하시오.

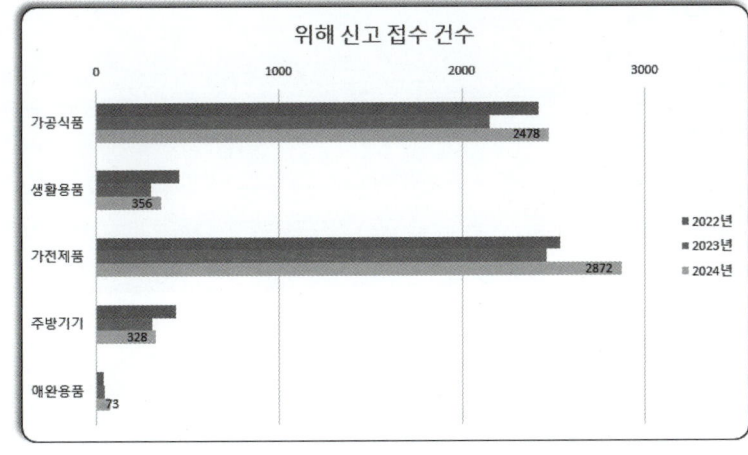

3. '기타작업-3' 시트에서 다음과 같은 작업을 수행하고 저장하시오. (각 5점)

① '숙박비 계산' 단추를 클릭하면 〈숙박비계산화면〉 폼이 나타나고, 폼이 초기화(Initialize)되면 '숙박예정일(cmb숙박예정일)' 목록에는 현재 날짜부터 5일전까지의 날짜가 표시되고, [J5:J10] 영역의 값이 '방이름'(cmb방이름) 콤보 상자의 목록에 설정되도록 프로시저를 작성하시오.

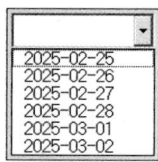

② 〈숙박비계산화면〉 폼의 '계산(cmd계산)' 단추를 클릭하면 폼에 입력된 데이터가 시트의 표에 입력되어 있는 마지막 행 다음에 연속하여 추가되도록 프로시저를 작성하시오.

▶ '이용금액'은 '일일요금 × 숙박일수 × (1 - 할인율)'로 계산하되, '할인율'은 '숙박일수'가 2 이하면 0%, 4 이하면 5%, 6 이하면 7%, 그 외는 10%가 할인됨

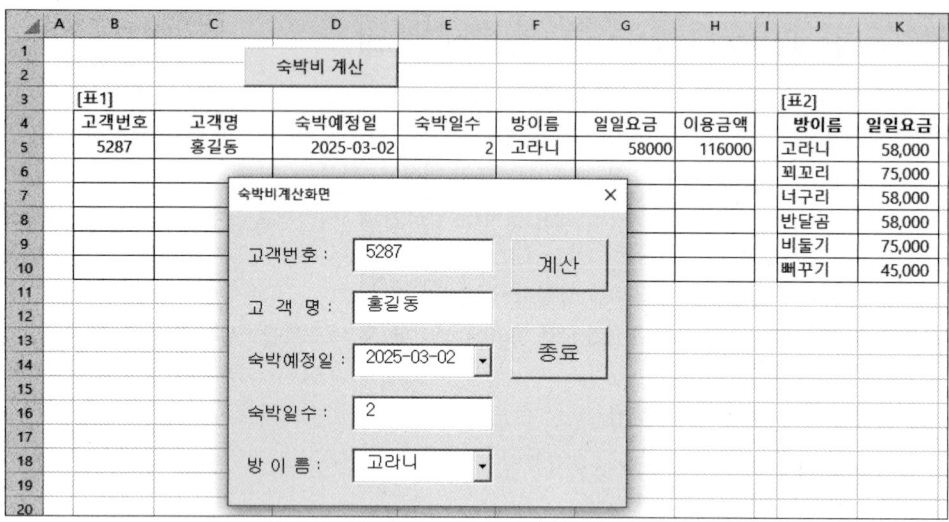

③ 〈숙박비계산화면〉 폼의 '종료(cmd종료)' 단추를 클릭하면 〈그림〉과 같이 현재 날짜와 시간이 표시된 메시지 박스를 나타낸 후 폼이 종료되도록 프로시저를 작성하시오.

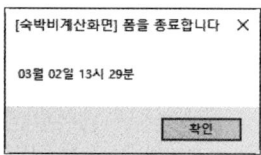

2025년 상시01 기출문제 해설

채점 프로그램을 이용하여 여러분이 완성한 답안 파일을 채점해 보세요. 채점 프로그램 사용법에 대한 내용은 7쪽을 참고하세요.

문제 1 기본작업

01. 고급 필터 _ 참고 : 고급 필터 14쪽

정답

	I	J	K	L	M
1					
2		조건			
3		TRUE			
4					
5		제품명	주문일	적립금	주문금액
6		연필세트	2024-01-07(일)	3,670	91,740
7		필통	2025-01-04(토)	12,460	249,150
8		사인펜	2025-03-02(일)	2,700	67,500
9		샤프	2025-04-26(토)	5,360	107,250
10		수정액	2025-05-24(토)	14,280	285,600
11		샤프	2025-05-24(토)	2,470	61,750
12		필통	2025-06-21(토)	2,110	52,850
13		샤프	2025-07-20(일)	-	6,500

- '고급 필터' 대화상자

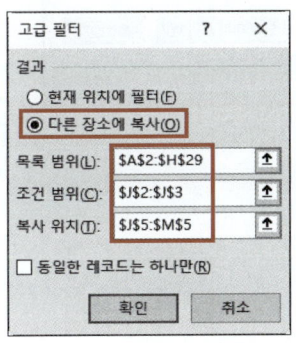

[J3] : =OR(WEEKDAY(B3,2)=6,WEEKDAY(B3,2)=7)

02. 조건부 서식 _ 참고 : 조건부 서식 19쪽

정답

	A	B	C	D	E	F	G	H
1	[표1]							
2	주문번호	주문일	제품명	수량	단가	주문금액	적립률	적립금
3	64579	2024-01-07(일)	연필세트	22	4,170	91,740	4%	3,670
4	83543	2024-02-13(화)	색연필	40	3,820	152,800	5%	7,640
5	38364	2024-03-27(수)	수정액	34	6,800	231,200	5%	11,560
6	90686	2024-05-24(금)	수정액	12	6,800	81,600	4%	3,260
7	66226	2024-06-28(금)	색연필	44	3,820	168,080	5%	8,400
8	48126	2024-10-03(목)	사인펜	2	2,700	5,400	0%	-
9	49170	2025-01-04(토)	필통	33	7,550	249,150	5%	12,460
10	72434	2025-01-09(목)	색연필	27	3,820	103,140	5%	5,160
11	81608	2024-12-18(수)	필통	41	7,550	309,550	5%	15,480
12	56488	2025-01-14(화)	연필세트	21	4,170	87,570	4%	3,500
13	51599	2025-01-20(월)	샤프	21	3,250	68,250	4%	2,730
14	43392	2025-01-21(화)	필통	22	7,550	166,100	5%	8,310
15	42686	2025-01-21(화)	연필세트	31	4,170	129,270	5%	6,460
16	92651	2025-02-24(월)	연필세트	38	4,170	158,460	5%	7,920
17	21147	2025-03-02(일)	사인펜	25	2,700	67,500	4%	2,700
18	88732	2025-03-17(월)	수정액	16	6,800	108,800	5%	5,440
19	58426	2025-03-24(월)	사인펜	45	2,700	121,500	5%	6,080
20	89909	2025-04-26(토)	샤프	33	3,250	107,250	5%	5,360
21	17407	2025-04-29(화)	샤프	47	3,250	152,750	5%	7,640
22	36715	2025-05-02(금)	사인펜	32	2,700	86,400	4%	3,460
23	84329	2025-05-08(목)	사인펜	22	2,700	59,400	4%	2,380
24	32783	2025-05-15(목)	연필세트	31	4,170	129,270	5%	6,460
25	97668	2025-05-16(금)	색연필	48	3,820	183,360	5%	9,170
26	14573	2025-05-24(토)	수정액	42	6,800	285,600	5%	14,280
27	22311	2025-05-24(토)	샤프	19	3,250	61,750	4%	2,470
28	83502	2025-06-21(토)	필통	7	7,550	52,850	4%	2,110
29	23506	2025-07-20(일)	샤프	2	3,250	6,500	0%	-

- '새 서식 규칙' 대화상자

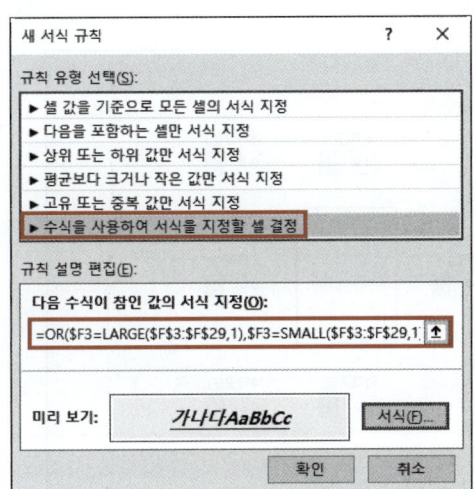

03. 페이지 레이아웃 _ 참고 : 페이지 레이아웃 25쪽

> 정답

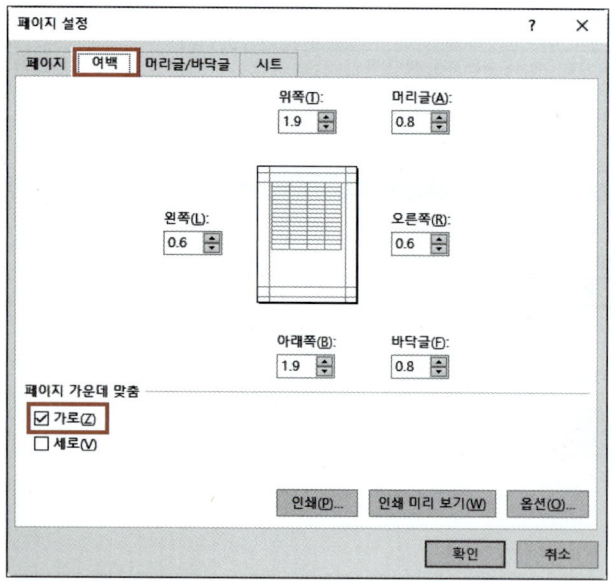

- [페이지 레이아웃] → 페이지 설정 → 여백 → **좁게** 선택
  ※ '여백'을 '좁게'로 설정한 후 파일을 다시 열면 설정이 '사용자 지정 여백'으로 자동 변경됩니다.

- '페이지 설정' 대화상자의 '여백' 탭

- '머리글' 대화상자

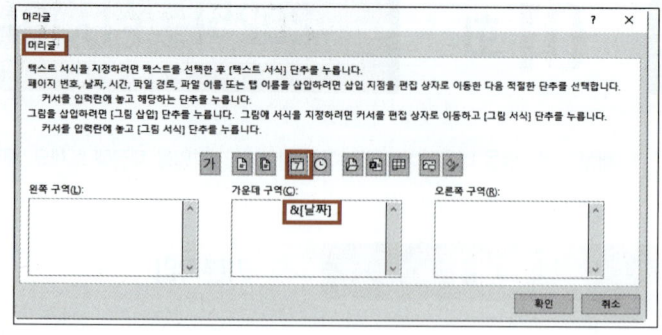

- '페이지 설정' 대화상자의 '시트' 탭

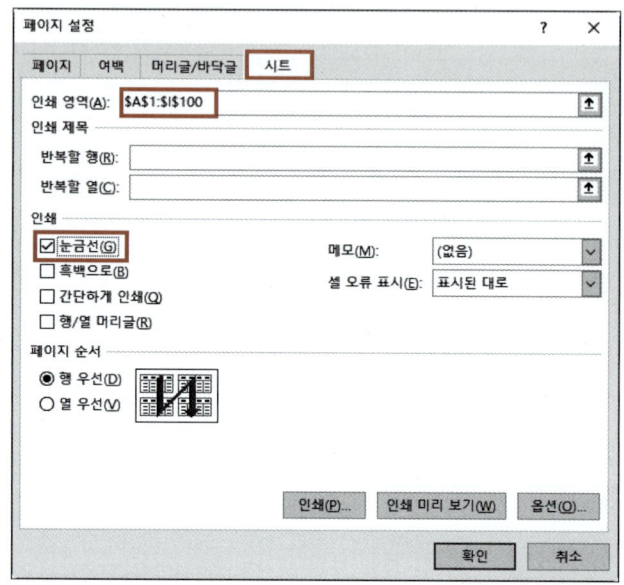

문제 2 계산작업

정답

	A	B	C	D	E	F	G	H	I	J	K	L	M	N	O
1															
2	[표1]		❶					❺		❷		[표2]	❸		
3		소속부서	담당자	트랙터대수	관리기대수	땅속작물수확기대수	총관리대수	중요도	기존대표센터	대표센터코드		센터명	제품관리비율		
4		경기팀	홍길동	145	28	32	205	★	123C456	123E456		경기	22.4%		
5		강원2팀	김길동	80	25	39	144		234A095	234J095		강원	15.6%		
6		경상1팀	박길동	125	20	40	185	☆	613B571	613B571		경상	18.7%		
7		전라1팀	이길동	135	39	45	219	★	973B652	973B652		인천	18.0%		
8		충청2팀	정길동	25	18	25	68		936C104	936D104		전라	14.2%		
9		인천1팀	송길동	80	25	39	144	☆	123G182	123D182		충청	11.0%		
10		경기3팀	홍길동	125	20	40	185	☆	862A071	862J071					
11		강원1팀	김길동	135	39	45	219	★	154C865	154E865		[표3] 센터별 팀별 담당자			
12		경상1팀	박길동	75	18	25	118	☆	321G155	321D155		센터명	1팀	2팀	3팀
13		전라2팀	이길동	34	25	39	98		532A012	532J012		경기	홍길동	홍길동	홍길동
14		충청1팀	정길동	125	20	40	185	☆	345G115	345D115		강원	김길동	김길동	
15		인천2팀	송길동	135	39	45	219	★	652B364	652B364		경상	박길동		
16		경상1팀	박길동	75	18	25	118	☆	845A042	845J042		인천	송길동	송길동	
17		전라3팀	이길동	80	25	39	144	☆	951G124	951D124		전라	이길동	이길동	이길동
18		충청2팀	정길동	45	20	40	105		325G154	325D154		충청	정길동	정길동	
19		전라1팀	송길동	135	39	45	219	★	547C846	547E846					
20		경기2팀	홍길동	75	18	25	118	☆	412B685	412B685		[표4] 상위 1~3위의 평균과 하위 1~3위 평균			
21		강원1팀	김길동	80	25	39	144	☆	872G193	872D193		트랙터대수	관리기대수	땅속작물수확기대수	❹
22		경상1팀	박길동	125	20	40	185	☆	542B566	542B566		138.3 - 34.7	39 - 18	45 - 25	
23		경기2팀	홍길동	135	39	45	219	★	586G129	586D129					

❶ 담당자(C4) _ 참고 : 찾기/참조 함수 46쪽
=VLOOKUP(MID(B4,1,2), $L$13:$O$18, MATCH(MID(B4,3,2), $M$12:$O$12, 0)+1, FALSE)

❷ 대표센터코드(J4) _ 참고 : 논리 함수 53쪽
=IF(VALUE(RIGHT(I4,3))<=100, SUBSTITUTE(I4,"A","J"), IF(VALUE(RIGHT(I4,3))<=200, SUBSTITUTE(I4,"G","D"), SUBSTITUTE(I4,"C","E")))

❸ 센터명별 제품관리비율(M4) _ 참고 : 배열 수식 36쪽
{=TEXT(SUM((LEFT($B$4:$B$23,2)=L4) * ($G$4: $G$23)) / SUM($G$4:$G$23), "0.0%")}

❹ 제품별 상위 1~3위의 평균과 하위 1~3위 평균(L22) _ 참고 : 배열 수식 36쪽
{=ROUND(AVERAGE(LARGE(D4:D23,{1,2,3})), 1) & " - " & ROUND(AVERAGE(SMALL(D4:D23, {1,2,3})), 1)}

❺ 중요도(H4) _ 참고 : 사용자 정의 함수 60쪽
=fn중요도(G4,D4)

```
Public Function fn중요도(총관리대수, 트랙터대수)
    If 총관리대수 >= 200 And 트랙터대수 >= 100 Then
        fn중요도 = "★"
    ElseIf 총관리대수 >= 100 And 트랙터대수 >= 50 Then
        fn중요도 = "☆"
    Else
        fn중요도 = ""
    End If
End Function
```

문제 3 분석작업 정답

01. 피벗 테이블 _ 참고 : 피벗 테이블 64쪽

• '피벗 테이블 필드' 창

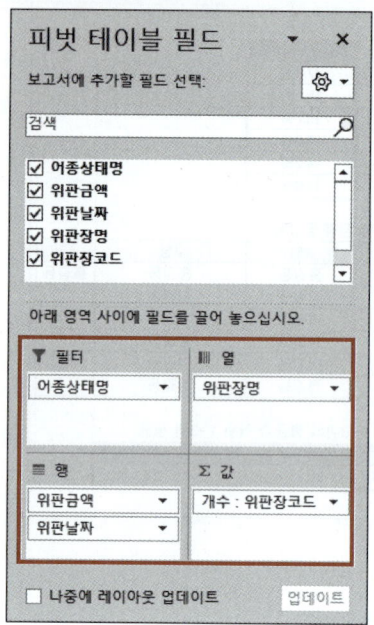

• '그룹화' 대화상자

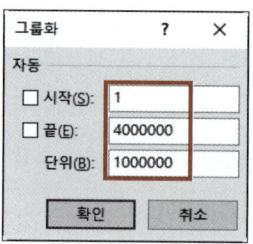

02. 시나리오 / 데이터 표 _ 참고 : 시나리오 95쪽 / 데이터 표 93쪽
시나리오

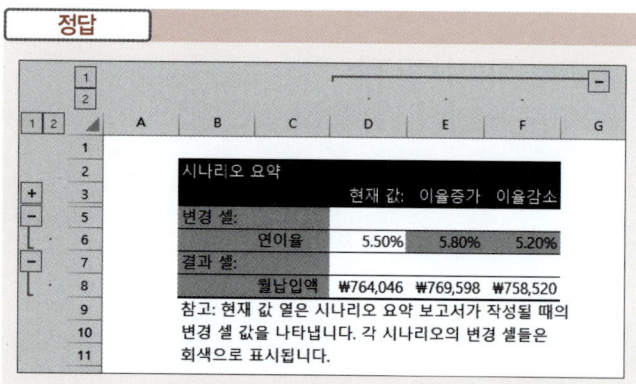

• '시나리오 추가' 대화상자

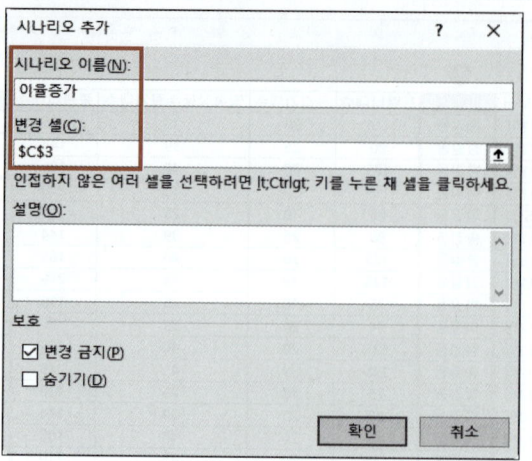

• '시나리오 값' 대화상자

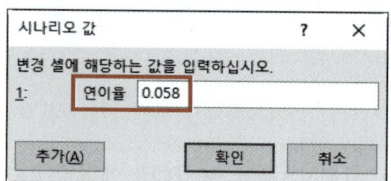

• '시나리오 추가' 대화상자

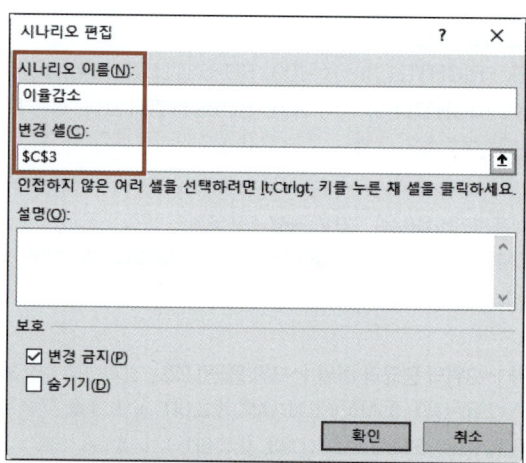

• '시나리오 값' 대화상자

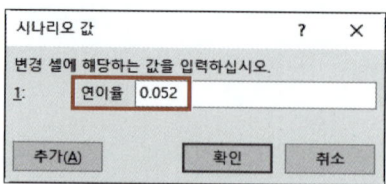

• '시나리오 요약' 대화상자

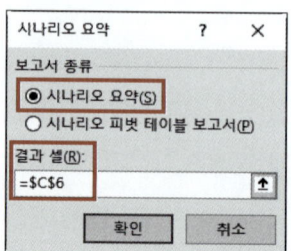

데이터 표

정답

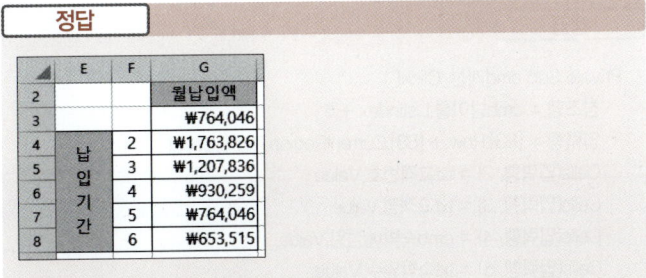

• '데이터 테이블' 대화상자

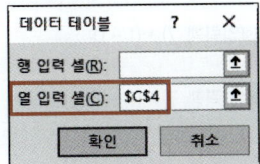

문제 4 기타작업 — 정답

01. 매크로 작성 _ 참고 : 매크로 112쪽

1 '서식설정' 매크로 실행

정답

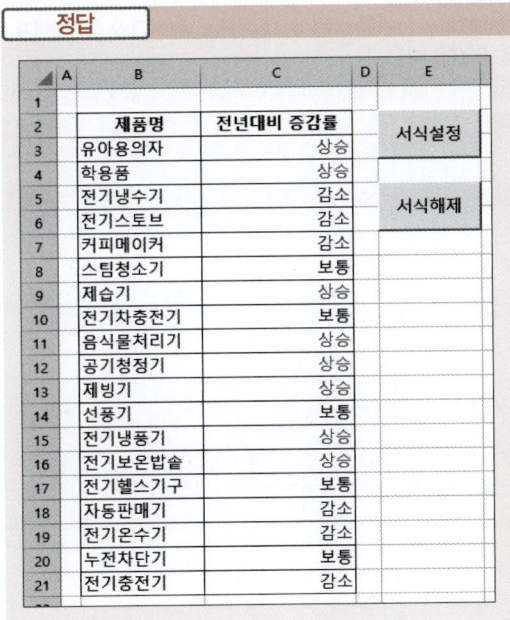

• '셀 서식' 대화상자

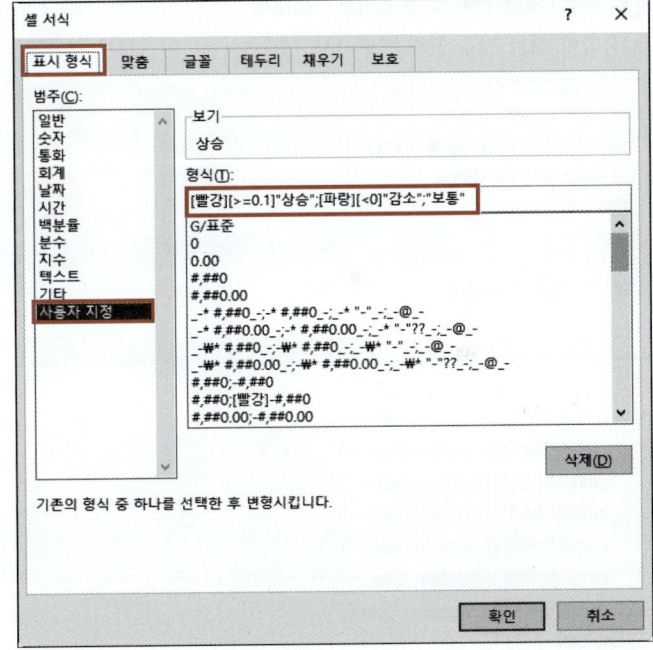

형식: [빨강][>=0.1]"상승";[파랑][<0]"감소";"보통"

02. 차트 수정 _ 참고 : 차트 105쪽

❸ 항목을 거꾸로 표시하기

세로(항목) 축을 더블클릭한 후 다음과 같이 설정한다.

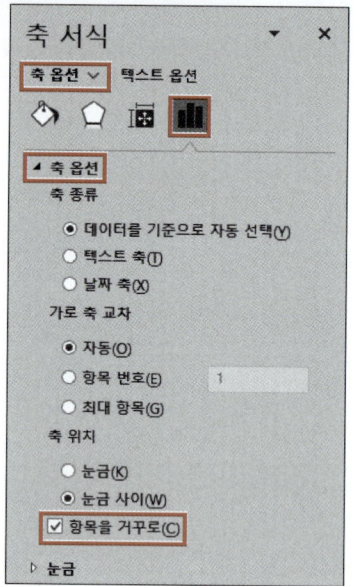

03. 프로시저 작성 _ 참고 : 프로시저 118쪽

❶ '숙박비 계산' 단추 및 폼 초기화 프로시저

• '숙박비 계산' 단추 클릭 프로시저

> 정답

```
Private Sub cmd숙박비계산_Click( )
    숙박비계산화면.Show
End Sub
```

• 폼 초기화 프로시저

> 정답

```
Private Sub UserForm_Initialize( )
    cmb숙박예정일.AddItem Date - 5
    cmb숙박예정일.AddItem Date - 4
    cmb숙박예정일.AddItem Date - 3
    cmb숙박예정일.AddItem Date - 2
    cmb숙박예정일.AddItem Date - 1
    cmb숙박예정일.AddItem Date
    cmb방이름.RowSource = "J5:J10"
End Sub
```

❷ '계산' 단추에 기능 구현하기

> 정답

```
Private Sub cmd계산_Click( )
    참조행 = cmb방이름.ListIndex + 5
    입력행 = [B3].Row + [B3].CurrentRegion.Rows.Count
    Cells(입력행, 2) = txt고객번호.Value
    Cells(입력행, 3) = txt고객명.Value
    Cells(입력행, 4) = cmb숙박예정일.Value
    Cells(입력행, 5) = txt숙박일수.Value
    Cells(입력행, 6) = cmb방이름.Value
    Cells(입력행, 7) = Cells(참조행, 11)
    If txt숙박일수.Value <= 2 Then
        Cells(입력행, 8) = Cells(입력행, 5) * Cells(입력행, 7) * (1 - 0)
    ElseIf txt숙박일수.Value <= 4 Then
        Cells(입력행, 8) = Cells(입력행, 5) * Cells(입력행, 7) * (1 - 0.05)
    ElseIf txt숙박일수.Value <= 6 Then
        Cells(입력행, 8) = Cells(입력행, 5) * Cells(입력행, 7) * (1 - 0.07)
    Else
        Cells(입력행, 8) = Cells(입력행, 5) * Cells(입력행, 7) * (1 - 0.1)
    End If
End Sub
```

❸ '종료' 단추에 기능 구현하기

> 정답

```
Private Sub cmd종료_Click( )
    MsgBox Format(Now, "mm월 dd일 hh시 nn분"), vbOKOnly, "[숙박비계산화면] 폼을 종료합니다"
    Unload Me
End Sub
```

EXAMINATION 02회 2025년 상시02 컴퓨터활용능력 1급 실기

- 준 비 하 세 요 : '실기길벗컴활1급통합\기출\02회' 폴더에서 '25년상시02.xlsm' 파일을 열어서 작업하시오.
- 외부 데이터 위치 : 실기길벗컴활1급통합\기출\02회

문제 1 기본작업(15점) 주어진 시트에서 다음의 과정을 수행하고 저장하시오.

1. '기본작업-1' 시트에서 다음과 같이 고급 필터를 수행하시오. (5점)
   - [B2:G23] 영역에서 '구분'의 끝나는 글자가 "장애"가 아니고 '합계'가 '합계'의 중간값 이상인 데이터의 '구분', '특수학교', '일반학교 특수학급', '합계' 필드만 순서대로 표시하시오.
   - 조건은 [B25:B26] 영역 내에 알맞게 입력하시오. (RIGHT, MEDIAN, AND 함수 사용)
   - 결과는 [B28] 셀부터 표시하시오.

2. '기본작업-1' 시트에서 다음과 같이 조건부 서식을 설정하시오. (5점)
   - [B3:G23] 영역에서 '구분'의 첫 글자가 "특"으로 시작하고 '특수학교'가 5000 이상이거나, '합계'가 상위 두 번째 값보다 크거나 같은 데이터의 행 전체에 대하여 글꼴 스타일은 '굵은 기울임꼴', 글꼴 색은 '표준 색-빨강'으로 적용하시오.
   - 단, 규칙 유형은 '수식을 사용하여 서식을 지정할 셀 결정'을 사용하고, 한 개의 규칙으로만 작성하시오.
   - AND, OR, LEFT, LARGE 함수 사용

3. '기본작업-2' 시트에서 다음과 같이 페이지 레이아웃을 설정하시오. (5점)
   - [A2:J24] 영역을 인쇄 영역으로 설정하고, 페이지의 내용이 80%로 축소되어 인쇄되도록 설정하시오.
   - 인쇄될 내용이 페이지의 가로 가운데에 인쇄되도록 페이지 가운데 맞춤을 설정하시오.
   - 매 페이지 하단의 가운데 구역에는 페이지 번호가 [표시 예]와 같이 표시되도록 설정하시오.
     [표시 예 : 현재 페이지 번호가 1인 경우 → 1페이지]
   - 페이지의 내용을 흑백으로 인쇄하고, 행/열 머리글이 인쇄되도록 설정하시오.

문제 2 계산작업(30점) '계산작업' 시트에서 다음 과정을 수행하고 저장하시오.

1. [표1]의 A팀과 B팀의 각 회차별 점수를 비교하여 [I5:I12] 영역에 승률을 계산하시오. (6점)
   - [표시 예 : A팀이 2번, B팀이 3번 이긴 경우 → 2:3]
   - CONCAT, SUM, IF 함수를 이용한 배열 수식

2. [표1]의 A팀 선수명과 평균을 이용하여 [표2]의 [S5:S8] 영역에 선수명별 총평균을 계산하시오. (6점)
   - 총평균은 소수점 이하 둘째 자리에서 내림하여 소수점 이하 첫째 자리까지 표시
   - [표시 예 : '이상철' 선수가 두 번 경기하고 두 경기의 평균이 24.4와 21.8인 경우 → 2회의 평균 : 23.1]
   - COUNTIF, AVERAGE, IF, ROUNDDOWN 함수와 & 연산자를 이용한 배열 수식

3. [표3]의 1회전 순위와 [표4]를 이용하여 [F16:H23] 영역에 1회전 순위에 따른 1회전 포인트[F16:F23], 1회전 배점[G16:G23], 1회전 상금 [H16:H23]을 계산하시오. (6점)
   - RIGHT, LEN, MATCH, VLOOKUP 함수 사용

4. [표3]의 선수명과 배점합계를 이용하여 [J16:J23] 영역에 진출 여부를 표시하시오. (6점)

▶ 배점합계를 기준으로 한 순위가 4등 이내인 경우에는 선수명의 두 번째 글자를 "★"로 대치한 후 순위를 결합하여 [표시 예]와 같이 표시하고, 그렇지 않은 경우에는 공백을 표시하시오.
[표시 예 : '선수명'이 "이상철"이고, 순위가 1등인 경우 → 이★철1등]

▶ IF, RANK, REPLACE 함수와 & 연산자를 사용

5. 사용자 정의 함수 'fn그래프'를 작성하여 [표1]의 [K16:K23] 영역에 그래프를 계산하여 표시하시오. (6점)

▶ 'fn그래프'는 순위와 인원수를 인수로 받아 그래프를 계산하는 함수이다.
▶ 순위는 1회전 순위이고, 인원수는 선수명을 기준으로 계산한 전체 인원수이다.
▶ 그래프는 인원수에서 순위를 뺀 값만큼 "●"를 반복하여 표시하시오.
[표시 예 : 인원수가 8이고, 순위가 1인 경우 → ●●●●●●●]
▶ COUNTA 함수와 FOR문 사용

```
Public Function fn그래프(순위, 인원수)

End Function
```

문제 3 분석작업(20점) 주어진 시트에서 다음 작업을 수행하고 저장하시오.

1. '분석작업-1' 시트에서 다음의 지시사항에 따라 피벗 테이블 보고서를 작성하시오. (10점)

▶ 외부 데이터 원본으로 〈판매현황.xlsx〉의 〈홍삼〉 테이블을 이용하시오.
▶ 피벗 테이블 보고서의 레이아웃과 위치는 〈그림〉을 참조하여 설정하고, 보고서 레이아웃을 개요 형식으로 표시하시오.
▶ '판매량 × 판매가'를 계산하는 '판매금액' 계산 필드를 추가하시오.
▶ '브랜드명' 필드를 〈그림〉과 같이 정렬하시오.
▶ '판매량', '판매가', '판매금액' 필드의 표시 형식은 '값 필드 설정'의 셀 서식에서 '숫자' 범주를 이용하여 〈그림〉과 같이 지정하시오.
▶ 피벗 테이블 스타일은 '연한 주황, 피벗 스타일 보통 10'으로 설정한 후 빈 셀은 0으로 표시하시오.

	A	B	C	D	E	F
1						
2		브랜드명 ▼	구분 ▼	평균 : 판매량	평균 : 판매가	합계 : 판매금액
3		⊟홍삼나라		17	113,286	53,131,000
4			기능성	9	126,000	1,134,000
5			기호식품	26	43,000	4,386,000
6			농축액	0	170,500	0
7			키즈/청소년	7	120,000	1,680,000
8		⊟홍삼세계		10	81,400	21,164,000
9			기호식품	15	35,000	525,000
10			농축액	5	106,333	5,104,000
11			키즈/청소년	21	53,000	1,113,000
12		⊟고려홍삼		9	100,750	13,702,000
13			기능성	8	42,500	1,360,000
14			농축액	9	159,000	5,724,000
15		⊟전라홍삼		16	70,667	40,704,000
16			기능성	16	110,000	7,040,000
17			기호식품	4	40,000	160,000
18			농축액	28	32,500	3,575,000
19			키즈/청소년	5	99,000	495,000
20		총합계		13	92,136	504,723,000

2. '분석작업-2' 시트에 대하여 다음의 지시사항을 처리하시오. (10점)

▶ [데이터 유효성 검사] 기능을 이용하여 [E4:E23] 영역에는 1~200까지의 정수만 입력되도록 제한 대상을 설정하시오.
  - [E4:E23] 영역을 클릭한 경우 〈그림〉과 같은 설명 메시지를 표시하고, 유효하지 않은 데이터를 입력한 경우 〈그림〉과 같은 오류 메시지가 표시되도록 설정하시오.

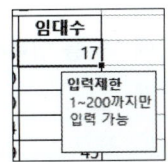 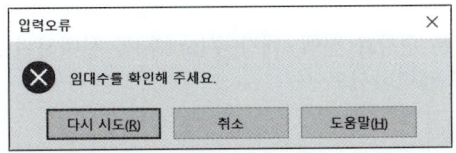

▶ [정렬] 기능을 이용하여 '층구분'을 '지하2층 - 지하1층 - 지상1층 - 지상2층' 순으로 정렬하고, 동일한 '층구분'인 경우 '임대료'의 조건부 서식 아이콘 ✔가 위에 표시되도록 정렬하시오.

문제 4 기타작업(35점) 주어진 시트에서 다음 작업을 수행하고 저장하시오.

1. '기타작업-1' 시트에서 다음의 지시사항에 따라 차트를 수정하시오. (각 2점)

※ 차트는 반드시 문제에서 제공한 차트를 사용하여야 하며, 신규로 차트 작성시 0점 처리됨

① 차트 제목은 시트의 [B2] 셀과 연결하여 표시하고, 도형 스타일을 '미세 효과 - 황금색, 강조 4'로 지정하시오.
② '미개통' 계열의 차트 종류를 '표식이 있는 꺾은선형'으로 변경한 후 보조 축을 표시하고 기본 주 가로 눈금선을 삭제하시오.
③ 세로(값) 축의 최소값을 0, 보조 세로(값) 축의 최소값을 100으로 지정하시오.
④ '미개통' 계열의 표식을 '삼각형(▲)', 크기를 20으로 변경한 후 표식 안에 데이터 레이블이 〈그림〉과 같이 표시되도록 설정하시오.
⑤ 차트 영역의 테두리를 '둥근 모서리'로 지정하고, 그림 영역의 테두리 너비를 1pt, 대시 종류를 파선으로 지정하시오.

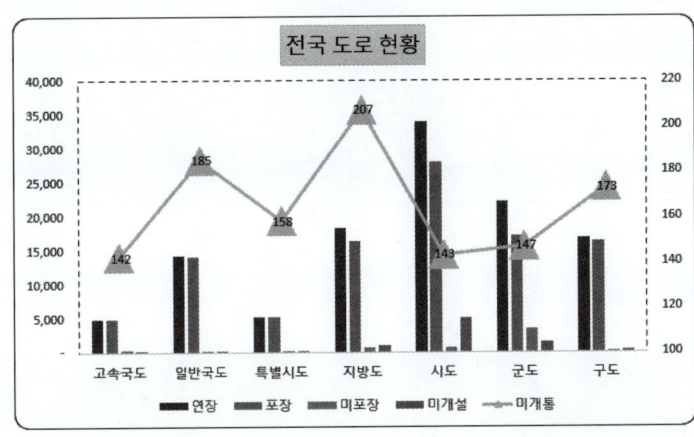

2. '기타작업-2' 시트에서 다음과 같은 기능을 수행하는 매크로를 현재 통합문서에 작성하시오. (각 5점)

① [C4:H12] 영역에 사용자 지정 표시 형식을 설정하는 '서식설정' 매크로를 생성하시오.
  ▶ 셀 값이 양수면 빨강색으로 "▲"와 숫자 표시, 음수면 파랑색으로 "▼"와 숫자 표시, 0이면 0.0으로 표시, 텍스트면 녹색으로 "없음"을 표시하시오.
    [표시 예 : 7.4인 경우 → ▲7.4, -39.0인 경우 → ▼39.0, "비공개"인 경우 → 없음]
  ▶ [개발 도구] → [삽입] → [양식 컨트롤]의 '단추'를 동일 시트의 [C14:D15] 영역에 생성한 후 텍스트를 "서식설정"으로 입력하고, 도형을 클릭하면 '서식설정' 매크로가 실행되도록 설정하시오.

② [C4:H12] 영역에 표시 형식을 '일반'으로 적용하는 '서식해제' 매크로를 생성하시오.
  ▶ [개발 도구] → [삽입] → [양식 컨트롤]의 '단추'를 동일 시트의 [F14:G15] 영역에 생성한 후 텍스트를 "서식해제"로 입력하고, 단추를 클릭하면 '서식해제' 매크로가 실행되도록 설정하시오.

※ 셀 포인터의 위치에 관계없이 매크로가 실행되어야 정답으로 인정됨

3. '기타작업-3' 시트에서 다음과 같은 작업을 수행하고 저장하시오. (각 5점)

① '환불신청' 단추를 클릭하면 〈환불신청〉 폼이 나타나고, 폼이 초기화(Initialize)되면 [I4:K11] 영역의 값이 '프로그램명'(cmb프로그램명) 콤보 상자의 목록에 설정되도록 프로시저를 작성하시오.

② 〈환불신청〉 폼의 '신청(cmd신청)' 단추를 클릭하면 폼에 입력된 데이터가 시트의 표에 입력되어 있는 마지막 행 다음에 연속하여 추가되도록 프로시저를 작성하시오.

▶ 개강 전(opt전)을 선택하면 '개강'에 "전"을 입력하고 '환불금액'은 수강료 전액, 개강 후(opt후)를 선택하면 개강에 "후"를 입력하고 '환불금액'은 '수강료−수강료×(강습받은횟수/총강습횟수)'로 입력하시오.

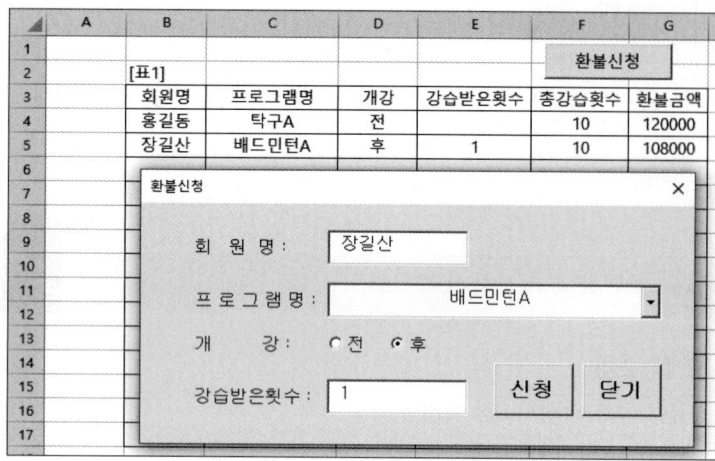

③ 〈환불신청〉 폼의 '닫기(cmd닫기)' 단추를 클릭하면 〈그림〉과 같은 현재 시간이 표시된 메시지를 표시한 후 폼이 종료되도록 프로시저를 작성하시오.

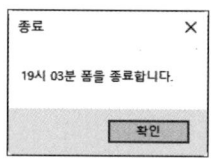

EXAMINATION 02회

2025년 상시02 기출문제 해설

문제 1   기본작업

01. 고급 필터 _ 참고 : 고급 필터 14쪽

정답

	A	B	C	D	E
24					
25		조건			
26		FALSE			
27					
28		구분	특수학교	일반학교 특수학급	합계
29		고등학교	7,577	12,132	23,943
30		중학교	5,818	10,602	19,793
31		초등학교	6,585	21,192	33,770
32		특수교육 보조인력	3,607	7,167	11,260
33		특수교육대상자	25,467	46,645	87,950
34		특수학교 교원	8,050	10,360	18,772
35		학교 및 센터	170	7,543	15,285
36		학급	4,550	10,065	29,157

- '고급 필터' 대화상자

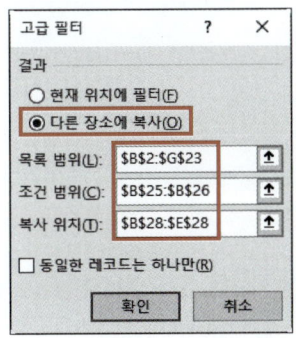

[B26] : =AND(RIGHT(B3,2)<>"장애",G3)=MEDIAN($G$3:$G$23))

02. 조건부 서식 _ 참고 : 조건부 서식 19쪽

정답

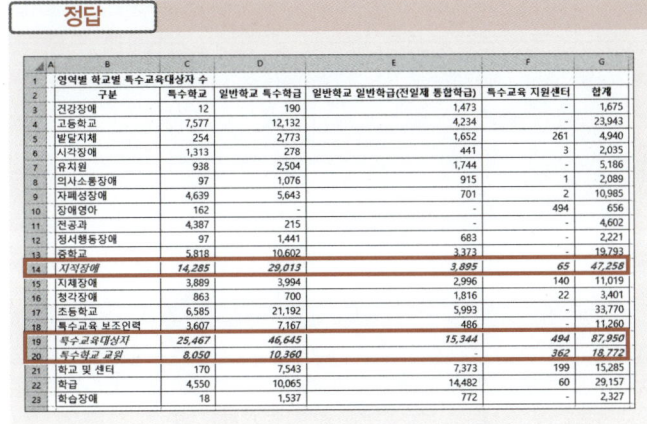

'새 서식 규칙' 대화상자

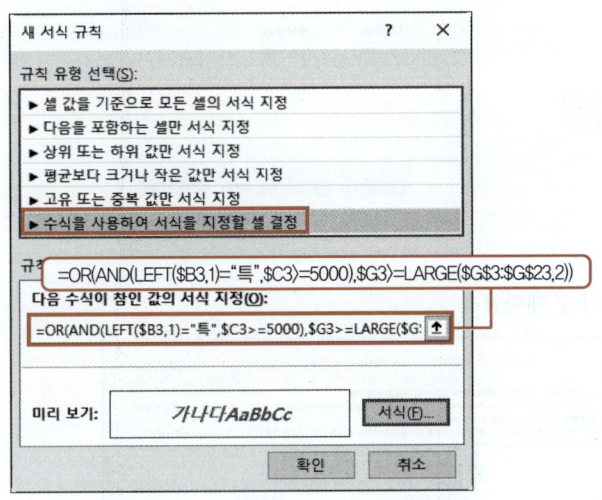

03. 페이지 레이아웃 _ 참고 : 페이지 레이아웃 25쪽

정답

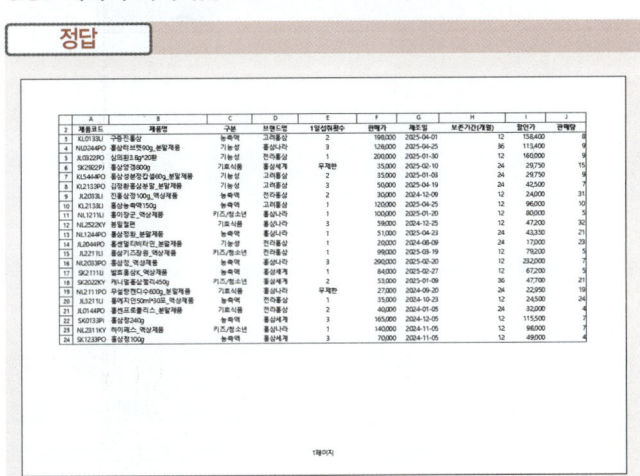

- '페이지 설정' 대화상자의 '페이지' 탭

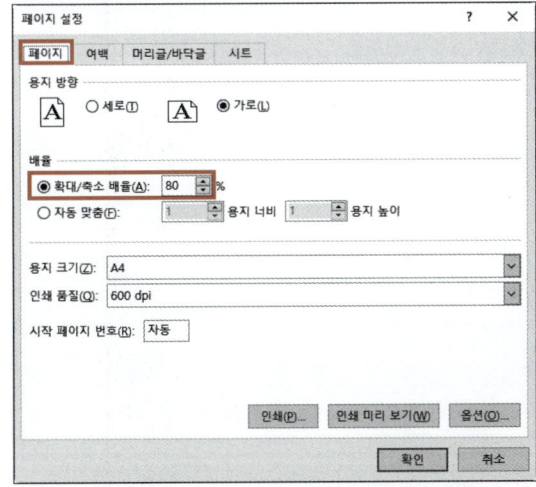

• '페이지 설정' 대화상자의 '여백' 탭

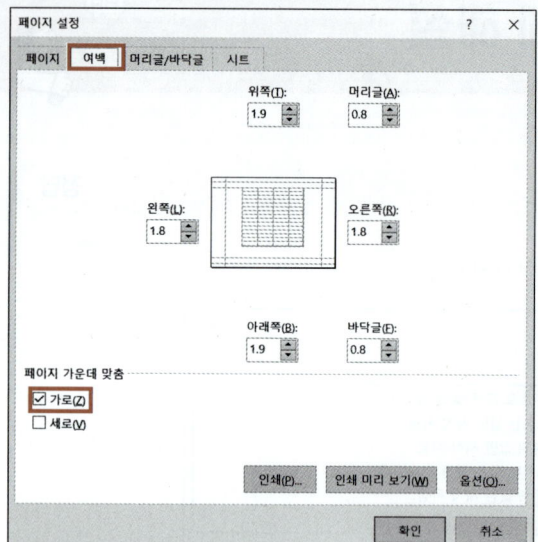

• '페이지 설정' 대화상자의 '시트' 탭

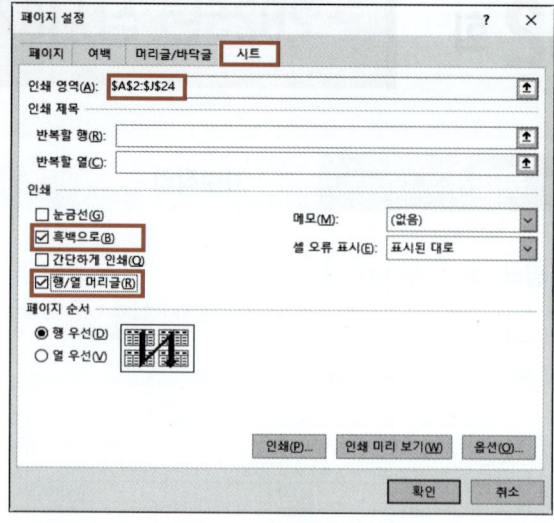

• '바닥글' 대화상자

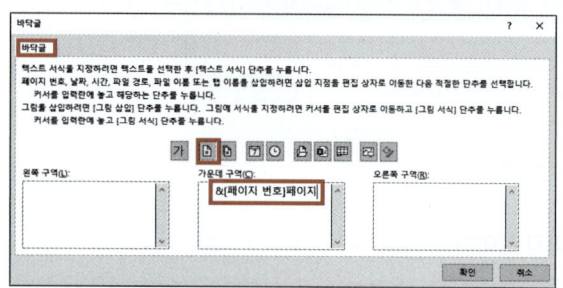

문제 2 계산작업

정답

	A	B	C	D	E	F	G	H	I	J	K	L	M	N	O	P	Q	R	S
1																			
2	[표1]																	[표2] A팀 선수들의 총평균	
3				A팀					승률				B팀					선수명	총평균
4	대진	선수명	1회	2회	3회	4회	5회	평균		선수명	1회	2회	3회	4회	5회	평균		이상철	2회의 평균 : 23.1
5	1	이상철	27	29	27	21	18	24.4	2:3	신동희	29	16	18	24	24	22.2		조찬진	2회의 평균 : 22.5
6	2	조찬진	19	27	21	27	29	24.6	3:1	노진호	15	27	26	22	24	22.8		박신호	2회의 평균 : 24.3
7	3	박신호	24	29	24	26	23	25.2	4:1	안정환	15	17	18	28	19	19.4		최노철	2회의 평균 : 22.6
8	4	이상철	21	17	21	27	23	21.8	3:2	안정환	19	23	28	16	15	20.2			
9	5	최노철	16	24	25	24	25	22.8	3:2	하연수	22	27	15	19	22	21			
10	6	박신호	15	28	24	29	21	23.4	2:2	하연수	26	26	20	29	25	25.2			
11	7	최노철	20	22	16	25	29	22.4	3:2	신동희	15	28	27	15	16	20.2			
12	8	조찬진	22	20	15	29	16	20.4	2:2	노진호	27	17	17	25	16	20.4			
13																			
14	[표3]												[표4]						
15	선수명	1회전 순위	2회전 순위	3회전 순위	4회전 순위	1회전 포인트	1회전 배점	1회전 상금	배점합계	진출	그래프		순위	포인트	배점	상금			
16	이상철	1	1	1	8	10	9	2,000,000	33	이★철1등	●●●●●●●		1	10	9	2,000,000			
17	조찬진	6	4	5	3	5	7	1,000,000	30	조★진4등	●●		2	9	9	1,800,000			
18	박신호	2	1	3	1	9	9	1,800,000	33	박★호1등	●●●●●●●		3	8	8	1,600,000			
19	최노철	4	8	5	3	7	8	1,400,000	29		●●●		4	7	8	1,400,000			
20	신동희	7	5	2	7	4	6	800,000	28				5	6	7	1,200,000			
21	노진호	8	3	3	1	3	6	600,000	31	노★호3등	●●		6	5	7	1,000,000			
22	안정환	5	6	7	6	6	7	1,200,000	27		●●●		7	4	6	800,000			
23	하연수	3	7	8	1	8	8	1,600,000	29		●●●●●		8	3	6	600,000			

❶ 승률(I5) _ 참고 : 배열 수식 36쪽

{=CONCAT(SUM(IF(C5:G5>K5:O5,1,0)), ":", SUM(IF(C5:G5<K5:O5,1,0)))}

❷ A팀 선수들의 총평균(S5) _ 참고 : 배열 수식 36쪽

{=COUNTIF($B$5:$B$12, R5) & "회의 평균 : " & ROUNDDOWN(AVERAGE(IF($B$5:$B$12 =R5,$H$5:$H$12)), 1)}

❸ 1회전 포인트(F16) _ 참고 : 찾기/참조 함수 46쪽

=VLOOKUP($B16, $M$16:$P$23, MATCH(RIGHT(F$15,LEN(F$15)-4), $M$15:$P$15,0))

❹ 진출(J15) _ 참고 : 논리 함수 53쪽

=IF(RANK(I16,$I$16:$I$23)<=4, REPLACE(A16,2, 1,"★") & RANK(I16,$I$16:$I$23) & "등", " ")

❺ 그래프(K16) _ 참고 : 사용자 정의 함수 60쪽

=fn그래프(B16,COUNTA($A$16:$A$23))

```
Public Function fn그래프(순위, 인원수)
    fn그래프 = ""
    For i = 1 To 인원수 - 순위
        fn그래프 = fn그래프 & "●"
    Next i
End Function
```

문제 3 분석작업 정답

01. 피벗 테이블 _ 참고: 피벗 테이블 64쪽

• '피벗 테이블 필드' 창

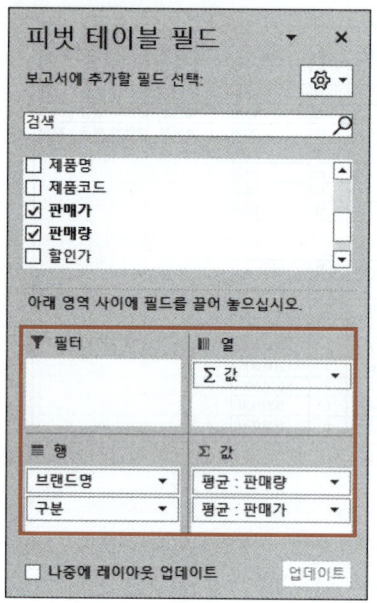

• '계산 필드 삽입' 대화상자

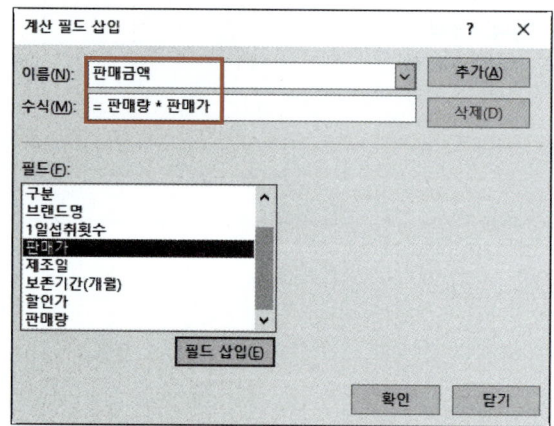

02. 데이터 유효성 검사 / 정렬 _ 참고: 데이터 유효성 검사 78쪽 / 정렬 86쪽

정답

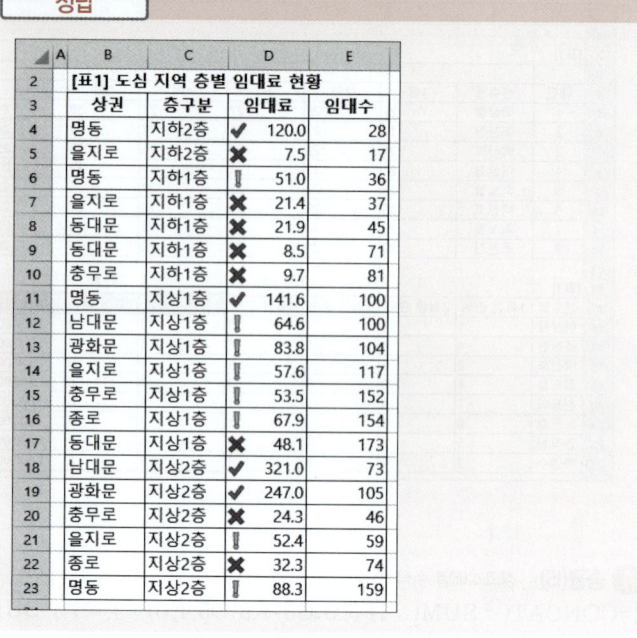

• '데이터 유효성' 대화상자의 '설정' 탭

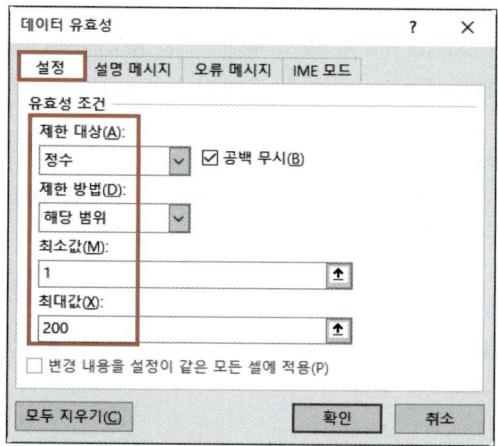

• '데이터 유효성' 대화상자의 '설명 메시지' 탭

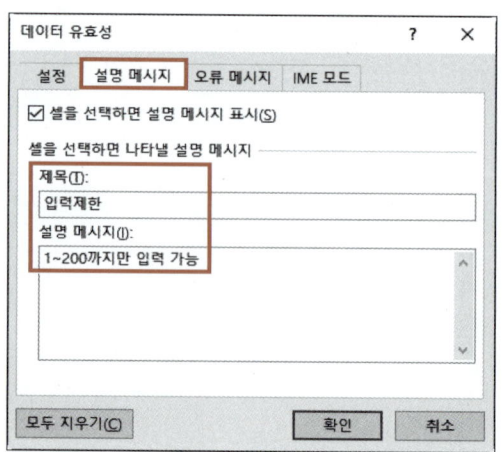

- '데이터 유효성' 대화상자의 '오류 메시지' 탭

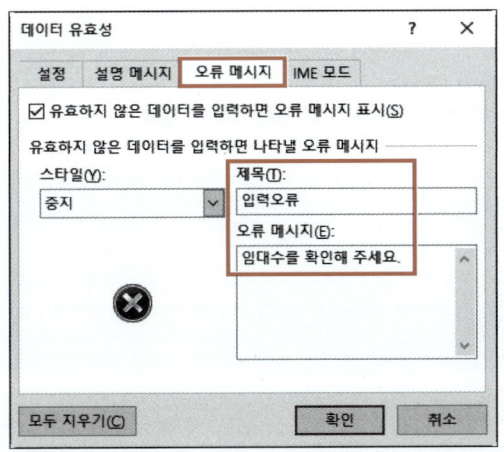

- '사용자 지정 목록' 대화상자

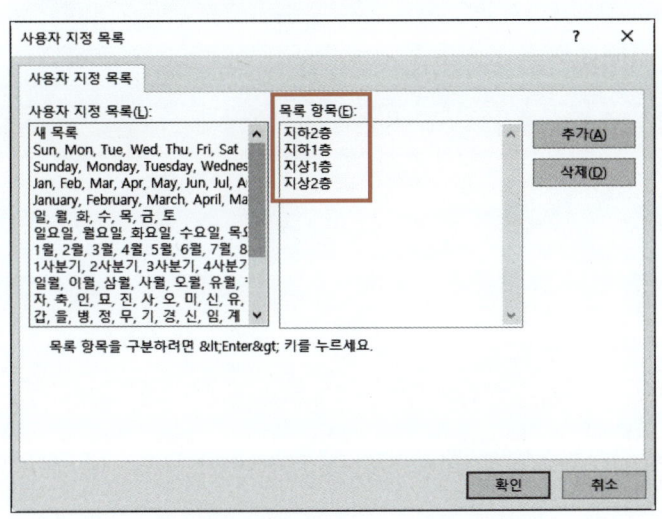

- '정렬' 대화상자

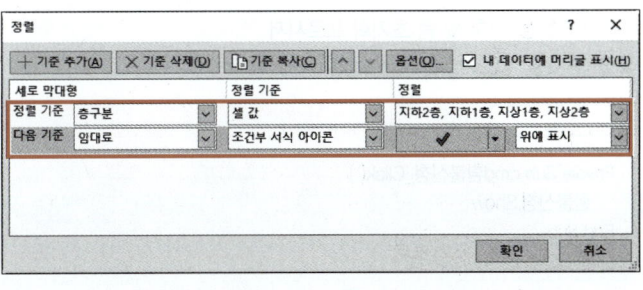

문제 4   기타작업

01. 매크로 작성 _ 참고 : 매크로 112쪽

1 '서식설정' 매크로 실행

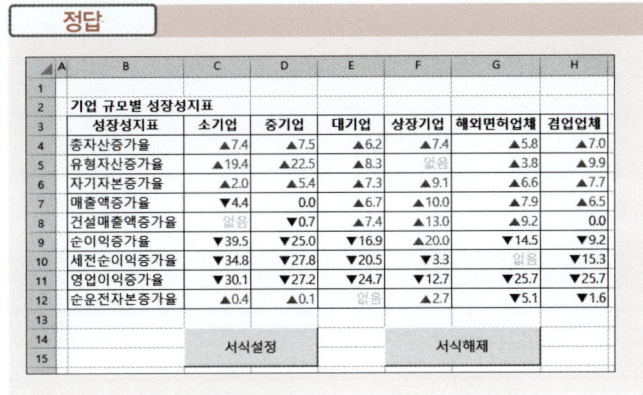

- '셀 서식' 대화상자

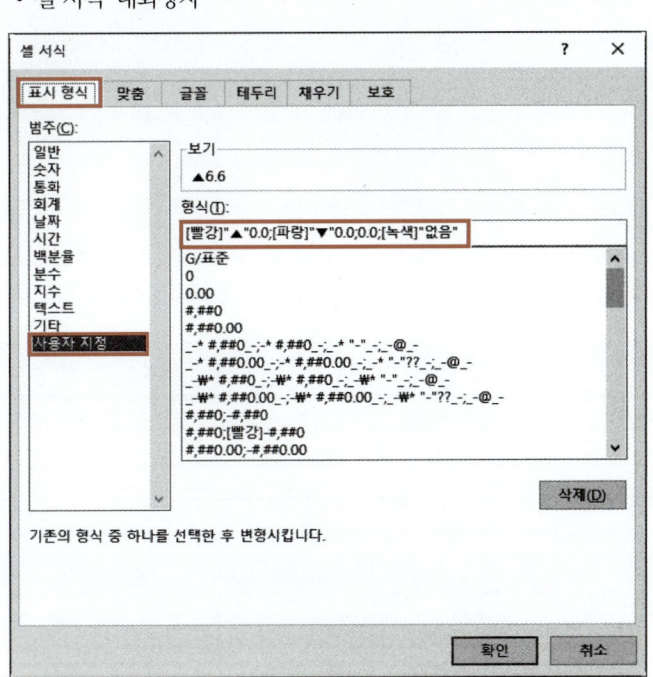

03. 프로시저 작성 _ 참고 : 프로시저 118쪽

❶ '환불신청' 단추 및 폼 초기화 프로시저

- '환불신청' 단추 클릭 프로시저

정답

```
Private Sub cmd환불신청_Click( )
    환불신청.Show
End Sub
```

- 폼 초기화 프로시저

정답

```
Private Sub UserForm_Initialize( )
    cmb프로그램명.RowSource = "I4:K11"
End Sub
```

❷ '신청' 단추에 기능 구현하기

정답

```
Private Sub cmd신청 _Click( )
    참조행 = cmb프로그램명.ListIndex + 4
    입력행 = [B2].Row + [B2].CurrentRegion.Rows.Count
    Cells(입력행, 2) = txt회원명.Value
    Cells(입력행, 3) = cmb프로그램명.Value
    If opt전.Value = True Then
        Cells(입력행, 4) = "전"
        Cells(입력행, 5) = 0
        Cells(입력행, 6) = Cells(참조행, 10)
        Cells(입력행, 7) = Cells(참조행, 11)
    Else
        Cells(입력행, 4) = "후"
        Cells(입력행, 5) = txt강습받은횟수.Value
        Cells(입력행, 6) = Cells(참조행, 10)
        Cells(입력행, 7) = Cells(참조행, 11) - Cells(참조행, 11) * (Cells(입력행, 5) / Cells(참조행, 10))
    End If
End Sub
```

❸ '닫기' 단추에 기능 구현하기

정답

```
Private Sub cmd닫기_Click( )
    MsgBox Format(Time, "hh시 nn분 폼을 종료합니다."), , "종료"
    Unload Me
End Sub
```

EXAMINATION 03회 2025년 상시03 컴퓨터활용능력 1급 실기

- **준 비 하 세 요** : '실기길벗컴활1급통합\기출\03회' 폴더에서 '25년상시03.xlsm' 파일을 열어서 작업하시오.
- **외부 데이터 위치** : 실기길벗컴활1급통합\기출\03회

문제 1 기본작업(15점) 주어진 시트에서 다음의 과정을 수행하고 저장하시오.

1. '기본작업' 시트에서 다음과 같이 고급 필터를 수행하시오. (5점)
- [A2:G40] 영역에서 '2025년'의 값이 '2021년' ~ '2024년'의 평균 이상이고, '대륙'이 "유럽"이 아닌 데이터를 표시하시오.
- 조건은 [I2:I3] 영역 내에 알맞게 입력하시오. (AVERAGE, AND 함수 사용)
- 결과는 [I5] 셀부터 표시하시오.

2. '기본작업' 시트에서 다음과 같이 조건부 서식을 설정하시오. (5점)
- [A3:G40] 영역에서 '2025년'의 값을 기준으로 상위 5위 이내이거나 빈 셀인 행 전체에 대하여 글꼴 스타일은 '굵게', 글꼴 색은 '표준 색 – 빨강'으로 적용하시오.
- 단, 규칙 유형은 '수식을 사용하여 서식을 지정할 셀 결정'을 사용하고, 한 개의 규칙으로만 작성하시오.
- LARGE, ISBLANK, OR 함수 사용

3. '기본작업' 시트에서 다음과 같이 페이지 레이아웃을 설정하시오. (5점)
- 인쇄 용지가 가로로 인쇄되도록 용지 방향을 설정하시오.
- 인쇄될 내용이 페이지의 가로 가운데에 인쇄되도록 페이지 가운데 맞춤을 설정하시오.
- 매 페이지 하단의 가운데 구역에는 페이지 번호가 [표시 예]와 같이 표시되도록 바닥글을 설정하시오.
  [표시 예 : 현재 페이지 번호가 1인 경우 → 5페이지 중 1쪽]
- [A1:G40] 영역을 인쇄 영역으로 설정하고, 1~2행이 매 페이지마다 반복하여 인쇄되도록 인쇄 제목을 설정하시오.

문제 2 계산작업(30점) '계산작업' 시트에서 다음 과정을 수행하고 저장하시오.

1. [표1]의 법정동명과 총주차수를 이용하여 [표2]의 [P4:P7] 영역에 법정동명별 총주차수가 1~3위인 총주차수의 평균을 반올림하여 정수로 표시하시오. (6점)
- [표시 예 : 평균이 155.385 → 약 155대]
- IF, AVERAGE, LARGE, ROUND 함수와 & 연산자를 이용한 배열 수식

2. [표1]의 매매가를 이용하여 [표1]의 [I4:I43] 영역에 10년 대출 시 월 불입액을 계산하시오. (6점)
- 월불입액은 매매가(G4:G43)를 10년 동안 연 3%로 대출받아 균등 상환하는 것으로 계산하되, 반올림하여 천 단위로 표시하시오.
- [표시 예 : 704,893일 경우 → 매월 705000원]
- CONCAT, PMT, ROUND 함수 사용

3. [표1]의 월세를 이용하여 [표1]의 [J4:J43] 영역에 10년 후 월세 가치를 계산하시오. (6점)
   ▶ 10년 후 월세 가치가 1억 5천 이상이면 10년 후 월세 가치를 표시하고, 그 외는 "비추천"으로 표시하시오.
   ▶ 10년 후 월세 가치는 연 3%로 계산한 후 반올림하여 천 단위로 표시하되, 천 단위 콤마를 표시하시오.
   ▶ [표시 예 : 3809351081일 경우 → 380,935,000]
   ▶ FV, IF, FIXED 함수 사용

4. [표1]의 법정동명, 건물명, 총주차수를 이용하여 [표2]의 [Q4:Q7] 영역에 법정동명별 총주차수가 가장 큰 건물명을 표시하시오. (6점)
   ▶ INDEX, MATCH, MAX 함수를 이용한 배열 수식

5. 구분을 표시하는 사용자 정의 함수 'fn구분'을 작성하여 [표1]의 [B4:B43] 영역에 구분을 표시하시오. (6점)
   ▶ 'fn구분'은 법정동명, 본번, 부번을 인수로 받아 구분을 표시하는 함수이다.
   ▶ 구분은 '본번'이 0~999이고, '부번'이 0~99이면 법정동명의 첫 글자와 본번, 부번을 표시하고, 그렇지 않으면 "확인필요"를 표시하시오.
   ▶ [표시 예 : 법정동명이 "효자동", 본번이 123, 부번이 12인 경우 → 효_123-12]
   ▶ IF ~ ELSE문 사용

   ```
   Public Function fn구분(법정동명, 본번, 부번)
   End Function
   ```

문제 3 분석작업(20점) 주어진 시트에서 다음 작업을 수행하고 저장하시오.

1. '분석작업-1' 시트에서 다음의 지시사항에 따라 피벗 테이블 보고서를 작성하시오. (10점)
   ▶ 외부 데이터 원본으로 〈혈액보유현황.csv〉의 데이터를 사용하시오.
     – 원본 데이터는 쉼표(,)로 분리되어 있으며, 첫 행에 머리글이 포함되어 있음
     – '날짜', '서울/경기도', '충청도', '강원도' 열만 가져와 데이터 모델에 이 데이터를 추가하시오.
   ▶ 피벗 테이블 보고서의 레이아웃과 위치는 〈그림〉을 참조하여 설정하고, 보고서 레이아웃을 개요 형식으로 표시하시오.
   ▶ '날짜' 필드는 〈그림〉과 같이 그룹을 설정하고, '서울/경기도' 필드는 '상위 행 합계 비율'로 표시하시오.
   ▶ 피벗 테이블 스타일은 '연한 파랑, 피벗 스타일 밝게 9'로 지정하고, '레이블이 있는 셀 병합 및 가운데 맞춤'으로 지정하시오.
   ▶ '충청도'와 '강원도' 필드의 표시 형식은 '값 필드 설정'의 셀 서식에서 '숫자' 범주를 이용하여 〈그림〉과 같이 지정하시오.

	A	B	C	D	E	F	G
1							
2		날짜(분기)	날짜(월)	날짜	평균: 서울/경기도	평균: 충청도	평균: 강원도
3		⊟ 분기1					
4			⊞ 01월		96.05%	1,614	1,964
5			⊞ 02월		97.24%	1,574	1,431
6			⊞ 03월		106.24%	1,431	1,486
7		⊟ 분기2					
8			⊞ 04월		92.93%	1,364	1,628
9			⊞ 05월		96.81%	1,633	3,196
10			⊞ 06월		110.36%	1,651	4,063
11		⊟ 분기3					
12			⊞ 07월		94.90%	1,391	3,355
13			⊞ 08월		114.87%	1,327	2,283
14			⊞ 09월		89.90%	1,452	2,658
15		⊟ 분기4					
16			⊞ 10월		106.38%	1,419	2,156
17			⊞ 11월		101.26%	1,643	2,255
18			⊞ 12월		92.40%	2,447	2,385
19		총합계			100.00%	1,579	2,408

2. '분석작업-2' 시트에 대하여 다음의 지시사항을 처리하시오. (10점)

▶ [데이터 유효성 검사] 기능을 이용하여 [B4:B26] 영역에는 2~4 글자만 입력되도록 제한 대상을 설정하시오.
  - [B4:B26] 영역을 클릭한 경우 〈그림〉과 같은 설명 메시지를 표시하고, 유효하지 않은 데이터를 입력한 경우 〈그림〉과 같은 오류 메시지가 표시되도록 설정하시오.

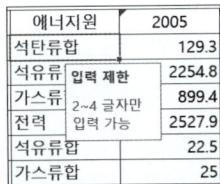 

▶ [부분합] 기능을 이용하여 [표]에서 '에너지원'별 '2025'의 평균을 계산한 후 '2025'의 개수를 계산하시오.
  - '에너지원'을 기준으로 오름차순으로 정렬하고, '에너지원'이 동일한 경우 '업종'을 기준으로 내림차순 정렬하시오.
  - 평균과 개수는 위에 명시된 순서대로 처리하시오.

문제 4 기타작업(35점) 주어진 시트에서 다음 작업을 수행하고 저장하시오.

1. '기타작업-1' 시트에서 다음과 같은 기능을 수행하는 매크로를 현재 통합문서에 작성하시오. (각 5점)

① [D4:I13] 영역에 사용자 지정 표시 형식을 설정하는 '서식적용' 매크로를 생성하시오.
  ▶ 셀 값이 80 이상이면 "A"를 빨강색으로, 60 이상이면 "B"를 파랑색으로, 나머지는 "C"를 표시하시오.
  [표시 예 : 셀 값이 80인 경우 → A, 60인 경우 → B, 59인 경우 → C]
  ▶ [도형] → [설명선]의 '말풍선: 사각형(💬)'을 동일 시트의 [D15:E16] 영역에 생성한 후 텍스트를 "서식적용"으로 입력하고, 도형을 클릭하면 '서식적용' 매크로가 실행되도록 설정하시오.

② [D4:I13] 영역에 표시 형식을 '일반'으로 적용하는 '서식해제' 매크로를 생성하시오.
  ▶ [도형] → [설명선]의 '말풍선 : 사각형(💬)'을 동일 시트의 [G15:H16] 영역에 생성한 후 텍스트를 "서식해제"로 입력하고, 도형을 클릭하면 '서식해제' 매크로가 실행되도록 설정하시오.

※ 셀 포인터의 위치에 관계없이 매크로가 실행되어야 정답으로 인정됨

2. '기타작업-2' 시트에서 다음의 지시사항에 따라 차트를 수정하시오. (각 2점)

※ 차트는 반드시 문제에서 제공한 차트를 사용하여야 하며, 신규로 차트 작성시 0점 처리됨

① '평균저수량' 계열과 '2019' 요소가 표시되지 않도록 차트 데이터 범위를 변경하시오.
② '평균저수율' 계열은 '영역형' 차트로 변경한 후 보조 축으로 설정하고, '강수량' 계열은 '표식이 있는 꺾은선형'으로 변경하시오.
③ 기본 세로(값) 축의 제목을 추가한 후 [B4] 셀에 연결하고, 보조 세로(값) 축의 제목을 추가한 후 [B8] 셀에 연결하시오.
④ '표식이 있는 꺾은선형' 차트로 표시된 '강수량' 계열의 선을 완만한 선으로 표시하고, 표식의 크기를 7로 지정하시오.
⑤ 범례를 삭제한 후 범례 표지를 포함한 데이터 테이블을 표시하시오.

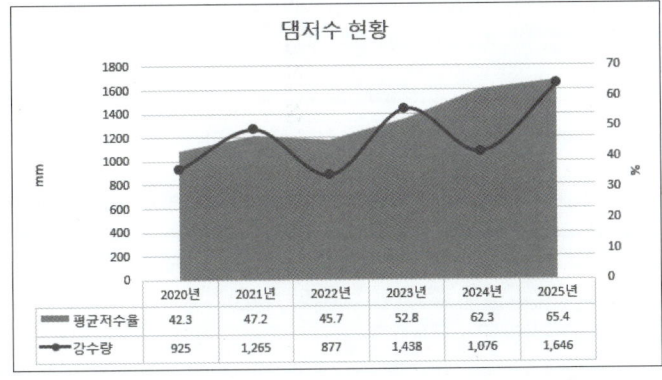

3. '기타작업-3' 시트에서 다음과 같은 작업을 수행하고 저장하시오. (각 5점)

① '포지션등록' 단추를 클릭하면 〈포지션등록〉 폼이 나타나고, 폼이 초기화(Initialize)되면 [H4:H21] 영역의 값이 '선수명(cmb선수명)' 콤보 상자의 목록에, [I4:I7] 영역의 값이 '포지션(cmb포지션)' 콤보 상자의 목록에 설정되도록 프로시저를 작성하시오.

② 〈포지션등록〉 폼의 '등록(cmd등록)' 단추를 클릭하면 폼에 입력된 데이터가 시트의 표에 입력되어 있는 마지막 행 다음에 연속하여 추가되도록 프로시저를 작성하시오.

▶ '타석'은 '좌타'(chk좌타)와 '우타'(chk우타)를 모두 선택하면 "양타", '좌타'(chk좌타)만 선택하면 "좌타", '우타'(chk우타)만 선택하면 "우타"를 입력하시오.

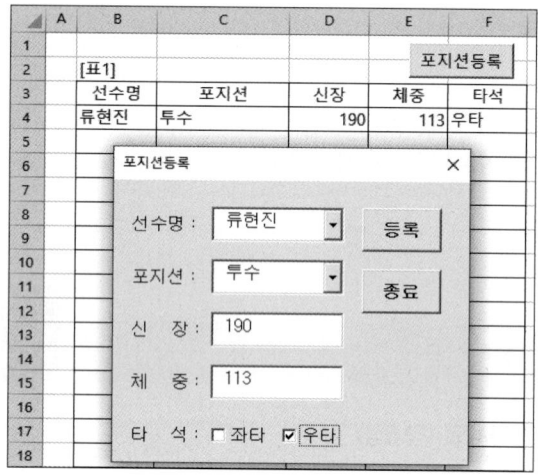

③ 〈포지션등록〉 폼의 '종료(cmd종료)' 단추를 클릭하면 〈그림〉과 같이 현재 날짜와 시간이 표시된 메시지 박스를 나타낸 후 폼이 종료되도록 프로시저를 작성하시오.

EXAMINATION 03회 2025년 상시03 기출문제 해설

문제 1   기본작업

01. 고급 필터 _ 참고 : 고급 필터 14쪽

정답

	H	I	J	K	L	M	N	O
1								
2		조건						
3		FALSE						
4								
5		대륙	국가	2021년	2022년	2023년	2024년	2025년
6		아시아	이스라엘	80,346	81,398	79,741	78,663	81,349
7		아시아	키프로스	8,846	8,896	8,524	8,726	8,779
8		아시아	튀르키예	523,108	508,726	523,991	564,390	558,271

• '고급 필터' 대화상자

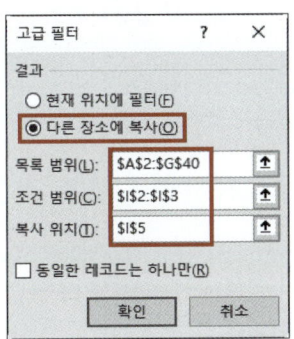

[I3] : =AND(G3>=AVERAGE(C3:F3),A3<>"유럽")

02. 조건부 서식 _ 참고 : 조건부 서식 19쪽

정답

'새 서식 규칙' 대화상자

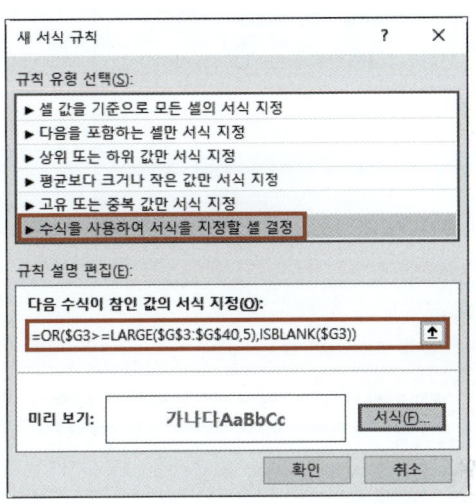

=OR($G3>=LARGE($G$3:$G$40,5),ISBLANK($G3))

03. 페이지 레이아웃 _ 참고 : 페이지 레이아웃 25쪽

정답

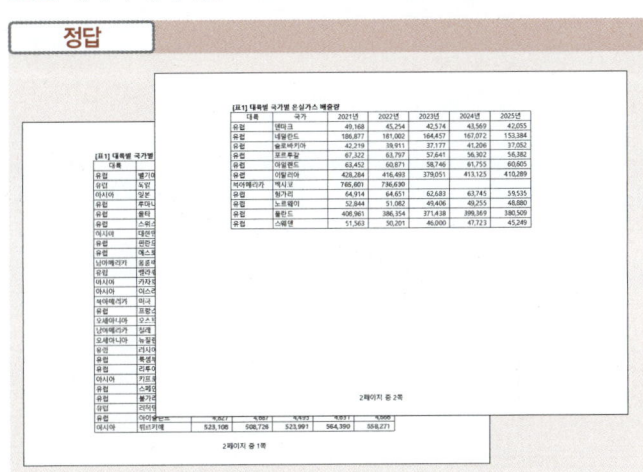

• '페이지 설정' 대화상자의 '페이지' 탭

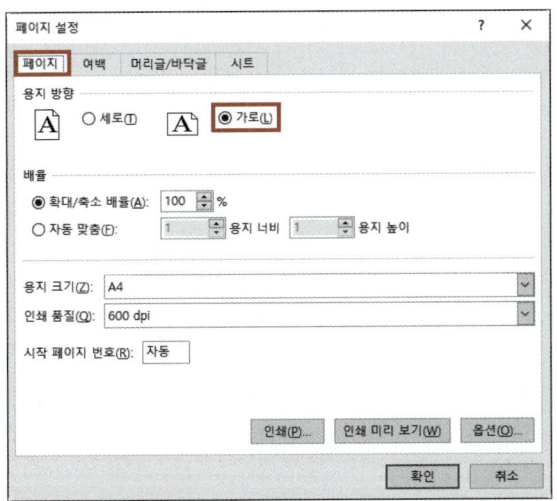

- '페이지 설정' 대화상자의 '여백' 탭

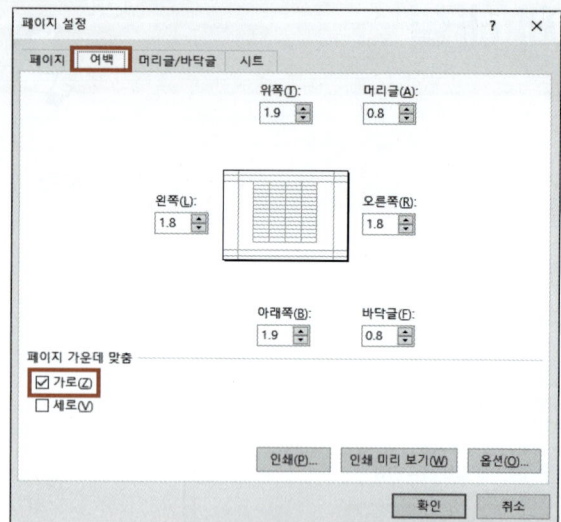

- '페이지 설정' 대화상자의 '시트' 탭

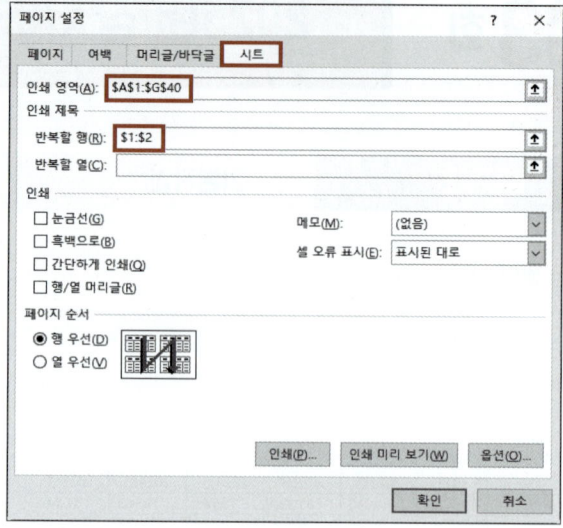

- '바닥글' 대화상자

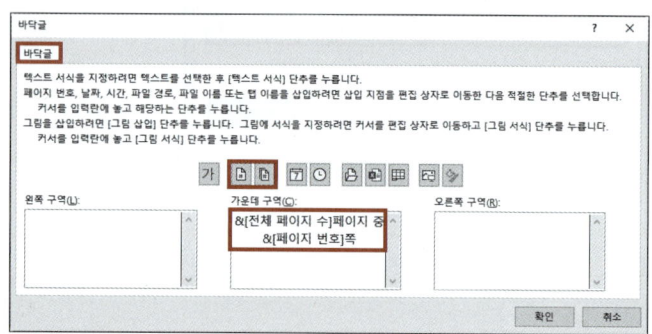

문제 2 계산작업

정답

❶ **법정동명별 순위 1~3위의 평균 총주차수(P4)** _ 참고 : 배열 수식 36쪽

{="약 " & ROUND(AVERAGE(IF(($C$4:$C$43=O4) * ($M$4:$M$43)>=LARGE(($C$4:$C$43=O4)*$M$4:$M$43,3)), $M$4:$M$43)), 0) & "대"}

❷ **10년대출시월불입액(I4)** _ 참고 : 찾기/참조 함수 46쪽

=CONCAT("매월 ", ROUND(PMT(3%/12,10*12,-G4), -3), "원")

❸ **10년후월세가치(J4)** _ 참고 : 논리 함수 53쪽

=IF(FV(3%/12,10*12,-F4)>=150000000, FIXED(FV(3%/12,10*12,-F4), -3, FALSE), "비추천")

❹ **법정동명별 최대 총주차수 건물명(Q4)** _ 참고 : 배열 수식 36쪽

{=INDEX($H$4:$H$43, MATCH(MAX(($C$4:$C$43=O4)*$M$4:$M$43), ($C$4:$C$43=O4)*$M$4:$M$43, 0))}

❺ **구분(B4)** _ 참고 : 사용자 정의 함수 60쪽

=fn구분(C4,D4,E4)

```
Public Function fn구분(법정동명, 본번, 부번)
    If 본번 >= 0 And 본번 <= 999 And 부번 >= 0 And 부번 <= 99 Then
        fn구분 = Left(법정동명, 1) & "_" & 본번 & "-" & 부번
    Else
        fn구분 = "확인필요"
    End If
End Function
```

문제 3 분석작업 정답

01. 피벗 테이블 _ 참고 : 피벗 테이블 64쪽

- '피벗 테이블 필드' 창

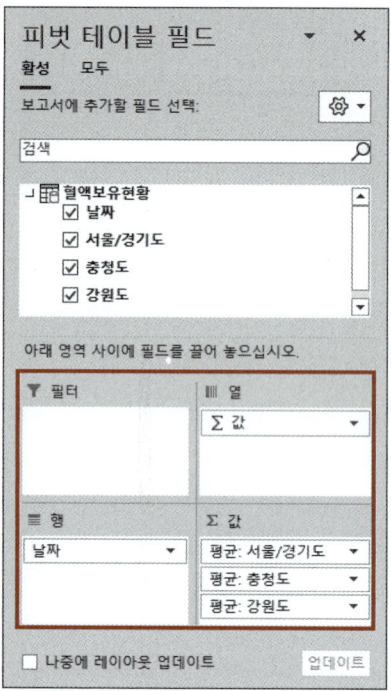

- '그룹화' 대화상자

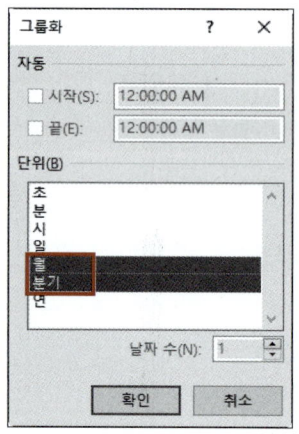

02. 데이터 유효성 검사 / 부분합 _ 참고 : 데이터 유효성 검사 78쪽 / 부분합 89쪽

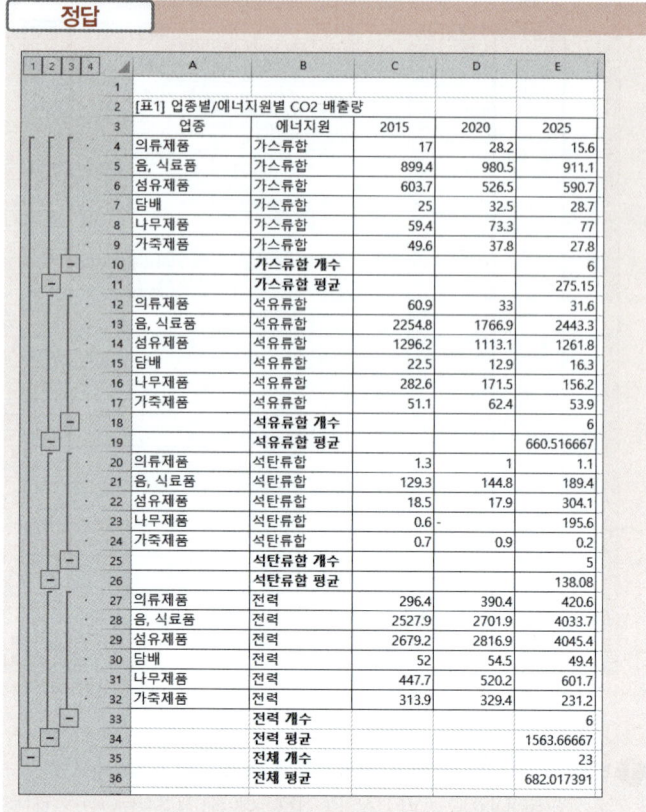

- '데이터 유효성' 대화상자의 '설정' 탭

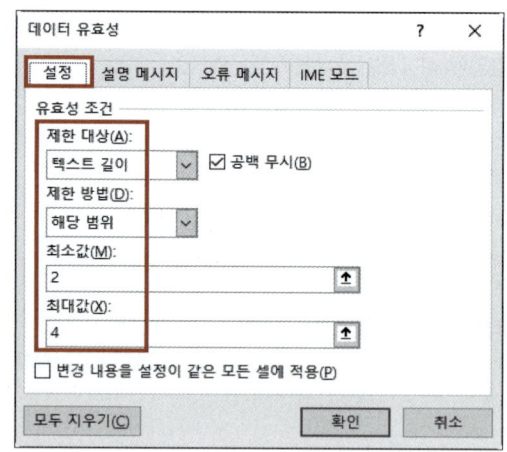

- '데이터 유효성' 대화상자의 '설명 메시지' 탭

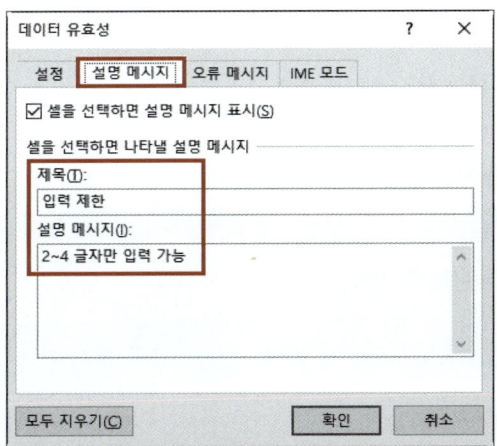

- '데이터 유효성' 대화상자의 '오류 메시지' 탭

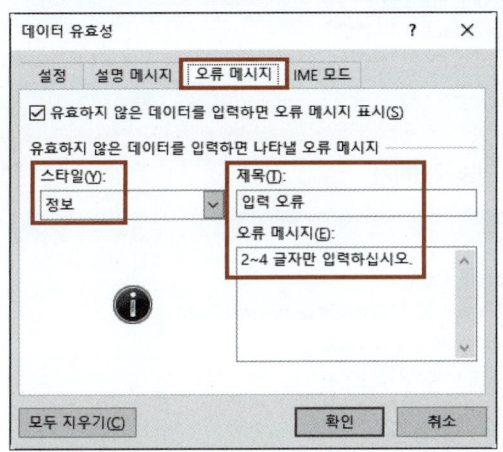

- '정렬' 대화상자

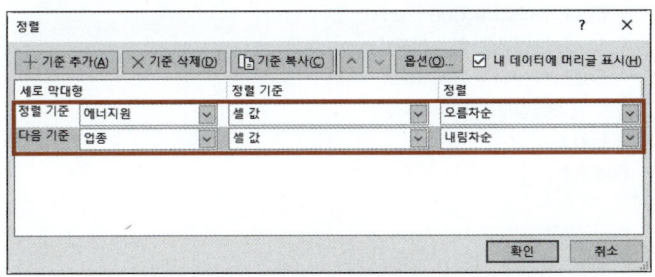

- '2025 평균 부분합' 대화상자

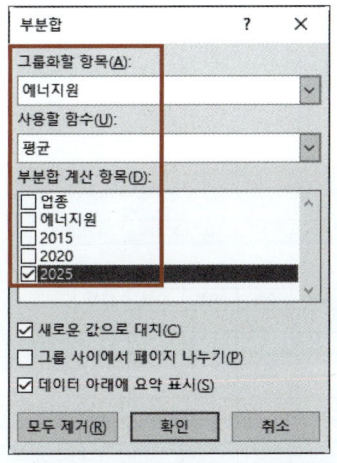

- '2025 개수 부분합' 대화상자

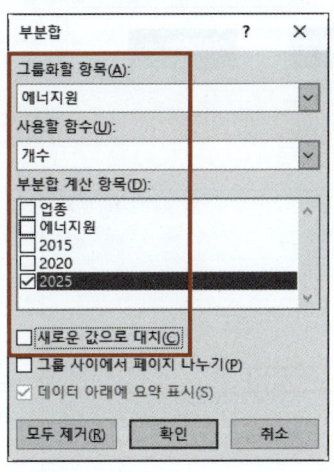

문제 4 기타작업 정답

01. 매크로 작성 _ 참고 : 매크로 112쪽

1 '서식적용' 매크로 실행

정답

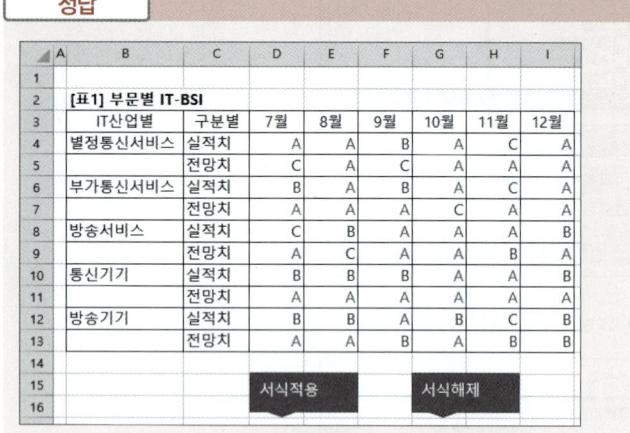

• '셀 서식' 대화상자

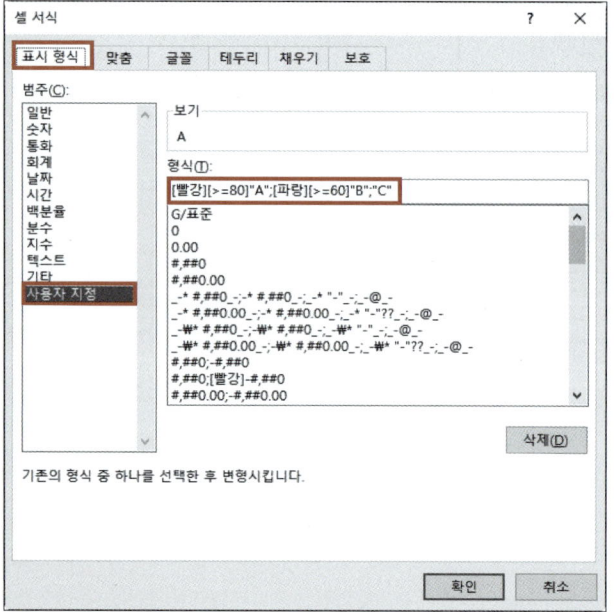

03. 프로시저 작성 _ 참고 : 프로시저 118쪽

1 '포지션등록' 단추 및 폼 초기화 프로시저

• '포지션등록' 단추 클릭 프로시저

정답

```
Private Sub cmd포지션등록_Click( )
    포지션등록.Show
End Sub
```

• 폼 초기화 프로시저

정답

```
Private Sub UserForm_Initialize( )
    cmb선수명.RowSource = "H4:H21"
    cmb포지션.RowSource = "I4:I7"
End Sub
```

2 '등록' 단추에 기능 구현하기

정답

```
Private Sub cmd등록_Click( )
    입력행 = [B2].Row + [B2].CurrentRegion.Rows.Count
    Cells(입력행, 2) = cmb선수명.Value
    Cells(입력행, 3) = cmb포지션.Value
    Cells(입력행, 4) = txt신장.Value
    Cells(입력행, 5) = txt체중.Value
    If chk좌타 = True And chk우타 = True Then
        Cells(입력행, 6) = "양타"
    ElseIf chk좌타 = True Then
        Cells(입력행, 6) = "좌타"
    ElseIf chk우타 = True Then
        Cells(입력행, 6) = "우타"
    End If
End Sub
```

3 '종료' 단추에 기능 구현하기

정답

```
Private Sub cmd종료_Click( )
    MsgBox Now & " 폼을 종료합니다.", vbOKOnly, "종료"
    Unload Me
End Sub
```

2025년 상시04 컴퓨터활용능력 1급 실기

- 준 비 하 세 요 : '실기길벗컴활1급통합\기출\04회' 폴더에서 '25년상시04.xlsm' 파일을 열어서 작업하시오.
- 외부 데이터 위치 : 실기길벗컴활1급통합\기출\04회

문제 1   기본작업(15점) 주어진 시트에서 다음의 과정을 수행하고 저장하시오.

1. '기본작업-1' 시트에서 다음과 같이 고급 필터를 수행하시오. (5점)

- ▶ [A2:F32] 영역에서 '공항만'에 "공항"을 포함하고, '국민외국인'이 "국민"인 데이터를 표시하시오.
- ▶ 단, '공항만'에 "공항"이 없는 경우 오류 메시지가 표시되지 않도록 설정하시오.
- ▶ 조건은 [H2:H3] 영역 내에 알맞게 입력하시오. (AND, IFERROR, SEARCH 함수 사용)
- ▶ 결과는 [H5] 셀부터 표시하시오.

2. '기본작업-1' 시트에서 다음과 같이 조건부 서식을 설정하시오. (5점)

- ▶ [A3:F32] 영역에서 '공항만'의 글자 수가 3이고, '국민외국인'이 "외국인"인 데이터의 행 전체에 대하여 글꼴 스타일은 '굵은 기울임꼴', 글꼴 색은 '표준 색 – 파랑'을 적용하시오.
- ▶ 단, 규칙 유형은 '수식을 사용하여 서식을 지정할 셀 결정'을 사용하고, 한 개의 규칙으로만 작성하시오.
- ▶ AND, LEN 함수 사용

3. '기본작업-2' 시트에서 다음과 같이 페이지 레이아웃을 설정하시오. (5점)

- ▶ 인쇄 용지가 가로로 인쇄되도록 용지 방향을 설정하고, 용지 높이를 1로 설정하시오.
- ▶ A열이 매 페이지마다 반복하여 인쇄되도록 인쇄 제목을 설정하고, 오류 셀은 공백으로 표시되도록 설정하시오.
- ▶ 홀수 페이지 상단의 왼쪽 구역에는 시트 이름이, 짝수 페이지 상단의 오른쪽 구역에는 페이지 번호가 [표시 예]와 같이 표시되도록 머리글을 설정하시오.
  [표시 예] 현재 페이지 번호가 2인 경우 → 2페이지 인쇄 완료

문제 2   계산작업(30점) '계산작업' 시트에서 다음 과정을 수행하고 저장하시오.

1. [표1]의 구분과 납부일자를 이용하여 [표1]의 [A3:A25] 영역에 납부코드를 표시하시오. (6점)

- ▶ 납부코드는 구분코드, 납부일자, 행 번호를 '-'로 연결하여 표시하시오.
- ▶ 구분코드는 구분이 "세외수입"이면 22로, "지방세"면 11로 표시하고, 납부일자의 "."를 삭제하시오.
  [표시 예] 구분이 "세외수입"이고, 납부일자가 2022.03.01, 행 번호가 5인 경우 → 22-20220301-5
- ▶ LOOKUP, ROW, SUBSTITUTE 함수와 배열 상수, & 연산자 사용

2. [표1]의 세목을 이용하여 [표1]의 [H3:H25] 영역에 과세대상을 표시하시오. (6점)

- ▶ 세목에 "주택"이 포함되어 있으면 "주택"을 표시하고, 그 외에는 공백을 표시하시오.
- ▶ IF, ISNUMBER, SEARCH 함수 사용

3. [표1]의 구분, 납부금액, 납부일자를 이용하여 [표2]의 [K3:M4] 영역에 구분별 연도별 납부금액의 비율을 계산하여 표시하시오. (6점)

- 구분별 연도별 납부금액의 비율 = 구분별 연도별 납부금액의 합계 / 연도별 납부금액의 합계
- 계산된 결과값은 백분율로 소수점 이하 첫째 자리까지 표시하시오.
  [표시 예 : 0.78865 → 78.9%]
- SUMIFS, TEXT 함수와 & 연산자 사용

4. [표1]의 세목, 납부금액, 납부일자를 이용하여 [표3]의 [K9:K17] 영역에 세목별 최고 납부금액의 납부일자를 계산하여 표시하시오. (6점)

- 세목별 납부금액의 납부일자는 [표1]을 참고하여 구하시오.
- LARGE, VLOOKUP 함수를 이용한 배열 수식

5. 사용자 정의 함수 'fn납부방법'을 작성하여 [표1]의 [G3:G25] 영역에 납부방법을 계산하여 표시하시오. (6점)

- 'fn납부방법'은 납부일자와 납부기관을 인수로 받아 납부방법을 계산하는 함수이다.
- 납부방법은 납부일자의 연도와 납부방법을 연결하여 표시하며, 납부방법은 납부기관이 "CARD"이면 "인터넷수납"을, 그 외에는 "전용계좌수납"으로 표시하시오.
  [표시 예 : 납부일자가 2025.03.01이고, 납부기관이 "K-PAY"인 경우 → 2025전용계좌수납]
- IF ~ ELSE문, LEFT 함수 사용

```
Public Function fn납부방법(납부일자, 납부기관)

End Function
```

문제 3 분석작업(20점) 주어진 시트에서 다음 작업을 수행하고 저장하시오.

1. '분석작업-1' 시트에서 다음의 지시사항에 따라 피벗 테이블 보고서를 작성하시오. (10점)

- 외부 데이터 가져오기 기능을 이용하여 〈국가별수출입현황.accdb〉의 〈수출입현황〉 테이블에서 '구분', '날짜', '금액' 열을 이용하시오.
- 피벗 테이블 보고서의 레이아웃과 위치는 〈그림〉을 참조하여 설정하고, 보고서 레이아웃을 테이블 형식으로 표시하시오.
- '날짜' 필드를 기준으로 〈그림〉과 같이 그룹을 작성하고, 각 그룹 하단에 합계와 평균 부분합을 표시하시오.
- 피벗 테이블 스타일은 '흰색, 피벗 스타일 밝게 11'로 적용하시오.
- '금액' 필드의 표시 형식은 '값 필드 설정'의 셀 서식에서 '회계' 범주를 이용하여 〈그림〉과 같이 지정하시오.

	A	B	C	D	E
1					
2		날짜2	날짜	구분	평균 : 금액
3		⊟2024년 하반기	⊟2024.10	무역수지	90,604
4				수입금액	3,268,500
5				수출금액	3,359,104
6			2024.10 요약		2,239,402
7			⊟2024.11	무역수지	280,167
8				수입금액	2,992,106
9				수출금액	3,272,273
10			2024.11 요약		2,181,516
11			⊟2024.12	무역수지	343,306
12				수입금액	3,259,925
13				수출금액	3,603,231
14			2024.12 요약		2,402,154
15		2024년 하반기 합계			204,692,165
16		2024년 하반기 평균			2,274,357
17		⊟2025년 상반기	⊟2025.01	무역수지	- 155,757
18				수입금액	2,947,479
19				수출금액	2,791,722
20			2025.01 요약		1,861,148
21			⊟2025.02	무역수지	122,160
22				수입금액	2,827,071
23				수출금액	2,949,230
24			2025.02 요약		1,966,153
25			⊟2025.03	무역수지	165,752
26				수입금액	3,112,506
27				수출금액	3,278,258
28			2025.03 요약		2,185,505
29		2025년 상반기 합계			180,384,216
30		2025년 상반기 평균			2,004,269
31		총합계			2,139,313

2. '분석작업-2' 시트에 대하여 다음의 지시사항을 처리하시오. (10점)

- 데이터 도구를 이용하여 [표1]의 [B3:I13] 영역에서 '국가'와 '구분'을 기준으로 중복된 값이 포함된 행을 삭제하시오.
- 데이터 도구의 [통합] 기능을 이용하여 [표1], [표2], [표3]에 있는 데이터에 대해 [표4]의 [K4:Q6] 영역에 '구분'별 '날짜'별 수출입액의 합계를 계산하시오.
  - '구분'은 "수입금액", "수출금액", "무역수지" 순으로 표시되도록 하시오.

문제 4 기타작업(35점) 주어진 시트에서 다음 작업을 수행하고 저장하시오.

1. '기타작업-1' 시트에서 다음과 같은 기능을 수행하는 매크로를 현재 통합문서에 작성하시오. (각 5점)

① [C5:G12] 영역에 사용자 지정 표시 형식을 설정하는 '서식적용' 매크로를 생성하시오.
- 셀의 값이 9 이상이면 빨강색으로 "★"와 숫자를, 1 미만이면 파랑색으로 "●"와 숫자를, 그 외에는 숫자만 표시하되, 기호는 셀의 왼쪽에 붙여서 표시하고, 숫자는 셀의 오른쪽에 붙여서 표시하시오.
  [표시 예 : 9.6일 경우 → ★   9.6, 0.6일 경우 → ●   0.6, 3.0일 경우 → 3.0]
- [도형] → [사각형]의 '사각형: 둥근 모서리(□)'를 동일 시트의 [I4:I5] 영역에 생성한 후 텍스트를 "서식적용"으로 입력하고, 도형을 클릭하면 '서식적용' 매크로가 실행되도록 설정하시오.

② [C5:G12] 영역에 표시 형식을 '일반'으로 적용하는 '서식해제' 매크로를 생성하시오.
- [도형] → [사각형]의 '사각형: 둥근 모서리(□)'를 동일 시트의 [I7:I8] 영역에 생성한 후 텍스트를 "서식해제"로 입력하고, 단추를 클릭하면 '서식해제' 매크로가 실행되도록 설정하시오.

※ 셀 포인터의 위치에 관계없이 매크로가 실행되어야 정답으로 인정됨

2. '기타작업-2' 시트에서 다음의 지시사항에 따라 차트를 수정하시오. (각 2점)

※ 차트는 반드시 문제에서 제공한 차트를 사용하여야 하며, 신규로 차트 작성시 0점 처리됨

① '성별'이 "여자"인 데이터만 표시되도록 차트 데이터 범위를 수정하고, 가로(항목) 축 레이블이 〈그림〉과 같이 표시되도록 지정하시오.
② 차트 제목은 '차트 위'로 설정한 후 [B2] 셀과 연동시키고 범례 위치는 위쪽으로 표시하시오.
③ 세로(값) 축의 최대값을 21000, 기본 단위를 7000으로 지정하시오.
④ 기본 주 가로 눈금선을 표시한 후 선 종류를 '실선', 선 색을 '표준 색 - 진한 파랑'으로 지정하시오.
⑤ 차트 영역의 테두리 스타일은 '둥근 모서리', 그림자는 '안쪽: 가운데'로 표시하시오.

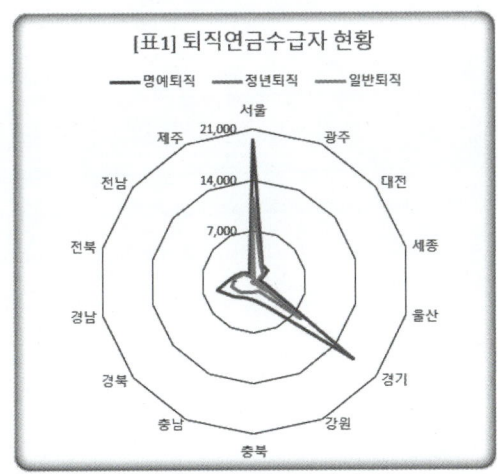

3. '기타작업-3' 시트에서 다음과 같은 작업을 수행하고 저장하시오. (각 5점)

① '강좌관리' 단추를 클릭하면 〈강좌현황〉 폼이 나타나고, 폼이 초기화(Initialize)되면 [H5:H10] 영역의 값이 '강좌명(cmb강좌명)' 콤보 상자의 목록에 설정되도록 프로시저를 작성하시오.

② 〈강좌현황〉 폼의 '입력(cmd입력)' 단추를 클릭하면 폼에 입력된 데이터가 시트의 표에 입력되어 있는 마지막 행 다음에 연속하여 추가되도록 프로시저를 작성하시오.

▶ "성별"로 '남'(opt남)을 선택하면 '성별'에 "남", '여'(opt여)를 선택하면 "여"를 입력하시오.

▶ '워크샵'으로 '참석'(opt참석)을 선택하면 '워크샵'에 "○", '입금액'에 '수강료 + 15000', '불참'(opt불참)을 선택하면 '입금액'에 '수강료'를 입력하시오.

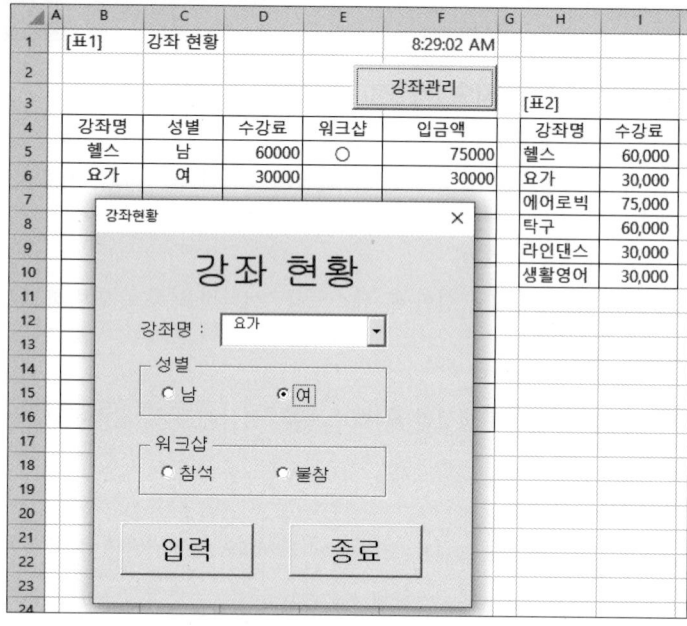

③ 〈강좌현황〉 폼의 '종료(cmd종료)' 단추를 클릭하면 [F1] 셀에 현재 시간을 표시하고 글꼴 색을 'RGB(0, 0, 255)'로 설정한 후 폼이 종료되도록 프로시저를 작성하시오.

EXAMINATION 04회 2025년 상시04 기출문제 해설

문제 1 기본작업

01. 고급 필터 _참고 : 고급 필터 14쪽

정답

	G	H	I	J	K	L	M
1							
2		조건					
3		FALSE					
4							
5		년	월	공항만	입국출국	국민외국인	출입국자수
6		2025	3	대구공항	출국	국민	54,217
7		2025	3	오산공항	출국	국민	6
8		2025	3	청주공항	출국	국민	55,658
9		2025	3	인천공항	입국	국민	1,825,864
10		2025	3	대구공항	입국	국민	58,348
11		2025	3	제주공항	출국	국민	10,962

• '고급 필터' 대화상자

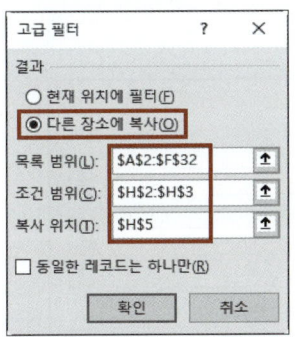

[H3] : =AND(IFERROR(SEARCH("공항",C3),FALSE),E3="국민")

02. 조건부 서식 _참고 : 조건부 서식 19쪽

정답

	A	B	C	D	E	F
1	[표]					
2	년	월	공항만	입국출국	국민외국인	출입국자수
3	2025	3	기타	입국	외국인	1,387
4	2025	3	대구공항	입국	외국인	10,178
5	2025	3	인천공항	출국	외국인	996,663
6	2025	3	김포공항	입국	외국인	102,256
7	2025	3	대구공항	출국	국민	54,217
8	2025	3	인천공항	입국	외국인	1,148,113
9	2025	3	감천항	출국	국민	238
10	2025	3	창원항	출국	국민	456
11	2025	3	오산공항	출국	국민	6
12	*2025*	*3*	*인천항*	*출국*	*외국인*	*33,525*
13	2025	3	광양항	출국	국민	1,066
14	*2025*	*3*	*부산항*	*입국*	*외국인*	*47,504*
15	*2025*	*3*	*동해항*	*출국*	*외국인*	*1,250*
16	*2025*	*3*	*서산항*	*출국*	*외국인*	*591*
17	2025	3	청주공항	출국	국민	55,658
18	*2025*	*3*	*서산항*	*입국*	*외국인*	*645*
19	*2025*	*3*	*포항항*	*출국*	*외국인*	*2,256*
20	*2025*	*3*	*군산항*	*출국*	*외국인*	*3,200*
21	2025	3	김해공항	출국	외국인	118,506
22	2025	3	제주항	출국	국민	47
23	*2025*	*3*	*인천항*	*입국*	*외국인*	*30,581*
24	*2025*	*3*	*부산항*	*출국*	*외국인*	*45,756*
25	2025	3	감천항	입국	국민	272
26	2025	3	김해공항	입국	외국인	133,077
27	2025	3	광양항	입국	국민	555
28	2025	3	인천항	입국	국민	2,976
29	2025	3	평택항	입국	국민	1,130
30	2025	3	인천공항	입국	국민	1,825,864
31	2025	3	대구공항	입국	국민	58,348
32	2025	3	제주공항	출국	국민	10,962

'새 서식 규칙' 대화상자

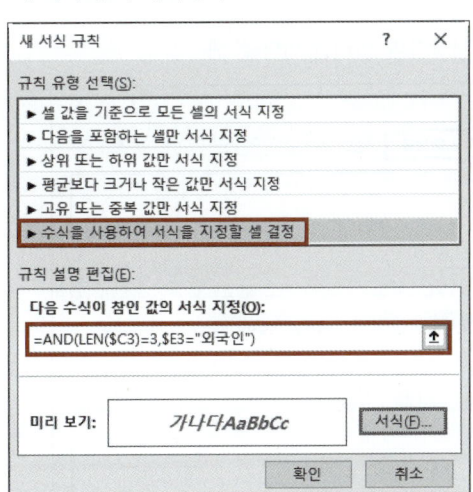

03. 페이지 레이아웃 _ 참고 : 페이지 레이아웃 25쪽

정답

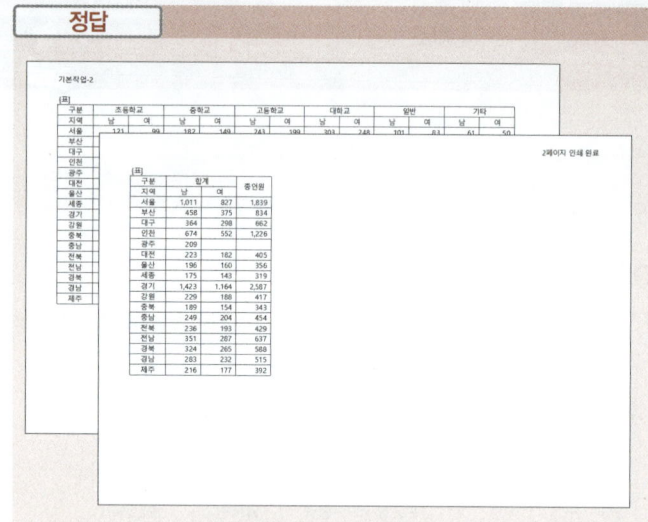

- '페이지 설정' 대화상자의 '페이지' 탭

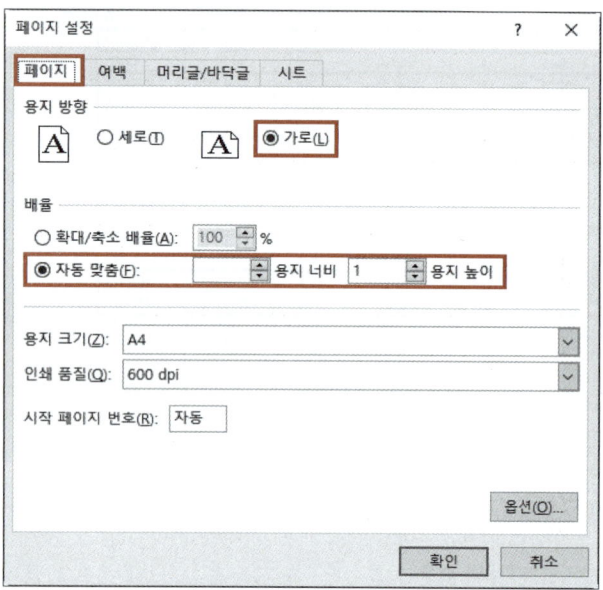

- '페이지 설정' 대화상자의 '머리글/바닥글' 탭

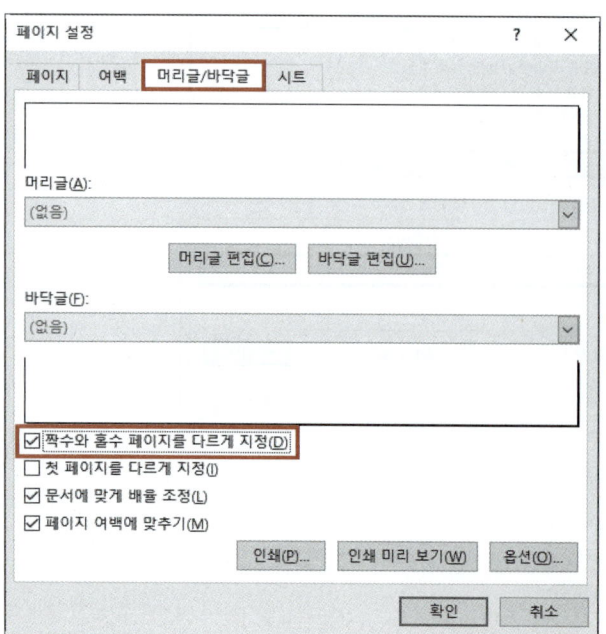

- '머리글' 대화상자
  - 홀수 페이지 머리글

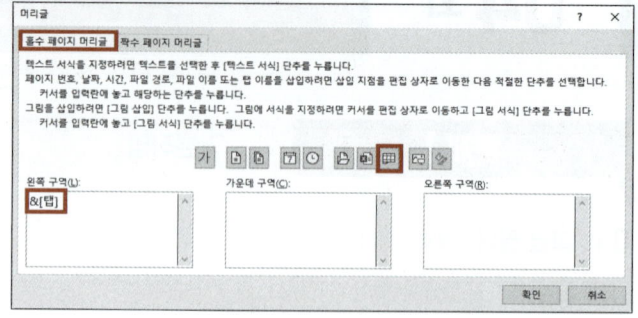

  - 짝수 페이지 머리글

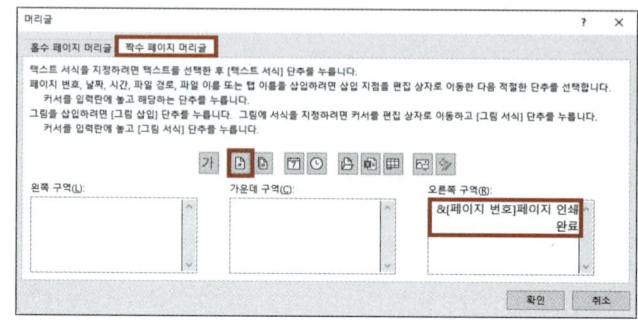

- '페이지 설정' 대화상자의 '시트' 탭

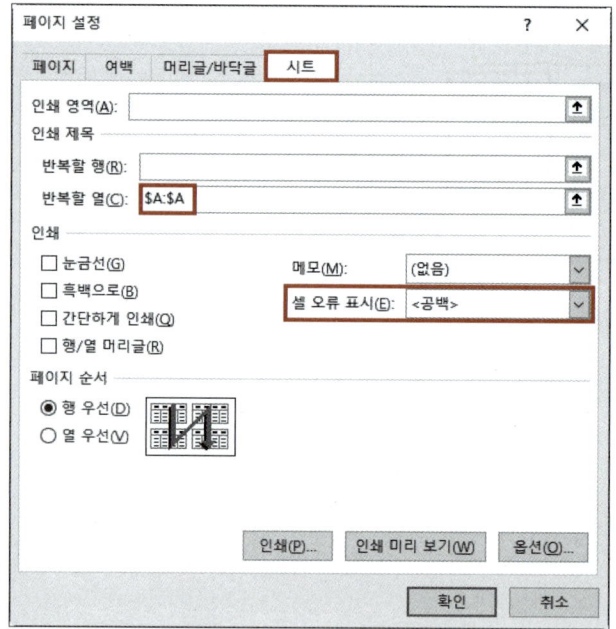

문제 2   계산작업

정답

	A	B	C	D	E	F	G	H	I	J	K	L	M
1	[표1] ❶						❺	❷		[표2] 구분별 연도별 납부금액 비율 ❸			
2	납부코드	세목	구분	납부금액	납부일자	납부기관	납부방법	과세대상		구분	2023	2024	2025
3	11-20250512-3	취득세 주택	지방세	2,545,400	2025.05.12	CARD	2025인터넷수납	주택		지방세	97.8%	98.6%	99.3%
4	11-20250618-4	지방소득세	지방세	2,339,080	2025.06.18	K-PAY	2025전용계좌수납			세외수입	2.2%	1.4%	0.7%
5	11-20250129-5	자동차세	지방세	3,858,620	2025.01.29	BANK	2025전용계좌수납						
6	11-20251224-6	재산세 주택	지방세	4,904,570	2025.12.24	K-PAY	2025전용계좌수납	주택		[표3] 세목별 최고 납부금액의 납부일자			
7	22-20250224-7	주정차 과태료	세외수입	42,000	2025.02.24	CARD	2025인터넷수납			세목	납부일자 ❹		
8	22-20250722-8	무단투기 과태료	세외수입	58,500	2025.07.22	BANK	2025전용계좌수납			등록세	2024.05.05		
9	11-20250415-9	주민세 개인균등분	지방세	18,900	2025.04.15	K-PAY	2025전용계좌수납			면허세	2025.06.05		
10	11-20230814-10	등록세	지방세	180,110	2023.08.14	BANK	2023전용계좌수납			무단투기 과태료	2025.07.22		
11	11-20250605-11	면허세	지방세	57,500	2025.06.05	CARD	2025인터넷수납			자동차세	2025.01.29		
12	11-20240525-12	지방소득세	지방세	992,700	2024.05.25	K-PAY	2024전용계좌수납			재산세 주택	2025.12.24		
13	11-20240115-13	자동차세	지방세	1,138,000	2024.01.15	BANK	2024전용계좌수납			주민세 개인균등분	2023.04.04		
14	11-20241222-14	재산세 주택	지방세	2,686,210	2024.12.22	CARD	2024인터넷수납	주택		주정차 과태료	2023.08.09		
15	11-20240411-15	주민세 개인균등분	지방세	20,120	2024.04.11	BANK	2024전용계좌수납			지방소득세	2025.06.18		
16	11-20230512-16	지방소득세	지방세	564,830	2023.05.12	K-PAY	2023전용계좌수납			취득세 주택	2025.05.12		
17	11-20230123-17	자동차세	지방세	436,240	2023.01.23	BANK	2023전용계좌수납						
18	11-20231211-18	재산세 주택	지방세	4,020,320	2023.12.11	CARD	2023인터넷수납	주택					
19	11-20230404-19	주민세 개인균등분	지방세	28,160	2023.04.04	K-PAY	2023전용계좌수납						
20	22-20240202-20	주정차 과태료	세외수입	45,000	2024.02.02	BANK	2024전용계좌수납						
21	22-20241110-21	무단투기 과태료	세외수입	28,800	2024.11.10	CARD	2024인터넷수납						
22	22-20230809-22	주정차 과태료	세외수입	75,000	2023.08.09	K-PAY	2023전용계좌수납						
23	22-20230722-23	무단투기 과태료	세외수입	42,000	2023.07.22	CARD	2023인터넷수납						
24	11-20240505-24	등록세	지방세	281,610	2024.05.05	K-PAY	2024전용계좌수납						
25	11-20230811-25	면허세	지방세	41,920	2023.08.11	CARD	2023인터넷수납						

❶ 납부코드(A3) _ 참고 : 찾기/참조 함수 46쪽
=LOOKUP(C3,{"세외수입","지방세"},{22,11}) & "-" & SUBSTITUTE(E3,".","") & "-" & ROW( )

❷ 과세대상(H3) _ 참고 : 논리 함수 53쪽
=IF(ISNUMBER(SEARCH("주택",B3)),"주택","")

❸ 구분별 연도별 납부금액 비율(K3) _ 참고 : 배열 수식 36쪽
{=TEXT(SUMIFS($D$3:$D$25,$C$3:$C$25,$J3,$E$3:$E$25, K$2&"*") / SUMIFS($D$3:$D$25,$E$3:$E$25,K$2&"*"), "0.0%")}

❹ 세목별 최고 납부금액의 납부일자(K9) _ 참고 : 배열 수식 36쪽
{=VLOOKUP(LARGE(($B$3:$B$25=J9)*$D$3:$D$25, 1), $D$3:$E$25, 2, FALSE)}

❺ 납부방법(G3) _ 참고 : 사용자 정의 함수 60쪽
=fn납부방법(G4,D4)

```
Public Function fn납부방법(납부일자, 납부기관)
    If 납부기관 = "CARD" Then
        fn납부방법 = Left(납부일자, 4) & "인터넷수납"
    Else
        fn납부방법 = Left(납부일자, 4) & "전용계좌수납"
    End If
End Function
```

문제 3 분석작업 〈정답〉

01. 피벗 테이블 _ 참고 : 피벗 테이블 64쪽

• '피벗 테이블 필드' 창

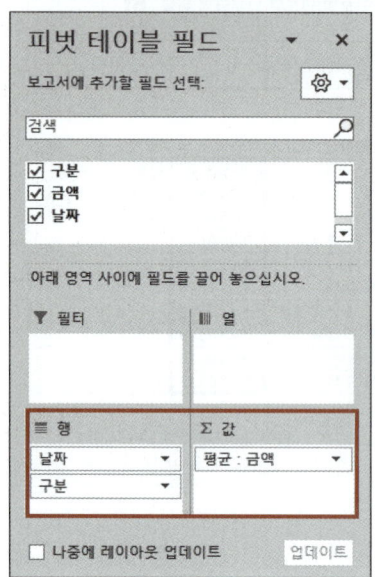

• '필드 설정' 대화상자

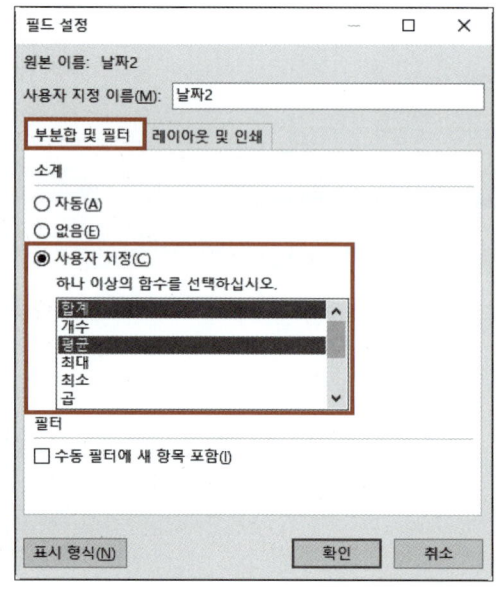

02. 중복된 항목 제거 / 통합 _ 참고 : 중복된 항목 제거 103쪽 / 통합 83쪽

중복된 항목 제거

〈정답〉

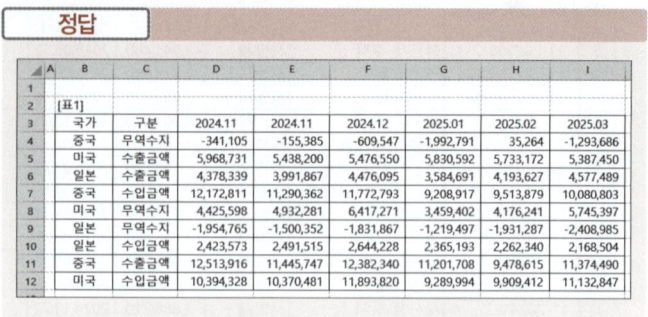

• '중복된 값 제거' 대화상자

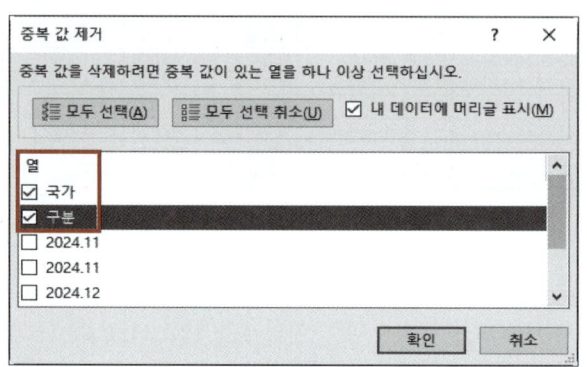

통합

〈정답〉

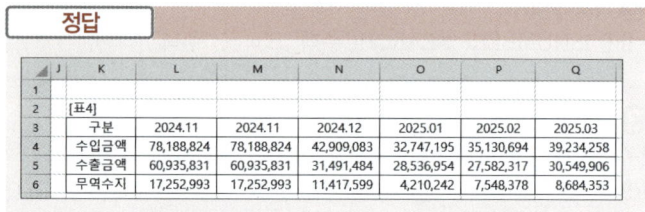

• '통합' 대화상자

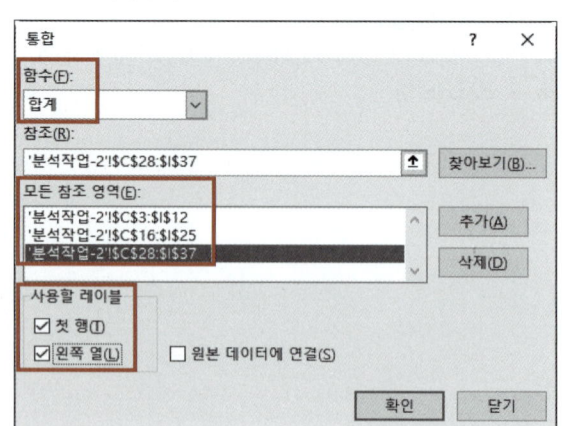

문제 4   기타작업

01. 매크로 작성 _참고 : 매크로 112쪽

① '서식적용' 매크로 실행

정답

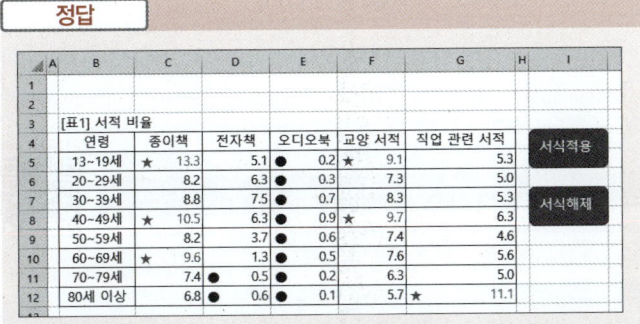

• '셀 서식' 대화상자

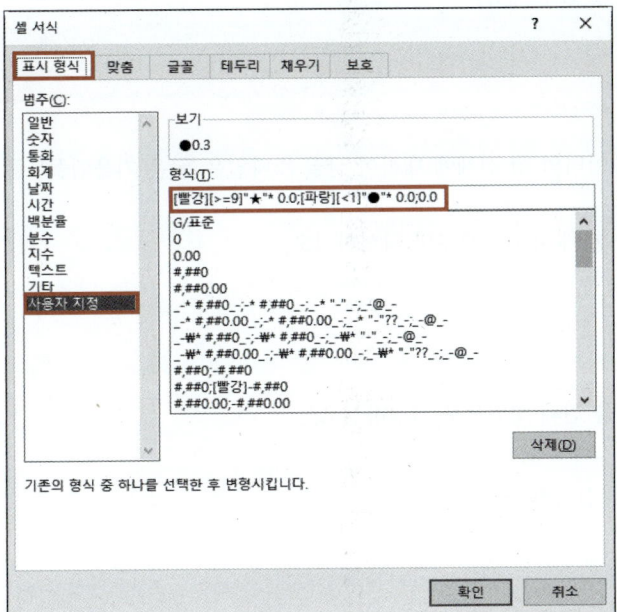

03. 프로시저 작성 _참고 : 프로시저 118쪽

① '강좌관리' 단추 및 폼 초기화 프로시저

• '강좌관리' 단추 클릭 프로시저

정답

```
Private Sub cmd강좌관리_Click( )
    강좌현황.Show
End Sub
```

• 폼 초기화 프로시저

정답

```
Private Sub UserForm_Initialize( )
    cmb강좌명.RowSource = "H5:H10"
End Sub
```

② '입력' 단추에 기능 구현하기

정답

```
Private Sub cmd입력_Click( )
    참조행 = cmb강좌명.ListIndex + 5
    입력행 = [B4].Row + [B4].CurrentRegion.Rows.Count
    Cells(입력행, 2) = cmb강좌명.Value
    If opt남 = True Then
        Cells(입력행, 3) = "남"
    Else
        Cells(입력행, 3) = "여"
    End If
    Cells(입력행, 4) = Cells(참조행, 9)
    If opt참석 = True Then
        Cells(입력행, 5) = "○"
        Cells(입력행, 6) = Cells(참조행, 9) + 15000
    Else
        Cells(입력행, 6) = Cells(참조행, 9)
    End If
End Sub
```

③ '종료' 단추에 기능 구현하기

정답

```
Private Sub cmd종료_Click( )
    [F1] = Time
    [F1].Font.Color = RGB(0, 0, 255)
    Unload Me
End Sub
```

EXAMINATION 05회 2024년 상시01 컴퓨터활용능력 1급 실기

- **준 비 하 세 요** : '실기길벗컴활1급통합\기출\05회' 폴더에서 '24년상시01.xlsm' 파일을 열어서 작업하시오.
- **외부 데이터 위치** : 실기길벗컴활1급통합\기출\05회

문제 1 기본작업(15점) 주어진 시트에서 다음의 과정을 수행하고 저장하시오.

1. '기본작업' 시트에서 다음과 같이 고급 필터를 수행하시오. (5점)
- [A3:H28] 영역에서 '개설일'의 연도가 2018년 이후이고, '휴무일정보'가 "일요일"이거나 "공휴일"로 끝나는 데이터의 '센터코드', '지역', '개설일', '면적', '휴무일정보' 필드만 순서대로 표시하시오.
- 조건은 [A30:A31] 영역 내에 알맞게 입력하시오. (AND, YEAR, RIGHT 함수 사용)
- 결과는 [A33] 셀부터 표시하시오.

2. '기본작업' 시트에서 다음과 같이 조건부 서식을 설정하시오. (5점)
- [A4:H28] 영역에서 '운영구분'이 "직영"이고 '개설일'의 일이 짝수인 데이터의 행 전체에 대하여 글꼴 스타일은 '굵은 기울임꼴', 글꼴 색은 '표준 색-파랑'으로 적용하시오.
- 단, 규칙 유형은 '수식을 사용하여 서식을 지정할 셀 결정'을 사용하고, 한 개의 규칙으로만 작성하시오.
- AND, DAY, ISEVEN 함수 사용

3. '기본작업' 시트에서 다음과 같이 페이지 레이아웃을 설정하시오. (5점)
- 인쇄 용지가 가로로 인쇄되도록 용지 방향을 설정하고, [A1:H28] 영역을 인쇄 영역으로 설정하시오.
- 페이지의 내용이 95%로 축소되어 인쇄되도록 설정하시오.
- 매 페이지 하단의 가운데 구역에는 페이지 번호가 표시되도록 바닥글을 설정하시오.
  - 페이지 번호의 글꼴은 'HY견고딕'으로 지정하시오.

문제 2 계산작업(30점) '계산작업' 시트에서 다음 과정을 수행하고 저장하시오.

1. [표1]의 운영구분, 개설연월, 면적과 기준날짜(I2)를 이용하여 [표2]의 [L4:L5] 영역에 운영구분별 운영기간이 20년 이상인 면적의 평균을 계산하여 표시하시오. (6점)
- 운영기간 : 기준날짜의 연도 - 개설연월의 연도
- 면적의 평균은 자리 내림하여 정수로 표시
- AVERAGE, IF, ROUNDDOWN, YEAR 함수를 사용한 배열 수식

2. [표1]의 지역과 운영구분을 이용하여 [표3]의 [L9:L16] 영역에 지역별 운영구분의 개수를 [표시 예]와 같이 표시하시오. (6점)
- [표시 예 : 직영 4곳 - 위탁 1곳]
- SUM, CONCAT 함수를 사용한 배열 수식

3. [표1]의 지역과 취급품목정보를 이용하여 [표3]의 [M9:O16] 영역에 지역별 취급품목정보별 비율을 계산하여 표시하시오. (6점)
- 비율 : 지역별 취급품목정보별 개수 / 지역별 개수
- [표시 예 : 75%]
- COUNTIF, COUNTIFS, TEXT 함수 사용

4. [표1]의 센터코드, 운영구분, 면적을 이용하여 [표4]의 [L20:L21] 영역에 운영구분별 면적이 가장 넓은 센터코드를 표시하시오. (6점)
- ▶ INDEX, MATCH, MAX 함수를 사용한 배열 수식

5. 사용자 정의 함수 'fn비고'를 작성하여 [표1]의 [I4:I28] 영역에 비고를 계산하여 표시하시오. (6점)
- ▶ 'fn비고'는 취급품목정보, 보유차량, 휴무일정보를 인수로 받아 비고를 계산하는 함수이다.
- ▶ 비고는 취급품목정보가 "종이류"로 시작하면 보유차량과 휴무정보를 [표시 예]와 같이 표시하고, 그 외는 공백으로 표시하시오. 보유차량은 보유차량이 없으면 "보유차량 없음"을 표시하고 보유차량이 있으면 보유차량 숫자 뒤에 "대"를 표시하시오.
  [표시 예 : 일요일(1대), 일요일(보유차량 없음), 일요일(2대)]
- ▶ IF ~ End If문 사용

```
Public Function fn비고(취급품목정보, 보유차량, 휴무일정보)

End Function
```

문제 3   분석작업(20점) 주어진 시트에서 다음 작업을 수행하고 저장하시오.

1. '분석작업-1' 시트에서 다음의 지시사항에 따라 피벗 테이블 보고서를 작성하시오. (10점)
- ▶ 외부 데이터 가져오기 기능을 이용하여 〈재활용센터.accdb〉의 〈센터관리〉 테이블에서 '지역', '운영구분', '면적', '보유차량' 열을 이용하시오.
- ▶ 피벗 테이블 보고서의 레이아웃과 위치는 〈그림〉을 참조하여 설정하고, 보고서 레이아웃을 개요 형식으로 표시하시오.
- ▶ '지역' 필드는 "산" 자로 끝나는 데이터만 표시되도록 설정하시오.
- ▶ '면적'과 '보유차량' 필드의 표시 형식은 '값 필드 설정'의 셀 서식에서 '숫자' 범주를 이용하여 〈그림〉과 같이 지정하시오.
- ▶ 각 항목 다음에 빈줄이 삽입되도록 설정하시오.

	A	B	C
1	운영구분	(모두)	
2			
3	지역	값	
4	마산		
5		평균 : 면적	226.5
6		평균 : 보유차량	1.0
7			
8	부산		
9		평균 : 면적	265.3
10		평균 : 보유차량	0.7
11			
12	울산		
13		평균 : 면적	239.3
14		평균 : 보유차량	1.7
15			
16	전체 평균 : 면적		245.9
17	전체 평균 : 보유차량		1.1

2. '분석작업-2' 시트에 대하여 다음의 지시사항을 처리하시오. (10점)
- ▶ [정렬] 기능을 이용하여 '2행'을 기준으로 '접수번호 – 종류 – 기간 – 숙박비 – 교통비 – 식비' 순으로 정렬하시오.
- ▶ [통합] 기능을 이용하여 [표2]의 [H2:J7] 영역에 '종류'별 '숙박비'의 '최대값'과 '교통비'의 '최소값'을 계산하시오.

문제 4 기타작업(35점) 주어진 시트에서 다음 작업을 수행하고 저장하시오.

1. '기타작업-1' 시트에서 다음과 같은 기능을 수행하는 매크로를 현재 통합문서에 작성하시오. (각 5점)

   ① [E3:E27] 영역에 사용자 지정 표시 형식을 설정하는 '서식적용' 매크로를 생성하시오.
   ▶ '전년대비매출'이 양수이면 파랑색으로 "▲"와 숫자를, 음수이면 자홍색으로 "▼"와 음수 기호, 숫자를, 0이면 숫자만을, 텍스트이면 빨강색으로 "※"만을 표시하시오.
   [표시 예 : '전년대비매출'이 0.34일 경우 ▲34% → , -0.21일 경우 → ▼-21%, 0일 경우 → 0%, "폐업"일 경우 → ※]
   ▶ [도형] → [기본 도형]의 '빗면(☐)'을 동일 시트의 [G2:G3] 영역에 생성한 후 텍스트를 "서식적용"으로 입력하고, 도형을 클릭하면 '서식적용' 매크로가 실행되도록 설정하시오.

   ② [E3:E27] 영역에 표시 형식을 '일반'으로 적용하는 '서식해제' 매크로를 생성하시오.
   ▶ [도형] → [기본 도형]의 '빗면(☐)'을 동일 시트의 [G5:G6] 영역에 생성한 후 텍스트를 "서식해제"로 입력하고, 도형을 클릭하면 '서식해제' 매크로가 실행되도록 설정하시오.

   ※ 셀 포인터의 위치에 관계없이 매크로가 실행되어야 정답으로 인정됨

2. '기타작업-2' 시트에서 다음의 지시사항에 따라 차트를 수정하시오. (각 2점)

   ※ 차트는 반드시 문제에서 제공한 차트를 사용하여야 하며, 신규로 차트 작성시 0점 처리됨
   ① 차트 종류를 '표식이 있는 꺾은선형'으로 변경하고 '효도관광' 요소를 차트에 추가하여 표시하시오.
   ② 차트 제목은 '차트 위'로 설정한 후 [A1] 셀과 연동시키고, 범례 위치는 오른쪽으로 지정하시오.
   ③ '식비' 계열에 '하강선'을 표시하고, '자유여행' 요소의 각 계열에 〈그림〉과 같이 설명선으로 표시된 데이터 레이블을 표시하시오.
   ④ 기본 세로(값) 축과 가로(항목) 축이 〈그림〉과 같이 표시되도록 설정하시오.
   ⑤ 차트 영역의 테두리 스타일은 '둥근 모서리', 차트의 색상형은 '다양한 색상표 3'으로 설정하시오.

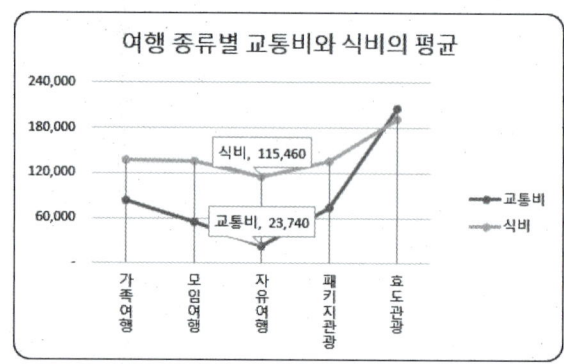

3. '기타작업-3' 시트에서 다음과 같은 작업을 수행하고 저장하시오. (각 5점)

   ① '숙소예약' 단추를 클릭하면 〈숙소예약〉 폼이 나타나고, 폼이 초기화(Initialize)되면 '예약날짜'(txt예약날짜) 컨트롤에 현재 날짜가 표시되고, [G4:G7] 영역의 값이 '방이름'(cmb방이름) 콤보 상자의 목록에 설정되도록 프로시저를 작성하시오.
   ② 〈숙소예약〉 폼의 '예약(cmd예약)' 단추를 클릭하면 폼에 입력된 데이터가 시트의 표에 입력되어 있는 마지막 행 다음에 연속하여 추가되도록 프로시저를 작성하시오.
   ▶ '이용금액'은 '숙박일수 × 방값'으로 계산하되, '이용금액'은 '숙박일수'가 2 이하이면 0%, 4 이하이면 5%, 6 이하이면 8%, 그 외는 10%가 할인됨
   ▶ 입력되는 데이터는 워크시트에 입력된 기존 데이터와 같은 형식의 데이터로 입력하시오.

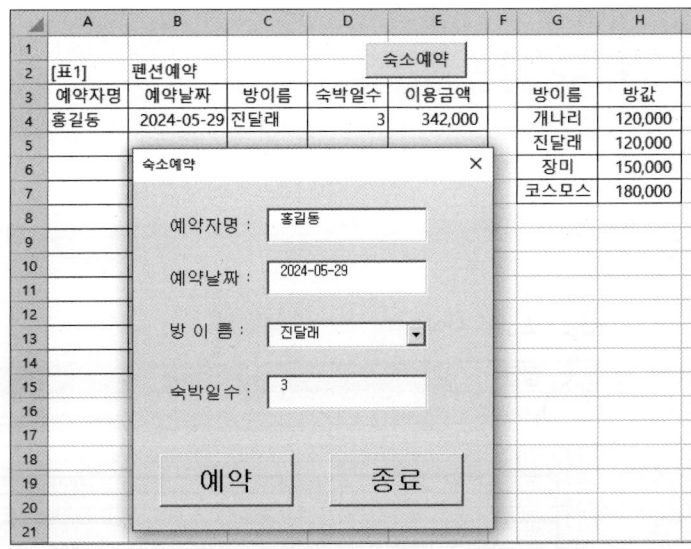

③ 〈숙소예약〉 폼의 '종료(cmd종료)' 단추를 클릭하면 〈그림〉과 같이 예약인원이 표시된 메시지 박스를 나타낸 후 폼을 종료하고 [B2] 셀의 글꼴색을 'RGB(100, 100, 200)'으로 설정하시오.

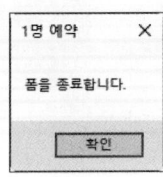

EXAMINATION 05회 2024년 상시01 기출문제 해설

문제 1 기본작업

01. 고급 필터 _ 참고 : 고급 필터 14쪽

정답

	A	B	C	D	E
29					
30	조건				
31	TRUE				
32					
33	센터코드	지역	개설일	면적	휴무일정보
34	c01	서울	2021-12-20	836	일요일
35	c02	부산	2019-08-04	173	일요일, 공휴일
36	d01	수원	2020-05-27	246	토요일, 일요일, 공휴일
37	d02	대전	2018-06-09	278	일요일
38	d12	울산	2024-05-12	187	공휴일

• '고급 필터' 대화상자

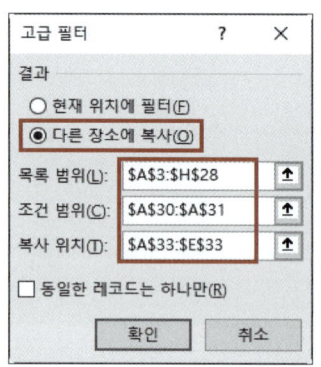

[A31] : =AND(YEAR(D4)>=2018,(RIGHT(H4,3)="일요일")+(RIGHT(H4,3)="공휴일"))

02. 조건부 서식 _ 참고 : 조건부 서식 19쪽

정답

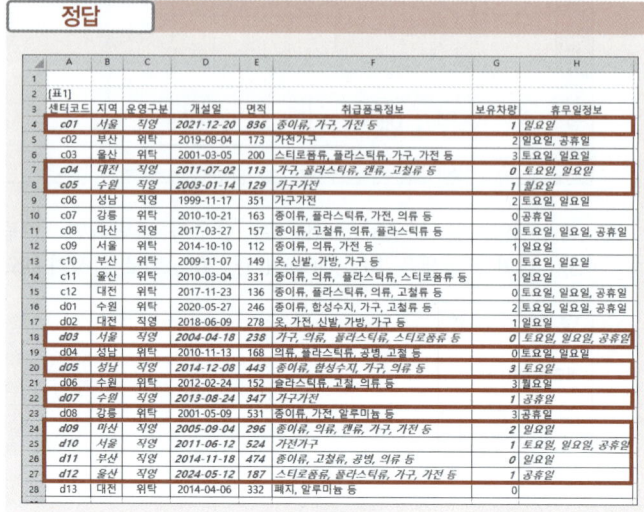

• '새 서식 규칙' 대화상자

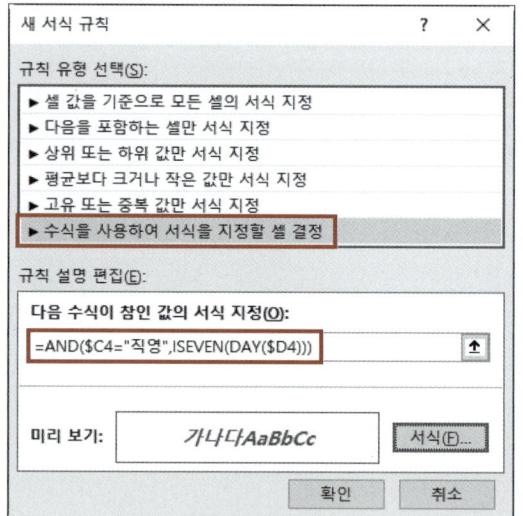

=AND($C4="직영",ISEVEN(DAY($D4)))

03. 페이지 레이아웃 _ 참고 : 페이지 레이아웃 25쪽

정답

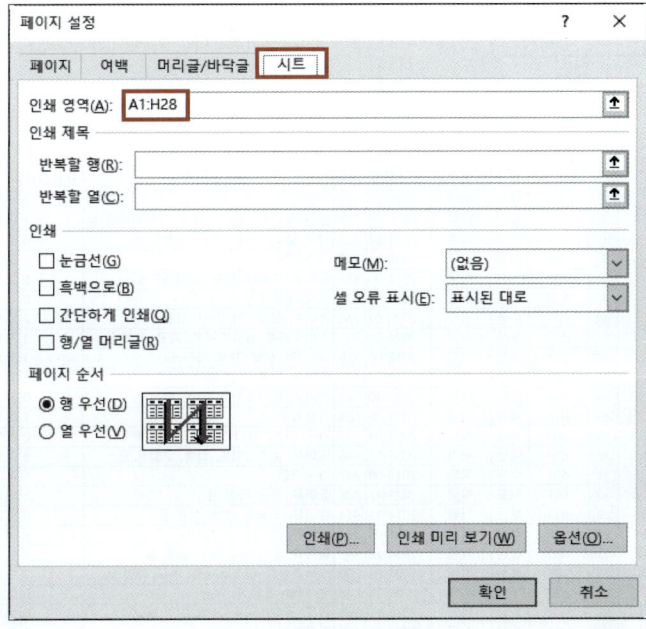

- '페이지 설정' 대화상자의 '시트' 탭

- '페이지 설정' 대화상자의 '페이지' 탭

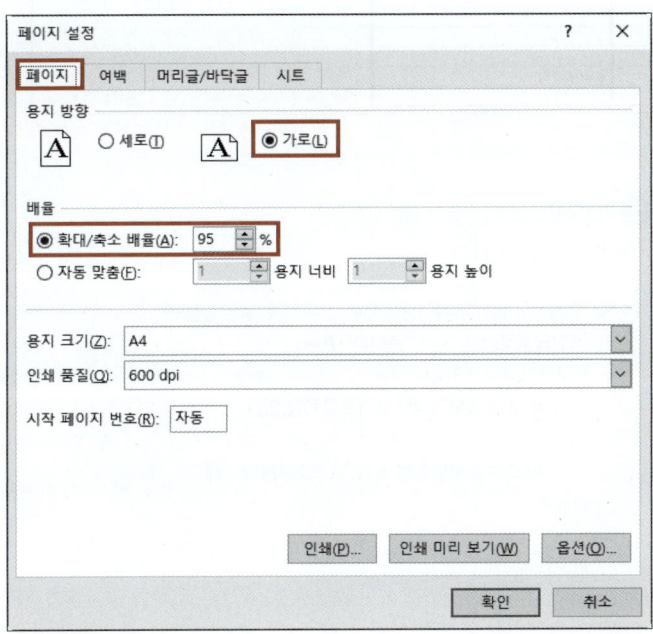

- '바닥글' 대화상자

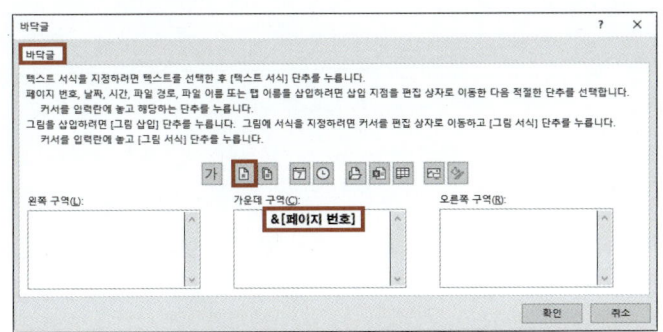

문제 2 계산작업

	A	B	C	D	E	F	G	H	I	J	K	L	M	N	O
1															
2	[표1]							기준날짜 :	2024-02-10		[표2]				
3	센터코드	지역	운영구분	개설연월	면적	취급품목정보	보유차량	휴무일정보	비고		운영구분	평균면적			
4	c02	부산	위탁	2019-08	173	가전가구	2	일요일, 공휴일			직영	239			
5	c11	울산	위탁	2010-03	331	종이류, 의류, 플라스틱류, 스티로폼류 등	1	일요일	일요일(1대)		위탁	365			
6	c04	대전	직영	2011-07	113	가구, 플라스틱류, 캔류, 고철류 등	0	토요일, 일요일							
7	c06	성남	직영	1999-11	351	가구가전	2	토요일, 일요일			[표3]				
8	c08	마산	직영	2017-03	157	종이류, 고철류, 의류, 플라스틱류 등	0	토요일, 일요일, 공휴일	토요일, 일요일, 공휴일(보유차량 없음)		지역	운영구분개수	가구	가전	의류
9	d13	대전	위탁	2014-04	332	폐지, 알루미늄 등	0				서울	직영 3곳 - 위탁 1곳	75%	75%	50%
10	d01	수원	위탁	2020-05	246	종이류, 합성수지, 가구, 고철류 등	2	토요일, 일요일, 공휴일	토요일, 일요일, 공휴일(2대)		부산	직영 1곳 - 위탁 2곳	67%	33%	33%
11	d12	울산	직영	2024-05	187	스티로폼류, 플라스틱류, 가구, 가전 등	1	공휴일			울산	직영 1곳 - 위탁 2곳	67%	67%	33%
12	d02	대전	직영	2018-06	278	옷, 가전, 신발, 가방, 가구 등	1	일요일			대전	직영 2곳 - 위탁 2곳	50%	25%	25%
13	c09	서울	위탁	2014-10	112	종이류, 의류, 가전, 의류	1	일요일	일요일(1대)		수원	직영 2곳 - 위탁 2곳	75%	50%	25%
14	c07	강릉	위탁	2010-10	163	종이류, 플라스틱류, 가전, 의류 등	0	공휴일	공휴일(보유차량 없음)		성남	직영 2곳 - 위탁 1곳	67%	33%	67%
15	d10	서울	직영	2011-06	524	가전가구	1	토요일, 일요일, 공휴일			강릉	직영 0곳 - 위탁 2곳	0%	100%	50%
16	d03	서울	직영	2004-04	238	가구, 의류, 플라스틱류, 스티로폼류 등	0	토요일, 일요일, 공휴일			마산	직영 2곳 - 위탁 0곳	50%	50%	100%
17	c12	대전	위탁	2017-11	136	종이류, 플라스틱류, 의류, 고철류 등	0	토요일, 일요일, 공휴일	토요일, 일요일, 공휴일(보유차량 없음)						
18	d07	수원	직영	2013-08	347	가구가전	1	공휴일			[표4]				
19	c01	서울	위탁	2021-12	836	종이류, 의류, 가전 등	1	일요일	일요일(1대)		운영구분	센터코드			
20	d11	부산	직영	2014-11	474	종이류, 고철류, 공병, 의류 등	0	일요일	일요일(보유차량 없음)		직영	c01			
21	d08	강릉	위탁	2001-05	531	종이류, 가전, 알루미늄 등	3	공휴일	공휴일(3대)		위탁	d08			
22	d05	성남	직영	2014-12	443	종이류, 합성수지, 가구, 의류 등	3	토요일	토요일(3대)						
23	c03	울산	위탁	2001-03	200	스티로폼류, 플라스틱류, 가구, 의류 등	3	토요일, 일요일							
24	c10	부산	위탁	2009-11	149	옷, 신발, 가방, 가구 등	0	토요일, 일요일							
25	d04	성남	위탁	2010-11	168	의류, 플라스틱류, 공병, 고철 등	0	토요일, 일요일							
26	c05	수원	직영	2003-01	129	가구가전	1	월요일							
27	d09	마산	직영	2005-09	296	종이류, 의류, 캔류, 가구, 가전 등	2	일요일	일요일(2대)						
28	d06	수원	위탁	2012-02	152	슬라스틱류, 고철, 의류 등	3	월요일							

❶ 운영구분별 평균면적(L4) _ 참고 : 배열 수식 36쪽

{=ROUNDDOWN(AVERAGE(IF((YEAR($I$2)-YEAR($D$4:$D$28))>=20) * ($C$4:$C$28=K4), $E$4:$E$28)), 0)}

❷ 지역별 운영구분개수(L9) _ 참고 : 배열 수식 36쪽

{=CONCAT("직영 ", SUM(($B$4:$B$28=K9) * ($C$4:$C$28="직영")), "곳 - 위탁 ", SUM(($B$4:$B$28=K9) * ($C$4:$C$28="위탁")), "곳")}

❸ 지역별 취급품목정보별 비율(M9) _ 참고 : 기타 함수 57쪽

=TEXT(COUNTIFS($B$4:$B$28, $K9, $F$4:$F$28, "*"&M$8&"*") / COUNTIF($B$4:$B$28, $K9), "0%")

❹ 운영구분별 면적이 가장 넓은 센터코드(L20) _ 참고 : 찾기/참조 함수 46쪽

{=INDEX($A$4:$A$28, MATCH(MAX(($C$4:$C$28=K20) * $E$4:$E$28), ($C$4:$C$28=K20) * $E$4:$E$28, 0))}

❺ 비고(I4) _ 참고 : 사용자 정의 함수 60쪽

=fn비고(F4,G4,H4)

```
Public Function fn비고(취급품목정보, 보유차량, 휴무일정보)
    If Left(취급품목정보, 3) = "종이류" Then
        If 보유차량 = 0 Then
            fn비고 = 휴무일정보 & "(보유차량 없음)"
        Else
            fn비고 = 휴무일정보 & "(" & 보유차량 & "대)"
        End If
    Else
        fn비고 = ""
    End If
End Function
```

문제 3 분석작업

01. 피벗 테이블 _ 참고 : 피벗 테이블 64쪽

• '피벗 테이블 필드' 창

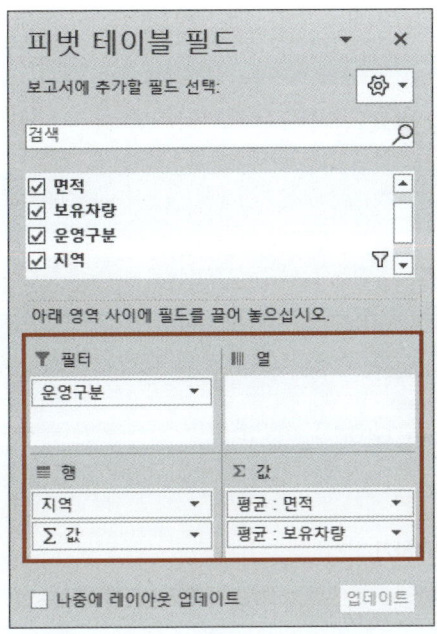

• '지역' 필드의 '레이블 필터' 대화상자

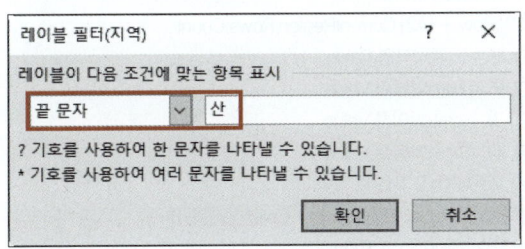

02. 정렬 / 통합 _ 참고 : 정렬 86쪽 / 통합 83쪽

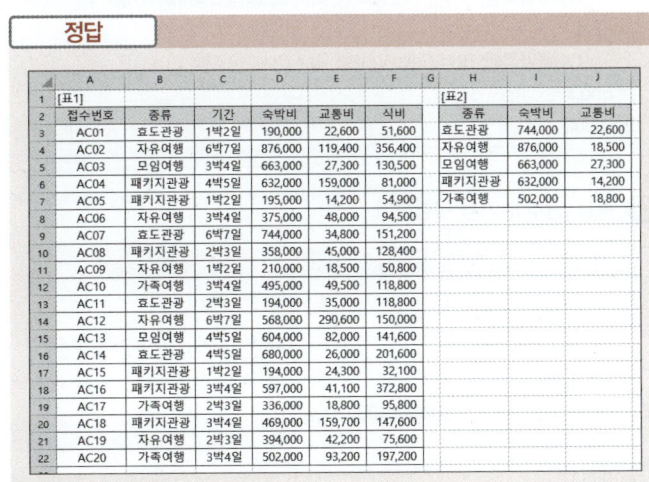

• '사용자 지정 목록' 대화상자

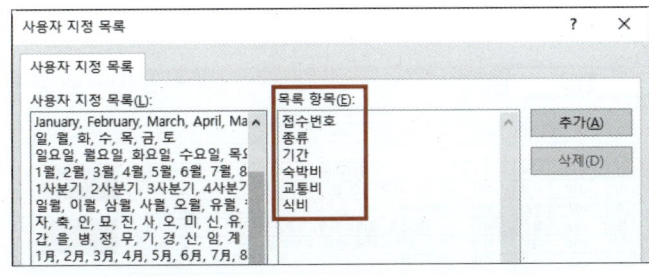

• '정렬' 대화상자

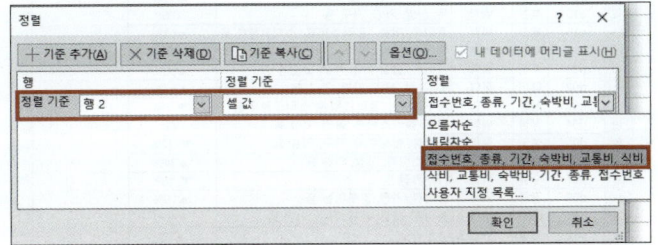

• 데이터 통합

1. 다음과 같이 입력하고 [H2:J2] 영역을 블록으로 지정한 후 [데이터] → 데이터 도구 → **통합**을 클릭한다.

	H	I	J
1	[표2]		
2	종류	숙박비	교통비
3			

2. '통합' 대화상자에서 다음과 같이 지정한다.

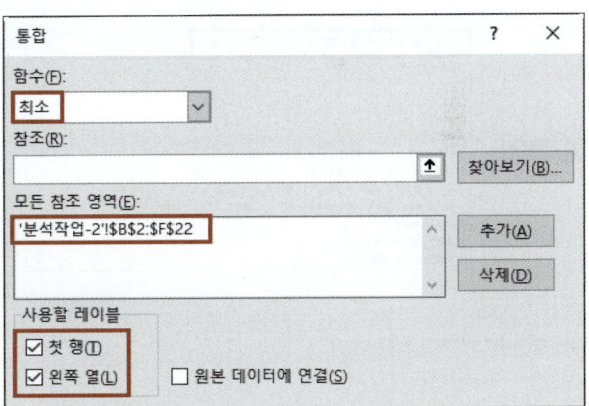

3. [H2:I2] 영역을 블록으로 지정하고 [데이터] → 데이터 도구 → **통합**을 클릭한 후 다음과 같이 지정한다.

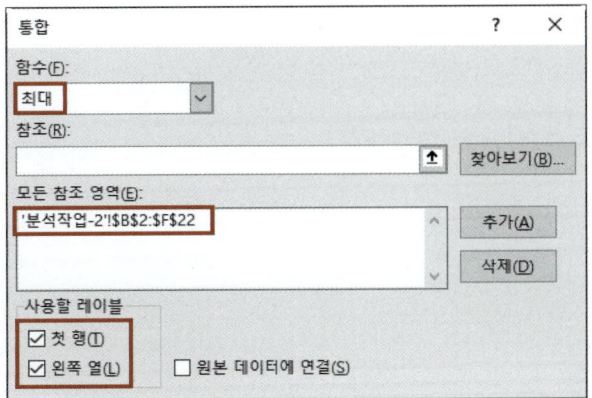

문제 4 기타작업 — 정답

01. 매크로 작성 _ 참고 : 매크로 112쪽

❶ '서식적용' 매크로 실행

[정답]

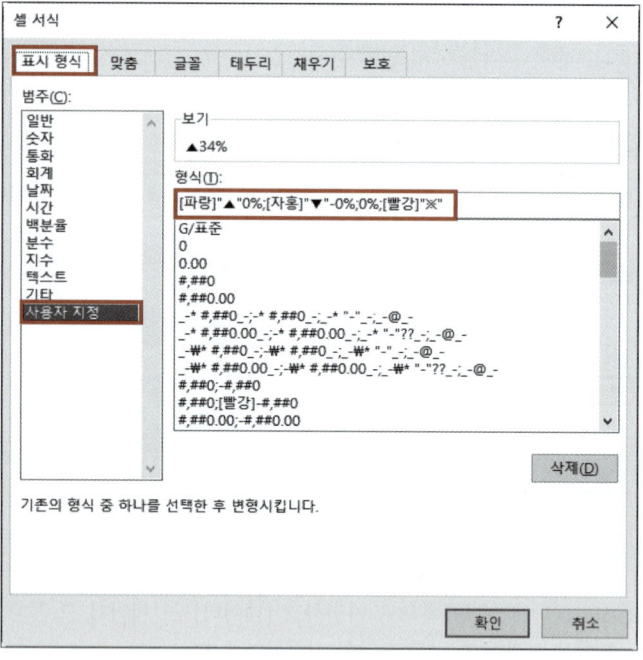

• '셀 서식' 대화상자

형식: [파랑]"▲"0%;[자홍]"▼"-0%;0%;[빨강]"※"

03. 프로시저 작성 _ 참고 : 프로시저 118쪽

❶ '숙소예약' 단추 및 폼 초기화 프로시저

• '숙소예약' 단추 클릭 프로시저

[정답]

```
Private Sub cmd숙소예약_Click( )
    숙소예약.Show
End Sub
```

• 폼 초기화 프로시저

[정답]

```
Private Sub UserForm_Initialize( )
    txt예약날짜.Value = Date
    cmb방이름.RowSource = "G4:G7"
End Sub
```

❷ '예약' 단추에 기능 구현하기

[정답]

```
Private Sub cmd예약_Click( )
    참조행 = cmb방이름.ListIndex + 4
    입력행 = [A2].Row + [A2].CurrentRegion.Rows.Count
    Cells(입력행, 1) = txt예약자명.Value
    Cells(입력행, 2) = txt예약날짜.Value
    Cells(입력행, 3) = cmb방이름.Value
    Cells(입력행, 4) = txt숙박일수.Value
    If txt숙박일수.Value <= 2 Then
        Cells(입력행, 5) = Cells(입력행, 4) * Cells(참조행, 8)
    ElseIf txt숙박일수.Value <= 4 Then
        Cells(입력행, 5) = Cells(입력행, 4) * Cells(참조행, 8) * 0.95
    ElseIf txt숙박일수.Value <= 6 Then
        Cells(입력행, 5) = Cells(입력행, 4) * Cells(참조행, 8) * 0.92
    Else
        Cells(입력행, 5) = Cells(입력행, 4) * Cells(참조행, 8) * 0.9
    End If
End Sub
```

❸ '종료' 단추에 기능 구현하기

[정답]

```
Private Sub cmd종료_Click( )
    MsgBox "폼을 종료합니다.", , [A2].CurrentRegion.Rows.Count - 2 & "명 예약"
    [B2].Font.Color = RGB(100, 100, 200)
    Unload Me
End Sub
```

EXAMINATION 06회 2024년 상시02 컴퓨터활용능력 1급 실기

- 준 비 하 세 요 : '실기길벗컴활1급통합\기출\06회' 폴더에서 '24년상시02.xlsm' 파일을 열어서 작업하시오.
- 외부 데이터 위치 : 실기길벗컴활1급통합\기출\06회

문제 1 기본작업(15점) 주어진 시트에서 다음의 과정을 수행하고 저장하시오.

1. '기본작업-1' 시트에서 다음과 같이 고급 필터를 수행하시오. (5점)
- [A2:H30] 영역에서 '진료일'이 2023년이고, '진료과목'이 "외과"로 끝나고, '환자코드'가 "A" 또는 "B"로 시작하는 데이터의 '환자코드', '성명', '생년월일', '진료과목', '진료일' 필드만 순서대로 표시하시오.
- 조건은 [A32:D36] 영역 내에 알맞게 입력하시오. (YEAR, RIGHT 함수 사용)
- 결과는 [A37] 셀부터 표시하시오.

2. '기본작업-1' 시트에서 다음과 같이 조건부 서식을 설정하시오. (5점)
- [A3:H30] 영역에서 '생년월일'이 2000~2003년이거나 '진료시간'이 오전 9부터 12시 59분까지인 데이터의 행 전체에 대하여 글꼴 스타일은 '굵은 기울임꼴', 글꼴 색은 '표준 색-빨강'으로 적용하시오.
- 단, 규칙 유형은 '수식을 사용하여 서식을 지정할 셀 결정'을 사용하고, 한 개의 규칙으로만 작성하시오.
- OR, AND, YEAR, HOUR 함수 사용

3. '기본작업-2' 시트에서 다음과 같이 페이지 레이아웃을 설정하시오. (5점)
- 행이 추가돼도 높이는 한 페이지에 인쇄되고 너비는 최대 두 페이지까지 인쇄되도록 설정하시오.
- 매 페이지 하단의 오른쪽 구역에는 페이지 번호가 [표시 예]와 같이 표시되도록 설정하시오.
  - 첫 페이지의 번호가 10이 되도록 설정하시오.
  [표시 예 : 현재 페이지 번호가 1인 경우 → 10페이지]
- 메모가 워크시트에 표시된 대로 인쇄되도록 설정하고, 페이지 여백을 '좁게'로 설정하시오.

문제 2 계산작업(30점) '계산작업' 시트에서 다음 과정을 수행하고 저장하시오.

1. [표1]의 가입자일련번호와 요양개시일자를 이용하여 [A3:A35] 영역에 처방번호를 표시하시오. (6점)
- 처방번호는 가입자일련번호가 동일한 경우 요양개시일자가 가장 빠른 항목에 1을 부여하고, 나머지 항목은 요양개시일자 순으로 1씩 추가하여 표시
- 표시 예 : 가입자일련번호가 123456이고 요양개시일자가 2번째로 빠른 경우 → 123456-2
- IF, SUM 함수를 이용한 배열 수식과 & 연산자 사용

2. [표1]의 성분코드와 [표2]를 이용하여 [H3:H35] 영역에 성분정보를 표시하시오. (6점)
- 성분정보는 성분코드의 7~9번째 문자를 이용
- 성분코드의 7번째 문자가 A이고, 8~9번째 문자가 TB이면 '내복정제'로 표시
- 성분정보가 오류인 경우 '기타'로 표시
- IFERROR, INDEX, MATCH, MID 함수 사용

3. [표1]의 성별과 요양개시일자를 이용하여 첫 요양개시일자의 해당 월에서 '여성'의 처방 건수를 [P2] 셀에 계산하시오. (6점)
- ▶ 첫 요양개시일자의 해당 월은 요양개시일자 중에서 가장 빠른 날짜의 월로 계산
- ▶ 가장 빠른 요양개시일자가 2023-02-25이면 2월 한달 동안의 여성들의 처방 건수를 계산함
- ▶ COUNTIFS, EOMONTH, MIN 함수 사용

4. [표1]의 연령대코드와 총투여일수를 이용하여 [표3]의 [P14:P20] 영역에 연령대별 이용도를 표시하시오. (6점)
- ▶ 연령대는 연령대코드의 일의 자리에서 내림하여 십의 자리까지 표시
- ▶ 이용도는 '■' 기호를 연령대별 총투여일수의 평균값만큼 반복하여 표시
- ▶ [표시 예 : 평균값이 2.8인 경우 → ■■, 3.1인 경우 → ■■■]
- ▶ AVERAGE, IF, REPT, ROUNDDOWN 함수를 이용한 배열 수식

5. 사용자 정의 함수 'fn금액'을 작성하여 [표1]의 [M3:M35] 영역에 금액을 계산하여 표시하시오. (6점)
- ▶ 'fn금액'은 시도, 일회투약량, 일일투약량, 총투여일수, 단가를 인수로 받아 금액을 계산하는 함수이다.
- ▶ 금액은 일회투약량 × 일일투약량 × 총투여일수 × 단가 × 가중치로 계산하시오.
- ▶ 가중치는 시도가 '서울'이면 1.1, '제주'이면 1.3, 그 외에는 1.2로 계산하시오.
- ▶ SELECT CASE문 사용

```
Public Function fn금액(시도, 일회투약량, 일일투약량, 총투여일수, 단가)

End Function
```

문제 3 분석작업(20점) 주어진 시트에서 다음 작업을 수행하고 저장하시오.

1. '분석작업-1' 시트에서 다음의 지시사항에 따라 피벗 테이블 보고서를 작성하시오. (10점)
- ▶ 외부 데이터 가져오기 기능을 이용하여 〈요양보호.accdb〉에서 〈요양보호관리대상〉 테이블의 '성별', '연령대코드', '시도', '일회투약량', '일일투약량' 열을 이용하시오.
- ▶ '시도' 필드가 '서울'이거나 '경기'인 데이터만을 가져오시오.
- ▶ 피벗 테이블 보고서의 레이아웃과 위치는 〈그림〉을 참조하여 설정하고, 보고서 레이아웃을 개요 형식으로 표시하시오.
- ▶ '연령대코드' 필드는 〈그림〉과 같이 그룹화를 설정하시오.
- ▶ '일일투약량'과 '일회투약량' 필드의 표시 형식은 '값 필드 설정'의 셀 서식에서 '숫자' 범주를 이용하여 〈그림〉과 같이 지정하시오.
- ▶ 각 필드의 최대값과 최소값 부분합을 그룹 하단에 표시하시오.

	A	B	C	D
1				
2	성별	(모두)		
3				
4	시도	연령대코드	평균 : 일일투약량	평균 : 일회투약량
5	⊟경기			
6		30-39	1.3	0.5
7		40-49	1.8	0.6
8		50-59	0.2	0.2
9		60-69	1.0	0.7
10		80-89	1.8	0.9
11		90-100	1.2	0.4
12	경기 최대		2.1	0.9
13	경기 최소		0.2	0.2
14	⊟서울			
15		40-49	1.0	0.5
16		50-59	0.4	0.3
17		60-69	1.1	0.7
18		70-79	0.6	0.3
19		80-89	1.4	0.6
20		90-100	1.8	0.9
21	서울 최대		2.4	0.9
22	서울 최소		0.2	0.2
23	총합계		1.0	0.5
24				

2. '분석작업-2' 시트에 대하여 다음의 지시사항을 처리하시오. (10점)

▶ [데이터 유효성 검사] 기능을 이용하여 [B3:B30] 영역에는 '성명' 중간에 빈 칸이 삽입되지 않도록 제한 대상을 설정하시오.
 - [B3:B30] 영역을 클릭한 경우 〈그림〉과 같은 설명 메시지를 표시하고, 유효하지 않은 데이터를 입력한 경우 〈그림〉과 같은 오류 메시지가 표시되도록 설정하시오.

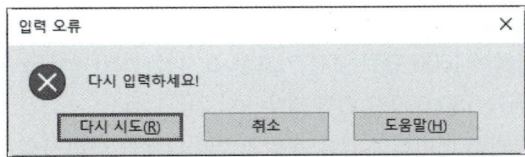

 - FIND, ISERROR 함수 사용

▶ [필터] 기능을 이용하여 '환자코드'를 기준으로 오름차순 정렬하고, '생년월일'이 1980년 이후이고 '진료과목'이 "내과" 또는 "외과"로 끝나는 데이터 행만 표시되도록 필터를 설정하시오.

문제 4 기타작업(35점) 주어진 시트에서 다음 작업을 수행하고 저장하시오.

1. '기타작업-1' 시트에서 다음과 같은 기능을 수행하는 매크로를 현재 통합문서에 작성하시오. (각 5점)

① [E4:E13] 영역에 사용자 지정 표시 형식을 설정하는 '서식적용' 매크로를 생성하시오.
 ▶ '목표달성률'이 1 이상이면 "좋음", 0.5 미만이면 "나쁨", 그 외는 "보통"을 숫자 앞에 표시하되, 숫자는 백분율로 표시하시오.
  [표시 예 : '목표달성률'이 1.1일 경우 → 좋음 110%, 0일 경우 → 나쁨 0%]
 ▶ [개발 도구] → [삽입] → [양식 컨트롤]의 '단추'를 동일 시트의 [G3:G4] 영역에 생성한 후 텍스트를 "서식적용"으로 입력하고, 단추를 클릭하면 '서식적용' 매크로가 실행되도록 설정하시오.

② [E4:E13] 영역에 표시 형식을 '일반'으로 적용하는 '서식해제' 매크로를 생성하시오.
 ▶ [개발 도구] → [삽입] → [양식 컨트롤]의 '단추'를 동일 시트의 [G6:G7] 영역에 생성한 후 텍스트를 "서식해제"로 입력하고, 단추를 클릭하면 '서식해제' 매크로가 실행되도록 설정하시오.

※ 셀 포인터의 위치에 관계없이 매크로가 실행되어야 정답으로 인정됨

2. '기타작업-2' 시트에서 다음의 지시사항에 따라 차트를 수정하시오. (각 2점)

※ 차트는 반드시 문제에서 제공한 차트를 사용하여야 하며, 신규로 차트 작성시 0점 처리됨

① '일회투약량' 계열을 삭제하고, 차트 종류를 '묶은 세로 막대형' 차트로 변경하시오.
② 기본 세로(값) 축의 최대값과 기본 단위를 〈그림〉과 같이 지정하고, 범례를 위쪽에 표시하시오.
③ '일일투약량' 계열의 '80대' 요소에 〈그림〉과 같이 데이터 레이블을 표시하고, 범례 표지가 없는 데이터 테이블을 표시하시오.
④ '총투여일수' 계열은 채우기를 '알약.png'로 지정하고, '그림 또는 질감 채우기' - '다음 배율에 맞게 쌓기'의 '단위/사진'을 3으로 지정하시오.
⑤ 그림 영역은 채우기를 패턴의 '점선: 20%'로 지정하고, 패턴 채우기의 전경색은 '테마 색 – 회색, 강조 3'으로 지정하시오.

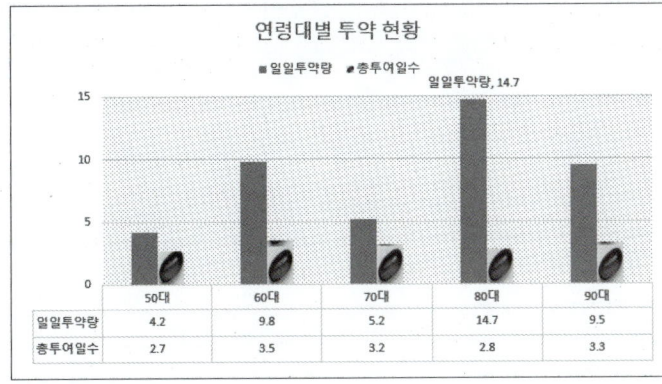

3. '기타작업-3' 시트에서 다음과 같은 작업을 수행하고 저장하시오. (각 5점)

① '지점매출' 단추를 클릭하면 〈매출현황〉 폼이 나타나고, 폼이 초기화(Initialize)되면 '지점'을 표시하는 옵션 단추 중 '강남(opt강남)'이 기본적으로 선택되고, '제품명(cmb제품명)' 목록에는 [G4:G8] 영역이 표시되도록 프로시저를 작성하시오.

② 〈매출현황〉 폼의 '입력(cmd입력)' 단추를 클릭하면 폼에 입력된 데이터가 시트의 표에 입력되어 있는 마지막 행 다음에 연속하여 추가되도록 프로시저를 작성하시오.

▶ '지점'에는 '강남(op일반)'을 선택하면 "강남", '용산(opt용산)'을 선택하면 "용산", '종로(opt종로)'를 선택하면 "종로"를 입력하시오.

▶ '총판매액'은 '판매량 × 판매가'로 계산하여 1000 단위 구분 기호를 표시하시오(Format 함수 사용).

[표시 예 : '총판매액'이 130000일 경우 → 130,000원, 0일 경우 → 0원]

▶ 입력되는 데이터는 워크시트에 입력된 기존 데이터와 같은 형식의 데이터로 입력하시오.

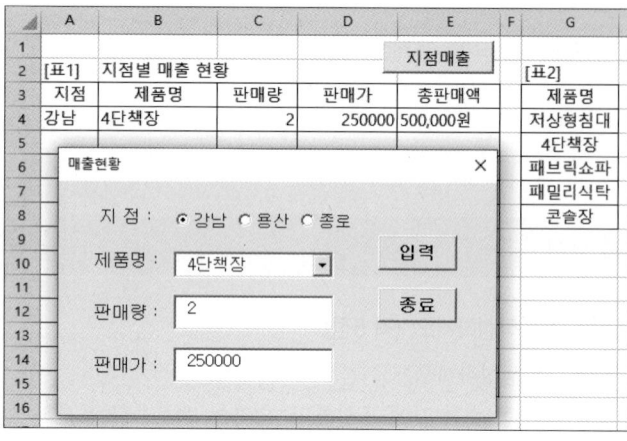

③ '기타작업-3' 시트가 활성화되면 [B2] 셀의 글꼴이 '궁서체', 글꼴 크기가 12로 지정되도록 구현하시오.

EXAMINATION 06회

2024년 상시02 기출문제 해설

문제 1 — 기본작업

01. 고급 필터 _ 참고 : 고급 필터 14쪽

정답

	A	B	C	D	E
31					
32	조건	환자코드			
33	0	A*			
34	0	B*			
35					
36					
37	환자코드	성명	생년월일	진료과목	진료일
38	A013	이영덕	1973-06-04	흉부외과	2023-02-03
39	A015	유경수	2005-11-23	정형외과	2023-03-20
40	A018	강말순	1985-12-05	흉부외과	2023-03-20
41	A051	전만호	1975-05-08	신경외과	2023-04-12
42	B219	김창무	1999-08-16	신경외과	2023-03-06

• '고급 필터' 대화상자

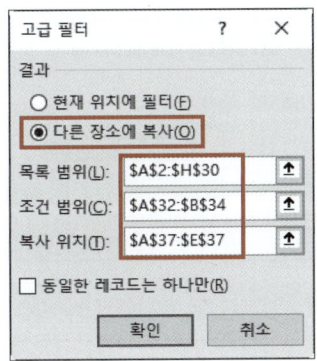

[A33], [A34] : =(YEAR(G3)=2023)*(RIGHT(E3,2)="외과")

02. 조건부 서식 _ 참고 : 조건부 서식 19쪽

정답

	A	B	C	D	E	F	G	H
1	[표1]							
2	환자코드	성명	생년월일	성별	진료과목	담당의사	진료일	진료시간
3	*A011*	*이수만*	*2000-11-03*	*남*	*흉부외과*	*박종식*	*2022-12-22*	*15:20*
4	*A013*	*이영덕*	*1973-06-04*	*남*	*흉부외과*	*박종식*	*2023-02-03*	*10:00*
5	*A014*	*성예연*	*1987-05-03*	*여*	*호흡기내과*	*김지수*	*2023-01-05*	*09:10*
6	A015	유경수	2005-11-23	남	정형외과	하석태	2023-03-20	14:20
7	A017	임효연	1959-09-08	여	소화기내과	남민종	2023-01-16	17:50
8	*A018*	*강말순*	*1985-12-05*	*여*	*흉부외과*	*박종식*	*2023-03-20*	*10:20*
9	A051	전만호	1975-05-08	남	신경외과	임지영	2023-04-12	17:30
10	B215	소금진	1988-04-01	남	피부과	김종남	2023-02-08	13:00
11	*B216*	*김병철*	*2004-05-07*	*남*	*피부과*	*김종남*	*2023-01-12*	*10:20*
12	*B217*	*이샛별*	*2001-05-09*	*여*	*가정의학과*	*편영표*	*2023-02-23*	*11:20*
13	B218	심수미	1986-12-12	여	산부인과	곽수지	2023-02-28	16:00
14	B219	김창무	1999-08-16	남	신경외과	임지영	2023-03-06	13:50
15	*C101*	*진보람*	*1948-10-05*	*여*	*신경외과*	*임지영*	*2023-05-21*	*09:30*
16	C106	이남석	1974-08-25	남	가정의학과	편영표	2023-04-16	16:20
17	*C109*	*전준호*	*1958-04-07*	*남*	*흉부외과*	*박종식*	*2023-03-14*	*11:30*
18	C228	김정근	1978-04-09	남	호흡기내과	김지수	2022-12-14	16:30
19	*C229*	*이태백*	*1953-07-01*	*남*	*가정의학과*	*편영표*	*2023-01-10*	*10:00*
20	D051	양경숙	1988-05-04	여	피부과	김종남	2023-03-20	11:00
21	D052	강진희	1993-05-08	여	산부인과	곽수지	2023-02-08	09:30
22	D210	용화숙	1980-04-02	여	피부과	김종남	2023-02-27	12:59
23	D213	이유라	1998-09-04	여	산부인과	곽수지	2023-02-21	16:20
24	D217	황귀영	1943-07-25	남	흉부외과	박종식	2023-03-12	15:00
25	D331	장일산	1952-02-12	남	소화기내과	남민종	2023-02-14	14:00
26	*D371*	*이종호*	*1995-05-14*	*남*	*정형외과*	*하석태*	*2023-01-15*	*11:20*
27	D372	김서우	2001-03-12	여	산부인과	곽수지	2022-12-03	14:00
28	*F301*	*오현정*	*1994-09-30*	*여*	*호흡기내과*	*김지수*	*2022-12-28*	*11:50*
29	F302	김상호	1975-05-06	남	소화기내과	남민종	2023-02-22	13:50
30	F491	박철수	1977-08-15	남	정형외과	하석태	2023-02-09	10:40

• '새 서식 규칙' 대화상자

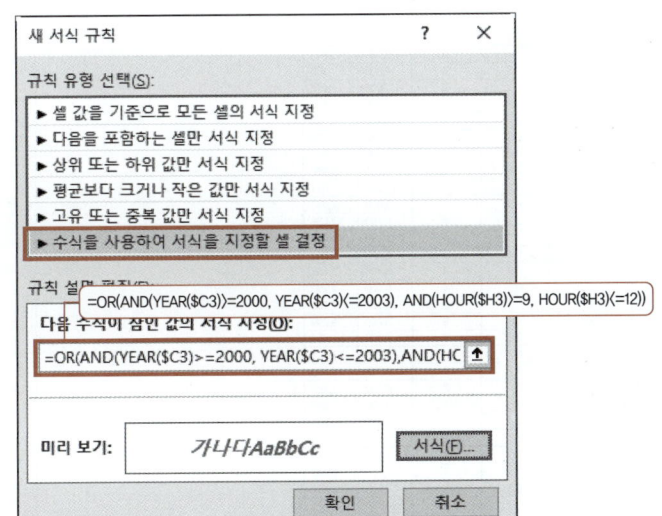

=OR(AND(YEAR($C3)>=2000, YEAR($C3)<=2003), AND(HOUR($H3)=9, HOUR($H3)<=12))

03. 페이지 레이아웃 _참고 : 페이지 레이아웃 25쪽

정답

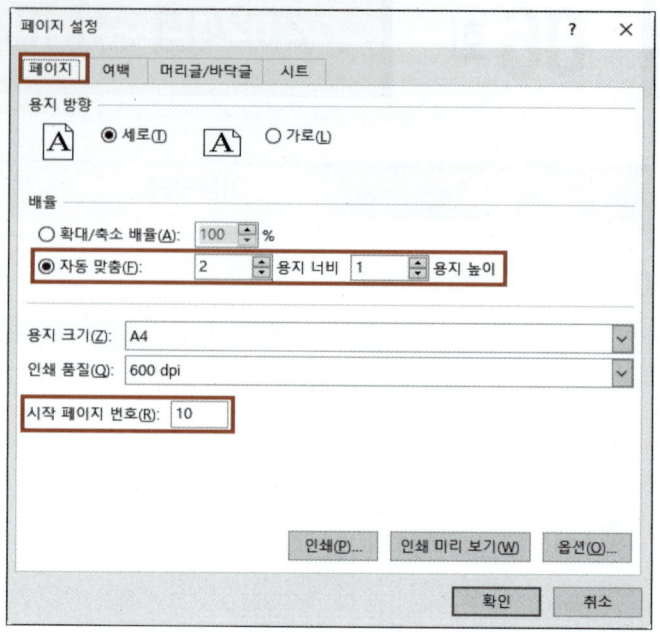

- '페이지 설정' 대화상자의 '페이지' 탭
- '바닥글' 대화상자
- '페이지 설정' 대화상자의 '시트' 탭
- [페이지 레이아웃] → 페이지 설정 → 여백 → **좁게** 선택

문제 2   계산작업

❶ 처방번호(A3) _ 참고 : 배열 수식 36쪽

{=B3&"-"&SUM(IF((B3=$B$3:$B$35)*(F3>$F$3:$F$35), 1))+1}

❷ 성분정보(H3) _ 참고 : 찾기/참조 함수 46쪽

=IFERROR(INDEX($P$7:$T$9, MATCH(MID(G3,7, 1), $O$7:$O$9, 0), MATCH(MID(G3,8,2), $P$6:$T$6, 0)), "기타")

❸ 첫 요양개시 월의 여성 처방건수(P2) _ 참고 : 기타 함수 57쪽

=COUNTIFS(F3:F35, "<="&EOMONTH(MIN(F3:F35), 0), C3:C35, "여성")

❹ 연령대별 이용도(P14) _ 참고 : 배열 수식 36쪽

{=REPT("■", AVERAGE(IF(ROUNDDOWN($D$3:$D$35,-1)=O14, $K$3:$K$35)))}

❺ 금액(M3) _ 참고 : 사용자 정의 함수 60쪽

=fn금액(E3,I3,J3,K3,L3)

```
Public Function fn금액(시도, 일회투약량, 일일투약량, 총투여일수, 단가)
    Select Case 시도
        Case "서울"
            fn금액 = 일회투약량 * 일일투약량 * 총투여일수 * 단가 * 1.1
        Case "제주"
            fn금액 = 일회투약량 * 일일투약량 * 총투여일수 * 단가 * 1.3
        Case Else
            fn금액 = 일회투약량 * 일일투약량 * 총투여일수 * 단가 * 1.2
    End Select
End Function
```

문제 3   분석작업   정답

01. 피벗 테이블 _ 참고 : 피벗 테이블 64쪽

• '쿼리 마법사 – 데이터 필터' 대화상자

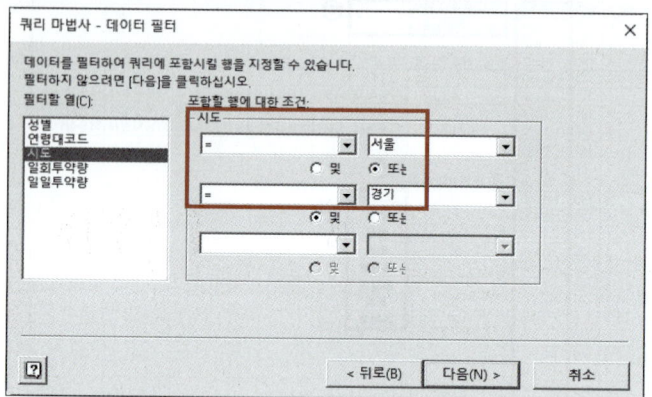

• '피벗 테이블 필드' 창

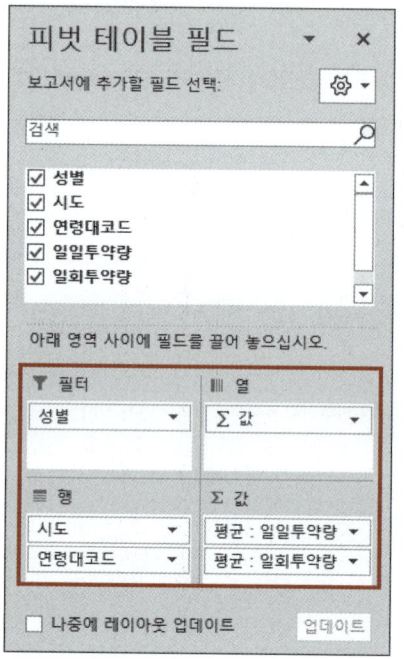

• '그룹화' 대화상자

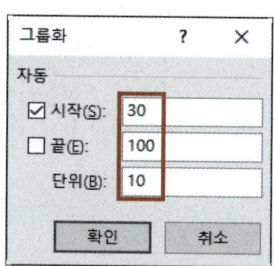

• 최대값, 최소값 부분합 표시

1. [디자인] → 레이아웃 → 부분합 → **그룹 하단에 모든 부분합 표시**를 선택한다.
2. 부분합이 표시된 셀의 바로 가기 메뉴에서 [**필드 설정**]을 선택한다.

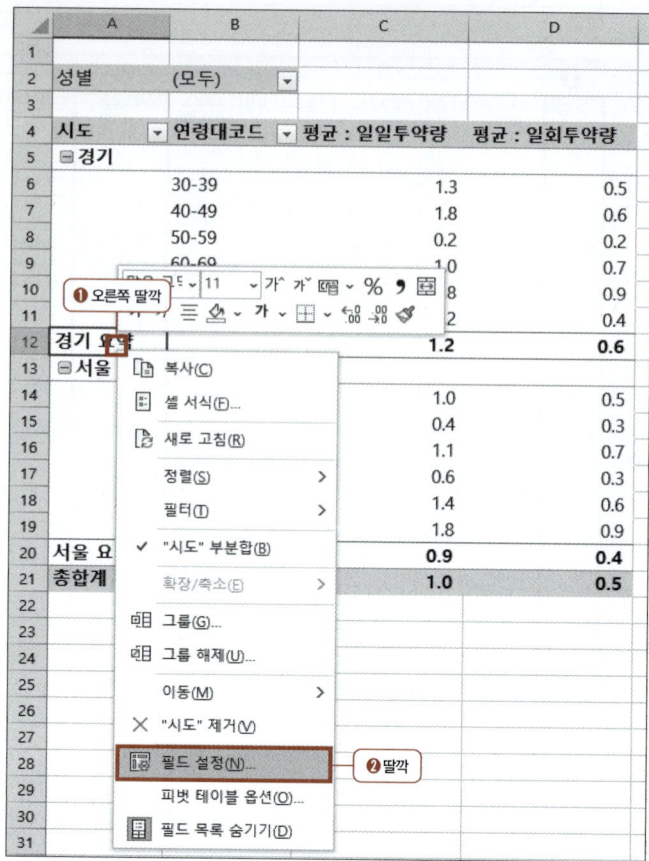

3. '필드 설정' 대화상자에서 다음과 같이 선택한 후 〈확인〉을 클릭한다.

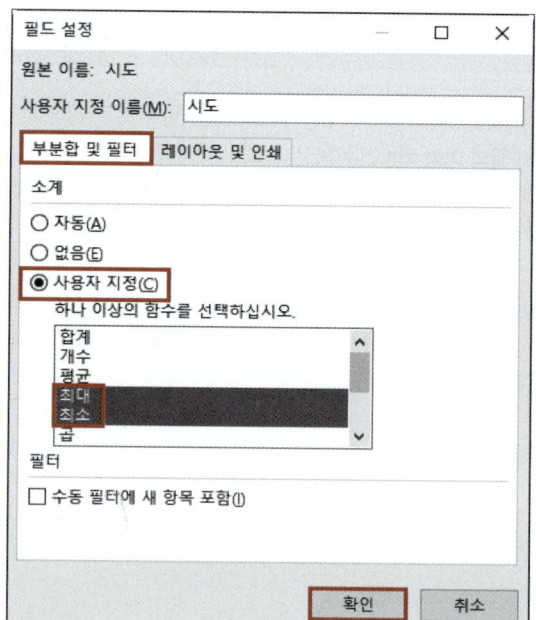

02. 데이터 유효성 검사 / 필터 _ 참고 : 데이터 유효성 검사 78쪽 / 자동 필터 100쪽

정답

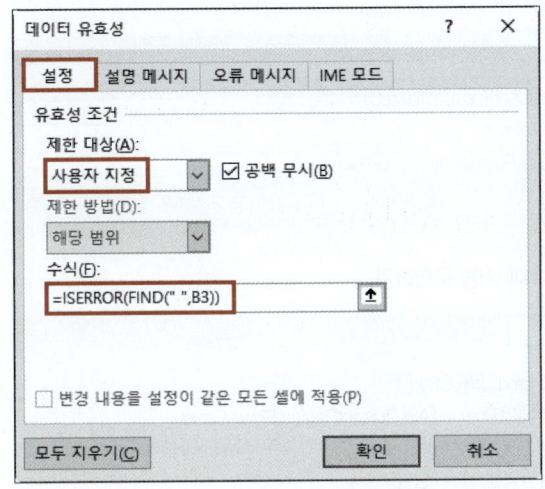

- '데이터 유효성' 대화상자의 '설정' 탭

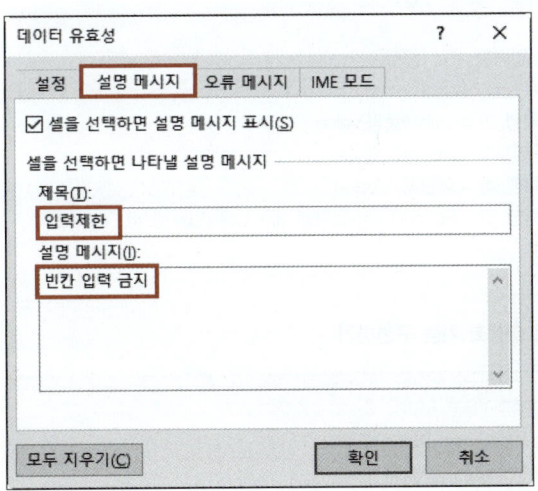

- '데이터 유효성' 대화상자의 '설명 메시지' 탭

- '데이터 유효성' 대화상자의 '오류 메시지' 탭

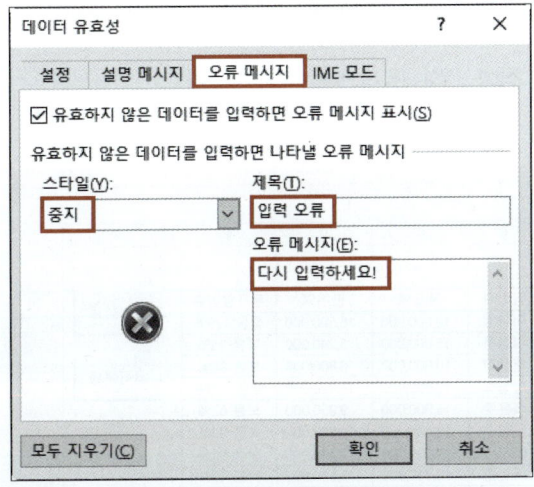

- '생년월일'의 '사용자 지정 자동 필터' 대화상자

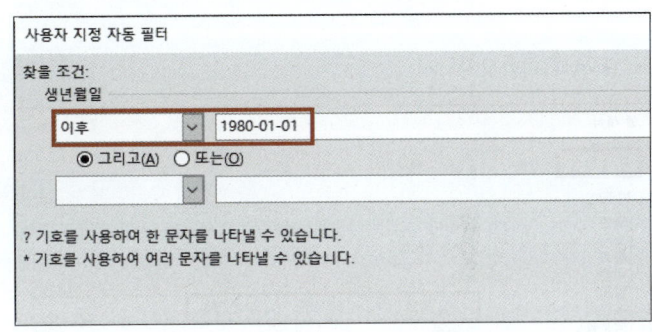

- '진료과목'의 '사용자 지정 자동 필터' 대화상자

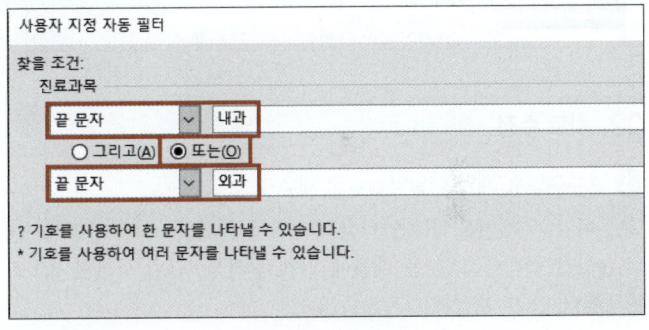

문제 4 기타작업   정답

01. 매크로 작성 _ 참고 : 매크로 112쪽

1 '서식적용' 매크로 실행

정답

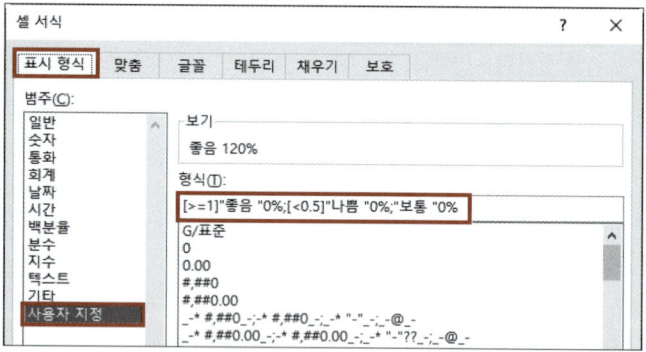

• '셀 서식' 대화상자

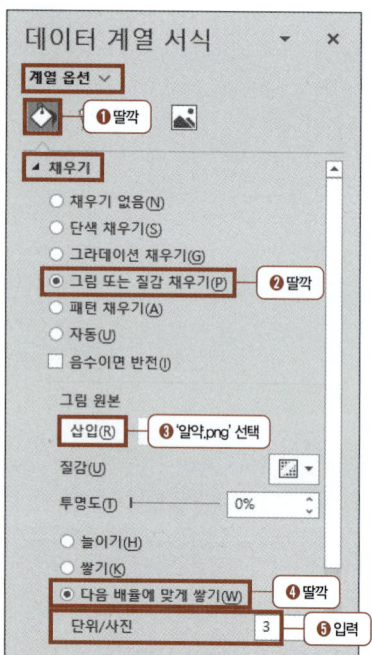

02. 차트 수정 _ 참고 차트 105쪽

4 '총투여일수' 계열을 '알약.png'로 채우기

'총투여일수' 계열을 더블클릭한 후 '데이터 계열 서식' 창에서 '알약.png'을 삽입하고 '다음 배율에 맞게 쌓기'의 '단위/사진'을 3으로 지정한다.

03. 프로시저 작성 _ 참고 : 프로시저 118쪽

1 '지점매출' 단추 및 폼 초기화 프로시저

• '지점매출' 단추 클릭 프로시저

정답

```
Private Sub cmd지점매출_Click( )
    매출현황.Show
End Sub
```

• 폼 초기화 프로시저

정답

```
Private Sub UserForm_Initialize( )
    opt강남.Value = True
    cmb제품명.RowSource = "G4:G8"
End Sub
```

2 '입력' 단추에 기능 구현하기

정답

```
Private Sub cmd입력_Click( )
    입력행 = [A2].Row + [A2].CurrentRegion.Rows.Count
    If opt강남.Value <= True Then
        Cells(입력행, 1) = "강남"
    ElseIf opt용산.Value <= True Then
        Cells(입력행, 1) = "용산"
    Else
        Cells(입력행, 1) = "종로"
    End If
    Cells(입력행, 2) = cmb제품명.Value
    Cells(입력행, 3) = txt판매량.Value
    Cells(입력행, 4) = txt판매가.Value
    Cells(입력행, 5) = Format(Cells(입력행, 3) * Cells(입력행, 4), "#,##0원")
End Sub
```

3 워크시트 활성화 기능 구현하기

정답

```
Private Sub Worksheet_Activate( )
    [B2].Font.Name = "궁서체"
    [B2].Font.Size = 12
End Sub
```

EXAMINATION 07회 2024년 상시03 컴퓨터활용능력 1급 실기

- 준 비 하 세 요 : '실기길벗컴활1급통합\기출\07회' 폴더에서 '24년상시03.xlsm' 파일을 열어서 작업하시오.
- 외부 데이터 위치 : 실기길벗컴활1급통합\기출\07회

문제 1   기본작업(15점) 주어진 시트에서 다음의 과정을 수행하고 저장하시오.

1. '기본작업-1' 시트에서 다음과 같이 고급 필터를 수행하시오. (5점)
- [A2:J29] 영역에서 '입차시간'이 10시부터 11시 50분까지인 데이터의 '차량번호', '주차장', '입차시간', '퇴차시간', '이용금액' 필드만 순서대로 표시하시오.
- 조건은 [A31:A32] 영역 내에 알맞게 입력하시오. (AND 함수 사용)
- 결과는 [A34] 셀부터 표시하시오.

2. '기본작업-1' 시트에서 다음과 같이 조건부 서식을 설정하시오. (5점)
- [A3:J29] 영역에서 '정산금액'이 '정산금액'의 평균 이하이고 '기타'가 빈 셀인 데이터의 행 전체에 대하여 글꼴 스타일은 '굵은 기울임꼴', 글꼴 색은 '표준 색-파랑'으로 적용하시오.
- 단, 규칙 유형은 '수식을 사용하여 서식을 지정할 셀 결정'을 사용하고, 한 개의 규칙으로만 작성하시오.
- AND, AVERAGE, ISBLANK 함수 사용

3. '기본작업-2' 시트에서 다음과 같이 페이지 레이아웃을 설정하시오. (5점)
- 인쇄 용지가 가로로 인쇄되도록 용지 방향을 설정하고, 2행이 매 페이지마다 반복하여 인쇄되도록 인쇄 제목을 설정하시오.
- 모든 페이지 상단의 오른쪽 구역에 현재 날짜를 삽입하고, 첫 페이지 상단의 가운데 구역에 "지역별 강수량"을 삽입한 후 글꼴 크기가 15로 인쇄되도록 머리글을 설정하시오.
- 행/열 머리글이 인쇄되도록 설정하시오.

문제 2   계산작업(30점) '계산작업' 시트에서 다음 과정을 수행하고 저장하시오.

1. [표1]의 구분, 입차시간과 [표2]의 할인금액 표를 이용하여 [F3:F29] 영역에 구분별 입차시간에 따른 할인금액을 계산하시오. (6점)
- 단, 오류인 경우 0을 표시
- IFERROR, VLOOKUP, MATCH 함수 사용

2. [표1]의 입차시간과 퇴차시간을 이용하여 [표3]의 [N10:N14] 영역에 이용시간별 빈도수 만큼 "★"를 반복하여 표시하시오. (6점)
- 이용시간 = 퇴차시간 − 입차시간(분은 계산에 감안하지 않고 시간만 사용)
  [표시 예 : 빈도수가 3인 경우 → ★★★]
- FREQUENCY, REPT, HOUR 함수를 이용한 배열 수식

3. [표1]의 결제방법을 이용하여 [M18:N20] 영역에 출차방법과 결제형태에 따른 비율을 계산하시오. (6점)
- 비율 = 출차방법과 결제형태별 개수 / 전체 개수
- 결제방법이 '무인자동출차'나 '수동출차' 단독으로 표시된 경우는 '무료'에 해당함
- IF, COUNTA, COUNTIFS, & 연산자와 만능문자 사용

4. [표1]의 주차장, 입차시간, 퇴차시간을 이용하여 [표5]의 [M25:O30] 영역에 현재시간대를 기준으로 주차장별 시간별 주차가능대수를 계산하시오. (6점)

▶ 시간별 주차가능대수 = 주차장별 주차가능대수 - 입차시간이 현재시간보다 이전인 차량대수 + 퇴차시간이 현재시간보다 이전인 차량대수

▶ SUM, IF 함수를 이용한 배열 수식

5. 사용자 정의 함수 'fn기타'를 작성하여 [표1]의 [J3:J29] 영역에 기타를 계산하여 표시하시오. (6점)

▶ 'fn기타'는 구분과 이용금액을 인수로 받아 기타를 계산하는 함수이다.

▶ 구분이 '입퇴원'이고 이용금액이 5000원 이하인 경우 "※무료", 구분이 '예약'이고 이용금액이 5000원 이하인 경우 "요금할인", 그 외는 공백으로 표시하시오.

▶ If~End If문 사용

```
Public Function fn기타(구분, 이용금액)
End Function
```

문제 3 분석작업(20점) 주어진 시트에서 다음 작업을 수행하고 저장하시오.

1. '분석작업-1' 시트에서 다음의 지시사항에 따라 피벗 테이블 보고서를 작성하시오. (10점)

▶ 외부 데이터 원본으로 〈주차현황.xlsx〉의 〈병원주차관리〉 테이블을 이용하시오.

▶ 피벗 테이블 보고서의 레이아웃과 위치는 〈그림〉을 참조하여 설정하고, 보고서 레이아웃을 개요 형식으로 표시하시오.

▶ '차량번호' 필드는 개수로 계산한 후 사용자 지정 이름을 '차량수'로 변경하시오.

▶ '주차장' 필드를 '차량수'를 기준으로 내림차순 정렬하시오.

▶ '이용금액' 필드의 표시 형식은 '값 필드 설정'의 셀 서식에서 '회계' 범주를 이용하여 〈그림〉과 같이 지정하시오.

▶ 피벗 테이블 스타일은 '연한 주황, 피벗 스타일 밝게 17'로 설정한 후 '줄무늬 행' 옵션을 설정하시오.

	A	B	C	D
1	결제방법	(모두)		
2				
3	구분	주차장	차량수	평균 : 이용금액
4	⊟예약		7	12,565
5		지상-2	5	15,197
6		지하	2	5,985
7	⊟입퇴원		10	16,398
8		지상-1	4	15,575
9		지상-2	4	17,763
10		지하	2	15,313
11	⊟진료		10	15,001
12		지하	7	13,335
13		지상-1	3	18,888
14	총합계		27	14,887

2. '분석작업-2' 시트에 대하여 다음의 지시사항을 처리하시오. (10점)

▶ [데이터 유효성 검사] 기능을 이용하여 [C3:C24] 영역에는 1~200까지의 정수만 입력되도록 제한 대상을 설정하시오.

- [C3:C24] 영역을 클릭한 경우 〈그림〉과 같은 설명 메시지를 표시하고, 유효하지 않은 데이터를 입력한 경우 〈그림〉과 같은 오류 메시지가 표시되도록 설정하시오.

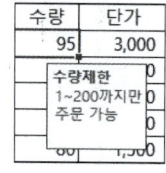

▶ [부분합] 기능을 이용하여 [표1]에서 '등급'별 '할부기간(월)'의 평균을 계산한 후 '구매자'의 개수를 계산하시오.
  - '등급'을 기준으로 오름차순으로 정렬하시오.
  - '할부기간(월)'의 평균은 셀 서식의 '숫자' 범주를 이용하여 소수점 첫째 자리까지만 표시하시오.
  - 평균과 개수는 위에 명시된 순서대로 처리하시오.

문제 4 기타작업(35점) 주어진 시트에서 다음 작업을 수행하고 저장하시오.

1. '기타작업-1' 시트에서 다음과 같은 기능을 수행하는 매크로를 현재 통합문서에 작성하시오. (각 5점)

① [F4:F20] 영역에 사용자 지정 표시 형식을 설정하는 '서식적용' 매크로를 생성하시오.
  ▶ '이용금액'이 10000 이상이면 빨강색으로 "★"를 셀의 너비만큼 반복하여 표시한 뒤에 숫자를, 5000 이상이면 "★"를 셀의 너비만큼 반복하여 표시한 뒤에 숫자를, 그 외는 숫자만 표시하시오.
  [표시 예 : '이용금액'이 17535일 경우 → ★★★17,535원, 9450일 경우 → ★★★ 9,450원, 0일 경우 → 0원]
  ▶ [개발 도구] → [삽입] → [양식 컨트롤]의 '단추'를 동일 시트의 [H3:H4] 영역에 생성한 후 텍스트를 "서식적용"으로 입력하고, 단추를 클릭하면 '서식적용' 매크로가 실행되도록 설정하시오.

② [F4:F20] 영역에 표시 형식을 '일반'으로 적용하는 '서식해제' 매크로를 생성하시오.
  ▶ [개발 도구] → [삽입] → [양식 컨트롤]의 '단추'를 동일 시트의 [H6:H7] 영역에 생성한 후 텍스트를 "서식해제"로 입력하고, 단추를 클릭하면 '서식해제' 매크로가 실행되도록 설정하시오.

※ 셀 포인터의 위치에 관계없이 매크로가 실행되어야 정답으로 인정됨

2. '기타작업-2' 시트에서 다음의 지시사항에 따라 차트를 수정하시오. (각 2점)

※ 차트는 반드시 문제에서 제공한 차트를 사용하여야 하며, 신규로 차트 작성시 0점 처리됨
① '기간' 계열의 차트 종류를 '표식이 있는 꺾은선형' 차트로 변경한 후 '보조 축'으로 지정하시오.
② 차트 제목을 추가하여 [B1] 셀, 기본 가로 축 제목을 추가하여 [A2] 셀과 연결하여 표시하시오.
③ '기간' 계열에 데이터 레이블을 〈그림〉과 같이 표시하시오.
④ 기본 주 세로 눈금선을 표시하고, 범례 위치를 오른쪽에 표시하시오.
⑤ 차트 영역의 테두리를 '둥근 모서리'로 지정하고, 도형 스타일을 '색 윤곽선 - 파랑, 강조 5'로 지정하시오.

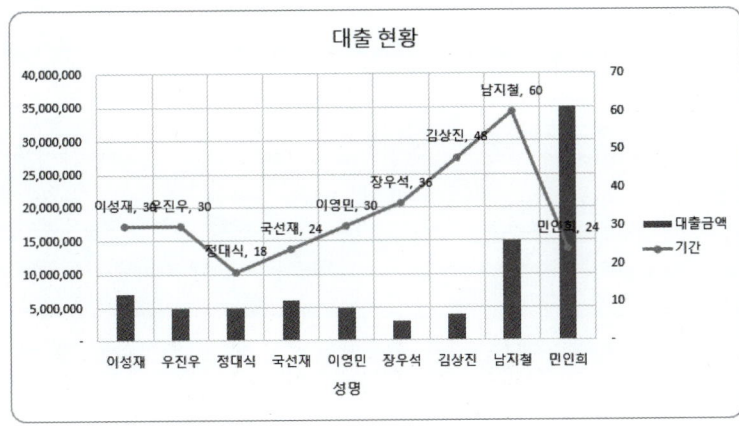

3. '기타작업-3' 시트에서 다음과 같은 작업을 수행하고 저장하시오. (각 5점)

① '정산' 단추를 클릭하면 〈알바정산〉 폼이 나타나고, 폼이 초기화(Initialize)되면 '정산일(txt정산일)' 텍스트 상자에 현재 날짜가 표시되고 날짜를 변경할 수 없도록 잠금이 설정되도록 프로시저를 작성하시오.

② 〈알바정산〉 폼의 '입력(cmd입력)' 단추를 클릭하면 폼에 입력된 데이터가 시트의 표에 입력되어 있는 마지막 행 다음에 연속하여 추가되도록 프로시저를 작성하시오.
- ▶ 수령액 = 근무일수 × 일당 × 0.98
- ▶ 입력되는 데이터는 워크시트에 입력된 기존 데이터와 같은 형식의 데이터로 입력하시오.

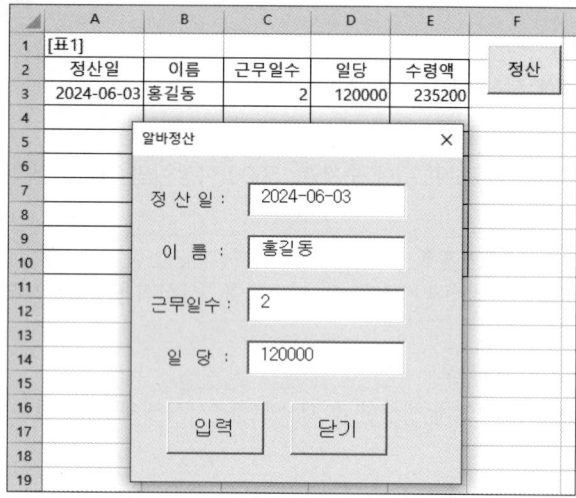

③ 〈알바정산〉 폼의 '닫기(cmd닫기)' 단추를 클릭하면 〈그림〉과 같은 현재 시간이 표시된 메시지를 표시한 후 폼이 종료되도록 프로시저를 작성하시오.

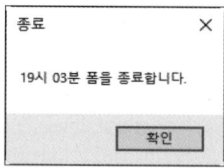

EXAMINATION 07회

2024년 상시03 기출문제 해설

문제 1 — 기본작업

01. 고급 필터 _ 참고 : 고급 필터 14쪽

정답

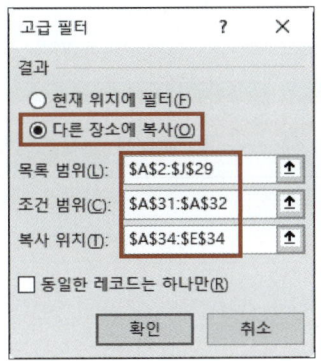

• '고급 필터' 대화상자

[A32] : =AND(D3>=10/24,D3<=(11/24+50/(24*60)))

02. 조건부 서식 _ 참고 : 조건부 서식 19쪽

정답

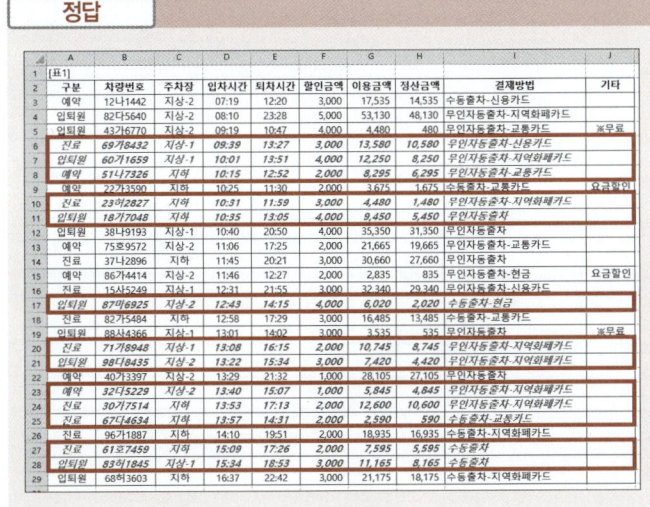

• '새 서식 규칙' 대화상자

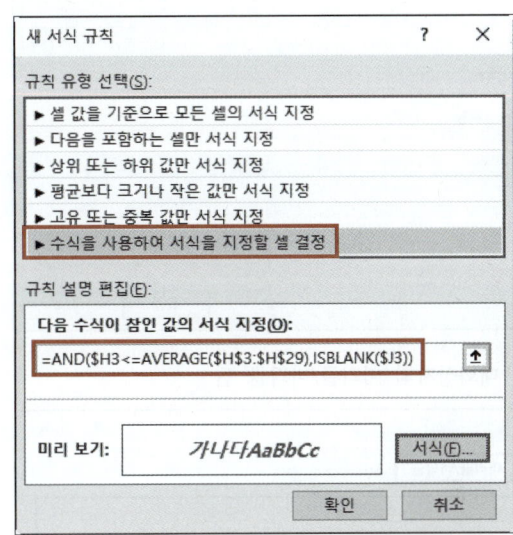

=AND($H3<=AVERAGE($H$3:$H$29),ISBLANK($J3))

03. 페이지 레이아웃 _ 참고 : 페이지 레이아웃 25쪽

정답

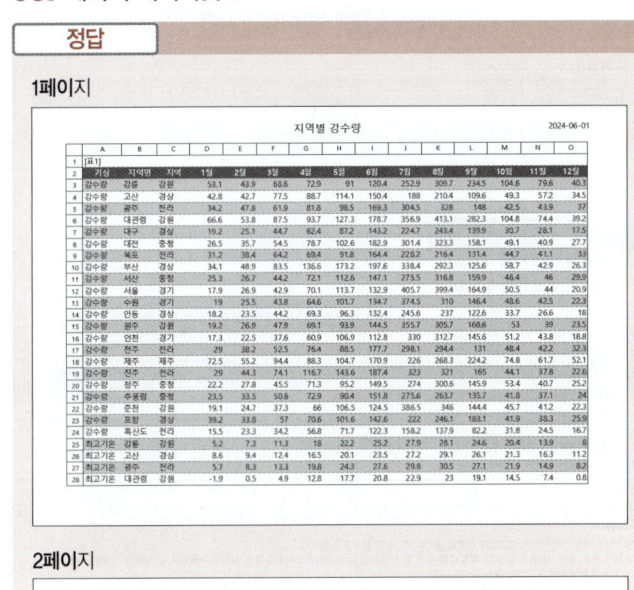

- '페이지 설정' 대화상자의 '페이지' 탭

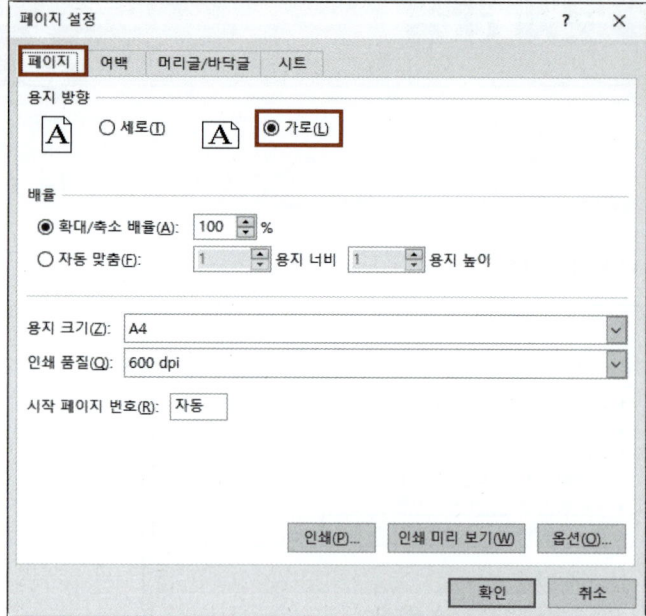

- '페이지 설정' 대화상자의 '머리글/바닥글' 탭

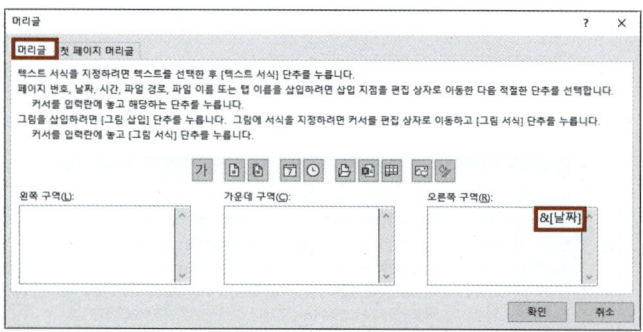

- '머리글' 대화상자의 '머리글' 탭

- '머리글' 대화상자의 '첫 페이지 머리글' 탭

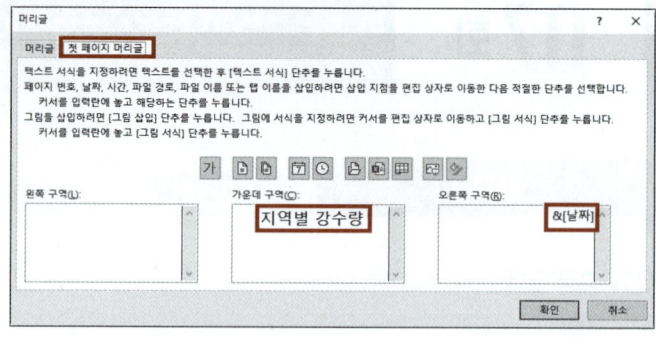

- '페이지 설정' 대화상자의 '시트' 탭

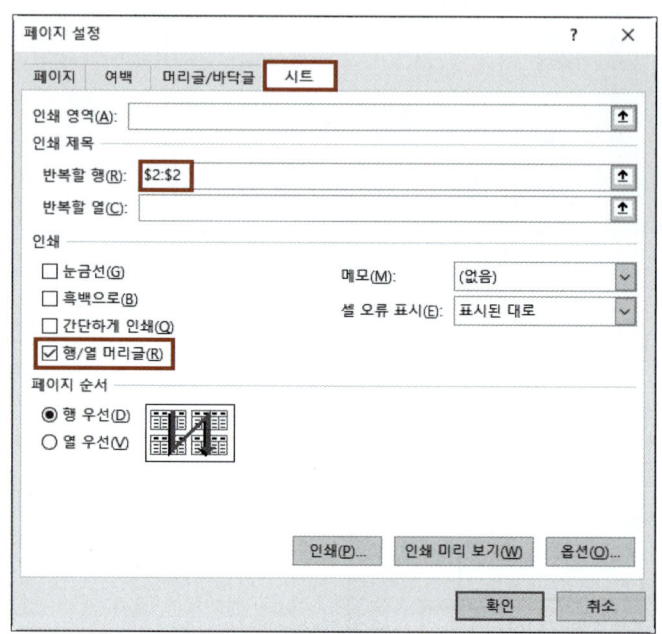

문제 2 계산작업

정답

	A	B	C	D	E	F	G	H	I	J	K	L	M	N	O	P	Q
1	[표1]					❶				❺		[표2]	할인금액				
2	구분	차량번호	주차장	입차시간	퇴차시간	할인금액	이용금액	정산금액	결제방법	기타			0:00	9:00	13:00	15:00	18:00
3	진료	69가8432	지상-1	09:39	13:27	3,000	13,580	10,580	무인자동출차-신용카드			구분	8:59	12:59	14:59	17:59	23:59
4	예약	51나7326	지하	10:15	12:52	2,000	8,295	6,295	무인자동출차-교통카드			예약	3,000		2,000	1,000	1,000	3,000
5	진료	23허2827	지하	10:31	11:59	3,000	4,480	1,480	무인자동출차-지역화폐카드			진료	4,000		3,000	2,000	2,000	4,000
6	입퇴원	87마6925	지상-2	12:43	14:15	4,000	6,020	2,020	수동출차-현금			입퇴원	5,000		4,000	3,000	3,000	5,000
7	예약	12나1442	지상-2	07:19	09:20	3,000	17,535	14,535	무인자동출차-신용카드								
8	진료	67다4634	지하	13:57	14:31	2,000	2,590	590	수동출차-교통카드			[표3]			❷		
9	입퇴원	88사4366	지상-1	13:01	14:02	3,000	3,535	535	무인자동출차	※무료		이용시간		빈도수			
10	예약	86가4414	지상-2	11:46	12:27	2,000	2,835	835	무인자동출차-현금	요금할인		1시간초과	2시간이전	★★★★★★★★★★			
11	진료	82가5484	지하	12:58	17:29	3,000	16,485	13,485	무인자동출차-교통카드			2시간초과	4시간이전	★★★★★★			
12	입퇴원	83허1845	지상-2	15:34	18:53	3,000	11,165	8,165	수동출차			4시간초과	6시간이전	★★★★★			
13	예약	32다5229	지상-2	13:40	15:07	1,000	5,845	4,845	무인자동출차-지역화폐카드			6시간초과	8시간이전	★			
14	입퇴원	43가6770	지상-2	09:19	10:47	4,000	4,480	480	무인자동출차-교통카드	※무료		8시간초과		★★★★			
15	진료	60가1659	지상-1	10:01	13:51	4,000	12,250	8,250	무인자동출차-지역화폐카드								
16	예약	75호9572	지상-2	11:06	17:25	2,000	21,665	19,665	무인자동출차-교통카드			[표4]					
17	진료	37나2896	지하	11:45	20:21	3,000	30,660	27,660	무인자동출차				무인자동출차	수동출차	❸		
18	입퇴원	18가7048	지하	10:35	13:05	4,000	9,450	5,450	무인자동출차-교통카드			카드	44%	22%			
19	예약	22가3590	지하	10:25	11:30	2,000	3,675	1,675	무인자동출차-교통카드	요금할인		현금	4%	4%			
20	입퇴원	68허3603	지하	16:37	22:42	3,000	21,175	18,175	수동출차-지역화폐카드			무료	19%	7%			
21	예약	40가3397	지상-2	13:29	21:32	1,000	28,105	27,105	무인자동출차								
22	진료	71가8948	지상-1	13:08	16:15	2,000	10,745	8,745	무인자동출차-지역화폐카드			[표5]					
23	진료	61호7459	지하	15:09	17:26	2,000	7,595	5,595	수동출차			주차가능대수	10대	15대	20대		
24	진료	30가7514	지하	13:53	17:13	2,000	12,600	10,600	무인자동출차-지역화폐카드			현재시간	지상-1	지상-2	지하	❹	
25	입퇴원	98다8435	지상-2	13:22	15:34	3,000	7,420	4,420	무인자동출차-지역화폐카드			9:00	10	13	20		
26	진료	96가1887	지하	14:10	19:51	2,000	18,935	16,935	수동출차-지역화폐카드			10:00	9	12	20		
27	진료	15사5249	지상-1	12:31	21:05	3,000	32,340	29,340	무인자동출차-신용카드			11:00	7	13	16		
28	입퇴원	82다5640	지상-2	08:10	23:28	5,000	53,130	48,130	무인자동출차-지역화폐카드			12:00	7	11	17		
29	입퇴원	38나9193	지상-1	10:40	20:50	4,000	35,350	31,350	무인자동출차			13:00	6	12	17		
30												15:00	7	10	16		

❶ 구분별 입차시간에 따른 할인금액(F3) _ 참고 : 찾기/참조 함수 46쪽
=IFERROR(VLOOKUP(A3, $L$4:$Q$6, MATCH(D3,$M$2:$Q$2,1)+1, FALSE), 0)

❷ 이용시간별 빈도수(N10) _ 참고 : 배열 수식 36쪽
{=REPT("★", FREQUENCY(HOUR(E3:E29)−HOUR(D3:D29), M10:M14))}

❸ 출차방법과 결제형태에 따른 비율(M18) _ 참고 : 기타 함수 57쪽
=IF($L18="무료", COUNTIFS($I$3:$I$29,"〈〉*카드", $I$3:$I$29, "〈〉*현금", $I$3:$I$29, M$17) / COUNTA($I$3:$I$29), COUNTIFS ($I$3:$I$29, "*"&$L18, $I$3:$I$29, M$17&"*") / COUNTA($I$3:$I$29))

❹ 주차장별 주차가능 대수의 합계(M25) _ 참고 : 배열 수식 36쪽
{=M$23−SUM(IF(($D$3:$D$29<=$L25)*($C$3:$C$29 =M$24), 1))+SUM(IF(($E$3:$E$29<=$L25)*($C$3:$C$29 =M$24), 1))}

❺ 기타(J3) _ 참고 : 사용자 정의 함수 60쪽
=fn기타(A3,G3)

```
Public Function fn기타(구분, 이용금액)
    If 구분 = "입퇴원" And 이용금액 <= 5000 Then
        fn기타 = "※무료"
    ElseIf 구분 = "예약" And 이용금액 <= 5000 Then
        fn기타 = "요금할인"
    Else
        fn기타 = ""
    End If
End Function
```

문제 3 분석작업 정답

01. 피벗 테이블 _ 참고 : 피벗 테이블 64쪽

• '피벗 테이블 필드' 창

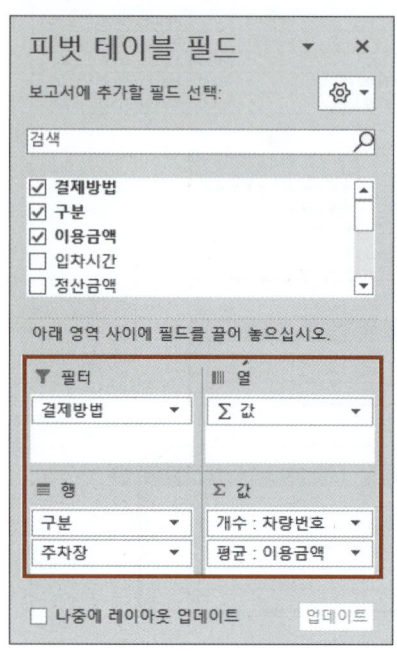

02. 데이터 유효성 검사 / 부분합 _ 참고 : 데이터 유효성 검사 78쪽 / 부분합 89쪽

정답

	A	B	C	D	E	F	G
1	[표1]						
2	구매자	물품코드	수량	단가	판매금액	등급	할부기간(월)
3	강한후	JJ2222	95	3,000	285,000	비회원	6
4	김새롬	SS2222	25	5,300	132,500	비회원	6
5	김진상	SS2222	90	5,300	477,000	비회원	24
6	설진성	SS3333	120	2,500	300,000	비회원	9
7	안대훈	SS2222	32	5,300	169,600	비회원	6
8	유벼리	SS2222	21	5,300	111,300	비회원	2
9	한아름	SS1111	20	2,000	40,000	비회원	2
10	7					비회원 개수	
11						비회원 평균	7.9
12	권충수	SS3333	90	2,500	225,000	정회원	9
13	김성완	JJ1111	80	1,500	120,000	정회원	6
14	김솔오	JJ2222	50	3,000	150,000	정회원	6
15	김은소	JJ1111	55	1,500	82,500	정회원	2
16	오덕우	JJ2222	110	3,000	330,000	정회원	12
17	임원이	SS3333	55	2,500	137,500	정회원	6
18	임유승	SS3333	50	2,500	125,000	정회원	3
19	7					정회원 개수	
20						정회원 평균	6.3
21	고진웅	JJ2222	55	3,000	165,000	준회원	3
22	김중건	SS2222	25	5,300	132,500	준회원	3
23	민병욱	JJ1111	60	1,500	90,000	준회원	3
24	박호영	SS1111	20	2,000	40,000	준회원	2
25	배사공	SS1111	100	2,000	200,000	준회원	6
26	이구름	SS1111	30	2,000	60,000	준회원	3
27	임채빈	JJ2222	20	3,000	60,000	준회원	2
28	한마식	JJ1111	45	1,500	67,500	준회원	2
29	8					준회원 개수	
30						준회원 평균	3.0
31	22					전체 개수	
32						전체 평균	5.6

• '데이터 유효성' 대화상자의 '설정' 탭

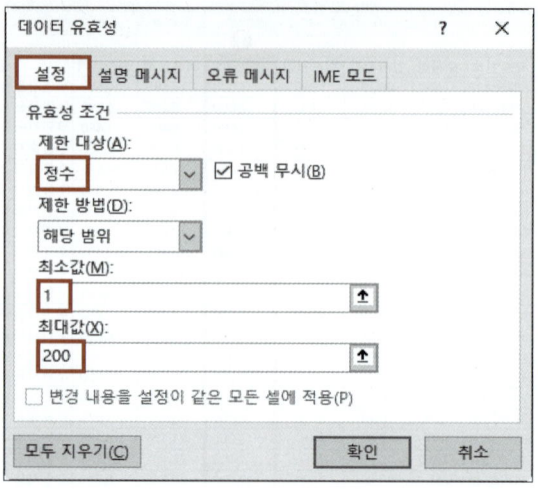

• '데이터 유효성' 대화상자의 '설명 메시지' 탭

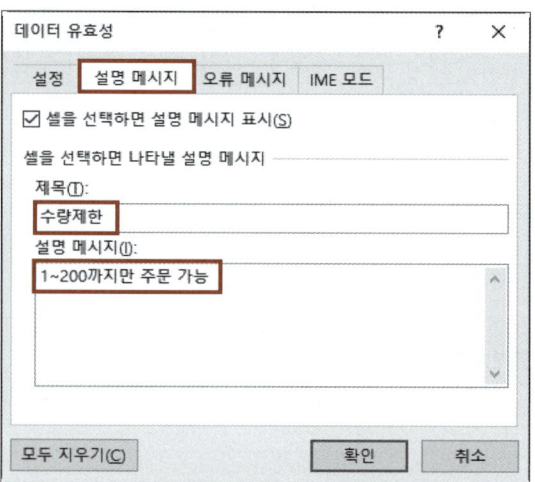

• '데이터 유효성' 대화상자의 '오류 메시지' 탭

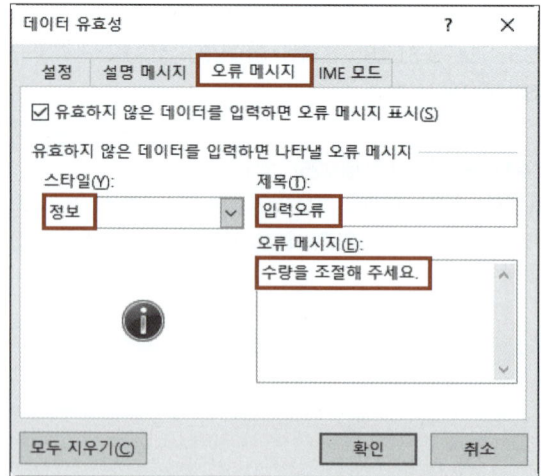

• '정렬' 대화상자

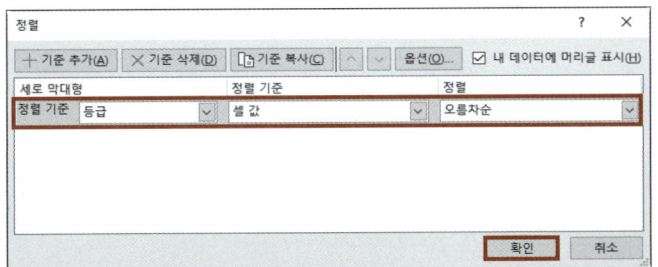

• '할부기간(월)'의 '평균 부분합' 대화상자

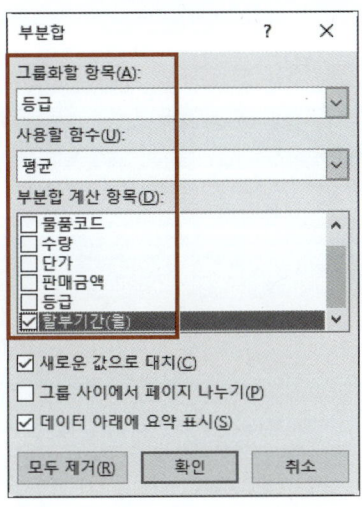

• '구매자'의 '개수 부분합' 대화상자

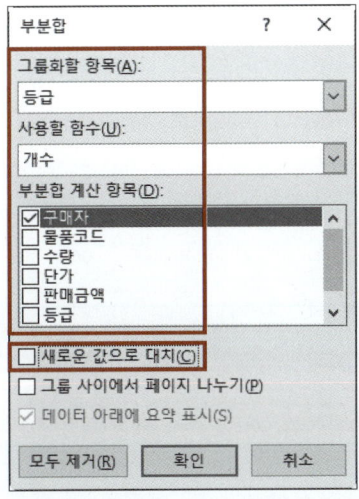

문제 4 기타작업 정답

01. 매크로 작성 _ 참고 : 매크로 112쪽

❶ '서식적용' 매크로 실행

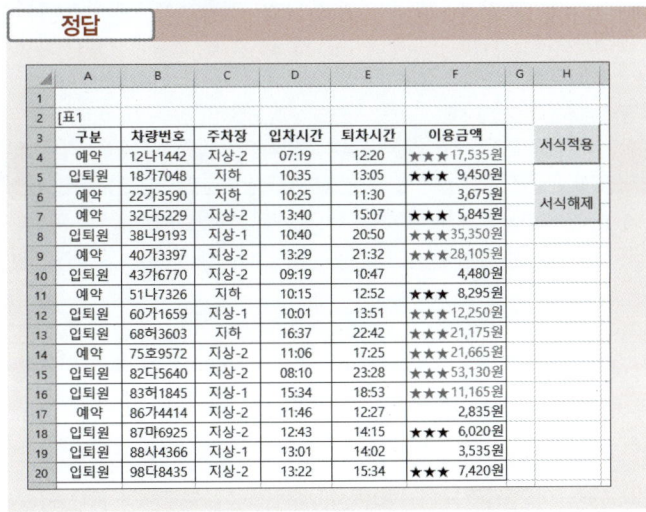

• '셀 서식' 대화상자

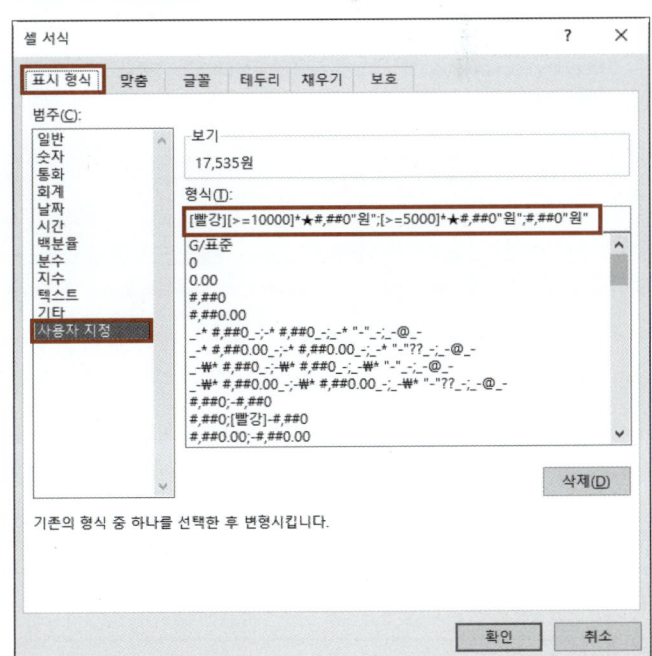

03. 프로시저 작성 _ 참고 : 프로시저 118쪽

❶ '정산' 단추 및 폼 초기화 프로시저

• '정산' 단추 클릭 프로시저

> **정답**
>
> Private Sub cmd정산_Click( )
>   알바정산.Show
> End Sub

• 폼 초기화 프로시저

> **정답**
>
> Private Sub UserForm_Initialize( )
>   txt정산일.Value = Date
>   txt정산일.Locked = True
> End Sub

❷ '입력' 단추에 기능 구현하기

> **정답**
>
> Private Sub cmd입력_Click( )
>   입력행 = [A1].Row + [A1].CurrentRegion.Rows.Count
>   Cells(입력행, 1) = txt정산일.Value
>   Cells(입력행, 2) = txt이름.Value
>   Cells(입력행, 3) = txt근무일수.Value
>   Cells(입력행, 4) = txt일당.Value
>   Cells(입력행, 5) = Cells(입력행, 3) * Cells(입력행, 4) * 0.98
> End Sub

❸ '닫기' 단추에 기능 구현하기

> **정답**
>
> Private Sub cmd닫기_Click( )
>   MsgBox Format(Time, "hh시 nn분 폼을 종료합니다."), , "종료"
>   Unload Me
> End Sub

EXAMINATION 08회

2024년 상시04 컴퓨터활용능력 1급 실기

- 준 비 하 세 요 : '실기길벗컴활1급통합\기출\08회' 폴더에서 '24년상시04.xlsm' 파일을 열어서 작업하시오.
- 외부 데이터 위치 : 실기길벗컴활1급통합\기출\08회

문제 1 기본작업(15점) 주어진 시트에서 다음의 과정을 수행하고 저장하시오.

1. '기본작업-1' 시트에서 다음과 같이 고급 필터를 수행하시오. (5점)
- [A2:J29] 영역에서 '상품명'이 "소과"로 끝나고 '상품상태'가 3 이상이고 '사진'이 "유"인 데이터의 '리뷰번호', '상품명', '상품상태', '맛', '포장상태', '사진', '포인트' 필드만 순서대로 표시하시오.
- 조건은 [A31:A32] 영역 내에 알맞게 입력하시오. (AND, RIGHT 함수 사용)
- 결과는 [A34] 셀부터 표시하시오.

2. '기본작업-1' 시트에서 다음과 같이 조건부 서식을 설정하시오. (5점)
- [A3:J29] 영역에서 '마트'에 "종로"가 포함된 데이터의 행 전체에 대하여 글꼴 스타일은 '기울임꼴', 글꼴 색은 '표준 색-빨강'으로 적용하시오.
- 단, 규칙 유형은 '수식을 사용하여 서식을 지정할 셀 결정'을 사용하고, 한 개의 규칙으로만 작성하시오.
- FIND, ISNUMBER 함수 사용

3. '기본작업-2' 시트에서 다음과 같이 페이지 레이아웃을 설정하시오. (5점)
- 인쇄될 내용이 페이지의 정 가운데에 인쇄되도록 페이지 가운데 맞춤을 설정하시오.
- 매 페이지 하단의 가운데 구역에는 시트 이름과 페이지 번호가 [표시 예]와 같이 표시되도록 바닥글을 설정하시오.
  [표시 예 : 시트 이름이 '기본작업-2'이고, 현재 페이지 번호가 1인 경우 → 기본작업-2 중 1쪽]
- 워크시트에 삽입된 그림이 인쇄되지 않도록 설정하고, '부서명'별로 서로 다른 페이지에 인쇄되도록 페이지 나누기를 실행하시오.

문제 2 계산작업(30점) '계산작업' 시트에서 다음 과정을 수행하고 저장하시오.

1. [표1]의 상품코드와 [표2]를 이용하여 [C3:C29] 영역에 과일코드와 크기코드별 상품명을 표시하시오. (6점)
- 상품코드의 첫 번째 글자는 과일코드, 두 번째 글자는 크기코드임
- INDEX, MATCH, RIGHT 함수 사용

2. [표1]의 상품상태, 맛, 포장상태를 이용하여 [G3:G29] 영역에 평점을 표시하시오. (6점)
- '평점'은 상품상태, 맛, 포장상태 점수에 항목별 가중치를 곱한 값들의 합을 계산한 후 그 값만큼 "★"를 표시
- 항목별 가중치는 상품상태는 50%, 맛은 30%, 포장상태 20%로 계산
- [표시 예 : 각 항목의 점수에 항목별 가중치를 곱한 값이 3.6인 경우 → ★★★☆☆, 1.2인 경우 → ★☆☆☆☆]
- SUMPRODUCT, REPT, TRUNC 함수 사용

3. [표1]의 상품코드와 상품상태를 이용하여 [표3]의 [N9:N12] 영역에 상품코드의 마지막 글자가 "M"이거나 "L"인 상품의 상품상태별 빈도수를 계산하시오. (6점)
- FREQUENCY, RIGHT, IF 함수를 이용한 배열 수식

4. [표1]의 사진과 마트를 이용하여 [표4]의 [M16:N17] 영역에 사진과 마트별 비율을 표시하시오. (6점)
- ▶ 비율 : 사진별 마트별 개수 / 전체 개수
- ▶ [표시 예 : 6/27]
- ▶ SUM, IF, LEFT, COUNTA, CONCAT 함수를 이용한 배열 수식

5. 사용자 정의 함수 'fn포인트'를 작성하여 [표1]의 [I3:I29] 영역에 포인트를 계산하여 표시하시오. (6점)
- ▶ 'fn포인트'는 맛과 포장상태를 인수로 받아 포인트를 계산하는 함수이다.
- ▶ 포인트는 맛과 포장상태를 더한 값이 10이면 1000, 8~9이면 800, 6~7이면 600, 3~5인 경우 300, 그외는 0으로 계산하시오.
- ▶ SELECT CASE문 사용

```
Public Function fn포인트(맛, 포장상태)

End Function
```

문제 3 분석작업(20점) 주어진 시트에서 다음 작업을 수행하고 저장하시오.

1. '분석작업-1' 시트에서 다음의 지시사항에 따라 피벗 테이블 보고서를 작성하시오. (10점)
- ▶ 외부 데이터 가져오기 기능을 이용하여 〈제주농원.accdb〉에서 〈구매후기〉 테이블의 '상품명', '상품상태', '포인트', '마트' 열을 이용하시오.
- ▶ 피벗 테이블 보고서의 레이아웃과 위치는 〈그림〉을 참조하여 설정하고, 보고서 레이아웃을 개요 형식으로 표시하시오.
- ▶ '상품명' 필드는 '합계 : 상품상태'를 기준으로 상위 5개 항목만 표시되도록 필터를 설정하시오.
- ▶ '포인트' 필드의 표시 형식은 '값 필드 설정'의 셀 서식에서 '숫자' 범주를 이용하여 〈그림〉과 같이 지정하시오.
- ▶ 부분합을 그룹 하단에 표시하시오.
- ▶ '마트' 필드가 '명품마트'인 자료만 별도의 시트에 작성하시오(시트명을 '명품마트'로 지정하고, '분석작업-1' 시트 앞에 위치시킴)

	A	B	C	D
1				
2	마트	상품명	합계 : 상품상태	합계 : 포인트
3	⊟명품마트			
4		감귤중과	10	1,400
5		레드향대과	6	1,200
6		레드향중과	5	600
7		천애향대과	12	2,000
8		천애향소과	7	1,800
9	명품마트 요약		40	7,000
10	⊟상공마트			
11		감귤대과	4	800
12		감귤소과	13	2,300
13		천애향대과	5	1,300
14		천애향소과	9	1,900
15		천애향중과	3	800
16	상공마트 요약		34	7,100
17	총합계		74	14,100

2. '분석작업-2' 시트에 대하여 다음의 지시사항을 처리하시오. (10점)
- ▶ [데이터 유효성 검사] 기능을 이용하여 [A3:A29] 영역에는 중복된 '리뷰번호'가 입력되지 않도록 제한 대상을 설정하시오.
  - [A3:A29] 영역을 클릭한 경우 〈그림〉과 같은 설명 메시지를 표시하고, 유효하지 않은 데이터를 입력한 경우 〈그림〉과 같은 오류 메시지가 표시되도록 설정하시오.

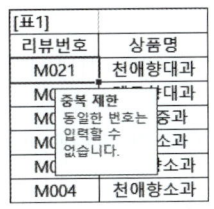
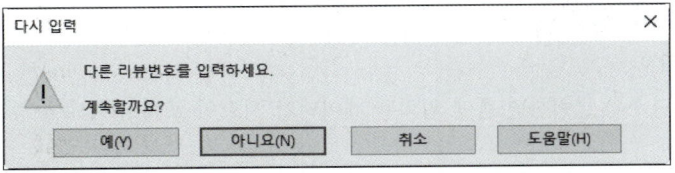

- COUNTIF 함수 사용
▶ [정렬] 기능을 이용하여 '상품명'을 '레드향소과 - 천애향소과 - 감귤소과 - 레드향중과 - 천애향중과 - 감귤중과 - 레드향대과 - 천애향대과 - 감귤대과' 순으로 정렬하고, 동일한 '상품명'인 경우 '포인트'에 적용된 조건부 서식 아이콘 '▲'이 위에 표시되도록 정렬하시오.

문제 4 기타작업(35점) 주어진 시트에서 다음 작업을 수행하고 저장하시오.

1. '기타작업-1' 시트에서 다음과 같은 기능을 수행하는 매크로를 현재 통합문서에 작성하시오. (각 5점)

① [F3:F12] 영역에 사용자 지정 표시 형식을 설정하는 '서식적용' 매크로를 생성하시오.
  ▶ '사진'이 1이면 "유", 0이면 "무", 텍스트면 빨강색으로 "※"를 표시하시오.
    [표시 예 : '사진'이 1일 경우 → 유, 텍스트일 경우 → ※]
  ▶ [도형] → [설명선]의 '말풍선: 사각형(🗨)'을 동일 시트의 [H2:H3] 영역에 생성한 후 텍스트를 "서식적용"으로 입력하고, 도형을 클릭하면 '서식적용' 매크로가 실행되도록 설정하시오.

② [F3:F12] 영역에 표시 형식을 '일반'으로 적용하는 '서식해제' 매크로를 생성하시오.
  ▶ [도형] → [설명선]의 '말풍선: 사각형(🗨)'을 동일 시트의 [H5:H6] 영역에 생성한 후 텍스트를 "서식해제"로 입력하고, 도형을 클릭하면 '서식해제' 매크로가 실행되도록 설정하시오.

※ 셀 포인터의 위치에 관계없이 매크로가 실행되어야 정답으로 인정됨

2. '기타작업-2' 시트에서 다음의 지시사항에 따라 차트를 수정하시오. (각 2점)

※ 차트는 반드시 문제에서 제공한 차트를 사용하여야 하며, 신규로 차트 작성시 0점 처리됨

① '포장상태' 계열을 〈그림〉과 같이 추가하고, 범례를 차트 아래쪽에 표시하시오.
② 차트 제목과 세로(값) 축 제목을 〈그림〉과 같이 표시하시오.
③ 세로(값) 축의 기본 단위와 최대값을 〈그림〉과 같이 지정하고, 축의 주 눈금을 바깥쪽으로 표시하시오.
④ '상품상태' 계열의 '대시 종류'를 '사각 점선', 색을 '검정, 텍스트 1'로 지정하시오.
⑤ 차트 영역의 테두리 스타일은 '둥근 모서리', 그림자는 '오프셋: 오른쪽 아래'로 설정하시오.

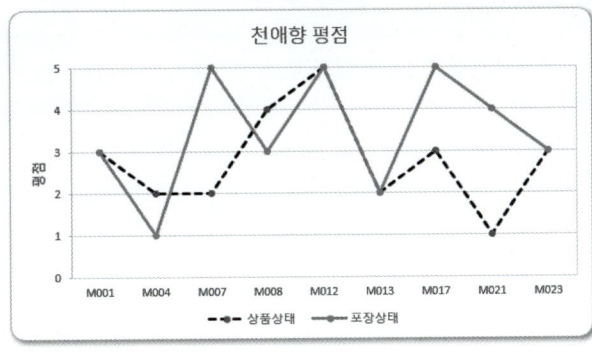

3. '기타작업-3' 시트에서 다음과 같은 작업을 수행하고 저장하시오. (각 5점)

① '구매후기' 단추를 클릭하면 〈후기등록〉 폼이 나타나고, 폼이 초기화(Initialize)되면 '상품명(cmb상품명)' 목록에는 [H4:H7] 영역이 표시되도록 프로시저를 작성하시오.

② 〈후기등록〉 폼의 '등록(cmd등록)' 단추를 클릭하면 폼에 입력된 데이터가 시트의 표에 입력되어 있는 마지막 행 다음에 연속하여 추가되도록 프로시저를 작성하시오.

▶ '평점'에는 '상품상태', '맛', '포장상태'의 합계가 25 이상이면 "매우좋음", 20 이상이면 "좋음", 15 이상이면 "보통", 그 외는 "나쁨"으로 입력하시오.

▶ 입력되는 데이터는 워크시트에 입력된 기존 데이터와 같은 형식의 데이터로 입력하시오

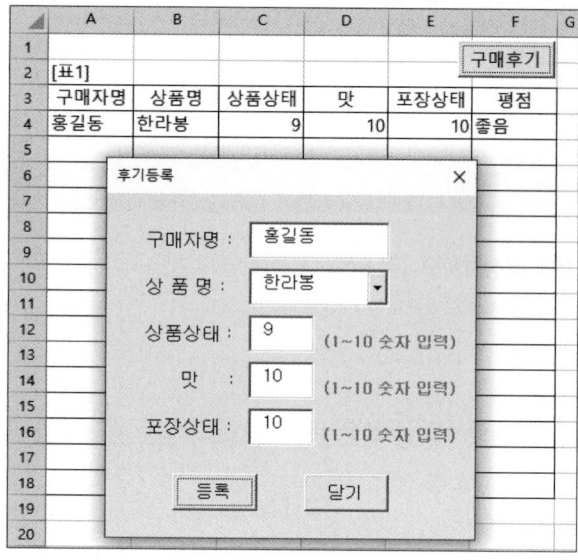

③ 〈후기등록〉 폼의 '닫기(cmd닫기)' 단추를 클릭하면 현재 날짜를 표시한 〈그림〉과 같은 메시지 박스를 표시한 후 〈확인〉을 클릭하면 폼을 종료하는 프로시저를 작성하시오.

08회 2024년 상시04 기출문제 해설

문제 1 — 기본작업

01. 고급 필터 _ 참고 : 고급 필터 14쪽

정답

	A	B	C	D	E	F	G
30							
31	조건						
32	FALSE						
33							
34	리뷰번호	상품명	상품상태	맛	포장상태	사진	포인트
35	M020	레드향소과	3	5	1	유	600
36	M025	천애향소과	4	4	4	유	800
37	M022	감귤소과	5	3	4	유	600
38	M003	감귤소과	3	1	3	유	300

• '고급 필터' 대화상자

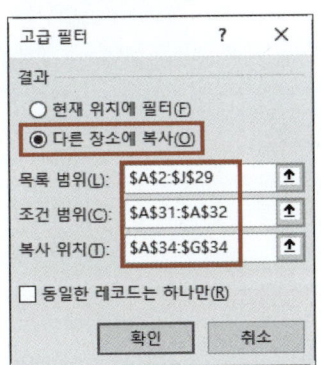

[A32] : =AND(RIGHT(C3,2)="소과",D3>=3,H3="유")

02. 조건부 서식 _ 참고 : 조건부 서식 19쪽

정답

(생략 - 표 이미지)

• '새 서식 규칙' 대화상자

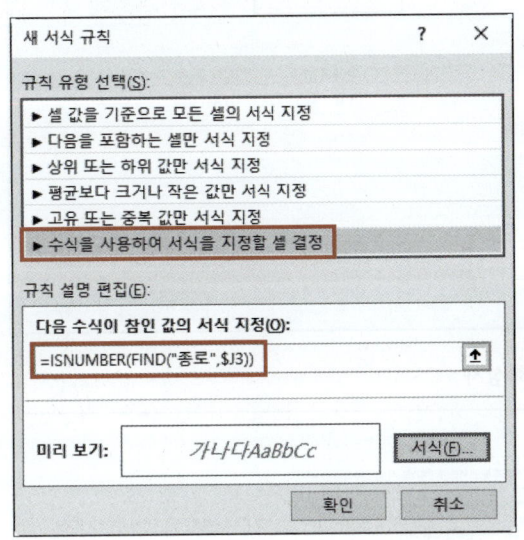

03. 페이지 레이아웃 _ 참고 : 페이지 레이아웃 25쪽

정답

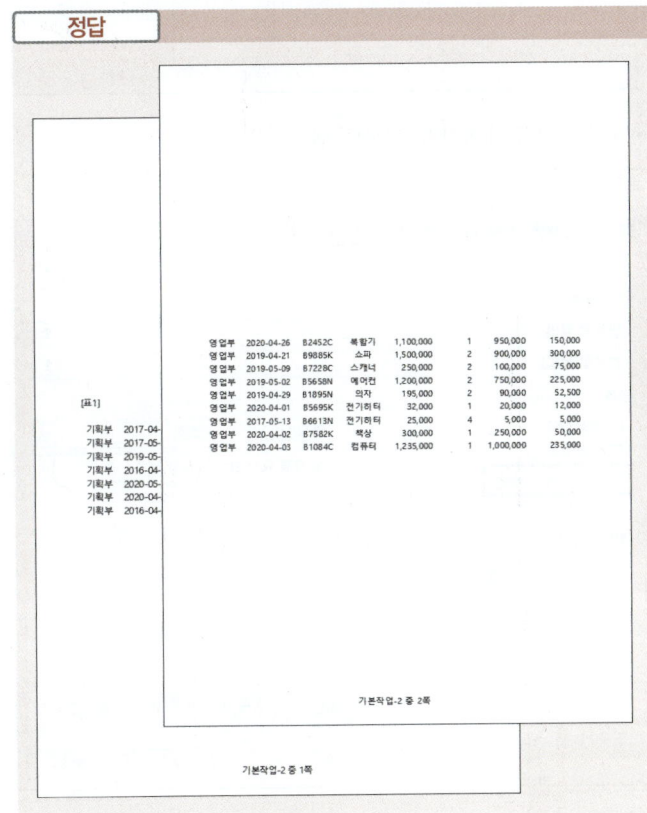

• '페이지 설정' 대화상자의 '여백' 탭

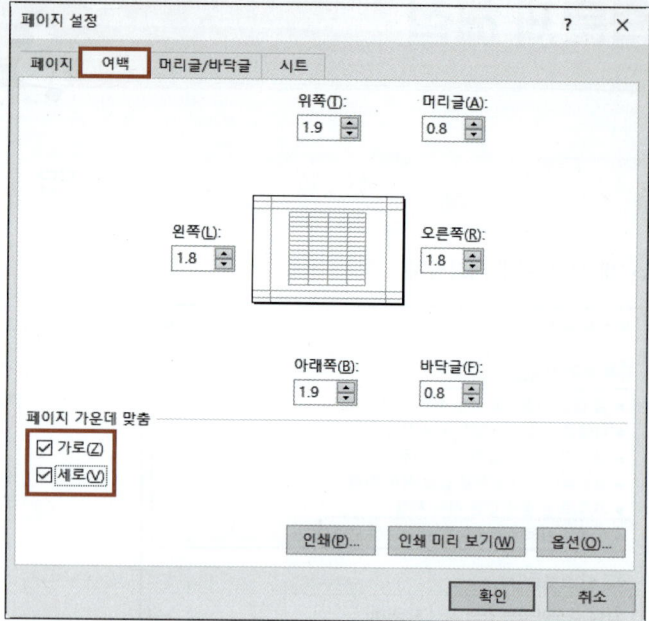

• '바닥글' 대화상자

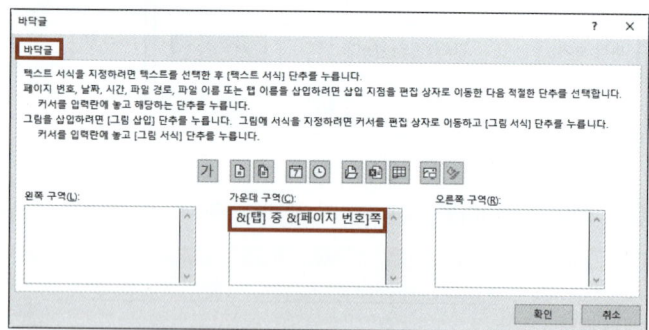

• '페이지 설정' 대화상자의 '시트' 탭

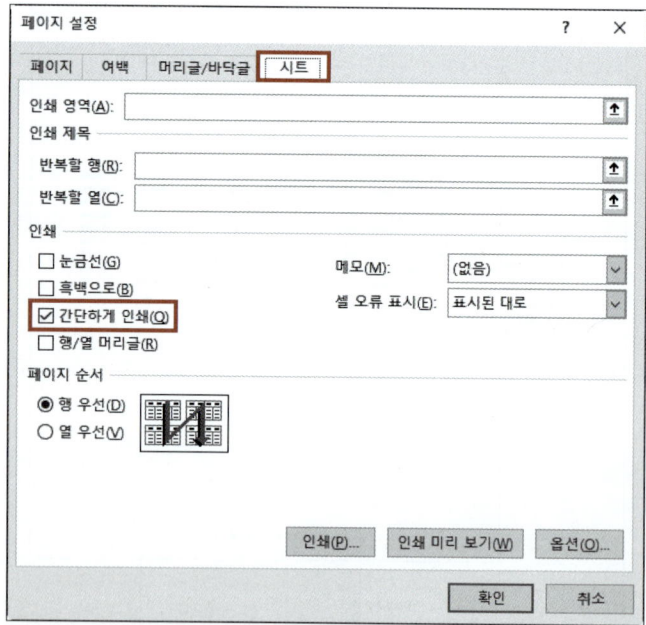

• [A10] 셀을 선택한 후 [페이지 레이아웃] → 페이지 설정 → 나누기 → **페이지 나누기 삽입**을 선택한다. 다른 부서도 같은 방법으로 페이지를 나눈다.

문제 2 계산작업

정답

	A	B	C	D	E	F	G	H	I	J	K	L	M	N	O
1	[표1]		❶				❷		❺			[표2]			
2	리뷰번호	상품코드	상품명	상품상태	맛	포장상태	평점	사진	포인트	마트		과일코드	S	M	L
3	M001	CM	천애향중과	3	5	3	★★★☆☆	유	800	상공마트		C	천애향소과	천애향중과	천애향대과
4	M002	RL	레드향대과	5	3	4	★★★★☆	무	600	명품마트		K	감귤소과	감귤중과	감귤대과
5	M003	RM	레드향중과	3	1	3	★★☆☆☆	유	300	상공마트 종로점		R	레드향소과	레드향중과	레드향대과
6	M004	KS	감귤소과	2	3	1	★★☆☆☆	무	300	상공마트 시청점					
7	M005	CS	천애향소과	1	2	4	★☆☆☆☆	유	600	명품마트		[표3]			❸
8	M006	RL	레드향대과	4	2	4	★★★☆☆	무	600	상공마트 종로점			상품상태		빈도수
9	M007	KS	감귤소과	2	3	5	★★☆☆☆	유	800	명품마트 구로점		0초과	1이하		2
10	M008	CS	천애향소과	4	4	3	★★★☆☆	무	600	명품마트 합정점		1초과	2이하		2
11	M009	CL	천애향대과	5	3	4	★★★★☆	유	600	명품마트		2초과	3이하		4
12	M010	CL	천애향대과	2	3	4	★★☆☆☆	무	600	상공마트 종로점		3초과			8
13	M011	CL	천애향대과	1	5	4	★★☆☆☆	유	800	상공마트 시청점					
14	M012	RS	레드향소과	5	5	5	★★★★★	무	1,000	명품마트		[표4]			
15	M013	KM	감귤중과	2	3	2	★★☆☆☆	유	300	상공마트 종로점		사진	상공	명품	❹
16	M014	CL	천애향대과	4	2	1	★★☆☆☆	무	300	명품마트 구로점		유	6/27	6/27	
17	M015	CS	천애향소과	3	1	1	★★☆☆☆	유	0	명품마트		무	7/27	8/27	
18	M016	KS	감귤소과	2	4	2	★★☆☆☆	무	600	상공마트 시청점					
19	M017	CS	천애향소과	3	5	5	★★★★☆	무	1,000	상공마트 시청점					
20	M018	CS	천애향소과	1	1	3	★☆☆☆☆	유	300	명품마트					
21	M019	CL	천애향대과	4	4	4	★★★★☆	유	800	상공마트 종로점					
22	M020	KM	감귤중과	3	5	1	★★★☆☆	유	600	명품마트 구로점					
23	M021	KL	감귤대과	1	5	4	★★☆☆☆	무	800	명품마트					
24	M022	RL	레드향대과	5	3	4	★★★☆☆	유	600	상공마트 종로점					
25	M023	KS	감귤소과	3	5	3	★★★☆☆	무	800	상공마트 시청점					
26	M024	KL	감귤대과	4	1	2	★★☆☆☆	무	300	명품마트					
27	M025	RS	레드향소과	4	4	4	★★★★☆	유	800	상공마트 종로점					
28	M026	CL	천애향대과	3	1	3	★★☆☆☆	무	300	명품마트 구로점					
29	M027	KM	감귤중과	5	4	5	★★★★☆	무	800	명품마트					

❶ 과일코드와 크기코드별 상품명(C3) _ 참고 : 찾기/참조 함수 46쪽
=INDEX($M$3:$O$5, MATCH(B3,$L$3:$L$5,1), MATCH(RIGHT(B3,1), $M$2:$O$2,0))

❷ 평점(G3) _ 참고 : 기타 함수 57쪽
=REPT("★", TRUNC(SUMPRODUCT(D3:F3,{0.5,0.3,0.2})))&REPT("☆", 5−TRUNC(SUMPRODUCT(D3:F3,{0.5,0.3,0.2})))

❸ 상품상태별 빈도수(N9) _ 참고 : 논리 함수 53쪽
{=FREQUENCY(IF((RIGHT(B3:B29,1)="M")+(RIGHT(B3:B29,1)="L"), D3:D29), M9:M12)}

❹ 사진과 마트별 비율(M16) _ 참고 : 배열 수식 36쪽
{=CONCAT(SUM(IF(($H$3:$H$29=$L16)*(LEFT($J$3:$J$29, 2)=M$15), 1)), "/", COUNTA($H$3:$H$29))}

❺ 포인트(I3) _ 참고 : 사용자 정의 함수 60쪽
=fn포인트(E3,F3)

```
Public Function fn포인트(맛, 포장상태)
    Select Case 맛 + 포장상태
        Case 10
            fn포인트 = 1000
        Case 8 To 9
            fn포인트 = 800
        Case 6 To 7
            fn포인트 = 600
        Case 3 To 5
            fn포인트 = 300
        Case Else
            fn포인트 = 0
    End Select
End Function
```

문제 3 분석작업

01. 피벗 테이블 _ 참고 : 피벗 테이블 64쪽

정답

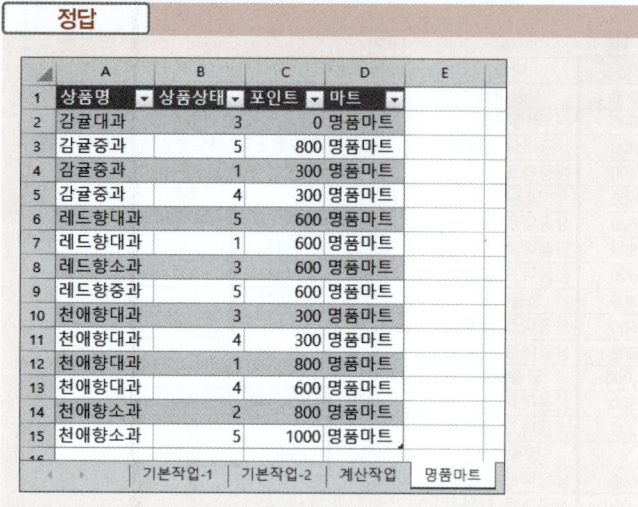

• '피벗 테이블 필드' 창

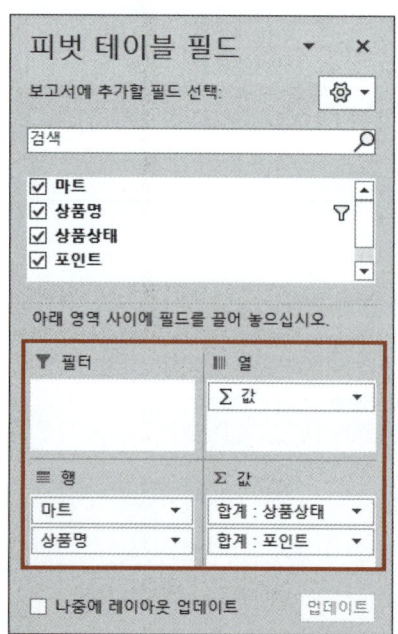

• '상품명' 필드의 '상위 10 필터' 대화상자

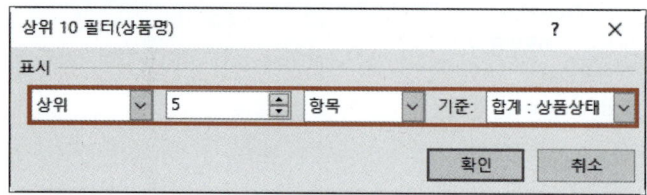

02. 데이터 유효성 검사 / 정렬 _ 참고 : 데이터 유효성 검사 78쪽 / 정렬 86쪽

정답

	A	B	C	D	E	F	G
1	[표1]						
2	리뷰번호	상품명	상품상태	맛	포장상태	평점	포인트
3	M016	레드향소과	2	4	2	★★☆☆☆	600
4	M020	레드향소과	3	5	1	★★★☆☆	600
5	M007	천애향소과	2	3	5	★★★★☆	800
6	M023	천애향소과	3	5	3	★★★☆☆	800
7	M025	천애향소과	4	4	4	★★★★☆	800
8	M012	천애향소과	5	5	5	★★★★★	1,000
9	M004	천애향소과	2	3	1	★★☆☆☆	300
10	M011	감귤소과	1	2	4	★★☆☆☆	800
11	M003	감귤소과	3	1	3	★★☆☆☆	300
12	M006	감귤소과	4	2	4	★★★☆☆	600
13	M022	감귤소과	5	3	4	★★★★☆	600
14	M009	레드향중과	5	3	4	★★★★☆	600
15	M001	천애향중과	3	5	3	★★★☆☆	800
16	M027	감귤중과	5	4	5	★★★★☆	800
17	M018	감귤중과	1	1	3	★☆☆☆☆	300
18	M014	감귤중과	4	2	1	★★☆☆☆	300
19	M005	레드향대과	1	2	4	★☆☆☆☆	600
20	M010	레드향대과	2	3	4	★★☆☆☆	600
21	M002	레드향대과	5	3	4	★★★★☆	600
22	M021	천애향대과	1	5	4	★★★★☆	600
23	M017	천애향대과	3	5	5	★★★★☆	1,000
24	M013	천애향대과	2	3	2	★★☆☆☆	300
25	M026	천애향대과	3	1	3	★★☆☆☆	300
26	M024	천애향대과	4	1	2	★★☆☆☆	300
27	M008	천애향대과	4	3	3	★★★☆☆	600
28	M019	감귤대과	4	4	4	★★★★☆	800
29	M015	감귤대과	3	1	1	★★☆☆☆	0

• '데이터 유효성' 대화상자의 '설정' 탭

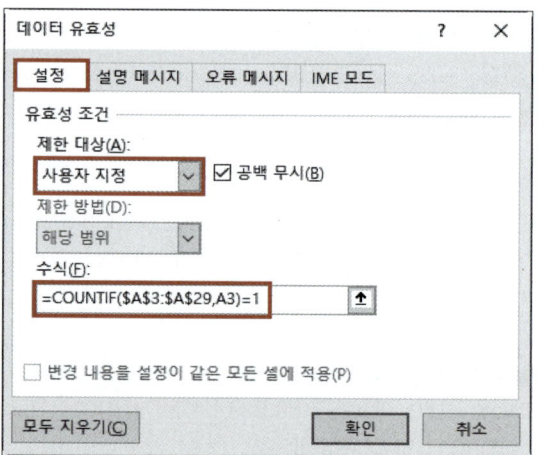

• '데이터 유효성' 대화상자의 '설명 메시지' 탭

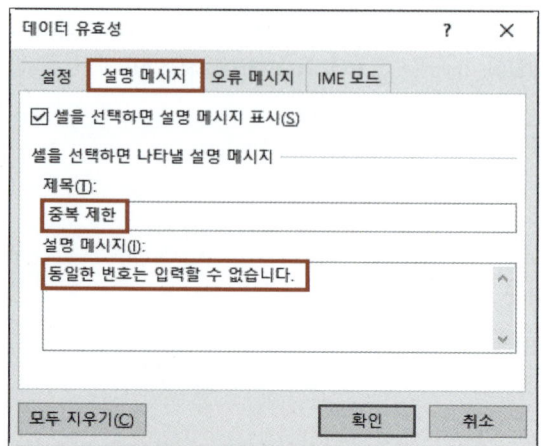

• '데이터 유효성' 대화상자의 '오류 메시지' 탭

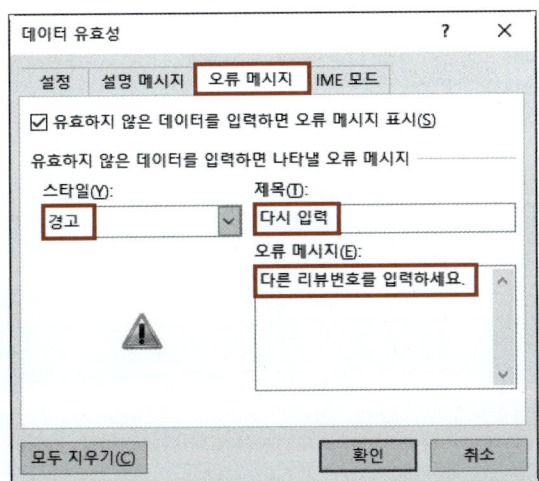

• '정렬' 대화상자

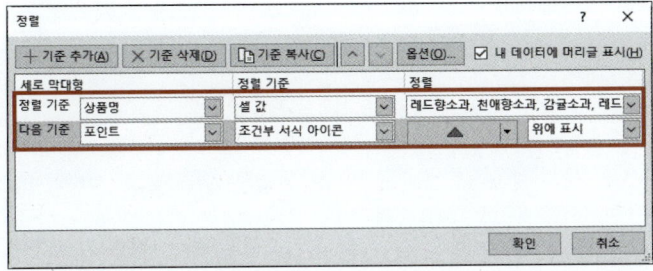

문제 4 기타작업 정답

01. 매크로 작성 _ 참고 : 매크로 112쪽

❶ '서식적용' 매크로 실행

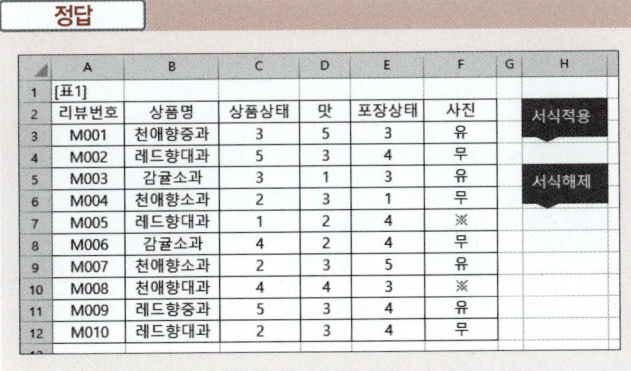

• '셀 서식' 대화상자

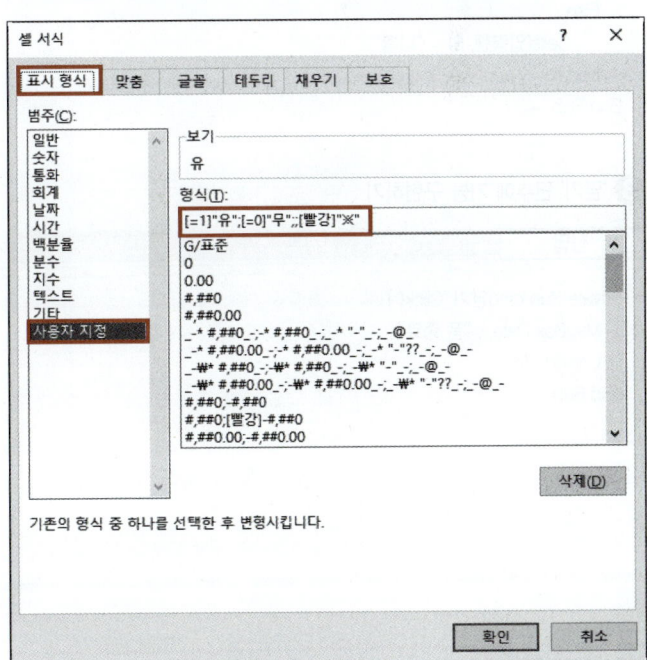

03. 프로시저 작성 _ 참고 : 프로시저 118쪽

❶ '구매후기' 단추 및 폼 초기화 프로시저

• '구매후기' 단추 클릭 프로시저

정답

```
Private Sub cmd구매후기_Click( )
    후기등록.Show
End Sub
```

• 폼 초기화 프로시저

정답

```
Private Sub UserForm_Initialize( )
    cmb상품명.RowSource = "H4:H7"
End Sub
```

❷ '등록' 단추에 기능 구현하기

정답

```
Private Sub cmd등록_Click( )
    입력행 = [A2].Row + [A2].CurrentRegion.Rows.Count
    Cells(입력행, 1) = txt구매자명.Value
    Cells(입력행, 2) = cmb상품명.Value
    Cells(입력행, 3) = txt상품상태.Value
    Cells(입력행, 4) = txt맛.Value
    Cells(입력행, 5) = txt포장상태.Value
    If Cells(입력행, 3) + Cells(입력행, 4) + Cells(입력행, 5) >= 25 Then
        Cells(입력행, 6) = "매우좋음"
    ElseIf Cells(입력행, 3) + Cells(입력행, 4) + Cells(입력행, 5) >=20 Then
        Cells(입력행, 6) = "좋음"
    ElseIf Cells(입력행, 3) + Cells(입력행, 4) + Cells(입력행, 5) >=15 Then
        Cells(입력행, 6) = "보통"
    Else
        Cells(입력행, 6) = "나쁨"
    End If
End Sub
```

❸ '닫기' 단추에 기능 구현하기

정답

```
Private Sub cmd닫기_Click( )
    MsgBox Date, , "폼 종료"
    Unload Me
End Sub
```

EXAMINATION 09회

2023년 상시01 컴퓨터활용능력 1급 실기

- 준 비 하 세 요 : '실기길벗컴활1급통합\기출\09회' 폴더에서 '23년상시01.xlsm' 파일을 열어서 작업하시오.
- 외부 데이터 위치 : 실기길벗컴활1급통합\기출\09회

문제 1 기본작업(15점) 주어진 시트에서 다음의 과정을 수행하고 저장하시오.

1. '기본작업' 시트에서 다음과 같이 고급 필터를 수행하시오. (5점)
- [A2:H32] 영역에서 '월납입액'이 상위 5위 이내이면서 대출일이 2021년 이후인 데이터의 '대출일', '고객명', '대출지점', '월납입액' 필드만 순서대로 표시하시오.
- 조건은 [A34:A35] 영역 내에 알맞게 입력하시오. (AND, LARGE, YEAR 함수 사용)
- 결과는 [A37] 셀부터 표시하시오.

2. '기본작업' 시트에서 다음과 같이 조건부 서식을 설정하시오. (5점)
- [A3:H32] 영역에서 '대출지점'이 "서울"이거나 "경기"이면서, '고객명'의 성이 "김"씨인 데이터의 행 전체에 대하여 글꼴 스타일은 '기울임꼴', 글꼴 색은 '표준 색-녹색'으로 적용하시오.
- 단, 규칙 유형은 '수식을 사용하여 서식을 지정할 셀 결정'을 사용하고, 한 개의 규칙으로만 작성하시오.
- AND, OR, LEFT 함수 사용

3. '기본작업' 시트에서 다음과 같이 페이지 레이아웃을 설정하시오. (5점)
- 용지 방향을 '가로'로 지정하고 인쇄될 내용이 페이지의 가로·세로 가운데에 인쇄되도록 페이지 가운데 맞춤을 설정하시오.
- [A2:H32] 영역을 인쇄 영역으로 설정하고, 페이지의 내용이 120% 확대되어 인쇄되도록 설정하시오.
- 매 페이지 상단의 오른쪽 구역에는 현재 시스템의 날짜가 표시되도록 머리글을 설정하시오.

문제 2 계산작업(30점) '계산작업' 시트에서 다음 과정을 수행하고 저장하시오.

1. [표1]의 고객등급, 대출액, 대출기간과 [표2]를 이용하여 [G3:G32] 영역에 대출수수료를 계산하여 표시하시오. (6점)
- 대출수수료 = 기본수수료+고객등급 및 대출액별 수수료
- 기본수수료는 대출기간이 20 미만이면 50, 20 이상 60 미만이면 100, 그 외에는 150임
- IF, MATCH, VLOOKUP 함수 사용

2. [표1]의 고객등급, 대출액, 대출기간을 이용하여 [H3:H32] 영역에 월납입액을 양수로 계산하여 표시하시오. (6점)
- 연이율은 고객등급이 '일반'이면 4%, 그 외에는 3.5%임
- IF, PMT 함수 이용

3. [표1]의 고객번호와 대출일을 이용하여 [표3]의 [B44:E46] 영역에 대출년도와 지역별 대출 건수를 계산하여 표시하시오. (6점)
- 지역은 고객번호의 첫 글자로 구분함
- COUNT, IF, YEAR, LEFT 함수를 사용한 배열 수식

4. [표1]의 대출종류와 대출액을 이용하여 [표4]의 [H36:J39] 영역에 대출형태별 순위에 해당하는 대출액을 계산하여 표시하시오. (6점)

- ▶ 대출형태는 대출종류의 뒤에 두 글자로 구분함
- ▶ LARGE, RIGHT 함수를 사용한 배열 수식

5. 사용자 정의 함수 'fn비고'를 작성하여 [표1]의 [I3:I32] 영역에 비고를 계산하여 표시하시오. (6점)

- ▶ 'fn비고'는 대출액과 대출기간을 인수로 받아 비고를 계산하는 함수이다.
- ▶ 비고는 대출액이 10,000,000원 이상이면서 대출기간이 20개월 미만이면 "●", 대출액이 10,000,000원 이상이면서 대출기간이 20개월 이상이면 "◎", 그 외는 빈칸으로 표시하시오.
- ▶ IF ~ ELSE문 사용

```
Public Function fn비고(대출액, 대출기간)

End Function
```

문제 3 분석작업(20점) 주어진 시트에서 다음 작업을 수행하고 저장하시오.

1. '분석작업-1' 시트에서 다음의 지시사항에 따라 피벗 테이블 보고서를 작성하시오. (10점)

- ▶ 외부 데이터 가져오기 기능을 이용하여 〈대출관리.accdb〉의 〈대출정보〉 테이블에서 '기간', '대출금액', '대출지점' 열을 이용하시오.
- ▶ 피벗 테이블 보고서의 레이아웃과 위치는 〈그림〉을 참조하여 설정하고, 보고서 레이아웃을 테이블 형식으로 표시하시오.
- ▶ '기간' 필드는 〈그림〉과 같이 그룹화를 설정하시오.
- ▶ '대출금액' 필드의 표시 형식은 '값 필드 설정'의 셀 서식에서 '회계' 범주를 이용하여 〈그림〉과 같이 지정하시오.
- ▶ 피벗 테이블 스타일은 '흰색, 피벗 스타일 밝게 8', 피벗 테이블 스타일 옵션은 '행 머리글', '열 머리글', '줄무늬 열'을 설정하시오.

	A	B	C
1			
2	기간 ▼	값	
3	1-12	개수 : 대출지점	1
4		평균 : 대출금액	2,500,000
5	13-24	개수 : 대출지점	8
6		평균 : 대출금액	8,625,000
7	25-36	개수 : 대출지점	13
8		평균 : 대출금액	6,230,769
9	37-48	개수 : 대출지점	3
10		평균 : 대출금액	10,666,667
11	49-60	개수 : 대출지점	5
12		평균 : 대출금액	11,800,000
13	전체 개수 : 대출지점		30
14	전체 평균 : 대출금액		8,116,667

※ 작업 완성된 그림이며 부분점수 없음

2. '분석작업-2' 시트에 대하여 다음의 지시사항을 처리하시오. (10점)

- ▶ [데이터 유효성 검사] 기능을 이용하여 [D8:D14] 영역에는 12의 배수만 입력되도록 제한 대상을 설정하시오.
  - [D8:D14] 영역에 유효하지 않은 데이터를 입력한 경우 〈그림〉과 같은 오류 메시지가 표시되도록 설정하시오.

- ▶ [데이터 표] 기능을 이용하여 [E8:K14] 영역에 '납입횟수'와 '이자'의 반영비율에 따른 '미래가치'를 계산하시오.

문제 **4** 　**기타작업(35점)**　주어진 시트에서 다음 작업을 수행하고 저장하시오.

1. '기타작업-1' 시트에서 다음과 같은 기능을 수행하는 매크로를 현재 통합문서에 작성하시오. (각 5점)

   ① [G3:G22] 영역에 사용자 지정 표시 형식을 설정하는 '서식적용' 매크로를 생성하시오.
   ▶ '대여기간'이 30 이상이면 파랑색으로 숫자를, -1이면 자홍색으로 "■ 소장"을, 그 외는 숫자만 표시하시오.
   [표시 예 : '대여기간'이 35일 경우 → 35, -1일 경우 → ■ 소장, 0일 경우 → 0]
   ▶ [도형] → [기본 도형]의 '사각형: 빗면(▱)'을 동일 시트의 [I2:I3] 영역에 생성한 후 텍스트를 "서식적용"으로 입력하고, 도형을 클릭하면 '서식적용' 매크로가 실행되도록 설정하시오.

   ② [G3:G22] 영역에 표시 형식을 '일반'으로 적용하는 '서식해제' 매크로를 생성하시오.
   ▶ [도형] → [기본 도형]의 '사각형: 빗면(▱)'을 동일 시트의 [I5:I6] 영역에 생성한 후 텍스트를 "서식해제"로 입력하고, 단추를 클릭하면 '서식해제' 매크로가 실행되도록 설정하시오.

   ※ 셀 포인터의 위치에 관계없이 매크로가 실행되어야 정답으로 인정됨

2. '기타작업-2' 시트에서 다음의 지시사항에 따라 차트를 수정하시오. (각 2점)
   ※ 차트는 반드시 문제에서 제공한 차트를 사용하여야 하며, 신규로 차트작성 시 0점 처리됨
   ① '전동칫솔' 요소가 표시되지 않도록 데이터 범위를 수정하시오.
   ② 차트 제목과 가로 축 제목, 세로 축 제목을 〈그림〉과 같이 입력하시오.
   ③ 가로 축의 기본 단위는 〈그림〉과 같이 지정하고, 값이 거꾸로 표시되도록 설정하시오.
   ④ '백화점' 계열에만 데이터 레이블을 〈그림〉과 같이 표시되도록 설정하시오.
   ⑤ 범례는 도형 스타일을 '강한 효과 - 검정, 어둡게 1', 차트 영역의 테두리는 '표준 색 - 파랑'으로 지정하시오.

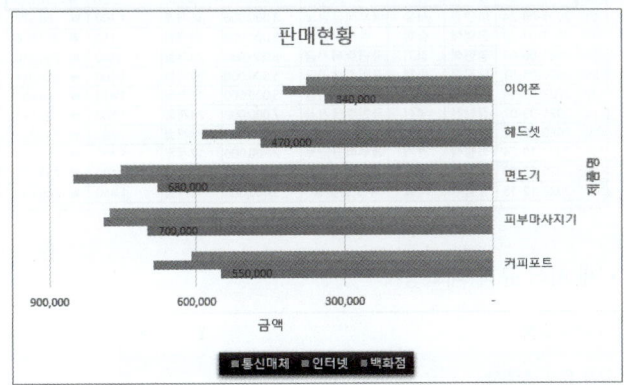

3. '기타작업-3' 시트에서 다음과 같은 작업을 수행하도록 프로시저를 작성하시오. (각 5점)
   ① '매출등록' 단추를 클릭하면 〈매출등록〉 폼이 나타나고, 폼이 초기화(Initialize)되면 '제품명(cmb제품명)' 목록에는 "세탁기", "냉장고", "건조기", "식기세척기", "인덕션"이 표시되도록 프로시저를 작성하시오.
   ② 〈매출등록〉 폼의 '등록(cmd등록)' 단추를 클릭하면 폼에 입력된 데이터가 시트의 표에 입력되어 있는 마지막 행 다음에 연속하여 추가되도록 프로시저를 작성하시오.
   ▶ '판매금액'에는 1000 단위 구분 기호를 표시하시오.
   [표시 예 : '판매금액'이 15000일 경우 → 15,000, 0일 경우 → 0]
   ▶ FORMAT 함수 사용
   ③ 〈매출등록〉 폼의 '종료(cmd종료)' 단추를 클릭하면 폼을 종료한 후 [A1] 셀의 글꼴을 '궁서체'로 설정하시오.

EXAMINATION 09회 2023년 상시01 기출문제 해설

문제 1   기본작업

01. 고급 필터 _ 참고 : 고급 필터 14쪽

정답

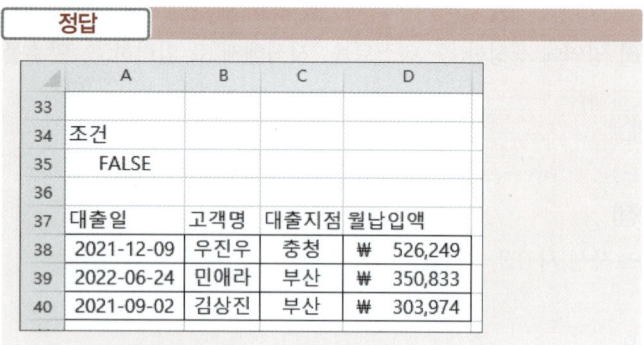

- '고급 필터' 대화상자

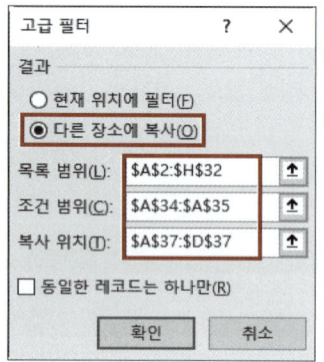

[A35] : =AND(H3>=LARGE($H$3:$H$32,5),YEAR(A3)>=2021)

02. 조건부 서식 _ 참고 : 조건부 서식 19쪽

정답

	A	B	C	D	E	F	G	H
1	[표1]							
2	대출일	고객명	대출지점	대출종류	대출액	대출기간	대출수수료	월납입액
3	2020-05-17	김진석	충청	무보증신용	5,000,000	36개월	1,500	₩ 147,620
4	2019-06-12	구준식	서울	예부적금담보	2,000,000	60개월	1,550	₩ 36,383
5	2021-08-17	이진태	경기	무보증신용	8,000,000	30개월	1,500	₩ 280,666
6	2020-08-16	이재철	경기	무보증신용	2,000,000	36개월	1,700	₩ 59,048
7	*2021-12-18*	*김세희*	*서울*	*주택자금*	*12,000,000*	*60개월*	*950*	*₩ 218,301*
8	2019-12-03	박순영	부산	주택자금	35,000,000	24개월	900	₩1,512,095
9	*2021-03-25*	*김성재*	*경기*	*무보증신용*	*5,000,000*	*30개월*	*1,100*	*₩ 174,307*
10	2021-05-18	설진구	부산	예부적금담보	3,000,000	36개월	1,700	₩ 88,572
11	2019-08-31	이영민	경기	예부적금담보	3,500,000	36개월	1,700	₩ 103,334
12	2019-10-09	도희철	서울	국민주택기금	15,000,000	60개월	950	₩ 272,876
13	2021-12-09	우진우	충청	주택자금	15,000,000	30개월	1,300	₩ 526,249
14	2022-06-24	민애라	부산	국민주택기금	10,000,000	30개월	1,300	₩ 350,833
15	2020-08-21	민승렬	부산	예부적금담보	1,000,000	48개월	1,500	₩ 22,356
16	2021-03-22	최만용	서울	주택자금	15,000,000	60개월	1,350	₩ 276,248
17	2019-01-20	오태열	서울	주택자금	27,000,000	48개월	900	₩ 603,612
18	2020-02-13	장우석	충청	국민주택기금	7,000,000	30개월	1,500	₩ 245,583
19	*2022-05-26*	*김연주*	*경기*	*예부적금담*	*4,000,000*	*48개월*	*1,700*	*₩ 90,316*
20	2022-06-07	이민주	경기	국민주택기금	5,000,000	30개월	1,300	₩ 174,307
21	2022-06-12	정대식	서울	무보증신용	5,000,000	30개월	1,100	₩ 174,307
22	*2022-11-27*	*김준복*	*경기*	*무보증신용*	*3,000,000*	*24개월*	*1,700*	*₩ 130,275*
23	2021-06-24	이영진	서울	예부적금담보	3,000,000	36개월	1,700	₩ 88,572
24	2021-07-20	진영태	충청	주택자금	15,000,000	60개월	1,150	₩ 272,876
25	2021-08-03	임현석	경기	국민주택기금	6,000,000	24개월	1,100	₩ 259,216
26	2020-05-01	남지철	충청	국민주택기금	5,000,000	24개월	1,100	₩ 216,014
27	2022-05-14	국선재	부산	국민주택기금	5,000,000	18개월	1,450	₩ 286,657
28	2019-09-02	김상진	부산	국민주택기금	7,000,000	24개월	1,500	₩ 303,974
29	2020-09-12	민인희	충청	무보증신용	3,000,000	24개월	1,700	₩ 130,275
30	2022-10-24	최철식	경기	예부적금담보	2,500,000	12개월	1,450	₩ 212,304
31	2020-12-09	박철형	충청	무보증신용	10,000,000	36개월	1,100	₩ 293,021
32	2022-12-15	성철수	서울	무보증신용	5,000,000	18개월	1,450	₩ 286,657

- '새 서식 규칙' 대화상자

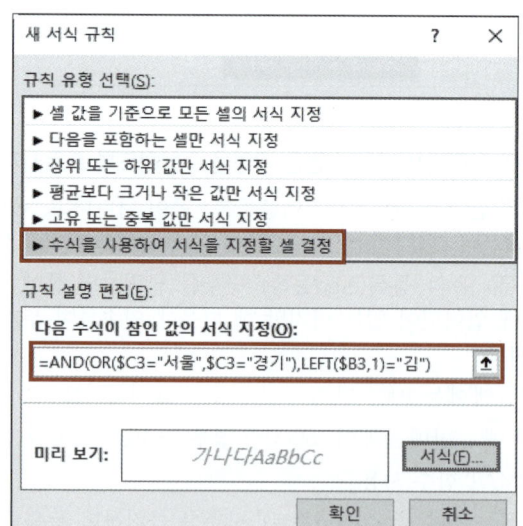

=AND(OR($C3="서울",$C3="경기"),LEFT($B3,1)="김")

03. 페이지 레이아웃 _참고 : 페이지 레이아웃 25쪽

정답

1페이지

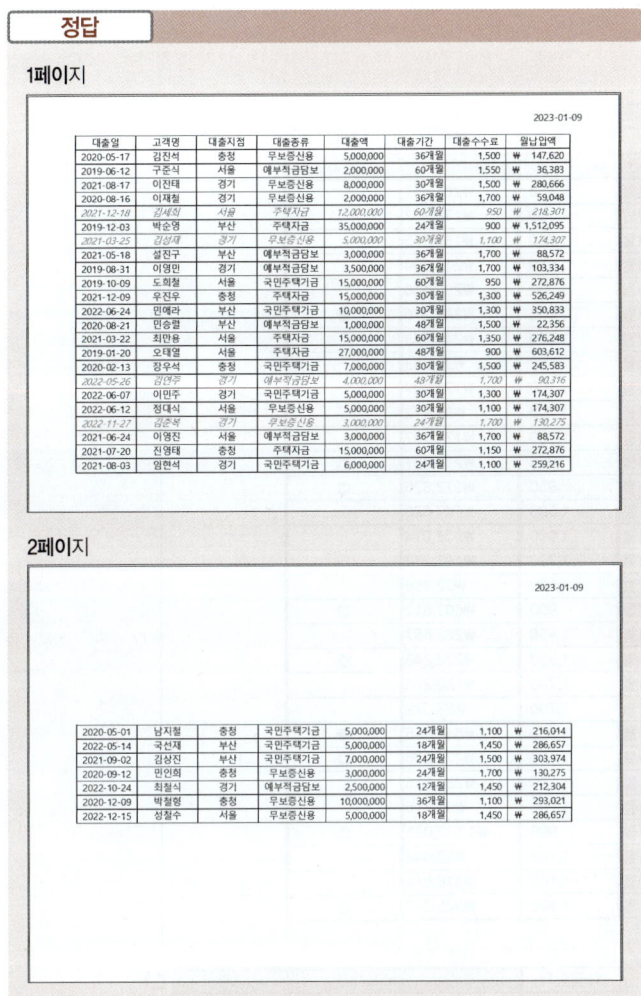

2페이지

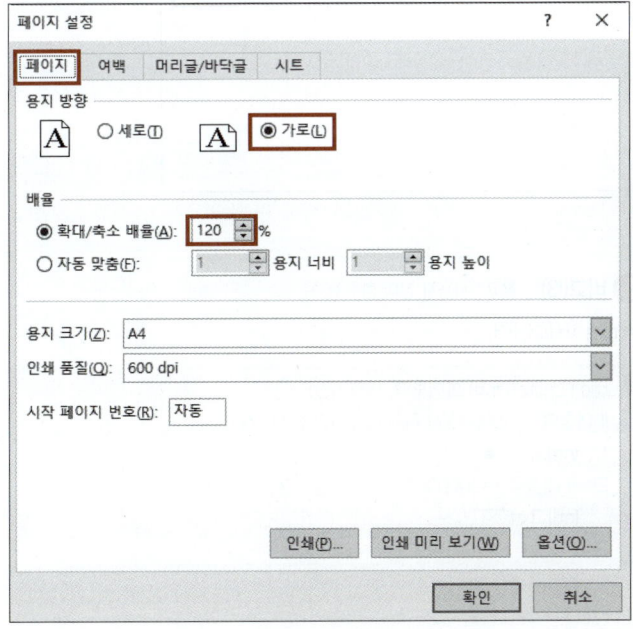

- '페이지 설정' 대화상자의 '여백' 탭

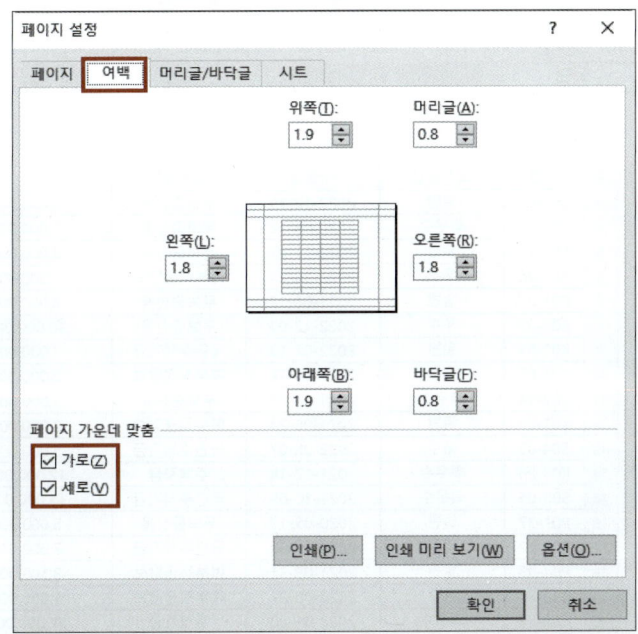

- '바닥글' 대화상자

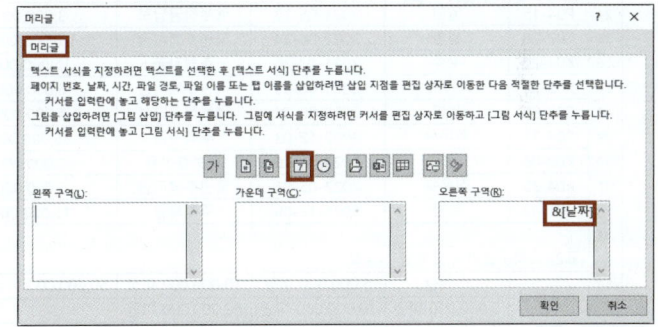

- '페이지 설정' 대화상자의 '페이지' 탭

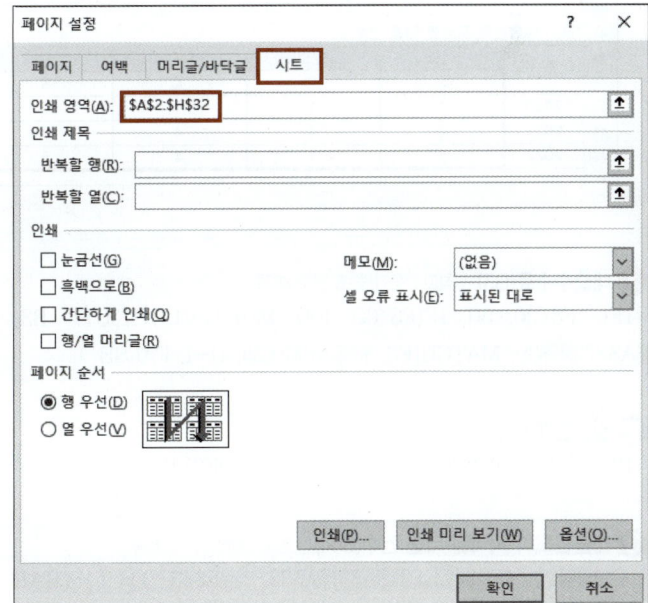

- '페이지 설정' 대화상자의 '시트' 탭

문제 2   계산작업

	A	B	C	D	E	F	G	H	I
1	[표1]								
2	고객번호	고객등급	대출일	대출종류	대출액	대출기간	대출수수료	월납입액	비고
3	C04-08	일반	2022-12-15	무보증신용	5,000,000	18개월	1,450	₩286,657	
4	P01-23	최우수	2022-06-12	무보증신용	5,000,000	30개월	1,100	₩174,307	
5	K02-12	일반	2022-11-27	무보증신용	3,000,000	24개월	1,700	₩130,275	
6	K02-26	우수	2022-10-24	예부적금담보	2,500,000	12개월	1,450	₩212,304	
7	P01-27	일반	2021-08-17	무보증신용	8,000,000	30개월	1,500	₩280,666	
8	S03-37	우수	2022-12-09	무보증신용	10,000,000	12개월	1,050	₩849,216	●
9	K02-59	일반	2022-02-13	국민주택기금	7,000,000	30개월	1,500	₩245,583	
10	C03-08	우수	2021-06-12	예부적금담보	2,000,000	60개월	1,550	₩36,383	
11	P02-14	최우수	2021-03-25	무보증신용	5,000,000	30개월	1,100	₩174,307	
12	K01-07	일반	2021-06-24	예부적금담보	3,000,000	36개월	1,700	₩88,572	
13	S04-02	우수	2022-06-07	국민주택기금	5,000,000	30개월	1,300	₩174,307	
14	K03-26	최우수	2021-12-18	주택자금	12,000,000	60개월	950	₩218,301	◎
15	S03-05	최우수	2021-10-09	국민주택기금	15,000,000	60개월	950	₩272,876	◎
16	P01-37	일반	2020-05-17	무보증신용	5,000,000	36개월	1,500	₩147,620	
17	S01-02	일반	2022-09-02	국민주택기금	7,000,000	24개월	1,500	₩303,974	
18	P04-48	일반	2021-08-31	예부적금담보	3,500,000	36개월	1,700	₩103,334	
19	C02-67	우수	2020-08-21	예부적금담보	1,000,000	48개월	1,500	₩22,356	
20	C02-38	최우수	2022-01-20	주택자금	27,000,000	48개월	900	₩603,612	◎
21	C01-38	일반	2022-05-14	국민주택기금	5,000,000	18개월	1,450	₩286,657	
22	C02-01	일반	2021-03-22	주택자금	15,000,000	60개월	1,350	₩276,248	◎
23	S01-64	일반	2022-09-12	무보증신용	3,000,000	24개월	1,700	₩130,275	
24	P04-15	일반	2021-05-18	예부적금담보	3,000,000	36개월	1,700	₩88,572	
25	C02-28	일반	2022-06-24	국민주택기금	10,000,000	16개월	1,250	₩642,856	●
26	K04-26	우수	2021-07-20	주택자금	15,000,000	60개월	1,150	₩272,876	◎
27	K03-52	최우수	2021-08-03	국민주택기금	6,000,000	24개월	1,100	₩259,216	
28	C03-88	일반	2022-05-26	예부적금담보	4,000,000	48개월	1,700	₩90,316	
29	S04-31	최우수	2022-12-03	주택자금	35,000,000	24개월	900	₩1,512,095	◎
30	K02-06	일반	2020-08-16	무보증신용	2,000,000	36개월	1,700	₩59,048	
31	K04-35	최우수	2022-05-01	국민주택기금	5,000,000	24개월	1,100	₩216,014	
32	S01-42	일반	2021-12-09	주택자금	15,000,000	30개월	1,300	₩526,249	◎
33									
34	[표2] 고객등급과 대출액별 수수료								
35	고객등급	0 이상	5,000,000 이상	10,000,000 이상	50,000,000 이상				
36		5,000,000 미만	10,000,000 미만	50,000,000 미만					
37	일반	1,600	1,400	1,200	1,000				
38	우수	1,400	1,200	1,000	800				
39	최우수	1,200	1,000	800	600				

[표4] 대출형태와 순위별 매출액

대출형태	1위	2위	3위
신용	10,000,000	8,000,000	5,000,000
담보	4,000,000	3,500,000	3,000,000
기금	15,000,000	10,000,000	7,000,000
자금	35,000,000	27,000,000	15,000,000

[표3] 대출년와 지역별 대출 건수

대출년도	서울	인천	대전	부산
	C	P	K	S
2020	1	1	1	0
2021	2	4	4	2
2022	5	1	4	5

❶ 대출수수료(G3) _ 참고: 찾기/참조 함수 46쪽
=IF(F3<20, 50, IF(F3<60, 100, 150))+VLOOKUP(B3, $A$37:$E$39, MATCH(E3, $B$35:$E$35, 1)+1, FALSE)

❷ 월납입액(H3) _ 참고: 논리 함수 53쪽
=PMT(IF(B3="일반", 4%, 3.5%)/12, F3, -E3)

❸ 대출년도와 지역별 대출 건수(B44) _ 참고: 배열 수식 36쪽
{=COUNT(IF((LEFT($A$3:$A$32, 1)=B$43) * (YEAR($C$3:$C$32)=$A44), 1))}

❹ 대출형태와 순위별 대출액(H36) _ 참고: 배열 수식 36쪽
{=LARGE((RIGHT($D$3:$D$32, 2)=$G36) * $E$3:$E$32, H$35)}

❺ 비고(I3) _ 참고: 사용자 정의 함수 60쪽
=fn비고(E3,F3)

```
Public Function fn비고(대출액, 대출기간)
    If 대출액 >= 10000000 And 대출기간 < 20 Then
        fn비고 = "●"
    ElseIf 대출액 >= 10000000 And 대출기간 >= 20 Then
        fn비고 = "◎"
    Else
        fn비고 = ""
    End If
End Function
```

문제 3 분석작업

01. 피벗 테이블 _ 참고 : 피벗 테이블 64쪽

• '피벗 테이블 필드' 창

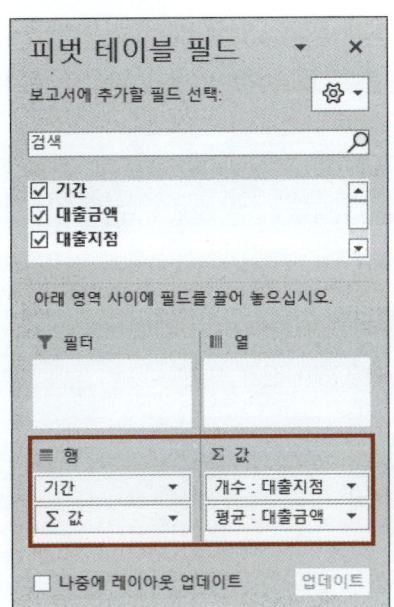

• '그룹화' 대화상자

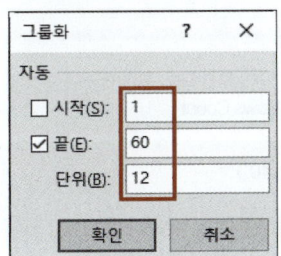

02. 데이터 유효성 검사 / 데이터 표 _ 참고 : 데이터 유효성 검사 78쪽 / 데이터 표 93쪽

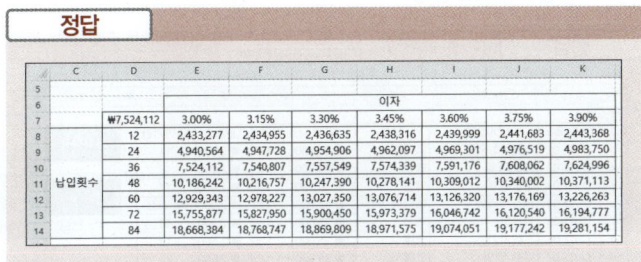

• '데이터 유효성' 대화상자의 '설정' 탭

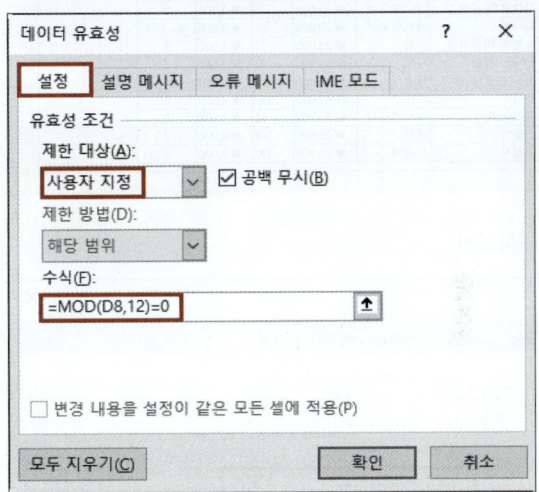

• '데이터 유효성' 대화상자의 '오류 메시지' 탭

• '데이터 테이블' 대화상자

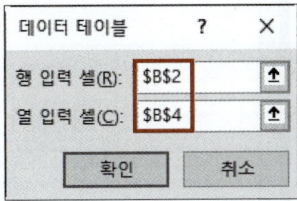

[D7] : =FV(B2/12,B4,-B3)

문제 4 기타작업 정답

01. 매크로 작성 _ 참고 : 매크로 112쪽

1 '서식적용' 매크로 실행

정답

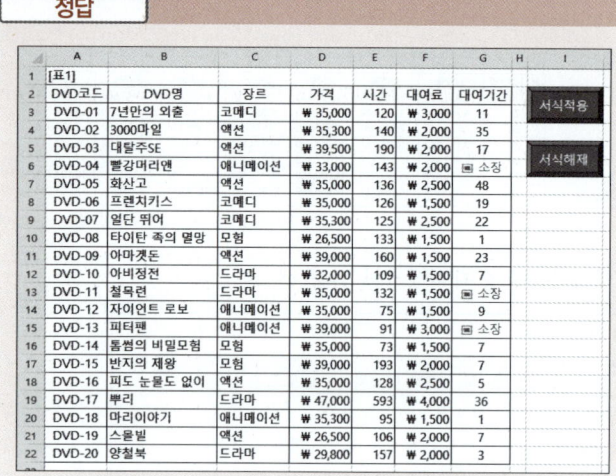

• '셀 서식' 대화상자

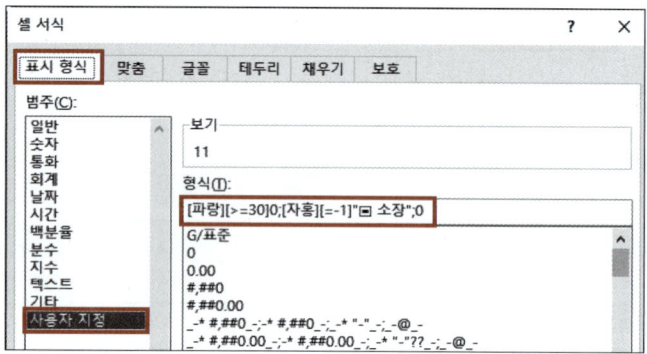

02. 차트 수정 _ 참고 차트 105쪽

3 값을 거꾸로 표시하기

기본 가로 축을 더블클릭한 후 다음과 같이 설정한다.

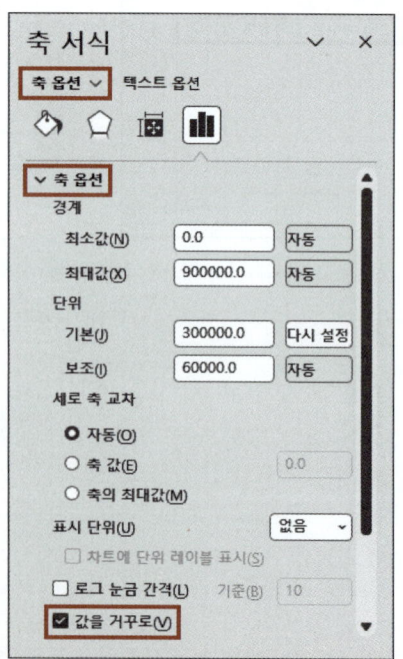

03. 프로시저 작성 _ 참고 : 프로시저 118쪽

1 '매출등록' 단추 및 폼 초기화 프로시저

• '매출등록' 단추 클릭 프로시저

정답

```
Private Sub cmd매출등록_Click( )
    매출등록.Show
End Sub
```

• 폼 초기화 프로시저

정답

```
Private Sub UserForm_Initialize( )
    cmb제품명.AddItem "세탁기"
    cmb제품명.AddItem "냉장고"
    cmb제품명.AddItem "건조기"
    cmb제품명.AddItem "식기세척기"
    cmb제품명.AddItem "인덕션"
End Sub
```

2 '등록' 단추에 기능 구현하기

정답

```
Private Sub cmd등록_Click( )
    입력행 = [A1].Row + [A1].CurrentRegion.Rows.Count
    Cells(입력행, 1) = cmb제품명
    Cells(입력행, 2) = Format(txt판매금액, "#,##0")
    Cells(입력행, 3) = txt담당자
End Sub
```

3 '종료' 단추에 기능 구현하기

정답

```
Private Sub cmd종료_Click( )
    Unload Me
    [A1].Font.Name = "궁서체"
End Sub
```

EXAMINATION 10회

2023년 상시02 컴퓨터활용능력 1급 실기

- 준 비 하 세 요 : '실기길벗컴활1급통합\기출\10회' 폴더에서 '23년상시02.xlsm' 파일을 열어서 작업하시오.
- 외부 데이터 위치 : 실기길벗컴활1급통합\기출\10회

문제 1 기본작업(15점) 주어진 시트에서 다음의 과정을 수행하고 저장하시오.

1. '기본작업' 시트에서 다음과 같이 고급 필터를 수행하시오. (5점)
- [A3:H33] 영역에서 '이름'이 "오" 자로 끝나고 '접수번호'에 "07"이 포함된 데이터의 '접수번호', '이름', '생년월일', '목적지' 필드만 순서대로 표시하시오.
- 조건은 [J3:J4] 영역 내에 알맞게 입력하시오. (AND, FIND, RIGHT 함수 사용)
- 결과는 [J6] 셀부터 표시하시오.

2. '기본작업' 시트에서 다음과 같이 조건부 서식을 설정하시오. (5점)
- [A4:H33] 영역에서 '출발일자'가 2023년 6월 1일 이후이면서 '출발시간'이 오후 12시~오후 6시인 데이터의 행 전체에 대하여 채우기 색은 '표준 색-노랑'으로 적용하시오.
- 단, 규칙 유형은 '수식을 사용하여 서식을 지정할 셀 결정'을 사용하고, 한 개의 규칙으로만 작성하시오.
- AND, DATE 함수 사용

3. '기본작업' 시트에서 다음과 같이 페이지 레이아웃을 설정하시오. (5점)
- [A3:H33] 영역을 인쇄 영역으로 설정하고 페이지의 내용이 자동으로 확대/축소되어 인쇄되도록 설정하시오.
- 행 머리글(1, 2, 3 등)과 열 머리글(A, B, C 등)이 인쇄되도록 설정하시오.
- 페이지 하단의 오른쪽 구역에는 오늘의 날짜가 인쇄되도록 바닥글을 설정하시오.

문제 2 계산작업(30점) '계산작업' 시트에서 다음 과정을 수행하고 저장하시오.

1. [표3]의 전력량과 [표1]을 이용하여 [F12:F35] 영역에 사용량요금을 계산하시오. (6점)
- 사용량요금 = 전력사용요금×사용전력량
- '전력사용요금'은 [표1]의 전력량별 요금표를 참조하되, 이때 사용되는 전력량은 십의 자리에서 올림하여 백의 자리까지 산출하여 적용(예 165kwh → 200kwh)
- '사용전력량'은 전력량을 100으로 나눈 나머지만 적용함[예 : 165kwh → 65kwh]
- MOD, VLOOKUP, ROUNDUP 함수 사용

2. [표3]의 전력량을 이용하여 [표2]의 [H3:H7] 영역에 전력량별 세대수를 계산하여 표시하시오. (6점)
- 표시 예 : 5세대
- IF, COUNT 함수와 & 연산자를 사용한 배열 수식

3. [표3]의 전력량을 이용하여 [표2]의 [H8] 셀에 상위 4위 이내인 전력량의 평균을 계산하여 표시하시오. (6점)
- IF, AVERAGE, LARGE 함수를 사용한 배열 수식

4. 사용자 정의 함수 'fn연체일'을 작성하여 [I12:I35] 영역에 연체일을 계산하여 표시하시오. (6점)

▶ 'fn연체일'은 기준일과 납입일을 인수로 받아 값을 되돌려줌
▶ 납입일이 기준일보다 작거나 같으면 "정상납부", 납입일이 기준일보다 크면 연체일을 표시하되, 연체일 뒤에 "일 연체"를 함께 표시[표시 예 : 2일 연체]
▶ 연체일 = 납입일 – 기준일
▶ IF ~ ELSE문 사용

```
Public Function fn연체일(기준일, 납입일)

End Function
```

5. [표3]의 전력량과 전월전력량을 이용하여 [J12:J35] 영역에 전력량과 전월전력량의 차이만큼 그래프를 표시하시오. (6점)

▶ '(전력량–전월전력량)/100'의 값만큼 "▶" 또는 "◁" 표시
▶ [표시 예] : '(전력량–전월전력량)/100'의 정수 값이 3일 때 "▶▶▶", –3일 때 "◁◁◁"
▶ IFERROR, ABS, REPT 함수 사용

문제 3 분석작업(20점) 주어진 시트에서 다음 작업을 수행하고 저장하시오.

1. '분석작업-1' 시트에서 다음의 지시사항에 따라 피벗 테이블 보고서를 작성하시오. (10점)

▶ 외부 데이터 원본으로 〈여행예약현황.txt〉의 데이터를 사용하시오.
  – 원본 데이터는 탭과 "/"로 분리되어 있으며, 내 데이터에 머리글을 표시하시오.
  – '기본운임', '좌석구분', '출발일자', '목적지' 열만 가져와 데이터 모델에 이 데이터를 추가하시오.
▶ 피벗 테이블 보고서의 레이아웃과 위치는 〈그림〉을 참조하여 설정하고, 보고서 레이아웃을 개요 형식으로 표시하시오.
▶ 행 필드는 '출발일자'의 월로 표시하고 열의 총합계만 표시하시오.
▶ '목적지' 필드는 '싱가포르'와 '홍콩'만 표시하시오.
▶ '기본운임' 필드의 표시 형식은 '값 필드 설정'의 셀 서식에서 '회계' 범주를 이용하여 〈그림〉과 같이 지정하시오.

	A	B	C	D
1	목적지	(다중 항목) .T		
2				
3	평균: 기본운임	좌석구분		
4	출발일자(월)	비즈니스석	일반석	할인석
5	01월	322,000		
6	02월		446,000	
7	03월	53,000		
8	04월			174,000
9	07월	243,000		
10	10월		54,000	179,000
11	11월			136,000
12	총합계	206,000	250,000	163,000

※ 작업 완성된 그림이며 부분점수 없음

2. '분석작업-2' 시트에 대하여 다음의 지시사항을 처리하시오. (10점)

▶ [정렬] 기능을 이용하여 '목적지'를 '베이징 – 광저우 – 뉴델리 – 마닐라 – 홍콩 – 싱가포르 – 상하이 – 도쿄' 순으로 정렬하고, 동일한 '목적지'인 경우 '생년월일'의 글꼴 색이 'RGB(0, 112, 192)'인 값이 위에 표시되고, 글꼴 색이 'RGB(255, 0, 0)'인 값이 아래쪽에 표시되도록 정렬하시오.
▶ [통합] 기능을 이용하여 [표2]의 [I3:J6] 영역에 [표1]에 대한 '좌석구분'별 '기본운임'의 평균을 계산하시오.

	I	J
2	[표2]	
3	좌석구분	기본운임
4	일반석	228,571
5	비즈니스석	242,125
6	할인석	290,125

문제 4 기타작업(35점) 주어진 시트에서 다음 작업을 수행하고 저장하시오.

1. '기타작업-1' 시트에서 다음과 같은 기능을 수행하는 매크로를 현재 통합문서에 작성하시오. (각 5점)

   ① [G4:G23] 영역에 사용자 지정 표시 형식을 설정하는 '서식적용' 매크로를 생성하시오.
   ▶ '결제방법'이 1이면 "신용카드", -1이면 "현금", 나머지는 공백으로 표시하시오.
   ▶ [개발 도구] → [삽입] → [양식 컨트롤]의 '단추'를 동일 시트의 [I3:I4] 영역에 생성한 후 텍스트를 "서식적용"으로 입력하고, 단추를 클릭하면 '서식적용' 매크로가 실행되도록 설정하시오.

   ② [G4:G23] 영역에 표시 형식을 '일반'으로 설정하는 '서식해제' 매크로를 생성하시오.
   ▶ [개발 도구] → [삽입] → [양식 컨트롤]의 '단추'를 동일 시트의 [I5:I6] 영역에 생성한 후 텍스트를 "서식해제"로 입력하고, 단추를 클릭하면 '서식해제' 매크로가 실행되도록 설정하시오.

   ※ 셀 포인터의 위치에 관계없이 매크로가 실행되어야 정답으로 인정됨

2. '기타작업-2' 시트에서 다음의 지시사항에 따라 차트를 수정하시오. (각 2점)

   ※ 차트는 반드시 문제에서 제공한 차트를 사용하여야 하며, 신규로 차트작성 시 0점 처리됨

   ① 가로(항목) 축 레이블과 데이터 계열 이름을 〈그림〉과 같이 설정하시오.
   ② 차트 제목을 [A2] 셀과 연동하고 세로(값) 축 제목을 추가하여 [E3] 셀과 연동하고 텍스트 상자의 텍스트 방향을 '세로'로 지정하시오.
   ③ 차트 종류를 '3차원 누적 세로 막대형'으로 변경한 후 '3차원 회전'에서 '직각으로 축 고정'을 지정하시오.
   ④ 데이터 계열의 간격 깊이를 30%, 간격 너비를 50%로 변경한 후 세로 막대 모양을 '원통형'으로 표시하시오.
   ⑤ '보충역입영' 계열에 〈그림〉과 같이 데이터 레이블을 표시하고 차트 영역의 그림자는 '안쪽: 가운데'로 설정하시오.

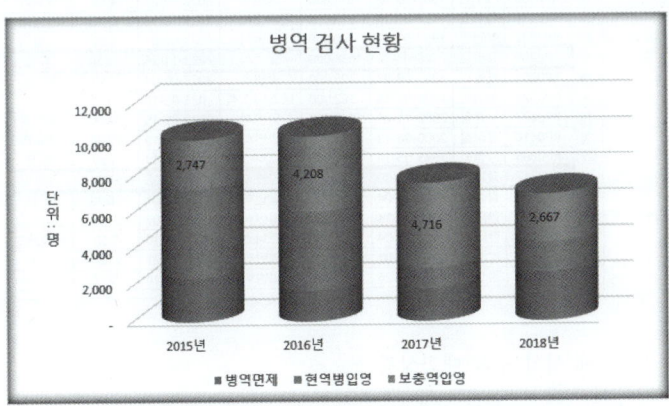

3. '기타작업-3' 시트에서 다음과 같은 작업을 수행하도록 프로시저를 작성하시오. (각 5점)

   ① '구독신청' 단추를 클릭하면 〈잡지구독신청〉 폼이 나타나고, 폼이 초기화(Initialize)되면 현재 날짜만을 표시하는 함수를 이용하여 '신청일(txt신청일)'에는 현재 날짜를 표시하고, '잡지명(cmb잡지명)' 목록에는 [H4:I7] 영역이 표시되도록 프로시저를 작성하시오.

   ② 〈잡지구독신청〉 폼의 '신청(cmd신청)' 단추를 클릭하면 폼에 입력된 데이터가 시트의 표에 입력되어 있는 마지막 행 다음에 연속하여 추가하되, Listindex를 사용하여 프로시저를 작성하시오.
   ▶ '신청구분'은 '신규(opt신규)'를 선택하면 "신규", '재구독(opt재구독)'을 선택하면 "재구독"을 입력하시오.
   ▶ 결제금액 = 구독부수 × (정가×90%)
   ▶ 입력되는 데이터는 워크시트에 입력된 기존 데이터와 같은 형식의 데이터로 입력하시오.

   ③ 〈잡지구독신청〉 폼의 '종료(cmd종료)' 단추를 클릭하면 폼을 종료한 후 [B2] 셀에 "구독신청현황"을 입력하시오.

EXAMINATION 10회 2023년 상시02 기출문제 해설

문제 1   기본작업

01. 고급 필터 _ 참고 : 고급 필터 14쪽

정답

	J	K	L	M
2				
3	조건			
4	TRUE			
5				
6	접수번호	이름	생년월일	목적지
7	RP0702	최정오	2013-05-23	도쿄
8	RP0807	정봉오	2008-05-06	도쿄
9	RP0728	한희오	2014-02-14	싱가포르

• '고급 필터' 대화상자

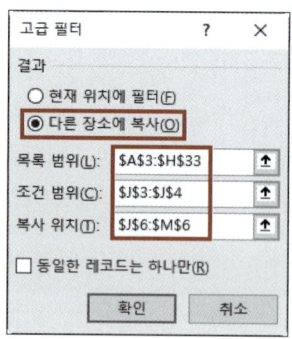

[J4] : =AND(RIGHT(B4,1)="오",FIND("07",A4)>=1)

02. 조건부 서식 _ 참고 : 조건부 서식 19쪽

정답

	A	B	C	D	E	F	G	H
1								
2	[표1]							
3	접수번호	이름	생년월일	기본운임	좌석구분	출발일자	출발시간	목적지
4	RP0702	최정오	2013-05-23	422,000	일반석	2023-03-04	18:50	도쿄
5	RP0807	정봉오	2008-05-06	315,000	할인석	2023-07-22	15:20	도쿄
6	RP0706	이미진	1995-05-20	364,000	일반석	2023-01-09	18:10	뉴델리
7	RP0523	강현오	1999-04-07	290,000	할인석	2023-08-20	0:00	광저우
8	RP0811	김발솔	2003-11-11	382,000	비즈니스석	2023-02-14	10:50	베이징
9	RP0207	이수태	2000-05-15	440,000	일반석	2023-07-16	19:50	광저우
10	RP0215	박승솔	2010-02-15	152,000	일반석	2023-03-02	23:50	광저우
11	RP0519	이현묘	2013-11-05	329,000	비즈니스석	2023-07-25	4:40	베이징
12	RP0701	강오언	2010-02-18	287,000	비즈니스석	2023-11-17	2:20	상하이
13	RP0825	최종미	1985-07-01	251,000	일반석	2023-01-26	20:10	상하이
14	RP0609	이원아	2000-03-20	159,000	비즈니스석	2023-02-13	6:40	상하이
15	RP0320	박샘해	1989-03-13	179,000	할인석	2023-10-13	19:30	싱가포르
16	RP0621	정준전	2008-10-31	174,000	할인석	2023-04-04	14:30	홍콩
17	RP0204	이동숙	2014-07-10	53,000	비즈니스석	2023-03-17	6:10	싱가포르
18	RP0830	한샘지	2010-11-12	432,000	할인석	2023-11-25	16:30	뉴델리
19	RP0308	서생진	1989-05-02	316,000	일반석	2023-05-23	4:50	마닐라
20	RP0414	최미한	1997-01-11	255,000	일반석	2023-10-16	18:50	뉴델리
21	RP0822	박언진	1989-09-09	130,000	일반석	2023-08-01	6:50	뉴델리
22	RP0229	정준전	2008-03-30	136,000	할인석	2023-11-25	16:50	홍콩
23	RP0803	박동리	1985-06-07	395,000	할인석	2023-09-04	2:50	베이징
24	RP0326	한현전	1998-08-18	162,000	비즈니스석	2023-03-16	21:10	도쿄
25	RP0127	강종동	2009-11-23	143,000	일반석	2023-05-15	16:00	베이징
26	RP0416	강장철	2000-06-13	60,000	일반석	2023-05-19	23:30	마닐라
27	RP0805	강정정	1985-05-14	243,000	비즈니스석	2023-07-14	4:50	홍콩
28	RP0817	김발솔	1987-11-30	44,000	일반석	2023-06-05	13:30	상하이
29	RP0918	김진준	2007-11-04	400,000	할인석	2023-06-01	18:40	도쿄
30	RP0728	한희오	2014-02-14	446,000	일반석	2023-02-07	23:50	싱가포르
31	RP0912	한대용	1987-12-04	322,000	비즈니스석	2023-01-10	5:10	싱가포르
32	RP0713	박준아	1999-05-01	54,000	일반석	2023-10-27	23:00	홍콩
33	RP0824	김진준	2006-01-26	123,000	일반석	2023-04-10	22:50	마닐라

• '새 서식 규칙' 대화상자

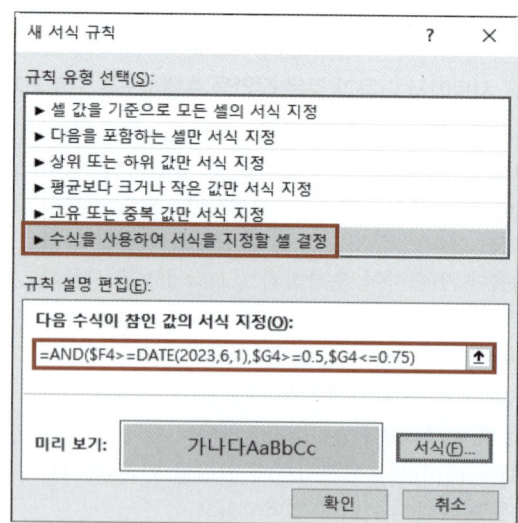

※ 시간 데이터는 밤 12시(자정)를 0.0으로 시작하여 6시는 0.25, 낮 12시(정오)는 0.5, 18시는 0.75로 저장됩니다.

03. 페이지 레이아웃 _ 참고 : 페이지 레이아웃 25쪽

정답

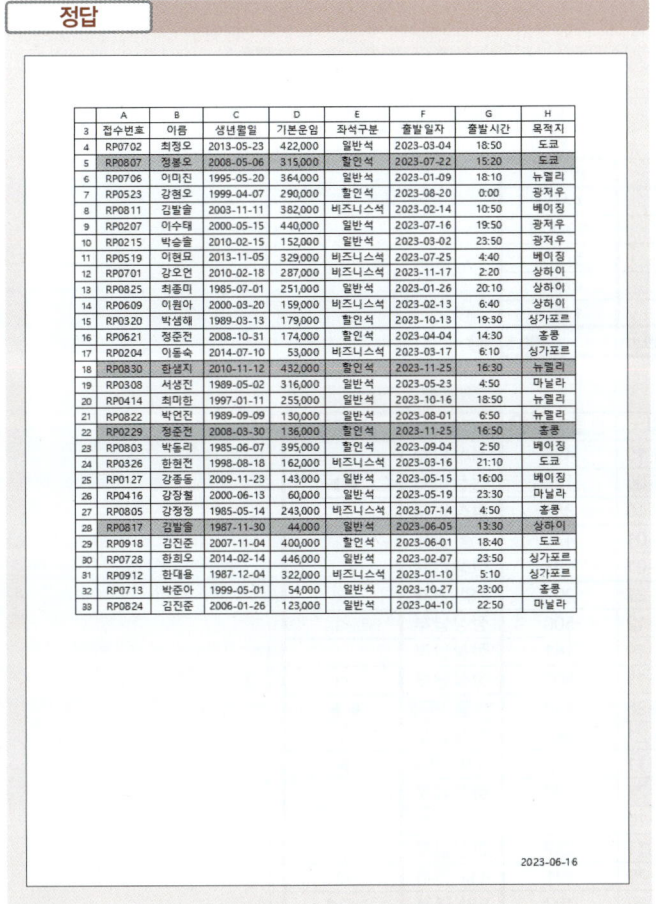

• '페이지 설정' 대화상자의 '페이지' 탭

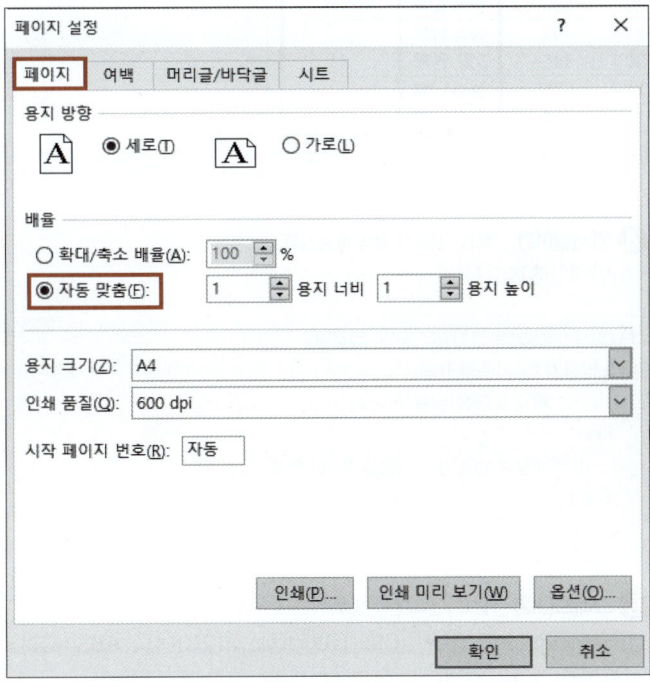

• '바닥글' 대화상자

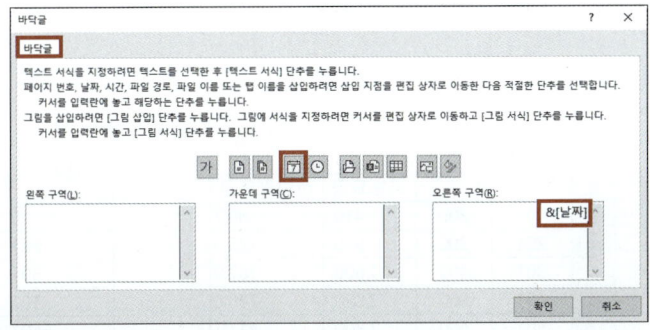

• '페이지 설정' 대화상자의 '시트' 탭

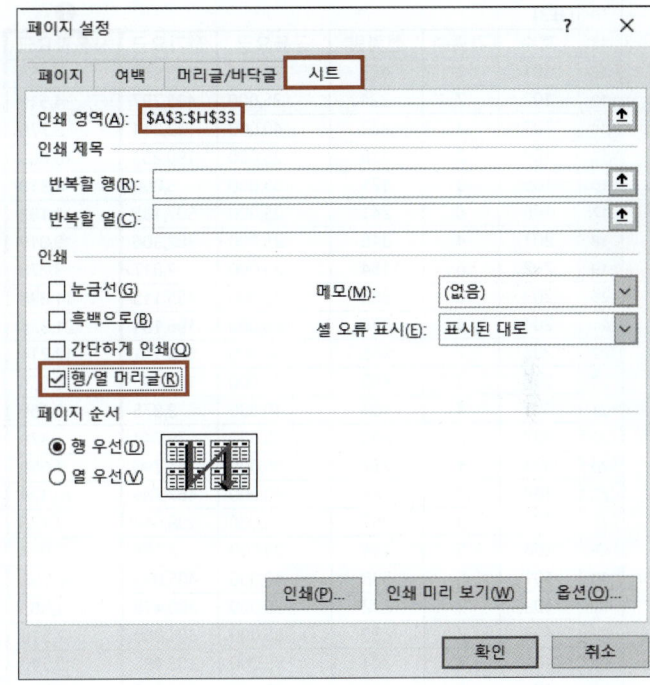

문제 2 계산작업

[표1] 전력량별 요금표

구간		기본요금	전력량요금
0	200	410	60.7
201	300	910	125.9
301	400	1,600	187.9
401	500	3,850	280.6
501	600	7,300	417.7

[표2]

구간			세대수
0	~	200	4세대
201	~	300	10세대
301	~	400	5세대
401	~	500	4세대
501	~	600	1세대
전력량 상위4위까지 평균			490.5

기준일 : 2023-05-25

[표3]

호수	가족수	전력량	공동요금	전기요금	사용량요금	납입일	전월전력	연체일	그래프
101	1	423	25,000	183,987	6,454	2023-05-19	435	정상납부	
102	7	324	35,000	495,797	4,510	2023-05-06	124	정상납부	▶▶
103	2	222	40,000	43,314	2,770	2023-05-10	387	정상납부	◁
104	2	438	25,000	190,253	10,663	2023-06-01	425	7일 연체	
105	3	171	35,000	3,050	4,310	2023-05-01	194	정상납부	
106	6	241	25,000	507,135	5,162	2023-05-27	292	2일 연체	
201	4	348	25,000	382,306	9,019	2023-05-12	500	정상납부	◁
202	6	154	25,000	2,817	3,278	2023-05-19	161	정상납부	
203	6	363	35,000	455,115	11,838	2023-05-15	501	정상납부	◁
204	4	476	35,000	196,184	21,326	2023-06-25	252	31일 연체	▶▶
205	7	365	40,000	523,141	12,214	2023-05-21	542	정상납부	◁
206	3	460	35,000	189,835	16,836	2023-06-11	350	17일 연체	▶
301	4	157	40,000	2,875	3,460	2023-05-23	230	정상납부	
302	2	203	25,000	39,744	378	2023-05-10	325	정상납부	◁
303	4	237	35,000	44,796	4,658	2023-05-17	239	정상납부	
304	7	282	40,000	467,786	10,324	2023-05-29	421	4일 연체	◁
305	3	257	25,000	188,644	7,176	2023-05-30	497	5일 연체	◁◁
306	5	134	35,000	2,569	2,064	2023-05-08	210	정상납부	
401	6	588	40,000	405,095	36,758	2023-05-20	481	정상납부	▶
402	5	292	25,000	200,478	11,583	2023-05-25	590	정상납부	◁◁
403	2	220	35,000	381,880	2,518	2023-05-03	192	정상납부	
404	3	244	35,000	183,486	5,540	2023-05-30	395	5일 연체	◁
405	5	266	25,000	523,808	8,309	2023-05-21	275	정상납부	
406	3	307	35,000	168,804	1,315	2023-05-11	154	정상납부	▶

❶ 사용량요금(F12) _ 참고 : 찾기/참조 함수 46쪽
=VLOOKUP(ROUNDUP(C12, -2), $A$3:$D$7, 4) * MOD (C12, 100)

❷ 전력량별 세대수(H3) _ 참고 : 배열 수식 36쪽
{=COUNT(IF(($C$12:$C$35>=F3) * ($C$12:$C$35<=G3), 1)) & "세대"}

❸ 전력량 상위4위까지 평균(H8) _ 참고 : 배열 수식 36쪽
{=AVERAGE(IF(C12:C35>=LARGE(C12:C35,4), C12:C35))}

❹ 연체일(I12) _ 참고 : 사용자 정의 함수 60쪽
=fn연체일($J$10,G12)

```
Public Function fn연체일(기준일, 납입일)
    If 납입일 <= 기준일 Then
        fn연체일 = "정상납부"
    Else
        fn연체일 = 납입일 - 기준일 & "일 연체"
    End If
End Function
```

❺ 그래프(J12) _ 참고 : 논리 함수 53쪽
=IFERROR(REPT("▶",(C12-H12)/100), REPT("◁", ABS ((C12-H12)/100)))

문제 3 분석작업

01. 피벗 테이블 _ 참고 : 피벗 테이블 64쪽

• '피벗 테이블 필드' 창

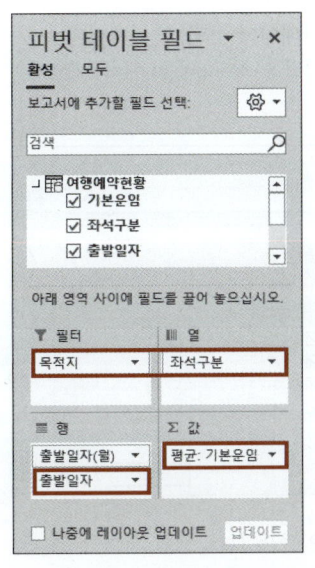 →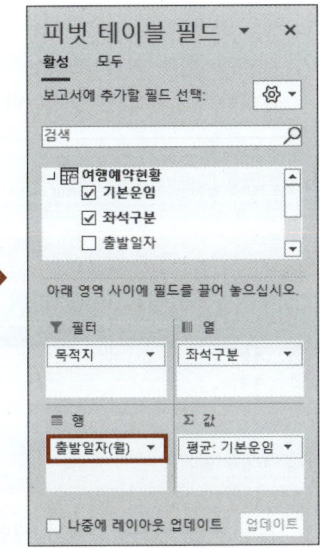

※ 행 영역의 '출발일자(월)' 필드는 '출발일자' 필드를 행 영역으로 이동하면 자동으로 생기는 '출발일자(월)' 필드를 이용합니다.

02. 정렬 / 통합 _ 참고 : 정렬 86쪽 / 통합 83쪽

정답

• '사용자 지정 목록' 대화상자

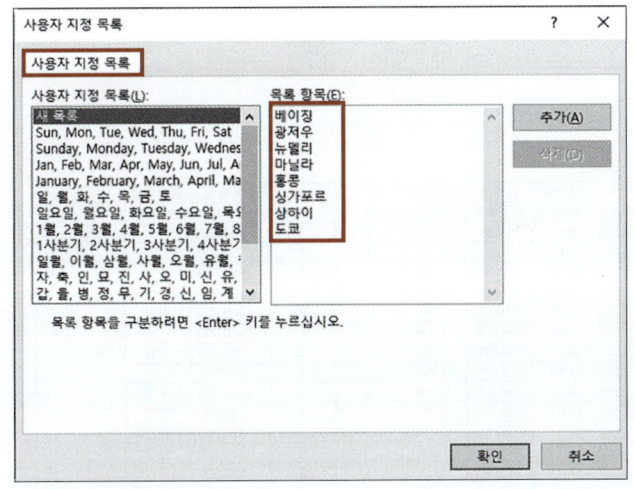

• '정렬' 대화상자

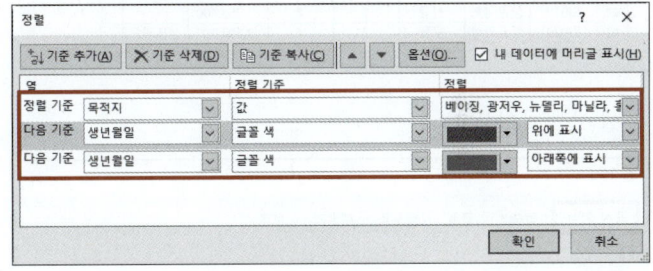

• 데이터 통합

1. 다음과 같이 입력한다.

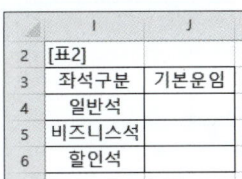

2. '통합' 대화상자

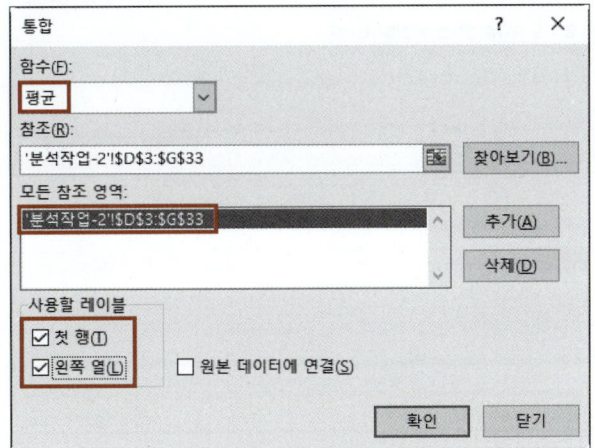

문제 4 · 기타작업 〈정답〉

01. 매크로 작성 _ 참고 : 매크로 112쪽

1 '서식적용' 매크로 실행

정답

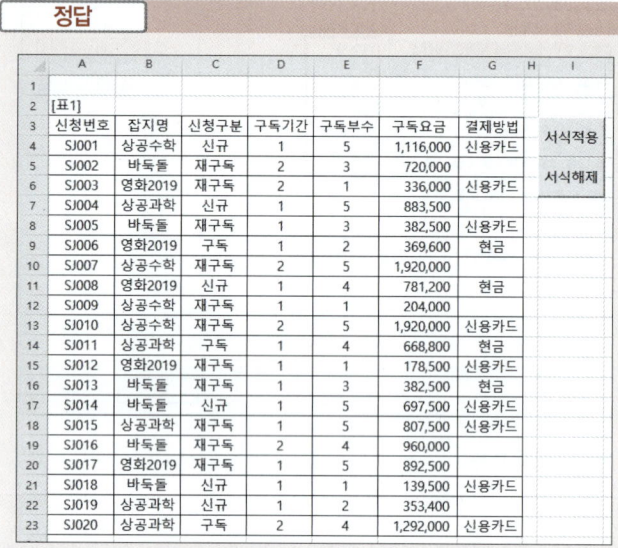

- '셀 서식' 대화상자

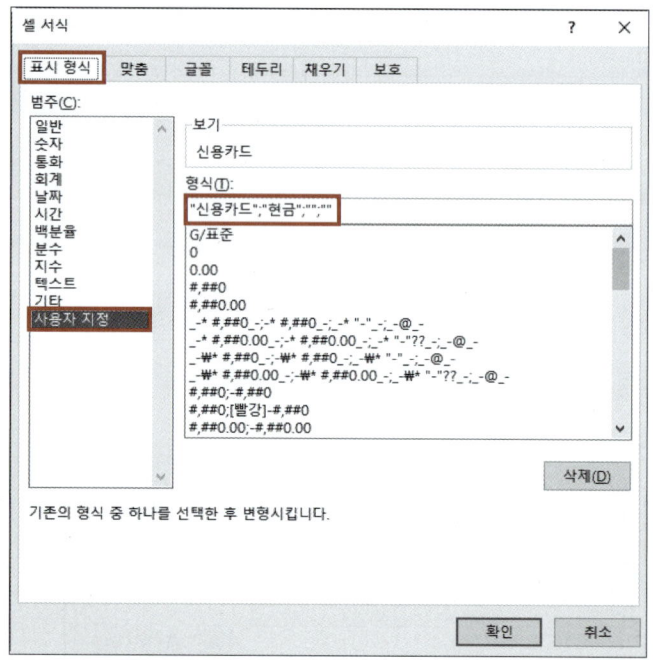

02. 차트 수정 _ 참고 : 차트 105쪽

1 가로(항목) 축 레이블과 데이터 계열 이름 지정

1. 차트 영역의 바로 가기 메뉴에서 [데이터 선택]을 선택한다.
2. '데이터 원본 선택' 대화상자의 '범례 항목(계열)'에서 '계열1'을 선택한 후 〈편집〉을 클릭한다.

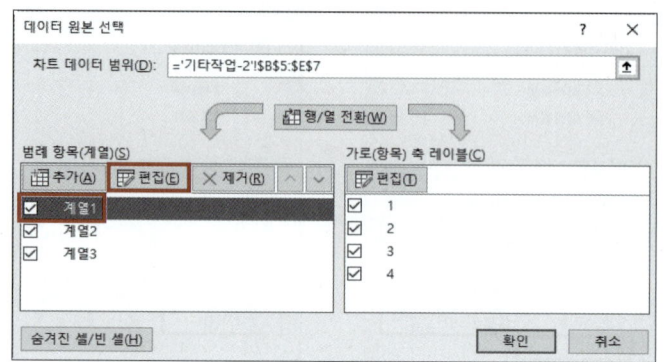

3. '계열 편집' 대화상자에서 '계열 이름'에 [A5] 셀을 지정한 후 〈확인〉을 클릭한다.
4. 같은 방법으로 '계열2'를 [A6], '계열3'을 [A7]로 지정한다.
5. '데이터 원본 선택' 대화상자의 '가로(항목) 축 레이블'에서 〈편집〉을 클릭한다.
6. '축 레이블' 대화상자에서 '축 레이블 범위'를 [B4:E4] 영역을 지정한 후 〈확인〉을 클릭한다.
7. '데이터 원본 선택' 대화상자에서도 〈확인〉을 클릭한다.

3 '직각으로 축 고정' 지정

차트 영역의 바로 가기 메뉴에서 [3차원 회전]을 선택한 후 '차트 영역 서식' 창에서 다음과 같이 지정한다.

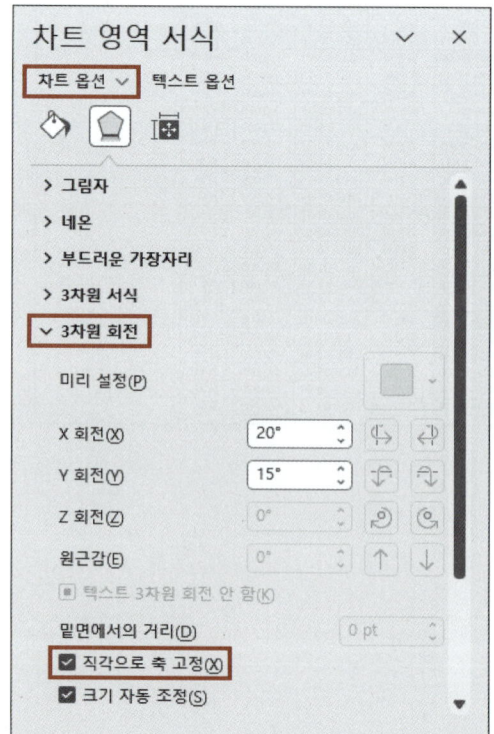

03. 프로시저 작성 _ 참고 : 프로시저 118쪽

❶ '구독신청' 단추 및 폼 초기화 프로시저

• '구독신청' 단추 클릭 프로시저

정답

```
Private Sub cmd구독신청_Click( )
    잡지구독신청.Show
End Sub
```

• 폼 초기화 프로시저

정답

```
Private Sub UserForm_Initialize( )
    txt신청일.Value = Date
    cmb잡지명.RowSource = "H4:I7"
End Sub
```

❷ '신청' 단추에 기능 구현하기

정답

```
Private Sub cmd신청_Click( )
    참조행 = cmb잡지명.ListIndex + 4
    입력행 = [a2].Row + [a2].CurrentRegion.Rows.Count
    Cells(입력행, 1) = txt신청자명.Value
    Cells(입력행, 2) = txt신청일.Value
    Cells(입력행, 3) = cmb잡지명.Value
    Cells(입력행, 4) = txt구독부수.Value
    If opt신규.Value = True Then
        Cells(입력행, 5) = "신규"
    Else
        Cells(입력행, 5) = "재구독"
    End If
    Cells(입력행, 6) = Cells(입력행, 4) * (Cells(참조행, 9) * 0.9)
End Sub
```

❸ '종료' 단추에 기능 구현하기

정답

```
Private Sub cmd종료_Click( )
    Unload Me
    [b2] = "구독신청현황"
End Sub
```

액세스
최신기출문제

01회
2025년 상시01 컴퓨터활용능력 1급 실기

02회
2025년 상시02 컴퓨터활용능력 1급 실기

03회
2025년 상시03 컴퓨터활용능력 1급 실기

04회
2025년 상시04 컴퓨터활용능력 1급 실기

05회
2024년 상시01 컴퓨터활용능력 1급 실기

06회
2024년 상시02 컴퓨터활용능력 1급 실기

07회
2024년 상시03 컴퓨터활용능력 1급 실기

08회
2024년 상시04 컴퓨터활용능력 1급 실기

09회
2023년 상시01 컴퓨터활용능력 1급 실기

10회
2023년 상시02 컴퓨터활용능력 1급 실기

중요! 2024년부터 액세스 문제의 출제기준이 변경되었습니다.

2023년 이전의 기출문제는 현재의 출제기준과 조금 달라 2023년 이전에 출제된 기출문제 중 [문제4] 처리 기능 구현은 세부 문제를 추가하여 현재의 출제기준에 부합되게 만들었습니다. 다음은 2023년 이전과 현재 출제기준과의 차이점입니다. 학습에 유의하시기 바랍니다.

출제 항목	2023년 이전		2024년 이후		비고
	문항 수	배점	문항 수	배점	
[문제1] DB 구축					
1. 테이블 완성	5	4	5	3	세부 문항별 배점 감소
[문제2] 입력 및 수정 기능 구현					
1. 폼 완성	5	3	3	3	세부 문항 수 감소
2. 컨트롤 원본 / 조건부 서식 설정	1	5	1	6	배점 증가
[문제4] 처리 기능 구현					
1. 쿼리	4	25	5	35	문항 수와 배점 증가

컴퓨터활용능력 1급 실기

최신기출문제

시험지는 문제의 **표지 및 전체 지시사항 1면, 문제 3면** 이렇게 총 **4면으로 구성**되어 있습니다. 문제 1면에는 작업할 파일의 암호, 외부 데이터 위치, 시험 전반에 관한 지시사항이 들어 있습니다. 각각의 기출문제에서는 시험 전반에 관한 지시사항은 생략하였습니다. 아래는 실제 시험지와 동일한 문제 1면입니다. 시험 전반에 관한 지시사항을 한 번 읽어보세요.

국 가 기 술 자 격 검 정

2026년 컴퓨터활용능력 실기 기출문제

프로그램명	제한시간
ACCESS 2021	45분

수험번호 :

성명 :

1급 **01회**

〈 유 의 사 항 〉

- 인적 사항 누락 및 잘못 작성으로 인한 불이익은 수험자 책임으로 합니다.
- 화면에 암호 입력창이 나타나면 아래의 암호를 입력하여야 합니다.
    - 암호 : 6992#0
- 작성된 답안은 주어진 경로 및 파일명을 변경하지 마시고 그대로 저장해야 합니다. 이를 준수하지 않으면 실격처리 됩니다.
    - 답안 파일명의 예 : C:\DB\수험번호 8자리.accdb
- **외부 데이터 위치 : C:\DB\파일명**
- 별도의 지시사항이 없는 경우, 다음과 같이 처리하면 실격 처리됩니다.
    - 제시된 개체의 이름을 임의로 변경한 경우
    - 제시된 개체의 속성을 임의로 변경한 경우
    - 외부 데이터를 시험 시작 전에 열어본 경우
- 별도의 지시사항이 없는 경우, 기능의 구현은 모듈이나 매크로 등을 이용하며, 예외적인 상황에 대해서는 고려하지 않아도 됩니다.
- 제시된 함수가 있을 경우 제시된 함수만을 사용하여야 하며, 그 외 함수 사용시 채점 대상에서 제외됩니다.
- 별도의 지시사항이 없는 경우, 주어진 각 개체의 속성은 설정값 또는 기본 설정값(Default)으로 처리하십시오.
- 제시된 화면은 예시이며 나타난 값은 실제와 다를 수 있습니다.
- 저장 시간은 별도로 주어지지 아니하므로 제한된 시간 내에 저장을 완료해야 합니다.
- 출제된 문제의 용어는 MS Office LTSC Professional Plus 2021 기준으로 작성되어 있습니다.

대한상공회의소

EXAMINATION 01회 2025년 상시01 컴퓨터활용능력 1급 실기

- 준 비 하 세 요 : '실기길벗컴활1급통합\기출\01회' 폴더에서 '25년상시01.accdb' 파일을 열어서 작업하시오.
- 외부 데이터 위치 : 실기길벗컴활1급통합\기출\01회

문제 1 DB구축(25점)

1. 소방서 활동 현황을 관리하기 위하여 데이터베이스를 구축하고자 한다. 다음의 지시사항에 따라 각 테이블을 완성하시오. (각 3점)

   〈소방본부〉 테이블
   ① 테이블이 로드되면, '인원' 필드를 기준으로 내림차순 정렬되도록 설정하시오.
   ② 새로운 레코드가 추가되는 경우 '인원' 필드에는 1이 입력되도록 설정하시오.

   〈구급활동〉 테이블
   ③ '년도', '월', '본부번호' 필드를 기본 키(PK)로 설정하시오.
   ④ '본부번호' 필드에는 중복된 값이 입력될 수 있도록 인덱스를 설정하시오.
   ⑤ '출동건수' 필드에 입력되는 값은 '이송건수' 필드의 값보다 크거나 같도록 '유효성 검사 규칙' 속성을 설정하시오.
   ▶ 규칙에 어긋나는 경우 "이송건수를 확인하세요"라는 메시지를 표시하시오.

2. 〈구급활동〉 테이블의 '본부번호' 필드에 대해서 다음과 같이 조회 속성을 설정하시오. (5점)
   ▶ 〈소방본부〉 테이블의 '본부명' 필드만 콤보 상자 형태로 표시하시오.
   ▶ 필드에는 '순번'이 저장되도록 설정하시오.
   ▶ 목록 너비를 3cm로 설정하시오.

3. 〈구급활동〉 테이블의 '본부번호' 필드는 〈소방본부〉 테이블의 '순번' 필드를 참조하며, 테이블 간의 관계는 M:1이다. 다음과 같이 테이블 간의 관계를 설정하시오. (5점)
   ▶ 각 테이블 간에 항상 참조 무결성이 유지되도록 설정하시오.
   ▶ 참조 필드의 값이 변경되면 관련 필드의 값도 변경되도록 설정하시오.
   ▶ 다른 테이블에서 참조하고 있는 레코드는 삭제할 수 없도록 설정하시오.

문제 2 입력 및 수정 기능 구현(20점)

1. 〈구급활동현황〉 폼을 다음의 그림과 지시사항에 따라 완성하시오. (각 3점)
   ① 본문의 모든 컨트롤의 높이를 가장 짧은 컨트롤을 기준으로 동일하게 설정하시오.
   ② 'txt이송환자수' 컨트롤은 편집할 수 없도록 관련 속성을 설정하시오. (단, 포커스는 이동 가능함)
   ③ 폼 바닥글의 'txt총이송건수' 컨트롤에는 전체 레코드의 개수가 〈그림〉과 같이 표시되도록 컨트롤 원본 속성을 설정하시오.
   ▶ Count 함수와 & 연산자를 사용

2. 〈소방활동현황〉 폼 머리글의 'txt총출동건수' 컨트롤에는 현재 폼 머리글의 'txt본부명'에 표시된 본부의 총 출동건수가 다음과 같이 표시되도록 컨트롤 원본을 설정하시오. (6점)
   ▶ 'txt총출동건수' 컨트롤에는 '본부명' 필드에서 "소방" 글자 전까지만 추출하여 [표시 예]와 같이 표시하시오.
      [표시 예] '본부명'이 "서울소방본부"이고 총 출동건수가 1000인 경우 → 서울 총 출동건수 : 1,000 건
   ▶ 〈종합쿼리〉 쿼리와 Left, InStr, DSum, Format 함수를 사용하시오.

3. 〈소방활동현황〉 폼 머리글의 'txt본부명' 컨트롤을 더블클릭하면 〈소방본부〉 폼을 '읽기 전용' 형식으로 여는 〈본부정보확인〉 매크로를 생성한 후 지정하시오. (5점)
   ▶ '본부명' 필드의 값이 'txt본부명' 컨트롤에 표시된 값과 같은 자료만을 대상으로 하시오.

문제 3   조회 및 출력 기능 구현(20점)

1. 다음의 지시사항 및 그림을 참조하여 〈본부별출동현황〉 보고서를 완성하시오. (각 3점)

① 동일한 년도 안에서 '월' 필드를 기준으로 오름차순 정렬되도록 설정하시오.

② 본문 영역의 'txt순번' 컨트롤에는 그룹별로 일련 번호가 표시되도록 관련 속성을 설정하시오.

③ 본문의 레코드들 사이에 〈그림〉과 같이 점선이 표시되도록 선 컨트롤을 삽입하시오.
   - ▶ 너비 : 15cm
   - ▶ 이름 : Line구분선

④ 년도 머리글 영역이 페이지마다 반복하여 출력되도록 설정하고, 구역 전에 페이지가 바뀌도록 관련 속성을 설정하시오.

⑤ 년도 바닥글 영역의 'txt평균출동건수', 'txt평균이송건수', 'txt평균이송환자수' 컨트롤에 '출동건수', '이송건수', '이송환자수'의 평균이 [표시 예]와 같이 표시되도록 컨트롤 원본과 형식 속성을 설정하시오.
   - ▶ 'txt평균출동건수' 표시 예 : 0 → 0건, 12805.94 → 12,806건
   - ▶ 'txt평균이송건수' 표시 예 : 0 → 0건, 7381.236 → 7,381건
   - ▶ 'txt평균이송환자수' 표시 예 : 0 → 0명, 7508.019 → 7,508명

서울소방본부 출동현황				
				1/4페이지
2020				
순번	월	출동건수	이송건수	이송환자수
1	1	42,165	27,288	27,466
2	2	35,958	21,610	21,765
3	3	34,796	19,522	19,640
4	4	35,450	20,337	20,464
5	5	40,967	23,746	23,930
6	6	42,018	24,260	24,446
7	7	43,473	25,345	25,542
8	8	44,456	23,836	24,173
9	9	38,540	21,345	21,541
10	10	41,397	23,256	23,427
11	11	38,379	22,220	22,544
12	12	36,351	20,756	21,529
	평균	39,496건	22,793건	23,039명

2. 〈소방활동현황〉 폼 머리글의 '보고서 확인(cmd보고서)' 단추를 클릭하면 〈본부별출동현황〉 보고서를 '인쇄 미리 보기' 형식으로 여는 이벤트 프로시저를 구현하시오. (5점)

- ▶ 현재 폼의 'txt본부명' 컨트롤에 표시된 '본부명'과 같은 자료만을 대상으로 하시오.
- ▶ DoCmd 개체의 메소드를 사용하시오.

문제 4 처리 기능 구현(35점)

1. 〈소방본부〉와 〈구급활동〉 테이블을 이용하여 총출동건수가 많은 순으로 상위 3개에 속하는 본부의 정보를 조회하는 〈출동Top3조회〉 쿼리를 작성하시오. (7점)

   ▶ '총출동건수'는 '출동건수' 필드를 이용하고, [표시 예]와 같이 표시되도록 '형식' 속성을 설정하시오.

   [표시 예] 0 → 0 건, 1234 → 1,234 건

   ▶ '평균이송건수'는 '이송건수' 필드를 이용하고, [표시 예]와 같이 소수 첫째 자리까지 표시되도록 '형식' 속성과 '소수 자릿수' 속성을 설정하시오.

   [표시 예] 0 → 0.0 건, 1234.56 → 1,234.6 건

   ▶ 쿼리 실행 결과 표시되는 필드와 필드명은 〈그림〉과 같이 표시되도록 설정하시오.

본부명	주소	전화번호	총출동건수	평균이송건수
경기소방본부	경기도 수원시 장안구 정자천로 189번길 12	031-8012-9215	3,076,198 건	35,367.4 건
서울소방본부	서울특별시 강남구 테헤란로 629 (삼성동)	02-6981-7408	2,244,480 건	26,268.2 건
부산소방본부	부산광역시 강서구 녹산산단361로 9(송정동)	051-760-5001	766,045 건	8,944.8 건

2. 〈소방본부〉와 〈구급활동〉 테이블을 이용하여 본부명의 두 번째 글자가 "남"이나 "북"이면서, 출동건수가 10000 미만인 구급활동을 조회하여 새 테이블로 생성하는 〈적은출동지역조회〉 쿼리를 작성하고 실행하시오. (7점)

   ▶ 쿼리 실행 후 생성되는 테이블의 이름은 〈적은출동지역확인〉으로 설정하시오.
   ▶ '이송환자수' 필드를 기준으로 내림차순 정렬하여 표시하시오.
   ▶ Mid 함수와 In 연산자를 사용하시오.
   ▶ 쿼리 실행 결과 생성되는 테이블의 필드는 〈그림〉을 참고하여 수험자가 판단하여 설정하시오.

본부명	년도	월	이송건수	이송환자수	출동건수
충북소방본부	2023	6	5827	5919	9777
충북소방본부	2023	12	5792	5887	9699
충북소방본부	2023	4	5774	5869	9661
충북소방본부	2023	1	5698	5774	9639
충북소방본부	2022	6	5665	5765	9853
충북소방본부	2023	11	5627	5704	9507
전남소방본부	2020	3	5541	5681	9961
충북소방본부	2023	3	5541	5627	9778
경남소방본부	2020	2	5510	5612	9497

   ※ 〈적은출동지역조회〉 쿼리를 실행한 후의 〈적은출동지역확인〉 테이블

3. 본부별, 반기별로 이송환자수의 합계를 조회하는 〈이송환자조회〉 크로스탭 쿼리를 작성하시오. (7점)

   ▶ 〈소방본부〉와 〈구급활동〉 테이블을 이용하시오.
   ▶ '총출동건수'와 '총이송건수'는 '출동건수' 필드와 '이송건수' 필드를 이용하고, [표시 예]와 같이 표시되도록 '형식' 속성을 설정하시오.

   [표시 예] 0 → 0건, 1234 → 1,234건

   ▶ '반기'는 '월' 필드의 값이 6 이하면 "상반기 이송환자"로, 그렇지 않으면 "하반기 이송환자"로 표시하시오.
   ▶ 이송환자수의 합계는 '이송환자수' 필드 이용하고, [표시 예]와 같이 표시되도록 '형식' 속성을 설정하시오.

   [표시 예] 0 → 0명, 1234 → 1,234명

   ▶ '본부명' 필드를 기준으로 오름차순 정렬하여 표시하시오.
   ▶ IIf 함수를 사용하시오.

▶ 쿼리 실행 결과 표시되는 필드와 필드명은 〈그림〉과 같이 표시되도록 설정하시오.

4. 〈소방본부〉와 〈구급활동〉 테이블을 이용하여, 검색할 주소의 일부를 매개 변수로 입력받아 해당 본부의 정보를 조회하는 〈조회된소방본부정보〉 매개 변수 쿼리를 작성하시오. (7점)

▶ '최대이송건수'는 '이송건수' 필드의 최댓값이 [표시 예]와 같이 표시되도록 '형식' 속성을 설정하시오.
[표시 예] 0 → 0건, 1234 → 1,234건

▶ '최소이송환자수'는 '이송환자수' 필드의 최소값이 [표시 예]와 같이 표시되도록 '형식' 속성을 설정하시오.
[표시 예] 0 → 0명, 1234 → 1,234명

▶ Like 연산자를 사용하시오.

▶ 쿼리 실행 결과 표시되는 필드와 필드명은 〈그림〉과 같이 표시되도록 설정하시오.

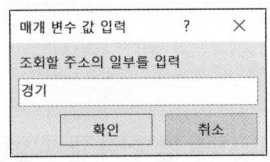 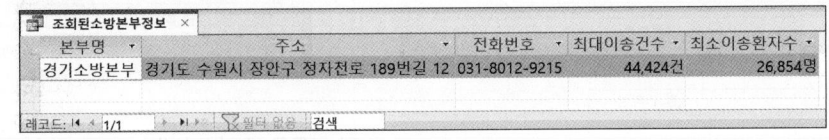

5. 〈소방본부〉와 〈구급활동〉 테이블을 이용하여 출동건수가 가장 많은 본부의 '비고' 필드의 값을 "우수본부"로 변경하는 〈우수본부체크〉 업데이트 쿼리를 작성한 후 실행하시오. (7점)

▶ Max 함수와 하위 쿼리를 사용하시오.

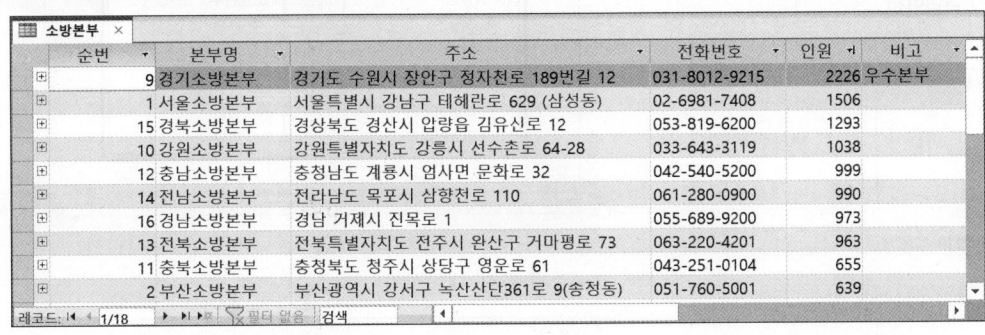

※ 〈우수본부체크〉 쿼리를 실행한 후의 〈소방본부〉 테이블

EXAMINATION 01회 2025년 상시01 기출문제 해설

문제 1   DB 구축

01. 테이블 완성하기 _ 참고 : 테이블 완성 180쪽

〈소방본부〉 테이블

❶ 테이블의 정렬 기준 속성 설정하기

테이블의 디자인 보기 상태에서 [테이블 디자인] → 표시/숨기기 → 속성 시트(🗐) 클릭

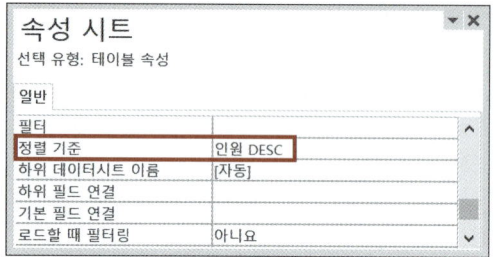

❷ '인원' 필드에 기본값 속성 설정하기

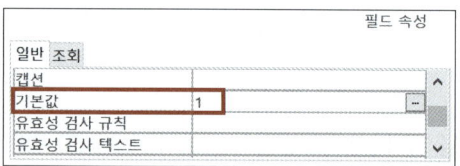

〈구급활동〉 테이블

❸ '년도', '월', '본부번호' 필드에 기본 키 설정하기

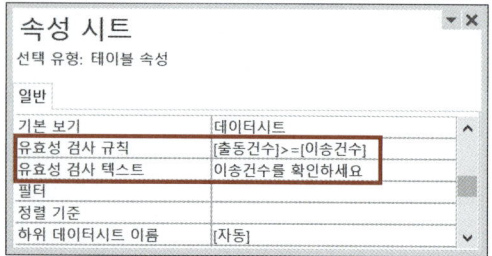

❹ '본부번호' 필드에 인덱스 속성 설정하기

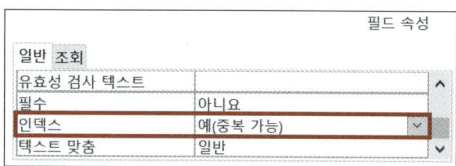

❺ 테이블의 유효성 검사 규칙과 유효성 검사 텍스트 속성 설정하기

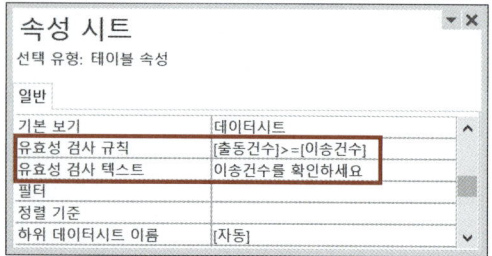

02. 〈구급활동〉 테이블의 '본부번호' 필드에 조회 속성 설정하기
_ 참고 : 조회 기능 설정 184쪽

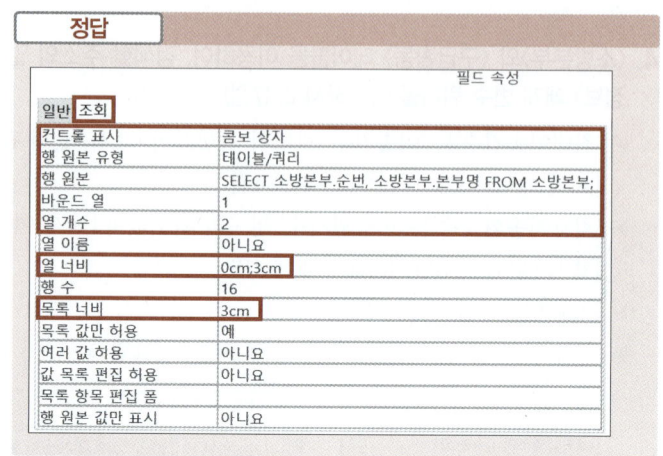

03. 〈소방본부〉 테이블과 〈구급활동〉 테이블 간의 관계 설정하기
_ 참고 : 관계 설정 188쪽

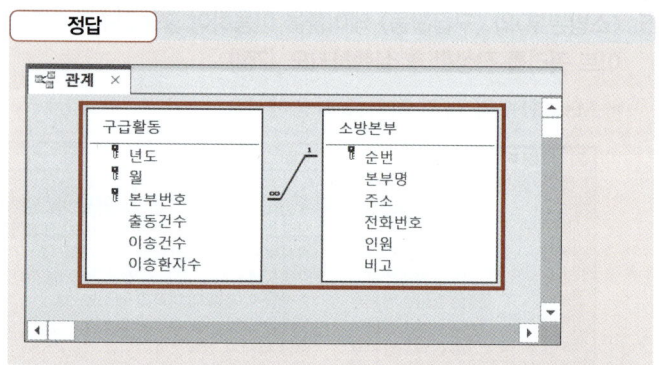

• '관계 편집' 대화상자

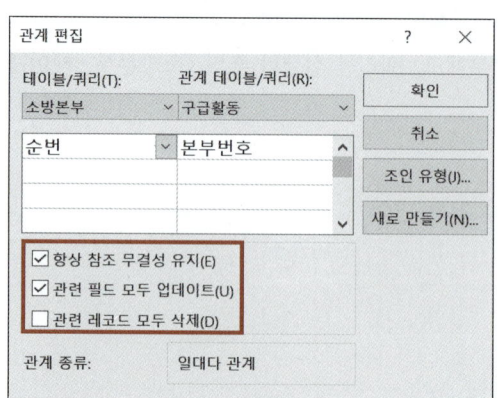

문제 2 — 입력 및 수정 기능 구현 〔정답〕

01. 〈구급활동현황〉 폼 완성하기 _ 참고 : 폼 완성 193쪽

정답

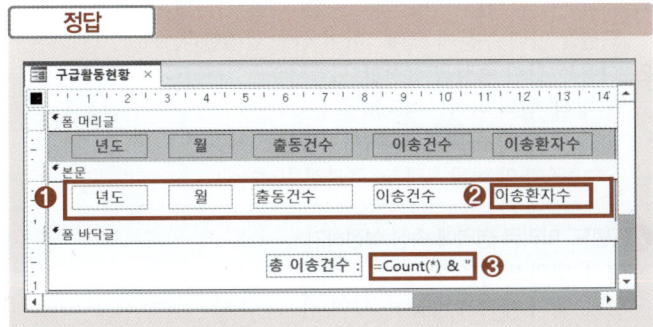

❶ 본문 컨트롤의 크기 조절하기
1. 폼 본문 영역의 모든 컨트롤을 선택한다.
2. 바로 가기 메뉴에서 [크기] → **가장 짧은 길이에**를 선택한다.

❷ 'txt이송환자수' 컨트롤에 속성 설정하기
'데이터' 탭의 잠금 → 예

❸ 'txt총이송건수' 컨트롤에 속성 설정하기
'데이터' 탭의 컨트롤 원본 → =Count(*) & "건"

02. 〈소방활동현황〉 폼 머리글의 'txt총출동건수' 컨트롤에 속성 설정하기 _ 참고 : 도메인 계산 함수 196쪽

'데이터' 탭의 컨트롤 원본 → =Left([본부명], InStr([본부명], "소방")-1) & " 총 출동건수 : " & Format(DSum("출동건수", "종합쿼리", "본부명=txt본부명"), "#,### 건")

03. 〈본부정보확인〉 매크로 작성하기 _ 참고 : 매크로 작성 205쪽

정답

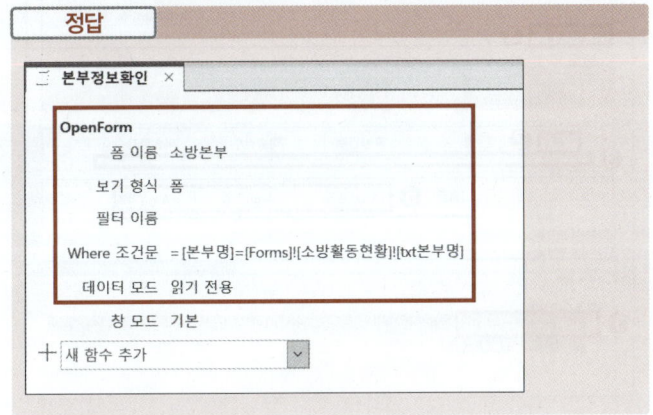

1. 매크로 개체를 생성한 후 이를 연결하여 사용해야 하므로, 먼저 매크로 개체를 생성한다. [만들기] → 매크로 및 코드 → **매크로**(▭)를 클릭한다.
2. 매크로 대화상자에서 정답과 같이 설정한 후 매크로 대화상자의 닫기(✕) 단추를 클릭한 다음 저장 여부를 묻는 대화상자에서 〈예〉를 클릭한다.
3. '다른 이름으로 저장' 대화상자에서 매크로 이름을 **본부정보확인**으로 입력한 다음 〈확인〉을 클릭한다.
4. 〈소방활동현황〉 폼을 디자인 보기로 연 후 폼 머리글의 'txt본부명' 컨트롤을 더블클릭한다.
5. 'txt본부명' 컨트롤 속성 시트 창의 '이벤트' 탭에서 'On Dbl Click' 이벤트의 목록 단추를 눌러 '본부정보확인' 매크로를 선택한다.

문제 3 조회 및 출력 기능 구현

01. 〈본부별출동현황〉 보고서 완성하기 _ 참고 : 보고서 완성 211쪽

정답

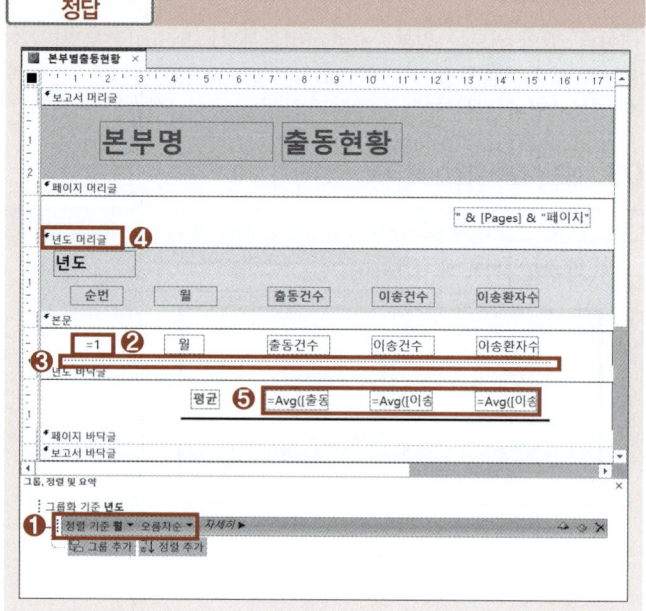

❶ '그룹, 정렬 및 요약' 창

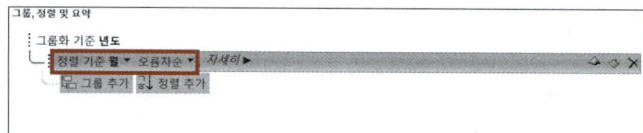

❷ 'txt순번' 컨트롤에 속성 설정하기
- '데이터' 탭의 컨트롤 원본 → =1
- '데이터' 탭의 누적 합계 → 그룹

❸ 점선 삽입하기
1. [보고서 디자인] → 컨트롤 → 선(\)을 클릭한 후 본문 영역 컨트롤들 아래 부분에 드래그하여 선을 삽입한다.
2. 다음과 같이 속성을 설정한다.
   - '형식' 탭의 너비 → 15cm
   - '형식' 탭의 테두리 스타일 → 점선
   - '기타' 탭의 이름 → Line구분선

❹ '년도' 머리글 영역에 속성 설정하기
- '형식' 탭의 반복 실행 구역 → 예
- '형식' 탭의 페이지 바꿈 → 구역 전

❺ 'txt평균출동건수', 'txt평균이송건수', 'txt평균이송환자수' 컨트롤에 속성 설정하기
- 'txt평균출동건수' 컨트롤 '데이터' 탭의 컨트롤 원본 → =Avg([출동건수])
- 'txt평균이송건수' 컨트롤 '데이터' 탭의 컨트롤 원본 → =Avg([이송건수])
- 'txt평균이송환자수' 컨트롤 '데이터' 탭의 컨트롤 원본 → =Avg([이송환자수])
- 'txt평균출동건수', 'txt평균이송건수' 컨트롤의 형식 속성 → #,##0건
- 'txt평균이송환자수' 컨트롤의 형식 속성 → #,##0명

02. 〈소방활동현황〉 폼 머리글의 'cmd보고서' 컨트롤에 기능 구현하기 _ 참고 : 이벤트 프로시저 218쪽

정답

```
Private Sub cmd보고서_Click( )
    DoCmd.OpenReport "본부별출동현황", acViewPreview, , "본부명 = ' "
    & txt본부명 & " ' "
End Sub
```

문제 4 처리 기능 구현

01. 〈출동Top3조회〉 쿼리 _ 참고 : 그룹 쿼리 작성 226쪽

- 쿼리 작성기 창

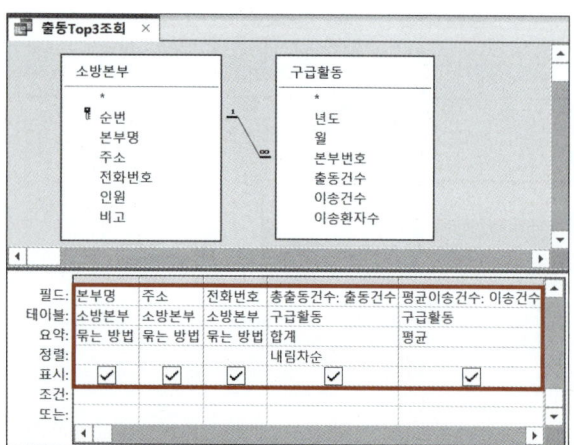

- 쿼리 속성 설정하기
  - '일반' 탭의 상위 값 → 3

※ 총출동건수가 많은 순으로 상위 3개의 레코드를 표시해야 하므로, '총출동건수' 필드의 정렬 기준을 내림차순으로 설정해야 합니다.

- '총출동건수' 필드에 속성 설정하기
  - '일반' 탭의 형식 → #,##0" 건"
- '평균이송건수' 필드에 속성 설정하기
  - '일반' 탭의 형식 → #,##0" 건"
  - '일반' 탭의 소수 자릿수 → 1

02. 〈적은출동지역조회〉 쿼리 _ 참고 : 테이블 생성 쿼리 작성 228쪽

1. 쿼리 작성기 창에서 다음 그림과 같이 설정한다.

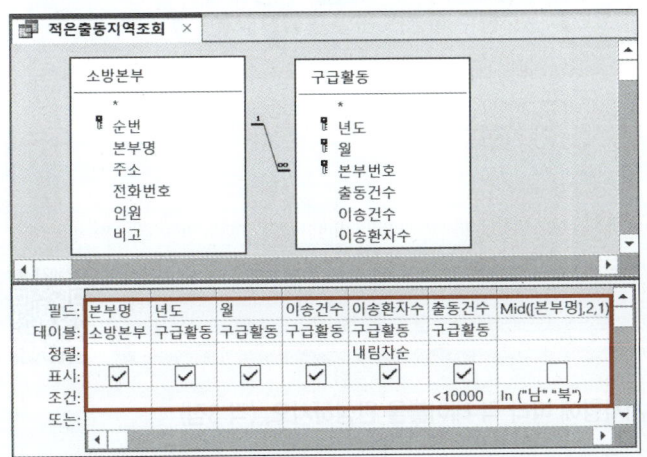

2. [쿼리 디자인] → 쿼리 유형 → **테이블 만들기**(🀫)를 클릭한 후 '테이블 만들기' 대화상자의 '테이블 이름'에 **적은출동지역확인**을 입력한다.

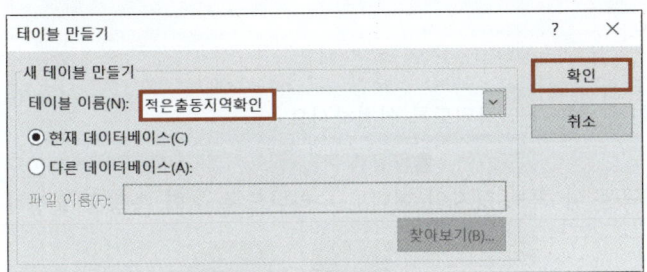

03. 〈이송환자조회〉 쿼리 _ 참고 : 매개 변수 쿼리 작성 227쪽

• 쿼리 작성기 창

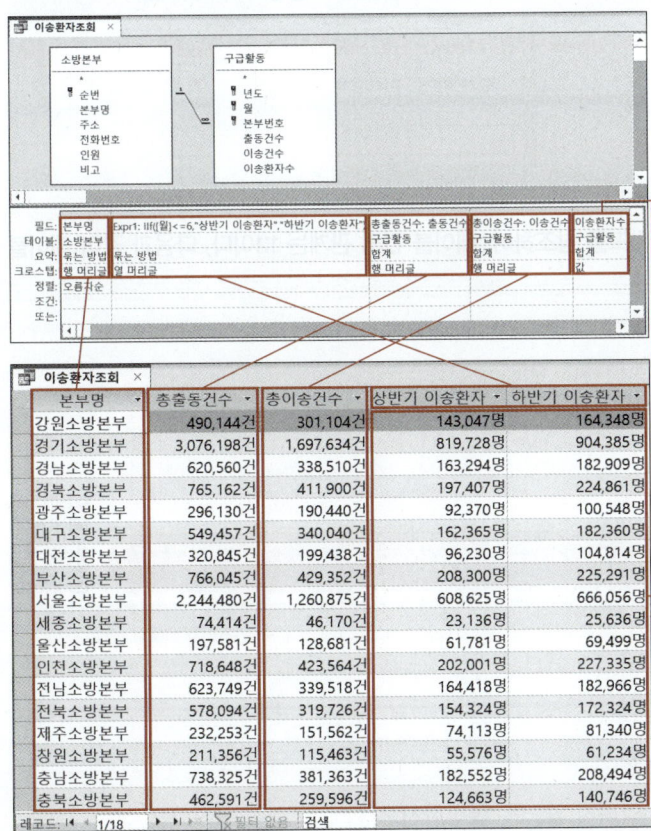

• '총출동건수'와 '총이송건수' 필드에 속성 설정하기
  – '일반' 탭의 형식 → #,##0"건"
• '이송환자수의합계' 필드에 속성 설정하기
  – '일반' 탭의 형식 → #,##0"명"

04. 〈조회된소방본부정보〉 쿼리 _ 참고 : 매개 변수 쿼리 작성 227쪽

• 쿼리 작성기 창

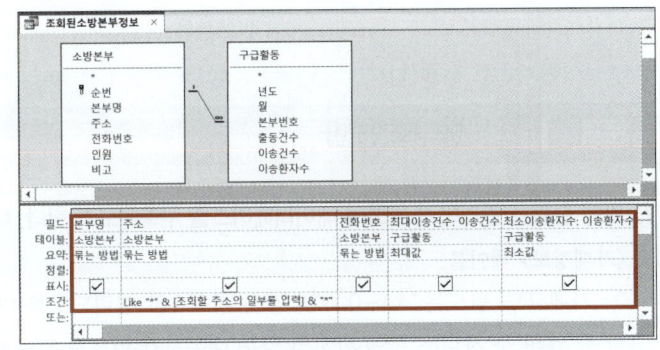

• '최대이송건수' 필드에 속성 설정하기
  – '일반' 탭의 형식 → #,##0"건"
• '최소이송건수' 필드에 속성 설정하기
  – '일반' 탭의 형식 → #,##0"명"

05. 〈우수본부체크〉 쿼리 _ 참고 : 업데이트 쿼리 작성 229쪽

• 쿼리 작성기 창

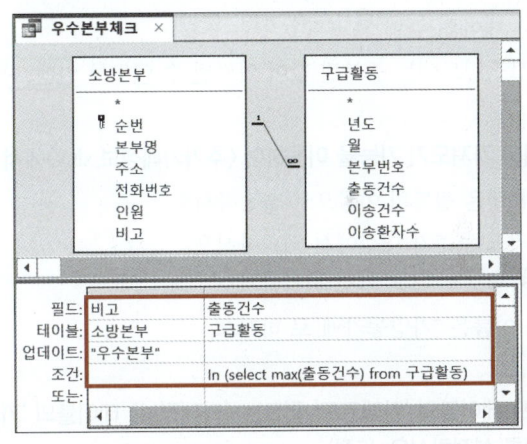

EXAMINATION 02회 2025년 상시02 컴퓨터활용능력 1급 실기

- 준 비 하 세 요 : '실기길벗컴활1급통합\기출\02회' 폴더에서 '25년상시02.accdb' 파일을 열어서 작업하시오.
- 외부 데이터 위치 : 실기길벗컴활1급통합\기출\02회

문제 1 DB구축(25점)

1. 카페 현황을 관리하기 위하여 데이터베이스를 구축하고자 한다. 다음의 지시사항에 따라 각 테이블을 완성하시오. (각 3점)

〈카페정보〉 테이블

① '카페코드' 필드는 'AA-000'과 같은 형식으로 입력되도록 다음과 같이 입력 마스크를 설정하시오.
  ▶ 앞의 두 자리는 A~Z까지의 영문 대문자가 반드시 입력되도록 설정하시오.
  ▶ 중간의 '-' 기호도 함께 저장되도록 설정하시오.
  ▶ 뒤의 세 자리는 0~9까지의 숫자가 반드시 입력되도록 설정하시오.
  ▶ 자료 입력 시 화면에 표시되는 기호는 "*"로 설정하시오.
② 새로운 레코드가 추가되는 경우 '인허가일자' 필드에는 기본적으로 현재 날짜가 입력되도록 설정하시오.
③ '카페명' 필드에는 값이 반드시 입력되도록 관련 속성을 설정하시오.
④ '주소(동)' 필드에는 "내발산동", "등촌동", "마곡동", "방화동", "화곡동"이 콤보 상자의 형태로 나타나도록 조회 속성을 설정하시오.

〈면적정보〉 테이블

⑤ '카페코드' 필드에는 중복된 값이 입력될 수 없도록 인덱스를 설정하시오.

2. 외부 데이터 가져오기 기능을 이용하여 〈추가카페정보.xlsx〉에서 '가양동' 시트의 데이터를 가져와 테이블로 생성하시오. (5점)

  ▶ 첫 번째 행은 필드의 이름으로 설정하시오.
  ▶ '비고' 필드는 추가 대상에서 제외하시오.
  ▶ '업소명' 필드를 기본 키로 설정하시오.
  ▶ 테이블 이름은 "가양동카페"로 하시오.

3. 〈면적정보〉 테이블의 '카페코드' 필드는 〈카페정보〉 테이블의 '카페코드' 필드를 참조하며, 테이블 간의 관계는 1:1이다. 다음과 같이 테이블 간의 관계를 설정하시오. (5점)

  ▶ 각 테이블 간에 항상 참조 무결성이 유지되도록 설정하시오.
  ▶ 참조 필드의 값이 변경되면 관련 필드의 값도 변경되도록 설정하시오.
  ▶ 다른 테이블에서 참조하고 있는 레코드는 삭제할 수 없도록 설정하시오.

문제 2 입력 및 수정 기능 구현(20점)

1. 〈카페현황〉 폼을 다음의 그림과 지시사항에 따라 완성하시오. (각 3점)

① 폼 머리글에 〈그림〉과 같이 제목 레이블을 삽입하시오
  ▶ 이름 : title   ▶ 글꼴 크기 : 16
  ▶ 이름 : 글꼴 두께 : 아주 굵게   ▶ 문자색 : 시스템 3D 강조
② 폼에 탐색 단추와 구분선이 표시되도록 설정하고, 폼이 팝업 폼으로 열리지 않도록 설정하시오.

③ 하위 폼의 기본 보기 속성을 〈그림〉처럼 설정하고, 폼 바닥글의 'txt카페총수' 컨트롤에는 '규모' 필드의 값이 'txt규모' 컨트롤의 값과 동일한 카페의 수를 구한 뒤 〈그림〉 같이 표시되도록 '컨트롤 원본' 속성을 설정하시오.
▶ 〈종합쿼리〉 쿼리와 '카페코드' 필드, DCount 함수와 & 연산자를 이용하시오.

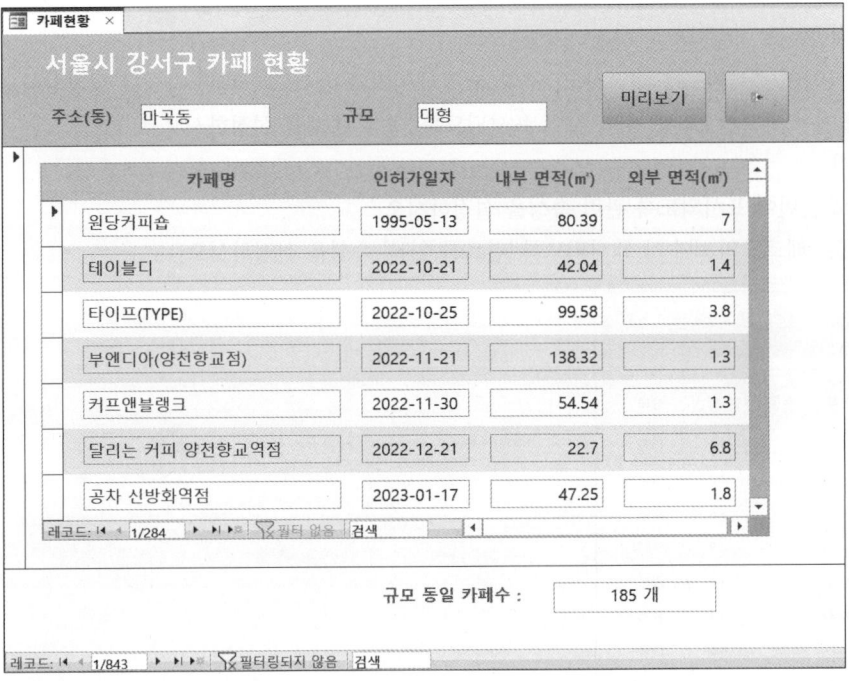

2. 〈카페정보확인〉 폼에 다음과 같이 조건부 서식을 설정하시오. (6점)
▶ '인허가일자' 필드의 값이 2010년 이전이고 '건물내부면적'이 100 이상이면, 본문의 모든 컨트롤의 글꼴 스타일을 '굵게', 글꼴 색을 '표준 색 - 빨강'으로 설정하시오.
▶ '카페명' 필드의 값에 "카페"라는 글자가 포함되면, 본문의 모든 컨트롤의 글꼴 스타일을 '굵게', 글꼴 색을 '표준 색 - 파랑'으로 설정하시오.
▶ Year 함수와 And, Like 연산자를 사용하시오.

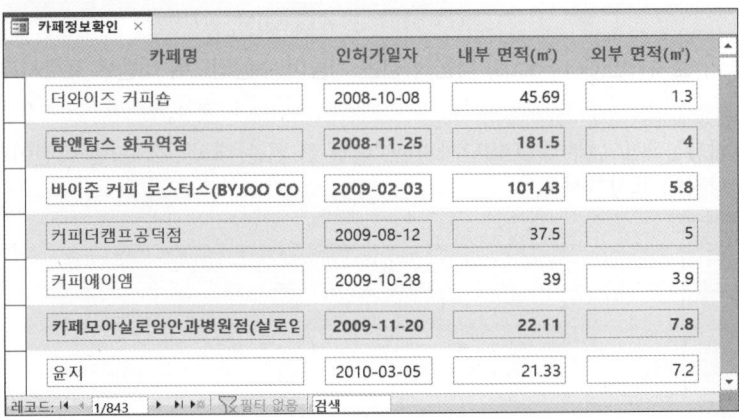

3. 〈카페현황〉 폼 머리글의 '미리보기(cmd보고서)' 단추를 클릭하면, 〈카페허가현황〉 보고서를 '인쇄 미리 보기' 형식으로 여는 〈보고서출력〉 매크로를 생성하여 지정하시오. (5점)
▶ 다음과 같이 시스템의 현재 날짜와 시간이 표시된 메시지 상자에서 〈확인〉을 클릭하면 보고서를 출력하시오.

▶ '주소(동)' 필드의 값이 폼 머리글의 'txt주소' 컨트롤에 표시된 것과 동일한 정보만 표시하시오.

문제 3 조회 및 출력 기능 구현(20점)

1. 다음의 지시사항 및 그림을 참조하여 〈카페허가현황〉 보고서를 완성하시오. (각 3점)

   ① 동일한 그룹 내에서 '카페명'을 기준으로 내림차순 정렬되도록 설정하시오.
   ② 인허가일자 머리글 영역이 페이지마다 반복하여 출력되도록 설정하고, 구역 전에 페이지가 바뀌도록 관련 속성을 설정하시오.
   ③ 인허가일자 머리글의 'txt허가년도' 컨트롤에는 년도가 [표시 예]와 같이 표시되도록 '형식' 속성을 설정하시오.
      ▶ 표시 예 : 2009-08-12 → 2009년 허가
   ④ 본문 영역의 'txt순번' 컨트롤에는 그룹별로 순번이 표시되도록 관련 속성을 설정하시오.
   ⑤ 인허가일자 바닥글의 'txt카페수' 컨트롤에는 레코드의 개수가 표시되도록 '컨트롤 원본' 속성을 설정하시오.

카페허가현황					
2023년 허가					
순번	카페명	주소(동)	건물내부면적	건물외부면적	상태
1	한담(HanDam)	마곡동	20.5	1.8	중형
2	커피메이드 마곡역점	마곡동	61.2	1.2	대형
3	이너프커피(ENOUGH COFFEE)	마곡동	40	8.6	중형
4	소카크(SOKAK)	마곡동	120.12	2.9	초대형
5	베르데비앙(VERDEBIAN)	마곡동	41.82	8.1	중형
6	익스프래스 마곡보타닉파크타…	마곡동	32.46	3.3	중형
7	닥터박커피	마곡동	41.6	6.6	중형
8	그랜드커피	마곡동	38.45	4	중형
9	공차 신방화역점	마곡동	47.25	1.8	중형
				총 카페수 :	9

   29/29페이지

2. 〈카페정보확인〉 폼 본문의 'txt인허가일자' 컨트롤에 포커스가 옮겨가면(Got Focus) 다음과 같은 기능이 수행되도록 이벤트 프로시저를 구현하시오. (5점)

   ▶ '허가일자'의 년도가 2020년 이후이면 "변경 후 기준 대상", 2010년부터 2019년까지는 "변경 전 기준 대상", 2009년 이전이면 "기준 재등록 대상"이란 메시지를 〈그림〉과 같이 메시지 상자에 표시하시오.

   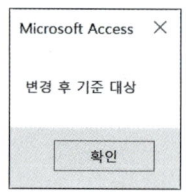 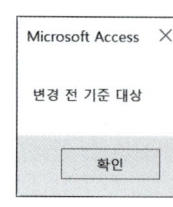 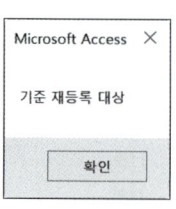

   2020년 이후   2010년 ~ 2019년   2009년 이전

   ▶ If ~ Else ~ End If, Year, MsgBox 함수를 사용하시오.

문제 4 처리 기능 구현(35점)

1. 〈카페정보〉와 〈면적정보〉 테이블을 이용하여 주소(동)별 카페수, 건물내부면적의 평균과 최댓값을 조회하여 새 테이블로 생성하는 〈동별카페조회〉 쿼리를 작성하고 실행하시오. (7점)

   ▶ '카페수'는 '카페명' 필드를 이용하시오.
   ▶ '평균면적'은 '건물내부면적' 필드를 이용하여 평균을 구한 후 반올림하여 소수 첫째 자리까지 표시하시오.
   ▶ '최대면적'은 '건물내부면적' 필드를 이용하여 최댓값으로 표시하시오.
   ▶ '최대면적'이 넓은 순으로 정렬하여 표시하시오.
   ▶ 쿼리 실행 후 생성되는 테이블의 이름은 〈동별카페확인〉으로 설정하시오.
   ▶ Avg, Max, Round 함수를 사용하시오.
   ▶ 쿼리 실행 결과 생성되는 테이블의 필드는 〈그림〉을 참고하여 수험자가 판단하여 설정하시오.

동별카페확인			
주소(동)	카페수	평균면적	최대면적
마곡동	284	60.7	528.93
화곡동	253	58.4	461.28
방화동	99	53.6	450.87
내발산동	64	65.6	390.31
등촌동	143	60	283.5

   ※ 〈동별카페조회〉 쿼리를 실행한 후의 〈동별카페확인〉 테이블

2. 허가년도별 주소(동)별 카페수를 조회하는 〈카페수조회〉 크로스탭 쿼리를 작성하시오. (7점)

   ▶ 〈카페정보〉 테이블을 이용하시오.
   ▶ '허가년도'는 '인허가일자' 필드를 이용하여, 2015년 이전이면 "2015년 이전"을, 2016년부터 2020년까지는 각 년도를, 나머지는 "2021년 이후"를 〈그림〉과 같이 표시하시오.
   ▶ '카페수'는 '카페코드' 필드를 이용하시오.
   ▶ IIf, Year 함수를 사용하시오.
   ▶ 쿼리 실행 결과 표시되는 필드와 필드명은 〈그림〉과 같이 표시되도록 설정하시오.

카페수조회					
허가년도	내발산동	등촌동	마곡동	방화동	화곡동
2015년 이전	18	44	8	31	58
2016	2	8	14	7	12
2017	6	14	22	6	17
2018	4	12	24	9	21
2019	6	17	46	7	22
2020	14	8	45	9	28
2021년 이후	14	40	125	30	95

3. 〈카페정보〉와 〈면적정보〉 테이블을 이용하여, 조회할 카페명의 일부를 매개 변수로 입력받아 해당 카페의 주소 정보를 조회하는 〈조회된카페정보〉 매개 변수 쿼리를 작성하시오. (7점)

   ▶ '카페명' 필드를 기준으로 오름차순 정렬하여 표시하시오.
   ▶ '건물외부면적' 필드의 값이 5 이상인 레코드만을 조회하되, '주소(동)' 필드가 "내발산동", "방화동"인 레코드는 조회 대상에서 제외하시오.
   ▶ Like와 Not In 연산자를 사용하시오.
   ▶ 쿼리 실행 결과 표시되는 필드와 필드명은 〈그림〉과 같이 표시되도록 설정하시오.

   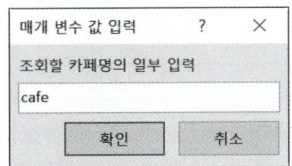

조회된카페정보		
카페명	주소(동)	상세주소
카페 커디(CAFE CUDI)	마곡동	797-1 퀸즈파크나인 1층 133호
카페 허니 힐(Cafe Honey Hill)	화곡동	1131-15 오성파크빌 101호
카페뚜또(CafeTutto)	마곡동	784-13 아르디에 (지상 1층) 112호
카페미뇽(cafe mignon)	마곡동	796-3 외 1필지 마곡사이언스타워 (지상 1층) 121호
카페아크 CAFE ARK	화곡동	105-456 화곡중앙교회 교육관 1층
홀론카페(hoLon cafe)	등촌동	637 서울시니어스가양타워 1층 102호
cafe 희&희	등촌동	663-13 1층
CAFE OZ(카페오즈)	화곡동	1052-9 1층

4. 〈카페정보〉와 〈면적정보〉 테이블을 이용하여 건물의 내부면적이 넓은 순으로 상위 5개에 해당하는 카페 정보를 조회하는 〈내부면적Top5〉 쿼리를 작성하시오. (7점)

   ▶ '카페이름'은 [표시 예]와 같이 '카페명' 필드의 마지막 두 글자를 제외한 앞의 나머지 글자를 "*"로 표시하고, '카페명' 필드의 마지막 두 글자에 "coffee"를 붙여 표시하시오.

   [표시 예] (주)보나비 아티제 이대서울병원점 → ***************원점coffee
   　　　　　어나더사이드 → ****이드coffee

   ▶ '주소(동)' 필드는 '형식' 속성을 이용하여 〈그림〉과 같이 표시하시오.
   ▶ Right, String, Len 함수와 & 연산자를 사용하시오.
   ▶ 쿼리 실행 결과 표시되는 필드와 필드명은 〈그림〉과 같이 표시되도록 설정하시오.

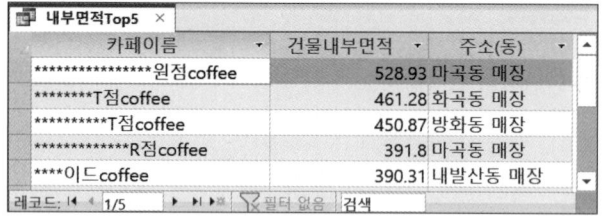

5. 〈카페정보〉와 〈면적정보〉 테이블을 이용하여 건물면적이 100 이상이고 인허가일자가 '2015-12-31' 이전인 레코드만 조회하는 〈대규모카페정보〉 쿼리를 작성하시오. (7점)

   ▶ '주소'는 '주소(동)' 필드와 '상세주소' 필드를 연결하여 표시하시오.
   ▶ '건물면적'은 '건물내부면적'과 '건물외부면적' 필드의 값을 더한 값으로 계산하고, '형식' 속성을 이용하여 [표시 예]와 같이 소수 첫째 자리까지만 표시하시오.

   [표시 예] 0 → 0.0, 324.489… → 324.5

   ▶ '건물면적' 필드를 기준으로 내림차순 정렬하여 표시하시오.
   ▶ & 연산자를 사용하시오.
   ▶ 쿼리 실행 결과 표시되는 필드와 필드명은 〈그림〉과 같이 표시되도록 설정하시오.

카페명	주소	건물면적
스타벅스커피 까치산역점	화곡동 343-1 외 1필지 동진빌딩 (지하 1층~지상 1층)	324.5
스타벅스커피 화곡동점	화곡동 1073-10 외 12필지 메가박스 (지상 1~2층) 112~113, 205호	284.7
투썸플레이스우장산역	내발산동 723-2 우장산역엠버리움빌딩 (지상 1~2층) 101호 201~202호	267.2
투썸플레이스 까치산역점	화곡동 343-52 도양라비앙타워 1층, 지하1층	258.9
이디야 화곡로점	화곡동 1067-20 (지상 2층)	232.5
탐앤탐스 목동사거리점	화곡동 781-4 (지상 2층)	228.4
스타벅스커피 등촌점	등촌동 668-9 (지상 1층)	227.1
투썸플레이스 등촌역점	등촌동 648-4 (지상 1층)	208.8
스타벅스커피 발산역점	등촌동 678-14 그랜드백화점 (지상 1층) 주차장동	208.8
탐앤탐스 화곡역점	화곡동 1076-1 화곡메디칼 (지상 1~ 2층 일부)	185.5

EXAMINATION 02회

2025년 상시02 기출문제 해설

문제 1   DB 구축

01. 테이블 완성하기 _ 참고 : 테이블 완성 180쪽

〈카페정보〉 테이블

❶ '카페코드' 필드에 입력 마스크 속성 설정하기

일반	조회	필드 속성
필드 크기	255	
형식		
입력 마스크	>LL-000;0;*	
캡션		

❷ '인허가일자' 필드에 기본값 속성 설정하기

일반	조회	필드 속성
캡션		
기본값	Date()	
유효성 검사 규칙		
유효성 검사 텍스트		

❸ '카페명' 필드에 필수 속성 설정하기

일반	조회	필드 속성
유효성 검사 텍스트		
필수	예	
빈 문자열 허용	예	
인덱스	아니요	

❹ '주소(동)' 필드에 조회 속성 설정하기

일반	조회	필드 속성
컨트롤 표시	콤보 상자	
행 원본 유형	값 목록	
행 원본	내발산동;등촌동;마곡동;방화동;화곡동	
바운드 열	1	
열 개수	1	
열 이름	아니요	

> ※ 행 원본 유형이 '테이블/쿼리'가 아니라 '값 목록'이므로, 행 원본을 "내발산동";"등촌동", …과 같이 큰따옴표로 묶지 않아도 필드가 아닌 문자열로 인식합니다.

〈면적정보〉 테이블

❺ '카페코드' 필드에 인덱스 속성 설정하기

일반	조회	필드 속성
빈 문자열 허용	예	
인덱스	예(중복 불가능)	
유니코드 압축	아니요	
IME 모드	한글	

02. '추가카페정보.xlsx' 파일 가져오기 _ 참고 : 테이블 생성 190쪽

정답

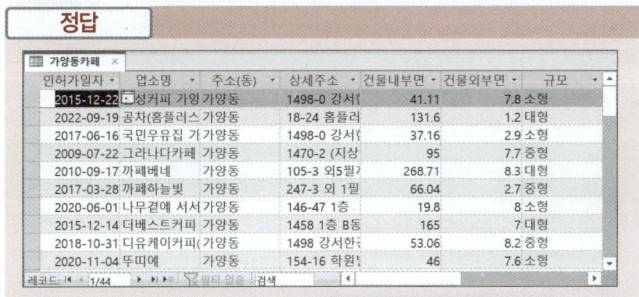

1. '외부 데이터 가져오기 – Excel 스프레드시트' 대화상자

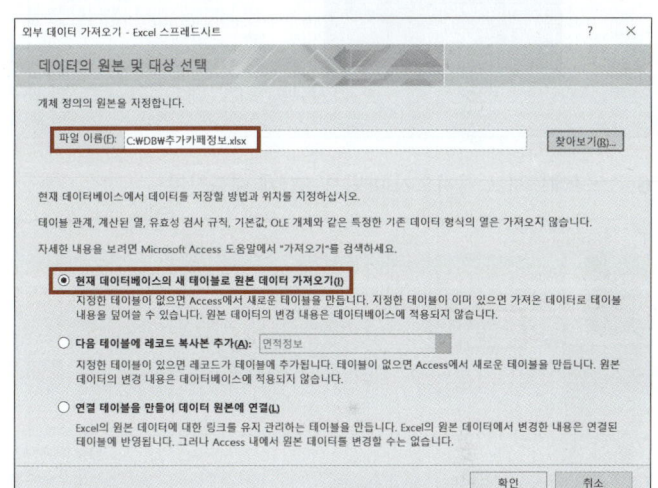

2. '스프레드시트 가져오기 마법사' 1단계 대화상자

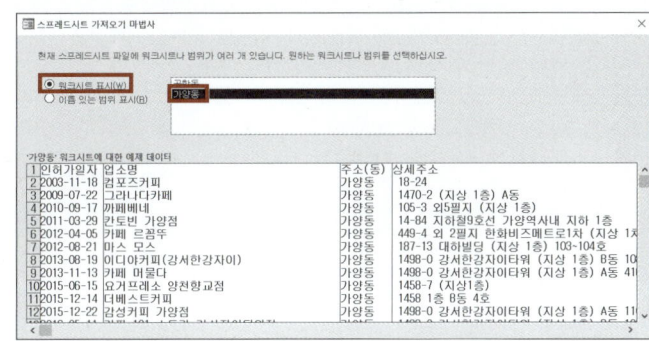

3. '스프레드시트 가져오기 마법사' 2단계 대화상자

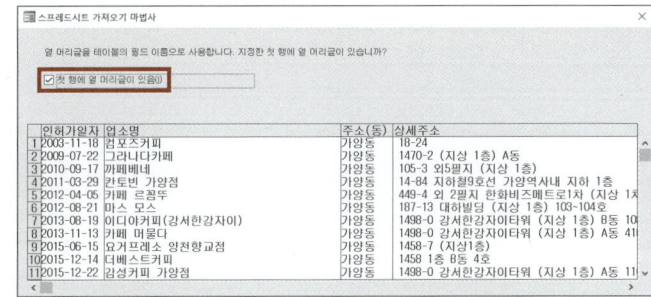

4. '스프레드시트 가져오기 마법사' 3단계 대화상자

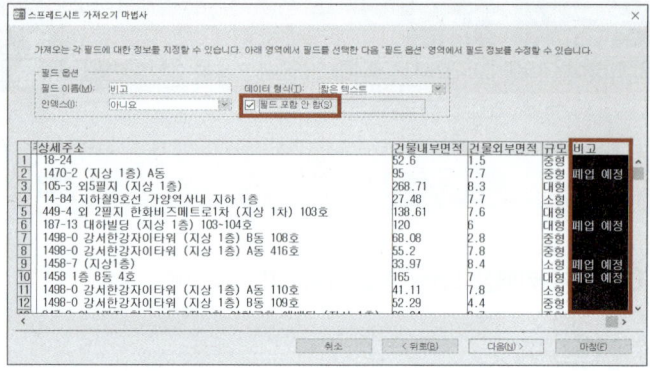

5. '스프레드시트 가져오기 마법사' 4단계 대화상자

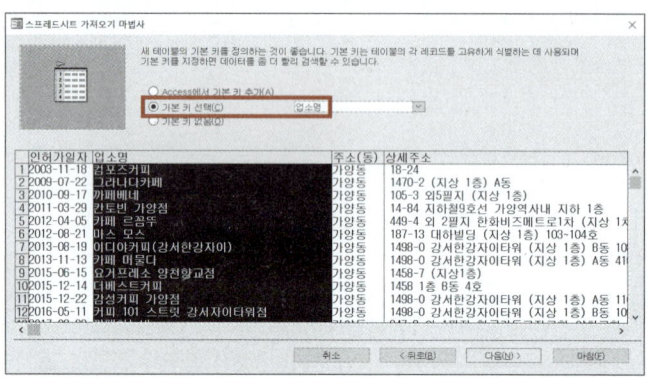

6. '스프레드시트 가져오기 마법사' 5단계 대화상자

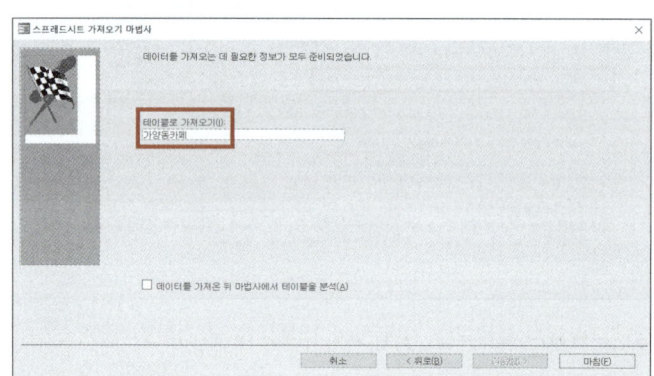

03. 〈카페정보〉 테이블과 〈면적정보〉 테이블 간의 관계 설정하기
_ 참고 : 관계 설정 188쪽

정답

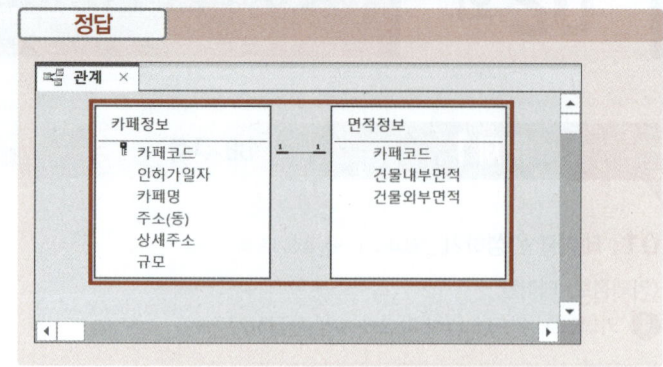

• '관계 편집' 대화상자

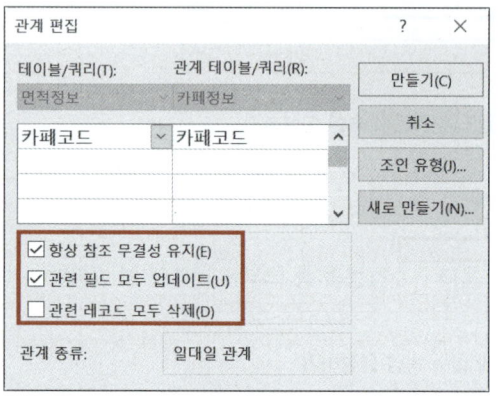

문제 2 · 입력 및 수정 기능 구현 — 정답

01. 〈카페현황〉 폼 완성하기 _ 참고 : 폼 완성 193쪽

정답

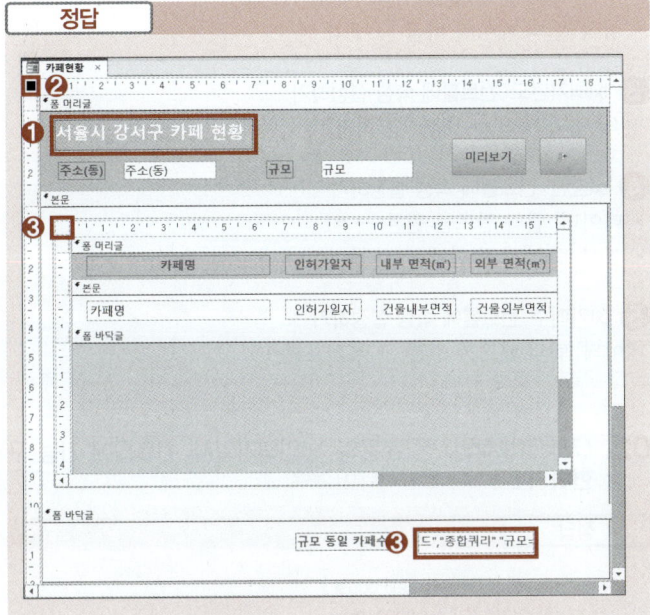

❶ 폼 머리글에 제목 삽입하기
1. [양식 디자인] → 컨트롤 → **레이블**(가가)을 클릭한 후 폼 머리글의 적당한 위치에 드래그한다.
2. **서울시 강서구 카페 현황**을 입력하고 Enter를 누른 후 [서식] → 글꼴에서 글꼴 크기를 16으로 변경한 후 배치한다.
3. 작성된 레이블을 더블클릭한 후 다음과 같이 속성을 설정한다.
   - '형식' 탭의 글꼴 두께 → 아주 굵게
   - '형식' 탭의 문자색 → 시스템 3D 강조
   - '기타' 탭의 이름 → title

❷ 폼 속성 설정하기
- '형식' 탭의 탐색 단추 → 예
- '형식' 탭의 구분 선 → 예
- '기타' 탭의 팝업 → 아니요

❸ 하위 폼과 'txt카페총수' 컨트롤에 속성 설정하기
- 하위 폼 컨트롤 : '형식' 탭의 기본 보기 → 연속 폼
- 'txt카페총수' 컨트롤 : '데이터' 탭의 컨트롤 원본 → =DCount("카페코드", "종합쿼리", "규모=txt규모") & " 개"

02. 〈카페정보확인〉 폼 본문 컨트롤에 조건부 서식 설정하기
_ 참고 : 조건부 서식 199쪽

1. 폼 본문에 있는 모든 컨트롤을 선택한다.
2. [서식] → 컨트롤 서식 → **조건부 서식**(▦)을 클릭한 후 '조건부 서식 규칙 관리자' 대화상자에서 〈새 규칙〉을 클릭한다.
3. '새 서식 규칙' 대화상자에서 다음과 같이 설정한다.

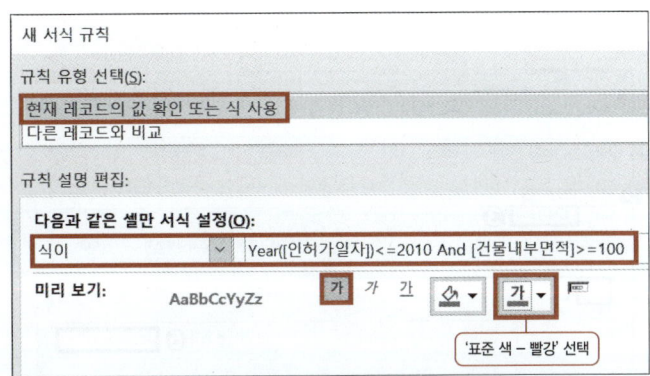

4. 같은 방법으로 두 번째 조건부 서식을 다음과 같이 설정한다.

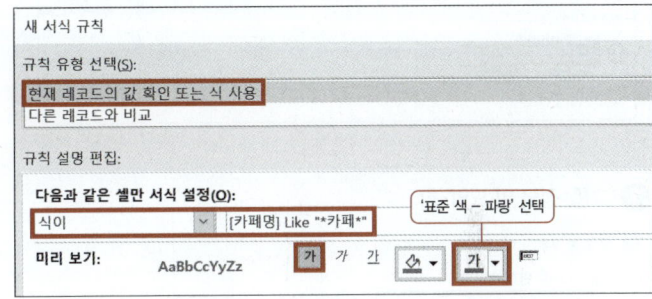

03. 〈보고서출력〉 매크로 작성하기 _ 참고 : 매크로 작성 205쪽

정답

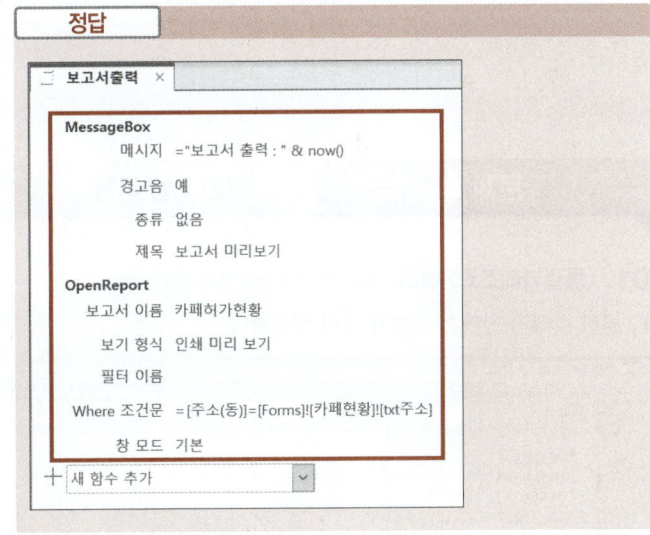

1. 매크로 개체를 생성한 후 이를 연결하여 사용해야 하므로, 먼저 매크로 개체를 생성한다. [만들기] → 매크로 및 코드 → **매크로**(▥)를 클릭한다.
2. 매크로 대화상자에서 정답과 같이 설정한 후 매크로 대화상자의 닫기(✕) 단추를 클릭한다.
3. 저장 여부를 묻는 대화상자에서 〈예〉를 클릭한다.
4. '다른 이름으로 저장' 대화상자에서 매크로 이름을 **보고서출력**으로 입력한 다음 〈확인〉을 클릭한다.
5. 〈카페현황〉 폼을 디자인 보기로 연 후 폼 머리글의 'cmd보고서' 컨트롤을 더블클릭한다.
6. 'cmd보고서' 컨트롤 속성 시트 창의 '이벤트' 탭에서 'On Click' 이벤트의 목록 단추를 눌러 '보고서출력' 매크로를 선택한다.

문제 3 조회 및 출력 기능 구현

01. 〈카페허가현황〉 보고서 완성하기 _ 참고 : 보고서 완성 211쪽

정답

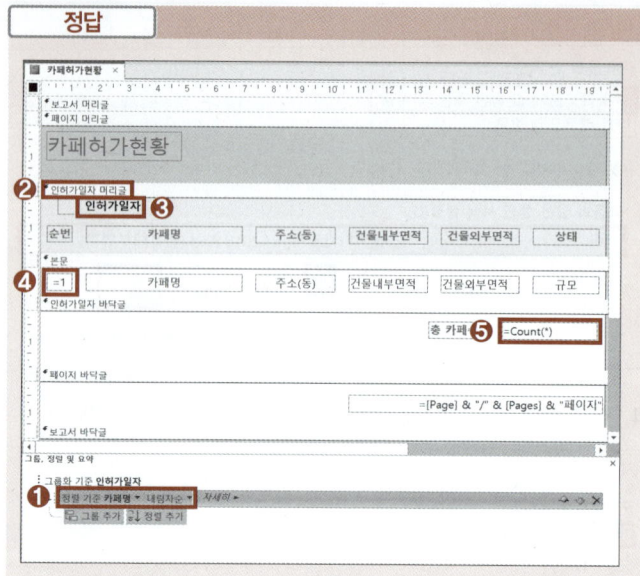

❶ '그룹, 정렬 및 요약' 창

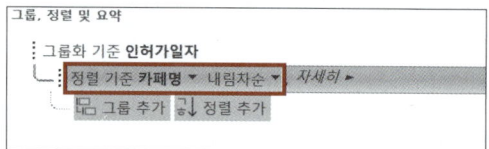

❷ '인허가일자' 머리글 영역에 속성 설정하기
- '형식' 탭의 반복 실행 구역 → 예
- '형식' 탭의 페이지 바꿈 → 구역 전

❸ 'txt허가년도' 컨트롤에 속성 설정하기
'형식' 탭의 형식 → yyyy"년 허가"

❹ 'txt순번' 컨트롤에 속성 설정하기
- '데이터' 탭의 컨트롤 원본 → =1
- '형식' 탭의 누적 합계 → 그룹

❺ 'txt카페수' 컨트롤에 속성 설정하기
'데이터' 탭의 컨트롤 원본 → =Count(*)

02. 〈카페정보확인〉 폼 본문의 'txt인허가일자' 컨트롤에 기능 구현하기 _ 참고 : 이벤트 프로시저 218쪽

정답

```
Private Sub txt인허가일자_GotFocus( )
    If Year([인허가일자]) >= 2020 Then
        MsgBox "변경 후 기준 대상"
    ElseIf Year([인허가일자]) >= 2010 Then
        MsgBox "변경 전 기준 대상"
    Else
        MsgBox "기준 재등록 대상"
    End If
End Sub
```

문제 4 처리 기능 구현

01. 〈동별카페조회〉 쿼리 _ 참고 : 테이블 생성 쿼리 작성 228쪽

1. 쿼리 작성기 창에서 다음과 같이 설정한다.

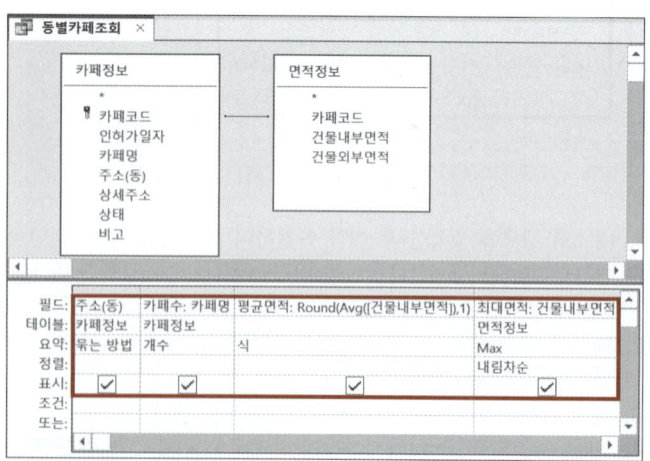

※ 아래 그림과 같이 '평균면적'과 '최대면적'의 묶는 방법을 '평균'과 '최대값'으로 지정한 후 '평균면적'에 대해 '형식' 속성을 0, '소수 자릿수' 속성을 1로 설정해도 결과는 동일하지만, 지시사항으로 Avg, Max, Round 함수가 제시되었으므로 제시된 함수를 직접 사용하여 1번 그림과 같이 작성해야 합니다.

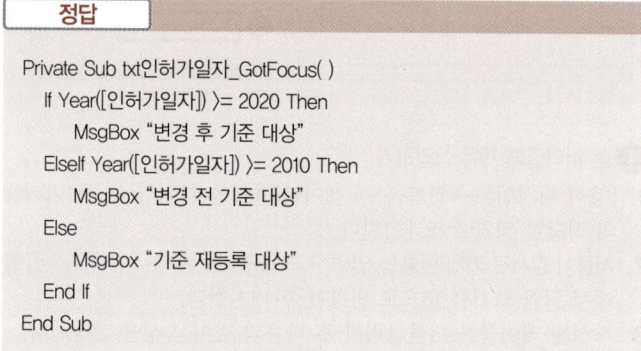

※ 필드에 함수를 적용하여 값을 표시할 때는 묶는 방법을 '식'으로 지정합니다.

※ 묶는 방법을 '식'으로 지정하고 최대면적: Max([건물내부면적])을 입력하면 1번 그림과 같이 필드에 입력한 함수가 제거되고 묶는 방법이 'Max'로 변경되며, 쿼리를 종료한 후 디자인 보기로 다시 열면 '최대값'으로 변경됩니다. 이는 채점과 관계가 없으니 신경 쓰지 않아도 됩니다.

2. [쿼리 디자인] → 쿼리 유형 → **테이블 만들기**(🗔)를 클릭한다.
3. '테이블 만들기' 대화상자의 '테이블 이름'에 **동별카페확인**을 입력한 후 〈확인〉을 클릭한다.

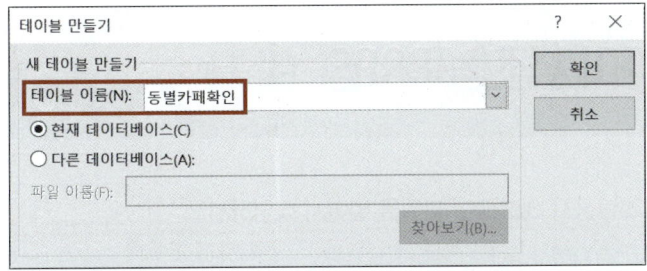

02. 〈카페수조회〉 쿼리 _ 참고 : 크로스탭 쿼리 작성 227쪽

• 쿼리 작성기 창

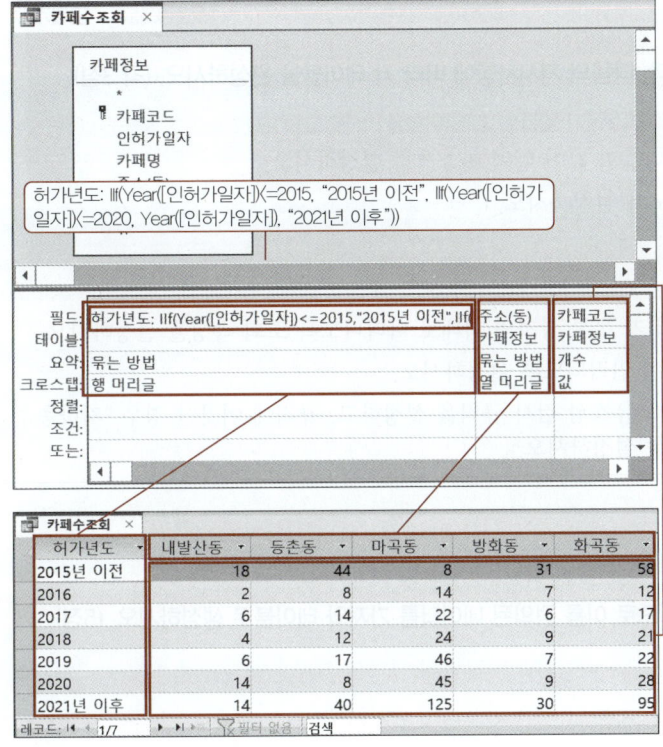

03. 〈조회된카페정보〉 쿼리 _ 참고 : 매개 변수 쿼리 작성 227쪽

• 쿼리 작성기 창

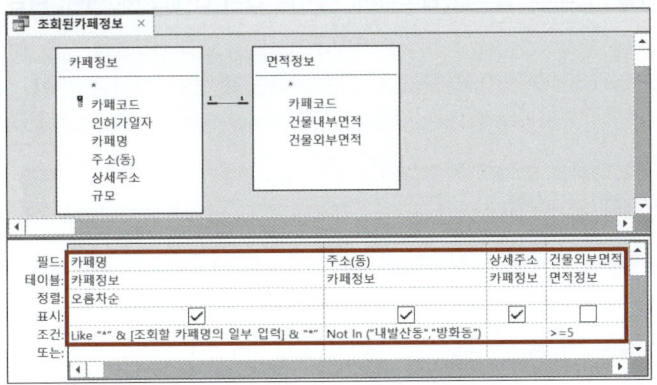

04. 〈내부면적Top5〉 쿼리 _ 참고 : 그룹 쿼리 작성 226쪽

• 쿼리 작성기 창

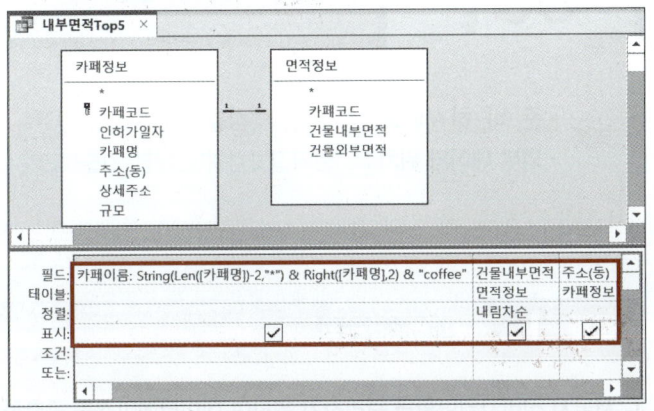

String(Len([카페명])–2, "*") & Right([카페명],2) & "coffee"
        ❶   ❸
            ❷
                ❹

※ '카페명'이 "어나더사이드"라고 가정합니다.
• ❶ Len([카페명])–2 : '카페명' 필드의 길이 6에서 2를 뺍니다(4).
• ❷ String(❶,"*") : ❶의 개수만큼 문자 "*"를 반복 표시합니다. → ****
• ❸ Right([카페명],2) : '카페명' 필드에서 오른쪽부터 2글자를 가져옵니다. → 이드
• ❹ ❷ & ❸ & "coffee" : ❷, ❸의 결과값과 "coffee"를 모두 연결합니다. → ****이드coffee

• 쿼리 속성 설정하기
  – '일반' 탭의 상위 값 → 5
• '주소(동)' 필드 속성 설정하기
  – '일반' 탭의 형식 → @" 매장"

05. 〈대규모카페정보〉 쿼리 _ 참고 : 그룹 쿼리 작성 226쪽

• 쿼리 작성기 창

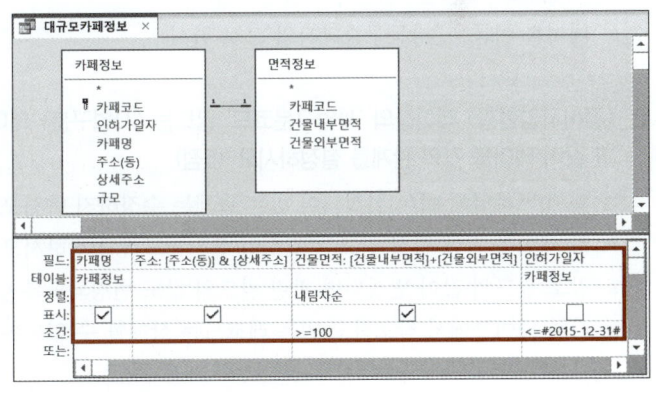

• '건물면적' 필드 속성 설정하기
  – '일반' 탭의 형식 → 0.0

EXAMINATION 03회 2025년 상시03 컴퓨터활용능력 1급 실기

- 준 비 하 세 요 : '실기길벗컴활1급통합\기출\03회' 폴더에서 '25년상시03.accdb' 파일을 열어서 작업하시오.
- 외부 데이터 위치 : 실기길벗컴활1급통합\기출\03회

문제 1 DB구축(25점)

1. 서울시 정비사업현황을 관리하기 위하여 데이터베이스를 구축하고자 한다. 다음의 지시사항에 따라 각 테이블을 완성하시오. (각 3점)

〈정비사업현황〉 테이블

① '사업번호' 필드는 '1111-100000000'과 같은 형식으로 입력받도록 다음과 같이 입력 마스크를 설정하시오.
  ▶ 앞의 4글자와 뒤의 9글자는 0~9 사이의 숫자만 반드시 입력되도록 설정하시오.
  ▶ 중간의 '-' 기호도 함께 저장되도록 설정하시오.
  ▶ 자료 입력 시 화면에 표시되는 기호는 "#"으로 설정하시오.
② '운영구분' 필드에는 "조합", "조합청산", "공공지원자", "추진위원회"가 목록 상자의 형태로 나타나도록 조회 속성을 설정하시오.
③ 새로운 레코드가 추가되는 경우 '상태' 필드에는 기본적으로 "운영"이 입력되도록 설정하시오.
④ '지하층수' 필드에는 '지상층수' 필드의 값보다 작은 값이 입력되도록 유효성 검사 규칙을 설정하고, 규칙에 어긋난 경우 "지하층수에는 지상층수보다 작은 값을 입력하세요"라는 텍스트가 표시되도록 설정하시오.

〈사업구분〉 테이블

⑤ '사업구분코드' 필드를 기본 키로 설정하시오.

2. 외부 데이터 가져오기 기능을 이용하여 〈강동구사업.xlsx〉에서 '일시중단'으로 이름 정의된 데이터를 가져와 테이블로 생성하시오. (5점)

  ▶ 첫 번째 행은 필드의 이름으로 설정하시오.
  ▶ '지상층수', '지하층수' 필드의 데이터 형식을 '바이트'로 설정하시오.
  ▶ '사업번호' 필드를 기본 키로 설정하시오.
  ▶ 테이블 이름은 "강동구중단사업"으로 하시오.

3. 〈정비사업현황〉 테이블의 '사업구분코드' 필드는 〈사업구분〉 테이블의 '사업구분코드' 필드를 참조하며, 테이블 간의 관계는 M:1이다. 다음과 같이 테이블 간의 관계를 설정하시오. (5점)

※ 액세스 파일에 이미 설정되어 있는 관계는 수정하지 마시오.
  ▶ 각 테이블 간에 항상 참조 무결성이 유지되도록 설정하시오.
  ▶ 참조 필드의 값이 변경되면 관련 필드의 값도 변경되도록 설정하시오.
  ▶ 다른 테이블에서 참조하고 있는 레코드는 삭제할 수 없도록 설정하시오.

문제 2 입력 및 수정 기능 구현(20점)

1. 〈정비사업현황조회〉 폼을 다음의 그림과 지시사항에 따라 완성하시오. (각 3점)

   ① 폼 머리글에 다음과 같이 그림을 삽입하시오.
   - ▶ 그림 파일 이름 : 로고.png
   - ▶ 그림 너비 : 2cm
   - ▶ 그림 유형 : 포함
   - ▶ 그림 이름 : img그림
   - ▶ 그림 높이 : 1.4cm

   ② 폼 본문의 'txt사업번호' 컨트롤은 데이터 원본을 편집할 수 없도록 관련 속성을 설정하시오. (단, 포커스는 이동 가능함)

   ③ 폼 바닥글의 'txt총건수' 컨트롤의 배경과 테두리가 투명하게 표시되도록 관련 속성을 설정하시오.

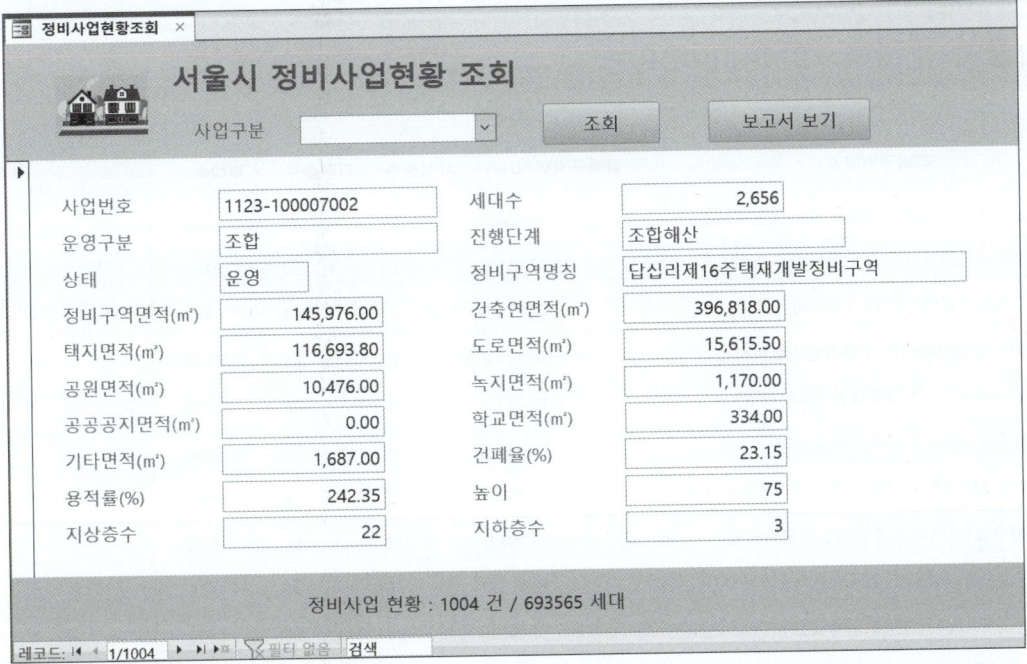

2. 〈정비사업현황조회〉 폼 바닥글의 'txt총건수' 컨트롤에는 전체 레코드의 개수와 '세대수' 필드의 합계가 표시되도록 '컨트롤 원본' 속성을 설정하시오. (6점)
   - ▶ Count, Sum 함수와 & 연산자를 사용하시오.
   - ▶ 1번 그림 참조

3. 〈정비사업현황조회〉 폼 머리글의 '보고서 보기(cmd인쇄)' 단추를 클릭하면, 〈정비사업현황보고서〉를 '인쇄 미리 보기' 형식으로 열고, 〈정비사업현황조회〉 폼을 닫는 〈보고서보기〉 매크로를 생성하여 지정하시오. (5점)
   - ▶ '사업구분' 필드의 값이 폼 머리글의 'cmb사업구분' 컨트롤에 해당하는 정보만 표시하시오.

문제 3 — 조회 및 출력 기능 구현(20점)

1. 다음의 지시사항 및 그림을 참조하여 〈정비사업현황보고서〉를 완성하시오. (각 3점)

① '자치구' 기준으로 그룹이 지정된 상태에서, '운영구분'을 기준으로 내림차순 정렬되도록 설정하시오.
② 페이지 머리글의 'txt날짜' 컨트롤에 오늘 날짜가 〈그림〉과 같이 표시되도록 '컨트롤 원본'과 '형식' 속성을 설정하시오.
  ▶ 시간을 포함하지 않는 시스템의 오늘 날짜만 입력되는 함수를 사용하시오.
③ '자치구' 머리글 영역이 페이지마다 반복하여 출력되도록 설정하고, 구역 전에 페이지가 바뀌도록 관련 속성을 설정하시오.
④ 본문 영역의 'txt순번' 컨트롤에는 그룹별로 일련 번호가 표시되도록 관련 속성을 설정하시오.
⑤ 보고서 바닥글의 'txt페이지' 컨트롤에 대해 배경색을 #693C80으로, 문자색을 #FFFFFF로 표시되도록 관련 속성을 설정하시오.

서울시 재건축 정비사업현황   2025년도

사업지역 : 강남구 압구정동

순번	운영구분	정비구역명칭	정비구역면적(㎡)	지상층수	지하층수	세대수
1	추진위원회	압구정아파트지구 특별계획구역① 재건축사업	81,454.0	35	35	1,393
2	추진위원회	도곡삼익아파트 재건축정비구역	17,655.0	30	30	318
3	추진위원회	도곡우성아파트 재건축정비사업	20,970.0	4	4	460
4	조합	개포주공5단지아파트 주택재건축정비사업	56,173.2	35	35	1,133
5	조합	압구정한양7차 주택재건축정비사업	16,437.1	23	23	268
6	조합	도곡삼호아파트 주택재건축정비사업	11,042.2	18	18	260
7	조합	압구정아파트지구 특별계획구역5 재건축정비사업	789.9	3	3	1,537
8	조합	대치우성1차아파트 주택재건축정비사업	28,793.0	35	35	626
9	조합	도곡개포한신아파트 주택재건축정비사업	36,473.0	35	35	705
10	조합	개나리4차아파트주택재건축	24,161.6	35	35	499
11	조합	개포주공3단지주택재건축정비사업	64,293.8	33	33	1,235
12	조합	개포시영(아)주택재건축정비사업	115,910.0	35	35	2,176
13	조합					0
14	조합	대성연립주택재건축정비사업조합	903.0			0

1 / 84

2. 〈정비사업현황조회〉 폼에서 '조회(cmd조회)' 단추를 클릭하면 다음과 같은 기능이 수행되도록 이벤트 프로시저를 구현하시오. (5점)

▶ '사업구분' 필드의 값이 'cmb사업구분' 컨트롤에서 선택한 값과 동일한 데이터만 표시되도록 하시오.
▶ 현재 폼의 RecordSource 속성을 사용하시오.

문제 4 처리 기능 구현(35점)

1. 〈자치구〉와 〈정비사업현황〉 테이블을 이용하여 자치구별 사업수, 평균지상층수, 총세대수를 조회하는 〈자치구별현황조회〉 쿼리를 작성하시오. (7점)

   ▶ '사업수'는 '사업번호' 필드 이용하시오.
   ▶ '평균지상층수'는 '지상층수' 필드를 이용하여, [표시 예]와 같이 표시되도록 '형식' 속성과 '소수 자릿수' 속성을 설정하시오.
   [표시 예] 0 → 0.0, 26.529… → 26.5
   ▶ '총세대수'는 '세대수' 필드를 이용하여, [표시 예]와 같이 표시되도록 '형식' 속성을 설정하시오.
   [표시 예] 0 → 0 세대, 1234 → 1,234 세대
   ▶ '건폐율' 필드의 값이 5를 초과하고, '용적률' 필드의 값이 200을 초과하는 데이터만 조회 대상으로 하시오.
   ▶ 쿼리 실행 결과 표시되는 필드와 필드명은 〈그림〉과 같이 표시되도록 설정하시오.

자치구	사업수	평균지상층수	총세대수
강남구	30	28.8	39,330 세대
강동구	31	27.7	40,519 세대
강북구	26	22.5	10,943 세대
강서구	18	15.1	7,645 세대
관악구	18	22.9	14,371 세대
광진구	13	23.4	4,353 세대
구로구	22	22.1	8,610 세대
금천구	11	17.4	3,228 세대
노원구	13	26.0	10,582 세대
도봉구	4	17.0	781 세대
동대문구	37	24.6	33,093 세대
동작구	41	26.3	28,491 세대
마포구	22	21.0	13,740 세대
서대문구	34	23.1	24,420 세대
서초구	51	31.4	47,540 세대

2. 〈정비사업현황〉 테이블을 이용하여, '운영구분'이 "조합"이 아닌 정비사업 중 '건축연면적'이 200,000을 초과하는 정보만 조회하는 〈조합외정비사업조회〉 쿼리를 작성하시오. (7점)

   ▶ '현재상황'은 '진행단계' 필드의 마지막 두 글자를 이용하여, [표시 예]와 같이 "단계" 문자열을 연결하여 표시하시오.
   [표시 예] 청산 → 청산 단계
   ▶ Right 함수와 & 연산자를 사용하시오.
   ▶ 쿼리 실행 결과 표시되는 필드와 필드명은 〈그림〉과 같이 표시되도록 설정하시오.

운영구분	정비구역명칭	현재상황	건축연면적
조합청산	보문제3구역주택재개발정비사업조합"	청산 단계	1666541
조합청산	고덕2단지아파트 주택재건축정비구역	청산 단계	839270.2
조합청산	고덕주공5단지아파트 주택재건축 정비구역	청산 단계	273768.9
조합청산	고덕3단지아파트주택재건축정비사업	청산 단계	631888
조합청산	상일동 고덕7단지(아) 주택재건축정비사업	청산 단계	324691.1
조합청산	영등포구 도림 제16 주택재개발정비구역	청산 단계	1370053
조합청산	불광제3구역주택재개발정비사업조합	청산 단계	201878
조합청산	녹번제1구역제1지구	청산 단계	1286033
추진위원회	압구정아파트지구 특별계획구역① 재건축사업	승인 단계	359108.3
조합청산	응암제2구역 주택재개발정비사업	청산 단계	362515.8
공공지원자	중화2재정비촉진구역 주택재개발정비사업	지정 단계	303713
추진위원회	신월1구역	승인 단계	236011.8
추진위원회	상봉6재정비촉진구역	승인 단계	404142.8
조합청산	봉천제12-2구역 주택재개발구역	청산 단계	221254.8

3. '지상층수' 필드에 값이 입력되지 않은 레코드를 대상으로 '확인한 월'을 매개 변수로 입력받아 '비고' 필드 값을 변경하는 〈지상층수미입력확인〉 업데이트 쿼리를 작성한 후 실행하시오. (7점)

   ▶ 〈정비사업현황〉 테이블을 이용하시오.
   ▶ '지상층수' 필드가 Null인 경우 '확인한 월'을 매개 변수로 입력받아 [표시 예]와 같이 표시하시오.
      [표시 예] 확인한 월이 7인 경우 → 층수 미입력(7월 확인)
   ▶ Is 연산자를 사용하시오.

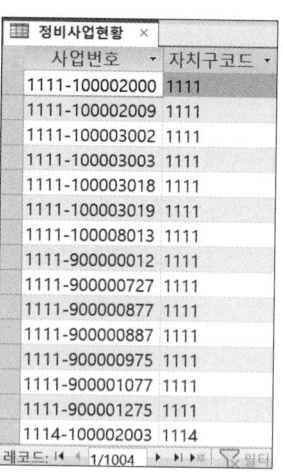

※ 〈지상층수미입력확인〉 쿼리의 매개 변수 값으로 7을 입력하여 실행한 후의 〈정비사업현황〉 테이블

4. 자치구별 운영구분별 공원면적의 합계를 조회하는 〈공원면적조회〉 크로스탭 쿼리를 작성하시오. (7점)

   ▶ 〈자치구〉와 〈정비사업현황〉 테이블을 이용하시오.
   ▶ '총공원면적'과 공원면적의 합계는 '공원면적' 필드를 이용하여, [표시 예]와 같이 표시되도록 '형식' 속성을 설정하시오.
      [표시 예] 0 → 0m², 1234 → 1,234m²
   ▶ 〈자치구〉 테이블의 '자치구코드' 필드가 "5", "6", "7"로 끝나는 데이터만 조회 대상으로 하시오.
   ▶ Right 함수와 In 연산자를 사용하시오.
   ▶ 쿼리 실행 결과 표시되는 필드와 필드명은 〈그림〉과 같이 표시되도록 설정하시오.

자치구	총공원면적	공공지원자	조합	조합청산	추진위원회
노원구	44,835m²		43,426m²	1,409m²	
서초구	177,996m²		147,870m²	22,921m²	7,205m²
양천구	54,821m²		46,483m²	2,190m²	6,148m²
영등포구	127,885m²	9,785m²	88,596m²	29,504m²	
용산구	109,173m²		104,783m²	3,002m²	1,388m²
중랑구	58,588m²	14,310m²	19,304m²	3,253m²	21,721m²

5. 〈지역〉과 〈정비사업현황〉 테이블을 이용하여 '지역'의 일부를 매개 변수로 입력받아 해당 정보를 조회하여 새 테이블로 생성하는 〈지역별규모조회〉 쿼리를 작성한 후 실행하시오. (7점)

   ▶ '규모'는 '정비구역면적' 필드의 값을 20,000으로 나눈 몫만큼 "▦" 기호를 반복하여 표시하시오.
   ▶ '운영구분' 필드의 값이 "조합"인 레코드만 표시하시오.
   ▶ 쿼리 실행 후 생성되는 테이블의 이름은 〈지역별규모확인〉으로 설정하시오.
   ▶ String 함수와 Like 연산자를 사용하시오.
   ▶ 쿼리 실행 결과 생성되는 테이블의 필드는 〈그림〉을 참고하여 수험자가 판단하여 설정하시오.

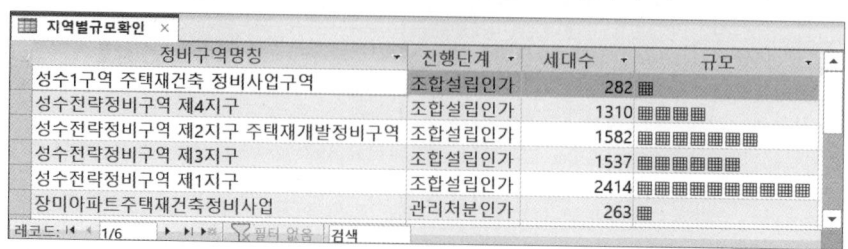

※ 〈지역별규모조회〉 쿼리의 매개 변수 값으로 "성수"를 입력하여 실행한 후의 〈지역별규모확인〉 테이블

EXAMINATION 03회 2025년 상시03 기출문제 해설

문제 1 DB 구축

01. 테이블 완성하기 _ 참고 : 테이블 완성 180쪽

〈정비사업현황〉테이블

❶ '사업번호' 필드에 입력 마스크 속성 설정하기

일반 조회	필드 속성
필드 크기	255
형식	
입력 마스크	0000-000000000;0;#
캡션	

❷ '운영구분' 필드에 조회 속성 설정하기

일반 조회	필드 속성
컨트롤 표시	목록 상자
행 원본 유형	값 목록
행 원본	조합;조합청산;공공지원자;추진위원회
바운드 열	1
열 개수	1
열 이름	아니요
열 너비	
여러 값 허용	아니요
값 목록 편집 허용	아니요
목록 항목 편집 폼	
행 원본 값만 표시	아니요

※ 행 원본 유형이 '테이블/쿼리'가 아니라 '값 목록'이므로, 행 원본을 "조합"; "조합청산"; …과 같이 큰따옴표로 묶지 않아도 필드가 아닌 문자열로 인식합니다.

❸ '상태' 필드에 기본값 속성 설정하기

일반 조회	필드 속성
캡션	
기본값	"운영"
유효성 검사 규칙	
유효성 검사 텍스트	

❹ 테이블 속성의 '유효성 검사 규칙' 속성과 '유효성 검사 텍스트' 속성 설정하기

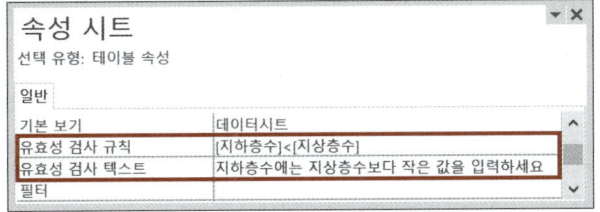

〈사업구분〉테이블

❺ '사업구분코드' 필드에 기본 키 설정하기

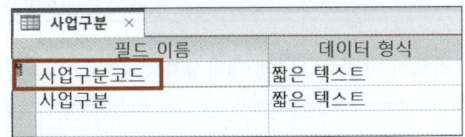

02. '강동구사업.xlsx' 파일 가져오기 _ 참고 : 테이블 생성 190쪽

정답

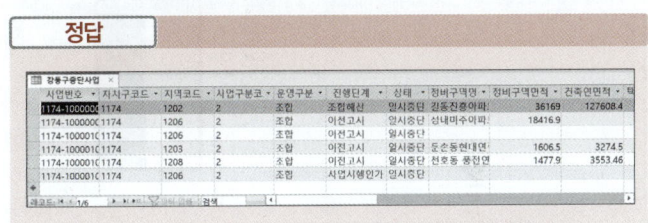

1. '외부 데이터 가져오기 – Excel 스프레드시트' 대화상자

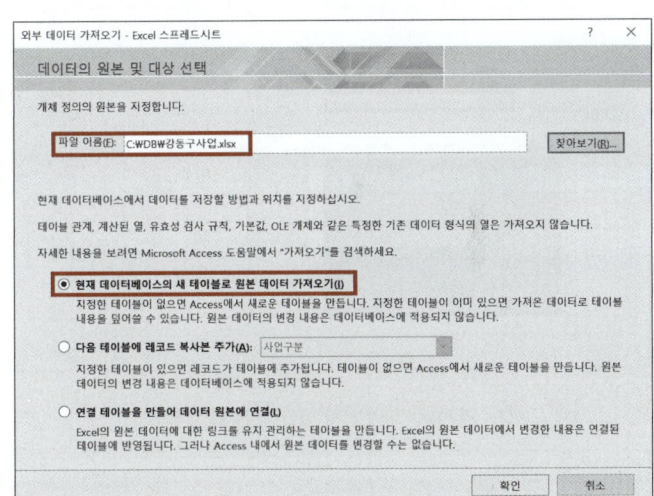

2. '스프레드시트 가져오기 마법사' 1단계 대화상자

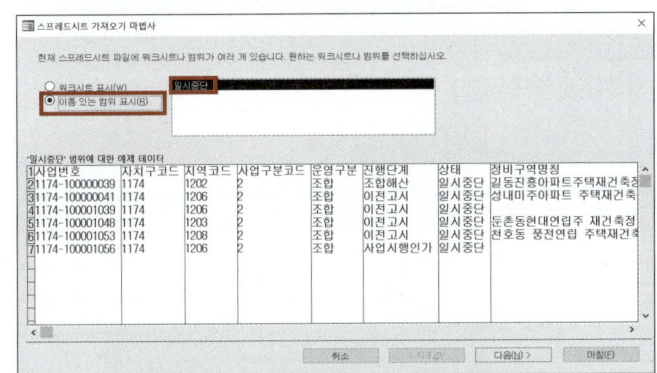

3. '스프레드시트 가져오기 마법사' 2단계 대화상자

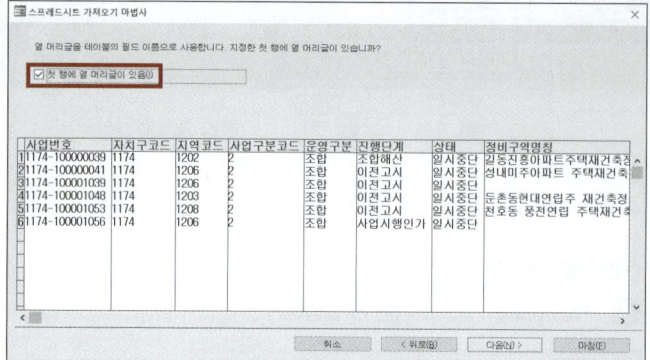

4. '스프레드시트 가져오기 마법사' 3단계 대화상자

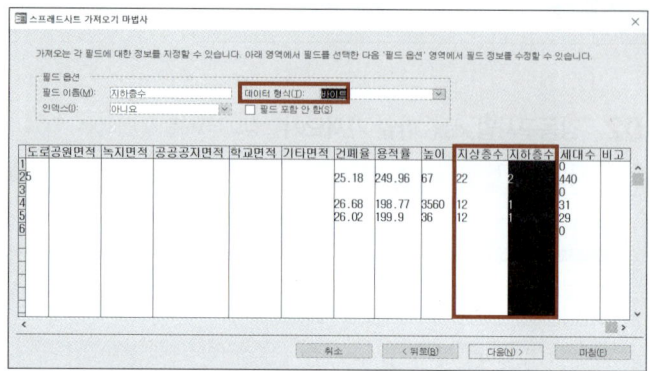

5. '스프레드시트 가져오기 마법사' 4단계 대화상자

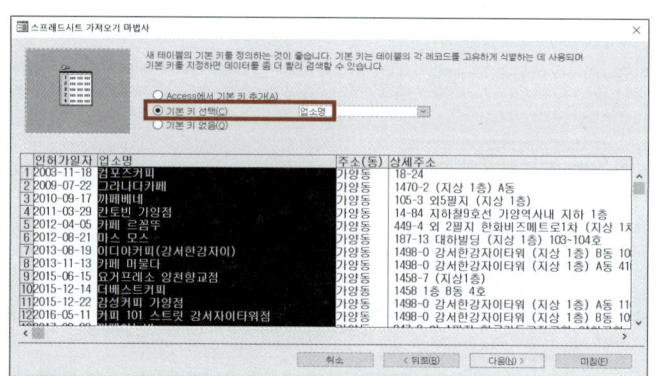

6. '스프레드시트 가져오기 마법사' 5단계 대화상자

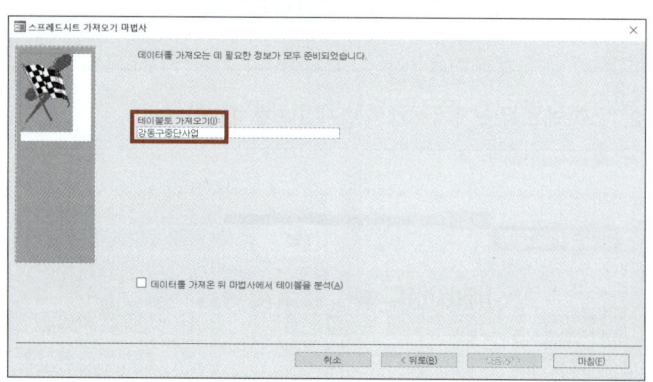

03. 〈사업구분〉 테이블과 〈정비사업현황〉 테이블 간의 관계 설정하기
_ 참고 : 관계 설정 188쪽

정답

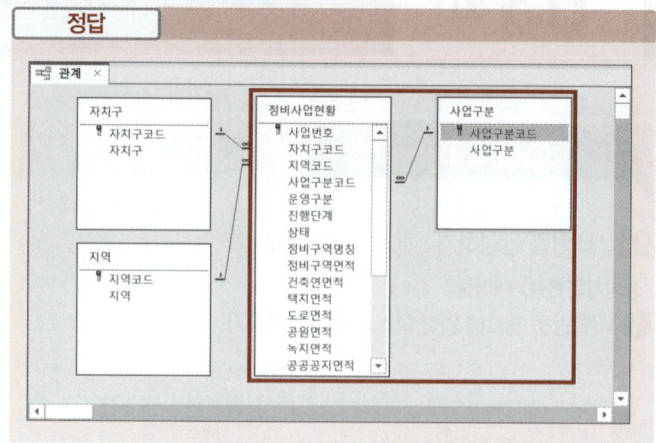

• '관계 편집' 대화상자

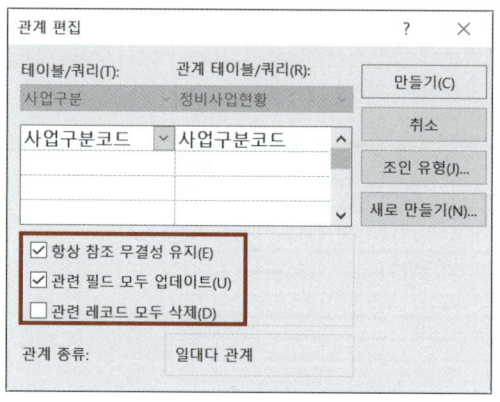

문제 2   입력 및 수정 기능 구현

01. 〈정비사업현황조회〉 폼 완성하기 _ 참고 : 폼 완성 193쪽

> 정답

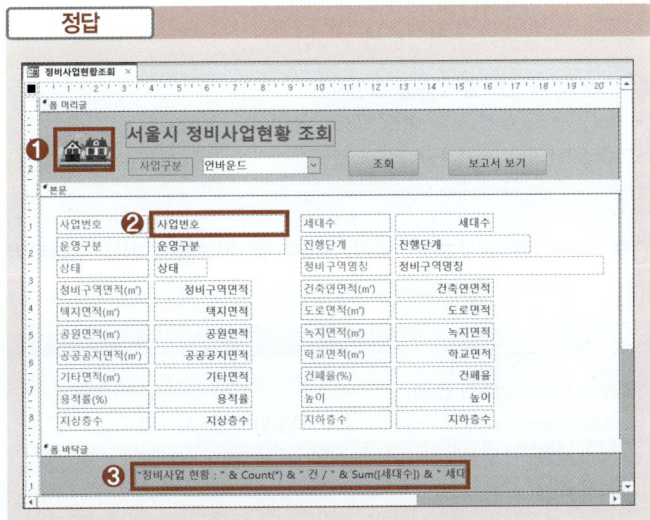

❶ 폼 머리글에 그림 삽입하기

1. [양식 디자인] → 컨트롤 → 이미지 삽입 → **찾아보기**를 클릭한다.
2. '그림 삽입' 대화상자에서 찾는 위치를 'C:\DB'로 지정한 후 '로고.png'를 선택한 다음 〈확인〉을 클릭한다.

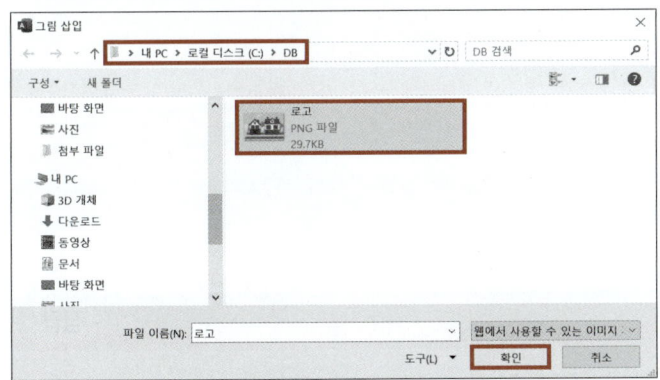

3. 폼 머리글의 제목 왼쪽에 마우스를 드래그하여 그림을 삽입한다.

4. 삽입된 그림을 더블클릭한 후 다음과 같이 속성을 설정한다.
   - '형식' 탭의 그림 유형 → 포함
   - '형식' 탭의 너비 → 2cm
   - '형식' 탭의 높이 → 1.4cm
   - '기타' 탭의 이름 → img그림

❷ 'txt사업번호' 컨트롤에 속성 설정하기
'데이터' 탭의 잠금 → 예

❸ 'txt총건수' 컨트롤에 속성 설정하기
- '형식' 탭의 배경 스타일 → 투명
- '형식' 탭의 테두리 스타일 → 투명

02. 〈정비사업현황조회〉 폼 바닥글의 'txt총건수' 컨트롤에 속성 설정하기 _ 참고 : 도메인 계산 함수 196쪽

'데이터' 탭의 컨트롤 원본 →
="정비사업 현황 : " & Count(*) & " 건 / " & Sum([세대수]) & " 세대"

03. 〈보고서보기〉 매크로 작성 _ 참고 : 매크로 작성 205쪽

> 정답

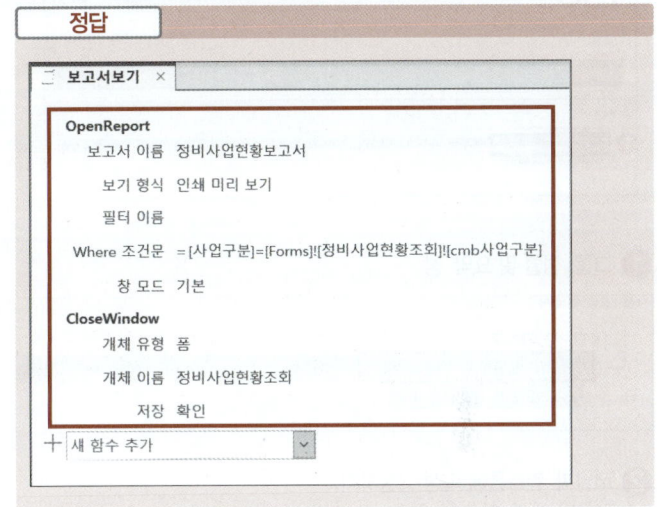

1. 매크로 개체를 생성한 후 이를 연결하여 사용해야 하므로, 먼저 매크로 개체를 생성한다. [만들기] → 매크로 및 코드 → **매크로**(□)를 클릭한다.
2. 매크로 대화상자에서 정답과 같이 설정한 후 매크로 대화상자의 닫기(✕) 단추를 클릭한다.
3. 저장 여부를 묻는 대화상자에서 〈예〉를 클릭한다.
4. '다른 이름으로 저장' 대화상자에서 매크로 이름을 **보고서보기**로 입력한 다음 〈확인〉을 클릭한다.
5. 〈정비사업현황조회〉 폼을 디자인 보기로 연 후 폼 머리글의 'cmd인쇄' 컨트롤을 더블클릭한다.
6. 'cmd인쇄' 컨트롤 속성 시트 창의 '이벤트' 탭에서 'On Click' 이벤트의 목록 단추를 눌러 '보고서출력' 매크로를 선택한다.

문제 3 조회 및 출력 기능 구현

01. 〈정비사업현황보고서〉 보고서 완성하기 _ 참고 : 보고서 완성 211쪽

정답

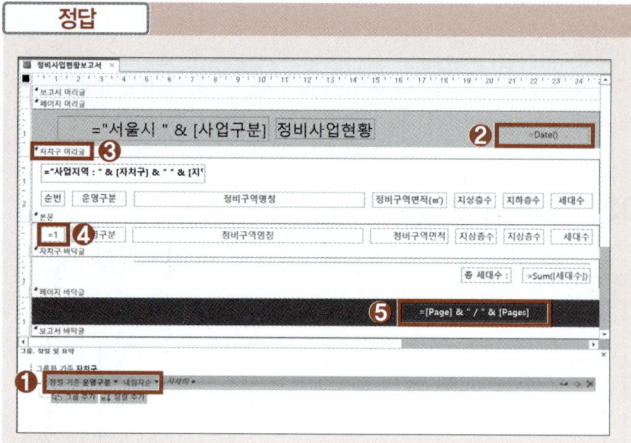

❶ '그룹, 정렬 및 요약' 창

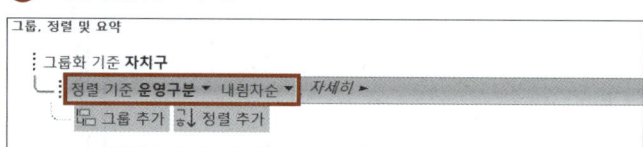

❷ 'txt날짜' 컨트롤에 속성 설정하기
- '데이터' 탭의 컨트롤 원본 → =Date()
- '형식' 탭의 형식 → yyyy"년도"

❸ '자치구' 머리글 영역에 속성 설정하기
- '형식' 탭의 반복 실행 구역 → 예
- '형식' 탭의 페이지 바꿈 → 구역 전

❹ 'txt순번' 컨트롤에 속성 설정하기
- '데이터' 탭의 컨트롤 원본 → =1
- '데이터' 탭의 누적 합계 → 그룹

❺ 'txt페이지' 컨트롤에 속성 설정하기
- '형식' 탭의 배경색 → #693C80
- '형식' 탭의 문자색 → #FFFFFF

02. 〈정비사업현황조회〉 폼의 'cmd조회' 컨트롤에 기능 구현하기
_ 참고 : 이벤트 프로시저 218쪽

정답

```
Private Sub cmd조회_Click( )
    Me.RecordSource = "select * from 종합쿼리 where 사업구분 = ' " &
cmb사업구분.Column(1) & " ' "
End Sub
```

※ 'cmb사업구분' 컨트롤을 더블클릭하면 나타나는 'cmb사업구분' 속성 시트 창의 '데이터' 탭에서 '행 원본'을 통해 '사업구분코드'가 첫 번째 열, '사업구분'이 두 번째 열에 연결되어 있음을 알 수 있습니다. 두 번째 열에 연결된 '사업구분'과 비교해야 하므로 Column 속성에 Column(1)을 지정한 것입니다. Column 속성은 0부터 시작하므로 '사업구분코드'와 비교하려면 Column(0)을 설정하면 됩니다.

문제 4 처리 기능 구현

01. 〈자치구별현황조회〉 쿼리 _ 참고 : 그룹 쿼리 작성 226쪽

- 쿼리 작성기 창

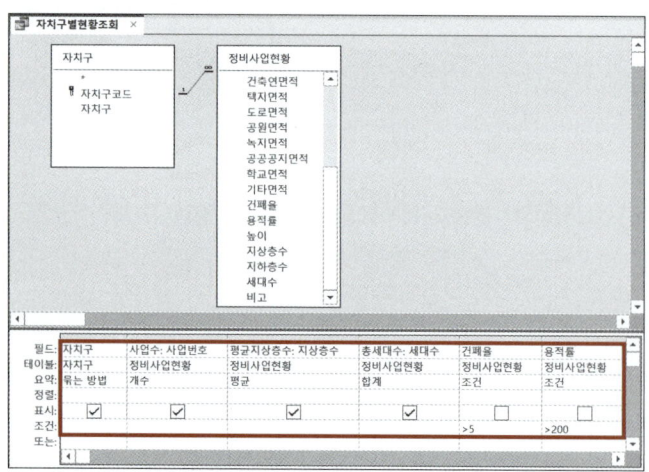

- '평균지상층수' 필드 속성 설정하기
  - '일반' 탭의 형식 → 0
  - '일반' 탭의 소수 자릿수 → 1

- '총세대수' 필드에 속성 설정하기
  - '일반' 탭의 형식 → #,##0" 세대"

02. 〈조합외정비사업조회〉 쿼리 _ 참고 : 그룹 쿼리 작성 226쪽

- 쿼리 작성기 창

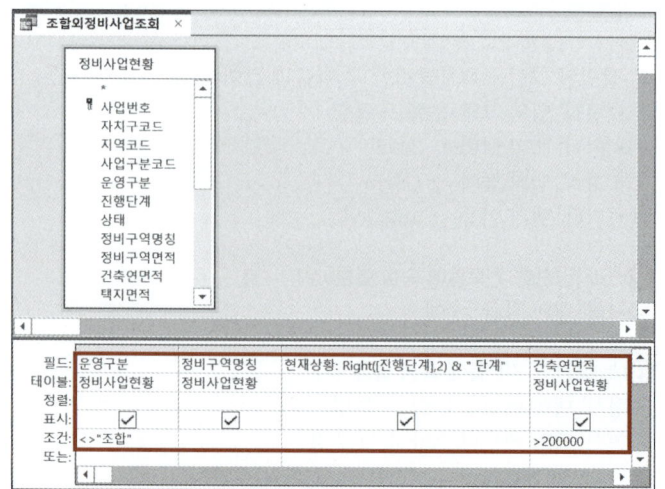

03. 〈지상층수미입력확인〉 쿼리 _ 참고 : 업데이트 쿼리 작성 229쪽

• 쿼리 작성기 창

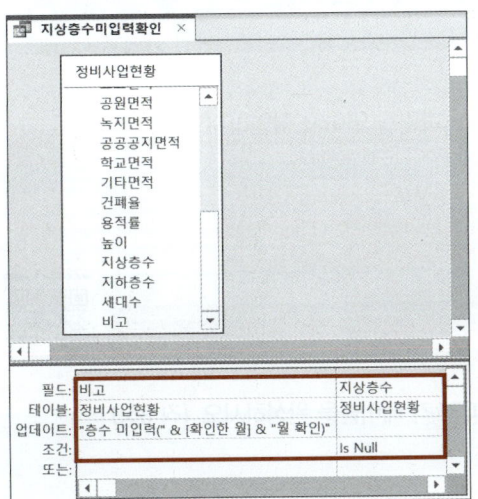

※ 실행하면 279개의 레코드가 수정됩니다.

04. 〈공원면적조회〉 쿼리 _ 참고 : 크로스탭 쿼리 작성 227쪽

• 쿼리 작성기 창

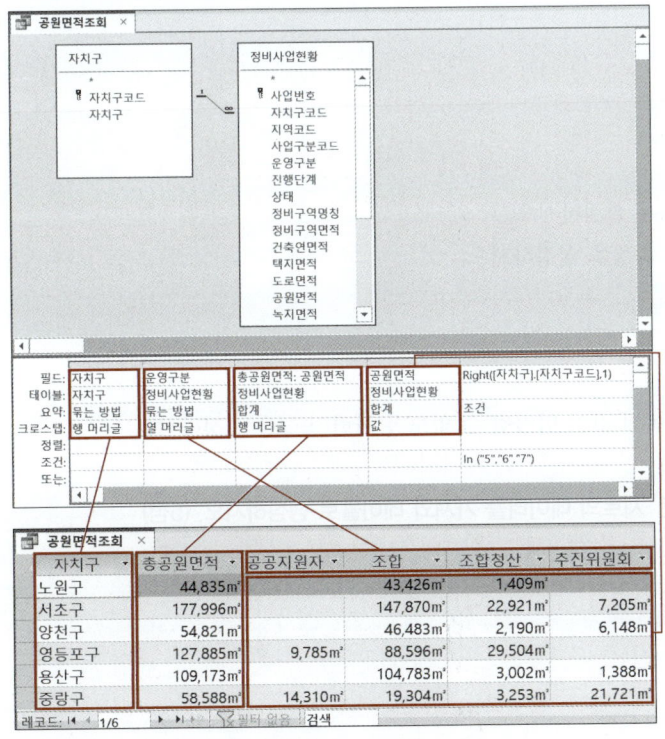

• '총공원면적', '공원면적의합계' 필드에 속성 설정하기
  – '일반' 탭의 형식 → #,##0㎡

※ ㎡ 기호는 한글 자음 'ㄹ'을 입력한 후 한자를 눌러 표시되는 특수 문자 목록에 있습니다.

05. 〈지역별규모조회〉 쿼리 _ 참고 : 테이블 생성 쿼리 작성 228쪽

1. 쿼리 작성기 창에서 다음 그림과 같이 설정한다.

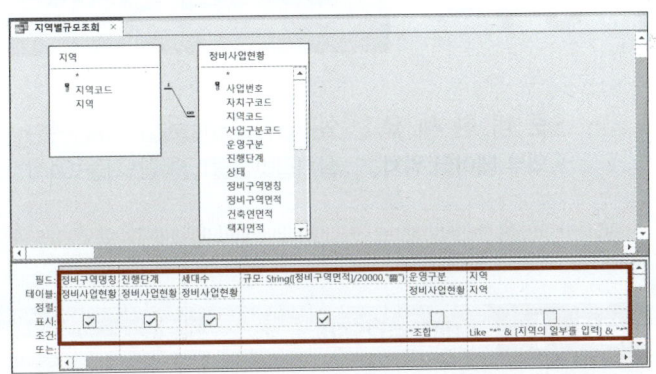

2. [쿼리 디자인] → 쿼리 유형 → **테이블 만들기**(▦)를 클릭한다.
3. '테이블 만들기' 대화상자의 '테이블 이름'에 **지역별규모확인**을 입력한 후 〈확인〉을 클릭한다.

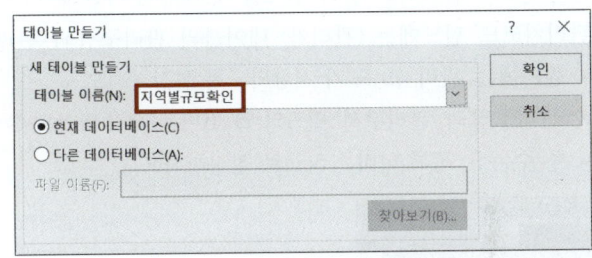

EXAMINATION 04회 2025년 상시04 컴퓨터활용능력 1급 실기

- **준 비 하 세 요** : '실기길벗컴활1급통합\기출\04회' 폴더에서 '25년상시04.accdb' 파일을 열어서 작업하시오.
- **외부 데이터 위치** : 실기길벗컴활1급통합\기출\04회

문제 1 DB구축(25점)

1. CCTV 설치 현황을 관리하기 위하여 데이터베이스를 구축하고자 한다. 다음의 지시사항에 따라 각 테이블을 완성하시오. (각 3점)

〈CCTV정보〉 테이블

① 일련 번호가 입력되는 '순번' 필드를 첫 행에 추가한 후 기본 키로 지정하시오.

② '관리처코드' 필드에는 〈관리처〉 테이블의 '관리구청'과 '관리부서'가 콤보 상자의 형태로 표시되도록 조회 속성을 설정하시오.
  ▶ 필드에는 '관리처코드'가 저장되도록 설정하시오.
  ▶ '관리구청'과 '관리부서' 필드의 열 너비는 각각 2cm와 3cm로 설정하시오.
  ▶ 행 수는 5, 목록 너비는 5cm로 설정하시오.

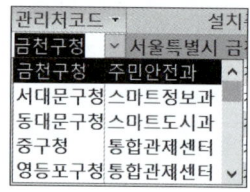

③ 새로운 레코드가 추가되는 경우 '보관일수' 필드에는 15가 입력되도록 설정하시오.

④ '위도'와 '경도' 필드에는 다음의 값만 입력되도록 유효성 검사 규칙 속성을 설정하시오.
  ▶ '위도' 필드 : 27.62 이상 37.69 미만
  ▶ '경도' 필드 : 126.78 이상 127.99 미만

〈관리처〉 테이블

⑤ '관리구청' 필드에는 값이 반드시 입력되고, 기본 키가 아니면서 중복된 값이 입력될 수 없도록 관련 속성을 설정하시오.

2. 외부 데이터 가져오기 기능을 이용하여 〈신규설치정보.xlsx〉에서 '2025년' 시트의 데이터를 가져와 테이블로 생성하시오. (5점)
  ▶ 첫 번째 행은 필드의 이름으로 설정하시오.
  ▶ '카메라화소수' 필드는 추가 대상에서 제외하시오.
  ▶ 'No' 필드를 기본 키로 설정하시오.
  ▶ 테이블 이름은 "2025년설치정보"로 하시오.

3. 〈CCTV정보〉 테이블의 '관리처코드' 필드는 〈관리처〉 테이블의 '관리처코드' 필드를 참조하며, 테이블 간의 관계는 M:1이다. 다음과 같이 테이블 간의 관계를 설정하시오. (5점)
  ※ 액세스 파일에 이미 설정되어 있는 관계는 수정하지 마시오.
  ▶ 각 테이블 간에 항상 참조 무결성이 유지되도록 설정하시오.
  ▶ 참조 필드의 값이 변경되면 관련 필드의 값도 변경되도록 설정하시오.
  ▶ 다른 테이블에서 참조하고 있는 레코드는 삭제할 수 없도록 설정하시오.

4225042

문제 2 입력 및 수정 기능 구현(20점)

1. 〈CCTV설치현황〉 폼을 다음의 그림과 지시사항에 따라 완성하시오. (각 3점)

① 본문의 'txt관리처' 컨트롤에는 '관리구청'과 '관리부서' 필드의 값을 "-"으로 연결하여 〈그림〉과 같이 표시되도록 '컨트롤 원본' 속성을 설정하시오.

▶ & 연산자를 사용하시오.

② 본문의 모든 컨트롤의 배경과 테두리가 투명하게 표시되도록 관련 속성을 설정하시오.

③ 본문의 'txt설치연월' 컨트롤에는 '설치일자' 필드를 바운드시킨 후 〈그림〉과 같이 표시되도록 '형식' 속성을 설정하시오.

CCTV설치현황

관리처	설치일자	카메라대수	촬영방면정보	보관일수	위도	경도
영등포구청-통합관제센터	24년 03월	1	90도	30	37.54136	126.8901
영등포구청-통합관제센터	24년 03월	1	360도	0	37.52724	126.9323
영등포구청-통합관제센터	24년 03월	1	90도	30	37.52724	126.9323
영등포구청-통합관제센터	24년 03월	1	90도	30	37.52724	126.9323
영등포구청-통합관제센터	24년 03월	1	90도	30	37.52724	126.9323

레코드: 3715/33811 필터 없음 검색

2. 〈설치목적조회〉 폼 바닥글의 'txtCCTV총대수' 컨트롤에는 현재 폼 머리글의 'txt관리구청'에 표시된 구청의 총 카메라대수가 다음과 같이 표시되도록 컨트롤 원본을 설정하시오. (6점)

▶ '관리구청' 필드에서 "청" 글자 전까지만 추출하여, [표시 예]와 같이 표시되도록 설정하시오.

[표시 예] '관리구청'이 "양천구청"이고 CCTV 대수가 4464인 경우 → 양천구 CCTV 대수: 4464대

▶ Left, InStr, DSum 함수를 사용하시오.

3. 〈설치목적조회〉 폼 머리글의 'txt관리구청' 컨트롤을 더블클릭하면 〈관리처정보〉 폼을 '읽기 전용' 형식으로 여는 〈관리처정보조회〉 매크로를 생성한 후 지정하시오. (5점)

▶ '관리구청' 필드의 값이 'txt관리구청' 컨트롤에 표시된 값과 같은 자료만을 대상으로 하시오.

4225043

문제 3 조회 및 출력 기능 구현(20점)

1. 다음의 지시사항 및 그림을 참조하여 〈CCTV관리〉 보고서를 완성하시오. (각 3점)

① 관리부서 머리글이 화면에 표시되지 않도록 설정하시오.

② 본문의 모든 컨트롤의 가로 간격을 모두 같게 설정하시오.

③ 본문의 'txt설치일자' 컨트롤에는 날짜가 [표시 예]와 같이 표시되도록 '형식' 속성을 설정하시오.

▶ 표시 예 : 2025-05-05 → 5월 5일 (월)

④ 관리구청 바닥글의 'txt합계' 컨트롤에 '카메라대수' 필드의 합계가 [표시 예]와 같이 표시되도록 '컨트롤 원본 속성'을 설정하시오.

▶ 표시 예 : 1753 → 1753대

⑤ 페이지 바닥글 영역의 'txt페이지' 컨트롤에는 페이지가 [표시 예]와 같이 표시되도록 '컨트롤 원본' 속성을 설정하시오.
▶ 표시 예 : 현재 페이지가 1페이지이고 전체 페이지가 5페이지인 경우 → - 1/5 -중 1페이지

서울시 CCTV 관리 현황

강동구청

설치주소	설치목적	카메라대수	설치일자	보관일수
상일1동 산43	생활방범	4	6월 1일 (월)	30
상일동 산77-22	생활방범	5	12월 1일 (토)	15
상일동 488	생활방범	2	12월 1일 (월)	15
상일동 산1-5	생활방범	2	11월 1일 (일)	30
상일동 산77-64	생활방범	1	6월 1일 (월)	30
상일2동 505	생활방범	4	12월 1일 (토)	30
상일동 389	생활방범	3	12월 1일 (월)	30
상일2동 389 지하보차도 입구	생활방범	4	11월 1일 (일)	15
상일동 산77-1	생활방범	4	6월 1일 (월)	30
상일동 506	생활방범	4	12월 1일 (토)	15
강일동 718 고덕천 교각#28앞	생활방범	2	12월 1일 (월)	30
아리수로64길 29	생활방범	2	12월 1일 (토)	15
고덕로61길 34	생활방범	1	11월 1일 (일)	0
동남로75길 13-10 (명일동)	생활방범	3	6월 1일 (월)	30
동남로71길 24 (명일동)	생활방범	3	12월 1일 (토)	30
동남로79길 46	생활방범	1	6월 1일 (월)	0
강일동 700	생활방범	3	12월 1일 (월)	15
카메라 합계 :		4237대		

- 86/1996 -

2. 〈설치목적조회〉 폼 머리글의 '미리보기(cmd인쇄)' 단추를 클릭하면, 〈CCTV관리〉 보고서를 '인쇄 미리 보기' 형식으로 연 후 〈설치목적조회〉 폼을 닫는 이벤트 프로시저를 구현하시오. (5점)

▶ '관리구청' 필드의 값이 현재 폼 머리글의 'txt관리구청' 컨트롤에 표시된 값과 같고, '보관일수' 필드의 값이 현재 하위 폼의 'txt보관일수' 컨트롤에 표시된 값과 같은 자료만을 대상으로 하시오.
▶ DoCmd 개체의 메소드를 사용하시오.

문제 4 처리 기능 구현(35점)

1. 〈관리처〉와 〈CCTV정보〉 테이블을 이용하여 관리구청별로 총카메라수와 평균보관일수를 조회하는 〈최근설치정보〉 쿼리를 작성하시오. (7점)
   ▶ '총카메라수'는 '카메라대수' 필드를 이용하시오.
   ▶ '평균보관일수'는 '보관일수' 필드를 이용하여, [표시 예]와 같이 표시되도록 '형식' 속성을 설정하시오.
      [표시 예] 0 → 0.0일, 23.45 → 23.4일
   ▶ '설치구분' 필드의 값이 1~5까지로 끝나면서, '설치일자' 필드의 연도가 2020 이후인 것만을 조회 대상으로 하시오.
   ▶ Year 함수와 Like 연산자를 사용하시오.
   ▶ 쿼리 실행 결과 표시되는 필드와 필드명은 〈그림〉과 같이 표시되도록 설정하시오.

최근설치정보		
관리구청	총카메라수	평균보관일수
강동구청	1974	17.8일
강북구청	1944	18.3일
노원구청	903	17.7일
서초구청	2166	18.3일
성북구청	149	16.6일
양천구청	1385	18.1일
영등포구청	2591	18.2일
종로구청	696	17.8일

2. 〈설치목적구분〉 테이블의 '설치구분' 필드의 값 중 〈CCTV정보〉 테이블의 '설치구분' 필드에는 나타나지 않는 값의 정보를 조회하는 〈미포함 설치구분〉 쿼리를 작성하시오. (7점)
   ▶ Not In 연산자와 하위 쿼리를 사용하시오.
   ▶ 쿼리 실행 결과 생성되는 테이블의 필드는 〈그림〉을 참고하여 수험자가 판단하여 설정하시오.

미포함설치구분	
설치구분	설치목적
C11	산불예방
C12	선박단속

3. 설치목적별 촬영방면별로 설치된 카메라대수의 합계를 조회하는 〈카메라대수조회〉 크로스탭 쿼리를 작성하시오. (7점)
   ▶ 〈설치목적구분〉과 〈CCTV정보〉 테이블을 이용하시오.
   ▶ '설치건수'는 〈설치목적구분〉 테이블의 '설치구분' 필드를 이용하여, [표시 예]와 같이 표시되도록 '형식' 속성을 설정하시오.
      [표시 예] 0 → 0건, 3 → 3건
   ▶ '촬영방면'은 '촬영방면정보' 필드가 비어 있으면 "정보없음"으로, 그 외에는 '촬영방면정보' 필드의 값으로 표시하시오.
   ▶ IIf와 IsNull 함수를 사용하시오.
   ▶ 쿼리 실행 결과 표시되는 필드와 필드명은 〈그림〉과 같이 표시되도록 설정하시오.

설치목적	설치건수	120도 전방	180도 전방	240도 전방	270도 전방	360	360도	360도 전방	360도 전방면	90도	90도 전방	고정	정보없음
교통정보수집	4건						8						
기타	4244건						1362					1341	3581
다목적	5965건					1379			473	3318		53	2866
생활방범	19498건	102	26	336	39	149		3119	10428	5		2262	25471
시설물관리	843건								345				2173
쓰레기단속	396건								62				450
어린이보호	1978건	4						833	804			143	2217
재난재해	781건								206			90	610
차량방범	102건								135				83

4. 〈관리처〉와 〈CCTV정보〉 테이블을 이용하여 '설치주소'의 일부를 매개 변수로 입력받아 관리비용 정보를 조회하여 새 테이블로 생성하는 〈CCTV관리비용조회〉 쿼리를 작성한 후 실행하시오. (7점)

▶ '총카메라대수'는 '카메라대수' 필드를 이용하시오.
▶ '위험수당'은 '총카메라대수' 필드의 값이 5 미만이면 100,000, 5 이상 20 미만이면 200,000, 20 이상이면 500,000으로 처리하시오.
▶ '위험관리비용'은 '총카메라대수 × 10,000 + 위험수당'으로 계산하여 표시하시오.
▶ 쿼리 실행 후 생성되는 테이블의 이름은 〈CCTV관리비용확인〉으로 설정하시오.
▶ Switch 함수와 Like 연산자를 사용하시오.
▶ 쿼리 실행 결과 생성되는 테이블의 필드는 〈그림〉을 참고하여 수험자가 판단하여 설정하시오.

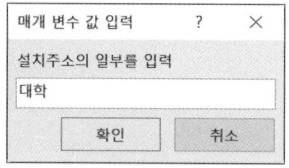
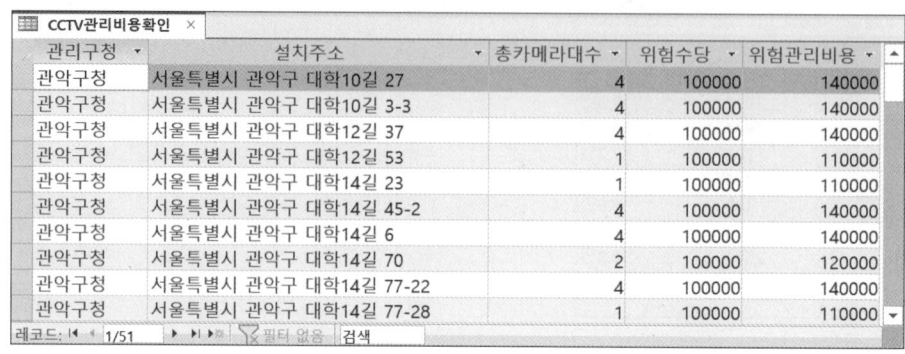

※ 〈CCTV관리비용조회〉 쿼리의 매개 변수 값으로 "대학"을 입력하여 실행한 후의 〈CCTV관리비용확인〉 테이블

5. 〈CCTV정보〉와 〈관리처〉 테이블을 이용하여 2010년에 설치된 정보를 조회한 후 해당 레코드를 〈2010년자료〉 테이블에 추가하는 〈2010자료추출〉 쿼리를 작성한 후 실행하시오. (7점)

▶ '관리처'는 '관리구청'과 '관리부서' 필드를 연결하여 [표시 예]와 같이 표시되도록 설정하시오.
  [표시 예] '관리구청'이 "서초구청"이고, '관리부서'가 "주민행정과"인 경우 → 서초구청(주민행정과)
▶ Year 함수와 & 연산자를 이용하시오.
▶ 쿼리 실행 결과 생성되는 테이블의 필드는 〈그림〉을 참고하여 수험자가 판단하여 설정하시오.

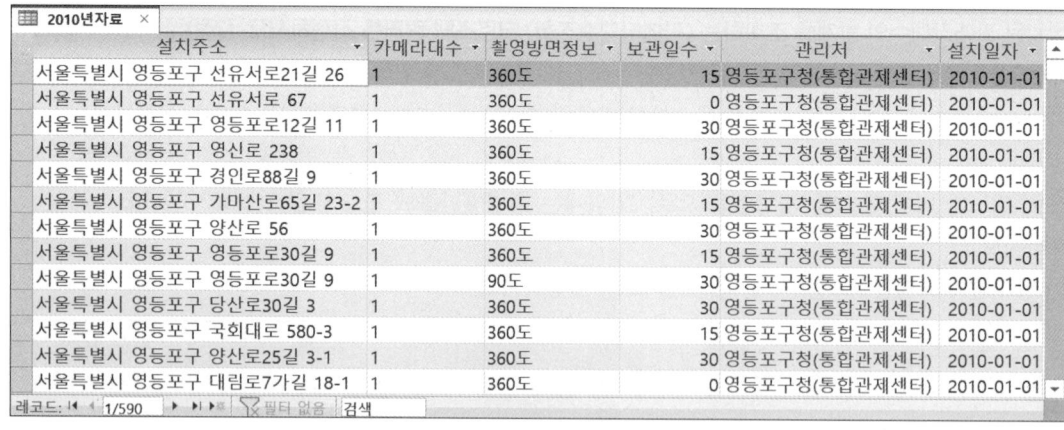

※ 〈2010자료추출〉 쿼리를 실행한 후의 〈2010년자료〉 테이블

2025년 상시04 기출문제 해설

문제 1 — DB 구축

01. 테이블 완성하기 _ 참고 : 테이블 완성 180쪽

〈CCTV정보〉 테이블

❶ '순번' 필드 추가하고 속성 설정하기

필드 이름	데이터 형식
순번	일련 번호
관리처코드	짧은 텍스트
설치주소	짧은 텍스트
설치구분	짧은 텍스트

❷ '관리처코드' 필드에 조회 속성 설정하기

일반 조회	
컨트롤 표시	콤보 상자
행 원본 유형	테이블/쿼리
행 원본	SELECT 관리처.관리처코드, 관리처.관리구청, 관리처.관리부서 FROM 관리처;
바운드 열	1
열 개수	3
열 이름	아니요
열 너비	0cm;2cm;3cm
행 수	5
목록 너비	5cm
목록 값만 허용	예
여러 값 허용	아니요
값 목록 편집 허용	아니요
목록 항목 편집 폼	
행 원본 값만 표시	아니요

❸ '보관일수' 필드에 기본값 속성 설정하기

일반 조회	
캡션	
기본값	15
유효성 검사 규칙	
유효성 검사 텍스트	

❹ '위도'와 '경도' 필드에 유효성 검사 규칙 속성 설정하기

• '위도' 필드의 유효성 검사 규칙 속성

일반 조회	
기본값	0
유효성 검사 규칙	>=27.62 And <37.69
유효성 검사 텍스트	
필수	아니요

• '경도' 필드의 유효성 검사 규칙 속성

일반 조회	
기본값	0
유효성 검사 규칙	>=126.78 And <127.99
유효성 검사 텍스트	
필수	아니요

〈관리처〉 테이블

❺ '관리구청' 필드에 필수와 인덱스 속성 설정하기

일반 조회	
유효성 검사 텍스트	
필수	예
빈 문자열 허용	예
인덱스	예(중복 불가능)
유니코드 압축	예

02. '신규설치정보.xlsx' 파일 가져오기 _ 참고 : 테이블 생성 190쪽

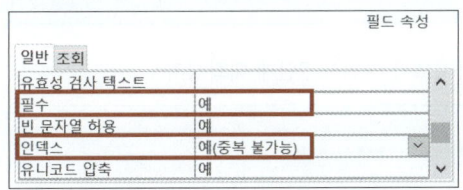

1. '외부 데이터 가져오기 – Excel 스프레드시트' 대화상자

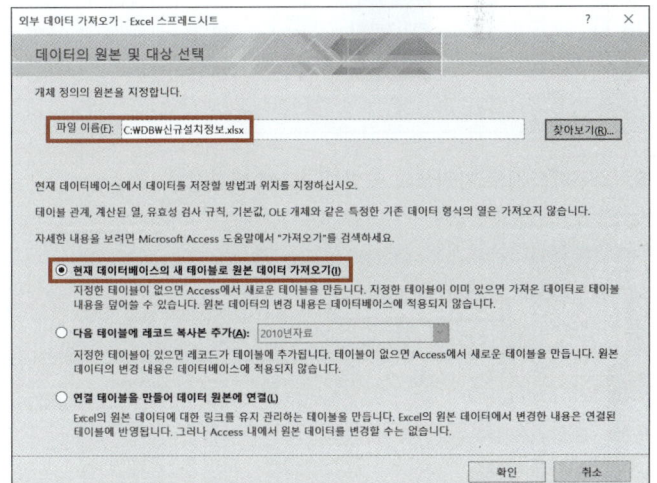

2. '스프레드시트 가져오기 마법사' 1단계 대화상자

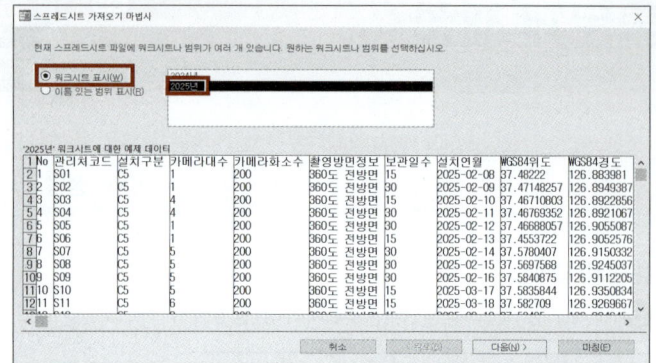

3. '스프레드시트 가져오기 마법사' 2단계 대화상자

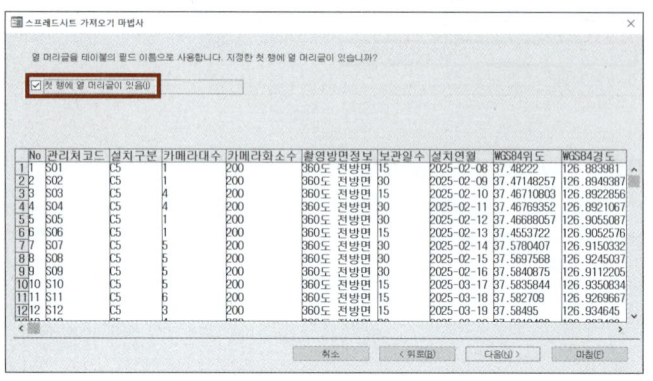

4. '스프레드시트 가져오기 마법사' 3단계 대화상자

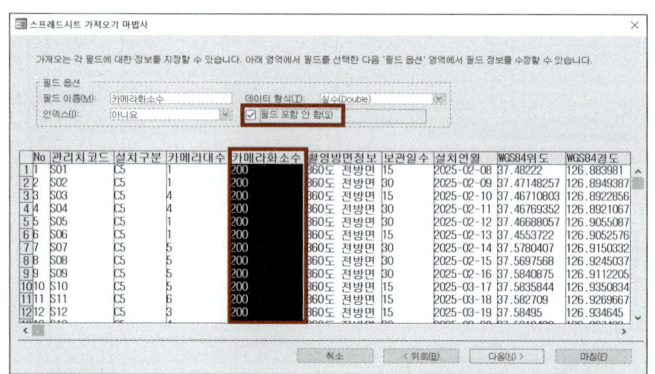

5. '스프레드시트 가져오기 마법사' 4단계 대화상자

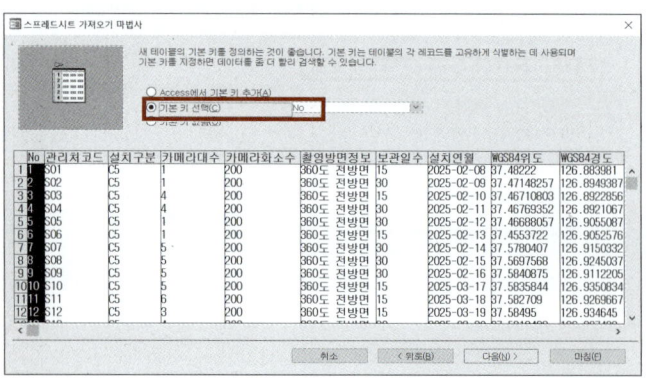

6. '스프레드시트 가져오기 마법사' 5단계 대화상자

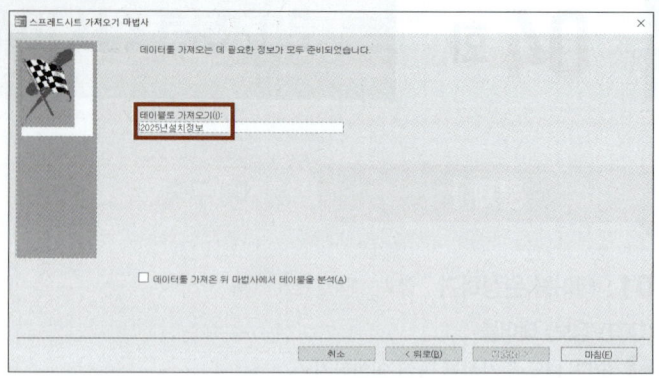

03. 〈CCTV정보〉 테이블과 〈관리처〉 테이블 간의 관계 설정하기
_ 참고 : 관계 설정 188쪽

정답

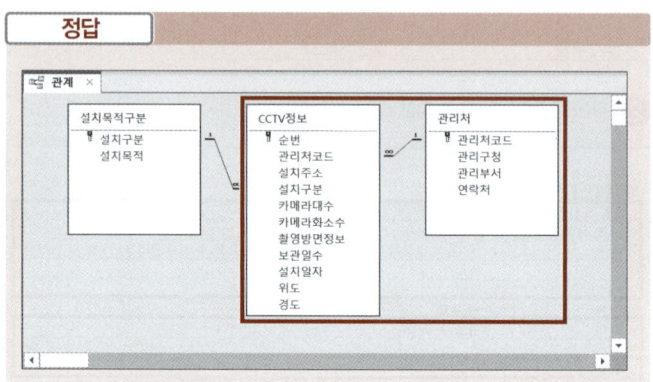

• '관계 편집' 대화상자

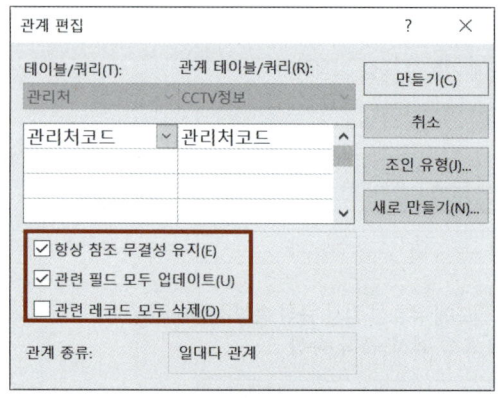

문제 2 · 입력 및 수정 기능 구현

정답

01. 〈CCTV설치현황〉 폼 완성하기 _ 참고 : 폼 완성 193쪽

정답

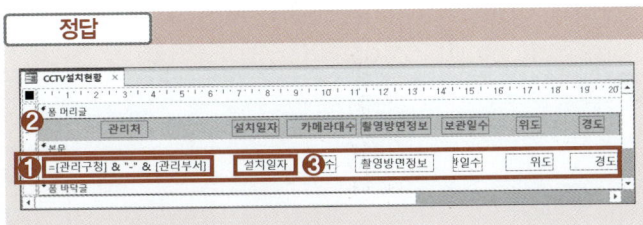

❶ 'txt관리처' 컨트롤에 속성 설정하기
'데이터' 탭의 컨트롤 원본 →
=[관리구청] & "-" & [관리부서]

❷ 본문의 모든 컨트롤에 속성 설정하기
1. 본문의 모든 컨트롤을 선택한다.
2. 다음과 같이 속성을 설정한다.
   • '형식' 탭의 배경 스타일 → 투명
   • '형식' 탭의 테두리 스타일 → 투명

❸ 'txt설치연월' 컨트롤에 속성 설정하기
• '데이터' 탭의 컨트롤 원본 → 설치일자
• '형식' 탭의 형식 → yy년 mm월

02. 〈설치목적조회〉 폼 바닥글의 'txtCCTV총대수' 컨트롤에 속성 설정하기 _ 참고 : 도메인 계산 함수 196쪽

'데이터' 탭의 컨트롤 원본 →
=Left([관리구청], InStr([관리구청], "청")-1) & " CCTV 대수: " & DSum("카메라대수", "CCTV설치정보", "관리구청=txt관리구청") & "대"

03. 〈관리처정보조회〉 매크로 작성 _ 참고 : 매크로 작성 205쪽

정답

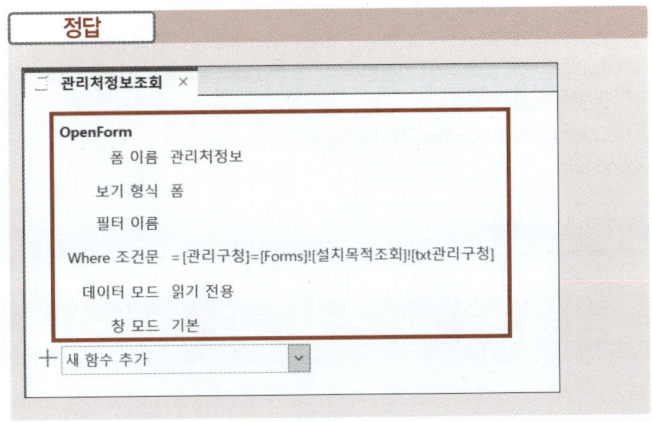

1. 매크로 개체를 생성한 후 이를 연결하여 사용해야 하므로, 먼저 매크로 개체를 생성한다. [만들기] → 매크로 및 코드 → **매크로**(□)를 클릭한다.
2. 매크로 대화상자에서 정답과 같이 설정한 후 매크로 대화상자의 닫기(✕) 단추를 클릭한다.
3. 저장 여부를 묻는 대화상자에서 〈예〉를 클릭한다.
4. '다른 이름으로 저장' 대화상자에서 매크로 이름을 **관리처정보조회**로 입력한 다음 〈확인〉을 클릭한다.
5. 〈설치목적조회〉 폼을 디자인 보기로 연 후 폼 머리글의 'txt관리구청' 컨트롤을 더블클릭한다.
6. 'txt관리구청' 컨트롤 속성 시트 창의 '이벤트' 탭에서 'On Dbl Click' 이벤트의 목록 단추를 눌러 '관리처정보조회' 매크로를 선택한다.

문제 3 · 조회 및 출력 기능 구현

정답

01. 〈CCTV관리〉 보고서 완성하기 _ 참고 : 보고서 완성 211쪽

정답

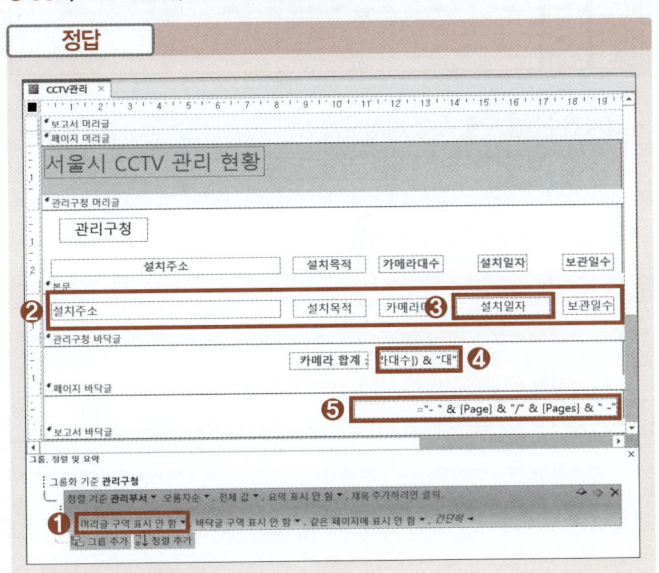

❶ '그룹, 정렬 및 요약' 창

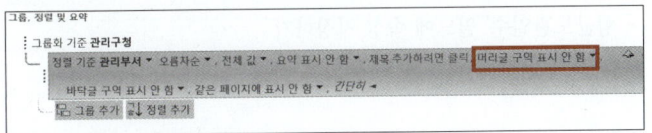

❷ 본문 컨트롤의 간격 조절하기
1. 본문 영역의 모든 컨트롤을 선택한다.
2. [정렬] → 크기 및 순서 조정 → 크기/공간 → 가로 간격 같음(□□□)을 선택한다.

❸ 'txt설치일자' 컨트롤에 속성 설정하기
'형식' 탭의 형식 → m월 d일 (aaa)

❹ 'txt합계' 컨트롤에 속성 설정하기
'데이터' 탭의 컨트롤 원본 → =Sum([카메라대수]) & "대"

❺ 'txt페이지' 컨트롤에 속성 설정하기
'데이터' 탭의 컨트롤 원본 →
=" - " & [Page] & " / " & [Pages] & " - "

02. 〈설치목적조회〉 폼의 'cmd인쇄' 컨트롤에 컨트롤 기능 구현하기 _ 참고 : 이벤트 프로시저 218쪽

정답

```
Private Sub cmd인쇄_Click( )
    DoCmd.OpenReport "CCTV관리", acViewPreview, , "관리구청 = ' " &
    [txt관리구청] & " ' and 보관일수 = " & [Forms]![설치목적조회]![CCTV설
    치현황]![txt보관일수]
    DoCmd.Close acForm, "설치목적조회"
End Sub
```

※ 'txt관리구청' 컨트롤은 현재 실행된 〈설치목적조회〉 폼에 있는 컨트롤이므로 컨트롤의 이름만 작성하지만 'txt보관일수' 컨트롤은 현재 실행된 폼의 하위 폼인 〈CCTV설치현황〉 폼에 있는 컨트롤이므로, 컨트롤이 속한 폼의 이름도 함께 작성해야 합니다.

문제 4 처리 기능 구현

01. 〈최근설치정보〉 쿼리 _ 참고 : 그룹 쿼리 작성 226쪽

1. 쿼리 작성기 창

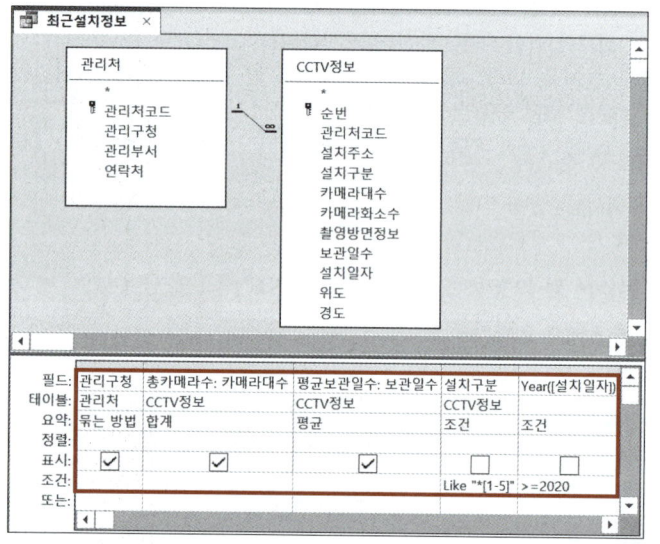

- '평균보관일수' 필드에 속성 지정하기
  - '일반' 탭의 형식 → 0.0"일"

02. 〈미포함설치구분〉 쿼리 _ 참고 : 불일치 검색 쿼리 작성 230쪽

- 쿼리 작성기 창

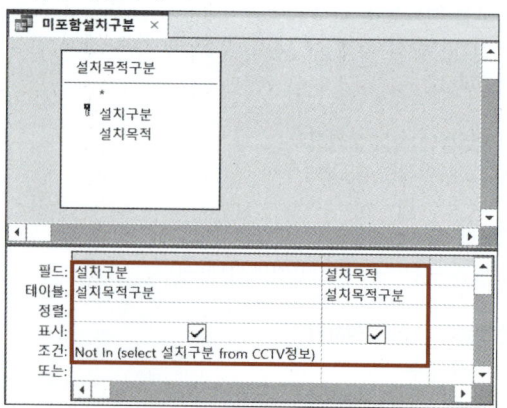

03. 〈카메라대수조회〉 쿼리 _ 참고 : 크로스탭 쿼리 작성 227쪽

- 쿼리 작성기 창

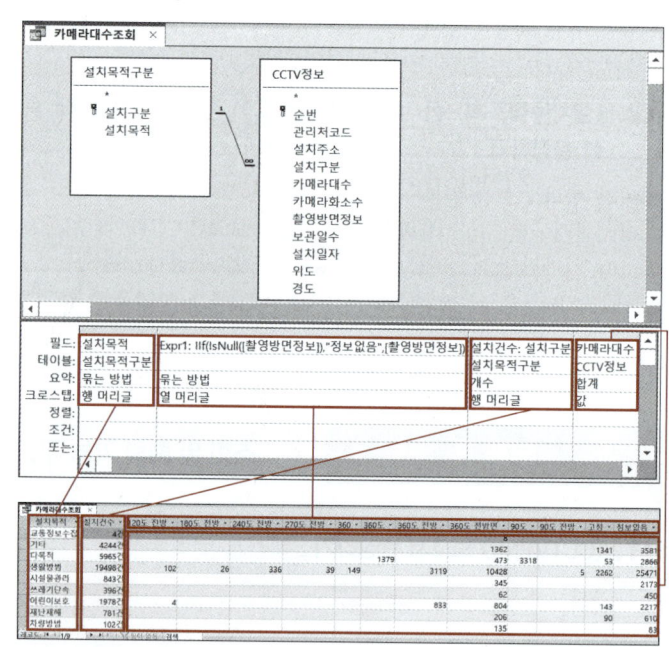

- '설치건수' 필드에 속성 지정하기
  - '일반' 탭의 형식 → 0"건"

04. 〈CCTV관리비용조회〉 쿼리 _ 참고 : 테이블 생성 쿼리 작성 228쪽

1. 쿼리 작성기 창에서 다음 그림과 같이 설정한다.

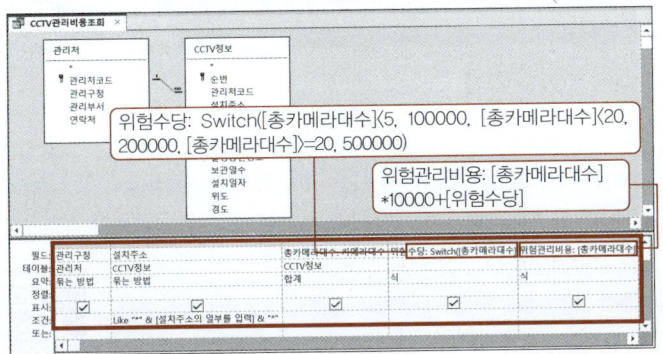

2. [쿼리 디자인] → 쿼리 유형 → **테이블 만들기(▦)**를 클릭한다.
3. '테이블 만들기' 대화상자의 '테이블 이름'에 **CCTV관리비용확인**을 입력한 후 〈확인〉을 클릭한다.

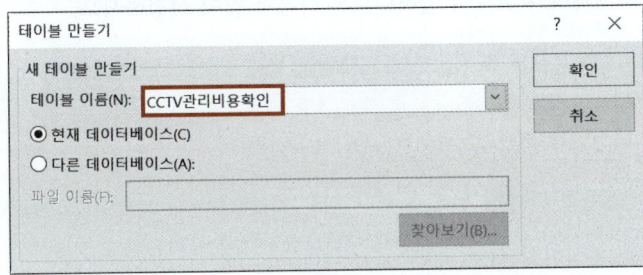

05. 〈2010자료추출〉 쿼리 _ 참고 : 추가 쿼리 작성 230쪽

• 쿼리 작성기 창

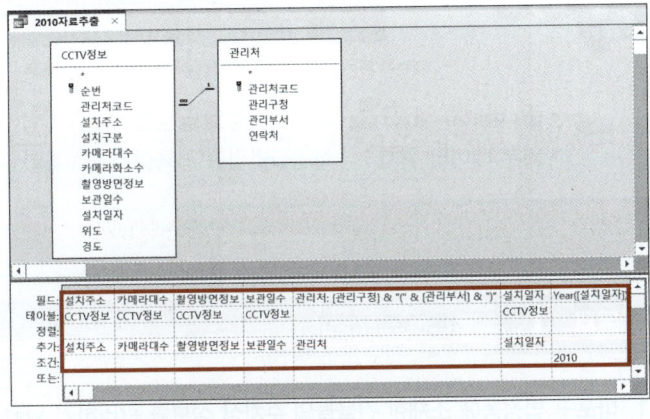

EXAMINATION 05회 2024년 상시01 컴퓨터활용능력 1급 실기

- **준 비 하 세 요** : '실기길벗컴활1급통합\기출\05회' 폴더에서 '24년상시01.accdb' 파일을 열어서 작업하시오.
- **외부 데이터 위치** : 실기길벗컴활1급통합\기출\05회

문제 1 DB구축(25점)

1. 마포구 법정동에 소재한 건물들의 주차장 정보를 관리하기 위한 데이터베이스를 구축하고자 한다. 다음의 지시사항에 따라 〈건물주차현황〉 테이블을 완성하시오. (각 3점)

   ① '주차관리번호' 필드는 'PL-123' 형식이며, 문자 2자리, "-" 기호, 숫자 3자리가 반드시 입력되도록 다음과 같이 설정하시오.
   - ▶ 문자는 영문자와 한글만 입력되도록 설정할 것
   - ▶ 숫자는 0~9까지의 숫자만 입력되도록 설정할 것
   - ▶ '-' 기호도 테이블에 저장되도록 설정할 것
   - ▶ 입력 시 데이터가 입력될 자리를 "*"로 표시할 것

   ② '주차관리번호' 필드는 빈 문자열이 허용되지 않도록 설정하시오.
   ③ 새로운 레코드가 추가되는 경우 '임대주차수' 필드에는 0이 입력되도록 설정하시오.
   ④ '총주차수' 필드에 입력되는 값은 '임대주차수' 필드의 값보다 크거나 같도록 '유효성 검사 규칙' 속성을 설정하시오.
   - ▶ 규칙에 어긋나는 경우 "총주차수를 확인하세요"라는 메시지를 표시하시오.

   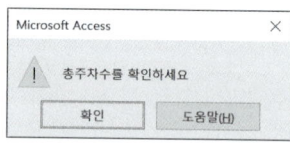

   ⑤ 테이블이 로드되면, '법정동명' 필드를 기준으로 내림차순 정렬되도록 설정하시오.

2. 〈건물주차현황〉 테이블의 '주차유형' 필드에 대해서 다음과 같이 조회 속성을 설정하시오. (5점)
   - ▶ 〈주차유형〉 테이블의 '주차장유형' 필드만 콤보 상자 형태로 표시하시오.
   - ▶ 필드에는 '주차장유형번호'가 저장되도록 설정하시오.
   - ▶ 목록 너비를 3cm로 설정하시오.
   - ▶ 목록 이외의 값은 입력될 수 없도록 설정하시오.

3. 〈건물주차현황〉 테이블의 '건물번호' 필드는 〈주택현황〉 테이블의 '건물번호' 필드를 참조하며, 테이블 간의 관계는 M:1이다. 다음과 같이 테이블 간의 관계를 설정하시오. (5점)
   - ※ 액세스 파일에 이미 설정되어 있는 관계는 수정하지 마시오.
   - ▶ 각 테이블 간에 항상 참조 무결성이 유지되도록 설정하시오.

▶ 참조 필드의 값이 변경되면 관련 필드의 값도 변경되도록 설정하시오.
▶ 다른 테이블에서 참조하고 있는 레코드는 삭제할 수 없도록 설정하시오.

문제 2 입력 및 수정 기능 구현(20점)

1. 〈건물주차관리〉 폼을 다음의 화면과 지시사항에 따라 완성하시오. (각 3점)

① 폼 머리글의 'txt주차장유형' 컨트롤에 '주차장유형' 필드의 내용이 표시되도록 '컨트롤 원본' 속성을 설정하시오.

② 하위 폼의 'txt주차여유' 컨트롤에는 '총주차수 – 임대주차수'의 값이 표시되도록 '컨트롤 원본' 속성을 설정하시오.

③ 폼 바닥글의 'txt주차총수' 컨트롤에는 'txt주차장유형번호' 컨트롤에 입력된 주차유형과 같은 하위 폼의 총주차수 합계가 표시되도록 '컨트롤 원본' 속성을 설정하시오.

▶ DSum 함수 사용

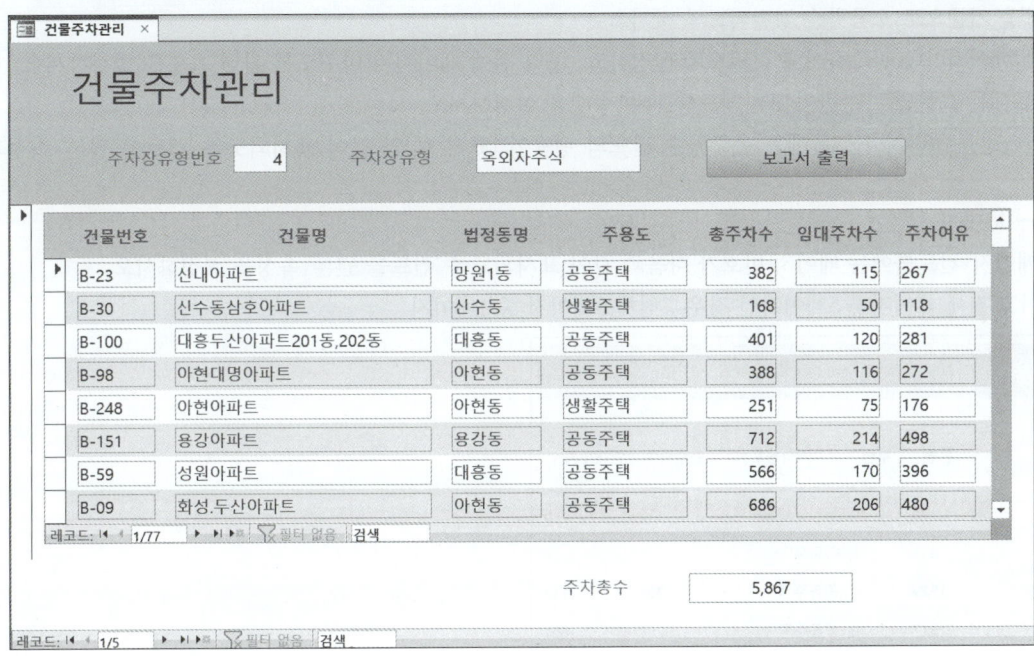

2. 〈건물주차세부〉 폼의 본문 컨트롤에 대하여 다음과 같이 조건부 서식을 순서대로 설정하시오. (6점)

▶ '건물명' 필드의 값에 "아파트"가 포함되고, '총주차수' 필드의 값이 500 이상인 경우 본문의 모든 컨트롤들의 글꼴 스타일을 '굵게', 글꼴 색을 '표준 색 – 파랑'으로 지정하시오.

▶ '임대주차수' 필드의 값이 200보다 큰 경우 본문의 모든 컨트롤들의 글꼴 스타일을 '굵게', 글꼴 색을 '표준 색 – 빨강'으로 지정하시오.

▶ Like, And 연산자 사용

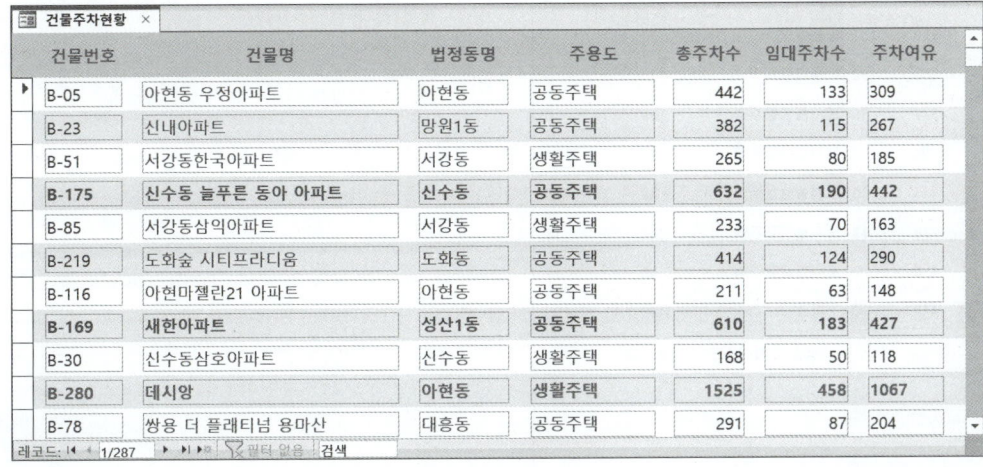

3. 〈건물주차관리〉 폼 머리글의 '보고서 출력(cmd출력)' 단추를 클릭하면 〈법정동별주차현황〉 보고서를 '인쇄 미리 보기' 형태로 여는 〈보고서 출력〉 매크로를 생성하여 지정하시오. (5점)

▶ 다음과 같이 시스템의 현재 날짜와 시간이 표시된 메시지 상자에서 〈확인〉을 클릭하면 보고서를 출력할 것

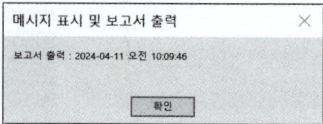

문제 3 · 조회 및 출력 기능 구현(20점)

1. 다음의 지시사항 및 화면을 참조하여 〈법정동별주차현황〉 보고서를 완성하시오. (각 3점)

① 동일한 그룹 내에서 '건물명'을 기준으로 오름차순 정렬되도록 하시오.
② '법정동명' 머리글 영역이 매 페이지마다 반복하여 출력되도록 설정하고, 구역 전에 페이지가 바뀌도록 관련 속성을 설정하시오.
③ 본문 영역의 'txt순번' 컨트롤에는 그룹별로 순번이 표시되도록 관련 속성을 설정하시오.
④ '법정동명' 바닥글 영역의 'txt평균주차수' 컨트롤에는 총주차수 필드의 평균이 [표시 예]와 같이 표시되도록 '컨트롤 원본' 속성과 '형식' 속성을 설정하시오.
  ▶ [표시 예] 0 → 0대, 18 → 18대
⑤ 페이지 바닥글 영역의 'txt페이지' 컨트롤에는 페이지 번호가 다음과 같이 표시되도록 '컨트롤 원본' 속성을 설정하시오.
  ▶ 현재 페이지가 1페이지이고 전체 페이지가 5페이지인 경우 : 전체 5페이지 중 1페이지

법정동별주차현황

공덕동

순번	건물명	본번	부번	기타용도	총주차수	임대주차수
1	강변캐슬	198	20	도시형생활주택	15	5
2	개나리아파트	213	3	아파트	0	0
3	경남아너스빌	1529	0	공동주택	391	117
4	공덕 데시앙포레	817	0	공동주택	2202	661
5	공덕 지웰 에스테이트	538	0	공동주택	58	17
6	공덕동 아이파크	385	0	공동주택	785	236
7	공덕학사	210	4	기숙사	24	7
8	금강빌라트	285	1	공동주택	14	4
9	다원슈슈빌	175	42	도시형생활주택	18	5
10	더베스트빌	72	8	도시형생활주택	16	5
11	디아이빌	1	44	도시형생활주택	24	7
12	리더스	648	4	공동주택	15	5
13	백운빌라	332	155	공동주택	14	4
14	삼성홈타운	106	32	다세대주택	16	5
15	성진듀얼팰리스 2차	527	39	도시형생활주택	19	6
16	스마트빌	494	2	도시형생활주택	36	11
17	신흥뜨란채	143	36	도시형생활주택	32	10
18	예지다움	128	33	도시형생활주택	42	13
19	주함해븐빌	456	0	도시형생활주택	56	17
20	중앙하이츠아파트	479	0	아파트	449	135

평균 주차대수 :   211대

전체 21페이지 중 1페이지

2. 〈건물주차세부〉 폼 본문의 'txt주용도' 컨트롤을 더블클릭하면 다음과 같은 기능을 수행하도록 이벤트 프로시저를 구현하시오. (5점)
   ▶ 아래와 같은 메시지 상자에 "기타용도 : " 메시지와 '기타용도' 필드의 값을 연결하여 표시할 것
   ▶ & 연산자 사용

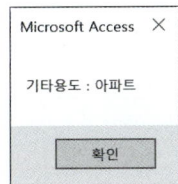

문제 4   처리 기능 구현(35점)

1. 〈건물주차현황〉 테이블을 이용하여 법정동별 최대 '총주차수'를 조회한 후 새 테이블로 생성하는 〈동별최대주차수〉 쿼리를 작성하고 실행하시오. (7점)
   ▶ '최대주차수' 필드는 '총주차수' 필드를 이용하시오.
   ▶ '법정동명' 필드의 값이 '가'부터 '아'까지의 문자 중에서 하나로 시작하는 레코드만 표시하시오.
   ▶ '최대주차수' 필드를 기준으로 내림차순 정렬하시오.
   ▶ Like 연산자 사용
   ▶ 쿼리 실행 후 생성되는 테이블의 이름은 〈마포구동별최대주차수〉로 설정하시오.
   ▶ 쿼리 실행 결과 생성되는 필드와 필드명은 〈그림〉을 참고하여 수험자가 판단하여 설정하시오.

법정동명	최대주차수
공덕동	2202
망원2동	1965
신수동	1571
아현동	1525
서강동	1265
대흥동	917
도화동	915
서교동	907
망원1동	696
성산1동	689
성산2동	191

※ 〈동별최대주차수〉 쿼리를 실행한 후의 〈마포구동별최대주차수〉 테이블

2. 법정동명별 주차창유형별 주차수를 조회하는 〈주차수조회〉 크로스탭 쿼리를 작성하시오. (7점)
   ▶ 〈건물주차현황〉과 〈주차유형〉 테이블을 이용하시오.
   ▶ '마포구동' 필드는 '법정동명' 필드를 이용하시오.
   ▶ '주차수' 필드와 주차유형별 주차수는 '주차관리번호' 필드를 이용하시오.
   ▶ '법정동명' 필드의 값이 "1동"이나 "2동"으로 끝나는 레코드는 조회 대상에서 제외하시오.
   ▶ Right 함수, And 연산자 사용
   ▶ 쿼리 결과로 표시되는 필드와 필드명은 〈그림〉과 같이 표시되도록 설정하시오.

마포구동	주차수	옥내기계식	옥내자주식	옥외기계식	옥외자주식	주차장없음
공덕동	20	1	14	1	3	1
대흥동	28	2	16	2	7	1
도화동	27	1	22		4	
서강동	28		23	2	3	
서교동	21	1	11	2	6	1
신수동	33		13	1	16	3
아현동	37	2	18	1	13	3
염리동	28	1	18	1	7	1
용강동	27	2	12		7	6
합정동	8		1	3		4

3. '대기자수'와 조회할 '법정동명'을 매개 변수로 입력받아 해당 '법정동명'의 '대기자수' 필드를 수정하는 〈대기자수등록〉 업데이트 쿼리를 작성한 후 실행하시오. (7점)

   ▶ 〈건물주차현황〉 테이블을 이용하시오.
   ▶ '대기자수' 필드에 입력받은 대기자수만큼 "★"을 반복하여 표시하시오.
   ▶ String 함수 사용

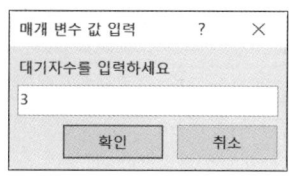 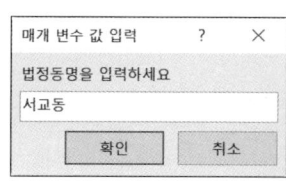

※ 〈대기자수등록〉 쿼리의 매개 변수 값으로 대기자수를 3, 법정동명을 "서교동"으로 입력하여 실행한 후의 〈건물주차현황〉 테이블

4. 법정동별 주차유형별 주차수의 합계를 조회하는 〈법정동별주차조회〉 쿼리를 작성하시오. (7점)

   ▶ 〈건물주차현황〉과 〈주택현황〉 테이블을 이용하시오.
   ▶ '총주차수 합계' 필드의 값이 많은 순으로 상위 3개 레코드만 표시하시오.
   ▶ '기타용도' 필드의 값이 "아파트"이거나 "공동주택"인 레코드는 조회 대상에서 제외하시오.
   ▶ In과 Not 연산자 사용
   ▶ 쿼리 결과로 표시되는 필드와 필드명은 〈그림〉과 같이 표시되도록 설정하시오.

5. 〈주차유형〉과 〈건물주차현황〉 테이블을 이용하여 조회할 법정동의 일부를 매개 변수로 입력받아 해당 동의 주차여유의 합계를 조회하는 〈주차여유분조회〉 쿼리를 작성하시오. (7점)

   ▶ '주차여유' 필드는 '총주차수 – 임대주차수'의 합으로 계산하여, [표시 예]와 같이 표시되도록 '형식' 속성을 설정하시오.
      [표시 예] 1740 → 1,740대
   ▶ '주차여유' 필드의 합계가 0보다 큰 레코드만 표시하시오.
   ▶ '주차여유' 필드를 기준으로 내림차순 정렬하시오.
   ▶ Sum 함수, Like 연산자 사용
   ▶ 쿼리 실행 결과 표시되는 필드와 필드명은 〈그림〉과 같이 표시되도록 설정하시오

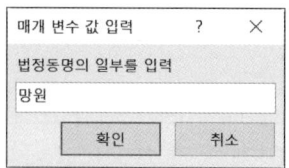

EXAMINATION 05회 2024년 상시01 기출문제 해설

문제 1   DB 구축

01. 테이블 완성하기 _참고 : 테이블 완성 180쪽

〈건물주차현황〉 테이블

❶ '주차관리번호' 필드에 입력 마스크 속성 설정하기

일반	
필드 크기	255
형식	
입력 마스크	LL-000;0;*
캡션	
기본값	

❷ '주차관리번호' 필드에 필수와 빈 문자열 허용 속성 설정하기

일반	
유효성 검사 텍스트	
필수	예
빈 문자열 허용	아니요
인덱스	예(중복 불가능)
유니코드 압축	아니요

❸ '임대주차수' 필드에 기본값 속성 설정하기

일반	
입력 마스크	
캡션	
기본값	0
유효성 검사 규칙	
유효성 검사 텍스트	

❹ 테이블 속성의 '유효성 검사 규칙' 속성과 '유효성 검사 텍스트' 속성 설정하기

속성 시트
선택 유형: 테이블 속성

일반	
설명	
기본 보기	데이터시트
유효성 검사 규칙	[총주차수]>=[임대주차수]
유효성 검사 텍스트	총주차수를 확인하세요
필터	

❺ 테이블 속성의 '정렬 기준' 속성 설정하기

속성 시트
선택 유형: 테이블 속성

일반	
필터	
정렬 기준	법정동명 desc
하위 데이터시트 이름	[자동]
하위 필드 연결	
기본 필드 연결	

02. 〈건물주차현황〉 테이블의 '주차유형' 필드에 조회 속성 설정하기 _참고 : 조회 기능 설정 184쪽

정답

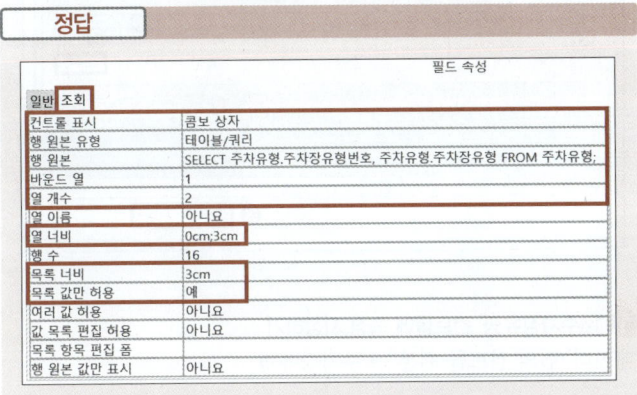

03. 〈건물주차현황〉 테이블과 〈주택현황〉 테이블 간의 관계 설정하기 _참고 : 관계 설정 188쪽

정답

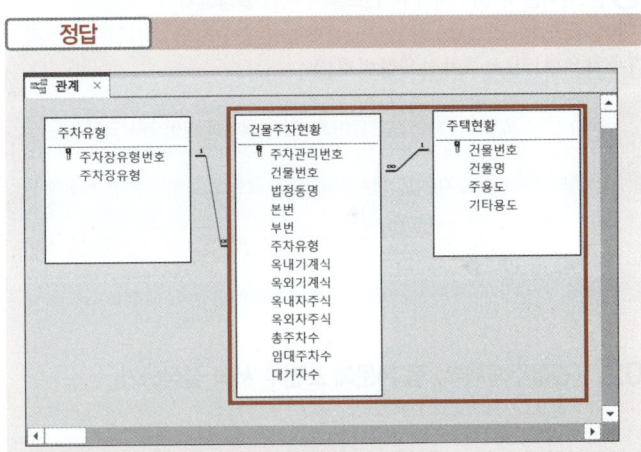

• '관계 편집' 대화상자

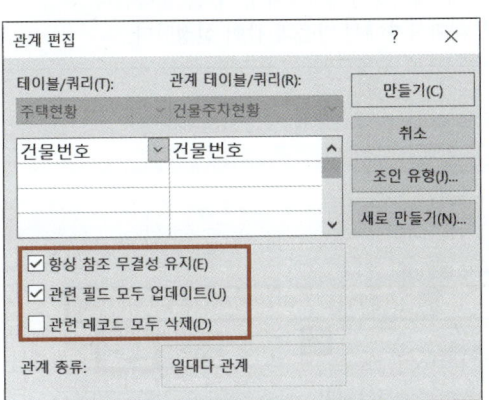

문제 2 입력 및 수정 기능 구현

01. 〈건물주차관리〉 폼 완성하기 _ 참고 : 폼 완성 193쪽

정답

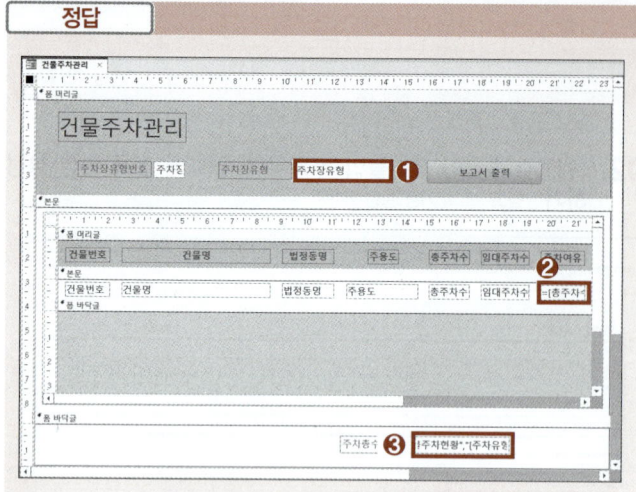

① 'txt주차장유형' 컨트롤에 속성 지정하기
'데이터' 탭의 컨트롤 원본 → 주차장유형

② 하위 폼 본문의 'txt주차여유' 컨트롤에 속성 지정하기
'데이터' 탭의 컨트롤 원본 → =[총주차수]-[임대주차수]

③ 폼 바닥글의 'txt주차총수' 컨트롤에 속성 설정하기
'데이터' 탭의 컨트롤 원본 → =DSum("총주차수","건물주차현황",
"[주차유형]=[txt주차장유형번호]")

※ 작업 대상 레코드가 들어있는 테이블이나 쿼리의 이름이 제시되지 않은 경우 폼 속성의 '데이터' 탭에서 '레코드 원본' 속성을 참고해야 합니다. 문제에서 하위 폼의 총 주차수 합계를 표시하라고 했으므로, 하위 폼의 '레코드 원본' 속성에 사용된 〈건물주차현황〉과 〈주택현황〉 테이블 중 조건에 사용할 '주차유형' 필드가 있는 〈건물주차현황〉 테이블을 작업 대상 도메인으로 사용한 것입니다.

02. 〈건물주차세부〉 폼 본문에 조건부 서식 설정하기
_ 참고 : 조건부 서식 199쪽

1. 폼 본문에 있는 모든 컨트롤을 선택한다.
2. [서식] → 컨트롤 서식 → **조건부 서식**(▦)을 클릭한 후 '조건부 서식 규칙 관리자' 대화상자에서 〈새 규칙〉을 클릭한다.
3. '새 서식 규칙' 대화상자에서 다음과 같이 설정한다.

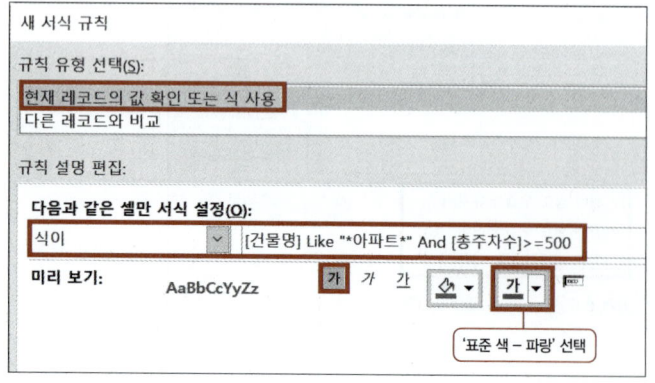

4. 같은 방법으로 두 번째 조건부 서식을 다음과 같이 설정한다.

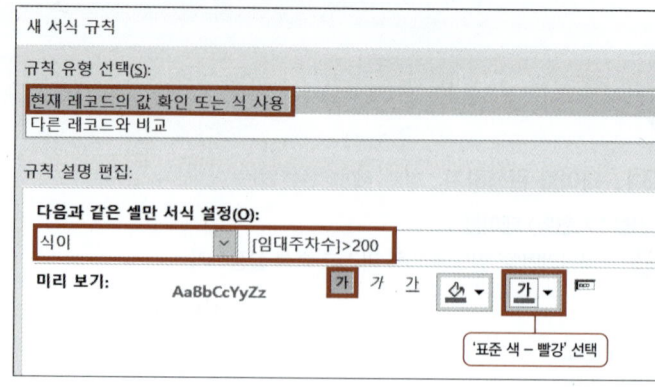

03. 〈보고서출력〉 매크로 작성하기 _ 참고 : 매크로 작성 205쪽

정답

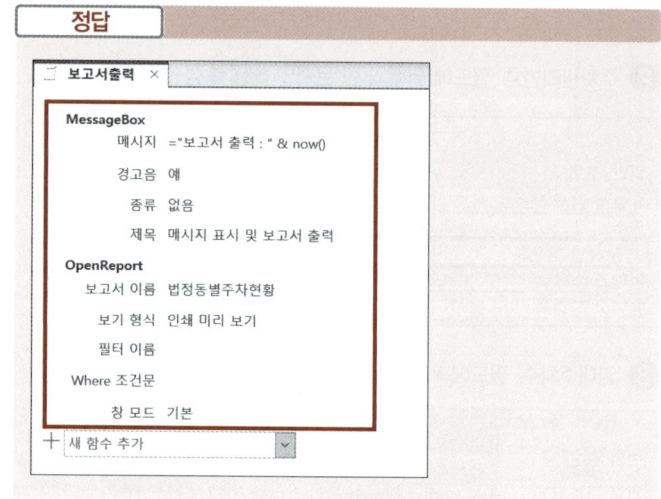

1. 매크로 개체를 생성한 후 이를 연결하여 사용해야 하므로, 먼저 매크로 개체를 생성한다. [만들기] → 매크로 및 코드 → **매크로**(▭)를 클릭한다.
2. 매크로 대화상자에서 정답과 같이 설정한 후 매크로 대화상자의 닫기(✕) 단추를 클릭한다.
3. 저장 여부를 묻는 대화상자에서 〈예〉를 클릭한다.
4. '다른 이름으로 저장' 대화상자에서 매크로 이름을 **보고서출력**으로 입력한 다음 〈확인〉을 클릭한다.
5. 〈건물주차관리〉 폼을 디자인 보기로 연 후 폼 머리글의 'cmd출력' 컨트롤을 더블클릭한다.
6. 'cmd출력' 컨트롤 속성 시트 창의 '이벤트' 탭에서 'On Click' 이벤트의 목록 단추를 눌러 '보고서출력' 매크로를 선택한다.

문제 3   조회 및 출력 기능 구현   정답

01. 〈법정동별주차현황〉 보고서 완성하기 _ 참고 : 보고서 완성 211쪽

정답

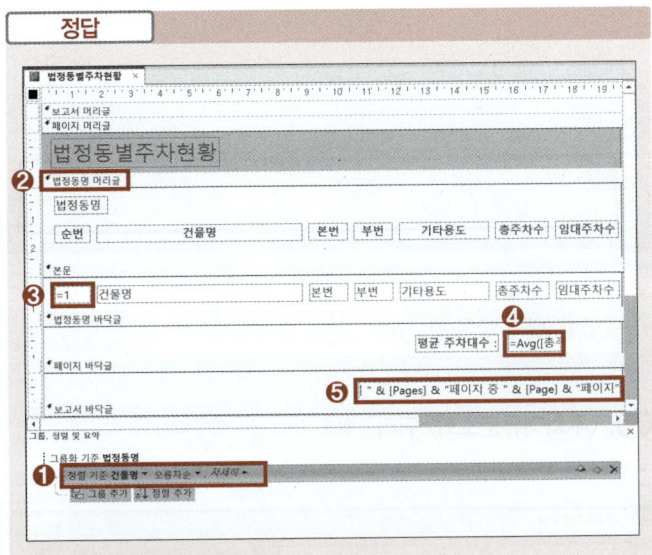

❶ '그룹, 정렬 및 요약' 창

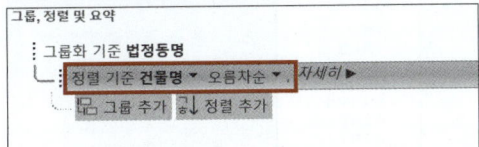

❷ '법정동명' 머리글 영역에 속성 설정하기
- '형식' 탭의 반복 실행 구역 → 예
- '형식' 탭의 페이지 바꿈 → 구역 전

❸ 'txt순번' 컨트롤에 속성 설정하기
- '데이터' 탭의 컨트롤 원본 → =1
- '데이터' 탭의 누적 합계 → 그룹

❹ 'txt평균주차수' 컨트롤에 속성 설정하기
- '데이터' 탭의 컨트롤 원본 → =Avg([총주차수])
- '형식' 탭의 형식 → 0대

❺ 'txt페이지' 컨트롤에 속성 설정하기
'데이터' 탭의 컨트롤 원본 → ="전체 " & [Pages] & "페이지 중 " & [Page] & "페이지"

02. 〈건물주차세부〉 폼 본문의 'txt주용도' 컨트롤에 더블클릭 기능 구현하기 _ 참고 : 이벤트 프로시저 218쪽

정답

```
Private Sub txt주용도_DblClick(Cancel As Integer)
    MsgBox "기타용도 : " & [기타용도]
End Sub
```

문제 4   처리 기능 구현   정답

01. 〈동별최대주차수〉 쿼리 _ 참고 : 테이블 생성 쿼리 작성 228쪽

1. 쿼리 작성기 창

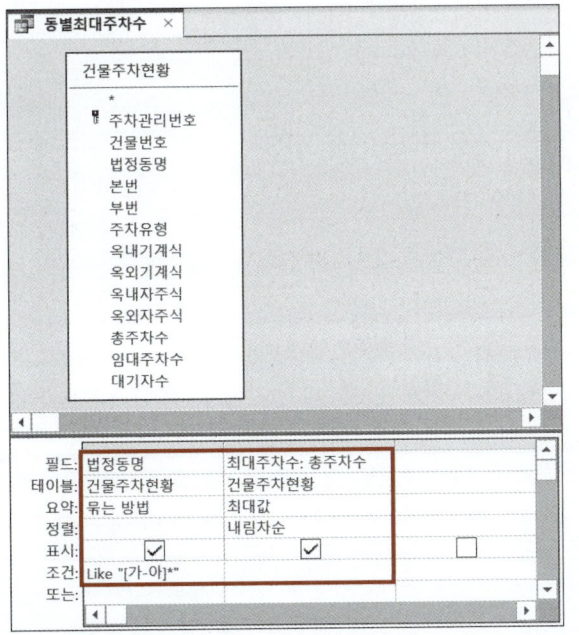

2. [쿼리 디자인] → 쿼리 유형 → **테이블 만들기**(▦)를 클릭한 후 '테이블 만들기' 대화상자의 '테이블 이름'에 **마포구동별최대주차수**를 입력한다.

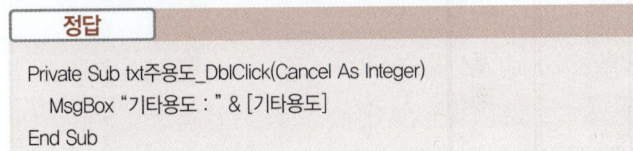

02. 〈주차수조회〉 쿼리 _ 참고 : 크로스탭 쿼리 작성 227쪽

• 쿼리 작성기 창

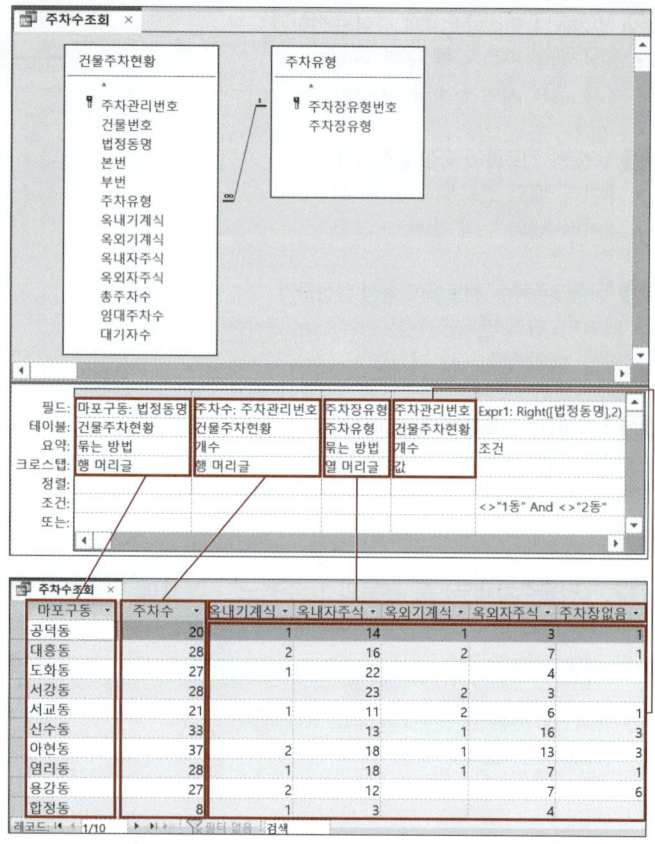

03. 〈대기자수등록〉 쿼리 작성하기 _ 참고 : 업데이트 쿼리 작성 229쪽

• 쿼리 작성기 창

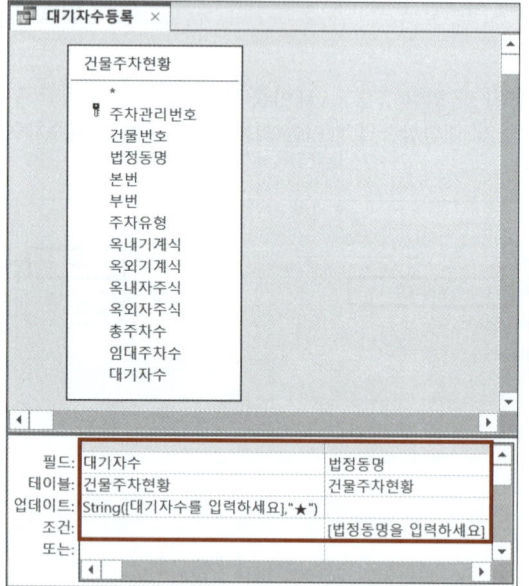

04. 〈법정동별주차조회〉 쿼리 _ 참고 : 그룹 쿼리 작성 226쪽

• 쿼리 작성기 창

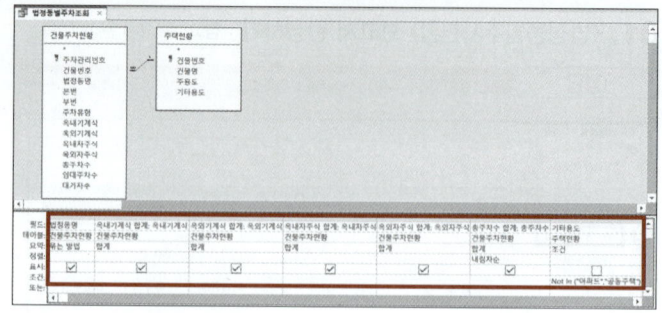

• '쿼리' 속성 시트 창
 - '일반' 탭의 상위 값 : 3

05. 〈주차여유분조회〉 쿼리 _ 참고 : 매개 변수 쿼리 작성 227쪽

• 쿼리 작성기 창

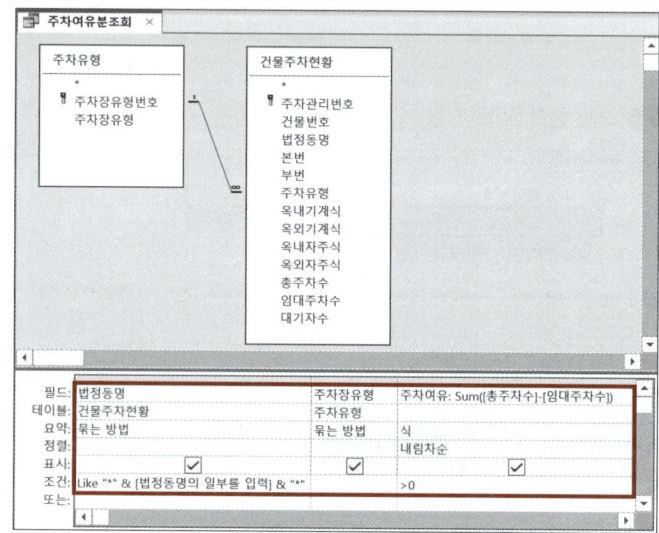

• '주차여유' 필드 속성 설정하기
 - '일반' 탭의 형식 → #,###대

EXAMINATION 06회 : 2024년 상시02 컴퓨터활용능력 1급 실기

- 준 비 하 세 요 : '실기길벗컴활1급통합\기출\06회' 폴더에서 '24년상시02.accdb' 파일을 열어서 작업하시오.
- 외부 데이터 위치 : 실기길벗컴활1급통합\기출\06회

문제 1 DB구축(25점)

1. 서울의 상권을 분석하기 위한 데이터베이스를 구축하고자 한다. 다음의 지시사항에 따라 테이블을 완성하시오. (각 3점)

〈서울상권분석〉 테이블

① '구분ID' 필드는 'S-123456' 형식으로, "S-" 고정 문자와 숫자 6자리가 반드시 입력되도록 다음과 같이 설정하시오.
  ▶ 숫자는 0~9까지의 숫자만 입력될 수 있도록 설정할 것
  ▶ "S-" 고정 문자도 테이블에 저장되도록 설정할 것
  ▶ 입력 시 데이터가 입력될 자리를 "*"로 표시할 것

② '소득구간코드' 필드에는 1~9.9까지만 입력되도록 '유효성 검사 규칙' 속성을 설정하시오.

③ '상권구분코드' 필드에는 〈상권구분〉 테이블의 '상권구분코드'와 '상권구분명'이 콤보 상자의 형태로 표시되도록 조회 속성을 설정하시오.
  ▶ '상권구분코드' 필드가 저장되도록 설정하시오.
  ▶ 각 필드의 열 너비는 1cm, 3cm로 설정하시오.

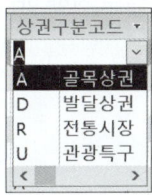

④ 마지막에 '소득구간기타' 필드를 추가하고 최대 100 글자까지 입력할 수 있는 데이터 형식과 필드 크기를 지정하시오.

〈상권구분〉 테이블

⑤ '상권구분명' 필드에는 값이 반드시 입력되도록 관련 속성을 설정하시오.

2. 외부 데이터 가져오기 기능을 이용하여 〈요일별매출분석자료.xlsx〉에서 내용을 가져와 테이블로 생성하시오. (5점)
  ▶ 첫 번째 행은 필드의 이름으로 설정하시오.
  ▶ '구분코드' 필드를 기본키로 설정하시오.
  ▶ 테이블 이름은 "요일별매출분석"으로 하시오.

3. 〈서울상권분석〉 테이블의 '상권변화코드' 필드는 〈상권지표〉 테이블의 '상권변화코드' 필드를 참조하며, 테이블 간의 관계는 M:1이다. 다음과 같이 테이블 간의 관계를 설정하시오. (5점)

※ 액세스 파일에 이미 설정되어 있는 관계는 수정하지 마시오.
  ▶ 각 테이블 간에 항상 참조 무결성이 유지되도록 설정하시오.
  ▶ 참조 필드의 값이 변경되면 관련 필드의 값도 변경되도록 설정하시오.
  ▶ 다른 테이블에서 참조하고 있는 레코드는 삭제할 수 없도록 설정하시오.

문제 2 · 입력 및 수정 기능 구현(20점)

1. 〈서울상권현황조회〉 폼을 다음의 화면과 지시사항에 따라 완성하시오. (각 3점)

    ① 폼의 기본 보기 속성을 〈그림〉과 같이 표시되도록 설정하시오.
    ② 폼에 데이터를 추가하거나 삭제할 수 없도록 설정하시오.
    ③ 폼 머리글에 다음과 같이 그림을 삽입하시오.

    ▶ 그림 파일 이름 : 로고.png   ▶ 그림 너비 : 1.6cm   ▶ 그림 높이 1.3cm
    ▶ 그림 유형 : 포함   ▶ 그림 이름 : IMG그림

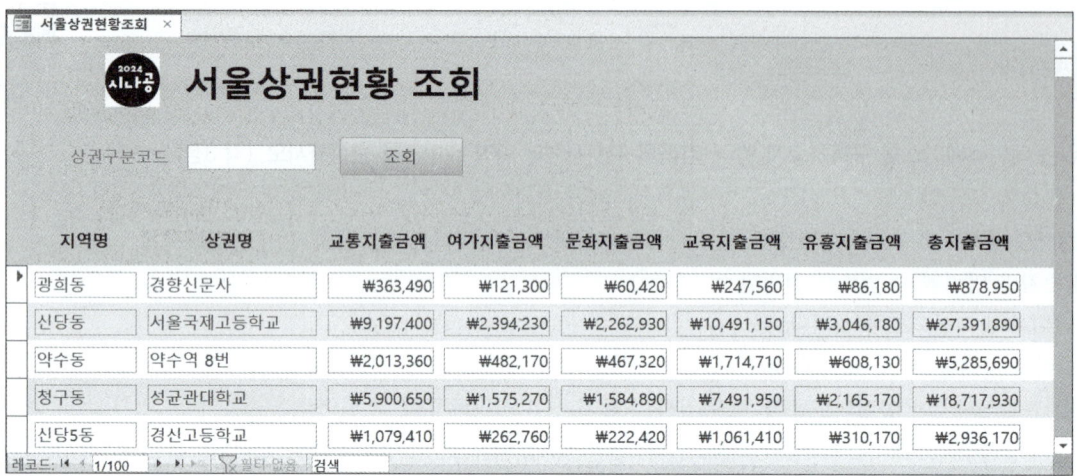

2. 〈서울상권분석〉 폼의 본문 컨트롤에 대하여 다음과 같이 조건부 서식을 설정하시오. (6점)

    ▶ '상권구분코드'가 "A" 또는 "U"이면서, '소득구간코드'가 4~7 사이인 경우 본문의 모든 컨트롤의 배경 색을 '표준 - 진한 바다색 2'로 지정하시오.
    ▶ 단, 하나의 규칙으로 작성하시오.

3. 〈서울상권현황조회〉 폼 머리글의 '조회(cmd조회)' 단추를 클릭하면 'txt조회' 컨트롤에 입력된 '상권구분코드'로 필터를 수행하고, 폼 본문의 'txt교통지출금액' 컨트롤로 포커스가 이동하는 〈조회후이동〉 매크로를 생성하여 지정하시오. (5점)

    ▶ ApplyFilter 함수와 GoToControl 메서드를 사용하시오.

문제 3 조회 및 출력 기능 구현(20점)

1. 다음의 지시사항 및 화면을 참조하여 〈서울상권현황보고서〉를 완성하시오. (각 3점)

① 페이지 머리글 영역의 'txt페이지' 컨트롤에는 페이지 번호가 [표시 예]와 같이 표시되도록 컨트롤 원본 속성을 설정하시오.

[표시 예] 현재 페이지가 1이고, 전체 페이지가 6인 경우 → 1/6페이지

② '상권구분명 머리글' 영역과 '상권변화명 머리글' 영역은 매 페이지마다 반복하여 출력되고, '상권구분명 머리글' 영역은 해당 영역이 시작되기 전에 페이지가 바뀌도록 관련 속성을 설정하시오.

③ '상권구분명 머리글' 영역의 'txt상권구분변화명' 컨트롤에는 '상권구분명'과 '상권변화명'이 [표시 예]와 같이 표시되도록 '컨트롤 원본' 속성을 설정하시오.

[표시 예] '상권구분명'이 "골목상권"이고 '상권변화명'이 "다이나믹"인 경우 → 골목상권-다이나믹

④ 본문 영역의 'txt순번' 컨트롤에는 그룹별로 순번이 표시되도록 관련 속성을 설정하시오.

⑤ 본문 영역의 'txt소득구간코드' 컨트롤의 값이 이전 레코드와 동일한 경우에는 표시되지 않도록 관련 속성을 설정하시오.

서울상권현황보고서

1/7페이지

골목상권-다이나믹

순번	지역명	상권명	소득구간코드	총지출금액
1	정릉3동	정릉3동주민센터	8.5	₩8,111,510
2	답십리1동	남산골공원옆	7.2	₩9,226,330
3	정릉1동	대신고등학교		₩24,876,870
4	장안1동	관성묘	6.7	₩11,015,650
5	신당5동	경신고등학교	7.4	₩2,936,170
6	광희동	경향신문사	9.5	₩878,950
7	길음1동	배화여자대학교	8.3	₩2,668,690
8	효창동	새남터성지	7.4	₩20,286,070
9	수유2동	수유2동주민센터	6.5	₩2,519,820
10	전농2동	남산케이블카	8.9	₩14,141,950
11	우이동	우이역 7번	6.9	₩4,131,680
12	인수동	한양공고앞 교차로	5.9	₩16,489,520
13	안암동	안암역 1번	9.4	₩14,650,800
14	남영동	남영동벼룩시장	7.7	₩22,263,440
15	보문동	세검정초등학교	7	₩21,603,040
16	장안2동	장안역 5번	6.7	₩9,630,400
17	원효로1동	황학코아루아파트	8.8	₩18,536,430
18	정릉4동	사직공원	8.1	₩2,674,560
19	번2동	번2동역 1번	7.4	₩17,874,940

2. 〈서울상권분석〉 폼 본문의 'txt총지출금액' 컨트롤을 더블클릭하면 다음과 같은 기능을 수행하도록 이벤트 프로시저를 구현하시오. (5점)

▶ '총지출금액' 필드를 기준으로 내림차순 정렬을 수행하시오.

▶ 폼의 OrderBy, OrderByOn 속성을 사용하시오.

문제 4 처리 기능 구현(35점)

1. 상권구분명별 상권변화별 총지출금액의 합계를 조회하는 〈상권변화명별_총지출액조회〉 크로스탭 쿼리를 작성하시오. (7점)
    - ▶ 〈상세내역〉 쿼리를 이용하시오.
    - ▶ 상권변화는 '상권변화코드' 필드의 첫 글자가 "H"이면 "수익지역", 그 외는 "관심지역"으로 처리하시오.
    - ▶ '총지출합계' 필드, 상권변화별 총지출금액의 합계는 '총지출금액' 필드를 이용하시오.
    - ▶ '상권명' 필드의 마지막 2자리가 "병원", "학교", "공원"으로 끝나는 레코드만을 조회 대상으로 하시오.
    - ▶ 실행 결과의 모든 금액은 [표시 예]와 같이 표시되도록 '형식' 속성을 설정하시오.
      [표시 예] 0 → 0원, 2703250 → 2,703,250원
    - ▶ IIf, Left, Right 함수와 In 연산자 사용
    - ▶ 쿼리 결과로 표시되는 필드와 필드명은 〈그림〉과 같이 표시되도록 설정하시오.

상권구분명	총지출합계	관심지역	수익지역
골목상권	150,579,280원	104,312,300원	46,266,980원
발달상권	26,275,020원	17,590,740원	8,684,280원
전통시장	20,871,930원		20,871,930원

2. 〈서울상권분석〉 테이블을 이용하여 '소득구분기타' 필드의 값을 변경하는 〈소득구분평가〉 업데이트 쿼리를 작성한 후 실행하시오. (7점)
    - ▶ '소득구분기타'는 '소득구간코드'를 정수로 변경하여 1~3이면 "저소득", 4~6이면 "중소득", 7~9이면 "고소득"으로 표시하시오.
      [표시 예] 3 → 저소득, 6 → 중소득, 7 → 고소득
    - ▶ Choose, Int 함수 사용으로 변경

소득구간코드	교통지출금액	여가지출금액	문화지출금액	교육지출금액	유흥지출금액	총지출금액	소득구간기타
9.5	363490	121300	60420	247560	86180	878950	고소득
6.2	6970880	1665510	1223370	6281460	1759530	17900750	중소득
6.4	9197400	2394230	2262930	10491150	3046180	27391890	중소득
8.8	9221200	2049950	1584580	9037310	2354150	24247190	고소득
6.7	2013360	482170	467320	1714710	608130	5285690	중소득
7	5900650	1575270	1584890	7491950	2165170	18717930	고소득
7.4	1079410	262760	222420	1061410	310170	2936170	고소득
7.6	1825390	447790	451650	1538130	582230	4845190	고소득

    ※ 〈소득구분평가〉 쿼리를 실행한 후의 〈서울상권분석〉 테이블

3. 조회할 상권명의 일부를 매개 변수로 입력받아 해당 상권의 정보를 조회하여 새 테이블로 생성하는 〈상권별소득조회〉 쿼리를 작성하고 실행하시오. (7점)
    - ▶ 〈서울상권분석〉 테이블을 이용하시오.
    - ▶ 쿼리 실행 후 생성되는 테이블의 이름은 〈상권별소득평가〉로 설정하시오.
    - ▶ '월평균소득평가' 필드는 '월평균소득금액' 필드의 값을 5,000으로 나눈 몫만큼 "◎" 문자를 표시하시오.
    - ▶ Like 연산자, String 함수 사용
    - ▶ 쿼리 실행 결과 표시되는 필드와 필드명은 〈그림〉과 같이 표시되도록 설정하시오.

    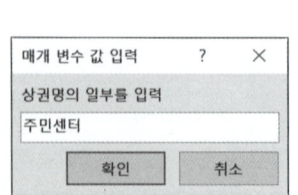

상권명	월평균소득금액	총지출금액	월평균소득평가
황학동주민센터	38280	21267260	◎◎◎◎◎◎◎
정릉3동주민센터	38730	8111510	◎◎◎◎◎◎◎
자양4동주민센터	25400	18421620	◎◎◎◎◎
수유2동주민센터	26540	2519820	◎◎◎◎◎
한강로동주민센터	39020	4518070	◎◎◎◎◎◎◎
옥수동주민센터	30340	5004840	◎◎◎◎◎◎
중곡2동주민센터	28890	19475050	◎◎◎◎◎

    ※ 〈상권별소득조회〉 쿼리를 실행한 후의 〈상권별소득평가〉 테이블

4. 〈상권지표〉와 〈서울상권분석〉 테이블을 이용하여 상권변화명별 총 월평균소득금액, 최대 문화지출금액, 평균 유흥지출금액을 조회하는 〈상권변화명별_지출분석〉 쿼리를 작성하시오. (7점)

   ▶ '총 월평균소득금액' 필드는 '월평균소득금액' 필드, '최대 문화지출금액' 필드는 '문화지출금액' 필드, '평균 유흥지출금액' 필드는 '유흥지출금액' 필드를 이용하시오.
   ▶ '총 월평균소득금액' 필드를 기준으로 내림차순 정렬하시오.
   ▶ '총지출금액' 필드의 값이 5,000,000을 초과하고, '상권구분코드' 필드의 값이 "A"가 아닌 레코드만을 대상으로 하시오.
   ▶ 쿼리 실행 결과 생성되는 필드와 필드명은 〈그림〉을 참고하여 수험자가 판단하여 설정하시오.

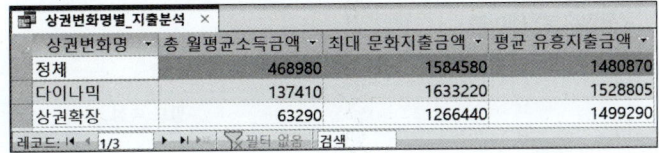

5. 조회할 상권구분명과 상권변화명을 매개 변수로 입력받아 해당 자료의 상권 개수와 최소 총지출금액을 조회하는 〈상권구분_상권변화_자료조회〉 쿼리를 작성하시오. (7점)

   ▶ 〈상권구분〉, 〈서울상권분석〉, 〈상권지표〉 테이블을 이용하시오.
   ▶ '소득구간코드' 필드의 값이 3.5에서 6.8 사이인 레코드만을 대상으로 하시오.
   ▶ '상권 개수' 필드는 '구분ID' 필드를 이용하여 [표시 예]와 같이 표시되도록 '형식' 속성을 설정하시오.
     [표시 예] 0 → 0개, 35 → 35개
   ▶ '최소 총지출금액' 필드는 '총지출금액' 필드를 이용하여 〈그림〉과 같이 표시되도록 '형식' 속성을 설정하시오.
   ▶ Between 연산자 사용
   ▶ 쿼리 결과로 표시되는 필드와 필드명은 〈그림〉과 같이 표시되도록 설정하시오.

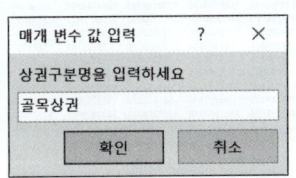 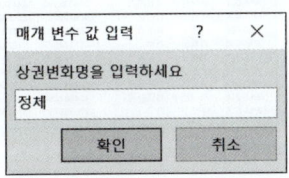

EXAMINATION 06회 2024년 상시02 기출문제 해설

문제 1   DB 구축

01. 테이블 완성하기 _ 참고 : 테이블 완성 180쪽

〈서울상권분석〉 테이블

① '구분ID' 필드에 '입력 마스크' 속성 설정하기

② '소득구간코드' 필드에 '유효성 검사 규칙' 속성 설정하기

③ '상권구분코드' 필드에 '조회' 속성 설정하기

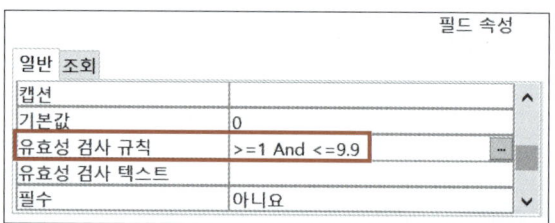

④ '소득구간기타' 필드를 추가하고 '데이터 형식' 및 '필드 크기' 속성 설정하기

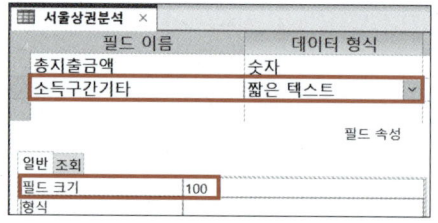

〈상권구분〉 테이블

⑤ '상권구분명' 필드에 '필수' 속성 설정하기

02. '요일별매출분석자료.xlsx' 파일 가져오기 _ 참고 : 테이블 생성 190쪽

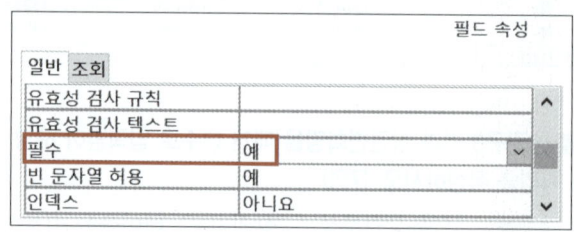

1. '외부 데이터 가져오기 - Excel 스프레드시트' 대화상자

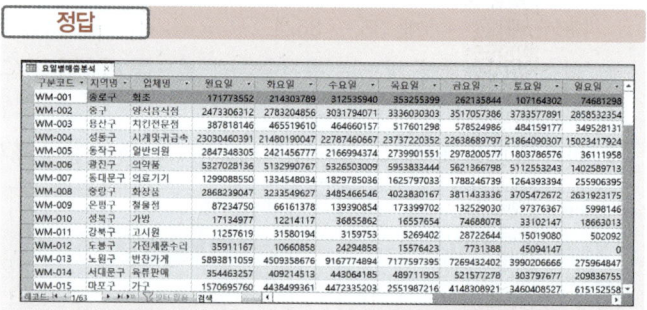

2. '스프레드시트 가져오기 마법사' 1단계 대화상자

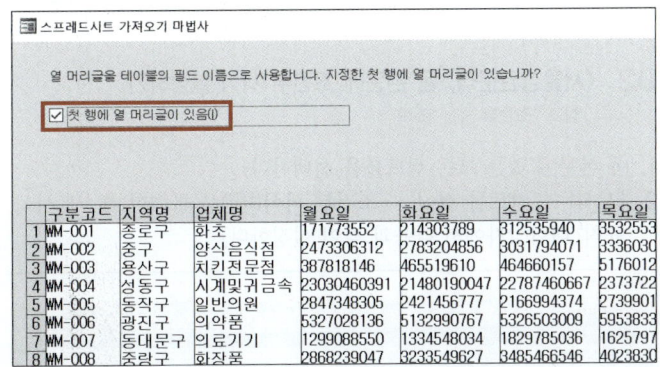

3. '스프레드시트 가져오기 마법사' 3단계 대화상자

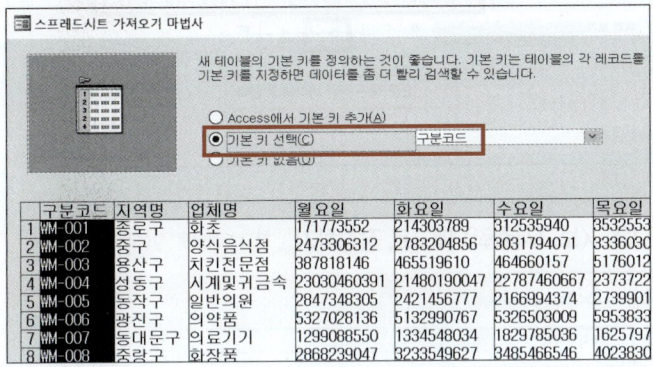

4. '스프레드시트 가져오기 마법사' 4단계 대화상자

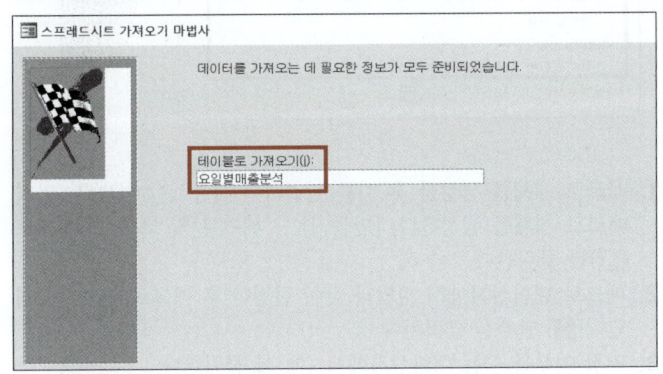

03. 〈서울상권분석〉 테이블과 〈상권지표〉 테이블 간의 관계 설정하기
_ 참고 : 관계 설정 188쪽

정답

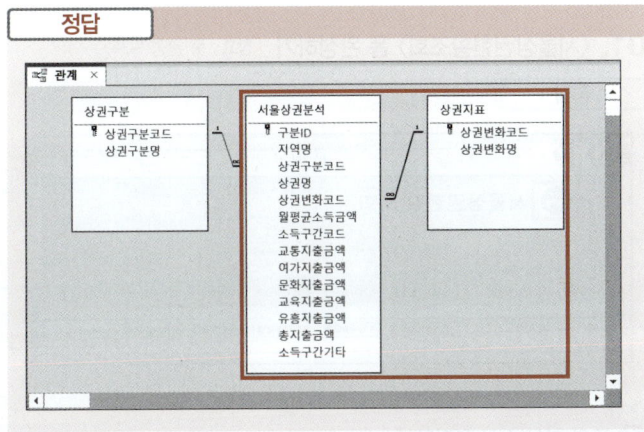

- '관계 편집' 대화상자

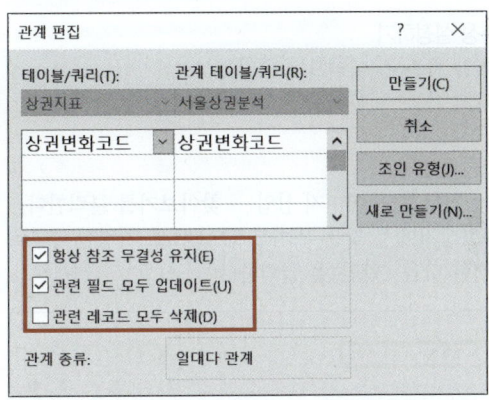

문제 2 입력 및 수정 기능 구현 — 정답

01. 〈서울상권현황조회〉 폼 완성하기 _ 참고 : 폼 완성 193쪽

정답

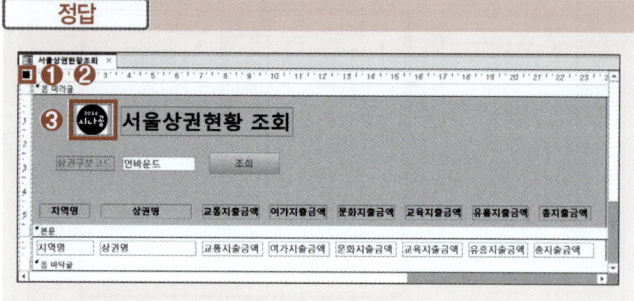

❶ 폼의 형식 속성 설정하기
'형식' 탭의 기본 보기 → 연속 폼

❷ 폼의 데이터 속성 설정하기
- '데이터' 탭의 추가 가능 → 아니요
- '데이터' 탭의 삭제 가능 → 아니요

❸ 폼 머리글에 그림 삽입하기
1. [양식 디자인] → 컨트롤 → 이미지 삽입 → **찾아보기**를 클릭한다.
2. '그림 삽입' 대화상자에서 찾는 위치를 'C:\DB'로 지정한 후 '로고.png'를 선택한 다음 〈확인〉을 클릭한다.

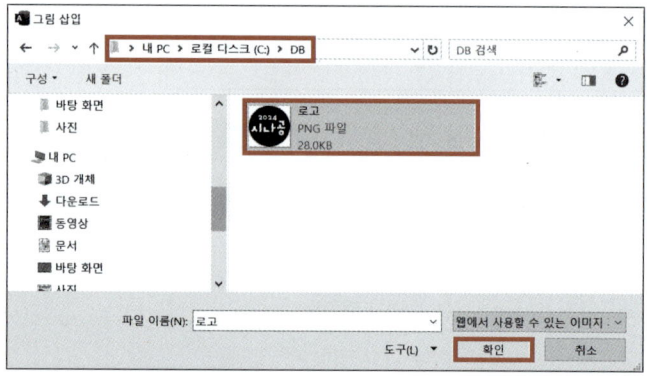

3. 폼 머리글의 제목 왼쪽에 마우스를 드래그하여 그림을 삽입한다.

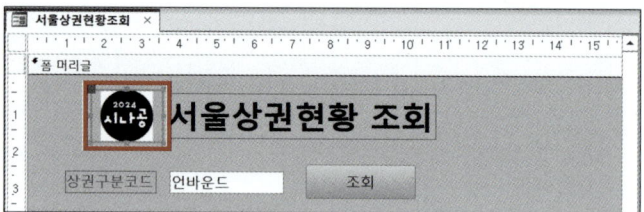

4. 다음과 같이 속성을 설정한다.
- '형식' 탭의 그림 유형 → 포함
- '형식' 탭의 너비 → 1.6cm
- '형식' 탭의 높이 → 1.3cm
- '기타' 탭의 이름 → IMG그림

02. 〈서울상권분석〉 폼 본문에 조건부 서식 설정하기
_ 참고 : 조건부 서식 199쪽

1. 폼 본문에 있는 모든 컨트롤을 선택한다.
2. [서식] → 컨트롤 서식 → **조건부 서식**(🔳)을 클릭한 후 '새 서식 규칙' 대화상자에서 다음과 같이 설정한다.

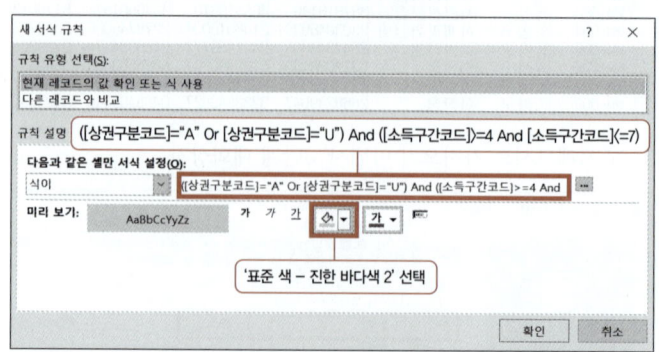

03. 〈보고서출력〉 매크로 작성하기 _ 참고 : 매크로 작성 205쪽

정답

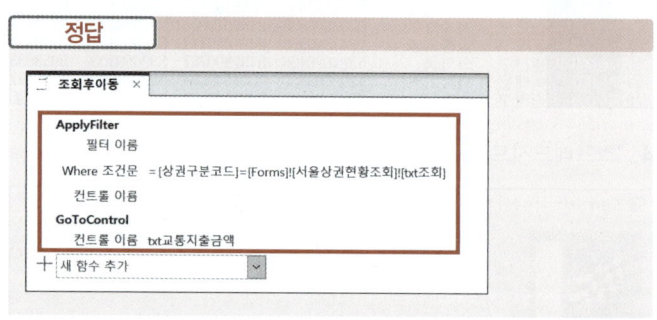

1. 매크로 개체를 생성한 후 이를 연결하여 사용해야 하므로, 먼저 매크로 개체를 생성한다. [만들기] → 매크로 및 코드 → **매크로**(🔳)를 클릭한다.
2. 매크로 대화상자에서 정답과 같이 설정한 후 매크로 대화상자의 닫기(✕) 단추를 클릭한다.
3. 저장 여부를 묻는 대화상자에서 〈예〉를 클릭한다.
4. '다른 이름으로 저장' 대화상자에서 매크로 이름을 **조회후이동**으로 입력한 다음 〈확인〉을 클릭한다.
5. 〈서울상권현황조회〉 폼을 디자인 보기로 연 후 폼 본문의 'cmd조회' 컨트롤을 더블클릭한다.
6. 'cmd조회' 컨트롤 속성 시트 창의 '이벤트' 탭에서 'On Click' 이벤트의 목록 단추를 눌러 '조회후이동' 매크로를 선택한다.

문제 3   조회 및 출력 기능 구현

01. 〈서울상권현황보고서〉 완성하기 _ 참고 : 보고서 완성 211쪽

정답

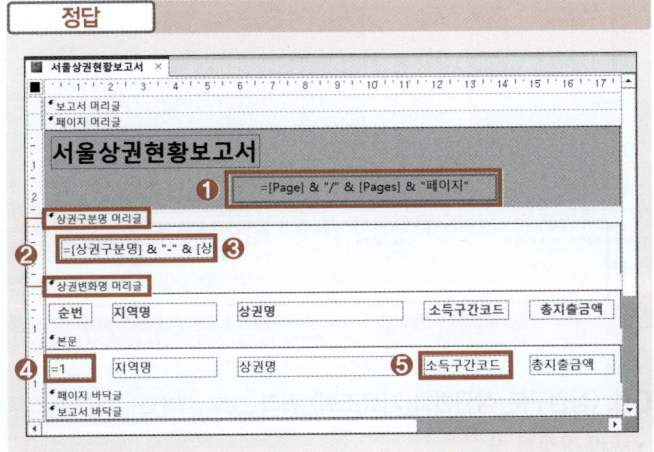

❶ 'txt페이지' 컨트롤에 속성 설정하기
'데이터' 탭의 컨트롤 원본 → =[Page] & "/" & [Pages] & "페이지"

❷ '상권구분명 머리글' 영역과 '상권변화명 머리글' 영역에 속성 설정하기
- '상권구분명 머리글' 영역 : '형식' 탭의 반복 실행 구역 → 예
- '상권구분명 머리글' 영역 : '형식' 탭의 페이지 바꿈 → 구역 전
- '상권변화명 머리글' 영역 : '형식' 탭의 반복 실행 구역 → 예

❸ 'txt상권구분변화명' 컨트롤에 속성 설정하기
'데이터' 탭의 컨트롤 원본 → =[상권구분명] & "–" & [상권변화명]

❹ 'txt순번' 컨트롤에 속성 설정하기
- '데이터' 탭의 컨트롤 원본 → =1
- '데이터' 탭의 누적 합계 → 그룹

❺ 'txt소득구간코드' 컨트롤에 속성 설정하기
'형식' 탭의 중복 내용 숨기기 → 예

02. 〈서울상권분석〉 폼 본문의 'txt총지출금액' 컨트롤에 더블클릭 기능 구현하기 _ 참고 : 이벤트 프로시저 218쪽

정답

```
Private Sub txt총지출금액_DblClick(Cancel As Integer)
    Me.OrderBy = "총지출금액 desc"
    Me.OrderByOn = True
End Sub
```

문제 4   처리 기능 구현

01. 〈상권변화명별_총지출액조회〉 쿼리 _ 참고 : 크로스탭 쿼리 작성 227쪽

- 쿼리 작성기 창

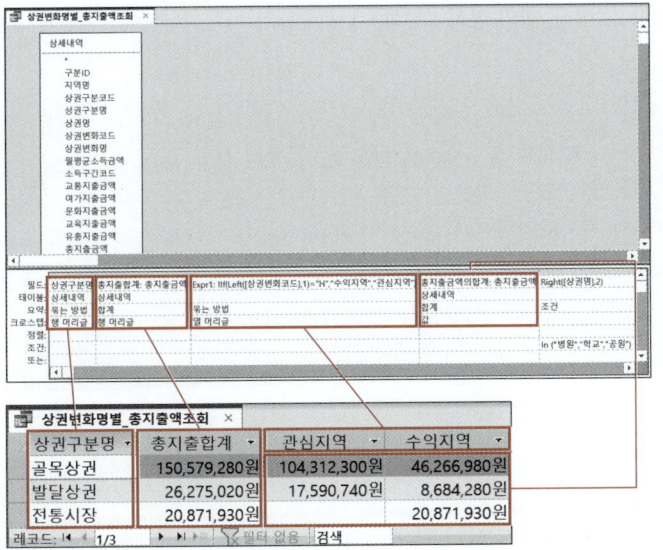

- '총지출합계'와 '총지출금액의합계' 필드 속성 설정하기
  – '형식' 탭의 형식 : #,##0원

02. 〈소득구분평가〉 쿼리 _ 참고 : 업데이트 쿼리 작성 229쪽

- 쿼리 작성기 창

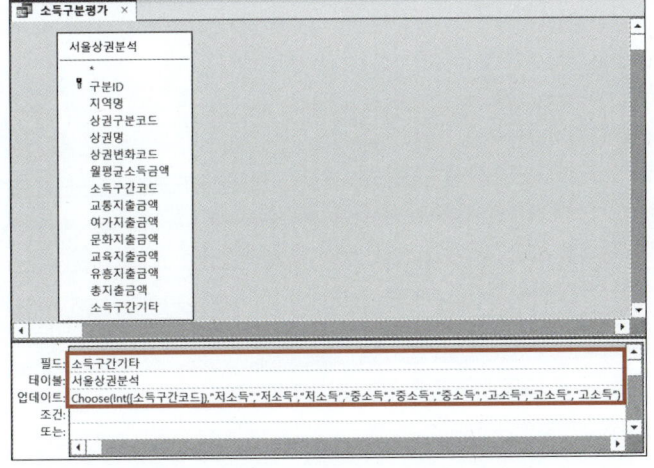

03. 〈상권별소득조회〉 쿼리 작성하기 _ 참고 : 테이블 생성 쿼리 작성 228쪽

1. 쿼리 작성기 창

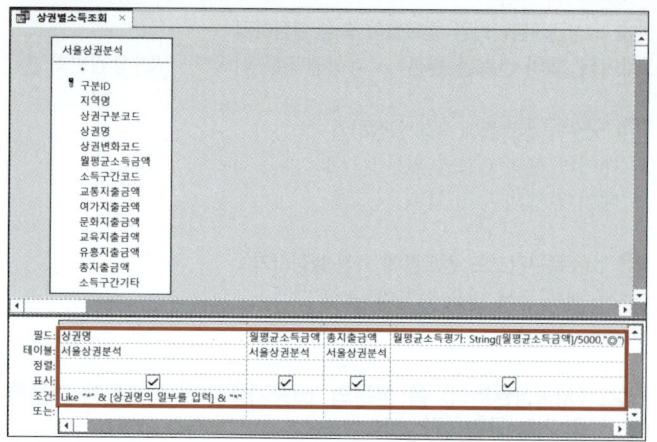

2. [쿼리 디자인] → 쿼리 유형 → **테이블 만들기(▦)**를 클릭한 후 '테이블 만들기' 대화상자의 '테이블 이름'에 상권별소득평가를 입력한다.

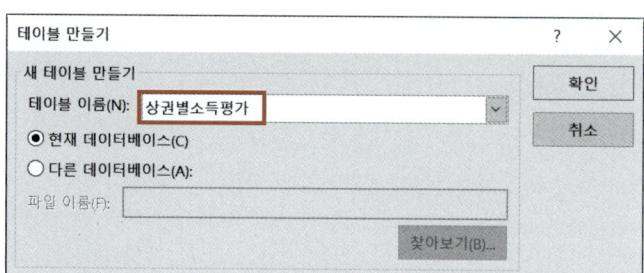

04. 〈상권변화명별_지출분석〉 쿼리 _ 참고 : 그룹 쿼리 작성 226쪽

• 쿼리 작성기 창

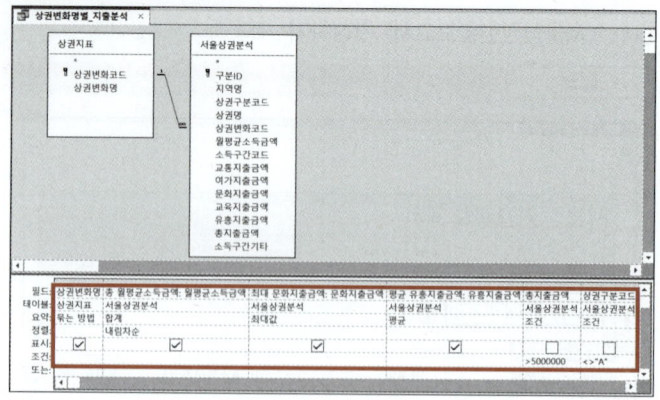

05. 〈상권구분_상권변화_자료조회〉 쿼리 _ 참고 : 매개 변수 쿼리 작성 227쪽

• 쿼리 작성기 창

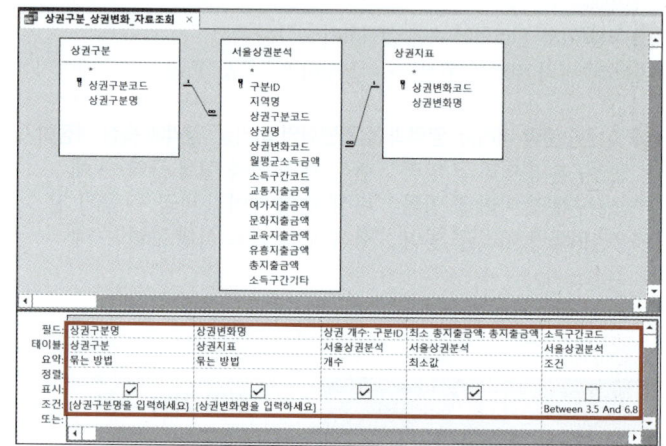

• '상권 개수' 필드 속성 설정하기
  – '형식' 탭의 형식 : 0개
• '최소 총지출금액' 필드 속성 설정하기
  – '형식' 탭의 형식 : 통화

2024년 상시03 컴퓨터활용능력 1급 실기

- **준 비 하 세 요** : '실기길벗컴활1급통합\기출\07회' 폴더에서 '24년상시03.accdb' 파일을 열어서 작업하시오.
- **외부 데이터 위치** : 실기길벗컴활1급통합\기출\07회

문제 1 DB구축(25점)

1. 전국의 시도별 산업 단지 현황을 관리하기 위한 데이터베이스를 구축하고자 한다. 다음의 지시사항에 따라 테이블을 완성하시오. (각 3점)

   〈산업단지현황〉 테이블

   ① '시도코드' 필드는 '01-1' 형식으로, 숫자 3자리, "-" 기호가 반드시 입력되도록 다음과 같이 설정하시오.
   - ▶ 숫자는 0~9까지의 숫자만 입력될 수 있도록 설정할 것
   - ▶ '-' 기호도 테이블에 저장되도록 설정할 것
   - ▶ 입력 시 데이터가 입력될 자리를 "#"으로 표시할 것

   ② '조성상태' 필드에는 다음과 같이 "미개발", "조성중", "완료" 값이 목록 상자 형태로 표시되도록 '조회' 속성을 설정하시오.

   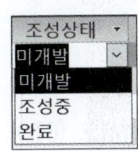

   ③ '가동업체' 필드의 값이 '입주업체' 필드의 값보다 크지 않도록 '유효성 검사' 규칙 속성을 설정하시오.
   - ▶ 규칙에 어긋나는 경우 "입주업체를 확인하세요"라는 메시지를 표시하시오.

   ④ '단지명' 필드에는 중복된 값이 입력될 수 없도록 인덱스를 설정하시오.

   〈유형〉 테이블

   ⑤ '유형번호' 필드를 기본키(PK)로 설정하시오.

2. 외부 데이터 가져오기 기능을 이용하여 〈산업단지추가분.xlsx〉에서 내용을 가져와 〈산업단지현황〉 테이블에 추가하시오. (5점)
   - ▶ '추가자료'로 이름 정의된 데이터를 가져오시오.

3. 〈산업단지현황〉 테이블의 '유형번호' 필드는 〈유형〉 테이블의 '유형번호' 필드를 참조하며, 테이블 간의 관계는 M:1이다. 다음과 같이 테이블 간의 관계를 설정하시오. (5점)
   - ※ 액세스 파일에 이미 설정되어 있는 관계는 수정하지 마시오.
   - ▶ 각 테이블 간에 항상 참조 무결성이 유지되도록 설정하시오.
   - ▶ 참조 필드의 값이 변경되면 관련 필드의 값도 변경되도록 설정하시오.
   - ▶ 다른 테이블에서 참조하고 있는 레코드는 삭제할 수 없도록 설정하시오.

문제 2 입력 및 수정 기능 구현(20점)

1. 〈산업단지현황조회〉 폼을 다음의 화면과 지시사항에 따라 완성하시오. (각 3점)

① 폼에 탐색 단추가 표시되고 스크롤 막대는 표시되지 않도록 설정하시오.
② 폼 머리글의 'txt시도코드'와 'txt시도명' 컨트롤은 편집할 수 없도록 관련 속성을 설정하시오. (단, 포커스는 이동 가능함)
③ 기본 폼의 '시도코드' 필드를 이용하여 하위 폼에 내용이 표시되도록 기본 폼과 하위 폼을 연결하시오.

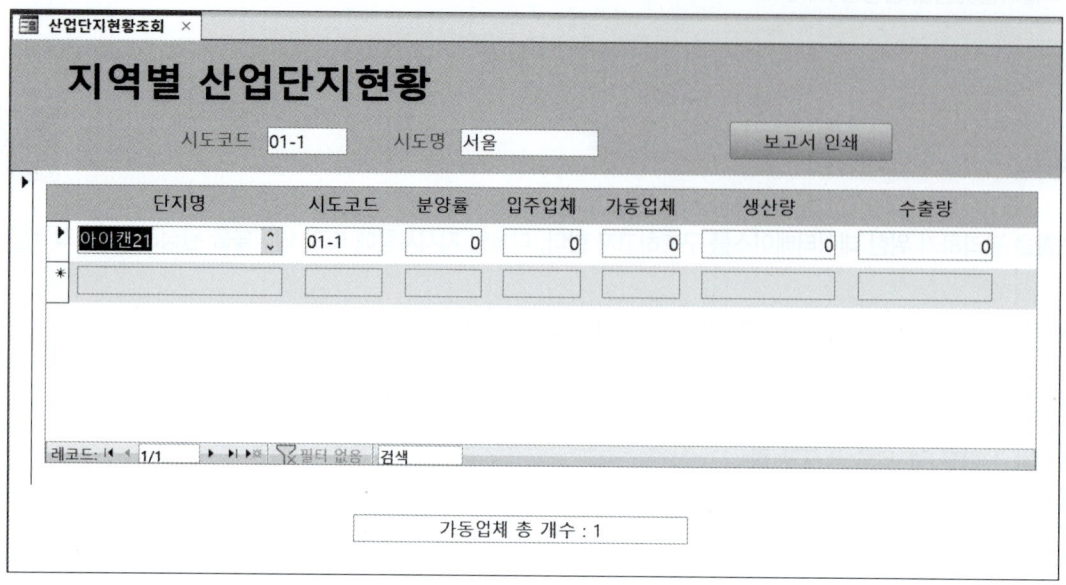

2. 〈산업단지현황조회〉 폼 바닥글의 'txt가동업체총계' 컨트롤에 가동업체의 총 개수가 표시되도록 컨트롤 원본 속성을 설정하시오. (6점)

▶ 〈산업단지현황〉 테이블의 '시도코드' 필드가 'txt시도코드' 컨트롤의 값과 같은 가동업체의 총 개수를 표시하시오.
▶ 가동업체의 총 개수가 0이면 "가동업체 없음"을, 그렇지 않으면 "가동업체 총 개수 : "와 가동업체의 총 개수를 표시하시오.
▶ IIF, DCOUNT 함수를 사용하시오.
▶ 1번 그림 참조

3. 〈산업단지현황조회〉 폼 머리글의 '보고서 인쇄(cmd인쇄)' 단추를 클릭하면, 〈산업단지현황보고서〉를 '인쇄 미리 보기' 형태로 여는 〈보고서 출력〉 매크로를 생성하여 지정하시오. (5점)

▶ '시도코드' 필드의 값이 폼 머리글의 'txt시도코드' 컨트롤에 해당하는 정보만 표시하시오.

문제 3 조회 및 출력 기능 구현(20점)

1. 다음의 지시사항 및 화면을 참조하여 〈산업단지현황보고서〉를 완성하시오. (각 3점)

① '유형명'을 기준으로 그룹이 지정된 상태에서, 1차 기준으로 '분양률'의 오름차순, 2차 기준으로 '단지명'의 오름차순 정렬되도록 하시오.
② '유형명' 머리글 영역은 매 페이지마다 반복하여 출력되고, 해당 영역이 시작되기 전에 페이지가 바뀌도록 관련 속성을 설정하시오.
③ '유형명' 머리글 영역의 'txt유형시도' 컨트롤에는 '유형명'과 '시도명'이 [표시 예]와 같이 표시되도록 '컨트롤 원본' 속성을 설정하시오.
  [표시 예] '유형명'이 "국가"이고 '시도명'이 "전라북"인 경우 → 국가 전라북
④ 본문 영역의 'txt순번' 컨트롤에는 그룹별로 순번이 표시되도록 관련 속성을 설정하시오.
⑤ '유형명' 바닥글 영역의 'txt총생산량' 컨트롤에는 생산량의 합계가 표시되도록 '컨트롤 원본' 속성을 설정하시오.

산업단지현황보고서

국가 전라북

순번	단지명	조성상태	분양률	입주업체	가동업체	생산량
1	블루	미개발	0	0	0	0
2	한울	조성중	0	3	3	3
3	현재	조성중	7	0	0	0
4	LG Caltex정유	완료	86	194	97	337,111
5	개성전자	조성중	87	68	28	517,134
6	스피드 PC방	조성중	100	2,965	2,661	60,059,679
7	이너	완료	100	12	11	2,332,117
8	투맨시스템	완료	100	206	206	1,474,771

총 생산량 : 64,720,815

1/10페이지

2. 〈산업단지현황내역〉 폼 본문의 'txt시도코드' 컨트롤을 더블클릭하면 다음과 같은 기능을 수행하도록 이벤트 프로시저를 구현하시오. (5점)

▶ '시도코드' 필드의 마지막 1자리가 1이면 '시도명' 필드의 값에 "특별시"를, 2이면 '시도명' 필드의 값에 "광역시"를, 3이면 '시도명' 필드의 값에 "특별자치시"를, 4이면 '시도명' 필드의 값에 "특별자치도"를, 5이면 '시도명' 필드의 값에 "도"를 아래 그림과 같이 표시하시오.

▶ Select Case문과 Right 함수, & 연산자를 사용하시오.

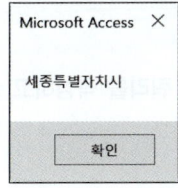

문제 4 처리 기능 구현(35점)

1. 〈산업단지현황〉과 〈유형〉 테이블을 이용하여 유형별 단지 개수, 평균 분양률, 총 생산량, 총 수출량을 조회하는 〈유형별단지현황조회〉 쿼리를 작성하시오. (7점)

   ▶ '단지 개수' 필드는 '단지명' 필드를 이용하여 [표시 예]와 같이 표시되도록 '형식' 속성을 설정하시오.
   [표시 예] 6 → 6개

   ▶ '평균 분양률(%)' 필드는 '분양률' 필드를 이용하여 [표시 예]와 같이 표시되도록 '형식' 속성을 설정하시오.
   [표시 예] 69.803030 → 70

   ▶ '총 생산량' 필드는 '생산량' 필드를, '총 수출량' 필드는 '수출량' 필드를 이용하고, '총 수출량' 필드를 기준으로 내림차순 정렬하시오.

   ▶ '유형명' 필드의 값이 "농공"인 레코드는 조회 대상에서 제외하시오.

   ▶ 쿼리 실행 결과 생성되는 필드와 필드명, 필드의 형식은 〈그림〉을 참고하여 수험자가 판단하여 설정하시오.

유형명	단지 개수	평균 분양률(%)	총 생산량	총 수출량
국가	8개	60	₩64,720,815	₩19,500,845
일반	66개	70	₩48,958,675	₩17,738,888
도시첨단	6개	29	₩401,930	₩63,368

2. 시도명별, 조성상태별 단지의 개수를 조회하는 〈시도별_단지수조회〉 크로스탭 쿼리를 작성하시오. (7점)

   ▶ 〈상세내역〉 쿼리를 이용하시오.
   ▶ 단지의 개수는 '단지명' 필드를 이용하시오.
   ▶ '지정면적' 필드의 값이 100 이상인 레코드만을 대상으로 하시오.
   ▶ '시도명' 필드를 기준으로 오름차순 정렬하시오.
   ▶ '최대 생산량' 필드는 '생산량' 필드, '최대 수출량' 필드는 '수출량' 필드를 이용하여 〈그림〉과 같이 '형식' 속성을 설정하시오.
   ▶ 쿼리 결과로 표시되는 필드와 필드명은 〈그림〉과 같이 표시되도록 설정하시오.

시도명	최대 생산량	최대 수출량	미개발	완료	조성중
강원	₩302,268	₩123,763		4	2
경기	₩5,401,500	₩1,623,376		5	2
경상남	₩60,059,679	₩18,305,207	4	9	9
경상북	₩720,381	₩130,720	1	13	4
대구	₩630,476	₩123,767		1	
대전	₩234,614	₩2,045		1	
부산	₩0	₩0	1		1
세종	₩2,649,821	₩478,715	1	1	
인천	₩379,536	₩63,288	1	1	
전라남	₩54,765	₩3,322		1	1
전라북	₩1,259,556	₩315,659	1	13	1
제주	₩1,474,771	₩59,003		2	
충청남	₩7,590,979	₩3,194,039	1	6	3
충청북	₩18,359,216	₩8,846,158		6	

3. 조회할 단지명의 일부를 매개 변수로 입력받아 해당 단지의 정보를 조회하여 새 테이블로 생성하는 〈단지수출액조회〉 쿼리를 작성하고 실행하시오. (7점)

   ▶ 〈산업단지현황〉 테이블을 이용하시오.
   ▶ 쿼리 실행 후 생성되는 테이블의 이름은 〈단지수출액확인〉으로 설정하시오.
   ▶ '수출량' 필드의 값이 상위 1% 이내인 레코드만을 대상으로 하시오.
   ▶ Like 연산자 사용
   ▶ 쿼리 실행 결과 표시되는 필드와 필드명은 〈그림〉과 같이 표시되도록 설정하시오.

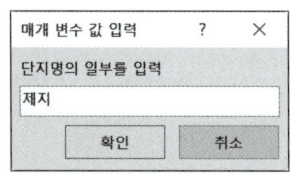

단지명	조성상태	분양률	입주업체	가동업체	수출량
한국제지	완료	100	48	43	3194039

   ※ 〈단지수출액조회〉 쿼리를 실행한 후의 〈단지수출액확인〉 테이블

4. 〈시도〉, 〈산업단지현황〉, 〈유형〉 테이블을 이용하여 시도별 유형별 총 생산량과 총 수출량을 조회하는 〈시도유형별성과〉 쿼리를 작성하시오. (7점)

▶ 〈시도〉 테이블의 '시도코드' 필드의 값이 1, 2, 3으로 시작하는 레코드만을 대상으로 하시오.
▶ '시도명' 필드를 기준으로 오름차순 정렬하고 동일한 '시도명' 내에서는 '유형명' 필드를 기준으로 오름차순 정렬하시오.
▶ '총 생산량' 필드는 '생산량' 필드를 이용하여, [표시 예]와 같이 표시되도록 '형식' 속성을 설정하시오.
   [표시 예] 0 → 0 백만원, 54765 → 54,765 백만원
▶ '총 수출량' 필드는 '수출량' 필드를 이용하여, [표시 예]와 같이 표시되도록 '형식' 속성을 설정하시오.
   [표시 예] 0 → 0 천달러, 6302 → 6,302 천달러
▶ Left 함수, In 연산자 사용
▶ 쿼리 결과로 표시되는 필드와 필드명은 〈그림〉과 같이 표시되도록 설정하시오.

시도명	유형명	총 생산량	총 수출량
강원	농공	604,400 백만원	130,065 천달러
강원	도시첨단	22,394 백만원	80 천달러
강원	일반	62,069 백만원	1,577 천달러
경상남	국가	60,059,682 백만원	18,305,207 천달러
경상남	농공	357,514 백만원	64,275 천달러
경상남	일반	2,611,436 백만원	302,856 천달러
경상북	농공	1,212,232 백만원	261,842 천달러
경상북	도시첨단	0 백만원	0 천달러
경상북	일반	1,734,049 백만원	71,030 천달러
전라남	농공	54,765 백만원	3,322 천달러
전라남	일반	0 백만원	0 천달러
전라북	국가	854,245 백만원	188,757 천달러
전라북	농공	531,825 백만원	45,400 천달러
전라북	일반	3,543,956 백만원	873,425 천달러
제주	국가	1,474,771 백만원	59,003 천달러
제주	농공	92,035 백만원	274 천달러
충청남	국가	2,332,117 백만원	947,878 천달러
충청남	농공	89,419 백만원	73,050 천달러
충청남	일반	8,812,474 백만원	3,338,044 천달러
충청북	농공	106,089 백만원	269,646 천달러
충청북	일반	19,283,921 백만원	9,394,991 천달러

5. 〈산업단지현황〉 테이블을 이용하여 '비고' 필드의 값을 변경하는 〈분양률평가〉 업데이트 쿼리를 작성한 후 실행하시오. (7점)

▶ '분양률' 필드의 값이 100이면 '비고' 필드의 값을 "분양완료"로, '분양률' 필드의 값이 100 미만 70 이상이면 '비고' 필드의 값을 '분양률' 필드의 값에 "% 분양중"이란 문구를 붙인 것으로, '분양률' 필드의 값이 70 미만 0 초과이면 '비고' 필드의 값을 "분양미달"로, '분양률' 필드의 값이 0이면 "미분양"으로 변경하시오.

   [표시 예] 0 → 미분양, 75 → 75% 분양중, 100 → 분양완료
▶ Switch 함수 사용

유형번호	시도코드	단지명	조성상태	지정면적	관리면적	분양률	입주업체	가동업체	생산량	수출량	비고
4	16-5	가나	완료	95	95	97	59	56	33400	2000	97% 분양중
2	15-5	간달프	완료	104	104	33	0	0	0	0	분양미달
2	02-2	갑사	미개발	104	104	0	0	0	0	0	미분양
1	13-5	개성전자	조성중	18465	18465	87	68	28	517134	129690	87% 분양중
4	12-5	건명단	완료	122	122	100	15	15	65092	73050	분양완료
2	12-5	계성제지	완료	651	649	100	14	13	280016	29900	분양완료
2	12-5	골드아이	조성중	2095	2094	100	1	0	0	0	분양완료
2	02-2	국보화학	완료	64	63	100	18	18	13792	504	분양완료
4	16-5	금호산업	완료	166	166	100	20	20	54000	36000	분양완료
2	15-5	기아특수강	조성중	1862	1863	98	117	116	383400	38600	98% 분양중
2	16-5	길전자	조성중	2807	2804	77	0	0	0	0	77% 분양중
2	15-5	녹도정보통신	조성중	728	728	79	10	6	63000	0	79% 분양중

※ 〈분양률평가〉 쿼리를 실행한 후의 〈산업단지현황〉 테이블

EXAMINATION 07회 2024년 상시03 기출문제 해설

문제 1   DB 구축

01. 테이블 완성하기 _ 참고 : 테이블 완성 180쪽

〈산업단지현황〉 테이블

❶ '시도코드' 필드에 입력 마스크 속성 설정하기

필드 속성	
일반 조회	
필드 크기	255
형식	
입력 마스크	00-0;0;#
캡션	
기본값	

❷ '조성상태' 필드에 조회 속성 설정하기

필드 속성	
일반 **조회**	
컨트롤 표시	목록 상자
행 원본 유형	값 목록
행 원본	미개발;조성중;완료
바운드 열	1
열 개수	1
열 이름	아니요
열 너비	
여러 값 허용	아니요
값 목록 편집 허용	아니요
목록 항목 편집 폼	
행 원본 값만 표시	아니요

❸ 테이블 속성의 '유효성 검사 규칙'과 '유효성 검사 텍스트' 속성 설정하기

속성 시트	
선택 유형: 테이블 속성	
일반	
기본 보기	데이터시트
유효성 검사 규칙	[가동업체]<=[입주업체]
유효성 검사 텍스트	입주업체를 확인하세요
필터	
정렬 기준	

❹ '단지명' 필드에 '인덱스' 속성 설정하기

필드 속성	
일반 조회	
필수	아니요
빈 문자열 허용	예
인덱스	예(중복 불가능)
유니코드 압축	예
IME 모드	한글

〈유형〉 테이블

❺ '유형번호' 필드에 기본 키 설정하기

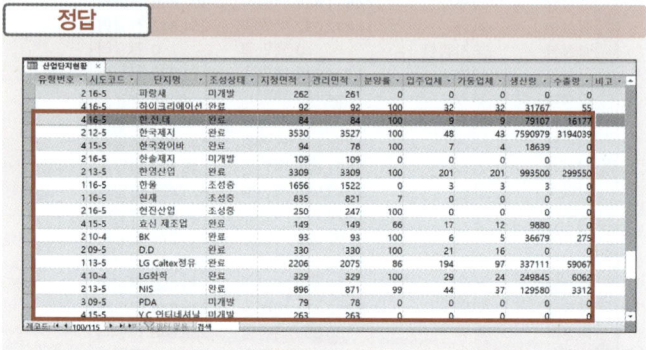

02. '산업단지추가분.xlsx' 파일 가져오기 _ 참고 : 테이블 생성 190쪽

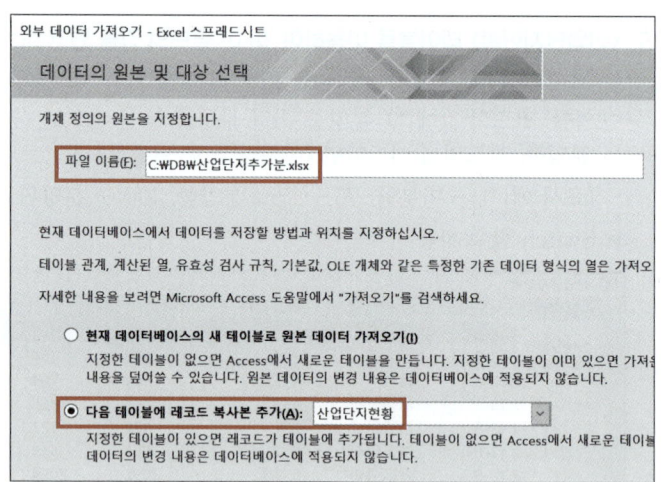

1. '외부 데이터 가져오기 – Excel 스프레드시트' 대화상자

2. '스프레드시트 가져오기 마법사' 1단계 대화상자

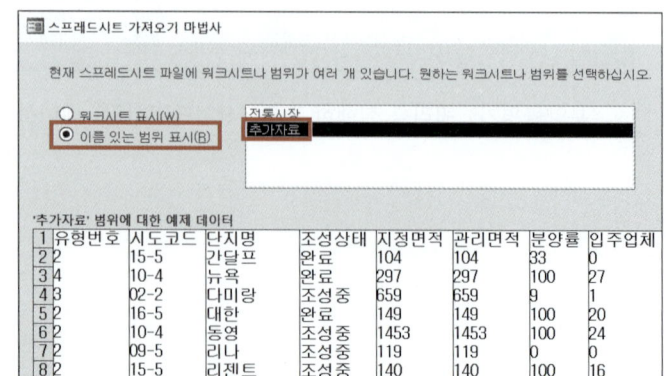

3. '스프레드시트 가져오기 마법사' 2단계 대화상자

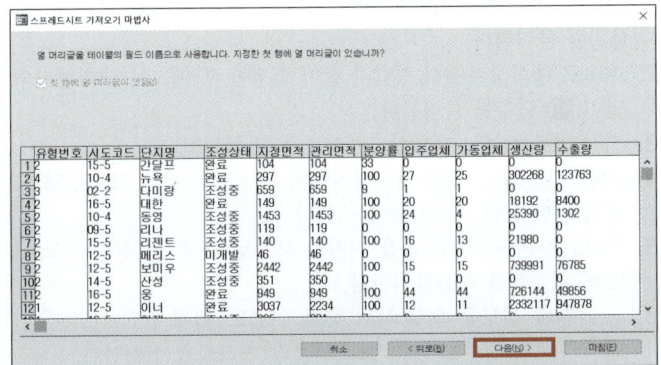

4. '스프레드시트 가져오기 마법사' 3단계 대화상자

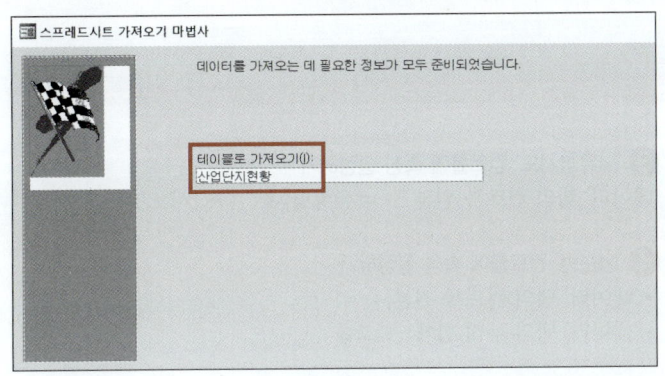

03. 〈산업단지현황〉 테이블과 〈유형〉 테이블 간의 관계 설정하기
_참고 : 관계 설정 188쪽

정답

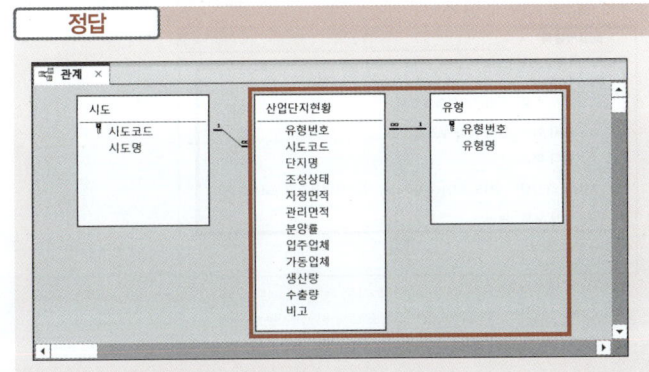

• '관계 편집' 대화상자

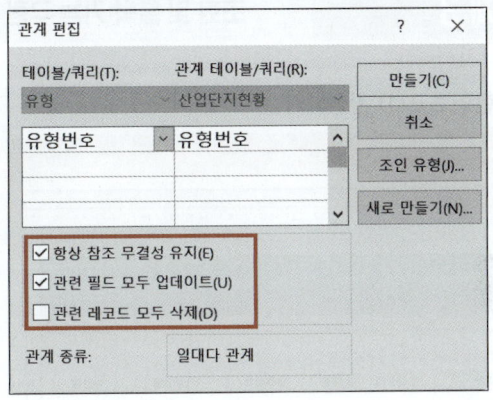

문제 2   입력 및 수정 기능 구현   정답

01. 〈산업단지현황조회〉 폼 완성하기 _참고 : 폼 완성 193쪽

정답

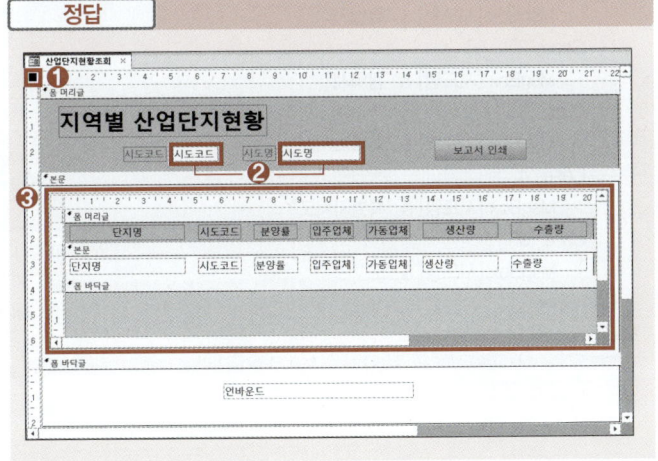

❶ 폼 속성 설정하기
- '형식' 탭의 탐색 단추 → 예
- '형식' 탭의 스크롤 막대 → 표시 안 함

❷ 폼 머리글의 'txt시도코드', 'txt시도명' 컨트롤에 속성 설정하기
'데이터' 탭의 잠금 → 예

❸ 하위 폼 컨트롤에 속성 설정하기

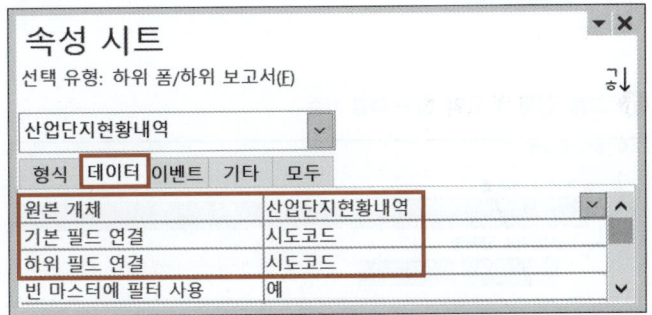

02. 〈산업단지현황조회〉 폼 바닥글의 'txt가동업체총계' 컨트롤에 속성 설정하기 _참고 : 도메인 계산 함수 196쪽

'데이터' 탭의 컨트롤 원본 →
=IIf(DCount("가동업체","산업단지현황","[시도코드]=[txt시도코드]")=0,"가동업체 없음","가동업체 총 개수 : " & DCount("가동업체","산업단지현황","[시도코드]=[txt시도코드]"))

03. 〈보고서출력〉 매크로 작성하기 _ 참고 : 매크로 작성 205쪽

정답

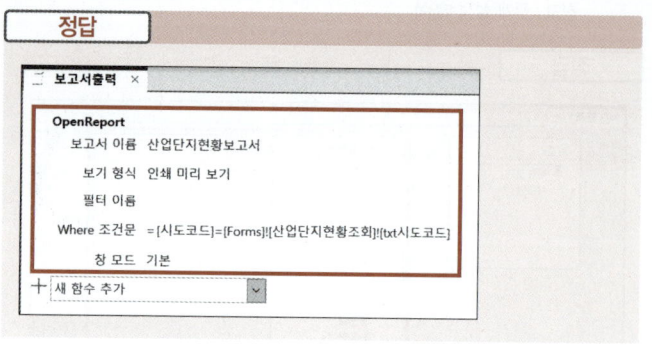

1. 매크로 개체를 생성한 후 이를 연결하여 사용해야 하므로, 먼저 매크로 개체를 생성한다. [만들기] → 매크로 및 코드 → **매크로**(□)를 클릭한다.
2. 매크로 대화상자에서 정답과 같이 설정한 후 매크로 대화상자의 닫기(×) 단추를 클릭한다.
3. 저장 여부를 묻는 대화상자에서 〈예〉를 클릭한다.
4. '다른 이름으로 저장' 대화상자에서 매크로 이름을 **보고서출력**으로 입력한 다음 〈확인〉을 클릭한다.
5. 〈산업단지현황조회〉 폼을 디자인 보기로 연 후 폼 본문의 'cmd 인쇄' 컨트롤을 더블클릭한다.
6. 'cmd인쇄' 컨트롤 속성 시트 창의 '이벤트' 탭에서 'On Click' 이벤트의 목록 단추를 눌러 '보고서출력' 매크로를 선택한다.

문제 3 조회 및 출력 기능 구현

01. 〈산업단지현황보고서〉 완성하기 _ 참고 : 보고서 완성 211쪽

정답

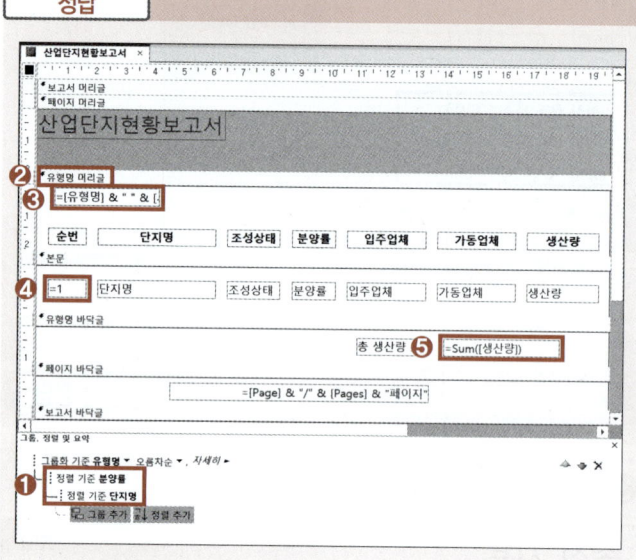

❶ '그룹, 정렬 및 요약' 창 – 정렬 기준

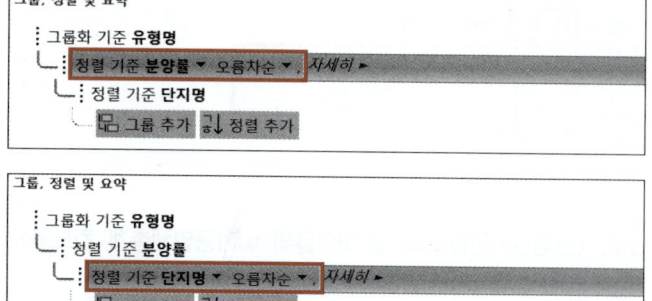

❷ '유형명' 머리글 영역에 속성 설정하기
- '형식' 탭의 반복 실행 구역 → 예
- '형식' 탭의 페이지 바꿈 → 구역 전

❸ 'txt유형시도' 컨트롤에 속성 설정하기
'데이터' 탭의 컨트롤 원본 → =[유형명] & " " & [시도명]

❹ 'txt순번' 컨트롤에 속성 설정하기
- '데이터' 탭의 컨트롤 원본 → =1
- '데이터' 탭의 누적 합계 → 그룹

❺ 'txt총생산량' 컨트롤에 속성 설정하기
'데이터' 탭의 컨트롤 원본 → =Sum([생산량])

02. 〈산업단지현황내역〉 폼 본문의 'txt시도코드' 컨트롤에 더블클릭 기능 구현하기 _ 참고 : 이벤트 프로시저 218쪽

정답

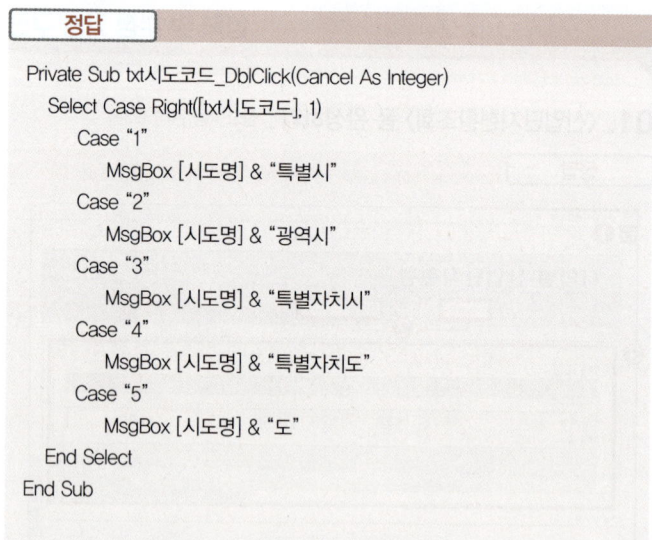

문제 4 처리 기능 구현

01. 〈유형별단지현황조회〉 쿼리 _ 참고 : 추가 쿼리 작성 230쪽

• 쿼리 작성기 창

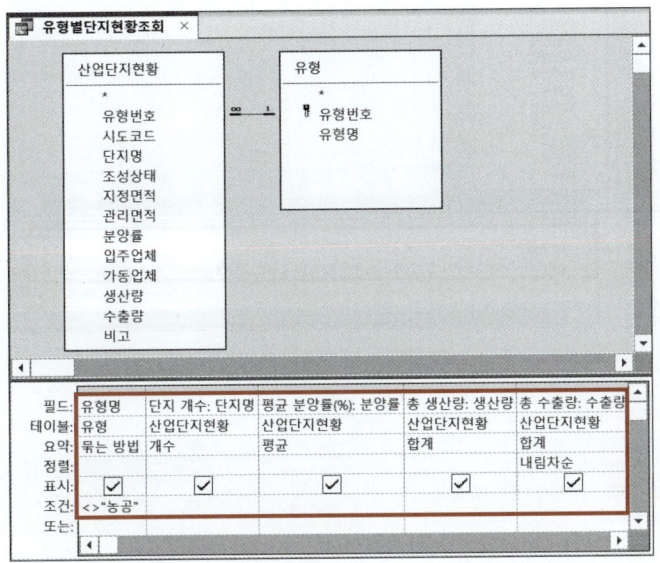

• '단지 개수' 필드 속성 설정하기
 – '일반' 탭의 형식 : #개
• '평균 분양률(%)' 필드 속성 설정하기
 – '일반' 탭의 형식 : #
• '총 생산량', '총 수출량' 필드 속성 설정하기
 – '일반' 탭의 형식 : 통화

02. 〈시도별_단지수조회〉 쿼리 _ 참고 : 크로스탭 쿼리 작성 227쪽

• 쿼리 작성기 창

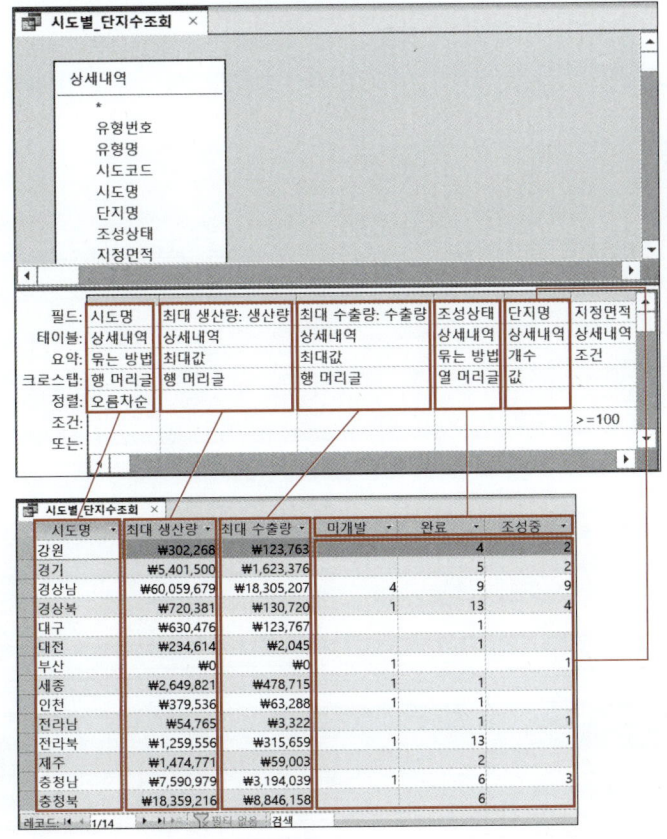

• '최대 생산량', '최대 수출량' 필드 속성 설정하기
 – '일반' 탭의 형식 → 통화

03. 〈단지수출액조회〉 쿼리 작성하기 _ 참고 : 테이블 생성 쿼리 작성 228쪽

1. 쿼리 작성기 창

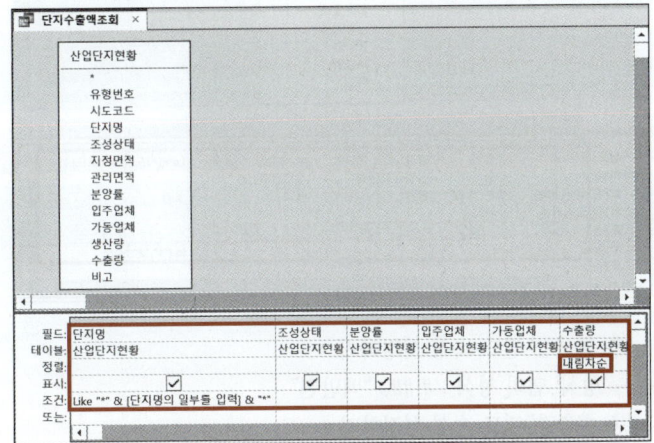

2. [쿼리 디자인] → 쿼리 유형 → **테이블 만들기**(▦)를 클릭한 후 '테이블 만들기' 대화상자의 '테이블 이름'에 **단지수출액확인**을 입력한다.

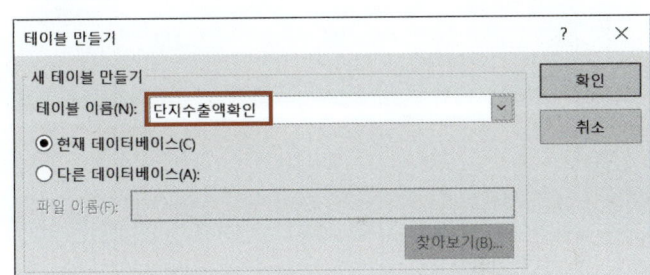

• 쿼리 속성 설정하기
 – '일반' 탭의 상위 값 → 1%

04. 〈시도유형별성과〉 쿼리 _ 참고 : 그룹 쿼리 작성 226쪽

• 쿼리 작성기 창

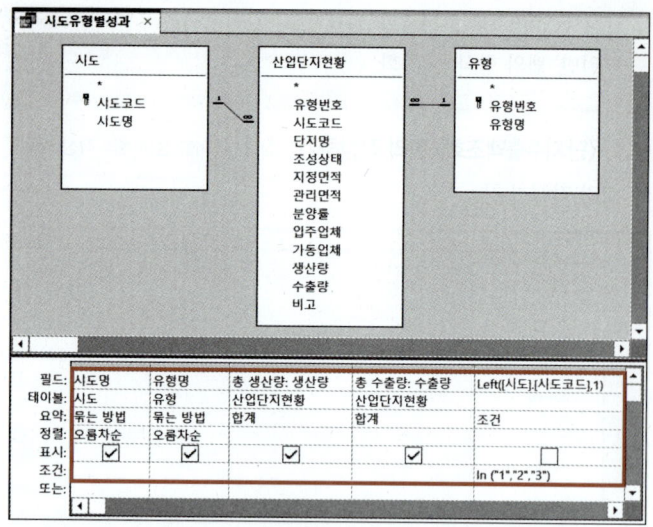

• '총 생산량' 필드 속성 설정하기
  – '형식' 탭의 형식 : #,##0 "백만원"
• '총 수출량' 필드 속성 설정하기
  – '형식' 탭의 형식 : #,##0 "천달러"

05. 〈분양률평가〉 쿼리 _ 참고 : 업데이트 쿼리 작성 229쪽

• 쿼리 작성기 창

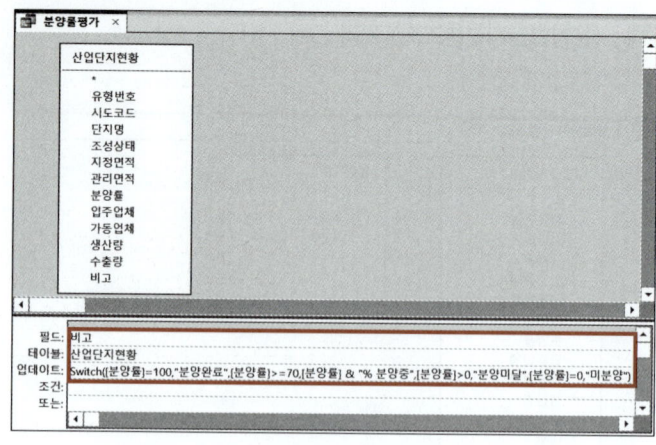

EXAMINATION 08회

2024년 상시04 컴퓨터활용능력 1급 실기

- **준비하세요**: '실기길벗컴활1급통합\기출\04회' 폴더에서 '24년상시04.accdb' 파일을 열어서 작업하시오.
- **외부 데이터 위치**: 실기길벗컴활1급통합\기출\04회

문제 1   DB구축(25점)

1. 회원들의 제품 주문 정보를 관리하기 위한 데이터베이스를 구축하고자 한다. 다음의 지시사항에 따라 테이블을 완성하시오. (각 3점)

〈주문〉 테이블
① 테이블이 로드되면, '주문일' 필드를 기준으로 내림차순 정렬되도록 설정하시오.
② 새로운 레코드가 추가되는 경우 '주문일' 필드에는 시간을 포함하지 않는 시스템의 오늘 날짜가 입력되도록 설정하시오.

〈제품〉 테이블
③ '제품번호' 필드는 'P01-0001' 형식으로, 문자 1자리, "-" 기호, 숫자 6자리가 반드시 입력되도록 다음과 같이 설정하시오.
  ▶ 문자는 영문자와 한글만 입력될 수 있도록 설정할 것
  ▶ 숫자는 0~9까지의 숫자만 입력될 수 있도록 설정할 것
  ▶ '-' 기호도 테이블에 저장되도록 설정할 것
  ▶ 입력 시 데이터가 입력될 자리를 "*"로 표시할 것
④ '제품명' 필드는 값이 반드시 입력되도록 설정하고 빈 문자열은 허용되지 않도록 설정하시오.
⑤ '유통기한(월)' 필드에는 8보다 작은 값이 입력되도록 '유효성 검사 규칙' 속성을 설정하시오.
  ▶ 규칙에 어긋나는 경우 "입력값을 확인하세요"라는 메시지를 표시하시오.

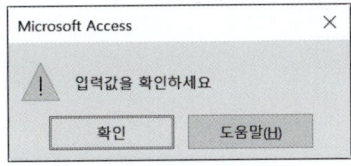

2. 〈제품〉 테이블의 '분류번호' 필드에 대해서 다음과 같이 조회 속성을 설정하시오. (5점)

▶ 〈분류〉 테이블의 '분류명' 필드만 콤보 상자 형태로 표시하시오.
▶ 필드에는 '분류번호'가 저장되도록 설정하시오.
▶ 목록 너비를 3cm로 설정하시오.
▶ 목록 이외의 값은 입력될 수 없도록 설정하시오.

제품번호	제품명	분류번호	중량	유통기한(월)	보관방법	판매금액
P01-0001	우유	유제품	1000ml	1	냉장	3000
P01-0002	버터	유제품	0g	6	냉장	10000
P01-0003	아이스크림	가공류	0ml	12	냉동	3000
P02-0001	꽁치통조림	발효류	0g	6	실온	1800
P02-0002	건조오징어	어류	0g	2	실온	50000
P02-0003	햄	포장육류	0g	2	냉장	5500
P02-0004	소시지	과일류	0g	2	냉장	2600
P03-0001	치즈	채소류	0g	1	냉장	5300
P03-0002	김치	발효류	1500g	6	냉장	12000
P04-0001	해삼	어류	300g	1	냉장	12000
P04-0002	낙지	어류	300g	1	냉장	25000
P04-0003	멍게	어류	300g	1	냉장	10000

3. 〈주문〉 테이블의 '회원번호' 필드는 〈회원〉 테이블의 '회원번호' 필드를 참조하며, 테이블 간의 관계는 M:1이다. 다음과 같이 테이블 간의 관계를 설정하시오. (5점)

   ※ 액세스 파일에 이미 설정되어 있는 관계는 수정하지 마시오.
   ▶ 각 테이블 간에 항상 참조 무결성이 유지되도록 설정하시오.
   ▶ 참조 필드의 값이 변경되면 관련 필드의 값도 변경되도록 설정하시오.
   ▶ 다른 테이블에서 참조하고 있는 레코드는 삭제할 수 없도록 설정하시오.

문제 2 입력 및 수정 기능 구현(20점)

1. 〈분류별주문현황〉 폼을 다음의 화면과 지시사항에 따라 완성하시오. (각 3점)
   ① 폼 머리글의 'txt제품조회', 'txt분류번호', 'txt분류명' 컨트롤에는 포커스를 이동시킬 수 없도록 탭 속성을 설정하시오.
   ② 하위 폼 본문의 배경색과 다른 배경색을 '표준 색 – 흰색'으로 설정하시오.
   ③ 하위 폼 바닥글의 'txt총판매금액' 컨트롤에는 '수량 × 판매금액'의 합계가 표시되도록 '컨트롤 원본' 속성을 설정하시오.

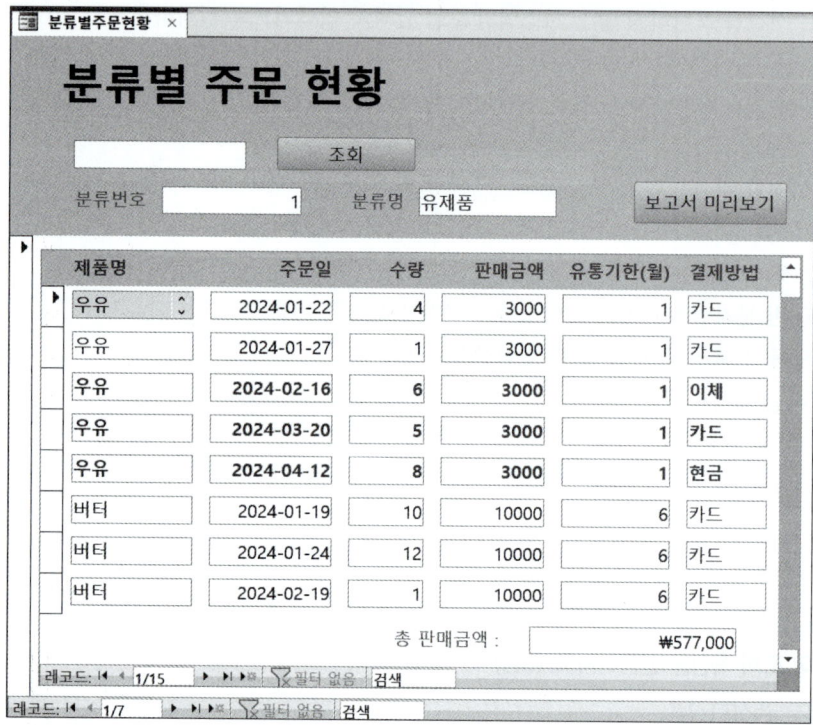

2. 〈주문상세〉 폼의 본문 컨트롤에 대하여 다음과 같이 조건부 서식을 순서대로 설정하시오. (6점)
   ▶ 필드에 포커스가 있는 경우 배경 색을 '표준 색 – 노랑'으로 지정하시오.
   ▶ '제품명' 필드의 값이 "우유"이고 '수량' 필드의 값이 5 이상인 경우 본문의 모든 컨트롤들의 글꼴 스타일을 '굵게', 글꼴 색을 '표준 색 – 파랑'으로 지정하시오.
   ▶ 1번 〈그림〉 참조

3. 〈분류별주문현황〉 폼 머리글의 '보고서 미리보기(cmd출력)' 단추를 클릭하면 〈결제방법별주문현황〉 보고서를 '인쇄 미리 보기' 형태로 여는 〈보고서출력〉 매크로를 생성하여 지정하시오. (5점)
   ▶ 다음과 같이 시스템의 현재 날짜와 시간이 표시된 메시지 상자에서 〈확인〉을 클릭하면 보고서를 출력할 것

문제 3 조회 및 출력 기능 구현(20점)

1. 다음의 지시사항 및 화면을 참조하여 〈결제방법별주문현황〉 보고서를 완성하시오. (각 3점)

   ① '결제방법'을 기준으로 그룹이 지정된 상태에서, 1차 기준으로 '제품명'의 오름차순, 2차 기준으로 '주문일'의 내림차순 정렬되도록 하시오.
   ② 본문 영역의 'txt순번' 컨트롤에는 그룹별로 순번이 표시되도록 관련 속성을 설정하시오.
   ③ 본문 영역의 'txt제품명' 컨트롤의 값이 이전 레코드와 동일한 경우에는 표시되지 않도록 관련 속성을 설정하시오.
   ④ '결제방법'의 그룹 바닥글이 화면에 표시되지 않도록 설정하시오.
   ⑤ 페이지 바닥글 영역의 'txt페이지' 컨트롤에는 페이지가 다음과 같이 표시되도록 '컨트롤 원본' 속성을 설정하시오.
   ▶ 현재 페이지가 1페이지이고 전체 페이지가 5페이지인 경우 : 1/5

결제방법별주문현황						
이체						
순번	주문일	제품명	수량	판매금액	유통기한(월)	보관방법
1	2024-04-06	감자	9	5000	1	실온
2	2024-03-17	김치	6	12000	6	냉장
3	2024-04-03	낙지	1	25000	1	냉장
4	2024-02-09		9	25000	1	냉장
5	2024-01-07		5	25000	1	냉장
6	2024-01-10	바나나	1	4000	1	실온
7	2024-03-25	배	8	9000	1	실온
8	2024-02-23		1	9000	1	실온
9	2024-03-31	아이스크림	2	3000	12	냉동
10	2024-02-05	양파	8	7600	1	실온
11	2024-02-16	우유	6	3000	1	냉장
12	2024-01-15	해삼	11	12000	1	냉장
카드						
순번	주문일	제품명	수량	판매금액	유통기한(월)	보관방법
1	2024-03-23	감자	5	5000	1	실온
2	2024-02-24		10	5000	1	실온
3	2024-02-12		12	5000	1	실온
4	2024-01-04		12	5000	1	실온
5	2024-03-13	건조오징어	1	50000	2	실온
6	2024-02-28		10	50000	2	실온
7	2024-01-25		3	50000	2	실온
8	2024-01-09		9	50000	2	실온
9	2024-04-01	김치	2	12000	6	냉장

   1/5

2. 〈분류별주문현황〉 폼 머리글을 더블클릭하면 다음과 같은 기능을 수행하도록 이벤트 프로시저를 구현하시오. (5점)

   ▶ 아래와 같은 메시지 상자를 표시하고 〈예〉를 클릭하면, 'txt제품조회' 컨트롤의 값을 지운 후 포커스가 'txt제품조회' 컨트롤로 이동되도록 하시오.

   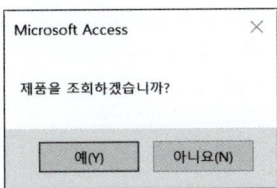

   ▶ DoCmd 개체와 GoToControl 메서드 사용

문제 4 처리 기능 구현(35점)

1. 〈주문목록〉과 〈제품〉 테이블을 이용하여 제품별 총 주문량을 조회한 후 새 테이블로 생성하는 〈제품주문조회〉 쿼리를 작성하고 실행하시오. (7점)
   - ▶ '보관방법' 필드의 값이 "실온"이고, '유통기한(월)' 필드의 값이 1 이하인 레코드만을 대상으로 하시오.
   - ▶ '총 주문량' 필드는 '수량' 필드를 이용하며, '총 주문량' 필드를 기준으로 내림차순 정렬하시오.
   - ▶ 쿼리 실행 후 생성되는 테이블의 이름은 〈실온제품주문현황〉으로 설정하시오.
   - ▶ 쿼리 실행 결과 생성되는 필드와 필드명은 〈그림〉을 참고하여 수험자가 판단하여 설정하시오.

실온제품주문현황	
제품명	총 주문량
감자	48
배	35
양파	34
사과	32
바나나	19

   ※ 〈제품주문조회〉 쿼리를 실행한 후의 〈실온제품주문현황〉 테이블

2. **제품별, 일수별 수량의 합계를 조회하는 〈제품별_일수별_수량조회〉 크로스탭 쿼리를 작성하시오. (7점)**
   - ▶ 〈주문상세〉 쿼리를 이용하시오.
   - ▶ '제품명' 필드를 기준으로 내림차순 정렬하시오.
   - ▶ '수량 합계'는 '수량' 필드를 이용하여, [표시 예]와 같이 표시되도록 '형식' 속성을 설정하시오.
     [표시 예] 28 → 28개
   - ▶ 일수는 '주문일' 필드를 이용하며, 일수가 10~15 사이인 레코드만을 대상으로 하시오.
   - ▶ 일수별 수량의 합계는 '수량' 필드를 이용하여, 0보다 큰 경우만 일수별 수량의 합계를 표시하고, 그 외에는 "-"을 표시하시오.
   - ▶ Day, Sum, IIf 함수, Between과 & 연산자 사용
   - ▶ 쿼리 결과로 표시되는 필드와 필드명은 〈그림〉과 같이 표시되도록 설정하시오.

제품명	수량 합계	10일	11일	12일	13일	14일	15일
해삼	28개	-	8	-	-	9	11
치즈	11개	-	-	-	11	-	-
우유	8개	-	-	8	-	-	-
오리고기	3개	-	-	3	-	-	-
아이스크림	4개	-	-	-	4	-	-
소시지	3개	-	-	-	-	3	-
소고기	20개	-	-	-	-	9	11
사과	9개	-	9	-	-	-	-
배	11개	11	-	-	-	-	-
바나나	9개	1	8	-	-	-	-
닭고기	10개	10	-	-	-	-	-
꽁치통조림	1개	1	-	-	-	-	-
김치	8개	-	7	1	-	-	-
건조오징어	1개	-	-	-	1	-	-
감자	12개	-	-	12	-	-	-

3. 조회할 제품명의 일부를 매개 변수로 입력받아 해당 제품의 최대주문수량을 조회하는 〈제품별_최대주문수량〉 쿼리를 작성하시오. (7점)
   - ▶ 〈제품〉, 〈주문목록〉, 〈주문〉, 〈회원〉 테이블을 이용하시오.
   - ▶ '최대주문수량' 필드는 '수량' 필드를 이용하여, [표시 예]와 같이 표시되도록 '형식' 속성을 설정하시오.
     [표시 예] 9 → 9개
   - ▶ '최대주문수량' 필드의 값이 5 이상이고, '성별' 필드의 값이 "여자"인 레코드만을 대상으로 하시오.
   - ▶ Like 연산자 사용
   - ▶ 쿼리 실행 결과 표시되는 필드와 필드명은 〈그림〉과 같이 표시되도록 설정하시오.

   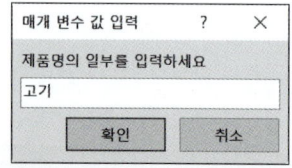

제품명	최대주문수량
닭고기	12개
돼지고기	8개
소고기	9개

4. 〈제품〉과 〈주문목록〉 테이블을 이용하여 주문되지 않은 제품을 조회하는 〈비인기제품〉 쿼리를 작성하시오. (7점)

▶ 〈주문목록〉 테이블에 없는 〈제품〉 테이블의 '제품번호' 필드를 대상으로 하시오.
▶ Is 연산자 사용
▶ 쿼리 결과로 표시되는 필드와 필드명은 〈그림〉과 같이 표시되도록 설정하시오.

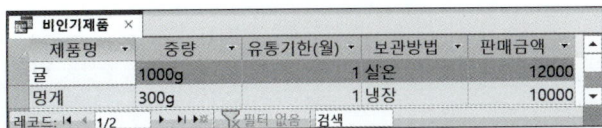

5. 〈회원〉 테이블의 '회원번호' 필드에는 데이터가 있으나 〈주문〉 테이블의 '회원번호' 필드에는 데이터가 없는 회원을 조회하여 〈회원〉 테이블의 '비고' 필드의 값을 "이벤트 정보 발송 대상자"로 변경하는 〈이벤트대상자〉 업데이트 쿼리를 작성한 후 실행하시오. (7점)

▶ 〈회원〉과 〈주문〉 테이블을 이용하시오.
▶ Not in 연산자와 하위 쿼리 사용

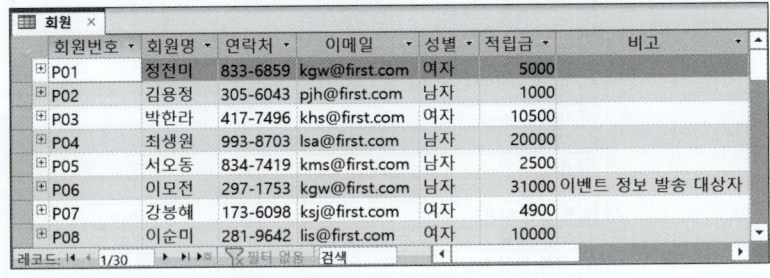

※ 〈이벤트대상자〉 쿼리를 실행한 후의 〈회원〉 테이블

EXAMINATION 08회 2024년 상시04 기출문제 해설

문제 1   DB 구축

01. 테이블 완성하기 _ 참고 : 테이블 완성 180쪽

〈주문〉 테이블

❶ 테이블 속성의 '정렬 기준' 속성 설정하기

속성 시트	
선택 유형: 테이블 속성	
일반	
유효성 검사 텍스트	
필터	
정렬 기준	주문일 desc
하위 데이터시트 이름	[자동]
하위 필드 연결	

❷ '주문일' 필드에 기본값 속성 설정하기

	필드 속성
일반 조회	
입력 마스크	
캡션	
기본값	Date()
유효성 검사 규칙	
유효성 검사 텍스트	

〈제품〉 테이블

❸ '제품번호' 필드에 입력 마스크 속성 설정하기

	필드 속성
일반 조회	
필드 크기	255
형식	
입력 마스크	L00-0000;0;*
캡션	
기본값	

❹ '제품명' 필드에 '필수' 속성과 '빈 문자열 허용' 속성 설정하기

	필드 속성
일반 조회	
유효성 검사 텍스트	
필수	예
빈 문자열 허용	아니요
인덱스	아니요
유니코드 압축	예

❺ '유통기한(월)' 필드에 '유효성 검사 규칙' 속성과 '유효성 검사 텍스트' 속성 설정하기

	필드 속성
일반 조회	
기본값	0
유효성 검사 규칙	<8
유효성 검사 텍스트	입력값을 확인하세요
필수	아니요
인덱스	아니요

02. 〈제품〉 테이블의 '분류번호' 필드에 조회 기능 설정하기
_ 참고 : 조회 기능 설정 184쪽

정답

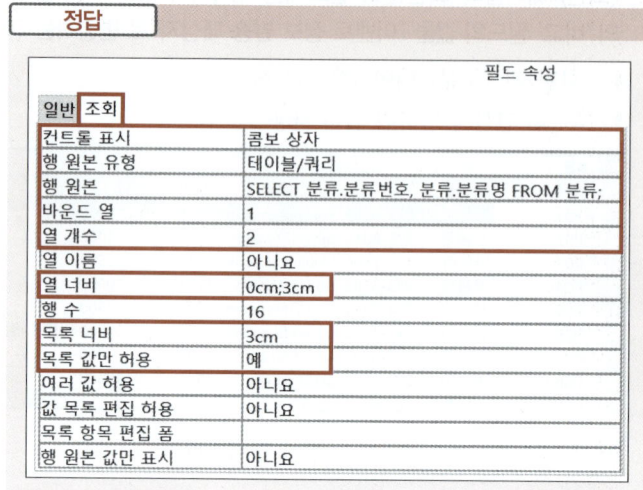

03. 〈주문〉 테이블과 〈회원〉 테이블 간의 관계 설정하기
_ 참고 : 관계 설정 188쪽

정답

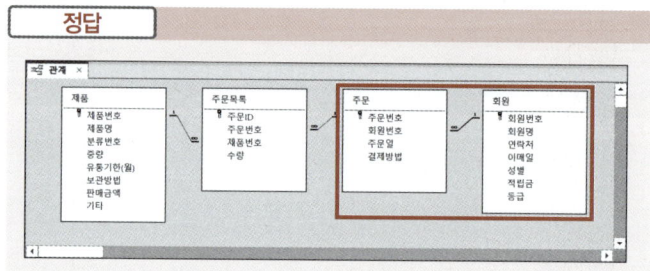

• '관계 편집' 대화상자

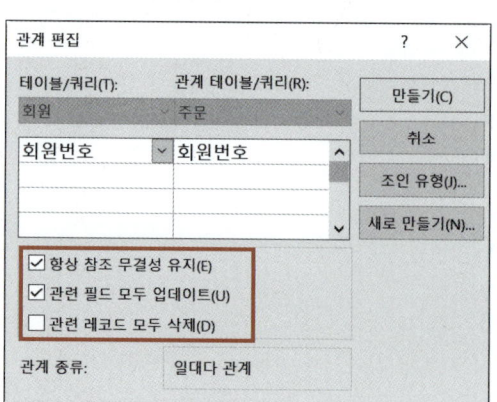

문제 2   입력 및 수정 기능 구현   정답

01. 〈분류별주문현황〉 폼 완성하기 _ 참고 : 폼 완성 193쪽

정답

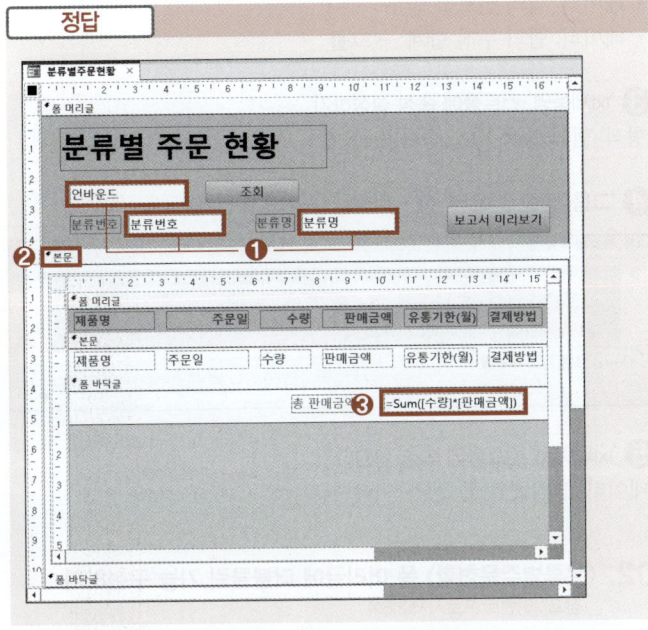

❶ 'txt제품조회', 'txt분류번호', 'txt분류명' 컨트롤에 속성 지정하기
'기타' 탭의 탭 정지 → 아니요

❷ 하위 폼 본문에 속성 지정하기
- '형식' 탭의 배경색 → #FFFFFF
- '형식' 탭의 다른 배경색 → #FFFFFF

※ '표준 색 – 흰색'을 지정하면 #FFFFFF로 표시됩니다.

❸ 하위 폼 바닥글의 'txt총판매금액' 컨트롤에 속성 설정하기
'데이터' 탭의 컨트롤 원본 → =Sum([수량]*[판매금액])

02. 〈주문상세〉 폼 본문에 조건부 서식 설정하기
_ 참고 : 조건부 서식 199쪽

1. 폼 본문에 있는 모든 컨트롤을 선택한다.
2. [서식] → 컨트롤 서식 → **조건부 서식**(🔲)을 클릭한 후 '조건부 서식 규칙 관리자' 대화상자에서 〈새 규칙〉을 클릭한다.
3. '새 서식 규칙' 대화상자에서 다음과 같이 설정한다.

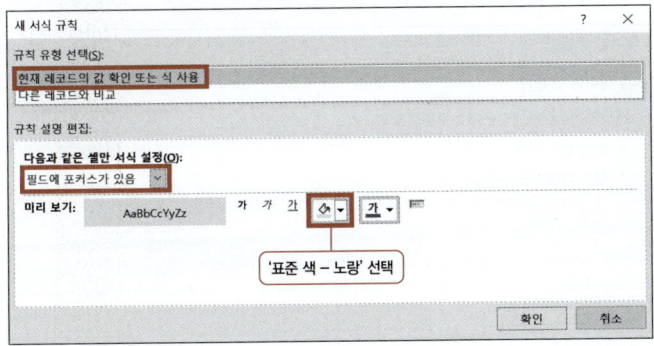

4. 같은 방법으로 두 번째 조건부 서식을 다음과 같이 설정한다.

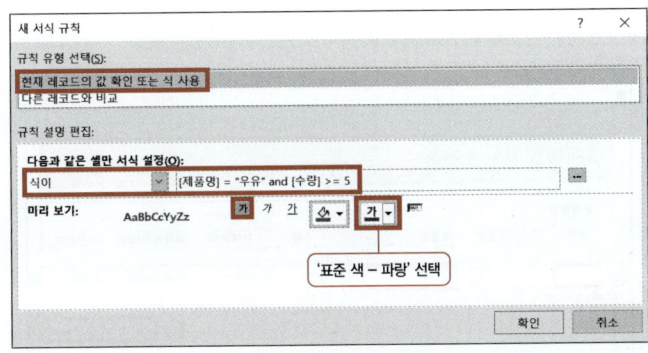

03. 〈보고서출력〉 매크로 작성하기 _ 참고 : 매크로 작성 205쪽

정답

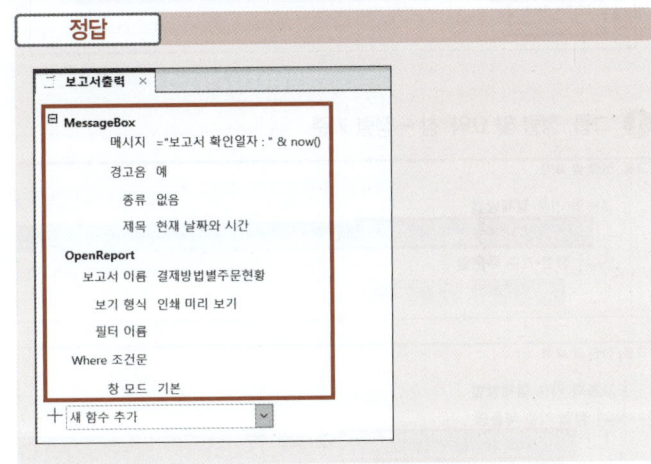

1. 매크로 개체를 생성한 후 이를 연결하여 사용해야 하므로, 먼저 매크로 개체를 생성한다. [만들기] → 매크로 및 코드 → **매크로**(🔲)를 클릭한다.
2. 매크로 대화상자에서 정답과 같이 설정한 후 매크로 대화상자의 닫기(✕) 단추를 클릭한다.
3. 저장 여부를 묻는 대화상자에서 〈예〉를 클릭한다.
4. '다른 이름으로 저장' 대화상자에서 매크로 이름을 **보고서출력**으로 입력한 다음 〈확인〉을 클릭한다.
5. 〈분류별주문현황〉 폼을 디자인 보기로 연 후 폼 머리글의 'cmd출력' 컨트롤을 더블클릭한다.
6. 'cmd출력' 컨트롤 속성 시트 창의 '이벤트' 탭에서 'On Click' 이벤트의 목록 단추를 눌러 '보고서출력' 매크로를 선택한다.

문제 3 조회 및 출력 기능 구현 정답

01. 〈결제방법별주문현황〉 보고서 완성하기 _ 참고 : 보고서 완성 211쪽

정답

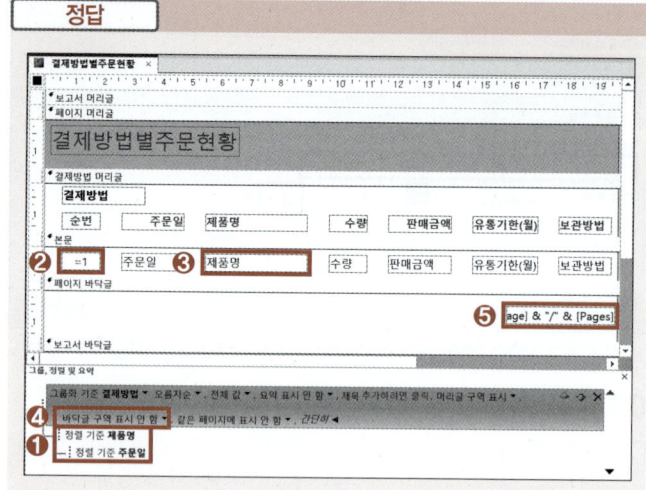

1 '그룹, 정렬 및 요약' 창 – 정렬 기준

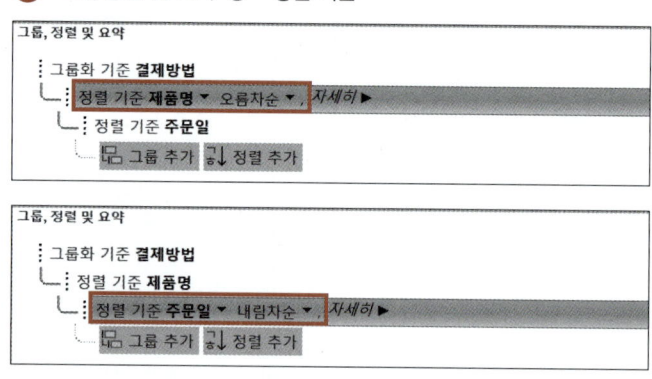

2 'txt순번' 컨트롤에 속성 설정하기
• '데이터' 탭의 컨트롤 원본 → =1
• '데이터' 탭의 누적 합계 → 그룹

3 'txt제품명' 컨트롤에 속성 설정하기
'형식' 탭의 중복 내용 숨기기 → 예

4 '그룹, 정렬 및 요약' 창 – 바닥글 구역 표시 안 함

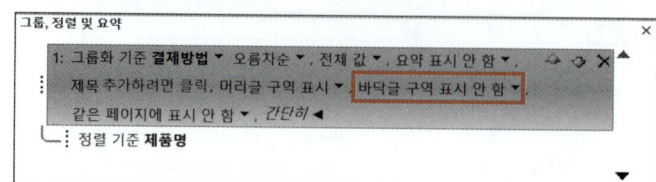

5 'txt페이지' 컨트롤에 속성 설정하기
'데이터' 탭의 컨트롤 원본 → =[Page] & "/" & [Pages]

02. 〈분류별주문현황〉 폼 머리글에 더블클릭 기능 구현하기
_ 참고 : 이벤트 프로시저 218쪽

정답

```
Private Sub 폼_머리글_DblClick(Cancel As Integer)
    Dim a
    a = MsgBox("제품을 조회하겠습니까?", vbYesNo)

    If a = vbYes Then
        txt제품조회 = ""
        DoCmd.GoToControl "txt제품조회"
    End If
End Sub
```

문제 4 처리 기능 구현 정답

01. 〈제품주문조회〉 쿼리 _ 참고 : 테이블 생성 쿼리 작성 228쪽

1. 쿼리 작성기 창

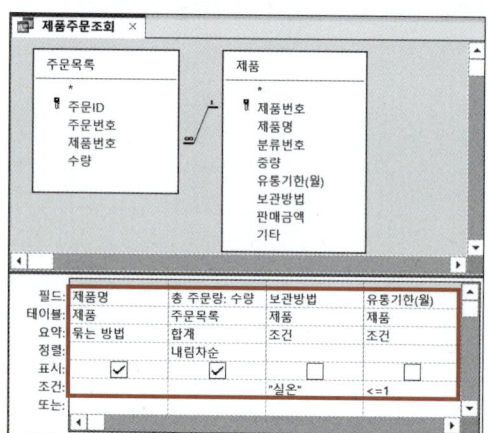

2. [쿼리 디자인] → 쿼리 유형 → **테이블 만들기**(▦)를 클릭한 후 '테이블 만들기' 대화상자의 '테이블 이름'에 **실온제품주문현황**을 입력한다.

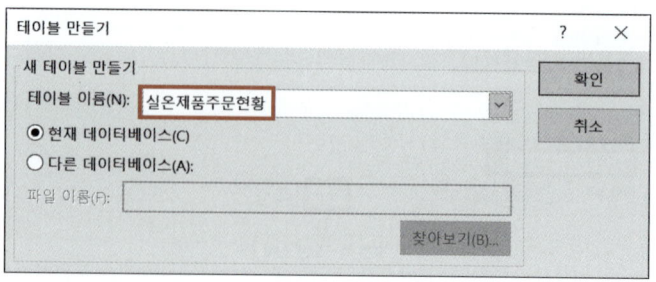

02. 〈제품별_일수별_수량조회〉 쿼리 _참고 : 크로스탭 쿼리 작성 227쪽

- 쿼리 작성기 창

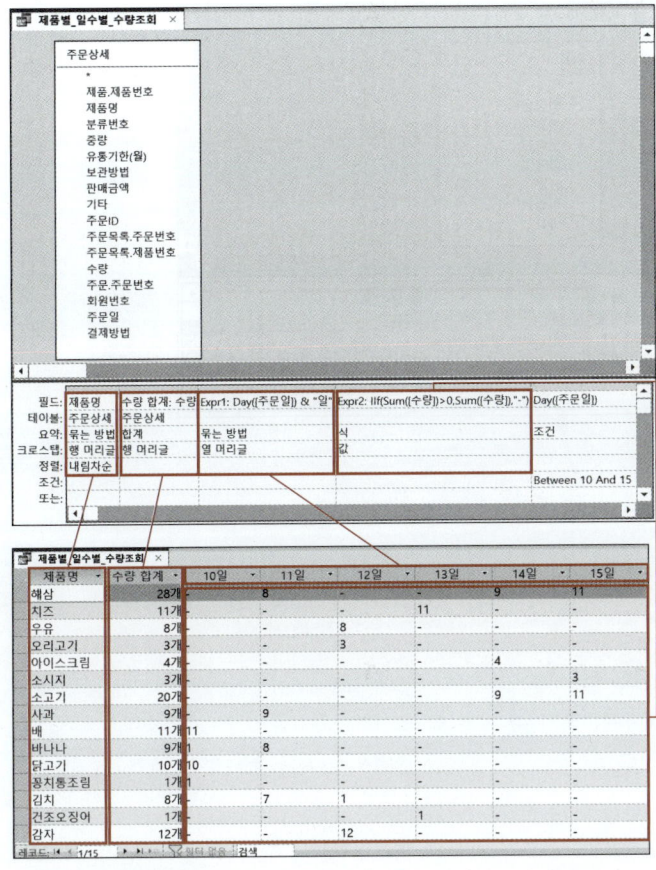

- '수량 합계' 필드 속성 설정하기
  - '일반' 탭의 형식 → #개

03. 〈제품별_최대주문수량〉 쿼리 작성하기
_참고 : 매개 변수 쿼리 작성 227쪽

- 쿼리 작성기 창

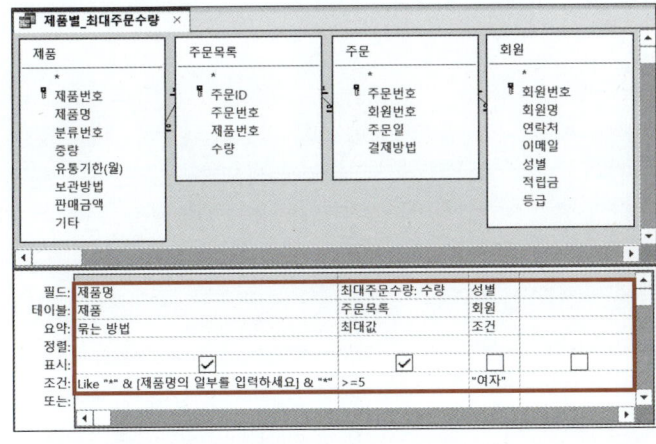

- '최대주문수량' 필드 속성 설정하기
  - '일반' 탭의 형식 → #개

04. 〈비인기제품〉 쿼리 _참고 : 불일치 검색 쿼리 작성 230쪽

※ 문제에 Not In을 사용하라는 지시사항이 없으므로 '불일치 검색 쿼리 마법사'를 사용하면 됩니다. '불일치 검색 쿼리 마법사'를 수행하면 '제품번호' 필드의 조건에 Is Null이 자동으로 적용됩니다.

1. '새 쿼리' 대화상자

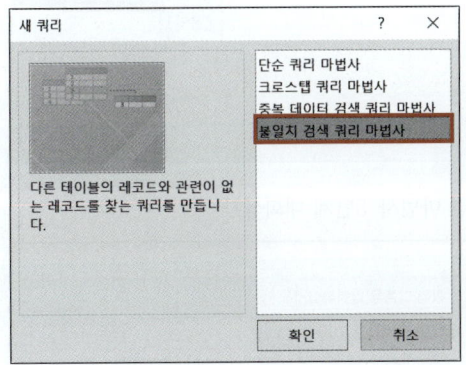

2. '불일치 검색 쿼리 마법사' 1단계 대화상자

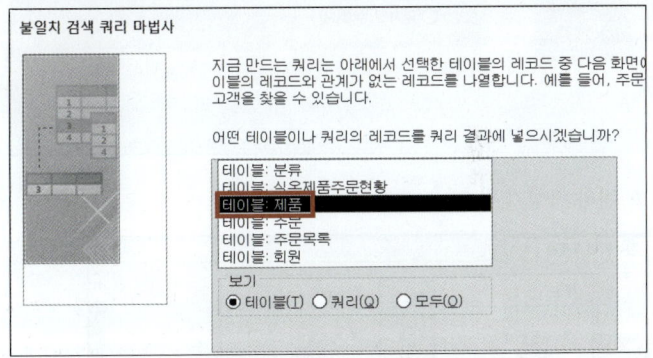

3. '불일치 검색 쿼리 마법사' 2단계 대화상자

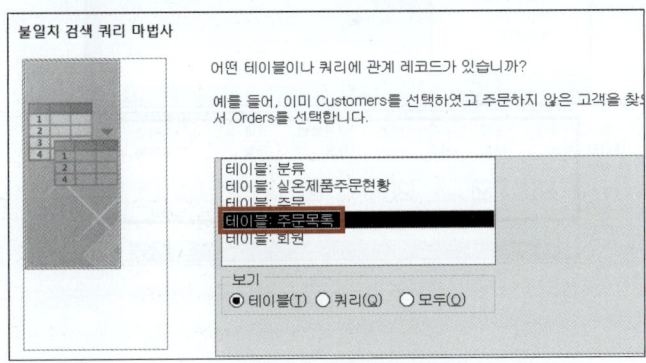

4. '불일치 검색 쿼리 마법사' 3단계 대화상자

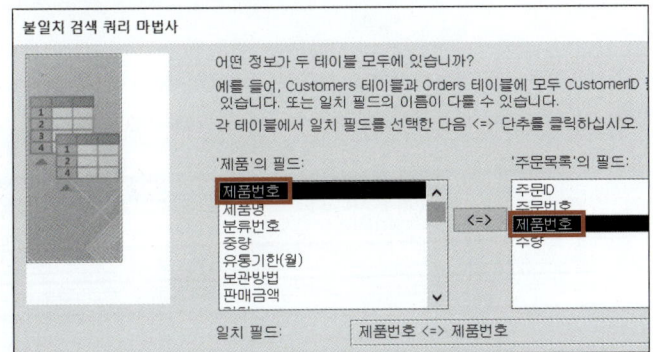

5. '불일치 검색 쿼리 마법사' 4단계 대화상자

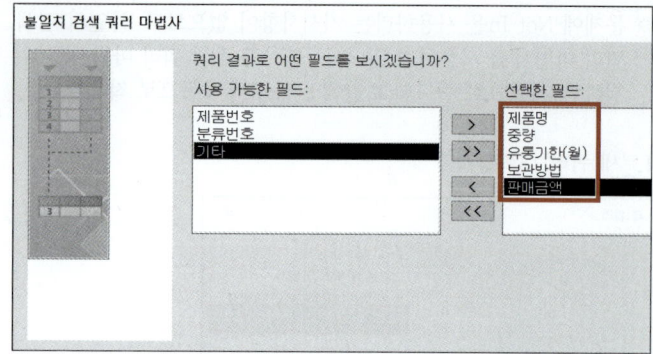

6. '불일치 검색 쿼리 마법사' 5단계 대화상자

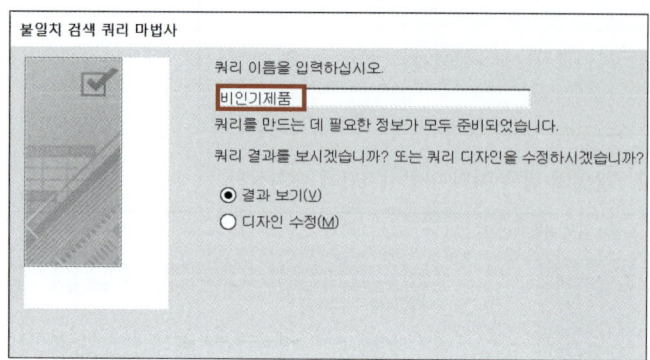

※ 쿼리 작성기 창

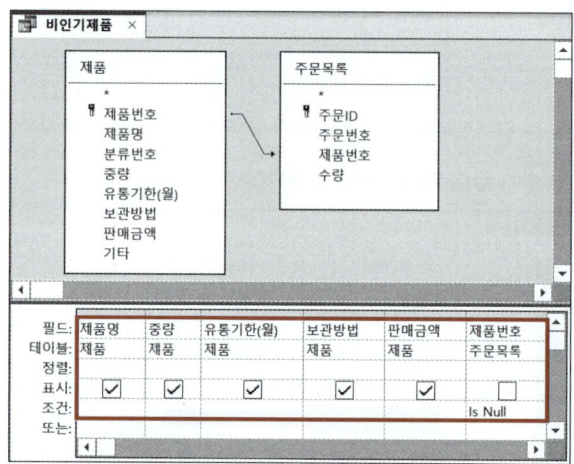

05. 〈이벤트대상자〉 쿼리 _ 참고 : 업데이트 쿼리 작성 229쪽

• 쿼리 작성기 창

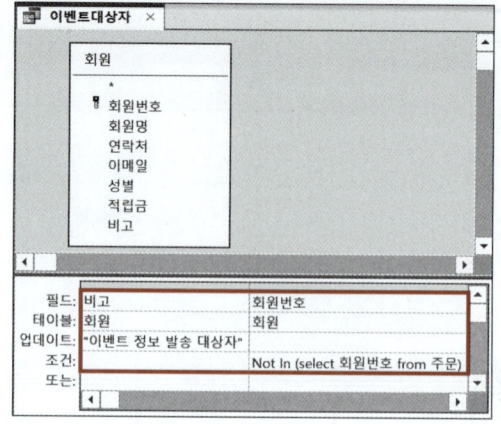

EXAMINATION 09회 2023년 상시01 컴퓨터활용능력 1급 실기

- 준 비 하 세 요 : '실기길벗컴활1급통합\기출\05회' 폴더에서 '23년상시01.accdb' 파일을 열어서 작업하시오.
- 외부 데이터 위치 : 실기길벗컴활1급통합\기출\05회

문제 1 DB구축(25점)

1. 고객들의 도서 대여 정보를 관리하기 위한 데이터베이스를 구축하고자 한다. 다음의 지시사항에 따라 〈고객〉 테이블을 완성하시오. (각 4점)
   ① '고객번호' 필드는 'P001' 형식으로 영문 대문자 한 자리와 숫자 세 자리가 반드시 입력되도록 다음과 같이 설정하시오.
      ▶ 문자는 영문이나 한글이 반드시 입력되도록 설정할 것
      ▶ 숫자는 0~9까지의 숫자가 반드시 입력될 수 있도록 설정할 것
   ② '고객명' 필드의 IME 모드를 '한글'로 설정하시오.
   ③ '전화번호' 필드에는 값이 반드시 입력되도록 설정하시오.
   ④ '나이' 필드에는 255자 이하의 숫자가 입력될 수 있도록 데이터 형식과 필드 크기를 설정하시오.
   ⑤ '성별' 필드에는 "남"이나 "여"만 입력되도록 설정하시오.

2. 다음 지시사항에 따라 '신규도서목록.txt' 파일을 가져와 테이블로 생성하시오. (5점)
   ▶ 구분 기호는 탭으로 설정하시오.
   ▶ 첫 번째 행은 필드의 이름으로 설정하시오.
   ▶ 도서코드를 기본키로 설정하시오.
   ▶ 테이블 이름을 '도서목록추가'로 하시오.

3. 〈대여내역〉 테이블의 '도서코드' 필드는 〈도서〉 테이블의 '도서코드' 필드를 참조하며, 테이블 간의 관계는 M:1이다. 다음과 같이 테이블 간의 관계를 설정하시오. (5점)
   ※ 액세스 파일에 이미 설정되어 있는 관계는 수정하지 마시오.
   ▶ 각 테이블 간에 항상 참조 무결성이 유지되도록 설정하시오.
   ▶ 참조 필드의 값이 변경되면 관련 필드의 값도 변경되도록 설정하시오.
   ▶ 다른 테이블에서 참조하고 있는 레코드는 삭제할 수 없도록 설정하시오.

문제 2 입력 및 수정 기능 구현(20점)

1. 〈대여내역관리〉 폼을 다음의 화면과 지시사항에 따라 완성하시오. (각 3점)
   ① 폼 머리글에 그림과 같이 제목 레이블을 생성하시오.
      ▶ 이름 : title
      ▶ 크기 : 20
      ▶ 글자 색 : 표준 색 - 검정
   ② 본문의 'txt일련번호'는 그림과 같이 선택할 수 없도록 관련 속성을 설정하시오.
   ③ 본문의 'txt대여일자' 컨트롤에 '대여일자' 필드의 내용이 표시되도록 컨트롤 원본 속성을 설정하시오.
   ④ 본문의 'txt고객명' 컨트롤에는 포커스가 이동되지 않도록 관련 속성을 설정하시오.
   ⑤ 폼에 구분 선과 레코드 선택기가 표시되지 않도록 설정하시오.

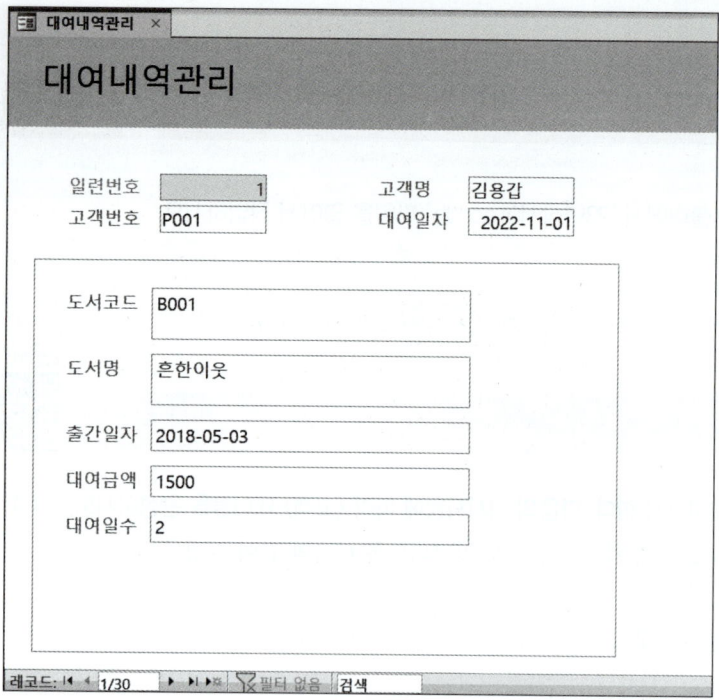

2. 〈대여내역관리〉 폼 본문의 'txt고객명' 컨트롤에는 〈고객〉 테이블의 '고객번호' 필드가 'txt고객번호' 컨트롤의 값과 같은 '고객명'을 표시하시오. (5점)

   ▶ DLookup 함수 사용
   ▶ 1번 〈그림〉 참조

3. 〈도서찾기〉 폼을 읽기 전용 모드 형식으로 열고, 〈도서대여_관리〉 보고서를 인쇄 미리 보기 형식으로 여는 〈보고서출력〉 매크로를 생성하시오. 〈고객정보〉 폼의 '도서대여정보확인'(cmd확인) 단추를 클릭하면 〈보고서출력〉 매크로가 실행되도록 하시오. (5점)

   ▶ 보고서 출력 조건 : 〈고객정보〉 폼의 'txt고객번호' 컨트롤에 입력된 고객번호와 같은 정보만 표시

문제 3 조회 및 출력 기능 구현(20점)

1. 다음의 지시사항 및 화면을 참조하여 〈도서대여_관리〉 보고서를 완성하시오. (각 3점)

   ① 동일한 도서코드 내에서 '대여일자'를 기준으로 내림차순 정렬되어 표시되도록 설정하시오.
   ② 페이지 머리글이 표시되도록 설정하시오.
   ③ '도서코드' 머리글 영역이 매 페이지마다 반복하여 출력되도록 설정하시오.
   ④ 본문 영역의 'txt순번' 컨트롤에는 그룹별로 순번이 표시되도록 관련 속성을 설정하시오.
   ⑤ '도서코드' 바닥글 영역의 'txt소계' 컨트롤에는 대여금액의 합계가 표시되도록 컨트롤 원본 속성을 설정하시오.

도서대여 관리 보고서

도서명: 혼한이웃						
순번	대여일자	고객명	전화번호	나이	성별	대여금액
1	2022-11-01	김용갑	10-2288-733	48	남	1500
			대여금액 소계 :			1500

도서명: 친절한편의점						
순번	대여일자	고객명	전화번호	나이	성별	대여금액
1	2022-11-02	명호준	10-5764-765	21	남	1200
			대여금액 소계 :			1200

도서명: 아버지의 여행일지						
순번	대여일자	고객명	전화번호	나이	성별	대여금액
1	2022-11-17	백지향	10-1800-625	37	여	1800
2	2022-11-16	고시혁	10-6142-035	24	남	1800
3	2022-11-02	한서연	10-3065-051	18	여	1800
			대여금액 소계 :			5400

도서명: 역공						
순번	대여일자	고객명	전화번호	나이	성별	대여금액
1	2022-11-23	유세윤	10-1043-946	52	여	2000
2	2022-11-17	백채헌	10-9128-267	35	남	2000
3	2022-11-09	우래훈	10-7856-594	36	남	2000
4	2022-11-03	김원중	10-6232-313	20	남	2000
			대여금액 소계 :			8000

도서명: 천안문						
순번	대여일자	고객명	전화번호	나이	성별	대여금액
1	2022-11-19	한서연	10-3065-051	18	여	1400

2. 〈도서찾기〉 폼 머리글의 'txt조회' 컨트롤에 조회할 도서명을 입력하고 '찾기'(cmd찾기) 단추를 클릭하면 다음과 같은 기능을 수행하도록 이벤트 프로시저를 구현하시오. (5점)

   ▶ 'txt조회' 컨트롤에 입력된 도서명을 포함하는 도서의 정보가 표시되도록 하시오.
   ▶ 현재 폼의 RecordSource 속성을 이용하시오.

문제 4 처리 기능 구현(35점)

1. 회원별로 '대여횟수'와 '대여금액'의 합계, '대여일수'의 평균을 조회하는 〈회원별대여현황〉 쿼리를 작성하시오. (5점)

   ▶ 〈고객〉, 〈대여내역〉, 〈도서〉 테이블을 이용하시오.
   ▶ 대여횟수는 '도서코드' 필드를 이용하시오.
   ▶ 대여횟수가 2 이상인 고객만 조회 대상으로 하시오.
   ▶ 평균대여일수는 [표시 예]와 같이 표시되도록 '형식' 속성을 설정하시오. [표시 예 : 0 → 0.0, 1.6666 → 1.7]

고객명	대여횟수	대여금총액	평균대여일수
김원중	2	3500	2.5
남두영	3	4400	1.7
노윤일	2	2500	2.5
명호준	2	2700	2.0
박나래	2	2900	2.0
박승혁	2	2800	2.5
오도윤	2	2700	2.5
유세윤	3	4600	2.0
전연영	2	2900	2.5
한서연	4	6300	2.0

2. 〈대여내역관리〉 쿼리를 이용하여 '대여횟수'를 매개 변수로 입력받아 해당 대여횟수만큼 대여한 고객의 정보를 조회하는 〈대여횟수조회〉 매개 변수 쿼리를 작성하시오. (5점)

▶ 대여횟수는 '일련번호' 필드를 이용하시오.
▶ 최근대여일자는 대여일자의 최근 날짜가 표시되도록 설정하시오.
▶ 쿼리 결과로 표시되는 필드와 필드명은 〈그림〉과 같이 표시되도록 설정하시오.

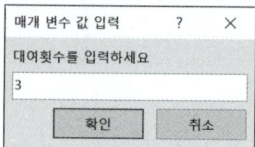 

3. 〈도서〉와 〈대여내역〉 테이블을 이용하여 한 번도 대여되지 않은 도서를 조회하는 〈미대여도서〉 쿼리를 작성하시오. (5점)

▶ 〈대여내역〉 테이블의 '도서코드' 필드에 존재하지 않는 〈도서〉 테이블의 '도서코드'를 대상으로 할 것(Is Null 사용)
▶ 쿼리 결과로 표시되는 필드와 필드명은 〈그림〉과 같이 표시되도록 설정하시오.

4. 〈도서〉, 〈대여내역〉, 〈고객〉 테이블을 이용하여 도서코드별 성별별 대여횟수를 조회하는 〈도서대여현황〉 크로스탭 쿼리를 작성하시오. (5점)

▶ 대여횟수는 '일련번호' 필드를 이용하시오.
▶ 평균나이는 '나이' 필드를 이용하며, 형식은 표준, 소수 자릿수는 0으로 설정하시오.
▶ '도서코드' 필드의 마지막이 1~5로 끝나는 자료만을 대상으로 하시오.
▶ 쿼리 결과로 표시되는 필드와 필드명, 필드의 형식은 〈그림〉과 같이 표시되도록 설정하시오.

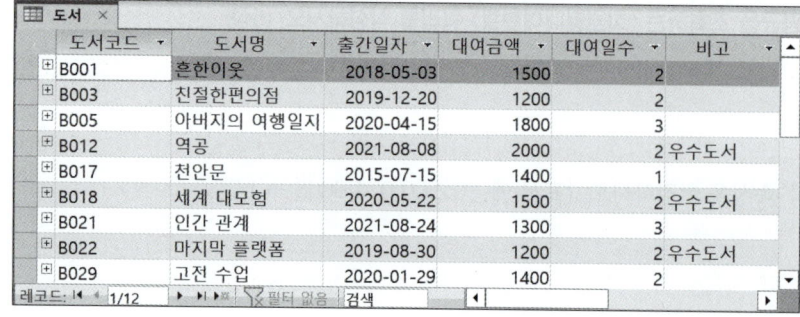

5. 〈도서〉와 〈대여내역〉 테이블을 이용하여 도서대여 횟수가 4 이상인 도서의 '비고' 필드의 값을 "우수도서"로 변경하는 〈우수도서처리〉 업데이트 쿼리를 작성한 후 실행하시오. (5점)

▶ 도서대여 횟수는 '도서코드' 필드를 이용하여 계산하시오.
▶ In 연산자와 하위 쿼리 사용

※ 〈우수도서처리〉 쿼리를 실행한 후의 〈도서〉 테이블

EXAMINATION 09회 2023년 상시01 기출문제 해설

문제 1   DB 구축

01. 테이블 완성하기 _ 참고 : 테이블 완성 180쪽

〈고객〉테이블

❶ '고객번호' 필드에 입력 마스크 속성 설정하기

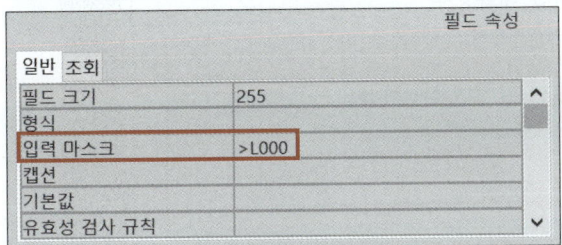

❷ '고객명' 필드에 IME 모드 속성 설정하기

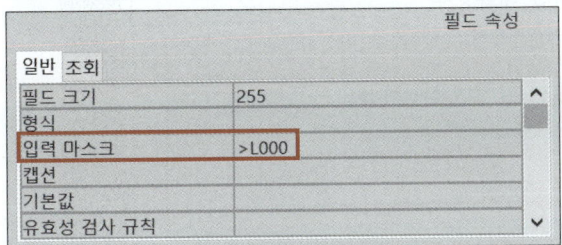

❸ '전화번호' 필드에 필수 속성 설정하기

❹ '나이' 필드에 데이터 형식과 필드 크기 속성 설정하기

❺ '성별' 필드에 유효성 검사 규칙 속성 설정하기

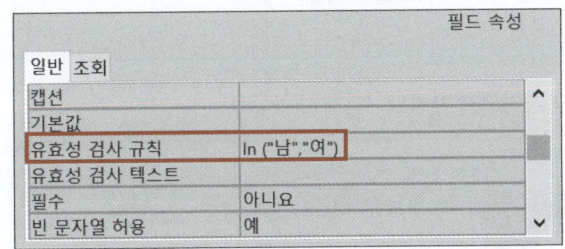

02. '신규도서목록.txt' 파일 가져오기 _ 참고 : 테이블 생성 190쪽

정답

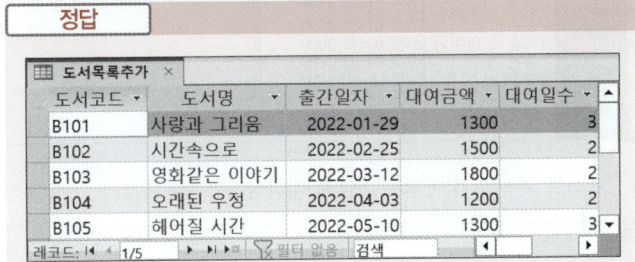

1. '외부 데이터 가져오기 – 텍스트 파일' 대화상자

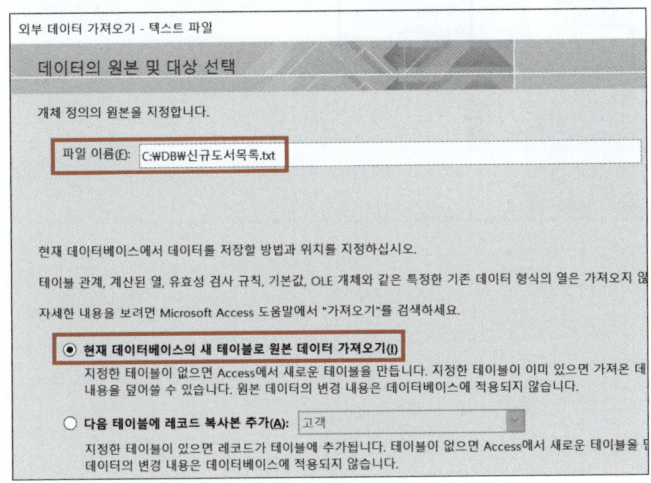

2. '텍스트 가져오기 마법사' 1단계 대화상자

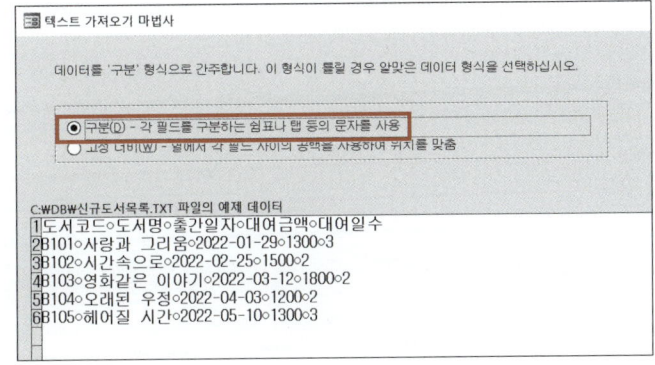

3. '텍스트 가져오기 마법사' 2단계 대화상자

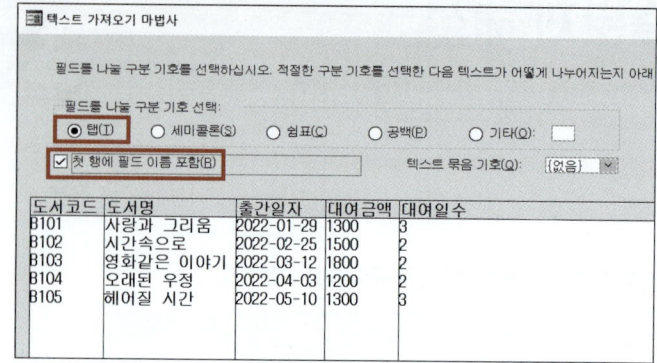

4. '텍스트 가져오기 마법사' 4단계 대화상자

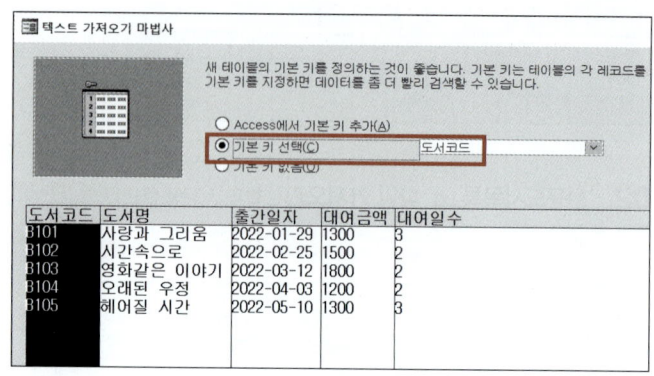

5. '텍스트 가져오기 마법사' 5단계 대화상자

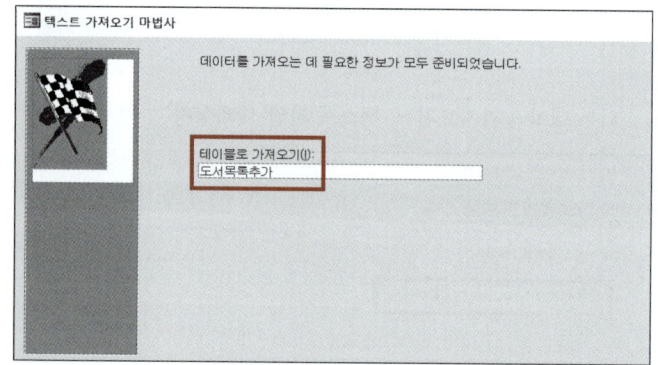

03. 〈대여내역〉 테이블과 〈도서〉 테이블 간의 관계 설정하기
_ 참고 : 관계 설정 188쪽

정답

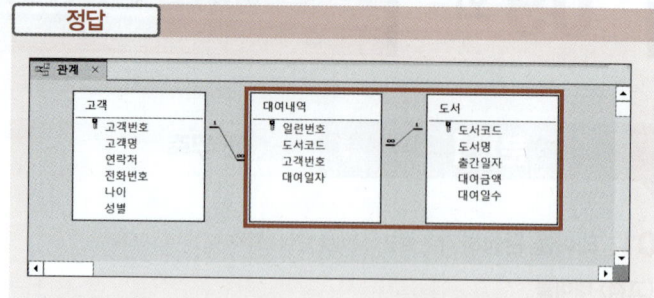

• '관계 편집' 대화상자

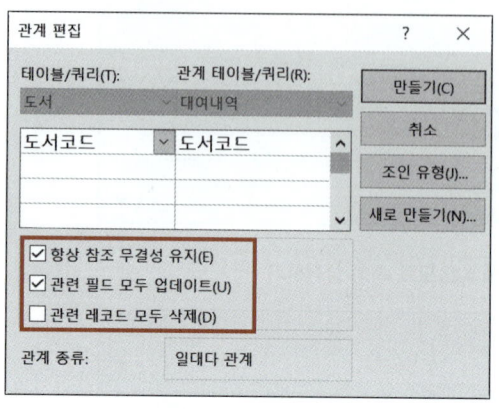

문제 2 입력 및 수정 기능 구현

01. 〈대여내역관리〉 폼 완성하기 _ 참고 : 폼 완성 193쪽

정답

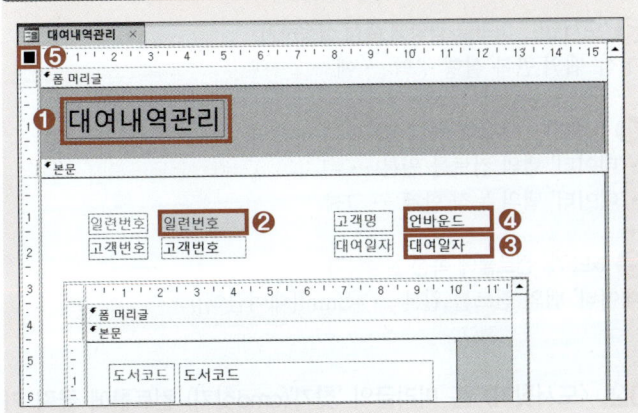

① 제목 삽입하기
1. [양식 디자인] → 컨트롤 → **레이블(가가)** 을 클릭한 후 폼 머리글의 적당한 위치에 드래그한다.
2. **대여내역관리**를 입력하고 Enter를 누른다.
3. 레이블이 선택된 상태에서 [서식] → 글꼴에서 글꼴 크기를 20, 글꼴 색을 '표준 색 – 검정'으로 변경한 후 문제의 그림과 같이 배치한다.
4. 레이블을 더블클릭한 후 '속성 시트' 창이 표시되면, '기타' 탭의 '이름' 속성에 title을 입력한다.

② 'txt일련번호' 컨트롤에 속성 설정하기
'데이터' 탭의 사용 가능 → 아니요

③ 'txt대여일자' 컨트롤에 속성 설정하기
'데이터' 탭의 컨트롤 원본 → 대여일자

④ 'txt고객명' 컨트롤에 속성 설정하기
'기타' 탭의 탭 정지 → 아니요

⑤ 폼 속성 설정하기
- '형식' 탭의 구분 선 → 아니요
- '형식' 탭의 레코드 선택기 → 아니요

02. 〈대여내역관리〉 폼의 'txt고객명' 컨트롤에 속성 설정하기
_ 참고 : 도메인 계산 함수 196쪽

'데이터' 탭의 컨트롤 원본 →
=DLookUp("고객명","고객","고객번호=txt고객번호")

03. 〈보고서출력〉 매크로 작성 _ 참고 : 매크로 작성 205쪽

정답

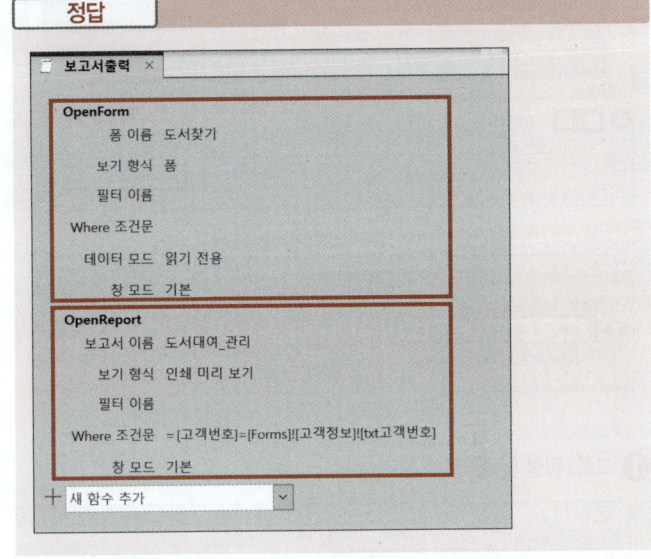

1. 매크로 개체를 생성한 후 이를 연결하여 사용해야 하므로, 먼저 매크로 개체를 생성한다. [만들기] → 매크로 및 코드 → **매크로**를 클릭한다.
2. 매크로 대화상자에서 정답과 같이 설정한 후 매크로 대화상자의 닫기(X) 단추를 클릭한다.
3. 저장 여부를 묻는 대화상자에서 〈예〉를 클릭한다.
4. '다른 이름으로 저장' 대화상자에서 매크로 이름을 **보고서출력**으로 입력한 다음 〈확인〉을 클릭한다.
5. 〈고객정보〉 폼을 디자인 보기로 연 후 폼 본문의 'cmd확인' 컨트롤을 더블클릭한다.
6. 'cmd확인' 컨트롤 속성 시트 창의 '이벤트' 탭에서 'On Click' 이벤트의 목록 단추를 눌러 '보고서출력' 매크로를 선택한다.

문제 3   조회 및 출력 기능 구현

01. 〈도서대여_관리〉 보고서 완성하기 _ 참고 : 보고서 완성 211쪽

정답

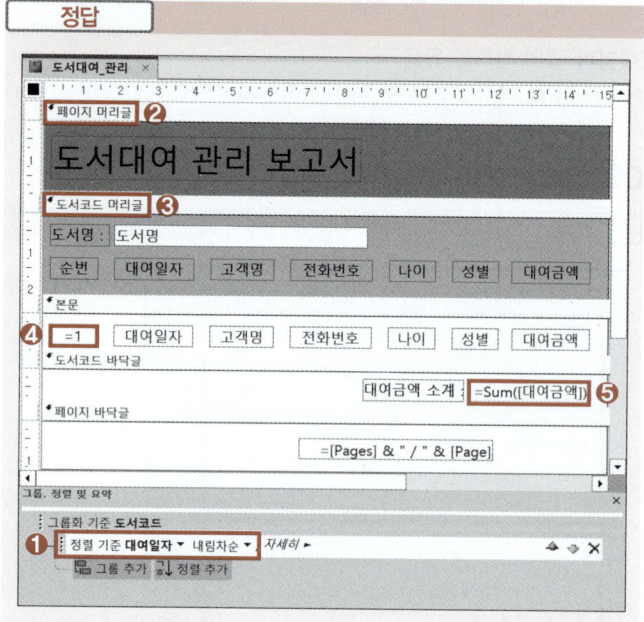

❶ 그룹, 정렬 및 요약

❷ 페이지 머리글 영역에 속성 설정하기
'형식' 탭의 표시 → 예

❸ '도서코드' 머리글 영역에 속성 설정하기
'형식' 탭의 반복 실행 구역 → 예

❹ 'txt순번' 컨트롤에 속성 설정하기
- '데이터' 탭의 컨트롤 원본 → =1
- '데이터' 탭의 누적 합계 → 그룹

❺ 'txt소계' 컨트롤에 속성 설정하기
'데이터' 탭의 컨트롤 원본 → =Sum([대여금액])

02. 〈도서찾기〉 폼 머리글의 '찾기'(cmd찾기) 컨트롤에 클릭 기능 구현하기 _ 참고 : 이벤트 프로시저 218쪽

정답

```
Private Sub cmd찾기_Click( )
    Me.RecordSource = "select * from 도서 where 도서명 Like '*' & txt조회 & '*'"
End Sub
```

문제 4   처리 기능 구현

01. 〈회원별대여현황〉 쿼리 _ 참고 : 추가 쿼리 작성 230쪽

쿼리 작성기 창

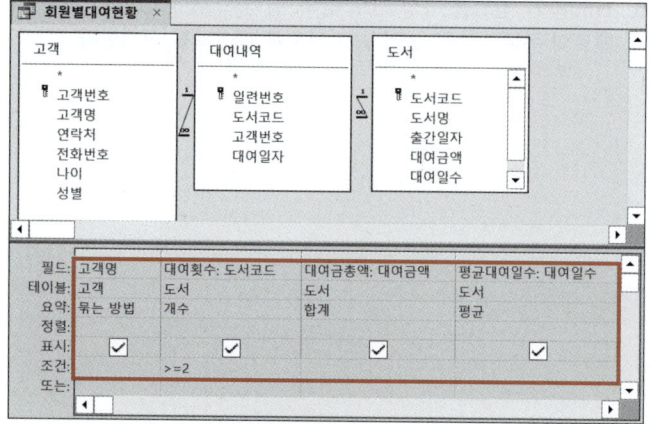

- '평균대여일수' 필드 속성 설정하기
  - '일반' 탭의 형식 → 0.0

02. 〈대여횟수조회〉 쿼리 _ 참고 : 매개 변수 쿼리 작성 227쪽

쿼리 작성기 창

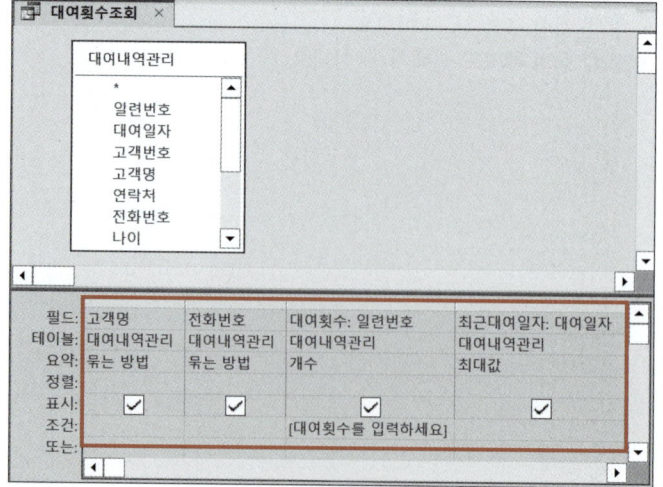

03. 〈미대여도서〉 쿼리 _ 참고 : 불일치 검색 쿼리 작성 230쪽

문제에 Not In을 사용하라는 지시사항이 없으므로 '불일치 검색 쿼리 마법사'를 사용해서 작성하면 됩니다.

1. '불일치 검색 쿼리 마법사' 1단계 대화상자

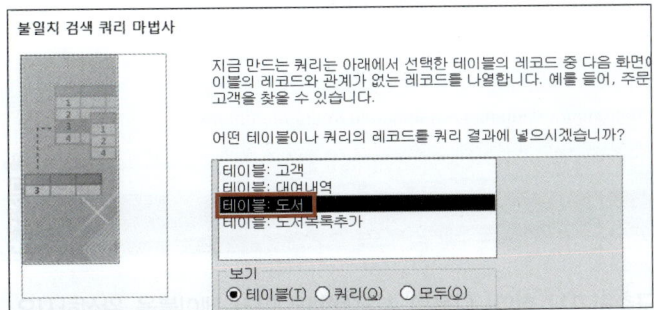

2. '불일치 검색 쿼리 마법사' 2단계 대화상자

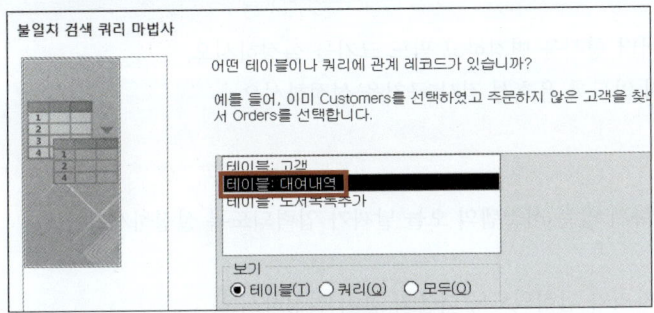

3. '불일치 검색 쿼리 마법사' 3단계 대화상자

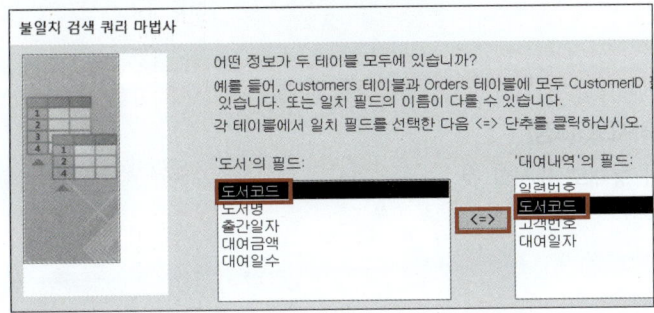

4. '불일치 검색 쿼리 마법사' 4단계 대화상자

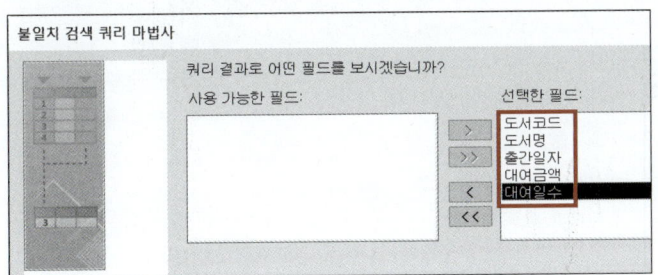

5. '불일치 검색 쿼리 마법사' 5단계 대화상자

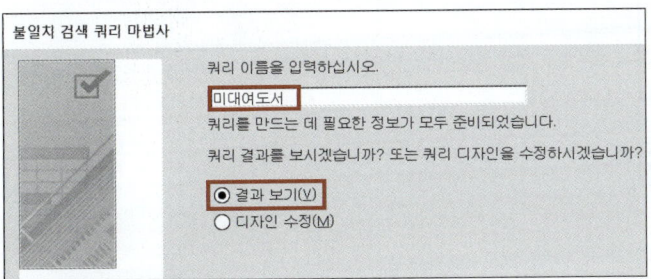

04. 〈도서대여현황〉 쿼리 _ 참고 : 크로스탭 쿼리 작성 227쪽

- 쿼리 작성기 창

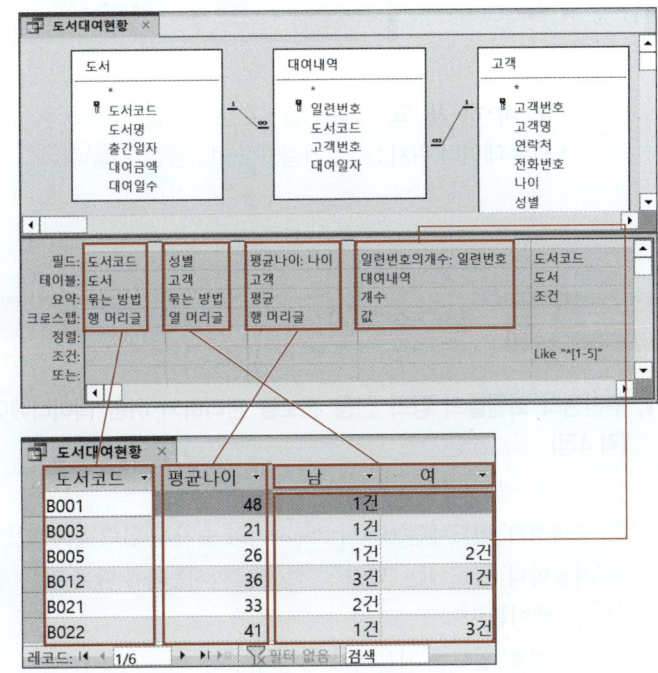

- '평균나이' 필드 속성 설정하기
  - '일반' 탭의 형식 → 표준
  - '일반' 탭의 소수 자릿수 → 0
- '일련번호의개수' 필드 속성 설정하기
  - '일반' 탭의 형식 → #건

05. 〈우수도서처리〉 쿼리 _ 참고 : 업데이트 쿼리 작성 229쪽

쿼리 작성기 창

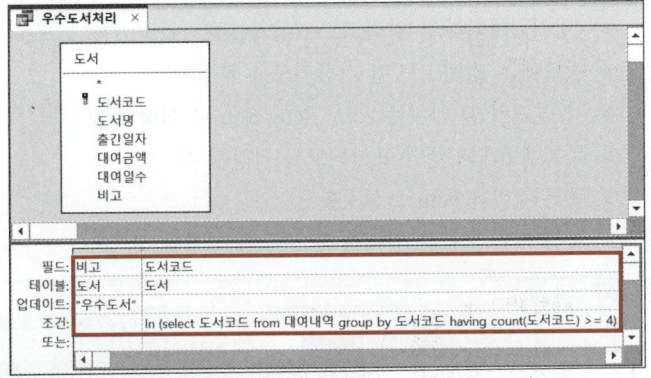

2023년 상시02 컴퓨터활용능력 1급 실기

- 준 비 하 세 요 : '실기길벗컴활1급통합\기출\06회' 폴더에서 '23년상시02.accdb' 파일을 열어서 작업하시오.
- 외부 데이터 위치 : 실기길벗컴활1급통합\기출\06회

문제 1 DB구축(25점)

1. 구민센터 회원들의 강좌 신청 정보를 관리하기 위한 데이터베이스를 구축하고자 한다. 다음의 지시사항에 따라 테이블을 완성하시오. (각 4점)

〈강사〉 테이블
① '강의경력' 필드에는 0에서 255사이의 숫자가 입력될 수 있도록 데이터 형식을 변경하고 필드 크기를 설정하시오.
② '최종학력' 필드에는 "박사", "석사", "학사" 외에 다른 값은 입력되지 않도록 유효성 검사 규칙을 설정하시오.

〈수강〉 테이블
③ '수강번호' 필드를 기본키로 지정하시오.
④ 새로운 레코드가 추가되는 경우 '수강신청일' 필드에는 시간을 포함하지 않는 시스템의 오늘 날짜가 입력되도록 설정하시오.

〈회원〉 테이블
⑤ '핸드폰' 필드에는 '010-1234-5678'과 같이 '-' 기호 2개와 숫자 11자리가 입력되도록 다음과 같이 설정하시오.
  ▶ 숫자는 0~9까지 숫자가 반드시 입력될 수 있도록 설정할 것
  ▶ '-' 기호도 테이블에 저장되도록 설정할 것
  ▶ 입력 시 데이터가 입력될 자리를 "_"로 표시할 것

2. 〈수강〉 테이블의 '강좌코드' 필드에 대해서 다음과 같이 조회 속성을 설정하시오. (5점)
  ▶ 〈강좌〉 테이블의 '강좌코드', '강좌분류', '강좌이름' 필드를 콤보 상자 형태로 표시할 것
  ▶ 필드에는 '강좌코드'만 저장되도록 설정할 것
  ▶ 각 필드의 열 너비는 2cm, 2cm, 5cm로 설정할 것
  ▶ 목록에 5개의 행만 표시되도록 설정할 것
  ▶ 목록 너비를 9cm로 설정할 것
  ▶ 목록 이외의 값은 입력될 수 없도록 설정할 것

3. 〈수강〉 테이블의 '회원번호' 필드는 〈회원〉 테이블의 '회원번호' 필드를 참조하며, 테이블 간의 관계는 M:1이다. 다음과 같이 테이블 간의 관계를 설정하시오. (5점)

   ※ 액세스 파일에 이미 설정되어 있는 관계는 수정하지 마시오.
   ▶ 각 테이블 간에 항상 참조 무결성이 유지되도록 설정하시오.
   ▶ 참조 필드의 값이 변경되면 관련 필드의 값도 변경되도록 설정하시오.
   ▶ 〈수강〉 테이블에서 참조하고 있는 레코드는 〈회원〉 테이블에서 삭제할 수 없도록 설정하시오.

문제 2 입력 및 수정 기능 구현(20점)

1. 〈수강현황조회〉 폼을 다음의 화면과 지시사항에 따라 완성하시오. (각 3점)
   ① 폼에 레코드를 추가하거나 삭제할 수 없도록 관련 속성을 설정하시오.
   ② 폼을 열었을 때 'txt분류조회' 컨트롤에 포커스가 이동되도록 탭 인덱스를 설정하시오.
   ③ 폼 머리글의 배경색을 '배경 폼'으로 설정하시오.
   ④ 폼 머리글의 'txt강좌이름' 컨트롤에 '강좌이름' 필드의 내용이 표시되도록 컨트롤 원본 속성을 설정하시오.
   ⑤ 폼 머리글의 'txt총강의수' 컨트롤에는 전체 레코드의 개수가 [표시 예]와 같이 표시되도록 컨트롤 원본 속성을 설정하시오.

   [표시 예] 5 → 5개

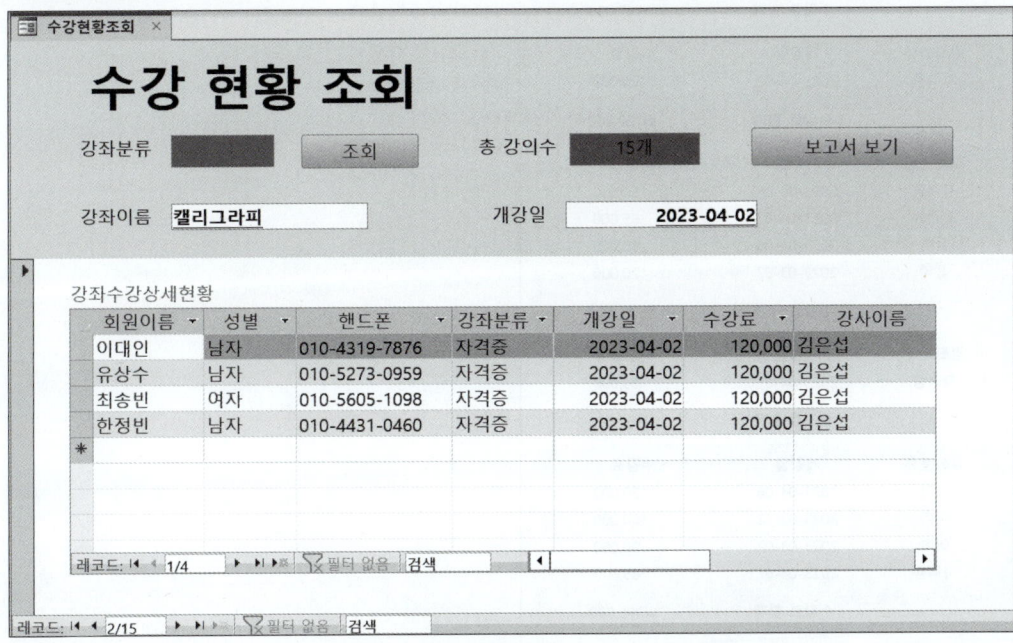

2. 〈수강현황조회〉 폼의 머리글 컨트롤에 대하여 다음과 같이 조건부 서식을 설정하시오. (5점)
   ▶ 개강일이 4월인 경우 폼 머리글의 'txt강좌이름'과 'txt개강일' 컨트롤의 글꼴을 '굵게', '밑줄'로 지정하시오.
   ▶ Month 함수 사용
   ▶ 1번 〈그림〉 참조

3. 〈수강현황조회〉 폼 머리글의 'txt분류조회' 컨트롤에 값을 입력하고 '보고서 보기(cmd보고서보기)' 단추를 클릭하면 〈회원별수강내역〉 보고서를 '인쇄 미리 보기' 형식의 '대화 상자' 창 모드로 여는 〈보고서보기〉 매크로를 생성하여 지정하시오. (5점)
   ▶ 매크로 조건 : '강좌분류' 필드의 값이 'txt분류조회' 컨트롤에 입력된 값과 동일한 레코드만 표시할 것

문제 3 조회 및 출력 기능 구현(20점)

1. 다음의 지시사항 및 화면을 참조하여 〈회원별수강내역〉 보고서를 완성하시오. (각 3점)
   ① 보고서 머리글에 있는 제목 레이블을 페이지 머리글로 이동한 후 페이지 머리글의 높이를 2cm로, 보고서 머리글의 높이를 0cm로 설정하시오.
   ② 동일한 '회원이름' 그룹 내에서 '수강료'를 기준으로 내림차순 정렬되어 표시되도록 설정하시오.
   ③ 본문 영역의 'txt회원이름'과 'txt핸드폰' 컨트롤의 값이 이전 레코드와 동일한 경우에는 표시되지 않도록 관련 속성을 설정하시오.
   ④ 회원이름 바닥글 영역의 'txt수강료합계' 컨트롤에는 수강료의 합계가 표시되도록 컨트롤 원본 속성을 설정하시오. (Sum 함수 사용)
   ⑤ 페이지 바닥글 영역의 'txt페이지' 컨트롤에는 페이지가 다음과 같이 표시되도록 컨트롤 원본 속성을 설정하시오.
   ▶ 현재 페이지가 1페이지이고 전체 페이지가 5페이지인 경우 : 1/5

   ### 회원별수강내역

회원이름	핸드폰	강좌분류	개강일	수강료
유채율	010-9030-5521	어학	2023-03-02	100,000
		음악	2023-03-07	70,000
			수강료 합계 :	₩170,000

회원이름	핸드폰	강좌분류	개강일	수강료
윤다환	010-4586-9852	음악	2023-04-06	80,000
		음악	2023-04-02	65,000
			수강료 합계 :	₩145,000

회원이름	핸드폰	강좌분류	개강일	수강료
이대인	010-4319-7876	자격증	2023-04-02	120,000
			수강료 합계 :	₩120,000

회원이름	핸드폰	강좌분류	개강일	수강료
정서영	010-7395-8237	자격증	2023-03-06	150,000
		자격증	2023-04-07	85,000
		음악	2023-04-06	80,000
		음악	2023-03-07	70,000
			수강료 합계 :	₩385,000

회원이름	핸드폰	강좌분류	개강일	수강료
정정준	010-9227-8247	자격증	2023-04-07	85,000
			수강료 합계 :	₩85,000

회원이름	핸드폰	강좌분류	개강일	수강료
조원찬	010-1701-4696	요리	2023-04-06	120,000
		어학	2023-03-02	100,000
		어학	2023-03-02	90,000
		자격증	2023-04-07	85,000
			수강료 합계 :	₩395,000

회원이름	핸드폰	강좌분류	개강일	수강료
조은진	010-3121-5424	요리	2023-03-06	120,000
		요리	2023-04-06	120,000
		음악	2023-04-06	80,000

   4/6

2. 〈수강현황조회〉 폼 머리글의 '조회(cmd조회)' 컨트롤을 클릭하면 '강좌분류' 필드의 값이 'txt분류조회' 컨트롤에 입력된 값과 같은 정보만 표시되도록 이벤트 프로시저를 구현하시오. (5점)
   ▶ DoCmd 개체와 ApplyFilter 메소드 사용

문제 4 처리 기능 구현(35점)

1. 성별별, 강좌이름별 수강횟수를 조회하는 〈강좌횟수조회〉 크로스탭 쿼리를 작성하시오. (5점)
   ▶ 〈회원〉, 〈수강〉, 〈강좌〉 테이블을 이용하시오.
   ▶ 수강횟수는 '수강번호' 필드를 이용하시오.
   ▶ 강좌코드가 6부터 8까지의 문자 중 하나로 끝나는 것만 조회 대상으로 하시오. (Like 연산자 사용)
   ▶ 쿼리 실행 결과 표시되는 필드와 필드명은 〈그림〉과 같이 표시되도록 설정하시오.

   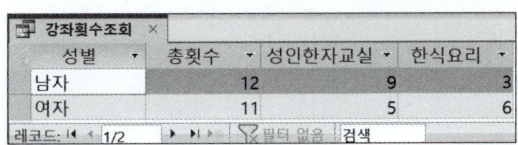

2. 〈수강〉과 〈강좌〉 테이블을 이용하여 신청되지 않은 강좌를 조회하는 〈폐강강좌조회〉 쿼리를 작성하시오. (5점)
   ▶ 〈수강〉 테이블에 없는 〈강좌〉 테이블의 '강좌코드' 필드를 대상으로 할 것(Is Null 사용)
   ▶ '정원'이 20 이상인 레코드만 대상으로 하시오.
   ▶ 쿼리 결과로 표시되는 필드와 필드명은 〈그림〉과 같이 표시되도록 설정하시오.

   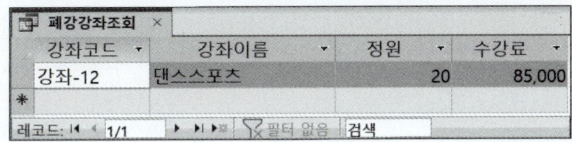

3. 〈강좌수강상세현황〉 쿼리를 이용하여 '강좌분류'를 매개 변수로 입력받아 해당 강좌분류를 포함하는 강좌 정보를 조회하는 〈강좌조회〉 쿼리를 작성하고 실행하시오. (5점)
   ▶ '인원수'는 '회원이름' 필드를 이용하시오.
   ▶ '수강료합계'는 '수강료' 필드를 이용하시오.
   ▶ 쿼리 결과로 표시되는 필드와 필드명, 필드의 형식은 〈그림〉과 같이 표시되도록 설정하시오.

   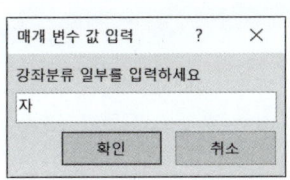

4. 〈수강〉과 〈강좌〉 테이블을 이용하여 강좌별로 인원수와 충원률을 조회하는 〈강좌별충원률조회〉 쿼리를 작성하시오. (5점)
   ▶ '인원수'는 '수강번호' 필드를 이용하여 계산하시오.
   ▶ 충원률 = 인원수 / 정원
   ▶ 충원률은 [표시 예]와 같이 백분율로 표시하시오.
   [표시 예] 0 → 0%, 82.5 → 83%
   ▶ 쿼리 결과로 표시되는 필드와 필드명, 필드의 형식은 〈그림〉과 같이 표시되도록 설정하시오.

강좌이름	강좌분류	정원	인원수	충원률
경기민요	음악	15	15	100%
꽃꽂이	자격증	10	4	40%
성인원어민영어	어학	15	5	33%
성인한자교실	자격증	20	14	70%
어린이원어민영어회화	어학	15	6	40%
어린이한자교실	자격증	20	6	30%
일식요리	요리	10	8	80%
제과제빵	요리	10	6	60%
주부노래교실	음악	20	12	60%
중식요리	요리	10	5	50%
캘리그라피	자격증	10	4	40%
통기타교실	음악	20	6	30%
한식요리	요리	10	9	90%

5. 〈회원〉, 〈수강〉, 〈강좌〉 테이블을 이용하여 강좌이름을 매개 변수로 입력받고, 해당 강좌에 수강한 회원들의 수강료납부일을 조회하여 새 테이블로 생성하는 〈수강료납부일생성〉 쿼리를 작성한 후 실행하시오. (5점)
   ▶ 수강료납부일은 수강신청일로부터 1달 후로 계산하시오. (DateAdd 함수 사용)
   ▶ 쿼리 실행 후 생성되는 테이블의 이름은 〈조회강좌납부일현황〉으로 설정하시오.
   ▶ 쿼리 실행 결과 생성되는 테이블의 필드는 〈그림〉을 참고하여 수험자가 판단하여 설정하시오.

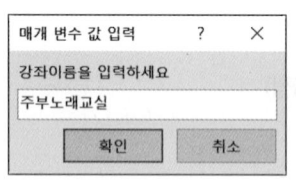
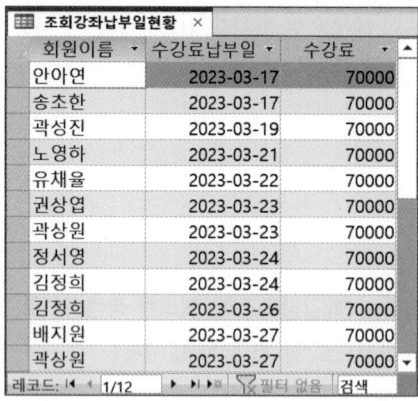

※ 〈수강료납부일생성〉 쿼리를 실행한 후의 〈조회강좌납부일현황〉 테이블

EXAMINATION 10회 - 2023년 상시02 기출문제 해설

문제 1 — DB 구축

01. 테이블 완성하기 _ 참고 : 테이블 완성 180쪽

〈강사〉 테이블

❶ '강의경력' 필드의 데이터 형식 및 필드 크기 설정하기

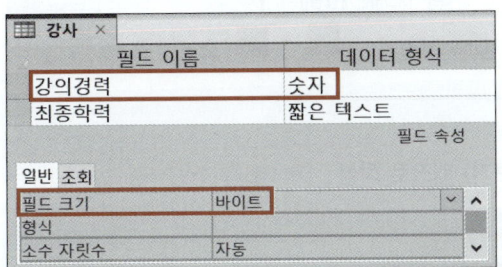

❷ '최종학력' 필드에 유효성 검사 규칙 속성 설정하기

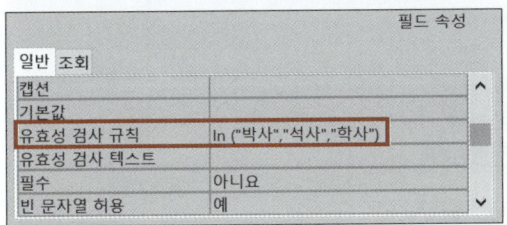

〈수강〉 테이블

❸ '수강번호' 필드를 기본키로 지정하기

필드 이름	데이터 형식
수강번호	짧은 텍스트
회원번호	짧은 텍스트
강좌코드	짧은 텍스트
수강신청일	날짜/시간

❹ '수강신청일' 필드에 기본값 속성 설정하기

일반	조회
입력 마스크	
캡션	
기본값	Date()
유효성 검사 규칙	
유효성 검사 텍스트	
필수	아니요

〈회원〉 테이블

❺ '핸드폰' 필드에 입력 마스크 속성 설정하기

일반	조회
필드 크기	255
형식	
입력 마스크	000-0000-0000;0;
캡션	
기본값	
유효성 검사 규칙	

02. 〈수강〉 테이블의 '강좌코드' 필드에 조회 기능 설정하기
_ 참고 : 조회 기능 설정 184쪽

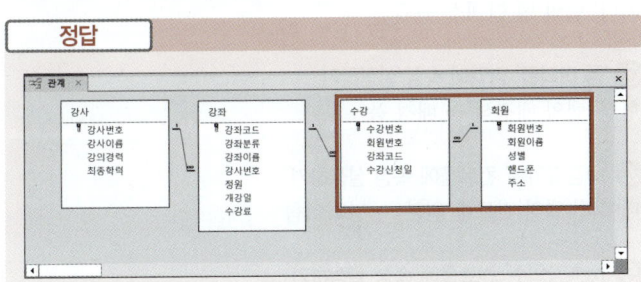

03. 〈수강〉 테이블과 〈회원〉 테이블 간의 관계 설정하기
_ 참고 : 관계 설정 188쪽

정답

[관계 창: 강사 - 강좌 - 수강 - 회원 테이블 관계]

- '관계 편집' 대화상자

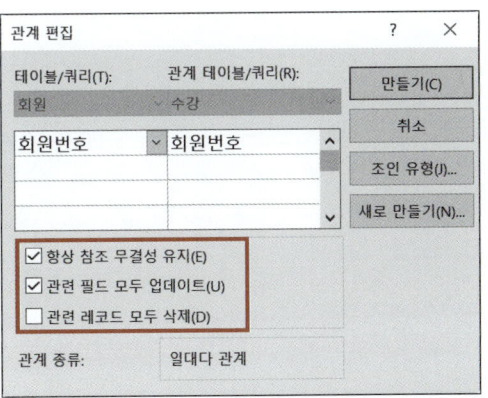

문제 2   입력 및 수정 기능 구현

01. 〈수강현황조회〉 폼 완성하기 _ 참고 : 폼 완성 193쪽

정답

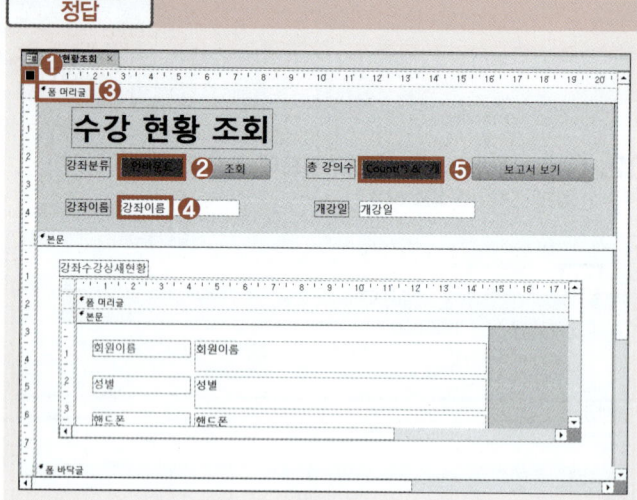

❶ 폼 속성 설정하기
- '데이터' 탭의 추가 가능 → 아니요
- '데이터' 탭의 삭제 가능 → 아니요

❷ 'txt분류조회' 컨트롤에 속성 설정하기
'기타' 탭의 탭 인덱스 → 0

❸ '폼 머리글' 영역에 속성 설정하기
'형식' 탭의 배경색 → 배경 폼

❹ 'txt강좌이름' 컨트롤에 속성 설정하기
'데이터' 탭의 컨트롤 원본 → 강좌이름

❺ 'txt총강의수' 컨트롤에 속성 설정하기
'데이터' 탭의 컨트롤 원본 → =Count(*) & "개"

02. 〈수강현황조회〉 폼 머리글 컨트롤에 조건부 서식 설정하기
_ 참고 : 조건부 서식 199쪽

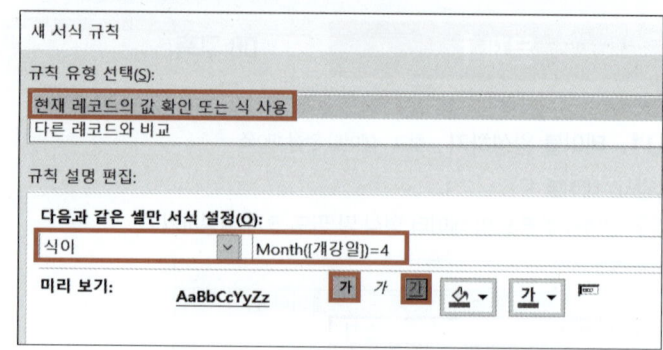

03. 〈보고서보기〉 매크로 작성 _ 참고 : 매크로 작성 205쪽

정답

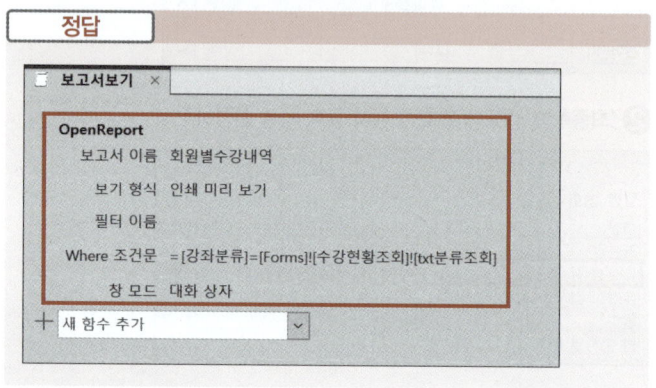

1. 매크로 개체를 생성한 후 이를 연결하여 사용해야 하므로, 먼저 매크로 개체를 생성한다. [만들기] → 매크로 및 코드 → **매크로** (📋)를 클릭한다.
2. 매크로 대화상자에서 정답과 같이 설정한 후 매크로 대화상자의 닫기(✖) 단추를 클릭한 다음 저장 여부를 묻는 대화상자에서 〈예〉를 클릭한다.
3. '다른 이름으로 저장' 대화상자에서 매크로 이름을 **보고서보기**로 입력한 다음 〈확인〉을 클릭한다.
4. 〈수강현황조회〉 폼을 디자인 보기로 연 후 폼 머리글의 'cmd보고서보기' 컨트롤을 더블클릭한다.
5. 'cmd보고서보기' 컨트롤 속성 시트 창의 '이벤트' 탭에서 'On Click' 이벤트의 목록 단추를 눌러 '보고서보기' 매크로를 선택한다.

문제 3   조회 및 출력 기능 구현   정답

01. 〈회원별수강내역〉 보고서 완성하기 _ 참고 : 보고서 완성 211쪽

정답

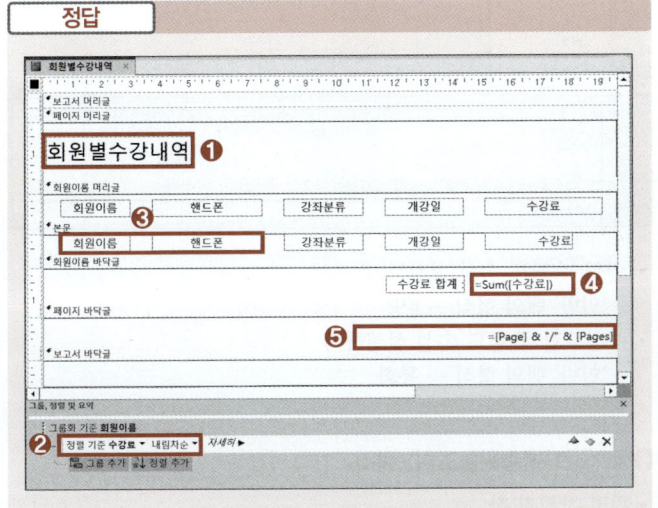

1 제목 레이블을 이동한 후 보고서 머리글과 페이지 머리글 영역에 속성 설정하기

1. 페이지 머리글 영역의 높이를 2cm로 설정한다.
   • '형식' 탭의 높이 → 2cm
2. 보고서 머리글 영역에 있는 제목 레이블을 드래그하여 페이지 머리글 영역으로 이동한 후 알맞게 배치한다.
3. 보고서 머리글 영역의 높이를 0cm로 설정한다.
   • '형식' 탭의 높이 → 0cm

2 그룹, 정렬 및 요약

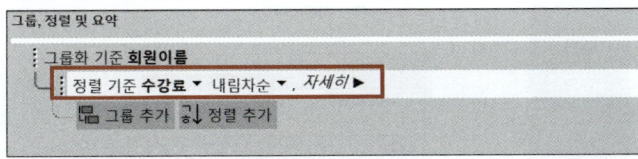

3 'txt회원이름'과 'txt핸드폰' 컨트롤에 속성 설정하기
'형식' 탭의 중복 내용 숨기기 → 예

4 'txt수강료합계' 컨트롤에 속성 설정하기
'데이터' 탭의 컨트롤 원본 → =Sum([수강료])

5 'txt페이지' 컨트롤에 속성 설정하기
'데이터' 탭의 컨트롤 원본 → =[Page] & "/" & [Pages]

02. 〈수강현황조회〉 폼의 'cmd조회' 컨트롤에 클릭 기능 구현하기
_ 참고 : 이벤트 프로시저 218쪽

정답

```
Private Sub cmd조회_Click()
    DoCmd.ApplyFilter , "강좌분류 = '" & txt분류조회 & "'"
End Sub
```

문제 4   처리 기능 구현   정답

01. 〈강좌횟수조회〉 쿼리 _ 참고 : 크로스탭 쿼리 작성 227쪽

쿼리 작성기 창

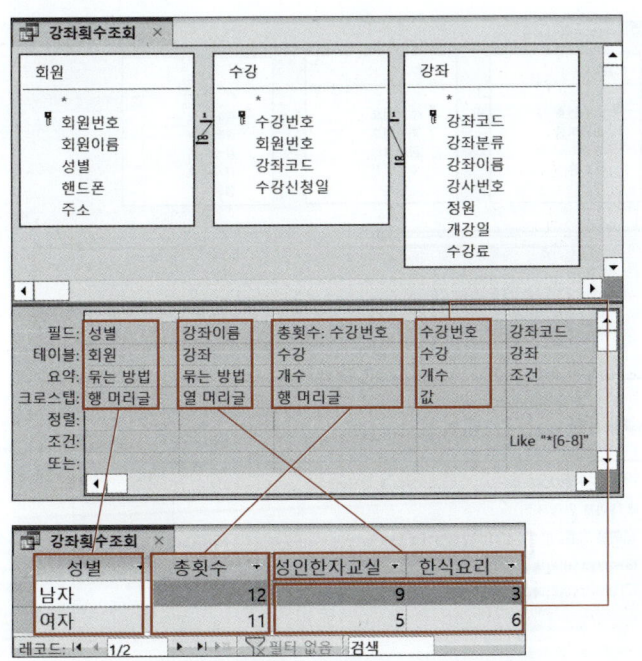

02. 〈폐강강좌조회〉 쿼리 _ 참고 : 불일치 검색 쿼리 작성 230쪽

※ 문제에 Not In을 사용하라는 지시사항이 없으므로 '불일치 검색 쿼리 마법사'를 사용하면 됩니다.
※ '불일치 검색 쿼리 마법사'를 수행하면 '제품번호' 필드의 조건에 Is Null이 자동으로 적용됩니다.

1. '불일치 검색 쿼리 마법사' 1단계 대화상자

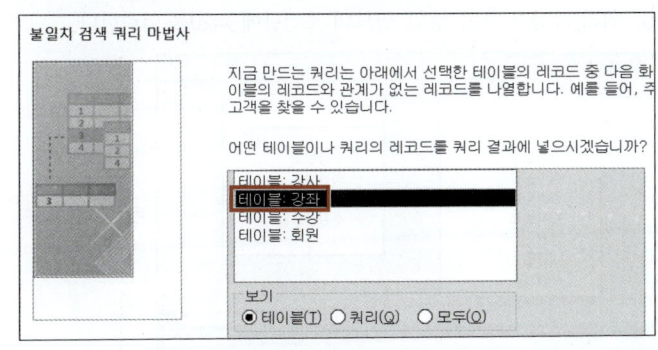

2. '불일치 검색 쿼리 마법사' 2단계 대화상자

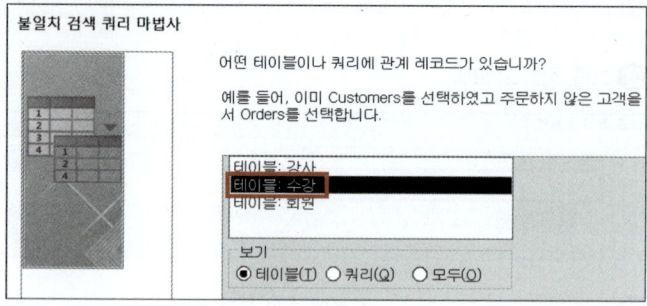

3. '불일치 검색 쿼리 마법사' 3단계 대화상자

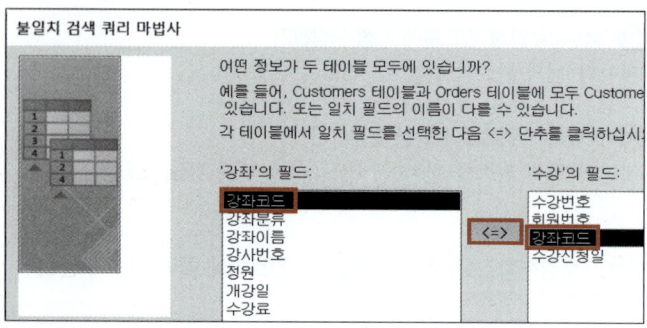

4. '불일치 검색 쿼리 마법사' 4단계 대화상자

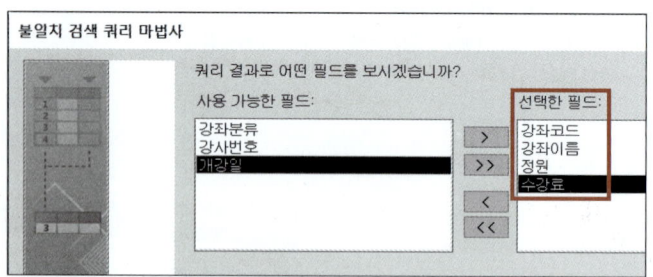

5. '불일치 검색 쿼리 마법사' 5단계 대화상자

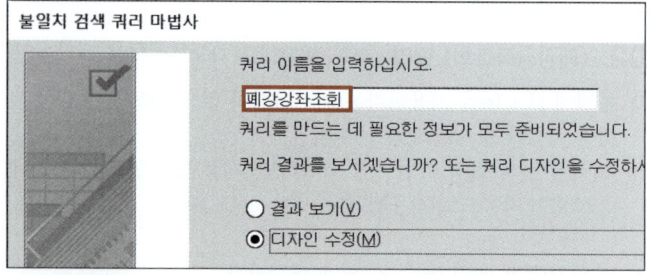

6. 쿼리 작성기 창의 '정원' 필드의 조건난에 >=20을 입력한다.

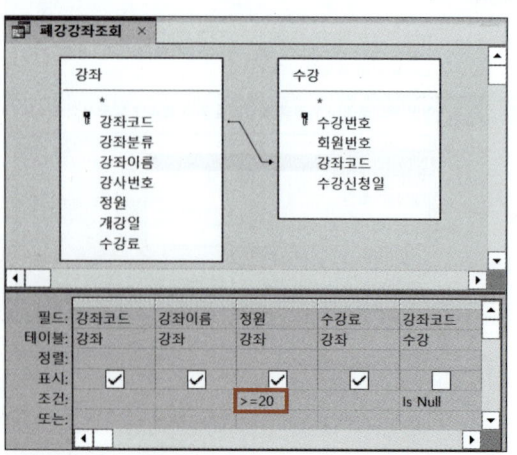

03. 〈강좌조회〉 쿼리 _ 참고 : 매개 변수 쿼리 작성 227쪽

• 쿼리 작성기 창

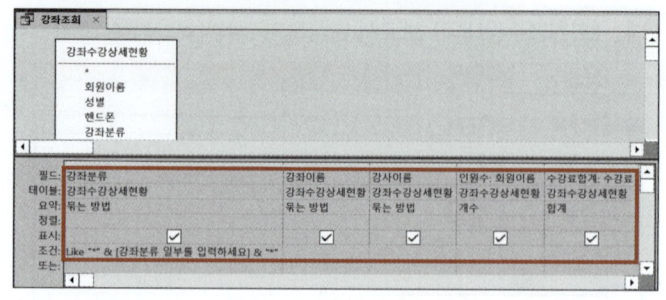

• '인원수' 필드 속성 설정하기
  – '일반' 탭의 형식 → #명
• '수강료합계' 필드 속성 설정하기
  – '일반' 탭의 형식 → 통화

04. 〈강좌별충원률조회〉 쿼리 _ 참고 : 그룹 쿼리 작성 226쪽

• 쿼리 작성기 창

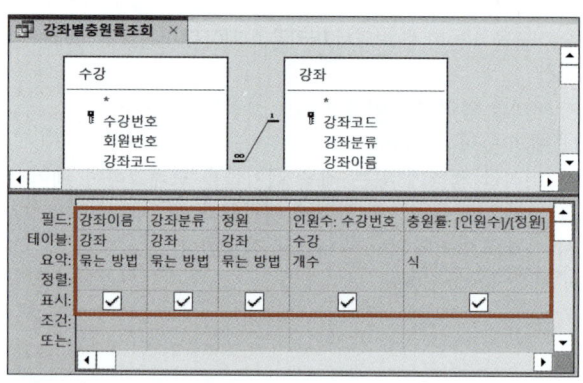

• '충원률' 필드 속성 설정하기
  – '일반' 탭의 형식 → 0%

05. 〈수강료납부일생성〉 쿼리 _ 참고 : 테이블 생성 쿼리 작성 228쪽

• 쿼리 작성기 창

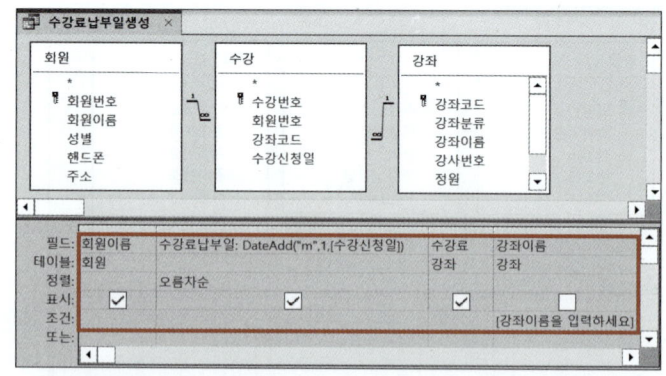

• '테이블 만들기' 대화상자

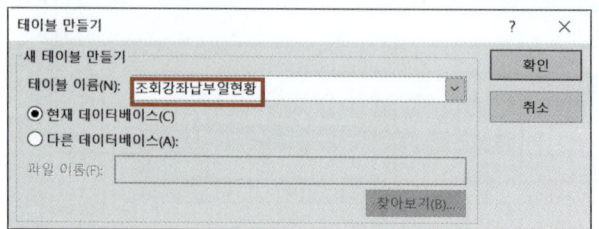